MW01045679

ENCYCLOPÉDIE LAROUSSE DE LA SANTÉ

ENCYCLOPÉDIE LAROUSSE DE LA SANTÉ

21 Rue du Montparnasse 75283 Paris cedex 06

Cet ouvrage a été réalisé sous la direction du docteur Yves Morin, médecin des hôpitaux, chef du service de médecine interne au centre hospitalier national d'ophtalmologie des Quinze-Vingts, Paris

avec la collaboration des

Docteur Étienne Alexandre,
stomatologue

Docteur Louisette Andjelkovic,
psychosomaticienne, centre hospitalier national d'ophtalmologie des Quinze-Vingts, Paris

Professeur Jacques Amouroux,
chef du service d'anatomie et de cytologie pathologiques de l'hôpital Avicenne, Bobigny

Docteur Didier Armengaud,
chef du service de pédiatrie, hôpital général de Saint-Germain-en-Laye

Docteur Sophie Bianovici,
médecin généraliste

Docteur Michel Bicheron,
chef du département de mésothérapie de la faculté de médecine de Paris-XIII

Docteur Michel Biour,
directeur du centre régional de pharmacovigilance, hôpital Saint-Antoine, Paris

Docteur Alain Bottéro,
psychiatre, ancien chef de clinique-assistant des hôpitaux de Paris

Professeur Jean-Luc Breau,
chef du service d'oncologie médicale de l'hôpital Avicenne, Bobigny

Docteur Catherine Brémont,
endocrinologue à l'hôpital Cochin, Paris

Docteur Jacques Caillot,
médecin généraliste

Professeur Aldo Campana,
professeur à la faculté de médecine, université de Genève, médecin chef de service, clinique de stérilité et d'endocrinologie gynécologique, hôpital cantonal universitaire de Genève, Suisse

Professeur Nicole Casadevall,
chef de service d'hématologie à l'hôpital Raymond-Poincaré, Garches

Professeur Boyan Christoforov,
chef du service de médecine interne à l'hôpital Cochin, Paris

Docteur Xavier Coudert,
praticien hospitalier en chirurgie orthopédique à l'hôpital de Poissy

Professeur François Daniel,
chef du service de dermatologie de l'hôpital Saint-Joseph, professeur associé au Collège de médecine des hôpitaux de Paris

Docteur Catherine Despréaux,
ophtalmologiste, praticien hospitalier au centre hospitalier national d'ophtalmologie des Quinze-Vingts, Paris

Docteur Annick Deveau,
médecin de santé publique des hôpitaux de Paris

Docteur Michel Febvre,
pneumologue, praticien hospitalier à l'hôpital Saint-Antoine, Paris

Docteur Jacques Fricker,
nutritionniste à l'hôpital Bichat, Paris

Professeur Bernard Gattegno,
professeur des universités, chirurgien des hôpitaux, service d'urologie, hôpital Tenon, Paris

Docteur Bernard Guyot,
ancien interne des hôpitaux de Paris, gynécologue-obstétricien, hôpital général de Saint-Germain-en-Laye, Fellow de la Société canadienne de gynéco-obstétrique

Professeur Marie-Christine Hardy-Baylé,
psychiatre, professeur des universités, praticien hospitalier, centre hospitalier de Versailles

Docteur Francine Hirszowski,
médecin généraliste, centre d'évaluation et de traitement de la douleur, hôpital Saint-Antoine, Paris

Paul Iserin,
ex-responsable du département de phytothérapie de la faculté de médecine de Bobigny

Docteur Jean-François Masson,
membre de l'Institut homéopathique de France (I.H.F.), consultant en gynécologie à l'hôpital Bichat-Claude-Bernard, Paris

Docteur Daniel Méné,
médecin-acupuncteur

Médecin-chef Alain Michel,
médecin-chef de la brigade des sapeurs-pompiers de Paris

Docteur Christine Passerieux,
psychiatre, praticien hospitalier, centre hospitalier de Versailles

Docteur Gilles Poignard,
oto-rhino-laryngologiste, attaché à l'hôpital de Montfermeil et au centre hospitalier national d'ophtalmologie des Quinze-Vingts, Paris

Docteur Max Récamier,
oto-rhino-laryngologiste, attaché au centre hospitalier de Neuilly

Docteur Bernard Saal,
président de l'Académie d'acupuncture et des médecines douces

Docteur Jean-Luc Thibault,
neurologue, hôpital Avicenne, Bobigny

Docteur Martin Thibierge,
praticien hospitalier, service de neuroradiologie et d'imagerie médicale, centre hospitalier national d'ophtalmologie des Quinze-Vingts, Paris

Professeur François Vachon,
chef du service de réanimation des maladies infectieuses, hôpital Bichat-Claude-Bernard, Paris

Docteur Jean Varin,
médecin des hôpitaux, cardiologue, service de médecine interne, centre hospitalier national d'ophtalmologie des Quinze-Vingts, Paris

Docteur Cédric Zeitter,
psychiatre, assistant spécialiste des hôpitaux, centre hospitalier de Versailles

Docteur Gérard Zwang,
sexologue, ancien interne des hôpitaux de Paris

Ont également collaboré aux textes

Pour la Belgique,

Michel Masson,
docteur en médecine et membre de l'Association belge des syndicats médicaux (ABSYM)

Nathalie Styns,
Office de la naissance et de l'enfance (ONE)

Pour le Canada,

Bruno J. L'Heureux,
MD, ancien président de l'Association médicale canadienne, membre du conseil d'administration de l'Association médicale mondiale

Lise Parent

Pour la Suisse,

Charlotte Gardiol, sage-femme

Jean-Marc Guinchard,
secrétaire général de l'Association des médecins du canton de Genève

Jean-Pierre Restellini,
docteur en médecine et licencié en droit

Réalisation
Edire, Agence Media

Direction éditoriale
Édith Ybert, Laurence Passerieux

Direction artistique
Laurence Lebot, Emmanuel Chaspoul

Conception graphique
Dominique Dubois

Iconographie
Nathalie Bocher-Lenoir, Catherine Dumeu, Christine Varin

Lecture-révision
Annick Valade, assistée de Chantal Barbot et d'Édith Zha

Fabrication
Isabelle Goulhot, Annie Botrel

L'Éditeur remercie pour leur collaboration
Karen Bechetrit, Sophie Compagne, Ursula de Bels, Astrid de Laage de Meux,
Tatiana Delesalle, Rosine Depoix, Anne Deville-Cavalin, Martine Pierre-Marie Granier,
Fabienne Kaufmann-Garcher, Carina Louart, Brigitte Nérou, François Raoux, Odile Robert

Les photos p. 119, 175, 176, 178, 179, 180 sont extraites de *Naître* (Hachette, 1990)
et *Attendre bébé* (Hachette, 1997)

Malgré tout le soin apporté à la rédaction de l'*Encyclopédie Larousse de la Santé*,
et en raison de l'étendue des domaines embrassés, une erreur aura pu s'y glisser.
Nous ne saurions être tenus pour responsables de ses conséquences ou d'une interprétation erronée,
car, rappelons-le, aucun livre ne peut remplacer l'avis du médecin.

Distributeur exclusif au Canada :
Messageries ADP, 1751 Richardson, Montréal (Québec)

ISBN : 2-03-510815-2

PRÉFACE

La santé, « sensation de bien-être physique et mental » selon la définition de l'Organisation mondiale de la santé (OMS), est aussi un état d'inconscience heureuse vis-à-vis de son corps et de ses divers modes de fonctionnement. Cela, joint à un stoïcisme érigé en devoir moral, explique pourquoi les préoccupations de santé ne se sont véritablement développées que depuis les années 50, et plus encore ces dix dernières années.
La santé est ainsi passée au premier plan des préoccupations de beaucoup d'individus, grâce aux progrès de la médecine, mais aussi en raison du développement de l'information.

La médecine a fait plus de progrès en cinquante ans que depuis des siècles. Les mécanismes physiologiques et biologiques des maladies sont déchiffrés, jusqu'à l'échelle de nos cellules, permettant des diagnostics sûrs et des thérapeutiques attaquant la maladie à son origine. Certes, la médecine reste un art, et le sens particulier du médecin reste irremplaçable, mais elle fait de plus en plus de place aux sciences exactes.
En outre, dans notre société, les hommes et les femmes revendiquent le droit d'être informés de l'état actuel de nombreuses

disciplines, et les médias répondent largement à cette demande, qu'il s'agisse d'astronomie, d'histoire naturelle, de politique… et même récemment de philosophie. Dans cette diversité, la santé a pris naturellement une place de choix.

Cet ouvrage répond à ce désir de connaissance en réunissant au sein d'un même volume tout ce qui a trait à la santé : les maladies et leurs symptômes, bien sûr, mais aussi la physiologie, la nutrition, la prévention, la sexualité, la grossesse, ainsi que les techniques d'examens et les différents modes de traitement. En ce qui concerne les maladies, il ne peut prétendre être exhaustif comme le serait un précis de médecine. Le choix de présentation s'est porté sur les principaux sujets, en donnant toujours les informations les plus récentes.

Grâce à l'*Encyclopédie Larousse de la Santé*, chacun sera mieux préparé à jouer un rôle d'interlocuteur averti face à son médecin. Ainsi s'élaborera un nouveau mode de relation médecin-malade, gage d'efficacité, fondé sur les valeurs d'explication et de clarté.

Dr Yves Morin
Chef de service
Service de médecine interne
Centre hospitalier national ophtalmologique des Quinze-Vingts

SOMMAIRE

SOMMAIRE

Savoir se Soigner

PREMIERS SECOURS

MÉDECINE

CHIRURGIE

EXAMENS

MÉDICAMENTS

HOMÉOPATHIE

ACUPUNCTURE

PHYTOTHÉRAPIE

LE CORPS ET LA SANTÉ

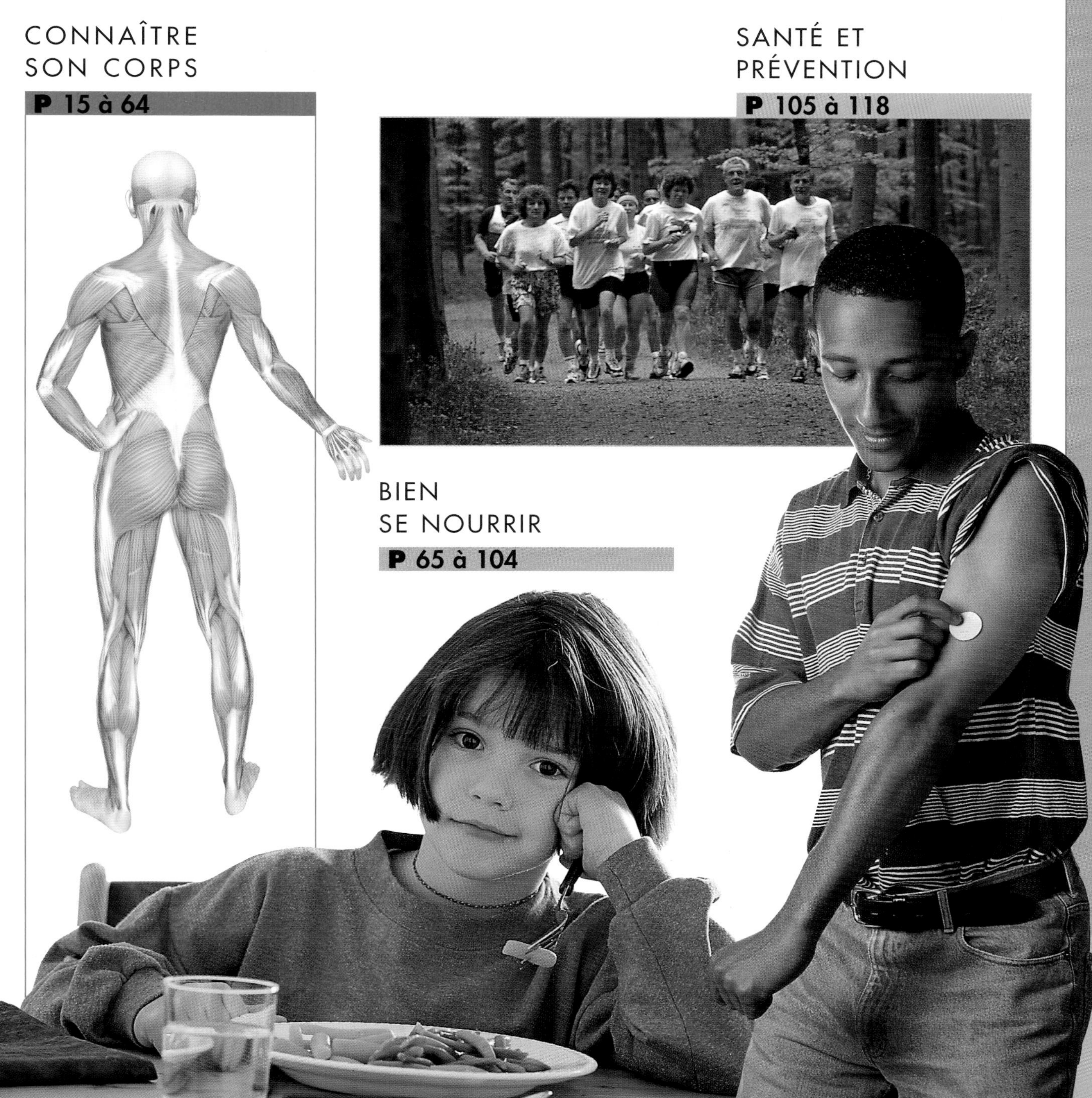

LE SQUELETTE

Le squelette, constitué par l'ensemble des os, est la charpente solide du corps humain. Il protège les différents organes, contribue au maintien du corps et permet le mouvement grâce aux articulations et aux muscles qui lui sont rattachés.

Le nombre exact des os formant le squelette adulte varie d'une personne à l'autre, mais il est en moyenne de 206. À sa naissance, le nouveau-né possède environ 350 os, dont certains (notamment ceux du crâne) fusionnent progressivement.

Le squelette est divisé en 2 parties principales. Les os du crâne, les côtes, la colonne vertébrale (rachis) et le sternum forment le squelette du tronc ; les os des bras et des jambes, les omoplates, les clavicules et le pelvis, le squelette des membres.

■ LES OS DU SQUELETTE

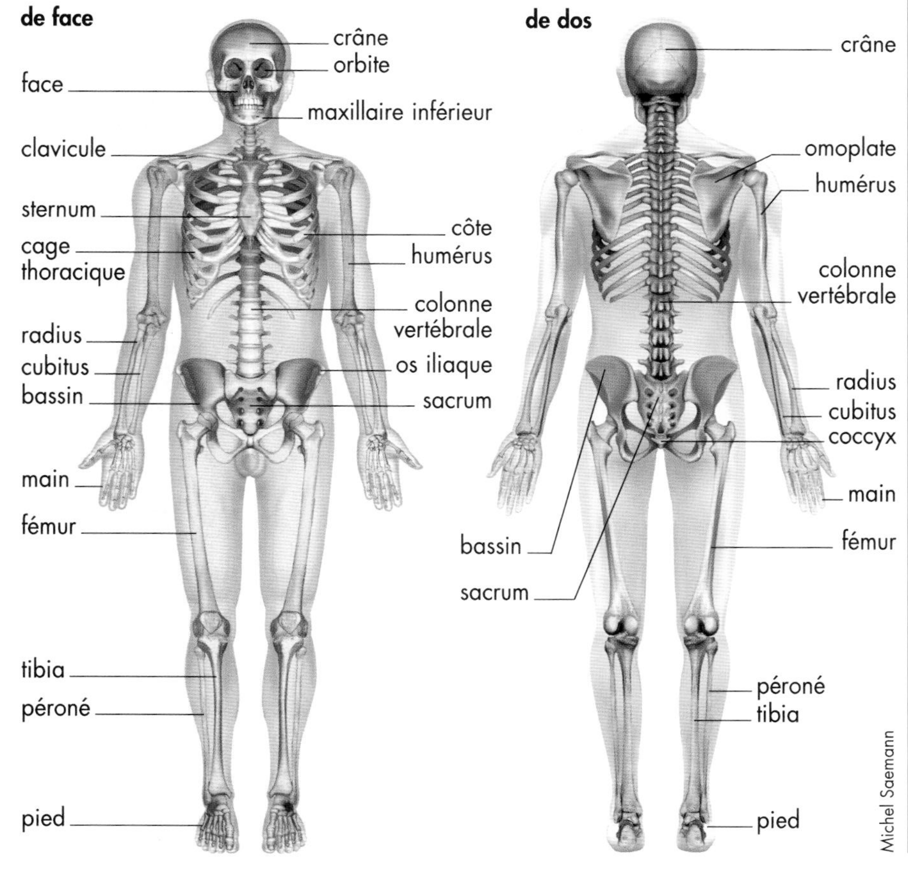

LE SQUELETTE DU TRONC

Le squelette du tronc est composé de 80 os.

Le crâne. Squelette de la tête, il est constitué de 2 séries d'os. Les 8 os qui protègent le cerveau forment la boîte crânienne ; les 14 autres constituent l'armature du visage.

Les lignes sinueuses qui apparaissent à la surface du crâne sont les jointures des os, appelées sutures. Flexibles à la naissance, celles-ci permettent aux os de grandir, puis elles se soudent et deviennent rigides. L'os de la mâchoire inférieure, seul os mobile du crâne, s'articule de chaque côté avec l'os temporal, ce qui permet la mastication et la parole. Les autres os sont fixes et soudés les uns aux autres. Les petits os (osselets) de l'oreille moyenne ne font pas partie du crâne. Ils transmettent les vibrations sonores du tympan à l'oreille interne.

La colonne vertébrale. Elle s'étend de la base du crâne au bassin. Elle est constituée de 33 vertèbres : les 7 vertèbres cervicales, les 12 vertèbres dorsales, les 5 vertèbres lombaires, les 5 vertèbres soudées du sacrum et les 4 vertèbres soudées du coccyx. Séparées par les disques intervertébraux, les vertèbres sont empilées et articulées les unes sur les autres. Elles permettent à la fois le maintien de la structure du squelette et les mouvements

LES VERTÈBRES

Les vertèbres sont les os courts qui forment la colonne vertébrale. Elles ont toutes la même structure, avec un corps cylindrique et des prolongements postérieurs (les apophyses) qui s'articulent les uns avec les autres. Chaque vertèbre est percée d'un trou formant le canal vertébral, qui abrite la moelle épinière. Les vertèbres sont séparées les unes des autres par des disques intervertébraux.
Les vertèbres lombaires, qui supportent le plus de poids, ont un corps plus volumineux que celui des dorsales ou des cervicales.
Les 2 premières vertèbres cervicales s'appellent l'atlas et l'axis. Elles forment l'articulation avec la base du crâne et permettent tous ses mouvements. Après les vertèbres dorsales, puis lombaires, la colonne vertébrale se prolonge par le sacrum, qui correspond à la fusion de 5 vertèbres sacrées, et se termine par le coccyx, un petit os formé par la fusion de 4 vertèbres coccygiennes.

de la colonne vertébrale. Les disques jouent un rôle de coussinet entre les vertèbres, amortissant les pressions à chaque mouvement de la colonne, notamment lors des efforts.
Le thorax. Il s'étend de la base du cou jusqu'au diaphragme. Il est formé par les 12 paires de côtes et le sternum. En avant, les 7 premières paires sont rattachées directement au sternum. Les 3 paires suivantes (les fausses côtes) se rejoignent en avant et sont rattachées à la septième côte. Enfin, les 2 dernières paires de côtes, non reliées au sternum, sont appelées les côtes flottantes.

LE SQUELETTE DES MEMBRES

Les membres supérieurs et les membres inférieurs sont rattachés au tronc par l'épaule et par la hanche.
L'épaule. Elle est formée par l'omoplate en arrière et par la clavicule en avant. L'omoplate est un os triangulaire qui présente une cavité arrondie s'articulant avec la tête de l'os du bras (humérus). La clavicule est articulée en avant avec le sternum et à l'extérieur avec l'omoplate. Elle complète ainsi l'articulation de l'épaule.
La hanche. Elle est constituée par les 2 os du bassin (os iliaques), qui se rattachent en arrière au sacrum et en avant dans la région du pubis. De chaque côté, des cavités arrondies permettent l'articulation avec la tête du fémur : c'est l'articulation de la hanche.
Les membres supérieurs. Chaque membre supérieur est formé de 32 os : les 2 os de l'épaule, l'os du bras (humérus), les 2 os de l'avant-bras (radius et cubitus), les 8 os du poignet (carpe), les 5 os de la paume (métacarpe) et les 14 os des doigts (soit : 2 pour le pouce, 1 pour chacune des 3 phalanges des 4 autres doigts).
Les membres inférieurs. Chaque membre inférieur est constitué par 30 os : le fémur, rattaché à l'os iliaque, les 2 os de la jambe (tibia et péroné), la rotule, les 7 os de la cheville (tarse), les 5 os du pied (métatarse) et les 14 os des phalanges des orteils.

LES FONCTIONS DU SQUELETTE

Le mouvement. Charpente solide, stable et mobile, le squelette permet l'action des muscles qui s'insèrent sur les os, trouvant ainsi des points d'appui et des leviers efficaces.
La protection. Le squelette protège tous les organes du corps. Le crâne contient le cerveau, mais aussi les yeux, le nez et la bouche. La colonne vertébrale abrite et protège la moelle épinière. Le thorax protège le cœur et les poumons.
Les côtes entourent les poumons comme une cage, leur permettant de se remplir et se vider librement, et rendent possible la respiration.

LE MÉTABOLISME

Exposé dans un musée, le squelette apparaît sec et inerte, mais les os vivants sont le siège d'une activité importante. Le squelette participe aux réactions biologiques et chimiques (métabolisme) de l'organisme. Dans la moelle des os se forment en permanence les cellules du sang. La trame des os sert de réservoir pour les sels minéraux comme le calcium et le phosphore, utilisés par toutes les cellules du corps humain et mobilisés en cas de besoin.

Les Articulations

Les articulations sont les structures qui unissent les os entre eux et leur permettent de se mouvoir les uns par rapport aux autres. Elles sont donc indispensables à tous nos mouvements.

La plupart des articulations du corps sont mobiles, souples, lubrifiées. Le cartilage articulaire protège et favorise les mouvements des extrémités de l'os. Des ligaments renforcent la stabilité de l'articulation en limitant ses mouvements à une amplitude normale.

LES DIFFÉRENTES ARTICULATIONS

Les articulations peuvent être classées selon leur forme (voir dessin) ; elles se distinguent également par le degré de mobilité qu'elles autorisent.
Les articulations immobiles (appelées synarthroses) sont rugueuses, irrégulières ou dentelées. Les os sont quasiment soudés les uns aux autres par du cartilage ou par un tissu fibreux. C'est le cas des articulations des os du crâne.
Les articulations semi-mobiles (nommées amphiarthroses) sont des articulations dans lesquelles les os sont reliés par un tissu cartilagineux ou fibreux, sans cavité articulaire. Les disques qui séparent les vertèbres appartiennent à ce type d'articulations. Chaque disque intervertébral joue le rôle d'amortisseur entre les corps vertébraux et permet des mouvements limités de flexion et de rotation.
Enfin, les articulations très mobiles (appelées diarthroses ou articulations synoviales) relient les extrémités osseuses séparées l'une de l'autre par une cavité articulaire. Dans ce type d'articulations, les surfaces osseuses sont recouvertes d'un tissu élastique lisse et résistant, le cartilage, qui réduit considérablement les frottements pendant le mouvement.
L'articulation est entourée par une capsule, revêtue à l'intérieur par une fine membrane appelée

DIFFÉRENTS TYPES D'ARTICULATIONS

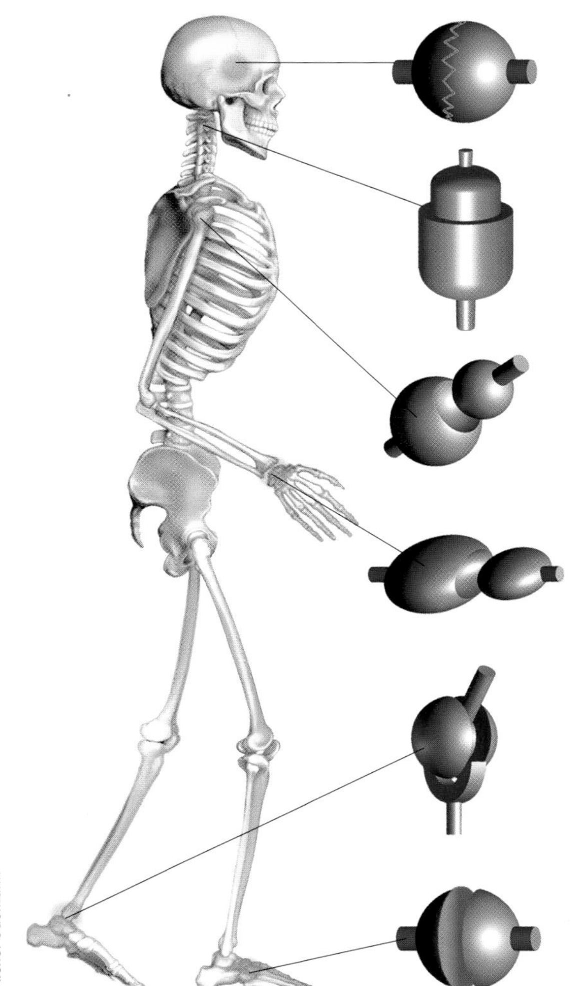

Synarthrose. Articulation immobile : les sutures crâniennes unissent les os du crâne.

Trochoïde. L'articulation cylindrique entre l'atlas et l'axis permet la rotation de la tête.

Énarthrose. L'articulation sphérique de l'épaule (ou de la hanche) permet quasiment tous les mouvements.

Condylienne. L'articulation ellipsoïdale du poignet assure la flexion-extension et la latéralité.

Trochléenne. L'articulation en poulie (coude, cheville et phalanges) n'assure que les mouvements de flexion-extension.

Arthrodie. Les articulations planes entre le tarse et les métatarsiens se limitent à de faibles glissements.

la synoviale. Cette dernière sécrète un liquide incolore, visqueux et filant, le liquide synovial, qui lubrifie les surfaces articulaires et assure la nutrition du cartilage. Ce liquide est normalement présent en très petite quantité.

Chaque articulation est entourée de puissants ligaments qui maintiennent les surfaces articulaires en contact et empêchent tout mouvement excessif. Certains ligaments très solides sont également situés à l'intérieur même de l'articulation, dont ils renforcent la stabilité. C'est le cas, par exemple, des ligaments croisés du genou et du ligament rond de la hanche.

Les surfaces cartilagineuses ne sont pas toujours, en apparence, parfaitement adaptées à la forme des articulations. Dans ce cas, une structure spéciale vient s'interposer entre les extrémités osseuses et crée une complémentarité parfaite : il en est ainsi des ménisques du genou, du bourrelet de la hanche et de l'épaule.

■ ARTICULATION DE LA HANCHE

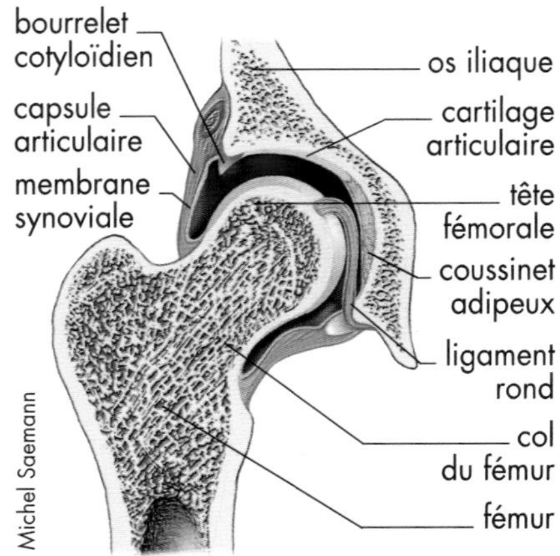

L'EXPLORATION DES ARTICULATIONS

La radiographie montre les extrémités osseuses et, éventuellement, leurs anomalies. Pour étudier les tissus non calcifiés de l'articulation (cartilage, ligaments, capsule, synoviale), il est nécessaire de recourir à d'autres techniques radiographiques, dont les plus utilisées sont :

– l'arthrographie, permettant d'examiner l'intérieur d'une articulation lésée ;

– l'arthroscopie est un examen qui consiste, après ouverture minimale de l'articulation concernée, à introduire un fin tube d'acier avec des fibres optiques appelé arthroscope. L'arthroscope est équipé de petits instruments pour enlever un corps étranger articulaire, égaliser un cartilage endommagé, recoudre et, surtout, ôter un fragment de ménisque et même réparer un ligament ;

– l'imagerie par résonance magnétique (IRM), technique permettant la visualisation de l'articulation ;

– le scanner est une technique radiographique grâce à laquelle on peut voir l'articulation sous différents angles, en utilisant des faisceaux de rayons X en rotation.

L'ARTICULATION DE LA HANCHE

L'articulation de la hanche (coxofémorale) est située entre le bassin et l'extrémité supérieure de l'os de la cuisse (fémur). La hanche est une articulation très stable : la tête ronde du fémur s'adapte parfaitement à la cavité creuse, également arrondie et très profonde, de l'os iliaque. De puissants ligaments attachent le fémur au bassin, assurant la stabilité de la hanche dans toutes les directions et permettant de soutenir solidement le poids du corps au cours de toutes les activités énergiques du membre inférieur. En outre, la structure de l'articulation permet une grande amplitude de mouvements.

L'ÉPANCHEMENT DE SYNOVIE

L'articulation est entourée par une capsule, dont la face interne est tapissée d'une membrane, la synoviale. Cette membrane sécrète normalement un liquide servant à lubrifier l'intérieur de l'articulation. En cas de blessure ou d'inflammation, la membrane produit du liquide synovial en excès, entraînant un gonflement souvent douloureux de l'articulation. L'épanchement de synovie concerne généralement le genou.

Il est parfois utile de procéder à une ponction du liquide pour d'une part analyser ce dernier et, d'autre part, assurer par ce geste un drainage de l'articulation. Par ailleurs, certains médicaments peuvent soulager la douleur (antalgiques) et diminuer l'inflammation (médicaments anti-inflammatoires et infiltrations de corticostéroïdes dans l'articulation touchée).

LES MUSCLES

Le muscle est constitué de fibres, regroupées en faisceaux, capables de se contracter et de se décontracter pour produire des mouvements ou pour s'opposer à une force extérieure.

Il existe 3 types de muscles : les muscles squelettiques, capables de produire volontairement un mouvement, les muscles lisses, qui assurent le fonctionnement des organes, et enfin le muscle cardiaque.

LES DIFFÉRENTS TYPES DE MUSCLES

Les muscles squelettiques. Ils constituent la plus grande partie de la musculature : le corps en contient plus de 600.
Les muscles squelettiques sont fixés sur les os et permettent les mouvements. On les appelle aussi muscles striés, car leurs fibres obéissent à un arrangement ordonné très précisément. Ils sont classés selon leur mode d'action. Un muscle fléchisseur ferme une articulation, un muscle extenseur l'ouvre. Ainsi, le biceps fléchit le coude, alors que le triceps l'ouvre. Un muscle adducteur ramène un membre vers l'axe central, un abducteur l'en éloigne. Un muscle élévateur élève le membre vers le haut. Les muscles sphinctériens permettent de fermer les orifices naturels.
On distingue également les muscles qui agissent dans le sens du mouvement (muscles agonistes) et ceux qui tendent à le freiner (muscles antagonistes). Pour effectuer des mouvements précis, il faut un équilibre entre les muscles agonistes et les muscles antagonistes.
Parmi les fibres striées qui constituent les muscles squelettiques, certaines sont à contraction lente, c'est-à-dire qu'elles permettent des contractions peu intenses mais durables.

LE TONUS MUSCULAIRE

Les muscles sont constamment maintenus dans un état de contraction modérée grâce aux impulsions nerveuses provenant de la moelle épinière. Cet état de contraction est appelé tonus musculaire. Il a notamment pour fonction de lutter contre la pesanteur et de maintenir la station debout ou assise sans intervention permanente de la volonté. Les seuls moments où le tonus musculaire est complètement relâché sont les phases de sommeil profond.

■ LES MUSCLES SQUELETTIQUES

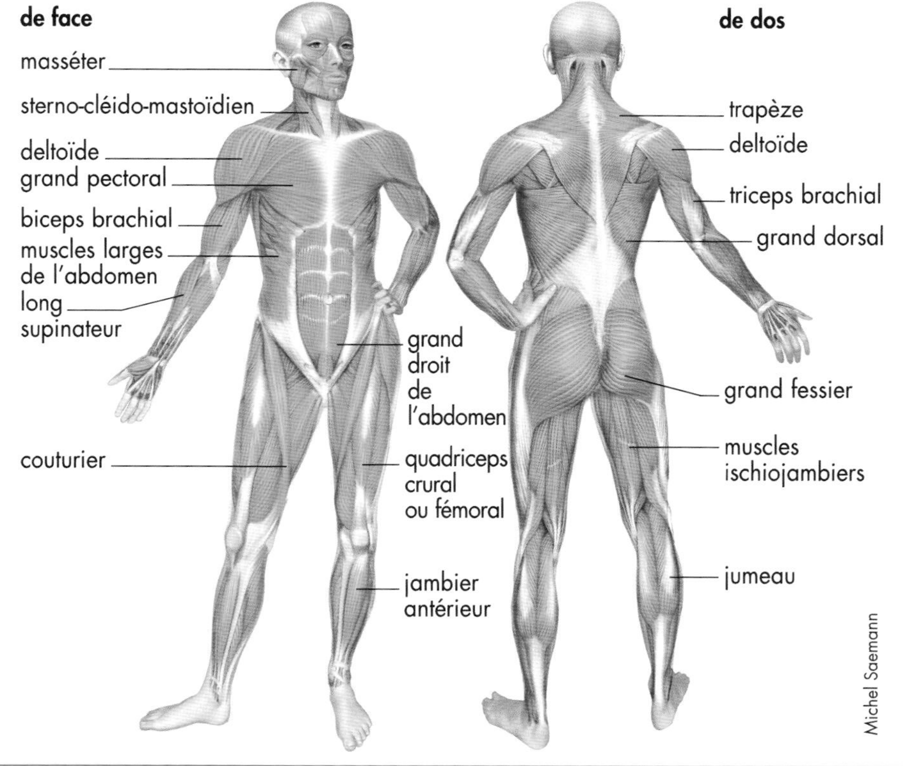

D'autres, à contraction rapide, assurent des contractions intenses mais peu durables. La proportion de ces 2 types de fibres varie selon les individus, en fonction de leur patrimoine génétique mais aussi du travail musculaire (lors d'un entraînement sportif, par exemple), qui va privilégier tel ou tel type de fibres. Ainsi, un coureur de fond n'a pas la même musculature qu'un sprinter.

Les muscles lisses. Ils sont formés par des cellules en forme d'aiguille, qui constituent les fibres lisses. Ces fibres sont contrôlées par le système nerveux autonome, et non par le système nerveux moteur. Leur contraction ou leur relâchement ne sont pas soumis à des ordres volontaires du cerveau, mais à des réflexes ou à des stimulations hormonales.

Les muscles lisses assurent les mouvements des organes internes. Ils permettent notamment les mouvements de l'intestin (appelés péristaltisme), qui assurent la progression des aliments, ou encore les mouvements de l'utérus au moment de l'accouchement. Beaucoup d'autres organes sont mus par des muscles lisses, comme les bronches, la vésicule, les vaisseaux sanguins et l'œil.

Les muscles lisses, contrairement aux muscles squelettiques, ne se fatiguent pas : ils sont capables de fonctionner en continu.

LE MUSCLE CARDIAQUE

Le muscle cardiaque, ou myocarde, est un muscle particulier dont les fibres sont striées, mais qui ne répond pas à une stimulation volontaire. Il est doué de propriétés spécifiques qui lui permettent de se contracter régulièrement (environ 100 000 fois par jour) pour propulser le sang dans les artères.

Le rythme du battement est donné par une impulsion nerveuse qui prend naissance dans une région de l'oreillette droite, le nœud sinoauriculaire. Cet influx nerveux est véhiculé par un tissu spécialisé, le tissu nodal, jusqu'à la paroi musculaire qui sépare les 2 oreillettes et les 2 ventricules. De là, les fibres musculaires cardiaques se contractent et transmettent ensuite la contraction de fibre en fibre à l'ensemble du cœur, d'abord aux oreillettes, puis aux ventricules.

L'enregistrement de cet influx nerveux s'appelle l'électrocardiogramme.

CNRI

***Muscle strié vu au microscope électronique à balayage.** Les faisceaux (délimités en jaune) des muscles striés sont constitués de fibres musculaires, formées de fibrilles parallèles les unes aux autres.*

STRUCTURE ET FONCTIONNEMENT

Le muscle est formé par des faisceaux de fibres musculaires. Chaque fibre musculaire est composée de petites unités appelées myofibrilles, ellesmêmes constituées de myofilaments juxtaposés, permettant la contraction des muscles.

Chaque fibre musculaire est connectée à une terminaison nerveuse qui reçoit des ordres en provenance du cerveau. Ces ordres parviennent au muscle sous forme d'influx nerveux. Celui-ci libère dans la myofibrille une substance (neurotransmetteur) qui déclenche des réactions chimiques en chaîne, faisant glisser les myofilaments les uns contre les autres. Ainsi se produit la contraction.

LA PEAU

La peau constitue l'enveloppe de notre corps : elle protège les organes internes du monde extérieur. C'est une matière vivante à la structure complexe, qui se renouvelle en permanence.

La peau est l'organe le plus étendu de notre corps : elle représente 10 % de notre poids, et, déployée, elle occuperait une surface de 1,5 à 2 mètres carrés (chez l'adulte).

L'ASPECT EXTÉRIEUR

La peau est à la fois résistante, imperméable et souple. Son épaisseur varie d'un endroit du corps à l'autre : elle mesure à peine 0,5 millimètre au niveau des paupières et environ 4 millimètres au niveau de la paume de la main, voire plus sur la plante des pieds. Elle est en moyenne plus épaisse chez l'homme que chez la femme, et s'amincit avec l'âge. La couleur de la peau est déterminée par un groupe de pigments foncés, les mélanines, dont la quantité dépend des caractères héréditaires de chacun et de l'exposition au soleil.

La couche superficielle de la peau présente en surface des cellules mortes, qui forment une couche résistante et imperméable. Celle-ci, appelée couche cornée, forme une barrière protectrice entre l'organisme et le monde extérieur. Très efficace, cet écran limite aussi les pertes par évaporation de l'eau du corps et le rend imperméable.

La surface de la peau est recouverte de nombreux orifices minuscules (environ 2 millions), les pores ; c'est à travers eux que la sueur produite par les glandes

STRUCTURE DE LA PEAU

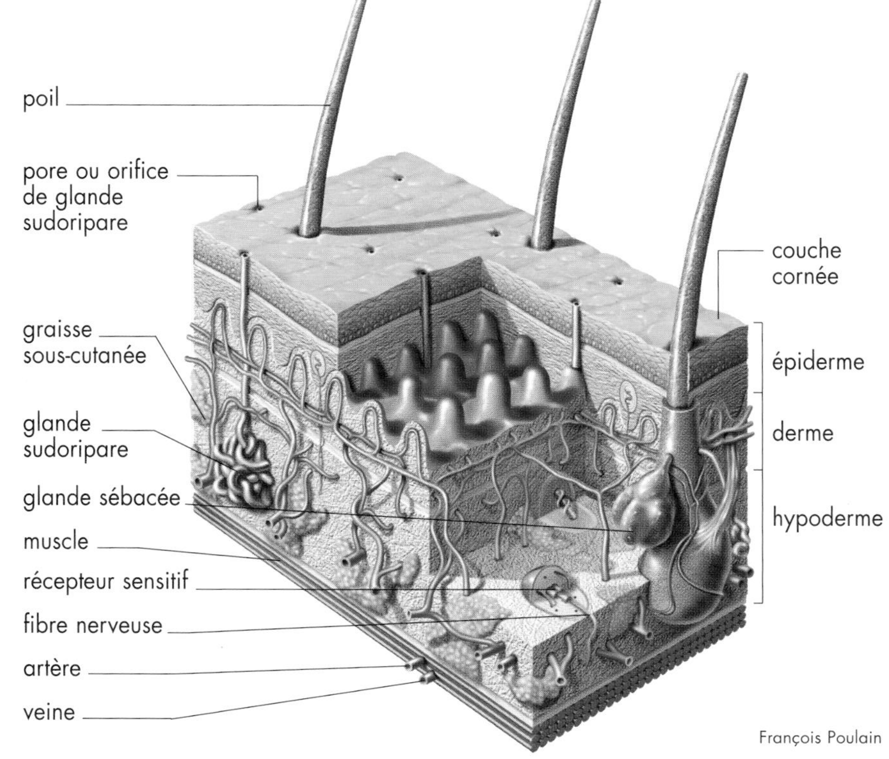

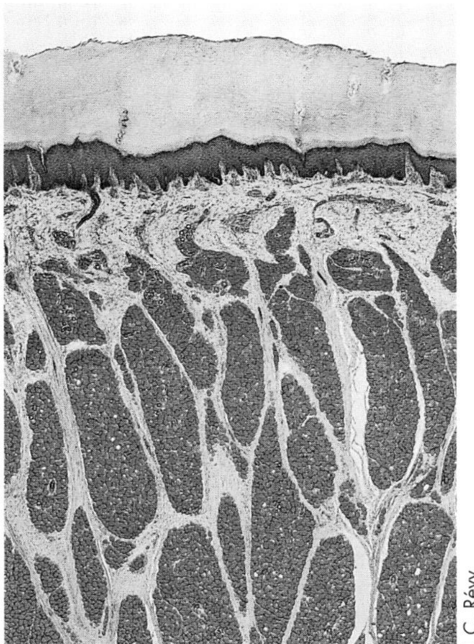

Coupe de peau au microscope. *Les différentes couches de la peau sont visibles de haut en bas : l'épiderme (vert clair et foncé), le derme (vert clair) et l'hypoderme (orange).*

sudoripares s'écoule. D'autres orifices plus volumineux, les orifices pilo-sébacés, correspondent à la sortie des poils et des cheveux. Le sébum produit par les glandes sébacées s'évacue par leur intermédiaire.

LA STRUCTURE

La peau est constituée d'une couche externe fine, l'épiderme, et d'une couche interne plus épaisse, le derme. Sous le derme se trouve l'hypoderme, qui contient la graisse.

L'épiderme. Il a pour principale fonction de renforcer le rôle de protection de la peau, surtout contre l'eau et contre les agressions physiques et chimiques. Ce tissu est formé de 3 types de cellules, dont les plus nombreuses sont les kératinocytes, des cellules juxtaposées qui sont disposées en couches superposées, et qui produisent les kératines : un ensemble de protéines résistantes composant la couche cornée de la peau. Les kératinocytes ont un cycle de vie très particulier : ils sont produits dans la partie profonde de l'épiderme et se déplacent au fil des jours vers la surface, tout en sécrétant et en accumulant les kératines. Ils se dessèchent ensuite et forment alors la couche cornée. La kératine de surface se desquame en très fins lambeaux pour laisser la place à celle qui se prépare par-dessous, ce qui assure un constant renouvellement de la couche cornée superficielle.

Les mélanocytes, d'autres cellules de la couche profonde de l'épiderme, jouent également un rôle important. Ils sécrètent les mélanines, des pigments bruns qui sont à l'origine de la couleur de la peau, des cheveux et des poils. Sous l'effet des rayons ultraviolets du soleil, la mélanine est produite plus ou moins abondamment et protège ainsi la peau des rayons nocifs du soleil en la brunissant.

Enfin, les troisièmes cellules constituant l'épiderme sont les cellules de Langerhans, chargées de nous défendre contre les infections. Disséminées au milieu des kératinocytes, elles sont capables d'absorber et de détruire les substances étrangères et les micro-organismes ayant pénétré la peau.

Le derme. C'est la couche moyenne de la peau, dont il assure la solidité et la résistance grâce aux fibres de collagène, et l'élasticité grâce aux fibres d'élastine. De plus, il protège les régions sous-cutanées des agressions mécaniques. Le derme renferme également les terminaisons nerveuses sensorielles permettant de véhiculer les informations reçues sur toute la peau (sensations du toucher, de la douleur et de la température), ainsi que des vaisseaux sanguins qui nourrissent l'épiderme et régulent la température du corps.

L'hypoderme. Il est formé de cellules riches en graisse (tissu adipeux). Parcouru par les vaisseaux sanguins, il contient les glandes qui sécrètent la sueur (glandes sudoripares) ainsi que les racines des poils les plus longs.

LES ANNEXES

Les poils et les cheveux. Ils naissent dans le derme et forment autour de leur racine une gaine appelée follicule pileux. Ils traversent ensuite l'épiderme avant de sortir de la peau par les pores. Une glande sébacée peut être annexée au poil, formant alors un follicule pilo-sébacé. La partie visible du poil ou du cheveu est la tige.

Les ongles. Ils sont constitués de plusieurs couches de kératine, très dures. Ils reposent sur la peau profonde et sont entourés d'une peau superficielle formant un repli (la cuticule), qui ferme hermétiquement les régions internes.

Les glandes sudoripares. Elles sont très nombreuses, surtout sur la paume des mains, la plante des pieds ainsi que les zones pileuses. Situées dans le derme, elles sont formées d'un peloton dans lequel la sueur est sécrétée et d'un canal étroit qui l'amène à la surface de la peau à travers le pore. Ces glandes ont pour fonction de réguler la température du corps et d'hydrater la peau.

LES GLANDES SÉBACÉES

Les glandes sébacées sont situées dans le derme. Excepté sur la plante des pieds et sur la paume des mains, elles sont présentes sur toute la surface de la peau, et prédominent sur le cuir chevelu, le visage et le dos. Elles sécrètent le sébum, une substance graisseuse dont le rôle essentiel est de lubrifier la peau, d'entretenir sa souplesse et de la protéger de certains agents pathogènes (bactéries, champignons).

LE CŒUR

Le cœur est un organe vital dont la fonction est d'assurer la circulation du sang dans le corps, permettant ainsi la distribution de l'oxygène et des nutriments à tous les tissus de l'organisme.

Le cœur est une sorte de pompe, assez puissante pour assurer l'irrigation de tout l'organisme. Il bat sans s'interrompre, en s'adaptant aux situations de repos et d'effort, et se contracte quelque 2,5 milliards de fois au cours de la vie.

ANATOMIE DU CŒUR

Le cœur est formé d'un muscle creux, le myocarde, situé dans la poitrine, entre les deux poumons. Il est irrigué par les artères coronaires et entouré d'un sac protecteur, le péricarde.

■ COUPE DU CŒUR ET DES VALVULES

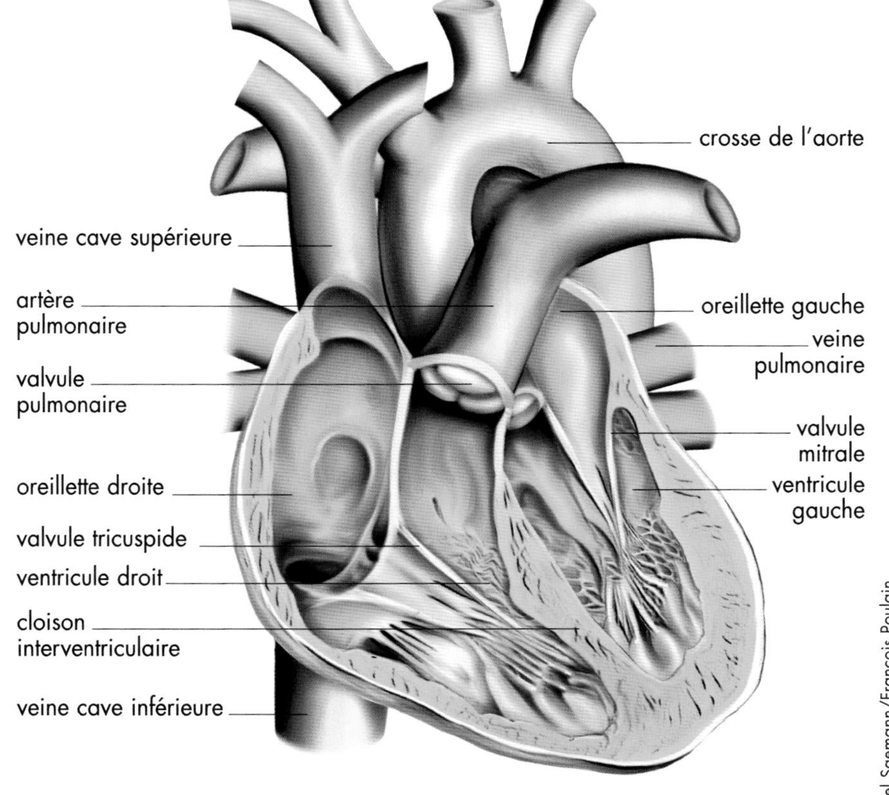

Michel Saemann/François Poulain

LA CARDIOLOGIE

La cardiologie est la spécialité médicale consacrée aux maladies du cœur et des vaisseaux. Le cardiologue peut être lui-même spécialisé dans une des branches de la cardiologie, comme :
– la réanimation cardiaque ;
– l'angéiologie, pour les maladies touchant les artères, les veines et les vaisseaux lymphatiques ;
– la phlébologie, pour les maladies des veines, notamment les varices des jambes.

Chaque battement du cœur est déclenché par des impulsions électriques émises par des cellules musculaires spécialisées, constituant le nœud sinusal.
Le cœur est formé de quatre cavités. Les deux cavités supérieures sont appelées oreillettes et les deux cavités inférieures (plus grandes et plus épaisses), ventricules. Chaque oreillette est reliée au ventricule correspondant par un orifice muni d'une valvule. De grosses veines alimentent en sang les oreillettes tandis que des artères emportent le sang chassé par les ventricules.
Les oreillettes. Elles sont séparées par une cloison fine, le septum interauriculaire. L'oreillette droite reçoit le sang désoxygéné, alors que l'oreillette gauche, un peu plus épaisse que

LE CYCLE CARDIAQUE

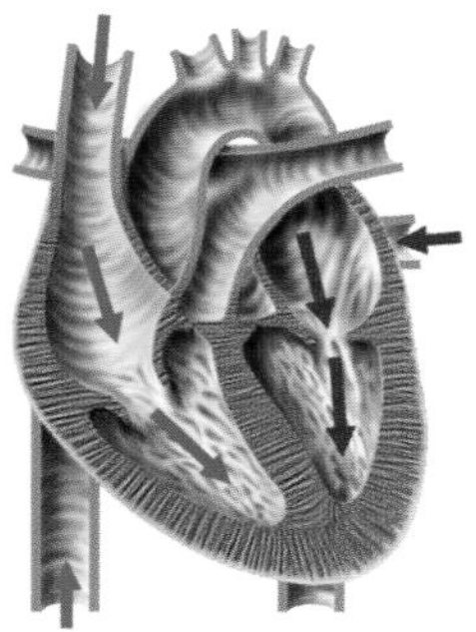

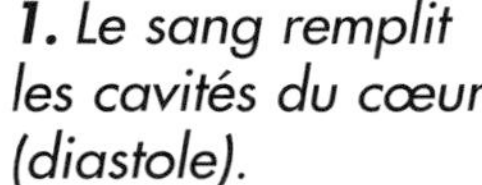

***1.** Le sang remplit les cavités du cœur (diastole).*

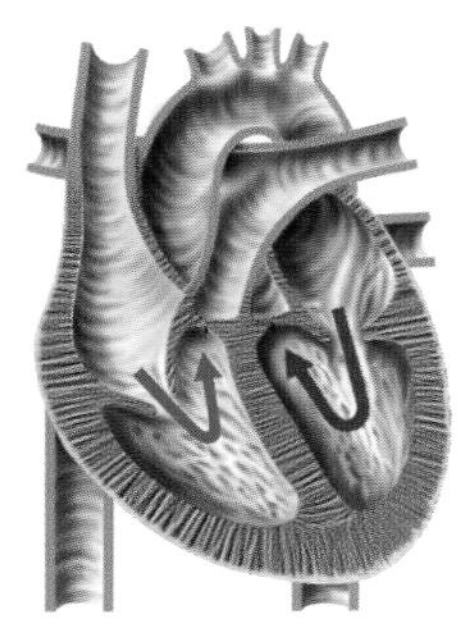

***2.** La systole (contraction) est d'abord auriculaire.*

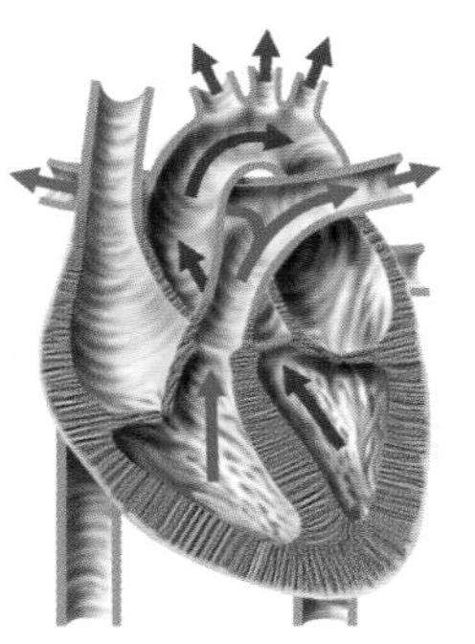

***3.** La contraction des ventricules expulse le sang.*

Michel Saemann/François Poulain

la droite, reçoit le sang enrichi en oxygène dans les poumons.

Les ventricules. Ils sont séparés par une cloison appelée septum interventriculaire. Le ventricule droit envoie le sang désoxygéné dans l'artère pulmonaire vers les poumons, alors que le ventricule gauche éjecte le sang oxygéné dans l'aorte vers l'ensemble du corps.

Les valvules. Au nombre de quatre, elles ne permettent le passage du sang que dans un seul sens, des oreillettes aux ventricules (valvule tricuspide à droite, valvule mitrale à gauche) et des ventricules aux artères qui partent du cœur (valvule pulmonaire à droite, valvule aortique à gauche).

L'arrivée du sang dans le cœur. Le retour du sang désoxygéné s'effectue dans l'oreillette droite par deux veines caves. Après s'être écoulé dans le ventricule droit, le sang est éjecté vers les poumons par l'artère pulmonaire. Après oxygénation dans les poumons, il retourne au cœur gauche par quatre veines pulmonaires.

Le cœur droit et le cœur gauche. Par l'artère pulmonaire, le cœur droit envoie le sang désoxygéné aux poumons : c'est la petite circulation. Le cœur gauche recueille le sang oxygéné qui vient des poumons et le propulse par l'aorte dans le corps : c'est la grande circulation.

LE FONCTIONNEMENT DU CŒUR

Le cœur assure la circulation du sang dans les vaisseaux, de manière à couvrir en permanence les besoins de l'organisme. Ceci est possible grâce à :

Ses qualités propres. Le cœur fonctionne automatiquement, échappant à notre volonté et à notre contrôle. Il bat continuellement en se contractant en moyenne 70 fois par minute et en propulsant entre 4,5 et 6 litres de sang par minute. Le rythme cardiaque, que le médecin perçoit à l'aide du stéthoscope, varie selon les personnes : plus rapide chez l'enfant, il ralentit à mesure que la personne vieillit. Le cœur a également une force de contraction intense et durable qui permet de faire des efforts d'endurance.

Des facteurs qui modulent son activité. Le rythme cardiaque est contrôlé par les nerfs du système nerveux végétatif. Au repos, c'est le nerf parasympathique (ou nerf vague) qui est prépondérant. À l'effort, la stimulation du cœur dépend de l'activation du nerf sympathique et de la libération d'hormones (catécholamines) dans le sang. Ces mécanismes permettent une grande capacité d'adaptation. Lors d'un effort, le renforcement de la contraction du myocarde et de la fréquence cardiaque (jusqu'à 200 fois par minute) permet d'évacuer plus de 40 litres de sang par minute, soit 8 fois environ le débit cardiaque au repos.

LES ARTÈRES CORONAIRES

Il en existe deux, l'une étant destinée au cœur droit, l'autre au cœur gauche. Ce sont les artères nourricières du muscle cardiaque, qui partent de l'aorte. L'obstruction de ces artères par des plaques d'athérome est responsable de l'angine de poitrine et de l'infarctus du myocarde. Parfois, si le traitement médicamenteux a échoué, un pontage est alors nécessaire : il consiste à poser un greffon entre l'artère coronaire et l'aorte pour rétablir la circulation en court-circuitant la partie de l'artère rétrécie ou bouchée.

LA CIRCULATION

L'appareil circulatoire assure la circulation et la distribution du sang à tout le corps. Il permet d'oxygéner les cellules et d'éliminer les déchets.

L'APPAREIL CIRCULATOIRE

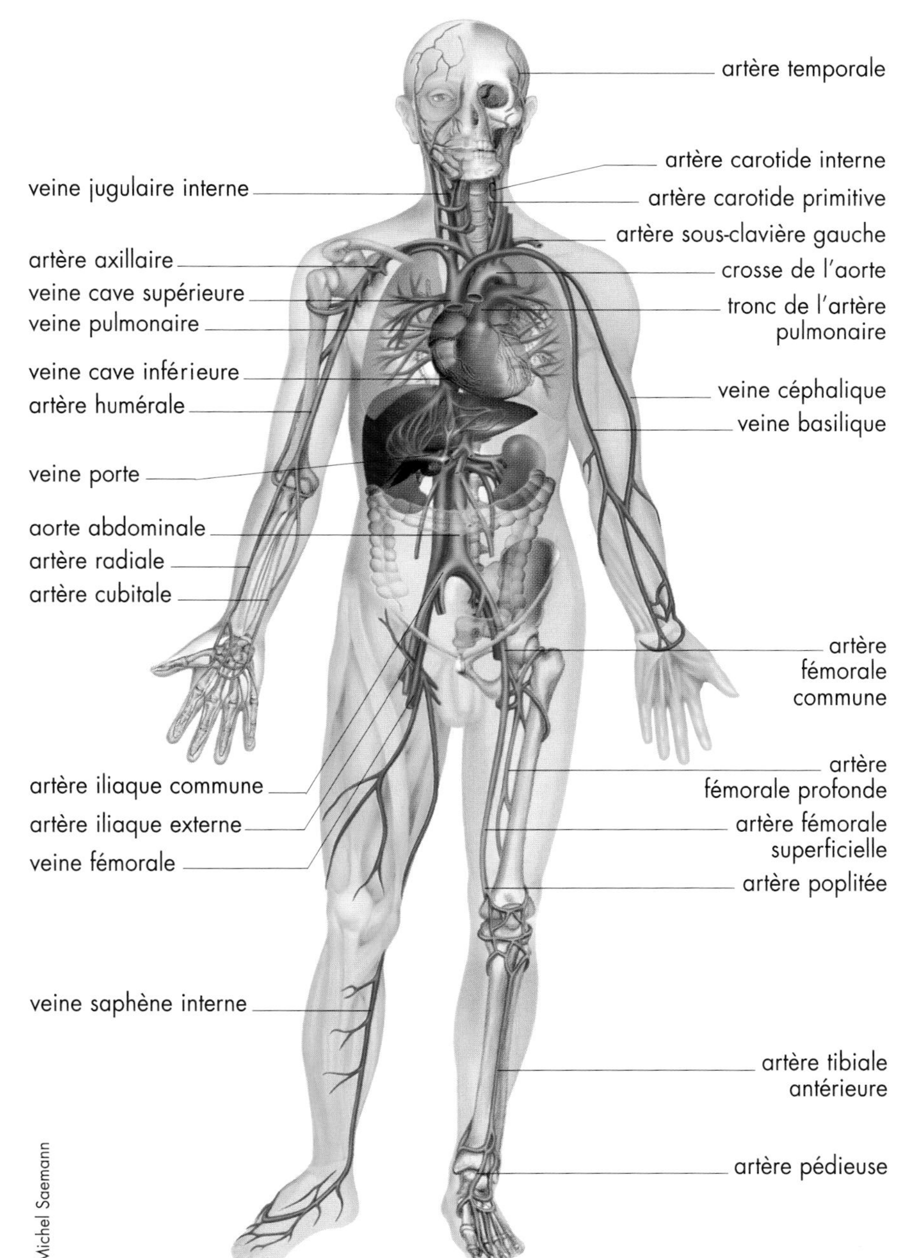

L'appareil circulatoire comprend une pompe, le cœur et un réseau très dense de vaisseaux (artères, veines, vaisseaux lymphatiques) qui irriguent le corps. Le diamètre des vaisseaux diminue progressivement du cœur (gros vaisseaux) jusqu'aux extrémités du corps (artérioles, veinules, capillaires).

LE CŒUR

Le cœur, formé de 4 cavités (2 oreillettes et 2 ventricules), pèse entre 250 et 300 grammes. Il est séparé en deux par des cloisons étanches formant le cœur droit et le cœur gauche. Sa paroi comprend trois enveloppes (ou tuniques) qui sont, de l'intérieur vers l'extérieur : l'endocarde, qui tapisse la face interne des cavités cardiaques et la surface des valvules ; le muscle cardiaque (myocarde), constitué de fibres musculaires ;

HARVEY ET LA CIRCULATION SANGUINE

En 1628, Richard Harvey, médecin anglais, découvrit les mécanismes de la circulation sanguine. Chirurgien et enseignant d'anatomie au Collège royal, il établit clairement la séparation entre cœur droit et cœur gauche et, ainsi, la distinction entre grande et petite circulation, en faisant des expériences sur l'homme et l'animal.

■ GRANDE ET PETITE CIRCULATION

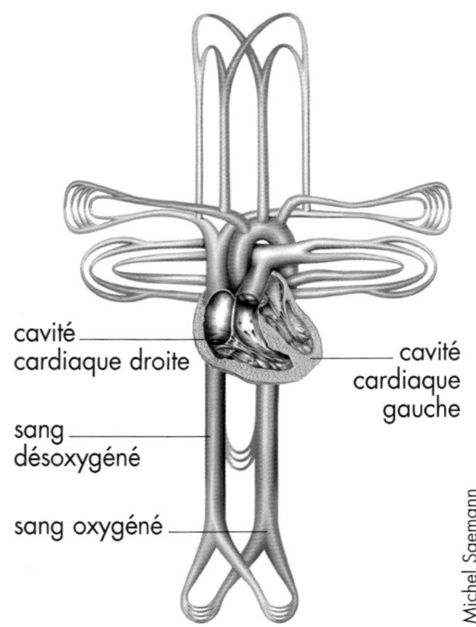

l'épicarde, qui tapisse la face externe du cœur ; et le péricarde, sac qui contient le cœur.

LES VAISSEAUX

Les artères. Le sang sort du cœur par les artères. Celles-ci conduisent le sang oxygéné du cœur vers les organes et le sang désoxygéné du cœur vers les poumons. Leur diamètre diminue depuis l'aorte et l'artère pulmonaire jusqu'aux artérioles.
Les veines. Elles doivent ramener le sang vers le cœur. Les deux veines caves ramènent le sang désoxygéné du corps vers le cœur. Les quatre veines pulmonaires ramènent le sang oxygéné des poumons vers le cœur. Leur diamètre augmente des veinules aux veines caves.
Les capillaires. Situés entre le réseau artériel et veineux, ils permettent les échanges entre le sang et les cellules, puis entre le sang et l'air, au niveau des alvéoles pulmonaires.

LES TYPES DE CIRCULATION

La circulation sanguine assure le transport de l'oxygène et des substances indispensables au fonctionnement des tissus, et l'élimination des déchets (gaz carbonique, notamment).
La grande circulation (ou circulation systémique). Elle assure la circulation du sang dans l'organisme, excepté les poumons, avec des particularités selon les tissus (circulations cérébrale, rénale, digestive).
La petite circulation (ou circulation pulmonaire). Elle assure l'élimination du gaz carbonique et la réoxygénation du sang au niveau des poumons.
Les circulations régionales.
– La circulation dans le cerveau. Elle est assurée par 4 artères cérébrales (deux carotides en avant du cou et deux vertébrales, en arrière) qui se réunissent à la base du cerveau. Le sang veineux est ensuite drainé vers le cœur par les grosses veines du cou (jugulaires).
– La circulation coronaire. Deux artères sont responsables de l'oxygénation du cœur : l'artère coronaire droite et l'artère coronaire gauche, ainsi que leurs branches de division.
– La circulation rénale. Elle est assurée par deux artères rénales qui conduisent le sang de l'aorte aux reins.

LE CONTRÔLE DE LA CIRCULATION

La circulation du sang nécessite une régulation précise et permanente. Des facteurs nerveux et hormonaux agissent sur elle.
Les facteurs nerveux. Le cœur est soumis à une double innervation par le nerf sympathique cardio-accélérateur et le nerf vague ou parasympathique cardio-modérateur.
Les facteurs hormonaux. Deux organes au moins participent à la régulation. Les reins sécrètent la rénine, qui participe au maintien de la pression artérielle, et la glande médullosurrénale fabrique des substances favorisant la transmission de l'influx nerveux (l'adrénaline, capable de stimuler le cœur).

L'ADAPTATION DE LA CIRCULATION

Les grandes capacités de modulation du cœur et la variation du diamètre des vaisseaux (vasomotricité) permettent à l'appareil circulatoire de réagir efficacement aussi bien au repos qu'à l'effort, à la chaleur ou au stress.

LA PRISE DE TENSION

Elle est effectuée à l'aide d'un tensiomètre, appareil composé d'un brassard, dont on entoure le bras du patient, d'une poire en caoutchouc qui permet de gonfler ce brassard et d'un système de lecture. La tension est la pression sanguine à l'intérieur des artères : elle s'exprime par deux chiffres en millimètres de mercure (mmHg). La tension normale d'un adulte est de 130/80 mmHg (tension de 13/8) ; elle s'élève avec l'âge, sans dépasser 160/95 mmHg (tension de 16/9,5). Au-delà, il s'agit d'hypertension artérielle.

LE SANG ET SON RÔLE

Le sang, liquide rouge et visqueux, circule dans les artères et les veines sous l'action de la pompe cardiaque. Il nourrit et oxygène les tissus de l'organisme, puis transporte les déchets vers les organes chargés de les éliminer.

Grâce à sa composition et à sa circulation rapide, le sang assure de multiples fonctions : grâce à l'hémoglobine des globules rouges, il véhicule l'oxygène vers les tissus ; le gaz carbonique, issu de ces tissus, est dissous sous forme de bicarbonates et éliminé au niveau des poumons ; il transporte les substances nutritives (glucides, lipides, protides) et les éléments nécessaires à la défense de l'organisme contre les bactéries, parasites et virus. Le sang est constitué de cellules (globules rouges et blancs, plaquettes) et de plasma, dans lequel baignent ces cellules.

LES GLOBULES ROUGES

Également appelés érythrocytes ou hématies, ils contiennent essentiellement l'hémoglobine, pigment rouge qui transporte l'oxygène vers les tissus. Les globules rouges relâchent donc cet oxygène et se chargent en retour de gaz carbonique, produit de déchet de l'activité des cellules, qu'ils transportent par les veines jusqu'aux poumons, où il est éliminé dans l'air expiré.
Les maladies touchant les globules rouges sont principalement les anémies (diminution du taux d'hémoglobine dans le sang) et les polyglobulies (prolifération de globules rouges). Les anémies ont de nombreuses causes : carence en fer chez les femmes enceintes ou celles qui ont des règles trop abondantes, hémorragie externe grave, déficit en vitamine B12, destruction

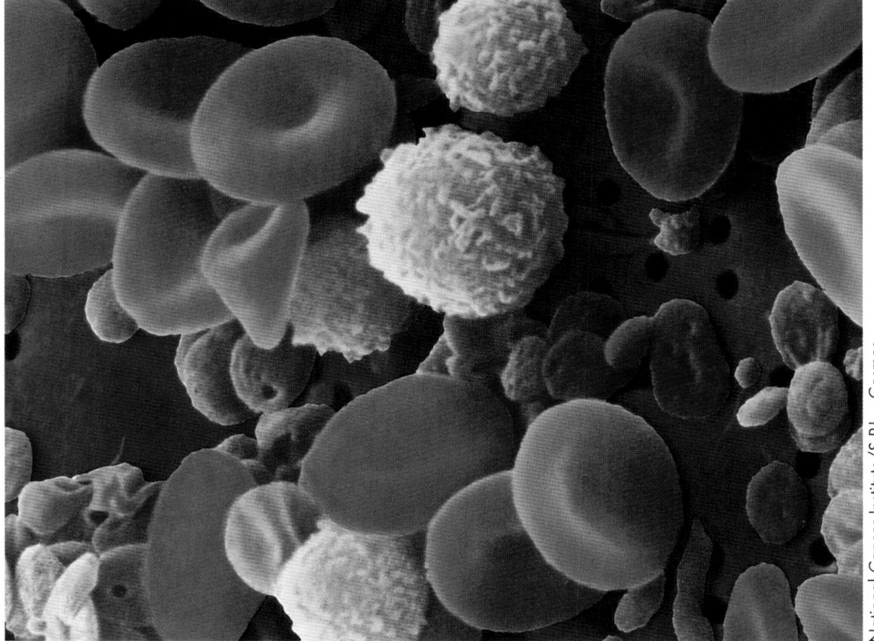

National Cancer Institute/S.P.L. - Cosmos

Le sang. *Il est composé de globules rouges (ici, en rouge), de globules blancs (ici, en jaune) et de plaquettes (ici, en rose).*

L'HÉMATOLOGIE

L'hématologie est la branche de la médecine qui étudie le sang, la moelle et les ganglions. Elle a permis la compréhension de processus physiologiques et pathologiques, également applicables à d'autres tissus : le fonctionnement du globule rouge, le mode de régulation des gènes de l'hémoglobine, la spécialisation des cellules souches de la moelle osseuse, le mécanisme de la transformation maligne des cellules, etc. Les succès de cette science ont conduit à une hyperspécialisation : spécialistes des maladies de l'hémoglobine, des leucémies, des greffes, etc.

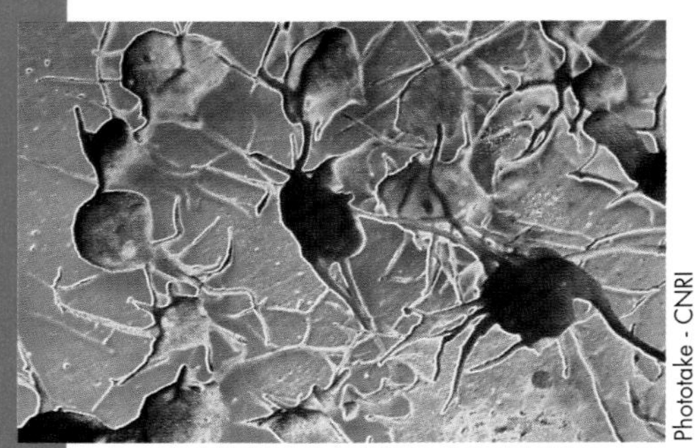

Les plaquettes. *Au début de la coagulation, elles adhèrent à la paroi d'un vaisseau sanguin.*

des globules rouges lors du paludisme ou de la prise de substances toxiques, défaut de production du sang découlant d'anomalies génétiques. Les polyglobulies sont liées à une sensibilité anormale à une hormone, l'érythropoïétine, qui stimule la production de globules rouges, ou à une sécrétion trop élevée de cette hormone.

LES GLOBULES BLANCS

Ils sont également appelés leucocytes. Il en existe plusieurs types, qui ont des rôle différents. Les polynucléaires neutrophiles et les monocytes jouent un rôle essentiel dans la défense contre les infections par les bactéries et les champignons microscopiques et contre les parasites. Les lymphocytes sont les supports cellulaires de l'immunité spécifique (certaines substances sont reconnues par l'organisme comme lui étant étrangères). Une augmentation du nombre des polynucléaires éosinophiles témoigne d'une allergie ou d'une infection par un parasite. Enfin, les polynucléaires basophiles ont un rôle encore mal connu.

Les maladies touchant les globules blancs sont surtout les leucémies, affections entraînant une production de globules blancs anormaux et la disparition de la moelle saine. Par ailleurs, les maladies infectieuses peuvent être favorisées par un manque de polynucléaires neutrophiles, de monocytes ou de lymphocytes.

LES PLAQUETTES

Également appelées thrombocytes, ce sont les plus petites cellules sanguines. Elles jouent un rôle essentiel dans l'arrêt des hémorragies, qui n'est possible que si les plaquettes adhèrent à la paroi du vaisseau sanguin lésé, s'agrègent entre elles et libèrent leur contenu. Il se forme alors l'ébauche d'un caillot sanguin, appelé le clou plaquettaire.
On distingue surtout trois types d'affections pouvant toucher les plaquettes : la diminution de leur nombre (thrombopénie), l'augmentation de leur nombre (thrombocytose) et l'anomalie de leur fonction (thrombopathie). Ces affections provoquent des troubles de la coagulation.

LE PLASMA

Liquide jaune paille, il est composé à 95 % d'une eau légèrement salée et d'autres éléments (dont des éléments nutritifs, des déchets et des protéines). Les éléments nutritifs sont les sucres (notamment le glucose), les graisses (cholestérol, triglycérides, acides gras), les acides aminés, les sels minéraux et les vitamines. Ces éléments sont transportés vers les tissus et vers des lieux de stockage (comme le foie), d'où ils sont libérés au fur et à mesure des besoins du corps. Les déchets sont principalement l'urée et la bilirubine (produit de la destruction des globules rouges). Les protéines sont très nombreuses : ce sont en particulier les immunoglobulines ; les facteurs de la coagulation, dont le fibrinogène ; l'albumine, qui joue un rôle essentiel pour le transport des hormones et des vitamines ; les hormones ; certains facteurs de croissance, qui régulent la production des diverses cellules de l'organisme. Certaines maladies influent sur la composition du plasma, comme celles du foie (cirrhose) et du rein (insuffisance rénale).

LA CIRCULATION DU SANG

Pour apporter l'oxygène aux cellules, le sang emprunte deux circuits : le premier (petite circulation) lui permet de se réoxygéner au contact des alvéoles pulmonaires (éléments terminaux des ramifications des bronches) ; le second (grande circulation) irrigue les organes en sang réoxygéné. La circulation du sang est assurée par les contractions du muscle cardiaque. À chaque contraction, celui-ci envoie la moitié du sang vers les poumons, par les artères pulmonaires ; l'autre moitié est propulsée par l'aorte et les artères vers les tissus.

LE SANG ET SA COMPOSITION

L'analyse de sang définit le taux des différents composants du sang. La variation de ce taux est une indication pour diagnostiquer des maladies.

La composition du sang est analysée à partir d'un échantillon de sang recueilli dans une veine, au pli du coude. À partir de ce prélèvement, différents types d'analyses sont effectués. Leur résultat est comparé à des normes standard appelées, dans les tableaux, « nombre par litre », « valeurs normales par litre », qui peuvent varier en fonction de l'âge et du sexe du patient et de particularités individuelles.

ÉLÉMENTS FIGURÉS DU SANG (cellules sanguines – globules rouges et blancs, et plaquettes –, sauf le plasma)

	Principales causes de diminution	Nombre par millimètre cube	Principales causes d'augmentation
Globules rouges (hématies)	Anémie.	de 4 000 000 à 6 200 000 (selon l'âge et le sexe)	Polyglobulie.
Globules blancs (leucocytes)	Infections virales, maladie maligne du sang, chimiothérapie.	de 4 000 à 10 000	État infectieux, cancer du sang (leucémie).
Formule leucocytaire			
– Polynucléaires neutrophiles	Ethnie (Afrique), infection virale, toxicité médicamenteuse, maladie maligne du sang.	de 1 700 à 7 500	Infection bactérienne, inflammation, tabagisme, certains médicaments, maladie maligne du sang.
– Polynucléaires éosinophiles		de 0 à 500	Allergie, parasitose.
– Polynucléaires basophiles		de 0 à 200	
– Mononucléaires lymphocytes	Déficit immunitaire.	de 500 à 4 500	Infection virale et bactérienne, maladie maligne du sang.
– Mononucléaires monocytes		de 0 à 1 000	Inflammation, maladie maligne du sang.
Plaquettes (thrombocytes)	Atteinte de la moelle osseuse, maladie immunologique, toxicité médicamenteuse.	de 150 000 à 450 000	État inflammatoire, ablation de la rate, stimulation de la moelle osseuse.

PRINCIPAUX CONSTITUANTS DU PLASMA SANGUIN

	Dénomination du taux sanguin	Principales causes de diminution	Valeurs normales par litre* en unités conventionnelles	Valeurs normales par litre* en unités internationales	Principales causes d'augmentation
Glucides et lipides					
Glucose	Glycémie	Coma hypoglycémique, jeûne, insuffisance surrénalienne.	de 0,8 à 1,2 g	de 4,4 à 6,7 mmol	Diabète, hypercorticisme.
Triglycérides	Triglycéridémie	Insuffisance hépatique, malnutrition.	de 0,5 à 1,4 g	de 0,6 à 1,5 mmol	Diabète, excès alimentaires, facteurs génétiques.
Cholestérol	Cholestérolémie	Hyperthyroïdie, insuffisance hépatique, malnutrition.	de 2 à 2,5 g	de 5,2 à 6,5 mmol	Facteurs génétiques, hypothyroïdie.

* Valeurs chez l'homme adulte à jeun, ces chiffres pouvant légèrement varier d'un laboratoire à l'autre.
mmol = millimole ; µmol = micromole

LE SANG ET SA COMPOSITION

	Dénomination du taux sanguin	Principales causes de diminution	Valeurs normales par litre* en unités conventionnelles	Valeurs normales par litre* en unités internationales	Principales causes d'augmentation
Éléments minéraux, électrolytes					
Sodium	Natrémie	Hyperhydratation, traitement diurétique.	de 3,10 à 3,45 g	de 135 à 150 mmol	Déshydratation.
Potassium	Kaliémie	Diarrhée, syndrome de Conn, traitement diurétique.	de 136 à 196 mg	de 3,5 à 5 mmol	Insuffisance rénale.
Chlore	Chlorémie	Diarrhée, vomissements, traitement diurétique.	de 3,4 à 3,9 g	de 95 à 110 mmol	Insuffisance rénale.
Calcium	Calcémie	Déficit en vitamine D (rachitisme).	de 96 à 104 mg	de 2,4 à 2,6 mmol	Hyperparathyroïdie, cancer des os, myélome.
Fer	Sidérémie	Grossesse, allaitement, état infectieux.	de 0,6 à 1,3 mg	de 11 à 23 µmol	Hémochromatose.
Enzymes					
Transaminases (ASAT, ALAT)	Transaminasémie		de 2 à 50 U Wroblewski	de 2 à 20 UI	Infarctus du myocarde, hépatite aiguë, cirrhose
Protides et autres constituants azotés					
Acide urique	Uricémie	Hépatite aiguë.	de 20 à 70 mg	de 120 à 420 µmol	Goutte, insuffisance rénale, hémopathie.
Bilirubine conjuguée (directe)		Sans cause significative.	inférieure à 2,3 mg	inférieure à 4 µmol	Hépatite, obstruction biliaire.
Bilirubine non conjuguée (libre ou indirecte)		Sans cause significative.	inférieure à 10 mg	inférieure à 17 µmol	Hémolyse, maladie de Gilbert, cirrhose.
Créatinine	Créatininémie	Cachexie.	de 7 à 13,6 mg	de 50 à 120 µmol	Insuffisance rénale.
Fibrinogène	Fibrinémie	Insuffisance hépatique.	de 2 à 4,5 g		État inflammatoire.
Protéines totales, dont :	Protidémie	Malnutrition, syndrome néphrotique, insuffisance hépatique.	de 60 à 80 g		Déshydratation, état de choc.
Albumine	Albuminémie	Malnutrition, syndrome néphrotique, insuffisance hépatique.	de 33 à 49 g		Déshydratation, état de choc.
Globulines totales, dont :	Globulinémie	Hypogammaglobulinémie	de 20 à 24 g		Cirrhose, myélome, état de choc.
Alpha 1-globulines		Syndrome néphrotique.	de 2 à 4 g		Infections.
Alpha 2-globulines		Sans cause significative.	de 3 à 7 g		État inflammatoire.
Bêta-globulines		Sans cause significative.	de 5 à 10 g		Cirrhose.
Gamma-globulines		Déficits immunitaires.	de 6 à 12 g		Cirrhose, myélome, état inflammatoire et infectieux.

* Valeurs chez l'homme adulte à jeun, ces chiffres pouvant légèrement varier d'un laboratoire à l'autre.
mmol = millimole ; µmol = micromole.
UI = unités internationales.

LES GROUPES SANGUINS

Tout le monde n'a pas exactement le même sang. La classification du sang en groupes ayant des caractéristiques identiques est indispensable pour assurer la compatibilité entre donneurs et receveurs lors de transfusions.

Le sang est composé d'une partie liquide, le plasma, et de cellules : les globules rouges, les globules blancs et les plaquettes. Il existe à la surface de ces cellules – surtout des globules rouges –, des substances appelées antigènes. Leur rôle est de réagir quand des éléments étrangers sont introduits dans l'organisme, en formant des anticorps ; c'est ce qu'on appelle la réaction immunitaire. Or, ces antigènes diffèrent d'un individu à un autre. Une personne que l'on transfuse avec des globules rouges portant un antigène qu'elle-même ne possède pas réagit en formant des anticorps contre cet antigène. La transfusion peut alors être inefficace (destruction des globules rouges transfusés par le sérum du receveur) ou entraîner la destruction des globules rouges du receveur, avec des conséquences parfois très graves : fièvre, insuffisance rénale, état de choc. C'est pourquoi, avant toute transfusion, on recherche quels sont les antigènes contenus dans le sang du receveur pour lui donner un sang compatible.

Il existe de nombreuses variétés d'antigènes (une vingtaine pour les seuls globules rouges). Les différents antigènes appartenant

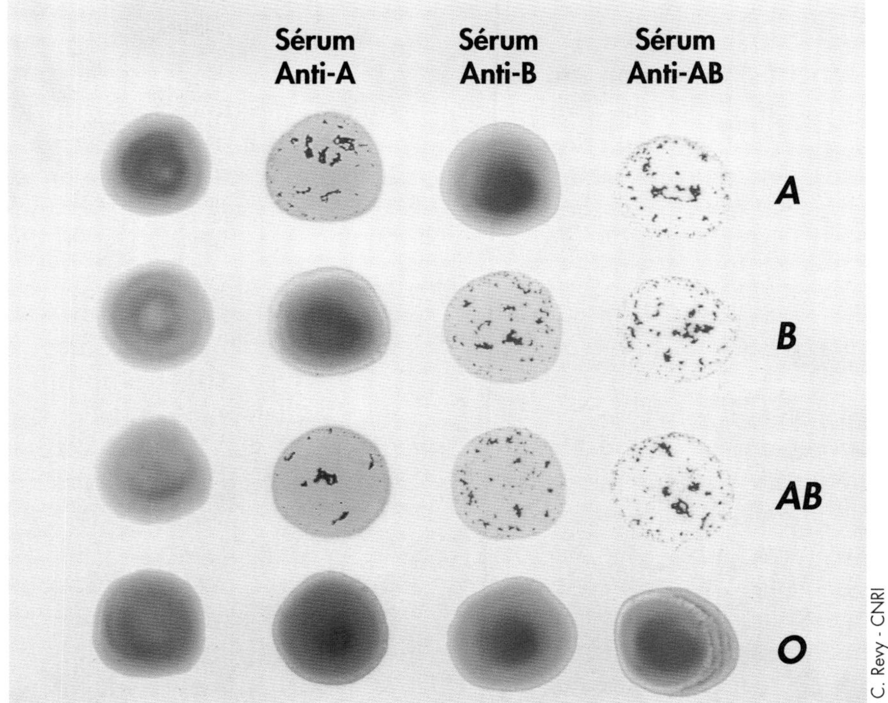

La détermination du groupe sanguin. *Des globules rouges issus d'un échantillon de sang du patient sont mélangés à des sérums-tests ; les réactions obtenues permettent de connaître son groupe.*

LA DÉTERMINATION DU GROUPE SANGUIN

Pour déterminer le groupe sanguin (système ABO) d'une personne, on fait agir sur ses globules rouges des sérums-tests connus. Ceux-ci entraînent, si le sérum contient des anticorps correspondant aux antigènes présents sur les globules rouges, une réaction dite d'agglutination : les globules rouges constituent des petits amas. Selon le groupe, les globules rouges sont agglutinés par un sérum-test particulier : sérum-test contenant des anticorps anti-B pour un sang de groupe B ou AB ; sérum-test anti-A pour un sang de groupe A ou AB. Un sang de groupe O n'agglutine avec aucun sérum-test.

à une même variété constituent ce qu'on appelle un groupe sanguin. Il y a donc de nombreux groupes sanguins, mais tous n'ont pas la même importance en cas de transfusion. En effet, la compatibilité au sein d'un même groupe ne doit être impérativement respectée que pour deux catégories d'antigènes, respectivement nommées systèmes ABO et Rhésus.

LE SYSTÈME ABO

Ce système fut découvert en 1900 par le médecin allemand Karl Landsteiner. Celui-ci, en mélangeant le sang de différentes personnes, découvrit que seuls certains mélanges pouvaient être effectués lors d'une transfusion. Il mit ainsi en évidence deux antigènes présents à la surface des globules rouges, qu'il appela A et B. Selon que le sang d'une personne contenait l'un ou l'autre de ces antigènes, les deux ou aucun, il les classa dans le groupe A, B, AB ou O. Par ailleurs, il découvrit que le sang contenait des anticorps qui différaient selon que l'on appartient à tel ou tel groupe : les personnes du groupe B ont des anticorps anti-A, celles du groupe A ont des anticorps anti-B, et celles du groupe O ont des anticorps anti-A+B. Les personnes du groupe O, qui peuvent théoriquement donner leur sang à des personnes de tout groupe (mais ne peuvent recevoir que du sang de groupe O), sont dits donneurs universels ; à l'inverse, les personnes du groupe AB, qui peuvent recevoir du sang de n'importe quel groupe, sont dits receveurs universels.

LE SYSTÈME RHÉSUS

Découvert par le même médecin, en 1940, ce système apporte une information supplémentaire à la classification établie par le système ABO. Le système Rhésus doit son nom à un singe d'Asie du Sud-Est sur lequel Landsteiner faisait ses expériences. Ce système distingue de nombreux antigènes, dont cinq (D, C, c, E et e) sont réellement importants, c'est-à-dire susceptibles d'entraîner la formation d'anticorps lorsqu'ils sont transfusés à un patient ne possédant pas l'antigène correspondant. Une personne qui possède l'antigène D est dite Rhésus positif (Rh+), celle qui n'en possède pas, Rhésus négatif (Rh–). Les globules rouges sont en outre porteurs des antigènes C, E, c et e, différemment associés selon des lois génétiquement déterminées : un globule rouge qui ne porte pas l'antigène C est nécessairement porteur de l'antigène c, et réciproquement. Il en va de même pour les antigènes E et e.

LES AUTRES SYSTÈMES

Il existe d'autres groupes, déterminés par différents antigènes présents à la surface des globules rouges.

Le système Kell est le plus important à connaître en ce qui concerne la transfusion. On recherche des anticorps de ce système chez les femmes enceintes et chez les multitransfusés.

D'autres classifications ont trait à d'autres cellules sanguines : il existe des antigènes propres aux plaquettes (essentiellement PLA 1 et PLA 2), qui offrent peu d'intérêt en transfusion. Enfin, le système HLA (de l'anglais *Human Leucocyte Antigen*) repose sur la classification d'antigènes existant sur les cellules du sang, sauf les globules rouges ; il présente un intérêt en transfusion et est également pris en considération en cas de transplantation de moelle osseuse ou d'organes.

L'INCOMPATIBILITÉ ENTRE LA MÈRE ET LE FŒTUS

Lorsqu'une femme Rh– est enceinte d'un enfant Rh+, le contact de son sang avec celui de l'enfant qu'elle porte entraîne chez elle la formation d'anticorps anti-Rhésus. Ce contact ne survient habituellement que lors de l'accouchement. Mais si cette femme attend un deuxième enfant Rh+, ses anticorps anti-Rhésus risquent de détruire les globules rouges du fœtus, exposant celui-ci à une grave anémie, la maladie hémolytique du nouveau-né. Aujourd'hui, les femmes enceintes sont soumises à un examen sanguin au début de leur grossesse pour vérifier si elles sont Rh–. Dans ce cas, après l'accouchement et si l'enfant qu'elles viennent de mettre au monde est Rh+, on leur injecte une substance empêchant la formation d'anticorps anti-Rhésus. La maladie hémolytique est ainsi en voie de disparition.

LES POUMONS

Les poumons sont constitués d'une multitude de sacs remplis d'air, les alvéoles pulmonaires. Ils fournissent l'oxygène à tout le corps et éliminent le gaz carbonique du sang.

Les poumons sont les principaux organes de l'appareil respiratoire. C'est à travers la paroi des alvéoles pulmonaires, parcourues d'un très fin réseau de vaisseaux sanguins – les capillaires –, que se produisent les échanges gazeux (passage de l'oxygène dans le sang et élimination du gaz carbonique) nécessaires à l'oxygénation des tissus et à l'élimination des déchets cellulaires.

LA STRUCTURE

Les poumons, au nombre de deux, sont situés dans la cage thoracique, et séparés l'un de l'autre par une zone médiane, appelée médiastin. Ils ressemblent à des éponges remplies d'air. Reposant sur un muscle, le diaphragme, ils sont entourés chacun par une double membrane très fine, la plèvre. Les poumons ne sont pas capables de mouvements respiratoires par eux-mêmes. Ce sont les muscles de la cage thoracique, et surtout le diaphragme, qui permettent les mouvements d'inspiration et d'expiration. Chaque poumon est formé de plusieurs lobes accolés : trois lobes pour le poumon droit, deux pour le gauche. Ces lobes sont séparés par des scissures, deux à droite et une à gauche. À l'intérieur des poumons se trouvent des conduits cylindriques issus de la trachée, les bronches : celles-ci sont en partie formées de cartilage, ce qui leur permet de rester ouvertes. Les deux bronches principales (une par poumon) se subdivisent dans chaque poumon en bronches plus petites (bronches lobaires), puis

LE MÉDIASTIN

C'est la région médiane du thorax. Elle est située entre les deux poumons, la colonne vertébrale (au niveau des vertèbres dorsales), en arrière, et le sternum, en avant. Le médiastin contient le cœur et ses vaisseaux (aorte, artère pulmonaire, veines caves). Il comporte également la trachée et les bronches les plus grosses, la plus grande partie de l'œsophage, des nerfs, des vaisseaux et des ganglions lymphatiques. Il peut être le siège d'inflammations et de tumeurs.

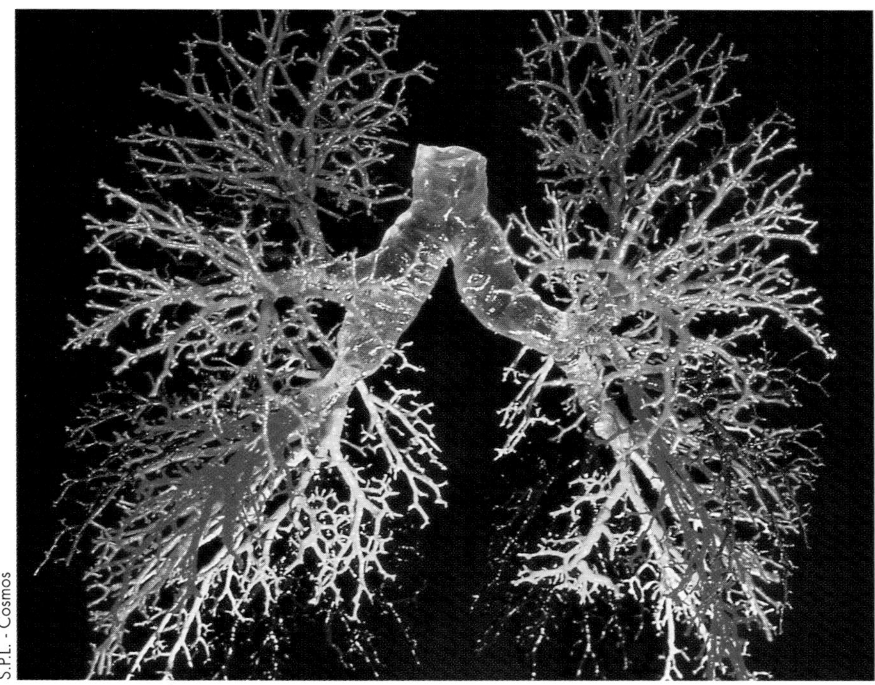

S.P.L. - Cosmos

L'arbre bronchique. *Les deux bronches principales se séparent en petites bronches, puis en rameaux et enfin en bronchioles.*

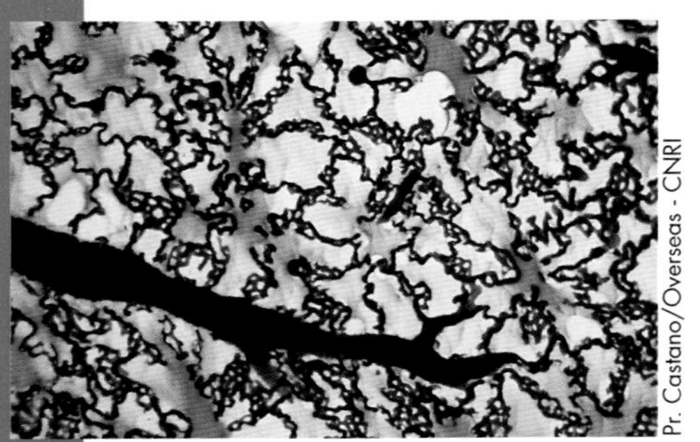

***Alvéoles pulmonaires.** En bas, un capillaire, vaisseau amenant le sang au contact des alvéoles.*

LE DIAPHRAGME

C'est le muscle respiratoire principal, sur lequel repose la base des poumons. Il ferme le bas de la cage thoracique, la séparant des viscères contenus dans l'abdomen. Ayant la forme de deux coupoles, une droite et une gauche, il est constitué de faisceaux de muscles fixés sur la face interne des dernières côtes. Lorsqu'il se contracte, il s'abaisse, s'aplatit, augmentant le volume de la cage thoracique et créant un appel d'air extérieur qui pénètre dans les poumons : c'est l'inspiration. À l'inverse, lorsqu'il se relâche, il remonte dans la cage thoracique, refoulant l'air contenu dans les poumons : c'est l'expiration.

en ramifications de taille décroissante, enfin en bronchioles ; à leur extrémité se trouvent de nombreux sacs microscopiques, les alvéoles, qui forment l'essentiel du tissu pulmonaire. Les alvéoles sont groupées par cinq ou six ; chaque groupe (formant un acinus pulmonaire) est desservi par une microbronchiole. L'intérieur des alvéoles est entièrement tapissé par une couche très fine constituée d'une substance appelée le surfactant ; celle-ci est sécrétée par certaines cellules des alvéoles, les pneumocytes 2. Le rôle du surfactant est très important : il empêche les alvéoles de s'effondrer sur elles-mêmes en se vidant de leur air ; de plus, il favorise les échanges gazeux, et jouerait un rôle dans la prévention des infections pulmonaires.

LES DEUX RESPIRATIONS

On distingue deux respirations, dites externe et interne. La respiration externe est celle qui se déroule à l'intérieur des poumons (échanges gazeux). La respiration interne est celle qui se déroule au sein des tissus de l'organisme : l'oxygène est utilisé comme source d'énergie par les cellules au cours de réactions chimiques complexes faisant intervenir le glucose ; ces réactions ont pour résultat la production de gaz carbonique, qui sera acheminé par le sang jusqu'aux poumons.

LE PARCOURS DE L'AIR DANS LES POUMONS

L'air inspiré traverse les fosses nasales, le pharynx et le larynx, pénètre dans la trachée par la glotte, orifice situé entre les cordes vocales, et gagne les bronches, les bronchioles, puis les alvéoles. C'est à travers la très fine paroi de ces dernières que se produit le transfert d'oxygène de l'air vers le sang (hématose). Le sang veineux rouge sombre est transformé en sang artériel rouge vif. Les alvéoles cèdent leur gaz carbonique, qui suit le chemin inverse et est expiré par la bouche.

La membrane à travers laquelle s'effectuent les échanges gazeux (ou barrière alvéolocapillaire), est très étendue : mise à plat, elle mesurerait environ, chez un adulte, 80 mètres carrés. C'est la raison pour laquelle un seul poumon suffit à assurer les échanges gazeux : une personne ayant subi l'ablation chirurgicale d'un poumon respire normalement.

LES EXAMENS ET LES MALADIES

L'examen de base consiste en un examen clinique ; celui-ci comprend l'inspection du thorax, la percussion (le médecin frappe d'un doigt le thorax à différents endroits pour en étudier la résonance) et l'auscultation au stéthoscope. L'examen complémentaire le plus souvent demandé en pneumologie est la radiographie du thorax, qui peut être parfois complétée par un scanner thoracique.

Les maladies des poumons, également appelées pneumopathies, sont principalement la pneumonie, la tuberculose pulmonaire, l'embolie pulmonaire, les pneumoconioses, la fibrose, l'alvéolite. Le poumon peut aussi être le siège de tumeurs, bénignes (kystes) ou malignes (cancers bronchopulmonaires).

OREILLES, NEZ ET GORGE

C'est grâce aux oreilles, au nez et à la gorge que nous entendons, sentons et respirons. Mais ces organes participent aussi aux fonctions de la parole, de la digestion et de l'équilibre.

En médecine, les oreilles, le nez et les organes situés à l'intérieur de la gorge (pharynx et larynx) sont traités par un même médecin spécialiste : l'oto-rhino-laryngologiste.

LES OREILLES

La structure. L'oreille (également présentée par ailleurs avec les organes des sens) comprend trois parties.

– L'oreille externe. Elle est formée du pavillon et du conduit auditif externe.

– L'oreille moyenne. C'est une cavité – la caisse du tympan –, séparée du conduit auditif externe par le tympan et de l'oreille interne par deux membranes. En outre, elle comprend des petits os, les osselets (marteau, enclume et étrier). L'oreille moyenne communique avec le pharynx par un canal, la trompe d'Eustache, qui joue un rôle important dans l'équilibre des pressions. Enfin, l'oreille moyenne comprend de petites cavités creusées dans l'os situé derrière l'oreille (mastoïde).

– L'oreille interne. Elle est formée par un ensemble de canaux qui constituent deux parties : la cochlée et le labyrinthe.

Les fonctions. Ce sont celles de l'audition et de l'équilibre.

– L'audition. Les sons, recueillis par le pavillon et le conduit auditif externe, font vibrer le tympan. Ces vibrations sont transmises, par l'intermédiaire des osselets, de l'oreille moyenne à l'oreille interne, qui les transforme en influx nerveux transmis au cerveau.

– L'équilibre. Les structures situées dans l'oreille et participant à la fonction de l'équilibre se trouvent dans la partie postérieure du labyrinthe : il s'agit du vestibule et des canaux semi-circulaires. Ces structures renseignent sur la position de la

A. Kubacsi - Phanie

La nature. *Loin des sources de pollution atmosphérique et sonore, l'ouïe et l'odorat recouvrent toutes leurs facultés.*

L'OTO-RHINO-LARYNGOLOGIE (ORL)

Cette spécialité médicale se consacre à l'étude des oreilles, du nez et de la gorge, et au traitement des maladies de la zone située entre la base du crâne et le bas du cou. Les affections prises en charge en ORL sont les infections, les surdités (présentées plus longuement par ailleurs), les vertiges, les tumeurs, les interventions chirurgicales des amygdales, des végétations, des glandes parotides et de la thyroïde, et certaines interventions de chirurgie esthétique.

tête dans l'espace et sur ses déplacements (accélération linéaire, au démarrage d'une voiture par exemple, rotation vers la droite ou la gauche, etc.). Ces informations sont transmises au système nerveux central par le nerf vestibulaire, puis intégrées avec d'autres informations (notamment visuelles) dans un système complexe intervenant dans la perception spatiale du corps.

LE NEZ ET LES SINUS

Le nez. Partie initiale des voies respiratoires, le nez contient deux cavités tapissées de muqueuses, les fosses nasales. Celles-ci s'ouvrent sur l'extérieur par les narines. Vers l'intérieur, elles communiquent avec la partie supérieure de la gorge par l'intermédiaire de deux orifices appelés choanes.
Le nez participe à la respiration. L'air inspiré entre par les fosses nasales, qui l'humidifient, le réchauffent et le filtrent grâce au mucus et aux cils qui retiennent les impuretés. Le nez est aussi l'organe de l'odorat : la paroi supérieure des fosses nasales est tapissée d'une muqueuse où se trouvent les cellules sensorielles olfactives.
Les sinus. Ce sont des cavités remplies d'air, creusées dans les os de la tête et s'ouvrant dans les fosses nasales. Ils sont disposés symétriquement de part et d'autre du visage, et tapissés d'une muqueuse semblable à celle des fosses nasales.

LA GORGE

C'est l'intérieur du cou, qui comprend deux zones distinctes : le pharynx et le larynx ; ceux-ci constituent le carrefour entre les voies aériennes et les voies digestives.
Le pharynx. C'est une cavité débutant aux choanes (zone de jonction avec les fosses nasales) et se poursuivant au fond de la gorge jusqu'à l'œsophage. Les muscles qui le constituent lui permettent de se rétrécir (muscles constricteurs) et de s'élever (muscles élévateurs) : lors de la déglutition, le pharynx propulse les aliments et les liquides de la bouche vers les voies digestives. Le bas du pharynx débouche sur le larynx en avant et sur l'œsophage en arrière.
Le larynx. C'est une sorte de cylindre creux et rigide constitué de onze cartilages, dont le plus volumineux, le cartilage thyroïde, est formé de deux lames symétriques dessinant une protubérance (pomme d'Adam). Les cordes vocales font partie du larynx ; elles sont constituées de deux bandes musculaires recouvertes de muqueuse, qui se rejoignent en avant et sont rattachées en arrière sur deux des cartilages du pharynx, les aryténoïdes.
Le larynx est l'organe de la phonation : lorsqu'on émet un son, l'air expiré fait vibrer les cordes vocales ; les cavités de résonance du nez et du pharynx ainsi que la langue assurent la modulation des sons.

LARYNX

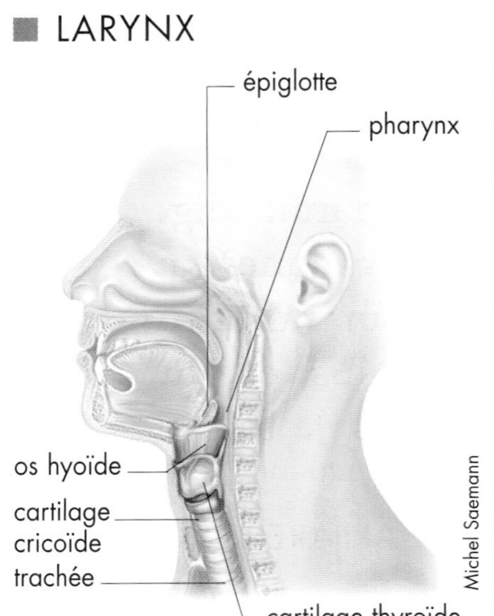

LES GLANDES SALIVAIRES

Elles sont constituées d'une multitude de cellules chargées de sécréter la salive et de la libérer dans la bouche ; elles participent ainsi au démarrage de la digestion. Elles comprennent deux glandes parotides, les plus volumineuses, situées en avant et en dessous des oreilles, deux glandes sous-maxillaires et deux glandes sublinguales, dans la partie inférieure de la bouche, ainsi que de nombreuses glandes dans la muqueuse buccale.

LA LANGUE

Constituée de muscles enveloppés dans une fine muqueuse, la langue est formée de deux parties : la base, qui débute au fond de la bouche, et la partie mobile, située dans la bouche. La langue est l'organe du goût : nous percevons les saveurs grâce aux papilles gustatives. Elle intervient également dans la déglutition, en poussant les aliments vers l'arrière de la bouche, et joue un rôle essentiel dans la production des sons.

L'APPAREIL DIGESTIF

L'appareil digestif correspond à l'ensemble des organes qui participent à la digestion. Il comprend le tube digestif, qui va de la bouche à l'anus, et plusieurs glandes : les glandes salivaires, le foie et le pancréas.

L'APPAREIL DIGESTIF

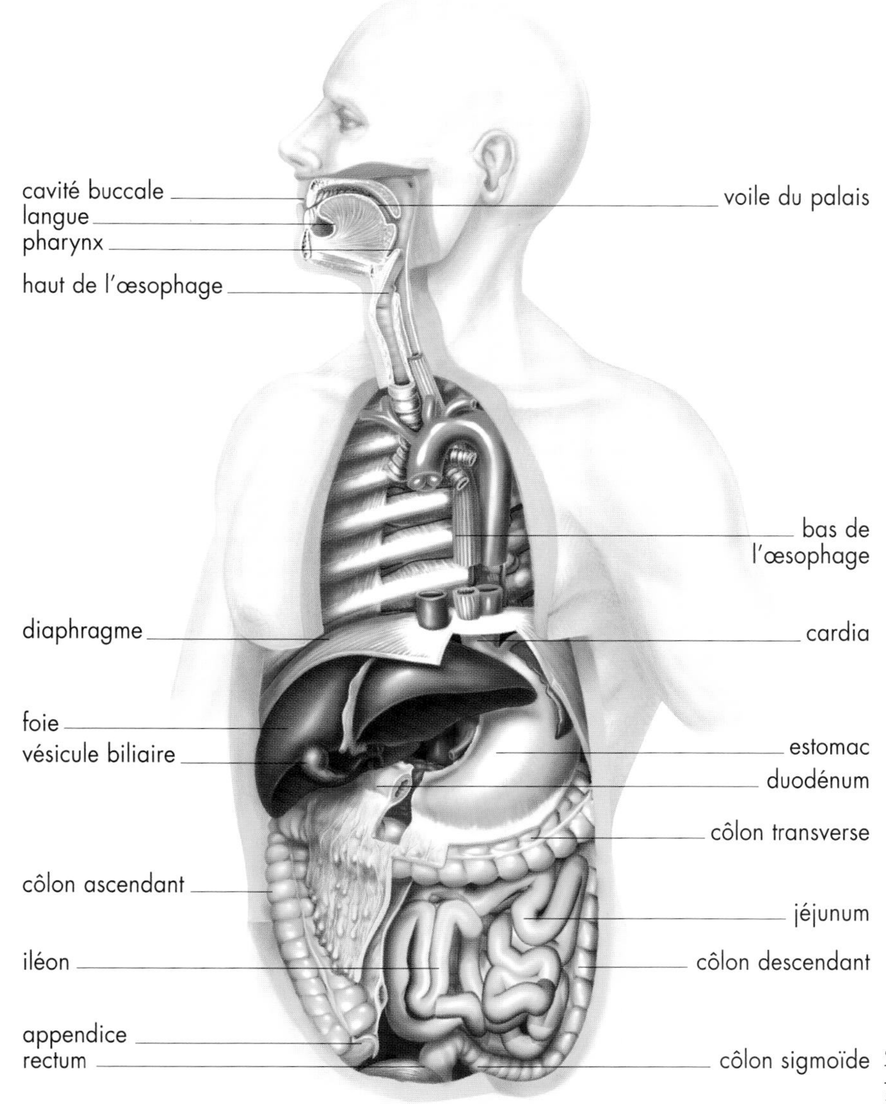

Michel Saemann

L'appareil digestif assure à la fois une fonction physique – faire progresser les aliments à l'intérieur du corps – et une fonction chimique – décomposer ceux-ci en petits éléments qui puissent être absorbés puis assimilés par les différentes cellules de l'organisme. Il est également chargé d'éliminer les déchets de l'organisme.

LE TUBE DIGESTIF ET SES DIFFÉRENTES PARTIES

Le tube digestif mesure environ 9 mètres. Il débute avec la bouche, se prolonge dans la gorge par le pharynx puis, au niveau du thorax, par l'œsophage. Il se poursuit dans l'abdomen par un grand réservoir, l'estomac, suivi de l'intestin (intestin grêle, côlon, rectum et anus).

La bouche, les dents et la langue. La bouche constitue l'entrée du tube digestif. Les dents permettent de mastiquer les aliments. La langue les pousse vers l'arrière de la bouche pour qu'ils pénètrent dans le pharynx.

Le pharynx. C'est le conduit qui va du fond de la bouche à l'entrée de l'œsophage. Il est formé de muscles qui assurent le premier temps de la déglutition, acte par lequel les aliments sont avalés. Ces muscles se contractent et propulsent les aliments dans l'œsophage.

L'œsophage. Il est responsable du deuxième temps de la déglutition. Les aliments y

LE RÔLE DES DENTS

Les dents assurent la mastication, première étape de la digestion. Chaque catégorie de dents a un rôle particulier. Les incisives, plates et coupantes, en forme de pelle, tranchent les aliments. Les canines, les plus pointues et les plus longues des dents, déchiquettent ceux-ci. Les molaires, et dans une moindre mesure les prémolaires (qui sont munies de deux protubérances situées sur la surface de mastication), servent à broyer.

progressent grâce à une contraction réflexe des muscles de sa paroi (le péristaltisme). L'œsophage est muni à son extrémité inférieure d'un sphincter, le cardia, qui s'ouvre au moment adéquat pour laisser passer les aliments dans l'estomac.

L'estomac. C'est une poche extensible en forme de cornemuse, constituée de deux parties. La partie supérieure (le fundus) sert de réservoir. Dans la partie inférieure (l'antre), les aliments sont malaxés et réduits en une bouillie de fines particules, imprégnées de sucs sécrétés par les glandes de l'estomac. Cette bouillie, le chyme, passe dans l'intestin grêle par l'intermédiaire d'un anneau de muscles, appelé sphincter pylorique.

L'intestin grêle. De 5 à 7 mètres de long, il comprend le duodénum, court et en forme de C, ainsi que le jéjunum et l'iléon, qui forment de grandes boucles, appelées anses intestinales. L'intestin grêle reçoit les sécrétions du pancréas et du foie. Il assure l'essentiel de la digestion et du passage dans la circulation sanguine (absorption) des éléments nutritifs, des vitamines et de l'eau contenus dans le chyme. Sa paroi est tapissée de millions de minuscules excroissances en forme de doigt de gant, les villosités. Celles-ci, en augmentant la surface de contact avec le chyme, facilitent son absorption.

Le gros intestin. Il est disposé en cadre sur trois côtés et comprend le cæcum, puis le côlon. Long d'environ 2 mètres, le gros intestin a pour fonction principale de concentrer les matières non digestibles et de les transformer en matières fécales, ou fèces, destinées à être évacuées par l'anus. Le côlon absorbe à travers sa muqueuse l'eau et divers éléments contenus dans les résidus du chyme.

Le rectum et l'anus. Ils constituent la dernière portion du tube digestif, qui assure le contrôle de l'évacuation des matières fécales. C'est leur arrivée dans le rectum qui déclenche le besoin d'aller à la selle. L'anus se compose d'un sphincter interne et d'un sphincter externe, l'évacuation des selles nécessitant l'action coordonnée des deux.

LES GLANDES DIGESTIVES

Ces glandes secrètent des sucs contenant diverses enzymes qui facilitent la digestion tout en accélérant le processus.

Les glandes salivaires. Leur rôle est de produire la salive et de la déverser dans la bouche par l'intermédiaire de canaux.

Le foie. Situé à droite de l'abdomen, sous le diaphragme, il pèse environ 1,5 kilo. Il remplit plusieurs fonctions vitales, comme l'élaboration de protéines indispensables à l'organisme. Il produit également de la bile, à partir de graisses alimentaires dégradées. Cette dernière participe à la digestion des graisses. Elle est stockée dans la vésicule biliaire, qui se contracte au moment des repas, rejetant la bile dans l'intestin grêle par l'intermédiaire de canaux.

Le pancréas. C'est une glande située dans la partie supérieure gauche de l'abdomen, en arrière de l'estomac. Le pancréas assure la sécrétion du suc pancréatique, un liquide contenant de nombreuses substances (enzymes) nécessaires à la digestion des lipides et des glucides. Le suc pancréatique se déverse dans l'intestin grêle par l'intermédiaire du canal de Wirsung.

LA GASTRO-ENTÉROLOGIE

C'est la spécialité médicale qui se consacre à l'étude de l'appareil digestif et des maladies qui s'y rapportent. Les affections de l'œsophage, de l'estomac, de l'intestin (intestin grêle, côlon, rectum, anus) sont de son ressort, ainsi que celles de certaines glandes jouant un rôle dans la digestion (foie, vésicule biliaire, pancréas). L'hépatologie, qui se consacre à l'étude du foie et de ses maladies, constitue une discipline indépendante au sein de la gastro-entérologie.

LA DIGESTION

La digestion, l'une des grandes fonctions de l'organisme, consiste à transformer et à absorber les aliments afin qu'ils puissent être assimilés par les cellules du corps. Ce processus nous apporte les substances dont nous avons besoin pour vivre.

La digestion est un processus complexe, au cours duquel les aliments subissent, au fur et à mesure de leur progression dans le tube digestif, de nombreuses modifications chimiques. Ces modifications aboutissent à leur décomposition en particules élémentaires. Elles permettent aux aliments d'être assimilés au niveau de l'intestin grêle ou, s'ils ne sont pas assimilables, d'être réduits et modifiés pour faciliter leur expulsion sous forme de selles.

DE LA BOUCHE À L'ESTOMAC

Lorsque nous avalons une bouchée de nourriture, elle est mâchée et mêlée à de la salive. Elle se transforme alors en une masse molle, ronde et humide, appelée bol alimentaire. La langue permet de déplacer les aliments dans la bouche. Ces derniers commencent à être modifiés dès cette première phase : en effet, l'amylase, une substance présente dans la salive, commence à transformer l'amidon – c'est le principal constituant des pâtes, des pommes de terre et du pain – en sucre (ainsi, du pain longuement mâché prend un goût sucré). Le bol alimentaire est ensuite acheminé jusqu'à l'estomac grâce aux contractions musculaires (péristaltisme) des parois du pharynx et de l'œsophage.

Parvenu dans l'estomac, le bol alimentaire est broyé et partiellement stérilisé ; certaines protéines sont dégradées. En effet, l'estomac produit des sécrétions contenant de l'acide chlorhydrique et des substances qui accélèrent les réactions chimiques (enzymes), notamment la pepsine, nécessaire à la digestion des protéines. Le bol

Jolyot - BSIP

***Pique-nique en famille.** Prendre son temps pour déjeuner dans un cadre agréable facilite la digestion.*

LE PÉRISTALTISME

Il correspond à l'ensemble des contractions du tube digestif, provoquant la progression de son contenu d'amont en aval. Ce phénomène, également appelé motricité digestive, sert à propulser les aliments du pharynx au rectum : les muscles de l'œsophage, de l'estomac et des intestins se contractent et se relâchent de proche en proche, faisant ainsi progresser le bol alimentaire. Le péristaltisme sert aussi à brasser les éléments nutritifs, ce qui facilite leur absorption.

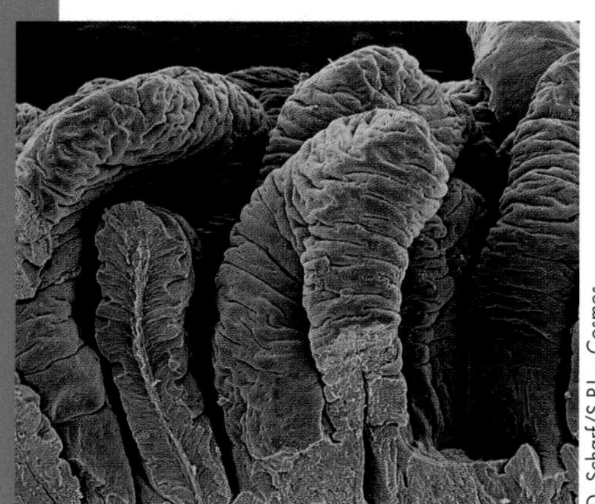
D. Scharf/S.P.L. - Cosmos

Villosités de l'intestin grêle, au niveau du duodénum.
Les villosités permettent un accroissement considérable de la surface d'absorption.

alimentaire est mixé avec les sécrétions et le mélange ainsi obtenu, appelé chyme, parvient dans l'intestin grêle.

LE PASSAGE DANS L'INTESTIN GRÊLE

La digestion se poursuit dans l'intestin grêle par la décomposition en particules élémentaires des éléments nutritifs contenus dans le chyme (protéines, glucides et lipides). Pour ce faire, l'intestin grêle a besoin des sécrétions du pancréas et de la vésicule biliaire. Le suc pancréatique est riche en substances (enzymes) nécessaires à la digestion des protéines, des glucides et des lipides. La bile, elle, joue un rôle important dans la digestion des lipides ; elle contient des sels biliaires qui forment une émulsion avec ces derniers : ils les fragmentent en gouttelettes microscopiques.
L'absorption des substances transformées se fait immédiatement au niveau des cellules intestinales qui permettent le passage des aliments dans le sang (entérocytes).
Dans la première partie de l'intestin grêle, le duodénum, sont absorbés de préférence le fer, le calcium et les vitamines, ainsi que les sucres, les protéines et les graisses. L'absorption se poursuit dans la deuxième partie de l'intestin grêle, le jéjunum. Les sels biliaires passent dans la circulation sanguine au niveau de la partie terminale de l'intestin grêle, l'iléon.
Après leur absorption, les éléments nutritifs sont acheminés soit dans la circulation sanguine, soit dans les vaisseaux lymphatiques.
Grâce à l'existence de multiples replis, les villosités, la surface d'absorption de l'intestin grêle est considérable.

LA FIN DE LA DIGESTION : LE CÔLON

Les matières qui n'ont pas été absorbées par l'intestin grêle parviennent dans le côlon. Celui-ci contient d'innombrables bactéries dont la présence constitue une barrière de protection efficace contre les microbes dangereux. Ce sont ces bactéries qui produisent les gaz, dont certains sont malodorants mais ne constituent en aucune façon un phénomène anormal. L'eau et les minéraux que contient le bol fécal sont absorbés par la paroi du côlon.
Les matières non absorbées sont mélangées à des pigments de dégradation, à des cellules mortes et à des bactéries et forment alors les matières fécales. Celles-ci passent dans le rectum, la dernière partie du côlon, avant d'être évacuées par l'anus.

LES FIBRES ALIMENTAIRES

Ce sont des substances végétales non digérées dans le tube digestif. Elles ont notamment un effet régulateur sur le transit intestinal. Elles augmentent le volume et l'hydratation des selles. Les principaux aliments riches en fibres sont les céréales (son de blé, farine de blé complet, etc.), certains fruits (noix, abricots, figues, pruneaux) et légumes (haricots secs, lentilles, pois). Les fibres diminueraient les risques de cancer du côlon et permettraient un meilleur contrôle du diabète. Toutefois, leur ingestion peut provoquer flatulences et accélération du transit. On peut limiter ces inconvénients si l'alimentation est progressivement enrichie en fibres.

LE BILAN DE LA DIGESTION

La digestion est un phénomène très efficace : l'appareil digestif assimile la quasi-totalité des substances nutritives contenues dans les aliments. Le bilan est également remarquable en matière de liquides. Une dizaine de litres d'eau pénètre chaque jour dans le tube digestif : boisson, eau contenue dans les aliments, sécrétions des organes digestifs. À l'expulsion des selles, il n'en reste qu'environ 120 millilitres, et pratiquement tous les sels minéraux ont été absorbés par l'organisme.

L'Appareil Urinaire

LES REINS

Les reins assurent une fonction vitale. Ils sont chargés de filtrer le sang, en éliminant les déchets qu'il contient, et de maintenir constante la quantité d'eau dans le corps. Les déchets et l'eau en excès sont éliminés dans les urines.

Chaque rein contient des centaines de milliers de minuscules unités de filtration, appelées néphrons. Le rôle des néphrons est de débarrasser le sang de ses impuretés, de maintenir constante la quantité de liquides contenus dans l'organisme et de contrôler l'acidité de ces liquides. Ce sont eux qui produisent l'urine, déversée dans la vessie par l'intermédiaire de deux canaux, appelés uretères. Un seul rein suffit à assurer cette fonction indispensable à la vie, et les personnes ayant subi l'ablation d'un rein (néphrectomie), vivent tout à fait normalement.

LA STRUCTURE DES REINS

Les reins, au nombre de deux, sont des organes en forme de haricot, long de 12 centimètres environ, de couleur rouge-brun. Ils sont situés à la hauteur des premières vertèbres lombaires et des deux dernières côtes – l'un à droite, sous le foie, l'autre à gauche, contre la rate.

Chaque rein est entouré d'une mince capsule fibreuse de couleur blanche, résistante et inextensible. Cette capsule renferme le tissu fonctionnel du rein (parenchyme rénal), les très nombreux vaisseaux irriguant les reins, ainsi que les cavités dans lesquelles s'accumule l'urine. Ces cavités comprennent les calices, canaux qui drainent l'urine sécrétée par les tissus du rein, et le bassinet, structure creuse en forme d'entonnoir formée par la réunion des calices. Le bassinet se prolonge, dans sa partie inférieure, par un conduit qui le relie à la vessie et par lequel s'écoule l'urine : l'uretère.

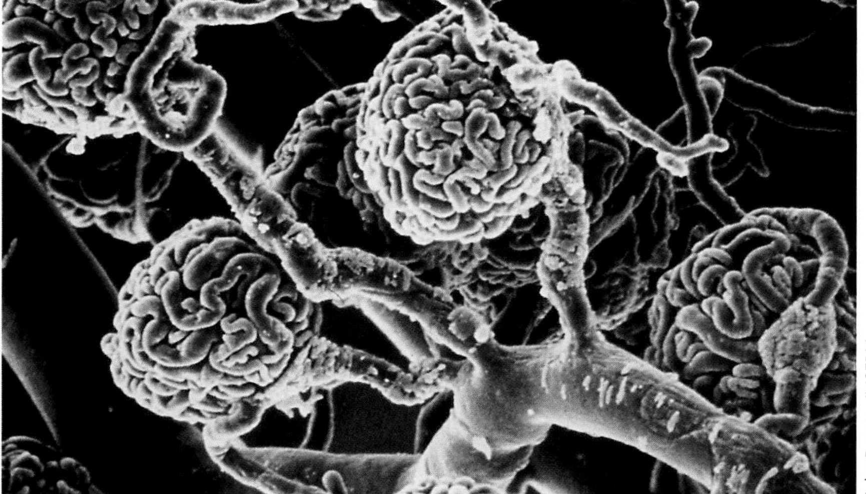

Celio Darco - INSERM

Glomérules du rein. *Le glomérule, visible sur la photo sous forme d'une sphère pourvue de nombreux replis, constitue avec le tube urinifère, le néphron, l'unité de filtration du rein.*

LA STRUCTURE DES NÉPHRONS

Chaque néphron est constitué de deux éléments : le glomérule et le tube urinifère. Le glomérule est une sphère constituée de minuscules capillaires sanguins. Il élabore une urine primitive directement à partir du sang. Le tube urinifère élabore l'urine définitive à partir de l'urine primitive. Il se décompose en quatre segments, assurant chacun une fonction physiologique précise (réabsorption de certains éléments et sécrétion).

LA NÉPHROLOGIE

C'est la discipline médicale qui se consacre à l'étude des reins, de leur fonctionnement et des maladies qui les touchent. La néphrologie est née dans les années 1950 : c'est à cette période qu'a été mis au point le rein artificiel et qu'ont été pratiquées les premières greffes de rein. C'est un médecin français, le professeur Jean Hamburger, qui a été l'un des fondateurs de cette discipline.

Le parenchyme rénal. La fonction essentielle de ce tissu est l'élaboration de l'urine. Le parenchyme de chaque rein contient environ 1 à 1,2 million de minuscules structures, appelées néphrons, formées chacune d'un glomérule et d'un tube urinifère (ou tubule rénal). Le glomérule, première partie du néphron, élabore l'urine primitive en filtrant le sang. Cette urine est ensuite transformée par le tube urinifère, deuxième partie du néphron, qui réabsorbe différents éléments (une partie de l'eau, du sodium, etc.) et élabore l'urine définitive.
Le parenchyme est abondamment irrigué par une ou deux artères (selon les individus), qui naissent directement de la principale artère de l'organisme, l'aorte, et par une ou deux veines, qui se jettent dans la plus importante veine ramenant le sang du bas du corps vers le cœur, la veine cave inférieure.

LE RÔLE DES REINS

Les reins assurent plusieurs fonctions essentielles, qui permettent de maintenir l'organisme en équilibre.
L'élaboration d'urine à partir du sang. C'est cette fonction qui permet d'éliminer les déchets contenus dans le sang et de maintenir constant le milieu intérieur du corps (équilibre acidobasique du sang).
La sécrétion d'érythropoïétine. L'érythropoïétine est une hormone, dont le rôle est de stimuler la maturation des globules rouges à l'intérieur de la moelle osseuse. C'est la baisse du taux d'oxygène dans les tissus qui déclenche la production d'érythropoïétine, selon un mécanisme encore mal connu.
La sécrétion de rénine. La rénine est une substance (enzyme) qui participe à la régulation de la pression artérielle : elle l'augmente quand celle-ci est trop basse. Elle est sécrétée notamment lorsque l'irrigation sanguine du rein est anormalement faible, par une zone du rein située près des glomérules (appareil juxtaglomérulaire).
La transformation de la vitamine D en sa forme active. La vitamine D est indispensable à l'absorption intestinale du calcium et à sa fixation sur les os, ainsi qu'à la réabsorption du phosphore par les reins. Elle participe également à d'autres phénomènes tels que la défense contre les infections. Pour être efficace, la vitamine D provenant de l'alimentation doit être transformée, une fonction assurée par les reins.

STRUCTURE DU REIN

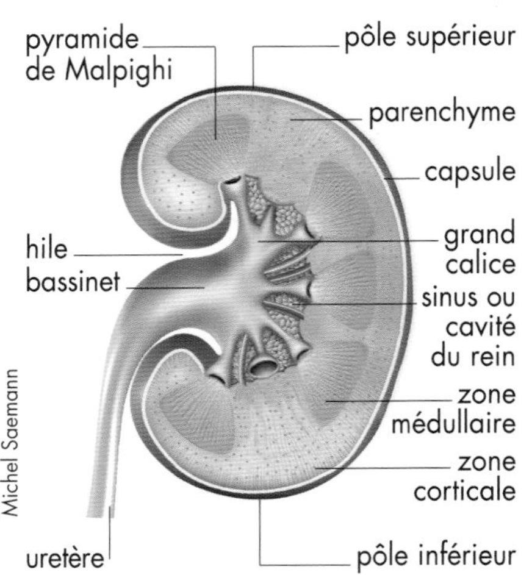

Michel Saemann

L'ÉQUILIBRE DU MILIEU INTÉRIEUR

L'équilibre du milieu intérieur correspond au maintien des différentes constantes de l'organisme : la température, le degré d'acidité des liquides (équilibre acidobasique) et la quantité d'eau et de sels minéraux (équilibre hydroélectrique). Le processus de régulation par lequel l'organisme maintient ces éléments dans des valeurs normales est appelé homéostasie. Les reins sont, avec les poumons et les intestins, les organes clés de l'homéostasie. Les aliments absorbés sont transformés et utilisés par l'organisme, les déchets qui en résultent étant éliminés en grande partie par les reins dans l'urine. Le taux d'acides absorbés ou fabriqués par l'organisme est finement régulé par les tubules des néphrons, ce qui permet aux cellules de l'organisme un fonctionnement optimal.

L'APPAREIL URINAIRE

LA VESSIE

La vessie est le réservoir naturel dans lequel s'accumule l'urine provenant des reins. Un sphincter situé à la partie inférieure de la vessie permet d'en contrôler l'évacuation.

La vessie constitue, avec le conduit par lequel s'évacue l'urine (urètre), le bas de l'appareil urinaire. C'est dans cet organe que s'accumule l'urine, élaborée par les reins et dans laquelle la plupart des déchets de l'organisme sont éliminés.

STRUCTURE DE LA VESSIE

La vessie est un organe creux, de forme sphérique. Elle est située dans la partie inférieure du bassin (petit bassin, où se trouvent aussi les organes génitaux internes).

La vessie reçoit l'urine provenant des reins par deux conduits (un par rein) de 25 à 30 centimètres de long, les uretères. Ces derniers sont reliés à la partie arrière de la vessie par une sorte de valve qui empêche l'urine de refluer de la vessie vers les reins. La partie la plus basse de la vessie est reliée à l'urètre, conduit de 3 ou 4 centimètres chez la femme, de 12 centimètres chez l'homme, qui permet l'écoulement de l'urine vers l'extérieur (et du sperme chez l'homme). Elle est entourée d'un sphincter, muscle circulaire,

LES DIFFÉRENCES ANATOMIQUES ENTRE HOMME ET FEMME

La vessie est positionnée d'une manière différente chez les hommes et les femmes, en fonction de leurs organes génitaux respectifs. Chez les hommes, la prostate, une glande sexuelle qui joue un rôle dans la formation du sperme, est située juste sous la vessie et entoure les premiers centimètres de l'urètre. Avec l'âge, la prostate peut augmenter de volume (adénome), comprimant la vessie et entraînant des problèmes pour évacuer l'urine. Chez la femme, la vessie est située plus bas dans le bassin, sous l'utérus. Celui-ci, lorsqu'il augmente de volume au cours d'une grossesse, entraîne des mictions plus fréquentes.

L'APPAREIL URINAIRE MASCULIN

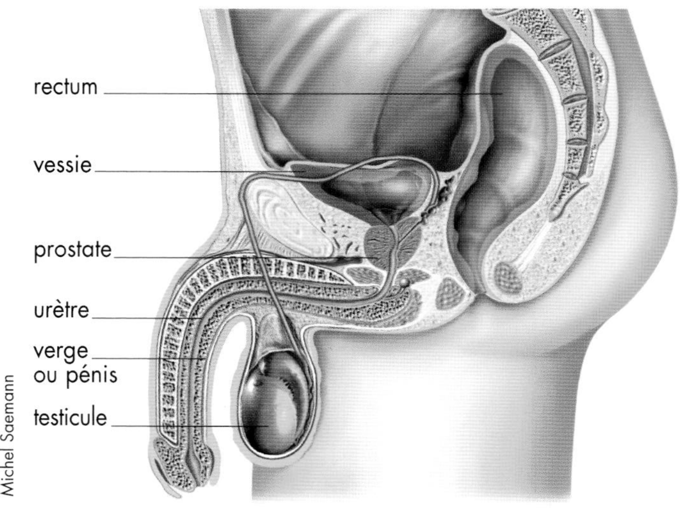

L'APPAREIL URINAIRE FÉMININ

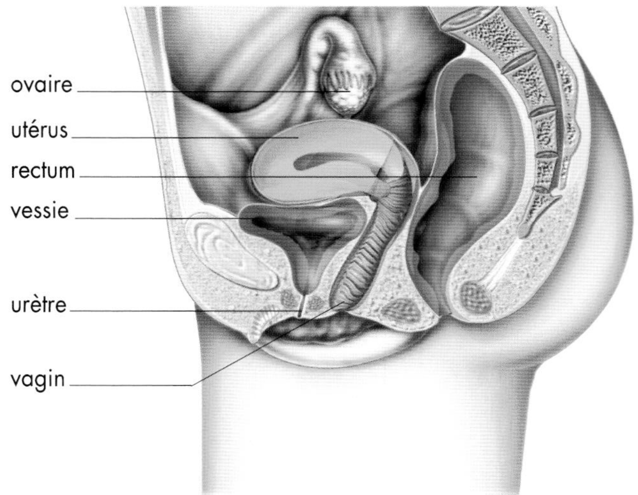

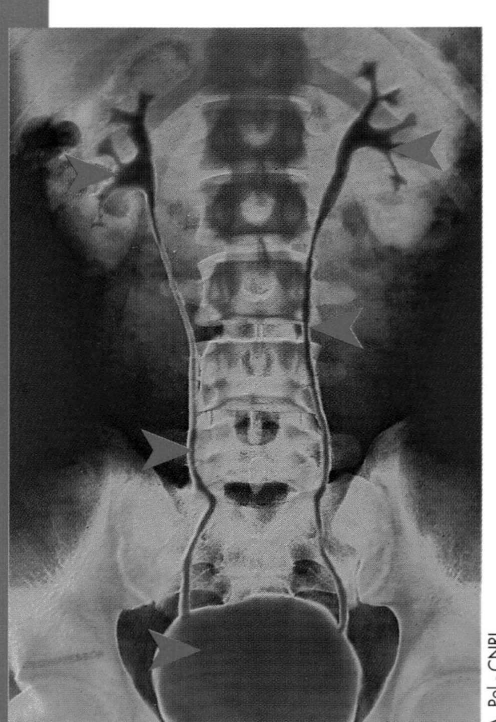

A. Pol - CNRI

Urographie intraveineuse de l'appareil urinaire.
On distingue nettement les reins, les uretères et la vessie (parties fléchées).

qui contrôle l'ouverture et la fermeture du col de la vessie lors de l'émission d'urine.

L'URINE

L'urine est un liquide jaune pâle, ambré, limpide au moment où il est émis, d'odeur safranée et légèrement acide. Elle est constituée d'eau dans laquelle sont dissoutes des substances minérales (sodium, potassium, calcium, etc.) et organiques (urée, hormones, vitamines, etc.). Elle contient des globules rouges et des globules blancs en faible quantité. À l'état normal, elle ne contient ni sucre, ni protéine, ni bactérie. Généralement, entre 0,5 et 2 litres d'urine sont émis chaque jour. Cette quantité varie en fonction de l'âge, de la quantité de boissons absorbées, de l'alimentation, etc.

L'ÉMISSION D'URINE

L'émission d'urine, ou miction, se déroule en plusieurs phases.

Le remplissage de la vessie. L'urine élaborée par les reins est évacuée par les uretères dans la vessie. Le muscle qui forme la couche externe de la vessie se distend. Le bas de la vessie (col vésical) et le sphincter qui l'entoure sont fermés, ainsi que le sphincter qui entoure l'urètre, ce qui permet le remplissage de la vessie.

La miction. Lorsque la vessie est pleine (sa capacité moyenne varie entre 300 et 400 millilitres), le besoin d'uriner se fait ressentir. Les sphincters se relâchent, tandis que le muscle vésical se contracte, entraînant l'évacuation de l'urine par l'urètre. Puis, les sphincters se referment et le muscle vésical se détend de façon que la vessie puisse à nouveau se remplir.

LES PRINCIPAUX EXAMENS DE LA VESSIE

De nombreux examens permettent d'explorer la vessie et d'étudier son fonctionnement. Certains font appel aux techniques d'imagerie médicale : échographie, scanner, radiographie après introduction dans une veine d'un produit de contraste qui opacifie les reins, les uretères, la vessie et l'urètre (urographie intraveineuse), radiographie après introduction d'un produit de contraste directement dans la vessie (cystographie rétrograde), examen de la vessie à l'aide d'un tube optique muni d'un système d'éclairage (endoscope) introduit dans l'urètre (cystoscopie). D'autres, comme l'examen cytobactériologique des urines (ECBU), sont effectués en laboratoire, à partir d'un échantillon d'urine. Enfin, un ensemble d'examens réunis sous le terme d'exploration urodynamique, permettent d'enregistrer les variations de pression de la vessie pendant son remplissage, et le débit d'évacuation pendant la miction.

LES SIGNES D'ALERTE : CHANGEMENT D'ASPECT DES URINES

De nombreuses maladies des voies urinaires peuvent altérer l'aspect des urines, ce qui doit alerter le patient et l'engager à consulter un médecin. Les urines peuvent prendre une couleur rouge-marron, traduisant la présence de sang (hématurie), ou être troubles, par la présence de pus sous forme de flocons blanchâtres (pyurie), ce qui évoque une infection urinaire. Elles peuvent aussi contenir une sorte de sable, signe de l'évacuation spontanée de calculs. Plus rarement, les urines peuvent renfermer des bulles d'air lors de leur émission (pneumaturie), ce qui doit faire rechercher une communication anormale de la vessie avec un organe creux, tel que l'intestin.

Le Système Hormonal

Le système hormonal régule le métabolisme (c'est-à-dire la dégradation ou la production d'éléments biologiques), la croissance et le développement, la fonction sexuelle et les réactions du corps au stress ou aux maladies.

Le système hormonal (ou endocrinien) est composé de plusieurs glandes. L'hypophyse, elle-même sous le contrôle de l'hypothalamus situé à la base du cerveau, en est le chef d'orchestre. Elle agit sur d'autres glandes, dites périphériques : thyroïde, parathyroïdes, surrénales, pancréas, ovaires, testicules. Toutes ces glandes constituent un réseau de communication et de contrôle complémentaire du système nerveux. Pour communiquer, elles sécrètent des hormones qui ont une action sur d'autres glandes ou tissus de l'organisme.

LES HORMONES

Les hormones produites par les différentes glandes sont sécrétées directement dans le sang. Elles circulent ainsi dans toutes les parties du corps. Quand elles arrivent au niveau des tissus sur lesquels elles agissent, elles se fixent sur des récepteurs spécifiques portés par les cellules du tissu – chaque hormone est adaptée à son récepteur spécifique comme une clef à une serrure. Elles modifient alors le fonctionnement de ces cellules (dites cibles), afin de répondre aux besoins du moment.

L'ADRÉNALINE

L'adrénaline est sécrétée en partie par les glandes surrénales, en réponse à un stress, une émotion, un danger. Dès qu'elle est émise, ses effets sont immédiats : accélération du rythme cardiaque, hypertension, dilatation des bronches, ce qui facilite la respiration, etc. Tout est mis en œuvre pour que le corps soit prêt à combattre ou à fuir. Quand la production d'adrénaline est continue sur une longue période (stress permanent, par exemple), les effets peuvent être contraires : troubles cardiaques et respiratoires.

LOCALISATION DES GLANDES ENDOCRINES

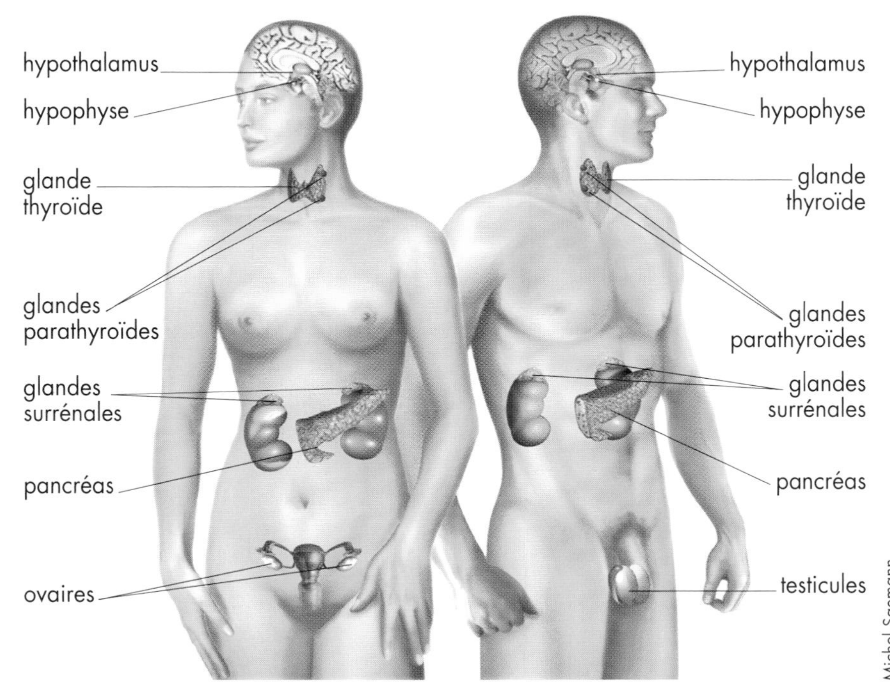

Michel Saemann

L'HYPOTHALAMUS ET LES DIFFÉRENTES GLANDES

L'hypothalamus et l'hypophyse. Situé dans le cerveau, l'hypothalamus sert de relais entre le système nerveux et le reste du corps. Principal centre de coordination et de contrôle de la production hormonale, il sécrète des hormones qui agissent sur l'hypophyse, avec laquelle il fonctionne étroitement. L'hypophyse, localisée à la base du cerveau, est la glande « chef d'orchestre » du corps. Elle libère plusieurs hormones qui influencent la production des glandes périphériques. Elle produit aussi des hormones qui contrôlent la croissance (hormone de croissance), la production et l'excrétion de lait (prolactine et ocytocine) et le maintien du niveau d'eau dans le corps (hormone antidiurétique).

La glande thyroïde. Elle sécrète des hormones (thyroxine, tri-iodothyronine et calcitonine) qui jouent un rôle dans le métabolisme et dans la régulation du calcium dans l'organisme, ainsi que dans la croissance et le développement chez les enfants.

Les glandes parathyroïdes. Elles produisent la parathormone, qui assure la répartition du calcium et du phosphore dans le corps.

Les glandes surrénales. Elles libèrent plusieurs hormones (adrénaline, cortisol, aldostérone), qui influencent notamment la réaction au stress, le métabolisme des glucides, l'équilibre en sel et en eau du corps.

Le pancréas. Il sécrète plusieurs hormones, dont l'insuline et le glucagon, qui régulent l'utilisation du glucose par l'organisme.

Les ovaires. Ils produisent les œstrogènes et la progestérone qui commandent les caractères sexuels féminins.

Les testicules. Ils sécrètent la testostérone, l'hormone responsable des caractères sexuels masculins.

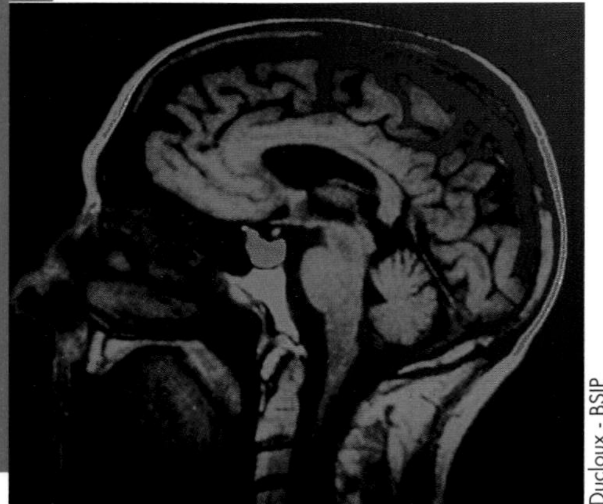

Ducloux - BSIP

Hypophyse vue par imagerie par résonance magnétique (IRM). *L'hypophyse correspond à la tache rose, située sous le cerveau.*

LA RÉGULATION HORMONALE

L'hypothalamus et l'hypophyse sont capables d'apprécier le taux d'une hormone dans le sang, et, en retour, d'agir sur la glande périphérique responsable de la production de l'hormone en cause pour en ajuster la sécrétion aux besoins du moment : c'est le rétrocontrôle hormonal. Ce mécanisme de contrôle agit un peu comme un thermostat. Lorsqu'une glande produit plus d'hormones que nécessaire pour l'organisme, le mécanisme de contrôle formé par l'hypothalamus et l'hypophyse commande à la glande de sécréter moins d'hormones (rétrocontrôle négatif). Si, à l'inverse, la glande ne produit pas assez d'hormones, ce mécanisme lui ordonne d'en produire plus (rétrocontrôle positif).

UTILISATION DES HORMONES

On connaît la composition chimique de presque toutes les hormones. On a ainsi pu mettre au point des médicaments ayant la même formule chimique, qui peuvent se substituer à une hormone manquante lorsqu'une glande est défectueuse. Par ailleurs, il existe des médicaments qui font diminuer l'activité d'une glande sans qu'il soit besoin d'intervenir chirurgicalement. Ce sont les inhibiteurs d'hormones. Les chercheurs découvrent sans cesse de nouveaux mécanismes par lesquels les hormones agissent. Ces découvertes devraient aboutir à des traitements plus efficaces, en particulier en cancérologie (hormonothérapie).

LES MALADIES HORMONALES

Il existe deux types de dérèglement hormonal. Le plus souvent, c'est une glande périphérique qui est atteinte, par exemple par une tumeur ou une maladie caractérisée par une agression de l'organisme par son propre système immunitaire (maladie auto-immune) : la glande produit alors trop ou pas assez d'hormones. Le deuxième type de dérèglement est provoqué par une maladie de l'hypothalamus ou de l'hypophyse (par exemple, présence d'une tumeur), entraînant un mauvais fonctionnement des glandes périphériques qu'ils contrôlent.

APPAREIL GÉNITAL DE L'HOMME

L'appareil génital masculin comprend l'ensemble des organes intervenant dans la sexualité et la reproduction. Chez l'homme, il est étroitement lié à l'appareil urinaire.

Les organes génitaux externes de l'homme sont le pénis et les bourses, qui renferment les testicules ; les organes génitaux internes comprennent la prostate et les vésicules séminales. Ces différentes parties sont reliées par 2 voies principales : le canal déférent et l'urètre.

LE PÉNIS

Il est constitué de 3 parties cylindriques : 2 corps caverneux entourent un tube central composé de tissu spongieux, à travers lequel passe un conduit appelé urètre. À l'extrémité du pénis se trouve un renflement, le gland, recouvert par un fourreau de peau, le prépuce. La partie inférieure du gland est reliée au corps du pénis par un cordon de tissu appelé frein. À l'extrémité du pénis s'ouvre le méat urétral, partie finale de l'urètre par laquelle s'écoulent l'urine et le sperme.

Le pénis a 2 fonctions : sexuelle et urinaire. La fonction sexuelle s'effectue grâce aux propriétés érectiles des corps caverneux ; ceux-ci contiennent de nombreux vaisseaux sanguins qui se remplissent de sang lors de l'érection. La fonction urinaire s'effectue par l'urètre et le méat urétral.

LA CIRCONCISION

La circoncision est l'ablation chirurgicale du prépuce, le fourreau de peau situé à l'extrémité du pénis et recouvrant le gland. Elle est pratiquée chez le nouveau-né pour des raisons religieuses, ou chez des enfants plus âgés et des adultes pour des raisons médicales, lorsque le prépuce est trop long ou trop étroit et lorsque le gland est difficile à décalotter.

L'URÈTRE

Ce conduit long de 16 cm part de la vessie et va jusqu'à l'extrémité du pénis.

Longue de 4 cm, la première partie de l'urètre (urètre postérieur ou prostatique) est entourée par la prostate. Elle est

■ APPAREIL GÉNITAL MASCULIN

localisation

canal déférent

prostate

verge

gland

testicule

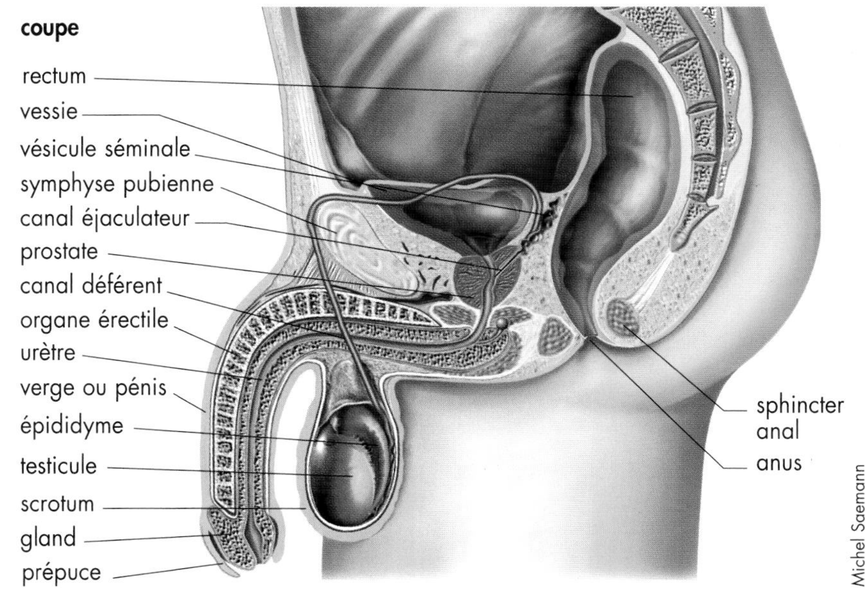

L'AUTOEXAMEN DES TESTICULES

Il est important que les hommes sachent reconnaître les différents symptômes (grosseur, par exemple) qui doivent les inciter à consulter un médecin (généraliste, urologue ou andrologue). En effet, ils sont autant concernés par les troubles génitaux (infections, tumeurs...) que les femmes.
L'autoexamen des testicules, pratiqué à partir de la puberté, est l'une des façons de repérer précocement une grosseur ou une anomalie. Il consiste à palper délicatement chaque testicule en le roulant entre les doigts à la recherche de bosse, de nodule ou d'un changement de texture ou de taille.

rejointe par les canaux éjaculateurs qui y expulsent le sperme au moment de l'excitation sexuelle ; longue de 12 cm, environ, la seconde partie de l'urètre (urètre antérieur) est entourée du corps spongieux et des corps caverneux. Elle traverse le pénis pour s'ouvrir à l'extrémité du gland.

LES BOURSES ET LES TESTICULES

Situées sous le pénis, les bourses, également appelées scrotum, enveloppent les testicules et l'épididyme.
Les testicules sont 2 glandes ovales d'environ 4 cm de longueur et 3 cm de diamètre. De consistance ferme, ils sont enveloppés par une membrane appelée l'albuginée. Ils contiennent de minuscules conduits enroulés sur eux-mêmes, les tubes séminifères, à l'intérieur desquels les cellules dites de Sertoli élaborent les spermatozoïdes (spermatogenèse). Les tubes séminifères se réunissent pour former un réseau de canaux (les canaux efférents) qui gagnent l'épididyme.

Les testicules ont 2 fonctions :
– l'élaboration des spermatozoïdes (spermatogenèse), condition préalable à toute reproduction, qui peut être assurée par un seul testicule ;
– la sécrétion hormonale de testostérone (la principale hormone mâle), qui non seulement induit la fabrication des spermatozoïdes mais est responsable d'importantes modifications lors de la puberté et du développement des caractères sexuels masculins (pilosité, mue de la voix, répartition musculaire, etc.). Chez le fœtus, les testicules sont situés dans l'abdomen. Ils descendent dans les bourses généralement avant la naissance et restent de petite taille jusqu'à la puberté.
L'épididyme est un organe de forme allongée, situé en arrière du testicule. C'est là qu'aboutissent les canaux efférents et de là que part le canal déférent (ou canal spermatique).

LE CANAL DÉFÉRENT

Long de 45 cm, environ, ce conduit permet le transport des spermatozoïdes de leur lieu de fabrication, les testicules, jusqu'à l'urètre avant l'éjaculation. Lors de cette migration, les spermatozoïdes se mélangent aux sécrétions des glandes séminales (prostate et vésicules séminales) pour former le sperme (le liquide dans lequel baignent les spermatozoïdes).

LA PROSTATE

Cette glande sexuelle masculine est située sous la vessie, autour de la partie initiale de l'urètre (urètre prostatique) et devant le rectum. Comme les vésicules séminales, la prostate fait partie des glandes séminales accessoires qui participent à la fabrication du sperme.
Les sécrétions prostatiques (30 % du volume du sperme) favorisent la mobilité des spermatozoïdes et, après l'éjaculation, diminuent l'acidité du milieu vaginal. Elles sont sous le contrôle des hormones mâles sécrétées principalement par les testicules (hormones dites androgènes).

LES VÉSICULES SÉMINALES

Les vésicules séminales sont 2 poches de forme allongée situées en arrière de la vessie et de la prostate.
Les sécrétions des vésicules séminales représentent environ les deux tiers du volume du sperme. Au moment de l'éjaculation, les 2 vésicules se contractent et éjectent leur contenu dans les canaux déférents. Ce contenu se mélange alors aux spermatozoïdes pour former le sperme.

APPAREIL GÉNITAL DE LA FEMME

L'appareil génital de la femme regroupe l'ensemble des organes permettant la sexualité et la fonction de reproduction. Contrairement à celui de l'homme, il est bien distinct de l'appareil urinaire.

Les organes génitaux externes de la femme portent le nom de vulve et comportent, notamment, le clitoris. Les organes génitaux internes comprennent, d'une part, 2 glandes sexuelles, les ovaires, et, d'autre part, les voies génitales constituées des trompes de Fallope, de l'utérus et du vagin.

LA VULVE

Elle est formée par 2 replis de peau, les grandes lèvres, qui recouvrent partiellement 2 replis de muqueuse, les petites lèvres. La vulve délimite un espace, le vestibule du vagin, dans lequel s'ouvrent l'urètre (canal de l'urine) et le vagin. De part et d'autre du vestibule débouchent les glandes de Skène (au niveau de l'urètre) et les glandes de Bartholin (au niveau du vagin) qui sécrètent un liquide lubrifiant.
Pendant les rapports sexuels, grandes et petites lèvres augmentent de volume, tandis que la sécrétion des glandes situées au niveau du vestibule lubrifie la vulve et le vagin. Lors de l'accouchement, l'orifice de la vulve se distend pour laisser passer le bébé.

L'UTÉRUS PENDANT LA GROSSESSE

L'œuf fécondé s'implante dans la muqueuse de l'utérus et le placenta s'y développe. À mesure que le futur bébé grandit, la paroi musculaire (myomètre) s'étire considérablement. Lors de l'accouchement, l'utérus se contracte pour expulser le bébé. Après l'accouchement, il retrouve son volume normal en 2 mois environ.

Le clitoris. Ce petit organe érectile est situé à la commissure des petites lèvres. Il est protégé par un capuchon formé par ces dernières, qui le recouvrent partiellement. Richement innervé et irrigué, le clitoris devient turgescent et sensible lors d'une stimulation sexuelle.

APPAREIL GÉNITAL FÉMININ

localisation

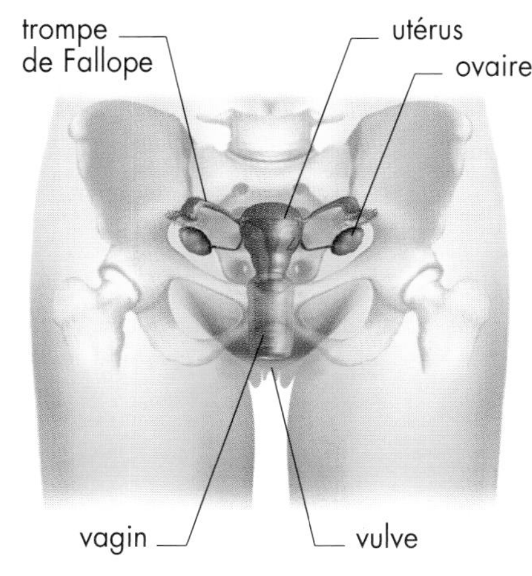

coupe

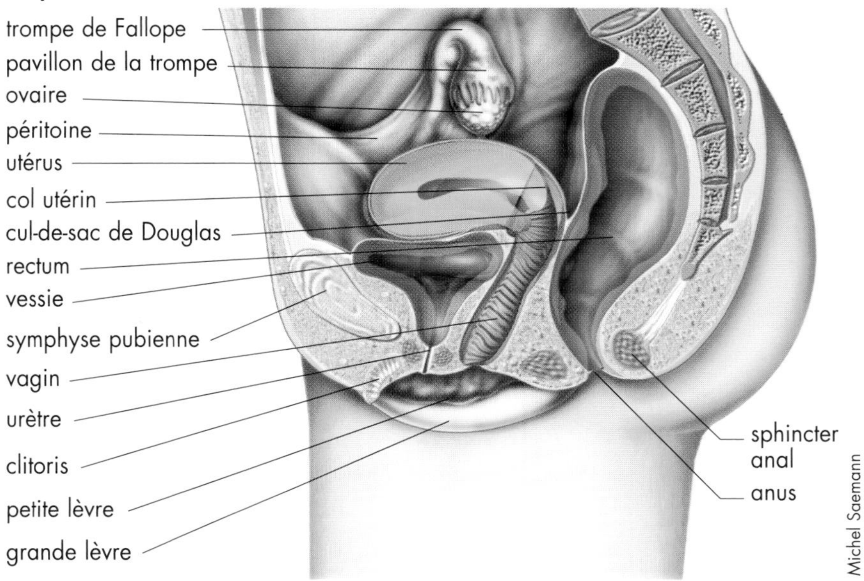

APPAREIL GÉNITAL DE LA FEMME

LES OVAIRES

De la taille et de la forme d'une amande, les ovaires sont les 2 glandes génitales de la femme. Ils sont situés de part et d'autre de l'utérus et leur face interne est recouverte par le pavillon de la trompe de Fallope. Des ligaments les relient à l'utérus et aux trompes, mais ils restent mobiles.
Le rôle des ovaires est double : d'une part, libérer un ovule tous les mois, de la puberté à la ménopause ; d'autre part, sécréter les hormones sexuelles féminines (œstrogènes et progestérone) qui régulent en particulier la fertilité de la femme.
Un ovaire est composé de 2 couches de tissu : au centre, la partie dite médullaire contient les vaisseaux sanguins assurant l'irrigation ; à la périphérie, la partie dite corticale, qui occupe les deux tiers de la glande, contient tous les follicules (cavités de l'ovaire dans lesquelles se développent les ovules).
L'ovulation. Plusieurs millions de follicules sont présents à la naissance d'une petite fille. Mais seuls 300 ou 400 d'entre eux parviendront à maturité, de la puberté à la ménopause. Au début de chaque cycle menstruel, tous les 28 jours, un follicule grossit, saille à la surface de l'ovaire et éclate pour libérer, le 14e jour, environ, un ovule, qui sera capté par la trompe de Fallope voisine. C'est l'ovulation. Ensuite, le follicule dégénère, prenant le nom de corps jaune. En règle générale, chaque ovaire libère un ovule un mois sur deux, sauf en cas de grossesse.

LES TROMPES DE FALLOPE

Les 2 trompes de Fallope (ou trompes utérines) constituent, avec les ovaires, les annexes de l'utérus. Elles sont constituées d'un tube de 7 à 8 cm de long, prolongé par un pavillon bordé de franges.
Durant le cycle menstruel, l'ovule libéré par l'ovaire au moment de l'ovulation est capté par le pavillon. Les cils tapissant la paroi interne de la trompe l'acheminent vers l'utérus. C'est au niveau d'une trompe qu'a lieu la rencontre entre l'ovule et le spermatozoïde (fécondation).

L'UTÉRUS

Pendant la vie génitale et en dehors de la grossesse, l'utérus est un organe creux de petite taille (7 à 8 cm de haut) doté d'une épaisse paroi musculaire. Il est logé dans le petit bassin, entre la vessie et le rectum. En forme de cône, pointe en bas, il comprend une partie renflée, le corps utérin, sur laquelle s'attachent les 2 trompes de Fallope et les 3 paires de ligaments qui le relient à la paroi de l'abdomen. En son extrémité inférieure, l'utérus s'ouvre dans le vagin par le col utérin.
La cavité de l'utérus est tapissée d'une muqueuse, l'endomètre, qui s'épaissit chaque mois sous l'influence des hormones produites par les ovaires afin d'accueillir l'œuf en cas de fécondation. La couche superficielle de l'endomètre s'élimine chaque mois au moment des règles.

LE VAGIN

Le vagin est un conduit musculaire de 8 à 12 cm de longueur qui relie le col de l'utérus à la vulve. Il est séparé de celle-ci par une membrane, l'hymen, déchirée lors du premier rapport sexuel.
La paroi vaginale est souple et contractile ; elle est formée de replis longitudinaux et transversaux très extensibles qui permettent les rapports sexuels et le passage du bébé pendant l'accouchement.
Son humidité est entretenue par une substance sécrétée par les cellules vaginales et par le mucus provenant du col de l'utérus, la glaire cervicale.

ŒSTROGÈNES ET PROGESTÉRONE

Les œstrogènes. Ces hormones sont sécrétées par les ovaires ainsi que par le placenta au cours de la grossesse. Elles sont responsables des changements physiques qui marquent la puberté, du maintien ultérieur des caractères physiques féminins et jouent un rôle dans l'ovulation.
La progestérone. Sécrétée par le corps jaune (follicule ovarien ayant expulsé l'ovule) pendant la seconde phase du cycle menstruel, par le placenta pendant la grossesse et, à un moindre degré, par les corticosurrénales et les ovaires, cette hormone a pour rôles principaux de favoriser la nidation de l'ovule fécondé et la gestation.

LE SYSTÈME NERVEUX

Le système nerveux est une machine complexe, dont le rôle est d'assurer les fonctions intellectuelles et psychiques, de recevoir les messages sensoriels et de commander les mouvements.

Le système nerveux est constitué de deux ensembles distincts : le système nerveux central et le système nerveux périphérique, qui le continue. Le premier est essentiellement constitué de milliards de cellules nerveuses, les neurones, de leurs prolongements, ainsi que de cellules ayant des rôles de protection et de nutrition. Le second comprend les nerfs, leurs renflements et les ganglions nerveux.

LE SYSTÈME NERVEUX CENTRAL

Également appelé névraxe, le système nerveux central contient les organes situés à l'intérieur du crâne : le cerveau, le cervelet et le tronc cérébral (l'ensemble formé par ces trois organes est appelé encéphale), ainsi que la moelle épinière ; le tronc cérébral constitue la zone de transition entre le cerveau et la moelle épinière.

Ces organes sont entièrement enveloppés par trois feuillets appelés dure-mère (enveloppe située le plus à l'extérieur, au contact de l'os), pie-mère (située au contact du tissu nerveux) et arachnoïde (située entre la dure-mère et la pie-mère). Ces trois feuillets constituent les méninges. Le système nerveux central est, en outre, entouré par un liquide, le liquide céphalorachidien.

Le cerveau. Il est formé de deux parties symétriques, les hémisphères. Ceux-ci sont réunis en une zone, appelée corps calleux, qui transmet les informations d'un hémisphère à l'autre. De plus, les deux hémisphères sont recouverts

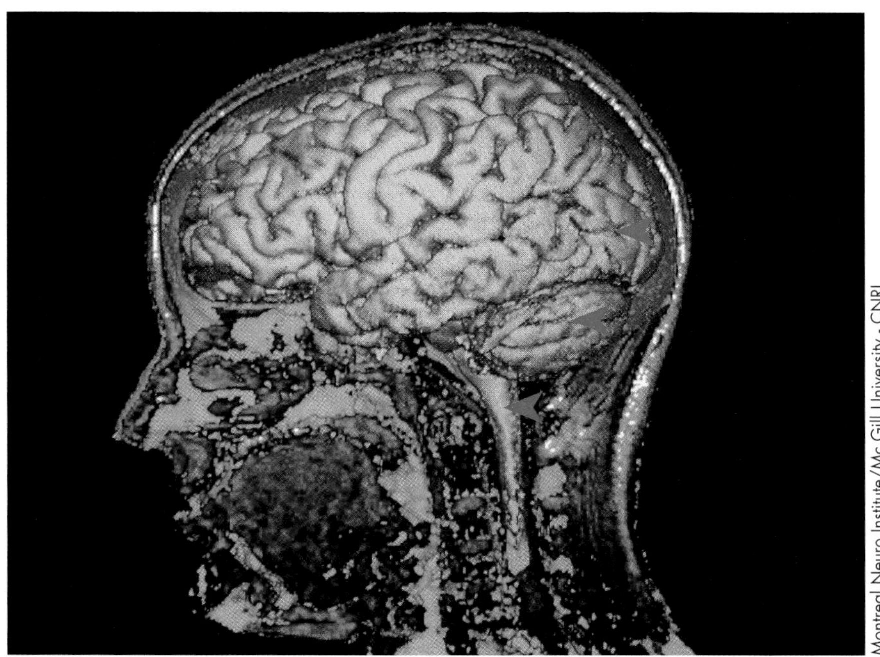

Montreal Neuro Institute/Mc Gill University - CNRI

***L'encéphale.** Il forme la partie supérieure du système nerveux central, et renferme, de haut en bas, le cerveau, le cervelet et le tronc cérébral.*

LA NEUROLOGIE

La neurologie est la spécialité médicale consacrée à l'étude et au traitement des maladies qui touchent le système nerveux. Plusieurs étapes sont nécessaires pour diagnostiquer une maladie neurologique : l'étude des signes indiqués par le malade ou mis en évidence par les examens ; la localisation du siège des lésions ; la recherche de leur cause. Une branche de la neurologie, appelée neuro-endocrinologie, s'intéresse aux influences que les hormones exercent sur le système nerveux et au rôle hormonal que joue celui-ci.

d'une fine couche de substance grise, tissu essentiellement constitué de neurones. Chacun d'eux est creusé de profonds sillons qui délimitent quatre parties distinctes, les lobes, intervenant respectivement dans la mémoire et la force motrice, la force musculaire, la sensibilité et le langage, la vision, enfin l'audition, le langage et la mémoire. Le cerveau contient, en son centre, d'autres amas de substance grise, dont les plus importants sont le thalamus, le noyau caudé et le noyau lenticulaire.

Le cervelet. Situé à l'intérieur du crâne, en dessous du cerveau et en arrière du tronc cérébral, il est formé de deux hémisphères réunis par une structure centrale, appelée vermis. Il est responsable de la coordination de l'activité musculaire, et indispensable à l'équilibre et aux mouvements.

Le tronc cérébral. Il forme une sorte de grosse tige située entre le cerveau et la moelle épinière, en avant du cervelet. La substance grise qu'il contient est fragmentée en noyaux, à l'origine des douze nerfs crâniens. Sa substance blanche (tissu essentiellement formé des prolongements de neurones) forme de longs faisceaux sensitifs et moteurs.

La moelle épinière. C'est un cordon d'environ 45 centimètres de long, qui est logé dans le canal rachidien (formé par l'empilement des vertèbres). Son rôle est de transmettre les informations sensitives et motrices des nerfs qui y sont rattachés (nerfs rachidiens) à l'encéphale. C'est aussi un centre nerveux autonome qui analyse les informations simples venant des nerfs et fournit une réponse appropriée sans passer par l'encéphale.

LE SYSTÈME NERVEUX PÉRIPHÉRIQUE

Il comprend l'ensemble des nerfs et de leurs renflements, les ganglions nerveux. Ces nerfs sont rattachés par une extrémité soit à l'encéphale (nerfs crâniens), soit à la moelle épinière (nerfs rachidiens). Les nerfs crâniens contrôlent notamment l'odorat, la vue, l'ouïe et le goût ; les nerfs rachidiens, la sensibilité de la peau, les muscles et les viscères.

Les nerfs crâniens. Il en existe 12 paires. Selon le cas, ils véhiculent des stimuli perçus par les organes des sens jusqu'au cerveau, transmettent les ordres moteurs du cerveau vers différents muscles ou assurent ces deux fonctions.

Les nerfs rachidiens. Il en existe 31 paires. Les nerfs intercostaux innervent les muscles entre les côtes et la paroi abdominale et interviennent dans la respiration. Les autres nerfs rachidiens s'unissent, formant des plexus ; ceux-ci donnent naissance à des nerfs, dits périphériques, qui innervent les membres.

LE SYSTÈME NERVEUX CENTRAL

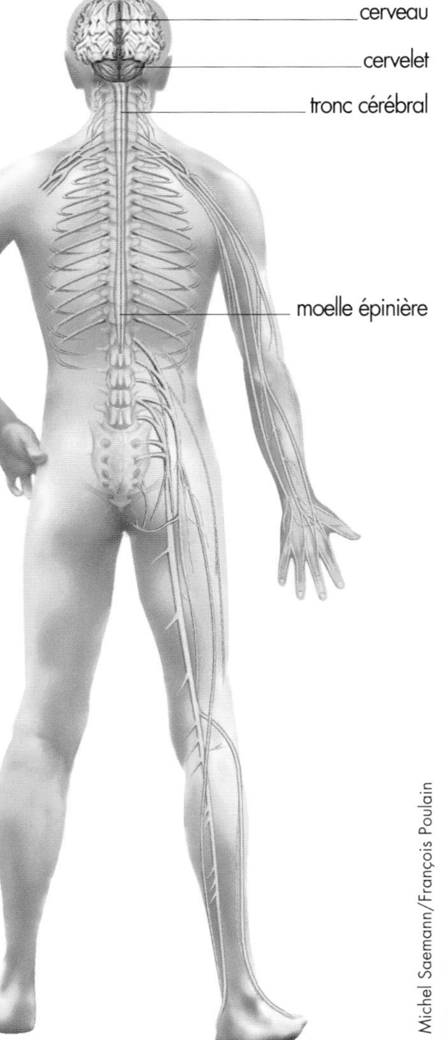

Michel Saemann/François Poulain

POUR Y VOIR PLUS CLAIR

QUELQUES MOTS À CONNAÎTRE

Substance grise : tissu d'aspect grisâtre situé dans la moelle épinière et l'encéphale, soit dans la profondeur du cerveau, soit en surface du cervelet et des hémisphères cérébraux. Ce tissu sert de centre nerveux : réception des messages, analyse des informations, et réponses.

Substance blanche : tissu d'aspect blanchâtre situé dans la moelle épinière et l'encéphale, et assurant la conduction de l'influx nerveux d'un centre nerveux à un autre, ou d'un centre nerveux à un nerf.

LE CERVEAU

Le cerveau est l'organe le plus volumineux et le plus complexe de l'encéphale, partie supérieure du système nerveux. Siège de l'intelligence, il est formé de deux hémisphères, qui contrôlent chacun la moitié du corps située du côté opposé.

LES ZONES DU CERVEAU

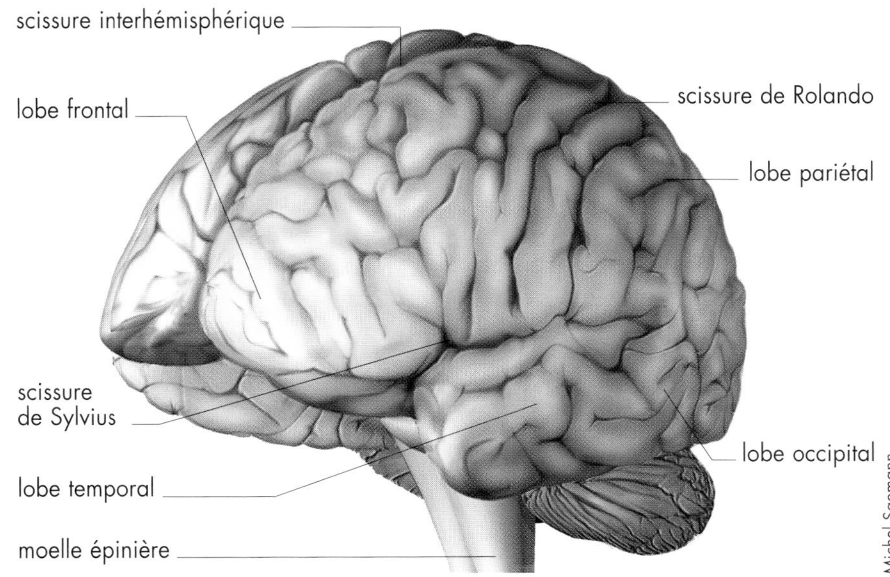

Le cerveau est formé de deux parties symétriques – les deux hémisphères – réunies par une zone centrale, le diencéphale, et par une structure appelée corps calleux. Comme les autres organes du système nerveux central, il est enveloppé par les méninges. Il est essentiellement composé de cellules nerveuses, les neurones, des prolongements de ceux-ci (de longues fibres nerveuses gainées de myéline, appelées axones), et de cellules apportant aux neurones les éléments nutritifs dont ils ont besoin (les cellules gliales) ; les neurones constituent, avec les synapses qui les relient les uns aux autres, la substance grise, et les axones, la substance blanche.

LES HÉMISPHÈRES CÉRÉBRAUX

Les deux hémisphères, qui forment la partie extérieure du cerveau, sont recouverts d'une couche de substance grise, le cortex, siège des fonctions comme la conscience, l'émotion, la mémoire, le langage. Chaque hémisphère est creusé à sa surface de profonds sillons, les scissures, qui délimitent quatre zones distinctes, les lobes : le lobe frontal (siège des mouvements volontaires), situé en avant, le lobe pariétal (siège de la sensibilité) et le lobe temporal (siège de l'audition), placés sur les côtés, et le lobe occipital (siège de la vision), situé en arrière. Il existe trois scissures principales : celle

CERVEAU DROIT ET CERVEAU GAUCHE

Chaque hémisphère assure le contrôle de la motricité et de la sensibilité de la moitié du corps opposée : les fibres nerveuses gagnent le côté opposé en croisant la ligne médiane du tronc cérébral ou de la moelle épinière. L'hémisphère droit régit donc le côté gauche et vice versa. Mais les deux hémisphères ne sont égaux, ni en volume, ni en fonction. En effet, la localisation de la zone du langage diffère selon les individus : chez les droitiers (80 % de la population), cette zone siège dans l'hémisphère gauche ; chez la plupart des gauchers, elle est partagée entre les deux hémisphères ou, plus rarement (5 %), située dans le seul hémisphère droit. L'hémisphère où se trouve la zone du langage est dit dominant.

qui sépare les hémisphères cérébraux (scissure interhémisphérique) ; celle qui isole le lobe frontal du lobe pariétal (scissure de Rolando) ; celle qui isole les lobes frontal et pariétal du lobe temporal (scissure de Sylvius). Les lobes sont aussi creusés de plis appelés circonvolutions. Chaque hémisphère est creusé d'une cavité, le ventricule, remplie d'un liquide, le liquide céphalorachidien.
Outre le cortex, les hémisphères contiennent des zones de substance grise, situées en leur centre, les noyaux gris profonds. Ceux-ci jouent un grand rôle dans l'accomplissement des mouvements volontaires.

LE DIENCÉPHALE

Cette zone centrale du cerveau est recouverte par les deux hémisphères cérébraux qui s'y rattachent de chaque côté. Le diencéphale est, comme les hémisphères, creusé d'un ventricule rempli de liquide céphalorachidien. Il est essentiellement composé de deux noyaux de substance grise, les thalamus ; ceux-ci surmontent l'hypothalamus et se prolongent par deux glandes, l'hypophyse en bas, l'épiphyse en arrière.
Les thalamus. Ce sont deux structures, grosses comme des noix, elles-mêmes divisées en petits noyaux. Sortes de relais situés au-dessus du tronc cérébral, les thalamus reçoivent les informations provenant des différents organes des sens et les analysent avant de les transmettre au cortex cérébral.
L'hypothalamus. Situé à la base du cerveau, au-dessus de l'hypophyse, il produit des hormones et contrôle l'activité d'une partie du système nerveux, le système nerveux végétatif, responsable de la digestion, de la respiration, des battements du cœur, de la pression artérielle et de la température du corps.
L'hypophyse. Cette petite glande, qui repose dans un trou creusé dans l'os (selle turcique), comprend deux parties : l'antéhypophyse en avant, qui sécrète cinq hormones différentes, les stimulines, ainsi que la prolactine (responsable de la lactation chez la femme) ; la posthypophyse en arrière, qui sert de lieu de stockage à deux hormones sécrétées par l'hypothalamus, l'hormone antidiurétique (qui empêche l'eau d'être éliminée en trop grande quantité par les reins) et l'ocytocine (qui stimule les contractions pendant l'accouchement). Au-dessus et en avant de l'hypophyse se croisent les deux nerfs optiques.
L'épiphyse. Cette petite glande joue un rôle sur le cycle de reproduction et contient de nombreuses substances, dont la mélatonine. Elle se calcifie pendant l'enfance, sans que cela modifie son fonctionnement.

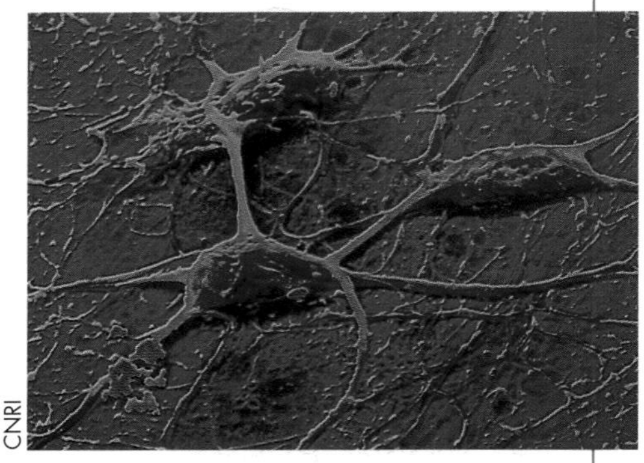

CNRI

***Les neurones.** On distingue les neurones, avec leur corps cellulaire et leurs prolongements (axones, dendrites).*

LE LIQUIDE CÉPHALORACHIDIEN

C'est un liquide clair qui entoure le système nerveux central. Il circule dans les cavités situées à l'intérieur de l'encéphale (ventricules), puis dans la moelle épinière et dans les méninges (enveloppes protectrices de l'encéphale et de la moelle). Le liquide céphalorachidien fournit des éléments nutritifs (protéines, glucose) aux cellules du cerveau. Son analyse, faite par ponction lombaire, permet de diagnostiquer des maladies neurologiques (méningites).

LE CORPS CALLEUX

Cette partie du cerveau est constituée de fibres nerveuses. Elle unit les deux hémisphères. Le corps calleux permet à chaque hémisphère d'exercer une action d'excitation ou d'inhibition, selon le cas, sur l'autre hémisphère. Quand le corps calleux n'assure plus ses fonctions (ce qui peut être dû, par exemple, à un alcoolisme chronique, à certaines tumeurs ou à la syphilis), la perte de la coordination entre les deux hémisphères provoque des troubles de la mémoire, des troubles moteurs et de l'équilibre, le patient ayant tendance à chuter vers l'arrière.

LE SOMMEIL

Le sommeil est un besoin humain fondamental qui occupe environ le tiers de la vie de chaque individu, et qui joue un rôle actif et complexe. Il est accompagné de rêves qui, selon Freud, révéleraient nos désirs refoulés.

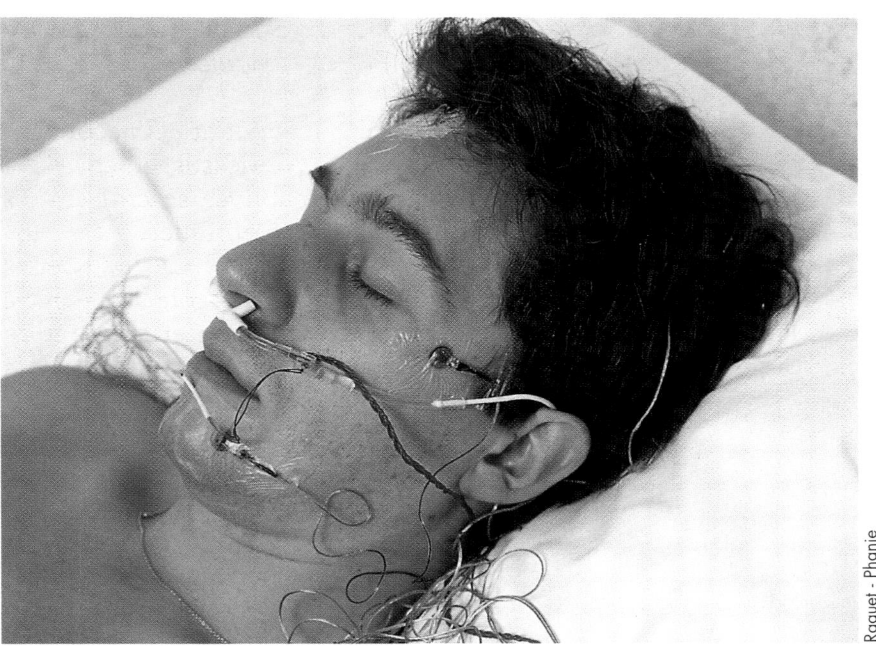

Raguet - Phanie

***Le sommeil.** L'électroencéphalographie permet d'enregistrer l'activité du cerveau et d'étudier les différentes phases du sommeil.*

Pendant longtemps, le sommeil a été considéré comme une simple suspension de l'activité physique et mentale. Or, il n'en est rien : il semble en fait jouer un rôle important. Sa fonction n'est pas encore établie avec certitude, mais il permet de se remettre des diverses fatigues accumulées dans la journée. Selon les chercheurs, il aurait aussi pour rôle d'assouvir le besoin de rêver.

UNE NUIT DE SOMMEIL

Depuis les années 1960, on a découvert que le sommeil comprend deux phases dont la durée totale est d'environ 110 minutes ; ces deux phases se répètent, en général, quatre ou cinq fois pendant la nuit : c'est le sommeil lent et le sommeil paradoxal.

Le sommeil lent. Il est divisé en quatre stades de profondeur croissante et d'une durée totale d'environ 90 minutes. L'endormissement (premier stade du sommeil) correspond normalement à une période très courte, au cours de laquelle peuvent se produire des hallucinations. Il est suivi de trois autres stades qui constituent le sommeil lent profond et se traduisent à l'examen électroencéphalographique par des ondes lentes, de grande amplitude (ondes delta). Ce sommeil lent est une période de faible activité mentale, pendant laquelle

DES BESOINS DE SOMMEIL DIFFÉRENTS

Les besoins en sommeil sont très variables d'une personne à une autre. Un adulte a besoin en moyenne de 7 heures et demie de sommeil par nuit. Très rares sont les personnes à qui 3 ou 4 heures par nuit suffisent . En revanche, certains individus doivent dormir entre 10 et 12 heures par nuit pour être en forme dans la journée, sans somnolence ni sieste.
Le besoin en sommeil est plus important chez les enfants et chez les adolescents que chez les adultes. Le sommeil peut se morceler chez la personne âgée : elle connaît souvent des périodes de sommeil pendant la journée, en particulier avant ou après le déjeuner, et vers 16 heures.

le cœur fonctionne au ralenti et la tension artérielle diminue.

Le sommeil paradoxal. Chaque période de sommeil lent est suivie par une période appelée sommeil paradoxal. Durant cette phase, qui dure de 10 à 15 minutes, l'activité cérébrale du dormeur est très ralentie, et son tonus musculaire, totalement absent; ses globes oculaires sont animés de mouvements rapides ; les doigts et les muscles de son visage remuent légèrement ; sa respiration est irrégulière et s'interrompt souvent avant de s'accélérer. C'est le moment des rêves.

LES RÊVES

Tout le monde rêve – même si chacun ne s'en souvient pas toujours au réveil – au cours du sommeil paradoxal, beaucoup plus rarement pendant le sommeil lent. Les rêves apparaissent surtout au début ou à la fin de la nuit.

La forme des rêves. Une période de sommeil paradoxal peut être occupée par un seul rêve, mais, le plus souvent, elle en comporte plusieurs dont il n'est pas toujours possible de se rappeler le début et la fin. Une personne qui se réveille en pleine phase de rêve se souvient généralement avec précision des événements et des couleurs de son songe. Un aveugle de naissance n'a pas, bien sûr, de rêves visuels, mais seulement des rêves auditifs, olfactifs ou sensitifs. Une personne devenue aveugle après l'âge de 7 ans peut continuer à rêver avec des images pendant, à peu près, dix ou vingt ans.

Quelques personnes sont parfois conscientes de rêver. Elles ont ainsi l'impression d'assister à un film dans ces rêves dits rêves lucides. Assez rarement, certains rêveurs lucides arrivent même à intervenir dans leur songe et à contrôler les images.

Pourquoi rêve-t-on ? En 1900, le médecin autrichien Sigmund Freud publie un ouvrage (*l'Interprétation des rêves*) dans lequel il affirme que les rêves révèlent un contenu secret, correspondant à des désirs refoulés. Selon Freud, le sens de ce contenu peut être compris à partir d'associations d'idées. L'étude freudienne des rêves a marqué une étape fondamentale dans l'élaboration de la psychanalyse et dans l'exploration de l'inconscient.

Toujours selon Freud, le rêve permet de stabiliser la mémoire à long terme, de revivre ou d'oublier les moments de la journée écoulée, de reprogrammer le cerveau et de retrouver la part naturelle (innée) de sa personnalité.

LES MÉCANISMES DU SOMMEIL

Le sommeil est le résultat d'une très longue évolution au cours de laquelle l'organisme a intégré trois mécanismes essentiels.

L'horloge interne. Elle est d'environ 24 heures et est responsable de l'apparition régulière du sommeil. Cette horloge interne, dite circadienne, est localisée dans la région centrale du cerveau.

L'économie d'énergie. Plus l'état de veille est long, plus le sommeil qui suit est long et profond. Il existe donc une adaptation du sommeil – pendant lequel les dépenses énergétiques sont moindres – à la durée et à l'intensité de la veille.

Le mécanisme oscillateur. Il est responsable d'une interruption périodique du sommeil toutes les 90 minutes, remplacé alors par l'état du sommeil paradoxal. Ce mécanisme, qui existe chez les oiseaux et les mammifères, dépend de cellules nerveuses situées dans le cerveau, mais dont le fonctionnement reste mystérieux.

COMMENT BIEN DORMIR

L'hygiène de vie est une condition essentielle pour bien dormir. Quelques règles, simples et de bon sens, sont à observer afin de passer une bonne nuit, réparatrice des fatigues accumulées dans la journée : s'abstenir de boire des excitants, tels que le café ou le thé (une infusion calmante, comme du tilleul ou de la valériane, peut avoir un effet bénéfique sur le sommeil), mais aussi de fumer le soir ; se lever et se coucher à des heures régulières. Il est également conseillé de pratiquer des activités physiques dans la journée et, si possible, d'aller se promener avant d'aller se coucher, en respirant très profondément. Enfin, la chambre à coucher ne doit pas être surchauffée, mais avoir une température maximale de 18 °C.

L'ŒIL

L'œil est un organe fragile et complexe capable de capter les images, de les recueillir sur la rétine, puis de les transformer en influx nerveux et de les transmettre au cerveau par le nerf optique.

L'appareil de la vision se compose du globe oculaire relié au cerveau par les voies optiques et protégé par les annexes de l'œil (paupières, conjonctive, orbite). Comme chaque œil reçoit une image différente de la réalité, le cerveau compare les informations et reconstitue l'image en trois dimensions.

LE GLOBE OCULAIRE

Il mesure environ 2,5 centimètres de diamètre, et comprend une enveloppe et un contenu.

L'enveloppe de l'œil. Elle est elle-même formée de trois couches enveloppantes.
– La première couche, qui se trouve le plus à l'extérieur, est une couche de protection constituée à l'arrière par une membrane épaisse d'un millimètre (c'est la sclérotique, couramment appelée blanc de l'œil) traversée par le nerf optique, et à l'avant par la cornée. Cette dernière ressemble à un hublot transparent et bombé, d'environ 12 millimètres de diamètre.
– La deuxième couche est riche en vaisseaux sanguins. Appelée uvée, elle se compose d'une fine membrane qui sert à nourrir la rétine (la choroïde), du corps ciliaire et de l'iris. Celui-ci, qui donne sa couleur à l'œil, est percé au centre par la pupille, dont le diamètre varie selon l'intensité de la lumière (elle se ferme quand la lumière est vive et s'ouvre quand elle est faible).
– La troisième couche est composée par la rétine, qui tapisse le fond de l'œil et reçoit les images transmises par l'intermédiaire de la cornée et du cristallin. Elle contient les cellules visuelles, dont les cônes, responsables de la vision des formes et des couleurs en lumière de jour, et les bâtonnets, stimulés par une faible lumière. Tandis que ces cellules transforment le rayonnement lumineux en influx nerveux, d'autres cellules transportent les informations visuelles le long du nerf optique jusqu'au cerveau.

STRUCTURE DE L'ŒIL

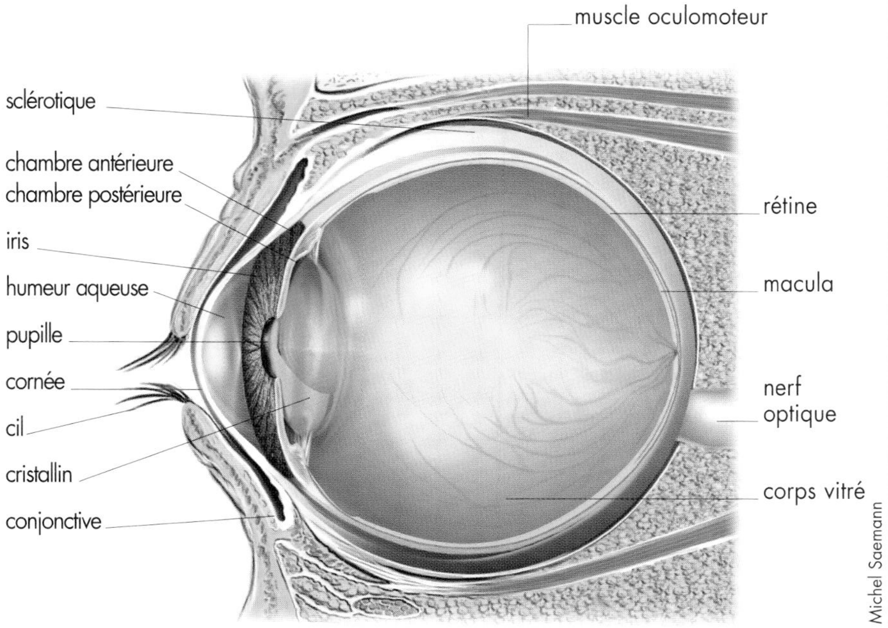

POUR Y VOIR PLUS CLAIR

QUELQUES MOTS À CONNAÎTRE

Accommodation : mise au point de l'œil pour avoir une vision bien nette d'un objet proche ou éloigné.
Corps ciliaire : partie de l'uvée entre la choroïde et l'iris.
Lacrymal : qui a rapport à la production et à l'écoulement des larmes.

L'ŒIL ET LES MUSCLES OCULAIRES

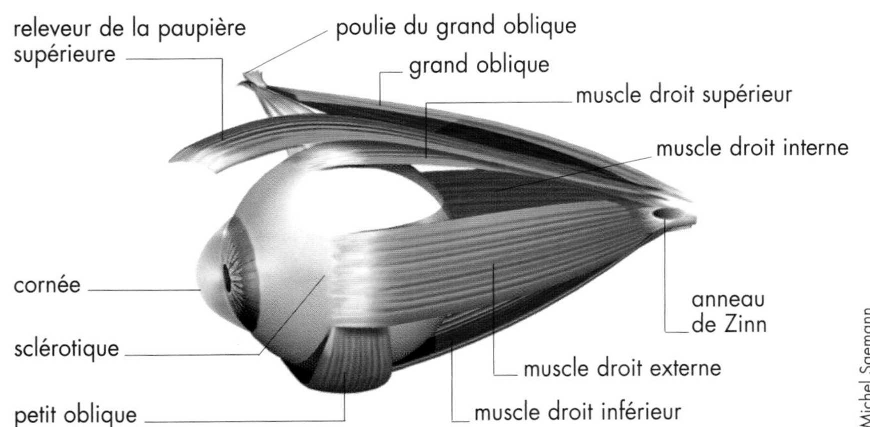

Le contenu de l'œil. Les éléments contenus dans l'œil sont transparents. D'avant en arrière, on trouve l'humeur aqueuse, le cristallin et le corps vitré :
– l'humeur aqueuse, liquide qui circule entre le cristallin et l'iris, passe par la pupille et vient nourrir la cornée ;
– le cristallin, situé derrière l'iris et en avant du corps vitré, est une lentille souple très déformable, d'environ un centimètre de diamètre, qui intervient dans l'accommodation ;
– le corps vitré, substance gélatineuse, remplit le globe oculaire en arrière du cristallin et assure le maintien du volume de l'œil.

PEUT-ON VOIR TOUTES LES MALADIES DANS L'ŒIL ?

L'examen oculaire peut permettre d'évaluer le degré de gravité de quelques maladies qui affectent les tissus vasculaires et nerveux de l'œil.
La surveillance du fond de l'œil permet notamment d'observer l'évolution du diabète, de l'hypertension artérielle, de maladies du sang, de certaines affections rhumatologiques ou nerveuses.

LES VOIES OPTIQUES

Elles prennent naissance sur la rétine où de nombreuses fibres nerveuses visuelles se rassemblent. Le nerf optique ainsi formé rejoint le deuxième nerf optique issu de l'autre œil à un carrefour, appelé chiasma, situé à la base du cerveau. Au total, un million de fibres nerveuses transmettent les informations visuelles au cerveau.

LES ANNEXES DE L'ŒIL

Elles sont au nombre de cinq.
Les muscles et les nerfs oculomoteurs. Pour chaque œil, six muscles (quatre muscles droits et deux obliques) et trois nerfs oculomoteurs assurent la mobilité des yeux à l'intérieur des orbites.
Les paupières. Elles recouvrent les yeux et assurent leur protection. Elles sont bordées de deux rangées de cils qui empêchent les poussières de pénétrer dans l'œil. Un clignement réflexe se produit lorsqu'un objet s'approche de l'œil, en cas de vive lumière ou de forte chaleur, un clignement régulier permet d'humidifier la cornée.
Les conjonctives. Elles tapissent l'intérieur des paupières et une partie du globe oculaire, qu'elles protègent des agressions extérieures. Les conjonctives fabriquent une substance qui entre dans la composition des larmes, lubrifient les paupières et nourrissent la cornée.
Les orbites. Ces cavités profondes contenant de la graisse protègent les yeux, les vaisseaux qui irriguent l'œil, les muscles et les nerfs oculomoteurs.
L'appareil lacrymal. Il comprend les glandes lacrymales et les canaux lacrymaux.

L'OPHTALMOLOGIE

Elle est exercée par des médecins ophtalmologistes (ou ophtalmologues), qui étudient les troubles de la vision (myopie, hypermétropie, astigmatisme, presbytie), les maladies de l'œil, du nerf optique et des éléments annexes de l'appareil oculaire (muscles, paupières, conjonctives, orbites, appareil lacrymal). À la différence des ophtalmologistes, les opticiens s'occupent des moyens de correction optique, lunettes ou verres de contact. Les orthoptistes, quant à eux, corrigent les troubles de la vision en rapport avec une anomalie des muscles de l'œil (strabisme, déviation des globes oculaires).

L'OREILLE ET L'AUDITION

L'oreille joue un rôle fondamental dans l'audition et l'équilibre. Une audition déficiente est toujours un handicap pour la personne atteinte et souvent un facteur d'isolement.

ANATOMIE DE L'OREILLE

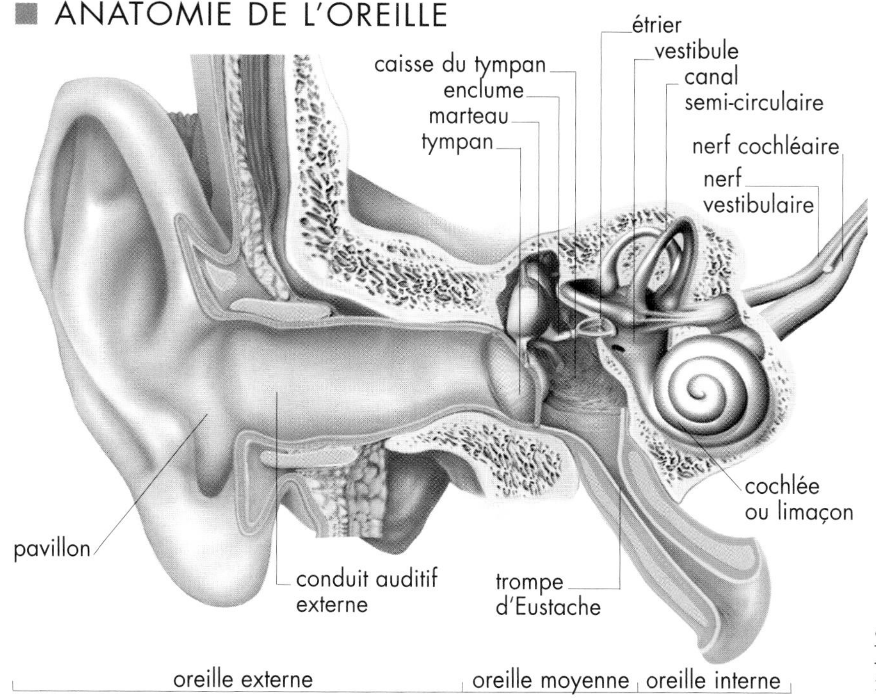

Michel Saemann

Les sons traversent le pavillon de l'oreille et le conduit auditif externe, franchissent le tympan, heurtent et font vibrer les osselets, pénètrent dans l'oreille interne. Puis ils sont véhiculés par le nerf auditif et arrivent au cerveau. Lorsque la progression des sons est freinée au cours d'une de ces étapes, des tests auditifs doivent être pratiqués pour mesurer la baisse de l'audition, et ceci pour chaque oreille. L'oreille nous permet aussi de nous situer physiquement dans l'espace.

LA STRUCTURE DE L'OREILLE

L'oreille est composée de trois parties principales.

L'oreille externe. Elle est constituée par le pavillon et par le conduit auditif externe. La peau qui tapisse ce conduit contient les glandes produisant une matière jaune, le cérumen.

L'oreille moyenne. Elle comprend la caisse du tympan, séparée de l'oreille moyenne par la membrane du tympan. Elle fait office de caisse de résonance et renferme trois petits os, appelés osselets, articulés entre eux : le marteau, l'enclume et l'étrier. L'oreille moyenne renferme également l'orifice de la trompe d'Eustache, fin canal reliant l'oreille au pharynx. En arrière, l'oreille moyenne communique avec la mastoïde, os creusé de trous qui joue un rôle de résonateur.

L'oreille interne. Logée dans le rocher (partie de l'os temporal), elle est formée de canaux constituant le labyrinthe, qui assurent l'audition et le contrôle de l'équilibre et renseignent sur la position du corps dans l'espace. Le labyrinthe antérieur (appelé cochlée, ou limaçon à cause de sa forme de coquille d'escargot) est responsable de l'audition : la cochlée contient

L'AUDIOGRAMME

C'est un graphique qui représente les capacités auditives de chaque oreille. Il est réalisé avec un appareil électronique, l'audiomètre : celui-ci émet des sons graves, puis de plus en plus aigus, de diverses fréquences (graves, moyennes et aiguës).
Sur ce graphique figurent :
– horizontalement, les fréquences des sons, des graves jusqu'aux aigus, exprimés en hertz (unité de fréquences) ;
– verticalement, les pertes auditives, exprimées en décibels (puissance sonore).

■ LES CENTRES AUDITIFS

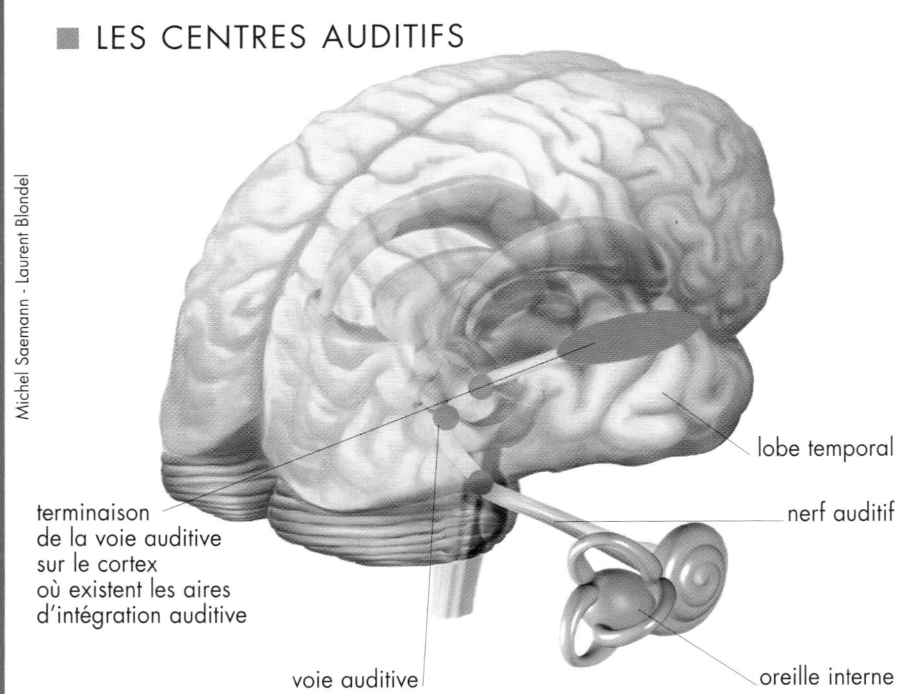

des cellules ciliées raccordées au nerf auditif. Mises en mouvement, elles transmettent les sensations au cortex et au lobe temporal. Le labyrinthe postérieur, ou vestibule, est responsable de l'équilibre.

LES FONCTIONS

L'oreille assure donc deux fonctions, l'audition et l'équilibre.

L'audition. C'est la fonction qui permet, grâce à l'oreille, de capter les sons et de les transmettre au cerveau. On la mesure en faisant écouter à une personne des sons dont les fréquences (nombre de vibrations par seconde) et les intensités sont variables. La personne, enfermée dans une cabine vitrée et insonorisée, écoute les sons (graves, moyens et aigus) avec des écouteurs sur les oreilles. Elle prévient le médecin quand elle n'entend plus les sons. Le résultat des tests est reporté sur un graphique, l'audiogramme.

L'équilibre. Grâce aux canaux semi-circulaires du vestibule et à la cochlée (c'est ce que l'on appelle le système vestibulaire), l'oreille interne participe à l'équilibre, cette fonction qui permet à chacun d'avoir conscience de la position de son corps dans l'espace et de pouvoir la contrôler. Ce système vestibulaire renseigne sur la position de la tête dans l'espace, sur les mouvements qu'elle peut subir (quand une voiture démarre ou dans un ascenseur) et sur ses inclinaisons (rotation, flexion et inclinaison sur le côté). Toutes ces informations sont transmises au cerveau, qui les analyse et donne des ordres en retour. Les muscles imposent alors à chaque région du corps la position exacte qui convient.

LES LIMITES DE L'AUDITION HUMAINE

L'oreille humaine perçoit les sons jusqu'à 12 000 hertz environ (l'hertz est l'unité de fréquence). Après, ce sont les ultrasons, que l'homme ne perçoit pas. L'oreille moyenne réagit au bruit intense par l'intermédiaire des osselets, qui transmettent les vibrations. En cas de bruit soudain, les vibrations peuvent entraîner des dommages dans l'oreille. Un son est difficile à supporter à partir de 90 décibels (mesure de la puissance sonore). Au-delà de 100 décibels, il devient dangereux pour l'audition.

OTO-RHINO-LARYNGOLOGIE

L'oto-rhino-laryngologie (ORL) étudie le fonctionnement des oreilles, du nez, de la gorge (larynx et pharynx) et le traitement des maladies de cette région, à l'exception des dents et des yeux. Les principales affections prises en charge en ORL sont, pour l'oreille, les infections, les otites, les surdités et les vertiges ; pour la gorge et le nez, les infections, les tumeurs, les sinusites et les troubles de la voix. Les principales interventions chirurgicales concernent les oreilles, les amygdales, les végétations, les glandes salivaires, les cordes vocales et la glande thyroïde.

PROTÉINES, GLUCIDES ET LIPIDES

Les protéines, les glucides et les lipides sont des substances nutritives (ou nutriments) qui apportent à l'organisme l'énergie dont il a besoin. Chaque nutriment assure une fonction spécifique dans notre corps.

Chaque aliment est composé de nombreux nutriments ; lors de la digestion, ceux-ci sont séparés puis assimilés par l'organisme.

UNE SOURCE D'ÉNERGIE

Pour couvrir ses divers besoins énergétiques (exprimés en calories), l'organisme utilise les différents nutriments contenus dans les aliments : les glucides, les protéines, les lipides, ainsi que l'alcool. L'eau, les fibres, les minéraux et les vitamines sont également des nutriments, mais ils ne fournissent pas d'énergie à l'organisme (leur présence dans un aliment ne modifie pas la valeur calorique de ce dernier). Outre le fait de procurer de l'énergie, les protéines, les glucides et les lipides jouent chacun un rôle particulier dans notre corps.

LES PROTÉINES

Le rôle des protéines. Les protéines se composent de petits éléments appelés acides aminés. On dénombre 20 acides aminés différents, dont 8 sont dits indispensables, car notre organisme ne sait pas les fabriquer. Chaque jour, la nourriture doit donc nous fournir la quantité de chaque acide aminé indispensable. Les protéines d'origine animale les contiennent

A. Perlstein - Fotogram Stone

***L'importance de l'alimentation.** Les aliments nous apportent les substances essentielles à notre équilibre, comme les fibres, les minéraux et les vitamines contenus dans les légumes.*

CALCUL DES CALORIES D'UN ALIMENT

On dénomme calorie l'unité de mesure de l'énergie, que ce soit celle contenue dans les aliments ou celle que brûle le corps. Tous les nutriments énergétiques ne renferment pas la même quantité de calories. Par gramme, les lipides apportent 9 calories, l'alcool 7, les glucides et les protéines 4. Ces valeurs permettent de calculer les calories des aliments : elles sont utilisées dans les livres de diététique ou sur l'étiquetage des aliments. Par exemple, un produit contenant, pour 100 grammes, 3 grammes de lipides, 5 grammes de protéines et 11 grammes de glucides, sera référencé comme fournissant (3 x 9) + (5 x 4) + (11 x 4) = 91 calories.

Roux - BSIP

***Les différents aliments.** Ils sont composés de protéines, de glucides, de lipides, de minéraux, de vitamines (les nutriments).*

QUE DEVIENNENT LES NUTRIMENTS DANS LE CORPS ?

Lorsque l'on mange plus que ce que brûle l'organisme, les calories apportées par les différents nutriments sont stockées dans l'organisme sous forme de graisse (tissu adipeux). La transformation des nutriments en graisse entraîne une dépense d'énergie qui diffère selon les nutriments énergétiques (glucides, lipides, protéines). La transformation des protéines et des glucides en graisse nécessite une énergie importante. En revanche, le stockage des lipides dans le tissu adipeux est économe en énergie. Par conséquent, les lipides alimentaires favorisent particulièrement le développement de la graisse corporelle. Ils font donc plus facilement grossir que les protéines et les glucides. Cette tendance est accentuée par le fait que les lipides calment moins la faim que les protéines ou les glucides.

généralement tous en bon équilibre. Les protéines jouent un double rôle essentiel au bon fonctionnement de l'organisme. D'une part, ce sont, en quelque sorte, les briques de notre corps : elles déterminent l'architecture et les particularités de nos organes et de nos muscles. D'autre part, on pourrait les comparer aux ordinateurs qui contrôlent l'activité d'une machine : elles gouvernent le bon fonctionnement et le développement de notre corps (ce sont alors des hormones, des enzymes, des anticorps, etc.).

Les aliments riches en protéines. Ils peuvent être d'origine animale. Ce sont les viandes (blanches ou rouges, charcuterie, volailles, abats, etc.) ; les poissons et les fruits de mer ; les laitages (yaourts, lait, fromages, etc.) ; les œufs (deux œufs apportent autant de protéines qu'un steak de 100 grammes). Ils peuvent aussi avoir une origine végétale : céréales (pâtes, riz, pain, maïs, farine, etc.) ; légumes secs (pois, lentilles, haricots, fèves, etc.) ; soja.

LES GLUCIDES

Le rôle des glucides. Dans le corps, les glucides se présentent essentiellement sous la forme d'un sucre : le glucose. Celui-ci sert de carburant énergétique, rapidement utilisable par les muscles et les organes. Il est particulièrement important pour le cerveau, les muscles et les globules rouges du sang.

Les aliments riches en glucides. Ils regroupent les céréales et les légumes secs ; les pommes de terre ; les produits laitiers (sauf le fromage) ; les fruits ; le sucre et les aliments sucrés (pâtisseries, viennoiseries, chocolat, etc.).

LES LIPIDES

Le rôle des lipides. Les lipides ont un double rôle. Riches en calories (neuf calories par gramme), ils servent de carburant pour satisfaire les besoins en énergie de nos cellules. En outre, certains d'entre eux, les acides gras essentiels, participent avec les protéines à l'architecture de nos organes et au contrôle de leur activité.

Les aliments riches en lipides. Ce sont les huiles, le beurre, la crème, la margarine, la mayonnaise ; l'avocat, les olives, les fruits secs ; les viennoiseries, les biscuits, les gâteaux, les chocolats ; les frites, les chips ; les viandes, les poissons et les laitages gras (en particulier le fromage), les œufs et la plupart des charcuteries.

L'ALCOOL

L'alcool est le principal constituant des boissons alcoolisées, le contenu en alcool étant d'autant plus élevé que le degré d'alcool de la boisson l'est. L'alcool fournit une énergie peu intéressante pour les cellules de l'organisme qui se contente de la dissiper sous forme de chaleur. Par ailleurs, les calories de l'alcool favorisent indirectement la prise de poids, car leur combustion réduit celle de la graisse de l'organisme.

Fibres, Vitamines et Minéraux

Ces substances nutritives, ou nutriments, sont indispensables au bon fonctionnement de notre organisme ; en consommer tous les jours est donc primordial pour préserver notre santé.

Archives Larbor

Les fruits. *Chaque fruit contient des vitamines et des minéraux spécifiques ; pour éviter les carences, il faut donc diversifier sa consommation de fruits.*

Chacun de ces nutriments joue un rôle particulier dans l'organisme. Ils sont indispensables à notre santé, mais il ne faut pas en abuser : les excès peuvent avoir des effets néfastes.

LES FIBRES

Leur rôle. Les fibres ne sont pas digérées dans l'intestin ; elles participent donc à la formation des selles. Elles calment l'appétit, régularisent le transit intestinal, aidant à lutter contre la constipation, et facilitent le retour à l'équilibre en cas de diabète ou d'excès de cholestérol.

Les aliments riches en fibres. Seuls les aliments d'origine végétale sont riches en fibres. Ce sont les légumes, les légumes secs, les aliments d'origine céréalière (pâtes, riz, pain, etc.). Ces derniers sont plus riches en fibres sous leur forme complète (c'est-à-dire peu raffinée). Les fruits, notamment les poires, les pommes, les prunes et les bananes, contiennent également des fibres.

Équilibrer sa nourriture en fibres. Pour profiter au mieux des effets des fibres, on a intérêt à en consommer à chaque repas. En mangeant des aliments variés, on diversifie la nature des fibres, qui ont chacune des avantages complémentaires.

LES VITAMINES

Leur rôle. Les vitamines sont indispensables au bon fonctionnement de l'organisme. Chaque vitamine a un rôle bien précis. Ainsi, la vitamine A intervient dans la vision, et la vitamine D, dans la croissance osseuse. Les vitamines C et E protègent les cellules du vieillissement, et la vitamine K joue un rôle dans la coagulation du sang. Les vitamines du groupe B participent à la production et à la dégradation (métabolisme) des protéines, des glucides et des lipides.

Les aliments riches en vitamines. À chaque vitamine correspondent un ou plusieurs aliments, qui en sont riches.

Vitamine A (et béta-carotène) : lait, beurre, fromages, margarine, huile de foie de poisson, jaune d'œuf, foie, poissons gras, viandes, carottes et la plupart des fruits et des légumes.

Vitamine D : poissons, volailles, foie, œufs, laitages, huile de foie de poisson.

Vitamine E : la plupart des aliments, en particulier huiles, céréales complètes, germe de blé, beurre, margarine.

Vitamine K : poissons, foie, œufs, la plupart des légumes verts (choux, épinards, salade verte), céréales.

Vitamine B1 : céréales complètes (riz, pain complet, flocons d'avoine), viande de porc, abats, jaune d'œuf, fruits et légumes secs, asperges, choux.

Vitamine B2 : lait, fromages, œufs, abats (foie, rognons), viandes, légumes (épinards, brocolis), levure.

Vitamine B3 : lapin, porc, volailles, thon, légumes et fruits secs, céréales complètes, levure.

Vitamine B5 : viandes, abats, œufs, avocats, champignons, cacahouètes.

Vitamine B6 : viandes (poulet), abats, poissons (thon, hareng), légumes (choux, pomme de terre, maïs).

Vitamine B8 : abats, jaune d'œuf, laitages, légumes et fruits secs, flocons d'avoine et flocons de blé.

Vitamine B9 (ou acide folique) : viandes, abats (foie), œufs, la plupart des légumes, banane, céréales complètes.

Vitamine B12 : viandes, abats, œufs, poissons, laitages.

Vitamine C : tous les fruits (en particulier les fraises, les agrumes, le cassis, le kiwi), légumes (choux, pommes de terre, épinards, cresson).

Équilibrer sa nourriture en vitamines. Avec une alimentation variée, on a toutes les chances d'éviter les carences en vitamines. Les jeunes enfants ont des besoins accrus en vitamine D ; pour éviter un retard de croissance, le médecin leur prescrit souvent un complément sous forme de médicament. Chez la femme, la contraception orale augmente les besoins en vitamines B6 et B9, et la grossesse, les besoins en vitamine B9. Après 70 ans, ce sont surtout les apports en vitamines D et B9 qu'il faut surveiller.

LES MINÉRAUX

Les minéraux jouent un rôle important au niveau des nombreux processus biologiques qui se déroulent dans le corps. On distingue les sels minéraux (calcium, phosphore, potassium, sodium, chlore, magnésium, soufre) et les oligoéléments, les premiers étant présents dans l'organisme en plus grande quantité que les seconds.

Le calcium. Il intervient dans la formation des os et des dents, dans la coagulation du sang et dans le fonctionnement des cellules nerveuses et du cœur. On le trouve notamment dans les produits laitiers, l'eau, les légumes secs et verts.

Le phosphore. Il agit généralement de concert avec le calcium. On le trouve dans la plupart des aliments ; on n'en manque donc pratiquement jamais.

Le potassium. Il intervient au niveau de la contraction des muscles et du cœur et au niveau des cellules nerveuses. On le trouve notamment dans les légumes secs, les fruits et les légumes verts.

Le sodium. Il joue, avec le potassium, un rôle dans l'équilibre entre l'intérieur et l'extérieur des cellules du corps. On le trouve dans le sel de table, la charcuterie, les plats cuisinés industriels, les conserves, les biscuits et snacks d'apéritif, le pain, les fromages.

Le chlore. Il est généralement présent avec le sodium.

Le magnésium. Il intervient au niveau de la contraction des muscles et du cœur, et sur l'influx nerveux. On le trouve dans les légumes secs, les céréales et le pain complet, les fruits secs, les bananes, les épinards, le chocolat et certaines eaux.

Le soufre. Il est nécessaire au bon équilibre des protéines. Il est surtout présent dans les aliments d'origine animale.

Équilibrer sa nourriture en minéraux. Pour être sûr d'avoir un apport suffisant en chacun des minéraux, il est recommandé de varier son alimentation. L'enfant, l'adolescent et la femme enceinte doivent veiller à ne pas manquer de calcium, indispensable en période de croissance. Les femmes en âge de procréer doivent surveiller leur apport en fer, car les règles entraînent une perte importante de ce minéral.

LES OLIGOÉLÉMENTS

Présents dans l'organisme en plus petite quantité que les sels minéraux, ils ont néanmoins un rôle important. Le fer, primordial pour les globules rouges, se trouve dans la viande, les abats, le poisson, les œufs, les légumes secs, les légumes à feuilles vertes. Le zinc, nécessaire au fonctionnement de nos cellules, est présent dans les viandes, les poissons, les légumes secs et les aliments d'origine céréalière. L'iode joue un rôle au niveau de la glande thyroïde et dans le développement du cerveau. On le trouve surtout dans les produits de la mer. Le sélénium intervient dans la lutte contre les éléments toxiques. Il est présent dans les viandes, les poissons, les œufs, les légumes secs, les aliments d'origine céréalière.

LES LÉGUMES ET LES FRUITS

Les légumes et les fruits sont des aliments indispensables à notre équilibre. Ils nous apportent des fibres, des vitamines et des minéraux, qui participent au maintien de la forme et à la prévention des maladies.

Les légumes sont le plus souvent consommés sous la forme de plats salés : potage, crudités, salade, accompagnement du plat principal. Les fruits, en raison de leur saveur sucrée, sont généralement appréciés en dessert ou comme en-cas.

LEUR INTÉRÊT POUR NOTRE ÉQUILIBRE

Une richesse en fibres. Les légumes et les fruits nous apportent des fibres, qui régulent le transit intestinal et calment bien la faim.

P. Garo - Phanie

Les légumes et les fruits. *Pour profiter des bienfaits de ces aliments, sources de fibres, minéraux et vitamines, il faut en consommer chaque jour.*

Une source de minéraux et de vitamines. Ces substances jouent un rôle essentiel dans le maintien de la forme et dans la prévention des maladies. Les légumes de couleur jaune ou orange (carottes, potiron, par exemple) sont riches en bêta-carotène, qui se transforme en vitamine A dans notre organisme. Cette vitamine intervient sur la qualité de la peau et des muqueuses, ainsi que dans la défense contre les microbes. Indispensable à la vision, elle participe également à la constitution des os et à la reproduction. Les légumes à feuilles foncées (épinards, cresson, choux) sont des sources privilégiées de vitamine B9 (ou acide folique). Cette vitamine est primordiale pour la production des globules rouges du sang, ainsi que pour la croissance puis le maintien en bon état de chacun de nos organes.
Un apport en fructose. Les fruits contiennent du fructose, un glucide riche en énergie.

LEUR PLACE À NOTRE TABLE

Il est souhaitable de consommer au moins un légume à chaque repas ainsi que deux ou trois fruits par jour pour bénéficier au mieux des vertus de ces aliments qui participent à la prévention des maladies cardiovasculaires et permettent de lutter contre la constipation et les kilos superflus.

Les légumes. Au déjeuner et au dîner, on peut, selon ses goûts, consommer des légumes sous la forme d'un potage, d'une crudité ou en accompagnement du plat principal. Il n'y a aucun inconvénient à associer ces plats au cours d'un même repas : par exemple, un potage en entrée ; des tomates à la provençale avec de la viande ou du poisson et un féculent, en plat principal ; une salade verte avec le fromage. L'apport en calories des légumes est négligeable; vous pouvez donc en consommer autant que vous le souhaitez, même si vous faites attention à votre ligne.

Les fruits. Ils constituent le dessert idéal : terminer un repas par un fruit est excellent pour la santé. Mais, selon les goûts de chacun, il est également possible de prendre un fruit en début de repas ou entre les repas : un fruit constitue une très bonne collation.

L'association avec d'autres d'aliments. Malgré toutes leurs qualités, les fruits et les légumes ne peuvent pas assurer à eux seuls un repas équilibré. En effet, ils sont pratiquement dépourvus de protéines. Il est donc indispensable de les associer, au cours du repas, à un aliment riche en protéines : viande, volaille, poisson, œuf, charcuterie, produits laitiers, pour un apport en protéines animales ; légumes secs (haricots, lentilles, etc.), céréales, pour un apport en protéines végétales. Par ailleurs, il est souhaitable que le plat principal contienne un féculent, riche en glucides lents, qui libèrent leur énergie sur une longue durée. Si l'on ne consomme que des légumes et des fruits, l'organisme se fatigue et subit une fonte musculaire ainsi qu'un affaiblissement des organes, avec un risque de troubles cardiaques et de sensibilité aux infections. Les régimes amaigrissants qui ne laissent place qu'aux légumes et aux fruits (par exemple les régimes ananas ou pamplemousse) sont dangereux pour la santé.

AIL, CHOUX, OIGNON, POMME, TOMATE : DES ALIMENTS PROTECTEURS

Certains fruits et légumes fournissent des substances appelées composés actifs qui, à la différence des vitamines, ne sont pas indispensables à la vie mais protègent contre certaines maladies. Ainsi, la pomme, la tomate, l'ail et l'oignon ont un effet protecteur contre les maladies cardiovasculaires, et les choux, contre le cancer du côlon. Mais il ne faut pas exagérer leur consommation : un abus d'ail ou d'oignon rend la digestion difficile et facilite la colite, un excès de choux a des inconvénients pour la glande thyroïde, etc.

CONSERVER LES LÉGUMES ET LES FRUITS

Pour bien profiter des minéraux et des vitamines que contiennent les fruits et les légumes, il est préférable de les consommer dans les 48 heures qui suivent leur achat, et si possible avec leur peau. Il faut les protéger de la chaleur, de la lumière, de l'humidité et de l'air (placer les légumes dans une cave ou dans le bac à légumes du réfrigérateur, par exemple). Il ne faut pas laisser tremper les légumes mais les laver rapidement à l'eau courante, et limiter l'eau et le temps de cuisson. Les fruits et les légumes cuisinés doivent être consommés rapidement.

LES DIFFÉRENTES PRÉPARATIONS

Les fruits et les légumes frais ont en général plus de saveur que les conserves ou les surgelés, mais, en ce qui concerne la santé, il y a peu de différence. À chacun de choisir en fonction du temps disponible, de ses goûts et de son budget. De façon générale, mieux vaut prendre un légume surgelé ou en conserve que pas de légume du tout. Par ailleurs, les différences sont minimes entre légumes et fruits cuits ou crus. Le mieux est de varier. Si on ne supporte que les légumes cuits (ou, à l'inverse, crus), on peut suivre son penchant. Pour les personnes qui ont du mal à maîtriser leur poids, il est souhaitable de ne pas abuser des compotes ou des purées : un fruit ou un légume à croquer ou à mâcher calme mieux la faim. Les jus de fruit sont moins bénéfiques que les fruits eux-mêmes : mieux vaut manger une orange que boire son jus.

LES FÉCULENTS ET LE PAIN

On regroupe sous le terme de féculents les pommes de terre, les aliments d'origine céréalière (riz, pâtes, semoule, blé , etc.), les légumes secs (lentilles, petits pois, flageolets, haricots blancs ou rouges, fèves, etc.) et le soja.

P. Garo - Phanie

Les féculents et le pain. *Pomme de terre, riz, maïs, légumes secs, pain, céréales du petit déjeuner, etc., tous ces aliments nous fournissent de l'énergie, utilisée notamment par les muscles et le cerveau.*

Les féculents sont des aliments d'origine végétale riches en protéines et surtout en amidon. L'amidon est un glucide lent, c'est-à-dire qui est lentement digéré dans l'intestin, libérant ainsi, à un rythme régulier, l'énergie dont l'organisme a besoin . Deux autres aliments d'origine céréalière, le pain et les céréales du petit déjeuner, ont des propriétés voisines de celles des féculents.

LEUR INTÉRÊT POUR NOTRE ÉQUILIBRE

Une richesse en amidon. L'amidon procure une énergie utilisée notamment par les muscles et le cerveau. Par ailleurs, il calme bien la faim et se convertit peu en graisse corporelle (les risques de grossir sont donc réduits).

Une source de protéines. Les aliments d'origine céréalière et les légumes secs fournissent une quantité appréciable de protéines. Ainsi, si vous en consommez au cours du repas, vous pouvez vous contenter d'un petit morceau de viande (ou de poisson, ou d'un œuf), sans risque de carence. Par contre, les pommes de terre contiennent peu de protéines, il faut donc leur ajouter un morceau de viande ou de poisson plus gros.

Une source de fibres, de vitamines et de minéraux. Les pommes de terre sont une source de vitamine C (utile pour rester en forme). Les légumes secs ainsi que les formes complètes (c'est-à-dire peu raffinées) du pain, du riz ou des pâtes contiennent des fibres (qui régulent le transit intestinal), du magnésium et des vitamines du groupe B (importants pour l'équilibre de l'organisme).

LEUR PLACE À NOTRE TABLE

L'énergie provenant des glucides des féculents est idéale pour le bon fonctionnement de notre corps, autant pour les muscles que pour le cerveau ou les organes. En outre, les féculents rassasient bien ; ils préservent des coups de fatigue, réduisent les envies de grignoter entre les repas, diminuant ainsi le risque de prise de poids excessive.

Un féculent à chaque repas. Nous devrions consommer un

féculent à chaque repas, car c'est toute la journée, et même la nuit, que l'organisme brûle de l'énergie : au petit déjeuner, des tartines ou des céréales ; au déjeuner, puis au dîner, un féculent en accompagnement du plat principal et/ou du pain. Les portions seront d'autant plus copieuses que la personne concernée est très active physiquement (en raison de sa profession, de la pratique d'un sport, etc.). En période d'entraînement ainsi que les veilles de compétition, les grands sportifs ont particulièrement besoin de manger des féculents.

Certains régimes amaigrissants interdisent la consommation des féculents et du pain. Il faut éviter de les suivre plus de quelques semaines sous peine de fonte musculaire, puis de reprise de poids à l'arrêt du régime.

L'association avec d'autres aliments. Les féculents sont pauvres en graisses (ou lipides). Il est donc souhaitable de les agrémenter d'une sauce, d'un morceau de beurre, ou encore d'un filet d'huile, mais sans exagération : le plat sera ainsi à la fois équilibré et savoureux. En revanche, certains modes de préparation rendent les féculents trop gras pour une consommation régulière. Ainsi, les frites et les chips ne doivent pas être consommées plus d'une ou deux fois par semaine. Un excès pourrait augmenter les risques de survenue de maladies cardiovasculaires, du cancer et de l'obésité.

COMPOSITION NUTRITIONNELLE DES FÉCULENTS, DU PAIN ET DES CÉRÉALES (POUR 100 G)

Aliments	Protéines (g)	Glucides (g)	Lipides (g)	Calories
ALIMENTS D'ORIGINE CÉRÉALIÈRE				
Céréales du petit déjeuner				
– à type de blé soufflé	15	79	1	385
– corn flakes	9	85	2	368
– flocons d'avoine	14	68	7	384
– muesli non sucré	9	62	8	356
Pain				
– baguette	8	58	1	274
– pain complet	8	49	2	244
– pain au lait	9	53	6	602
– pain de mie	8	54	3	271
– biscotte	10	79	4	392
Pâtes ordinaires (crues)	13	74	1	355
Pâtes aux œufs (crues)	12	72	8	408
Riz blanc (cru)	7	86	1	378
Riz complet (cru)	7	77	2	357
Semoule (crue)	13	74	1	355
Maïs cuit	4	23	2	128
Farine de blé	10	79	1	356
LÉGUMES SECS				
Haricots blancs cuits	7	17	1	100
Lentilles cuites	8	17	1	102
Petits pois cuits	5	11	1	65
Pois chiches cuits	8	22	3	143
POMMES DE TERRE				
– au four	3	25	0	111
– à l'eau	1	20	0	84
– chips	6	49	35	541
– frites	4	33	14	270

VIANDES, POISSONS ET ŒUFS

Les viandes, les poissons et les œufs, produits riches en protéines et savoureux, tiennent une place de choix dans notre alimentation. Les volailles, les charcuteries, les abats et les fruits de mer jouent un rôle similaire.

Les protéines jouent un rôle essentiel dans le fonctionnement de l'organisme. Il n'existe pas de « réservoir » de protéines dans le corps ; il est donc primordial d'en consommer chaque jour pour éviter les carences.

LEUR INTÉRÊT POUR NOTRE ÉQUILIBRE

Des protéines de bonne qualité. Les viandes, poissons, œufs, volailles, charcuterie, abats et fruits de mer contiennent des protéines de bonne qualité. Celles-ci se composent de petits éléments dénommés acides aminés. On dénombre 20 acides aminés différents, dont 8 sont dits « indispensables », car notre organisme ne sait pas les fabriquer. La nourriture doit donc nous fournir chaque jour ces acides aminés indispensables. Les protéines d'origine animale les contiennent généralement tous en bon équilibre.

Archives Larbor

***Omelette aux fines herbes.** Outre des protéines de bonne qualité, les œufs fournissent du sélénium, un minéral qui participe à l'élimination des substances toxiques de l'organisme et à la prévention de certaines maladies.*

MANGER CHAQUE JOUR DES PROTÉINES

Pour fonctionner, nos cellules ont besoin chaque jour d'environ 300 grammes de protéines. Une partie de ces protéines est utilisée pour former, à partir des acides aminés qui les constituent, de nouvelles protéines. Celles-ci participent à la constitution de nos organes et de nos muscles, et au fonctionnement de notre organisme. Une autre partie de ces protéines (entre 50 et 80 grammes par jour) est transformée en urée puis évacuée dans les urines. Il n'existe pas de véritable réserve de protéines dans l'organisme ; nous devons donc en consommer chaque jour pour satisfaire les besoins de celui-ci. Si nous ne mangeons pas régulièrement des protéines, notre corps ne peut plus assurer le renouvellement des siennes : les muscles et les organes rétrécissent, puis dépérissent. C'est là le danger des régimes déséquilibrés en protéines.

Une source de fer. Les viandes sont riches en fer, notamment le boudin noir, les abats, le foie, la viande rouge (bœuf, agneau). Ces aliments sont souvent plus appréciés par les hommes que par les femmes. Or, ces dernières bénéficieraient particulièrement des viandes riches en fer, car la répétition périodique

Carré d'agneau à l'ail. *Une petite portion de viande avec des légumes (ici, des haricots verts) et un féculent (comme des pommes de terre) constitue un repas équilibré.*

des règles élève considérablement les pertes en fer. La carence en fer est responsable d'anémie, de sensibilité aux infections (notamment aux angines) et de fatigue.

Une source de zinc. Les fruits de mer, les poissons et les viandes (viandes rouges plus que viandes blanches) sont une source privilégiée de zinc. Celui-ci participe à l'élimination des toxines de l'organisme et, probablement, à la prévention de maladies telles que les maladies cardiovasculaires et les cancers.

Une source de sélénium. Ce minéral est notamment contenu dans les œufs, les viandes et les poissons. Le sélénium, en association avec la vitamine E, possède des propriétés proches de celles du zinc.

Une source de vitamine B12. Cette vitamine, présente dans les viandes, les abats, les œufs et les poissons, participe à la maturation des globules rouges. Elle combat l'anémie, dont sont menacés les végétariens, qui ne consomment aucun produit d'origine animale.

LEUR PLACE À NOTRE TABLE

Leur place dans le repas. Si le repas contient par ailleurs un féculent ou du pain, ainsi qu'un laitage (autre source de protéines), on peut se contenter d'un petit morceau (50 à 100 grammes) de viande, de volaille ou de poisson, ou encore de un ou deux œufs ou d'une ou deux tranches de jambon. Si vous ne voulez pas manger un aliment de cette famille à la fois au déjeuner et au dîner, sachez qu'il est quand même souhaitable d'en consommer un au moins une fois par jour.

Varier les produits. Le mieux est d'alterner ce type d'aliments, de ne pas consommer uniquement de la viande, du poisson ou des œufs. Il est notamment recommandé de prendre du poisson au moins deux fois par semaine pour prévenir les maladies cardiovasculaires. Si vous avez des problèmes de poids ou de cholestérol, il est alors préférable de privilégier les variétés peu grasses des viandes, des volailles et des charcuteries. En revanche, les poissons gras (anchois, anguille, hareng, maquereau, sardine, saumon, thon, truite) sont recommandés à tous, car les graisses de poisson protègent le cœur.

LES DIFFÉRENTS TYPES DE VIANDE

	Morceaux peu gras	**Morceaux plus gras**
Abats	Cœur, foie, rognons	Langue de bœuf, cervelle
Agneau		Côtelette, gigot, épaule
Bœuf	Bifteck, faux-filet, rosbif, steak haché à 5 ou 10 % de matières grasses	Entrecôte, bourguignon, pot-au-feu, steak haché à 15 ou 20 % de matières grasses
Charcuterie	Jambon cuit (sans le gras)	Les autres charcuteries (andouille, boudin, pâté, saucisson, etc.)
Cheval	Tout morceau	
Gibier	Chevreuil, sanglier	
Lapin	Tout morceau	
Porc	Filet maigre	Côtelette, rôti, travers, échine
Veau	Côte, escalope, filet rôti	Rôti
Volailles	Dinde, poulet, pintade	Canard, faisan, oie, pigeon, poule

LES PRODUITS LAITIERS

Les produits laitiers sont une source privilégiée de calcium, minéral indispensable à la croissance puis à la bonne santé des os. En outre, ils fournissent des protéines de bonne qualité. Selon les produits, ils sont plus ou moins gras.

Lait, fromages, yaourts, crèmes desserts, fromages blancs, petits-suisses, etc., les produits laitiers nous offrent un large éventail de choix.

LEUR INTÉRÊT POUR NOTRE ÉQUILIBRE

Une source de calcium. Ce minéral, le plus abondant dans l'organisme, est avant tout un constituant des os et des dents. Il joue également un rôle essentiel dans la régulation du système nerveux et du rythme cardiaque. Par ailleurs, il intervient dans le processus de coagulation du sang. Les produits laitiers sont les aliments les plus riches en calcium. Les fromages à pâte dure (emmental, cantal, etc.) procurent de 700 à 1 000 milligrammes de calcium pour 100 grammes, soit deux à trois fois plus que les fromages à pâte molle, tels que le camembert. En outre, la teneur en phosphore des laitages permet une absorption optimale du calcium, meilleure que celle du calcium contenu dans certains légumes. Pendant la grossesse ou l'allaitement, les besoins sont augmentés et une alimentation riche en calcium permettra le développement harmonieux du squelette et des dents du futur bébé, tout en sauvegardant ceux de la mère. Les besoins augmentent également pendant l'adolescence en raison du pic de croissance : cette période détermine la qualité des os, qualité qui « suivra » le futur adulte tout au long de sa vie.

Alix/Burger - Phanie

***Les fromages.** Comme les autres produits laitiers, ils sont riches en calcium, minéral indispensable à la croissance puis à la bonne santé des os.*

Des protéines de bonne qualité. Comme les autres sources de protéines animales (viandes, volailles, poissons, œufs), les produits laitiers apportent des protéines complètes, capables d'assurer les besoins de l'organisme.

Une teneur variable en lipides et en glucides. Certains produits laitiers sont très gras, comme les fromages étiquetés à 50 % de matières grasses (MG). D'autres n'en contiennent pas du tout, comme le lait écrémé ou encore les yaourts et le fromage blanc à 0 % de MG. Entre les deux se situe toute une gamme de produits laitiers plus ou moins gras, en fonction de l'écrémage qu'on leur fait subir (fromage blanc à 20 ou 40 %

CALCIUM ET OSTÉOPOROSE

L'ostéoporose correspond à une disparition progressive du tissu osseux, avec risque de tassement des vertèbres et de fractures, notamment de la hanche. Elle apparaît le plus souvent chez la femme après la ménopause. Un apport insuffisant de calcium tout au long de la vie accélère le développement de l'ostéoporose. Un faible ensoleillement, une activité physique réduite précipitent aussi la survenue de cette maladie, en partie héréditaire. C'est dès l'enfance qu'il convient de manger des aliments riches en calcium afin de réduire le risque ultérieur d'ostéoporose.

de MG, par exemple) ou, à l'inverse, des ingrédients (crème, chocolat, etc.) que l'on y ajoute. Naturellement, les produits laitiers (sauf les fromages) contiennent un glucide, le lactose, en quantités modérées : celui-ci facilite l'assimilation du calcium. Par ailleurs, de nombreux laitages sont enrichis en sucre : yaourts ou petits-suisses sucrés ou aux fruits ; crèmes desserts à la vanille, au café, au chocolat, flans, etc.

LEUR PLACE À NOTRE TABLE

Une consommation quotidienne. Pour avoir suffisamment de calcium, il est recommandé de consommer au moins deux produits laitiers par jour, si possible trois pour l'enfant et quatre pour l'adolescent, la femme enceinte et la femme en période d'allaitement. Un produit laitier correspond à : 30 grammes de fromage, 100 grammes de fromage blanc, un bol ou un grand verre de lait ou encore un yaourt. Il peut être consommé à n'importe quel moment de la journée : au petit déjeuner, au goûter, en fin de repas, etc. Les produits laitiers les plus riches en calcium sont les fromages à pâte pressée cuite (comté, beaufort, emmental, parmesan) et à pâte demi-dure (cantal, saint-nectaire, tomme, gouda).

Leur place au cours du repas. En raison de leur richesse en protéines, les produits laitiers peuvent se substituer à la viande comme principale source de protéines à l'heure du déjeuner ou du dîner. Un repas comprenant 200 grammes de fromage blanc ou 3 yaourts, du fromage râpé sur un gratin ou sur des pâtes, ou encore un dîner avec du fromage, du pain et de la salade, est suffisamment riche en protéines animales. En revanche, ce type de repas est trop pauvre en fer pour systématiquement remplacer un déjeuner ou un dîner classique. Pour les personnes qui ont des problèmes de poids ou trop de cholestérol, il est souhaitable de préférer les yaourts et les fromages blancs aux fromages. Les diabétiques et les personnes trop fortes doivent modérer la consommation de produits laitiers sucrés.

COMPOSITION NUTRITIONNELLE DES PRODUITS LAITIERS (POUR 100 G)

Aliments	Calories	Protéines (g)	Lipides (g)	Glucides (g)	Calcium (mg)
Fromage blanc 0 % MG	47	7	0	4	126
Fromage blanc 40 % MG	116	8	8	3	109
Lait écrémé	33	3	0	5	112
Lait demi-écrémé	45	3	2	4	114
Lait entier	62	3	4	5	119
Yaourt maigre	38	4	0	4	150
Yaourt nature	49	4	1	5	173
Yaourt au lait entier	64	4	4	4	151
Petit-suisse 40 % MG	141	10	10	3	111
Crème glacée	180	4	8	26	135
Crème dessert chocolat	130	4	4	20	150
Fromages					
– à pâte molle, type brie, camembert, munster	280-330	17-23	21-29	0	115-430
– à pâte cuite, type comté, emmental	370-400	29	28-31	0	880
– à pâte persillée, type bleu, roquefort	340-370	20	29-32	0	600-720
– à pâte pressée non cuite, type gouda, cantal, reblochon, Port-Salut	300-350	23-25	25-30	0	625-970
– à pâte fondue, type « Vache qui rit »	281	18	22	3	100-230
– de chèvre, à pâte molle	206	11	18	1	150

LES MATIÈRES GRASSES

Beurre, huile, crèmes, margarine, mayonnaise, autant de matières grasses qui rendent la nourriture onctueuse et savoureuse, que ce soit sur les tartines du petit déjeuner ou dans la préparation ou l'assaisonnement d'un plat.

Burger - Phanie

Les huiles. *Il suffit d'un filet pour apporter les acides gras indispensables et donner de la saveur aux tomates.*

Comme l'indique son nom, cette famille d'aliments apporte presque exclusivement des graisses, encore appelées lipides par les nutritionnistes. Certaines matières grasses, comme le beurre, l'huile, la margarine, sont ajoutées de façon visible et volontaire à la nourriture par le cuisinier ou le consommateur, c'est pourquoi on les dénomme « graisses visibles ». Bien qu'ils ne soient pas vraiment des matières grasses à proprement parler, d'autres aliments sont, eux aussi, riches en graisses, dites « cachées » : viandes et poissons gras, fromages, œufs, charcuterie, chips, avocat, gâteaux, etc

LEUR INTÉRÊT POUR NOTRE ÉQUILIBRE

Une grande source d'énergie. Les muscles, le cerveau et les divers organes du corps ont besoin de l'énergie contenue dans les aliments pour fonctionner et être performants. Dans l'idéal, 50 % de cette énergie devrait provenir des glucides (présents en particulier dans les féculents, les fruits et le sucre), 15 %, des protéines (viandes, poissons, œufs, laitages), mais également 30 %, des lipides : ces derniers se trouvent surtout dans les matières grasses à proprement parler et les aliments gras. Les lipides sont particulièrement riches en énergie : ils contiennent 9 calories (la calorie est la mesure de l'énergie) par gramme, contre 4 pour les glucides et les protéines.

UN APPORT EN GASTRONOMIE

Pour les gourmets, les matières grasses ont de grandes qualités gastronomiques. D'abord, elles procurent en bouche une onctuosité bien délectable. Ensuite, elles donnent du liant aux sauces, aux plats et aux desserts. Enfin, leur présence augmente la diffusion vers le nez des arômes des aliments contenus en bouche. La saveur des aliments est, en effet, perçue par les papilles gustatives qui tapissent la langue et la bouche, mais aussi par l'odorat. Ainsi, on « sentira » mieux le parfum de la fraise si celle-ci est agrémentée d'un peu de crème fraîche.

Archives Larbor

***Motte de beurre.** Pour la santé, il est préférable de consommer les matières grasses, comme le beurre, crues.*

C'est donc de l'énergie très concentrée. Selon les circonstances, cette caractéristique constitue un avantage ou un inconvénient. Après un amaigrissement, par exemple par perte de l'appétit ou au cours d'une maladie, les matières grasses permettent de reprendre efficacement du poids. En revanche, pour les personnes en bonne santé, ces aliments, consommés en excès, peuvent conduire à une prise de poids.

Une richesse en substances indispensables. Présents principalement dans les huiles et dans les poissons gras, certains lipides, appelés acides gras essentiels (acide linoléique ou acide linolénique, par exemple), sont indispensables au bon fonctionnement des cellules et des organes (notamment du cerveau). En outre, ils interviennent dans la coagulation du sang, dans la qualité de la peau et dans la prévention des maladies cardio-vasculaires. Par ailleurs, les matières grasses fournissent de la vitamine A (pour la vue), de la vitamine D (pour les os), de la vitamine E (pour la protection des cellules) et de la vitamine K (pour la coagulation).

LEUR PLACE À NOTRE TABLE

Dans les pays industrialisés, nous mangeons généralement trop gras : ce sont surtout les « graisses cachées », contenues dans les aliments gras, que nous consommons en excès. Chez les personnes prédisposées, cela peut précipiter la survenue de l'obésité, de maladies cardio-vasculaires ou de certains cancers. Cependant, il n'est pas souhaitable de trop réduire ni d'exclure les matières grasses : celles-ci sont indispensables à notre équilibre. L'objectif est donc de modérer l'apport de matières grasses tout en sachant en profiter à bon escient pour la santé et pour le plaisir. Chaque famille de matières grasses a son intérêt : le mieux est de les diversifier suivant les moments et les préparations.

COMMENT BIEN APPRÉCIER LES MATIÈRES GRASSES

Plat	Quel choix	Notre conseil
Au petit déjeuner	Des tartines finement beurrées.	Si vous avez trop de cholestérol, optez pour la margarine.
Pour les potages	Une cuillère à soupe de crème fraîche.	Si le repas est déjà gras par ailleurs, remplacez-la par un peu de lait.
Avec la salade ou les crudités	Une à deux cuillères à café d'huile par personne dans la vinaigrette. Optez le plus souvent possible pour l'huile de colza, la plus équilibrée.	Toutes les huiles ont le même effet sur le poids. Si vous aimez les huiles qui ont une saveur, privilégiez l'huile d'olive ou de noix (en les mélangeant au besoin à l'huile de colza).
Pour les fritures	De l'huile d'arachide, car elle est équilibrée et c'est la plus stable à la chaleur.	Pour le poids et le cholestérol, ne mangez pas plus de deux plats frits par semaine.
Pour les plats en sauce	De la crème, de l'huile, ou la matière grasse proposée par la recette.	Pour le poids et le cholestérol, pas plus de deux plats en sauce par semaine.
Sur les plats chauds	Une noix de beurre ou un filet d'huile. Pour la santé, les matières grasses crues sont préférables aux cuites.	Pour les acides gras essentiels, il faudrait prendre au moins 2 cuillères à café (10 g) d'huile par jour. En l'absence de salade ou de crudités, optez pour le filet d'huile sur les féculents et les légumes.
Avec les fruits ou les desserts	Une cuillère à soupe de crème fraîche ou même une portion de crème Chantilly.	Préférez du fromage blanc en cas de cholestérol ou de problème de poids.

LES ALIMENTS SUCRÉS

Malgré leurs qualités gustatives, les aliments sucrés ont souvent une mauvaise réputation sur le plan diététique. La réalité est plus complexe, et l'on peut fort bien concilier plaisirs sucrés et équilibre nutritionnel.

Le goût sucré joue un rôle primordial dans notre environnement et dans notre imaginaire alimentaire : il nous procure un certain plaisir.

LEUR INTÉRÊT POUR NOTRE ÉQUILIBRE

Chez le futur bébé et le jeune enfant. Dès sa vie dans l'utérus maternel, le futur bébé apprécie les saveurs sucrées. Cet attrait pour les saveurs sucrées se prolonge après la naissance : le nouveau-né exprime un sourire de contentement lorsqu'on place sur ses lèvres une goutte d'eau sucrée. En pleine croissance et possédant peu de réserves, le nourrisson a un besoin urgent d'énergie. Or, le goût sucré annonce la venue dans le sang d'un glucide rapidement utilisable par l'organisme. À la satisfaction du goût correspond donc aussi une nécessité métabolique.

Chez l'enfant, l'adolescent et l'adulte. L'enfant plus âgé, l'adolescent et l'adulte possèdent des réserves d'énergie qui rendent moins vitale l'arrivée de calories. En outre, ils peuvent consommer de nombreux aliments non sucrés et pourtant riches en énergie (fruits, pain, légumes secs, pommes de terre, pâtes, riz, maïs, etc.). Très vite, le corps n'a donc plus besoin de saveurs et d'aliments sucrés pour son métabolisme. On peut donc vivre sans jamais consommer d'aliments sucrés : l'organisme ne s'en porte pas plus mal. Mais l'attirance pour le sucré perdure généralement à l'âge adulte.

Chez la personne âgée. Après 70 ans, l'attirance pour le sucré tend à augmenter. Les aliments sucrés permettent à de nombreuses personnes âgées de manger suffisamment. En effet, à un âge avancé, on a souvent moins envie de viande ou de poisson ; les aliments sucrés riches en protéines comme les laitages, les flans, les gâteaux de riz, etc., peuvent alors les remplacer.

Archives Larbor

***Les aliments sucrés.** Ils ne sont pas indispensables à notre équilibre nutritionnel, mais ils jouent pourtant un rôle essentiel dans notre alimentation, car ils nous procurent du plaisir.*

LEUR PLACE À NOTRE TABLE

Sucres, glaces, biscuits, gâteaux, viennoiseries, chocolat, boissons sucrées, etc., les produits sucrés que nous avons à notre disposition sont très variés. Ils peuvent être consommés de multiples manières.

De savoureux desserts. Le meilleur moment pour manger un aliment sucré est le dessert. Il s'intègre alors harmonieusement à l'équilibre du repas. Si l'on choisit un dessert plutôt gras comme un gâteau au chocolat, il est préférable que le reste du repas ait été léger. En revanche, la tarte aux fruits, plus légère, s'intègre bien à chaque type de repas ; en outre, elle fournit les vitamines et les minéraux propres aux fruits.

Viennoiseries, biscuits et chocolat. Les viennoiseries sont assez grasses, mais elles peuvent être les bienvenues une ou deux fois par semaine au petit déjeuner, et plus souvent au goûter si l'après-midi a été active sur le plan physique. Les mêmes remarques s'appliquent aux biscuits, dont les plus équilibrés sont les biscuits secs, comme le petit-beurre, car ce sont les plus riches en blé et les moins gras. Un carré de chocolat de temps en temps ne pose pas de problème.

Boissons sucrées et grignotage. Les boissons sucrées devraient rester exceptionnelles, à apprécier une à deux fois par semaine. Leur abus favorise l'excès de poids. Grignoter des aliments sucrés à longueur de journée favorise également la prise de poids. En cas d'obésité ou de diabète, il est primordial d'éviter ces deux habitudes, mais on peut, en général, manger un dessert sucré en fin de repas.

COMPOSITION NUTRITIONNELLE DES ALIMENTS SUCRÉS (POUR 100 G)

Aliments	Protéines (g)	Glucides (g)	Lipides (g)	Calories
PRODUITS SUCRÉS LACTÉS				
Glace au lait	4	25	7	175
Yaourt aux fruits	5	18	3	115
Crème dessert au chocolat	4	20	4	130
VIENNOISERIES				
Croissant	8	57	17	415
Brioche	7	54	8	300
BISCUITS				
Petits-beurre	7	74	8	400
Madeleines	6	44	11	300
Chocolatés	5	69	21	470
GÂTEAUX				
Tarte aux pommes	2	28	8	180
Éclair (café ou chocolat)	6	23	12	225
Brownies au chocolat et aux noix	5	60	23	450
CHOCOLAT ET BARRES CHOCOLATÉES				
Chocolat au lait	8	59	32	560
Chocolat à croquer	5	65	30	550
Barre chocolatée	6	66	19	460
Barre de noix de coco	5	58	27	490
BOISSONS SUCRÉES				
Jus d'ananas	0	13	0	55
Jus d'orange (frais ou en conserve)	1	10	0	50
Jus de pomme	0	11	0	46
Limonade ou boisson fruitée	0	12	0	50
Sirop de fruit dilué	0	8	0	30
Soda ou cola	0	11	0	40

L'Eau et les Boissons

L'eau est indispensable au fonctionnement de notre organisme : elle assure notamment le transport des éléments nutritifs et des déchets, et permet le maintien de la température corporelle autour de 37 °C.

Laurent - BSIP

L'eau. *Seule boisson indispensable à notre santé, elle peut être consommée pendant les repas ou au cours de la journée.*

QUELLE EAU CHOISIR ?

Il faut avant tout boire suffisamment : mieux vaut boire une carafe d'eau du robinet, si celle-ci est de bonne qualité, qu'un verre d'eau minérale. En outre, chaque eau minérale a son intérêt. Les eaux riches en calcium (Contrex, Hépar, Vittel) conviennent à ceux qui consomment peu de laitages. Celles riches en magnésium (Badoit, Hépar, Contrex) sont utiles si l'on consomme peu d'aliments complets ou de légumes secs. Les eaux peu minéralisées (Volvic) ou équilibrées (Évian) sont recommandées pour les nourrissons ou en cas d'œdème. Enfin, lorsqu'on a trop d'acide urique dans le sang, l'eau de Vichy Célestin permet souvent de se passer de médicament.

La répartition de l'eau dans le corps n'est pas homogène : en faible quantité dans la graisse du corps, elle représente en revanche près des 3/4 du poids des muscles et des organes. L'organisme perd chaque jour de l'eau. Pour maintenir son équilibre, il doit donc en trouver dans son alimentation, surtout à partir des boissons.

LES PERTES D'EAU

Nous perdons chaque jour de l'eau sous différentes formes et selon divers mécanismes.

Perspiration et transpiration. La perspiration est l'élimination de vapeur d'eau au niveau de la peau, sans sueur apparente. La transpiration est la perte de sueur par les glandes sudoripares de la peau. Ces deux mécanismes entraînent la perte de 0,5 à 1 litre d'eau par jour. Cette perte augmente en cas d'exercice physique ou lorsque la température extérieure est élevée.

La respiration. On perd également de l'eau en respirant : environ 1/4 de litre d'eau par jour s'évapore avec l'air expiré. Cette quantité d'eau augmente par temps froid, en altitude ou en cas d'effort physique.

L'élimination par le tube digestif. De 100 à 200 millilitres d'eau sont évacués quotidiennement dans les selles. En cas de diarrhées ou de vomissements, les pertes peuvent atteindre plusieurs litres.

L'élimination par les reins. Les reins assurent l'évacuation de la plus grande partie de l'eau du corps, dans les urines. Le volume de celles-ci varie généralement entre 1 et 2 litres par jour. Il augmente lorsque les apports en liquides sont importants, diminue lorsqu'ils sont faibles ou lorsque les pertes dues à la transpiration, à la respiration ou à la digestion ont augmenté.

LES APPORTS EN EAU

Le corps produit de 200 à 300 millilitres d'eau par jour à l'occasion de la transformation des glucides, lipides et protéines en énergie (combustion). Il puise aussi de l'eau dans les aliments, notamment dans les fruits, les légumes, le lait, les yaourts et les fromages blancs. Nos aliments apportent environ un litre d'eau par jour. Mais ce sont les boissons qui procurent à l'organisme la plus grande partie de l'eau qui lui est nécessaire. Pour assurer le renouvellement et l'équilibre de l'eau du corps, il faut boire chaque jour au moins 1 à 1,5 litre. Lorsqu'on boit plus, on évacue le surplus par les urines. Si l'on boit moins, le rein produit moins d'urines, celles-ci devenant plus foncées car plus concentrées en déchets. Ces derniers sont plus difficiles à évacuer par le rein : ils risquent alors de s'accumuler dans l'organisme. Il est encore plus important de boire si vous faites du sport : n'hésitez pas à boire au moins un demi-litre d'eau de plus que d'habitude.

LA PLACE DES BOISSONS À NOTRE TABLE

L'eau doit tenir la première place à table. Les autres boissons fournissent diverses substances qui influencent l'équilibre nutritionnel.

L'eau. Contrairement à une idée reçue, on peut fort bien boire en mangeant : la digestion n'en sera pas pour autant gênée. Mais, pour absorber un litre et demi, il convient également de boire entre les repas : un grand verre d'eau le matin à jeun, puis au milieu de la matinée et de l'après-midi.

Le café. La caféine du café augmente légèrement le pouls et la tension artérielle : on déconseille donc de fortes consommations de café aux personnes hypertendues ou ayant un problème cardiaque. Par ailleurs, l'effet stimulant du café est très variable d'un individu à l'autre.

Le thé. Il protégerait l'organisme contre les effets toxiques de l'oxydation du fait de sa teneur en flavonoïdes, substances que l'on retrouve également dans le vin, les fruits et les légumes. La consommation de thé pourrait donc avoir un effet bénéfique sur le vieillissement, prévenir le cancer ou les maladies cardiovasculaires. Le thé vert est plus riche en flavonoïdes et serait donc plus « protecteur » que le thé fermenté.

Les sodas. Ils sont riches en calories : un litre en apporte environ 400, sous forme de saccharose, soit l'équivalent de vingt morceaux de sucre. Pour éviter de prendre du poids, il est donc préférable de limiter leur consommation.

Les jus de fruits. Ils influent moins sur le poids, car le sucre des fruits correspond surtout à du fructose, qui est moins perturbant pour l'organisme que le saccharose des sodas. Cependant, comme pour les sodas, les calories issues des jus de fruits sont moins bien contrôlées par l'organisme que celles du fruit entier : pour l'équilibre, il vaut mieux manger une orange que boire son jus. En outre, le fruit entier est plus riche en fibres, en vitamines et en minéraux, substances essentielles à l'équilibre de notre organisme.

L'ALCOOL

Une consommation régulière et modérée de boissons alcoolisées (1 ou 2 verres de vin de 12 centilitres pour une femme et de 1 à 3 pour un homme) protège en partie des maladies cardiovasculaires. Le vin, en particulier le vin rouge, est plus intéressant que les alcools forts, en raison de sa richesse en tanins. À l'inverse, une consommation plus importante a des conséquences graves : cirrhose du foie, troubles nerveux ou psychiatriques, cancers, dépendance, dégradation des rapports sociaux et familiaux, etc. Qu'en conclure ? Si vous ne dépassez pas les consommations citées plus haut, vous pouvez continuer à boire du vin. Si vous les dépassez, réduisez ou supprimez toute boisson alcoolisée. Si vous n'avez jamais bu, vous n'avez pas besoin de commencer pour protéger vos artères. En effet, les fruits, les légumes et le thé, très riches en tanins, ont aussi des effets protecteurs.

LE PETIT DÉJEUNER

Le petit déjeuner a une grande importance pour l'équilibre alimentaire. En effet, au petit matin, l'organisme est généralement à jeun depuis 9 à 12 heures et il manque de carburant énergétique nécessaire pour fonctionner de façon optimale.

Le petit déjeuner idéal doit comporter une source de glucides lents (pain ou céréales), une source de protéines animales (produit laitier, œuf ou jambon), ainsi qu'une source de vitamines (fruits), sans oublier une boisson pour se réhydrater.

LE PAIN ET LES CÉRÉALES

Ces aliments fournissent des glucides, qui constituent la meilleure source d'énergie pour les muscles, les organes et le cerveau. Au réveil, ceux-ci en ont particulièrement besoin, car les réserves de glucides, minimes, ont été utilisées au cours de la nuit. Le pain et les céréales fournissent également des protéines végétales qui participent à la remise en forme de l'organisme après la nuit, et à son entretien.

Le pain. Il peut être tartiné de beurre, puis de confiture ou de miel. Les tartines sont une base à la fois gourmande et équilibrée du petit déjeuner.

Brioche et viennoiseries. Elles sont nettement plus grasses. Lorsque l'on veut les apprécier sans danger pour la ligne ou le cholestérol, il est préférable de

A. Perlstein - Fotogram Stone

Le petit déjeuner. *Des tartines de pain avec un peu de beurre et de confiture, un fruit et un bol de lait avec du chocolat en poudre constituent un petit déjeuner équilibré.*

LE PETIT DÉJEUNER EST-IL INDISPENSABLE ?

Se réveiller aux aurores pour partir travailler, avoir un emploi du temps matinal minuté, manquer d'appétit au lever : autant de bonne raisons pour ne pas apprécier le petit déjeuner et pour le sauter. Si tel est votre cas, rassurez-vous : l'important est non pas de savourer ce premier repas au saut du lit, mais plutôt de manger dans les trois heures qui suivent le réveil. Par ailleurs, il est possible de réduire ou de sauter le petit déjeuner dans deux circonstances particulières : lorsqu'on se lève tard et que le déjeuner est prévu deux heures plus tard ; lorsqu'on a eu la veille au soir un dîner particulièrement copieux et tardif.

LES PETITS DÉJEUNERS POUR CONSERVER LA LIGNE

Si l'on cherche à surveiller sa ligne, il est préférable de prendre un petit déjeuner à la fois léger et rassasiant. On choisira alors un aliment céréalier lentement digéré et riche en fibres : pain de seigle ou pain complet plutôt que pain blanc ; flocons d'avoine ou muesli non sucré plutôt que des céréales soufflées, comme les pétales de maïs, le riz soufflé, les céréales au miel ou au chocolat. Il est préférable de consommer un produit laitier peu gras : lait demi-écrémé, yaourt ou fromage blanc à 20 % de MG plutôt que du fromage ; un fruit entier à croquer ou à couper en morceaux dans un bol de céréales ou de fromage blanc plutôt qu'un jus de fruit ; une boisson sans sucre.

n'en manger qu'une ou deux fois par semaine, par exemple le week-end.

Les céréales. Il faut privilégier les flocons d'avoine, le muesli à la suisse (peu ou non sucré avec plus de flocons de céréales – avoine, blé, etc. – que de fruits secs), les pétales de maïs ou le riz soufflé plutôt que les céréales enrobées de sucre, de chocolat ou de miel.

LES PRODUITS LAITIERS

Ils constituent une source de protéines animales qui complètent les protéines végétales apportées par le pain et les céréales. En outre, les produits laitiers ont l'avantage de procurer du calcium, important pour la croissance, puis pour le maintien en bon état des os. Selon les goûts, on peut choisir un bol de lait avec du café, du chocolat en poudre ou des céréales, un yaourt, du fromage blanc ou un morceau de fromage sur une tartine. Si l'on se contente d'un nuage de lait dans sa tasse de thé ou de café, il est souhaitable de prendre en plus un autre produit laitier pour disposer de suffisamment de calcium et de protéines animales. Lorsqu'on ne supporte pas ou que l'on n'apprécie pas les produits laitiers le matin, on peut prendre un œuf, du jambon ou de la viande froide. Mais il est alors souhaitable de prendre deux ou trois produits laitiers dans la journée, pour assurer l'apport en calcium.

LES FRUITS

Au petit déjeuner, les fruits procurent des vitamines, utiles pour la santé ; du potassium, important pour l'équilibre de l'organisme ; des fibres, qui régulent le transit intestinal ; du fructose, qui participe au tonus du corps. Le mieux est de prendre un fruit frais. Même si on les choisit « pur jus de fruit », ou si on les fait soi-même, les jus de fruit sont moins favorables car moins riches en fibres.

LES BOISSONS

Pour réhydrater son organisme, il est important de boire chaque matin. Une première bonne habitude à prendre est de boire un grand verre d'eau au réveil. Ensuite, à chacun de choisir selon ses goûts : lait, chocolaté ou non, thé, café, chicorée, etc.

LE PETIT DÉJEUNER À LA FRANÇAISE

Des tartines de pain avec du café au lait, un bol de lait chocolaté ou du thé constituent un petit déjeuner de bonne qualité. Il faut cependant ajouter un produit laitier (yaourt, fromage, etc.) si l'on prend peu ou pas de lait avec le thé et le café, et un fruit. Un petit déjeuner à la française typique peut comporter un bol (250 millilitres) de lait demi-écrémé avec une cuillère à soupe de cacao sucré, 3 tranches de pain de seigle ou un quart de baguette, avec 2 noisettes de beurre et 2 belles cuillères à café de confiture de myrtilles, et 3 abricots.

LE PETIT DÉJEUNER À L'ANGLO-SAXONNE

Se nourrir le matin d'œufs brouillés ou de saucisses, de crêpes au sirop d'érable, de toasts à la marmelade et de jus d'orange, c'est commencer la journée par un repas gras et sucré alors qu'il devrait être basé sur un aliment céréalier (pain ou céréales du petit déjeuner) et un produit laitier. En revanche, un café ou du thé, un bol de céréales (environ 40 grammes) avec du lait (de 150 à 250 millilitres), autre modèle anglo-saxon, constitue un petit déjeuner équilibré, l'idéal étant d'agrémenter le bol de céréales en y coupant un fruit (fraises, banane, pomme, etc.).

LE DÉJEUNER ET LE DÎNER

Le déjeuner et le dîner doivent comporter tous les aliments nécessaires à notre équilibre. De plus, ils sont source de convivialité et de plaisir.

G. Loucel - Fotogram Stone

***Le déjeuner.** Moment de détente et de convivialité, le déjeuner doit nous apporter les différentes substances nécessaires à l'équilibre de notre organisme.*

CONVIVIALITÉ ET PLAISIR

Le déjeuner et le dîner sont des moments de convivialité. Cet aspect est primordial pour notre équilibre psychologique, familial et social : ce n'est pas un hasard si c'est autour d'une table que l'on fête les grands événements familiaux ou religieux, que l'on traite d'affaires, etc. Pour que le dialogue et le partage s'instaurent dans de bonnes conditions, il est souhaitable de manger dans le calme (éteindre la télévision, par exemple) et en prenant son temps. Les repas festifs font partie de notre équilibre global. S'écarter 2 ou 3 fois par mois des grandes règles de diététique présentées ici ne pose généralement pas de problème, l'important étant d'y revenir ensuite.

Le plat principal constitue l'axe du repas. Il peut être complété par une entrée, du fromage ou un dessert, sans oublier le pain et la boisson.

LE PLAT PRINCIPAL

Le plat principal idéal doit apporter des féculents, des légumes, de la viande, du poisson ou des œufs, et des matières grasses.

Les féculents. Ils doivent tenir la plus grande place dans nos assiettes. Ce sont les aliments d'origine céréalière tels que le riz, les pâtes, le maïs, la semoule, le blé concassé, le pain ; les légumes secs et les pommes de terre. Ces aliments sont riches en amidon, un glucide lent qui procure une énergie efficace pour les muscles et le cerveau, calme bien l'appétit et se convertit peu en graisse corporelle (les risques de grossir sont donc réduits). En outre, ces aliments fournissent une quantité appréciable de protéines, ce qui permet de se contenter d'un petit morceau de viande (ou de poisson, ou un œuf) sans risque de carence.

Les légumes. Avec les féculents, ils doivent constituer la base du déjeuner et du dîner. Ils apportent des fibres (qui régulent le transit intestinal et calment bien la faim), ainsi que des minéraux et des vitamines (qui participent au maintien de la forme et à la prévention des maladies).

La viande, le poisson, les œufs. Leur volume dans l'assiette doit être plus petit que celui des féculents ou des légumes : 100 grammes de viande, de volaille ou de poisson, un ou deux œufs, ou encore 70 grammes de fromage râpé sont généralement suffisants pour un adulte lorsque le

L. Monneret - Fotogram Stone

***Déjeuner rapide.** Lorsque l'on a peu de temps pour manger, un sandwich au jambon, avec une noix de beurre, de la salade et des tomates, permet, malgré tout, de bien se nourrir.*

plat principal contient un féculent. Ces aliments apportent des protéines animales qui complètent les protéines végétales des féculents. Enfin, ils constituent des sources privilégiées de fer, de zinc, de sélénium et de vitamine B12.

Les matières grasses. Elles ont des vertus gastronomiques indéniables : elles relèvent la saveur des aliments et fournissent du moelleux aux plats. Par ailleurs, elles procurent des acides gras et des vitamines essentiels pour la santé. Mais attention aux excès, néfastes tant pour la ligne que pour la santé ! Par ailleurs, si l'on souhaite profiter pleinement des vertus des matières grasses, il est souhaitable d'en profiter sous leur forme non cuite, plutôt que d'abuser des sauces et des fritures ; ces dernières devraient constituer l'exception, à savourer par exemple deux ou trois fois par semaine.

L'ENTRÉE

Si le plat principal comporte un légume, l'entrée n'est pas indispensable. Il est souhaitable sinon que celle-ci soit à base de légumes : potage, crudités ou salade composée (ou melon en été). Ces entrées sont source de vitamines et de minéraux. En outre, elles rassasient bien et facilitent le contrôle du poids (si on fait attention à l'assaisonnement). La charcuterie, les œufs mayonnaise, le maquereau au vin blanc, le thon, etc., sont à choisir plus rarement (une ou deux fois par semaine), et il est alors préférable de réduire les portions de viande (ou de poisson ou d'œufs) du plat principal afin de ne pas abuser de protéines d'origine animale.

LE FROMAGE ET LE DESSERT

Fromage et produits laitiers. Ils fournissent à l'organisme du calcium et des protéines. Pour que l'apport en calcium soit suffisant, nous devons manger au moins deux produits laitiers par jour ; si on en consomme à un autre moment de la journée, il n'est pas indispensable d'en manger au déjeuner ni au dîner.

Les fruits. C'est le seul dessert réellement indispensable à l'équilibre alimentaire : il faudrait en consommer au moins deux dans la journée : en dessert au déjeuner ou au dîner, mais aussi au petit déjeuner, au cours de la matinée, au goûter.

Les desserts sucrés. S'ils ne sont pas trop gras (entremet, tarte aux fruits, sorbet), ils sont compatibles avec un bon équilibre alimentaire. Les pâtisseries, crèmes au chocolat, etc., plus grasses, sont à consommer moins souvent (deux ou trois fois par semaine).

LA BOISSON

Il faudrait boire au moins un litre et demi de liquide par jour. La seule boisson indispensable est l'eau. On peut consommer un ou deux verres de vin par repas, si l'on ne boit pas de boissons alcoolisées par ailleurs. Mieux vaut éviter jus de fruits et sodas : ils augmentent le risque d'obésité et déséquilibrent le contenu nutritionnel du déjeuner et du dîner.

DÉJEUNERS OU DÎNERS RAPIDES

Lorsqu'on a peu de temps, il vaut mieux manger léger et lentement. La digestion n'en sera que meilleure. Il est tout à fait possible de manger un plat peu ou non cuisiné, mais équilibré. Par exemple, on peut consommer soit un sandwich comprenant du pain complet, une noisette de beurre, du fromage, du thon ou une tranche de jambon, de la salade verte ; soit trois yaourts et deux fruits ; soit une salade verte, deux ou trois morceaux de fromage et du pain ; soit un potage de légumes et de pommes de terre avec du fromage râpé.

Les Besoins Énergétiques

Pour assurer ses diverses fonctions, notre organisme a besoin d'énergie. Il se procure donc celle-ci à partir de l'énergie qui est contenue dans les aliments. L'unité de mesure de l'énergie est la calorie.

Alors que nous mangeons trois ou quatre fois par jour, notre corps utilise de l'énergie vingt-quatre heures sur vingt-quatre. Pour concilier cet apport discontinu et ces besoins permanents, il faut un « réservoir », comparable au réservoir d'essence qui permet à une voiture de rouler plusieurs heures en ne s'approvisionnant à la pompe que tous les 500 ou 600 kilomètres. Ce rôle est dévolu à la graisse corporelle : elle constitue la principale forme de stockage de carburant puisqu'elle renferme 95 % de nos réserves énergétiques. Les 5 % restants sont contenus dans les muscles et le foie.

LES DÉPENSES ÉNERGÉTIQUES

Du début jusqu'à la fin de notre vie, nous dépensons de l'énergie, que ce soit pour maintenir nos activités vitales, pour réagir aux différentes sollicitations de notre environnement ou pour simplement bouger. En dehors des cas particuliers de la croissance et de la grossesse, nous dépensons de l'énergie sous trois formes : le métabolisme de base, l'effet thermique des aliments et l'activité physique.

Le métabolisme de base. Appelé également métabolisme de repos ou métabolisme basal, il correspond à l'ensemble des dépenses énergétiques nécessaires au fonctionnement de nos cellules et au renouvellement de nos tissus. Le seul fait de se maintenir en vie implique que le cœur batte, que le sang circule, que les poumons respirent, que le cerveau gouverne : chacune de ces fonctions consomme une certaine quantité d'énergie.

Le métabolisme de base tient la première place dans nos dépenses énergétiques : il représente environ 65 à 70 % des dépenses totales d'un adulte sédentaire.

L'effet thermique des aliments. Après avoir consommé des aliments, la dépense énergétique s'accroît et reste élevée durant plusieurs heures. En effet, la digestion des aliments, qui permet le passage des éléments nutritifs dans le corps, nécessite de l'énergie : c'est ce qu'on appelle « l'effet thermique des aliments ».

L'activité physique. Lorsqu'on mène une vie sédentaire, les dépenses liées à l'activité physique ne représentent que 25 à 30% des dépenses totales

A. Kubacsi - Phanie

Les dépenses énergétiques. *L'activité physique, comme une randonnée en montagne, raquettes aux pieds, augmente les dépenses énergétiques de l'organisme.*

MANGER AVEC « L'ESPRIT »

On choisit généralement les aliments en fonction de ce que l'on en pense. La publicité et l'information médicale sur la nutrition nous conduisent souvent à privilégier les aliments « à bonne réputation », c'est-à-dire « bons pour la santé » ou aux grandes « qualités gastronomiques ». Par ailleurs, les repas se déroulent selon des horaires bien établis, qui varient en fonction des civilisations. En Europe, la norme est de trois repas par jour, alors qu'en Extrême-Orient on mange plus souvent.

de la journée. Si l'activité augmente, cette part peut atteindre 50 %, voire plus. Par son mode de vie, par la pratique d'un sport, chacun peut donc moduler ses dépenses énergétiques.

LE RÔLE DE LA GRAISSE CORPORELLE

Les variations de poids observées sur la balance sont essentiellement liées à des variations de la quantité de graisse de notre corps (appelée aussi tissu adipeux ou masse grasse). La quantité de graisse corporelle résulte de la différence entre nos apports d'énergie (par les aliments que nous consommons) et nos dépenses d'énergie (liées au métabolisme de base, à l'effet thermique des aliments et à l'activité physique). Le tissu adipeux fonctionne un peu comme un compte en banque.

Les apports dépassent les dépenses. Lorsque nos apports énergétiques dépassent nos dépenses, le tissu adipeux stocke le surplus et notre poids augmente. C'est ce qui arrive si nous nous mettons à manger plus que d'habitude, ou si nous bougeons (et donc dépensons) moins.

Les apports sont plus faibles que les dépenses. Par contre, si nous mangeons moins de calories que nous n'en brûlons, notre corps, pour satisfaire ses besoins, puise dans ses réserves énergétiques, donc dans notre masse grasse, et nous maigrissons. C'est pour cela que nous pouvons perdre des kilos en suivant un régime mais aussi en augmentant nos dépenses d'énergie par la pratique régulière d'un sport.

Les apports sont équivalents aux dépenses. Lorsque l'équilibre s'instaure entre les apports et les dépenses d'énergie du corps, le poids reste stable.

POURQUOI MANGEONS-NOUS ?

Les raisons qui nous poussent à consommer des aliments sont nombreuses et complexes.

Répondre aux besoins en énergie. C'est la première raison qui nous incite à manger. L'homme adapte les calories de sa nourriture à l'énergie qu'il dépense, à l'échelon de la semaine et non au jour le jour. Par exemple si, lors d'un week-end, nous faisons beaucoup de sport, nous n'allons pas pour autant manger deux fois plus. Il est même fréquent que la prise alimentaire diminue dans les vingt-quatre heures suivant un effort physique intense. Cependant, une semaine après, notre poids aura peu varié. Durant l'effort, l'organisme puise dans ses réserves d'énergie, donc dans la graisse corporelle, afin de subvenir à l'augmentation des dépenses. Les jours suivants, on mange un peu plus que d'habitude afin de reconstituer ses stocks d'énergie. Ainsi, même si le lendemain de l'effort physique nous pesons 500 grammes de moins, nous aurons retrouvé quelques jours plus tard notre poids habituel.

Choisir ses aliments pour manger équilibré. L'homme sélectionne ses aliments pour couvrir non seulement ses besoins en énergie, mais également ses besoins en certains éléments nécessaires au bon fonctionnement de son organisme : acides aminés indispensables contenus dans les protéines, acides gras essentiels fournis par les graisses, vitamines, minéraux, etc. On parle alors d'« appétit spécifique » pour tel ou tel nutriment.

Manger avec plaisir. L'aspect, l'odeur, le goût, la consistance des aliments guide le choix ainsi que la quantité des aliments consommés.

Entre plusieurs aliments, on choisit celui qui donne le plus de plaisir. On mange un aliment savoureux en plus grande quantité qu'un aliment peu appétissant. L'être humain est gourmand de nature : meilleur c'est, et plus il mange. On consomme cependant des aliments peu attirants s'ils sont les seuls à être disponibles.

L'ENFANT DE LA NAISSANCE À 3 ANS

Jusqu'à 1 an, le principal aliment de l'enfant est le lait. Ensuite, celui-ci mange presque de tout. On doit alors diversifier sa nourriture, pour lui apporter les substances nécessaires à son équilibre.

L. Monneret - Fotogram Stone

L'allaitement. *Le lait maternel est un aliment très équilibré pour le nourrisson ; en outre, l'allaitement est souvent un moment privilégié entre la mère et son enfant.*

L'ALIMENTATION D'UN ENFANT DE 6 MOIS

Petit déjeuner	Biberon avec 210 ml de « lait de suite » (2e âge) et 15 g (3 cuillères à café) de farine infantile.
Déjeuner	10 à 15 g de viande ou poisson ou œuf Purée de légumes (pommes de terre, carottes, haricots verts, etc.). Un petit pot de fromage blanc.
Goûter	Biberon avec 180 ml de « lait de suite » (2e âge) et 10 g (2 cuillères à café) de farine pour bébé. Compote (ou jus) de fruit.
Dîner	Potage ou purée de légumes. 20 g de fromage ou un demi-yaourt. Compote de fruit.

Pour nourrir votre bébé, vous avez le choix entre l'allaitement et le lait de substitution. À partir de 3 mois, vous pouvez introduire de nouveaux aliments. Vers 1 an, l'enfant apprécie pratiquement tous les aliments.

L'ALLAITEMENT

Moment de grande intimité entre la mère et son enfant, l'allaitement permet d'apporter à ce dernier les substances essentielles pour son développement. Le lait maternel renferme des anticorps et des sucres qui aident l'enfant à se protéger contre les infections. Il apporte du cholestérol et des acides gras indispensables à la formation du cerveau du bébé. Il a aussi une composition très équilibrée en lipides, glucides, protéines, vitamines et minéraux, adaptée aux besoins du nourrisson.

Les besoins. L'enfant a besoin d'environ cinq à huit tétées par jour. Il n'y a pas lieu de s'inquiéter s'il boit moins à certaines tétées ; son appétit peut varier au cours de la journée. Il saura de lui-même compenser au repas suivant.

LE LAIT DE SUBSTITUTION

Il ne faut pas donner du lait de vache à un enfant de moins d'un an. Aussi existe-t-il des laits de substitution, très proches du lait maternel. Ils peuvent être utilisés dès les premières heures après la naissance. On les appelle « laits pour nourrissons » (ou lait 1er âge) jusqu'à 4 mois, et « laits de suite » (ou lait 2e âge) de 4 mois à 1 an. Ils se présentent sous la forme d'une poudre à diluer dans de l'eau, à raison d'une mesure pour 30 millilitres d'eau. L'eau du robinet peut convenir, mais on peut aussi choisir une eau minérale peu minéralisée (Évian, Valvert, Volvic).

DE 3 MOIS À 1 AN

L'introduction de nouveaux aliments doit être faite avec précaution pour pouvoir détecter une éventuelle allergie : un seul aliment à la fois et par petites quantités (10 grammes pour la viande et le poisson, 30 grammes pour les fruits et les légumes).

Dès 3 mois. Des farines pour bébé sans gluten peuvent être mélangées au biberon de lait. Le bébé apprécie aussi un peu de jus de fruit, dilué avec de l'eau.

Vers 5 mois. On peut lui proposer des fruits et des légumes, bien cuits et bien moulinés, en compote ou en potage, que l'on mélange au biberon.

Vers 6 mois. Les viandes maigres (jambon, poulet, veau) et le poisson mixés peuvent être donnés, ainsi que le jaune d'œuf, les laitages frais (yaourt, petit-suisse, fromage blanc), les fromages, les farines avec gluten et les pommes de terre en purée ou en potage.

Vers 7 mois. On peut mettre un peu de beurre, de crème ou un filet d'huile sur les légumes. La semoule, le vermicelle et les biscuits sont aussi introduits.

À partir de 9 mois. L'œuf entier est autorisé.

À partir de 12 mois. Le pain, les pâtes et le riz sont proposés, ainsi que le lait de vache.

DE 1 À 3 ANS

À 1 an, l'enfant mange presque de tout. Il apprécie les aliments coupés en petits morceaux. On peut commencer à lui donner du lait de vache, de préférence entier car il est plus riche en vitamine A. Son estomac est encore fragile : il vaut mieux lui proposer des aliments faciles à digérer comme les viandes et les poissons maigres (bœuf à 5 % de matières grasses, poulet, veau, jambon, poissons à chair blanche), grillés ou pochés. Une noisette de beurre cru ou un peu de sauce tomate maison sur les légumes, les pâtes ou le riz lui apportera la vitamine A essentielle pour sa croissance.

Afin d'éviter que les légumes crus soient mal supportés, il vaut mieux commencer par lui donner une tomate sans la peau, des carottes finement râpées ou un peu de salade verte. Les aliments à goût fort (fromages fermentés, poissons fumés, etc.) ou ayant tendance à fermenter dans les intestins (choux, légumes secs, oignons, etc.), les préparations grasses (sauces, mayonnaise) sont déconseillés chez les tout-petits.

AIGUISER LA CURIOSITÉ DU PETIT ENFANT

Le jeune enfant est très curieux de nouvelles saveurs et sensible à l'aspect esthétique de ce qui l'entoure. Une assiette joliment présentée aura toutes les chances d'attirer son attention. Certains enfants refusent systématiquement tout aliment nouveau, surtout lorsqu'il s'agit de légumes comme les épinards ou les choux-fleurs. On peut alors essayer de les cuisiner différemment, avec de la sauce béchamel, en gratin, ou de les présenter de façon ludique dans l'assiette. Il est préférable de les associer avec quelques pommes de terre ou un autre féculent : l'enfant appréciera d'autant plus les légumes verts qu'il saura que ces derniers ne remplacent pas, mais s'associent aux féculents – qu'il attend avec appétit.

L'ALIMENTATION D'UN ENFANT DE 2 ANS

Petit déjeuner	Biberon avec 240 ml de lait entier et 20 g de farine pour enfant (2 cuillères à soupe rases).
Déjeuner	40 à 50 g de viande ou poisson ou œuf. Féculents et légumes. Fromage blanc et compote.
Goûter	Yaourt ou un verre de lait (nature, chocolaté ou sucré). Biscuits ou petites tartines. Un fruit frais (un quart de pomme, quelques fraises, une demi-banane, etc.).
Dîner	Potage ou purée de légumes ou crudités. 20 g de fromage et du pain. Fruit ou laitage.

L'Enfant de plus de 3 Ans et l'Adolescent

L'enfant et l'adolescent, en pleine période de croissance, ont des besoins nutritionnels spécifiques, destinés à leur assurer une future vie d'adulte en bonne santé.

L'ALIMENTATION D'UN ENFANT DE 5 ANS

Petit déjeuner	Un bol de lait chocolaté avec une tartine beurrée ou un bol de céréales avec du lait chaud ou froid. Si possible un fruit frais (de préférence non pressé).
Déjeuner	50 à 70 g de viande ou poisson ou œuf. Légumes (avec un féculent ou du pain). Fromage blanc ou petit-suisse ou yaourt. Un fruit frais.
Goûter	Lait ou laitage (fromage blanc, petit-suisse, yaourt). Biscuits ou tartines
Dîner	Crudité assaisonnée ou potage de légumes. Pommes de terre, pâtes ou riz. Un œuf ou du fromage râpé. Une salade de fruits ou une compote.

S. Villeger - Phanie

Le refus de certains aliments. *À partir de 5 ans, les enfants commencent souvent à refuser certains aliments, notamment les légumes ; les présenter de manière ludique constitue un bon moyen de vaincre ce refus.*

Tous les aliments se complètent entre eux, aussi seule une alimentation variée est capable d'offrir à l'enfant ou à l'adolescent tout ce dont il a besoin pour bien grandir.

LES ALIMENTS DE LA CROISSANCE

Les produits laitiers. Ils sont indispensables au développement du squelette. Lait, yaourts, fromages blancs, petits-suisses, fromages, tous fournissent du calcium et du phosphore, des vitamines A et B2, ainsi que des protéines animales bien équilibrées pour la croissance. L'enfant et l'adolescent devraient en manger au moins trois fois par jour, si possible quatre fois.

La viande, le poisson et les œufs. Sources privilégiées de protéines animales bien équilibrées, ils sont indispensables à la croissance. Ils apportent des vitamines du groupe B (B3 et B12), ainsi que du fer (sauf dans les œufs), qui protège de l'anémie. Il faut manger un des aliments de cette famille au moins une fois par jour.

Les féculents. Représentés par les aliments d'origine céréalière (pain, pâtes, riz, semoule, blé, céréales du petit déjeuner), les pommes de terre et les légumes secs, les féculents fournissent de l'énergie. Ils sont aussi une bonne source de vitamines du groupe B et de protéines d'origine végétale. Ils doivent être présents à chaque repas.

L'ALIMENTATION D'UN ADOLESCENT

Petit déjeuner	Bol de chocolat au lait avec tartines beurrées ou céréales avec du lait chaud ou froid, fruit cru entier.
Déjeuner	Crudités assaisonnées, 100 g de viande ou de poisson, ou 2 œufs, 250 g de féculents (pâtes, riz, semoule, pommes de terre), laitage frais (yaourt, fromage blanc, petit-suisse). Fruit cuit ou en compote, pain.
Goûter	Laitage frais (lait, yaourt, petit-suisse, fromage blanc), biscuits, tartine, céréales ou, mieux, un fruit rassasiant tel qu'une banane.
Dîner	Entrée de féculents (salade de riz, pâtes, taboulé, quiche), 80 g de viande ou de poisson, ou 1 ou 2 œufs, 250 g ou plus de légumes verts, 40 g de fromage, fruit cru, pain.

Keene - BSIP

L'alimentation des adolescents. *Les adolescents ont des besoins nutritionnels importants ; leur apprendre à bien manger est donc primordial.*

Les légumes et les fruits. Lorsqu'ils sont crus, ils sont une source privilégiée de vitamine C, qui protège contre les infections. Ces aliments fournissent d'autres vitamines intéressantes (vitamine A, vitamines du groupe B), du calcium et des fibres. Chaque repas devrait contenir des crudités ou un potage en entrée, ou des légumes en accompagnement du plat principal, ou encore un fruit en dessert.

Les matières grasses. Le beurre et la crème fraîche constituent de bonnes sources de vitamine A, utile pour la croissance et la vue. Les huiles contiennent de la vitamine E et des acides gras essentiels, bénéfiques pour le développement du cerveau et la santé de la peau, et pour prévenir les maladies cardiovasculaires. Il ne faut pas en abuser, car elles favorisent la prise de poids si on en consomme trop.

LES FAST-FOODS

Phénomène de mode et lieu convivial, le fast-food est souvent apprécié par les adolescents. Le repas type, constitué d'un hamburger, d'une portion de frites et d'un soda, apporte trop peu de vitamines, de minéraux et de fibres, et trop de matières grasses et de sucres. Il est néanmoins possible de bien se nourrir avec les plats proposés par les fast-foods : un hamburger simple, une salade composée, de l'eau, un fruit pressé ou une boisson « light ». Le fast-food, s'il reste occasionnel, c'est-à-dire pas plus de deux ou trois fois par semaine et au moment des repas, n'est pas incompatible avec l'équilibre alimentaire.

L'ENFANT DE PLUS DE 3 ANS

Il est important d'apprendre à son enfant à manger de tout : des féculents, des légumes, de la viande, du poisson, des fruits, des laitages, avec de temps en temps des sucreries, des pâtisseries ou des charcuteries. En revanche, il faut éviter l'accumulation de plats gras ou sucrés ainsi que les grignotages en dehors des repas, qui peuvent conduire à l'apparition de problèmes de poids.

Les goûts alimentaires évoluent avec l'âge : alors que le tout jeune enfant de 3 ou 4 ans préfère les aliments peu gras (sans sauce) et peu sophistiqués, celui de 5 ans ou plus mange de tout comme les grands.

L'ADOLESCENT

L'adolescent a d'importants besoins en énergie et en éléments nutritionnels (fer, calcium, protéines, etc.), car il est dans une période où il se développe très vite. L'adolescente voit son corps se transformer, et considère parfois l'alimentation comme un problème. C'est l'âge où peut apparaître un comportement alimentaire perturbé (boulimie, anorexie), si elle vit mal l'apparition de sa féminité. Une silhouette excessivement maigre ou une prise de poids rapide doivent alerter les parents. En fait, l'adolescent doit veiller à manger un peu de tout.

L'ADULTE

À l'âge adulte, une nourriture équilibrée et variée permet d'être en bonne santé et de garder la ligne. Bien manger signifie respecter un certain rythme dans les repas, et prendre à chaque repas les aliments utiles à l'organisme.

Pour fonctionner de manière optimale, l'organisme a besoin de recevoir trois fois par jour une source d'énergie (les glucides), du matériel de reconstruction (les protéines) et des substances indispensables à son métabolisme (les vitamines, les minéraux et les fibres). À chaque repas, il faut donc consommer un féculent ou du pain (pour les glucides) ; un produit laitier, de la viande, du poisson ou des œufs (pour les protéines) ; des légumes ou des fruits (pour les vitamines, les minéraux et les fibres) ; sans oublier les matières grasses (pour les lipides, nécessaires à notre équilibre) et une boisson pour se réhydrater.

LE PETIT DÉJEUNER

À jeun depuis 9 à 12 heures, nous avons besoin, le matin, d'énergie, essentiellement fournie par les glucides. Pain (tartine avec, selon les goûts, du beurre, du miel, de la confiture, etc.) ou céréales, chacun de ces aliments constitue une bonne source de glucides. Notre organisme a également besoin de protéines, afin de reconstituer celles qui ont été détruites au cours de la nuit : un produit laitier, un œuf ou une tranche de jambon sont donc les bienvenus. Enfin, un fruit apporte vitamines, minéraux et fibres. Boire un verre d'eau au lever est une bonne habitude à prendre, car cela permet de réhydrater l'organisme après la nuit. On a le choix ensuite entre lait, thé ou café.

LE DÉJEUNER ET LE DÎNER

Chacun de ces deux repas doit être constitué d'une source de protéines (viandes, volaille, poisson, œufs, ou encore un ou

C. Sappa - Rapho

***Plaisir et convivialité.** Manger dans un lieu agréable en étant détendu, permet de mieux apprécier les aliments.*

PLAISIR ET CONVIVIALITÉ

Les repas sont une source de plaisir et de convivialité, notamment à l'âge adulte. Le fait d'aimer la bonne chère et de partager idées ou sentiments autour de la table est important pour l'art de vivre ainsi que pour la santé : on apprécie mieux les aliments lorsque ceux-ci ont du goût et qu'ils sont consommés dans une ambiance détendue et chaleureuse. Enfin, il est utile de respecter un bon rythme au sein du repas lui-même : manger lentement en appréciant les saveurs proposées.

deux produits laitiers, par exemple du fromage râpé sur des pâtes ou du fromage blanc aux herbes avec des crudités) ; d'une source de glucides (féculent comme les pâtes, les pommes de terre, le riz, etc., ou pain) ; d'une source de fibres, de vitamines et de minéraux (potage, crudités ou légumes en accompagnement du plat principal) ; d'une source de lipides (huile, beurre, crème, etc.).
Le déjeuner et le dîner s'organisent généralement autour du plat principal. L'entrée et le dessert sont facultatifs, selon son appétit, ses goûts, le temps dont on dispose, etc.
Le plat principal. Selon les cas, il peut se présenter sous la forme d'un plat chaud, d'une salade composée ou d'un repas sur le pouce (par exemple, des tomates à la croque, deux œufs durs et du pain ; ou encore un sandwich thon-crudités).
L'entrée. Elle doit être le plus souvent à base de légumes : crudités ou potage. Lorsqu'on commence un repas par de la charcuterie, un œuf mayonnaise, du saumon fumé ou une autre entrée à base de chair animale, il est souhaitable de réduire les portions de viande ou de poisson du plat principal afin d'éviter un excès en protéines animales.
Le dessert. Un fruit ou un produit laitier constituent des desserts équilibrés. Ces aliments peuvent également être consommés au petit déjeuner, en collation, au début du repas ou au goûter, l'important étant de manger au moins deux fruits et deux produits laitiers au cours de la journée.

UN BON RYTHME : TROIS REPAS PAR JOUR

Une bonne habitude pour la santé. Faire trois repas par jour réussit bien à l'organisme. En effet, ces repas sont en général construits à partir d'aliments bénéfiques pour la santé et pour la ligne. En revanche, les grignotages correspondent essentiellement à des aliments trop gras, trop sucrés ou trop salés, et pauvres en vitamines, en fibres et en minéraux.
D'une manière générale, le modèle de trois repas par jour correspond à ce qui se passe en Europe, notamment dans le Sud. Or, dans ces pays, on trouve moins de personnes touchées par l'obésité ou les maladies cardiovasculaires que dans un pays comme les États-Unis, où les grignotages à longueur de journée ont remplacé les repas traditionnels.
Les horaires. On peut fort bien les varier selon les circonstances. Le déjeuner peut aussi bien être pris à 12 heures qu'à 14 heures, le dîner à 19 heures qu'à 22 heures. Lorsque l'on a une petite faim en fin de matinée ou en début de soirée, on ne met ni sa santé ni sa ligne en danger en prenant une collation si celle-ci est équilibrée (par exemple, un fruit et un yaourt, du pain avec du fromage ou avec du chocolat, etc.).

LES EFFETS PROTECTEURS DES ALIMENTS

Les chercheurs en nutrition ont découvert que certains aliments contiennent des substances qui, à la différence des vitamines et des minéraux, ne sont pas indispensables à la vie, mais dont la présence participe à la prévention de certaines maladies.
L'ail. Il joue un rôle dans la protection contre les maladies cardiovasculaires, contre certains cancers et dans l'immunité.
L'avoine. Elle fait baisser le taux de cholestérol dans le sang.
Le basilic. Il joue un rôle dans la protection contre le cancer.
Brocolis, chou, chou-fleur, chou de Bruxelles, choucroute. Ils protègent contre certains cancers (côlon et reins, notamment)
Carottes, épinards. Ils limitent l'apparition de la cataracte.
Le chocolat. Il a un effet stimulant et combat l'anxiété.
Le piment. Il protège vis-à-vis du cancer et a une action anticoagulante (prévention des phlébites).
Les poissons gras. Ils jouent un rôle dans la protection contre les maladies cardiovasculaires, dans les capacités d'apprentissage et la vision.
Pommes, oignons. Ils ont des effets protecteurs contre les maladies cardiovasculaires.
Le soja. Il protège vis-à-vis du cancer de la prostate.
Le thé vert. Il participe à la protection contre certains cancers (estomac et poumons).
Les tomates. Elles participent à la protection contre le cancer.
Le vin. À petites doses (deux verres par jour), il joue un rôle dans la prévention des maladies cardiovasculaires et de la maladie d'Alzheimer.
Les yaourts. Ils ont une action antidiarrhéique et jouent un rôle dans l'immunité.

La Femme Enceinte

Bien manger au cours de la grossesse est primordial tant pour le développement harmonieux du futur bébé que pour la santé de la mère.

M. Williams - Fotogram Stone

***Les produits laitiers.** Riches en calcium, ils sont nécessaires à la formation des os du futur bébé et à l'entretien de ceux de la mère ; la femme enceinte doit en consommer 3 à 4 par jour.*

La grossesse nécessite de l'énergie : le futur bébé se développe et la mère stocke de l'énergie sous forme de graisse corporelle, énergie qui sera utilisée par le futur bébé en fin de grossesse ou pour fabriquer le lait si la mère allaite. Tout cela représente des besoins d'environ 200 à 300 calories supplémentaires par jour. Mais, parallèlement, les femmes enceintes ont tendance à moins bouger et à dépenser moins d'énergie pendant leur grossesse. En fait, en suivant son appétit, la femme enceinte arrive généralement à bien ajuster sa nourriture à ses nouveaux besoins.

LES FÉCULENTS

Ils apportent des protéines végétales et surtout des glucides lents, source essentielle d'énergie pour le futur bébé. Du pain ou des céréales au petit déjeuner et au moins un plat de féculents par jour sont indispensables pour couvrir les besoins pendant la grossesse. Le petit déjeuner est particulièrement important car les organismes de la mère et du futur bébé doivent se restaurer après la période de jeûne nocturne.

LA VIANDE, LE POISSON ET LES ŒUFS

Ces aliments, riches en protéines animales de bonne qualité, assurent la construction des organes du futur bébé. En outre, ils fournissent à la mère du fer, indispensable pour éviter l'anémie. Paradoxalement, la femme enceinte n'a pas besoin de manger plus d'aliments de cette famille qu'en temps normal. En effet, dans les pays industrialisés, les apports

LES SUPPLÉMENTS NUTRITIONNELS

Au cours de votre grossesse, même si votre nourriture est équilibrée, copieuse et variée, vous risquez de manquer de fer et de vitamine B9 (ou acide folique). Il est possible que votre médecin vous recommande de prendre des suppléments incluant ces deux éléments sous la forme de médicaments. Si vous consommez peu de produits laitiers, il vous conseillera peut-être un supplément en calcium, ainsi qu'en vitamine D si votre accouchement est prévu entre décembre et mai (le manque de soleil réduit la synthèse de vitamine D par la peau).

habituels en protéines dépassent déjà ceux qui sont recommandés. Un plat moyen de viande ou de poisson (ou encore deux œufs) au déjeuner et au dîner suffisent largement à couvrir les besoins en protéines.

LES PRODUITS LAITIERS

Le calcium est nécessaire à la formation des os du futur bébé ainsi qu'à l'entretien de ceux de la mère. On en trouve surtout dans les produits laitiers. Pendant la grossesse, il est souhaitable de consommer chaque jour au moins trois produits laitiers, et si possible quatre, au cours des repas ou entre ceux-ci.

LES MATIÈRES GRASSES

Riches en vitamines A, D, E et K, elles sont indispensables à la croissance harmonieuse du futur bébé et jouent un rôle fondamental dans le développement de son cerveau. Un peu de beurre sur le pain du matin et sur les légumes du déjeuner, de l'huile dans la vinaigrette, de la viande, des poissons gras (thon, maquereau, saumon, sardine, hareng, truite, etc.) ou des œufs suffisent à assurer un apport diversifié et équilibré.

LES FRUITS ET LES LÉGUMES

Ils sont riches en fibres, utiles pour calmer les fringales et pour lutter contre la constipation, deux petits maux habituels chez la femme enceinte. Ces aliments sont, par ailleurs, sources de vitamines et de minéraux, indispensables au développement du futur bébé. Il faut consommer un légume au moins à chaque repas (potage, crudités, en accompagnement du plat principal, salade) et deux ou trois fruits par jour.

LES BOISSONS

Pour assurer une bonne hydratation, il faut boire un litre et demi de boisson (eau, lait, tisane, thé léger), réparti dans la journée. Attention au café – cause fréquente de palpitations en cas de grossesse – et surtout à l'alcool – à éviter car responsable de malformation du futur bébé lorsqu'on dépasse un petit verre (12 centilitres) de vin par jour. Il faut aussi éviter les sodas : ils entraînent des malaises hypoglycémiques et une prise excessive de poids.

LES PRODUITS SUCRÉS

Ils ne sont pas indispensables, mais ne présentent pas non plus d'inconvénient particulier, sauf lorsqu'on en abuse : ils risquent alors de couper l'appétit au repas suivant (ce qui serait source de carences nutritionnelles) ou de trop augmenter l'apport calorique de la journée (source de prise excessive de poids).

LES KILOS À PRENDRE PENDANT LA GROSSESSE

À la fin de la grossesse, les femmes enceintes ont pris en moyenne 12,5 kilos. Ce poids supplémentaire correspond en partie au futur bébé, au placenta, au liquide amniotique, à l'utérus (organe de faible taille avant la grossesse et pesant environ 3,5 kilos au moment de la naissance) et aux seins qui gonflent, se préparant à l'allaitement : le tout représente 6 ou 7 kilos. Outre ces « kilos obligatoires », la femme enceinte constitue une réserve de graisses afin de faire face aux besoins du futur bébé, puis de l'allaitement, celle-ci variant d'une femme à l'autre et d'une grossesse à l'autre. Ces « kilos » se perdent le plus souvent sans régime particulier dans les 6 mois qui suivent l'accouchement.

ÉVITER LES NAUSÉES

Les nausées, surtout au début de la grossesse, sont fréquentes. Quand elles surviennent dans les moments où l'organisme manque d'énergie – au lever, dans le milieu de la matinée, dans le milieu de l'après-midi –, il faut s'alimenter en faisant plusieurs petits repas et en prenant soin de consommer à chaque fois un aliment riche en glucides lents : un féculent au déjeuner et au dîner ; des tartines de pain au petit déjeuner et au goûter ; un fruit et un laitage dans la matinée, etc. Si ce sont les odeurs de cuisine qui déclenchent les malaises et que les nausées surviennent au moment des repas ou de leur préparation, le mieux est alors de privilégier les produits crus et les mets froids, mieux supportés car moins odorants : c'est le moment de se mettre aux salades composées.

LE SPORTIF

Que ce soit pour améliorer ses performances en salle de « gym », sur un court de tennis ou encore lors du jogging dominical, le sportif atteint plus facilement ses objectifs en mangeant équilibré.

Pour le sportif régulier qui pratique un effort physique pendant plus de 3 heures par semaine, certains conseils spécifiques permettent d'être plus performant.

EN PÉRIODE D'ENTRAÎNEMENT

L'alimentation recommandée pour le sportif ne diffère pas fondamentalement de celle qui convient à l'adulte. La nourriture doit être variée et équilibrée. Cependant, les besoins en calories sont plus importants. Un athlète s'entraînant 4 heures par jour, par exemple, doit consommer environ 4 000 calories quotidiennes contre 2 500 pour un homme sédentaire. Pour satisfaire ces besoins, certains aliments doivent être privilégiés.

Les féculents. Pâtes, légumes secs, riz, semoule, pommes de terre et pain, les féculents fournissent des glucides lents et doivent apporter la plus grande part du supplément d'énergie réclamé par l'organisme.

Les produits sucrés. Les biscuits, les corn flakes et les autres produits sucrés (sucre de table, chocolat, miel, confiture, etc.), également sources de glucides, peuvent aussi être augmentés, mais de façon plus modérée.

La viande et les autres sources de protéines. Quand on pratique une activité sportive plus d'une heure par jour, les besoins en protéines augmentent. Il est possible de satisfaire ces nouveaux besoins protéiques par la simple augmentation des apports de féculents. En effet, ces derniers contiennent des protéines végétales. On peut donc se contenter d'un apport normal en viande, poisson, œufs et produits laitiers. En revanche, il n'est pas

Keene - BSIP

***L'alimentation du sportif.** L'activité physique, lorsqu'elle est pratiquée de manière régulière, entraîne une augmentation des besoins énergétiques.*

L'ACTIVITÉ SPORTIVE OCCASIONNELLE

Lors d'un effort prolongé sans esprit de compétition particulier, telle une randonnée à pied ou en vélo, on peut boire régulièrement de l'eau et manger un fruit frais riche en énergie comme la banane, des fruits secs (bananes, abricots ou figues séchées, dattes), ou encore du pain, des pâtes de fruits, des biscuits secs (biscuits à la cuillère, pain d'épice, petits-beurres, etc.), ou des céréales prêtes à consommer (corn flakes, barres céréalières, etc.).

conseillé au sportif de supprimer tout apport en ces aliments, sous peine de carences en protéines, en fer et en calcium.

Les fruits et légumes. Par rapport au sédentaire, le sportif a des besoins accrus en vitamines B1, B2, B6 et C, mais celles-ci sont normalement apportées par une alimentation variée, avec un apport quotidien en légumes et en fruits ; les suppléments vitaminiques ne sont donc pas indispensables. Le mieux est de consommer un légume au déjeuner et au dîner et au moins trois fruits par jour.

Les matières grasses. Consommées en excès, elles risquent d'entraîner une prise de poids excessive. En outre, la digestion d'un repas gras prend plus de temps et peut gêner l'activité sportive. Il n'est pas question pour autant de supprimer les matières grasses de l'alimentation, ce qui conduirait à des carences en vitamines A et D, ainsi qu'en acides gras essentiels. Un sportif a besoin de mettre du beurre sur ses tartines et de l'huile dans ses salades, ni plus ni moins qu'un sédentaire.

EN PÉRIODE DE COMPÉTITION

Le repas de la veille. La veille au soir, il faut privilégier les pâtes, le riz ou les pommes de terre (cuites au four plutôt qu'en purée), plutôt que les légumes secs, ces derniers risquant de provoquer des ballonnements, flatulence et gaz le lendemain. Un peu de fromage râpé, une portion de viande, éventuellement quelques légumes verts compléteront la ration.

CARENCES ALIMENTAIRES ET SUPPLÉMENTS

Chez le sportif, il existe un risque de carence en fer, due à une destruction partielle des globules rouges au cours de l'activité physique. Un complément médicamenteux est utile si les réserves sont déjà entamées, comme c'est souvent le cas chez la femme du fait des pertes menstruelles. Manger régulièrement viandes, volailles et poissons, aliments riches en fer, constitue une solution plus naturelle. Chez les sportives de haute compétition, le stress et le niveau réduit de la graisse corporelle perturbent le cycle menstruel ; or, la disparition des règles augmente le risque d'ostéoporose et de fractures osseuses. Pour y pallier, il faut consommer au moins trois produits laitiers par jour et, si cela n'est pas possible, prendre un complément de calcium ou de vitamine D. Le sport intensif génère également des carences en vitamines B9, d'où l'importance de manger des légumes verts. Les autres compléments ne sont généralement pas utiles.

Le repas précédant la compétition. Il doit avoir lieu trois à cinq heures avant le début de la compétition. Il doit être peu gras et facile à digérer : par exemple, un morceau de cabillaud ou deux tranches de jambon cuit accompagnés de pommes de terre. Les muscles pourront ainsi faire le plein d'énergie et la digestion sera terminée avant l'épreuve.

Juste avant la compétition. A priori, on n'a pas besoin de manger. Il faut surtout éviter les boissons ou les aliments sucrés même s'ils se présentent comme « destinés au sportif » : ils risqueraient d'entraîner 90 minutes plus tard une baisse du taux de sucre dans le sang (hypoglycémie) et un malaise.

Pendant la compétition. Le premier souci est d'éviter la déshydratation, surtout si l'épreuve dure plusieurs heures. Il faut boire, dès la première demi-heure, de l'eau pure ou des boissons énergétiques « spéciales pour sportif ». Si l'épreuve se prolonge, les apports glucidiques sont nécessaires soit sous la forme de biscuits ou de barres « spécial sportif », soit sous la forme de boissons sucrées.

APRÈS L'ÉPREUVE

Après la compétition, il faut boire pour éliminer les déchets et aider l'organisme à retrouver « son calme ». On peut prendre de l'eau assez minéralisée, un verre de lait demi-écrémé ou de jus de fruit ou encore un potage de légumes ou une tisane. Dans les heures qui suivent un effort très intensif, pour reconstituer les réserves d'énergie, il est souhaitable de prendre une collation riche en glucides (fruits, laitage, biscuits, tartines, etc.) toutes les deux heures jusqu'au repas suivant. Celui-ci sera à base de féculents, avec peu de viande, de poisson ou de laitage. Dès le lendemain, on reviendra au régime classique du sportif en période d'entraînement.

LES SENIORS

Une alimentation trop pauvre en calories et en éléments nutritifs peut mettre en danger la santé des seniors. Aussi, après 65 ans, est-il particulièrement important que les repas concilient équilibre, gourmandise et convivialité.

J. Monnier - Fotogram Stone

L'alimentation des seniors. *Après 65 ans, l'appétit a souvent tendance à diminuer ; aussi est-il recommandé de manger en compagnie et de prendre son temps.*

LES SENIORS ET LE CHOLESTÉROL

Après 70 ans, le cholestérol ne représente plus un danger important pour les artères et le cœur, car son excès n'entraîne pas une obstruction de la circulation sanguine, comme il le fait chez les personnes plus jeunes. Un régime pauvre en cholestérol et en graisses devient même dangereux : les personnes âgées qui ont peu de cholestérol dans le sang meurent plus tôt que les autres. En outre, avec un tel régime, la personne âgée mangerait de moins en moins, ce qui entraînerait ou aggraverait une malnutrition. Cependant, dans quelques rares cas, le médecin conseille un régime ou un médicament destiné à baisser le taux de cholestérol lorsque celui-ci est vraiment très élevé ou en cas de risque cardiaque important.

Différents éléments concourent à une mauvaise alimentation des personnes âgées de plus de 60 ans : solitude, dépression, difficulté à se déplacer, à s'approvisionner ou à préparer les repas, mauvais conseils diététiques, diminution des ressources financières. S'ajoutent à cela les effets d'une mauvaise dentition, la diminution des sensations gustatives, ainsi que la perte de l'appétit provoquée par certains médicaments.

ACTIVITÉ PHYSIQUE ET ALIMENTATION

Les conséquences du vieillissement. Avec les années, les organes et les muscles diminuent régulièrement de volume. Par exemple, un individu ayant 20 kilos de muscles à 20 ans, n'en aurait plus que 12 à 80 ans. Cela entraîne une plus grande fatigue, une moindre résistance aux infections, des troubles du psychisme ou de la mémoire, etc. La réduction du volume des os (ostéoporose) est deux fois plus importante chez la femme que chez l'homme, en raison de l'interruption des sécrétions hormonales par les ovaires à la ménopause. L'ostéoporose augmente le risque de fracture de la hanche lors de chutes, même minimes, ou celui de tassements de la colonne vertébrale entraînant une diminution de la taille. En même temps, le corps perd de

l'eau et se déshydrate ; la chaleur et la fièvre sont alors plus difficiles à supporter.
La prévention. Afin de limiter les conséquences du vieillissement, on recommande aux personnes du troisième et du quatrième âge de bouger et de manger suffisamment. Un exercice physique modéré, par exemple la marche, maintient les muscles et les os en bon état. Si la personne âgée a pratiqué un sport de façon régulière, on ne peut que l'encourager à continuer.
Une alimentation équilibrée et assez riche doit être associée au maintien de l'activité physique. Le danger n'est pas l'excès, mais plutôt l'insuffisance de nourriture. Il n'y a aucune raison de contrarier les envies culinaires des seniors. L'apport calorique moyen doit être d'au moins 1 600 calories par jour chez les femmes et 2 000 chez les hommes.

MAIGRIR APRÈS 70 ANS

Après 70 ans, maigrir n'a d'intérêt pour la santé que lorsque le surpoids a des conséquences importantes : difficultés à se déplacer ou à respirer, par exemple. Dans les autres cas, l'amaigrissement entraîne un affaiblissement musculaire, une moindre résistance aux infections et une augmentation du risque de chutes. Le fait d'être fort ne raccourcit pas l'espérance de vie chez les seniors, à la différence de ce qui se passe chez l'adulte jeune. Au contraire, ceux et surtout celles qui ont trop maigri ont plus de problèmes de santé, sont souvent hospitalisés et ont du mal à rester autonomes chez eux. On n'a pas pour autant intérêt à grossir après 65 ans. Qu'on soit rond ou mince, on devrait plutôt essayer de conserver son poids. Pour y parvenir, deux attitudes simples et complémentaires sont recommandées : poursuivre une activité physique et manger équilibré.

MANGER DE TOUT

Viandes, poissons et œufs. Comme en témoignent les restes de plateaux-repas dans les centres où sont soignées les personnes âgées (centres de gériatrie), viandes et poissons ne suscitent à un âge avancé qu'un enthousiasme modéré. Il ne faut donc pas hésiter à les remplacer par les œufs et les laitages, qui apportent d'excellentes protéines, se mangent très facilement, même en cas de mauvais dentition, et se préparent selon de multiples recettes. Ces aliments peuvent donc être consommés sans modération.
Sucre et produits sucrés. L'attirance pour le sucré est habituelle et ne doit pas être freinée, bien au contraire. L'addition de sucre fait accepter certaines préparations riches en œufs ou en lait : laitages, riz au lait, gâteau de semoule et autres entremets peuvent remplacer la viande ou le poisson pour assurer un apport suffisant de protéines.
Pain et féculents. Ils fournissent de l'énergie facile à digérer et des protéines végétales. Ils doivent être présents à chaque repas, surtout après 65 ans. Les biscuits, les tartines avec du miel, de la confiture ou du chocolat constituent d'excellents petits déjeuners ou collations, ces dernières étant particulièrement utiles en cas de perte d'appétit au déjeuner ou au dîner.
Les matières grasses. Un régime appauvri en graisses risque d'entraîner ou d'aggraver une malnutrition. Il n'y a donc pas lieu de se priver de beurre, de crème et surtout d'huile, riche en acides gras essentiels pour la santé.
Fruits et légumes. Frais ou en compote en ce qui concerne les fruits, entiers ou en purée pour les légumes, ces aliments procurent des fibres, utiles pour lutter contre la constipation – fréquente à un âge avancé –, ainsi que les vitamines et les minéraux indispensables au maintien de la forme.
Les boissons. Après 70 ans, on ressent moins la sensation de soif, même lorsque l'organisme est en manque d'eau. Pour éviter une déshydratation, il faut donc boire de l'eau régulièrement aux repas et entre les repas. Il n'y a aucune raison de ne pas profiter du plaisir et des bienfaits des tisanes, du thé, du café au lait, du lait, du potage ou du bouillon au cours de la matinée et de l'après-midi. La consommation modérée de boissons alcoolisées, sans dépasser 2 à 3 verres de vin ou un demi-litre de bière par jour, est sans danger et, de plus, stimule l'appétit.

Comment Bien Maigrir

Nous sommes de plus en plus nombreux à vouloir maigrir, pour des raisons de santé, de forme ou d'esthétisme. Outre un régime, une activité physique régulière et un soutien psychologique sont souvent utiles pour bien maigrir.

Lorsqu'on souhaite perdre du poids, puis ne pas en reprendre, on est presque toujours obligé non pas de manger moins mais de manger différemment. Pour bien maigrir, il faut d'abord analyser avec soin les conséquences de son excès de poids et bien évaluer ce que l'on attend de l'amaigrissement.

LES CONSÉQUENCES DE L'EXCÈS DE POIDS

Sur la santé. L'excès de poids favorise la survenue de plusieurs maladies : maladies cardiovasculaires, diabète, taux de cholestérol trop élevé, goutte, calculs du rein et de la vésicule, varices et phlébites, ronflement et pauses respiratoires au cours de la nuit, hypertension artérielle, arthrose ainsi que certains cancers (sein, utérus, ovaires, intestin, prostate). Ces risques sont d'autant plus grands que l'excès de poids concerne la partie haute du corps, c'est-à-dire le ventre au-dessus du nombril et le thorax. Mais ils diffèrent selon les personnes ; le médecin détermine ainsi pour chacun de ses patients si les kilos en trop sont dangereux ou non.

Sur la forme. L'excès de poids risque de nuire à la qualité de vie : difficulté pour s'habiller, pour trouver une place à sa taille dans l'avion ou le train, fatigue lors de la montée des escaliers, etc. Dans ces cas-là, même si la santé n'est pas en jeu, la perte de quelques kilos rend la vie plus agréable.

Sur la silhouette. Sur le plan esthétique, il est difficile au médecin de conseiller, car seuls la personne concernée et ses proches sont à même de définir la silhouette qui sied le mieux. Il faut cependant savoir que la plupart des mannequins sont en fait trop maigres pour leur

LES SUBSTITUTS DE REPAS

Si on se contente de remplacer quelques repas par des substituts sans surveiller par ailleurs son alimentation, il ne faut pas s'attendre à maigrir : on mangera davantage aux repas suivants et le poids ne variera pas. En revanche, les substituts de repas peuvent rendre service lorsqu'on les utilise à bon escient. Si on n'a ni le temps, ni l'envie de se préparer à manger, il vaut mieux consommer un substitut plutôt que sauter un repas. Par ailleurs, après un repas de fête ou une entorse au régime, on peut se contenter d'un substitut au repas suivant afin de rétablir l'équilibre. On obtiendrait un résultat identique en prenant un repas léger à base de laitages et de fruits, ou de légumes avec du poisson, ou de la viande maigre.

Keene - BSIP

L'activité physique. *Elle augmente les dépenses énergétiques et permet, associée à un régime équilibré, de bien maigrir.*

taille : la « normalité » que cherchent à nous imposer les photos de mode est dangereuse pour la plupart d'entre nous.

LE RÉGIME

Pour être efficace sur le long terme et sans danger pour la santé, un bon régime repose sur quelques grands principes.

Privilégier les légumes et les fruits. Ils apportent des vitamines et des minéraux et, surtout, ils calment l'appétit sans pour autant apporter d'éléments « grossissants ». Attention cependant à ne pas abuser de fruits : consommés plus de 4 fois par jour, leur glucide (le fructose) risque de se convertir en graisse dans le corps, sauf si l'on mange par ailleurs léger ou si l'on est physiquement très actif.

Chassenet - BSIP

***Les légumes et l'eau.** Pauvres en calories, les légumes calment la faim et sont sans danger pour la ligne ; boire de l'eau régulièrement permet de bien hydrater son organisme.*

Manger des féculents. Au petit déjeuner ainsi qu'au déjeuner ou au dîner, il faut choisir un aliment apportant des glucides lents : pain, céréales du petit déjeuner, pâtes, riz, pommes de terre, semoule, maïs, légumes secs, blé concassé, etc. Ces glucides lents ont l'intérêt de calmer la faim, de procurer énergie et tonus aux muscles et au cerveau et d'être difficiles à transformer en graisse corporelle par l'organisme. Attention cependant : si on les consomme avec beaucoup de matières grasses (trop de beurre sur votre pain, fritures, etc.), on aura du mal à maigrir.

Ne pas oublier les protéines animales. Il faut manger au moins une fois par jour des œufs, du poisson ou de la viande pour les protéines animales et le fer.

Privilégier les laitages peu gras. Les yaourts et le fromage blanc doivent être préférés au fromage, plus gras, qui doit être limité à un petit morceau quotidien.

Limiter les matières grasses. Il faut avoir la main légère avec les matières grasses. L'huile, la margarine, le beurre, les plats en sauce, les aliments frits, etc., sont les aliments qui font le plus grossir.

Boire régulièrement. Il faut cependant éviter les boissons sucrées. La consommation modérée de vin (1à 2 verres par jour) est souvent possible.

Manger avec plaisir. Si l'on bannit de son alimentation tous les bons petits plats et tous les desserts, on risque d'abord d'être déprimé, ensuite de se ruer après quelques semaines de régime sur ces mêmes aliments et de reprendre immédiatement les quelques kilos que l'on avait perdus.

L'ACTIVITÉ PHYSIQUE

Le sport est utile pour perdre du poids puis pour éviter d'en reprendre. Les sportifs ont souvent moins de problèmes de poids que les personnes sédentaires, en particulier lorsque l'activité physique correspond à un sport d'endurance. Les personnes qui se contentent de pratiquer la marche pour leurs déplacements ont elles aussi une silhouette généralement plus fine que les inactifs. Une des façons les plus efficaces de maigrir en bougeant consiste donc d'abord à modifier ses habitudes (marche, vélo, jardinage, etc.). Pour un surpoids trop important, l'activité physique pratiquée d'emblée est souvent pénible, voire dangereuse : il faut alors d'abord maigrir avec un régime, puis y associer une activité physique.

LE SOUTIEN PSYCHOLOGIQUE

Suivre un régime n'est pas toujours chose facile, notamment lorsque l'acte de manger est provoqué par des soucis, le stress, l'ennui ou la solitude. Il est alors indispensable de mieux comprendre son comportement alimentaire, puis de trouver une solution douce pour le modifier. C'est l'objectif des méthodes basées sur la psychologie (réflexion personnelle, dialogue avec un proche ou avec son médecin, psychothérapie, psychanalyse).

COMMENT GROSSIR

Certaines personnes sont maigres naturellement ; on parle de maigreur constitutionnelle. Par ailleurs, certaines maladies comme le cancer ou le sida font maigrir ; bien se nourrir constitue alors un des moyens pour mieux les combattre.

Archives Larbor

***Les aliments qui font grossir.** Quand on est maigre par nature, ou que l'on a perdu du poids au cours d'une maladie (cancer, sida), les plats sucrés sont un bon moyen pour prendre du poids.*

La maigreur constitutionnelle n'est pas dangereuse pour la santé. Il vaut mieux ne pas s'en préoccuper, sauf si elle atteint un degré tel qu'elle entraîne de la fatigue et des frustrations esthétiques. Un certain nombre d'affections, comme les cancers ou le sida, peuvent s'accompagner d'un amaigrissement ; l'évolution de celui-ci dépend alors essentiellement de la guérison de la maladie, qui entraîne une reprise de poids généralement spontanée.

LA MAIGREUR CONSTITUTIONNELLE

Elle apparaît habituellement au cours de l'enfance ou de l'adolescence. Souvent, les parents ou les frères et sœurs sont également très maigres. Les personnes qui restent maigres sans se priver n'apprécient pas toujours leur silhouette longiligne.

Pourquoi est-on maigre ? Certains sujets maigres ont un métabolisme (c'est-à-dire l'ensemble des réactions chimiques et biologiques de l'organisme) qui brûle plus de calories, ou pratiquent une activité physique intense. Mais, souvent, les personnes maigres ne dépensent ni ne mangent pas plus que les autres. Leur faim est contrôlée de façon particulièrement précise par leur organisme afin de conserver toujours le même poids. Ceux qui mangent beaucoup de façon régulière restent sveltes car ils consomment beaucoup de céréales ou de féculents (pâtes, riz, pomme de terre), en grande partie brûlés par l'organisme, et peu de graisses.

Comment grossir ? Il faut manger des aliments gras et sucrés : fritures, plats en sauce, fromage, charcuterie, glaces, sodas, etc. On peut également manger plus souvent en multipliant collations, goûters, friandises. Mais, après quelques jours d'un tel régime, l'appétit tend à diminuer. On a alors du mal à prolonger cette alimentation abondante. Lorsqu'on est maigre, le plus sage est d'accepter son poids, même si on le juge peu esthétique. En effet, même si on parvient à grossir, les rondeurs ne se situent pas

L'ANOREXIE MENTALE

Elle correspond à un refus volontaire de se nourrir. Elle touche surtout les adolescentes et les femmes jeunes. L'anorexie mentale est une maladie grave ; elle provoque une dénutrition, source de maigreur excessive et surtout d'un mauvais fonctionnement de l'organisme, qui peut conduire au décès. Reflétant un conflit psychique intense (refus de la féminité, conflits avec l'entourage, etc.), elle doit être traitée tant que le plan nutritionnel que sur le plan psychique.

forcément là où on l'aurait souhaité : chez une femme, la prise de poids risque surtout d'accentuer la culotte de cheval ; chez un homme, la bedaine. Si l'on souhaite galber harmonieusement son corps, les exercices physiques, tels que la musculation, permettent un développement musculaire. Mais, à l'arrêt du sport, les muscles fondent pour retrouver leur volume initial.

LES MAIGREURS LIÉES AU CANCER

Le cancer engendre souvent un amaigrissement. Celui-ci apparaît généralement au cours d'une phase évoluée de la maladie, mais il peut aussi survenir d'emblée, comme dans certains cancers digestifs : c'est donc un signe qui doit conduire à consulter rapidement son médecin afin de diagnostiquer un éventuel cancer et, le cas échéant, de le soigner à temps.

Les causes de l'amaigrissement. La principale cause est une perte d'appétit avec, souvent, une altération du goût : la viande, la charcuterie, les volailles et le poisson deviennent peu appréciés, tandis que d'autres sources de protéines, tels les laitages ou les œufs, le restent. Chez certaines personnes, la réduction de l'appétit provient directement de l'angoisse et du découragement : on peut perdre l'appétit lorsqu'on souffre ou lorsqu'on prend connaissance de la nature de sa maladie. La perte d'appétit est également favorisée par les traitements anticancéreux (chirurgie, chimiothérapie, radiothérapie). Par ailleurs, le cancer entraîne une élévation des dépenses d'énergie, avec fonte progressive des muscles et du tissu graisseux.

Lutter contre l'amaigrissement. L'amaigrissement lié au cancer a plusieurs conséquences néfastes : on se fatigue plus vite, on devient plus vulnérable aux infections microbiennes, on supporte moins bien les traitements du cancer. Pour lutter contre cet amaigrissement, le mieux est d'en parler à un médecin ou à un diététicien connaissant bien les relations entre cancer et nutrition, afin que soit mis au point un régime riche et équilibré, mais également adapté aux modifications du goût et à la réduction de l'appétit.

Même si on en guérit de plus en plus souvent, le cancer constitue toujours un combat ; une alimentation correcte permet de le gagner plus facilement. Après la guérison, les troubles nutritionnels disparaissent.

LES MAIGREURS LIÉES AU SIDA

Le sida entraîne souvent un amaigrissement important, qui peut atteindre 10 kilos et plus.

Les causes de l'amaigrissement. Le sida conduit à une réduction de l'appétit, comme c'est le cas avec le cancer. Les malades souffrent fréquemment d'infections dites opportunistes : celles qui touchent la bouche rendent douloureuse la consommation d'aliments ; les infections intestinales se traduisent par des diarrhées importantes. Le sida entraîne aussi une augmentation des dépenses d'énergie : le corps brûle ses réserves en graisse et en muscle.

Lutter contre l'amaigrissement. Il est important que les malades conservent leur poids : ils sont ainsi mieux armés pour se défendre contre l'évolution de la maladie. Comme dans le cas du cancer, le malade n'apprécie plus les viandes, ni les poissons, ni les œufs. En revanche, le goût pour le sucré se maintient le plus souvent. La solution est alors de consommer des entremets, des potages enrichis en jaune d'œuf ou en lait en poudre, des produits laitiers, du gâteau de semoule, du riz au lait, etc. Le mieux est d'en parler avec un médecin ou un diététicien spécialisé dans ce problème. Pour éviter une infection par des aliments contenant des microbes, le malade doit éviter les viandes ou les poissons crus ou mal cuits, les produits laitiers (lait, fromage, etc.) non pasteurisés, ainsi que les légumes ou les crudités vendus frais sous vide.

LES MALADIES CARDIOVASCULAIRES

LES FACTEURS DE RISQUE

Le tabac, l'hypertension artérielle et un taux trop élevé de cholestérol dans le sang (hypercholestérolémie) sont les principaux facteurs de risque des maladies cardiovasculaires.

Ces différents facteurs de risque agissent essentiellement au niveau des artères, notamment celles du cœur. Ils sont responsables de la formation, sur les parois, de plaques constituées de dépôts graisseux, appelées plaques d'athérome, qui gênent la circulation, réduisant l'approvisionnement en sang du cœur. Cette maladie de la paroi des artères est l'athérosclérose.

Voisin – Phanie

LA MULTIPLICATION DES FACTEURS

L'association, chez une même personne, de plusieurs facteurs néfastes (tabagisme, stress, hypertension, alcoolisme, etc.) augmente considérablement le risque de survenue d'une maladie cardiovasculaire. Son effet est multiplicateur, c'est-à-dire qu'il ne correspond pas à une simple somme arithmétique.

LE TABAGISME

Les effets nocifs du tabagisme sont nombreux et connus. Le tabac a une action néfaste sur les poumons (bronchite chronique, cancer broncho-pulmonaire), mais aussi sur le système cardiovasculaire. Il favorise en effet la progression de l'athérosclérose, augmentant ainsi les risques de maladies cardiovasculaires. Le risque d'infarctus du myocarde est multiplié par 2 chez un fumeur et il est d'autant plus important que la consommation de tabac est élevée. Si la personne arrête de fumer, plusieurs années sont nécessaires pour que ce risque diminue jusqu'à atteindre celui d'un non-fumeur.

Femme stressée au bureau, fumant et buvant du café.
La multiplication des facteurs (hyperactivité, tabagisme, stress) augmente les risques de maladies cardiovasculaires.

LA PRÉVENTION

La connaissance des principaux facteurs de risque des maladies cardiovasculaires permet de prévenir, grâce à une modification du mode de vie, leur apparition ou leur aggravation. Ne pas fumer, pratiquer régulièrement une activité sportive, respecter un régime alimentaire équilibré sont autant de mesures susceptibles de réduire les risques de maladies cardiovasculaires.

L'HYPERTENSION ARTÉRIELLE

L'hypertension artérielle, qui correspond à une élévation anormale de la pression dans les artères, est une affection très fréquente, qui augmente le risque de développer une insuffisance d'oxygénation du muscle du cœur par diminution ou arrêt de la circulation du sang dans une ou plusieurs artères du cœur (cardiopathie ischémique). Ce risque est proportionnel à l'augmentation de la pression artérielle. Cette maladie favorise également le développement de l'athérosclérose et s'accompagne, au niveau du cœur, d'une hypertrophie du ventricule gauche entraînant une augmentation des besoins en oxygène.

L'EXCÈS DE CHOLESTÉROL

L'augmentation anormale du taux de cholestérol dans le sang, appelée hypercholestérolémie, peut être responsable du développement de l'athérosclérose des artères coronaires, de la survenue d'un infarctus du myocarde et d'une cardiopathie ischémique. On parle d'un excès de cholestérol dans le sang à partir d'un taux de 2,5 g/l. Entre 2,5 g/l et 3 g/l, le risque cardiovasculaire est moyen. Audessus, le risque est élevé.

LES AUTRES FACTEURS DE RISQUE

D'autres facteurs peuvent accroître les risques de maladies cardiovasculaires. Le diabète, caractérisé par un taux de sucre dans le sang (glycémie), à jeun, supérieur à 1,26 gramme par litre, multiplie par 2 le risque de développer une affection du cœur, par rapport à une personne non diabétique.
L'obésité ainsi qu'une sédentarité excessive, associées à d'autres facteurs de risque (hypertension, hypercholestérolémie, diabète), exposent également à un risque accru de maladie des artères du cœur. La pratique régulière d'une activité physique paraît au contraire exercer un rôle protecteur vis-à-vis du développement de l'athérosclérose.
Bien que cela soit difficile à démontrer scientifiquement, il semble que le stress, surtout lié à la vie professionnelle, soit impliqué dans le développement de l'athérosclérose, notamment au niveau des artères coronaires. Ce facteur semble particulièrement important chez certaines personnes que l'on qualifie d'hyperactives.
Enfin, d'autres facteurs de risque semblent jouer un rôle secondaire dans l'apparition de maladies cardiovasculaires. Il s'agit notamment de l'élévation anormale du taux d'acide urique dans le sang (hyperuricémie) et de certaines anomalies métaboliques (concernant par exemple le calcium).

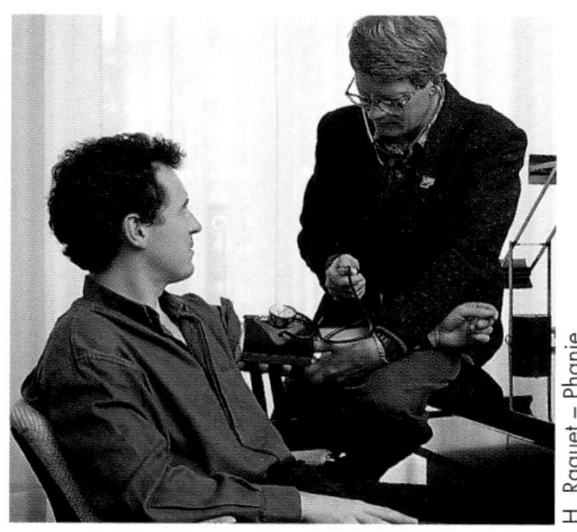

H. Raguet – Phanie

Personne se faisant prendre la tension. *L'hypertension est l'un des facteurs de risque de maladies cardiovasculaires les plus importants.*

L'ALIMENTATION

De nombreuses études ont mis en évidence les liens entre l'alimentation et les maladies cardiovasculaires. Certaines suggèrent que le risque d'infarctus du myocarde est réduit lorsque l'alimentation est riche en fibres, donc en fruits, en légumes et, surtout, en céréales. D'autres évoquent l'effet protecteur, à long terme, du poisson, qui améliore le taux de graisses circulant dans le sang et diminue la pression artérielle. Enfin, la consommation modérée d'alcool, notamment de vin, diminuerait les risques de maladies cardiovasculaires, en particulier les risques d'infarctus du myocarde.

LES MALADIES RESPIRATOIRES

LES FACTEURS DE RISQUE

L'appareil respiratoire reçoit l'oxygène nécessaire au bon fonctionnement de l'organisme ; il arrive aussi que d'autres substances, parfois nocives, l'envahissent.

Avant de parvenir jusqu'aux alvéoles pulmonaires où s'effectuent les échanges gazeux avec le sang, l'air inspiré passe par la trachée, les bronches et, enfin, les bronchioles. À chaque étape, cet air est filtré par divers mécanismes afin d'arriver pur aux poumons.
Lorsque l'air inspiré contient des substances nocives en grande quantité et que les mécanismes de défense sont dépassés, l'appareil respiratoire est fragilisé, ce qui peut conduire à l'apparition de maladies respiratoires. Les facteurs qui favorisent l'apparition de ces maladies sont nombreux et bien connus.

LE TABAC

Connu depuis le XVIe siècle et rapporté des Amériques, le tabac a eu un succès grandissant du fait de son pouvoir psychostimulant, malgré la dépendance physique et psychique qu'il entraîne. Autrefois essentiellement masculine, la consommation de tabac tend à gagner un nombre croissant de femmes et touche des populations de plus en plus jeunes.
De nombreuses études ont montré que la consommation de tabac avait une grande responsabilité dans la survenue de maladies pulmonaires comme le cancer du poumon, la bronchite chronique ou l'insuffisance respiratoire chronique. Outre la nicotine, les substances nocives pour la santé proviennent de la combustion du tabac, du papier et des additifs incorporés à la cigarette. Les plus dangereuses sont les goudrons, qui sont cancérogènes, et l'oxyde de carbone. Plus la consommation de tabac

LA POLLUTION

Il n'existe pas à l'heure actuelle d'études scientifiques qui démontrent le rôle de la pollution dans le développement des maladies pulmonaires, mais l'exposition à certaines substances semble avoir une incidence dans la survenue de ces maladies.
Ainsi, les personnes qui travaillent dans les mines dont la concentration en radon (gaz contenant du radium radioactif) est élevée ont plus de risques de développer un cancer du poumon. De même, il semble exister un risque supplémentaire, pour les ouvriers des industries du nickel, du chrome, de l'arsenic et des hydrocarbures, de développer des maladies pulmonaires.

Usines dégageant des gaz pollués. *La pollution de l'air constitue un facteur important de risque de maladies respiratoires.*

X. Testelin – Rapho

est importante, en quantité et en durée, plus les risques sont élevés. De même, commencer à fumer jeune augmente les risques de survenue de cancers plus précoces et qui évoluent plus rapidement.

Depuis quelques années, des études ont montré que les non-fumeurs pouvaient développer des maladies liées à l'exposition à la fumée. Cela est notamment vrai pour l'enfant dont les poumons n'ont pas achevé leur développement et sont donc particulièrement vulnérables. De nombreuses rhinopharyngites, bronchites, ainsi que certains asthmes sont liés à cette exposition passive au tabagisme. D'après certaines études, on estime que, chez un non-fumeur vivant parmi de grands fumeurs, le risque de survenue d'un cancer du poumon est supérieur de 35 % à celui encouru par un non-fumeur qui n'est pas exposé au tabagisme passif.

I. Sinon – Sipa

Fibres d'amiante sortant d'un revêtement endommagé.
L'amiante, fréquemment utilisé dans l'industrie, est responsable de nombreuses maladies pulmonaires (asbestose, épanchement pleural, etc.).

LA MUCOVISCIDOSE

Certaines maladies génétiques ont une incidence sur le risque de survenue de maladies pulmonaires. Ainsi, la mucoviscidose, liée à une anomalie génétique découverte en 1989, est l'une des maladies génétiques les plus fréquentes. Cette maladie transmise de façon héréditaire est caractérisée par une viscosité anormale du mucus que sécrètent les glandes intestinales, pancréatiques et bronchiques. Elle entraîne notamment une dénutrition, une dilatation des bronches, la survenue d'infections répétées et, pour finir, une insuffisance respiratoire sévère, souvent mortelle. Cette maladie, dont les traitements n'agissent que sur les symptômes, est très grave.

L'AMIANTE

L'amiante est un silicate de magnésium extrait de certains sites géologiques. L'intérêt principal de cette fibre est son rôle d'isolant thermique. Pour cette raison, elle a été largement utilisée dans l'industrie du bâtiment, dans l'industrie navale pour le calorifugeage, etc. Son rôle dans la survenue de maladies pulmonaires n'a été reconnu que tardivement, car il faut un très long délai (de 30 à 40 ans) entre l'exposition à l'amiante et l'apparition de ces maladies. Cependant, il est maintenant établi qu'une inhalation intense et prolongée de poussières d'amiante est responsable de l'asbestose, l'une des plus importantes maladies des poumons liées à une activité professionnelle. Elle peut également entraîner l'apparition d'un épaississement de la membrane qui tapisse le thorax et enveloppe les poumons (plèvre), de calcifications du diaphragme, d'une inflammation de la plèvre (épanchement pleural) due à la présence de liquide ou de gaz entre les 2 feuillets la constituant, et d'une tumeur de cette membrane (mésothéliome). Le tabagisme associé à l'exposition à l'amiante augmente de façon considérable le risque de cancer du poumon.

LES AUTRES FACTEURS DE RISQUE

Les facteurs allergiques semblent jouer un rôle dans l'apparition de maladies pulmonaires. Par exemple, dans l'asthme, qui est lié à certaines allergies (aux acariens contenus dans la poussière, aux pollens, aux poils d'animaux, etc.), l'hyperactivité des bronches pourrait être un facteur de risque de développement d'une bronchite chronique. Certaines formes graves d'infections de la petite enfance (coqueluche, rougeole, bronchiolites, etc.) sont susceptibles d'entraîner, à l'âge adulte, des maladies respiratoires telles que l'asthme, les dilatations des bronches ou les bronchites chroniques.

LE TABAC : COMMENT ARRÊTER ?

Il n'existe pas de pilule ni de recette miracle pour arrêter de fumer. Au départ, seule compte une forte motivation, doublée d'une solide volonté.

Ensuite, différentes méthodes peuvent être proposées au fumeur pour l'aider à se libérer de sa dépendance à la nicotine.
L'arrêt du tabac, même après 30 ans de tabagisme, est toujours bénéfique. En règle générale, si le fumeur ne présente aucun trouble lié au tabac, l'arrêt de sa consommation lui permettra d'éviter l'apparition d'une maladie due au tabagisme et, s'il souffre d'une de ces maladies, de limiter sa progression.

Laurent – BSIP

L'ARRÊT DE LA CONSOMMATION

Diminuer progressivement la quantité de cigarettes fumées chaque jour ne semble pas être la solution idéale pour arrêter de fumer. En effet, le nombre de personnes qui y sont parvenues de cette manière est infime.
En revanche, l'arrêt brutal et total accroît considérablement les chances de succès à long terme. Dans la plupart des cas, il est préférable d'arrêter de fumer dans un contexte favorable (absence de problèmes familiaux et professionnels). En effet, l'arrêt du tabagisme entraîne toute une série de troubles liés au manque, observables dès les premières 24 heures : agitation anxieuse, irritabilité, difficulté de concentration, troubles du sommeil, parfois vertiges, maux de tête et grignotage intempestif. Si certaines personnes parviennent à se désintoxiquer sans aucune aide, la majorité ont recours à une aide sous forme de substituts du tabac, d'acupuncture, d'auriculothérapie, etc.

***Pose d'un patch.** Les substituts du tabac permettent de réduire progressivement la quantité de nicotine, ce qui facilite la désaccoutumance.*

LE PROBLÈME DE LA PRISE DE POIDS

Le grignotage fait partie du comportement habituel des personnes en cours de sevrage tabagique et se traduit souvent par une prise de poids de 2 à 3 kg après l'arrêt du tabac. Cette dernière est liée, d'une part, à un phénomène de compensation : la personne a, en effet, tendance à remplacer le plaisir perdu de la cigarette par la nourriture, et, d'autre part, à l'interruption de l'apport de nicotine (celle-ci augmente la vitesse du transit intestinal, limite l'absorption des aliments et par conséquent agit en coupe-faim), qui renforce l'appétit de l'ancien fumeur. La prise de poids peut être évitée grâce à un régime diététique approprié ou à une pratique sportive quotidienne.

LES SUBSTITUTS DU TABAC

Délivrés uniquement sur prescription médicale, les substituts du tabac se présentent sous la forme de timbres transdermiques (patch) ou de gommes à mâcher (chewing-gum), conte-

L'EFFICACITÉ DES TRAITEMENTS

Les substituts du tabac ont un taux de réussite supérieur à 50 %. Les autres techniques n'ayant jamais fait l'objet d'évaluation rigoureuse, il est difficile de les apprécier. Certaines estimations avancent le chiffre de 25 %.
Bien qu'il existe de nombreux cas de reprise du tabac, les tentatives d'arrêt sont l'indice d'une forte motivation et précèdent souvent l'arrêt définitif. On a en effet observé que, généralement, le deuxième essai donne des résultats plus satisfaisants que la première tentative. De plus, les statistiques montrent que, à partir d'un an d'abstinence, les risques de rechute sont très faibles, de 4 à 5 %.

nant de la nicotine à différentes doses. L'objectif de ces médicaments est d'aider le patient à surmonter son désir de fumer en réduisant progressivement la quantité de nicotine délivrée, jusqu'à désaccoutumance complète.
Le dosage du médicament, adapté aux habitudes tabagiques du fumeur, est déterminé par un test de dépendance à la nicotine. Dans tous les cas, les substituts à la nicotine nécessitent l'arrêt total du tabac, car la consommation de cigarettes décuple les effets de la nicotine et risque de provoquer des nausées, des maux de tête et des palpitations. Les patchs sont des pansements à coller sur la peau, de taille proportionnelle au dosage de nicotine. Grâce au dispositif transdermique, la nicotine contenue dans ce patch traverse la peau, gagne le sang et agit sur le système nerveux, permettant ainsi au fumeur de ne pas ressentir les symptômes dus à l'arrêt du tabac. Dans le cas des chewing-gums à la nicotine, celle-ci arrive dans le sang par l'intermédiaire de la salive. La gomme à mâcher est utilisée chaque fois que le besoin de fumer se fait sentir, mais n'est plus efficace après 30 minutes de mastication. Un nombre limité de gommes est prescrit chaque jour pour éviter les surdosages.

LES AUTRES MÉTHODES

Les autres méthodes pour arrêter de fumer sont souvent très utiles, non pas pour supprimer totalement les symptômes de manque, mais surtout pour renforcer la motivation des patients.
L'acupuncture consiste en la pose d'aiguilles pendant 20 à 40 minutes, en des points précis de la surface de la peau correspondant à certains centres de l'organisme. Elle permet de faire disparaître la sensation de besoin en provoquant un certain dégoût de la cigarette. Le traitement s'étale sur 3 semaines, à raison de 1 à 5 séances par semaine.
L'auriculothérapie est un dérivé de l'acupuncture. Son principe repose sur la stimulation de 2 points du pavillon de l'oreille par un fil de Nylon, conservé 3 semaines. Il est conseillé d'y associer d'autres méthodes telles que les substituts du tabac.
Les psychothérapies de groupe consistent en des réunions de fumeurs désirant s'arrêter, en présence de médecins. Le programme se déroule sur 5 soirées au cours desquelles sont exposés les motivations des fumeurs, les informations sur les méfaits du tabac et les conseils d'hygiène alimentaire et sportive.
En conclusion, il est important de souligner qu'un ancien fumeur qui reprend une seule cigarette juste « pour voir », 1 semaine, 1 mois, 1 an ou 10 ans après l'arrêt, peut facilement replonger dans le tabagisme.

LA PRÉVENTION

Compte tenu de la difficulté d'arrêter de fumer, il est essentiel de prévenir la première prise de tabac, qui se produit habituellement, selon des estimations, vers l'âge de 10-12 ans. Les pays qui ont mis en place une politique publique de réduction du tabagisme (Norvège, Grande-Bretagne, France, Canada, Australie) ont obtenu des résultats significatifs (chute de la consommation de tabac puis réduction de la fréquence des maladies liées au tabagisme, notamment du cancer du poumon).
Un tel programme, conduit sur plusieurs dizaines d'années, associe 4 types de mesures : interdiction de toute forme de publicité, directe ou indirecte ; interdiction du tabagisme dans les lieux collectifs clos de façon à protéger les non-fumeurs ; augmentation du prix des cigarettes ; programmes d'information et d'éducation du public.

PRÉVENTION ET DÉPISTAGE DU CANCER

LA PRÉVENTION

Prévenir le cancer consiste à limiter l'exposition aux facteurs de risque et, ainsi, à réduire la fréquence de cette maladie.

Garo – Phanie

Jeune femme au marché. *L'alimentation joue un rôle dans la prévention des cancers. Les légumes riches en vitamine A ou en fibres ont un effet protecteur.*

La prévention du cancer peut être individuelle ou collective, avec la mise en place d'une réglementation et de mesures d'information.

LA PRÉVENTION INDIVIDUELLE

La prévention individuelle repose sur la modification des modes de vie et du comportement, facteurs de risque les plus fréquents. En effet, ces derniers, notamment le tabac, l'alcool et l'alimentation, sont en cause dans plus de 80 % des cancers. Les cancers consécutifs à la pollution ou à une exposition professionnelle sont estimés à 10 % et les cancers liés à des facteurs héréditaires sont très peu nombreux.

Le tabac est responsable de plus de 90 % des cancers bronchopulmonaires, ces maladies étant la première cause de mortalité dans le monde. La prévention consiste simplement à éviter de fumer. Il existe de nombreuses méthodes pour arrêter de fumer. Il ne faut pas hésiter à demander conseil à son médecin. Il n'est jamais trop tard pour arrêter de fumer, chaque cigarette accroissant le risque.

L'alcool n'est pas directement cancérogène, mais, associé au tabac, il multiplie les risques d'apparition des cancers de la bouche, de la gorge et de l'œsophage. La plupart de ceux-ci s'observent, en effet, chez des personnes consommatrices d'alcool et de tabac.

L'alimentation riche en graisses saturées (animales essentiellement : viande et produits laitiers) et en protéines, et pauvre en fibres, multiplie le risque des cancers digestifs (estomac, côlon et rectum) ; elle augmente aussi celui des cancers du sein, de l'utérus et de la prostate. La prévention consiste donc à rééquilibrer l'alimentation en diminuant la consommation de viande et de graisses animales au profit du poisson et des graisses végétales. L'apport de pain, de féculents et de légumes riches en fibres doit être suffisant.

LA PRÉVENTION COLLECTIVE

La prévention collective repose sur la mise en place de mesures réglementaires administratives visant à réduire la pollution atmosphérique. La fréquence des cancers professionnels peut être diminuée par une meilleure protection des travailleurs exposés à l'amiante, aux radiations ionisantes, aux colorants aromatiques, aux poussières des bois exotiques, etc. Ces facteurs de risque professionnels sont en cause dans 2 à 5 % des cancers.

Des campagnes d'information et d'éducation sont menées, notamment auprès des jeunes, concernant les principales recommandations d'hygiène contre le cancer. Dans la prévention du cancer, la lutte contre le tabagisme et l'alcoolisme reste prioritaire. Elle justifie des mesures collectives mais ne saurait remplacer la part de décision individuelle, essentielle dans ce domaine.

LE DÉPISTAGE

Le dépistage du cancer consiste à détecter, par un examen systématique, les états précancéreux avant l'apparition des premiers symptômes pour empêcher le développement de la maladie.

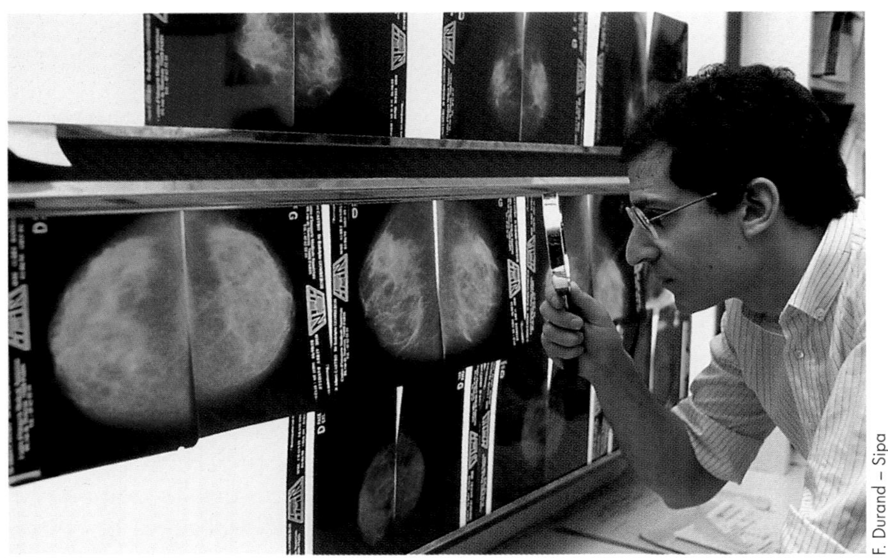

F. Durand – Sipa

Centre de radiologie où un médecin analyse des clichés de mammographie. *Cet examen permet de dépister des cancers du sein à un stade très précoce, accroissant ainsi les chances de guérison.*

Le dépistage a pour objectif de traiter des cancers à un stade précoce, augmentant ainsi le pourcentage de guérison.

LES DIFFÉRENTS TYPES DE DÉPISTAGE

Le dépistage individuel est demandé par le médecin généraliste ou spécialiste. Plus rarement, il est sollicité par la personne elle-même, lorsque celle-ci est atteinte d'une maladie pouvant dégénérer en cancer ou qu'elle fait partie d'une famille dont plusieurs membres ont eu des cancers (cancer du sein ou cancer du côlon, par exemple).

Le dépistage de masse (comme le dépistage du cancer du sein par une mammographie) s'adresse à une population définie de plusieurs milliers d'individus (population exposée à des facteurs de risque particuliers ou non). Ce dépistage nécessite un programme préétabli, un budget et des moyens de réalisation relevant de la santé publique.

LES MOYENS DE DÉPISTAGE

Il existe différents moyens de dépistage adaptés à chaque type de cancer. Ces moyens sont cliniques (auto-examen ou examen médical), radiologiques (mammographie), endoscopiques (coloscopie), anatomopathologiques (frottis cervico-vaginal).

Le cancer du col de l'utérus. Il est dépisté grâce au frottis cervico-vaginal, qui est un examen simple et indolore. À partir des premiers rapports sexuels, on préconise deux examens à 1 an d'intervalle, puis un examen tous les 3 ans, en l'absence d'anomalies, jusqu'à l'âge de 65 ans.

Le cancer du sein. Il est dépisté par une radiographie des seins (mammographie). Celle-ci doit être effectuée tous les 2 ou 3 ans à partir de l'âge de 50 ans, et plus précocement en cas de risque familial. On estime à 30 % la réduction de la mortalité due au cancer du sein grâce à la pratique de ce dépistage précoce.

Le dépistage par la palpation ou l'autopalpation des seins est considéré aujourd'hui comme trop tardif lorsqu'il met une tumeur en évidence.

Le cancer colorectal. Il est dépisté par la recherche de sang dans les selles. En cas de résultat positif, un examen endoscopique est pratiqué pour confirmer ou non la présence d'un cancer ou de lésions précancéreuses (polypes).

Le cancer des poumons. Il peut être dépisté par des clichés radiographiques du thorax, mais ce type de dépistage n'a pas permis d'augmenter les chances de guérison. Par conséquent, la prévention primaire par arrêt du tabagisme est prioritaire.

PRÉVENIR LES MALADIES INFECTIEUSES

La prévention des maladies infectieuses comprend un certain nombre de mesures qui peuvent être individuelles ou collectives.

Les mesures de prévention comprennent la vaccination lorsqu'elle est possible, les règles d'hygiène de vie et la responsabilisation personnelle.

LA VACCINATION

La vaccination est la solution la plus efficace pour lutter contre les maladies infectieuses, car elle offre une protection sûre contre une infection donnée pour un grand nombre d'individus. Dans les pays développés, la vaccination a permis la disparition presque totale de maladies comme la diphtérie, la poliomyélite, la variole ou le tétanos. Dans les pays en voie de développement, le nombre d'enfants qu'elle sauve chaque année est estimé à 1 500 000.

La vaccination repose sur l'administration d'un vaccin, c'est-à-dire d'une préparation d'origine microbienne, introduite dans l'organisme afin de provoquer la formation de protéines qui détruisent le microbe en cause : les anticorps. Un vaccin est préparé à partir d'un microbe auquel on a fait perdre son pouvoir nuisible par des procédés chimiques. Il offre une protection assez rapide (quelques jours après la vaccination), qui dure souvent longtemps (de 5 ans à plus de 20 ans). Plusieurs vaccins, pour continuer à être efficaces, nécessitent des rappels, même à l'âge adulte (voir le tableau page suivante). Pour certaines maladies infectieuses, il n'existe pas encore de vaccins ; dans ce cas, seules des règles d'hygiène de vie permettent de ne pas les contracter.

LES RÈGLES D'HYGIÈNE

L'hygiène alimentaire. De nombreuses maladies infectieuses graves peuvent être évitées si l'on respecte quelques règles simples d'hygiène alimentaire. Dans certains pays, il est préférable de manger de la viande et du poisson bien cuits et de ne boire que de l'eau potable. Il faut protéger les aliments des mouches et bien laver les crudités et les fruits avec de l'eau potable avant de les consommer. Les aliments périssables doivent être conservés au réfrigérateur. Il est indispensable de bien vérifier la fraîcheur des crustacés et de les garder au froid quelques heures seulement.

L'hygiène corporelle. Certaines mesures d'hygiène corporelle doivent être rigoureusement observées : se laver les mains au savon après chaque passage aux toilettes et éviter de toucher les matières fécales et les sécrétions des animaux.

Il faut s'abstenir de se baigner dans les eaux stagnantes et se protéger les pieds et les jambes avec des vêtements et des chaussures appropriés si l'on se promène en forêt ou en zone marécageuse.

Il est recommandé de laver toutes les plaies au savon et de les désinfecter avec un produit antiseptique (alcool). En cas de morsure par un animal inconnu, il est conseillé de consulter un médecin.

La protection contre les maladies sexuellement transmissibles. Les règles d'hygiène de vie concernent également les relations sexuelles. Lorsque l'on est atteint par une maladie sexuellement transmissible (MST), il faut se traiter, en parler à son partenaire afin qu'il puisse aussi suivre un traitement et utiliser un préservatif lors de chaque rapport.

LA RESPONSABILISATION INDIVIDUELLE

La prévention individuelle contre les maladies infectieuses repose sur une « responsabilisation » à deux niveaux.

Lorsque l'on est malade, il faut consulter un médecin qui, lui seul, saura prescrire un traitement approprié et mettre en place les mesures préventives nécessaires en cas de maladie contagieuse.

Quand on est en bonne santé, des bilans ou des dépistages appropriés sont très utiles puisqu'ils permettent de déceler certaines maladies à un stade précoce et, ainsi, d'augmenter les chances de guérison.

CALENDRIER DES VACCINATIONS

Chaque pays a établi un programme de vaccinations obligatoires et facultatives en fonction des impératifs qui lui sont propres. Ces calendriers sont mis en place dès l'enfance. Chez l'adulte, il est nécessaire de remettre à jour les vaccinations obligatoires par des rappels systématiques tous les 10 ans. Si l'on voyage dans un pays à risque, il faut effectuer cette remise à jour ainsi que les vaccinations exigées pour le pays de destination.

CALENDRIER DES VACCINATIONS OBLIGATOIRES OU RECOMMANDÉES

Vaccins	**Belgique**	**Canada**	**France**	**Suisse**
Bacille de Calmette et Guérin (BCG)	En cas de contagiosité familiale et chez les professionnels de la santé.		Dès le 1er mois ou avant 6 ans : avant la mise en crèche ou la scolarisation 11-13 ans : si le test tuberculinique est négatif 16-18 ans : test tuberculinique suivi du BCG en cas de négativité	À la naissance : pour les enfants des familles provenant de zones où la tuberculose est active.
Diphtérie, tétanos, coqueluche, poliomyélite (DTCP) [*]	3 mois : 1re injection 4 mois : 2e injection 5 mois : 3e injection 13-14 mois : rappel Seul le vaccin contre la poliomyélite est obligatoire.	2 mois : 1re injection 4 mois : 2e injection 6 mois : 3e injection 18 mois : rappel 4-6 ans : rappel 10 ans : rappel	2 mois : 1re injection 3 mois : 2e injection 4 mois : 3e injection 15-18 mois : rappel	2 mois : 1re vaccination (injection du DT-Coq, prise orale pour le vaccin antipoliomyélitique) 4 mois : 2e vaccination 6 mois : 3e vaccination
Diphtérie, tétanos, poliomyélite (DTP) (rappels après DTCP)	6 ans : rappel 16 ans : rappel pour le tétanos	14-16 ans : rappel	5-6 ans : 2e rappel 11-13 ans : 3e rappel 16-21 ans : 4e rappel (puis tous les 10 ans)	15-24 mois, 4-7 ans et à la fin de la scolarité : rappels
Grippe		Personnes à risque	À partir de 60 ans : tous les ans	Personnes à risque
Hépatite B	À l'adolescence	10 ans : 1 injection	À partir de 2 mois 3e mois : 2e injection 4e mois : 3e injection	À la naissance : pour les enfants de zones où l'hépatite B est active Personnes à risque
Infections à *Hæmophilus influenzæ* de type B (HIB) [*]	1 an : 1 injection	2 mois : 1re injection 4 mois : 2e injection 6 mois : 3e injection 18 mois : rappel	2 mois : 1re injection 3 mois : 2e injection 4 mois : 3e injection 15-18 mois : 1er rappel	2 mois : 1re injection 4 mois : 2e injection 6 mois : 3e injection 15-24 mois : rappel
Rougeole, oreillons, rubéole (ROR)	18 mois : 1re injection (du vaccin MMR vax) 11-12 ans : 2e injection	12 mois : une injection 18 mois : rappel	12 mois : une injection 11-13 ans : 2e vaccination	15-24 mois : 1re injection 4-7 ans : 2e injection Vaccin conseillé aux adolescents non vaccinés

[*] Le DTCP et le vaccin contre les infections à *Hæmophilus influenzæ* de type B peuvent être associés.

Conseils aux Voyageurs

Les voyageurs qui se rendent dans un pays tropical, ou dans un pays où l'hygiène est déficiente, doivent respecter des mesures de prévention afin de ne pas contracter un certain nombre de maladies infectieuses dont le risque est connu.

Les mesures de prévention consistent, avant tout, à vérifier que les vaccinations obligatoires de son pays sont bien à jour et à faire celles qui sont obligatoires ou fortement recommandées dans les pays de destination. On doit penser à tout cela bien avant le départ. Sur place, la prévention repose sur des règles d'hygiène simples.

A. Picou – Fotogram

***Marché tropical.** Pour éviter de contracter une maladie infectieuse, il ne faut surtout pas consommer les fruits et les légumes déjà coupés proposés sur les marchés.*

AVANT LE DÉPART

Actuellement, en vertu de la réglementation de l'Organisation mondiale de la santé (OMS), seul le vaccin contre la fièvre jaune est obligatoire et exigé pour entrer en Afrique noire et en Amérique latine. Il ne peut être effectué que dans un centre agréé par l'OMS (Institut Pasteur, centres médicaux des compagnies aériennes, certains services hospitaliers de médecine tropicale) et doit figurer sur un carnet international de vaccination. Il faudra le prévoir au moins 10 jours avant le départ car, avant ce délai, il n'est pas encore efficace.

Pour le vaccin contre le choléra, il est conseillé de bien se renseigner avant le départ, le certificat étant parfois exigé dans certains pays de manière imprévisible. Cependant, le vaccin ne protège pas parfaitement et peut provoquer des effets secondaires gênants.

Avant le départ, on doit surtout s'assurer que ses vaccinations sont à jour : rappel ou vaccination contre la poliomyélite, la fièvre typhoïde, le tétanos, la diphtérie et les hépatites A et B. Pour certaines destinations, des vaccinations particulières sont nécessaires (rage, encéphalite virale, etc.).

Le traitement préventif contre le paludisme à *Plasmodium falciparum* (seul paludisme mortel) est indispensable dans toutes les régions intertropicales d'Afrique, d'Amérique du Sud et d'Asie. Il n'existe pas de vaccin, et le traitement se fonde sur la prise de médicaments antipaludéens. Ce traitement doit être commencé avant le départ et poursuivi six semaines après le retour.

LA TROUSSE DE VOYAGE

Les médicaments usuels et le matériel nécessaire à l'hygiène personnelle ne sont pas toujours disponibles sur place. Il est donc utile de se munir d'une trousse de pharmacie qui comportera le minimum indispensable :
– thermomètre, pince à épiler ;
– pansements, lotion antiseptique pour la peau (alcool à 70°) ;
– produits pour stériliser l'eau ;
– produits antimoustiques ;
– médicaments contre le paludisme, contre la diarrhée, contre les nausées, contre la douleur et la fièvre, et médicaments correspondant à un éventuel traitement en cours ;
– préservatifs avec une norme de qualité.

SUR PLACE

Les maladies infectieuses se transmettent par l'absorption d'eau ou d'aliments contaminés, par les piqûres ou morsures d'arthropodes, lors des baignades ou au contact d'eau souillée et, enfin, par contact direct avec une personne contaminée. Ces 4 types de transmission impliquent différentes mesures d'hygiène.

L'hygiène alimentaire consiste à boire exclusivement de l'eau en bouteilles ou des boissons capsulées. L'eau douteuse ou l'eau du robinet doit être désinfectée à l'aide d'antiseptiques ou bouillie pendant au moins vingt minutes.

Il faut également s'abstenir de consommer des glaces artisanales et des glaçons, du beurre cru ou non pasteurisé, des légumes crus, des fruits qui ne s'épluchent pas, des crustacés, de la viande ou des poissons crus ou peu cuits.

SI L'ON EST MALADE SUR PLACE

Il arrive que, malgré les précautions prises, le voyageur contracte une maladie infectieuse sur place. C'est pourquoi, avant le départ, il est recommandé de consulter un médecin qui, en fonction du pays de destination, établira une liste des maladies bénignes susceptibles de survenir et le traitement à suivre. Les médicaments conseillés sont à emporter dans la trousse de voyage. Une visite chez le dentiste peut également être utile.

Si l'on se rend dans un pays où les services de santé sont défectueux, on conseille au voyageur de souscrire une assurance rapatriement auprès d'une société d'assistance (certaines agences de voyages incluent ce type de contrat dans leurs forfaits). Si la personne n'est pas assurée, elle peut essayer de se rendre dans un hôpital militaire, souvent mieux équipé que les hôpitaux locaux.

Toutes ces précautions, en plus de lavages fréquents des mains, permettent de prévenir l'ingestion de bactéries (salmonelles, *Shigella*, vibrions du choléra, etc.) et de parasites (amibes, *Lamblia*, œufs d'ascaride, etc.).

L'hygiène de la peau est capitale en milieu tropical. Il ne faut pas se baigner dans une eau douce, stagnante, de faible courant (marigots, fleuves, lacs, étangs). Il est recommandé de ne pas marcher pieds nus dans la boue ou sur un sol humide ou marécageux et d'utiliser plutôt des bottes en caoutchouc. Il faut éviter de s'allonger à même le sable sur les plages. Ces mesures permettent d'éviter les maladies qui se transmettent par pénétration à travers la peau (de vers parasites, par exemple).

Il est également utile de se protéger des piqûres d'insectes et des morsures de tiques, en portant des vêtements couvrants et en utilisant des diffuseurs électriques d'insecticide, une crème ou une lotion insecticide et une moustiquaire la nuit.

Enfin, l'hygiène personnelle concerne aussi les relations sexuelles. Pour éviter de contracter des maladies sexuellement transmissibles (MST), il est conseillé de limiter le nombre de ses partenaires et d'utiliser systématiquement un préservatif lors de chaque rapport sexuel.

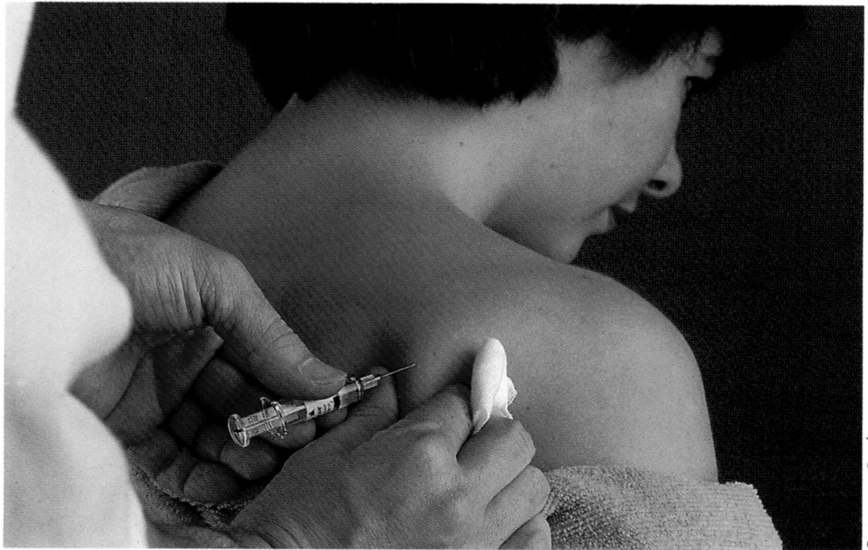

Goivaux – Rapho

***Personne se faisant vacciner.** Avant de partir en voyage, il faut mettre à jour les vaccinations obligatoires de son pays et pratiquer celles conseillées ou exigées dans le pays de destination.*

BIEN VIVRE, BIEN VIEILLIR

Conserver des activités intellectuelles et physiques, respecter une bonne hygiène de vie et s'astreindre à un suivi médical régulier sont les principales mesures qui permettent de préserver sa santé et de vieillir dans les meilleures conditions.

B. Erlanson – Image Bank

Couple de personnes âgées faisant ses courses en flânant. *Le fait de continuer à mener des activités agréables permet de vieillir dans les meilleures conditions.*

Les processus de vieillissement sont inscrits dans nos gènes. Il s'agit d'un phénomène naturel, qui répond à une loi biologique fondamentale et débute au moment même de notre naissance.

LE MÉDECIN DE FAMILLE

Le médecin de famille est le mieux placé pour surveiller votre santé : il vous connaît et peut contrôler régulièrement certains paramètres comme votre poids ou votre tension artérielle. Il peut également vous prescrire, lorsque cela est nécessaire, un bilan biologique. Il peut, par ailleurs, vous conseiller sur le meilleur régime alimentaire à adopter, sur le choix d'un sport ou encore, pour les femmes, sur les possibilités de suivre un traitement hormonal substitutif pour prévenir l'ostéoporose. Votre médecin de famille est le seul à avoir une vision globale de votre santé.

L'espèce humaine semble programmée pour vivre environ 120 ans. En pratique, la frontière entre l'âge adulte et la vieillesse est franchie au cours de la soixantaine. Mais il existe de nombreuses variations selon les individus, déterminées par des facteurs génétiques et influencées par d'autres facteurs, comme l'hygiène de vie. Par exemple, les chances, pour une personne, d'atteindre un âge avancé sont beaucoup plus élevées lorsque ses propres parents et grands-parents sont eux-mêmes décédés très âgés. Malgré ces disparités, l'espérance de vie augmente, grâce surtout aux progrès de la médecine et à l'amélioration des conditions de vie.

VIVRE PLUS LONGTEMPS

Entre l'espérance de vie actuelle dans les pays développés (82 ans pour les femmes et 74 ans pour les hommes) et la longévité potentielle de l'être humain (120 ans), il existe quelques dizaines d'années de vie à gagner. D'autant plus que la théorie du déclin inéluctable des grandes fonctions de l'organisme dû à l'âge (débit cardiaque, fonctionnement cérébral...) est actuellement remise en cause. Certaines études révèlent en effet qu'il n'y a pas toujours baisse des performances avec l'âge pour un organe donné. Des travaux américains ont notamment montré que le débit cardiaque de personnes âgées ne souffrant pas de maladies cardiaques n'est pas plus faible que celui d'adultes jeunes. Il semblerait donc que la baisse des performances physiques constatée chez les personnes âgés ne soit pas uniquement liée au vieillissement naturel, mais aussi aux maladies qui l'accompagnent.

QU'EST-CE QUE LE VIEILLISSEMENT ?

Le vieillissement physique concerne toutes les structures de notre corps (molécules, cellules, tissus et organes spécialisés). Si la science constate facilement le vieillissement physique, en revanche elle n'explique pas encore tous les mécanismes de ce vieillissement biologique ni ses conséquences.

La vieillesse est marquée par l'apparition, avec une fréquence accrue, de maladies graves telles que l'artériosclérose, les cancers ou encore les maladies dégénératives. Elle s'accompagne de la détérioration de certaines fonctions : l'œil perd son pouvoir d'accommodation (presbytie), la perception des sons aigus s'émousse (surdité ou presbyacousie).

En fait, le vieillissement entraîne surtout une diminution des capacités d'adaptation de l'organisme. Par exemple, une pneumonie peut plus facilement entraîner une insuffisance cardiaque chez une personne âgée que chez un adulte jeune.

Le vieillissement a également des conséquences sur le psychisme. Entre 50 et 60 ans, un certain nombre de changements importants surviennent dans la vie des individus : le départ des enfants et la retraite bouleversent souvent l'environnement familial et professionnel. Les modifications corporelles (rides, ménopause, etc.) affectent particulièrement les femmes.

LUTTER CONTRE LE VIEILLISSEMENT

S'il est naturel de vieillir, il est légitime de chercher à « bien vieillir ». La prévention du vieillissement doit commencer le plus tôt possible. Il est scientifiquement prouvé qu'en écartant certains facteurs de risque on retarde les effets du vieillissement. Il s'agit essentiellement de se protéger du stress, de limiter sa consommation d'alcool et de tabac, d'éviter les expositions excessives au soleil.

Il est probable, bien qu'aucune preuve scientifique n'ait pu en être apportée, qu'une alimentation pauvre en graisses, en sucres rapides et riche en protéines soit bénéfique pour maintenir l'organisme en forme, de même qu'une consommation raisonnable d'oligoéléments et de vitamines.

Dans tous les cas, que ce soit pour l'homme ou pour la femme, il est conseillé de pratiquer régulièrement une activité physique modérée, de poursuivre une activité intellectuelle constante et de conserver un intérêt pour le monde extérieur (activités culturelles, lecture de journaux, etc.). Grâce à un suivi médical régulier, il est possible de dépister plus tôt, donc de traiter plus efficacement, de multiples maladies et d'en éviter un grand nombre.

LE TRAITEMENT HORMONAL DE SUBSTITUTION

À la ménopause, la femme peut choisir de suivre, en l'absence de contre-indications, un traitement hormonal substitutif. Celui-ci agit à différents niveaux. Il retarde le vieillissement osseux (ostéoporose) qui s'accentue lors de l'interruption des sécrétions hormonales des ovaires. Il permet également d'éviter que la peau, les ongles et les cheveux ne perdent de leur qualité. Enfin, le traitement empêche l'atrophie vaginale, souvent responsable d'une baisse de l'activité sexuelle. Tous ces éléments bénéfiques sur le plan physique le sont aussi sur le plan psychologique.

LE COUPLE ET L'ENFANT

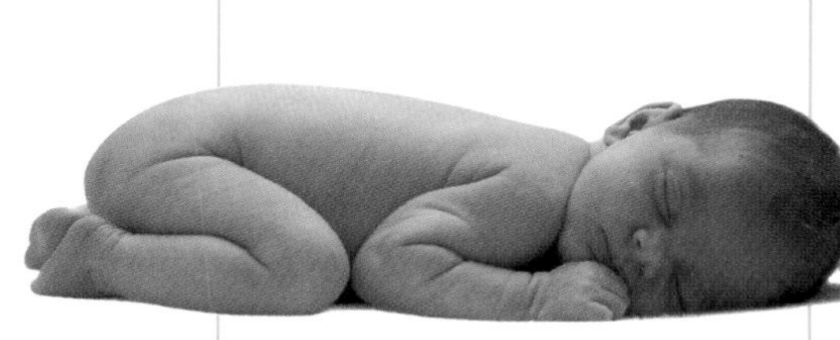

Le Rapport Sexuel

Le rapport sexuel, ou coït, est généralement la conclusion du désir croissant et réciproque ressenti par chaque partenaire d'un couple. C'est un moment important dans toute relation amoureuse, et l'un des grands plaisirs de la vie.

Comme chez tous les mammifères, l'accouplement entre hommes et femmes est l'aboutissement d'un puissant instinct. Mais, chez les êtres humains, l'acte amoureux n'est pas circonscrit à certaines périodes de l'année ni exclusivement destiné à assurer la reproduction : la recherche du plaisir sexuel et de son point culminant, l'orgasme, les conduit à avoir un nombre de rapports sexuels bien supérieur aux nécessités de conservation de l'espèce. Ces relations privilégiées constituent l'un des ciments fondamentaux du couple.

UN RAPPORT SEXUEL SATISFAISANT

Pour que l'acte sexuel soit pleinement satisfaisant, certaines conditions de lieu et de temps doivent être remplies. L'intimité est un des préalables les plus indispensables ; de tout temps, et dans de nombreuses sociétés, les êtres humains ont aménagé un lieu où le couple peut se livrer en toute tranquillité à l'acte sexuel. La disponibilité physique et mentale des partenaires est aussi très importante. C'est pourquoi la plupart des accouplements se déroulent dans les moments qui préparent ou suivent le

D. Durfee - Fotogram Stone

Le plaisir à deux. *Entretenir des relations affectives et sexuelles satisfaisantes contribue à l'équilibre du couple et à l'épanouissement physique et psychique de chacun.*

LA DURÉE DU RAPPORT SEXUEL

En matière de rapport sexuel, il n'existe aucune norme établissant une durée minimale pour assurer la satisfaction de chacun des partenaires. Un rapport sexuel pleinement satisfaisant dure en moyenne une douzaine de minutes, mais nombreux sont les hommes et les femmes à se satisfaire de rapports plus brefs, ou au contraire à avoir besoin pour atteindre l'orgasme de rapports plus longs.

L'ORGASME

L'orgasme est le point culminant du plaisir sexuel. Chez l'homme, il accompagne l'éjaculation, les sensations résidant surtout dans le pénis mais pouvant s'étendre à tout le petit bassin. Chez la femme, il consiste en une contraction rythmée du vagin, des muscles du périnée, du sphincter de l'anus et de l'utérus, la sensation de plaisir irradiant des organes génitaux au reste du pelvis.
Contrairement aux hommes, les femmes ont la capacité d'éprouver plusieurs orgasmes successifs.

repos nocturne. Enfin, l'acquiescement bilatéral et symétrique des partenaires du couple est indispensable.

LES PRÉLIMINAIRES

Ce sont des stimulations (enlacements, baisers, caresses manuelles ou buccales, etc.) précédant l'acte sexuel et pratiquées mutuellement par les deux partenaires. Ces jeux sexuels sont indispensables, leur rôle étant de mettre en condition de réceptivité les organes génitaux. Ils commencent généralement par des caresses exercées sur les régions du corps éloignées du sexe, puis passent à des zones plus sensibles (seins, mamelons, cuisses, fesses, etc.) pour s'achever par la stimulation directe des zones génitales (scrotum, pénis, vulve, clitoris, entrée du vagin). Les premières manifestations spontanées de l'excitation sexuelle (l'érection chez l'homme, la lubrification vaginale chez la femme) apparaissent normalement dès les premiers contacts ; elles s'accompagnent d'autres réactions physiologiques qui croissent à mesure de l'excitation : dilatation du vagin, léger gonflement du clitoris, augmentation de volume des seins et durcissement des mamelons chez la femme ; déplacement des testicules vers le haut, diminution de volume du scrotum chez l'homme ; accélération de la fréquence cardiaque et de la respiration chez les deux sexes.

LE RAPPORT SEXUEL

Le rapport sexuel est possible après obtention d'une érection et d'une lubrification vaginale satisfaisante. Il débute par l'introduction par l'homme de son pénis en érection dans le vagin de sa partenaire, et se poursuit avec les mouvements coïtaux. Ceux-ci consistent en avancées et reculs alternés, effectués par l'homme et par sa partenaire ; ces mouvements de va-et-vient, modulables dans leur périodicité et leur durée, assurent la stimulation réciproque des zones érogènes (gland de la verge et canal vaginal) et s'intensifient jusqu'à l'éjaculation et à l'orgasme, qui survient simultanément ou non chez les deux partenaires ; les femmes étant en règle générale plus longues que les hommes à parvenir à l'orgasme, il est souhaitable que les hommes apprennent à maîtriser leur réflexe éjaculatoire afin de ne pas « frustrer » leur partenaire.

LA DÉTENTE POSTCOÏTALE

À l'orgasme succède une période d'apaisement euphorisante, pendant laquelle le corps retrouve son état initial : le cœur et la respiration reprennent une fréquence normale, les muscles se relâchent, le pénis retrouve sa taille initiale et redevient flaccide, etc. Cette période dure environ une dizaine de minutes. Chez l'homme, l'acte sexuel est suivi d'une période, dite « réfractaire », pendant laquelle une nouvelle érection est impossible. Cette période tend à croître avec l'âge (de quelques minutes chez un très jeune homme à plusieurs heures, voire plusieurs jours chez un homme âgé) ; elle est plus courte chez la femme.

LES DIFFÉRENTES POSITIONS

L'acte sexuel peut se dérouler dans différentes positions : couchée, assise ou debout. Parmi les plus courantes : l'homme et la femme allongés face à face, l'un sur l'autre ; la femme assise sur l'homme ; la femme dos à son partenaire (la pénétration vaginale s'effectue par-derrière) ; les partenaires allongés sur un côté, etc. Il est souhaitable que le choix de telle position ou l'expérimentation de telle autre puissent être exprimés sans fausse honte par l'un ou l'autre partenaire, ce qui permettra à chacun de découvrir laquelle lui procure le plus de plaisir et de renouveler les jeux amoureux.

L'ORGASME FÉMININ

Les femmes peuvent parvenir au point culminant du plaisir sexuel, l'orgasme, par stimulation de deux régions distinctes du corps, appelées zones érogènes primaires, qui sont le clitoris et le vagin.

S. May - Fotogram Stone

Le plaisir au féminin. *Pour parvenir à l'orgasme, l'instant le plus intense de l'acte sexuel, la femme doit être parvenue à un seuil suffisant d'excitation.*

LES BIENFAITS DE L'ORGASME

Le coït et l'orgasme peuvent à plus d'un titre être considérés comme le « médicament des gens bien portants ». En effet, lors du coït, les muscles travaillent, les articulations s'assouplissent, les bronches se libèrent, et les artères dilatées irriguent abondamment le muscle cardiaque et le cerveau. Au moment de l'orgasme, l'hypothalamus sécrète une substance appelée bêta-endorphine, qui exerce une action d'apaisement euphorique. Enfin, le coït est suivi d'une détente musculaire qui est très bénéfique.

Contrairement aux hommes, dont une seule zone du corps, le gland de la verge, est susceptible de leur procurer un orgasme, les femmes en possèdent deux : ce sont le clitoris et le vagin. Ces deux régions procurent un plaisir différent, une femme pouvant aboutir à l'orgasme – une fois parvenue à un seuil suffisant d'excitation – par stimulation de l'une ou l'autre, au cours d'un même rapport sexuel ou non.
Toutefois, ce qui les différencie encore des hommes, les femmes n'aboutissent pas systématiquement à l'orgasme lors du coït. Certaines n'éprouvent que rarement, voire jamais, d'orgasme vaginal.

L'ÉVEIL DE L'ORGASME VAGINAL

Les femmes ressentent rarement d'emblée, dès les premiers rapports sexuels, l'orgasme vaginal. Les premiers coïts ne procurent souvent que le plaisir musculaire de l'accouplement, le plaisir franchement érogène du vagin ne survenant généralement qu'au bout de quelques mois de rapports sexuels réguliers, entrepris avec des partenaires attentifs et patients.
Lorsque les rapports sont épisodiques, ou lorsque les partenaires sont trop pressés, la femme peut mettre plusieurs années avant d'éprouver des orgasmes vaginaux, voire ne jamais en ressentir.

L'ORGASME CLITORIDIEN

Il est l'aboutissement de la stimulation ininterrompue du clitoris, pendant plusieurs minutes, et peut ou non constituer le prélude à la pénétration. La stimulation du clitoris peut être soit manuelle, entreprise par le partenaire ou par la femme elle-même (masturbation), soit buccale (cunnilingus). Elle aboutit à un plaisir ressenti dans la zone génitale, dont le point culminant est un orgasme qui dure de 5 à 10 secondes, et qui se traduit par une série de contractions des muscles releveurs de l'anus (qui encerclent le bas du vagin). Cet orgasme est suivi d'une phase, dite réfractaire, pendant laquelle toute nouvelle stimulation est inefficace. Toutefois, chez la femme, cette phase peut être de très courte durée : certaines femmes peuvent rechercher une nouvelle stimulation du clitoris quelques minutes après un premier orgasme clitoridien.

LA RECHERCHE DU POINT G

Le point G (ainsi nommé à partir de l'initiale du gynécologue allemand Ernest Gräfenberg, qui fut le premier à en révéler l'existence) est une zone située sur la face supérieure du vagin, au-dessous de la base de la vessie, dotée d'une capacité particulièrement importante à procurer l'orgasme. C'est pourquoi il est conseillé aux femmes ayant entrepris de (re)découvrir l'orgasme vaginal d'apprendre à le localiser et à le stimuler par toucher digital.

L'ORGASME VAGINAL

Le vagin est susceptible de dispenser plusieurs types de plaisir sexuel, qui contribuent tous à l'orgasme : un plaisir de surface, procuré par la stimulation de la paroi du vagin et particulièrement de sa zone la plus sensible, appelée point G (zone située à la face antérieure du vagin, quelques centimètres au-dessus de son orifice) ; un plaisir de réplétion, lié à la pression de la verge le long des bords des muscles releveurs de l'anus ; enfin, un plaisir de percussion, ressenti au fond du vagin, à l'endroit où le gland de la verge bute lors du coït.
L'orgasme vaginal survient après un nombre suffisant de mouvements de va-et-vient lors du coït. Il peut durer jusqu'à plusieurs minutes et se traduit par une intense sensation de plaisir qui naît dans les organes génitaux, s'étend à tout le bas-ventre et au reste du petit bassin. Le plaisir de l'orgasme est ressenti par ondes correspondant à une contraction rythmée du vagin, des muscles du petit bassin, du sphincter de l'anus et de l'utérus. Les femmes sont susceptibles d'éprouver plusieurs orgasmes vaginaux à la suite dans certains cas de grande exaltation sensuelle et émotionnelle.
Après l'orgasme vaginal, le retour à l'état habituel des organes génitaux est plus long que chez l'homme (jusqu'à 30 minutes).

J. M. Truchet - Fotogram Stone

***Art et plaisir.** Le plaisir sexuel féminin et les moyens d'y parvenir ont fait l'objet de nombreuses représentations. Ici, une fresque érotique indienne.*

L'ORGASME MASCULIN

Chez l'homme, l'orgasme, point culminant du plaisir sexuel, découle de la stimulation de la verge en érection. Il est le plus souvent indissociable de l'émission de sperme, ou éjaculation.

C. Guillaumin - Fotogram Stone

Le coït et l'orgasme chez l'homme. *Chez l'homme, le rapport sexuel se conclut presque toujours par un orgasme accompagné d'éjaculation.*

Chez l'homme, l'orgasme survient par stimulation de la verge en érection (durcissement et gonflement de la verge découlant d'un afflux de sang dans les corps caverneux) et se conclut le plus souvent par une émission de sperme (éjaculation). Cette stimulation survient lors des mouvements de va-et-vient du coït, de caresses manuelles (entreprises par la partenaire ou lors de la masturbation) ou buccales (fellation).

Toutefois, certains hommes peuvent ressentir un orgasme sans éjaculer dans des situations précises : lors de la masturbation pendant l'enfance et l'adolescence, et chez les patients ayant subi une intervention chirurgicale touchant l'appareil génital, telle que l'ablation d'un adénome de la prostate ; l'orgasme s'accompagne alors d'une éjaculation vers la vessie (dite éjaculation rétrograde).

UN HOMME PEUT-IL RETARDER L'ORGASME ?

Un homme peut normalement exercer un certain contrôle de ses sensations érogènes et retarder le moment de l'orgasme et de l'éjaculation par l'intermédiaire de fibres nerveuses reliant le cortex et le thalamus. Cette capacité de contrôle, propre à la race humaine, permet à l'homme de prolonger le coït jusqu'à ce que sa partenaire parvienne elle aussi à l'orgasme. Toutefois, cette retenue a une durée limitée. Trop prolongée, elle entraîne des gonflements et des crispations désagréables. En outre, passé un certain stade de stimulation, le contrôle devient impossible : l'homme éprouve une sensation d'imminence orgasmique, obligatoirement suivie par l'éjaculation dans les quelques secondes qui suivent.

L'ORGASME

L'orgasme masculin est un acte réflexe contrôlé par deux régions du cerveau, le lobe limbique et l'hypothalamus. Il survient au bout de quelques minutes de stimulation du pénis et consiste en une sensation intense de jouissance associée à un relâchement de la tension. La jouissance est surtout ressentie au niveau du gland de la verge et de l'urètre, mais

L'ORGASME SIMULTANÉ

L'orgasme simultané, c'est-à-dire ressenti en même temps par les deux partenaires lors du coït, ne constitue en rien une condition indispensable à l'assouvissement sexuel ; l'important est que les partenaires parviennent tous les deux à l'orgasme.
Néanmoins, les couples ayant une bonne connaissance l'un de l'autre peuvent parvenir à l'orgasme pratiquement au même moment. Cela n'est possible que si la femme a la capacité de ressentir des orgasmes vaginaux, et l'homme, celle de contrôler suffisamment ses sensations érogènes, de façon à retarder l'éjaculation au moment où sa partenaire est sur le point de parvenir au point culminant de la jouissance sexuelle.

peut s'étendre à tout le bas-ventre, et même au reste du corps. L'orgasme est immédiatement suivi de l'émission de sperme (éjaculation).

L'ÉJACULATION

C'est l'émission de sperme par l'orifice situé à l'extrémité de la verge, le méat. L'éjaculation est, comme l'orgasme, un acte réflexe contrôlé par le cerveau. Elle est préparée par la mise en tension des voies spermatiques et survient sous forme de 4 ou 5 giclées (éjaculat) de moins en moins abondantes, scandées par les contractions des muscles du périnée, tandis que le plaisir ressenti décroît rapidement. Même si l'éjaculation est un acte réflexe, la plupart des hommes parviennent à la retarder consciemment afin de prolonger leur plaisir sexuel ainsi que celui de leur partenaire.

Deux phases. L'éjaculation comprend 2 phases : une phase d'émission, puis l'éjaculation proprement dite. Lors de la phase d'émission (qui dure 1 à 2 secondes, environ), les sécrétions des vésicules séminales et de la prostate se mélangent aux spermatozoïdes stockés dans les ampoules des canaux déférents pour constituer le sperme, et sont évacuées dans l'urètre par des contractions musculaires. Pendant cette première phase, les 2 sphincters de la vessie restent fermés, ce qui empêche le sperme de refluer vers cet organe.
Immédiatement après la phase d'émission vient la deuxième phase, l'éjaculation proprement dite au cours de laquelle le sperme est expulsé à l'extérieur du corps par des contractions musculaires des voies spermatiques, tandis que le sphincter strié, qui permet l'émission de sperme, s'ouvre.

Selva

Les préliminaires, ou l'art de retarder l'orgasme masculin.
Les caresses mutuelles avant le rapport sexuel sont importantes car elles permettent à l'homme de retarder son plaisir tout en stimulant l'excitation de sa compagne.

LA DÉTENTE

L'orgasme et l'éjaculation sont rapidement suivis de la détumescence de la verge, qui reprend ses proportions et sa flaccidité habituelles. Les testicules dégonflent et regagnent le fond des bourses. Les sphincters de la vessie et du rectum se relâchent, ce qui permet d'uriner. Il s'instaure une phase, dite réfractaire, pendant laquelle toute nouvelle stimulation de la verge est inefficace. La durée de la période réfractaire est variable en fonction des individus et, surtout, de l'âge.

LE CYCLE MENSTRUEL

La vie génitale de la femme est rythmée par les cycles ovariens et par les règles, qui se produisent en moyenne tous les 28 jours sous la forme d'un écoulement de sang.

Le cycle menstruel est la période au cours de laquelle ont lieu un certain nombre de phénomènes physiologiques et hormonaux, rendant possibles la libération d'un ovule par l'ovaire (ovulation), la fécondation et la nidation de l'embryon dans l'utérus. S'il n'y a pas fécondation, les règles se déclenchent et un nouveau cycle est entamé. Les cycles menstruels se succèdent de la puberté à la ménopause. Ils ne sont naturellement interrompus que par les périodes de grossesse et peuvent être artificiellement suspendus par une contraception hormonale (pilule). Le cycle menstruel dure en moyenne 28 jours, mais peut être plus long ou plus court selon les femmes et selon les mois. Par convention, il débute le premier jour des règles et s'achève au premier jour des règles suivantes. On divise habituellement le cycle menstruel en plusieurs phases, se chevauchant: les règles, ou menstruations (jours 1 à 5); la phase folliculaire (jours 1 à 14); l'ovulation (jour 14); la phase lutéale (jours 14 à 28).

LE CYCLE MENSTRUEL

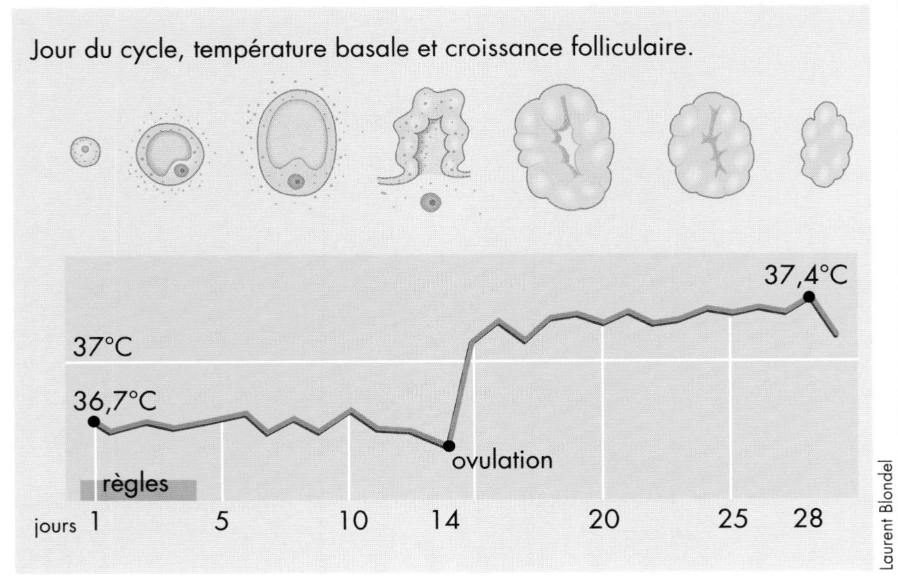

LES RÈGLES

Le phénomène des règles (ou menstruations) obéit à la sécrétion cyclique d'hormones (œstrogènes, puis progestérone), dont l'objectif est de développer la muqueuse utérine pour la préparer à l'éventuelle nidation d'un œuf. Si la fécondation n'a pas lieu, le taux de progestérone chute et la couche superficielle de la muqueuse utérine gorgée de sang est éliminée : du sang et des fragments de tissu se détachent et se répandent dans le vagin, déclenchant les règles.
La durée du saignement varie entre 2 et 6 jours, avec une moyenne de 3 à 4 jours. La quantité de sang perdu est faible le premier jour, maximale le deuxième et va en diminuant, pour se tarir le quatrième jour. La quantité totale

PÉRIODE DE FÉCONDITÉ

La période de fécondité de la femme commence deux jours avant l'ovulation, les spermatozoïdes pouvant survivre 48 heures dans les voies génitales, et elle cesse deux à trois jours après, l'ovule restant vivant pendant ce laps de temps.
Si l'ovulation se produit le 15e jour du cycle menstruel, la période de fécondité s'étend approximativement du 13e au 18e jour du cycle.

de sang perdu peut aller de 20 à 70 millilitres. Débutant à la puberté (entre 13 et 15 ans), les règles cessent à la ménopause (à 52 ans, en moyenne).

LA PHASE FOLLICULAIRE

Elle dure environ 14 jours et débute le premier jour des règles pour s'achever après l'ovulation (théoriquement, le 14e jour). L'hypophyse sécrète des hormones (dont l'hormone folliculostimulante, ou FSH) qui sont acheminées par le sang jusqu'aux ovaires, provoquant la maturation de plusieurs follicules ovariens (cavité de l'ovaire dans laquelle se développe un ovule). Les follicules ovariens sécrètent des œstrogènes, responsables d'un épaississement de la muqueuse interne de l'utérus (endomètre), afin de préparer l'utérus à recevoir l'œuf fécondé, et d'une sécrétion abondante de glaire cervicale, destinée à faciliter l'ascension des spermatozoïdes.

QUAND CONSULTER SON GYNÉCOLOGUE ?

Les troubles menstruels peuvent être liés à la nature spécifique des règles de chaque femme. Mais ils peuvent aussi être les signes d'une maladie et imposent, de ce fait, une consultation médicale. Il peut s'agir d'un flux menstruel abondant et long (plus de 7 jours), d'une irrégularité du cycle ou d'un espacement anormal entre deux menstruations (moins de 21 jours ou plus de 60 jours), de pertes de sang en dehors de la période des règles, de douleurs en dehors du début des règles.

L'OVULATION

Un seul follicule parvient à maturité. La hausse du taux d'œstrogènes dans le sang stimule l'hypophyse, qui sécrète alors une grande quantité d'hormone lutéinisante (LH), provoquant l'éclatement de ce follicule ; celui-ci saille à la surface de l'ovaire, se distend, puis se rompt, libérant l'ovule (cellule femelle de la reproduction) qu'il contient : c'est l'ovulation, qui survient en principe le 14e jour du cycle. L'ovule tombe tout près du pavillon de la trompe utérine (trompe de Fallope), où il est happé par les franges tubaires. Commence alors le cheminement de l'ovule dans la trompe utérine vers l'utérus. Tout est prêt pour que, rencontrant des spermatozoïdes sur sa route, l'ovule soit fécondé.

LA PHASE LUTÉALE

Elle débute en milieu de cycle, vers le 14e jour, au moment de l'ovulation.

Le follicule mature, qui s'est rompu pour libérer un ovule, dégénère et se transforme en corps jaune. Celui-ci est constitué de cellules jaunes qui sécrètent une hormone sexuelle féminine, la progestérone. Cette dernière augmente la température corporelle, rend la glaire cervicale impropre à l'ascension de spermatozoïdes et contribue à préparer la muqueuse utérine (endomètre) à une nidation éventuelle de l'œuf. Si l'ovule n'est pas fécondé, le corps jaune se flétrit rapidement et dégénère ; le taux de progestérone chute alors, entraînant une desquamation de la muqueuse utérine qui s'évacue par les règles. Un autre cycle peut recommencer, qui va préparer à nouveau le corps de la femme à l'accueil d'un œuf.

En revanche, si l'ovule est fécondé, le corps jaune persiste durant les deux ou trois premiers mois de la grossesse, sous l'effet d'une hormone sécrétée par la couche périphérique de l'œuf (trophoblaste). Cela parce que la sécrétion de progestérone est indispensable à l'implantation de l'œuf dans l'utérus. Quand le trophoblaste, futur placenta, est enfin capable de sécréter lui-même la progestérone nécessaire à la survie de l'embryon, le corps jaune régresse et disparaît.

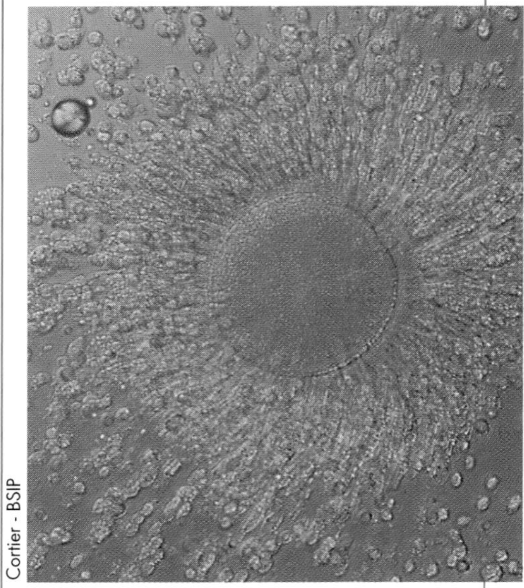

Cortier - BSIP

Ovule. *Au centre, on voit l'ovule juste après l'ovulation, entouré d'un amas de cellules.*

LES TROUBLES DES RÈGLES

AMÉNORRHÉE ET DYSMÉNORRHÉE

Les troubles des règles sont fréquents chez la femme. Même s'ils sont généralement bénins, ils doivent faire l'objet d'une consultation, car ils peuvent être gênants ou traduire la présence d'une affection génitale.

Laurent/Garance - BSIP

Chez les adolescentes. *Les premiers cycles menstruels peuvent être irréguliers. Il faut souvent attendre l'âge de 16-17 ans avant qu'ils ne se stabilisent.*

LES PREMIÈRES RÈGLES

L'apparition des premières règles (ou ménarche) signifie que la jeune fille a atteint sa maturité sexuelle. Elle intervient entre 11 et 14 ans, parfois plus tôt ou plus tard. Les règles peuvent être irrégulières (il arrive qu'elles s'interrompent plusieurs mois avant de reprendre), sans que cela soit inquiétant ; elles se stabilisent vers l'âge de 16 ou 17 ans. Les quelques jours qui précèdent le début des règles s'accompagnent parfois de douleurs (dysménorrhée), qui disparaissent souvent avec l'âge. Il est important d'expliquer aux adolescentes ce que sont les règles, afin d'éviter qu'elles ne soient déroutées au moment de leur venue, et pour prévenir tout risque de grossesse.

La régularité des règles (ou menstruation) dépend de mécanismes complexes, dont le développement d'une muqueuse utérine (endomètre) saine et la sécrétion cyclique et régulière des 2 hormones sexuelles femelles, les œstrogènes et la progestérone. Cet équilibre délicat est si aisément rompu que les troubles des règles sont parmi les affections le plus fréquemment observées chez la femme. Deux types de troubles sont particulièrement fréquents : la dysménorrhée, qui se caractérise par des règles douloureuses, et l'aménorrhée, qui est l'absence de règles.

RÈGLES DOULOUREUSES

Les règles douloureuses (ou dysménorrhée) concernent 30 à 50 % des femmes en période d'activité génitale et gênent de façon notable environ 10 % d'entre elles. Elles peuvent apparaître dès le début de la vie génitale (dysménorrhée primaire) ou plus tard (dysménorrhée secondaire).

Les causes. La dysménorrhée semble due à une anomalie de la contraction de l'utérus, qui aurait plusieurs explications : troubles de la vascularisation de l'utérus, excès de prostaglandines (substances intervenant dans le mécanisme d'inflammation et dans les contractions utérines de l'accouchement), et encore troubles hormonaux ou psychologiques. Une dysménorrhée primaire (qui se manifeste peu de temps après les

LE RETOUR DE COUCHES

Il s'agit de la survenue des premières règles après l'accouchement. Le retour de couches a généralement lieu dans un délai de 1 à 2 mois chez les femmes n'allaitant pas (ce délai est plus long chez celles qui allaitent). L'abondance des pertes est parfois supérieure à celle des règles habituelles. En outre, il se produit souvent, autour du 12e jour après l'accouchement, un saignement plus léger, appelé petit retour de couches.
Un cycle ovulatoire peut précéder le retour de couches, même en cas d'allaitement. Ainsi, l'ovulation se produit parfois dès le 25e jour après l'accouchement. C'est pourquoi il est nécessaire de prendre des précautions contraceptives définies par le médecin. La non-survenue du retour de couches après 4 ou 5 mois doit faire évoquer une nouvelle grossesse.

premières règles) peut être causée par une anomalie de forme ou de position de l'utérus ou par un obstacle à l'écoulement du sang. Une dysménorrhée secondaire (d'apparition tardive) est généralement consécutive à un autre trouble, tel qu'une infection génitale chronique, une endométriose, une maladie de 1 ou des 2 ovaires, un rétrécissement du canal cervical (bas de l'utérus).

Les symptômes. La dysménorrhée est caractérisée par des douleurs s'apparentant à des crampes ou par une sensation pénible dans le petit bassin, qui peut survenir par vagues. La patiente ressent souvent une pesanteur lombaire et, parfois, éprouve des nausées et vomit. La douleur peut débuter avant les règles, persister tout au long ou ne se manifester que dans la seconde moitié des règles.

Le traitement. La douleur peut céder à l'administration d'antispasmodiques, d'analgésiques, de médicaments œstroprogestatifs et d'antiprostaglandines. Cependant, seuls la recherche et le traitement de la cause permettent de faire disparaître une dysménorrhée.

L'ABSENCE DE RÈGLES

L'absence d'apparition des règles chez une jeune fille ayant atteint 16 ans est appelée aménorrhée primaire. L'arrêt des règles, temporaire ou permanent, chez une femme auparavant réglée est l'aménorrhée secondaire.

L'aménorrhée primaire. La principale cause de ce type d'aménorrhée est le retard de la puberté. Ce retard peut être naturel ou, rarement, résulter d'un dérèglement hormonal. L'aménorrhée peut ainsi être due à une tumeur de l'hypophyse (une glande reliée au cerveau et sécrétant des hormones) ou à d'autres troubles hormonaux (insuffisance de la glande thyroïde, tumeur d'une glande surrénale...). Le syndrome de Turner, caractérisé par l'absence d'un chromosome sexuel féminin, peut être à l'origine d'une aménorrhée primaire, de même que l'absence congénitale de vagin ou d'utérus ou l'imperforation de l'hymen empêchant l'évacuation du sang menstruel. Parfois, aucune raison n'est trouvée.

L'aménorrhée secondaire. Sa cause la plus fréquente est la grossesse. Par ailleurs, il arrive que les règles soient absentes pendant un certain temps lorsqu'une femme cesse de prendre un contraceptif hormonal (pilule). Cette absence dure d'ordinaire de 6 à 8 semaines, mais peut se prolonger un an, voire plus. Une aménorrhée secondaire peut aussi être liée à la sécrétion d'hormones après un stress, une dépression, une anorexie mentale ou encore la prise de médicaments. Il arrive qu'une aménorrhée secondaire soit due aux mêmes troubles que ceux qui sont responsables d'une aménorrhée primaire. On compte aussi parmi ses causes des affections de l'ovaire. L'aménorrhée devient permanente après la ménopause ou après une ablation de l'utérus (hystérectomie).

Le diagnostic et le traitement. L'examen physique, un dosage hormonal dans le sang, une échographie de l'abdomen et du petit bassin et un scanner du crâne (pour éliminer l'hypothèse d'une tumeur de l'hypophyse) permettent d'établir le diagnostic. Le traitement de l'aménorrhée dépend de la cause. Il est généralement de type chirurgical (ablation d'un kyste, d'une tumeur de l'ovaire, etc.) ou hormonal si l'origine est endocrinienne.

LE SYNDROME PRÉMENSTRUEL

C'est l'ensemble des troubles physiques et psychologiques qui surviennent chez certaines femmes pendant la période qui précède les règles.

Le syndrome prémenstruel est fréquent puisqu'il affecte 25 à 75 % des femmes en période d'activité génitale. Ses manifestations, très diverses, sont plus ou moins intenses en fonction des patientes. Chez certaines, elles peuvent perturber de façon importante leur vie professionnelle et sociale.

SYMPTÔMES ET SIGNES

Le syndrome prémenstruel débute dans la deuxième partie du cycle menstruel, au moment de l'ovulation ou peu après – entre le 14e et le 7e jour précédant les règles –, et persiste jusqu'à la menstruation, pour s'interrompre au déclenchement des règles. Chez une même femme, les symptômes apparaissent toujours à la même période du cycle menstruel. D'intensité variable, ils sont à la fois physiques et psychologiques.

Les signes physiques. Les plus fréquents sont:

– un gonflement des chevilles, une bouffissure des paupières et une prise de poids passagère dus à une rétention de liquide ;
– un gonflement et une sensibilité des seins ;
– une sensation de ballonnement abdominal, parfois des crampes abdominales ;
– une douleur dans le bas-ventre ;
– des troubles cutanés (acné) ;
– des douleurs articulaires, des douleurs de dos ;
– des maux de tête, une migraine ;
– une fatigue ;
– des vertiges et des troubles de la vue ;
– des nausées ;
– des sueurs, des frissons ;
– un essoufflement.

Les signes psychologiques. Ce sont avant tout:

– une tension nerveuse qui peut provoquer une raideur musculaire ;
– une sensation de maladresse ;
– des sautes d'humeur, une irritabilité et un état dépressif caractérisé par des crises de larmes et parfois une anxiété excessive.

P. Alix - Phanie

***Un trouble gênant.** Chez certaines femmes, le syndrome prémenstruel est important et peut perturber la vie personnelle et professionnelle.*

LES CAUSES

De nombreuses hypothèses existent sur l'origine du syndrome prémenstruel. Son mécanisme physique est mal connu et son existence est même parfois discutée.

La survenue des troubles dans la deuxième partie du cycle menstruel semble toutefois indiquer une cause hormonale. Les signes et symptômes seraient dus à une réponse exagérée de certains neurotransmetteurs du cerveau (substances qui permettent aux cellules nerveuses de transmettre les messages) aux fluctuations hormonales du cycle féminin. En particulier, une substance appelée endorphine jouerait un rôle de facteur déclenchant. Cette substance, produite par certaines cellules du système nerveux central, a des propriétés analgésiques semblables à celles de la morphine. Sa libération par le cerveau, en deuxième partie du cycle, pourrait expliquer les modifications d'appétit, la fatigabilité, les troubles de l'humeur et l'émotivité. En fin de cycle, la diminution du taux d'hormones entraînerait une baisse des endorphines et par là même un véritable syndrome de sevrage chez les femmes prédisposées, se traduisant par de l'anxiété, des crampes abdominales, des maux de tête, des sueurs et des frissons.

Par ailleurs, il est possible que les troubles prémenstruels soient dans certains cas déclenchés ou majorés par des tensions psychologiques : situation de stress ou de conflit engendrée par des problèmes conjugaux ou sexuels, un environnement familial ou professionnel difficile.

FAUT-IL CONSULTER SON GYNÉCOLOGUE ?

Les manifestations du syndrome prémenstruel sont le plus souvent dues à la nature spécifique de la menstruation de chaque femme. Mais si elles sont importantes et constituent une gêne dans la vie quotidienne, ou si elles s'accompagnent de troubles inhabituels (pertes de sang, irrégularité du cycle menstruel, etc.), il faut consulter son gynécologue. L'entretien, l'examen clinique et, si nécessaire, des examens lui permettront d'éliminer la possibilité d'une infection, la présence d'un fibrome ou d'une autre maladie. Par ailleurs, en cas de douleurs importantes, le médecin prescrira un traitement adapté, toujours préférable à l'automédication.

LE DIAGNOSTIC

Une simple consultation chez un médecin suffit généralement à établir le diagnostic et à éliminer d'autres causes possibles (état dépressif, par exemple). Aucun examen complémentaire n'est nécessaire.

LE TRAITEMENT

Lorsque les signes ne sont pas très accusés, le traitement reste personnel, et chaque femme découvre à la longue les meilleurs moyens de surmonter son malaise.

Il n'existe pas aujourd'hui de véritable traitement de ce trouble. Les mesures d'hygiène et de diététique suffisent souvent à soulager la plupart des symptômes :

– relaxation, yoga, exercice physique régulier (en piscine, par exemple) pour évacuer le stress, l'anxiété et la tension nerveuse ;

– régime alimentaire excluant les excitants (alcool, café, boissons à base de cola), qui ont tendance à majorer les symptômes du syndrome prémenstruel ;

LE SYNDROME OVULATOIRE

Certaines femmes ressentent une douleur au bas-ventre au moment de l'ovulation (le 14e jour du cycle en général). Cette douleur, le plus souvent légère, siège en général d'un côté et ne dure que quelques heures ; une perte vaginale minime de sang peut l'accompagner.

– diminution de la consommation de sel pour réduire la rétention de liquide.

En cas de syndrome prémenstruel important, il est recommandé de consulter un médecin. Une association œstroprogestative minidosée peut être prescrite, parfois accompagnée de médicaments utilisés dans le traitement des troubles veineux (veinotoniques). Ces médicaments, qui se présentent sous forme orale, doivent être pris du 15e au 25e jour du cycle.

Longtemps prescrits pour soulager les troubles du syndrome prémenstruel, les progestatifs (substances naturelles ou synthétiques qui produisent sur l'organisme des effets comparables à ceux de la progestérone) n'ont pas fait montre d'efficacité. En cas de prédominance des manifestations psychologiques, des anxiolytiques peuvent être prescrits. La prise par automédication de psychotropes ou d'antalgiques est déconseillée, car elle serait, du fait du caractère cyclique du syndrome prémenstruel, trop importante et régulière.

LES TROUBLES DE LA MÉNOPAUSE

MANIFESTATIONS

L'arrêt des règles est le premier signe visible de la ménopause. Il s'accompagne d'autres symptômes, de gravité variable, qui apparaissent plus ou moins rapidement.

Certains troubles surviennent juste avant ou avec l'arrivée de la ménopause : ce sont, pour la plupart des femmes, les bouffées de chaleur, souvent accompagnées d'une transpiration abondante. D'autres s'installent progressivement, comme la fatigue, les troubles de l'humeur, la prise de poids, l'amincissement de la peau et, plus grave, la diminution de volume (atrophie) des tissus génitaux qui entraîne des troubles sexuels, l'ostéoporose (diminution de la trame osseuse) et l'altération des vaisseaux sanguins, qui favorisent les maladies cardiovasculaires. Ces troubles varient fortement d'une femme à l'autre.

Garo - Phanie

Mieux supporter les bouffées de chaleur. *Détendez-vous, respirez profondément, aérez la pièce et, si vous en avez la possibilité, prenez une douche tiède.*

LES BOUFFÉES DE CHALEUR

Elles affectent la plupart des femmes au moment de la ménopause, avec une intensité et une fréquence variables. Le plus souvent, elles sont légères, se résumant à une simple impression de chaleur et à l'apparition de rougeurs sur le visage. Mais elles peuvent aussi se manifester par une brusque sensation de chaleur envahissant tout le haut du corps (décolleté, nuque, visage et parfois cuir chevelu), avec des rougeurs et une transpiration abondante, surtout sur le visage,

LES TROUBLES PSYCHIQUES

Les troubles psychologiques courants de la ménopause sont les sautes d'humeur, l'irritabilité, une sensation d'anxiété, un état dépressif, une fatigue sans cause organique, des troubles de la mémoire et une difficulté à se concentrer et à assumer les efforts. Il s'ensuit une perte d'efficacité (professionnelle ou personnelle) qui accentue encore le mal-être psychologique.

Ces troubles sont en partie dus à des variations hormonales (baisse du taux d'œstrogènes), mais ils sont également liés à la peur de vieillir, l'arrivée de la ménopause symbolisant encore souvent l'entrée dans le troisième âge.

LA PRISE DE POIDS

Les femmes ont tendance à prendre du poids au moment de la ménopause : 4 à 7 kilos, en moyenne, avec une modification de la répartition des graisses, qui se logent prioritairement sur le ventre et les hanches.
Cette prise de poids peut s'expliquer en partie par des facteurs hormonaux (les centres de l'appétit et de la satiété sont situés dans l'hypothalamus, à proximité de ceux qui régulent la fonction ovarienne) ; elle est également favorisée par la baisse de l'activité physique liée à l'âge, par le stress – personnel ou professionnel –, poussant à une surconsommation alimentaire, par la recherche, dans la nourriture – et en particulier dans les sucreries –, d'une compensation aux frustrations subies et, enfin, par une prédisposition génétique.

la nuque et entre les seins. Les bouffées de chaleur entraînent alors une gêne importante et une angoisse causée par une impression d'étouffement.
Au début, les bouffées de chaleur surviennent surtout la nuit, provoquant, lorsqu'elles sont intenses, des insomnies et une fatigue importante, puis elles se manifestent dans la journée, notamment à la fin des repas ou bien à l'occasion d'efforts. Elles durent en moyenne 2 à 3 minutes.
Phénomène complexe, les bouffées de chaleur témoignent d'un désordre au niveau des échanges entre l'hypothalamus, centre de commande du système hormonal et de régulation de la température, et les ovaires.
L'hypothalamus envoie des messages hormonaux aux ovaires qui ne répondent pas. Les bouffées de chaleur traduisent cette absence de réaction ovarienne. Il faut alors plusieurs mois, voire plus, pour que l'organisme s'adapte et qu'un nouvel équilibre se crée.

LES TROUBLES SEXUELS

S'ils sont pour une part psychiques, les troubles sexuels sont aussi dus à des modifications physiques qui peuvent altérer la qualité des rapports amoureux. La diminution de la sécrétion hormonale provoque un assèchement des muqueuses et, au bout de plusieurs années, un amincissement des parois du vagin, ainsi qu'une atrophie vulvaire entraînant un inconfort, voire des douleurs, lors des rapports sexuels.
Les infections urinaires et vaginales sont plus fréquentes. Le volume des seins diminue.

L'OSTÉOPOROSE

L'ostéoporose fait partie des manifestations tardives de la ménopause. La carence en œstrogènes provoque une diminution de la trame osseuse, elle-même due à une baisse du stock de calcium contenu dans l'os. Ce dernier devient poreux et perd sa résistance. L'ostéoporose s'observe surtout chez la femme à partir de 60 ans et s'aggrave avec l'âge. Elle est favorisée par la sédentarité, l'absence d'exposition à la lumière naturelle, ainsi qu'un régime pauvre en calcium et en protéines. Des fractures au moindre choc sont la manifestation la plus spectaculaire et la plus redoutée de l'ostéoporose, qui peut aussi provoquer des douleurs diffuses (souvent dorsales ou lombaires) et un tassement vertébral.

LES MALADIES CARDIOVASCULAIRES

Les œstrogènes jouent un rôle protecteur sur les artères en faisant baisser le taux du cholestérol total et des triglycérides et augmenter le niveau des lipoprotéines (le « bon cholestérol »). À la ménopause, la baisse du taux d'œstrogènes entraîne une hausse du taux de graisses contenues dans le sang, qui s'accompagne d'une augmentation de la tension artérielle et, parfois, de la formation de dépôts lipidiques sur la paroi des artères (athérosclérose), pouvant perturber la circulation du sang dans les artères atteintes. Les principales complications de l'athérosclérose sont l'angine de poitrine et l'infarctus du myocarde. À la ménopause, le risque qu'encourent les femmes de souffrir d'une maladie de ce type rejoint celui des hommes avant 60 ans. Ce risque est aggravé par certains facteurs génétiques, par une hypertension artérielle ou un diabète, et par une mauvaise hygiène de vie (alimentation riche en graisses, obésité, tabagisme).

LES TROUBLES DE LA MÉNOPAUSE

LES TRAITEMENTS

Le traitement hormonal substitutif est la principale réponse proposée face aux troubles qui surviennent au moment de la ménopause.

Garo - Phanie

Le traitement hormonal des femmes ménopausées.
Il vise à soulager les symptômes de la ménopause.

UNE SURVEILLANCE BÉNÉFIQUE

L'administration d'une hormonothérapie de substitution est toujours précédée d'un bilan de santé préalable.
Le médecin interroge sa patiente sur les troubles qu'elle ressent, évalue son état général, prescrit d'éventuels examens pour déterminer les avantages et les inconvénients de l'hormonothérapie, ainsi que la durée du traitement.
Une surveillance est ensuite nécessaire : elle permet un suivi gynécologique régulier (avec, en particulier, une palpation des seins et des frottis vaginaux) et, donc, une meilleure prévention des cancers féminins.

En Europe, seul un faible pourcentage de femmes ménopausées (de l'ordre de 10 %) reçoit un traitement hormonal substitutif, contre 15 à 25 % aux États-Unis. C'est la prise de ce traitement sur le long terme (au moins 10 ans) qui semble le plus difficile à instaurer.

EN QUOI CONSISTE LE TRAITEMENT ?

L'hormonothérapie de substitution consiste à administrer successivement des œstrogènes et un progestatif afin de rétablir un équilibre hormonal. Les œstrogènes peuvent être prescrits par voie orale (comprimés) ou par voie percutanée (gel ou timbre à renouveler régulièrement). La progestérone se présente sous forme de comprimés, à l'exception de la progestérone micronisée, qui est administrée par voie vaginale. Les médicaments peuvent être pris de façon continue ou suivant une séquence déterminée, entraînant alors des saignements mensuels (hémorragies de privation).

LES AVANTAGES DU TRAITEMENT

Contre les bouffées de chaleur. Les œstrogènes sont efficaces contre les bouffées de chaleur et les crises de transpiration. Après un mois de traitement, ces symptômes disparaissent presque toujours. Des médicaments non hormonaux peuvent aussi être utilisés.

Pour le bon état des muqueuses. Les œstrogènes permettent aux muqueuses de garder leur épaisseur et leur texture. Ils maintiennent par ailleurs une bonne vascularisation, ce qui permet à la muqueuse vaginale de conserver sa couleur rosée. Les œstrogènes pallient également le défaut de lubrification qui s'installe à la ménopause et qui rend les rapports sexuels douloureux.

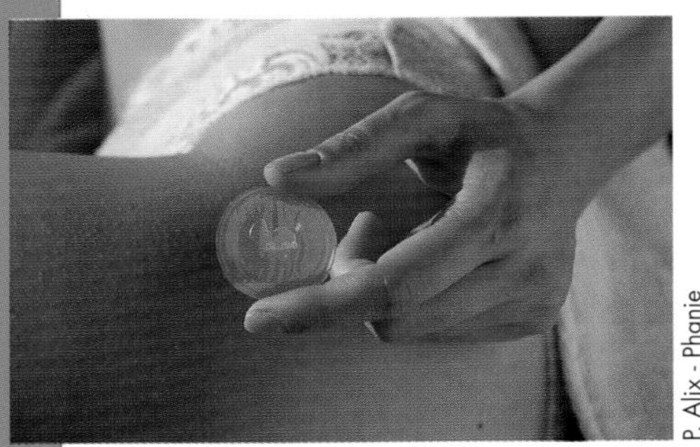

Administration des hormones par patch. *Le timbre en plastique se colle sur la cuisse ou la fesse et doit être changé tous les 3 ou 4 jours.*

En outre, les œstrogènes agissent sur la muqueuse urinaire, qui retrouve ses capacités de défense contre les infections. Les cystites se font moins fréquentes.

Contre le vieillissement de la peau. Les œstrogènes permettent à la peau de retenir le collagène, garant d'une certaine souplesse. L'amincissement cutané se fait moins rapidement, retardant ainsi le vieillissement, et cela d'autant plus si l'on arrête de fumer et si l'on ne s'expose pas au soleil.

Contre l'ostéoporose. L'hormonothérapie permet de lutter contre la déminéralisation osseuse, qui entraîne une baisse de densité et une fragilité accrue. Par ce traitement, on peut éviter les tassements vertébraux ainsi que les fractures du poignet et du col du fémur.

Actuellement, l'hormonothérapie est le traitement préventif le plus efficace de l'ostéoporose. Toutefois, elle doit être entreprise le plus tôt possible après l'arrêt des règles car le processus de déperdition osseuse s'installe rapidement, surtout chez les femmes minces, qui fument ou qui ne font aucun exercice physique. Pour être durablement efficace, l'hormonothérapie doit être poursuivie au moins 10 ans.

D'autres traitements peuvent être proposés tels que la prise de calcium et de vitamine D par voie orale, ou les injections intramusculaires de calcitonine (hormone facilitant la fixation du calcium sur les os). Ces traitements ne sont pas d'une efficacité constante et certains, tels que l'administration de calcitonine, peuvent avoir des effets indésirables.

La prévention de l'ostéoporose passe aussi par des mesures d'hygiène de vie simples : un exercice physique modéré mais régulier (marche, natation, gymnastique douce), une alimentation riche en calcium et en protéines (lait, produits laitiers, viande, poisson).

Contre les maladies cardiovasculaires. L'hormonothérapie (et notamment l'administration d'œstrogènes naturels) diminue de façon importante le risque de survenue des maladies cardiovasculaires. Les œstrogènes ont, en effet, le pouvoir de diminuer le taux de cholestérol, de protéger le cœur, les artères et les vaisseaux sanguins.

LES CONTRE-INDICATIONS

Certaines maladies ou antécédents font encore aujourd'hui obstacle à la prescription d'un traitement hormonal substitutif :
– les cancers du sein (ou antécédent familial de cancer du sein) ;
– les cancers évolutifs de l'utérus, en particulier de l'endomètre (la muqueuse de l'utérus) ;
– les hémorragies génitales d'origine inconnue ;
– les maladies du foie ;
– les fibromes volumineux ;
– une endométriose importante ;
– des antécédents d'accident vasculaire grave (embolie, phlébite...).

Par ailleurs, certaines situations délicates classées encore récemment parmi les contre-indications à une hormonothérapie de substitution sont aujourd'hui reconsidérées. Ce sont l'obésité, le diabète et la présence d'un taux élevé de graisses dans le sang.

UN TRAITEMENT CONTROVERSÉ

Le traitement hormonal des femmes ménopausées a soulevé de nombreux débats sur les risques éventuels générés par l'administration de ce type de médicaments, qui pourraient en particulier favoriser certains cancers (du sein, de l'utérus). La prescription de traitements hormonaux associant des œstrogènes et des progestatifs a permis d'éviter l'augmentation de fréquence du cancer de l'utérus. Le cancer du sein doit, quant à lui, être dépisté par une mammographie tous les 2 ans. Néanmoins, il revient au médecin traitant d'évaluer les risques avant de prescrire un traitement, et c'est ensuite à la femme de l'accepter ou non en fonction des éléments fournis par le praticien.

LES TROUBLES SEXUELS FÉMININS

DÉFINITION ET CAUSES

Certaines femmes ne parviennent pas à éprouver du plaisir lors du coït ou ne supportent pas la pénétration. Il s'agit de troubles répandus, qui doivent amener à consulter.

On a longtemps désigné l'ensemble des troubles susceptibles de perturber la vie sexuelle des femmes sous le terme global, parfois teinté de mépris, de « frigidité ». Ce terme recouvre en fait plusieurs dysfonctionnements, relevant de causes et de traitements différents : ce sont l'incapacité à parvenir à l'orgasme lors du coït ou de la masturbation (anorgasmie), l'incapacité à supporter un rapport sexuel avec pénétration vaginale (vaginisme) et les rapports sexuels douloureux (dyspareunie).

LES TROUBLES DE L'ORGASME

Les femmes peuvent généralement éprouver du plaisir sexuel et aboutir à son point culminant, l'orgasme, grâce à la stimulation de deux régions du corps, dites zones érogènes primaires : le vagin et le clitoris. Or, certaines d'entre elles ne parviennent pas à l'orgasme, quelle que soit la zone stimulée (anorgasmie totale) ; d'autres n'éprouvent de plaisir que par la stimulation du clitoris ou du vagin (anorgasmie partielle). Cette incapacité à ressentir l'orgasme a des retentissements très variables d'une femme à l'autre, et d'un couple à l'autre : certaines patientes n'en souffrent guère alors que d'autres en ressentent une réelle frustration. Comme tous les troubles de la sexualité, l'incapacité à éprouver des orgasmes peut être liée à une maladie organique, à un trouble psychologique ou à un problème comportemental ou relationnel (causes dites fonctionnelles).

Les causes organiques. Certaines sont communes aux deux sexes, comme le diabète sucré, les maladies neurologiques (sclérose en plaques, par exemple), la prise de médicaments contre l'obésité et l'hypertension, la consommation de substances toxiques, en particulier l'alcool et le tabac. D'autres affections responsables d'anorgasmie sont propres aux femmes : activité trop importante ou insuffisante des glandes synthétisant les hormones qui interviennent dans la sexualité (hypophyse, thyroïde, glandes surrénales et, surtout, ovaires) ; lésion ou maladie des organes génitaux responsable de rapports sexuels douloureux

D. de Lossy – Image Bank

L'absence de plaisir sexuel, un trouble fréquent. *Moins spectaculaire que chez l'homme, l'incapacité à ressentir du plaisir sexuel est néanmoins aussi mal vécue par les femmes.*

(séquelles d'une épisiotomie, section de la muqueuse du vagin et des muscles superficiels du périnée pour faciliter l'accouchement ou inflammation de la vulve, par exemple); suites de couches, surtout lorsque l'accouchement a été long et que les nerfs du petit bassin ont été comprimés par la tête de l'enfant à naître.

Les causes psychologiques. Elles concernent des femmes anxieuses ou souffrant de dépression. Les médicaments psychotropes (tels les somnifères, les anxiolytiques, etc.) parfois prescrits tendent à aggraver les troubles sexuels, l'un de leurs effets secondaires étant de diminuer le désir.

Les causes fonctionnelles. Elles sont liées selon le cas à la patiente, à son partenaire ou à diverses circonstances : crainte d'une grossesse; obligations professionnelles et familiales trop pesantes; partenaire n'exerçant pas assez d'attrait, éjaculant trop tôt, ayant des érections insuffisantes, ou maladroit; manque d'intimité pour se livrer à l'acte sexuel (proximité des parents ou des enfants), etc.

LES PROBLÈMES DE PÉNÉTRATION

Ces troubles rendent impossible (vaginisme) ou douloureuse (dyspareunie) la pénétration de la verge dans le vagin.

Le vaginisme. On appelle ainsi une contracture involontaire, survenant par spasmes, des muscles du périnée et des cuisses, rendant impossible toute pénétration vaginale. On parle de vaginisme primaire lorsque ce trouble survient dès le premier rapport sexuel, secondaire lorsqu'il apparaît après une période de relations sexuelles satisfaisantes.

Le vaginisme est lié à une maladie organique (inflammation, infection, malposition des organes génitaux, présence d'un hymen résistant) ou à un trouble psychologique (souvenir d'un accouchement difficile, insuffisance des préliminaires, violence ou maladresse du partenaire, absence de désir, viol). Vaginisme et frigidité ne s'associent pas, la femme pouvant souvent parvenir à l'orgasme par masturbation.

La dyspareunie. C'est une douleur survenant lors des rapports sexuels. Selon l'affection en cause, la localisation de la douleur, le moment où elle survient et son intensité sont variables. Certaines femmes parviennent malgré ces douleurs à éprouver du plaisir pendant le rapport sexuel. De très nombreuses maladies touchant les organes génitaux féminins peuvent être responsables de dyspareunie.

LES DOULEURS RESSENTIES À L'ENTRÉE DU VAGIN. Elles sont liées à des cicatrices d'épisiotomie, à la présence de lambeaux d'hymen ou à une inflammation de la vulve.

LES DOULEURS RESSENTIES À L'INTÉRIEUR DU VAGIN. Elles peuvent découler d'une infection par un champignon microscopique (mycose), d'une inflammation et d'une atrophie des parois du vagin (survenant notamment après la ménopause ou lors d'un traitement par cobaltothérapie), de chute des organes situés dans le petit bassin (prolapsus).

LES DOULEURS RESSENTIES AU FOND DU VAGIN. Elles peuvent être liées à une position anormale de l'utérus (rétroversion), à un volumineux fibrome, à des kystes des ovaires, aux conséquences d'une intervention chirurgicale portant sur les organes génitaux internes, à une arthrose des hanches ou de la colonne vertébrale.

LES DOULEURS RESSENTIES DANS LE PETIT BASSIN. Elles peuvent découler de varices et de déchirures des ligaments de l'utérus ou d'une ovulation difficile.

LA SIMULATION DE L'ORGASME

Certaines femmes, incapables d'éprouver un orgasme, tentent de le simuler, que ce soit pour faire plaisir à leur partenaire ou, tout simplement, pour ne pas paraître « anormales ». Selon certaines études, 2 femmes sur 5 recourraient à cet artifice, de temps à autre ou systématiquement. Ce comportement, pour compréhensible qu'il soit, est à déconseiller. En effet, il ne fait que contourner le problème de l'anorgasmie sans tenter de le résoudre. Il est préférable d'aborder franchement ce problème avec le partenaire sexuel, ce qui permettra de rechercher, au sein du couple, des solutions au trouble (nouvelles postures lors du coït, par exemple).

Les Troubles Sexuels Féminins

LES TRAITEMENTS

Différents traitements sont aujourd'hui proposés aux femmes souffrant de troubles sexuels. Ils sont efficaces, à condition d'obtenir la coopération active de la patiente et de son partenaire.

Les troubles de l'orgasme et les problèmes de pénétration peuvent se soigner. Toutefois, les femmes désireuses de traiter ces troubles doivent être réellement motivées, disponibles, et se trouver dans des conditions physiques favorables. Le traitement ne peut être proposé qu'aux femmes sevrées d'éventuels médicaments psychotropes, voire du tabac ; seules peuvent en bénéficier les femmes qui disposent d'une contraception efficace, pour les patientes en âge d'avoir des enfants (le traitement ne peut être entrepris pendant une grossesse), et celles qui suivent si nécessaire un traitement hormonal, pour les patientes ayant passé la ménopause. Enfin, les traitements des troubles sexuels féminins ne peuvent s'adresser qu'à des femmes qui vivent dans une bonne atmosphère de couple, et dont le partenaire est prêt à participer activement au traitement.

LE TRAITEMENT DES TROUBLES DE L'ORGASME

Outre le traitement d'éventuelles causes organiques (ablation partielle de la thyroïde en cas d'hyperthyroïdie, etc.), le traitement du trouble sexuel proprement dit s'exerce sur deux plans, général et local.

Le traitement général. Il vise à instaurer, ou à restaurer, un climat de sensualité et de joie

P. Voisin – Phanie

Consultation en gynécologie. *Un examen médical permet de rechercher une éventuelle affection organique qui pourrait être à l'origine du trouble sexuel.*

LE RÔLE DU PARTENAIRE

Seule une femme ayant un partenaire sexuel avec lequel elle entretient une relation stable peut envisager de suivre le traitement destiné à guérir ses troubles sexuels. En effet, le partenaire doit être résolu à consacrer à sa compagne le temps et la patience nécessaires, et éventuellement à renoncer, au moins pendant un temps, à certaines pratiques sexuelles pouvant être à l'origine du trouble. En outre, il devra se soumettre à un examen médical visant à détecter d'éventuels troubles de l'érection ou de l'éjaculation, et y remédier, si besoin, avec un traitement approprié.

de vivre autour de la patiente. Il inclut des conseils visant à améliorer le climat régnant au sein du couple (passer plus de moments privilégiés à deux, chercher à faire plaisir à l'autre, retrouver des activités communes, etc.), mais aussi, plus précisément, à (r)éveiller l'appétit érotique de la patiente : celle-ci doit notamment consacrer plus de temps à des relations amoureuses au cours desquelles ses zones érogènes secondaires (seins, cuisses) sont sollicitées.

La stimulation locale. Elle consiste à demander à la patiente de consentir à des séances d'auto-exploration digitale, selon le cas, du clitoris ou du vagin, lorsque les conditions s'y prêtent (au lit, dans le bain, etc.), afin de rechercher des sensations de plaisir. Les femmes incapables d'éprouver un orgasme vaginal mais n'ayant aucune peine à ressentir un orgasme clitoridien peuvent renoncer aussi provisoirement à la sollicitation du clitoris afin de concentrer la recherche du plaisir sur leur vagin.

La rééducation motrice et musculaire locale. Cette méthode consiste à apprendre à la patiente à localiser, puis à exercer les muscles intervenant dans le plaisir sexuel (muscles releveurs de l'anus et muscles du périnée) lors d'exercices de contraction-décontraction, pratiqués, selon le cas, seule (par exemple, introduire dans le vagin l'index et le médius écartés en ciseau et tenter de les rapprocher) ou avec le partenaire, lors du coït.

LE TRAITEMENT DU VAGINISME

Il varie selon les causes, et peut comprendre une intervention chirurgicale ou un traitement antibiotique en cas d'anomalie physique ou d'infection, ou une aide psychologique spécialisée en l'absence de cause liée à une maladie organique.

En cas de vaginisme primaire (femme n'ayant jamais pu avoir de rapport sexuel avec pénétration), une défloration réalisée chirurgicalement et sous anesthésie peut être proposée, suivie de la dilatation progressive du vagin.

Pour cela, la patiente doit introduire elle-même dans son vagin un corps étranger (mèche enduite de vaseline, par exemple), qu'elle garde selon le cas pendant la journée ou la nuit ; après l'avoir retiré, elle peut essayer d'avoir un rapport sexuel incluant une pénétration. Ce traitement est assez long, mais en règle générale couronné de succès.

Dans les cas les moins préoccupants (pénétration possible mais mal vécue), l'enseignement de certaines pratiques sexuelles (introduction très progressive dans le vagin d'un puis de plusieurs doigts du partenaire, et lorsque la patiente peut l'accepter, de la verge) peut suffire à résoudre le trouble.

LE TRAITEMENT DE LA DYSPAREUNIE

Le traitement des maladies entraînant des rapports sexuels douloureux, ou dyspareunie, consiste avant tout à traiter l'affection en cause : médicaments anti-inflammatoires en cas d'inflammation de la vulve, antimycosiques en cas d'infection par un champignon microscopique (mycose), réparation chirurgicale d'un prolapsus, ablation d'un fibrome, etc.

Toutefois, certaines femmes ayant longtemps souffert de dyspareunie continuent d'appréhender la douleur même après leur guérison et de craindre la pénétration. Un traitement peut leur être proposé. Il consiste à introduire chaque soir dans le vagin une mèche enduite d'un corps gras (vaseline), et à conserver celle-ci toute la nuit ; le matin, la patiente ôte alors la mèche, et peut, si elle le désire, tenter de se livrer très progressivement à la pénétration.

Un tel traitement peut également s'adresser à des femmes ayant été victimes d'un viol, et qui craignent la pénétration.

T. Latham - Fotogram Stone

Rétablir la confiance.
Le dialogue patiente-médecin est un élément clé du traitement.

LES TROUBLES DE L'ÉRECTION

LES TRAITEMENTS

Différents traitements médicaux ou chirurgicaux permettent aujourd'hui à de nombreux hommes de retrouver une vie sexuelle satisfaisante.

Le choix d'un traitement pour remédier à un trouble de l'érection dépend de sa cause (origines organique, psychologique ou relationnelle). Mais il est aussi fonction de l'état de santé général et de la situation personnelle du patient : quelle que soit l'origine du trouble, le traitement proposé différera selon qu'il s'agit d'un homme célibataire ou vivant en couple, jeune ou d'âge mûr, pouvant ou non compter sur la collaboration de sa partenaire, etc.

LES PROCÉDÉS MÉDICAMENTEUX

Une molécule, le sildénafil (commercialisé sous le nom de Viagra®), a la propriété de relâcher les muscles lisses entourant les aréoles des corps caverneux. Ce médicament facilite l'érection des hommes souffrant de lésions artérielles modérées, voire de certains patients anxieux. On ne doit pas l'assimiler à un aphrodisiaque. Il a parfois des effets secondaires, et est contre-indiqué chez les personnes souffrant d'insuffisance coronarienne traitées par des dérivés nitrés. Il doit obligatoirement être prescrit par un médecin.

LES PROCÉDÉS LOCAUX

Il existe différents procédés locaux, qui permettent de remédier à l'impuissance soit à l'aide

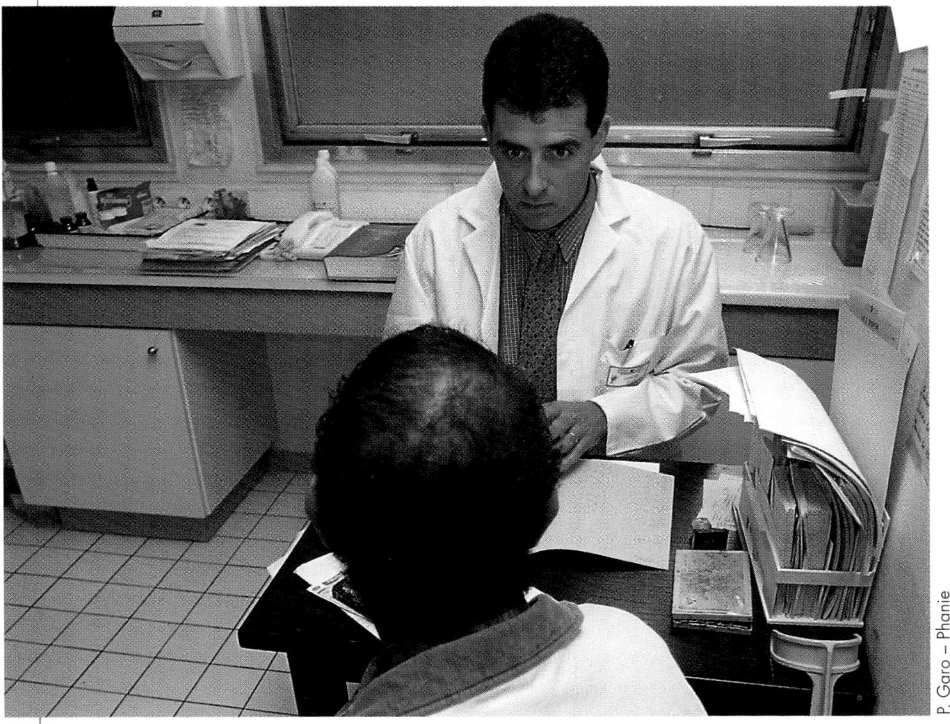

P. Garo – Phanie

La consultation, premier pas vers la guérison. *Pour trouver un traitement approprié, il est indispensable que le patient explique au médecin, sans fausse honte, la nature exacte de ses troubles.*

LES INJECTIONS INTRACAVERNEUSES : PRÉCAUTIONS D'EMPLOI

La pratique d'injections intracaverneuses peut s'avérer délicate, le risque principal étant d'aboutir à une érection prolongée (priapisme). Il est donc conseillé, au début du traitement, de limiter les injections afin d'apprendre à en estimer les effets. Un éventuel priapisme doit être traité rapidement par injection de produits faisant céder l'érection (paracétamol, adrénaline, etc.) ; un traitement préventif, administré par voie orale, peut être aussi proposé. Enfin, un homme souhaitant pratiquer les injections lui-même doit se soumettre à une formation préalable.

d'un procédé utilisé chaque fois qu'une érection est souhaitée, soit par un traitement chirurgical qui est définitif.

Les injections intracaverneuses. Ce sont des injections, dans les corps caverneux de la verge, de substances (le plus souvent une prostaglandine) ayant la propriété de dilater les vaisseaux sanguins : ceux-ci s'emplissent alors de sang, entraînant l'érection. Ce traitement est proposé aux hommes d'âge mûr, souffrant d'un athérome modéré des artères de la verge, et vivant dans une ambiance conjugale satisfaisante.

Le produit est directement injecté dans un corps caverneux à l'aide d'une aiguille très fine ; la piqûre est indolore. L'injection peut également être pratiquée avec un appareil spécialement prévu à cet effet, l'auto-injecteur. Semblable à un stylo, il déclenche automatiquement la sortie de l'aiguille et la pénétration du produit. L'érection débute dans les 10 minutes qui suivent l'injection, et permet un rapport sexuel normal ; elle prend fin après l'éjaculation.

Le pellet de vasodilatateur. C'est un petit comprimé à introduire dans l'urètre à l'aide d'un applicateur, qui provoque une érection dans les 10 minutes qui suivent.

L'appareil à dépression. C'est un appareillage constitué d'un tube en verre muni d'une pompe aspirante : la verge est introduite dans le tube et la pompe mise en marche, ce qui entraîne un appel de sang dans la verge ; lorsque celle-ci est suffisamment gonflée, un garrot élastique est posé à sa base et maintenu en place le temps du rapport. Son indication est limitée aux hommes âgés souffrant de troubles vasculaires (athérome), vivant en couple et ayant des rapports sexuels occasionnels.

Les opérations de chirurgie vasculaire. Elles portent selon le cas sur les artères ou sur les veines du pénis.

La chirurgie artérielle est surtout proposée à des hommes jeunes souffrant d'une anomalie importante des artères irriguant les corps caverneux, ou encore aux patients atteints d'athérome. L'intervention consiste à relier l'un des corps caverneux à l'une des artères situées derrière la paroi du ventre (artère épigastrique).

La chirurgie veineuse concerne les patients souffrant de fuites veineuses consécutives à un traumatisme, à une anomalie congénitale ou à la maladie de Lapeyronie. L'intervention consiste à colmater les brèches de manière à empêcher la fuite du sang hors des corps caverneux lors de l'érection.

L'implantation de tuteurs. Ce traitement n'est proposé qu'en ultime recours aux patients chez lesquels les injections intracaverneuses sont inefficaces ou à certains paralysés des membres inférieurs (paraplégiques) : un cylindre souple en matière plastique (silicone), d'environ 15 millimètres de long, est introduit chirurgicalement dans chacun des corps caverneux. Selon le cas, on implante des tuteurs de volume constant – rigides ou semi-rigides (présentant l'inconvénient de simuler une érection permanente) – ou des tuteurs gonflables. Dans ce cas, le gonflement des tuteurs est obtenu en manœuvrant un réservoir rempli de liquide et implanté soit derrière la peau du pubis, soit dans les bourses, entre les deux testicules.

LES TRAITEMENTS GÉNÉRAUX

Ce sont la psychothérapie, la rééducation de couple et les mesures générales visant à rétablir un état de santé satisfaisant pour le patient.

La psychothérapie. Elle se limite à des interventions légères (psychothérapie de soutien) et est essentiellement conseillée aux hommes seuls souffrant d'inhibitions psychologiques et redoutant d'être confrontés à un problème d'impuissance face à une nouvelle partenaire.

La rééducation de couple. Elle concerne surtout les hommes jeunes ne souffrant d'aucune maladie. Son but est d'enseigner au couple comment faire apparaître des érections satisfaisantes en présence de la partenaire, en différant les rapports incluant la pénétration jusqu'à ce que l'homme reprenne confiance en lui.

Les mesures générales. Il peut s'agir selon le cas de soigner une éventuelle affection de la verge, d'équilibrer un diabète, de traiter une hypertension, une maladie cardiaque, ou de soumettre le patient à un régime amaigrissant en cas d'obésité. La suppression totale de la consommation de tabac et la réduction de celle d'alcool sont vivement conseillées.

LA PILULE

La pilule est constituée d'hormones qui, en modifiant le cycle physiologique de la femme, lui permettent d'éviter une grossesse.

La pilule contient des hormones féminines de synthèse (œstrogène et/ou progestatif), proches de celles sécrétées par les ovaires, qui agissent sur le déroulement du cycle de la femme.

LES TYPES DE PILULE

La pilule existe sous 3 formes, selon sa composition en œstrogène et en progestatif.

La pilule combinée. C'est la plus courante. Chaque comprimé contient un œstrogène et un progestatif. Si la quantité d'œstrogène présent est faible, la pilule est dite « minidosée » ; si, au contraire, elle est forte, on parle de pilule « normodosée ». La pilule est « monophasique » lorsque la dose d'œstrogène et de progestatif est constante ; elle est « biphasique » quand cette dose est plus importante en fin de cycle, et « triphasique » lorsqu'elle augmente en 3 paliers au cours du cycle.

La pilule séquentielle. Elle ne comporte que des œstrogènes dans une première phase du cycle (7 à 14 jours, selon les types de pilule), puis une association d'œstrogène et de progestatif dans une seconde phase. Elle est rarement prescrite, et toujours de façon limitée dans le temps.

La pilule progestative (ou micropilule). Elle est composée d'un progestatif à très faible dose. Elle est moins efficace que les autres types de pilule et il ne faut surtout pas oublier de la prendre. Elle est indiquée chez les femmes cardiaques, diabétiques ou chez celles qui allaitent.

LE MODE D'ACTION

Il varie selon le type de pilule.

La pilule combinée. C'est la plus efficace (près de 100 % de réussite), car elle agit à

Choisir une méthode contraceptive. *Même si le choix d'une méthode contraceptive incombe le plus souvent à la femme, il concerne aussi l'homme.*

LA PILULE DU LENDEMAIN

Après un rapport non protégé, la femme peut éviter une éventuelle grossesse en se rendant le plus rapidement possible chez un médecin ou à l'hôpital.

La pilule du lendemain empêche la nidation de l'ovule fécondé. Elle doit être absorbée dans les 72 heures qui suivent le rapport sexuel. Son taux d'efficacité est de 98,5 % et ses effets secondaires (nausées et vomissements) sont de plus en plus maîtrisés. Ce mode contraceptif permet d'éviter un pourcentage non négligeable d'interruptions volontaires de grossesse.

3 niveaux. En premier lieu, elle bloque l'ovulation : en présence d'une quantité d'hormones suffisante, les ovaires cessent leur activité. En deuxième lieu, elle modifie la glaire cervicale, laquelle devient imperméable aux spermatozoïdes. Enfin, elle amincit la muqueuse utérine, empêchant l'implantation de l'œuf fécondé. Les pilules combinées sont les plus prescrites.

La pilule séquentielle. Elle n'agit que sur l'ovulation, qu'elle inhibe.

La micropilule progestative. Elle agit sur la glaire cervicale, qu'elle épaissit, formant ainsi une barrière contre les spermatozoïdes, et sur la muqueuse utérine, qu'elle amincit, rendant la nidation de l'œuf impossible. Elle ne bloque pas toujours l'ovulation.

LE MODE D'EMPLOI

Une plaquette comprend 21, 22 ou 28 comprimés, selon le type de pilule. La première prise a lieu le premier jour des règles. Les comprimés suivants doivent être pris dans l'ordre – en respectant les jours de la semaine inscrits sur la plaquette, chaque jour à la même heure – pour que l'effet contraceptif soit maximal. Cette régularité est surtout importante pour la pilule progestative, dont la prise quotidienne doit avoir lieu à heure fixe. Un écart de plus de 2 heures augmente le risque de grossesse.

En cas d'oubli de pilule combinée ou séquentielle. Il faut agir de la façon suivante :

– si l'oubli est inférieur à 12 heures, il n'y a pas de risque de grossesse ; il faut prendre le comprimé oublié dès que possible et utiliser normalement la plaquette en cours ;

– si l'oubli est supérieur à 12 heures, l'efficacité n'est plus garantie ; il faut prendre le comprimé oublié avec celui du lendemain et finir la plaquette tout en utilisant une contraception locale (spermicide, préservatif, diaphragme) jusqu'à la fin des règles ;

– si l'oubli est supérieur à 2 jours ou très proche de la fin de la plaquette (moins de 7 jours), il faut commencer une nouvelle plaquette sans faire de pause et utiliser une contraception locale pendant 7 jours.

Ces précautions sont indispensables pour éviter une grossesse indésirée (les grossesses « sous pilule » représentent de 10 à 15 % des demandes d'interruption volontaire de grossesse).

LES EFFETS INDÉSIRABLES

Les risques encourus avec les pilules combinées et séquentielles sont principalement d'ordre vasculaire. En effet, ces pilules peuvent augmenter légèrement la tension artérielle, avec un risque accru d'accident cardiovasculaire, d'embolie ou de phlébite, augmentant avec l'âge, le tabagisme, l'obésité et l'hypertension. C'est la raison pour laquelle un suivi médical 1 ou 2 fois par an est indispensable. Les effets indésirables sans gravité sont les maux de tête, les nausées, une prise de poids, une lourdeur des jambes. Ils doivent être signalés au médecin, qui prescrira alors une pilule contenant un dosage hormonal différent.

LES CONTRE-INDICATIONS

La pilule est déconseillée aux femmes qui ont un excès de poids et qui sont fumeuses et âgées de plus de 35 ans ainsi qu'à celles qui souffrent des maladies suivantes : affections cardiaques graves, hypertension artérielle, phlébite, embolie pulmonaire ou artérielle, antécédents ou risque d'accident vasculaire cérébral, affections hépatiques sévères ou récentes, cancer du sein ou de l'utérus, fibrome volumineux, insuffisance rénale chronique, augmentation importante du cholestérol sanguin, certaines formes de diabète, porphyrie aiguë (trouble de l'hémoglobine), hémorragies génitales non diagnostiquées. Enfin, la pilule n'est pas prescrite aux femmes qui doivent suivre un traitement interférant avec son action.

LA PRESCRIPTION DE LA PILULE

Seul un médecin est habilité à prescrire la pilule. Au préalable, il évalue l'état de santé de sa patiente et recherche d'éventuelles contre-indications (maladie, traitements en cours...). Il effectue un examen général (mesure de la tension artérielle, poids...), un examen gynécologique, comprenant un frottis cervico-vaginal (destiné à déceler des cellules cancéreuses utérines) et demande un bilan glucido-lipidique (taux de graisses et de sucre dans le sang).

LE STÉRILET

Le stérilet est un appareil contraceptif introduit dans l'utérus. Il compte parmi les moyens de contraception les plus utilisés. Il est très efficace, mais ne peut pas être employé par toutes les femmes.

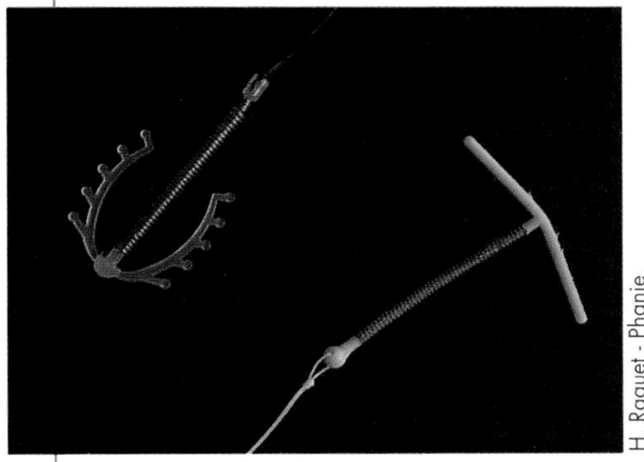
H. Raguet - Phanie

Stérilet. *Il peut être de forme et de taille différentes.*

Le stérilet est le contraceptif le plus efficace après la pilule, avec un taux d'échec de 0,3 à 2 %. Il n'impose aucune contrainte, mais nécessite un suivi gynécologique régulier.

LES DIFFÉRENTS TYPES

Les stérilets sont de petits appareils en plastique de 3 ou 4 centimètres de long, prolongés par un fil qui signale leur présence et permet de les retirer. Ils ont une forme et une taille variables, adaptées à l'utérus. Leur durée d'efficacité est de 18 mois à 5 ans.

Il existe 2 grands types de stérilets : les stérilets dits « passifs » ou inertes, qui sont en polyéthylène, et les stérilets dits « actifs », auxquels ont été ajoutés du cuivre ou une substance appelée lévonorgestrel (progestatif de synthèse) pour accroître leur efficacité. Aujourd'hui, les stérilets actifs sont majoritairement employés, car ils sont plus petits, plus efficaces et produisent moins d'effets secondaires que les autres. Le stérilet en cuivre convient à la plupart des femmes et a une durée d'action de 2 à 5 ans en fonction des modèles. De commercialisation récente, le stérilet au lévonorgestrel est efficace pendant 5 ans et assure une très bonne protection contraceptive (taux d'échec de 0,2 %).

Le stérilet est mis en place par le médecin et, une fois sa durée d'action passée, enlevé par celui-ci.

LE MODE D'ACTION

Placé à l'intérieur de l'utérus, le stérilet agit à la fois comme corps étranger et comme agent d'infertilité. La présence d'un corps étranger entraîne une inflammation de la muqueuse de l'utérus qui empêche la fécondation ou la nidation : les macrophages (variété de globules blancs) mobilisés sur place détruisent les spermatozoïdes lors de leur passage dans l'utérus ou inhibent l'implantation de l'œuf fécondé dans la paroi utérine. Dans les stérilets en cuivre, le métal exerce en outre une action toxique directe sur les spermatozoïdes et sur l'œuf en altérant la muqueuse utérine. Contrairement à la pilule, cette méthode contraceptive ne modifie pas la vie hormonale. Son mode d'action est purement mécanique, il respecte le cycle menstruel et l'ovulation de la femme, et n'a aucune incidence sur le poids et la tension artérielle. Sur le plan sexuel, le stérilet est imperceptible, et ne gêne donc pas les rapports sexuels.

LA POSE DU STÉRILET

Le stérilet convient aux femmes qui ont déjà eu un enfant et ont un nombre de partenaires limité en raison du risque accru d'infections génitales qu'il entraîne. Sa mise en place est un acte médical. Elle suppose 2 consultations gynécologiques. La première a pour objectif de déterminer la taille et la position de l'utérus, de rechercher une éventuelle contre-indication et d'effectuer, si nécessaire, des examens (frottis). La seconde consultation est consacrée à la pose du stérilet, qui se pratique de préférence à la fin des règles ou bien en période ovulatoire (au milieu du cycle) lorsque le col

LE STÉRILET DU LENDEMAIN

Le stérilet en cuivre peut être utilisé après un rapport non protégé. Inséré dans un délai de 1 à 6 jours suivant le rapport, il empêche en effet la nidation de l'œuf et est efficace dans 100 % des cas. Des prélèvements doivent être effectués avant sa mise en place afin de s'assurer de l'absence d'infection génitale, et une visite médicale de contrôle, un mois après la pose, est nécessaire. Si la femme a eu ses règles entre-temps, le stérilet peut être enlevé.

de l'utérus est plus ouvert, ce qui facilite la pose. Celle-ci est simple, rapide (moins de 5 minutes) et peu douloureuse. Contenu dans un petit tube en plastique, le stérilet est inséré dans l'utérus par le vagin et le col utérin, où il est expulsé du tube à l'aide d'un poussoir. Le fil est coupé à environ 3 cm du col de l'utérus. Une fois le stérilet installé, la protection contraceptive est immédiate. Des douleurs dans le bas-ventre, parfois associées à des petits saignements, peuvent survenir après la pose, mais elles ne durent jamais longtemps (quelques jours). Aux règles suivantes, une visite de contrôle s'impose pour vérifier que le stérilet n'a pas été expulsé.
Par la suite, la femme devra consulter une fois par an, afin de s'assurer que le stérilet est bien en place et de vérifier l'état de la muqueuse utérine. Des frottis sont prescrits régulièrement.

LES CONTRE-INDICATIONS

Le stérilet ne convient pas aux femmes :
– qui n'ont jamais eu d'enfant ;
– qui ont eu ou ont une infection génitale (infection des trompes, ou salpingite, notamment) ou qui présentent un risque d'infection génitale (femmes ayant des partenaires sexuels multiples) ;
– qui ont un fibrome, un cancer ou une suspicion de cancer gynécologique ;
– qui viennent d'accoucher, car le stérilet peut provoquer des infections ou perforer un utérus encore fragile. La pose d'un stérilet n'est envisageable qu'au minimum 1 mois après l'accouchement ;
– qui ont eu une grossesse extra-utérine ;
– qui suivent un traitement anti-inflammatoire prolongé, car l'action contraceptive du stérilet s'en trouve diminuée.

LES EFFETS INDÉSIRABLES

Le stérilet n'impose aucune contrainte, sinon une hygiène génitale rigoureuse, un nombre de partenaires sexuels limité et une surveillance médicale régulière. Dans la majorité des cas, le port d'un stérilet est bien toléré. Néanmoins, il peut être à l'origine de règles plus longues et plus abondantes, dues au petit traumatisme local que provoque la présence d'un corps étranger. Ces désagréments sont souvent passagers, mais s'ils s'accompagnent de douleurs, il est conseillé de consulter un médecin, qui devra éventuellement poser un autre type de stérilet. Normalement, un stérilet ne doit pas occasionner de douleurs, sauf juste après la pose. Les complications sont rares. Il s'agit essentiellement du risque d'infection des trompes (salpingite) dans les 20 jours qui suivent la mise en place. Certains médecins font faire des examens avant la pose d'un stérilet afin de dépister une éventuelle infection du col de l'utérus, puis, une fois l'insertion effectuée, prescrivent à leur patiente des antibiotiques à titre préventif.
Dans un cas sur 1 000, le stérilet peut perforer la paroi utérine et pénétrer dans la cavité abdominale. Cela peut provoquer des douleurs abdominales et des saignements vaginaux importants, et nécessiter l'ablation chirurgicale du stérilet, si possible par cœlioscopie.

LES SIGNES D'ALARME

Les femmes portant un stérilet doivent consulter en urgence leur médecin en présence de certains symptômes :
– perte de sang en dehors des règles ;
– douleurs inhabituelles dans le bas-ventre ;
– pertes vaginales, surtout si elles s'accompagnent de brûlures ou de troubles urinaires ;
– disparition du fil du stérilet (le médecin vérifie par ailleurs sa présence lors des visites de contrôle annuelles) ;
– retard des règles.

L'Interruption Volontaire de Grossesse

Elle consiste à interrompre prématurément une grossesse pour des raisons non médicales. Elle peut être réalisée de façon chirurgicale ou à l'aide de médicaments (RU 486) et n'est autorisée que dans un cadre législatif précis.

Uferas - Rapho

***Chez les adolescentes.** Les grossesses indésirées restent fréquentes chez les jeunes filles.*

Une grossesse non désirée peut survenir dans diverses circonstances, telles que l'absence ou l'échec de contraceptif, ou, plus dramatiquement, après un viol ou des rapports incestueux. Dans tous les cas, l'interruption volontaire de grossesse (IVG) doit rester exceptionnelle. Soumise à une législation qui diffère selon les pays, elle est autorisée dans un grand nombre de pays, mais dans un cadre strict et précis (date de la grossesse, motifs justifiés).

L'aspiration endo-utérine

Également appelée méthode de Karman, l'aspiration endo-utérine se fait sous anesthésie locale ou générale. Une fois le col de l'utérus dilaté par une méthode mécanique ou médicamenteuse, le médecin introduit un petit tube en plastique (canule) dans la cavité utérine. Le tube est relié à une pompe à vide qui va aspirer le contenu utérin. Pour s'assurer que l'utérus est vide, un mini-curetage est parfois pratiqué. L'intervention dure de 3 à 5 minutes et la patiente peut repartir chez elle dans la journée.

La surveillance et les effets secondaires. L'intervention donne lieu à un endolorissement abdominal et à des saignements, minimes pendant quelques jours et plus importants le 3e jour. En cas de douleurs intenses dans le bas-ventre, d'hémorragies, de vomissements, de fièvre ou de pertes vaginales jaunâtres ou malodorantes, la femme doit consulter son médecin, car cela peut être le signe d'une infection des trompes (salpingite). Le repos et l'absence d'efforts physiques intenses permettent le rétablissement en une dizaine de jours. Il est déconseillé de prendre des bains et d'utiliser des tampons pour résorber les saignements, car le col étant encore ouvert, le risque d'infection est important. Les rapports sexuels peuvent reprendre dans la semaine qui suit l'opération, mais la femme doit impérativement adopter une méthode contraceptive fiable. Une visite médicale de contrôle est recommandée deux semaines, environ, après l'intervention. Le retentissement est minime

LE CADRE LÉGISLATIF

L'interruption volontaire de grossesse (IVG) ne peut se pratiquer qu'au sein d'un établissement hospitalier public ou privé. Elle est soumise à différentes obligations légales : deux visites médicales et un entretien psychosocial en France ; un entretien médico-social et un délai de réflexion de 6 jours en Belgique ; un examen gynécologique et l'avis de 2 médecins agréés en Suisse.

Il existe un délai légal au-delà duquel l'intervention n'est plus autorisée : 12 semaines d'aménorrhée (absence de règles) en France, 12 semaines en Belgique, 12 semaines ou moins (selon les cantons) en Suisse.

Ces délais sont inférieurs (7 semaines d'aménorrhée) pour une interruption volontaire de grossesse médicamenteuse par RU 486.

sur le plan physique, mais les conséquences psychologiques, plus difficiles à évaluer, peuvent être notables. Malgré la précocité de l'intervention et le caractère délibéré de la décision, certaines femmes mettent plusieurs semaines, voire plusieurs mois, à s'en remettre, et font appel à une aide psychologique.

LE RU 486

Le RU 486, ou Mifépristone, a été découvert par le Français Étienne-Émile Baulieu en 1985. En tant que méthode d'interruption volontaire de grossesse, il n'est autorisé qu'en France et au Royaume-Uni. Le RU 486 est une hormone de synthèse qui, en se substituant à la progestérone, empêche l'œuf de se maintenir dans l'utérus et provoque l'équivalent d'une fausse couche. Pour augmenter son efficacité, il est utilisé en association avec une prostaglandine (substance hormonale). Ces médicaments s'administrent par voie orale.

Les indications. La prescription et la prise médicamenteuse doivent être réalisées dans un établissement hospitalier habilité à réaliser des interruptions volontaires de grossesse. Les délais exigés sont plus courts que pour une aspiration endo-utérine, mais les contre-indications, plus nombreuses. La date limite est de 49 jours d'aménorrhée, soit 7 semaines d'aménorrhée ou encore 5 semaines de grossesse. Cette méthode d'avortement volontaire est interdite aux grandes fumeuses de plus de 37 ans, aux femmes souffrant d'hypertension ou d'affections cardiaques en raison des risques cardiovasculaires liés aux prostaglandines.

Déroulement. L'absorption des médicaments s'effectue dans le cabinet du médecin. La femme avale 3 comprimés de RU 486, suivis, 36 à 48 heures plus tard, de deux comprimés de prostaglandine. Dans près de 60 % des cas, l'expulsion fœtale se produit dans les 4 heures qui suivent la prise de prostaglandine dans l'établissement hospitalier et dans 40 % des cas, dans un délai de 24 à 48 heures, au domicile de la femme. Cette expulsion s'apparente à une fausse couche ; elle se manifeste par des saignements plus ou moins abondants, comprenant des caillots.

LBL - BSIP

***Confirmation de grossesse.** Malgré la précocité de l'intervention, l'interruption volontaire de grossesse peut avoir un retentissement psychologique important.*

Les effets secondaires. Des douleurs, similaires à celles des règles et de faible durée, peuvent apparaître ; la femme peut également souffrir de maux de tête et de troubles digestifs, et en particulier de nausées, mais cela reste rare. Le taux d'efficacité de cette méthode est de 99 % et ses risques sont moins importants que ceux liés à l'aspiration endo-utérine puisque ce procédé ne requiert pas d'anesthésie.

L'AVORTEMENT THÉRAPEUTIQUE

Il est indiqué si la vie de la mère est en danger (insuffisance cardiaque, respiratoire ou rénale, cancer, etc.) ou si l'enfant à naître est atteint d'une affection particulièrement grave et incurable. Dans ce dernier cas, des examens permettent de vérifier le risque d'atteinte fœtale : échographie, biopsie des villosités choriales (prélèvement d'un échantillon de tissu placentaire), amniocentèse (prélèvement de liquide amniotique). Si les soupçons sont confirmés, un médecin habilité proposera aux parents un avortement thérapeutique. Celui-ci s'effectue sous péridurale et est déclenché par l'administration de prostaglandines (substances favorisant les contractions de l'utérus). L'avortement reproduit les mécanismes d'un accouchement, ce qui reste une situation très éprouvante pour la femme. La surveillance hospitalière se poursuit quelques jours.

La Stérilité Féminine

Les causes de stérilité féminine sont nombreuses et peuvent concerner tous les organes impliqués dans la reproduction. Les traitements font appel à des médicaments ou à la chirurgie.

J. Darell - Fotogram Stone

Contrôle de l'ovulation. *La prise de température chaque matin peut permettre de repérer le moment de l'ovulation.*

La stérilité est l'absence de grossesse après au moins un an de rapports sexuels réguliers non protégés. Un tiers des cas de stérilité relève de causes exclusivement féminines, dont les plus fréquentes sont liées à la fonction ovulatoire et aux trompes de Fallope (causes tubaires).

LES STÉRILITÉS D'ORIGINE OVULATOIRE

Elles se traduisent par une absence d'ovulation ou par une ovulation défectueuse et se manifestent par des troubles des cycles menstruels : absence de règles (aménorrhée), cycles longs, courts ou irréguliers.

Les causes. Elles sont nombreuses.

– Il peut s'agir d'une baisse ou d'une anomalie de la sécrétion par l'hypophyse (glande située à la base du cerveau) des hormones responsables de l'activité des ovaires : hormone lutéinisante (LH), hormone folliculo-stimulante (FSH) et prolactine. Une sécrétion anormale peut s'observer dans différentes circonstances : stress, mauvaise alimentation (anorexie mentale), tumeur de l'hypophyse (prolactinome), ou, plus rarement, prise de certains médicaments, radiothérapie ou intervention chirurgicale au niveau du cerveau.

– Certaines anomalies sont localisées au niveau des ovaires. Les ovaires polykystiques, par exemple, se traduisent par la présence sur les ovaires de petits kystes à l'origine de troubles du cycle menstruel.

– Les maladies entraînant un mauvais fonctionnement des glandes surrénales ou de la thyroïde peuvent être à l'origine de stérilité.

– Certaines maladies génétiques peuvent entraîner une altération des ovaires et une diminution du nombre de follicules, voire une absence d'ovaire. Le syndrome de Turner, qui est caractérisé par l'absence d'un chromosome sexuel, est la principale cause génétique de la stérilité.

Les traitements. Ils dépendent de la cause du trouble et peuvent comprendre :

– une psychothérapie associée ou non à une rééducation du comportement alimentaire si l'absence d'ovulation est due au stress ou à une anorexie mentale ;

– l'administration de médicaments (gonadotrophines ou gonadolibérine) pour stimuler les ovaires ou la sécrétion des hormones LH et FSH par l'hypophyse ;

– un traitement médicamenteux pour soigner les ovaires polykystiques ;

– un traitement médicamenteux pour freiner la sécrétion de l'hormone prolactine en cas de tumeur entraînant une augmentation de sa sécrétion (prolactinome) ou une ablation de la tumeur.

Dans certains cas, la stérilité d'origine ovarienne est incurable (ovaires dépourvus de follicules).

UN PHÉNOMÈNE ÉTRANGE

Environ 15 % des couples qui consultent pour stérilité obtiennent une grossesse avant tout traitement.
Les hypothèses expliquant ce phénomène sont multiples : le couple avait simplement besoin d'un délai plus long que la norme pour concevoir un enfant (fécondité diminuée) ; l'information donnée par le médecin permet une grossesse ; l'effet « placebo » de la consultation ou des examens effectués ; et, dans certains cas, l'effet réellement thérapeutique de certains examens tels que l'hystérosalpingographie (examen radiologique de l'utérus et des trompes de Fallope), le passage du produit de contraste aidant parfois à déboucher les trompes.

LA STÉRILITÉ D'ORIGINE TUBAIRE

Les trompes de Fallope sont les 2 conduits reliant les ovaires à l'utérus. C'est là que se déroule la fécondation.
Les causes. De nombreuses anomalies peuvent empêcher la rencontre du spermatozoïde et de l'ovule dans la trompe de Fallope : obstruction ou occlusion des trompes, adhérences (tissu cicatriciel s'interposant entre les ovaires et les pavillons des trompes), malformations congénitales. Ces anomalies sont le plus souvent la conséquence d'une infection des trompes (salpingite).
Les traitements. Dans certains cas, une intervention chirurgicale sous cœlioscopie permet de traiter ce type de stérilité. Elle vise à rétablir la perméabilité des trompes ou à libérer le petit bassin des adhérences afin de permettre aux pavillons des trompes de capter à nouveau les ovules.

LA STÉRILITÉ D'ORIGINE UTÉRINE

Les causes. Les affections de l'utérus (malformations ou maladies) peuvent être à l'origine de stérilité en empêchant l'ascension des spermatozoïdes vers les trompes de Fallope ou, plus fréquemment, en ne permettant pas l'implantation ou le développement de l'embryon, et provoquant ainsi des fausses couches répétées. Outre les malformations de l'utérus, les maladies à l'origine de ce type de stérilité sont les fibromes, les polypes de l'utérus, les infections provoquant une inflammation de la muqueuse de l'utérus (endométrite) et l'accolement des parois internes de l'utérus (synéchie).
Les traitements. Les infections de l'utérus sont traitées par des antibiotiques. Une intervention par hystéroscopie (à l'aide d'un tube muni d'un système optique inséré par le col de l'utérus) permet de traiter les accolements de la cavité interne de l'utérus (synéchies), certaines malformations et d'effectuer l'ablation de certains polypes et fibromes. Diverses anomalies sont à l'origine d'une stérilité incurable (absence d'utérus, par exemple).

LA STÉRILITÉ D'ORIGINE CERVICALE

Les causes. Une altération du col de l'utérus accompagnée d'une production anormale de glaire cervicale (substance sécrétée par les cellules du col utérin) peut représenter un obstacle à l'ascention des spermatozoïdes du vagin vers l'utérus. Les causes sont diverses : anomalie présente à la naissance (absence de col, canal cervical rétréci ou bouché), inflammation du col de l'utérus (endocervicite), séquelle d'une intervention chirurgicale (curetage, conisation du col...), fabrication par le col de l'utérus d'une glaire trop acide ou contenant des anticorps contre les spermatozoïdes.
Les traitements. En cas d'infection du col de l'utérus, des antibiotiques sont prescrits. Des irrigations vaginales alcalines administrées avec une poire gynécologique peuvent neutraliser l'hyperacidité de la glaire cervicale. Dans la plupart des autres cas, une insémination artificielle intra-utérine peut être indiquée.

LA STÉRILITÉ D'ORIGINE VULVO-VAGINALE

Les causes. Certaines anomalies ou des affections telles que le vaginisme (contraction réflexe des muscles du périnée associée à une hypersensibilité de la vulve et du vagin empêchant tout rapport) peuvent être des causes – rares – de stérilité.
Les traitements. Certaines anomalies anatomiques s'opèrent. Le vaginisme peut être traité par une sexothérapie ou une psychothérapie.

LA STÉRILITÉ MASCULINE

LES ANOMALIES DES TESTICULES

Les stérilités d'origine masculine peuvent être dues à un fonctionnement anormal des testicules, d'origine variée.

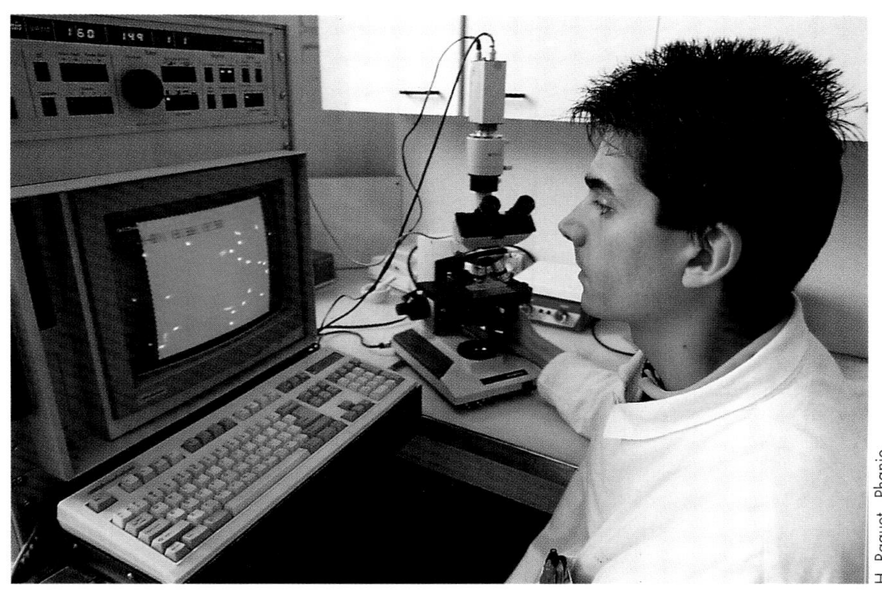

H. Raguet - Phanie

***Analyse de sperme.** Elle permet de détecter les stérilités dues à une anomalie des spermatozoïdes.*

Les spermatozoïdes sont fabriqués et se multiplient au niveau des testicules. Par conséquent, une anomalie des testicules, ou insuffisance testiculaire primaire, est susceptible d'entraîner des malformations ou une absence de spermatozoïdes. Ces anomalies peuvent être génétiques, présentes à la naissance (congénitales) ou bien dues à diverses maladies survenues ultérieurement. Elles peuvent se manifester par une absence complète de spermatozoïdes (azoospermie), par une diminution de leur nombre (oligospermie), par une baisse de leur mobilité (asthénospermie), ou encore par un faible nombre de spermatozoïdes ayant une forme normale – ces derniers troubles pouvant s'associer. Ces anomalies sont décelées grâce au spermogramme.

LES CAUSES

Elles sont variées :
– anomalies chromosomiques telles que le syndrome de Klinefelter (présence d'un chromosome sexuel X supplémentaire) dans lequel les testicules sont de petite taille ;
– absence, dans le testicule, des cellules qui sont à l'origine des spermatozoïdes (cellules germinales) ;
– non-descente, à la naissance, des testicules dans les bourses (cryptorchidie). Le risque de stérilité serait alors de 25 à 60 % si l'affection n'atteint qu'un testicule, et de 50 à 80 % en cas d'atteinte bilatérale ;
– maladies diverses d'origine infectieuse, telles que l'inflammation du testicule (appelée orchite), qui constitue l'une des principales complications des oreillons ;
– altérations consécutives à des traumatismes directs provoquant un hématome du ou des testicules ; enroulement (ou torsion) sur lui-même du cordon auquel le testicule est suspendu (cordon spermatique),

STÉRILITÉ MASCULINE ET TOXIQUES

Des traitements lourds comme la chimiothérapie (dans le cadre d'un traitement contre le cancer) peuvent provoquer un arrêt définitif de la fonction testiculaire. Dans ce cas, le sperme du patient peut être prélevé avant le début du traitement et conservé sous forme de paillettes destinées à une éventuelle insémination de sa compagne.

LES ANOMALIES DES SPERMATOZOÏDES

Certains troubles d'origine génétique entraînent des anomalies de la tête des spermatozoïdes à l'origine d'une stérilité : têtes minuscules, têtes rondes dépourvues de la structure (acrosome) qui permet au spermatozoïde de pénétrer dans l'ovule. Le flagelle (l'organe qui propulse le spermatozoïde) peut aussi être affecté par des malformations qui empêchent la mobilité des spermatozoïdes (syndrome des cils immobiles, par exemple).
Aucun traitement pharmacologique ou chirurgical ne permet de rétablir la fertilité. Toutefois, certaines grossesses ont pu être obtenues grâce à une technique de fécondation assistée : l'ICSI *(Intra-Cytoplasmic Sperm Injection).*

qui entraîne l'arrêt de l'irrigation sanguine au niveau du testicule ; dans ce dernier cas, une intervention chirurgicale d'urgence s'impose ;
– présence de tumeurs dans un ou dans les deux testicules ;
– dilatation des veines du cordon spermatique (varicocèle), qui augmente la chaleur locale et entraîne une production de spermatozoïdes anormaux ;
– traitements toxiques pour les testicules (chimiothérapie ou radiothérapie pour soigner un cancer) ; exposition à certains produits chimiques ou à des températures élevées.
L'examen essentiel permettant d'étudier le nombre et la mobilité des spermatozoïdes, ainsi que le pourcentage de spermatozoïdes anormaux, est le spermogramme.

LES TRAITEMENTS

La seule façon d'améliorer la qualité du sperme est de corriger la cause de l'anomalie de fonctionnement des testicules lorsqu'elle n'est pas irréversible. Ainsi, la prise de médicaments toxiques pour la fonction testiculaire doit, lorsque cela est possible, être interrompue, de même que l'exposition, pour raison professionnelle, à des températures élevées, à certains métaux lourds ou à des pesticides. Certaines habitudes de vie (sauna, bains chauds) et certaines activités sportives doivent être abandonnées ainsi que l'abus d'alcool et la toxicomanie. La varicocèle, cause assez fréquente de mauvais fonctionnement des testicules, peut, dans certains cas, être traitée avec succès de façon chirurgicale. La torsion du testicule, lorsqu'elle est opérée à temps, ne laisse en général pas de séquelles. Cependant, dans la plupart des cas, une amélioration de la qualité du sperme n'est pas possible. Dans les situations où il y a présence de spermatozoïdes dans le sperme émis lors de l'éjaculation (éjaculat), une insémination artificielle est envisageable s'il existe un nombre suffisant de spermatozoïdes mobiles avec une forme normale. Si ce n'est pas le cas, la seule alternative est une fécondation in vitro.
L'absence totale de spermatozoïdes (azoospermie) était autrefois considérée comme une cause définitive de stérilité, sans possibilité de traitement médicamenteux, chirurgical ni par procréation médicalement assistée.
Ces dernières années, la technique de l'ICSI *(Intra-Cytoplasmic Sperm Injection)*, dans laquelle un seul spermatozoïde est injecté à l'intérieur de l'ovule, a permis d'aboutir à des grossesses. Elle implique de prélever des spermatozoïdes ou des cellules élaborant des spermatozoïdes directement dans le testicule.

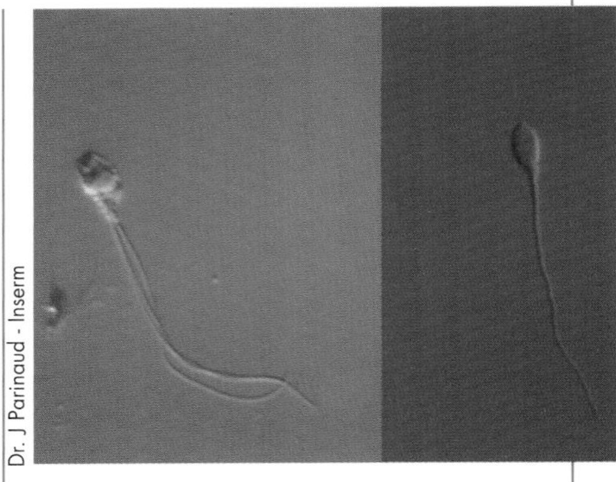
Dr. J Parinaud - Inserm

Spermatozoïdes. *Les anomalies portent non seulement sur le nombre de spermatozoïdes, mais également sur leur forme et leur pouvoir fécondant.*

LE SPERME

C'est le liquide produit lors de l'éjaculation et contenant les spermatozoïdes. Chaque millilitre contient entre 30 et 150 millions de spermatozoïdes en suspension dans le liquide séminal. Celui-ci est constitué de nombreuses protéines, de fructose, de phosphatases acides et de carnitines.

La Stérilité Masculine

LES AUTRES CAUSES

Des problèmes hormonaux, des tumeurs, des malformations des organes génitaux, des infections ou des troubles de l'érection et de l'éjaculation peuvent expliquer une stérilité masculine.

Outre les stérilités dont l'origine est localisée aux testicules, des anomalies peuvent s'observer au niveau des centres du cerveau (hypothalamus, hypophyse) qui régulent le fonctionnement des testicules et sur les voies qui assurent le cheminement et l'émission des spermatozoïdes: les épididymes, les canaux déférents et les glandes annexes que constituent la prostate et les vésicules séminales. Les troubles de l'érection et de l'éjaculation (impuissance) sont d'autres causes, plus rares, de stérilité masculine.

B. Ayres - Fotogram Stone

Traitement chirurgical de la stérilité. *Certaines causes de stérilité masculine, telles que l'obstruction des voies séminales, peuvent être soignées par une opération.*

LES TROUBLES DES CENTRES CÉRÉBRAUX

L'hypothalamus (région située à la base du cerveau) produit une hormone appelée gonadolibérine (GnRH). La sécrétion de cette hormone entraîne à son tour la production et la sécrétion de 2 hormones par l'hypophyse (petite glande située sous l'hypothalamus). Ces 2 hormones sont les gonadotrophines, composées de l'hormone folliculostimulante (FSH) et de l'hormone lutéinisante (LH). La première agit sur la fabrication des spermatozoïdes tandis que la seconde intervient dans la sécrétion de la principale hormone mâle, la testostérone.

Les causes. Une altération des centres cérébraux (hypothalamus, hypophyse) accompagnée d'une sécrétion anormale de FSH et de LH peut aboutir à un défaut d'activité du testicule. En particulier, une sécrétion insuffisante de FSH et de LH entraîne une absence complète de spermatozoïdes (azoospermie) dans le sperme éjaculé, ou une diminution très importante de leur nombre. Ces troubles peuvent s'expliquer par :

– un déficit de GnRH, observable, par exemple, dans le syndrome de Kallman-De Morsier ;
– des tumeurs ou des infections affectant ces centres cérébraux ;
– des traumatismes liés à un accident ou consécutifs à une intervention chirurgicale ;
– les effets secondaires de certains médicaments ou traitements (radiothérapie dans la zone de l'hypothalamus ou de l'hypophyse) ;
– des malformations multiples touchant aussi les centres cérébraux ;
– des perturbations des centres cérébraux liées à des facteurs psychiques et émotionnels, nutritionnels, ou provoquées par des maladies générales chroniques.

Les traitements. Dans la plupart des cas, le traitement consiste à stimuler directement les testicules en administrant des gonadotrophines (FSH et LH), ou bien à stimuler leur sécrétion en administrant de la gonadolibérine (GnRH). Les résultats de ce traitement hormonal sont généralement satisfaisants.

En cas de tumeur hypophysaire (adénome à prolactine), un traitement médical ou chirurgical (ablation de la tumeur) peut être proposé.

LES OBSTRUCTIONS DES VOIES SÉMINALES

Les causes. Elles sont parfois dues à des malformations des épididymes (canaux situés derrière le testicule), des canaux déférents (qui prolongent les épididymes), des vésicules séminales (qui fabriquent un des composants du sperme) ou des canaux éjaculateurs (qui expulsent le sperme au moment de l'éjaculation). Mais la plupart des obstructions des voies séminales sont liées à des infections sexuellement transmissibles, en particulier celle de l'épididyme (épididymite). Plus rarement, une tumeur locale ou une intervention chirurgicale (sur la prostate, par exemple) sont en cause.
Les traitements. On peut remédier à certaines obstructions par la chirurgie. Dans les autres cas, un prélèvement de spermatozoïdes dans l'épididyme, suivi d'une fécondation in vitro (technique de l'ICSI dans laquelle un seul spermatozoïde est injecté directement dans l'ovule), peut être envisagé.

LES ANOMALIES DES GLANDES ANNEXES

Les vésicules séminales et la prostate, qui contribuent à la fabrication du liquide (liquide séminal) indispensable à la mobilité des spermatozoïdes, sont parfois le siège d'affections empêchant leur bon fonctionnement.
Les causes. Ces 2 glandes peuvent être atteintes d'inflammations (vésiculite, prostatite) d'origine infectieuse ou, plus rarement, liées à des malformations ou à des tumeurs. Ces inflammations chroniques entraînent une altération du liquide séminal et des spermatozoïdes (diminution de leur mobilité, notamment).
Les traitements. Les inflammations chroniques de la prostate et des vésicules séminales sont soignées par des antibiotiques et/ou des anti-inflammatoires.

TROUBLES DE L'ÉRECTION ET DE L'ÉJACULATION

Les troubles de l'érection (impuissance) et de l'éjaculation peuvent être une cause de stérilité masculine.
Les causes. Les troubles de l'érection peuvent être d'origine psychique (défaillance sexuelle liée à une angoisse) ou organique. Dans ce dernier cas, il peut s'agir d'anomalies de l'appareil urinaire et génital qui ne permettent pas le dépôt du sperme dans le vagin, de traumatismes, de maladies neurologiques ou vasculaires (dans certains cas de diabète, par exemple), de la prise de certains médicaments ou encore des suites d'une intervention chirurgicale (sur l'urètre, la vessie ou la prostate).
Dans les troubles de l'éjaculation, l'homme éjacule avant toute pénétration (éjaculation prématurée, souvent d'origine psychique) ou il n'arrive pas à émettre le sperme à l'extérieur (anéjaculation). Enfin, dans un autre cas, l'éjaculation rétrograde, les spermatozoïdes sont projetés vers la vessie, du fait d'un défaut de fermeture du col vésical (qui sépare l'urètre et la vessie). Cette affection peut être due à diverses causes : chirurgie de la prostate, du col vésical, du rectum, malformation, traumatisme de la moelle épinière, troubles affectant les nerfs de cette région...
Les traitements. En cas d'éjaculation rétrograde (vers la vessie), des médicaments peuvent provoquer la fermeture du col vésical lors de l'émission du sperme, empêchant ainsi le reflux vers la vessie. En cas d'échec, une insémination artificielle ou une fécondation in vitro sont possibles avec des spermatozoïdes recueillis dans les urines (après masturbation ou rapport sexuel).
En fonction de leur origine, les autres cas seront traités par sexothérapie, par des médicaments, par des techniques capables de provoquer un réflexe d'éjaculation (moyens mécaniques ou électriques).

LES CAUSES IMMUNOLOGIQUES

Il arrive que l'organisme de l'homme fabrique des anticorps qui se fixent à la surface des spermatozoïdes, perturbant alors leur mobilité ou leur capacité à féconder un ovule.
Un traitement par corticoïdes peut être prescrit. En cas d'échec, le couple peut avoir recours à une technique de procréation médicalement assistée : insémination artificielle ou fécondation in vitro.

LE BILAN DE STÉRILITÉ

GÉNÉRALITÉS

Le bilan de stérilité suit un ordre logique et débute par un interrogatoire et un examen qui peuvent orienter la suite des recherches.

Le bilan de stérilité concerne les 2 partenaires du couple, les causes pouvant provenir de la femme, de l'homme ou bien des 2 à la fois.

LE DÉROULEMENT

Les examens sont réalisés en parallèle, et les résultats des examens de l'un influencent le déroulement des examens de l'autre. Ainsi, si l'examen du sperme révèle une cause évidente de stérilité masculine, l'hystérosalpingographie (examen radiologique de l'utérus et des trompes de Fallope), délicate et parfois douloureuse, ne sera pas pratiquée chez la femme. Le bilan de stérilité dure de 3 à 6 mois à partir du constat de stérilité (absence de grossesse après au moins un an de rapports sexuels non protégés). Toutefois, s'il existe une cause évidente de stérilité (absence de règles chez la femme, diminution importante du volume des testicules chez l'homme), le bilan de stérilité peut débuter avant. L'interrogatoire et l'examen clinique sont 2 étapes préliminaires et importantes, qui orientent le diagnostic vers des causes de stérilité que le médecin cherchera à mettre en évidence en priorité par des examens complémentaires.

EXAMEN D'UN COUPLE STÉRILE

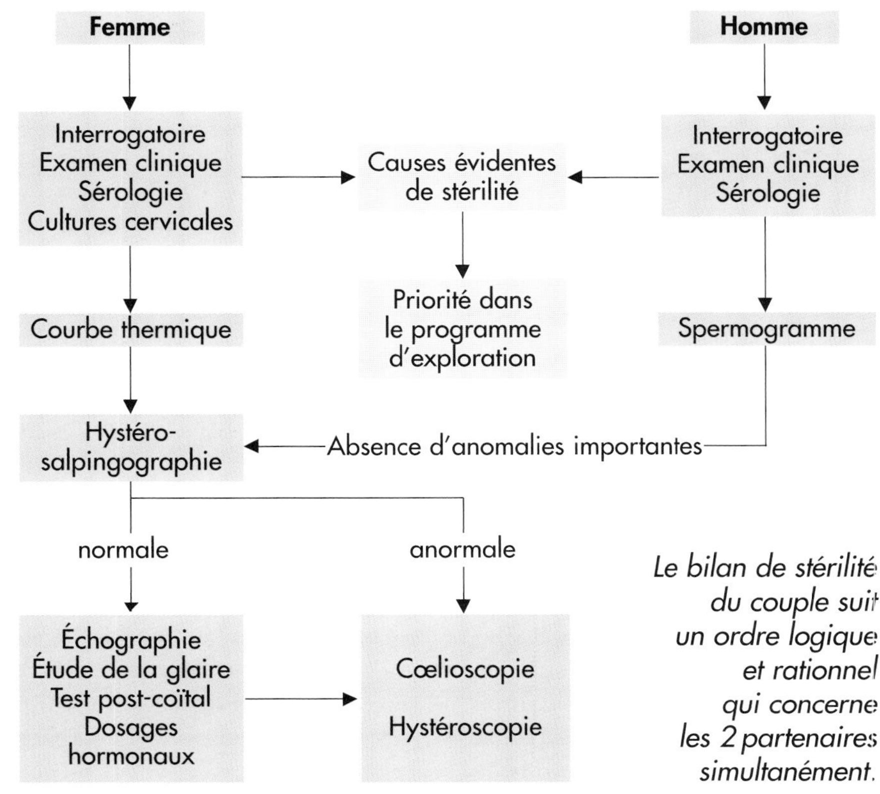

Le bilan de stérilité du couple suit un ordre logique et rationnel qui concerne les 2 partenaires simultanément.

L'INTERROGATOIRE

Il permet de faire un point complet sur l'état de santé de l'homme et de la femme, de retracer l'histoire de leur vie génitale et de rechercher dans leur passé des maladies pouvant avoir causé une stérilité.

Questions posées à l'homme et à la femme. Le médecin s'informe sur la vie du couple (durée de la relation et antériorité du désir d'enfant ; grossesse éventuelle déjà conçue au sein du couple, fréquence et qualité des rapports sexuels, existence éventuelle de troubles sexuels), sur les antécédents familiaux (existence de cas de stérilité, d'avortements spontanés ou de maladies héréditaires dans la famille), sur les habitudes de vie (profession, activité physique, tabagisme, consommation d'alcool).

DÉFINITION

La stérilité est l'absence de grossesse après au moins un an de rapports sexuels réguliers non protégés. Elle est primaire si la femme n'a jamais eu de grossesse, et secondaire si la femme a déjà eu une ou plusieurs grossesses. Ainsi définie, la stérilité concerne 15 à 20 % des couples. Les causes de stérilité sont soit féminines (environ 33 % des cas), soit masculines (environ 20 %), ou mixtes, c'est-à-dire partagées – les causes étant retrouvées chez les 2 partenaires (environ 39 %). Dans 8 % des cas, l'origine de la stérilité n'est pas déterminée ; on parle alors de stérilité idiopathique.

Questions posées à la femme. L'interrogatoire comprend un bilan sur :

– le passé gynécologique : déroulement de la puberté, caractéristiques et évolution du cycle menstruel, antériorité de grossesse (avant l'union actuelle) ; mode de contraception utilisé dans le passé ; existence de maladies sexuellement transmissibles, de maladies inflammatoires pelviennes ou d'autres infections génitales ;

– l'état de santé : existence de maladies (tuberculose, troubles hormonaux), traitements médicamenteux en cours et antécédents de chirurgie (dans la région abdominale ou pelvienne).

Questions posées à l'homme. Le médecin demande à son patient s'il a déjà conçu un enfant avec une autre partenaire, puis il l'interroge sur :

– l'existence de maladies chroniques, hormonales, respiratoires, d'infections à répétition, de fièvre et d'allergies ;

– l'existence de troubles de l'appareil urinaire et génital : testicules non descendus (cryptorchidie), infection par le virus des oreillons ayant atteint les testicules (orchite), torsion du testicule (enroulement du cordon auquel le testicule est suspendu sur lui-même), infection ou inflammation, sexuellement transmissible ou non, de l'épididyme (canal situé derrière le testicule), de la prostate, des vésicules séminales ou de l'urètre ;

– un traumatisme ayant atteint les testicules ;

– un traitement (passé ou présent) par médicaments anticancéreux (pouvant nuire à la fonction de reproduction) ou par radiothérapie ;

– l'existence d'une intervention chirurgicale concernant l'appareil uro-génital : fixation d'un testicule dans la bourse (orchidopexie) en cas de localisation anormale du testicule, hernie inguinale (saillie d'une partie de l'intestin par le canal inguinal, qui livre passage au cordon spermatique), ablation d'un testicule (orchidectomie), traitement d'une varicocèle (dilatation des veines spermatiques), chirurgie de la prostate, de la vessie ou de l'urètre.

L'EXAMEN CLINIQUE

Il débute par un examen général comprenant une mesure de la taille et du poids, ainsi qu'une évaluation des caractères sexuels secondaires (pilosité de l'appareil génital, développement des seins chez la femme...).

Voisin - Phanie

Le bilan du couple.
La recherche de l'origine de la stérilité est menée en même temps chez les deux partenaires.

Chez la femme. Un examen gynécologique complet est effectué, suivi d'une étude de la glaire cervicale (liquide sécrété par le col de l'utérus qui favorise l'ascension des spermatozoïdes dans l'utérus) avant l'ovulation et de certains prélèvements afin de détecter d'éventuelles infections.

Chez l'homme. Le médecin recherche une éventuelle augmentation du volume des seins (gynécomastie) ainsi qu'une sécrétion mammaire (galactorrhée). Ensuite, il pratique un examen génital. Il s'assure que les 2 testicules sont présents, contrôle qu'ils sont correctement descendus et en évalue la taille et la consistance, puis il cherche à repérer des anomalies au niveau des épididymes, des canaux déférents, des bourses, du pénis et de l'abouchement de l'urètre. Il s'assure de l'absence de varicocèle et, enfin, contrôle l'état de la prostate ainsi que celui des vésicules séminales par un toucher rectal.

LE BILAN DE STÉRILITÉ

LES EXAMENS COMPLÉMENTAIRES

La consultation oriente la prescription d'examens complémentaires, dont l'objectif est de retrouver éventuellement la cause de la stérilité féminine ou masculine.

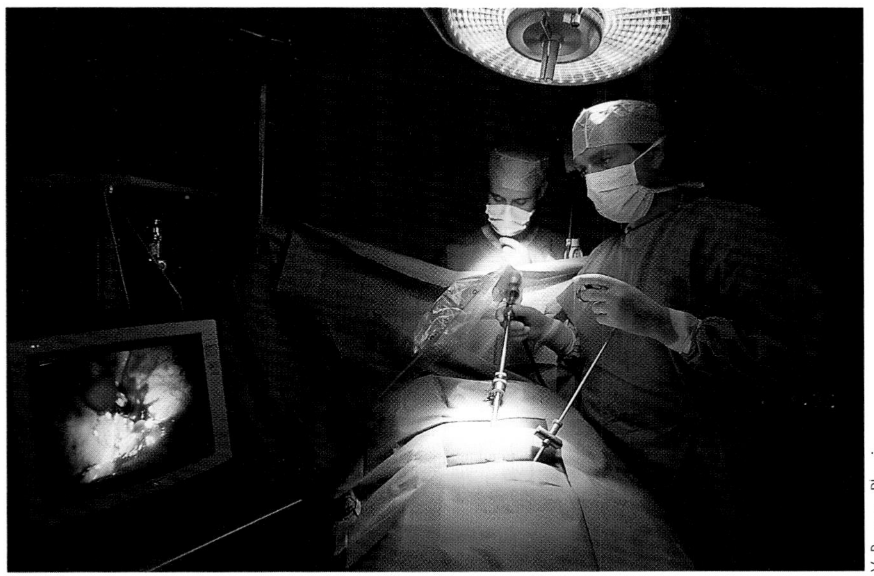

V. Burger - Phanie

***Cœliochirurgie.** Cette intervention, effectuée grâce à un tube optique introduit dans l'abdomen, peut permettre de résoudre certaines causes de stérilité féminine.*

Après l'examen clinique, le médecin cherche à obtenir différentes informations en prescrivant divers examens complémentaires.

CHEZ LA FEMME

Outre les examens, le médecin peut également demander à sa patiente de tracer sa courbe de température pendant 2 à 3 mois.

La prise de sang. Au moment de l'examen clinique, le médecin effectue certains prélèvements afin de détecter une éventuelle infection et prescrit une prise de sang pour dépister une infection à Chlamydia (agent infectieux à l'origine des salpingites, ou infections des trompes de Fallope), le virus du sida (VIH), la syphilis, l'hépatite B, la rubéole et la toxoplasmose.

La courbe thermique. Elle permet de confirmer la survenue de l'ovulation (laquelle induit un « décalage thermique ») et d'en déterminer le moment. Pendant 2 à 3 mois, la femme doit prendre sa température chaque matin au lever, avant toute activité, et la noter sur une feuille de température. Chez les femmes qui ont un rythme de vie irrégulier (travaillant la nuit, telles les infirmières, ou exposées à des décalages horaires, telles les hôtesses de l'air), la courbe de température n'est généralement pas significative.

L'hystérosalpingographie. Cet examen radiologique n'est prescrit que si le bilan de stérilité de l'homme n'a permis de déceler aucune anomalie importante du sperme. Il étudie le canal cervical, la cavité utérine et les trompes de Fallope à l'aide d'un produit de contraste. En cas d'affection des trompes de Fallope, une cœlioscopie est recommandée.

En cas d'anomalie de la cavité utérine, une échographie pelvienne et une hystéroscopie seront pratiquées.

Si l'hystérosalpingographie a montré une image normale des trompes et de la cavité utérine, les 3 examens suivants sont prescrits à des moments précis du cycle menstruel.

Une échographie. L'échographie endovaginale (une sonde est introduite dans le vagin) permet de déceler une maladie utérine ou ovarienne et de retrouver le moment de l'ovulation.

Un test post-coïtal. Il est effectué quelques heures après un rapport sexuel et juste avant l'ovulation. Ses objectifs sont d'évaluer la présence et la mobilité des spermatozoïdes dans la glaire cervicale, et d'étudier les caractéristiques de cette dernière.

Des dosages sanguins de la progestérone. Ils confirment la présence d'une ovulation et excluent un trouble lié au corps jaune (glande qui se développe dans l'ovaire après l'ovulation et sécrète de la progestérone).

Si tous ces examens n'ont pas montré de facteur de stérilité, une cœlioscopie, combinée à une hystéroscopie, est pratiquée.

La cœlioscopie. C'est l'examen du petit bassin grâce à un tube optique introduit dans l'abdomen par une petite incision ombilicale. La cœlioscopie est effectuée sous anesthésie générale.

Elle permet d'observer directement l'utérus, les trompes et les ovaires afin de découvrir certaines causes de stérilité telles qu'une obturation des trompes, des adhérences ou une endométriose (présence de fragments de la muqueuse utérine en dehors de leur localisation normale).

Lors de cet examen, des actes chirurgicaux peuvent être effectués pour rétablir la perméabilité des trompes, libérer des adhérences ou ôter certaines lésions d'endométriose.

Une hystéroscopie. Un tube optique est introduit à travers le col de l'utérus pour détecter des troubles, tels que des fibromes, des polypes, des accolements des parois de l'utérus (synéchies) et, parfois, les traiter.

CHEZ L'HOMME

À l'issue de l'examen clinique, le médecin prescrit généralement une prise de sang dont l'objectif est de dépister le virus du sida (VIH), celui de l'hépatitite B et la syphilis. Le but de ces analyses est d'exclure la présence de maladies infectieuses qui sont potentiellement transmissibles à la femme et au fœtus. Suit une série d'examens visant à retrouver la cause éventuelle de stérilité.

Le spermogramme. C'est l'analyse du sperme recueilli par masturbation après 3 à 5 jours d'abstinence. Le spermogramme est l'examen de base d'un bilan de stérilité masculine. Il analyse les principaux paramètres qui caractérisent l'éjaculat :

– le volume du liquide séminal (il est normal entre 2 et 6 ml) ;

– la concentration en spermatozoïdes (elle est normale lorsqu'elle est supérieure ou égale à 20 millions par millilitre) ;

– le nombre total de spermatozoïdes (il doit y avoir plus de 40 millions de spermatozoïdes normaux dans un éjaculat) ;

– la mobilité des spermatozoïdes 1 heure après l'éjaculation (normalement, 50 % au moins des spermatozoïdes doivent être mobiles et avancer, 25 % doivent avoir une progression rapide et linéaire) ;

– la morphologie des spermatozoïdes (30 % au moins d'entre eux doivent avoir une forme normale) ;

– leur vitalité (75 % des spermatozoïdes doivent être vivants).

Une spermoculture. L'analyse du liquide séminal est complétée par une recherche de germes dans le sperme, associée au dosage de substances telles que la carnitine, le zinc ou le fructose, qui renseigne sur le bon fonctionnement des épididymes, de la prostate et des vésicules séminales.

En fonction des informations données par l'interrogatoire, l'examen clinique et ces différents examens, le médecin peut prescrire d'autres recherches.

Des dosages hormonaux. Effectués sur des prélèvements sanguins, ils permettent de vérifier la présence en proportions normales des hormones suivantes :

– l'hormone folliculostimulante (FSH), sécrétée par l'hypophyse et indispensable à la croissance et au développement des spermatozoïdes ;

– l'hormone lutéinisante (LH), également sécrétée par l'hypophyse et qui stimule la sécrétion de la testostérone ;

– la testostérone, sécrétée par les testicules (par les cellules de Leydig), indispensable au développement des caractères sexuels masculins.

Un caryotype. C'est l'étude du nombre des chromosomes et de leur structure. Le caryotype est anormal dans certains cas de stérilité.

L'échographie des bourses et de la prostate. Elle permet de repérer des anomalies des bourses, de la prostate et des vésicules séminales.

La biopsie du testicule. Elle est parfois effectuée pour étudier le lieu même de production des spermatozoïdes.

Procréation Médicalement Assistée

L'insémination artificielle

Elle consiste à introduire du sperme dans l'appareil génital de la femme, de façon artificielle, au moyen d'instruments.

Dans cette technique, les spermatozoïdes sont déposés dans les voies génitales féminines en dehors d'un rapport sexuel.
L'insémination artificielle se pratique soit avec le sperme du conjoint (IAC), soit avec le sperme d'un donneur (IAD). Elle est indiquée lorsque, pour une raison anatomique ou fonctionnelle, les spermatozoïdes ne peuvent être déposés dans le vagin lors du rapport sexuel ou ne peuvent accéder à la cavité utérine à travers la glaire cervicale (le liquide sécrété par les cellules du col utérin). Il existe 4 zones possibles pour le dépôt des spermatozoïdes, choisies en fonction des caractéristiques de la stérilité : le vagin (insémination intravaginale, ou IIV), la cavité du col de l'utérus (insémination intracervicale, ou IIC), l'utérus (insémination intra-utérine, ou IIU) et la cavité péritonéale (insémination intrapéritonéale, ou IIP).

L'insémination intravaginale

Indications. Une insémination dans le vagin est préconisée lorsque l'homme ne parvient pas à éjaculer dans le vagin du fait de troubles de l'érection ou d'un problème d'éjaculation précoce.
Technique. Le dépôt de sperme se fait à l'aide d'une seringue. Le couple peut lui-même procéder à cette insémination (auto-insémination).

L'insémination intracervicale

Indications. Des malformations urinaires ou génitales, une diminution du volume de l'éjaculat (sperme éjaculé), du nombre de spermatozoïdes ou du pourcentage de spermatozoïdes mobiles peuvent justifier une insémination au niveau du col de l'utérus.
Technique. Le médecin dépose une partie du sperme à l'intérieur de la cavité du col de l'utérus à l'aide d'une sonde.

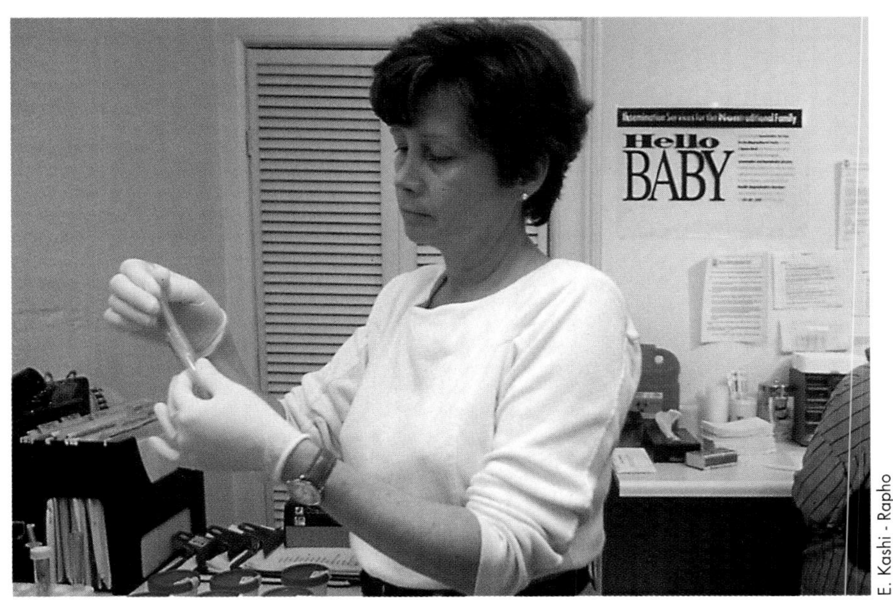

E. Kashi - Rapho

Préparation du sperme. *Avant une insémination artificielle, le sperme recueilli doit être préparé selon la technique choisie.*

Le bilan du couple avant l'insémination

Les conditions préalables à la réalisation d'une insémination artificielle avec le sperme d'un donneur sont :
– des données médicales confirmant le motif de l'intervention (stérilité masculine ou indication génétique) ;
– un bilan de fertilité féminine, des examens permettant de dépister une éventuelle infection.
Un entretien psychologique du couple est effectué dans certains centres de procréation médicalement assistée.

L'autre partie est introduite dans une cape adaptée au col de l'utérus, qui favorise le contact du sperme avec celui-ci et empêche son reflux dans le vagin. La femme retire elle-même la cape au bout de 6 à 8 heures. L'insémination se fait de 24 à 12 heures avant l'ovulation, moment où la glaire cervicale est le plus à même de favoriser l'ascension des spermatozoïdes.

L'INSÉMINATION INTRA-UTÉRINE

C'est la méthode d'insémination artificielle la plus couramment employée. Son objectif est de contourner un obstacle à la montée des spermatozoïdes vers l'utérus.

Les indications chez la femme. Différentes anomalies de la glaire cervicale peuvent justifier une insémination dans l'utérus : glaire cervicale inappropriée, absente ou trop peu abondante ; glaire cervicale trop acide, tuant les spermatozoïdes, ou trop visqueuse, empêchant leur mobilité ; présence d'anticorps antispermatozoïdes dans la glaire.

Les indications chez l'homme. Ce sont :

– une éjaculation rétrograde dans laquelle les spermatozoïdes vont dans la vessie (dans ce cas, ces derniers sont récupérés dans les urines émises après une masturbation ou un rapport sexuel) ;

– la présence d'anticorps antispermatozoïdes dans le sperme ;

– une diminution du nombre de spermatozoïdes mobiles dans l'éjaculat.

Technique. Le sperme recueilli est préparé : le liquide séminal est enlevé et les spermatozoïdes les plus mobiles sont récupérés et placés dans un milieu favorisant leur survie. L'insémination doit être réalisée quelques heures avant ou après l'ovulation. Le médecin introduit les spermatozoïdes dans l'utérus à l'aide d'une sonde fine et souple qu'il fait passer dans le canal cervical. La femme peut se lever et reprendre ses activités 15 à 20 minutes après.

L'INSÉMINATION INTRAPÉRITONÉALE

Indications. Cette technique, peu utilisée, relève des mêmes indications que l'insémination intra-utérine.

Technique. L'ovulation est programmée à l'aide d'une stimulation ovarienne, puis déclenchée par la prise d'hormones (gonadotrophines). Les spermatozoïdes sont injectés dans la cavité péritonéale par un petit tube en métal (canule) que l'on fait passer à travers la paroi vaginale.

GLAIRE CERVICALE ET STÉRILITÉ

La glaire cervicale est le liquide visqueux et transparent sécrété par les cellules du col de l'utérus sous l'action des œstrogènes. Elle constitue un bon milieu de survie pour les spermatozoïdes et favorise leur ascension dans l'utérus ainsi que leur capacitation – faculté de la tête du spermatozoïde à pouvoir se transformer pour féconder un ovule. Une anomalie de la glaire cervicale peut être à l'origine d'une stérilité. La glaire peut être absente ou insuffisante, à la suite d'un acte médical, par exemple (conisation, électrocoagulation, curetage), lésant les cellules qui la sécrètent ou rétrécissant le canal cervical. Elle peut être trop acide et tuer les spermatozoïdes, trop visqueuse, empêchant alors leur mobilité, ou encore contenir des anticorps antispermatozoïdes. Parfois, les cellules qui sécrètent la glaire ne réagissent plus aux sollicitations hormonales des œstrogènes ou fonctionnent mal à la suite d'une infection du col de l'utérus mal soignée. Les femmes dont la mère avait pris du Distilbène (médicament censé prévenir les fausses couches) pendant leur grossesse peuvent présenter des anomalies de la glaire cervicale.

EN CAS D'ÉCHEC

Même si des progrès considérables ont été accomplis en matière de procréation médicalement assistée (insémination artificielle et fécondation in vitro), certains couples ne peuvent avoir d'enfants.

Ils doivent s'efforcer d'accepter progressivement cet état de fait et, s'ils le souhaitent, envisager une adoption.

Un grand nombre de couples entreprennent cette démarche parallèlement au traitement de leur stérilité.

PROCRÉATION MÉDICALEMENT ASSISTÉE

LA FÉCONDATION IN VITRO

Dans cette technique, la rencontre des spermatozoïdes et de plusieurs ovules se fait en dehors du corps humain, dans une éprouvette. Les embryons sont ensuite transférés dans l'utérus pour s'y développer.

Également appelée FIVETE (fécondation in vitro et transfert d'embryons), cette technique est mise en œuvre en cas d'échec ou d'impossibilité d'autres traitements visant à vaincre la stérilité. Elle peut se faire avec le sperme et les ovocytes (cellules de l'ovaire qui deviendront des ovules) des conjoints ou de donneurs et n'est envisageable que si l'utérus de la femme est normal.

LES INDICATIONS

Stérilité féminine. Une fécondation in vitro peut être indiquée en cas :

– de stérilité due à une affection des trompes de Fallope, ablation des trompes, trompes obstruées ne pouvant être opérées, trompes très altérées (voire absence de trompes due à une malformation) ;

– d'endométriose (présence de fragments de muqueuse utérine en dehors de leur localisation normale), lorsque les trompes de Fallope sont atteintes et que d'autres traitements ont échoué ;

– de stérilité due à une affection du col de l'utérus ou à une cause immunologique. La fécondation in vitro n'est alors indiquée qu'après échec de tentatives d'insémination artificielle (intra-utérine).

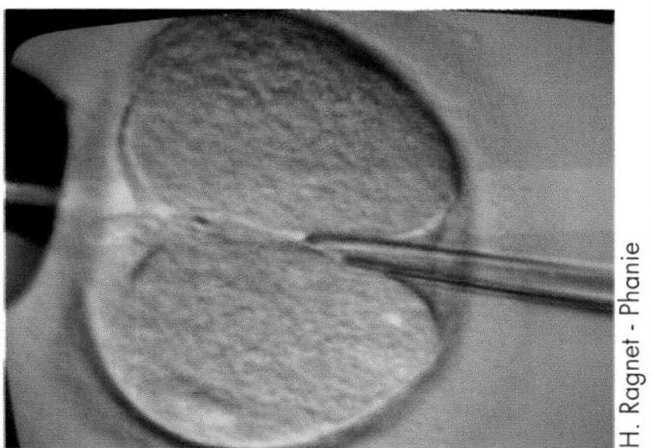

H. Ragnet - Phanie

***Fécondation assistée.** Un seul spermatozoïde est injecté à l'intérieur de l'ovule.*

Stérilité masculine. Différentes techniques de fécondation in vitro peuvent être indiquées lorsque le sperme est défectueux (faible pourcentage de spermatozoïdes de forme normale, mobilité réduite) et que les tentatives d'insémination artificielle ont échoué.

La fécondation in vitro peut également être indiquée lorsque l'origine de la stérilité demeure inconnue après un bilan complet du couple.

LA STIMULATION OVARIENNE

Les premières grossesses après fécondation in vitro ont été obtenues sans traitement hormonal (cycles spontanés). Les taux de réussite étant faibles, on procède dorénavant à une stimulation ovarienne qui provoque le développement de plusieurs follicules (cavités de

LE BILAN DU COUPLE AVANT UNE FIVETE

Avant une fécondation in vitro, le médecin demande :

– le résultat des examens montrant la nécessité de recourir à cette technique ;

– un spermogramme (étude du sperme) avec un test de préparation du sperme selon la méthode utilisée pour la fécondation in vitro ;

– des données confirmant la présence de cycles ovulatoires chez la femme ou montrant que les ovaires réagissent à une stimulation hormonale ;

– des données montrant que l'utérus ne présente pas d'anomalies incompatibles avec le développement normal d'une grossesse ;

– un bilan infectieux de chaque partenaire.

Il vérifie également qu'il n'y a pas de contre-indications et s'assure que le couple est bien informé et accepte les implications médicales, psychologiques et économiques de la fécondation in vitro.

l'ovaire dans lesquelles se développe un ovule) avec, par conséquent, une augmentation du nombre d'ovocytes récoltés et donc, ensuite, d'embryons. Les médicaments utilisés sont des hormones (gonadotrophines, gonadotrophine chorionique, ou hCG).

La surveillance. Cette stimulation hormonale doit être étroitement contrôlée pour établir le plus finement possible les doses permettant d'obtenir une bonne maturation des follicules et pour repérer une réaction ovarienne insuffisante ou exagérée. Elle consiste principalement en 2 examens : l'échographie ovarienne, qui permet de déterminer le nombre et le diamètre des follicules ; le dosage dans le sang d'estradiol, indispensable pour évaluer la qualité de la maturation des follicules et diminuer le risque de réponse exagérée au traitement.

LE RECUEIL D'OVOCYTES

Entre 32 et 36 heures après l'injection de l'hormone gonadotrophine chorionique (hCG), les ovocytes sont recueillis par ponction-aspiration des follicules ovariens. L'intervention se fait, dans la plupart des cas, à travers la paroi vaginale, sous guidage échographique.

LA FÉCONDATION

Le jour de la ponction-aspiration, les ovocytes sont isolés du liquide où ils baignaient (liquide folliculaire), puis placés dans un milieu de culture approprié. Le sperme, recueilli par masturbation le jour même, est préparé selon des méthodes visant à éliminer le liquide séminal et à sélectionner une population de « bons » spermatozoïdes (mobiles et de forme normale).

Dans la fécondation in vitro classique, de 50 000 à 100 000 spermatozoïdes par millilitre sont déposés dans le milieu contenant les ovocytes.

L'ensemble est mis à incuber à 37 °C. Dans les 18 à 22 heures qui suivent l'insémination in vitro, les ovocytes sont observés pour vérifier que la fécondation a eu lieu. On s'assure ensuite (quelques heures) que les divisions cellulaires (2 cellules, puis 4, 8, etc.) ont bien démarré.

LA FÉCONDATION ASSISTÉE

Elle concerne les méthodes visant à faciliter la fécondation par des manipulations microscopiques des spermatozoïdes et des ovules.

La principale technique de fécondation assistée est appelée micro-injection intracytoplasmique du spermatozoïde (ICSI, *Intra-Cytoplasmic Sperm Injection*). Elle est comparable à une fécondation in vitro classique, mais un seul spermatozoïde est injecté directement à l'intérieur de l'ovule, dans son cytoplasme (l'intérieur de la cellule, à l'exclusion du noyau). On a principalement recours à la fécondation assistée en cas de stérilité d'origine masculine dont la cause est :

– une diminution importante du nombre de spermatozoïdes mobiles ;

– des spermatozoïdes absents dans l'éjaculat, mais présents au niveau du testicule ou de l'épididyme (canal situé derrière le testicule, à l'intérieur duquel les spermatozoïdes achèvent leur maturation). Les spermatozoïdes sont alors prélevés au niveau du testicule ou de l'épididyme.

LE TRANSFERT D'EMBRYON

Il se fait généralement 2 jours – parfois 5 ou 6 – après la ponction-aspiration des ovocytes, lorsque le ou les embryons sont au stade de 2 à 8 cellules.

La technique. Un cathéter introduit par voie vaginale à travers le canal cervical dépose le ou les embryons dans l'utérus. En général, 3 embryons au maximum sont introduits pour limiter le risque de grossesse multiple. Quelques heures après, la femme peut se lever et vaquer à ses occupations.

Les résultats. Ils varient en fonction de l'âge de la femme, de la qualité du sperme, des raisons de la stérilité, de la qualité de la stimulation ovarienne, du nombre d'embryons transférés, etc. Globalement, toutefois, le taux de naissance par essai de fécondation in vitro se situe entre 10 et 15 %. Il est plus élevé lorsque le sperme est de bonne qualité, si la femme a moins de 35 ans, et qu'elle ne présente pas d'anomalies de l'utérus.

LA FÉCONDATION

La fécondation résulte de la rencontre d'un ovule (cellule reproductrice de la femme) avec un spermatozoïde (cellule reproductrice de l'homme). L'œuf fécondé s'implante dans l'utérus.

Les progrès conjugués de la science et de la médecine permettent de comprendre comment se crée puis se développe un petit être humain, fruit du croisement de deux cellules reproductrices, l'une venant de la mère, l'autre du père.

LA RENCONTRE

Chaque mois, les ovaires de la femme libèrent un ovule. De forme ronde, cet ovule, qui fait un dixième de millimètre de diamètre, est constitué d'un noyau, d'une substance appelée cytoplasme et de 23 chromosomes. Happé par les cils et par les mouvements musculaires de la trompe de Fallope, il commence à descendre lentement vers l'utérus. Il peut survivre dans ce milieu entre 12 et 24 heures. S'il ne rencontre pas de spermatozoïde (cellule reproductrice mâle), l'ovule sera évacué avec le sang des règles. Si, au cours de ce voyage, un spermatozoïde le féconde, il devient un œuf, s'implante dans l'utérus, puis se développe.

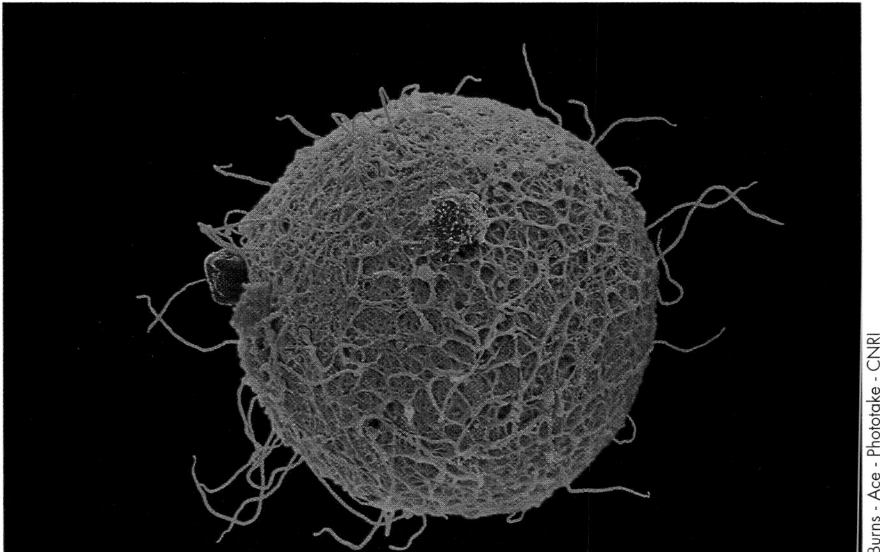

Burns - Ace - Phototake - CNRI

La fécondation. *Des millions de spermatozoïdes (verts sur cette photo) parviennent à cerner un ovule (orange) dans la trompe de Fallope. Mais un seul spermatozoïde réussira à féconder l'ovule.*

Les spermatozoïdes, produits par les testicules, sont évacués avec le sperme et déposés dans le vagin. Chaque millilitre de sperme renferme de 30 à 150 millions de spermatozoïdes et, à chaque éjaculation, l'homme émet de 2 à 6 millilitres de sperme. Possédant, comme l'ovule, 23 chromosomes, les spermatozoïdes sont composés d'une tête ovale et d'un flagelle long et flexible, qui assure leur propulsion. La tête,

LE CHROMOSOME

C'est l'élément situé dans le noyau de la cellule, qui porte l'information génétique et gère la croissance et le fonctionnement de l'organisme. Le chromosome contient les gènes, responsables de la transmission des caractères héréditaires. Chaque cellule humaine possède 23 paires de chromosomes, dont 1 paire de chromosomes sexuels : XX chez la femme et XY chez l'homme.
L'ovule comprend 23 chromosomes, dont un X ; le spermatozoïde en compte aussi 23, dont un X ou un Y. C'est la combinaison des chromosomes qui donne soit un garçon, soit une fille :
- (22 chromosomes + X) + (22 chromosomes + Y) = un garçon ;
- (22 chromosomes + X) + (22 chromosomes + X) = une fille.

DE LA FÉCONDATION À LA NIDATION

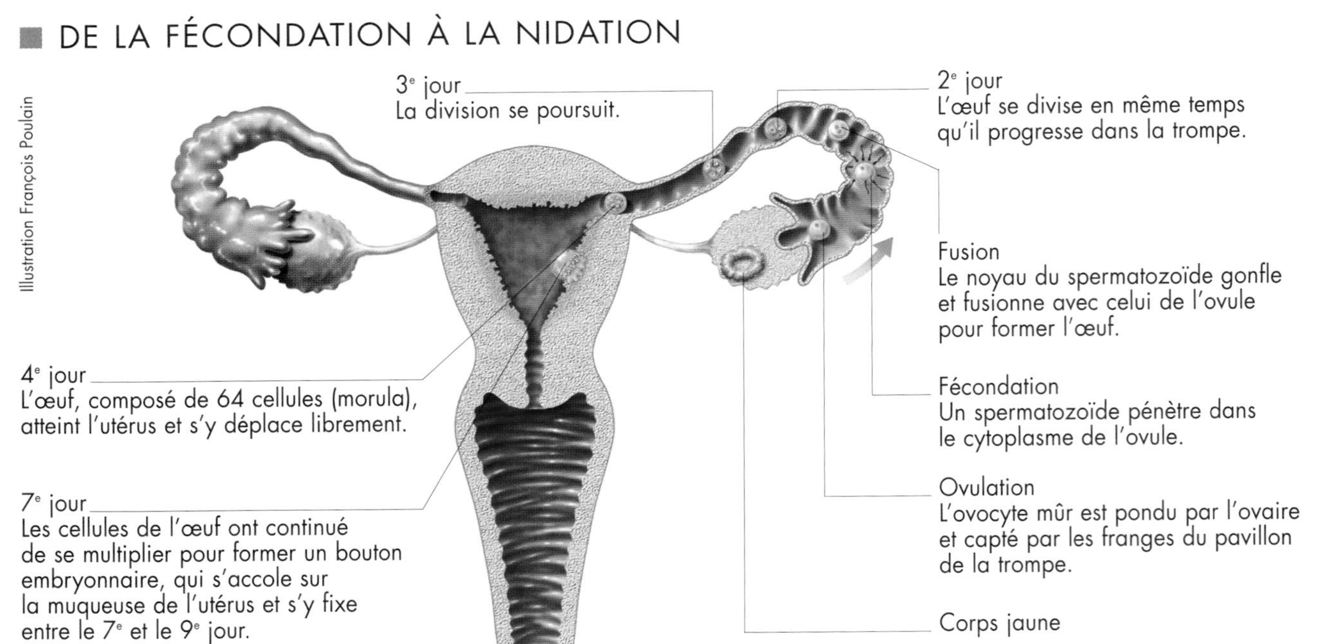

de 3 micromètres d'épaisseur, est formée essentiellement par le noyau, qui contient l'ensemble des gènes.

LA FUSION

La progression des millions de spermatozoïdes dans l'utérus puis dans l'une des trompes se fait à raison de 3 millimètres par minute. Des quelques centaines de spermatozoïdes qui ont réussi à rencontrer et à cerner l'ovule dans la trompe de Fallope, un seul pourra ouvrir une brèche dans sa paroi et s'y enfoncer pour le féconder. Le flagelle reste à l'extérieur et le noyau du spermatozoïde fusionne avec celui de l'ovule.

Les 23 chromosomes de l'ovule et les 23 chromosomes du spermatozoïde se mettent par paires et s'assemblent pour constituer l'œuf, première cellule du futur bébé. Le sexe et les caractères génétiques sont dorénavant bien définis.

LA NIDATION

L'œuf fécondé se divise en cellules et forme une boule semblable à une mûre, d'où son nom de morula. Il gagne l'utérus, qu'il atteint le 4e jour après la fécondation : il est alors composé de 16 cellules. Celles du centre grossissent pour former le futur embryon. Celles du pourtour forment une enveloppe, le chorion, à partir de laquelle se développe le futur placenta. Entre le 7e et le 9e jour après la fécondation, l'œuf se fixe dans la partie supérieure de l'utérus. Sous l'influence d'hormones sécrétées par les ovaires (la progestérone et les œstrogènes), la muqueuse utérine s'épaissit, enrichie de matières nutritives et irriguée par des vaisseaux sanguins. Elle va accueillir le futur être humain durant toute la grossesse.

LES ORGANES DE REPRODUCTION

Chez la femme, ce sont les ovaires, les trompes de Fallope et l'utérus qui permettent la conception et le développement du bébé. Les ovaires sont deux petites glandes en forme d'amande situées de part et d'autre de l'utérus. Ils renferment de 300 000 à 400 000 cellules sexuelles femelles et ont pour rôle d'assurer l'ovulation en libérant un ovule, ou ovocyte. L'ovulation survient au milieu du cycle, qui débute par les règles ; ces pertes de sang mensuelles commencent à la puberté et prennent fin entre 45 et 50 ans, à la ménopause. Chez l'homme, ce sont les testicules qui fabriquent, selon des cycles de 120 jours, les spermatozoïdes contenus dans le sperme ; leur production débute à la puberté et ne cesse qu'à la fin de la vie.

ÊTES-VOUS ENCEINTE ?

Divers signes physiques accompagnent le début de la grossesse. Des tests permettent de vérifier que vous êtes enceinte, de prendre les précautions nécessaires au bon déroulement de la grossesse et de prévoir le moment de l'accouchement.

Si la majorité des tests urinaires effectués à domicile permettent de déceler avec fiabilité une grossesse d'environ deux semaines, seul un examen médical permet d'en avoir confirmation. Quand la grossesse est confirmée par le médecin, il est essentiel de connaître avec précision la date de conception du bébé à naître pour bien suivre la future mère.

LES PREMIERS SIGNES

Le premier d'entre eux est l'absence de règles, que l'on appelle aussi aménorrhée, à la date prévue. Ce signe ne prouve pas à 100 % qu'une femme soit enceinte : des cycles menstruels irréguliers, un choc émotionnel, le stress, une maladie, l'approche de la ménopause, l'arrêt de la pilule et d'autres causes passagères (par exemple, changement de climat ou modification du mode de vie au cours des vacances ou d'un voyage) sont autant de facteurs pouvant expliquer une perturbation de ce type.

Un autre signe est une élévation de la température au-dessus de 37 °C, persistant plus de quinze jours en fin de cycle : c'est un indice de fécondation. On peut le déceler par la méthode des températures, qui consiste à relever et à noter, sur un graphique, la température tous les matins à la même heure et à jeun : une courbe normale permet d'observer une période de température basse, puis haute, puis de nouveau basse à la veille des règles.

Par ce procédé, on repère la période d'ovulation et la période de stérilité : la période d'ovulation débute le dernier jour avant la remontée de la température ; la période de fertilité se situe entre le 7e et le 17e jour d'un cycle de 28 jours avec une ovulation vers le 14e jour. Cette méthode des températures est une méthode relativement approximative.

D'autres signes, enfin, apparaissent, comme des nausées et des vomissements, des aigreurs d'estomac, une irritabilité ou une émotivité accrues, un dégoût soudain pour des odeurs ou des aliments, un besoin fréquent d'uriner, la nécessité de dormir, une impression de fatigue, des « envies », le gonflement des seins, des vertiges. Cependant, toutes

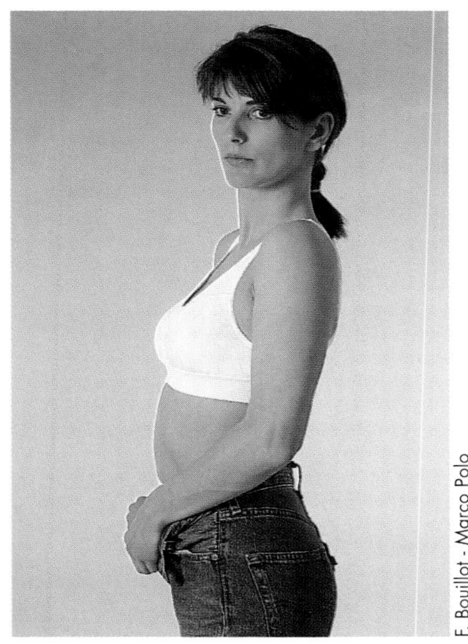

F. Bouillot - Marco Polo

***Le début de la grossesse.** Les changements du corps ne sont pas visibles les premiers mois.*

LA DATE DE L'ACCOUCHEMENT

Si on sait que la grossesse dure environ neuf mois, par contre la date théorique de l'accouchement est difficile à prévoir. Deux méthodes de calcul existent :

– le calcul en mois : vous ajoutez 9 mois du calendrier à la date de la conception, ou encore 9 mois et demi à la date du début de vos dernières règles ;

– le calcul en semaines : vous ajoutez, comme le font les médecins, 41 semaines à la date du début de vos dernières règles.

Ce calcul sera plus difficile à établir si vos cycles sont irréguliers.

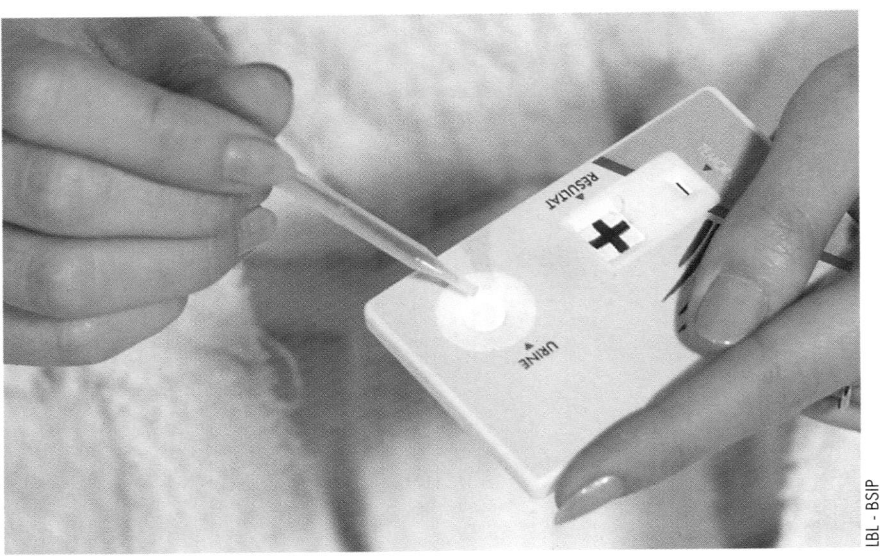

LBL - BSIP

Test. *On verse un peu d'urine du matin dans un tube : elle doit réagir à un sérum contenant des anticorps actifs contre l'hormone HCG.*

LA DATATION DE LA GROSSESSE

La datation du début de la grossesse est essentielle.
Elle a une importance médicale : elle permet les diagnostics de prématurité, de grossesse prolongée et d'anomalie de la croissance du fœtus. Les traitements au cours de la grossesse dépendent souvent de la date de la naissance. Une imprécision ou un retard dans la détermination de l'âge du futur bébé peuvent conduire à des traitements non adaptés.
Cette datation revêt également une importance légale, car elle permet à la mère de faire la déclaration de grossesse et de calculer précisément le congé prénatal.
L'âge gestationnel s'exprime en semaines d'aménorrhée révolues à partir du premier jour des dernières règles normales.

les femmes ne connaissent pas ces malaises, qui surviennent généralement au cours du premier mois de la grossesse.

LES TESTS

Certains tests sont en vente libre en pharmacie et faciles à utiliser. Basés sur la recherche d'une hormone secrétée pendant la grossesse, l'hormone HCG, ils en révèlent la présence dans l'urine dès le premier jour de retard des règles. Quand le résultat est négatif, il faut attendre quelques jours pour refaire un nouveau test, afin de confirmer le résultat.
D'autres tests sont réalisés en laboratoire à la demande du médecin. Beaucoup plus fiables, ces examens décèlent la grossesse en recherchant l'hormone dans l'urine du matin ou dans un prélèvement de sang.
Outre ces tests, et même si ce n'est pas systématique, on pratique de plus en plus souvent une échographie, de préférence par voie vaginale, avant la 12e semaine. Cet examen permet, à 5 semaines d'absence de règles, de discerner le sac ovulaire et, à 6 semaines, l'embryon. Il permet également de dépister de façon précoce d'éventuelles malformations du futur bébé.

LA CONSULTATION CHEZ LE MÉDECIN

Elle a trois objectifs :
– faire le point sur le passé médical de la mère ;
– confirmer la grossesse ;
– calculer précisément la date de l'accouchement.
Le médecin ne pourra vraiment confirmer la grossesse qu'à partir de la deuxième absence de règles, soit 6 semaines. L'examen gynécologique permet d'observer une modification du volume, de la consistance et de la forme de l'utérus ; il permet également d'examiner attentivement la muqueuse du vagin, de visualiser le col de l'utérus, qui doit être fermé, violacé, et de confirmer l'absence d'un liquide secrété par le col de l'utérus sous l'action des œstrogènes, la glaire cervicale.
La modification des seins (pigmentation et élargissement de la région circulaire cernant le mamelon, l'aréole) constitue un indice supplémentaire
Une fois la grossesse établie par le médecin, un certain nombre d'examens sont obligatoires. Il vous restera ensuite à déclarer votre grossesse auprès des organismes concernés, dans les délais voulus, pour bénéficier de tous les avantages réservés aux femmes enceintes.

LE FUTUR BÉBÉ

JUSQU'AU 3e MOIS

De la fusion du spermatozoïde avec l'ovule est né l'œuf. Pendant les trois premiers mois, la grossesse n'est pas visible, mais l'embryon devient fœtus.

Le futur bébé se développe. À la fin des trois mois qui suivent la fécondation, la formation est complète. Le futur bébé, qui s'appelait l'embryon, devient alors le fœtus.

1er MOIS : LA FORMATION DE L'EMBRYON

Au cours de la deuxième semaine, l'œuf fécondé s'implante dans l'utérus : c'est le véritable début de la grossesse. Dans l'œuf, d'environ 1 millimètre de diamètre, les cellules se multiplient et se différencient. Le futur placenta se met en place à partir de la troisième semaine. À ce moment-là, l'embryon est gros comme un grain de blé. Les premiers battements du cœur se manifestent. Les bourgeons des bras et des jambes, et les cristallins des futurs yeux sont présents sur l'embryon, qui flotte maintenant dans le liquide amniotique, relié à ce qui constituera le placenta. À la fin du premier mois, l'embryon mesure entre 5 et 7 millimètres.

2e MOIS : DE L'EMBRYON AU FŒTUS

Entre la 5e et la 6e semaine, la tête grossit, le cerveau se développe. L'embryon possède un estomac, un intestin, un pancréas ainsi qu'un appareil urinaire. Tandis que les bourgeons des membres commencent à se différencier, les futurs doigts apparaissent sur la main. Le visage commence à prendre une apparence humaine.
De la 7e semaine jusqu'à la fin du 2e mois, les membres se forment plus nettement. Les doigts et les orteils se dessinent et s'allongent, les yeux s'ouvrent, les oreilles se précisent, le cou devient distinct, les organes génitaux commencent à se former.
Quand, à l'issue des deux mois, toutes les ébauches d'organes sont en place, le stade embryonnaire s'achève : l'embryon

Motta - Vanblerkom - SPL - Cosmos

***La morula.** La première semaine, les cellules de l'œuf se multiplient et forment la morula.*

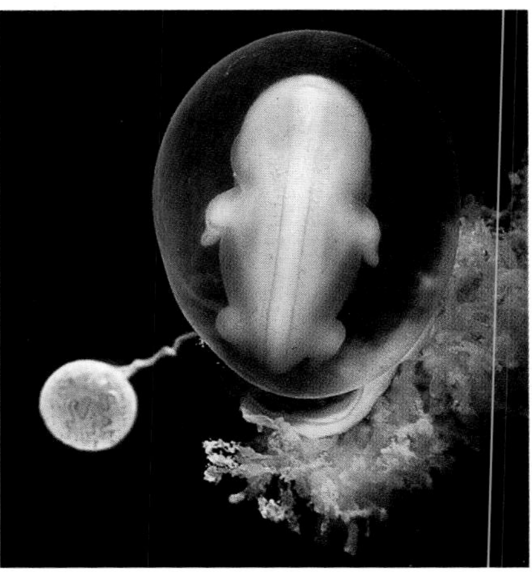

Lennart Nilsson - Ed. Hachette

***L'embryon.** À 6 semaines, il flotte dans le liquide amniotique. On distingue bien la moelle épinière.*

LES PETITS MAUX À SURVEILLER

Ils ne menacent ni votre santé ni celle du futur bébé. Pour les soulager, le médecin vous prescrira des médicaments inoffensifs. Selon le type de malaise, vous pouvez vous-même intervenir directement en surveillant votre alimentation et en adaptant votre rythme de vie (changer des produits d'hygiène corporelle, corriger la position dans le lit, ajuster la taille des vêtements). Vous devez vous reposer, boire beaucoup d'eau et pratiquer des exercices physiques ; la marche, la gymnastique ou la natation sont particulièrement conseillées.

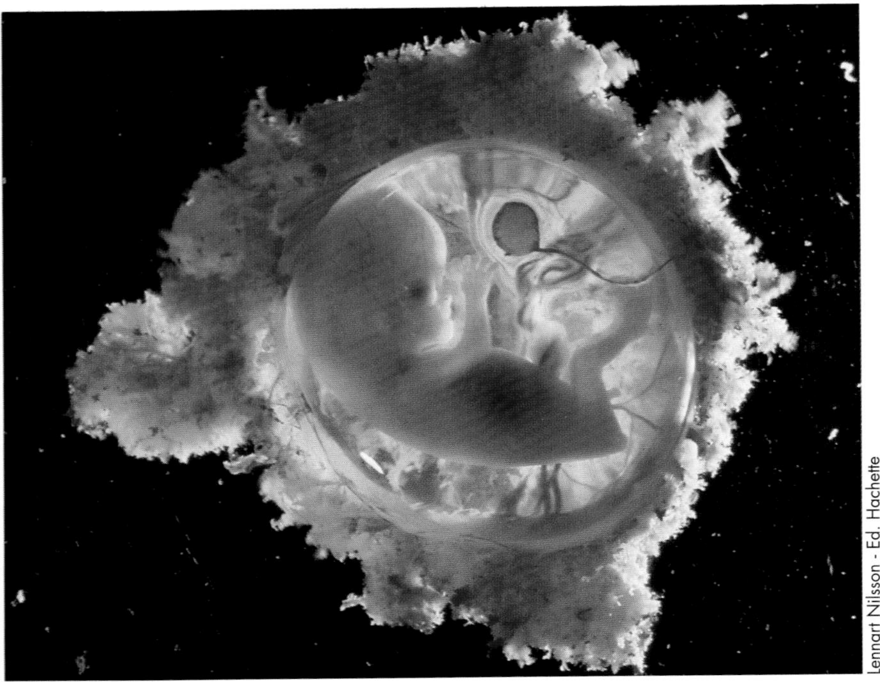

Le fœtus. *Au 3e mois, tous les organes sont en place. Le fœtus commence à bouger et poursuit son développement.*

est désormais appelé fœtus. Il pèse alors entre 2 et 3 grammes et mesure en moyenne de 30 à 40 millimètres.
À ce stade, lors d'une échographie, on ne mesure pas l'embryon de la tête aux pieds, mais du sommet de la tête au bas de son dos. C'est très utile pour dater la grossesse jusqu'à 12 semaines d'absence de règles. Ensuite, le fœtus a une attitude de plus en plus fléchie et cette mesure devient impossible. On mesure alors la tête du futur bébé.

3e MOIS : LES ORGANES GÉNITAUX

Le foie se développe, les reins et les urines se répandent dans le liquide amniotique, les reins fonctionnent et l'intestin s'allonge. Les yeux sont recouverts par les paupières et se rapprochent de l'axe du visage, les cordes vocales apparaissent, les premiers os se forment. Des mouvements respiratoires commencent à se manifester.
Au 3e mois, même si le sexe est établi, on ne peut pas encore le voir à l'échographie. Le fœtus ouvre et ferme la bouche. Il tourne aussi la tête, que l'on peut mesurer lors de l'échographie du 3e mois pour déterminer, aussi précisément que possible, le terme de la grossesse, c'est-à-dire la date théorique de la naissance du futur bébé.
Il mesure alors 12 centimètres et pèse environ 65 grammes.

L'EMBRYON ET L'ÉVOLUTION DES ESPÈCES

Un biologiste allemand de la fin du XIXe siècle a fait une étude comparative d'embryons de différentes espèces pour établir une parenté entre eux. Il en concluait que les différentes espèces vivantes avaient des ancêtres communs. Cette théorie, qui supposait que l'embryon humain répétait l'histoire de l'évolution de son espèce, a été rejetée depuis. Mais un embryon humain passe bien par différents stades qui le font ressembler à un embryon de poisson ou de reptile, et les membranes qui l'entourent sont assez semblables à celles que l'on retrouve dans un œuf d'oiseau ou de reptile.

MÉDICAMENTS ET RADIOGRAPHIES : DANGER !

La prise de médicaments sans avis médical est très fortement déconseillée : certains d'entre eux peuvent présenter des effets secondaires susceptibles de nuire au futur bébé dès le début de la grossesse. Il ne faut pas hésiter à consulter un médecin, qui saura prescrire le bon remède ou modifier un traitement en cours.
La radiographie est sans conséquence sur le futur bébé si certaines précautions sont prises :
– signaler impérativement l'état de grossesse au médecin lors de toute radiographie ;
– prendre en compte le stade de la grossesse ; si elle est récente, limiter absolument la radiographie pour le diagnostic des maladies graves.

LE CORPS CHANGE

Jour après jour, votre corps se transforme. Certaines modifications sont rapidement visibles, d'autres non. Toutes suivent la naissance et le développement de votre enfant.

C'est à partir du 4e ou du 5e mois que vous allez remarquer les transformations de votre corps. L'utérus grossit dès le début de la grossesse. En neuf mois, il passe de 50 grammes à 1 kilo en moyenne ! Les seins gonflent et s'alourdissent. La cambrure des reins modifie la silhouette. D'autres modifications, plus discrètes, concernent les systèmes circulatoire, respiratoire, urinaire, digestif et hormonal.

LA CIRCULATION DU SANG

Pendant la grossesse, le volume sanguin augmente : il passe de 4 litres à 5 ou 6 litres. Vos besoins en fer augmentent en conséquence. Votre médecin vous prescrira un supplément en fer. La veine cave, qui ramène le sang au cœur, est comprimée par l'utérus, ce qui peut provoquer des malaises quand vous êtes couchée sur le dos ; pour les éviter, couchez-vous sur le côté gauche, la veine cave passant à droite de l'utérus. Votre pouls s'accélère de 10 à 15 battements par minute. Jusqu'à la fin de la grossesse, votre cœur bat plus vite car il a plus de sang à faire circuler dans l'organisme. Avec une masse sanguine plus importante et des vaisseaux dilatés, votre tension artérielle baisse un peu les six premiers mois. À l'approche du terme, elle retrouvera son niveau d'avant la grossesse.

Gyssels - Diaf - Collection Larousse

La femme enceinte. *La prise de poids est indispensable pour le développement du futur bébé.*

LE PROFIL DE LA MÈRE DU 3e AU 9e MOIS

3e mois. Votre ventre n'a pratiquement pas bougé. Les seins prennent du volume. Le fœtus pèse moins de 20 grammes. Vous avez pris de 1 à 3 kilos. L'utérus a la taille d'un pamplemousse. Vous commencez à prendre du poids.

5e mois. Votre ventre s'arrondit nettement. Le fond de l'utérus atteint le nombril. Le futur bébé pèse environ 350 grammes. Vous avez pris entre 3 et 6 kilos. Vous consommez chaque jour de 500 à 600 calories de plus qu'avant la grossesse.

8e mois. Votre ventre atteint presque son développement maximal. Votre enfant pèse à peu près 2,5 kilos. Vous avez pris entre 9 et 11 kilos. Vous vous sentez lourde, des douleurs diffuses vous surprennent.

LA RESPIRATION

Votre voix change de tonalité et vous ne respirez pas très bien par le nez. C'est normal, les modifications hormonales provoquent parfois une congestion de la muqueuse du larynx, de la trachée et des bronches. En fin de grossesse, l'utérus repousse le diaphragme vers le haut. L'amplitude étant réduite, votre respiration devient « haute » ou thoracique. En outre, comme les poumons du bébé ne fonctionnent pas, vous respirez pour lui. À chaque inspiration, vous emmagasinez ainsi de 10 à 15 % d'air supplémentaire. Cette hyperventilation est utile au bébé, car elle fait baisser la pression en gaz carbonique.

LE SYSTÈME URINAIRE

Vous avez envie d'uriner plus souvent que d'habitude : le poids de votre bébé augmente, l'utérus comprime la vessie et les reins, chargés d'évacuer les déchets en quantités importantes, travaillent davantage. Des traces de sucre apparaissent parfois dans les urines : elles sont dues à une hormone qui ralentit les fonctions urinaires et doivent être surveillées.

LA DIGESTION

Elle est perturbée par la progestérone. L'estomac se vide moins vite, devient plus paresseux. Vous avez parfois, en début de grossesse, des nausées et l'impression d'être vite rassasiée. Vers le 4e mois, une sensation de brûlure dans la gorge, accompagnée de renvois acides, peut apparaître. C'est ce qu'on appelle le pyrosis. Il dure jusqu'à l'accouchement et s'aggrave en position couchée. Toujours sous l'effet de la progestérone, le transit intestinal est ralenti. Une tendance à la constipation s'installe. Adaptez votre alimentation pour retrouver des selles normales.
Dans la bouche, la sécrétion de salive augmente en début de grossesse. Les gencives sont plus fragiles, le risque d'avoir des caries est plus important. Brossez-vous systématiquement les dents après chaque repas, limitez votre consommation de sucre et allez régulièrement chez le dentiste.

JAMBES LOURDES ET VARICES

Même s'il ne s'agit pas de varices, vous pouvez ressentir des lourdeurs dans les jambes. Pour atténuer celles-ci, essayez de respecter quelques règles :
– ne restez pas debout de longues heures d'affilée ;
– surélevez vos jambes la nuit ;
– reposez-vous dans la journée, jambes allongées et nues ;
– évitez les massages trop vigoureux des jambes.

LES MODIFICATIONS HORMONALES

Elles sont très complexes et permettent à votre organisme de s'adapter à ses nouveaux besoins. La progestérone et les œstrogènes, hormones produites par le placenta pendant la grossesse, sont essentiels dans votre vie sexuelle et génitale. L'équilibre entre ces deux hormones permet à l'œuf de s'implanter dans l'utérus. Ce sont elles aussi qui empêchent les contractions intempestives de l'utérus et assurent ainsi la survie du futur bébé.
D'autres transformations chimiques aident votre organisme à subvenir à ses besoins. L'alimentation, en particulier, joue un rôle très important : d'elle dépendent les différents apports en calcium, en fer et en vitamines qui vont faire grandir votre enfant.

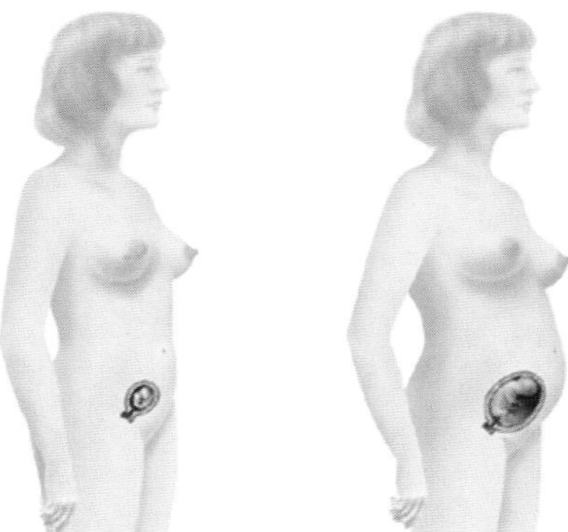
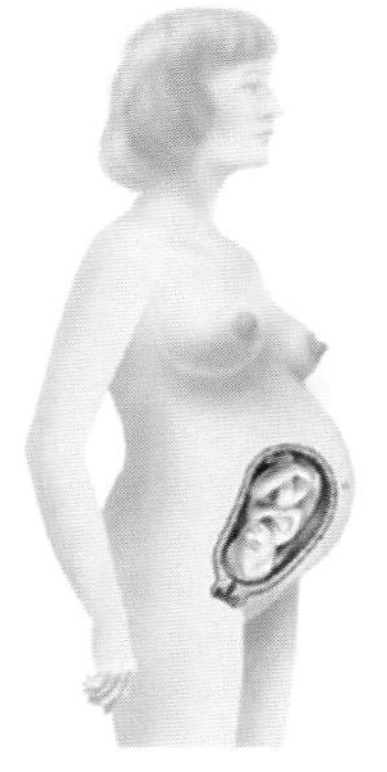

Illustration François Poulain

Profil de la mère aux 3e, 5e et 8e mois. *Au fil des mois, votre corps se transforme : votre ventre s'arrondit progressivement, vos seins se gonflent et deviennent plus lourds, votre silhouette change.*

LA 1RE CONSULTATION

La première consultation est essentielle puisqu'elle permet de faire le point sur votre état de santé, de prévoir le déroulement de la grossesse et de prévenir d'éventuelles complications.

Le premier examen prénatal, qui a lieu avant la fin du 3e mois, permet au médecin de vous situer sur un plan personnel et médical. Pour vous, que vous soyez seule ou bien accompagnée du futur père, c'est l'occasion de faire un point complet et de confier au médecin vos soucis et vos attentes.

LE PASSÉ MÉDICAL

C'est le passage en revue des maladies et des opérations que vous avez eues depuis quelques années. Dans ce premier bilan de santé prénatal, l'énumération de vos troubles actuels et des séquelles d'affections passées est essentielle pour définir et prévenir les problèmes qui vont nécessiter une surveillance particulière.
Le passé gynécologique et obstétrical fait l'objet de nombreuses questions : avez-vous actuellement des troubles gynécologiques ? Êtes-vous suivie par un gynécologue ? À quand remonte votre dernier frottis ? Quel procédé contraceptif utilisez-vous habituellement ? S'agit-il d'une première grossesse ? Si non, comment se sont passés les précédentes grossesses, les accouchements, les suites de couches ?
L'histoire familiale est également importante. En effet, un certain nombre de maladies (hémophilie, diabète, hypertension, par exemple) peuvent se transmettre de génération en génération et il est indispensable d'en avertir le médecin pour prendre, le cas échéant, toutes les dispositions utiles.

L'ÉCHOGRAPHIE

C'est un examen sans danger ni pour la mère ni pour l'enfant. Il permet, à l'aide d'une sonde à ultrasons, d'observer le futur bébé et de le visualiser sur un écran. Les trois échographies effectuées pendant la grossesse doivent préciser l'âge du futur enfant et dépister une éventuelle grossesse extra-utérine ou une grossesse multiple ; puis elles permettent ensuite de suivre le bon développement de l'enfant et de déceler des anomalies, par exemple du cœur.

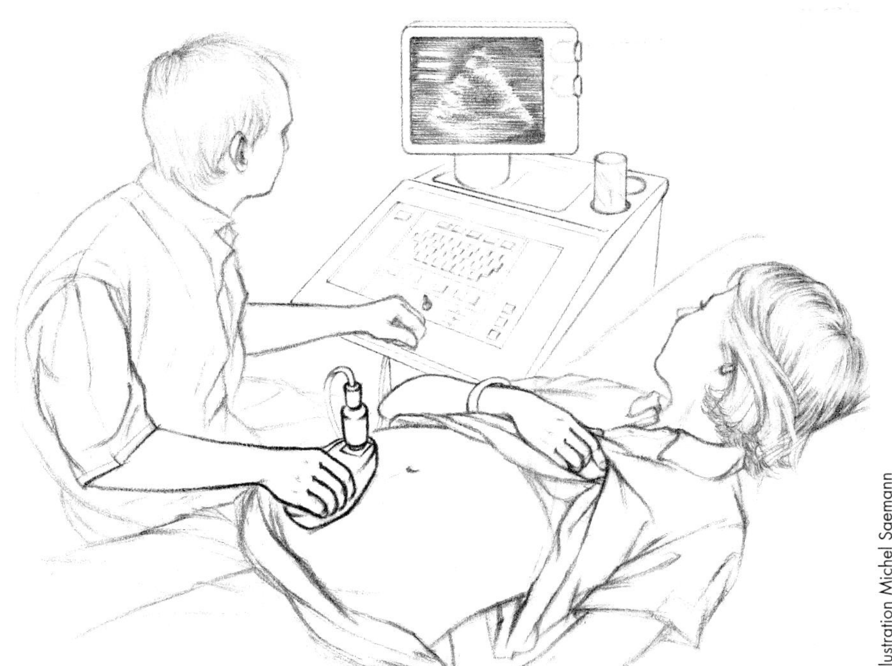

Illustration Michel Saemann

L'examen échographique. *Le médecin balaie, à l'aide d'une sonde émettant des ultrasons, le ventre de la mère. Celle-ci peut observer directement sur l'écran de contrôle l'image de son futur enfant.*

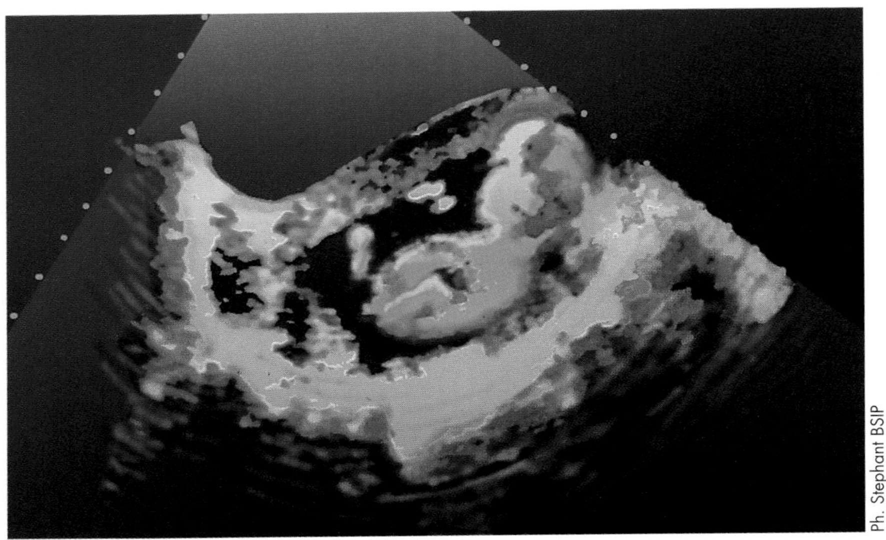

Ph. Stephant BSIP

L'image échographique. *Elle montre le bébé (en vert), baignant dans le liquide amniotique et enveloppé par la paroi utérine, et permet de discerner sa tête et ses jambes.*

LES OBJECTIFS DE LA PREMIÈRE CONSULTATION

Le médecin est là pour :
– confirmer la grossesse ;
– dater l'accouchement ;
– examiner votre passé médical ;
– détecter les anomalies ;
– évoquer la possibilité d'une maladie génétique ;
– faire faire les examens complémentaires nécessaires (urine, sang, groupe sanguin) ;
– vous informer et vous rassurer.

JE VOUDRAIS SAVOIR

Quelle peut être la prise de poids ? Autour de 12,5 kilos en moyenne. Selon la taille et la morphologie de la mère, le poids augmente de 8 kilos en fin de grossesse. S'y ajoutent aussi 4 kilos de réserves graisseuses qui se forment en vue de l'allaitement.
Le tabac est-il dangereux pour l'enfant ? Oui. Le poids du bébé risque d'être faible quand la mère consomme au moins 10 cigarettes par jour.
L'herpès génital est-il dangereux pour l'enfant ? Oui. Il peut se répercuter sur le système nerveux du bébé. Une poussée d'herpès chez la mère lors de l'accouchement justifie souvent une césarienne.

L'EXAMEN GYNÉCOLOGIQUE

Le médecin réalise divers examens (pesée, mensurations, contrôle de la tension artérielle, auscultation cardiaque et pulmonaire). Puis, la mère étant en position d'examen gynécologique, il contrôle l'état de la vulve et la tonicité des muscles du périnée soutenant l'ensemble col-utérus-rectum-vagin-vessie. Il examine aussi la muqueuse du vagin et le col de l'utérus avec un spéculum, qu'il insère dans la vulve pour écarter les parois du vagin. Si des pertes blanches ou sanguines, signalant une infection ou des lésions, sont visibles, le médecin les fait analyser pour en détecter l'origine.
L'examen se poursuit par un toucher vaginal : les ovaires et l'utérus sont palpés de l'intérieur. La palpation de l'utérus permet d'en évaluer les modifications (taille, assouplissement) et d'estimer l'âge du fœtus. Cette première consultation s'achève avec l'examen des seins et des mamelons.
À l'issue de cette première visite, vous repartez avec une ordonnance pour des examens de laboratoire. Certains d'entre eux sont obligatoires : recherche d'albumine et de sucre dans les urines, détermination du groupe sanguin, diagnostic de la rubéole et de la toxoplasmose, dépistage de la syphilis, dépistage de l'hépatite B obligatoire au 6e mois. D'autres sont conseillés : dépistage du sida et diagnostic de certaines maladies du sang pour des femmes à risque, frottis cervical et vaginal si le dernier a plus de deux ans, échographie pour voir si tout se déroule bien.

LE FACTEUR RHÉSUS

Il existe quatre groupes sanguins et différents sous-groupes, dont le facteur Rhésus. Des incompatibilités peuvent exister entre les groupes sanguins et sont à l'origine d'accidents. Environ une grossesse sur onze est concernée par ce problème.

Les Examens

Après le bilan de la première consultation, le suivi médical permet de vérifier que la grossesse se déroule bien. Parfois, des examens complémentaires sont nécessaires.

Mais les symptômes suivants doivent déjà immédiatement vous alerter :
– des contractions douloureuses et fréquentes, qui indiquent un risque d'accouchement prématuré ; il faut alors éviter tout effort, se reposer et s'abstenir sexuellement ;
– des saignements qui peuvent, au début de votre grossesse, révéler une fausse couche ou une grossesse extra-utérine. Plus tard, on peut redouter des anomalies du placenta avec risque d'hémorragie ;
– une fièvre qui, persistante au-delà de quelques heures, signale une infection.
Dans tous ces cas, vous devez rapidement consulter votre médecin.

EXAMENS	OBJECTIFS	MOYENS	TECHNIQUE
Examen général **Examen obstétrical**	Vérifier le bon déroulement de la grossesse jusqu'à la naissance du futur bébé ; surveiller le développement de celui-ci, connaître son sexe ; déceler les éventuels problèmes chez la mère et le futur enfant ; prévenir les risques de prématurité.	Une première consultation avant la fin du 3e mois, puis une visite mensuelle à partir du 4e mois. Des consultations supplémentaires en cas de problème particulier.	Il comporte toujours les mêmes éléments : pesée, tension artérielle, examen des jambes et des pieds. L'examen obstétrical est surtout orienté vers l'enfant. Les palpations de l'abdomen localisent et identifient la tête, le siège, le dos, la position du fœtus. Le médecin mesure la hauteur de l'utérus pour estimer le volume du fœtus et son développement. Il écoute aussi les bruits du cœur pour vérifier sa régularité. Enfin, par un toucher vaginal, il mesure la longueur du col de l'utérus et en vérifie la fermeture.
Dosage biologique Examen pour mesurer la concentration d'une substance dans le sang ou dans les urines, notamment les sécrétions hormonales.	Indiqué pour confirmer ou compléter un diagnostic. Le dosage de l'hormone HCG permet le diagnostic de la grossesse et, éventuellement, celui d'une grossesse extra-utérine.	En dehors de l'examen des urines recueillies dans un bocal, le prélèvement demande une ponction veineuse avec une aiguille creuse ou un trocart (instrument en forme de poinçon).	L'aiguille ou le trocart sont montés sur une seringue et introduits à travers la peau. Pas de préparation particulière pour un prélèvement sanguin. Une anesthésie locale peut être pratiquée dans d'autres cas.

EXAMENS	OBJECTIFS	MOYENS	TECHNIQUE
Échographie obstétricale C'est un examen qui permet de voir le fœtus grâce aux ultrasons. En France, trois échographies sont pratiquées durant la grossesse. Ce nombre est différent dans les autres pays.	Du 1er au 3e mois Diagnostiquer la vitalité de l'embryon ; déterminer le stade de la grossesse ; détecter une grossesse multiple ou une grossesse extra-utérine. Du 4e au 6e mois Contrôler la taille du fœtus, ses mouvements, les battements de son cœur ; connaître son sexe ; dépister les malformations. Du 7e au 9e mois Contrôler la croissance du bébé ; détecter d'éventuelles malformations tardives ; évaluer la quantité de liquide et la position du placenta.	Un capteur est posé sur la peau au-dessus de l'utérus. Les ultrasons traversent les organes mais sont en partie réfléchis selon les différences de densité des tissus rencontrés.	L'échographie nécessite de se présenter la vessie pleine, car les ultrasons se transmettent mieux à travers le liquide. L'examen est totalement indolore ; il dure de 20 à 40 minutes. La patiente est allongée sur le dos, le ventre est découvert. Un gel est préalablement passé sur la peau pour mieux voir. Le médecin déplace la sonde et visionne l'image sur un écran. Il commente alors ces images, qu'il peut imprimer sur papier.
Radiopelvimétrie Examen pour mesurer les dimensions du bassin de la mère grâce aux rayons X.	Indiquée quand il existe un doute sur la taille du bassin, qui doit permettre le passage de l'enfant. Pratiquée quand le bébé se présente par le siège ou quand la mère a précédemment subi une césarienne, ou encore quand la mère a une taille inférieure à 1,55 m, ou des antécédents de fracture du bassin.	Des rayons X sont émis soit en radiologie conventionnelle (3 clichés au maximum, réalisés au 8e ou au 9e mois de la grossesse), soit avec un scanner à rayons X (2 clichés complétés par une ou deux coupes scanographiques).	L'examen est totalement indolore. En radiologie conventionnelle, il dure environ 10 minutes. Avec le scanner à rayons X, les mesures se font directement sur l'écran de contrôle. La taille du bassin de la mère est comparée à celle du fœtus, préalablement déterminée par une échographie.
Doppler Examen pour mesurer la vitesse de la circulation sanguine grâce aux ultrasons.	Pratiqué en cabinet ou à l'hôpital, l'examen mesure la vitesse de déplacement des globules rouges dans le sang à l'intérieur des vaisseaux. Il est réservé aux grossesses à risque, notamment quand on craint un retard de croissance du futur bébé.	Une sonde émet des ultrasons qui se réfléchissent sur la vitesse des globules rouges, permettant ainsi de mesurer cette dernière. Plus la vitesse est rapide et plus le son est aigu. L'appareil fournit un graphique sur écran ou sur papier.	L'examen est totalement indolore et sans risques. Les appareillages modernes intègrent le doppler dit « pulsé » à la sonde d'échographie, qui agit par de brèves impulsions ultrasonores.

LE BÉBÉ DANS L'UTÉRUS

ALIMENTATION ET MOUVEMENTS

Le futur bébé connaît un étonnant développement physique pendant les 9 mois de la grossesse et jamais plus de sa vie l'être humain ne subira de transformations aussi fortes et aussi rapides.

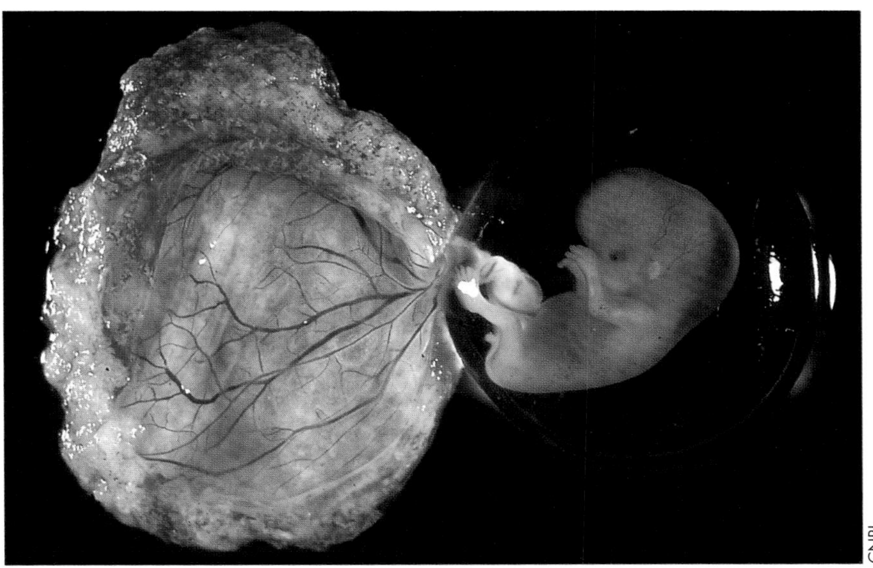
CNRI

Le placenta. *Il ressemble à une grosse galette de 20 centimètres de diamètre, 3 centimètres d'épaisseur et pesant 500 grammes. Par le cordon ombilical, il relie le bébé à sa mère.*

La médecine moderne connaît assez bien les mécanismes qui président au développement du fœtus. Les techniques d'observation, par échographie notamment, montrent que le futur enfant manifeste une importante activité dès le début de la grossesse. Comme une sorte de greffon implanté dans le corps maternel, le futur bébé reste en constante relation avec la mère, qui le nourrit et le protège des agressions extérieures.

LE FŒTUS S'ALIMENTE

C'est avec le placenta, le cordon ombilical et le sac amniotique – dit encore poche des eaux – que se font les échanges de nourriture, d'oxygène et l'évacuation des déchets, avec la mère.
Excepté le liquide amniotique qui s'écoule avant la naissance, le placenta et le cordon ombilical sont expulsés au cours de ce qu'on appelle la délivrance.

Le liquide amniotique. À mesure que l'embryon grossit et s'éloigne de son lieu d'implantation dans l'utérus, une cavité se forme : il s'agit de la poche des eaux, qui se remplit de liquide et occupe totalement l'utérus vers la 10e semaine. Dans ce milieu aqueux, le futur bébé va évoluer durant la grossesse, maintenu à température constante, protégé des chocs et des microbes, capable de se mouvoir, alimenté en eau et en substances nutritives, qu'il absorbe par la peau ou qu'il avale. Quand il urine, une partie du liquide est rejetée, mais le liquide amniotique est renouvelé régulièrement.
L'étude de ce liquide amniotique renseigne sur la santé du futur bébé, qui s'alimente à partir des éléments assimilés par la mère, lesquels transitent par le cordon ombilical et le placenta.

LE PLACENTA : UN FILTRE PLUS QU'UNE BARRIÈRE

Sorte de galette collée dans l'utérus, il est perméable à presque tous les médicaments et ne protège pas non plus le futur bébé des virus ni des parasites pouvant provoquer une infection. Ce passage de la mère à l'enfant n'est pas systématique, les risques sont variables selon le stade de la grossesse et le suivi médical les évitera.

Le cordon ombilical. Il se présente comme un cordon, long d'environ 50 centimètres et large de 1 à 2 centimètres. Il est constitué d'une part d'une espèce de gelée qui entoure la veine ombilicale, d'autre part de deux artères ombilicales qui ramènent le sang du fœtus au placenta.

Le placenta. C'est de la 4e semaine au 4e mois de la grossesse qu'il se constitue. À partir du 4e mois, les échanges entre la mère et le futur bébé s'établissent. Ces échanges qui s'opèrent au niveau du placenta concernent l'oxygène, le gaz carbonique, l'eau, les sels minéraux et les aliments. Outre ces échanges vitaux, une autre fonction du placenta intéresse la production d'hormones indispensables au bon déroulement de la grossesse. Les circulations sanguines entre le bébé et la mère fonctionnent séparément l'une de l'autre et le placenta joue un rôle de filtre.

Le sang maternel arrive au placenta par les artères de l'utérus. Les substances nutritives et l'oxygène transportés traversent le placenta et arrivent au futur bébé par la veine ombilicale. Le sang du fœtus repart dans le placenta par les artères ombilicales. Les déchets et le gaz carbonique que ce sang contient traversent le placenta pour rejoindre le sang maternel.

LE FŒTUS BOUGE

Dès la 4e semaine, l'embryon a des battements cardiaques réguliers et rapides. Au cours de la 7e semaine, son corps est animé de vibrations non perceptibles par la mère. Des mouvements comparables à ceux de la respiration, comme la dilatation et la contraction de la cage thoracique, apparaissent à la 15e semaine. Ces mouvements sont intermittents et naturellement interrompus par des hoquets qui durent de 1 à 25 minutes et se reproduisent jusqu'à six fois par jour.

Vers le 3e mois, le fœtus bouge ses bras et ses jambes. Certains « coups de pied » mobilisent tout le corps et aident le bébé à changer de position. L'intensité de ces mouvements croît jusqu'au 7e mois, avant de régresser puisque le futur bébé a moins de place pour remuer.

À compter du 6e mois, des périodes de forte activité alternent avec des périodes de calme correspondant au sommeil. Pendant les trois derniers mois, le fœtus dort en même temps que sa mère et il s'agite quand elle est nerveuse.

COUPE DU PLACENTA

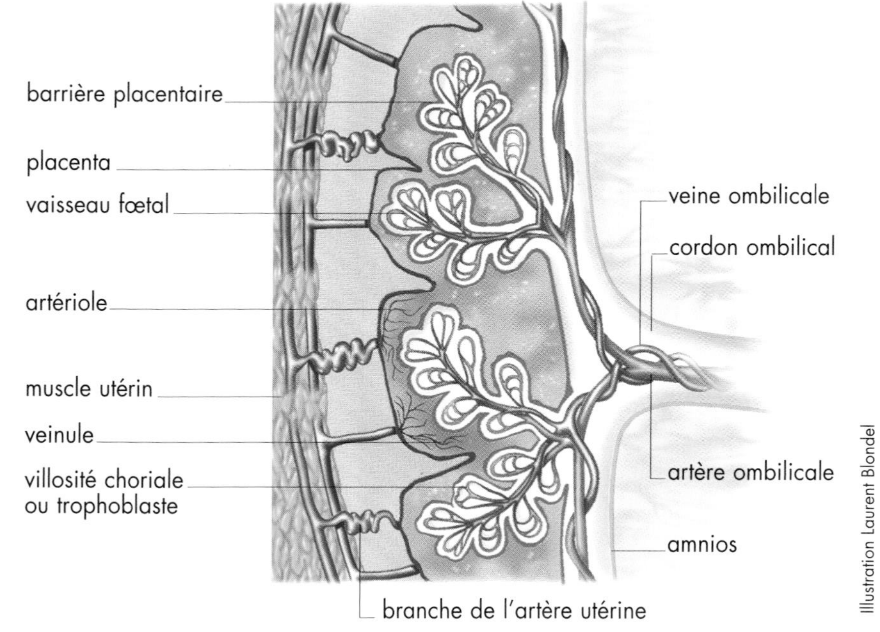

ÉVALUER LE BIEN-ÊTRE DU FUTUR BÉBÉ

De récentes études montrent que, dès le 6e mois, le futur bébé perçoit des stimulations et manifeste sa sensibilité aux bruits, à la chaleur, au toucher, etc. L'analyse de son comportement durant la grossesse permet d'évaluer son développement musculaire et sa maturation neurologique. Les bruits du cœur traduisent d'ailleurs directement son état : aussi les médecins veillent-ils à contrôler l'activité physique et le rythme cardiaque du fœtus. S'il est normal qu'en fin de grossesse le fœtus soit moins actif et que la fréquence des « coups de pied » diminue, il n'en reste pas moins que le bébé doit se manifester au moins deux fois par jour.

LE BÉBÉ DANS L'UTÉRUS

DÉVELOPPEMENT DES SENS

En même temps que le fœtus grossit et bouge dans l'utérus, il développe ses cinq sens, qui lui serviront bientôt pour entrer en communication avec le monde extérieur, et plus particulièrement avec ses parents.

■ POSITION DU BÉBÉ DANS L'UTÉRUS À LA FIN DE LA GROSSESSE

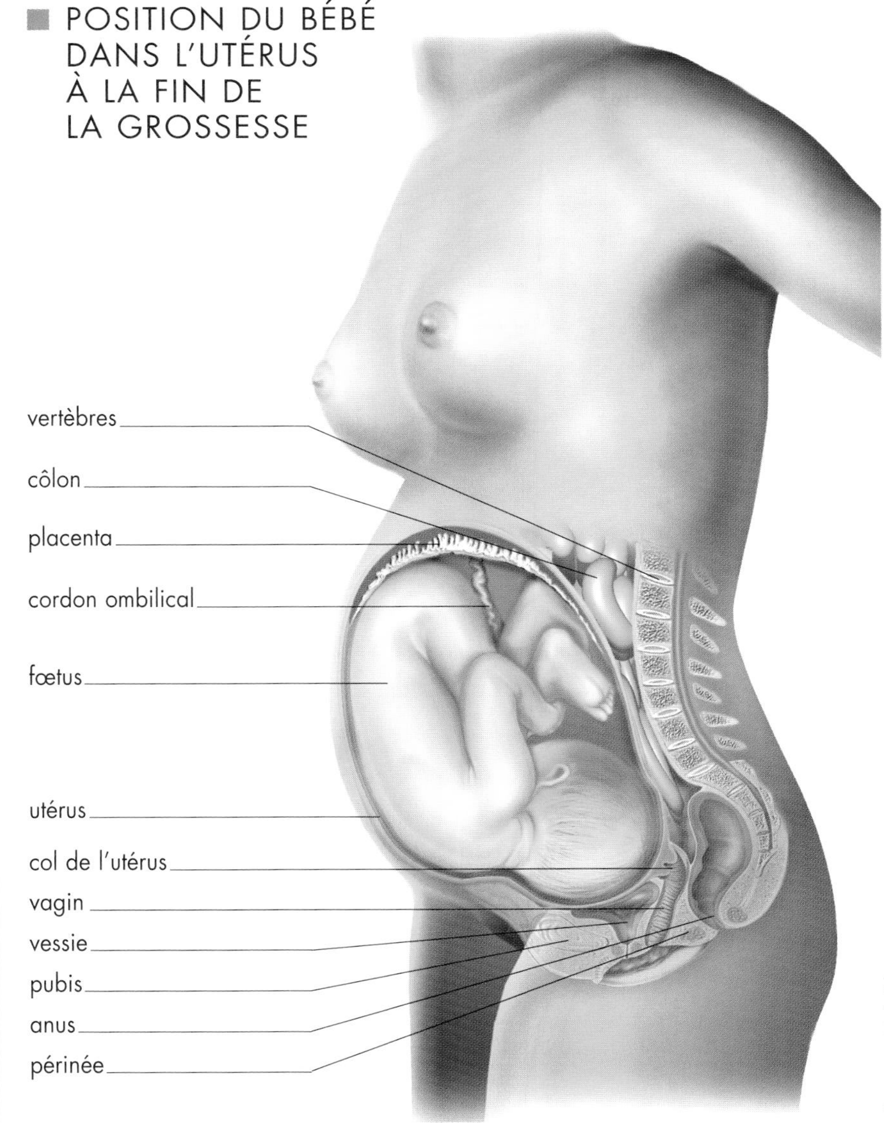

Jusqu'au XIXe siècle, on pensait que le bébé naissait aveugle et sourd. On sait maintenant que, avant sa naissance, vers le 6e mois de grossesse, le futur bébé manifeste des sensations. On peut penser que certaines réactions du bébé après sa naissance sont le reflet de sa vie dans l'utérus : il se souviendrait de ce qu'il a ressenti dans le ventre de sa mère.

LE TOUCHER

Les récepteurs du toucher apparaissent très tôt chez le fœtus : 8 semaines pour la bouche et 11 semaines pour les doigts. La sensibilité est à son niveau maximal à partir du 6e ou du 7e mois. Les réactions aux stimulations évoluent pendant la maternité : au début de la grossesse, le fœtus tend à s'écarter, avec les mains ou les pieds, de ce qu'il touche (utérus, parties de son corps). Vers le 6e mois, il tourne la tête, porte le pouce à sa bouche et le suce. Cette succion est d'ailleurs un geste réflexe qui durera après la naissance.
Le fœtus réagit également quand on caresse le ventre de sa mère. Par l'haptonomie, technique qui aide les futurs parents à prendre conscience de la réalité de l'enfant à naître, il entre en relation avec eux. Cette prise de contact permet d'amorcer un dialogue et d'établir les premiers liens avec le futur bébé.

LE GOÛT

Le système gustatif est en place très tôt, puisqu'il fonctionnne dès le 3e mois. Le fœtus semble apprécier les saveurs sucrées : si on injecte une solution sucrée dans le liquide amniotique, il accélère et multiplie les mouvements de déglutition. Il continuera, à sa naissance, à garder ce penchant pour tout ce qui est sucré.

L'OUÏE

Tandis que l'oreille interne est totalement développée entre le 4e et le 5e mois de la grossesse, le système auditif fonctionne à partir de 6 mois et demi ou 7 mois. On ne sait pas encore exactement à partir de quel moment le fœtus entend, mais il est certain que le bébé réagit à un grand nombre de sons dans l'utérus. Ainsi, au cours des trois derniers mois de la grossesse, il capte des bruits extérieurs et répond aux stimulations par des mouvements. Tandis que les sons violents le font sursauter, les musiques douces ont sur lui un effet apaisant.

Par ailleurs, le milieu liquide dans lequel évolue le fœtus est relativement sonore. Les bruits internes (battements du muscle cardiaque de la mère, rythme du sang dans le cordon ombilical, gargouillis intestinaux) parviennent jusqu'à lui. Peut-être le petit enfant revit-il le souvenir des battements du cœur qu'il entendait dans l'utérus quand, plus tard, il viendra se blottir contre sa mère pour se calmer.

LA VUE

C'est vers le 18e jour que l'œil commence à se développer. Les muscles oculaires se forment eux aussi très tôt et il est possible de voir les yeux du futur bébé quand il dort ou quand il change de position. Au 7e mois de la grossesse, la structure de l'œil est définitive, les paupières s'ouvrent et le futur bébé est alors en mesure de voir. Même si son champ visuel est limité, les récepteurs visuels réagissent à des faisceaux lumineux intenses, parvenant à traverser le liquide amniotique et la paroi utérine.

L'ODORAT

Comme le futur bébé baigne dans un milieu que l'on peut qualifier d'aquatique, il est pratiquement impossible de connaître ses réactions aux odeurs. Cependant, on sait que, dès la naissance, l'enfant possède déjà un odorat développé, puisqu'il est en mesure de reconnaître l'odeur spécifique de sa mère.

LA SENSIBILITÉ

Le futur bébé est sensible à la douleur dès le 7e mois. C'est ainsi qu'il se manifeste et modifie son rythme cardiaque – ce qui peut traduire un certain malaise – quand il subit une transfusion sanguine ou des manipulations dans l'utérus. En revanche, la température extérieure l'affecte assez peu. En effet, le liquide amniotique et la régulation thermique du corps maternel le protègent.

LES RÉCEPTEURS DES SENS

Les informations sur l'environnement extérieur et sur le fonctionnement interne du corps sont recueillies par des millions de structures microscopiques éparpillées dans l'organisme (peau, muscles, articulations, etc.) et sont transmises au système nerveux central.

QUAND LE BÉBÉ COMMENCE-T-IL À VOIR, À ENTENDRE, À SENTIR ?

À partir du 4e mois, le toucher et le goût se manifestent. Vers le 7e mois apparaissent les sens de l'audition et de la vue.

Le toucher. Il serait le premier à s'éveiller, avec la mise en place des récepteurs de la sensibilité cutanée, à la fin du 3e mois. Au milieu de la grossesse, les mouvements réponses du fœtus aux caresses sur le ventre de la mère témoignent de sa sensibilité au toucher.

Le goût. Le système gustatif est formé dès le 3e mois. Le futur bébé manifeste un goût prononcé pour les saveurs sucrées qu'il absorbe dans le liquide amniotique.

L'audition. À partir du 8e mois, le bébé réagit à une grande variété de sons, cela d'autant plus qu'il baigne dans un milieu sonore.

La vue. À partir du 7e mois, après un stimulus intense et contrasté, le futur bébé bouge.

LA VIE QUOTIDIENNE

La vie au jour le jour a changé. Il faut maintenant vous adapter à la nouvelle situation et veiller à prendre soin de votre corps.

Tous les aspects de la vie sont affectés par la grossesse. Faites-y face, modifiez parfois vos habitudes et choisissez ce qui convient le mieux pour vous et pour votre futur enfant.

L'ALIMENTATION

Contrairement aux idées reçues, une femme enceinte n'a pas à manger pour deux ! Quelques règles simples sont à observer pour couvrir tous les besoins : évitez les coupe-faim entre les repas ; faites trois repas principaux et une ou deux collations ; mangez de tout ou presque (sauf le lait cru et ses dérivés) et de façon équilibrée ; buvez au moins un litre d'eau par jour ; surveillez la prise de poids (entre 9 et 13 kilos) ; supprimez l'alcool, qui passe dans votre sang avant d'arriver au placenta, ainsi que le tabac, qui est à l'origine de fausses couches et d'accouchements prématurés.

LES RELATIONS SEXUELLES PENDANT LA GROSSESSE

Elles sont possibles sauf contre-indications du médecin. Outre le fait qu'elles constituent une détente, elles sont aussi un moment d'échange avec le père. Le désir peut changer pendant la grossesse : tandis que certaines femmes mettent leur vie sexuelle en sommeil, d'autres en revanche voient leur sexualité s'épanouir dans la maternité.

L. Monneret - Fotogram Stone

La vie quotidienne. *En l'absence de petits maux liés à son état, la femme enceinte mène une vie normale, peut faire des courses, en évitant de porter des charges lourdes.*

LE SOMMEIL

Plusieurs facteurs peuvent être à l'origine d'insomnies en fin de grossesse :
– le volume et le poids du bébé. En cas de gêne, allongez-vous sur le côté gauche pour éviter de faire pression sur la veine cave qui passe à droite de l'utérus. Mettez aussi un coussin sous votre genou droit ;
– les mouvements du fœtus. Il n'existe aucun remède contre les mouvements du bébé, qui suit ses propres rythmes de sommeil et d'éveil ;
– des crampes dans les jambes ou les pieds. Massez le muscle endolori, tenez la jambe tendue en tirant les orteils vers vous ;
– des rêves agités et des cauchemars découlant de craintes (peur de l'accouchement ou d'avoir un enfant anormal).

Si la fatigue se fait sentir par suite d'insomnies répétées et si les crampes persistent, consultez un médecin. Dans tous les cas, la relaxation vous aidera à mieux dormir.

L'HYGIÈNE

Voici quelques conseils pour remédier à certains inconvénients :
– la grossesse maltraite parfois les cheveux qui ont déjà tendance à être gras. Utilisez un shampooing doux, évitez le

LE RÔLE DU PÈRE

Le futur père est de plus en plus présent au cours des étapes de la grossesse : il peut assister aux visites médicales, aux séances de préparation à l'accouchement, aux examens échographiques, à l'accouchement lui-même. Durant la grossesse, il doit être rassurant et compréhensif. S'il lui faut accepter de laisser la première place à l'enfant dans l'esprit de la mère, il doit également participer aux tâches de la vie quotidienne.
Certains pères se sentent exclus de la grossesse, d'autres assument très bien cette période. À chacun de décider, l'essentiel étant alors de trouver et de prendre sa place d'« homme-père ».

séchoir. Abstenez-vous de faire des colorations pour éviter d'éventuelles allergies ;
– la peau du visage et du cou doit respirer. Supprimez les lotions à base d'alcool, choisissez des crèmes hydratantes et des produits doux, évitez les expositions prolongées au soleil sans protection ;
– pour prévenir des vergetures sur le corps, massez-vous avec de l'huile d'amande douce ;
– les seins sont fragiles : adaptez la taille du soutien-gorge, choisissez-le à bonnets profonds ; prenez des douches fraîches pour renforcer la tonicité de la peau ;
– apprenez à vous tenir debout, couchée ou assise sans être gênée par votre ventre.
Choisissez des vêtements amples, évitez les bas et la ceinture de grossesse, préférez les sous-vêtements en coton et marchez avec des talons plats.

LE TRAVAIL ET LES DÉPLACEMENTS

Le travail n'est pas en soi un facteur de risque, mais des conditions de travail difficiles (liées en particulier à l'éloignement du lieu de travail et aux déplacements quotidiens) et une hyperactivité à la maison peuvent présenter certains dangers, notamment celui d'un accouchement prématuré.

Gyssels - Diaf - Collection Larousse

***Le bercement.** Cet exercice permet de soulager les douleurs du dos. Allongée, jambes serrées, vous vous laissez rouler sur un côté, vous revenez au centre, puis vous roulez de l'autre côté.*

RELAXEZ-VOUS

Allongez-vous sur le dos, les yeux fermés, concentrée sur votre respiration. Étirez le cou en arrière, amenez le menton contre la poitrine et baissez les épaules. Posez les paumes en bas du ventre, respirez doucement pour adopter une expiration très longue et lente.
Allongez-vous sur le côté, jambes repliées ; mettez un coussin sous la tête et un autre entre les jambes. Concentrée sur votre respiration, laissez le corps se relâcher à chaque expiration. Détendez les muscles des pieds, décontractez le bassin et le dos, puis les reins jusqu'aux épaules. Relâchez les bras, le cou, les muscles du visage et laissez les paupières se faire lourdes.

Rien ne s'oppose aux voyages quand la grossesse est sans problèmes. Les risques dépendent des conditions dans lesquelles vous vous déplacez et du mode de transport adopté.

LE SPORT

L'activité sportive est utile pour entretenir le cœur et les capacités respiratoires, mais il faut se modérer pour que les efforts physiques n'augmentent pas les risques. Certains sports sont contre-indiqués (planche à voile, ski nautique, plongeon, VTT, par exemple). D'autres sont conseillés et vont vous aider à vous maintenir en forme : marche, bicyclette en début de grossesse, natation ou gymnastique.

Les Petits Maux

Les efforts que vous supportez pendant la grossesse peuvent provoquer des petits malaises, inoffensifs pour vous et pour le futur bébé.

Ces petits maux vous gênent dans votre vie quotidienne et il est normal que vous souhaitiez en être soulagée, mais il faut néanmoins que vous preniez garde à ne pas user de médicaments sans l'avis de votre médecin traitant. Cet avis est absolument nécessaire pour la prise de tout médicament, même s'il vous paraît sans danger ou si vous l'utilisiez couramment avant d'être enceinte.

Ce dont vous souffrez	Ce que prescrit le médecin	Ce que vous pouvez faire
ANÉMIE Si vous êtes facilement essoufflée, pâle.	Du fer et de l'acide folique. Une prise de sang au 6e mois de grossesse pour contrôler le risque d'anémie et le traiter.	Mangez cresson, épinards, lentilles, haricots blancs, fruits secs, jaune d'œuf, foie, chocolat, endives, melons, fromage.
BRÛLURES D'ESTOMAC Si le liquide gastrique remonte plus facilement dans l'œsophage et provoque brûlures d'estomac et renvois acides.	Certains médicaments soulageant la douleur mais pas de bicarbonate de soude.	Évitez plats épicés, plats en sauce, boissons gazeuses, café, graisses cuites, crudités. Rehaussez le buste pour dormir.
CONSTIPATION, BALLONNEMENTS Si vos intestins deviennent paresseux, si vous êtes constipée depuis peu ou si une constipation habituelle s'aggrave.	Des suppositoires de glycérine et de l'huile de paraffine. Les autres laxatifs peuvent être dangereux. Boire de l'eau minérale riche en magnésium.	Mangez des légumes verts et de la salade. Préférez le pain semi-complet. Évitez les féculents, sauf le riz. Buvez un verre d'eau non gazeuse au réveil ; marchez une demi-heure par jour.
CRAMPES Si des crampes aux mollets ou aux pieds vous réveillent la nuit.	Magnésium et vitamine B6.	Massez le mollet et tirez le pied vers le haut ; marchez nu-pieds sur du carrelage ; surélevez les pieds pour dormir.
DÉMANGEAISONS Si, en fin de grossesse, vous avez de fréquentes démangeaisons.	Bilan hépatique pour éventuellement éliminer une maladie de foie ; des antihistaminiques.	Évitez les produits de toilette allergisants. Utilisez le savon de Marseille ; préférez les vêtements en coton.
DOULEURS ABDOMINALES Si, à partir du 5e mois, vous souffrez de douleurs à l'aine ou dans la région du sacrum.	Vitamines ; relaxants musculaires. (Demandez impérativement l'avis de votre médecin.)	Reposez-vous. Consultez un médecin pour vérifier qu'il ne s'agit pas de contractions.
DOULEURS DU PUBIS Si des douleurs au pubis se manifestent au cours des trois derniers mois.	Vitamines du groupe B.	Reposez-vous.
ÉCOULEMENTS Si les modifications hormonales provoquent des pertes vaginales peu abondantes, blanchâtres et inodores (une perte de liquide peut être due à une fissuration de la poche des eaux).	Des prélèvements pour dépister une infection vaginale ou une mycose. Dans ce cas, les écoulements s'accompagnent de démangeaisons et de brûlures.	Veillez à votre hygiène intime : pas de douches vaginales ; choisissez les culottes en coton, évitez les protège-slips favorisant germes et mycoses.

Ce dont vous souffrez	Ce que prescrit le médecin	Ce que vous pouvez faire
ENVIE D'URINER Si le besoin d'uriner se fait sentir dès que la vessie est à moitié pleine.	Un examen en cas de brûlures en urinant. Au besoin, un traitement pour combattre une infection urinaire.	Buvez beaucoup pour empêcher les picotements si l'urine est trop concentrée.
FATIGUE, SOMNOLENCE Si, pendant les premiers mois, vous êtes fatiguée et avez sommeil sans raison apparente.	Du repos.	Dormez, faites la sieste et raccourcissez vos soirées.
HÉMORROÏDES Si les veines variqueuses dans la région de l'anus (fréquentes en fin de grossesse) provoquent des démangeaisons.	Des pommades et des toniques veineux en cas de crise. Exceptionnellement, une petite opération pour ôter un caillot.	Traitez la constipation (voir plus haut) ; évitez les épices.
INSOMNIES Si, en fin de grossesse, les douleurs et les crampes vous réveillent. Si vous êtes sujette à des insomnies.	Somnifère léger.	Évitez les excitants. Buvez des tisanes apaisantes. Faites de la relaxation, dormez sur un plan dur.
MAL AU DOS Si vous souffrez de mal au dos à partir du 5e mois (l'utérus tire sur la colonne vertébrale).	Du repos, de la chaleur (bouillotte) ; des infiltrations anti-inflammatoires en cas de lumbago ou de sciatique.	Faites des exercices quotidiens pour renforcer les muscles du dos et du ventre. Nagez sur le dos, prenez une bonne position pour marcher.
MALAISES, PERTES DE CONNAISSANCE Si la variation de la tension artérielle ou la baisse du taux de sucre dans le sang provoquent des malaises.	Un dépistage d'étourdissements d'origine cardiaque ou diabétique si les troubles persistent.	Passez doucement de la position allongée à la position debout. Dormez sur le côté gauche, évitez la station debout prolongée.
NAUSÉES, VOMISSEMENTS Si, jusqu'au 4e mois, vous vomissez de la bile le matin à jeun ; si vous salivez assez souvent.	Médicaments antivomissements et antinauséeux. En cas d'amaigrissement, une hospitalisation pour combattre la déshydratation.	Levez-vous doucement le matin et prenez le petit déjeuner au lit. Mangez peu à la fois mais souvent. Évitez les aliments indigestes, buvez beaucoup, reposez-vous.
SAIGNEMENTS DE NEZ ET DE GENCIVES Si vous saignez du nez. Si vos gencives saignent au brossage.	Un détartrage chez le dentiste.	Choisissez une brosse à dents douce. Massez vos gencives avec un jet dentaire doux.
SALIVATION Si vous salivez beaucoup en fin de grossesse.	Aucun traitement. Cette salivation disparaîtra après l'accouchement.	Avalez ou crachez en cas de gêne.
SEINS DOULOUREUX Si vos seins sont hypersensibles les trois premiers mois et si le mamelon est douloureux.	Pas de prescription.	Maintenez bien les seins, changez la taille des soutiens-gorge. Préférez le coton, évitez les mamelons quand vous appliquez crèmes et lotions.
TRANSPIRATION Si, sous l'action des hormones, vous transpirez davantage.	Pas de prescription.	Mettez du talc et des lotions rafraîchissantes sans alcool. Prenez un bain le soir.
VARICES, JAMBES LOURDES Si des varices apparaissent ou s'aggravent, avec une sensation de lourdeur, de crampes, de fourmillements ou de gonflements.	Des collants de contention ; des toniques veineux, des crèmes ou des gels. Si les varices persistent après l'accouchement, consultez un spécialiste (phlébologue).	Évitez les chaussettes à élastiques, les jambes croisées, l'épilation à la cire chaude. Faites des massages légers, douchez vos jambes à l'eau tiède et froide, dormez les jambes surélevées.

LES RISQUES ÉVENTUELS

Une grossesse est dite « à risque » s'il y a un danger pour la mère et pour l'enfant. Le plus souvent, celui-ci est exposé aux risques de prématurité et de retard de croissance. La mère doit faire l'objet d'un suivi attentif.

Certains risques sont liés à des maladies que la mère a pu contracter pendant la grossesse, ou à des maladies qu'elle a depuis longtemps et qui se développent lentement. D'autres sont associés à l'âge. Dans tous les cas, la surveillance de la mère et du futur bébé exige une grande attention.

LES RISQUES CONSTANTS

Au cours du premier trimestre de la grossesse, les risques les plus fréquents sont :

– la fausse couche. Elle se manifeste par des saignements vaginaux et des douleurs pelviennes. Elle peut être stoppée par un traitement médical, associé au repos ;
– la grossesse extra-utérine. Elle demande un traitement chirurgical urgent ;
– la grossesse avec des vomissements importants. Elle est due à des modifications hormonales et nécessite du repos.

La menace d'accouchement prématuré représente le principal risque du deuxième trimestre : des contractions utérines indolores modifient peu à peu l'utérus et entraînent alors une ouverture du col. Du repos, de préférence en position allongée, et un traitement pour relaxer l'utérus sont, dans la plupart des cas, suffisants pour empêcher le risque d'accouchement prématuré.

Enfin, au cours du troisième trimestre, certaines maladies – associées au risque d'accouchement prématuré – peuvent compliquer la grossesse : ce sont l'anémie, l'hypertension artérielle, une infection urinaire ou une infection rénale.

D'autres problèmes, liés au fœtus, peuvent aussi survenir : excès de développement, excès ou, au contraire, insuffisance de liquide amniotique. Il est alors indispensable de consulter un médecin.

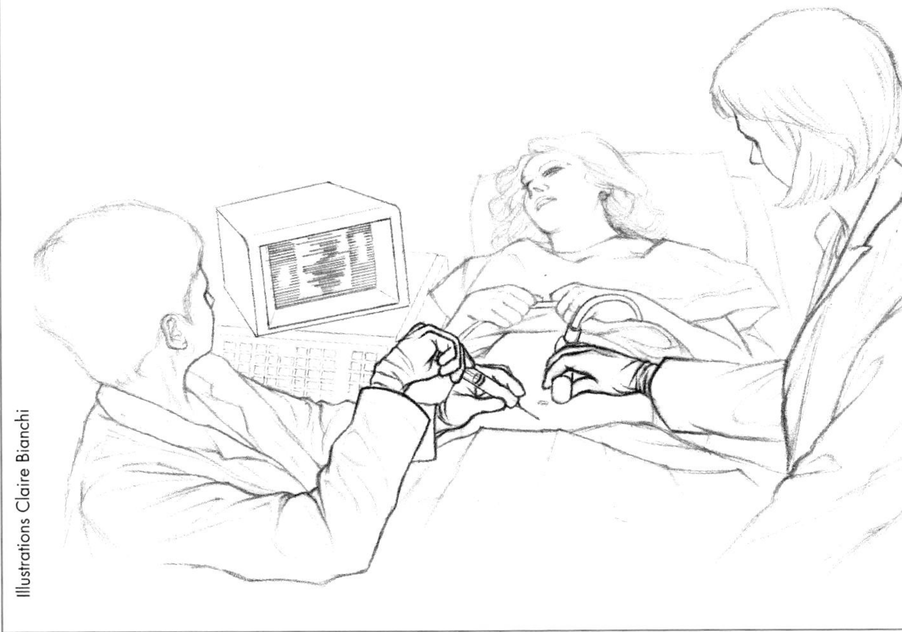

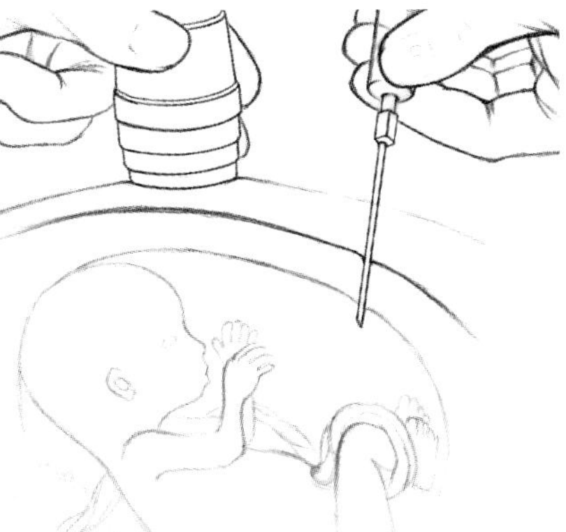

L'amniocentèse. *Un prélèvement de liquide amniotique est effectué sous échographie. Analysé, il permet de déceler des anomalies chromosomiques.*

Illustrations Claire Bianchi

LES MALADIES CHRONIQUES

Les femmes qui souffrent de maladies comme le diabète ou de maladies cardiaques sont amenées à demander un avis médical avant d'être enceintes ou au tout début de la grossesse. Cette consultation a pour but :
– d'apprécier les répercussions de la maladie sur la grossesse ;
– d'évaluer les incidences de la grossesse sur la maladie.
Parfois, la grossesse peut être formellement déconseillée, car elle risque de mettre la vie de la mère en danger. C'est le cas notamment pour certaines maladies cardiaques graves. Souvent, la grossesse est menée à son terme grâce à des traitements adaptés. Dans ce cas, la future mère est attentivement suivie par son médecin, par l'obstétricien et, si besoin est, par un spécialiste. Pour garantir le maximum de réussite, une hospitalisation sera parfois nécessaire.

LES TRÈS JEUNES MÈRES

Les adolescentes de 11 à 18 ans sont exposées à un certain nombre de risques. Trois raisons à cela : leur organisme n'est pas arrivé complètement à maturité ; beaucoup vivent mal le fait d'être enceinte, cachent leur grossesse et sont donc moins bien suivies ; leur mode de vie n'est pas toujours compatible avec le bon déroulement d'une grossesse.

LES PLUS DE 38 ANS

Dans les pays occidentaux, de plus en plus de femmes de 38 ans et plus mettent un enfant au monde. Une première grossesse à cet âge impose une surveillance particulière pour deux raisons :
– le risque d'avortement spontané dans les trois premiers mois est plus élevé que chez une future maman plus jeune ;
– les cas d'accouchement par césarienne sont relativement plus nombreux chez la femme d'une quarantaine d'années.
Cette dernière est également plus prédisposée à développer un fibrome ou à avoir de la tension artérielle. Cet état accroît alors les risques de fausse couche, d'accouchement prématuré ou de retard de croissance du fœtus.
La femme d'au moins 38 ans peut bénéficier d'une amniocentèse ; cet examen établit une carte, le caryotype, qui permet de dépister d'éventuelles anomalies chromosomiques (comme la trisomie 21), dont la fréquence augmente avec l'âge de la mère. Attentives à leur santé et médicalement bien suivies, les femmes de 38 ans et plus mènent à terme leur grossesse, sans courir de risques majeurs.

LA MENACE DE FAUSSE COUCHE

C'est la perte du fœtus avant le 180e jour de grossesse. Les avortements spontanés représentent de 10 à 20 % des interruptions de grossesse. Les causes sont variées : génitales, hormonales ou générales (intoxication, diabète, traumatismes divers). En début de grossesse, les signes d'une menace d'avortement consistent en des hémorragies parfois associées à des coliques. Le repos absolu est alors prescrit. Une échographie vérifie le lieu d'implantation de l'embryon (risque de grossesse extra-utérine). En cas de non-fermeture du col, la prévention recommande un cerclage de l'utérus (resserrage du col avec un fil, retiré trois semaines avant la date prévue de l'accouchement) et le repos.

ALCOOL, TABAC ET DROGUE

Le tabagisme est dangereux pendant la grossesse. Les fumeuses (15 % des femmes enceintes) risquent de mettre au monde des enfants plus petits. Après la naissance, ces enfants pourront souffrir d'asthme ou d'autres maladies respiratoires.
Les effets de l'alcool sur le futur bébé sont néfastes. Le risque d'avortement est accru. L'enfant d'une femme alcoolique peut présenter des malformations faciales ou cardiaques, un retard de croissance, voire une intelligence inférieure à la moyenne.
La prise de drogue entraîne un risque de prématurité, d'insuffisance de poids, de malformation congénitale, de retard physique et mental, et de maladie infectieuse (VIH, hépatite). Si la mère consomme de l'héroïne, l'enfant naît intoxiqué, son sevrage demande six semaines.

LA GROSSESSE EXTRA-UTÉRINE

Une complication peut se produire au début de la grossesse. En regagnant l'utérus, il arrive que l'œuf fécondé se développe dans une trompe de Fallope, qui relie les ovaires à l'utérus.

Le nombre des grossesses extra-utérines est actuellement en forte augmentation. Il a triplé en dix ans et une grossesse extra-utérine survient dans environ 2 % des grossesses, chiffre variable selon les pays. Elle entraîne en général la mort du futur bébé avant le 3e mois. Elle représente également de 4 à 10 % des causes de décès chez les femmes enceintes. Elle peut intervenir chez toutes les femmes susceptibles d'être enceintes, mais particulièrement chez certaines femmes à risque plus élevé.

LES FACTEURS DE RISQUE

Parmi les multiples facteurs de risque, on trouve :
– un antécédent d'infection, en particulier la salpingite (infection des trompes), qui multiplie les risques de grossesse extra-utérine par six ;
– un antécédent de grossesse extra-utérine ;
– la procréation médicalement assistée, comme la fécondation in vitro ou l'insémination artificielle. Elle multiplie par deux le risque de grossesse extra-utérine. L'association grossesse intra-utérine et extra-utérine est rare, mais elle représente un risque de ces nouvelles techniques. Le diagnostic de grossesse extra-utérine est très difficile à établir dans cette situation ;
– une opération des trompes, qui a été faite précédemment.
D'autres facteurs sont aussi à l'origine de grossesses extra-utérines :
– la consommation de tabac. Plus une femme fume et plus le

■ GROSSESSE EXTRA-UTÉRINE

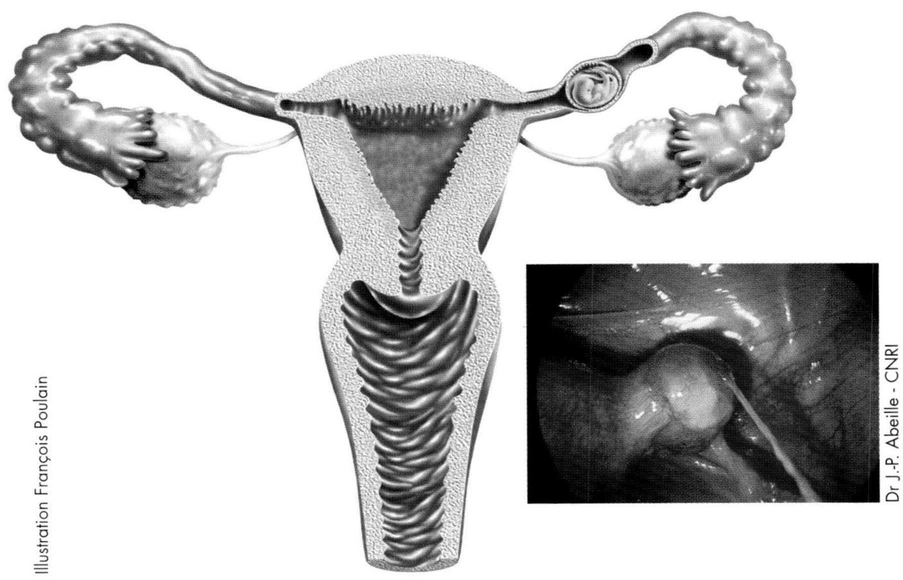

***Grossesse extra-utérine.** L'œuf fécondé s'implante dans une trompe de Fallope et s'y développe. L'examen cœlioscopique montre la dilatation de la trompe sous la pression de l'œuf qui grossit.*

LES SYMPTÔMES

La grossesse extra-utérine se manifeste, au cours des deux premiers mois de la grossesse, par de fortes et brusques douleurs abdominales basses, persistantes. Des saignements vaginaux peuvent se produire, dus à la déchirure de la trompe sous la pression de l'œuf, qui niche dans un tissu non destiné à l'accueillir. De tels saignements peuvent survenir après un retard des règles (de 3 à 6 semaines, en général), mais il arrive qu'ils se déclenchent au bout de 2 ou 3 mois. Les risques d'hémorragie interne sont alors bien réels et mettent parfois la vie de la mère en danger.

risque est grand. Une grossesse extra-utérine sur cinq serait directement liée à la consommation de tabac ;
– l'âge de la mère. Il est également en cause et le risque est presque multiplié par deux pour les femmes de 35 à 39 ans et par quatre pour les femmes à partir de 40 ans ;
– le stérilet. Très efficace comme contraceptif, il multiplie par trois le risque de grossesse extra-utérine par rapport aux méthodes de contraception orale. Si la pilule bloque l'ovulation, le stérilet lui ne peut qu'empêcher la nidation de l'œuf dans l'utérus. Ce risque, qui s'accroît après deux ans d'utilisation du stérilet, est réversible lorsque le stérilet est enlevé ;
– la prise de contraceptifs oraux faiblement dosés, à base de progestatifs (micropilules).

LE DIAGNOSTIC

L'éventuelle grossesse extra-utérine est, bien entendu, à détecter au plus tôt.

RÉAGIR EN URGENCE

Le risque de grossesse extra-utérine est plus important chez une femme qui a déjà connu ce type d'accident. Il est nécessaire d'intervenir très rapidement quand une grossesse extra-utérine est décelée. L'ablation d'une trompe de Fallope est parfois inévitable, mais une femme peut mener une grossesse normale avec une seule trompe ; ses chances de conception sont néanmoins réduites.

Elle se manifeste au cours des deux premiers mois, souvent même avant que la femme ne sache qu'elle est enceinte. Elle se traduit par des douleurs abdominales et des hémorragies utérines survenant après un retard des règles de 3 à 6 semaines généralement.
Deux examens associés et réalisés à l'hôpital permettent de déceler ce danger. Il s'agit :
– du dosage hormonal, dans l'urine ou dans le sang, d'une hormone de la grossesse ;
– de l'échographie.
Tout laisse à penser qu'il y a grossesse extra-utérine quand un test de grossesse est positif et quand la présence de l'œuf fécondé n'est pas détectée dans l'utérus par l'échographie.
En raison des risques de rupture de la trompe, qui peut entraîner une hémorragie interne plus ou moins importante, il est alors important de confirmer le diagnostic en pratiquant une cœlioscopie.

LE TRAITEMENT

Pratiquée sous anesthésie générale, la technique de la cœlioscopie consiste à introduire dans le corps des instruments chirurgicaux en faisant une petite incision dans l'abdomen sous le contrôle d'un appareil optique.
En cas de grossesse extra-utérine, une intervention rapide – la cœliochirurgie – permet de retirer l'œuf de la trompe ou la trompe elle-même, en évitant ainsi une hémorragie interne sévère et des conséquences graves pour la mère. En outre, plus l'intervention est précoce et plus la femme a de chances de conserver sa trompe en bon état pour une future grossesse.
En cas de grossesse extra-utérine avec rupture de la trompe, on procède à une opération en urgence (ouverture chirurgicale de l'abdomen) et on arrête le saignement au plus vite : cela peut se révéler indispensable pour sauver la mère.
Certaines grossesses extra-utérines rompues nécessiteront une transfusion sanguine pour compenser une perte de sang trop importante chez la mère.

LE TRAITEMENT VIDÉO-CŒLIOSCOPIQUE

C'est la « chirurgie sans bistouri ». Ses avantages sont nets et nombreux :
– retour rapide à la pleine activité (de 8 à 15 jours) ;
– réduction de la durée d'hospitalisation (moins de 48 heures) ;
– diminution très importante du risque infectieux et du risque d'adhérences postopératoires ;
– traumatisme minime de la trompe concernée ;
– diminution du risque d'occlusion postopératoire ;
– net avantage esthétique : on peut éviter ainsi une cicatrice trop visible.

LA PRÉVENTION

Il s'agit de la prévention des maladies infectieuses, comme la salpingite et les maladies sexuellement transmissibles, principaux facteurs de risque de la grossesse extra-utérine.

La Grossesse Multiple

La grossesse multiple est de plus en plus fréquente. Une prédisposition familiale et un traitement contre la stérilité sont le plus souvent en cause.

Gyssels - Diaf - Collection Larousse

La grossesse multiple. *Une grossesse multiple nécessite encore plus d'attention qu'une grossesse normale. Le couple doit se préparer, matériellement et psychologiquement, à accueillir plusieurs bébés.*

La grossesse multiple est facile à déceler par échographie. Elle permet de détecter le nombre et le caractère des embryons – « vrais » ou « faux » jumeaux –, et de suivre leur développement. Pour être mené à terme, ce type de grossesse nécessite une plus grande vigilance.

LES GROSSESSES MULTIPLES

Cette expression s'applique aux grossesses gémellaire (2 fœtus), triple, quadruple, quintuple. La grossesse gémellaire est relativement fréquente en Europe (1 cas sur 89 grossesses). Toutefois, elle varie selon les ethnies, l'environnement, les facteurs familiaux (le facteur héréditaire), l'âge de la femme et le nombre d'enfants qu'elle a déjà eus. En outre, les techniques de procréation médicalement assistée (insémination artificielle, fécondation in vitro) sont souvent à l'origine de grossesses multiples.

Il existe deux types de grossesse multiple.

La grossesse monozygote. Les enfants résultent de la fécondation par un spermatozoïde d'un seul ovule, qui se divise : il s'agit de vrais jumeaux. Les enfants se ressemblent beaucoup. Ils sont du même sexe et identiques morphologiquement et physiologiquement. Leur sang a les mêmes caractéristiques. Une greffe entre ces deux jumeaux n'entraîne pas de rejet.

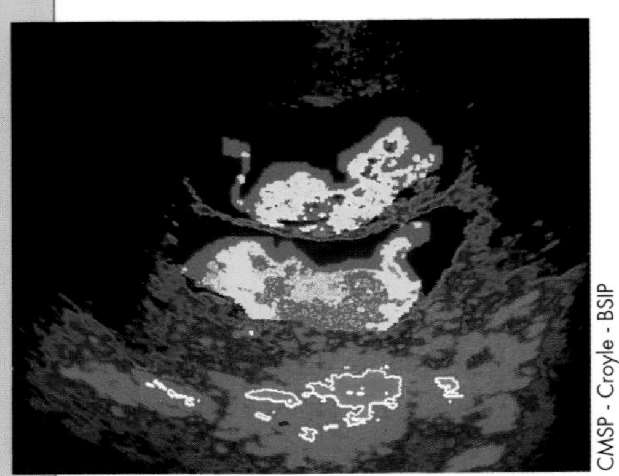

Échographie d'une grossesse montrant la présence de deux bébés. *L'échographie permet de visualiser sur écran la présence de jumeaux. On distingue très nettement les deux fœtus.*

La grossesse dizygote. Les enfants proviennent de la fécondation de plusieurs ovules par différents spermatozoïdes. Ils sont du même sexe, ou de sexes différents. Ils se ressemblent comme des frères et sœurs nés à des dates différentes. Les futurs bébés ont chacun leur membrane et leur placenta.
Le risque d'accouchement prématuré et de mortalité est plus élevé en cas de grossesse multiple. Ce type de grossesse exige une surveillance médicale accrue, beaucoup de repos et un arrêt de travail précoce.

LE CAS DES JUMEAUX

La présence de jumeaux est décelée par l'échographie à 6 ou 7 semaines. Ce type de grossesse bénéficie d'un suivi clinique et échographique très régulier : une fois par mois jusqu'à la 28e semaine d'absence de règles, puis deux fois par mois jusqu'à la naissance.
L'accouchement a lieu par les voies naturelles, généralement sous anesthésie péridurale et sous surveillance cardiaque des futurs bébés. Parfois, il est nécessaire de pratiquer une césarienne. En général, le premier bébé naît de 5 à 15 minutes avant le second. Les bébés sont plus petits que ceux issus d'une grossesse unique. Après un accouchement de jumeaux, les risques d'hémorragie de la délivrance sont plus élevés.
Très rarement (une grossesse sur 30 000 environ), les jumeaux monozygotes sont siamois : l'œuf fécondé se sépare tardivement en deux et les embryons restent attachés par certaines parties du corps, le plus souvent par la paroi abdominale et thoracique. Dans la plupart des cas, les enfants ne sont pas viables.

EN ATTENDANT PLUSIEURS BÉBÉS

Une grossesse multiple doit être plus surveillée qu'une autre. N'hésitez pas à consulter régulièrement votre médecin et respectez ses conseils. À partir du 5e mois de grossesse, reposez-vous. Évitez les trajets et les voyages fatigants. Si vous en éprouvez le besoin, faites-vous délivrer un arrêt de travail. Veillez à avoir une alimentation saine et équilibrée. Si vous vous sentez un peu déroutée à l'idée de mettre au monde plusieurs enfants, contactez des associations de parents qui ont vécu cette situation : elles vous aideront en vous faisant part de leur expérience et en vous donnant des conseils.

TRAITEMENTS CONTRE LA STÉRILITÉ FÉMININE

La stérilité féminine représente de 70 à 80 % des stérilités.
La plupart de ces stérilités sont dues à l'absence ou à une irrégularité de l'ovulation, résultant de troubles hormonaux ; elles peuvent également être causées par une altération des trompes ou du col de l'utérus.
Le traitement préconisé est chirurgical ou médicamenteux, selon l'origine de la stérilité. S'il est insuffisant, une insémination artificielle ou une fécondation in vitro peuvent être tentées. Les risques de grossesse multiple et extra-utérine sont alors plus importants.

UN SOUTIEN PSYCHOLOGIQUE

La grossesse est de plus en plus choisie et désirée. Pourtant, elle reste l'objet d'appréhensions, et nécessite parfois un soutien psychologique.
Si cette aide psychologique est alors utile, elle le devient encore plus quand la future mère apprend qu'elle attend plusieurs bébés. Les grossesses multiples sont vécues comme un événement déroutant et même inquiétant. Les difficultés physiques sont accrues (prise de poids supérieure à la moyenne, risque d'hypertension artérielle, troubles du sommeil), et l'assistance psychologique et l'information sont nécessaires quand la femme n'est pas préparée à cette situation ou même quand elle la refuse.

LES COMPLICATIONS

PROBLÈMES RHÉSUS

La grossesse est un processus naturel et normal, qu'une incompatibilité entre le sang du fœtus et le sang maternel vient parfois troubler.

Dans une grossesse sur onze, des incompatibilités existent entre groupes sanguins, affectant la mère et l'enfant. Non traitées, ces incompatibilités provoquent des accidents.

Il existe quatre groupes sanguins et des sous-groupes, dont le facteur Rhésus. Il n'y a incompatibilité que si vous êtes Rhésus– et que votre enfant est Rhésus+. Dans ce cas, tout passage de globules rouges du sang du fœtus dans votre sang entraîne, chez vous, la formation d'anticorps anti-Rhésus. Normalement, votre sang et celui du bébé ne se rencontrent pas. Mais il peut y avoir des contacts à l'occasion de saignements, d'une amniocentèse ou d'une ponction de sang du bébé, ou encore pendant l'accouchement. Si vous êtes Rhésus–, votre première grossesse est généralement sans danger pour l'enfant. Mais si vous attendez un second bébé Rhésus+, il est possible que votre sang contienne des anticorps anti-Rhésus qui vont alors traverser le placenta et détruire les globules rouges du bébé. Celui-ci sera exposé à une grave anémie, la maladie hémolytique du nouveau-né.

LA PRÉVENTION

Il est possible de prévenir l'incompatibilité Rhésus– en injectant des anticorps anti-Rhésus. Si vous êtes Rhésus–, il faut surveiller votre grossesse en dosant régulièrement ces anticorps anti-Rhésus.

Si des globules rouges du futur bébé passent dans votre sang, il suffit de vous faire une injection de gammaglobulines anti-Rhésus qui neutraliseront les globules rouges du fœtus. Ce traitement est très efficace et la maladie est en voie de disparition dans les pays développés.

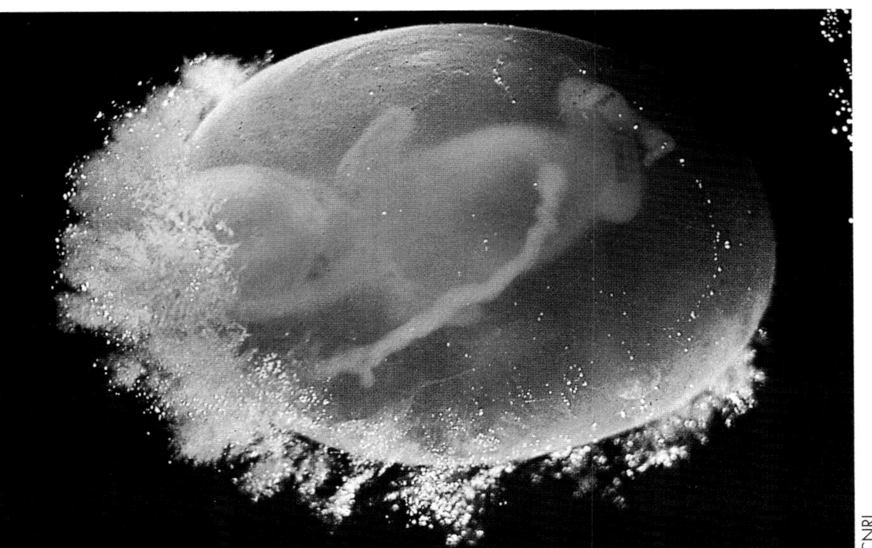

CNRI

Dans l'utérus. *Le bébé baigne dans le liquide amniotique, relié au placenta. Un contact sanguin avec sa mère, des anomalies du placenta ou du liquide amniotique peuvent présenter des risques.*

LA MALADIE HÉMOLYTIQUE DU NOUVEAU-NÉ

Les premiers signes de la maladie peuvent apparaître en fin de grossesse ou à la naissance. C'est la destruction par les anticorps de la mère des globules rouges du bébé. L'hémolyse provoque une jaunisse, due à un excès dans le sang d'une substance appelée bilirubine. Selon son importance, un traitement par la lumière peut la faire disparaître. Si le taux de bilirubine est trop élevé, il faudra remplacer complètement le sang du nouveau-né.

LES ANOMALIES DU PLACENTA ET DU LIQUIDE AMNIOTIQUE

Divers accidents peuvent se produire à n'importe quel moment de la grossesse. Face à cela, le suivi médical est de rigueur.

Le placenta est situé dans la partie haute de l'utérus et sert à nourrir le fœtus qui baigne dans le liquide amniotique. Des complications peuvent survenir, liées à des anomalies du placenta ou du liquide amniotique.

L'HÉMATOME RÉTROPLACENTAIRE

C'est un épanchement anormal de sang entre le placenta et la paroi de l'utérus. Il est causé par une hypertension artérielle, un traumatisme violent, un diabète, une grossesse multiple ou une augmentation anormale de liquide amniotique.
Cet hématome se déclare en fin de grossesse ou pendant l'accouchement. Les symptômes en sont de fortes douleurs, des saignements, parfois des malaises. L'hématome décolle le placenta, prive le fœtus d'éléments nutritifs et met sa vie en danger. Le traitement associe toujours la réanimation de la mère et le sauvetage du bébé, si possible.

LE PLACENTA PRAEVIA

Parfois, le placenta bouche complètement l'orifice du col de l'utérus et empêche l'accouchement par les voies naturelles. Le diagnostic est posé dès le 4e mois, lors d'une échographie. Souvent, la position du placenta change spontanément dans les trois derniers mois de la grossesse ; il remonte vers le fond de l'utérus. Si ce n'est pas le cas, un repos important et la limitation des activités évitent les contractions prématurées et les hémorragies. L'accouchement, s'il doit être fait par césarienne, est programmé en général trois semaines avant la date prévue.

L'HYDRAMNIOS

Cette anomalie, due à une augmentation anormale de la quantité de liquide amniotique, se déclare pendant la deuxième moitié de la grossesse. Elle se manifeste par une gêne abdominale, parfois un essoufflement et un gonflement des chevilles. L'accouchement prématuré est à craindre. Le repos et une surveillance médicale constituent le traitement.

L'OLIGOAMNIOS

Cette anomalie peut survenir à tout moment de la grossesse et se caractérise par l'insuffisance de liquide amniotique. Elle a diverses causes : malformation rénale du fœtus, prééclampsie chez la mère, prise de certains médicaments, retard de croissance du bébé, dépassement du terme. Une échographie confirme le diagnostic. Cette anomalie peut entraîner chez le bébé une déformation des membres (pied-bot) et un développement insuffisant des poumons. À l'approche de l'accouchement, on peut remplir la poche de sérum physiologique pour éviter une souffrance du bébé. Si le terme est dépassé, il faut déclencher l'accouchement.

LA MÔLE HYDATIFORME

C'est une maladie de la couche externe de l'œuf implanté dans l'utérus (le trophoblaste), qui se développe au premier trimestre. La mère souffre de vomissements et d'hémorragies. Le traitement consiste à vider l'utérus par curetage, à surveiller les hormones de grossesse et, parfois, à prescrire une chimiothérapie. Cette grossesse n'est pas menée à son terme, mais une grossesse normale sera possible après un an de surveillance.

LA RUPTURE DE LA POCHE DES EAUX

La poche des eaux sert d'écran protecteur au fœtus pendant la grossesse. Généralement, elle se rompt quand la dilatation du col atteint de 2 à 5 cm. Parfois, la rupture de la poche a lieu avant. Elle se manifeste alors par un écoulement lent ou par un brusque jaillissement. En cas de rupture, il faut se rendre immédiatement à la maternité. Avant 8 mois de grossesse, la mère est hospitalisée. Le déclenchement de l'accouchement peut être provoqué.

LES MALADIES DE LA MÈRE

Diverses affections peuvent se produire pendant la grossesse. Leurs effets risquent alors de compromettre le bon déroulement de celle-ci.

Des maladies, anodines en temps normal, peuvent se révéler dangereuses pour la femme enceinte et pour l'enfant qu'elle porte. Au moindre symptôme – la fièvre, en particulier, est un signe qui doit vous alerter –, vous devez prendre contact avec votre médecin. Vous lui décrirez précisément ce dont vous souffrez pour lui permettre d'établir un diagnostic et de prescrire un traitement.

MALADIE	RISQUES POUR LE FUTUR BÉBÉ	PRÉVENTION ET TRAITEMENT
Les infections Hépatites virales	Risque de transmission au bébé lors de l'accouchement.	Dépistage obligatoire de l'hépatite B au 6ᵉ mois de grossesse. Si le test est positif, vaccination du nouveau-né dès sa naissance.
Herpès génital Maladie infectieuse sexuellement transmissible due à un virus. Symptômes : sensation de brûlure sur les organes génitaux, éclosion de vésicules avec ulcération, douleur très vive.	Risque de contamination lors de l'accouchement. L'herpès du nouveau-né est grave : risque d'encéphalite, d'éruption généralisée, de jaunisse.	Soins antiseptiques locaux. Un traitement antiviral peut être prescrit. S'abstenir de toute relation sexuelle pendant une poussée d'herpès. Celle-ci dure 2 ou 3 semaines. Indication de césarienne pendant cette période, si elle survient près du terme.
Listériose Maladie infectieuse due à un bacille, *Listeria*. Symptômes : état fiévreux comparable à l'état grippal, douleurs abdominales et musculaires.	Les conséquences sont très graves : prématurité, fausse couche, parfois séquelles neurologiques chez l'enfant en cas de méningite, mort du fœtus pendant la grossesse.	Administration de deux antibiotiques, dont l'ampicilline, pendant 3 semaines. Prendre des précautions alimentaires (ni légumes crus ni lait cru, préférer la charcuterie préemballée à la charcuterie à la coupe) et hygiéniques (lavage fréquent des mains, nettoyage régulier du réfrigérateur).
Rubéole Maladie éruptive due à un virus, touchant surtout l'enfant et l'adolescent. Symptômes : fièvre légère, gonflement des ganglions lymphatiques du cou, taches rosées sur tout le corps.	Malformations congénitales du bébé, infection d'organes déjà formés, faible poids, retards psychomoteurs.	La rubéole ne survient pas une seconde fois. Il n'existe pas de traitement de la maladie. Un vaccin est administré aux enfants mais il est contre-indiqué en cours de grossesse.
Sida, virus d'immunodéficience humaine (VIH).	Séropositivité à la naissance si la mère est séropositive. La moitié des enfants qui naissent séropositifs développent la maladie et meurent dans les deux premières années de leur vie.	Utilisation de médicaments antiviraux (réduction de plus de 40 % du risque de transmission materno-fœtale). En début de grossesse, les femmes séropositives sont informées des risques encourus par le fœtus. Elles peuvent interrompre leur grossesse même après 12 semaines.

MALADIE	RISQUES POUR LE FUTUR BÉBÉ	PRÉVENTION ET TRAITEMENT
Les infections Toxoplasmose Maladie due à un parasite que l'on trouve dans la viande ou dans la terre. Le chat peut également porter et transmettre le parasite. Symptômes : ils n'existent pratiquement pas. Certains patients peuvent développer une fièvre, une fatigue ou une affection des ganglions (adénopathie).	Ils varient selon le moment de la grossesse : – pendant la première moitié de la grossesse, les risques sont peu élevés mais l'infection est grave ; – en fin de grossesse, ils sont plus élevés mais les conséquences sont moins dramatiques. Dans les deux cas, l'examen du bébé sera approfondi, la surveillance sera poursuivie jusqu'à l'adolescence.	Dépistage obligatoire en France tous les mois en cas de grossesse chez une femme non immunisée. Traitement par antibiotiques et antiparasitaires. Là encore, les mêmes précautions alimentaires et hygiéniques que pour la listériose sont à observer. Éviter aussi tout contact avec un chat.
Maladies liées à la grossesse Diabète gestationnel Il est caractérisée par un excès de sucre dans le sang. Détection pendant la seconde moitié de la grossesse. Symptômes : soif intense, urines abondantes, amaigrissement brutal, fatigue, enfant plus gros que la normale.	Malformations, développement trop rapide du fœtus.	Stricte surveillance de la grossesse. Insulinothérapie transitoire. Suivi d'un régime alimentaire équilibré, pauvre en sucres rapides. Pratique d'une activité physique régulière. L'accouchement est parfois provoqué.
Hypertension artérielle Élévation anormale, permanente ou temporaire, de la tension artérielle au repos. Symptômes : maux de tête, fatigue, pertes de mémoire, troubles oculaires	Retard de croissance dû à une nourriture insuffisante, souffrance fœtale, hématome rétroplacentaire, coma, mort.	Le traitement est médical. Dans tous les cas, une stricte hygiène de vie s'impose : ni surmenage, ni efforts importants. Suivre éventuellement un régime et arrêter de fumer.
Prééclampsie État pathologique de la femme enceinte caractérisé par une hypertension, une prise de poids avec œdème et la présence de protéines dans les urines. Symptômes : maux de tête, sensations visuelles anormales, bourdonnement d'oreilles, œdème des membres et du visage.	Souffrance fœtale, mort dans l'utérus ou pendant l'accouchement.	Hospitalisation avec repos complet, traitement de l'hypertension artérielle et surveillance régulière de la future mère et du fœtus. Pour éviter de mettre la vie de la mère et de l'enfant en danger, un accouchement prématuré peut être décidé.
Éclampsie Maladie grave dont la cause n'est pas bien connue. Symptômes : hypertension artérielle, maux de tête, vertiges, bourdonnements d'oreilles, éclairs visuels, douleur au niveau de l'estomac, perte de conscience, raideurs des membres, convulsions.	En l'absence de traitement, l'éclampsie peut mettre en danger la vie de la mère et, dans 50 % des cas, celle de l'enfant.	Le traitement comprend des anticonvulsivants et la césarienne. La patiente guérit généralement sans séquelles et sans récidive ultérieure. Parfois, de 5 à 10 % des mères présentent des complications à long terme – cérébrales, rénales ou cardiaques.

LA PRÉPARATION

La préparation classique à l'accouchement, plus connue sous le nom de « préparation à l'accouchement sans douleur », est une démarche personnelle de la mère pour que la naissance de l'enfant s'effectue dans de meilleures conditions.

Cette méthode, qui associe le travail sur le corps et la préparation psychologique, a été mise au point en Russie, puis introduite en France par le docteur Fernand Lamaze : elle consiste à expliquer le processus de la naissance à la mère et à lui apprendre à préparer son corps au travail de l'accouchement pour réduire ses appréhensions.

Les séances de préparation sont animées par des sages-femmes dès le 7e mois. Elles sont conjuguées avec d'autres techniques, qui ne remplacent pas cette préparation à l'accouchement.

MAÎTRISER LA DOULEUR

Les contractions, indispensables pour que l'enfant naisse spontanément, provoquent un raccourcissement des fibres musculaires du col de l'utérus. À chaque contraction, celui-ci s'efface, puis s'ouvre, laissant bientôt passer le bébé, qui se trouve ainsi expulsé vers l'extérieur : pour mieux comprendre ce mécanisme, on peut comparer le mouvement du col de l'utérus à un col roulé qui, tiré vers le bas, se transforme en un col ras du cou.

Ce mécanisme n'est pas sans provoquer des douleurs pendant l'accouchement. Les séances de préparation ont alors pour but de vous rassurer, de vous aider à mieux maîtriser votre corps et à accélérer l'accouchement.

La sage-femme va vous aider dans cette préparation. Elle va vous donner tous les détails du processus de la naissance : l'accouchement, les éventuelles interventions médicales (épisiotomie, césarienne, forceps,

Gyssels - Diaf - Collection Larousse

La gymnastique périnéale. *Vous devez faire travailler les muscles du périnée. Assise, en posant la main sur le périnée, vous inspirez, puis vous expirez et sentez votre périnée qui se détend.*

AUTRES PRÉPARATIONS À L'ACCOUCHEMENT

Ces diverses techniques ne dispensent pas de la préparation classique à l'accouchement.

Le yoga. C'est un travail de concentration et de postures physiques pour retrouver ou maintenir votre équilibre corporel et psychique.

L'haptonomie. Cette méthode vise, par le toucher, à amorcer un dialogue précoce entre les parents et le futur bébé.

La sophrologie. Cette méthode, fondée sur l'hypnose et la relaxation, permet d'atteindre un équilibre physique et psychologique favorable au bon déroulement de la grossesse.

La préparation en musique. Les séances de musicothérapie commencent au 6e mois et procurent une profonde relaxation, proche de celle obtenue par le yoga.

péridurale), les suites de couches. Les femmes sont souvent convaincues – non sans raison – que les contractions sont toujours douloureuses. La sage-femme est là pour vous enseigner les techniques de relaxation. Celles-ci vont vous permettre, sinon d'oublier totalement la douleur, du moins de mieux la maîtriser. Enfin, la préparation vous donne l'occasion de rencontrer l'équipe médicale et de visiter les salles de naissance et les chambres de la maternité.

Gyssels - Diaf - Collection Larousse

L'haptonomie. *Les parents posent leurs mains sur le ventre de la mère et communiquent ainsi avec leur bébé.*

RELAXATION DYNAMIQUE

Pour pratiquer la sophrologie, il est utile de bien maîtriser :
– la concentration, pour mieux connaître et accepter son corps qui se modifie ;
– la contemplation, pour prendre conscience de soi et pour se préparer aux futurs changements dans la famille ;
– la méditation, pour augmenter les capacités de concentration, indispensables pendant le travail de l'accouchement.

BIEN RESPIRER

Sous l'effet de la douleur, la respiration se bloque et les muscles se crispent. Pour garder son calme quand les premières contractions utérines apparaissent, il faut savoir respirer et oxygéner son corps. Pour vous y aider, il existe des exercices de relaxation qui permettent d'apprendre à détendre petit à petit chaque partie du corps et de contracter un muscle indépendamment des autres.

Différentes techniques de respiration développant l'oxygénation de l'organisme préparent également à l'accouchement :
– la respiration profonde, qui s'utilise entre les contractions. Il faut inspirer profondément par le nez, puis expirer lentement par la bouche, jusqu'à vider complètement vos poumons ;
– la respiration superficielle et accélérée – appelée aussi respiration du petit chien –, qui s'utilise pendant les contractions, quand le col de l'utérus atteint une ouverture de 4 ou 5 centimètres. Il faut relâcher totalement les muscles abdominaux, maintenir le diaphragme en position haute, inspirer profondément par le nez et souffler par la bouche. Vous inspirez ensuite de nouveau en prenant au contraire peu d'air, et vous soufflez doucement comme pour éteindre une bougie, puis vous inspirez légèrement. Vous maintenez ce rythme pendant une minute environ.

SE DÉTENDRE AVEC LA GYMNASTIQUE

Les séances de gymnastique sont, entre le 4e et le 8e mois de la grossesse, un bon complément à la préparation à l'accouchement. Elles ont pour but de raffermir l'utérus, de lutter contre les crampes, de détendre les muscles et de préparer la ceinture abdominale à soutenir tout le poids de l'utérus.
Différents exercices vous permettent soit d'étirer la colonne vertébrale, pour effacer ou diminuer nettement la cambrure, soit de muscler l'abdomen, ou de préparer la respiration pour la poussée, ou encore de faire travailler les muscles du périnée pour faciliter l'expulsion du bébé vers l'extérieur.

APPRENDRE À POUSSER

Quand le col de l'utérus est dilaté, votre corps est alors prêt à laisser l'enfant passer votre bassin. À vous de l'aider en renforçant le travail de l'utérus lors des dernières contractions. Pour cela, vous pousserez selon les conseils de la sage-femme. La technique est la suivante : inspirez profondément puis soufflez, inspirez encore profondément, bloquez la respiration, puis poussez en contractant les abdominaux. Ceux-ci vont faire pression sur l'utérus et aider l'enfant à sortir. À chaque contraction, entraînez-vous à pousser trois fois après avoir, chaque fois, vidé vos poumons.

LE DÉROULEMENT

La naissance d'un enfant est un phénomène parfaitement naturel. Elle fait suite aux efforts de poussée effectués par la mère pour expulser la tête du bébé à l'air libre.

L'ACCOUCHEMENT NORMAL PAR LA TÊTE

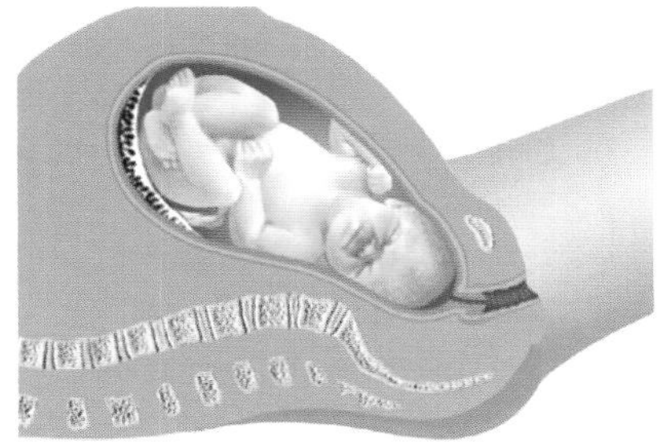

1 • *L'enfant engage sa tête dans le bassin, qui est étroit.*

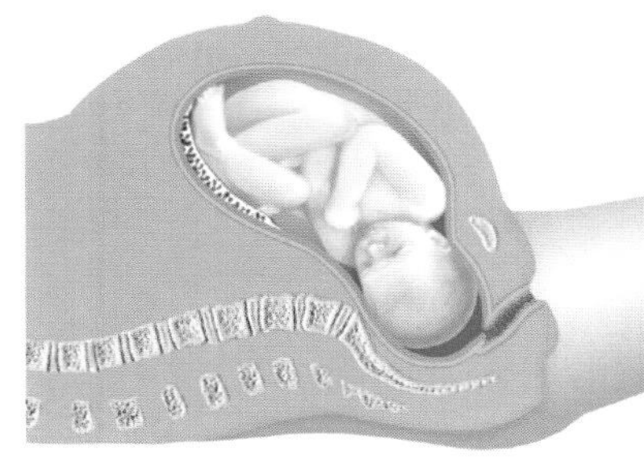

2 • *L'enfant progresse, tournant sur lui-même d'un quart de tour.*

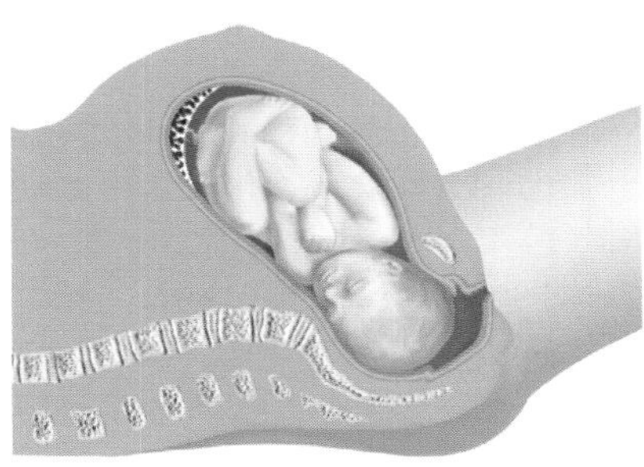

3 • *La tête appuie sur le périnée et descend jusqu'à la vulve.*

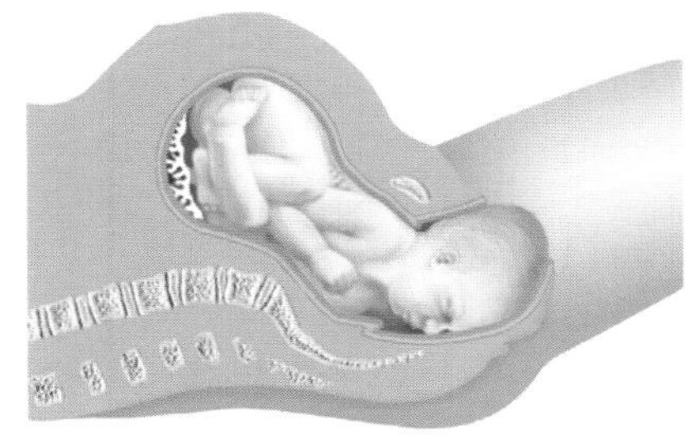

4 • *La tête se redresse, elle sort sous le contrôle de l'accoucheur.*

Illustrations Michel Saemann

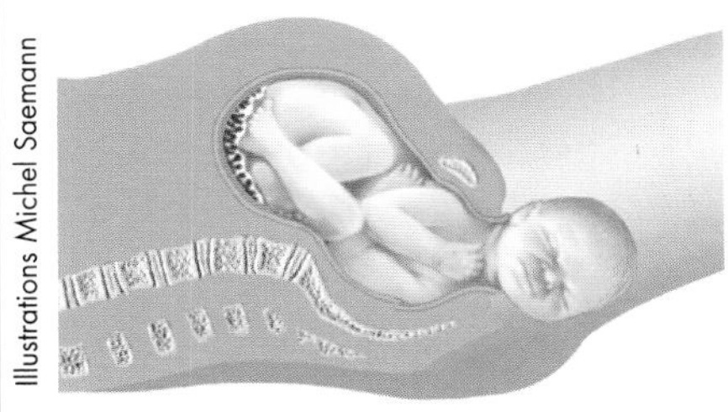

5 • *L'enfant pivote en dégageant les épaules et il naît.*

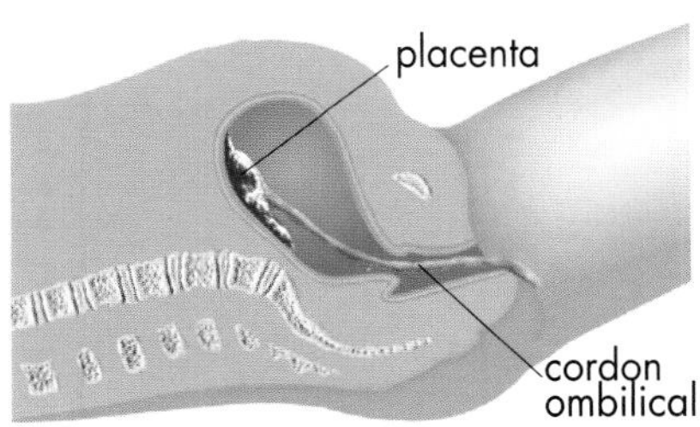

6 • *Placenta et poche des eaux se détachent ; c'est la délivrance.*

Trois mécanismes se conjuguent pour mettre un enfant au monde : les contractions utérines, la dilatation du col de l'utérus, la progression du bébé dans le bassin de la mère. Bien souvent, les contractions commencent à la maison et annoncent le début du travail. Quand elles deviennent plus fréquentes et plus régulières, il est temps de prendre la direction de la maternité.

LA SALLE DE TRAVAIL

Le travail a commencé. Vous êtes allongée sur la table d'accouchement. Une perfusion est

LA PROGRESSION DU BÉBÉ

L'accouchement se déroule par étapes. Les contractions utérines annoncent le début du travail et la dilatation du col de l'utérus. Au début du travail, le col est fermé. Peu à peu, il se dilate, s'efface et s'ouvre. Une fois qu'il est ouvert, le bébé peut commencer sa progression vers la sortie. Il va d'abord passer dans le bassin osseux (sacrum, coccyx, os iliaques et pubis), puis dans ce qu'on appelle le bassin mou, c'est-à-dire le périnée. Quand tous les obstacles sont franchis, la tête de l'enfant, puis une épaule et, enfin, le reste du corps apparaissent.

mise en place sur votre bras. Vous êtes placée sous monitorage, c'est-à-dire que vous êtes reliée à des appareils qui permettent de surveiller le rythme cardiaque de votre enfant et la fréquence de vos contractions utérines. Un capteur, posé sur votre abdomen, indique la fréquence des battements cardiaques du bébé par des sons et un indicateur lumineux. Il enregistre la longueur et l'intensité de vos contractions. À tout instant, l'équipe peut déceler une souffrance du bébé, en rechercher l'origine et y remédier, au besoin par une césarienne.

LA DILATATION DU COL DE L'UTÉRUS

Elle est provoquée par l'intensité et la fréquence de vos contractions utérines. Au départ, le col de l'utérus a une longueur d'environ 3 centimètres. Les deux orifices du col, l'orifice interne tourné vers le bébé et l'orifice externe tourné vers le vagin, sont fermés. Sous l'effet des contractions, le col se raccourcit, se dilate puis s'efface.

Bientôt, vos contractions vont faire rompre spontanément la poche des eaux. Après cette rupture, la tête de votre enfant exerce une forte pression sur le col de l'utérus : c'est la raison pour laquelle, à la naissance, le bébé présente parfois un léger hématome sous-cutané bénin.

Peu à peu, le diamètre du col s'agrandit, à raison de 1 centimètre par heure pour une première naissance et de 2 centimètres pour les accouchements suivants. À son ouverture maximale (entre 10 et 12 centimètres), le col laisse enfin passer la tête de votre enfant.

L'EXPULSION

Vous êtes toujours allongée, les jambes écartées, et vos pieds reposent dans des gouttières ajustées au bout de la table d'accouchement. Pendant cette phase, qui est la plus courte (environ 30 minutes), vous aurez à faire des efforts de poussée. Les contractions sont maintenant de plus en plus longues et rapprochées. Une sage-femme rase autour de votre vulve ; la vessie est au besoin vidée avec une sonde.

Afin d'économiser vos forces, suivez attentivement les instructions du personnel médical. Pour que vos efforts de poussée soient efficaces au maximum, vous devez les faire en même temps que les contractions. À chaque contraction, inspirez profondément, bloquez votre respiration et poussez longuement pour permettre à votre enfant de progresser.

Pour sortir, votre bébé doit s'adapter à votre bassin. Il recherche d'abord la position la plus favorable pour engager sa tête dans le bassin osseux. Dans la plupart des cas, il a la tête baissée et le menton dans la poitrine. Ensuite, dès que sa tête est engagée, il entame sa descente. Sous l'effet des contractions, la tête progresse vers la sortie en effectuant une rotation d'un quart de tour. La tête poursuit toujours son chemin : elle écarte lentement le périnée, qui se relâche grâce à son élasticité. Vos envies de pousser reprennent. Bientôt, la tête arrive jusqu'à la vulve, qu'elle ouvre, puis elle se redresse.

À ce stade, vous devez contrôler vos efforts de poussée. La tête sort enfin et la sage-femme vous demande de vous relâcher un peu : les tissus sont tellement distendus qu'il faut aider à dégager progressivement la tête de l'enfant. Enfin, lors d'une dernière poussée, vous libérez les épaules puis le corps tout entier.

Votre bébé est né, et vous l'entendez crier. Peu après, la sage-femme va le poser sur votre ventre, vous allez maintenant pouvoir faire connaissance avec lui. Deux pinces sont placées sur le cordon ombilical pour le sectionner.

Quelques minutes plus tard, des contractions – moins douloureuses que les précédentes – reprennent. Elles servent à décoller le placenta. C'est alors ce qu'on appelle la délivrance.

LA TÊTE DU BÉBÉ

Elle est la partie du corps la plus volumineuse. Les différents os qui la composent ne sont pas encore soudés entre eux, ils sont séparés par les fontanelles. Il existe deux fontanelles (la grande fontanelle, située à l'avant du crâne, et la petite fontanelle, placée à l'arrière), qui servent de repère pour situer la position de la tête dans le bassin. La grande fontanelle s'ossifie entre 8 mois et 2 ans ; la petite fontanelle se ferme vers 2 mois.

AIDER L'ACCOUCHEMENT

ÉPISIOTOMIE, FORCEPS...

Si les efforts déployés par la mère pour mettre au monde son enfant sont insuffisants, il est alors nécessaire de l'aider dans son travail pour prévenir certaines complications.

Quand le bébé ne parvient pas à sortir sa tête et quand la maman risque d'être déchirée, il faut alors intervenir. Il existe diverses techniques pouvant soulager l'enfant et la mère qui, bientôt, sera ainsi délivrée.

L'ÉPISIOTOMIE

Automatiquement pratiquée quand le médecin a recours aux forceps ou quand il faut très vite extraire un bébé qui souffre, l'épisiotomie évite également à terme, selon certains, d'éventuels problèmes d'incontinence urinaire.
C'est une intervention chirurgicale presque indolore qui a lieu pendant la phase d'expulsion, au moment d'une poussée. L'épisiotomie aide votre enfant à franchir l'orifice de la vulve. En effet, certains bébés trop gros, ou qui se présentent par le siège, risqueraient de déchirer les tissus musculaires situés entre le vagin et l'anus. L'intervention, réalisée dans la moitié des accouchements, consiste à inciser le périnée pour éviter que la déchirure ne descende à l'anus. Après cette intervention, les soins sont quotidiens. Vous devez observer une hygiène stricte pour accélérer la cicatrisation, qui ne sera vraiment achevée que trois semaines environ après l'accouchement.

LES MOYENS D'EXTRACTION DU BÉBÉ

Vous avez beau pousser, votre bébé ne sort pas. Pour venir à votre secours, le médecin pourra aider l'enfant au moyen de divers instruments.
Les spatules. Formées de deux branches, elles guident la tête du bébé dans le bassin.
Les forceps. Ils sont appliqués

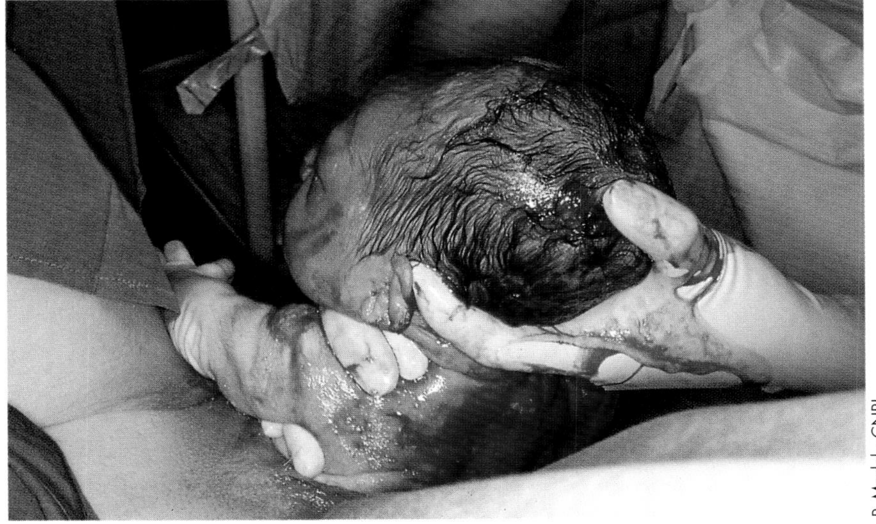

P. Model - CNRI

La venue au monde. *Le bébé vient de naître. Il est alors recouvert d'une pellicule blanchâtre (le vernix) et de sang. Il sera nettoyé avant d'être déposé sur le ventre de sa mère.*

QUAND PRATIQUER L'ÉPISIOTOMIE

Le col de l'utérus s'est dilaté sous l'effet des poussées, et le bébé commence à sortir, normalement la tête la première. Il progresse par étapes. Sous l'effet des contractions, il pivote sur lui-même, traverse le bassin et bute sur le périnée. Quand la tête s'apprête à sortir, les muscles sont très distendus, à la limite de la déchirure. Le médecin pratique alors une épisiotomie pour augmenter le diamètre du périnée.

sous anesthésie générale ou péridurale. Deux branches articulées en forme de cuillère prennent appui sur les pommettes du bébé. Le médecin pose les cuillères quand la tête est déjà engagée, mais bloquée, dans le bassin ; puis il tire doucement pour la guider et lui faire franchir le périnée. Parfois, les forceps laissent des traces sur les joues ou le crâne de l'enfant. Ils peuvent aussi provoquer un épanchement sanguin, le céphalhématome, dû à la rupture de petits vaisseaux. Au bout de deux ou trois jours, on ne voit plus rien.

La ventouse obstétricale. Elle peut provoquer un léger œdème, appelé bosse sérosanguine. C'est une lésion bénigne qui s'efface spontanément sans aucune séquelle.

L'ÉPISIOTOMIE ET SES SUITES

Vos tissus incisés sont recousus après la délivrance. L'intervention a lieu sous anesthésie locale, sauf si vous avez une péridurale en place. Le vagin et le périnée sont suturés avec du fil qui disparaît tout seul. La peau est parfois recousue avec du fil qu'il faut enlever cinq jours plus tard. Votre cicatrice peut être douloureuse pendant quelques jours. Pour éviter une infection de la cicatrice, une hygiène très rigoureuse sera nécessaire (toilette à l'eau et au savon neutre chaque fois que vous aurez uriné). Pour que la cicatrisation soit rapide, veillez à ce que la peau du périnée reste sèche.

LA DÉLIVRANCE

C'est la phase finale de l'accouchement. Déjà, vous avez pu faire connaissance avec votre enfant. Vous l'avez entendu pousser son premier cri et la sage-femme l'a déposé sur votre ventre. La peau du bébé est recouverte d'une pellicule blanchâtre, de liquide amniotique ou de sang. Il faut ensuite couper définitivement le lien qui vous unit à lui. Pour cela, deux pinces sont placées sur le cordon ombilical, que la sage-femme, à moins que ce ne soit vous-même ou le père, va sectionner à quelques centimètres du bébé. Dans une semaine il ne restera plus qu'une cicatrice : le nombril.

Vous commencez à vous reposer un peu. La sage-femme surveille votre tension artérielle, votre température, vos saignements et votre utérus. Car il va falloir maintenant évacuer le placenta. Normalement, sous l'effet de petites contractions, ce dernier se décolle de lui-même et la délivrance est spontanée. À sa sortie, le placenta est attentivement examiné par l'équipe médicale. Si un fragment est resté dans l'utérus, il faudra aller le rechercher. C'est la révision utérine qui, sous anesthésie, oblige le médecin à introduire sa main dans l'utérus pour y rechercher ce fragment.

LA VENTOUSE OBSTÉTRICALE

Il s'agit d'une coupelle en plastique souple qui sert à extraire votre enfant en cas d'accouchement difficile. Cette ventouse est appliquée au sommet du crâne de l'enfant. Le médecin tire doucement votre bébé, juste au moment d'une contraction. Cette technique de guidage de l'enfant dans le bassin est moins traumatisante que les forceps, car les tissus maternels sont bien moins déchirés.

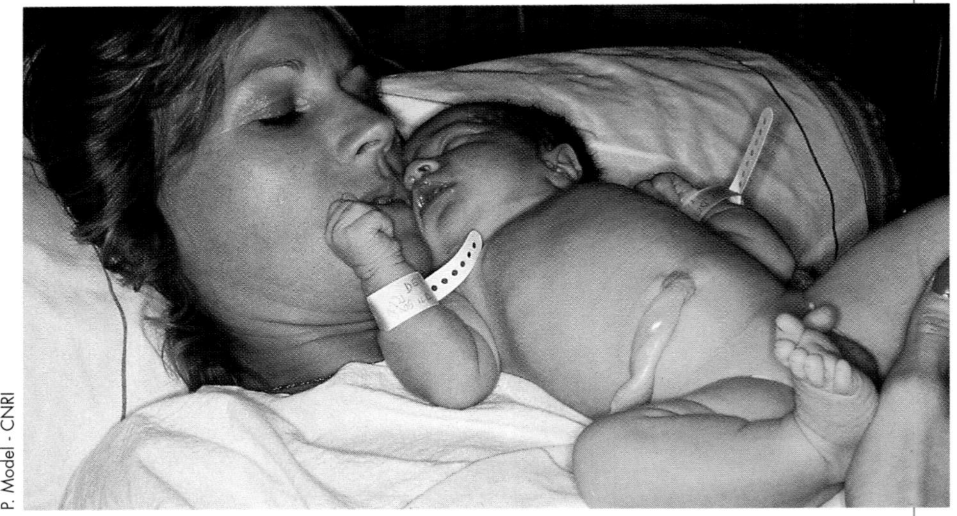

P. Model - CNRI

***Premier contact.** Votre enfant est là. La sage-femme l'a posé sur vous. Vous faites enfin connaissance avec lui.*

Les Problèmes

MAUVAISES PRÉSENTATIONS DU BÉBÉ

Quand, au 8e mois de la grossesse, le bébé ne se présente pas normalement, c'est-à-dire la tête en bas, il est parfois vital, pour la mère et pour l'enfant, de procéder à une césarienne.

Vers le 7e ou le 8e mois de la grossesse, l'enfant prend, dans l'utérus, une position qu'il gardera jusqu'à l'accouchement. Alors que la tête doit se présenter la première (dans 97 % des cas), il arrive que certains bébés ne culbutent pas et se présentent dans des positions qui vont influer sur le déroulement de la naissance.

PRÉSENTATION PAR LE SIÈGE

L'enfant est positionné la tête en haut. Deux cas de figure peuvent alors se présenter : soit l'enfant est assis en tailleur, les pieds près des fesses (c'est le siège complet), soit il est plié en deux, avec les jambes allongées le long du tronc et les pieds au niveau du visage (c'est alors le siège décomplété).

Cette présentation par le siège, ne se rencontre que dans 3 % des naissances et n'implique pas automatiquement une césarienne. Mais quelques précautions sont à observer avant et pendant le déroulement du travail. Ainsi, une radiopelvimétrie sera prescrite à la fin de la grossesse, pour mesurer les diamètres du bassin de la mère et les comparer avec la taille du futur bébé, mesurée à l'échographie. Si ces dimensions sont trop différentes, une césarienne sera alors pratiquée. Sinon, le bébé descend par les voies naturelles et s'engage par les fesses. Les pieds et les épaules se dégagent, suivis par la tête, qui sort sous la pression des poussées. Une épisiotomie préventive est pratiquée au moment d'une poussée, pour que la mère ne souffre pas.

RETOURNER LE BÉBÉ AVANT L'ACCOUCHEMENT

Quand l'enfant ne se présente pas par le crâne, mais par le siège ou par l'épaule, on peut essayer de le retourner de l'extérieur, à la fin du 8e mois, pour le faire naître la tête la première. Le médecin manipule alors l'enfant dans le ventre maternel pour tenter de le déplacer. Faite sous contrôle échographique, cette technique peut échouer ou même être impraticable : bébé fragile, trop gros ou trop bas, quantité de liquide amniotique trop faible, malformation de l'utérus.

PRÉSENTATION PAR LE SIÈGE OU PAR L'ÉPAULE

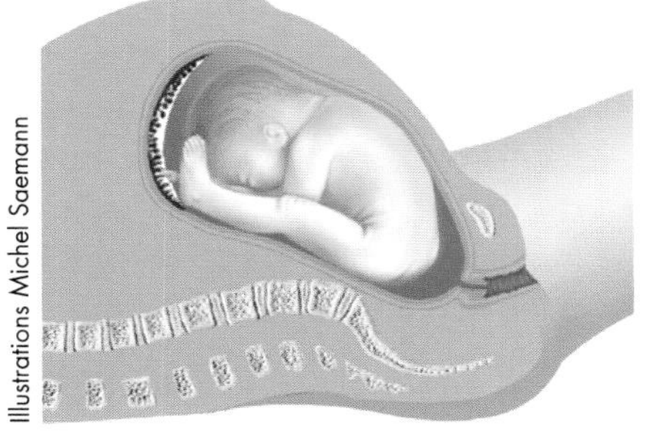

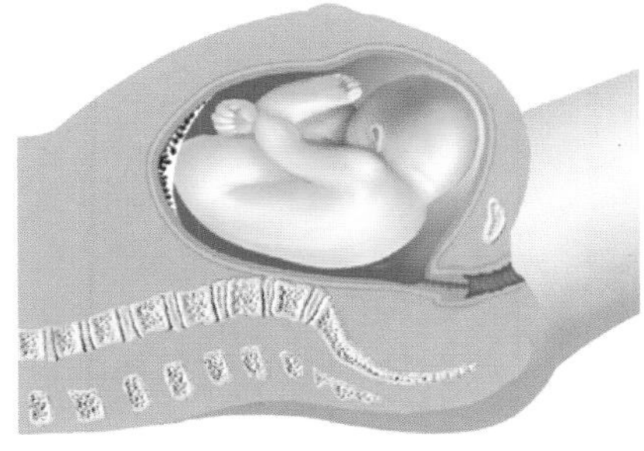

Illustrations Michel Saemann

À gauche, le bébé se présente par le siège, les jambes allongées ; la sortie risque d'être bloquée par les bras ou par la tête. À droite, l'épaule s'engage dans le petit bassin et le corps ne peut pas suivre.

PRÉSENTATION PAR L'ÉPAULE

La présentation par l'épaule, ou présentation transversale, est une situation très rare, qui touche environ 1 accouchement sur 200. Le bébé est allongé sur le dos ou sur le ventre, en travers de l'utérus.

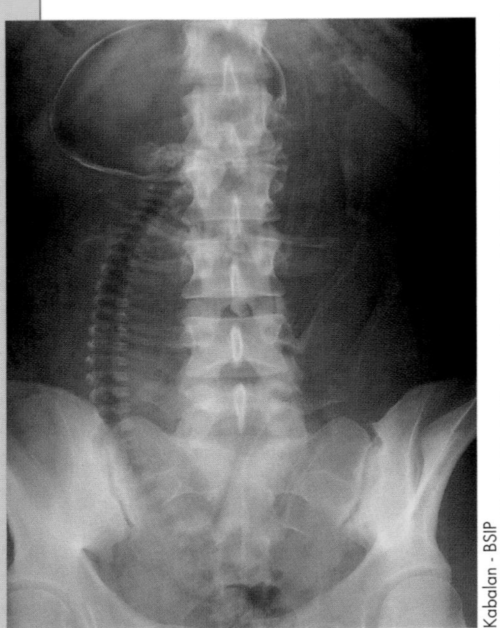

Radiographie d'une présentation par le siège.
Le bébé se présente par le siège, le dos à droite de la mère, les jambes tendues. La tête du bébé est bien fléchie.

Tout à fait incompatible avec un accouchement par les voies naturelles, cette présentation exige une césarienne. On peut éviter cette dernière si le médecin arrive préalablement à retourner le bébé par une manœuvre externe pour lui faire prendre une position normale en descendant dans le bassin.

PRÉSENTATION PAR LA FACE

Cette présentation est rarissime, puisqu'elle ne concerne que 1 naissance sur 1 000. La tête de l'enfant est rejetée en arrière : son menton pointe en avant, sa bouche et son nez sont situés au centre du bassin. Pour que la tête parvienne à s'engager dans le col, il faut que le menton se fixe sous le pubis puis fléchisse autour de lui. Les enfants qui naissent par la face présentent souvent une ecchymose au niveau des lèvres. Celle-ci est bénigne, elle disparaît en général au bout de quelques jours.

PRÉSENTATION PAR LE FRONT

La présentation par le front n'est pas non plus très fréquente (on compte 1 accouchement sur 100).
Le bébé se présente donc le front en avant. Les diamètres d'une présentation par le front ne correspondent pas à ceux d'un bassin normal. L'accouchement par les voies naturelles est quasiment impossible et le recours à la césarienne est la seule solution.

LE CAS DES JUMEAUX

En présence de jumeaux, la décision d'accoucher par les voies naturelles dépend principalement de deux facteurs :
– l'absence de cicatrice sur la paroi de l'utérus ;
– la position des bébés, et notamment de celui qui est le plus bas dans l'utérus. En effet, si le premier jumeau se présente transversalement, la césarienne est obligatoire ; s'il se présente par le siège, on peut éviter l'intervention ; s'il se présente par la tête, l'accouchement par les voies naturelles est possible. Par rapport à un enfant unique, seule la surveillance diffère puisqu'il faut contrôler le rythme cardiaque des deux bébés. Quand le premier enfant est né, le médecin examine la façon dont se présente le second. Il peut, le cas échéant, l'aider à pivoter de l'extérieur.

LES PROBLÈMES LIÉS AU CORDON

La présentation par le siège ou par l'épaule et la grossesse gémellaire figurent parmi les causes de descente du cordon ombilical avant le bébé, appelée procidence. Cette procidence est un accident rare et très grave, puisqu'elle arrête la circulation du sang et prive le bébé d'oxygène. Il faut rapidement pratiquer l'accouchement soit par extraction du bébé si la dilatation du col est complète, soit par césarienne.

LA RADIOPELVIMÉTRIE

Elle a pour but de mesurer les dimensions du bassin de la mère, à l'aide de rayons X, en évitant les risques d'irradiation pour le futur bébé. La radiopelvimétrie est utilisée quand le bébé se présente par le siège, quand la mère est de petite taille (moins de 1,55 m) ou quand elle présente une anomalie du bassin. Le médecin compare la forme et les mesures du bassin de la mère avec le diamètre de la tête du futur bébé lorsqu'il a 37-38 semaines et avec une estimation de son poids.On peut mesurer le bassin de la mère par résonance magnétique (IRM), mais cette nouvelle technique coûte très cher.

La Péridurale

La technique de l'anesthésie péridurale est très couramment employée. Elle sert à vous soulager aussi bien pendant l'accouchement que pendant une césarienne ou pendant certaines interventions chirurgicales.

Toutes les femmes n'ont pas la même réaction face à la douleur ressentie durant l'accouchement : tandis que, pour près de 50 % d'entre elles, la souffrance est insupportable, pour 30 % la douleur est bien présente mais tout à fait tolérable. Et pour toutes les autres ? Elles ne ressentent quasiment rien.
Mise au point au début du siècle, la péridurale est aujourd'hui utilisée sans risque. Cette méthode d'anesthésie régionale entraîne une insensibilité locale du corps.

AVANTAGES

La péridurale présente de nombreux avantages. Elle permet de diminuer les souffrances d'un accouchement par les voies naturelles ou de procéder à une césarienne. Le fait qu'elle n'insensibilise que la partie

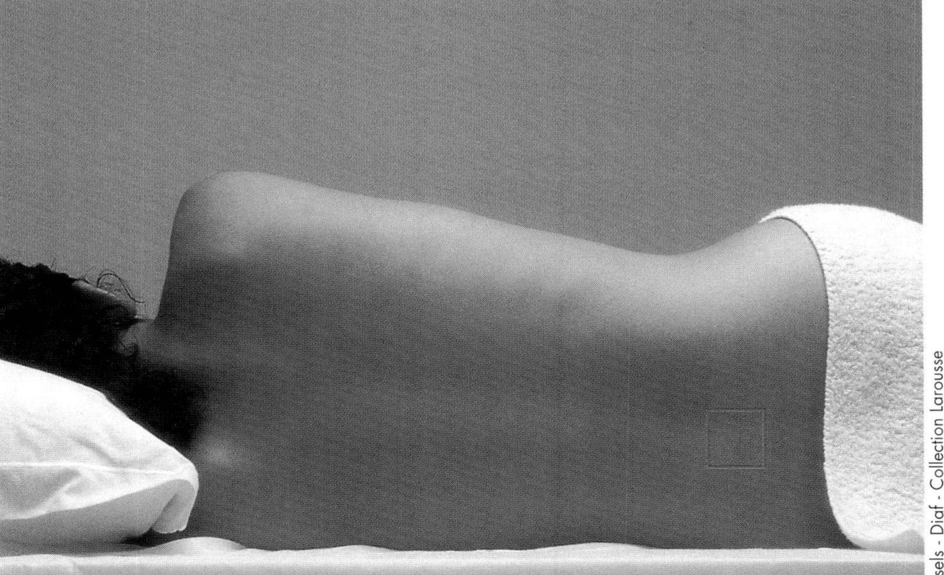

Gyssels - Diaf - Collection Larousse

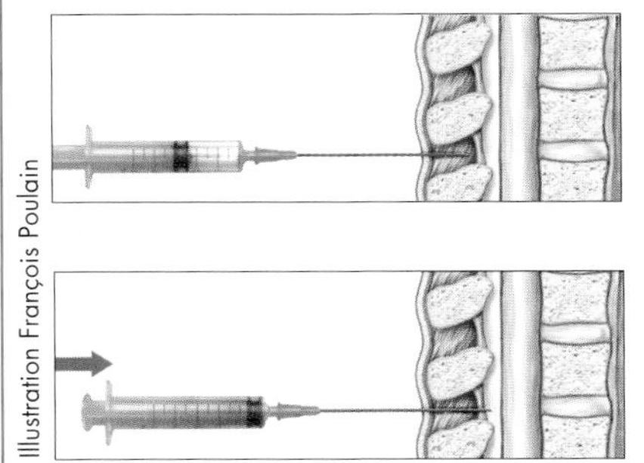

Illustration François Poulain

***La péridurale.** On injecte un produit analgésique à travers la peau et les muscles, puis entre deux vertèbres. Ensuite, l'aiguille est retirée et le médecin place un cathéter. Il peut ainsi réinjecter du produit à n'importe quel moment de l'intervention.*

LA PÉRIDURALE ET VOUS

Avant l'accouchement, une consultation avec l'anesthésiste s'impose pour déceler d'éventuelles contre-indications.
Pendant l'accouchement, la péridurale est souvent pratiquée quand la dilatation du col de l'utérus atteint de 2 à 6 centimètres. Après administration d'une dose test, vos jambes deviennent lourdes et les contractions insensibles. Le produit est efficace au bout de 20 minutes et l'effet dure quelques heures.
Après l'accouchement, la péridurale peut provoquer une douleur passagère, des maux de tête, qui disparaîtront avec un traitement approprié, et, rarement, une paralysie des membres inférieurs.
De nombreuses péridurales sont maintenant pratiquées chaque année, et le nombre des complications est peu élevé.

inférieure du corps permet à la femme qui subit une césarienne de vivre pleinement son accouchement puisqu'elle reste éveillée et consciente. La péridurale n'endort pas votre enfant ; elle facilite les examens et les interventions au cours de l'accouchement (les touchers vaginaux, l'épisiotomie, l'utilisation des forceps). Elle est utile pour les accouchements difficiles, comme la présentation par le siège ou la naissance de jumeaux.

DÉROULEMENT

La péridurale est une technique qui supprime la douleur en insensibilisant la partie inférieure du corps. La mère a des sensations tactiles, sent le bébé, mais ne souffre pas.
Le produit injecté imprègne les racines nerveuses et anesthésie les nerfs qui conduisent la douleur. Le nombre de nerfs ainsi bloqués dépend de la quantité de produit injecté.
Pendant que l'on installe la péridurale, vous êtes assise avec le dos rond ou couchée sur le côté, les jambes ramenées sous le menton. Généralement, la péridurale est posée quand le col de l'utérus est dilaté entre 2 et 6 centimètres : l'endroit du point de piqûre est alors désinfecté, puis on fait une anesthésie locale pour insensibiliser la peau. L'injection est réalisée après mise en place d'une perfusion intraveineuse sous contrôle de la tension artérielle et du rythme cardiaque.
Le produit est injecté entre la 3e et la 5e vertèbre lombaire, dans l'espace péridural, situé entre les vertèbres et les méninges. Deux techniques sont possibles : soit on injecte une dose unique d'anesthésique de longue durée d'action, soit on implante un cathéter (tube en plastique très fin) pour réinjecter du produit à tout moment sans avoir à refaire une piqûre.

CONTRE-INDICATIONS

Les contre-indications absolues concernent les patientes atteintes de troubles de la coagulation sanguine ou de troubles neurologiques.
Des contre-indications moins strictes touchent les personnes ayant de la fièvre ou une infection lors de l'anesthésie et certaines maladies cardiaques.
Parfois, la péridurale n'est pas possible du fait de malformations de la colonne vertébrale.
Il arrive enfin que l'anesthésie péridurale échoue (dans environ 1 % des cas) ou encore qu'elle n'agisse que sur un côté du corps (10 %). Il faut alors réinjecter du produit ou faire une autre piqûre si la première est inefficace.
Une césarienne antérieure ne constitue pas une contre-indication à la péridurale pour l'accouchement suivant.
Avant d'entrer en salle de travail, une consultation avec l'anesthésiste permet de faire le point sur vos antécédents médicaux pour déceler et prévenir les contre-indications éventuelles.

INCONVÉNIENTS

Il existe des inconvénients à la péridurale :
– elle augmente de deux heures environ la durée de l'accouchement chez les femmes qui accouchent pour la première fois (primipares) ;
– une future mère qui bénéficie d'une péridurale n'a pas un travail « normal ». L'équipe médicale doit donc s'adapter à cette nouvelle technique très utilisée et qui assure la meilleure insensibilisation à la douleur.

LES AUTRES MODES D'ANESTHÉSIE

L'anesthésie par inhalation. Juste avant la contraction, il faut inhaler dans un masque un mélange de protoxyde d'azote et d'oxygène, puis respirer le mélange au rythme des contractions.
L'anesthésie des nerfs du périnée. Des piqûres sont faites dans ces nerfs ; leur effet diminue la douleur ressentie au moment de l'expulsion du bébé et facilite la pose des forceps.
La rachianesthésie. Une piqûre dont l'aiguille dépasse l'espace péridural atteint le liquide céphalo-rachidien où seront injectés les analgésiques. Cette méthode ne permet pas de laisser un cathéter en place et donc de réinjecter des produits, si besoin est ; elle est utilisée pour les césariennes.
L'acupuncture. Des aiguilles sont piquées sur les bras, les jambes et le bas du dos pour bloquer les énergies responsables de la douleur.

LA CÉSARIENNE

Cette opération chirurgicale, qui se pratique dans environ 15 % des accouchements, est réalisée sous péridurale ou sous anesthésie générale. Elle consiste à faire naître un enfant en ouvrant l'abdomen, puis l'utérus de la mère.

La césarienne est programmée quand vous ne pouvez pas accoucher par les voies naturelles. Le médecin peut également la décider au dernier moment si votre bébé souffre en cours d'accouchement.

INDICATIONS

Il arrive qu'à la fin de votre grossesse, vers le 8e ou le 9e mois, le médecin envisage de pratiquer une césarienne. Certains cas de figure nécessitent de choisir cette solution :
– en cours de travail, la tête du bébé se révèle trop grosse pour votre bassin ;
– votre bébé a un retard de croissance qui le fragilise pour naître par les voies naturelles ;
– le placenta obstrue le col de l'utérus et gêne l'enfant pour descendre dans le bassin (c'est le placenta prævia) ;
– le bébé se présente en position transversale (ou éventuellement par le siège) ;
– il s'agit d'une grossesse multiple. La césarienne s'impose quand le premier enfant à naître se présente par l'épaule ;
– votre utérus porte des cicatrices qui pourraient se rompre pendant les contractions ;
– vous présentez des poussées d'herpès en fin de grossesse ou vous faites une rechute au moment de l'accouchement ;
– par suite de maladie du cœur ou d'hypertension, les efforts de poussée vous sont contre-indiqués. Dans ce cas, le médecin aura recours à la césarienne ou à l'assistance par forceps.

Enfin, la césarienne sera prati-

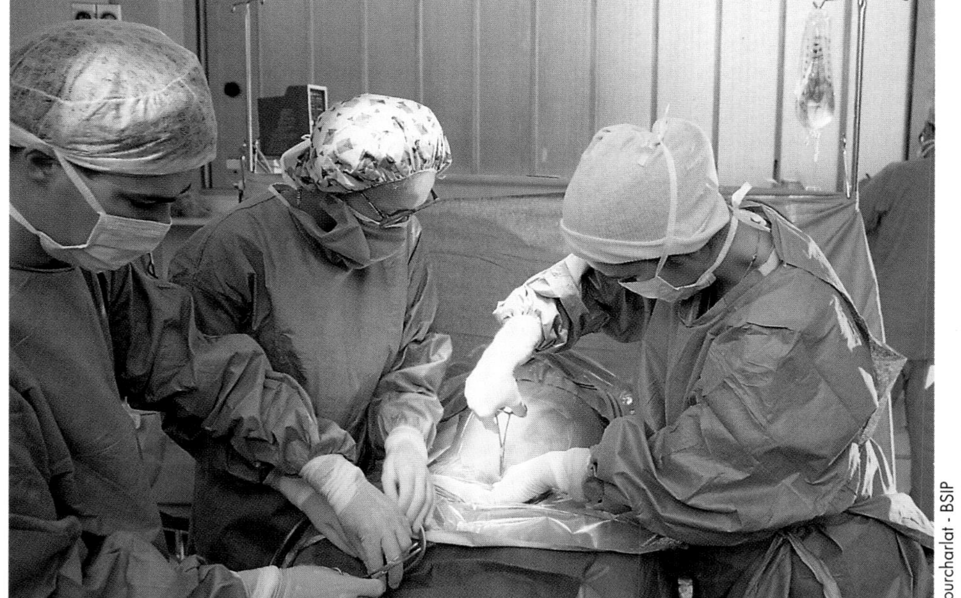
Bourcharlat - BSIP

***L'accouchement par césarienne.** L'équipe médicale incise les tissus de la paroi abdominale de la mère. Elle peut ainsi extraire rapidement le bébé, en lui évitant des risques de souffrance.*

APRÈS UN PREMIER ACCOUCHEMENT

Vous allez bientôt mettre au monde un autre enfant mais, lors de l'accouchement précédent, vous avez eu une césarienne. Avant de décider si une nouvelle césarienne est nécessaire ou non, le médecin accoucheur va vérifier que votre bassin n'est pas trop étroit, que le bébé n'est pas trop gros et que le terme n'est pas dépassé. S'il craint que l'ancienne cicatrice ne cède sous la pression des contractions utérines, il va, par précaution, programmer une césarienne sans attendre le début du travail.

quée si votre bébé donne des signes de souffrance au cours du travail, comme le manque d'oxygène.

TECHNIQUE

L'intervention a lieu sous anesthésie générale, sous péridurale ou sous rachianesthésie. Si la césarienne est programmée depuis plusieurs semaines, vous pourrez dire ce que vous préférez à l'anesthésiste, qui prendra également en compte les éventuelles contre-indications. Si, au contraire, la césarienne s'impose au cours de l'accouchement, le choix de l'anesthésie ne vous appartient pas, il dépend du degré d'urgence à faire naître votre bébé. En cas d'extrême urgence, l'anesthésie générale est obligatoire, même si une péridurale est déjà installée.
Sous anesthésie générale tout comme sous péridurale, l'intervention est pratiquée au bloc opératoire. Sous péridurale, cependant, vous restez tout à fait consciente. Un drap placé à la verticale au niveau de votre poitrine vous empêche de voir le champ opératoire.
L'intervention consiste à inciser votre abdomen au-dessus du pubis, dans le sens horizontal, de façon à dissimuler la cicatrice (en cas d'extrême urgence, l'incision est verticale pour accélérer la sortie du bébé). Puis sont incisés le tissu souscutané et la gaine des muscles de la paroi abdominale. Le chirurgien ouvre le péritoine et décolle la vessie, qu'il déplace légèrement vers le bas pour pouvoir ouvrir la partie inférieure de l'utérus dont il extrait votre enfant. Le placenta est ensuite retiré, les différents tissus sont alors suturés et la peau est recousue avec du fil ou avec des agrafes.

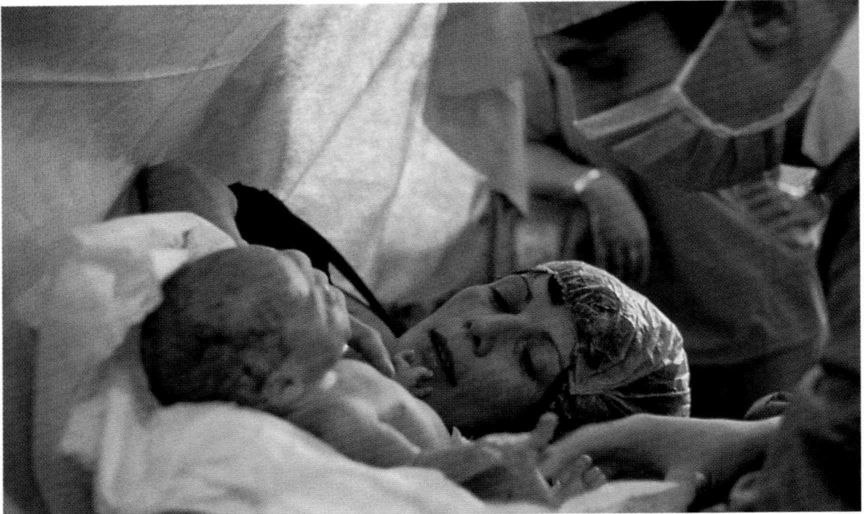
Bajande - BSIP

Présentation du bébé à sa mère. *Votre enfant est dégagé. Il est posé sur vous et vous pouvez maintenant l'admirer.*

LA CONVALESCENCE

La convalescence d'une femme ayant accouché par césarienne est plus longue qu'après un accouchement par les voies naturelles. Pendant quatre ou cinq jours, vous pourrez ressentir quelques douleurs. Si un drain est placé entre les muscles, il vous sera retiré deux ou trois jours après l'intervention ; les fils ou les agrafes entre six et dix jours plus tard.
Les complications sont très rares, grâce aux antibiotiques et aux anticoagulants. Les douleurs autour de la cicatrice sont soulagées avec des médicaments contre la douleur, les antalgiques. Dès le lendemain de l'intervention, vous pouvez vous lever. Vous retrouverez toute votre liberté de mouvements dans les deux ou trois jours qui suivent.

POUR Y VOIR PLUS CLAIR

Quelle est la durée de l'opération ? L'opération complète dure un peu moins d'une heure : environ 10 minutes pour inciser et faire sortir le bébé, environ 45 minutes pour retirer le placenta et recoudre les tissus.
Comment se passeront les accouchements suivants ? Après un premier accouchement par césarienne, vous pouvez accoucher par les voies naturelles si le diamètre de votre bassin le permet. De toute façon, vous pouvez accoucher quatre ou cinq fois par césarienne, à condition que la cicatrisation soit bonne.
La césarienne empêche-t-elle d'allaiter ? Non. Qu'elle soit faite sous péridurale ou sous anesthésie générale, la césarienne n'a aucune influence sur l'allaitement.

LE PRÉMATURÉ

Un enfant est prématuré s'il naît entre la fin du 6e mois (26e semaine après les dernières règles) et le début du 9e mois (37e semaine après les dernières règles). Il est alors souvent de petite taille et il pèse moins de 2,5 kilos à la naissance.

Quand il quitte sa mère, l'enfant prématuré n'est pas encore « mûr » : ses organes et leurs fonctions sont inachevés. Il est apte à vivre, mais il a de nombreux problèmes à surmonter.

DES CAUSES DIVERSES

Les causes des accouchements prématurés sont multiples :
– les problèmes physiques de la mère : malformation de l'utérus, infections bactériennes ou virales, grossesses répétées, ouverture du col de l'utérus, rupture de la poche des eaux, hémorragies, grossesse multiple, excès de liquide amniotique ;
– le mode de vie : surmenage physique, stress, fatigue, travail et trajets pénibles, lourdes tâches ménagères.
L'accouchement peut se produire de façon accidentelle. Il peut aussi être déclenché artificiellement pour sauver la vie de l'enfant ou pour éviter des complications. Il s'agit en particulier des cas de prééclampsie (hypertension artérielle, présence de protéine dans les urines, prise de poids excessive), de décollement du placenta, de diabète chez la mère, d'incompatibilité Rhésus qui s'aggrave, de maladie maternelle grave ou de souffrance du futur bébé.

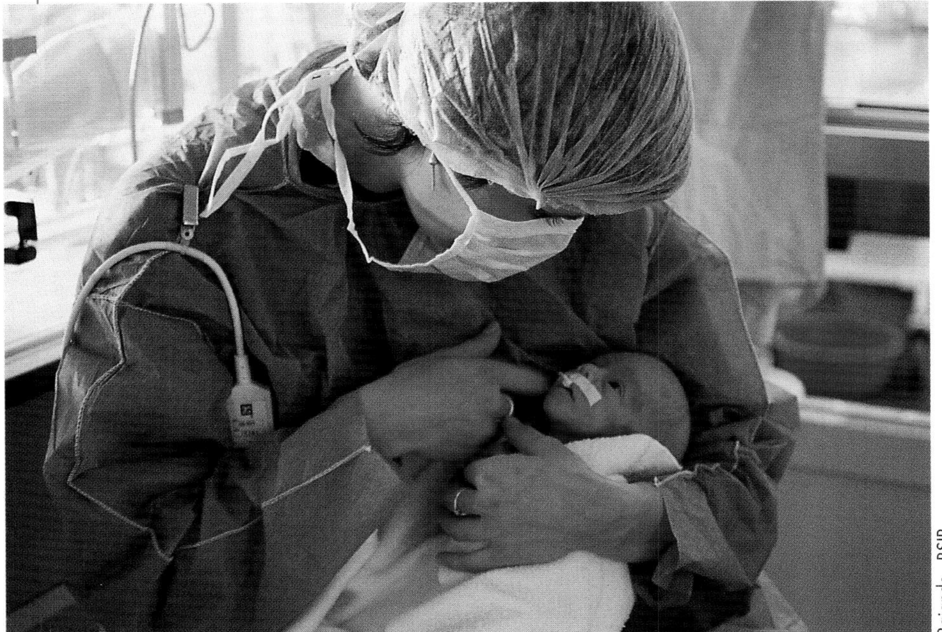

***Premiers contacts.** Votre bébé prématuré est très fragile. Vous ne pouvez encore l'approcher que vêtue d'une blouse et d'un masque pour ne pas lui transmettre vos microbes.*

Bajande - BSIP

LA NÉONATALOGIE

On appelle néonatalogie la science qui étudie le fœtus et le nouveau-né avant, pendant et après la naissance, jusqu'au 28e jour de vie. Cette science s'intéresse à tous les enfants, qu'ils soient normaux ou atteints d'anomalies plus ou moins sévères. Pour ces derniers, une prise en charge hospitalière, une surveillance constante, parfois des soins intensifs de réanimation sont nécessaires.

TYPES DE PRÉMATURITÉ

On distingue deux étapes dans la prématurité :
– la moyenne prématurité, qui concerne les enfants nés à 7 mois ou à 7 mois et demi. Au dessus de 30 semaines de grossesse, les chances de survie sont fortes. La plupart des bébés rattraperont, au cours de

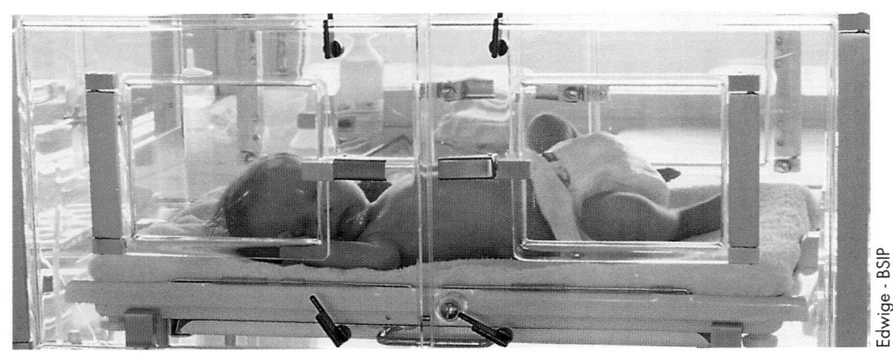

La couveuse. *Deux hublots rectangulaires en façade permettent d'accéder au bébé, relié à différents appareils.*

leur première année, les enfants nés à terme ;
– la grande prématurité, qui concerne les enfants nés à moins de 30 semaines. Ces bébés ont un avenir plus incertain et présentent souvent, avec un poids inférieur à 1 kilo, de sérieux risques de handicap.

DESCRIPTION DU PRÉMATURÉ

La taille et le poids de votre bébé, inférieurs à ceux d'un bébé né à terme, dépendent de la durée de la grossesse. Sa peau est fine, rouge et recouverte d'un fin duvet. Ses membres sont maigres, son abdomen est saillant et le cartilage des oreilles est mou.
L'enfant présente des organes et des fonctions qui ne sont pas totalement achevés. Au 8e mois, les poumons du prématuré, en particulier, ne sont pas assez développés pour permettre une respiration normale. Cette immaturité rend le bébé très vulnérable : faible tonus, troubles respiratoires, arrêt momentané de la respiration, mauvaise oxygénation du sang et des tissus, risque de souffle au cœur, réflexe de succion-déglutition difficile, vulnérabilité aux infections de toutes sortes. Tous ces problèmes mettent parfois en danger la vie du nouveau-né.

PRISE EN CHARGE ET SURVEILLANCE

La prise en charge du bébé est immédiate. Son accueil en salle de naissance est préparé : présence d'un pédiatre ou d'une sage-femme, couveuse, matériel de réanimation respiratoire. Votre bébé est sensible au froid. Pour l'aider à grandir, on le maintient à température et à humidité constantes dans une couveuse. Les soins font l'objet d'une hygiène rigoureuse, ils sont parfois pratiqués par l'intermédiaire de hublots aménagés sur le côté de la couveuse. Comme votre enfant ne sait pas téter, il faut le nourrir avec une sonde qui descend dans son estomac. Le lait maternel est alors le meilleur des laits pour lui : recueilli avec un tire-lait, il sera enrichi en protéines et en calcium. Un supplément en vitamines et en acide folique est parfois nécessaire.
Si votre enfant est réanimé à la naissance ou s'il respire rapidement et de façon irrégulière, il sera nourri par voie intraveineuse. En cas de jaunisse du nouveau-né, votre enfant subira une photothérapie. Il est alors exposé aux rayons ultraviolets – lumière bleue – qui détruisent la bilirubine, pigment dissous dans la bile.

LA SÉPARATION

Quand le bébé est hospitalisé, il est séparé de ses parents. Il est important que vous alliez le voir le plus souvent possible : votre enfant a besoin d'être stimulé affectivement par des caresses, des paroles.
Si l'hospitalisation est longue, organisez-vous et n'hésitez surtout pas à vous faire aider, si vous le pouvez. Quand arrive le moment de regagner votre domicile, faites-vous expliquer tous les soins dont votre bébé aura besoin. Vous envisagerez ainsi l'avenir avec confiance. Par ailleurs, résistez à la tentation de comparer votre enfant à d'autres enfants : mettez-vous à son rythme pour l'accompagner dans ses progrès.

LES RELATIONS AVEC UN ENFANT EN COUVEUSE

Pour nouer des liens plus étroits avec votre enfant placé en couveuse, rendez-lui visite dès que vous le pouvez, plusieurs fois par jour. Approchez-vous de lui pour qu'il puisse vous voir. Parlez-lui et n'hésitez pas à le toucher, à le caresser à travers les hublots de la couveuse.

Les Soins au Nouveau-Né

Après les efforts de l'accouchement et un repos bien mérité sur le ventre maternel, viennent les premiers soins. Puis les examens permettent de vérifier que l'enfant se porte bien.

Une fois que le bébé a franchi tous les obstacles (bassin et périnée) pour arriver à l'air libre, il respire et crie. Il bouge aussi ses bras et ses jambes, serre les poings. Son cœur bat vite, autour de 130 battements par minute en moyenne. Depuis qu'il est séparé de vous, c'est pour lui le début de la vie autonome en milieu aérien.

L'ADAPTATION À L'AIR LIBRE

C'est le moment de vérifier l'adaptation du bébé à la vie. Pour cela, un test, appelé score d'Apgar, évalue à trois reprises ses grandes fonctions vitales : à 1 minute, 5 minutes puis 10 minutes d'existence.
Ce score comprend cinq paramètres, cotés de 0 à 2. Ce sont les battements cardiaques, les mouvements respiratoires, le tonus musculaire, les réactions à la stimulation et la coloration de la peau. Si votre enfant s'adapte bien, il doit obtenir un total d'au moins 8 à la première minute. Ce score doit rapidement atteindre 10. Si ce n'est pas le cas, il faut établir une ventilation efficace et une bonne oxygénation du sang pour éviter que son cerveau ne souffre. Si ces moyens sont mis en œuvre rapidement, le bébé sera très vite en bonne santé.

LE TEST DE GUTHRIE

Le séjour à la maternité permet de détecter certaines maladies rares. Le test de Guthrie est systématiquement pratiqué quand le bébé a 5 jours : des gouttes de sang sont prélevées au talon et recueillies sur un buvard pour analyse en laboratoire. Il est ainsi possible de dépister deux maladies graves :
– la phénylcétonurie, qui provoque des troubles du métabolisme, entraîne une dégradation du cerveau et un retard mental. Un régime alimentaire adapté permet d'éviter ces troubles ;
– l'hypothyroïdie, qui entraîne une arriération mentale. Un traitement à base d'hormones thyroïdiennes permet à l'enfant de se développer sur le plan physique et intellectuel.

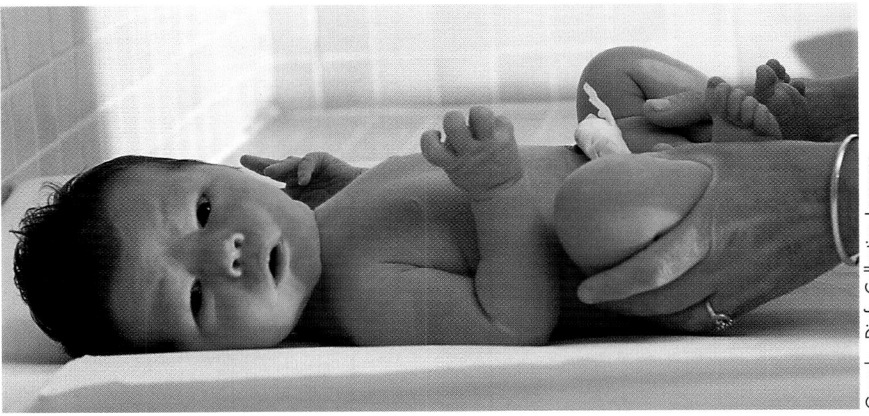

Gyssels - Diaf - Collection Larousse

***Examens.** Le test de la marche (photo de gauche) et l'examen des hanches (photo ci-dessus) font partie des premiers examens du nouveau-né. Ils servent à vérifier l'état de santé général du bébé.*

L'EXAMEN DU CORPS

On procède d'abord à quelques soins au bébé : lavage des narines et du larynx avec une sonde aspirante, désinfection des yeux avec un collyre, administration de vitamine K pour éviter les risques d'hémorragie. L'enfant est ensuite pesé. Son poids moyen à terme est d'environ 3,3 kilos. Puis il est mesuré, sa taille étant à peu près de 50 centimètres.
L'enfant est maintenant examiné par le pédiatre :
– sa peau est lisse, douce et souvent rouge. Parfois l'enfant présente un angiome (tache rouge) ou des points blancs, qui disparaissent généralement en quelques jours ;
– sa tête a une forme variable : ronde et symétrique après une césarienne, allongée après une naissance par la tête, déformée par les efforts pour passer dans le bassin. Tout se remettra en place en quelques jours ;
– ses organes génitaux paraissent démesurés. Le pédiatre vérifie que les testicules sont descendus dans les bourses ;
– ses membres sont palpés. L'objectif est de déceler une éventuelle fracture de la clavicule, une déformation des membres inférieurs et, surtout, une luxation congénitale de la hanche.

L'EXAMEN NEUROLOGIQUE

Il termine la série d'examens et donne une idée de la maturité de l'enfant. C'est le moment où le médecin vérifie d'abord la vitalité du bébé. Divers indices signalent un tonus actif : le bébé peut se dresser sur ses jambes et relever la tête et le cou quand il est tenu sous les bras ; il peut tenir sa tête seul quand il passe de la position couchée à la position assise.
Vient ensuite l'examen des réflexes primaires : ce sont des réactions automatiques qui disparaissent au cours des premiers mois de la vie. Au nombre de cinq, ces réflexes traduisent le bon état neurologique du bébé :
– le réflexe de succion et de déglutition : le bébé a tendance à téter un doigt qu'on lui met dans la bouche ;
– le réflexe des points cardinaux : l'enfant se tourne du côté du doigt qui l'a touché ;
– le réflexe d'agrippement : le bébé saisit l'objet qu'on lui donne en le serrant très fort ;
– le réflexe de Moro : si l'on soulève légèrement la tête du bébé avant de la relâcher brusquement, le nouveau-né écarte les bras et les jambes, puis ramène ses bras en faisant un mouvement d'étreinte ;
– la marche automatique : si on tient un bébé debout, légèrement incliné en avant, il se redresse et avance ses jambes l'une après l'autre.

LA SURVEILLANCE DES PREMIERS JOURS

L'enfant est surveillé par l'équipe médicale à la maternité, puis par ses parents dès le retour à la maison :
– son poids, qui baisse souvent pendant les cinq premiers jours, doit remonter à partir du 6e jour. Entre 8 et 15 jours, il récupère normalement son poids de naissance ;
– ses selles, noirâtres les deux premiers jours, s'éclaircissent. Si le bébé est nourri au sein, il y a des selles à chaque tétée. S'il est alimenté au biberon, elles sont produites entre une et trois fois par jour ;
– le taux de glycémie est contrôlé à partir d'une goutte de sang recueillie sur une bandelette réactive ;
– la couleur de sa peau est surveillée dans les trois premiers jours après la naissance. Une coloration jaune de la peau et des conjonctives (face interne des paupières) indique alors une jaunisse (ou ictère).

JE VOUDRAIS SAVOIR

Mon enfant a le crâne déformé à la naissance. Cela va-t-il durer ? Il est en effet courant que, à l'issue d'un accouchement tête la première, l'enfant ait un crâne en « pain de sucre » avec, parfois, une bosse sérosanguine. Celle-ci va se résorber en quelques jours, tandis que le crâne va s'arrondir en quelques semaines.
Mon bébé a les seins gonflés à la naissance. Que faire ? Rien. N'y touchez pas, ils vont dégonfler en quelques jours. Ce phénomène fréquent, que le pédiatre appelle une « crise génitale », provient du fait que votre enfant s'est trouvé subitement sevré en hormones sexuelles maternelles. Ce gonflement des seins n'est pas inquiétant, il ne doit vous alarmer qu'en cas d'abcès, d'infection et de fièvre.

L'ALLAITEMENT

Le lait maternel est le plus équilibré car il contient les anticorps nécessaires pour lutter contre les infections. Pour bien vivre l'allaitement, vous devez soigner votre corps et votre alimentation.

Pour nourrir votre bébé, vous devez choisir entre le biberon et l'allaitement maternel. Chaque solution a ses avantages et ses inconvénients.

Si vous avez pris la décision d'allaiter, prenez soin de votre corps pour que cette période vous rapproche un peu plus tous les jours de votre enfant.

Gyssels - Diaf - Collection Larousse

***La tétée.** Confortablement installée, vous dégagez le mamelon que vous présentez à votre enfant, allongé contre vous à hauteur du téton. La tétée peut commencer.*

LES DÉBUTS DE L'ALLAITEMENT

Pour allaiter, installez-vous confortablement. Votre dos est droit, bien calé. Le buste légèrement penché en avant, tenez votre enfant au creux de votre coude ; sa bouche doit être à la hauteur du mamelon.

Lors des premières tétées, veillez à ce que votre enfant avale bien le colostrum, substance riche en albumine et en vitamines qui s'écoule pendant les deux premiers jours mais que les premières succions n'amènent pas toujours dans la bouche de l'enfant. Bientôt, le rythme de la déglutition et le bruit vous signalent que le bébé boit ; il ne tète pas très longtemps car il se fatigue. Laissez-le reprendre des forces et proposez-lui le sein plus tard. Entre chaque pause, vérifiez la présence du colostrum en pressant le mamelon.

Deux jours après la naissance, survient la montée de lait. En général, elle dépasse les besoins de l'enfant. Vos seins sont douloureux et tendus entre les tétées. Quand le bébé tète, la succion est lente et régulière.

Au début, les horaires et la durée des tétées sont variables : de 5 minutes pour chaque sein le premier jour jusqu'à parfois 1 heure... Dans ce cas, profitez d'une pause pour faire faire son rot à votre enfant.

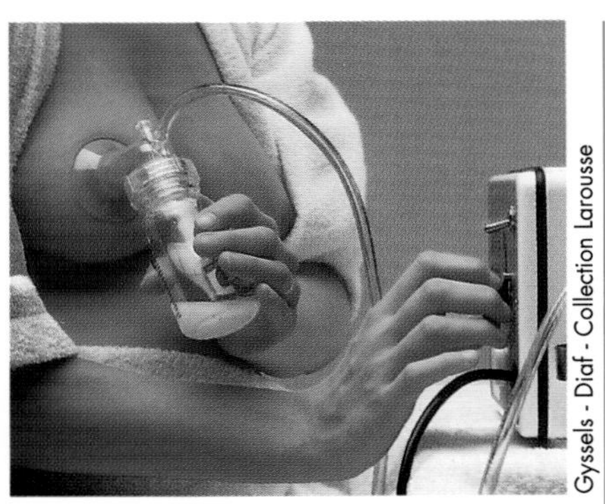

***Tire-lait.** Si vous avez un afflux de lait que le bébé n'arrive pas à absorber, vous pouvez utiliser un tire-lait électrique pour vous soulager.*

Chez vous, le bébé finira par trouver son rythme : entre cinq et huit tétées quotidiennes, d'une durée d'environ 15 minutes pour chaque tétée.

LES SOINS DES SEINS PENDANT L'ALLAITEMENT

La production de lait s'est maintenant réglée sur les besoins du bébé. Vos seins se sont bien assouplis. À chaque fois, votre enfant vide un sein, parfois même le second. C'est signe que, pour lui, tout va bien. De votre côté, quelques problèmes physiques (l'allaitement, souvent douloureux au début, va devenir progressivement un plaisir) et pratiques peuvent survenir auxquels il est facile de remédier : du repos, une bonne alimentation et des soins adaptés sont les meilleurs garants d'un bon allaitement.
Votre bébé peut avoir des difficultés à saisir le téton ? Avant la tétée, massez celui-ci et étirez-le. Parfois, vous n'avez pas assez de lait. Complétez alors par un biberon. Souvent, surtout dans les premiers jours, le bout de vos seins vous fait mal. Veillez alors à ce que votre enfant prenne bien le mamelon et l'aréole dans sa bouche.

L'ALIMENTATION DE LA MÈRE

Pour fournir la quantité de lait dont le bébé a besoin, ajoutez 500 calories à votre régime habituel. Consommez des produits laitiers : ils apportent le calcium et le phosphore nécessaires à la croissance de l'enfant. Mangez aussi des aliments variés : œufs, poisson, viande pour les protéines ; fruits (à tous les repas) et légumes pour les vitamines et les sels minéraux ; féculents pour la vitamine B. Veillez à répartir ces aliments entre les trois principaux repas, le coupe-faim de la matinée et le goûter.
Évitez certaines substances les deux premières semaines de l'allaitement : légumes secs, choux, agrumes, qui peuvent gêner la digestion du bébé. Tous liquides confondus, absorbez au moins 2 litres par jour : eau, bouillon de légumes, tisanes, thé, café décaféiné, éventuellement de la bière sans alcool.
Enfin, pendant toute la durée de l'allaitement, ne prenez pas de médicaments sans l'avis du médecin. Évitez aussi le tabac, l'alcool ou les somnifères, qui passent dans le lait.

LES BONNES CONDITIONS DE LA TÉTÉE

Pour être efficace, l'allaitement ne doit pas être vécu comme une épreuve. Vous pouvez d'ailleurs l'arrêter à tout moment, bien que ce soit plus difficile après la montée de lait. Adaptez-vous aux besoins et au rythme de votre enfant : quand il réclame (toutes les deux ou trois heures), mettez-le au sein. Décontractez-vous, parlez-lui et ne brusquez rien. Entre les tétées, utilisez un soutien-gorge adapté à votre poitrine.

LES COMPLICATIONS DE L'ALLAITEMENT

La production de lait s'adapte aux besoins du bébé en une semaine. Quelques problèmes peuvent parfois survenir en cours de route.
Les crevasses. Elles sont souvent dues à une mauvaise position du bébé qui mâchonne longtemps le bout du mamelon sans rien avaler. Arrêtez l'allaitement jusqu'à la cicatrisation complète.
La lymphangite. Il s'agit d'une inflammation de la glande mammaire, accompagnée d'une fièvre. Elle peut survenir à tout moment et nécessite un traitement médical et l'arrêt de l'allaitement.
L'abcès. C'est une infection rare qui provoque de la fièvre et une douleur sous le bras. Un traitement médical ou chirurgical ainsi que l'arrêt de l'allaitement s'imposent.

LES SUITES DE COUCHES

Au bout de trois jours à la maternité (entre cinq et six jours après une césarienne), vous rentrez chez vous. Votre corps s'était transformé pendant la grossesse. Petit à petit, tout va revenir comme auparavant.

Gyssels - Diaf

***Le retour à la maison.** Après votre accouchement, vous vous sentez encore plus fatiguée qu'avant. Chez vous, vous pouvez vous reposer et apprendre peu à peu à connaître votre enfant.*

Les suites de couches, ou post-partum, s'étendent de l'accouchement au retour des couches, c'est-à-dire des règles. Si vous n'allaitez pas, elles durent à peu près 6 semaines et les premières règles réapparaissent environ 45 jours après l'accouchement. Si vous allaitez, les suites de couches durent plus longtemps et les règles ne reviennent qu'entre 10 et 12 semaines après l'accouchement. Cette période du post-partum est toujours marquée par des transformations corporelles et psychologiques.

MODIFICATIONS ANATOMIQUES

Elles touchent tout votre corps, et plus particulièrement les organes génitaux. Ainsi en est-il de l'utérus. À la fin de la grossesse, il pèse entre 1,5 et 1,7 kilo et mesure de 32 à 34 centimètres. Il se rétracte après la délivrance pour former une boule. Peu à peu, il finit par retrouver sa taille (8 centimètres de hauteur) et son poids (70 grammes) d'avant la grossesse.

Cette rétraction s'accompagne de contractions douloureuses de l'utérus, appelées tranchées utérines, qui durent entre 2 et 6 jours. Les douleurs sont accrues par la succion des mamelons lors de la tétée. Leur intensité augmente nettement avec le nombre des grossesses. Pendant à peu près

3 semaines, des pertes sanguines, appelées lochies, apparaissent. Parfois, une retenue de débris ovulaires, c'est-à-dire de morceaux de placenta et de membranes placentaires, peut se produire, empêchant l'utérus de se rétracter complètement. Peuvent alors survenir des hémorragies et, éventuellement, une infection, qui provoquent de la fièvre et des douleurs. Il faut alors rapidement consulter votre médecin.

Le vagin et la vulve reprennent leurs dimensions normales. Les muscles et les ligaments du périnée retrouvent leur tonus. Il en est de même des muscles de la paroi abdominale.

Les seins se modifient. Si vous allaitez, la montée de lait remplace bientôt le colostrum et durcit votre poitrine. Si vous n'allaitez pas, un traitement coupe la sécrétion de lait ; vos seins reprennent alors leur volume normal plus rapidement.

Votre poids commence à baisser : aux 5 kilos perdus lors de l'accouchement s'ajoutent, dans les jours suivants, les 2 ou 3 kilos dus à l'élimination de liquides. En 6 semaines, vous retrouverez un volume sanguin normal. Votre activité cardiaque et rénale ralentit, le travail des articulations et des muscles est très allégé.

Si vous voulez éviter une grossesse trop rapprochée, vous devez prendre des précautions de contraception, car une ovulation peut toujours se produire avant le retour de couches et vous risquez alors d'être de nouveau enceinte. La période des suites de couches est d'ailleurs un moment privilégié pour vous informer sur les différentes méthodes de contraception.

Rare dans les pays développés, une fièvre puerpérale, autrefois cause de mortalité importante, peut également se déclarer. Due à des causes infectieuses, elle se traite avec des antibiotiques.

MODIFICATIONS PSYCHOLOGIQUES

Les jours qui suivent la naissance sont souvent marqués par un état passager d'irritabilité et d'hypersensibilité : vous éprouvez une incontrôlable envie de pleurer, vous connaissez des moments successifs de grande joie, de découragement, de lassitude ou de rejet. De façon générale, votre sommeil est d'autant plus troublé que vous allaitez votre bébé.

Ces perturbations, connues sous le nom de « baby-blues », touchent beaucoup de femmes qui mettent au monde leur premier enfant. Cet état, dont la durée et l'intensité varient selon les femmes, s'explique de différentes manières : chute hormonale en fin de grossesse, inquiétude due à l'impression de ne pas pouvoir assumer l'arrivée du bébé, fragilité liée à la fatigue physique. Aujourd'hui, la psychothérapie prévient et réduit le baby-blues.

Les femmes qui ont une fragilité psychologique doivent être particulièrement vigilantes pendant cette période. Elles gagnent souvent à se faire surveiller par un médecin pendant leur grossesse.

LES LOCHIES

Elles sont composées de caillots de sang, de débris de membranes et du suintement des plaies du vagin et du col de l'utérus. L'écoulement est rouge vif et important au début. Plus abondantes que les règles, elles nécessitent l'utilisation de serviettes périodiques. Puis cet écoulement diminue, devient rosé vers la fin de la première semaine, brunit et se tarit à partir du 15e jour. Si vous allaitez, il cesse plus rapidement.

LE CHOC OBSTÉTRICAL

Il s'agit d'une complication de la grossesse qui est devenue assez rare de nos jours, grâce à la réduction de la durée du travail de l'accouchement. Une hémorragie qui survient pendant la délivrance ou bien encore une infection peuvent provoquer un choc obstétrical. Celui-ci se traduit par une chute de la tension artérielle, une torpeur, un refroidissement, une cyanose (la peau devient bleue) et une réduction de l'émission urinaire. Si le bébé est encore dans l'utérus, le choc obstétrical entraîne une diminution de l'apport de sang et d'oxygène. Il faut alors pallier ses effets par la réanimation (perfusion ou transfusion sanguine, oxygénation) ou procéder à une césarienne en urgence. Faute de quoi, le bébé pourrait garder des séquelles.

La Vie Quotidienne

Le séjour à la maternité est maintenant terminé. De retour à la maison, il faut récupérer physiquement et retrouver une vie de couple transformée par l'arrivée de votre enfant.

Vous voilà chez vous, face à une situation nouvelle. Votre corps a subi des bouleversements et il vous faut retrouver la ligne d'avant la grossesse.

APRÈS UNE INTERVENTION

Les tissus ont été coupés, recousus ou agrafés. Forcément, quelques ennuis ne vont pas manquer de vous indisposer.

L'épisiotomie. Vous ressentez un tiraillement ou une douleur au niveau de la couture. En dehors des soins d'hygiène élémentaires, vous pouvez vous asseoir sur une petite bouée et éviter les tissus synthétiques. Si les douleurs persistent, consultez rapidement votre médecin. Une épisiotomie doit être indolore. Elle peut être refaite si nécessaire. Vous pouvez aussi être constipée. Si c'est le cas, n'attendez pas plus de deux jours pour aller à la selle. De toute façon, les efforts de poussée ne peuvent pas rouvrir une épisiotomie.

La césarienne. Les suites de la césarienne sont moins désagréables quand elle a eu lieu sous péridurale que sous anesthésie générale. Dès le lendemain, vous pouvez vous déplacer. Le transit intestinal est plus lent à redevenir normal que dans le cas d'un accouchement par les voies naturelles. Enfin, le médecin vous prescrira des médicaments contre la douleur

LA CONTRACEPTION APRÈS L'ACCOUCHEMENT

Une ovulation peut avoir lieu 25 jours après l'accouchement. Pour éviter une grossesse trop rapprochée, envisagez une contraception transitoire, depuis la sortie de la maternité jusqu'au retour de couches.
Les moyens de contraception à exclure aussitôt après l'accouchement sont les suivants :
– le stérilet. Ne l'utilisez que deux mois après la naissance ;
– la méthode des températures ;
– le diaphragme.
Les moyens de contraception recommandés sont les suivants :
– les spermicides (crèmes, ovules, éponges) ;
– la pilule progestative microdosée. Elle est à utiliser environ dix jours après la naissance.

La famille. *C'est maintenant le retour à la maison et le moment où chacun doit prendre sa place dans la famille.*

Gyssels - Diaf - Collection Larousse

(antalgiques) si vous souffrez de la cicatrice. Nettoyez celle-ci à l'eau et au savon neutre, couvrez-la avec un pansement sec pendant quelques jours.

RETROUVER LE CORPS ET LES SENSATIONS

Soyez patiente. Après une telle épreuve, vos organes se remettent en place petit à petit.
Vous venez de perdre quelques kilos pendant l'accouchement. Il vous reste encore 4 ou 5 kilos en trop. Ne cherchez pas à les perdre trop vite, surtout si vous allaitez. Attendez environ un an avant de vous débarrasser de tous ces kilos superflus. Ne commencez surtout pas de régime avant le retour de couches. Pour maigrir intelligemment sans mettre votre santé en jeu, respectez ces quelques règles : ne sautez aucun repas, prenez-les aux heures normales, évitez les petits coupe-faim, mangez lentement, équilibrez et diversifiez vos repas, buvez beaucoup d'eau entre les repas.
Si vous êtes anémiée, comme cela se passe souvent après un accouchement, consommez ou faites-vous prescrire des aliments riches en fer.
Par ailleurs, votre corps a subi d'autres transformations avec la grossesse.
Le ventre. Le retour à la normale prend un peu de temps, car la peau et les muscles ont été distendus pendant la grossesse. Suivez les conseils d'un kinésithérapeute, faites des séances de gymnastique, rééduquez le périnée. Attendez un mois après l'accouchement avant de refaire des abdominaux. Après le retour de couches, faites des petits exercices très simples avant de vous remettre à la vraie gymnastique.
La peau. Le masque de grossesse et la ligne brune de l'abdomen s'effacent deux ou trois mois après l'accouchement. Protégez votre peau avant de vous exposer au soleil.
Les seins. Pour redonner du tonus à votre poitrine, douchez-la à l'eau froide. Utilisez éventuellement des produits de beauté réservés au buste. Dès que possible, reprenez vos activités sportives, notamment la natation et le tennis, excellents pour la poitrine.
La cellulite. Essayez de la traiter avec des crèmes spéciales. Pour celles qui ne peuvent se résoudre à vivre avec de la cellulite, le recours à la chirurgie esthétique est aussi une solution envisageable.
Les relations sexuelles. En ce qui concerne vos relations sexuelles, l'équilibre hormonal a été modifié pendant la grossesse et il doit se refaire progressivement. Reprenez les relations doucement si vous n'avez pas de cicatrice. En cas d'épisiotomie, attendez la cicatrisation complète.

L'INCONTINENCE URINAIRE

Un petit exercice, appelé « stop-pipi », est à pratiquer deux ou trois fois par jour, cela pendant plusieurs semaines. Il consiste à interrompre le jet d'urine en début de miction. Ensuite, il faut vider la vessie pour éviter une infection urinaire. Il est possible que vous ne parveniez pas à arrêter net le jet d'urine pendant les deux premiers mois. Ce n'est pas inquiétant, mais persévérez !

LA VISITE POSTNATALE

Obligatoire après l'accouchement, elle sert à faire le point sur votre état de santé. Au cours de cette visite, le médecin reprend les informations sur le déroulement de votre grossesse, sur l'accouchement et ses suites, sur l'allaitement éventuel et sur l'enfant. Il vérifie votre poids, votre tension et l'état de vos organes : seins, abdomen, périnée. Il contrôle aussi les organes modifiés par la grossesse (vagin, col de l'utérus). Enfin, vous choisissez ensemble le moyen de contraception le mieux adapté.

Gyssels - Diaf - Collection Larousse

Le pédalage. *Allongée sur le dos, vous fléchissez les jambes et amorcez un mouvement de pédalage, tout en respirant librement.*

LE BÉBÉ JUSQU'À 1 MOIS

La vie familiale s'organise autour de l'arrivée du nouveau-né. Tous les sens du bébé s'éveillent, il s'ouvre au monde et découvre jour après jour de nouvelles sensations.

Nourrir votre bébé, découvrir son rythme, respecter son sommeil, observer avec attendrissement ses mouvements et ses réactions : voilà bien des occupations qui, pendant le premier mois de sa vie, ne vous laissent guère le temps de beaucoup penser à vous.

LES REPAS

Dès sa naissance, grâce au réflexe de succion et de déglutition, votre bébé sait téter efficacement. À 10 jours, il tète entre cinq et huit fois par jour. À 1 mois, il tète en moyenne six fois, dont une ou deux fois la nuit. La quantité de lait absorbée varie selon les tétées. Au fil des semaines, le nombre de celles-ci diminue et vous allez bientôt pouvoir retrouver des nuits moins agitées.

Manger est indispensable pour la croissance de votre enfant. Le lait maternel lui convient parfaitement. Économique, toujours à la bonne température, il ne nécessite aucune préparation. En outre, il fournit des anticorps contre les infections. Il est toujours bien toléré et il réduit les risques de diarrhée, d'otite, etc.

Si vous préférez donner le biberon, plusieurs types de lait existent sur le marché. Ils sont fabriqués à partir du lait de vache, généralement vendus en poudre, et ne contiennent pas d'anticorps empêchant les infections. Pour préparer un biberon, il faut chauffer l'eau (qui doit être plate, minérale ou de source, non fluorée et faiblement minéralisée), puis diluer la poudre et vérifier la température du lait, enfin nettoyer et stériliser les biberons.

LE SOMMEIL

Pendant les premières semaines, le sommeil prend une grande place dans la vie du bébé. En général, il dort entre 16 et 20 heures par jour et ne

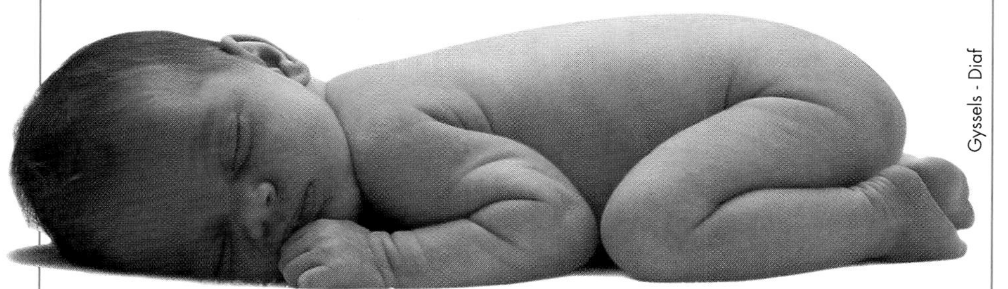

Gyssels - Diaf

Le bébé à 10 jours. *Il dort beaucoup. S'il se repose et reprend des forces en dormant environ 16 heures par jour, il continue aussi à se développer physiquement et cérébralement.*

LES TROUBLES DIGESTIFS DU NOURRISSON

Pour doubler son poids pendant les quatre premiers mois, votre enfant mange beaucoup et souvent. Parfois, il souffre de petits troubles passagers.

S'il refuse la tétée, se tortille et régurgite facilement pendant ou après les repas, mettez-le droit contre vous en lui maintenant la tête et le cou.

S'il est ballonné et s'il a des gaz nauséabonds, massez-lui le ventre de droite à gauche et promenez-le en le tenant sur le ventre.

S'il est constipé et se tortille, si ses selles sont fragmentées en billes, massez-lui le ventre et donnez-lui à boire du jus de fruits.

S'il refuse le sein ou le biberon, s'il hurle, vomit et se tord en agitant les jambes, consultez rapidement un médecin : ce peut être une occlusion intestinale.

fait pas la différence entre le jour et la nuit. Respectez son sommeil et suivez son rythme : dormez quand il dort, c'est ainsi que vous récupérerez le mieux. Après la tétée et les câlins d'usage, mettez-le dans son lit. S'il pleure, laissez-le pleurer : si rien ne le gêne (chaleur, propreté), c'est sa manière à lui de trouver le sommeil.
À 1 mois, votre enfant commence à distinguer le jour et la nuit. Chaque jour, bien qu'il ait bu et fait son rot, il pleure à la même heure, en fin de journée. Les pédiatres appellent cela « l'angoisse de la tombée de la nuit ». Cet état, normal et passager, permet au bébé de libérer les tensions accumulées dans la journée.

LES MOUVEMENTS

Au repos, votre enfant a les bras et les jambes fléchis. À 2 semaines, il garde la tête tournée vers un côté. À 1 mois, couché sur le ventre, il peut changer son visage de côté. Ses mains sont fermées et le pouce est replié sur les autres doigts. Quand il est assis, il ne tient pas encore sa tête droite, mais il peut la redresser s'il est bien tenu sous les bras. Si vous lui présentez un doigt, il s'y agrippe fermement. Si vous le maintenez debout, il avance ses jambes et fait quelques pas. C'est le réflexe de la marche automatique, qu'il perd quand il a un mois. S'il est lâché vers l'arrière, il écarte ses bras et ses doigts comme pour trouver son équilibre. C'est le réflexe de Moro, qui s'observe pendant les trois premiers mois.

LES SENS

Les deux premières semaines de sa vie, votre bébé regarde quand il est éveillé et stimulé. Souvent, les visages, avec une bouche et des yeux expressifs, l'attirent beaucoup. Son excitation augmente quand vous exprimez des sentiments ou que vous réagissez avec des mimiques.

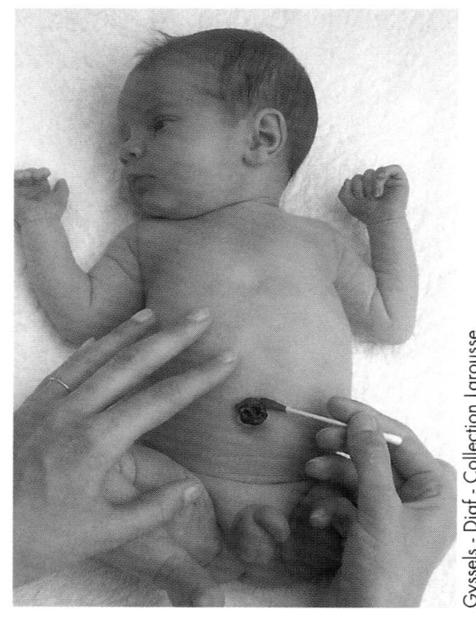

Gyssels - Diaf - Collection Larousse

La toilette du cordon ombilical. *Pour désinfecter le nombril, appliquez, jusqu'à la chute du bout de cordon, de l'alcool, puis de l'éosine, à l'aide d'un bâtonnet de coton.*

Son champ visuel est encore limité (il voit des objets situés à 30 centimètres de ses yeux), son ouïe fonctionne bien, son odorat et son goût sont développés (il préfère souvent le sucré). Attentif quand vous lui parlez, il apprécie et recherche le contact avec ses parents, ce qui a pour effet à la fois de le calmer, de l'éveiller et aussi de le rassurer.
À 1 mois, tous ses sens s'affinent et se précisent : il suit les objets du regard, il émet ses premiers gazouillis, ainsi que ses premiers sourires dirigés et intentionnels.

Le bébé à 10 jours		
Taille	G 50 cm	(47-54)
	F 49,4 cm	(46-54)
Poids	G 3,4 kg	(2,5-4,5)
	F 3,3 kg	(2,5-4,4)
Périmètre crânien	35 cm	(32-37)
Le bébé à 1 mois		
Taille	G 53,2 cm	(49-57)
	F 52,4 cm	(48-57)
Poids	G 4 kg	(3-5)
	F 3,8 kg	(2,9-4,9)
Périmètre crânien	37 cm	(34-39,5)

N.B. Ces chiffres concernent environ 95 % des enfants.

LES SOINS DU CORDON OMBILICAL

Votre bébé se salit rapidement. Pour des raisons d'hygiène et de confort, n'hésitez pas à lui faire une toilette soignée tous les jours. Le bain permet de lui donner les soins en divers endroits de son corps : fesses, organes génitaux, cuir chevelu, oreilles, nez et cordon ombilical. Pour désinfecter celui-ci jusqu'à sa chute, appliquez de l'alcool à 60 % vol puis un produit antiseptique (éosine aqueuse). Recouvrez le bout du cordon désinfecté avec une compresse stérile. Maintenez-la avec une bande filet ou un sparadrap antiallergique. Renouvelez le pansement à chaque change.

LE BÉBÉ DE 6 MOIS À 1 AN

JEUX ET ÉVEIL

En six mois, l'enfant se développe de façon spectaculaire. Il maîtrise un peu plus ses gestes, ses déplacements et ses rapports avec les autres.

La période qui s'annonce est riche de progrès. L'enfant est maintenant plus autonome. Aidez-le à franchir quelques obstacles et encouragez-le ; c'est ainsi qu'il explorera son univers et s'éveillera au monde.

LES PREMIERS JEUX

Votre enfant découvre le plaisir de manipuler les objets. Il devient très adroit de ses mains. Ainsi, il prend les jouets sans hésiter, les examine attentivement, les tourne dans tous les sens et vous les tend si vous êtes à côté de lui. Vers l'âge de 6 ou 8 mois, le bébé découvre que les choses cachées ne cessent pas d'exister. Il peut alors constater qu'un jouet a disparu et le rechercher. Ces disparitions et ces réapparitions deviennent d'ailleurs de véritables jeux entre lui et vous. Son pouvoir sur les choses l'intrigue : quand, par exemple, il fait tomber une balle, il regarde la chute. À partir de 8, 10 ou 12 mois, il s'occupe tout seul pendant de longs moments. Ne le dérangez pas dans ses jeux, quand il a besoin de vous, il sait vous le faire comprendre. Donnez-lui tout le matériel nécessaire pour expérimenter et faire des découvertes.

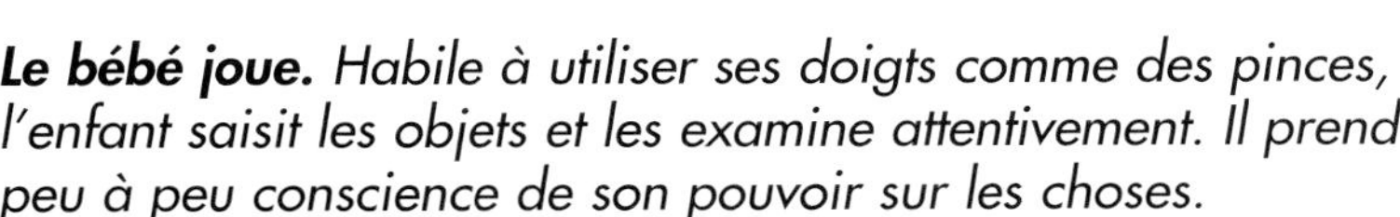

Gyssels - Diaf - Collection Larousse

***Le bébé joue.** Habile à utiliser ses doigts comme des pinces, l'enfant saisit les objets et les examine attentivement. Il prend peu à peu conscience de son pouvoir sur les choses.*

L'ANGOISSE DU 8e MOIS

C'est un stade d'évolution normale (non une fatalité, encore moins une maladie), pendant lequel votre enfant éprouve des difficultés liées à la perception de sa séparation d'avec ses parents. Pour lui, cette période correspond à une prise de conscience du monde extérieur. Il fait la distinction entre les proches et les inconnus. La peur qui en résulte se traduit souvent par des pleurs. Soyez disponible et attentif quand vous êtes avec lui. Avant de le coucher, parlez-lui, donnez-lui un objet familier et accompagnez-le vers le sommeil avec affection, mais aussi avec fermeté. Quand vous le laissez, expliquez-lui que la personne qui le garde va s'occuper de lui et que vous allez revenir. Il comprendra petit à petit qu'il peut compter sur la permanence de votre amour.

Ce peuvent être des objets éducatifs (hochet, cubes) mais aussi des ustensiles courants (cuillère en bois, boîtes). Changez souvent ces objets, pour qu'il ne se lasse pas. Auparavant, assurez-vous qu'ils ne sont ni dangereux ni toxiques et qu'en aucun cas il ne puisse les avaler.

Vers le 8e mois, votre bébé s'empare souvent d'un objet pour se rassurer. Laissez-le choisir librement cet objet extérieur à son corps. Pendant plusieurs mois et malgré l'intérêt que votre enfant va porter à certains jouets, cet objet, appelé « objet transitionnel », restera unique et même irremplaçable. Respectez-le et ne le faites pas disparaître volontairement, vous causeriez alors un grand chagrin à votre enfant.

PRENDRE ET REJETER : UN JEU RÉVÉLATEUR

À partir du 6e mois, les capacités psychomotrices de votre enfant augmentent. Souvent, son jeu préféré consiste à saisir un objet, à le lâcher, puis à le réclamer. Il répète inlassablement ce geste, jusqu'à ce qu'il soit convaincu que l'objet existe toujours, même s'il ne le voit plus. Sans pleurer, il accepte alors de s'en séparer. Tout comme il accepte mieux votre absence quand il remarque que vous finissez toujours par revenir. Cette étape, désignée comme celle de la « permanence de l'objet », est cruciale pour son développement : elle signifie qu'il peut se représenter mentalement un objet qui n'est pas présent. L'angoisse du 8e mois et cette étape de la permanence de l'objet indiquent que votre bébé s'individualise.

BIENTÔT PRÊT POUR LA MARCHE

Le tonus musculaire du bébé se renforce ; aussi fait-il de rapides progrès. Entre 6 et 9 mois, il rampe, se déplace à quatre pattes, se met debout en se tenant à un pied de table ou à un accoudoir de fauteuil.

Cette liberté lui ouvre de nouveaux horizons. Face à ce petit plein de vie, débordant d'énergie et insensible à votre raisonnement, l'éducation devient assez délicate.

Bientôt votre enfant va marcher. Ne précipitez pas les échéances, cela ne sert à rien : il ne se lancera que quand il se sentira capable de le faire. Ce qui est finalement important, c'est que chacun des progrès de son développement s'inscrive dans une « période sensible » et non à un âge précis. S'il est, par exemple, communément admis qu'un enfant doit marcher entre 10 et 18 mois (plus tard, pour un prématuré), il ne sera considéré ni en avance ni en retard à l'intérieur de cette période.

Si un retard vous inquiète, n'hésitez pas à en parler à votre médecin.

Perrichon - Iconos - HoaQui

***Le jeu.** La découverte du jeu peut se faire à deux, entre frères et sœurs. L'enfant saisit l'objet et le tend à sa sœur près de lui.*

LA COMMUNICATION

Votre enfant associe des sons et forme des syllabes. Celles-ci – en général, des « ba », « pa », « da » ou « ta » – désignent toutes sortes de choses. Quand il dit « pa-pa », il pense aussi bien à son père qu'à sa mère : il lui est plus facile de prononcer des consonnes sonores que des consonnes nasales (comme le m de maman). Pour que votre bébé ait envie de parler aux autres, il doit rompre sa relation exclusive avec vous. Ensuite, vous devez répondre à ses bavardages pour enrichir son langage.

Ne lui parlez pas « bébé », nommez ses objets familiers. Prononcez fréquemment leurs noms. Évitez les bruits de fond parasites qui pourraient détourner son attention. Racontez-lui des histoires en mettant l'intonation sur les mots.

Si vous remarquez un changement dans le comportement de votre enfant (il ne babille plus, ne s'intéresse plus à vous quand vous lui parlez), demandez conseil à votre pédiatre.

L'ENFANT DE 1 À 2 ANS

L'enfant partage et apprécie la vie de famille. Les progrès qu'il accomplit au quotidien dans tous les domaines lui donnent maintenant de plus en plus de liberté.

Chaque jour qui passe apporte son lot de transformations. Désormais, votre enfant mange presque comme vous. Quelques difficultés subsistent ; à vous de l'aider à les surmonter.

LES REPAS

À 18 mois, votre enfant peut boire du lait entier ou demi-écrémé. Pour augmenter l'apport en calcium, habituez-le à manger des dérivés du lait : yaourts, fromages, petits-suisses. Variez son alimentation. Proposez-lui une nourriture énergétique : céréales, légumes secs et féculents. Donnez-lui plus de viande et de poisson. Vous pourrez parfois remplacer ces produits par un œuf. Proposez-lui des fruits et des légumes deux fois par jour. N'abusez pas des matières grasses (il y en a déjà dans la viande, le poisson ou les gâteaux) ni des produits sucrés (ils ne sont pas indispensables). Votre enfant mange seul en tournant la cuillère dans sa main. Il commence à boire au gobelet. Si les résultats sont souvent assez peu probants,

Gyssels - Diaf

Entre 1 et 2 ans. *Plus à l'aise avec son corps, il peut lâcher quelques instants son appui pour tester son équilibre.*

JE VOUDRAIS SAVOIR

Mon enfant a les jambes un peu arquées. Faut-il corriger ce défaut ? La courbure du tibia est assez fréquente chez l'enfant qui commence à marcher. Si la radiographie des hanches réalisée quelques mois après la naissance n'a pas décelé de handicap (déformation osseuse ou rachitisme), soyez rassurée : la courbure va diminuer avec la croissance et les jambes vont se redresser.

LES PIEDS QUI TOURNENT

La position des pieds se corrige spontanément vers l'âge de 4 ou 5 ans. Pédaler en vélo ou marcher pieds nus sur la moquette ou sur le sable sont les meilleurs exercices de rééducation pour un problème fréquent (et dont les causes sont identiques à celles des jambes arquées) pendant les premières années de la marche.

ce n'est pas grave. Encouragez-le. À 2 ans, il mangera presque sans votre aide et presque proprement. Asseyez-le alors à table. Il appréciera d'être avec vous et de choisir ses aliments.

LE SOMMEIL

À cet âge-là, il dort de 10 à 12 heures par nuit. Vous devez être disponible pour l'emmener au lit. Racontez-lui une histoire, chantez-lui une chanson ou parlez-lui. Ce rituel du coucher prépare la délicate séparation de la nuit. Malgré la tendresse que vous lui montrez, il tarde parfois à s'endormir : des terreurs nocturnes peuvent survenir en début de nuit et des cauchemars, vers la fin de la nuit. Ne vous précipitez pas dans sa chambre au premier cri et ne le prenez pas dans votre lit. Vous pouvez vous sentir désemparée par l'opposition répétée de votre enfant. Cherchez à le comprendre, parlez-en à votre médecin. N'ayez surtout pas recours aux somnifères : ils déséquilibreraient ses rythmes naturels.

LES MOUVEMENTS

À 18 mois, votre enfant marche seul et monte les escaliers en vous tenant par la main. Il vous sollicite en vous tirant par le bras ou en vous montrant un objet du doigt. Il ne cesse d'explorer le monde, d'ouvrir les placards, de grimper sur les chaises. Il s'assoit seul et peut s'accroupir pour ramasser un objet. S'il marche et court, il tombe assez souvent. Mais ses chutes sont en général sans gravité du fait de sa souplesse.
À 2 ans, il grimpe et descend seul les escaliers. Il est capable de sauter sur ses pieds et de se pencher. Il commence à faire du tricycle et à taper dans un ballon. Assis, il feuillette un livre et fait des gribouillis.

LES RELATIONS

À 1 an et demi, l'enfant comprend et exécute des ordres simples. Son vocabulaire s'enrichit : il vous montre son nez, sa bouche. Débordant de vivacité, il joue seul, obéit peu et tend à s'opposer très souvent. C'est la période où il apprend à être propre dans la journée.
À 2 ans, il est capable de désigner plusieurs parties de son corps et de comprendre un ordre. Les histoires le passionnent, il peut vous les faire raconter plusieurs fois. Il répète des mots et fait des phrases autour d'un verbe. Coléreux, parfois agressif envers les autres enfants, il préfère s'amuser seul. Il commence maintenant à être propre pour les selles.

L'enfant à 18 mois

Taille	G 80,5 cm	(74-87)
	F 79 cm	(72-85)
Poids	G 11,2 kg	(8,8-13,8)
	F 10,6 kg	(8,5-12,9)
Périmètre crânien	47,5 cm	(44,5-50,5)

Dents : 4 premières molaires.

L'enfant à 2 ans

Taille	G 85,6 cm	(80-93)
	F 84,3 cm	(78-91)
Poids	G 12,2 kg	(9,8-14,9)
	F 11,6 kg	(9,5-14)
Périmètre crânien	48,5 cm	(45-51,5)

Dents : 4 canines.

N.B. Ces chiffres concernent environ 95 % des enfants.

LE SPASME DU SANGLOT

Il survient chez les enfants de 1 à 3 ans qui ont une personnalité très affirmée. La crise, sans gravité réelle, se manifeste par des pleurs pendant lesquels votre enfant reprend de moins en moins son souffle. Bientôt, son thorax se bloque en expiration au bout d'un nombre variable de sanglots. En quelques secondes, son visage rougit ou même bleuit. Parfois, il perd connaissance quelques secondes. Laissez la colère s'exprimer, mais canalisez-la. Essayez de comprendre son désarroi et les contradictions qu'il vit (besoin d'être rassuré et désir d'échapper au contrôle). En même temps, imposez-lui des limites (tout n'est pas possible) et soyez cohérents dans vos attitudes (n'autorisez pas un jour ce que vous interdirez le lendemain).

L'ENFANT DE 2 À 3 ANS

Tout va très vite entre 2 et 3 ans. À cet âge-là, l'enfant mobilise toutes les capacités de son intelligence et de son corps pour accéder progressivement à l'autonomie.

Votre enfant mange comme les grands. Son sommeil est souvent très perturbé, ce qui a parfois le don de vous irriter. Ses journées sont, quant à elles, fort bien occupées.

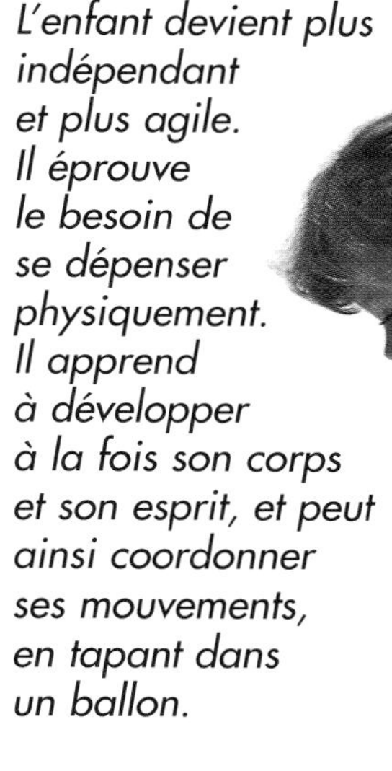

L'enfant et son ballon. *L'enfant devient plus indépendant et plus agile. Il éprouve le besoin de se dépenser physiquement. Il apprend à développer à la fois son corps et son esprit, et peut ainsi coordonner ses mouvements, en tapant dans un ballon.*

Gyssels - Diaf - Collection Larousse

LES REPAS

Il mange à table, presque comme vous et en même temps que vous. Continuez de lui faire découvrir de nouveaux aliments et de nouvelles saveurs. À son âge, les repas sont plus calmes. Ils doivent être pris à des horaires réguliers et ils vous permettent d'avoir des échanges avec lui. L'enfant mange seul, encore maladroitement, mais il refuse d'être aidé et abandonne la petite cuillère au profit de la fourchette. Il arrive à boire correctement au gobelet. Il risque encore de traverser une période pendant laquelle il exprime son appétit et peut refuser de s'alimenter. Armez-vous de patience.

S'il déjeune à la crèche, chez la nourrice ou chez ses grands-parents, renseignez-vous sur son menu de midi. Ne lui proposez pas les mêmes aliments le soir, mettez l'accent sur les légumes, les féculents et les fruits. Donnez-lui également un produit laitier.

Avant de le coucher, ne lui donnez jamais de sucreries. Pensez toujours à ses dents : vous lui apprendrez à les brosser vers 2 ans et demi.

LE SOMMEIL

Il dort encore 10 à 12 heures par nuit et 1 ou 2 heures l'après-midi. Les difficultés du coucher sont toujours là. Continuez à respecter ses rythmes en l'accompagnant avec douceur et fermeté. Si son activité décline vers 19 ou 20 heures, attendez les signes de fatigue (pouce dans la bouche, paupières lourdes). Saisissez cette occasion pour mettre en place les rituels du coucher (boîte à musique, histoire). S'il est plein de vitalité à 21 heures, fixez des limites pour qu'il trouve son équilibre, et vous, votre tranquillité.

LE LANGAGE

C'est à partir de 2 ans que votre enfant commence à associer deux ou trois mots pour décrire un fait précis (« papa pati » pour « papa est parti ») ; cette étape est importante, elle marque une progression de ses capacités d'expression. Pour qu'il développe son langage, stimulez-le. Parlez-lui, laissez-le s'exprimer sans l'interrompre de façon intempestive. Bien sûr, la prononciation n'est pas toujours correcte. Les déformations sont normales. Si vous les trouvez amusantes, veillez cependant à ne pas trop les reproduire ni à les encourager : les progrès de votre enfant dépendent de ce qu'il entend.

F. Bouillot - Marco Polo

Les rapports avec le père. *L'enfant a une grande admiration pour son père, qui l'aide à découvrir le monde.*

LES MOUVEMENTS

À 2 ans et demi, votre enfant a le goût de l'aventure et de la découverte. Désormais, il court sur une pente et sur un terrain accidenté. Il porte des objets encombrants. Quand on l'habille, il coopère en tendant ses bras ou ses jambes. Il est capable de gribouiller, d'empiler des cubes, de faire des puzzles simples et d'associer deux objets de même couleur.
À 3 ans, il monte les escaliers et saute la dernière marche. Il tient en équilibre sur un pied pendant quelques secondes. Il peut aussi ouvrir et fermer les portes. Il commence à s'habiller seul, à enfiler ses chaussures et à les délacer. Il pédale sur son tricycle ; il sait tracer un rond et dessiner un bonhomme-têtard. Enfin, il est capable de monter une tour avec huit ou neuf cubes.

LES RELATIONS

L'enfant comprend parfaitement le sens de nombreux mots courants. Il connaît les parties de son corps. Il parle seul, pose des questions, utilise les articles, la négation et les adverbes. Il s'oppose toujours à ses parents (le « non », mot appris vers l'âge de 1 an, devient un mot essentiel de son vocabulaire !), mais il est plus calme. Cette attitude de refus est normale. Il construit sa personnalité, devient un individu à part entière et parvient à se séparer de sa mère. Il s'intéresse aux enfants de son âge et aime jouer avec eux. Il découvre son sexe et sait qu'il est un garçon ou une fille.
Il devient propre le jour, parfois la nuit : l'apprentissage du pot commence vers l'âge de 2 ans.
À 3 ans, il devient autonome et sociable. Il connaît les couleurs, pose des questions, accumule des mots (il en exprime entre 250 et 450 et en comprend entre 500 et 900) et sait compter jusqu'à 3, 5 ou 7.

L'enfant à 2 ans et demi

Taille	G	90,2 cm	(84-97)
	F	89 cm	(82-95)
Poids	G	13,2 kg	(10,8-16)
	F	12,6 kg	(10,2-15,3)
Périmètre crânien		49 cm	(45,5-52)

Dents : 4 secondes prémolaires, soit 20 dents de lait.

L'enfant à 3 ans

Taille	G	94,2 cm	(87-101)
	F	92,7 cm	(85-99)
Poids	G	14,2 kg	(11,5-17,1)
	F	13,6 kg	(10,9-16,5)
Périmètre crânien		49,5 cm	(46,5-52,5)

Dents : 20 dents de lait (présentes parfois dès l'âge de 2 ans).

N.B. Ces chiffres concernent environ 95 % des enfants.

LA PROPRETÉ

Les enfants sont normalement propres à partir de 3 ans. Parfois, à plus de 5 ans, de 10 à 15 % d'entre eux font encore régulièrement pipi au lit. L'acquisition de la propreté passe par l'utilisation du pot. Jusqu'à l'âge de 2 ans et demi, laissez votre enfant se familiariser avec cet objet, en lui expliquant son utilité, sans le culpabiliser. Encouragez-le à s'asseoir dessus, même tout habillé, puis les fesses nues, sans attendre forcément un résultat. Même s'il ne fait qu'un petit pipi, félicitez-le. Laissez-le prendre l'initiative de demander le pot ou, mieux, d'aller le chercher lui-même dans les toilettes.

L'ENFANT DE 3 À 6 ANS

L'enfant est sur le chemin qui mène à l'indépendance. Comme il cherche à faire de plus en plus de choses seul, autant l'aider en lui montrant comment s'y prendre.

Votre enfant quitte le monde des bébés. Il maîtrise mieux son corps et la parole. Son intelligence se développe. Il fait chaque jour des progrès, mais l'apprentissage est long et il durera plusieurs années.

LES RYTHMES

Votre enfant mange avec vous. Il a maintenant toutes ses dents de lait et il sait mastiquer. Son alimentation est riche et variée. Parfois, il se montre assez réticent devant de nouveaux aliments. Il voudrait bien goûter à tout, mais ce qu'il ne connaît pas lui fait un peu peur. Ayez de la patience, il finira bien par diversifier ses goûts.
Il sait utiliser le couteau pour tartiner ou couper de la nourriture pas trop dure. Il sait également piquer les morceaux avec la fourchette. Encouragez-le. Vers 6 ans, commencez à l'emmener déjeuner chez des amis ou au restaurant.
Son sommeil est désormais moins profond et peut quelquefois être perturbé. À 3 ans, votre enfant fait une nuit de 10 heures et parfois une sieste de 2 heures ; vers 6 ans, la sieste est abandonnée. Suivez son rythme, mais faites en sorte qu'il soit au lit de bonne heure. Respectez les rituels du coucher : la maison doit être calme à ce moment-là, soyez attentive au confort de l'enfant (lit adapté, chambre pas trop chauffée) et disponible pour lui lire des histoires et pour bavarder avec lui.

F. Perri - Cosmos

L'école. *C'est une étape importante dans la vie de l'enfant. Elle marque les débuts de sa vie en société, la rencontre avec d'autres adultes et d'autres enfants, et la pratique de nouvelles activités.*

LES DIFFICULTÉS AU DÉJEUNER ET AU DÎNER

Souvent, votre enfant refuse des aliments qu'il mangeait jusque-là sans problème. Ne le forcez pas. Réintroduisez plutôt ce qu'il refuse dans une préparation qui a l'air d'être nouvelle. S'il n'aime plus les légumes, peut-être les mangera-t-il crus ou présentés autrement ? S'il refuse la viande, réduisez-en la quantité et augmentez sa consommation de produits laitiers. Veillez à ce que les grignotages ne l'empêchent pas de manger à table ou, au contraire, ne provoquent pas une suralimentation. Mettez des règles au point pour rétablir une discipline alimentaire.

F. Bouillot - Marco Polo

***Entre 3 et 6 ans.** L'enfant cherche à partager ses jeux.*

LES MOUVEMENTS

Maintenant, tous les jeux mettent ses sens en éveil : puzzles, jeux de construction, etc. Il commence s'habiller et à se déshabiller seul, ce qu'il fait très bien à 5 ans et demi. À cet âge, il saute à cloche-pied, joue en plein air et se dépense beaucoup. Il est capable de faire des dessins au graphisme précis, comme des petits cercles, des boucles ou des ponts.

LES RELATIONS

L'enfant parle correctement à 4 ans. Les fréquents contacts qu'il noue avec les autres n'y sont d'ailleurs pas étrangers. Il pose souvent des questions et il peut aussi échanger des idées. Son monde imaginaire est riche, il aime les histoire et les images. Il joue à faire semblant et apprécie les jeux collectifs. À presque 6 ans, il parle bien. Si de nombreuses erreurs grammaticales ponctuent ses phrases, il sait mieux conjuguer les verbes, employer les prépositions (dans, sur) ou les adverbes de temps (aujourd'hui, demain). Il écoute attentivement, observe et entreprend des actions collectives à l'école. Confronté aux lois de cette collectivité, il se chamaille parfois avec ses petits camarades.
La télévision occupe une place importante parmi ses activités. Essayez d'en limiter le temps d'utilisation ; choisissez les émissions intéressantes pour lui, afin qu'il ne regarde pas n'importe quoi. Si vous avez le temps, regardez-la avec lui pour discuter ensuite de ce que vous avez vu ensemble.

L'enfant à 4 ans

Taille	G	101 cm	(93-109)
	F	99 cm	(92-107)
Poids	G	15,5 kg	(12,5-19)
	F	14,5 kg	(11-17)

Dents : l'enfant a 20 dents de lait.

L'enfant à 5 ans et demi

Taille	G	110 cm	(102-120)
	F	109 cm	(100-121)
Poids	G	18,5 kg	(14-23)
	F	17 kg	(13-21)

Dents : les premières dents de lait commencent parfois à bouger. Elles tombent toutes seules à partir de 6 ans.

N.B. Ces chiffres concernent environ 95 % des enfants.

L'ENTRÉE À L'ÉCOLE

C'est la première séparation avec le milieu familial. Elle a lieu vers 3 ans, quand l'enfant est capable de maîtriser la propreté. L'école maternelle a plusieurs objectifs : elle scolarise en apprenant les règles de la vie en communauté, elle socialise en permettant à l'enfant de découvrir « l'autre » et elle transmet des connaissances.
Les moyens mis en œuvre varient selon les enseignants et le rythme des enfants. L'école maternelle propose différentes activités : l'expression écrite et orale ; les activités physiques ; les activités scientifiques et techniques ; les activités artistiques et esthétiques.
Si la journée est un peu longue, elle s'accompagne des rituels, comme le déjeuner, le goûter ou la sieste, qui sont comme des repères pour l'enfant car ils existent également à la maison.

LA PROPRETÉ LA NUIT

Après 3 ans, votre enfant continue de mouiller sa couche la nuit. Ne lui supprimez pas trop tôt cette couche de nuit, car il n'est peut-être pas encore prêt à se retenir toute la nuit. S'il fait de nouveau pipi au lit après une période de propreté, remettez-lui une couche de façon provisoire. Si celle-ci est mouillée le matin, jetez-la. Si elle est sèche, félicitez votre enfant. Pour autant, ne l'empêchez pas de boire le soir et ne le réveillez pas en pleine nuit pour qu'il fasse pipi. Cette période d'apprentissage est difficile, inutile de l'alourdir par des conflits qui pourraient lui donner un sentiment d'échec.

L'ENFANT DE 6 À 10 ANS

À 6 ans, c'est encore un enfant. À 10 ans, il devient préadolescent. Pendant toute cette période, sa vie s'organise autour de l'école et il devient toujours plus indépendant.

Votre enfant ne cesse de grandir : entre 6 et 10 ans, il prend en moyenne 6 centimètres par an. La grande école est pour lui une progression. Il y découvre les contraintes du travail qui l'aident à se construire, l'émulation de la réussite, l'anxiété de l'échec, les amitiés durables et de nouveaux horizons.

S. Sargent - LiaisonInt - HoaQui

Le plaisir de la lecture. *Le petit garçon, qui a atteint l'âge de raison, prend plaisir à pratiquer chez lui la lecture apprise à l'école. Ce goût pour la lecture doit être encouragé et soutenu par les parents.*

LE CORPS

À 7 ans, votre enfant grandit et a une parfaite maîtrise de son corps. Il est capable de mettre sa chambre à peu près en ordre, selon ses propres critères de rangement. Son sommeil est maintenant profond, il dort entre 9 et 10 heures par nuit.

Vers 10 ans, les premiers signes de la puberté apparaissent chez la fille : ses seins et quelques poils pubiens peuvent déjà pousser.

Votre enfant devient résistant aux maladies, ce qui n'exclut

LES TROUBLES DU LANGAGE

Ils se manifestent par des difficultés à parler (déformation des mots, vocabulaire limité), à lire et à écrire (dyslexie). Ces troubles apparaissent souvent à l'entrée à l'école. Ne culpabilisez pas votre enfant, qui ne doit pas s'installer dans une situation d'échec scolaire. Au contraire, encouragez-le, soutenez-le. Si cela est vraiment nécessaire, faites-lui faire quelques séances de rééducation orthophoniste, éventuellement prescrites par votre médecin, à la suite d'une évaluation : ces séances servent à résoudre les difficultés de l'apprentissage oral et écrit. Elles peuvent s'étendre sur plusieurs mois, selon la gravité des troubles dont souffre votre enfant.

pas une visite médicale annuelle pour dépister d'éventuels problèmes qui toucheraient la vue, l'audition, la dentition.

LES RAPPORTS AVEC LES AUTRES

Son intelligence continue à se développer. À 7 ans, il accepte les règles morales et les interdits. Accompagnez-le dans l'apprentissage de l'autonomie, sans pour autant surévaluer ses capacités ; il lui arrive aussi d'être susceptible et coléreux.
À 10 ans, il commence à se regrouper en bande. La sexualité est mise à distance. S'il en parle, c'est avec des amis du même sexe et sur le mode de la plaisanterie. Il a un(e) ami(e), à qui il dit tout. Il rentre seul de l'école. Avec son argent de poche, il apprend à connaître le prix des choses. Le sport l'intéresse. Il y trouve le goût de l'effort et du dépassement de soi. Enfin, il commence à modifier son comportement avec vous : en public, les démonstrations de tendresse et les câlins le gênent beaucoup.

F. Bouillot - Marco Polo

Vers 10 ans. *La fillette se montre protectrice vis-à-vis d'un frère ou d'une sœur plus jeunes.*

L'INFORMATION SEXUELLE

Elle est indispensable au bon développement affectif, intellectuel et social de votre enfant. Jusqu'à 7 ans, elle porte sur la différence des sexes et sur la procréation. Répondez aux questions de manière simple et compréhensible. Donnez des réponses correctes : la sexualité n'est pas un sujet tabou. Parlez aussi à votre enfant des perversions sexuelles et des dangers qu'elles entraînent (pédophilie, exhibitionnisme) et donnez-lui le sens de l'autodéfense vis-à-vis des adultes qui seraient tentés d'abuser de sa naïveté et de sa faiblesse. Expliquez-lui que les relations sexuelles entre parents proches – parent-enfant et frère-sœur – sont interdites (inceste). Parlez-lui des modifications que subira son corps à la puberté.

LE DÉVELOPPEMENT INTELLECTUEL

Le passage à la « grande école » marque une étape importante. Votre enfant sait lire et écrire normalement à 7 ans. Son intelligence lui permet d'aborder la logique sur des bases concrètes : il compte et raisonne avec des objets quotidiens, comme des pommes ou des cuillères.
À 10 ans, il est capable d'avoir une vue globale sur un problème ou sur une situation. Il se met à raisonner et se pose des questions métaphysiques (« qu'est-ce que la mort ? », « qu'y a-t-il après la mort ? »).
Son intelligence devient plus abstraite et il n'a plus besoin de s'appuyer sur des objets concrets pour développer un raisonnement. Il accumule les connaissances et aime aussi à faire des collections, sans les continuer toujours jusqu'au bout. Ses facultés de concentration se développent, ainsi que ses capacités de mémorisation. Cette autonomie dans l'acquisition des connaissances est indispensable pour aborder l'école secondaire.

L'enfant à 7 ans

Taille	G 120 cm	(110-130)
	F 121 cm	(109-131)
Poids	G 22 kg	(16-28)
	F 20,5 kg	(15,5-25,5)

Dents : les dents de lait tombent, remplacées par les dents définitives (incisives, canines, molaires). Les premières grosses molaires définitives commencent à pousser.

L'enfant à 10 ans

Taille	G 136 cm	(125-147)
	F 138,5 cm	(127-151)
Poids	G 30 kg	(21,5-39)
	F 29 kg	(21-38)

Dents : les canines et les molaires de lait tombent, remplacées par les dents définitives. Les grosses molaires poussent les unes après les autres. À 12 ou 13 ans, l'enfant a 28 dents définitives.

N.B. Ces chiffres concernent environ 95 % des enfants.

L'ADOLESCENCE

LE CORPS QUI CHANGE

À l'adolescence, le corps se métamorphose. Il ressemble de plus en plus à celui de l'adulte. Ces transformations font naître de nouvelles sensations et suscitent bien des interrogations.

L'adolescence et la puberté sont différentes.
La première se concrétise par des évolutions physiques et psychologiques intervenant chez votre enfant.
La seconde correspond à l'apparition des caractères sexuels secondaires : pilosité pubienne, degré de maturité des organes génitaux visibles chez le garçon, développement des seins chez la fille.

LES ÉTAPES DE L'ADOLESCENCE

Trois tranches d'âge caractérisent cette étape de la vie.
Le début de l'adolescence. Il se manifeste vers 11-13 ans chez la fille, et vers 12-14 ans chez le garçon. C'est la période de la métamorphose physique. Les garçons font l'expérience de l'érection, de la masturbation et de l'éjaculation. Ils s'interrogent sur leur apparence. Les filles se posent des questions sur leurs seins qui commencent à pousser et sur les règles. Ceux dont la puberté a commencé recherchent plutôt la compagnie des jeunes qui ont connu les mêmes transformations.
La mi-adolescence. Elle concerne les filles de 13 à 16 ans et les garçons de 14 à 17 ans. C'est une période très troublée, pendant laquelle le jeune cherche une place et un rôle dans sa famille et à l'extérieur. Prisonnier de ses contradictions, il manifeste une humeur changeante, qui est parfois source d'inquiétude ou d'incompréhension pour son entourage.
La fin de l'adolescence. Le jeune assume son corps tel qu'il est, il se forme une idée plus précise de ses limites, de son identité et de ses projets. Il est maintenant un jeune adulte qui peut envisager une relation affective stable.

LES MÉCANISMES BIOLOGIQUES DE LA PUBERTÉ

La plupart des transformations sont dues aux hormones sexuelles. Celles-ci sont secrétées par les testicules chez le garçon et par les ovaires chez la fille.
La production de ces hormones est stimulée par l'hypothalamus et par l'hypophyse. Cette partie du cerveau, en sommeil pendant l'enfance, se déclenche au moment de la puberté pour stimuler l'hypophyse, qui secrète des hormones agissant sur

Gyssels - Diaf - Collection Larousse

L'adolescence. *La plupart des transformations qui se produisent à la puberté sont dues aux hormones sexuelles. Le jeune devient un jeune adulte.*

LES PETITES MISÈRES DE LA PUBERTÉ

L'adolescence est parfois marquée par des désagréments dont les parents ne perçoivent pas toujours la portée.

L'acné. Elle se soigne bien. La plupart des traitements s'appliquent sur la peau et sont souvent longs. Leur succès dépend de la régularité des soins.

La gynécomastie du garçon, ou gonflement des mamelons. Elle est anodine, mais souvent mal vécue par l'adolescent. Parlez-en avec lui. Qu'il voie aussi un médecin pour l'aider à comprendre et à dédramatiser.

Des cycles irréguliers et des règles douloureuses pour la fille. Les cycles se stabilisent pendant la 2e ou la 3e année. Pour traiter ces troubles, votre fille peut consulter un gynécologue, qui lui prescrira des antalgiques légers pour calmer la douleur.

l'activité des glandes sexuelles. En quelques années, la production de testostérone chez le garçon est multipliée par 15 ; et celle d'œstrogènes chez la fille est multipliée par 10.

Les testicules produisent des spermatozoïdes ; les ovaires renferment des ovules. Les hormones sexuelles activent de nombreux tissus de l'organisme. Elles provoquent l'apparition de caractéristiques sexuelles, appelées caractères sexuels secondaires (poils sur le visage du garçon et mue de sa voix, apparition des seins chez la fille), ainsi qu'un formidable processus de croissance.

LE CORPS EN PLEINE CROISSANCE

La fille est plus précoce que le garçon. Sa croissance s'accélère entre 11 et 14 ans. En cinq ans, elle grandit approximativement de 23,5 centimètres et grossit de 21 kilos. Ses poils pubiens apparaissent vers 11 ans, ses seins commencent à se former. Deux ans plus tard, elle a ses premières règles, sa silhouette devient plus féminine. Son utérus peut passer de 2 à 50 grammes.

Chez le garçon, c'est à partir de 12 ans que des poils poussent sur le visage et sur le pubis. Entre 13 et 16 ans, sa croissance s'accélère. En l'espace de cinq ans, il grandit en moyenne de 26 centimètres et prend 26 kilos. Son pénis et ses bourses grossissent aussi. Ses testicules peuvent passer de 2 à 35 grammes. Sa voie mue.

La taille de l'enfant augmente chaque année de 5 à 6 centimètres en moyenne, à partir de 2-4 ans jusqu'à 10-12 ans. La puberté accélère ce développement. Au début, les jambes et les pieds grandissent vite, suivis par la colonne vertébrale, qui s'allonge de 8 centimètres par an chez la fille et de 10 centimètres chez le garçon. Pendant la puberté, la force musculaire du garçon est supérieure de beaucoup à celle de la fille. En revanche, la masse graisseuse de la fille dépasse celle du garçon, au niveau des bras, des seins, des hanches et des fesses. Enfin, les épaules du garçon et les hanches de la fille s'élargissent. L'un se « masculinise », tandis que l'autre se « féminise ».

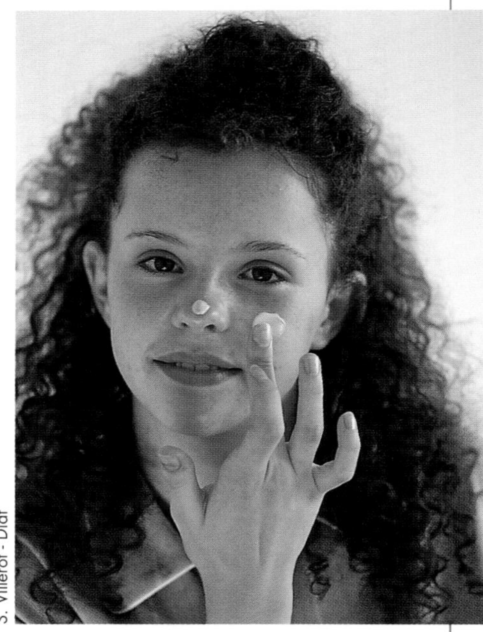

S. Villerot - Diaf

L'acné. *Les adolescents ont souvent de l'acné, affection qui se traite facilement avec des crèmes. Touchant le visage, celle-ci est souvent mal vécue.*

L'ALIMENTATION

En général, les garçons mangent suffisamment. L'alimentation leur fournit 2 500 à 3 000 calories par jour, ce qui correspond à la ration d'un travailleur de force !

En revanche, les filles font plus attention à leur ligne : les besoins alimentaires ne sont satisfaits que chez 7 filles sur 10. Dès qu'apparaissent les premières rondeurs de la puberté, les adolescentes délaissent les féculents (aliments riches en sucres lents qui ne font pas grossir) pour grignoter des sucreries. En outre, l'engouement des jeunes pour la restauration rapide ne garantit pas une nourriture saine et équilibrée.

L'ADOLESCENCE

LES RELATIONS AVEC LES AUTRES

La poussée de croissance est la caractéristique la plus visible de l'adolescence. D'autres changements surviennent. Ils ne sont pas sans décontenancer le jeune et son entourage.

Désormais jeune adulte, votre enfant change rapidement et profondément. Il paraît s'éloigner de vous pour se rapprocher de ses ami(e)s. Pour lui, c'est le temps des copains et des bandes. Pour vous, c'est la période difficile, voire conflictuelle, où vous ne le reconnaissez parfois même plus.

L'IMAGE DU CORPS

La plupart des adolescents ressentent leur corps comme étranger et se demandent si leurs transformations corporelles sont normales. Il est vrai qu'en deux ou trois années le jeune peut, sur le plan physique, changer considérablement.

LA DÉCOUVERTE DE LA SEXUALITÉ

Votre enfant découvre que l'acte sexuel devient possible. Désormais, chaque sexe doit se familiariser avec l'autre. Les contacts physiques (se tenir par la main, s'embrasser) que recherchent entre eux les jeunes sont normaux. Cette première phase d'approche est nécessaire à la découverte de l'autre. La seconde phase, celle du premier rapport sexuel, vient plus tard, en moyenne vers 17 ans.

Dannic - Diaf

Groupe d'adolescents. *L'adolescent paraît s'éloigner de ses parents pour se rapprocher de sa bande de copains. C'est à eux qu'il va se confier, c'est aussi avec eux qu'il va se rassurer sur sa nouvelle identité.*

Sensible à son image, l'adolescent consacre beaucoup plus de temps aux soins esthétiques et vestimentaires qu'à son hygiène ou à sa santé. Le miroir lui est indispensable : il lui permet d'évaluer son image et de modifier ses comportements et ses relations avec les autres. À cette période charnière de sa vie, l'adolescent passe beaucoup de temps dans la salle de bains. Il fait souvent preuve d'une grande pudeur et revendique bientôt un lieu à lui. Dans la mesure du possible, accédez à sa demande, car il a besoin de se retrouver seul. Veillez à préserver son intimité. S'il a des frères et sœurs plus jeunes, empêchez-les de constamment violer son espace de vie.

DE NOUVEAUX RAPPORTS DE FORCE

Votre enfant est assailli de nouveaux désirs auxquels il ne peut répondre dans l'immédiat. Pour se défendre et protester face à la frustration, ses réactions sont désormais celles de l'adulte. Sans pour autant passer à l'acte, il possède des moyens – et donc un pouvoir – qui ont changé.
Continuez à exprimer un avis sur les agissements de votre enfant. Donnez-lui votre opinion sur son aspect vestimentaire ou sur ses réactions du jour, mais sans le juger trop durement. Cherchez à mieux le connaître pour qu'il ne devienne pas un étranger dans la famille. Essayez de discerner les demandes et les inquiétudes qu'il cache derrière des comportements provocants. Il a toujours besoin de réconfort et de tendresse. Mais il ne peut simplement plus accepter de la même manière vos bisous et vos câlins. Laissez-le donc élaborer ses propres projets et aimez-le pour ce qu'il est.

LE TEMPS DES COPAINS

Ce qu'il n'arrive plus à vous confier, il le raconte à ses amis. L'amitié est très importante dans sa vie et pour l'équilibre de sa personnalité. C'est l'époque où il passe des heures au téléphone, où il discute longuement, refait le monde, parle de tout et de rien. Ce sont aussi les fous rires, les modes vestimentaires. Son besoin de s'identifier avec quelqu'un de très différent de lui est très fort : il choisira de préférence un adulte, hors de son milieu familial, et pas forcément une idole médiatique. Contraint de subir des changements physiques qu'il n'a pas choisis, il joue différents personnages et finit par en choisir un qui lui convient. Avec ceux de sa bande, il se rassure sur son identité et sur la normalité de ses changements.

Sans doute cette révolution intérieure vous irrite-t-elle. Acceptez-la. Cette étape est importante pour le développement de votre enfant : elle vient compléter son apprentissage de la vie en société.

LA QUESTION DE LA CONTRACEPTION

L'information sur la contraception est primordiale, car la fille est fertile dès ses premières règles et le sperme du garçon est fécondant à la fin de la puberté. Parlez librement de ces questions avec vos enfants. La pilule peut être prescrite à n'importe quel âge et quelle que soit la régularité des cycles. Votre fille peut consulter un gynécologue pour parler de la contraception. De cette façon, elle pourra faire part de ses doutes et de ses interrogations. En abordant le problème de la sexualité, vous pouvez évoquer avec vos enfants la question du sida et le recours nécessaire au préservatif.

LE GOÛT DU RISQUE

À l'inverse de certaines civilisations d'Afrique ou d'Asie, nos sociétés contemporaines s'efforcent de limiter les risques à la sortie de la puberté. Elles en oublient alors que la prise de risque est naturelle pour tout adolescent qui cherche à éprouver ses nouvelles capacités. Au lieu de ritualiser ce passage de l'enfance au monde adulte, le jeune n'a d'autre choix que de prendre des risques clandestins. Aussi la consommation de drogue, les accidents dus à la vitesse et les tentatives de suicide ne relèvent-ils pas que du hasard.
Pour éviter ces comportements extrêmes, maintenez le contact avec votre enfant, discutez avec lui et admettez qu'il prenne quelques risques.

LE SUIVI MÉDICAL

Votre enfant doit être suivi régulièrement par un médecin afin de surveiller son évolution et de dépister des problèmes éventuels.

Le choix du médecin est important. La relation que vous nouez avec lui doit être fondée sur la confiance : vous pourrez plus facilement poser toutes les questions qui vous tracassent.

COMMENT FAIRE SUIVRE VOTRE ENFANT ?

La surveillance personnalisée est très importante. Elle permet d'établir une relation de confiance avec le médecin et d'assurer un suivi régulier de l'évolution de l'enfant.

Le rythme des consultations. Consultez le pédiatre dans la quinzaine qui suit votre retour à la maison, puis une fois par mois pendant six mois pour évaluer la croissance de votre enfant. Ensuite, une visite tous les trois mois suffit jusqu'à 3 ans. Vous adaptez le rythme de ces visites selon les circonstances (les maladies de l'enfant, votre inquiétude).

À chaque visite sont examinés le développement physique et psychomoteur, la taille, le périmètre crânien, le poids et les réactions à certaines stimulations. Au moment voulu, le médecin vaccine l'enfant (voir le tableau des vaccinations). Les informations sont notées sur le carnet de santé.

La croissance. Elle s'évalue en comparant, visite après visite, toutes les mesures portées sur le carnet. Ces données chiffrées sont représentées par une courbe : la courbe doit être régulière et rester dans une fourchette de mesures autour de la moyenne.

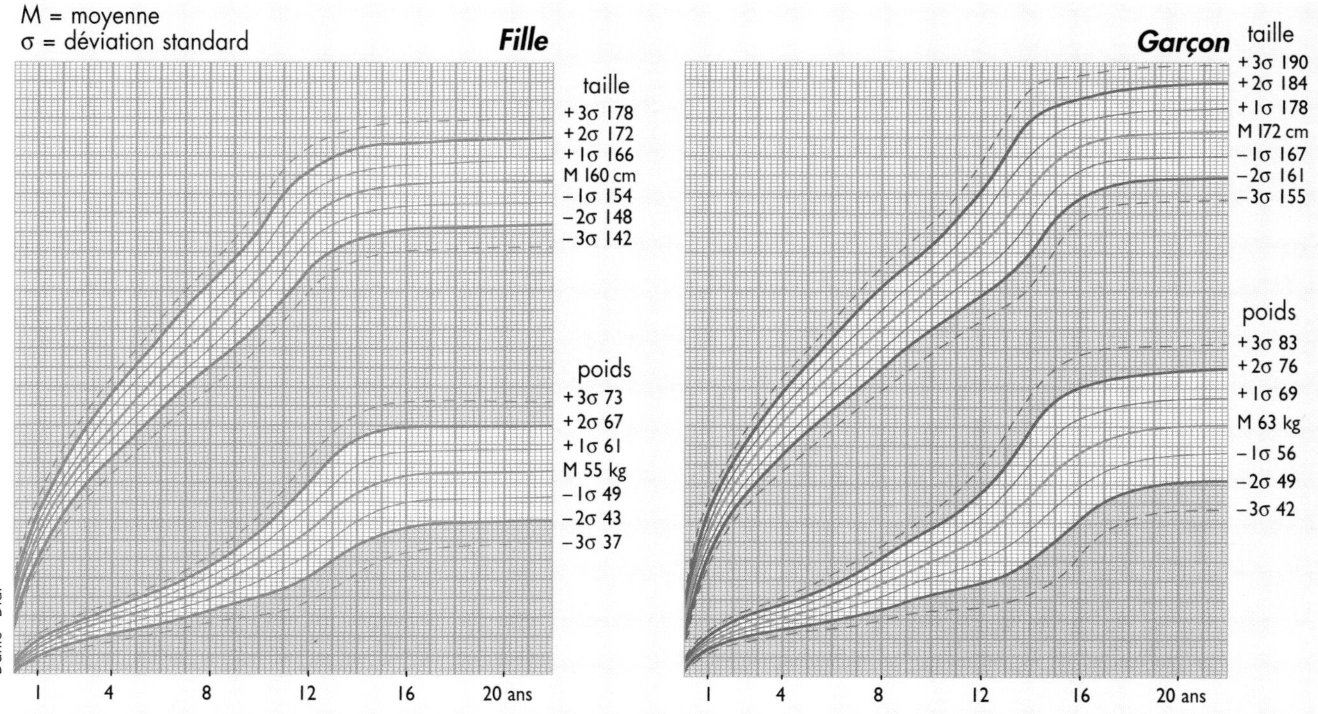

Les courbes de croissance. *Le graphique permet de contrôler la courbe de croissance de l'enfant. Tout écart de poids et taille par rapport aux valeurs moyennes par âge et par sexe justifie un examen.*

DÉPISTER LES TROUBLES

Certains problèmes apparaissent dès les premières années de la vie. Plus ils sont dépistés tôt, plus ils sont faciles à corriger.

L'audition. Si certains signes vous font douter des capacités auditives de votre enfant (trop calme, inattentif à ce qui se passe dans son champ visuel, pas d'intérêt pour les jouets qui font du bruit ou, au contraire, manipulation bruyante d'objets, émission de sons peu variés et rares), consultez obligatoirement un spécialiste.

La vue. Des problèmes de vision peuvent entraîner des troubles du comportement : indifférence à la lumière ou à l'entourage, absence de sourire, regard fixe. Certains enfants louchent pendant les premières semaines de leur vie. Si cette tendance se prolonge, parlez-en au pédiatre et consultez un ophtalmologiste. Un traitement sera entrepris, dès le 6e mois, pour corriger ce trouble.

L'ENFANT ET L'HÔPITAL

Même si votre bébé est tout petit, expliquez-lui les raisons de son hospitalisation. Présentez-lui les médecins et les infirmières, restez avec lui pendant les premières heures de son séjour à l'hôpital, demandez à passer la nuit avec lui. Prévenez-le de ce qui va lui être fait, ne lui mentez pas. Rassurez-le toujours : des paroles douces, un sourire l'aideront à se détendre. Mettez-le en confiance en recréant autour de lui son environnement familier : apportez avec vous des photos de famille, son doudou, etc. Si vous ne pouvez pas rester sur place, évitez les larmes : dites-lui que vous allez vite revenir. Si vous lui avez toujours dit la vérité, il aura confiance dans la permanence de votre affection.

VOTRE ENFANT EST MALADE

En vivant tous les jours aux côtés de votre enfant, vous apprenez à interpréter ses réactions et à détecter s'il est malade.

La diarrhée. Elle peut entraîner une déshydratation par perte d'eau. Si vous allaitez votre enfant, donnez-lui une solution de réhydratation avant chaque tétée. Si vous donnez le biberon, demandez conseil à votre médecin, qui prescrira une solution de réhydratation ou un lait de substitution.

Les vomissements. Ne confondez pas les régurgitations avec les vomissements qui accompagnent souvent les troubles infectieux (gastro-entérite, pharyngite, otite). Donnez à boire à votre enfant : solutions de réhydratation, bouillon de légumes. Si ces vomissements persistent et sont associés à d'autres signes, consultez votre médecin de toute urgence.

Les douleurs abdominales. Lorsque votre bébé se plaint, cela peut être dû à des douleurs abdominales. Si, malgré vos tentatives pour le calmer (câlins, massages doux, verre d'eau), votre enfant souffre toujours, appelez le médecin.

La fièvre. En cas de fièvre (la température normale se situe entre 36,5 °C et 37,5 °C), déshabillez votre enfant pour le coucher. Veillez à ce qu'il n'ait pas trop chaud et donnez-lui à boire. Sauf contre-indications, faites-lui prendre des médicaments contre la fièvre. Si celle-ci ne baisse pas, faites-lui prendre un bain pendant dix minutes (la température de l'eau doit être de 2 degrés inférieure à celle de l'enfant).

Les difficultés respiratoires. Elles sont fréquentes les premières années : encombrement rhino-pharyngé (nez bouché, toux), laryngite (inspirations rauques avec toux « aboyante »), bronchiolite ou asthme (expirations bloquées ou sifflantes). Consultez votre médecin.

Les traumatismes crâniens suite à des chutes violentes. Appelez tout de suite le médecin si vous constatez des troubles du comportement : vomissements, excitation, somnolence inhabituelle, saignements d'oreille ou de nez.

MÉDECIN GÉNÉRALISTE OU PÉDIATRE ?

Pour assurer le suivi médical de votre enfant, vous avez le choix entre le médecin généraliste habitué aux tout-petits ou le pédiatre. Plusieurs éléments vous aideront à trancher : l'avis de votre entourage ; la réputation du médecin, sa compétence, sa disponibilité et la proximité de vos domiciles respectifs ; la qualité du contact que vous pourrez instaurer. Faites suivre, si possible, régulièrement votre enfant par le même médecin.

VOTRE ENFANT EST MALADE

LES SYMPTÔMES

Les maladies infantiles sont très courantes. L'état de santé de l'enfant fiévreux est à surveiller de près, surtout si la fièvre s'accompagne d'autres symptômes inhabituels.

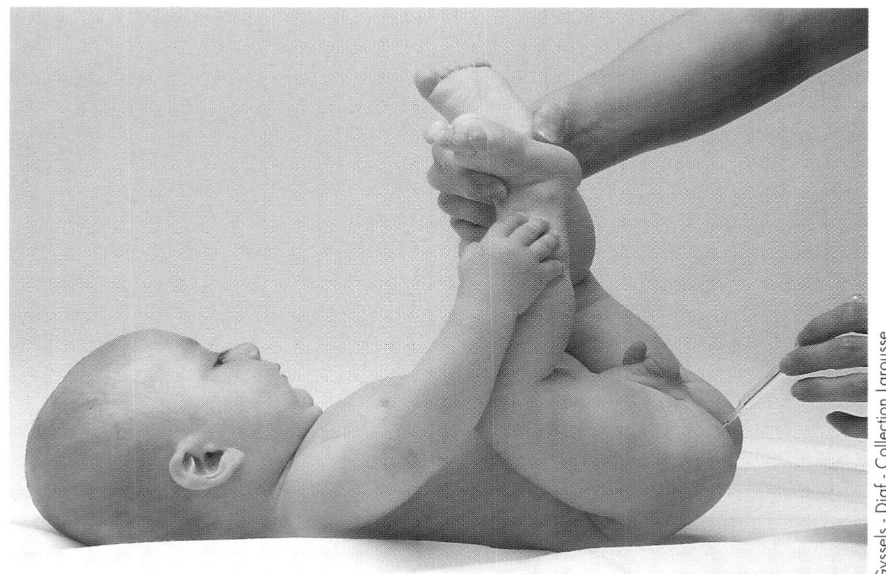

Gyssels - Diaf - Collection Larousse

***La température**. La prise de la température par voie rectale est rapide (une minute) et précise.*

Le manque d'appétit de l'enfant ainsi que son manque d'entrain cachent le plus souvent un début de maladie. Une consultation médicale est alors nécessaire afin de déterminer l'origine de celle-ci, de prévoir la surveillance et le traitement à suivre.

LA FIÈVRE

La température normale du corps varie entre 36,5 °C et 37,5 °C. De faibles variations peuvent se produire autour de ces valeurs ; elles n'ont rien d'inquiétant si l'enfant ne présente pas d'autres symptômes.

La fièvre est généralement provoquée par une infection, et elle indique que l'organisme réagit à l'agression d'un virus ou d'une bactérie. En aucun cas vous ne devez négliger une poussée de fièvre, car elle peut entraîner diverses complications. Si l'enfant vous semble fébrile, ne vous fiez pas uniquement à vos premières impressions (« il me paraît chaud »), mais prenez sa température à l'aide d'un thermomètre. C'est encore le meilleur moyen pour vous rassurer et prendre les mesures qui s'imposent : consultation médicale, soins à domicile ou hospitalisation. Chez le nourrisson, la température peut très vite atteindre 40 °C. Lorsqu'elle est accompagnée de signes inhabituels (fatigue anormale, peau marbrée, transpiration, teint pâle, lèvres bleues, yeux brillants, pieds et mains froids, cris plaintifs), vous devez rapidement consulter un médecin.
Chez l'enfant de moins de 4 ans, la fièvre doit toujours être traitée lorsque la température dépasse 38 °C, car il y a alors des risques de convulsions.
Dans ces cas-là, le médecin cherchera la cause de la fièvre et prescrira un traitement adapté.
Pour faire baisser la température en attendant l'arrivée du médecin, vous pouvez déshabiller l'enfant en le laissant légèrement vêtu. Un remède efficace consiste à lui donner des bains dont la température de l'eau est inférieure de 2 °C à la sienne (par exemple, à 37 °C s'il a une température de 39 °C). N'hésitez pas à lui proposer à boire régulièrement et donnez-lui en alternance de l'aspirine et du paracétamol, en respectant toujours les doses liées à son âge et à son poids.

D'AUTRES SIGNES POUR RÉAGIR

La présence de signes inhabituels qui touchent un organe ou une fonction de l'enfant peut traduire les symptômes d'une maladie. Vous ne devez pas les ignorer et faites examiner rapidement votre enfant par un médecin lorsque vous décelez les maux suivants :

– des troubles digestifs, comme des vomissements, une diarrhée, un manque d'appétit ou un refus du biberon chez le bébé ;
– une éruption cutanée ;
– un ralentissement de l'activité chez l'enfant ;
– une affection musculaire (claudication), même indolore ;
– une respiration heurtée nécessitant un effort inhabituel pour inspirer et expirer ;
– une mauvaise coloration de la peau (pâleur excessive, teint gris), qui doit vous mettre en garde car elle a souvent un rapport avec un problème respiratoire ou, plus rarement, avec des difficultés cardiaques ;
– des troubles de la conscience, une perte de connaissance, des réponses inadaptées à des questions ou encore des sensations de bizarrerie.

LE MÉDECIN SCOLAIRE

Le médecin scolaire joue un rôle important dans la vie des établissements scolaires. C'est lui qui contrôle les vaccinations, dépiste d'éventuels problèmes de vue, d'audition ou de dentition, mène des actions sur l'hygiène dentaire ou sur les rythmes du sommeil. S'il n'est pas autorisé à soigner directement, il transmet ses remarques au médecin traitant de votre enfant, par votre intermédiaire. L'intégration des enfants handicapés est de son ressort ; il donne également son avis sur l'aménagement des locaux et sur les conditions d'hygiène dans l'école. En matière de prévention, il informe les élèves sur les dangers de la drogue.

LA CHAMBRE DE L'ENFANT MALADE

C'est l'endroit où il va rester pendant sa maladie. Tout d'abord, améliorez le confort du lit en changeant souvent les draps qui finissent par s'imprégner de la transpiration de l'enfant fiévreux. Choisissez de préférence des draps en coton qui absorbent la sueur. Renouvelez fréquemment l'air de la chambre. Votre enfant ne doit pas respirer en continu un air pollué par des microbes. Contrôlez également la température de la chambre, qui ne doit pas dépasser les 18 ou 20° C. Cette précaution est d'ailleurs utile pour faire descendre la fièvre, car un enfant trop chaudement habillé voit sa température monter. Si enfin votre enfant ne veut pas rester au lit, c'est qu'il a la force de bouger. Laissez-le donc faire ses escapades dans la maison, le principal étant qu'il prenne ses médicaments et qu'il boive beaucoup d'eau.

LA PHARMACIE D'URGENCE

Elle est indispensable lorsque vous avez des enfants. Toujours à portée de la main, la pharmacie d'urgence doit vous permettre de soigner les petits « bobos » consécutifs aux coupures, aux plaies et aux bosses. Elle doit aussi contenir le minimum en attendant une visite éventuelle chez le médecin, si votre enfant est malade :
– des compresses stériles, un antiseptique, de l'éosine et de l'alcool à 70° vol ;
– un thermomètre ;
– des médicaments pour faire baisser la fièvre et atténuer la douleur (aspirine ou paracétamol, par exemple). Assurez-vous que ces médicaments sont bien adaptés à vos enfants ;
– des sachets de poudre de réhydratation pour les bébés ;
– un aspi-venin si vous habitez une région très fréquentée par les serpents, ou si vous partez en vacances dans ces endroits.

F. Bouillot - Marco Polo

L'enfant malade. *Lorsqu'il se sent fiévreux et fébrile, l'enfant peut attirer l'attention par des pleurs.*

LES ÉRUPTIONS

COMMENT LES RECONNAÎTRE

Les éruptions cutanées sont très fréquentes chez l'enfant. Dans tous les cas, un diagnostic établi par le médecin est nécessaire afin d'écarter tout risque de complication.

L'éruption peut se présenter sous différentes formes : avec des taches rosées et parfois de la fièvre (c'est le cas de l'éruption érythémateuse), avec des bulles cutanées (c'est le cas de l'éruption bulleuse) ou avec des taches en relief de couleur pourpre (c'est le cas de l'éruption purpurique). L'apparition précoce et la répétition de l'éruption chez l'enfant sont des signes d'alerte à prendre très au sérieux.

LES ÉRUPTIONS ÉRYTHÉMATEUSES

Ce sont les plus courantes et les plus faciles à identifier : la rougeur de la peau s'efface lorsqu'on appuie dessus avec le doigt. Elles sont localisées sur une petite surface de la peau, ou généralisées à tout le corps. Bénignes et temporaires, elles peuvent avoir plusieurs origines.

Une origine infectieuse. Souvent, les lésions annoncent une maladie infectieuse : rougeole, roséole, rubéole, scarlatine. Parfois, comme pour la roséole, l'apparition des taches indique la guérison de la maladie. Les campagnes de vaccination contre les maladies infantiles ont fait beaucoup diminuer la fréquence de ces éruptions.

Une origine allergique. Certaines éruptions en relief se manifestent par une irritation qui entraîne une démangeaison. Déclenchées par la libération de l'histamine, elles peuvent être provoquées par l'absorption de certains aliments (fraises, crustacés), le contact avec des plantes (orties), les piqûres d'insectes (moustiques) ou, plus rarement, par la prise de médicaments. Elles sont soulagées par un traitement antihistaminique.

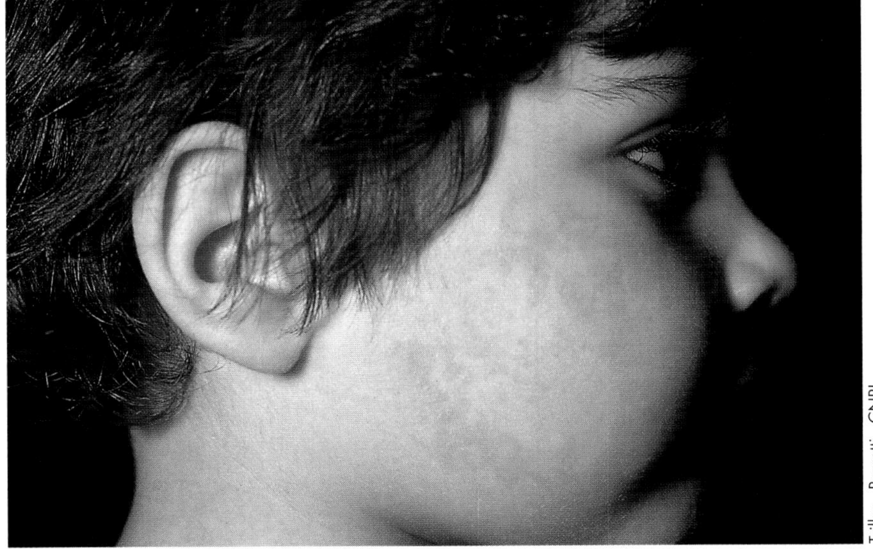

Triller - Berretti - CNRI

Le mégalérythème épidémique. *C'est une éruption cutanée, d'origine virale, qui se manifeste par des plaques rouges sur les joues et qui disparaît spontanément en quelques jours.*

QUE FAIRE EN CAS DE DÉMANGEAISONS ?

Le plus souvent, les démangeaisons ont une cause locale : piqûre d'insecte, érythème solaire, irritation de la peau. Parfois, elles touchent tout le corps et s'aggravent au grattage. Il faut alors rechercher l'origine (allergie ou maladie plus générale). En dehors du traitement de la cause, il est conseillé d'utiliser des produits adoucissants pour la toilette (savon dermatologique, lait de toilette), associés éventuellement à la prise d'antihistaminiques.

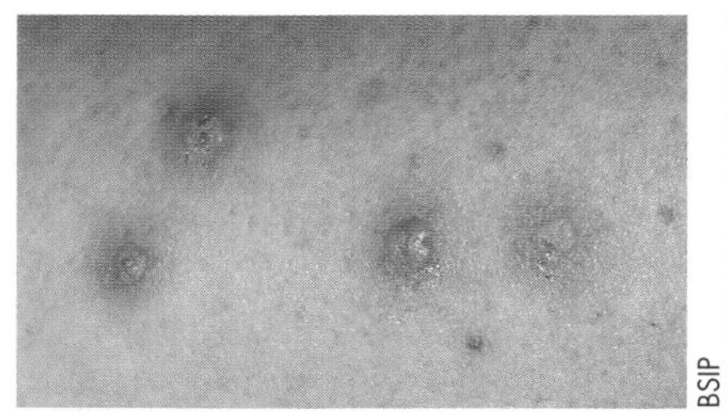
BSIP

1 • *Varicelle.*

J.-P. Noble - CNRI

2 • *Rougeole.*

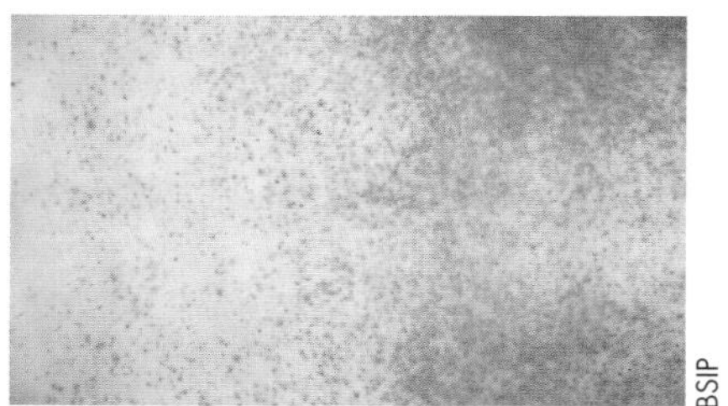
BSIP

3 • *Rubéole.*

Les éruptions. *Elles présentent des aspects différents selon les maladies qui en sont la cause.*

LES ÉRUPTIONS BULLEUSES

D'origines et d'aspects divers, ces éruptions sont parfois caractéristiques d'une maladie virale, bactérienne ou allergique.

Une origine virale. C'est le cas de la varicelle, qui évolue par poussées successives. Formant des vésicules remplies de liquide transparent, elle est soignée par des antiseptiques et des antibiotiques en cas de surinfection.

Une origine bactérienne. C'est le cas de l'impétigo, infection contagieuse de la peau, causée par le staphylocoque doré. Il peut avoir un aspect bulleux, ressemblant parfois à une cloque ou à une brûlure, avant de se transformer en lésion suintante et croûteuse. La contagion et les risques d'extension de la maladie justifient un traitement antibiotique, associé à des soins d'hygiène cutanée.

Une origine allergique, héréditaire ou non. C'est le cas de l'eczéma : constituant des lésions sèches, suintantes ou croûteuses, il est soigné avec une crème douce, lorsque la maladie n'est pas grave. Dans les formes plus sévères, le traitement par dermocorticoïdes est recommandé. Cette éruption est relativement fréquente et représente environ 30 % des consultations en dermatologie.

POUR Y VOIR PLUS CLAIR

QUELQUES TERMES À CONNAÎTRE

Antiseptique : produit chimique appliqué sur la peau, qui sert à éliminer les germes et à éviter leur prolifération.

Histamine : substance chimique présente dans les cellules, qui est libérée lors d'une réaction allergique.

Prurit : démangeaisons ou irritations qui apparaissent sur tout le corps ou sur une zone localisée et provoquent le besoin de se gratter.

LES ÉRUPTIONS PURPURIQUES

Elles ne s'effacent pas sous la pression du doigt. La couleur de la zone concernée vire au rouge, puis au jaune et au marron en une dizaine de jours. Les parties du corps les plus exposées sont les cuisses, le dessus des mains et les avant-bras.

Ce type d'éruption peut avoir un rapport avec la diminution du nombre des plaquettes dans le sang (ou thrombopénie), qui justifie le contrôle par une prise de sang et nécessite, en cas de confirmation du diagnostic, une prise en charge en milieu hospitalier pour le traitement.

L'ÉRYTHÈME FESSIER

Très courante chez le nouveau-né, cette irritation se manifeste par des rougeurs sur les fesses. Elle est souvent provoquée par le frottement de la couche (la ouate de cellulose irrite un peu la peau) et par l'agression chimique des selles et des urines. Le traitement consiste à laisser l'enfant les fesses à l'air le plus possible et à n'utiliser que des produits neutres sans additifs, ni colorants, ni désodorisants. L'application de solutions à base d'alcool est déconseillée, car elle ferait inutilement souffrir l'enfant. Des pommades protègent très efficacement les fesses de l'acidité des urines. Couvrez-en les zones irritées et changez fréquemment de couche, en prenant soin de bien laver et rincer les fesses du bébé.

LES MALADIES DE L'ENFANT
ET LEURS TRAITEMENTS

- APPAREILS DIGESTIF, URINAIRE, HORMONAL
- CERVEAU, NERFS
- CŒUR, SANG
- MALADIES INFECTIEUSES
- ORGANES DES SENS VISION ET AUDITION
- OS, ARTICULATIONS, MUSCLES
- PEAU
- POUMONS, ORL
- PSYCHIATRIE

L'Ablation des amygdales et des végétations

Les amygdales et les végétations sont de petits organes situés au fond de la gorge et du nez. Elles ont souvent tendance, surtout chez les enfants, à s'infecter ou à augmenter de volume.

Les amygdales sont de petits organes dont la surface, irrégulière, est parsemée de dépressions. Les plus volumineuses sont situées dans la gorge, de part et d'autre de la luette (amygdales palatines, les amygdales du langage courant) et à la base de la langue (amygdales linguales) ; les amygdales pharyngées, plus connues sous le nom de végétations, se trouvent au fond des fosses nasales. Les amygdales sont constituées de tissu lymphoïde. Le rôle de ce tissu est de contribuer à la défense de l'organisme contre les microbes en formant des globules blancs, en produisant des anticorps et en créant une barrière qui protège la partie supérieure des voies aériennes. En cas d'infections répétées (angine ou rhinopharyngite, par exemple), les amygdales peuvent s'infecter à leur tour et devenir un foyer d'infection. Dans d'autres cas, elles sont trop volumineuses, gênant la respiration.

Après une amygdalectomie. *La consommation de crèmes glacées est recommandée après l'ablation des amygdales. En effet, le froid diminue la douleur et empêche de saigner.*

LES AFFECTIONS DES AMYGDALES

La répétition des infections, très fréquentes chez l'enfant (rhinopharyngite ou angine, par exemple), peut aboutir à une augmentation excessive de leur volume (hypertrophie) ou à la persistance d'une infection locale (amygdalite), qui peut être aiguë ou chronique. Les amygdalites sont surtout fréquentes chez les enfants de moins de 9 ans.

L'hypertrophie des amygdales. Elle est surtout gênante lorsqu'elle concerne les amygdales palatines. Elle se traduit par une voix nasillarde, par une gêne respiratoire la nuit, due à une mauvaise oxygénation et

LE PHLEGMON PÉRIAMYGDALIEN

Le phlegmon périamygdalien est une grave infection du tissu conjonctif sur lequel reposent les amygdales. Il constitue la complication d'une angine mal soignée ou à germe résistant. Il se traduit par une fièvre élevée et par une contracture musculaire empêchant d'ouvrir complètement la bouche (trismus) et entraînant une gêne pour déglutir et une douleur irradiant vers l'oreille. Le traitement est urgent : il consiste à inciser, à drainer le phlegmon et à administrer des antibiotiques par voie intraveineuse. Deux mois plus tard, une ablation des amygdales doit être pratiquée.

L'ABLATION DES AMYGDALES ET DES VÉGÉTATIONS

■ VÉGÉTATIONS

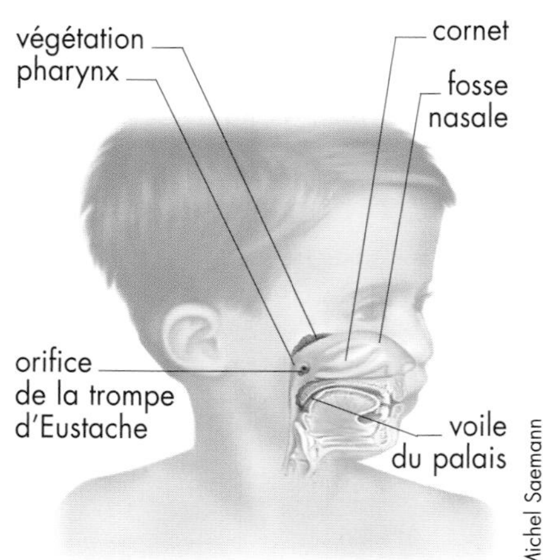

pouvant entraîner une fatigue, et par des difficultés à s'alimenter.

L'amygdalite. Elle se traduit par des douleurs dans la gorge et une difficulté à déglutir ; le malade est fiévreux, a mauvaise haleine, ses ganglions sont anormalement gonflés au niveau du cou. L'amygdalite peut se compliquer d'un abcès se développant entre la paroi du pharynx et l'amygdale (on parle de phlegmon périamygdalien).

L'ABLATION DES AMYGDALES

Appelée également amygdalectomie, elle est conseillée en cas d'hypertrophie des amygdales ou d'amygdalites répétées.

L'hypertrophie. Le traitement ne se justifie qu'en cas d'hypertrophie des amygdales palatines, celle des amygdales linguales n'entraînant pas de gêne particulière. Il repose sur l'ablation chirurgicale (amygdalectomie). L'opération est réalisée sous anesthésie générale et nécessite une hospitalisation de courte durée (24 à 48 heures). Les enfants qui viennent d'être opérés ont habituellement mal à la gorge et aux oreilles : on calme ces douleurs par un traitement approprié (paracétamol) et une alimentation froide liquide ou semi-liquide (crème glacée, par exemple). La douleur en avalant, lors des repas, peut persister pendant deux ou trois semaines environ. Une hémorragie secondaire est possible jusqu'au 8e jour et peut nécessiter une reprise chirurgicale : il faut donc respecter strictement les recommandations données par le chirurgien au moment de la sortie de l'hôpital.

L'amygdalite. Elle est d'abord traitée par l'administration d'antibiotiques. Si nécessaire (infections chroniques ou à répétition), on pratique l'ablation chirurgicale des amygdales (en cas d'infections répétées des amygdales linguales, elles sont traitées à l'aide d'un laser CO_2, sous anesthésie générale).

LES AFFECTIONS DES VÉGÉTATIONS

Les amygdales pharyngées, situées au fond des fosses nasales, sont aussi désignées sous le nom de végétations adénoïdes ou, plus communément, de végétations. Les végétations peuvent être le siège d'une augmentation de volume (hypertrophie) chronique, et cela principalement chez l'enfant du fait de la fréquence des infections rhinopharyngées, de l'étroitesse des fosses nasales et de l'efficacité limitée du mouchage chez le nourrisson ; le tissu qui les constitue régresse spontanément à partir de l'âge de 10 à 12 ans. L'hypertrophie des végétations s'accompagne le plus souvent d'une infection (adénoïdite). Elle empêche de respirer normalement par le nez, ce qui entraîne différents troubles du sommeil (ronflements, insomnies, etc.) et une tendance à parler du nez. L'infection peut être aiguë, et se traduire par une obstruction du nez, un écoulement purulent et une fièvre. Elle peut aussi être chronique ; dans ce cas, elle est responsable de rhumes fréquents, d'otites, d'infections à répétition du larynx, de la trachée et des bronches, voire d'une altération de l'état général.

L'ABLATION DES VÉGÉTATIONS

Appelée aussi adénoïdectomie, cette intervention est pratiquée sous anesthésie générale de courte durée. Elle est désormais effectuée en chirurgie ambulatoire (l'hospitalisation ne dure que quelques heures).

QUAND OPÈRE-T-ON ?

Les amygdales jouent un rôle important dans la défense immunitaire et leur ablation doit correspondre à une décision médicale au cours de laquelle les avantages et les inconvénients pour l'enfant ont été pesés. L'intervention est indiquée en cas d'obstruction nasale ou d'obstruction de la trompe d'Eustache, à l'origine d'otites chroniques et de troubles respiratoires nocturnes, ou d'infections (phlegmon et abcès de l'amygdale).

Les Affections Respiratoires

BRONCHIOLITE ET BRONCHITE

La bronchiolite affecte les tout-petits, alors que la bronchite touche aussi bien le nourrisson que l'enfant plus âgé. Ces deux maladies infectieuses hivernales sont à prendre au sérieux.

Souvent d'origine virale, ces deux types de maladie perturbent la respiration de l'enfant. Le traitement permettra d'abréger la maladie ou de rendre celle-ci supportable à l'enfant.

LES CAUSES DE LA BRONCHIOLITE

C'est une inflammation des petites bronches, ou bronchioles, qui provoque une gêne respiratoire. Contagieuse, la bronchiolite est une infection des voies aériennes du nourrisson, essentiellement provoquée par le virus respiratoire syncytial (VRS). D'autres virus peuvent cependant être en cause (adénovirus, para-influenzæ). La contamination se fait par l'écoulement nasal et la projection de gouttelettes au moment de la toux. Cette maladie se transmet, souvent entre octobre et janvier, dans les crèches et dans les collectivités, infectant toujours un grand nombre d'enfants.

LE TRAITEMENT DE LA BRONCHIOLITE

La bronchiolite survient surtout après une rhinopharyngite. L'enfant tousse d'abord modérément, puis respire mal. Son expiration est sifflante et l'inspiration laborieuse, ce qui peut être une gêne pour son alimentation. Son nez est bouché et son rythme cardiaque s'accélère ; une légère fièvre se déclare. Dans les cas les plus sévères, l'enfant bleuit par manque d'oxygène dans le sang (cyanose). Il s'agite ou, au contraire,

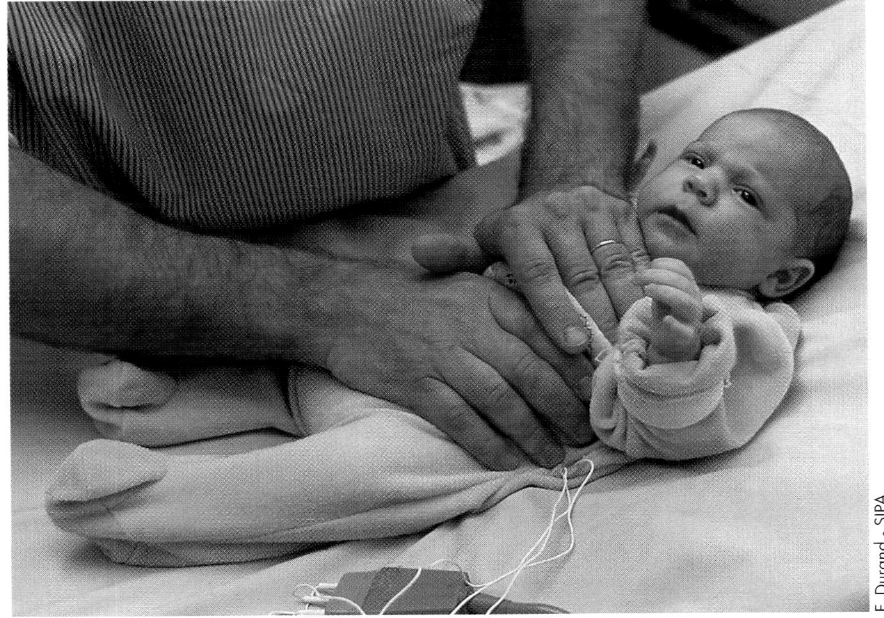

F. Durand - SIPA

La kinésithérapie respiratoire. *Pratiquée à domicile ou à l'hôpital, elle permet de désobstruer les bronches de l'enfant et de l'aider à dégager ses voies respiratoires.*

DE LA BRONCHIOLITE À L'ASTHME

La bronchiolite est une infection aiguë des poumons, causée par le virus respiratoire syncytial (VRS). La diminution du diamètre des petites bronches provoque une gêne respiratoire qui se manifeste par un sifflement. Les bronchiolites à répétition sont relativement courantes. Si votre enfant en a eu une avant l'âge de 2 mois ou trois au cours de ses deux premières années, il risque d'être un asthmatique précoce. Une surveillance médicale et une prise en charge après le traitement des symptômes sont alors conseillées.

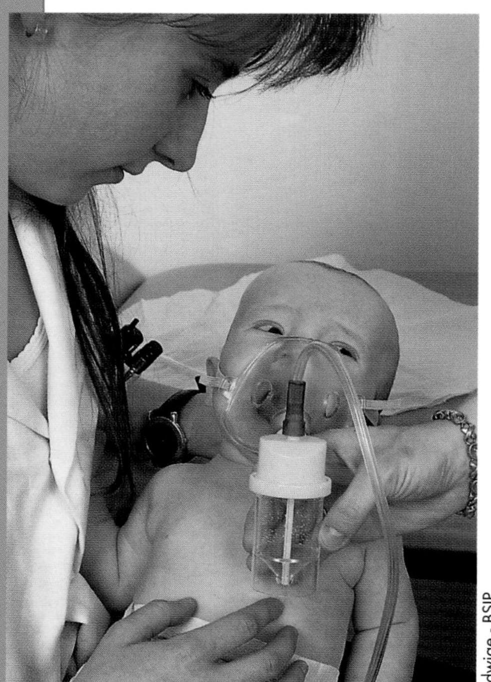

Edwige - BSIP

***Inhalation d'un aérosol.** Cette technique aide l'enfant à mieux respirer, en dilatant les bronches.*

paraît apathique. Face à ces symptômes, il faut faire intervenir un médecin. En général, le traitement a lieu à domicile. Plus rarement, en cas de bronchiolite sévère, l'enfant bénéficie de soins intensifs à l'hôpital (oxygénation, ventilation assistée, alimentation par sonde). Le médecin prescrit souvent des séances de kinésithérapie pour dégager les voies respiratoires et un traitement antibiotique pour éviter les surinfections.
Il faut humidifier l'air, installer l'enfant dans une position demi-assise, l'aider à évacuer les mucosités qui le gênent pour respirer et lui donner à boire pour assurer une bonne hydratation. Des aérosols servant à dilater les bronches peuvent être aussi administrés à l'enfant. Habituellement, les bronchiolites guérissent sans séquelle, mais leur répétition peut être due à une atteinte initiale grave ou au terrain particulier sur lequel elles surviennent (prématuré, terrain allergique). Dans ce cas, elles nécessitent une prise en charge spéciale, en raison de la possibilité de manifestations allergiques (asthme).

LES CAUSES DE LA BRONCHITE

La bronchite est une inflammation des bronches, ces organes qui distribuent l'air dans les poumons. Sa forme la plus courante est la bronchite aiguë. Souvent d'origine virale, elle apparaît brusquement, en hiver, et dure peu de temps. L'enfant tousse, crache et présente une fièvre qui ne dépasse pas les 39 °C.
La bronchite récidivante de l'enfant (âgé de 6 mois à 4 ans), qui survient une fois par mois pendant trois mois, est une autre forme de bronchite. Ses symptômes sont une toux et une fièvre variables. Provoquée par l'asthme, par des rhinopharyngites et des otites à répétition, elle est favorisée par la pollution atmosphérique et par le tabagisme passif.

UNE VACCINATION ATTENDUE

La bronchiolite est une maladie qui touche les voies respiratoires. Cette affection, longtemps qualifiée d'asthmatiforme, est due principalement au virus respiratoire syncytial (VRS) qui est en cause deux fois sur trois. Administré très tôt, un vaccin contre ce virus permettrait d'immuniser l'enfant.

LE TRAITEMENT DE LA BRONCHITE

La bronchite aiguë disparaît en une semaine. Le médecin prescrit à l'enfant des médicaments pour faire baisser la fièvre, fluidifier les sécrétions des voies respiratoires et faciliter leur expulsion. Des antibiotiques sont indiqués en cas de surinfection bactérienne.
La bronchite évolue parfois vers une insuffisance et une gêne respiratoires. Dans ce cas, le médecin prescrit des séances de kinésithérapie respiratoire.
Le traitement de la bronchite récidivante repose sur des médicaments fluidifiants et des aérosols, ainsi que des antibiotiques.

LA BRONCHIOLITE, UNE NOUVELLE MALADIE ?

Les enfants atteints de bronchiolite sont de plus en plus nombreux depuis ces dernières années. La bronchiolite n'est pourtant pas nouvelle, car, autrefois, les nourrissons en souffraient également. Il est vrai qu'une meilleure connaissance des mécanismes en cause permet de distinguer la bronchiolite des rhumes et des bronchites. Comme pour l'asthme, la pollution urbaine ou domestique et la promiscuité sont des éléments qui favorisent la diffusion de la maladie.

LES AFFECTIONS RESPIRATOIRES

RHUME, RHINOPHARYNGITE, LARYNGITE

Ces trois maladies ont en commun d'être provoquées par des virus, de faire couler le nez et de déclencher une toux rauque. Elles touchent aussi bien les petits que les grands.

Ces maladies se déclarent en hiver et au début du printemps, quand l'enfant passe ses journées à l'école ou à la garderie, qui sont des lieux très favorables pour la contamination par des virus.

Très fréquentes, mais rarement très graves, ces affections demandent néanmoins à être traitées sérieusement, ne serait-ce que pour améliorer le confort de l'enfant et éviter la contamination de l'entourage.

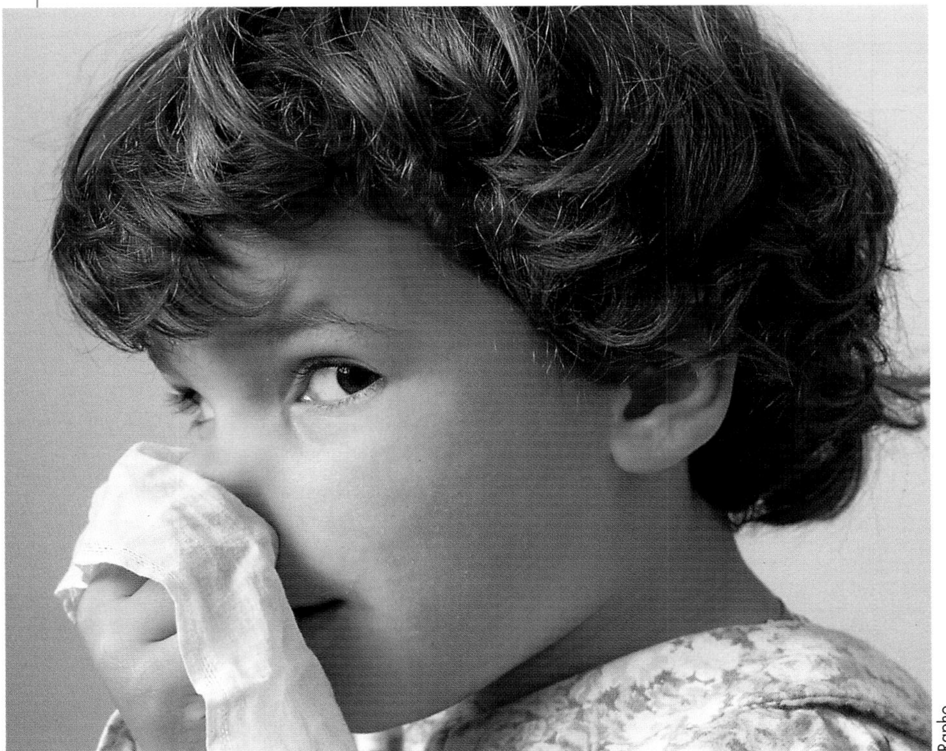

Rapho

***Le mouchage.** L'enfant enrhumé doit apprendre à se moucher pour dégager son nez et éviter l'obstruction nasale, qui provoque une gêne respiratoire.*

LE RHUME

Pas moins de 200 virus peuvent déclencher un rhume (ou coryza) chez les enfants, qui y sont d'ailleurs très sensibles : ils sont capables de l'attraper jusqu'à dix fois par an. Il est vrai que leur système de protection contre les maladies (immunité) est moins performant que celui de l'adulte, car il est encore en constitution.

Dans la plupart des cas, l'enfant attrape un rhume au contact de petits malades qui toussent, éternuent et disséminent le virus autour d'eux. Le simple frottement des yeux ou du nez, le contact avec des jouets infectés à la crèche suffisent à transmettre la maladie.

Assez désagréable pour l'enfant qui doit toujours avoir des mouchoirs (de préférence jetables) sur lui, le rhume,

MALADIE OU SIMPLE ADAPTATION À L'ENVIRONNEMENT ?

Le rhume est une affection bénigne, inconfortable pour l'enfant. Son traitement (mouchage et médicaments pour faire baisser le température) est toujours justifié. La répétition des rhumes ne traduit pas forcément une fragilité, mais plutôt l'adaptation de l'enfant à son environnement. Leur diminution au cours de l'enfance en est la meilleure preuve.

extrêmement banal, provoque une inflammation des muqueuses du nez et de la gorge, qui picote. Le nez de l'enfant coule, sa tête est lourde et il se sent fatigué.
En général, le rhume passe de lui-même. En cas de fièvre, l'enfant reste au lit et doit boire beaucoup d'eau. Il peut prendre éventuellement un médicament du type paracétamol ou aspirine pour soulager la douleur (analgésique) et faire baisser la fièvre. Pour déboucher le nez du nourrisson, qui ne sait pas encore respirer par la bouche, il faut mettre du sérum physiologique dans ses narines. Si la fièvre s'installe et persiste, il faut aller voir le médecin, qui vérifiera l'absence de complications et prescrira un traitement adapté. Actuellement, il n'existe aucun moyen de prévenir le rhume. Même en évitant les courants d'air et l'humidité, l'enfant peut attraper un rhume.

LE MOUCHAGE

Jusqu'à l'âge de 3 ou 4 mois, le bébé ne respire que par le nez et il ne sait bien sûr pas se moucher. Pour cela, outre le sérum physiologique, il existe dans le commerce deux petits appareils pour aspirer les sécrétions nasales. Le premier comprend un embout nasal, que vous introduisez dans une narine puis dans l'autre, en appuyant sur une poire en caoutchouc du bout des doigts. Le second comprend aussi un embout nasal mais, grâce à un deuxième embout que vous mettez dans votre bouche, c'est vous qui aspirez les sécrétions.

LA RHINOPHARYNGITE

D'origine virale, cette maladie enflamme la partie supérieure du pharynx. Elle touche souvent les enfants qui vont pour la première fois à l'école ou à la crèche. Comme pour le rhume et la laryngite, le nez de l'enfant coule : aussi doit-il toujours avoir des mouchoirs sur lui. Une légère fièvre (38 °C) et des difficultés à déglutir se manifestent également. Le traitement reste le même : paracétamol et sérum physiologique. La nuit, l'enfant doit dormir la tête légèrement relevée pour faciliter l'écoulement nasal.
En général bénigne, la rhinopharyngite guérit en une semaine, le plus souvent sans antibiotiques. En cas de fréquentes récidives, les végétations, qui représentent un foyer d'infection, pourront être enlevées.

LA LARYNGITE

C'est une inflammation du larynx et des cordes vocales, qui se produit chez les enfants de moins de 4 ans. Le virus en cause (de type influenza) déclenche des symptômes aussi soudains qu'impressionnants : le nourrisson tousse fortement, a du mal à respirer, pâlit, et son inspiration ressemble à un sifflement. Il faut appeler rapidement le médecin, surtout si la température monte au-dessus de 38 °C. En l'attendant, vous pouvez rafraîchir l'enfant pour faire baisser sa température.

L'EMPLOI DU SÉRUM PHYSIOLOGIQUE

Pour désencombrer le nez, utilisez du sérum physiologique, présenté en doses à usage unique et vendu en pharmacie. Allongez l'enfant et versez la moitié de la dose dans chacune de ses narines. Au besoin, faites des mèches de coton, imbibées de sérum, que vous introduirez et tournerez dans les narines pour retirer les mucosités. De un à trois lavages par jour suffisent généralement pour nettoyer le nez du bébé.

Installez-le dans la salle de bains : l'air chargé de vapeur d'eau peut aider à dégonfler son larynx et à faciliter le passage de l'air. Vous pouvez également lui donner du paracétamol, aux doses indiquées pour son âge et son poids. Si la situation est plus sérieuse, une administration de corticoïdes, par voie orale ou par injection, supprimera la toux aboyante et l'inspiration stridente.
Chez le nouveau-né, un cartilage du larynx trop mou peut entraîner la récidive de laryngite. Ce défaut, constaté à l'occasion d'un examen du larynx au moyen d'un tube optique (fibroscopie), disparaîtra spontanément avant 18 mois. Si les symptômes de la laryngite se manifestent chez un enfant plus grand et lors d'une maladie infectieuse, on peut craindre une épiglottite ; d'origine bactérienne, celle-ci demande une prise en charge urgente et une antibiothérapie.

LES ALLERGIES

L'allergie est une réaction excessive à des substances appelées allergènes, généralement bien tolérées par la plupart des personnes. Cette hypersensibilité est à l'origine de troubles ponctuels, aigus ou chroniques.

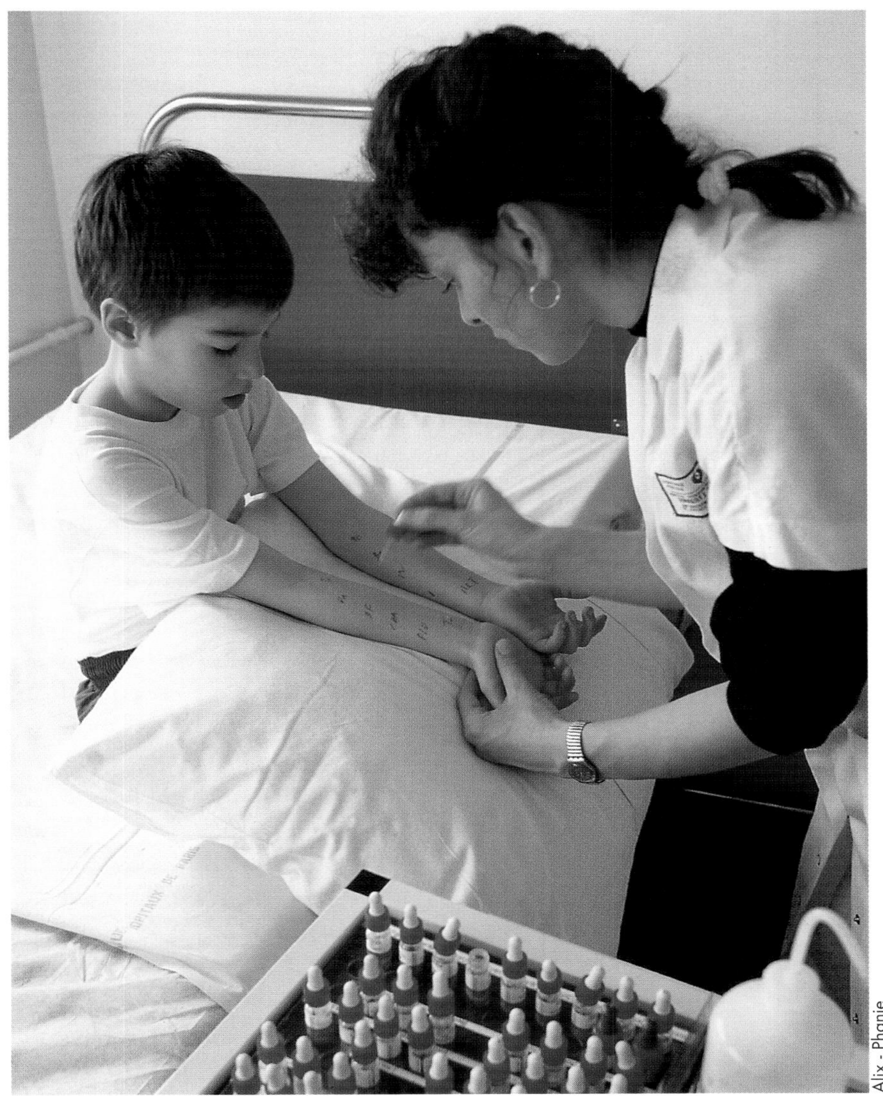

Alix - Phanie

***Les tests.** Des substances pouvant provoquer une allergie sont appliquées sur la peau de l'enfant. Au bout de 48 heures, la présence d'une inflammation permet de confirmer l'allergie.*

Très courantes, les allergies se retrouvent souvent chez plusieurs personnes d'une même famille. La réaction peut se produire immédiatement après le contact avec l'allergène, ou quelques jours plus tard. Elle survient toujours dans les mêmes circonstances. Le traitement repose sur la suppression de tous les allergènes.

L'ALLERGIE DE LA PEAU

Certaines substances sont seulement irritantes et entraînent de simples démangeaisons. D'autres provoquent des réactions importantes quand elles entrent en contact avec la peau. Il existe deux formes d'allergie de la peau.

La dermite de contact. Elle se manifeste par des plaques rouges et des démangeaisons. L'inflammation, localisée à la zone de contact avec la substance responsable, peut survenir à retardement par rapport

POUR Y VOIR PLUS CLAIR

QUELQUES MOTS À CONNAÎTRE

Allergène. Substance étrangère à l'organisme, qui provoque une réaction allergique chez certaines personnes particulièrement prédisposées.

Hypersensibilité. Réaction excessive à un produit pouvant entraîner des troubles et des lésions chez certaines personnes.

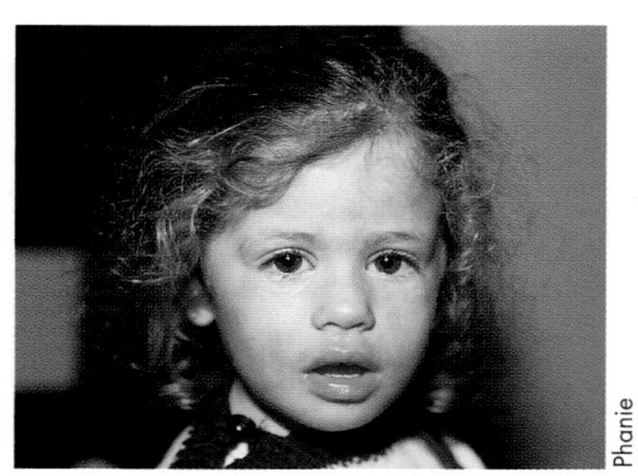

***L'urticaire.** On observe ici un urticaire d'origine alimentaire, visible sur tout le visage.*

au moment du contact avec l'allergène. Parmi les produits en cause figurent les détergents pour les vêtements, des plantes d'appartement, des pommades ou des colorants.

L'urticaire de contact. Il se présente sous forme de plaques rouges boursouflées qui apparaissent en quelques minutes. Il est dû à des médicaments, à certaines plantes ou à des aliments comme les crustacés.

L'ALLERGIE RESPIRATOIRE

Elle est à l'origine du rhume des foins, de l'asthme, de la sinusite chronique, du coryza (forme de rhume), de la toux spasmodique ou de l'œdème de Quincke, grave réaction allergique qui touche la bouche et les voies respiratoires. Elle est favorisée par les plumes d'animaux contenues dans les couettes et les oreillers, les pollens (surtout des graminées et des arbres), les acariens, les moisissures, le venin des abeilles.

L'ALLERGIE ALIMENTAIRE

Certains enfants sont sensibles aux protéines du lait de vache, aux œufs, aux céréales contenant du gluten, aux fruits, aux coquillages, aux poissons et aux crustacés. Pour éviter l'apparition de réactions (urticaire, diarrhée, vomissements, gonflement des lèvres, picotements dans la bouche), introduisez petit à petit ces aliments dans les repas, selon un calendrier que vous donnera votre pédiatre. Cette allergie alimentaire n'est souvent pas due à l'aliment lui-même, mais aux additifs ajoutés (les conservateurs, les colorants ou les édulcorants). Le lait de vache ne provoque qu'une allergie temporaire et peut être remplacé par un lait de substitution (lait hypoallergénique ou lait de soja), durant la période de sensibilité. L'intolérance au gluten est, en revanche, le plus souvent définitive.

L'URTICAIRE

C'est une éruption de la peau qui survient brusquement. Elle se manifeste par des plaques légèrement surélevées, aux contours irréguliers. À l'origine de vives démangeaisons, elle peut être provoquée par une source localisée (piqûre d'ortie, par exemple), ou être généralisée, suite à un facteur infectieux, alimentaire ou médicamenteux. Sans gravité, elle est soignée avec des antihistaminiques.

LE TRAITEMENT

Simple, mais souvent difficile à suivre au quotidien, il repose sur la suppression des allergènes. À titre préventif, l'enfant doit éviter de toucher, manger, boire ou respirer les produits en cause. En cas d'allergie cutanée, vous pourrez appliquer une crème sur l'éruption pour diminuer l'inflammation. Le médecin peut aussi prescrire des antihistaminiques ou des médicaments à base de cortisone pour diminuer l'intensité de la réaction allergique. La désensibilisation s'adresse souvent aux allergies respiratoires (allergies au venin, aux acariens et aux pollens). Le traitement est long (au moins trois ans) et réussit dans environ deux cas sur trois. Il peut avoir des effets indésirables, rarement graves (démangeaisons ou éruptions).

LES ACARIENS

Ces petits insectes, invisibles à l'œil nu, sont présents dans les poussières de la maison. Ils se nourrissent principalement des peaux mortes (squames) qui se détachent de la peau. Les acariens peuvent provoquer des allergies respiratoires ou les symptômes de l'asthme (sifflements à l'expiration, transpiration et pâleur). Pour limiter ces allergies dites « à la poussière de maison », il faut observer quelques règles strictes de propreté : passer l'aspirateur et aérer les pièces tous les jours, laver souvent les draps et nettoyer régulièrement les matelas (les matelas en mousse sont à préférer à toute autre matière).

Les Anémies

Les anémies sont provoquées par une diminution du nombre des globules rouges dans le sang. La forme la plus courante de ce trouble est due à un manque de fer dans l'organisme.

Le fer est essentiel à l'organisme : il participe à la fabrication de l'hémoglobine, qui sert à transporter l'oxygène dans le sang. De nombreux aliments en contiennent et permettent d'éviter l'anémie par déficit de fer, appelée anémie ferriprive. Au bout d'un certain temps, le manque de fer provoque cette anémie, qui se traduit par des signes caractéristiques : manque d'appétit, fatigue, lèvres et gencives moins colorées. Mais le manque de fer existe avant que l'anémie soit constituée. Un examen sanguin confirmera qu'il s'agit de cette maladie.

LES CAUSES

L'anémie peut avoir de nombreuses causes. La plus fréquente, chez le nourrisson et chez l'enfant, est l'insuffisance de fer. Or, ce minéral est indispensable à la fabrication de l'hémoglobine. Au cours des trois derniers mois de la grossesse, le fœtus reçoit de sa mère son stock de fer. Ses besoins sont ensuite couverts par une alimentation variée.

Plus rarement, des anomalies génétiques ou constitutionnelles peuvent déclencher une anémie chronique, en touchant l'hémoglobine elle-même : il peut alors y avoir un mauvais assemblage de la molécule de l'hémoglobine (c'est la thalassémie) ou une instabilité de cette molécule (c'est la drépanocytose) ; ces anomalies peuvent aussi concerner la paroi du globule rouge, comme dans la maladie de Minkowski-Chauffard, caractérisée par une plus grande fragilité de cette

Rosenfeld - Diaf

***L'alimentation.** L'anémie est combattue avec un régime alimentaire équilibré, surtout riche en fer et en vitamines B, que l'on trouve en particulier dans les laitages et les légumes verts.*

L'ALIMENTATION DU NOURRISSON

Au cours des trois derniers mois de la grossesse, le fœtus reçoit de sa mère son stock de fer. L'alimentation doit ensuite couvrir les besoins du nourrisson, puis ceux de l'enfant. Or, la croissance du bébé nécessite des quantités importantes de fer. Celles-ci ne sont pas toujours fournies par le lait, maternel ou artificiel. Si vous allaitez, diversifiez votre alimentation pour augmenter les apports en fer et, en cas d'allaitement artificiel, donnez une formule deuxième âge enrichie en fer dès l'âge de 4 mois, et au moins jusqu'à 1 an.

***Enfant anémié.** On le reconnaît à la pâleur de son visage et à un état de fatigue anormal.*

paroi. Parfois, la maladie est provoquée par des enzymes défectueuses dans les globules rouges. Dans ce cas, grâce à une enquête menée dans la famille pour retrouver des antécédents similaires, il est possible de poser le diagnostic et de déterminer le traitement.
Dans certains cas, l'anémie est liée à un processus de destruction des globules rouges, qui survient pendant la grossesse, en cas d'incompatibilité sanguine entre la mère et le futur bébé. Au cours de la grossesse, la surveillance des situations à risques est systématique et permet d'en limiter les conséquences et parfois même de proposer des transfusions du fœtus in utero.

LES SYMPTÔMES ET LE DIAGNOSTIC

Le signe le plus visible est la pâleur du visage, des paumes des mains, des lèvres et de la langue. L'enfant a peu d'appétit et souffre d'une fatigue qui survient à l'effort (anémie modérée) ou au repos (anémie sévère). D'autres symptômes sont visibles : ongles fragiles et cassants, cheveux rares et fins. Parfois, le comportement alimentaire de l'enfant se modifie.
Le diagnostic d'anémie est établi lorsque le taux d'hémoglobine dans le sang est trop faible. Un examen sanguin simple, la numération formule sanguine (NFS), pratiqué à partir d'un échantillon de sang, mesure le volume et le contenu en hémoglobine des globules rouges, et permet souvent de déterminer l'origine de l'anémie. Un prélèvement de sang peut également révéler la présence de globules rouges plus petits que la normale. Quand la cause n'est pas définie ou n'est pas liée à une carence alimentaire, d'autres examens doivent être réalisés pour connaître l'origine de cette affection.

LE TRAITEMENT

Il consiste à donner du fer à l'enfant, à doses élevées, et par voie orale. Habituellement, le traitement est long (il dure environ de deux à trois mois), car l'assimilation du fer est toujours difficile : un examen sanguin permettra de confirmer la guérison. En règle générale, il faut d'abord rechercher et traiter la cause de l'anémie, puis reconstituer les réserves de fer.
Un traitement préventif est parfois justifié chez les nourrissons.

L'ANÉMIE DE L'ADOLESCENTE RÉGLÉE

Chaque fois qu'il y a saignement, il y a perte d'hémoglobine, et donc de fer. Les jeunes filles, parce qu'elles ont des règles, peuvent avoir des pertes de sang importantes. Elles ont donc souvent tendance à avoir de faibles réserves de fer et sont beaucoup plus sujettes à l'anémie, quand la perte de fer devient supérieure à l'apport.

BESOINS EN FER

INDIVIDUS	BESOINS QUOTIDIENS (en milligrammes)
Nourrissons et enfants jusqu'à 11 ans	0,1 mg par kg de poids
Adolescents	
– filles	de 1,6 à 1,8 mg
– garçons	1,5 mg

On trouve du fer dans de nombreux aliments (foie, pain complet, haricots secs, lentilles, viande rouge, poisson, épinards, noix). En moyenne, la plupart des régimes alimentaires donnent des quantités suffisantes de fer, mais des compléments peuvent être prescrits à la femme enceinte, par exemple.

L'ANGINE

Très courante et relativement bénigne, l'angine atteint les grands et les petits. Des traitements antibiotiques sont préférables à l'ablation des amygdales trop souvent pratiquée autrefois.

L'angine est une maladie inflammatoire de la gorge, qui affecte les amygdales et généralement le voile du palais et le pharynx, ce tube qui va du fond de la bouche à l'entrée de l'œsophage. Très fréquente chez l'enfant à partir de l'âge de 2 ans, l'angine n'est pas réellement un signe de mauvaise santé, ni de faiblesse des défenses immunitaires. Elle indique simplement que l'enfant a été en contact avec des microbes, qui se développent, en particulier, au moment des changements de température. La vie en collectivité, comme la fréquentation de l'école ou de la crèche, ont tendance à favoriser beaucoup la transmission de ces microbes, et donc la propagation de cette maladie.

LES CAUSES

Les angines sont provoquées par un virus ou par une bactérie. Dans ce dernier cas, le germe principal est le streptocoque. Heureusement, ce germe sera facilement détruit par un traitement antibiotique. Assez rarement, l'angine peut être le symptôme d'une maladie plus grave, comme une mononucléose ou une diphtérie.

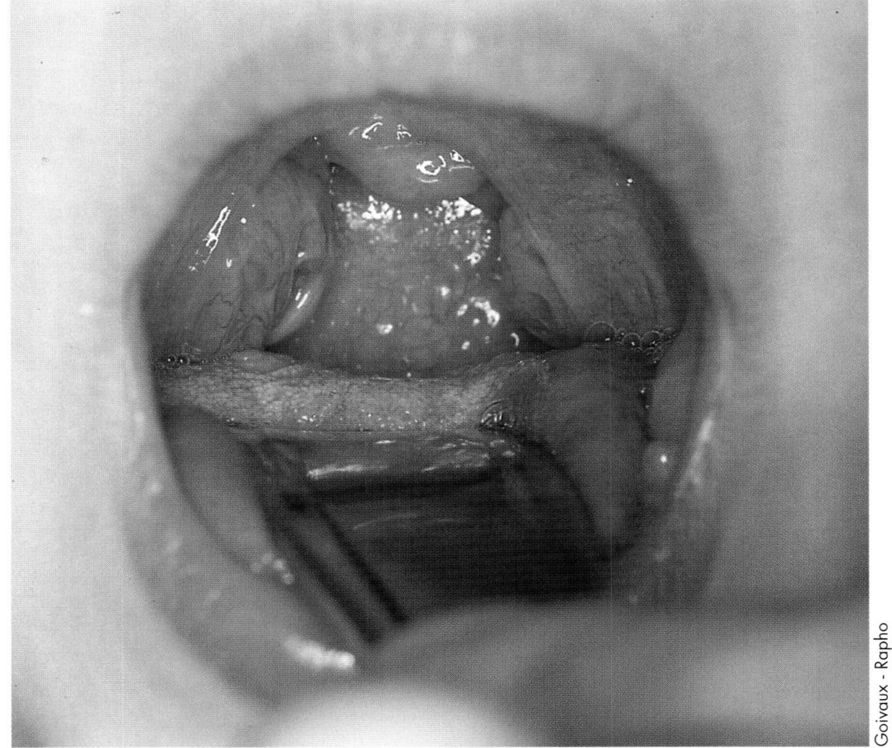

L'angine chez l'enfant. *Un simple examen de la bouche permet de diagnostiquer une angine. On remarque que les amygdales sont particulièrement gonflées et que le reste de la gorge est très rouge.*

LE RHUMATISME ARTICULAIRE AIGU

Cette maladie touche les enfants âgés de 4 à 15 ans ayant eu une angine à streptocoques, qui n'a pas été soignée par antibiotiques. Les symptômes du rhumatisme articulaire aigu se manifestent deux ou trois semaines après l'apparition de l'angine. Une fièvre survient, les grosses articulations (genoux et coudes) doublent de volume ; une atteinte cardiaque se produit souvent pendant la première semaine. Le traitement est simple pour éviter d'éventuelles complications : repos au lit et prise de médicaments à base d'antibiotiques et de corticoïdes. À titre préventif, le médecin prescrit un traitement antibiotique pendant plusieurs années.

LES SYMPTÔMES

L'examen direct de la gorge de l'enfant permet de voir que les amygdales sont rouges (c'est le cas de l'angine rouge, dite « érythémateuse ») ou parsemées de points blancs (c'est le cas pour l'angine blanche, dite « pultacée », qui présente des amygdales recouvertes d'un enduit blanchâtre ou gris-jaune facile à enlever). Qu'elles soient virales ou bactériennes, près de 90 % des angines de l'enfant se présentent ainsi.
La présence de membranes blanchâtres ou une forte augmentation du volume des amygdales peuvent être des symptômes graves ; il faut alors conduire de toute urgence votre enfant chez le médecin.
En revanche, un gonflement des ganglions du cou est normal, quel que soit le type d'angine rencontré.
L'enfant est toujours gêné pour mastiquer et pour déglutir les aliments. Il souffre souvent de fièvre et, parfois même, il se plaint de douleurs de l'oreille.

LES TYPES D'ANGINE ET LEUR TRAITEMENT

Essentiellement deux types d'angine touchent les enfants.
L'angine virale. Avant l'âge de 3 ans, presque tous les enfants auront cette maladie, qui ne nécessite qu'un traitement de la fièvre et de la douleur. L'organisme de l'enfant est en train d'apprendre à se défendre contre les virus. Pour ne pas souffrir lors de la déglutition, l'enfant doit suivre un régime alimentaire composé de compotes, de crèmes et d'aliments semi-liquides. La maladie guérit spontanément en trois à sept jours.
L'angine bactérienne. Elle est due à une bactérie, le streptocoque B hémolytique. Ce type d'angine se manifeste très souvent par une inflammation des amygdales (ou amygdalite). Il provoque de la fièvre, des douleurs du pharynx, des difficultés pour avaler la nourriture, des ganglions dans le cou et une mauvaise haleine.
L'enfant malade doit se reposer et éviter les refroidissements. Il faut le nourrir légèrement et lui donner beaucoup d'eau à boire. Le traitement médical est à la fois local et général : local, il soulage la douleur et désinfecte la gorge avec des gargarismes ou des pulvérisations ; général, il repose sur les antibiotiques, prescrits pendant une dizaine de jours. Si l'enfant a des angines de façon répétitive (cette répétition est parfois liée à la structure des amygdales semblable à celle d'une éponge, ce qui favorise la stagnation des particules alimentaires, donc les infections et les surinfections) et si ses amygdales, devenues trop volumineuses, le gênent pour respirer, le médecin prolongera le traitement antibiotique et proposera, si nécessaire, l'ablation des amygdales (amygdalectomie). Cette intervention chirurgicale ne doit pas être pratiquée systématiquement, comme elle l'était souvent autrefois, car les amygdales sont aussi un moyen de défense pour l'organisme.

UN TRAITEMENT MIEUX ADAPTÉ

Avant l'âge de 3 ans, une angine est toujours d'origine virale. Après 3 ans, elle est soit virale (dans deux cas sur trois), soit bactérienne (provoquée par un streptocoque). Dans ce dernier cas, le traitement par antibiotiques est recommandé. En effet, une infection streptococcique est parfois à l'origine de complications tardives ou post-infectieuses graves ayant une localisation cardiaque (rhumatisme articulaire aigu) ou rénale (glomérulonéphrite aiguë). La mise prochaine sur le marché de tests rapides permettra de mieux choisir le traitement. Les angines répétées ne justifient pas toujours l'ablation des amygdales, mais elles nécessitent souvent la prise d'antibiotiques actifs contre le streptocoque.

L'AMYGDALECTOMIE

Il y a quelques années, l'ablation chirurgicale des amygdales, dites palatines, était fréquemment pratiquée. Cette opération est aujourd'hui contestée, sauf dans certains cas :
– lorsque des amygdales, trop volumineuses, empêchent l'enfant de bien respirer ;
– lorsqu'un abcès (appelé phlegmon) est provoqué par une infection des amygdales, avec risque de récidive.

L'APPENDICITE

L'appendicite est une inflammation aiguë de l'appendice, qui touche environ deux personnes sur mille. Elle est particulièrement fréquente chez l'enfant et l'adolescent.

Bouchariat - BSIP

L'enfant au bloc opératoire. *L'enfant est endormi, car toute opération de l'appendicite se fait sous anesthésie générale.*

L'appendicite est une inflammation de l'appendice, d'origine infectieuse. L'appendice est un petit prolongement cylindrique de 7 ou 8 centimètres de long et de 4 à 8 millimètres de diamètre, à la jonction de l'intestin grêle et du gros intestin.
L'intervention chirurgicale doit être réalisée rapidement, avant que l'inflammation ne provoque une perforation de l'appendice, ce qui entraînerait une infection de la cavité abdominale (péritonite) en contact direct avec le liquide intestinal.

LES SYMPTÔMES

L'appendicite commence souvent par une douleur localisée dans le côté droit du ventre. Elle s'accompagne généralement d'une légère fièvre (38 °C à 38,5 °C), de nausées ou de vomissements, et d'un ralentissement du transit intestinal. L'enfant refuse de boire, sa langue est chargée et son haleine est légèrement malodorante. Il a mal lorsque ses parents ou le médecin touchent la zone enflammée.

LE DIAGNOSTIC

Chez l'enfant âgé de 3 ou 4 ans, le diagnostic n'est pas toujours facile à poser, car les signes de l'appendicite sont assez semblables à ceux d'autres troubles abdominaux (infection urinaire, constipation, gastroentérite, par exemple).
Par ailleurs, quand l'appendice est situé au bas de la partie droite de l'abdomen, c'est-à-

L'ANESTHÉSIE GÉNÉRALE

L'opération de l'appendice se fait sous anesthésie générale. Il faut faire la distinction entre l'anesthésie générale, indiquée pour la plupart des interventions chirurgicales, et l'anesthésie locale. Dans le premier cas, l'administration des produits anesthésiques nécessite une prise en charge de la respiration de l'enfant. Dans le second cas, l'enfant, conscient, garde son autonomie respiratoire. L'adaptation de ces deux techniques à l'enfant permet de pratiquer les interventions chirurgicales qui s'imposent, et ce dès la naissance, si nécessaire.

dire derrière le cæcum, l'inflammation peut provoquer des douleurs lombaires. Cela a pour effet de compliquer et de retarder d'autant le diagnostic de l'appendicite.
Ce diagnostic est d'autant plus important pour le traitement à suivre que toutes les douleurs abdominales ne sont pas forcément liées à une appendicite.

LE TRAITEMENT

Il arrive parfois qu'une crise d'appendicite parvienne à se calmer d'elle-même, mais, en cas de rechute confirmée, l'intervention est toujours nécessaire. Cette opération, qui a pour but de retirer l'appendice, s'appelle une appendicectomie. Elle est, en général, pratiquée sans tarder pour éviter le développement d'une péritonite, ou même d'un abcès abdominal.
Lors de l'opération, le chirurgien fait une incision de quelques centimètres de longueur dans la paroi abdominale, suffisante pour lui permettre de retirer l'appendice, nettoyer localement avec un antiseptique et vérifier l'absence d'autres anomalies dans la zone proche de l'appendice (par exemple, la présence d'un diverticule de Meckel, situé au niveau de l'intestin grêle, qui sera enlevé en même temps que l'appendice).
Dans les 24 heures qui suivent l'intervention chirurgicale, et s'il n'y a pas eu de complications, l'enfant commence à boire et à manger légèrement. Après quelques jours d'hospitalisation, il peut rentrer chez lui. Au bout de deux ou trois semaines, il pourra progressivement reprendre ses activités physiques et sportives.
Le traitement de l'appendicite ne peut être que chirurgical. Un traitement antibiotique ne peut soigner cette inflammation, mais il sera parfois nécessaire, en plus de l'opération, pour éviter des complications infectieuses secondaires.

UNE DOULEUR ABDOMINALE PARMI TANT D'AUTRES

Toutes les douleurs abdominales ne sont pas forcément les symptômes d'une appendicite aiguë ou chronique. En conséquence, elles ne doivent pas aboutir à un diagnostic de facilité ni à une intervention chirurgicale systématique. En effet, même si l'opération est généralement rapide, simple et bénigne, il est toujours possible de voir apparaître des complications à long terme : occlusion intestinale, suites d'incision, etc.

LES COMPLICATIONS

La complication la plus fréquente est l'infection qui, malgré l'opération, peut se manifester par un abcès sur la cicatrice intestinale ou sur la paroi abdominale. La convalescence est alors plus longue.
Un retard de diagnostic ou de traitement peut aussi laisser évoluer l'appendicite. Cela peut entraîner une perforation de l'appendice ou une propagation de l'infection qui provoquera une péritonite. Celle-ci est à l'origine d'une fièvre importante (40 °C), avec des frissons, de vives douleurs et une altération de l'état général de l'enfant. L'hospitalisation doit alors être immédiate.
L'intervention est plus lourde que pour une simple appendicite : on pratique une ouverture beaucoup plus grande, car il ne s'agit plus seulement d'enlever l'appendice mais de nettoyer aussi toute la cavité abdominale. Cette intervention s'accompagne de l'administration d'antibiotiques et nécessite une hospitalisation, qui dure environ une dizaine de jours.

LA CHIRURGIE ACTUELLE

Le traitement de l'appendicite consiste à couper et à retirer l'appendice de l'abdomen. Cette opération porte le nom d'appendicectomie. L'ouverture pratiquée dans l'abdomen est souvent petite, mais elle doit permettre au chirurgien d'examiner la cavité abdominale ainsi que l'intestin grêle. En cas d'appendicite avec complications, il est parfois nécessaire de faire une incision plus grande.
L'intervention chirurgicale est parfois effectuée sous vidéoscopie (technique cœliochirurgicale qui permet d'observer la cavité abdominale à l'aide d'instruments optiques). À partir de petites incisions dans l'abdomen, le chirurgien explore la cavité abdominale et passe les instruments pour opérer.
La qualité et la sécurité de l'opération doivent toujours l'emporter sur le souci esthétique.

L'ASTHME

L'asthme est caractérisé par des crises de gêne respiratoire avec, au moment de l'expiration, un sifflement caractéristique. Cette maladie, en accroissement dans les pays industrialisés, atteint les bronches et l'appareil respiratoire.

C'est une affection qui touche de 2 à 5 % de la population. Elle se manifeste le plus souvent entre l'âge de 5 et 15 ans. La maladie évolue par crises, qui cèdent spontanément ou sous l'effet d'un traitement.

LES CAUSES

Les facteurs susceptibles de déclencher des crises d'asthme sont relativement nombreux. L'hérédité (l'un des parents a lui-même souffert d'asthme) et l'allergie constituent cependant les principales causes du développement de la maladie. Les facteurs d'allergie (allergènes) les plus courants sont les pollens, les acariens, la poussière, les poils d'animaux, les moisissures. Les autres causes possibles du déclenchement d'une crise sont les infections respiratoires, les activités sportives, tout particulièrement dans le froid, les contrariétés, l'inhalation de polluants comme la fumée de tabac ou les pollutions atmosphériques, certaines conditions météorologiques, ou encore la prise de certains médicaments (du type aspirine).

LES SYMPTÔMES

L'asthme de l'enfant peut apparaître très tôt, dès les premiers mois de la vie. Il se confond souvent avec la bronchiolite.

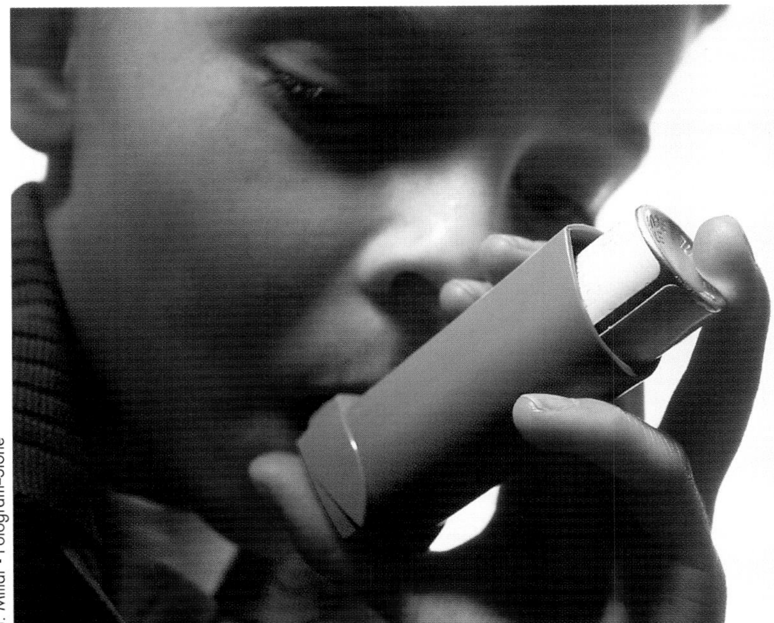

J. Millar - Fotogram-Stone

L'administration d'un aérosol. *Quand la crise d'asthme apparaît, l'enfant doit prendre un médicament bronchodilatateur, qu'il inhale selon une technique particulière, expliquée par le médecin.*

ASTHME ET SPORT

L'exercice physique à l'air froid peut entraîner une crise d'asthme. Celle-ci se déclenche après l'arrêt de l'effort, puis s'apaise spontanément en 30 minutes. Parfois, elle survient pendant un effort prolongé, obligeant alors à interrompre l'activité en cours. La pratique régulière d'un sport peut permettre de repousser la crise, même de l'éviter. La natation, en atmosphère chaude et humide, est excellente. Certains sports d'endurance, comme la course à pied ou le ski, sont mal tolérés si une période d'échauffement n'est pas respectée. Par contre, le vélo et les jeux de ballon ne posent pas de problèmes. Un traitement préventif à base de médicaments à prendre avant l'effort est assez efficace.

L'ASTHME EST UNE MALADIE CHRONIQUE

À ce jour, aucun traitement ne permet d'éliminer l'asthme définitivement. Des progrès ont été obtenus grâce à une meilleure compréhension des mécanismes de la maladie. Les médecins ont le choix entre divers médicaments. Administrés à l'enfant sous contrôle médical – en aérosol, en spray, en poudre ou en inhalation –, ceux-ci lui permettent de mener une vie tout à fait normale.

On peut considérer qu'un enfant est asthmatique lorsqu'il a présenté plus de trois bronchiolites avant l'âge de 2 ans.
Les crises d'asthme n'ont pas toujours toutes la même intensité, ni la même gravité : l'enfant peut être simplement essoufflé, ou il peut, au contraire, souffrir d'une grave insuffisance respiratoire.
Les crises d'asthme surviennent souvent le soir ou la nuit. Après des quintes de toux, l'expiration de l'enfant devient sifflante et difficile ; il transpire, ses battements cardiaques s'accélèrent, ses doigts et ses lèvres peuvent prendre une teinte bleu-violet. Les crises ont tendance à s'apaiser après quelques dizaines de minutes.
L'évolution de l'asthme est très variable : soit la maladie reste limitée à quelques crises isolées qui ne posent pas de réel problème, soit les crises se succèdent de manière irrégulière. Dans ce cas, un traitement de fond sera nécessaire.

LE TRAITEMENT

Il repose sur l'administration de bronchodilatateurs, qui servent à élargir les bronchioles pour améliorer le passage de l'air. Ce traitement est à évaluer en fonction de l'intensité de l'asthme, des manifestations qu'il déclenche et de l'âge de l'enfant. Les anti-inflammatoires à base de corticoïdes sont à éviter en traitement continu, car ils peuvent perturber la croissance de l'enfant ; mais, comme pour les bronchodilatateurs, il est maintenant possible de les administrer avec une meilleure tolérance sous forme de spray. Un traitement de fond est préconisé, même en l'absence de crise : il permet à l'enfant de mener une vie normale. L'hospitalisation est parfois indispensable pour administrer les médicaments par perfusion ou pour oxygéner le malade. À ce jour, il n'existe pas de traitement pour guérir complètement l'asthme. Si besoin, n'hésitez pas à solliciter une aide psychologique pour apaiser votre inquiétude face à la maladie de votre enfant.

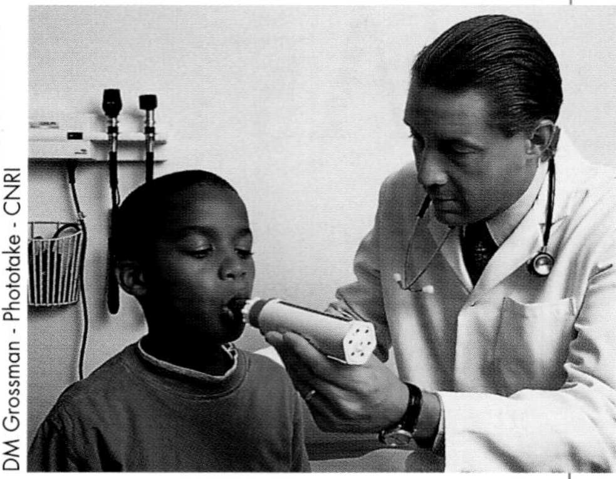

DM Grossman - Phototake - CNRI

Le peak-flow, ou débitmètre de pointe. *Il permet à l'enfant d'évaluer son spasme bronchique et d'adapter le traitement.*

LA PRÉVENTION

L'hygiène de vie est aussi importante que les médicaments : éliminez les facteurs d'allergie de la maison (animaux) et épargnez à votre enfant une atmosphère tabagique. En cas d'allergie aux acariens, préférez une literie en matière synthétique. Dépoussiérez votre habitation et utilisez des produits contre les acariens (acaricides).
D'autres traitements peuvent être proposés par le médecin : exercices de kinésithérapie respiratoire ou désensibilisation.

L'ALLERGIE N'EST PAS TOUT

Souvent, l'asthme est qualifié d'allergique parce qu'il est provoqué par de la poussière, des acariens, présents dans les literies et les tapis, ou des poils d'animaux domestiques.
Cependant, le principal facteur qui déclenche la maladie est l'infection virale des voies respiratoires supérieures. C'est pourquoi la recrudescence de l'asthme se produit en automne et en hiver. L'inhalation de polluants, d'air froid et humide provoque aussi des crises d'asthme. Les soins reposent davantage sur une prise en charge médicale globale que sur une désensibilisation, dont les résultats sont souvent incertains.

L'AUTISME

L'autisme est un trouble grave du développement psychique qui empêche l'enfant de communiquer avec les autres et le condamne souvent à vivre replié sur lui-même.

Neyrat - Rapho - Association AIDERA

L'enfant autiste. *Il vit replié sur lui-même, sans établir aucune communication avec le monde qui l'entoure.*

L'autisme est rare, puisqu'il ne touche que 2 à 4 enfants sur 10 000 environ. En général, il frappe trois fois plus les garçons que les filles, et semble plus répandu parmi les classes sociales élevées. Cette maladie constitue un très grave trouble du comportement, car elle perturbe l'ensemble des fonctions psychologiques fondamentales de l'enfant.

LA PRISE EN CHARGE

Cette maladie chronique nécessite, pour l'enfant, le recours à des établissements spécialisés, dans lesquels il est pris en charge par une équipe multidisciplinaire (socio-éducative et psychothérapeutique). Cette prise en charge peut s'accompagner, si nécessaire, d'une rééducation du langage (orthophonie) et de la motricité.

LES CAUSES

Les causes précises de l'autisme sont encore inexpliquées, malgré les études menées et les théories élaborées sur la maladie. Trois hypothèses sont avancées par les chercheurs pour tenter de comprendre celle-ci : une origine génétique, des anomalies biochimiques qui perturberaient le fonctionnement cérébral, des antécédents psychiatriques dans la famille.

Autrefois, il était courant de considérer le manque de tendresse comme l'un des facteurs responsables de la maladie. Cette idée est actuellement abandonnée : les parents aiment leur enfant, mais sont angoissés et désemparés d'être confrontés à la présence d'un enfant aussi perturbé.

L'enfant autiste peut présenter de troubles neurologiques, ou avoir des crises d'épilepsie qui permettront de parler d'une pathologie dont l'origine serait plus neurologique que relationnelle. Au moment du diagnostic de la maladie, la distinction entre l'autisme et la déficience mentale est souvent difficile.

LES SYMPTÔMES

Chez l'enfant, l'autisme se manifeste, en général, avant l'âge de 30 mois et, le plus souvent, au cours de la première année de la vie. Les premières manifestations de l'autisme sont le refus des caresses par le bébé. En général, l'enfant autiste est trop calme, passif et solitaire. Il semble ne pas voir ou mal entendre, il ne sourit pas. Très distant, même avec ses parents, il évite les regards et préfère s'occuper tout seul. Indifférent aux règles sociales et aux sentiments des autres, il s'intéresse beaucoup plus aux objets qu'aux personnes.
Il manifeste par des cris et des pleurs une grande résistance à tous les changements et il réagit par des colères quand il est déstabilisé par une situation nouvelle, ou dérangé dans ses activités.
L'enfant se désintéresse complètement de son image dans le miroir. Son activité est très souvent stéréotypée : il reproduit inlassablement les mêmes gestes avec divers objets (caillou, ficelle) ou des mouvements répétitifs (claquements de doigts, jeux avec les mains). Souvent, il est obsédé par un sujet particulier et il s'attache excessivement à des rituels de jeux, à des objets ou à des collections bizarres. Parfois, l'enfant adopte des comportements étranges : il marche sur la pointe des pieds, se tortille les doigts pendant de longs moments, se balance longuement, se frappe ou même parfois se mutile. Son activité peut être aussi entrecoupée de périodes d'agitation.
Le trait dominant de la maladie est la réduction extrême – cela peut même aller jusqu'à l'absence totale – de la communication. Le retard du langage est, de ce fait, très fréquent : l'enfant a beaucoup de difficultés à comprendre les paroles qu'on lui dit, il invente des mots et répète ce qu'il entend. Quand il parvient à acquérir la parole, celle-ci reste néanmoins très limitée. Le développement intellectuel de l'enfant prend du retard, ce qui rend souvent difficile, ou impossible, tout apprentissage. Malgré tous ces symptômes, l'aspect physique de l'enfant ainsi que sa coordination musculaire sont tout à fait normaux.

UNE ORIGINE DISCUTÉE

L'autisme, qui signifie « repli sur soi », est un phénomène dont l'origine est mal expliquée, malgré les théories et les études qui ont été menées sur cette maladie. Certains cas d'autisme auraient une origine génétique ou biochimique, qui gênerait le fonctionnement normal du cerveau. D'autres cas pourraient être liés à des situations pathologiques : familles présentant des troubles psychiatriques plus ou moins importants.

LES SIGNES D'APPEL

Le début de l'autisme est précoce, en général au cours des deux ou trois premières années de la vie. Il peut passer inaperçu, étant donné l'absence de signes présentés par le nourrisson. Vous devez vous inquiéter si votre enfant est trop calme, passif et retranché dans son petit monde. Ces signes peuvent également mettre en évidence un déficit de la vue ou de l'ouïe et doivent être interprétés par votre médecin.

LE TRAITEMENT

Il ne peut se faire qu'en milieu spécialisé, avec une équipe médicale pluridisciplinaire. Le traitement s'appuie sur une prise en charge éducative et psychothérapeutique. Il passe aussi par l'apprentissage du langage ou par sa rééducation (orthophonie) et par des séances de psychomotricité.
Une thérapie visant à remplacer un comportement inadapté par un comportement adapté (technique du déconditionnement et de l'apprentissage) est parfois associée à cette prise en charge pour éviter que l'enfant ne se mutile (coups de tête contre les murs, morsures).
Le pronostic dépend du niveau intellectuel de l'enfant et de l'acquisition du langage. Mais cette maladie peu accessible aux traitements ne permet pas toujours au patient d'acquérir son indépendance. Seulement un enfant sur six environ parvient à devenir autonome.

LES CARIES DENTAIRES

Les dents sont fragiles et il faut en prendre soin. Pour les garder en bon état, un brossage régulier, la prise de fluor et une bonne hygiène alimentaire sont des moyens de prévention qui doivent être mis en œuvre dès le plus jeune âge.

CNRI

La carie dentaire. *Elle se présente comme une tache noire. Elle attaque l'émail de la dent puis, progressivement, elle va provoquer un trou et déclencher une forte douleur.*

Au cours des dix dernières années, la fréquence de la carie dentaire chez l'enfant a diminué d'environ 35 à 50 % dans les pays industrialisés. Malgré ces progrès, la carie resterait, selon l'OMS (Organisation mondiale de la santé), le troisième fléau mondial.

Le plus souvent, l'eau potable ne contient pas suffisamment de fluor et c'est pourquoi les dentifrices en contiennent davantage. L'administration de médicaments ou la présence de fluor dans les dentifrices pour renforcer l'émail dentaire permettent de pallier ces carences.

LES CAUSES

Trois facteurs peuvent altérer la santé des dents :

– le premier facteur, le plus important, est la formation de la plaque dentaire. Cette substance, invisible à l'œil nu, se colle sur les dents. Elle est composée de débris alimentaires, de salive et de bactéries. Ces dernières se nourrissent en particulier de sucres et de féculents ; en proliférant, elles sécrètent un acide qui détruit l'émail de la dent et creuse un trou ;

– le deuxième est l'alimentation, avec surtout l'excès de sucre, fléau pour les dents ;

– le troisième facteur est lié à la constitution de la dent elle-même (robustesse, qualité de l'émail).

LE RÔLE DE L'ALIMENTATION

Les produits sucrés sont mauvais pour les dents et ne sont pas indispensables à une alimentation équilibrée. Leur consommation doit être contrôlée ou réduite. Votre enfant ne doit jamais se mettre au lit après avoir bu une boisson sucrée ou croqué un bonbon. En effet, les bactéries vivant dans la bouche vont se nourrir de ces aliments et les transformer en acide : celui-ci va attaquer l'émail puis, plus profondément, l'ivoire et provoquer une carie. Si votre enfant a soif au moment du coucher, donnez-lui de l'eau.

LES SYMPTÔMES

Les molaires et les prémolaires sont souvent les premières dents atteintes par des caries. Celles-ci commencent par attaquer l'émail en faisant un trou. D'abord indolores, elles grignotent peu à peu l'ivoire (intérieur

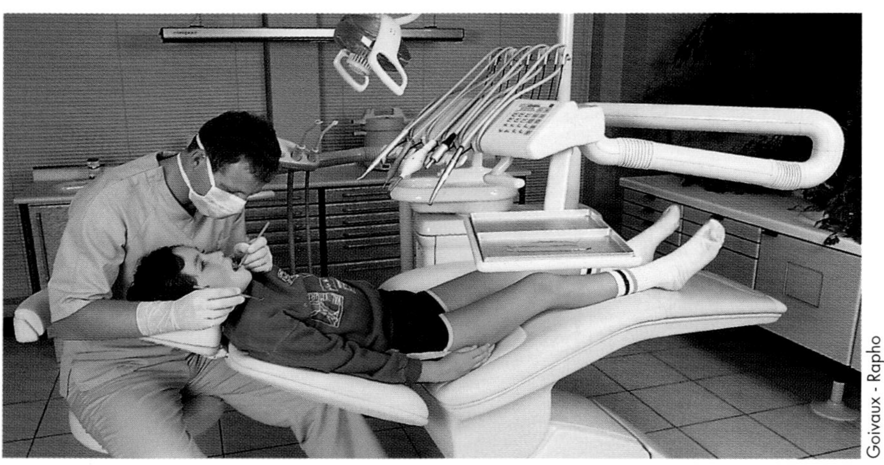

***Chez le dentiste.** Une consultation régulière chez le dentiste permet d'éviter les caries ou de stopper rapidement leur développement.*

de la dent qui entoure les nerfs et les vaisseaux sanguins), en agrandissant l'orifice et en y faisant entrer les microbes. À ce stade, la dent devient sensible aux aliments froids, chauds et sucrés. Ces signes d'appel doivent vous inciter à intervenir très rapidement en consultant votre dentiste.

LE RÔLE DU FLUOR

Le fluor est un sel minéral présent dans certains aliments. Ce minéral est très actif lorsqu'il est pris pendant la formation des dents de lait, qui commence dès le 4e mois de la grossesse et se poursuit jusqu'à leur apparition, à partir de 6 mois, selon les bébés. Il faut que vous ayez vous-même assez de fluor pour prévenir les caries chez le futur bébé. Avant la naissance de l'enfant, absorbez du fluor en comprimés sur avis médical. Puis, en respectant les doses prescrites, donnez du fluor à votre enfant jusqu'à l'âge de 2 ans. Ensuite, choisissez-lui du dentifrice non fluoré, car il pourrait être victime d'un surdosage de fluor.

LE TRAITEMENT

Plus une carie s'étend, plus l'enfant souffre. Vous ne devez donc pas attendre pour le faire soigner par le dentiste. Le traitement consiste à nettoyer la partie malade de la dent avec une fraise, qui creuse et élimine toute la zone abîmée ; ensuite, il faut reboucher le trou avec un matériau de restauration (alliage de différents métaux ou ciment en résine). Si la carie est très avancée, la dent est dévitalisée, pour supprimer la douleur, ou même arrachée. Une carie nécessite toujours une intervention rapide.

LA PRÉVENTION

Il faut empêcher votre enfant de manger trop de sucreries. Jusqu'à l'âge de 2 ans et demi ou 3 ans, brossez-lui les dents matin et soir. Montrez-lui comment faire les mouvements, de la gencive vers la dent (du rouge vers le blanc), devant et derrière. Puis laissez-le essayer tout seul. Cela ne sera pas parfait et vous devrez repasser derrière lui, mais ce n'est pas grave. Vers l'âge de 4 ans, laissez-le faire, tout en le surveillant. Pour lui simplifier la tâche, choisissez-lui une brosse très souple. Il en existe des rigolotes, avec des dentifrices parfumés. Même si tout semble aller très bien, n'hésitez pas à faire examiner votre enfant par le dentiste (une visite annuelle est recommandée). Donnez-lui, suivant les conseils du médecin, du fluor sous forme de comprimés ou de gouttes et, surtout, au moment d'aller au lit, ne lui proposez à boire rien d'autre que de l'eau. Plus tard, vous devrez vous inquiéter de faire corriger les malformations éventuelles, par exemple la position irrégulière prise par les dents : la pose d'appareils permet de les redresser (orthodontie).

LES DENTS DE LAIT SONT AUSSI À TRAITER

Également appelées temporaires, les dents de lait poussent entre 6 et 30 mois, provoquant souvent une inflammation des gencives. Au nombre de 20, elles comportent 4 incisives, 2 canines et 4 molaires sur chaque mâchoire. Étant les premières dents, ces dents de lait doivent faire l'objet des mêmes soins que les dents définitives, qui les remplacent à partir de 6 ans.

LA CONSTIPATION

La constipation peut être occasionnelle ou chronique. Dans ce dernier cas, il est préférable de consulter un médecin pour s'assurer que l'enfant constipé ne souffre d'aucune autre maladie.

La constipation est un défaut ou un retard dans l'évacuation des selles ; mais le transit intestinal est très variable d'un enfant à un autre, et même d'un jour à l'autre. La définition de la constipation est donc subjective, puisqu'il n'existe pas de norme précise et l'emploi du mot « constipation » est, de ce fait, souvent abusif.

Généralement, l'enfant est constipé s'il va à la selle moins d'une fois par jour avant l'âge de 1 an, moins d'une fois tous les deux jours entre 1 et 4 ans, moins de trois fois par semaine à plus de 4 ans. Une bonne courbe de croissance de l'enfant et l'absence de troubles digestifs, comme des douleurs abdominales ou des vomissements, doivent suffire à rassurer les parents.

Goivaux - Rapho

L'enfant sur le pot. *Si votre enfant est constipé, installez-le sur le pot à des heures régulières et laissez-le lire ou s'amuser, en le surveillant de loin et en évitant de le laisser trop longtemps sur le pot.*

LES CAUSES

Dans les pays développés, la constipation est bien souvent favorisée par l'absorption d'aliments sans résidus et pauvres en fibres végétales (viandes, pâtes, féculents). Faciles et rapides à préparer, ces aliments réduisent la quantité de selles et freinent leur progression dans l'intestin. L'évacuation devient alors difficile et même douloureuse, du fait de la dureté et de la sécheresse des selles.

D'autres facteurs sont également en cause dans la constipation : l'enfant refuse d'aller aux toilettes, notamment lorsqu'il

L'OCCLUSION INTESTINALE

Cette obstruction de l'intestin grêle ou du gros intestin rend impossible l'évacuation des selles. Chez le nouveau-né, elle est provoquée par une malformation du tube digestif. L'intestin se tord et bloque la progression des selles. Chez le nourrisson, elle peut provenir d'un retournement d'une partie de l'intestin grêle (invagination intestinale) ou d'une hernie étranglée, décelable au niveau de l'aine ou des bourses. Chez l'enfant, elle est souvent provoquée par une appendicite. Une fois le diagnostic confirmé, l'intervention chirurgicale est urgente.

est pris par une activité qui le passionne ; son apprentissage de la propreté est difficile ; il ne veut pas aller dans les toilettes de l'école, par timidité ; il hésite à demander d'aller aux toilettes, lors d'un séjour en dehors de la famille, par peur que les toilettes ne soient pas adaptées à son âge.

LES SYMPTÔMES

Tout changement durable dans la régularité et l'aspect des selles, toute douleur au ventre sont à signaler à votre médecin. En général, le diagnostic médical conclut que l'enfant souffre de constipation.
Il arrive parfois que le nouveau-né, nourri au sein, n'ait qu'une seule selle par jour, parfois tous les deux jours, et de consistance molle. Il ne souffre pas de douleurs ni de ballonnements du ventre et sa prise de poids continue à évoluer normalement. Il s'agit alors dans ce cas d'une fausse constipation : en effet, le lait maternel est de bonne qualité, il peut être facilement et entièrement digéré et ne laisser presque aucun résidu.

L'ENCOPRÉSIE

C'est un problème d'apprentissage du contrôle des sphincters de l'enfant après l'âge de 3 ans. L'encoprésie est souvent provisoire et ne cache pas forcément une maladie grave. Elle peut traduire un trouble psychologique, mais elle est souvent liée à une constipation : l'accumulation des selles dans le côlon distend le rectum. De ce fait, l'enfant ne ressent plus le besoin d'aller à la selle. Une fois la constipation traitée, l'encoprésie a également disparu. Le traitement de la constipation facilitera la reprise de cet apprentissage par l'enfant, mais le soutien familial et psychologique est aussi nécessaire.

LE TRAITEMENT

La constipation se soigne. Le traitement est le plus souvent simple et consiste essentiellement à améliorer l'hygiène de vie de l'enfant.
Chez le nouveau-né nourri au biberon, la constipation est relativement fréquente. Pour préparer le biberon, choisissez une eau minérale et vérifiez la bonne dilution de la poudre de lait. Vous pouvez également proposer à votre bébé du jus de pruneau ou du jus d'orange frais, connus pour leur effet laxatif naturel. Il est préférable d'éviter le recours aux médicaments, aux suppositoires et aux petits moyens (introduction du thermomètre dans l'anus pour déclencher la sortie des selles), qui risqueraient alors de provoquer une irritation ou un traumatisme.
Chez l'enfant plus grand, des douleurs abdominales ou des selles dures sont des symptômes de constipation. Il faut réduire provisoirement sa consommation de viande, de pâtes et de féculents, qui freinent le fonctionnement intestinal. Diversifiez sa nourriture et donnez-lui à manger des aliments qui contiennent des fibres végétales (fruits, crudités, légumes à feuilles, pain complet, céréales complètes, haricots verts) : ces fibres non digestibles augmentent le volume et l'hydratation des selles, facilitant ainsi la rapidité du transit. Veillez également à ce que votre enfant boive beaucoup d'eau.
Pour que l'expulsion des selles se rétablisse normalement, le médecin prescrira à l'enfant un médicament (antispasmodique) pour calmer les maux de ventre qui accompagnent fréquemment la constipation. Comme les selles sont souvent dures et sèches, il lui administrera également des produits destinés à hydrater les selles pour les rendre plus molles et plus faciles à évacuer.

UN TRAITEMENT ÉDUCATIF ET DIÉTÉTIQUE

Une alimentation variée et équilibrée, riche en fibres végétales, en crudités et en fruits, ainsi qu'une bonne hydratation suffisent le plus souvent pour traiter la constipation. C'est un apprentissage qui doit être fait par les parents et par les enfants. Il peut être important de réviser votre manière de préparer les repas, en diversifiant les recettes. Si un enfant refuse un aliment, un certain légume par exemple, ne le lui supprimez pas définitivement, mais apprenez-lui à l'accepter, pour que son alimentation ne se réduise pas à des féculents, en général très appréciés.

LA COQUELUCHE

La coqueluche est une maladie infectieuse qui touche principalement les nourrissons et les enfants. Elle est devenue rare dans les pays développés grâce à la vaccination, mais reste encore fréquente dans les pays en développement.

La coqueluche provoque des quintes de toux qui surviennent jour et nuit, pendant huit à dix semaines ; elle est, de ce fait, très fatigante pour l'enfant. Un vaccin contre la coqueluche a été mis au point dans les années 1950 ; généralement administré au nourrisson vers l'âge de 2 ou 3 mois et sans contre-indication majeure, il permet d'éviter cette pénible maladie.

LES CAUSES

La coqueluche est une maladie infectieuse, provoquée par le bacille de Bordet-Gengou, qui est responsable d'une atteinte des voies respiratoires. La maladie, qui touche le plus souvent les enfants, se transmet par l'intermédiaire de gouttelettes de salive en suspension dans l'air.

LES SYMPTÔMES

Après le contact avec le bacille, l'incubation dure environ de deux à trois semaines. La maladie commence par une toux, des éternuements, le nez qui coule, une fièvre légère (38 °C ou 38,5 °C), des yeux larmoyants et parfois des vomissements. C'est la période pendant laquelle l'enfant est le plus contagieux.

Bientôt, la toux devient plus persistante. Des quintes violentes apparaissent, souvent suivies d'une pause respiratoire, avec le teint qui bleuit (teint cyanosé). Ces quintes se terminent par une inspiration

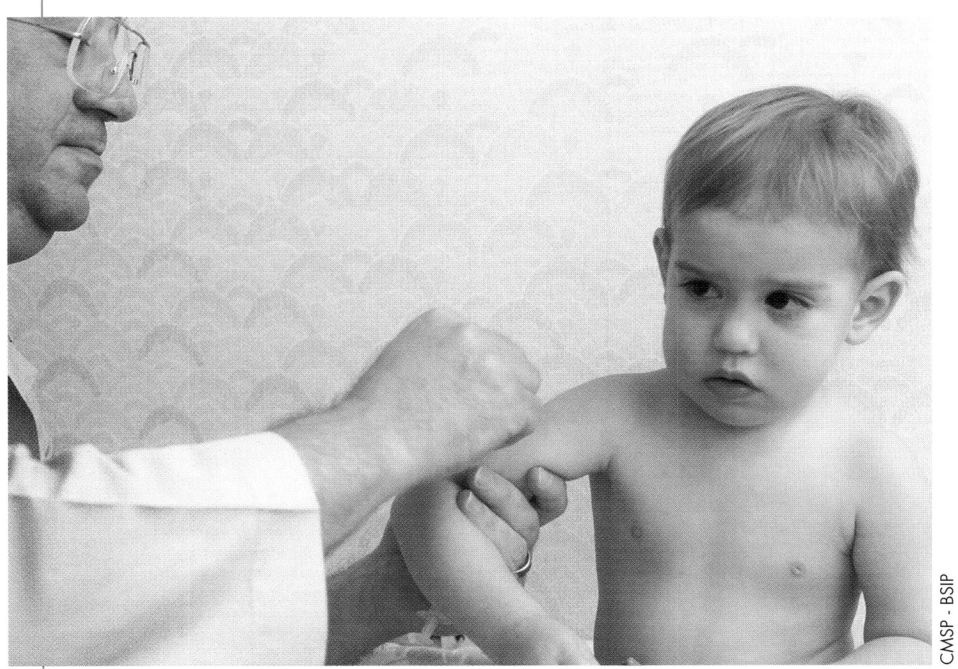

CMSP - BSIP

L'administration du vaccin. *La vaccination contre la coqueluche est, en général, pratiquée en même temps que la vaccination antidiphtérique et antitétanique.*

VACCINER AU BON MOMENT

Même si la mère a été vaccinée contre la coqueluche, son immunité est mal transmise au futur bébé : dès la naissance, cette maladie peut affecter l'enfant et c'est précisément chez les plus petits qu'elle est la plus grave. Or, la vaccination ne peut être pratiquée que vers l'âge de 2 ou 3 mois, sous peine de ne pas être efficace. Il importe donc de vacciner dès que possible les nourrissons non seulement pour eux-mêmes, mais aussi pour les autres. Cela permet de diminuer les risques d'exposition et de contamination.

bruyante et profonde : c'est le caractéristique « chant du coq », d'où le nom de la maladie.

LES COMPLICATIONS

Une coqueluche, même bien soignée, a parfois des conséquences graves : une pneumonie peut se produire, avec des saignements de nez et de gorge, dus à la toux. D'abondants vomissements peuvent alors provoquer une déshydratation, qu'il faut compenser par l'absorption de solutions salées-sucrées disponibles en pharmacie.

Chez le nourrisson, en particulier avant l'âge de 6 mois, des complications sérieuses peuvent survenir, surtout au début de la période des quintes de toux. Ces épisodes de toux peuvent s'accompagner d'une difficulté à reprendre la respiration, au point que l'enfant peut avoir un malaise par manque d'oxygène. En cas de fièvre, la prise d'antibiotiques est nécessaire et, parfois, une hospitalisation est demandée par le médecin si le bébé présente de graves difficultés respiratoires.

LE TRAITEMENT

Le nourrisson atteint de coqueluche avant l'âge de 6 mois est toujours hospitalisé pendant quelques jours. Bien surveillé, il est entouré par une équipe médicale qui lui apporte tous les soins appropriés : nettoyage du nez, aspiration des sécrétions pharyngées, aide à la respiration lorsque les quintes deviennent asphyxiantes. Chez le tout-petit, les calmants sont à éviter : ils sont inefficaces, voire dangereux, car ils pourraient perturber sa respiration. Chez l'enfant plus âgé, le traitement reposera sur la prise d'antibiotiques et de sédatifs, pour calmer la toux.

En cas de coqueluche déclarée chez votre enfant, un traitement antibiotique préventif est éventuellement administré aux nourrissons de moins de 6 mois qui sont souvent en contact avec le petit malade.

Pour éviter la contagion, l'enfant malade ne doit pas aller à l'école pendant une durée de trente jours après le début des premières quintes de toux. Vous devez le garder au chaud et lui faire boire beaucoup d'eau pour éviter la déshydratation due aux vomissements. Servez-lui également des repas légers. Bien traitée, la coqueluche ne laissera à l'enfant aucune séquelle, qu'elle soit respiratoire ou bronchique. De plus, il sera ainsi immunisé à vie contre cette maladie.

La coqueluche est prise très au sérieux par les autorités sanitaires et votre médecin est d'ailleurs tenu de leur déclarer la maladie de votre enfant.

UN NOUVEAU VACCIN

Utilisé seul ou en association avec d'autres vaccins, le vaccin actuel contre la coqueluche est parfois mal toléré. Il peut provoquer chez l'enfant de la fièvre ou une réaction cutanée locale. Ces effets indésirables limitent la possibilité d'injection de rappel du vaccin. Ainsi, le jeune adulte n'est plus protégé par le vaccin. Actuellement en cours d'étude, un nouveau vaccin, mieux toléré, permettra une immunisation plus efficace, car plus durable, et limitera le risque de transmission aux nourrissons.

LA PRÉVENTION

La prévention est aujourd'hui le meilleur moyen pour endiguer la maladie. Le vaccin anticoquelucheux, associé à d'autres vaccins, est administré vers l'âge de 2 ou 3 mois, avec une injection de rappel à 18 mois et à 5 ans. La vaccination a parfois des effets indésirables : ils sont exceptionnels et modérés (fièvre), et les accidents graves, rarissimes.

UNE GRAVITÉ VARIABLE SELON L'ÂGE

La coqueluche est une maladie généralement bénigne. Elle se présente comme une banale rhinopharyngite, parfois accompagnée d'une fièvre peu importante, ou comme une bronchite avec une toux inhabituelle et une reprise inspiratoire bruyante. Les quintes de toux provoquent des vomissements. Chez le nourrisson de moins de 3 mois, elles produisent souvent des pauses respiratoires (l'apnée), un teint bleuté, qui traduit une mauvaise oxygénation (la cyanose), ou des malaises. Chez un bébé de cet âge, ces symptômes justifient une hospitalisation en urgence.

LE DIABÈTE

Le diabète est une maladie qui oblige l'enfant, puis l'adulte qu'il deviendra, à suivre un traitement à vie pour éviter des complications.

Le diabète est souvent héréditaire : environ 6 % des enfants dont l'un des parents est diabétique risquent de développer cette maladie. Mais d'autres facteurs, comme une infection virale du pancréas, peuvent être à l'origine de la maladie.

LES CAUSES

Le diabète chez l'enfant, dont la forme la plus courante est le diabète sucré, se manifeste quand le taux de sucre dépasse 1,26 gramme par litre de sang : c'est ce qu'on appelle l'hyperglycémie. Ce trouble est lié à un mauvais fonctionnement du pancréas qui ne fabrique plus d'insuline. Or, cette hormone a un rôle très important pour l'organisme, puisqu'elle permet au sucre, source d'énergie, d'entrer dans les cellules. Sans insuline, ce sucre, ou glucose, s'accumule dans le sang. À partir d'un certain seuil, il n'est plus réabsorbé en totalité par les reins et se retrouve dans les urines où il est normalement absent : c'est d'ailleurs un des moyens de détection de la maladie.

Il existe deux formes de diabète sucré. L'une, le diabète dit

Laurent - Hopital Americain - BSIP

La surveillance du diabète. *On apprend à l'enfant à se prendre en charge : il fait lui-même ses piqûres d'insuline et sait contrôler son taux de sucre dans le sang.*

L'AUTONOMIE DE L'ENFANT DIABÉTIQUE

Le traitement et la surveillance quotidienne du diabète sont assez contraignants. L'enfant ou l'adolescent sont obligés de contrôler leur glycémie, de s'injecter tous les jours de l'insuline et de suivre un régime alimentaire strict. Ils devront assumer ces contraintes toute leur vie et sans qu'il soit possible, pour le moment du moins, d'espérer guérir définitivement. Face à cette situation, il est important d'instaurer une bonne coopération entre l'enfant, sa famille et le corps médical. Seuls le soutien, l'écoute et la confiance peuvent favoriser l'épanouissement et l'indépendance du jeune diabétique.

insulinodépendant, apparaît surtout chez les enfants entre 10 et 16 ans et chez les adultes de moins de 35 ans. Il est caractérisé par une absence complète et définitive d'insuline. L'autre, le diabète non insulinodépendant (appelé diabète gras), touche les adultes mais pas les enfants. Dans ce cas, la production d'insuline est assurée, mais de façon insuffisante pour répondre aux divers besoins de l'organisme.

LES SYMPTÔMES

Ils sont très caractéristiques de la maladie : quand le diabète s'installe, l'enfant maigrit alors que son appétit est normal. Il urine très souvent (même la nuit), a souvent soif et peut présenter des signes de déshydratation. En général, il est fatigué sans raison apparente.
Le diagnostic du diabète est établi après une analyse de sang et d'urine, prescrite par le médecin et réalisée en laboratoire.

LES COMPLICATIONS

Les complications du diabète sont fréquentes, dans la forme dite insulinodépendante. Elles peuvent se manifester par des lésions de la rétine (dues à une dégradation des vaisseaux sanguins), obligeant tout jeune diabétique à subir régulièrement un examen des yeux. Des infections chroniques (comme les infections urinaires) peuvent également survenir. Un diabète non soigné ou mal équilibré peut aussi entraîner un coma diabétique (acidocétose). La meilleure prévention de ces complications réside dans le maintien d'un bon équilibre du diabète par le traitement.

LE TRAITEMENT

Il consiste à maintenir le taux de glucose sanguin (glycémie) aussi près de la normale que possible. L'enfant insulinodépendant reçoit des injections d'insuline environ deux fois par jour. Pour être plus libre, il apprend à faire lui-même ses piqûres et à contrôler sa glycémie. Pour cela, l'enfant dépose sur une bande réactive une goutte de sang qu'il a prélevée au bout de son doigt. En comparant la couleur prise par la bandelette à une échelle de couleurs étalon, il peut connaître rapidement son taux de sucre sanguin.
Il doit aussi observer scrupuleusement un régime alimentaire pauvre en sucres rapides, en évitant notamment les pâtisseries et les bonbons.
L'enfant diabétique doit pratiquer une activité physique régulière. Les sports d'endurance comme le vélo et la natation améliorent nettement le passage du sucre dans les cellules et diminuent les besoins en insuline.
Cette maladie oblige le petit diabétique ainsi que sa famille à s'adapter aux exigences du traitement : contrôle régulier de la glycémie, injections quotidiennes d'insuline et régime alimentaire. Une étroite collaboration entre la famille et le médecin est souhaitée, pour suivre au mieux le petit patient.

UN BON AJUSTEMENT

Le traitement du diabète est à la fois simple et compliqué. Il est simple, car il consiste à apporter la molécule d'insuline manquante. Il est compliqué, puisqu'il faut tous les jours adapter les doses en fonction des besoins de l'enfant. Ces besoins sont variables selon l'activité physique, la croissance ou l'alimentation, et sont surveillés et évalués en permanence, voire même anticipés. C'est le traitement qui doit être adapté à l'enfant pour qu'il puisse mener une vie normale, et non l'enfant qui doit réduire son mode de vie pour s'adapter aux contraintes de la maladie.

LES AVANCÉES THÉRAPEUTIQUES

Les progrès réalisés dans le traitement du diabète sont importants. Ainsi, l'insuline fabriquée par génie génétique remplace aujourd'hui celle du porc, longtemps utilisée. Elle est mieux tolérée par le malade. Le mode d'administration reste contraignant, car il faut au moins deux injections par jour. Les chercheurs essaient de mettre au point des techniques d'administration mieux tolérées et plus efficaces (spray nasal, réservoir d'insuline implanté sous la peau), mais le recours aux injections reste actuellement incontournable chez l'enfant. Le véritable progrès viendra lorsqu'on pourra adapter en permanence et en continu les doses d'insuline en fonction des besoins de l'organisme.

LA DIARRHÉE

C'est une maladie fréquente chez l'enfant, qui se traduit par des selles répétées à la consistance liquide, souvent accompagnées de maux de ventre. Cette affection doit être prise au sérieux.

L'enfant peut souffrir de gastro-entérite, de diarrhée aiguë et, plus rarement, de diarrhée chronique. Lorsque ces troubles durent plus de 48 heures, malgré le traitement habituel, ils nécessitent des examens pour redéfinir un nouveau traitement.

LA GASTRO-ENTÉRITE

Cette inflammation de l'estomac et des intestins est le plus souvent due, chez le nourrisson ou chez l'enfant, à un virus. Elle s'attrape par l'absorption d'eau ou d'aliments contaminés et dure assez rarement plus de deux ou trois jours. Elle provoque un manque d'appétit, des vomissements et de la diarrhée. Quand elle survient très précocement après la prise de la nourriture, il s'agit d'une contamination par des toxines. Au-delà, elle évoque une contamination par une bactérie. La plus connue, la salmonella, est celle qui frappe les collectivités. Un traitement antibiotique ainsi qu'une bonne réhydratation sont alors nécessaires.

LA DIARRHÉE AIGUË

Elle se manifeste par des selles fréquentes, liquides et malodorantes, qui entraînent des douleurs au ventre, avec parfois de la fièvre. Cette affection est provoquée par un microbe, un virus ou un parasite. L'enfant n'a plus d'appétit et vomit ; il peut également souffrir de déshydratation.
Chez le bébé qui est nourri au biberon, le lait habituel doit être supprimé temporairement, pour être remplacé par

R. Phelps Frieman - Rapho

La prévention de la diarrhée. *Elle commence par une bonne hygiène : il faut notamment apprendre aux enfants à se laver les mains, au moins avant chaque repas.*

L'EXAMEN DES SELLES : QUEL INTÉRÊT ?

La majorité des diarrhées aiguës de l'enfant sont de nature infectieuse, le plus souvent virale. Dans le cas de simples diarrhées, l'examen des selles, ou coproculture, présente un intérêt limité, car le délai nécessaire à ces résultats est de trois à quatre jours : c'est-à-dire le temps que peut mettre la diarrhée pour disparaître.
Néanmoins, cet examen sera indispensable pour isoler le germe en cause, si la diarrhée persiste et si elle est accompagnée de fièvre et de sang dans les selles.

LA DIÉTÉTIQUE DE LA DIARRHÉE

Le lactose (sucre contenu dans le lait de vache) dans l'estomac augmente la présence d'eau dans les selles et peut aggraver la diarrhée. Chez le nourrisson, une alimentation à base de produits sans lactose ou de yaourt (lait fermenté) est indispensable. Chez l'enfant plus grand, l'utilisation de solutions salées-sucrées ou de bouillon de légumes salé apporte les sels minéraux nécessaires.

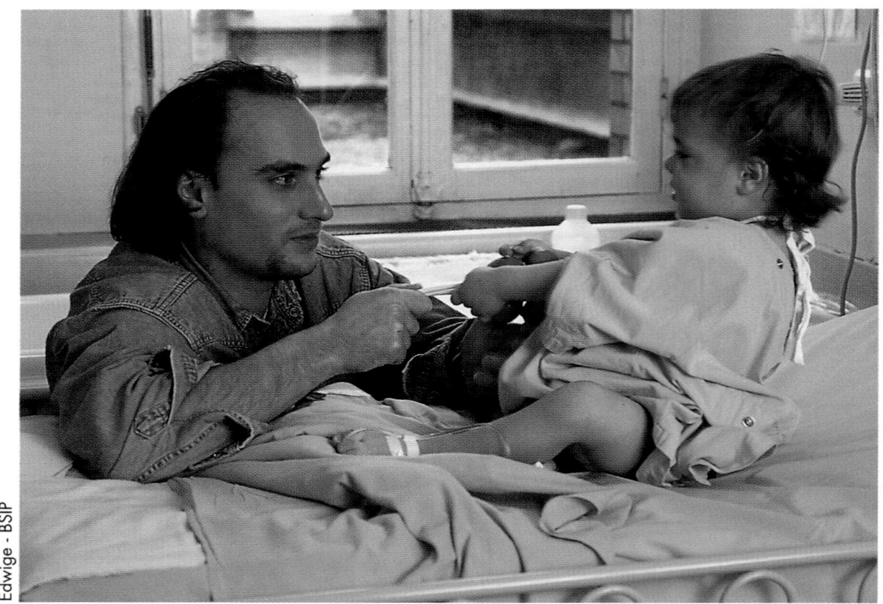

Edwige - BSIP

Les conséquences de la diarrhée. *L'enfant doit parfois bénéficier d'une perfusion pour éviter une déshydratation.*

un lait de régime (lait dépourvu de lactose). Pour hydrater le nourrisson, il faut lui donner, à intervalles réguliers, des petites quantités de solutions de réhydratation, vendues en pharmacie ; elles apportent l'eau et les sels minéraux qui ont été perdus à cause de la diarrhée.
À l'enfant plus âgé il faut proposer un régime à base de viande grillée, de banane écrasée, de riz, de carottes en purée, de pommes crues et de gelée de coings. La diarrhée doit cesser en deux ou trois jours. Il est alors possible de réintroduire progressivement du lait et des dérivés du lait. En cas de forte fièvre, le médecin prescrit des médicaments pour faire baisser la température. Il est également nécessaire de respecter scrupuleusement les conseils alimentaires donnés par le pédiatre ; éventuellement, des pansements intestinaux peuvent être efficaces pour accélérer la guérison.

LA DIARRHÉE CHRONIQUE

Chez le nourrisson, elle n'est pas toujours due à une gastroentérite qui se prolonge. Elle peut être l'expression d'autres problèmes digestifs et se manifeste par des selles fréquentes et malodorantes, avec des morceaux d'aliments non digérés. Cette diarrhée est bénigne si elle ne perturbe pas la courbe de croissance du nourrisson. Mais, si cette courbe est cassée, le médecin doit rechercher l'affection responsable.
Chez l'enfant, la diarrhée chronique entraîne un manque d'appétit, des vomissements, parfois des éruptions ou une gêne respiratoire. Elle peut être due à une intolérance aux protéines de lait de vache ou au gluten contenu dans les farines de céréales. Pour éviter ces allergies, le médecin prescrit un lait de régime ou des farines sans gluten, vendues en pharmacie. En dehors de l'exclusion de l'aliment qui a provoqué l'allergie, le régime doit être normal.

DÉSHYDRATATION : LES SIGNES D'APPEL

La déshydratation est une perte excessive d'eau. L'enfant, et particulièrement le nourrisson, a des besoins en eau supérieurs à ceux d'un adulte. Une diarrhée importante provoque une déshydratation. Des signes comme un teint pâle, des yeux creux, de la fièvre et une sécheresse de la bouche sont des signes de déshydratation : ils doivent vous alerter et vous inciter à consulter rapidement un médecin. Une déshydratation aiguë nécessite parfois une hospitalisation.

L'ÉPILEPSIE

L'épilepsie est une maladie chronique qui se caractérise par la répétition de crises convulsives plus ou moins fréquentes. Dans la majorité des cas, le traitement administré permet à l'enfant de mener une vie normale.

Une crise d'épilepsie se traduit par des convulsions pendant une durée limitée. C'est la répétition des crises qui permet de parler d'épilepsie.

LES CAUSES

La maladie, chez l'enfant, n'a pas de causes particulières. Dans 90 % des cas, il n'y a pas de cause repérable. L'origine de l'épilepsie est une excitabilité excessive du cerveau. Dans un petit nombre de cas seulement, cette origine peut être liée à des maladies génétiques ou à des traumatismes.

LES SYMPTÔMES

Chez le nouveau-né ou le nourrisson, les crises d'épilepsie peuvent provoquer une exagération (hypertonie) ou, au contraire, un relâchement (hypotonie) du tonus musculaire. Parfois, seule une partie du visage ou d'un membre de l'enfant est atteinte de convulsions et il perd connaissance. La révulsion des yeux qui suit la perte de connaissance, même brève, est caractéristique.

Une crise d'épilepsie se manifeste, chez l'enfant plus âgé, par des secousses brusques (ou convulsions) : son corps se raidit, sa respiration devient bruyante et irrégulière, il perd connaissance et tombe ; ses bras et ses jambes sont pris de secousses pendant quelques secondes. L'enfant reprend conscience progressivement, son corps se relâche et il s'endort. Après la crise, il ne garde aucun souvenir de ce qui s'est passé.

ÉPILEPSIE ET SPASME DU SANGLOT

Il ne faut pas confondre crise d'épilepsie et spasme du sanglot. La crise d'épilepsie survient brutalement. Le spasme du sanglot, lui, intervient au cours d'une crise de pleurs chez les enfants entre 6 et 18 mois : il se caractérise par un arrêt respiratoire provisoire, un teint bleuâtre (cyanose) et parfois un évanouissement. Mais il est sans gravité : rapidement, l'enfant reprend sa respiration et redevient conscient.

LE TRAITEMENT

Après une première crise, le médecin pratique un examen du système nerveux (examen

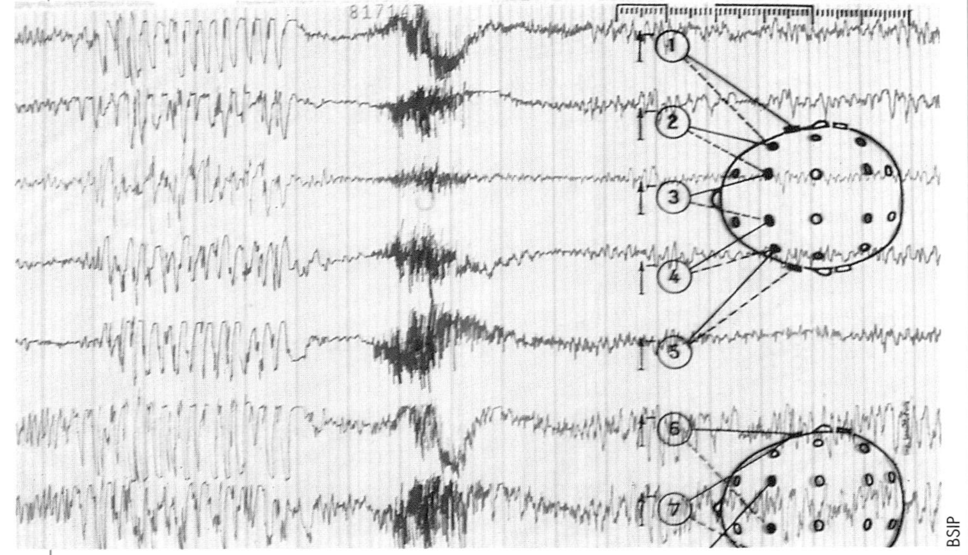

BSIP

***Électroencéphalogramme.** Il permet d'enregistrer l'activité cérébrale et de détecter des anomalies qui peuvent orienter vers un diagnostic d'épilepsie, et parfois définir l'origine de la maladie.*

FIÈVRE ET CRISE CONVULSIVE

Une crise convulsive provoquée par de la fiève dure quelques minutes. La brusque montée de la température déclenche la crise, qui s'accompagne de tremblements des membres, d'un teint pâle et d'une perte de connaissance. Il est possible d'agir pour que la crise ne se reproduise pas dans les instants qui suivent. Pour cela, faites baisser la fièvre en déshabillant l'enfant et en lui donnant un bain (température de l'eau inférieure de 2 °C à celle du corps) pendant dix minutes. Appelez rapidement votre médecin, afin qu'il recherche la cause de la fièvre et prescrive un traitement.

neurologique) de l'enfant pour rechercher la cause de la crise. Une brève hospitalisation est parfois nécessaire pour mener des explorations indispensables afin de compléter les informations : électroencéphalogramme, scanner du cerveau et bilan biologique.
Les médicaments (des anticonvulsivants), choisis en fonction de l'âge de l'enfant, du type de la crise et de sa cause présumée, permettent, dans la plupart des cas, de diminuer la fréquence des crises. Lors d'épilepsies sévères, le médecin en combine parfois plusieurs, qui pourront être supprimés si aucune crise ne se déclare pendant deux ou trois années consécutives. Dans la grande majorité des cas, le traitement n'est pas urgent : il vaut mieux que le médecin pose un diagnostic fiable, avant de décider des soins à donner au petit malade. La plupart des épileptiques mènent une vie tout à fait normale grâce au traitement antiépileptique qui, parfois, doit être poursuivi en continu pendant plusieurs années. Ce traitement limite le nombre de crises, mais ne traite pas, à l'heure actuelle, la cause de la maladie.

LES RECOMMANDATIONS

Lors d'une crise d'épilepsie, laissez les convulsions s'achever sans contraintes ; faites en sorte que l'enfant puisse respirer correctement ; ne le déplacez pas, sauf s'il est en danger. Lorsque la crise est terminée, dénouez ses vêtements trop serrés autour du cou et allongez-le en position latérale de sécurité. Faites venir un médecin. En effet, pour que la maladie soit vécue au mieux, il est important que celui-ci informe l'enfant et ses parents de ce qu'est une crise convulsive. De cette manière, l'entourage du petit épileptique ne sera ni surpris ni inquiet lors des crises qui peuvent être assez impressionnantes.
L'administration de médicaments anticonvulsivants permet d'écourter une crise convulsive dont la durée pourrait être assez longue. On peut même proposer aux parents dont le nourrisson ou le petit enfant est atteint de crises d'épilepsie d'administrer eux-mêmes ce type de médicament, par voie rectale, sans danger.

LE PRONOSTIC

Le pronostic de l'épilepsie est relativement difficile à établir. L'épilepsie est souvent temporaire chez l'enfant. L'attitude actuelle dans le suivi thérapeutique est de proposer un arrêt progressif du traitement sur plusieurs mois, après un délai qui varie suivant le type d'épilepsie ; ce délai est, en général, de l'ordre de 18 mois à 2 ans sans crise et dans les formes mineures d'épilepsie.
La vie de l'enfant est tout de même perturbée par la maladie. Celui-ci doit respecter une bonne hygiène de vie et avoir des heures de sommeil régulières et suffisantes. Dans le cas des épilepsies provoquées par la lumière (photosensibilité), il doit prendre certaines précautions pour regarder la télévision ou utiliser un ordinateur. Certains sports lui sont interdits, comme la plongée sous-marine, car les crises pourraient mettre sa vie en danger. D'autres sports peuvent être pratiqués, à condition qu'ils se déroulent sous surveillance, comme la natation.

UNE MALADIE COMME LES AUTRES

Les mécanismes de l'épilepsie sont désormais mieux connus et les traitements à base de médicaments, plus efficaces et mieux tolérés, permettent aux malades de faire moins de crises. Lorsque l'épilepsie est contrôlée, l'enfant peut mener une vie sociale et scolaire normale.

L'HÉMOPHILIE

L'hémophilie est une maladie héréditaire qui n'affecte pratiquement que les garçons. Elle est caractérisée par un trouble de la coagulation du sang qui provoque des hémorragies anormalement abondantes.

Près d'1 enfant sur 5 000 naît hémophile. Si le sang de l'enfant est traité (ou substitué), c'est-à-dire que l'on apporte le facteur manquant nécessaire à la coagulation, et si l'hémophilie est mineure, il peut vivre quasiment normalement, en observant toutefois quelques précautions.

LA TRANSMISSION

L'hémophilie est une maladie héréditaire. Elle se présente sous deux formes : l'hémophilie A, liée à un déficit du facteur VIII, et l'hémophilie B, liée à un déficit du facteur IX. On appelle facteurs les protéines indispensables à la coagulation du sang. Il y en a treize au total. La première maladie (l'hémophilie A) est dix fois plus fréquente que la seconde (l'hémophilie B) : l'hémophilie A touche 1 nouveau-né sur 5 000 ; l'hémophilie B, 1 nouveau-né sur 50 000. Le gène en cause dans ce déficit se situe sur l'un des deux chromosomes X de la mère. Une femme porteuse du gène de l'hémophilie a, en théorie, la moitié de ses fils hémophiles et la moitié de ses filles porteuses de la maladie. Les autres enfants sont épargnés. Le père qui est atteint transmet le gène à ses filles, mais à aucun de ses fils. Dans 25 à 30 % des cas, la maladie apparaît sans qu'il y ait d'antécédents familiaux.

LES SYMPTÔMES

La gravité de la maladie varie suivant l'importance du déficit en facteurs VIII ou IX.

■ TRANSMISSION DE L'HÉMOPHILIE

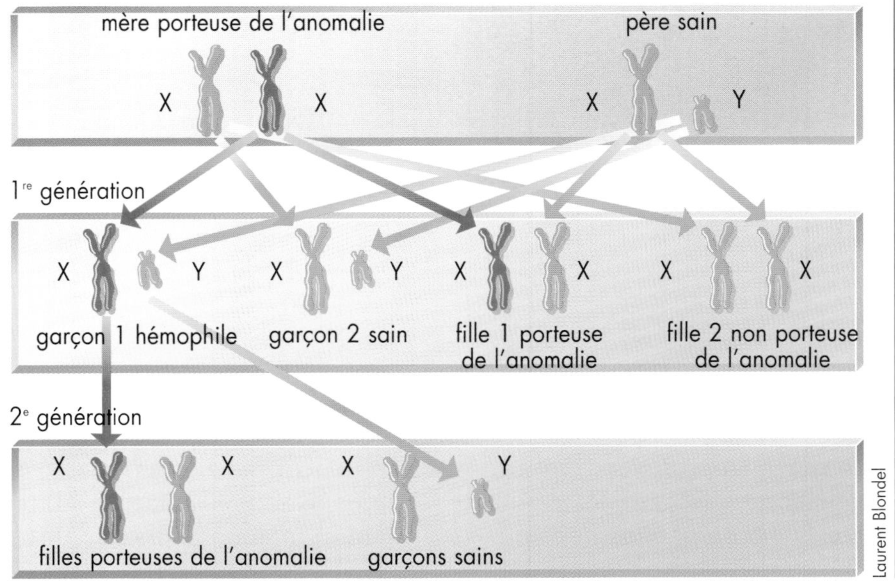

DÉTECTION ET DÉPISTAGE

L'hémophilie est une maladie provoquée par le déficit d'une protéine de la coagulation du sang. Seuls les hommes en sont atteints, alors que la maladie est transmise par les femmes. La maladie est reconnue quand l'apprentissage de la marche occasionne des blessures ou des chocs révélateurs (ecchymoses, hématomes). Une hémophilie peut aussi être décelée au cours d'un bilan sanguin préopératoire. L'anomalie peut enfin être détectée lors d'une enquête génétique par étude de l'ADN ou par prélèvement de sang du fœtus au niveau du cordon. Ce dépistage n'est pas obligatoire. Cette enquête et le prélèvement permettent de déterminer le type et la sévérité prévisible de la maladie.

LES PRINCIPES DE TRAITEMENT

Le traitement repose sur l'administration de fractions coagulantes concentrées, fabriquées à partir du plasma sanguin. Pratiqué sous surveillance médicale, ce traitement varie selon la gravité de la maladie : il peut être fait de façon systématique et préventive ou à la demande, en cas de manifestation pathologique ou de traumatisme.

L'hémophilie peut être mineure, modérée ou grave. Dans les formes mineures, les hémorragies sont à craindre lors d'interventions chirurgicales ou d'extractions dentaires. Dans les formes modérées, elles surviennent suite à des chutes et à des traumatismes. Dans les formes sévères, les saignements se produisent spontanément, provoquant des épanchements dans les muscles, sous la peau, dans les articulations.

LE TRAITEMENT

Il y a cinquante ans, les jeunes malades atteignaient rarement l'âge adulte. De nos jours, les hémorragies sont stoppées grâce à des substances coagulantes. Pour cela, des perfusions sont administrées aussi vite que possible après le début d'une hémorragie. En cas de saignement sévère et inhabituel, l'hospitalisation est indispensable. Pour prévenir les hémorragies, les hémophiles s'injectent des doses répétées de concentré de facteur VIII ou IX.

Ce traitement repose sur la substitution en quantité suffisante du facteur manquant. Jusqu'à une date encore récente, les produits de substitution étaient faits à partir du plasma de nombreux donneurs de sang ; ils nécessitaient le don de plusieurs dizaines de personnes pour chaque injection, d'où des risques importants de transmission des virus (VIH, hépatites, etc.). Ce danger est aujourd'hui limité grâce au génie génétique, qui permet d'obtenir ces facteurs par biosynthèse et élimine les risques de transmission virale.

Keene - BSIP

Le sport. *La pratique régulière d'un sport n'est pas interdite par la maladie, mais doit être adaptée à ses manifestations.*

LE QUOTIDIEN

Des centres spécialisés permettent aux jeunes hémophiles de mener une vie aussi normale que possible. Ils proposent des informations sur les risques, le traitement et la prévention de la maladie. Une infirmière est à la disposition des enfants pour leur apprendre à s'injecter eux-mêmes les produits de substitution. L'apprentissage commence très tôt, entre 8 et 10 ans. Des précautions sont à prendre au quotidien : l'enfant doit éviter les chocs et les chutes pouvant provoquer blessures et saignements ; lors de ses déplacements, il doit emporter avec lui une trousse contenant son matériel à perfusion.

HÉMOPHILIE ET SPORT

Une maladie de ce type expose au risque d'hémorragie lors de petits traumatismes. L'injection répétée du facteur manquant (tous les deux ou trois jours) permet de maintenir un taux sanguin du facteur antihémophilique suffisant pour éviter les hémorragies. Grâce à ce procédé, la qualité de vie des hémophiles s'est assez nettement améliorée depuis plusieurs années, car ils peuvent pratiquer des activités quotidiennes et sportives normales. Il est toutefois préférable d'éviter les sports violents ou à risques traumatiques, comme le judo, le football ou l'équitation. On conseille, de préférence, des sports tels que la natation ou la marche à pied.

LES HERNIES

Il y a hernie quand un organe ou une partie d'un organe sort de l'endroit où il devrait normalement se trouver. Souvent bénignes lorsqu'elles sont bien traitées, les hernies peuvent parfois provoquer de graves complications.

La hernie est une grosseur anormale qui déborde sur le ventre de l'enfant ou dans une région voisine, l'aine ou les bourses. Peu volumineuse, elle est présente par intermittence ou en permanence. La principale complication de la hernie est l'étranglement, avec obstruction complète ou partielle de l'intestin : c'est l'occlusion intestinale. Il faut alors impérativement opérer l'enfant dans un délai de quelques heures.

LES CAUSES

Une pression abdominale peut favoriser l'apparition d'une hernie. Les causes en sont diverses chez l'enfant : la hernie est surtout due à une malformation, mais elle peut aussi être liée à une expulsion difficile des selles chez les enfants constipés, ou à une toux chronique. L'enfant peut souffrir d'une hernie inguinale, d'une hernie ombilicale ou de hernies internes.

P. Witt - Rapho

L'opération de la hernie. *Une intervention chirurgicale, programmée le plus souvent, permet la correction définitive de la hernie inguinale.*

LA HERNIE INGUINALE

Les symptômes. Chez le garçon, la partie de l'intestin en cause dépasse à droite ou à gauche des organes génitaux, au niveau des bourses, dans lesquelles elle peut descendre. Si le nouveau-né présente une hernie inguinale, la malformation peut être associée avec des testicules non descendus (ils le sont dans la moitié des cas, lorsque la hernie se révèle tôt, avant l'âge de 3 mois). Cette hernie peut être congénitale ou acquise. Non soignée, elle peut s'étrangler, c'est-à-dire qu'il

CHEZ LES GARÇONS PRÉMATURÉS

La pression abdominale due aux pleurs, à l'alimentation ou au transit intestinal fait descendre le testicule dans la bourse, provoquant une hernie (bilatérale dans 40 % des cas) chez les prématurés. La fragilité des testicules et des vaisseaux à cet âge incite à n'intervenir qu'à partir de l'âge de 6 mois, sauf en cas d'urgence.

LA HERNIE DE L'ENFANT DOIT ÊTRE OPÉRÉE

La hernie inguinale se reconnaît dès les premières semaines de la vie par une excroissance à la partie haute de la bourse du petit garçon. Réduite par simple pression de la main, elle n'a cependant aucune tendance à la guérison spontanée. Même si elle s'efface en quelques mois, elle réapparaîtra dans l'enfance ou à l'adolescence, parfois en se compliquant. Il faut donc l'opérer dès qu'on la découvre ou dans la première année de vie.

devient impossible de réintroduire dans le corps la partie de l'intestin qui dépasse, en la poussant du doigt. Dans ce cas, elle devient grosse, dure et sensible au toucher. Les douleurs deviennent plus fortes et l'occlusion intestinale menace. L'enfant vomit, crache de la bile verdâtre et ne va plus à la selle. Chez la fille, cette grosseur de la paroi abdominale est parfois à l'origine d'une hernie de l'ovaire. Celle-ci ressemble à un noyau d'olive perceptible au niveau d'une grande lèvre.

Le traitement. Cette hernie nécessite, chez le garçon, une intervention chirurgicale urgente, quand le risque d'étranglement est trop présent. L'intervention est recommandée très tôt chez le nourrisson, avant l'âge de 6 mois. Chez la fille, une intervention est également nécessaire, car des troubles de la circulation pourraient gêner ultérieurement le fonctionnement de l'ovaire.

LA HERNIE OMBILICALE

Les symptômes. Cette hernie se produit lorsqu'une portion de l'intestin repousse la paroi de l'abdomen, au niveau de l'ombilique. Assez banale et bénigne chez le bébé, elle ne s'étrangle jamais. Elle est facile à observer quand, au niveau du nombril, une petite bosse molle augmente de volume au moment où l'enfant pleure ou fait des efforts pour expulser ses selles.

Le traitement. Le médecin ne prescrit aucun traitement pour la hernie ombilicale. Il vérifie simplement que celle-ci rentre dans l'abdomen de l'enfant lorsqu'il appuie dessus. En général, la hernie ombilicale disparaît spontanément quand les muscles du ventre sont devenus plus toniques, et bien souvent avant l'âge de 4 ans.

Le recours à la chirurgie est exceptionnel ; il n'a de toute façon jamais lieu avant l'âge de 2 ou 3 ans.

LES HERNIES INTERNES

Chez le fœtus, en cas de défaut de fermeture du diaphragme, l'intestin peut se développer à la place du poumon : c'est ce qu'on appelle une hernie diaphragmatique. Cette malformation est grave. En effet, elle empêche le développement des poumons et ne peut s'améliorer que très lentement après la naissance. On peut donc entreprendre une intervention chirurgicale in utero, mais celle-ci n'a pas encore, pour le moment, donné tous les résultats attendus.

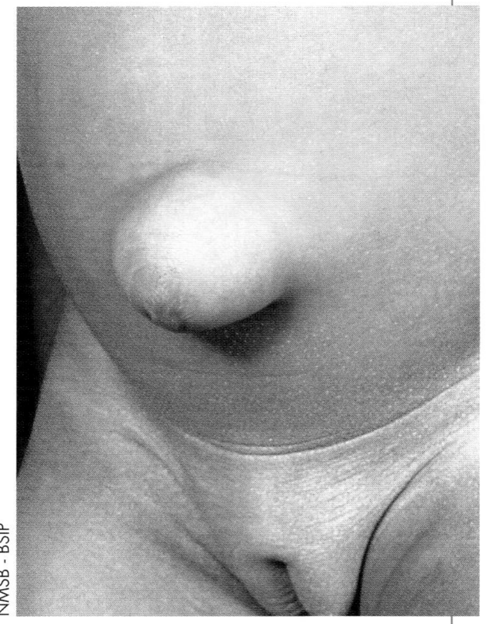

NMSB - BSIP

***La hernie ombilicale.** Chez le nourrisson et le petit enfant, elle est impressionnante mais guérit spontanément, avec la musculation de la sangle abdominale, dès que l'enfant se met debout.*

L'HYDROCÈLE

Lorsque vous faites la toilette de votre enfant, surtout s'il s'agit d'un petit nourrisson, vous pouvez découvrir une grosseur au niveau d'une bourse, qui ne provoque, chez lui, ni gêne ni douleur. Si cette grosseur ne s'accompagne pas de pleurs ni de troubles du transit, le médecin peut diagnostiquer un petit épanchement liquidien, qu'on appelle l'hydrocèle ; celui-ci va disparaître, en général, au bout de quelques semaines. Si la grosseur augmente de volume ou si elle devient douloureuse pour l'enfant, une intervention chirurgicale est alors envisagée.

Les Infections Urinaires

Les infections urinaires touchent aussi les enfants. Elles sont à traiter rapidement pour supprimer les brûlures quand l'enfant urine et réduire le risque d'infection qui pourrait altérer les reins.

Les infections urinaires sont de deux types chez l'enfant. Le premier est source de douleurs dans le bas du dos et gêne le fonctionnement du rein : c'est la pyélonéphrite aiguë. Le second provoque des douleurs lorsque l'enfant urine, mais ne menace pratiquement jamais le rein : c'est la cystite aiguë. Très fréquentes, ces infections sont généralement bénignes si elles sont rapidement détectées.

D. Armengaud

Cystographie rétrograde. *L'injection de produit dans la vessie permet de mettre en évidence une remonté anormale de l'urine vers le rein.*

LES CAUSES

La pyélonéphrite aiguë (inflammation des reins) est le plus souvent provoquée par un microbe, mais elle est aussi favorisée par une anomalie congénitale du système urinaire. La cystite aiguë (inflammation de la vessie) est souvent liée à une maladie qui gêne l'évacuation des

L'EXAMEN CYTOBACTÉRIOLOGIQUE DES URINES

Pratiqué au microscope, il détermine le nombre de germes et de globules blancs et rouges par millilitre d'urine. Pour que le résultat de l'examen soit fiable, il faut respecter quelques précautions : les urines doivent être émises le matin à jeun et recueillies dans un flacon stérile. Le nombre de germes permet de dire s'il y a infection ou non ; moins de 1 000 par millilitre, il n'y a pas d'infection ; plus de 100 000, il y a infection. Si le résultat se situe entre ces deux chiffres, il faut procéder à d'autres examens. En cas d'infection, le nombre de globules rouges et de globules blancs augmente. Normalement, il n'y a pas de sang dans les urines.

urines. Une autre cause d'infection urinaire existe lorsque l'enfant âgé de 2 ou 3 ans se retient d'aller aux toilettes ou recule au maximum ce moment. Cette attitude provoque alors un gonflement de la vessie et une mauvaise coordination des muscles (sphincters) servant à contrôler l'écoulement d'urine.

LES SYMPTÔMES

L'enfant atteint de pyélonéphrite aiguë évacue souvent des urines troubles, qui le font souffrir de brûlures. L'enfant atteint de cystite aiguë va souvent aux toilettes mais n'évacue que quelques gouttes d'une urine troublée. Cet aspect trouble signale la présence de pus. L'urine est parfois malodorante et peut contenir du sang. Il faut savoir que la betterave et certains médicaments peuvent colorer en rouge les urines, ce qui n'est pas un signe d'infection urinaire.

LE DIAGNOSTIC

Il est fait à partir d'une analyse d'urine (l'examen cytobactériologique), prescrite par le médecin : elle permet d'isoler le germe responsable de l'infection et de déterminer le traitement à suivre.

LE TRAITEMENT

Qu'il s'agisse d'une pyélonéphrite ou d'une cystite aiguë, il faut que le médecin explore les voies urinaires pour connaître les causes de l'infection. Une première échographie permet de vérifier le bon fonctionnement des reins et, notamment, l'absence de calcul (corps dur et pierreux). D'autres examens radiologiques, comme celui de la vessie (appelé cystographie) ou de l'appareil urinaire (appelé urographie intraveineuse), permettent de rechercher une éventuelle malformation. Ces examens peuvent révéler une anomalie, par exemple une remontée d'urine entre la vessie et le rein (le reflux vésico-urétéral).
C'est en fonction de ce bilan, pratiqué à l'hôpital, que sont choisis les différents traitements. Parfois, il sera nécessaire de pratiquer une intervention chirurgicale pour corriger un rétrécissement des voies urinaires (sténose) ou une mauvaise implantation de l'uretère (canal qui conduit l'urine du rein à la vessie).
En fonction de l'âge de l'enfant et de la gravité de l'infection, un traitement aux antibiotiques (pendant quelques semaines ou plusieurs mois) sera administré par voie orale ou par voie veineuse en milieu hospitalier. Parfois une simple surveillance médicale, voire bactériologique au moindre doute, sera suffisante.
La répétition d'infections urinaires négligées ou mal soignées peut avoir de graves répercussions sur la santé de l'enfant, avec des complications infectieuses et, surtout, un mauvais fonctionnement des reins. Il faut toujours être très vigilant et inciter l'enfant à aller très régulièrement aux toilettes. Il ne doit pas s'y rendre au dernier moment ou uniquement sur ordre de ses parents.

L'ÉNURÉSIE

L'énurésie, ou pipi au lit, est un trouble de la propreté, fréquent surtout chez les garçons. Elle peut être liée à une infection urinaire, à une malformation des reins ou à une cause d'ordre psychologique. En outre, si l'enfant fait pipi dans sa culotte pendant la journée, après l'âge de 4 ou 5 ans, il est nécessaire de consulter un médecin : une envie fréquente d'uriner, des brûlures pendant qu'il urine et le besoin de boire beaucoup d'eau peuvent être les signes d'une infection urinaire.

COMMENT URINE-T-ON ?

L'émission d'urine, ou miction, diffère d'une personne à l'autre. En général, on va aux toilettes de 0 à 1 fois pendant la nuit et de 4 à 5 fois dans la journée. L'émission d'urine est normalement indolore. L'apparition de douleurs doit amener à consulter le médecin.
Quand l'enfant est propre, il contrôle ses envies d'uriner. La vessie se vide grâce à la contraction des différents muscles qui permettent l'ouverture et la fermeture du canal de l'urètre, d'où s'écoule l'urine. Quand la vessie est vide, ces muscles reviennent au repos et l'urine, élaborée par les reins, remplit à nouveau la vessie.

LES LEUCÉMIES

La leucémie est provoquée par la multiplication anormale de globules blancs qui envahissent la moelle osseuse, se répandent dans le sang, infiltrent les organes et gênent leur fonctionnement.

Chaque année, 3 nouveaux cas de leucémie pour 100 000 enfants de moins de 15 ans se déclarent dans les pays industrialisés. Quand le diagnostic de cette forme de cancer du sang est posé, un traitement est entrepris, souvent avec succès, pour diminuer l'augmentation anormale des globules blancs. Plusieurs formes de leucémies existent, mais une forme est courante chez l'enfant : c'est la leucémie aiguë lymphoïde.

LES CAUSES

La leucémie aiguë lymphoïde peut provenir de la transformation d'un globule blanc qui se reproduit par milliards de cellules anormales dans la moelle osseuse, puis dans le sang et dans les tissus. De nombreux facteurs semblent être à l'origine de cette transformation. Certains sont identifiés (facteurs chromosomiques), mais la plupart restent inconnus.

LES SYMPTÔMES

Ils sont dus à la prolifération des globules blancs (appelés les blastes) et à l'insuffisance de plaquettes et de globules rouges dans le sang. La multiplication des globules blancs dans la moelle provoque chez l'enfant des douleurs au niveau des os et des maux de tête. Elle déclenche un gonflement des ganglions du cou, des aisselles, de l'aine, de la rate et du foie. Ces globules blancs sont immatures et peu efficaces contre les infections qui sont donc plus fréquentes (infection pulmonaire, infection de la peau et de la gorge). En raison de l'insuffisance de plaquettes, l'enfant se

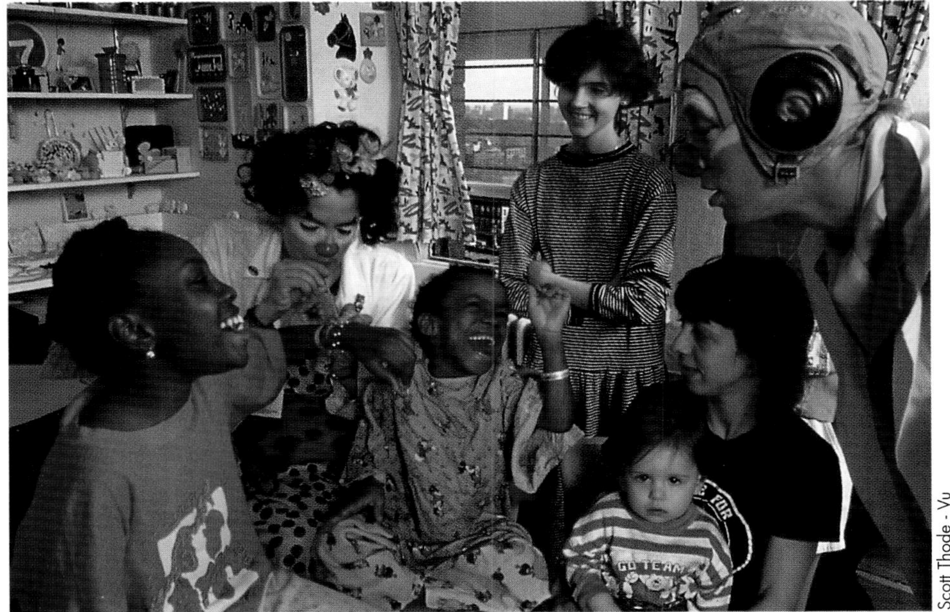

Scott Thode - Vu

À l'hôpital. *Les enfants vivent souvent mal le traitement lourd que leur impose la maladie. La visite des clowns leur apporte un peu de rire et d'espoir.*

UN MOT QUI FAIT ENCORE PEUR

La leucémie est désormais une maladie qui se traite bien chez les enfants, puisque, actuellement, on parvient à stopper la progression des globules blancs chez 75 % d'entre eux. La révélation de la maladie est brutale : les signes sont souvent silencieux et le diagnostic est rapidement posé, à partir d'une numération formule sanguine. Les proches du malade sont souvent inquiets, car ils constatent que le traitement est long et douloureux. La vie familiale est désorganisée à cause des visites fréquentes chez le médecin et à l'hôpital.

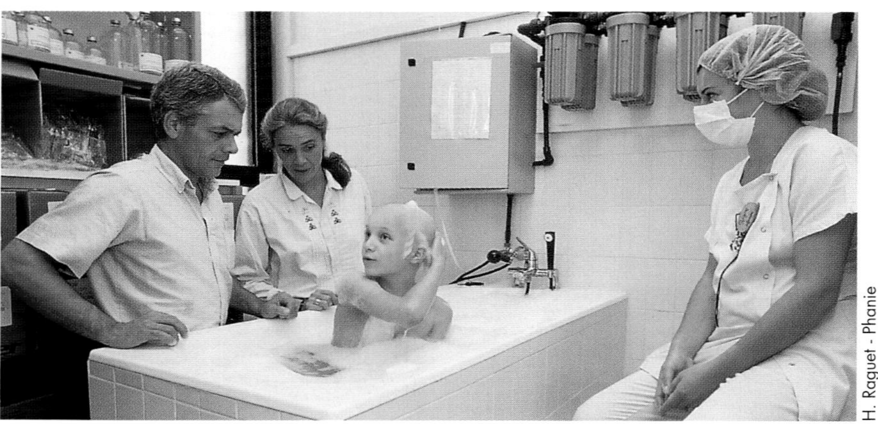

À l'hôpital. *Un enfant leucémique, entouré de ses parents, prend un bain avant d'entrer en chambre stérile.*

fait des bleus (ecchymoses) au moindre choc. La production insuffisante de globules rouges fatigue l'enfant, qui souffre d'anémie, de pâleur et de palpitations après un effort.

LE PRINCIPE DE LA CHIMIOTHÉRAPIE

Le traitement de la leucémie, comme pour beaucoup de cancers, nécessite l'utilisation de médicaments qui empêchent ou réduisent la prolifération des cellules cancéreuses. Malheureusement, ces médicaments antimitotiques (la mitose est le nom de la division cellulaire) détruisent aussi bien les cellules normales à renouvellement rapide (moelle osseuse, tube digestif, peau, cheveux), que les cellules malades. Des cures répétées parviennent à éliminer progressivement, puis à faire disparaître complètement, les cellules cancéreuses, plus fragiles que les cellules normales.

LE DIAGNOSTIC

Deux examens permettent d'établir un diagnostic de la maladie : l'examen sanguin et le prélèvement de moelle osseuse, ou myélogramme. Quand la leucémie aiguë lymphoïde est confirmée à la suite des premiers examens, le médecin réalise une ponction lombaire pour détecter la présence d'éventuelles cellules anormales dans le liquide qui entoure le cerveau (liquide céphalorachidien).

LE TRAITEMENT

Le traitement de la leucémie repose sur une chimiothérapie intensive et sur l'administration de puissants antibiotiques, puisque, pendant les soins, l'enfant est très exposé aux infections, aux hémorragies et à l'anémie. Le traitement nécessite donc une hospitalisation de longue durée. Dans la majorité des cas, les globules blancs immatures disparaissent pendant le traitement. On dit qu'il y a rémission lorsqu'il n'y a plus de cellules leucémiques dans le sang, la moelle osseuse et le liquide céphalorachidien.

CONDUITE ET CONSÉQUENCES DU TRAITEMENT

L'administration des médicaments anticancéreux se fait souvent par injections intraveineuses. L'association de plusieurs substances et la répétition des cures de chimiothérapie justifient la pose d'un cathéter, sorte de tuyau en plastique placé dans une veine pour éviter la répétition des piqûres. Le traitement principal peut s'accompagner d'autres remèdes, par exemple des médicaments contre les vomissements ou, si le médecin le juge nécessaire, des transfusions de globules rouges et de plaquettes. Des antalgiques peuvent également être donnés à l'enfant afin de soulager des douleurs occasionnées par la maladie. Le traitement est efficace, mais il reste très éprouvant pour l'enfant et pour sa famille.

Une légère chimiothérapie, dite de consolidation, est souvent administrée pour prévenir les rechutes. Rares, mais toujours possibles, surtout dans les trois années qui suivent la maladie, elles obligent le petit malade à prendre des médicaments pendant plusieurs années après la rémission. En cas de rechute, une greffe de moelle osseuse, prélevée sous anesthésie générale sur un donneur sain, peut alors être envisagée.
Les traitements modernes améliorent le pronostic et permettent souvent la guérison des leucémies chez les enfants.

LES MALADIES DE LA PEAU

La peau est le plus grand et le plus fragile des organes du corps. Très sensible chez l'enfant, elle subit parfois quelques agressions, qui sont le plus souvent faciles à soigner.

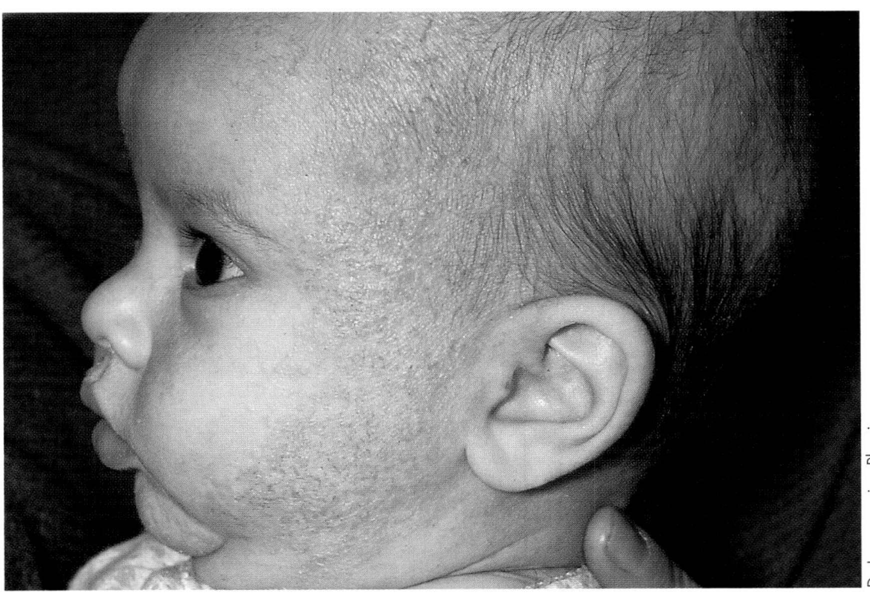

Dr Jeanmougin - Phanie

***Eczéma.** C'est une affection qui se présente sous la forme de plaques rouges, provoquant des démangeaisons. Elle touche surtout le nourrisson, et plus particulièrement son visage.*

Les maladies de la peau sont très courantes chez le nourrisson et l'enfant plus âgé. Celles que l'on observe le plus fréquemment sont l'eczéma et l'impétigo. Elles provoquent des plaques rouges disgracieuses sur le corps ou le visage. L'enfant doit recevoir des soins d'hygiène stricts. L'eczéma n'est pas contagieux, alors que l'impétigo l'est, ce qui contraint les parents à prendre des précautions pour éviter la dispersion de la maladie.

LES SYMPTÔMES DE L'ECZÉMA

Cette affection peut apparaître chez le nourrisson à partir du 2e ou du 3e mois. Elle se caractérise par des lésions cutanées sèches, suintantes ou d'aspect croûteux, qui tapissent le front, les joues et le menton, mais évitent le pourtour des yeux, de la bouche et du nez. Sans raison apparente, ces taches rouges s'étendent par poussées successives aux épaules, aux bras, au dos des mains et à la poitrine.

L'eczéma provoque chez le nourrisson une agitation et occasionne souvent des lésions de grattage, à l'origine de petites infections locales.

Chez l'enfant plus âgé, les lésions sont souvent situées dans les plis des coudes et des genoux. Lorsqu'elles touchent les mains, elles peuvent être provoquées par certaines crèmes ou par des produits de nettoyage irritants.

LA PEAU DU NOUVEAU-NÉ

Elle est lisse, douce et souvent rouge. Les mains et les pieds sont parfois violacés, secs et fripés. Un ou deux jours après la naissance, la peau tombe par petits lambeaux. Le nez et le menton sont quelquefois recouverts de petits grains blancs, appelés milium, qui disparaissent en quelques semaines. Environ 1 nouveau-né sur 10 présente une ou plusieurs taches rouges (c'est un angiome), qui grossit au cours des premiers mois puis disparaît spontanément en un à trois ans. Mais certains angiomes persistent toute la vie. Le nouveau-né peut également avoir sur le corps des petits points blancs sur une base rouge. Cette éruption, appelée grains de milium, est bénigne et s'estompe en quelques jours.

LES POMMADES ET LES CRÈMES

La plupart des maladies de la peau sont traitées avec des pommades. Ces préparations onctueuses et épaisses, qui renferment de la vaseline ou de la cire, permettent d'appliquer des principes médicamenteux sur la peau. L'utilisation de ces produits dans les maladies infectieuses joue un rôle à la fois thérapeutique et préventif, car ils soignent et stoppent toute transmission à des tiers. Les crèmes, peu grasses et peu épaisses, ont les mêmes propriétés que les pommades mais elles permettent en plus d'hydrater les peaux sèches.

LE TRAITEMENT DE L'ECZÉMA

Il permet d'atténuer les poussées. L'hygiène de la peau doit être méticuleuse et rigoureuse. Plutôt que d'utiliser des savons assez desséchants pour la peau, l'enfant doit être lavé avec des savons dermatologiques surgras vendus en pharmacie ainsi qu'avec des produits adoucissants pour le bain. Pour hydrater régulièrement la peau et calmer les démangeaisons, il est également recommandé d'utiliser des crèmes et des pommades dermatologiques.
Selon la gravité de la maladie, le médecin prescrit à l'enfant des corticoïdes en application locale. Ce traitement est temporaire et contrôlé, pour assurer un meilleur confort et limiter les poussées de la maladie. En cas de surinfection des lésions, des antibiotiques sont associés aux autres traitements.
L'eczéma est une maladie capricieuse ; tandis que la transpiration l'aggrave en général, un ensoleillement modéré peut au contraire l'améliorer. Cette maladie s'atténue souvent avant l'âge de 3 ans. Si elle persiste, l'enfant présente des troubles allergiques et peut devenir asthmatique en grandissant.

LES SYMPTÔMES DE L'IMPÉTIGO

Cette maladie, banale mais contagieuse, touche les enfants autour du nez et de la bouche, sur le cuir chevelu. Provoqué par une bactérie (un staphylocoque doré ou un streptocoque), l'impétigo se manifeste par une peau rouge qui se recouvre de petits boutons remplis de liquide. Ces boutons éclatent et laissent couler du pus. Des croûtes se forment, l'infection se propage et d'autres plaques apparaissent un peu plus loin. L'enfant souffre de démangeaisons. En se grattant, il peut propager la maladie à d'autres endroits de son corps ; il risque également de la transmettre à ses proches ou à l'école. C'est pourquoi il est interdit à l'enfant d'aller en classe tant qu'il n'est pas guéri.

LE TRAITEMENT DE L'IMPÉTIGO

Il repose sur la prise d'antibiotiques et sur l'utilisation de pommades. Un lavage doux avec un antiseptique permet d'enlever les croûtes ramollies par la pommade. Pour éviter de propager l'impétigo, il est indispensable de trier le linge de l'enfant malade (taie d'oreiller, sous-vêtements, serviette et gant de toilette) et de le laver séparément à l'eau bouillante.
Cette maladie n'entraîne pas de complications, mais, très exceptionnellement, le streptocoque peut provoquer des affections rénales ou des troubles cardiaques.

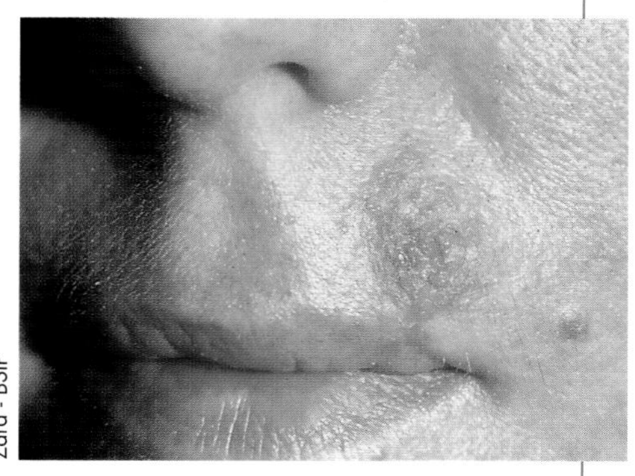
Zara - BSIP

Impétigo. *La peau rougit et se recouvre de boutons qui éclatent, laissant couler un pus jaunâtre.*

L'HYGIÈNE DE LA PEAU

La peau du nouveau-né est très sensible. Pour limiter les infections et les irritations, il faut maintenir la peau toujours propre et hydratée et éviter les frottements provoqués par des couches ou des vêtements trop serrés. Malgré ces précautions, quelques affections peuvent survenir, comme l'érythème fessier, dû à l'agression de l'urine et des selles dans les couches. Vous devez, dans la mesure du possible, laisser votre bébé les fesses à l'air, le nettoyer avec des produits doux, en évitant les solutions à base d'alcool.

LA MUCOVISCIDOSE

La mucoviscidose est une maladie héréditaire transmise par un gène, qui affecte principalement les poumons de l'enfant. L'identification du gène en cause et son isolement en 1989 ont beaucoup fait progresser la recherche.

La mucoviscidose est une des maladies génétiques les plus fréquentes ; elle touche 1 enfant sur 2 500. Les connaissances sur cette maladie évoluent rapidement et plus de 500 mutations (modification d'une cellule qui entraîne l'apparition d'un caractère nouveau) ont été observées à ce jour. La maladie peut être détectée dès la naissance ; elle est transmise sur un mode récessif, ce qui explique qu'elle puisse survenir chez un enfant dont les parents ne sont pas touchés par la maladie. Les traitements actuels améliorent la qualité de vie des malades et des résultats sont obtenus avec les transplantations pulmonaires. La guérison est espérée, dans un avenir proche, grâce au génie génétique et à la biologie moléculaire.

Laurent - BSIP

***Le traitement de la mucoviscidose.** Des séances de kinésithérapie respiratoire, à l'hôpital ou à domicile, permettent à l'enfant de dégager ses bronches et l'aident à mieux respirer.*

LES SYMPTÔMES

La mucoviscidose est une maladie liée à une anomalie de consistance du mucus sécrété par certains organes tels que les bronches, le pancréas ou le foie. Les enfants atteints de cette maladie souffrent d'infection des bronches (pneumonies et bronchites) et de crises de toux qui finissent par abîmer leurs poumons. De plus, très souvent, le mauvais fonctionnement du pancréas provoque

POUR Y VOIR PLUS CLAIR

QUELQUES MOTS À CONNAÎTRE

Génétique : étude de l'hérédité, en particulier des gènes responsables d'un caractère héréditaire.
Génie génétique : ensemble des techniques permettant d'isoler et d'étudier le comportement des gènes dans les cellules.
Biologie moléculaire : science qui s'intéresse aux molécules supportant l'hérédité.

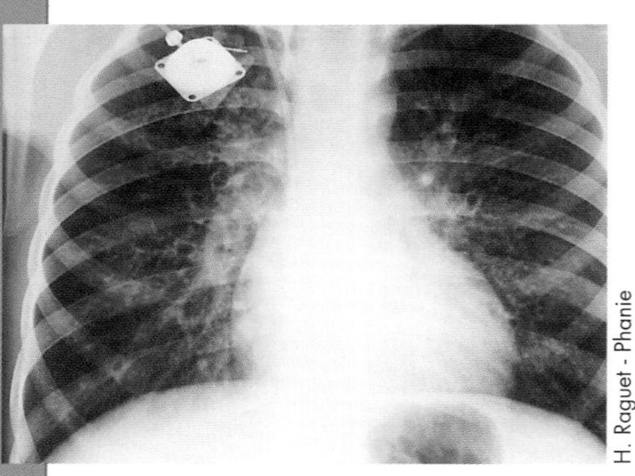

Radiographie. *Les traitements antibiotiques répétés nécessitent de mettre en place un système qui permet d'assurer une perfusion permanente de médicaments (tache blanche).*

PERSPECTIVES THÉRAPEUTIQUES

Des progrès dans le traitement de la maladie ont été réalisés ; d'autres sont attendus pour corriger les anomalies à l'origine des problèmes pulmonaires. Il est vrai que la réparation du gène (thérapie génique) est complexe et se heurte encore à des obstacles. Un certain nombre de traitements à base de médicaments sont à l'étude pour corriger ces anomalies. La transplantation des poumons n'est proposée que dans les cas de graves insuffisances respiratoires qui échappent aux traitements. Actuellement, le nombre de receveurs est largement supérieur au nombre de donneurs (et donc de greffons disponibles). En outre, à la différence de la transplantation d'autres organes (cœur, foie ou rein), la greffe de poumons fait encore l'objet de rejets chroniques, difficiles à maîtriser.

une diarrhée chronique qui se traduit par une émission importante de selles décolorées et malodorantes. Enfin, la croissance de l'enfant peut être fortement perturbée.

LE DÉPISTAGE

La maladie est soupçonnée lorsque des troubles digestifs, notamment une diarrhée persistante, provoquent une perte de poids chez l'enfant, dont l'appétit ne faiblit pas. Le diagnostic est confirmé par un examen appelé test de la sueur. Réalisé à l'hôpital et totalement indolore, ce test, qui dure de 5 à 7 minutes, consiste à recueillir, puis à analyser la sueur de l'enfant : un taux trop élevé de sel est un signe de mucoviscidose. Il faut pratiquer deux tests, à quelques jours d'intervalle, pour que le diagnostic soit définitivement établi.
Les progrès de la génétique ont permis de découvrir le gène responsable de la mucoviscidose, ce qui permet de dépister la maladie dès la 10e semaine de grossesse : la future mère peut subir un examen (une étude du placenta), pour vérifier que le fœtus n'est pas atteint. Le résultat est important pour une mère qui a déjà donné naissance à un enfant malade et qui envisage une autre maternité : les parents d'un enfant malade ont un risque sur quatre d'avoir un autre enfant touché par la maladie. En outre, les frères et sœurs de cet enfant seront porteurs du gène dans deux cas sur trois. Cela n'est pas sans danger s'ils veulent à leur tour fonder une famille.

PRISE EN CHARGE

La mucoviscidose perturbe beaucoup le fonctionnement respiratoire de l'enfant. L'excès de sécrétions dans les bronches, les troubles de la ventilation et les infections bactériennes doivent être soignés très tôt avec des séances de kinésithérapie, des antibiotiques et un régime alimentaire. Ce traitement ne permet toujours pas de guérir le petit malade, dont l'état de santé se dégrade progressivement.

LE TRAITEMENT

En l'état actuel des connaissances, on ne peut agir que sur les symptômes de la maladie. Comme les soins sont assez contraignants, ils seront donnés si possible à domicile. C'est chez lui, dans sa famille, que l'enfant supportera le mieux un traitement long, qui ne permet pas encore de le guérir. Ce traitement associe des séances quotidiennes de kinésithérapie respiratoire afin de limiter l'obstruction des bronches, des antibiotiques pour éviter les surinfections pulmonaires et un régime alimentaire riche en calories, en protéines et en vitamines pour normaliser la courbe de poids et l'évacuation des selles. Dans les cas sévères, l'enfant peut subir une greffe pulmonaire, mais cette opération pose encore des problèmes de rejet. Les espoirs sont fondés sur la thérapie génique qui permettrait de corriger les conséquences de cette anomalie au niveau pulmonaire.

LES MYOPATHIES

Les myopathies sont des maladies héréditaires qui diminuent la force musculaire et perturbent peu à peu tous les mouvements. La recherche s'intensifie pour trouver les remèdes adaptés aux différents types de myopathie.

Toutes les myopathies qui touchent l'enfant sont des maladies dégénératives, dont l'évolution peut être très rapide ou, au contraire, extrêmement lente. Dans ce dernier cas, la maladie s'étend parfois sur plusieurs années, voire plusieurs dizaines d'années. S'il n'existe toujours pas actuellement de traitement pour ces maladies, une prise en charge améliore cependant beaucoup le confort et l'espérance de vie de l'enfant malade.

LES SYMPTÔMES

Les enfants myopathes souffrent d'une faiblesse musculaire au niveau des membres, du cou, du thorax et du tronc. Cette faiblesse évolue de la même façon de chaque côté du corps ; elle provoque une mauvaise coordination des mouvements. Cela gêne beaucoup l'enfant malade, qui marche et s'assoit plus tard que les autres enfants. Des troubles respiratoires peuvent également apparaître chez ces enfants qui – c'est un symptôme caractéristique chez le nourrisson – poussent de faibles cris. En outre, on observe sur leur visage des signes qui, en général, ne trompent pas sur la présence de la maladie : bouche ouverte, paupières supérieures qui tombent, pauvreté de la mimique, lèvre supérieure en forme d'accent circonflexe.

Les nouveau-nés présentent parfois, dès la naissance, des déformations aux pieds et aux mains, ainsi qu'un torticolis. Ils peuvent aussi souffrir d'une luxation de la hanche qui doit être dépistée précocement pour ne pas entraîner une diminution de la mobilité. Une insuffisance respiratoire survient souvent après quelques années.

LES FORMES DE MYOPATHIE

La maladie la plus fréquente chez l'enfant, et la plus connue, est la myopathie de Duchenne.

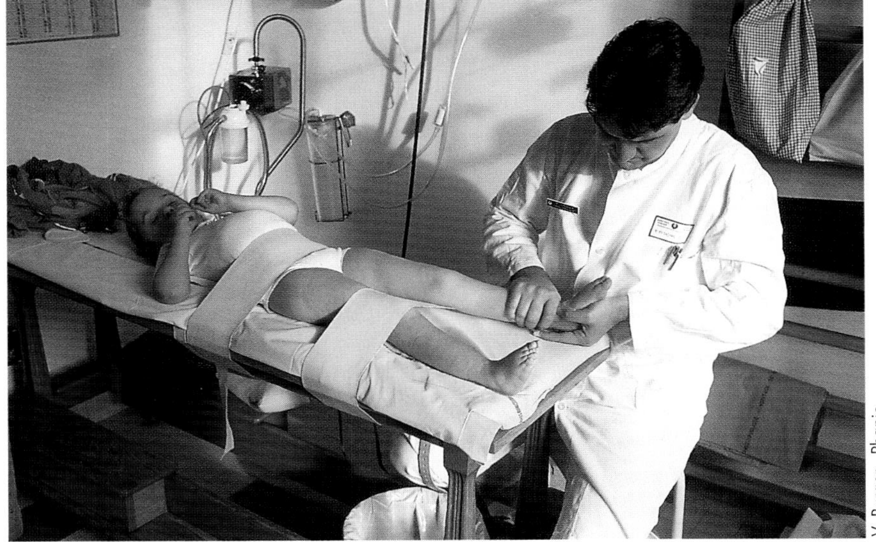

V. Burger - Phanie

À l'hôpital. *Les muscles de l'enfant sont atteints par la maladie ; des séances de rééducation permettent de corriger les déformations musculaires qui touchent les membres concernés.*

LES SIGNES D'APPEL

La myopathie est une maladie qui atteint les muscles servant à s'asseoir et à marcher. D'autres groupes de muscles peuvent être touchés, provoquant des troubles respiratoires. Dans ce cas, la maladie entraîne une infection des voies respiratoires ou des difficultés à s'alimenter.

PERSPECTIVES THÉRAPEUTIQUES

Aujourd'hui, il n'existe toujours pas de traitement qui permette à l'enfant de récupérer définitivement sa force musculaire.
Le seul espoir pour les années qui viennent repose sur les progrès qui restent à accomplir dans la biologie moléculaire, afin de mettre au point un traitement pour prévenir ces anomalies génétiques.

Elle ne touche que les garçons (1 sur 2 500) et n'est transmise que par la mère. Ce trouble apparaît vers l'âge de 2 ans, après l'acquisition de la marche. Les muscles des jambes sont les premiers atteints. L'enfant a de plus en plus de mal à bouger et devient peu à peu paralysé.
D'autres formes de myopathie débutent à l'adolescence et atteignent aussi bien les garçons que les filles : la myopathie de Landouzy-Déjerine, qui touche les muscles du visage et des bras ; la myopathie des ceintures (épaules, hanches), qui entraîne progressivement une invalidité sévère.

LE DIAGNOSTIC

Ces anomalies doivent amener à consulter un médecin, qui fera faire des examens (une analyse de l'activité des muscles, une étude du tissu musculaire) pour déterminer le type de myopathie concerné. Le diagnostic et la prise en charge de l'enfant sont établis et suivis

F. Durand - SIPA

***L'appareillage.** L'enfant appareillé peut se tenir assis ou debout, et retrouver ainsi un certain degré d'autonomie.*

par une équipe médicale pluridisciplinaire, qui coordonne le traitement et la rééducation.

LE TRAITEMENT

Aucun traitement ne permet pour l'instant à l'enfant de récupérer définitivement son tonus musculaire. La prise en charge en centre spécialisé améliore le confort et l'espérance de vie du petit malade. Des massages quotidiens et des séances de rééducation servent à corriger les déformations musculaires. Lorsque l'enfant a de plus en plus de mal à respirer la nuit, il faut l'aider. Pour cela, il peut bénéficier de mesures d'assistance respiratoire (aérosol, ventilation assistée) et même, dans des situations très évoluées, d'une opération de la gorge, ou trachéotomie. Les enfants myopathes vont souvent à l'hôpital lorsqu'ils souffrent d'une gêne respiratoire. Quand la maladie est sévère, une intervention chirurgicale peut être pratiquée par un chirurgien orthopédiste pour corriger les anomalies des muscles qui permettent de marcher.

LA RECHERCHE

Grâce à d'importants efforts financiers, des études sont menées sur les causes et sur les traitements de ces maladies. Tous les espoirs reposent actuellement sur la recherche fondamentale. Dans un avenir que l'on espère proche, la biologie moléculaire et la génétique en apprendront beaucoup sur les mécanismes de ces atteintes musculaires. Les traitements pourront alors être adaptés à chaque forme de myopathie et permettre aux enfants atteints de retrouver une certaine mobilité.

PRISE EN CHARGE

La prise en charge de la maladie est assurée par une équipe médicale composée d'un pédiatre, d'un neurologue, d'un orthopédiste et d'un kinésithérapeute. Une bonne coordination entre ces spécialistes est essentielle pour éviter d'éventuelles complications infectieuses. Le suivi est lourd et nécessite une hospitalisation de jour et/ou à domicile. L'enfant est le plus souvent scolarisé dans une école adaptée.

Les Oreillons

Cette maladie infectieuse touche surtout les enfants. Très contagieuse, elle se transmet facilement dans les collectivités. Un vaccin permet aujourd'hui d'éviter d'avoir les oreillons.

Malgré son nom, cette affection ne concerne pas les oreilles, mais les principales glandes salivaires (appelées les parotides). Le gonflement du pourtour des oreilles donne au visage une forme de «poire» très caractéristique de la maladie. Cette infection est généralement bénigne chez l'enfant, bien que, pour le garçon, il existe un risque d'inflammation d'un testicule (orchite).

LES CAUSES

La maladie se transmet par des gouttelettes de salive en suspension dans l'air. Elle se manifeste souvent en hiver et surtout dans les crèches et les écoles. L'inflammation touche les glandes salivaires, situées dans l'angle de la mâchoire, au-dessus et en avant des oreilles. L'incubation dure entre 2 et 3 semaines. L'enfant est contagieux une semaine avant le début des symptômes et le reste environ huit jours après.

LES SYMPTÔMES

L'inflammation des glandes salivaires apparaît d'abord d'un seul côté, puis atteint l'autre, entre 24 et 72 heures plus tard.

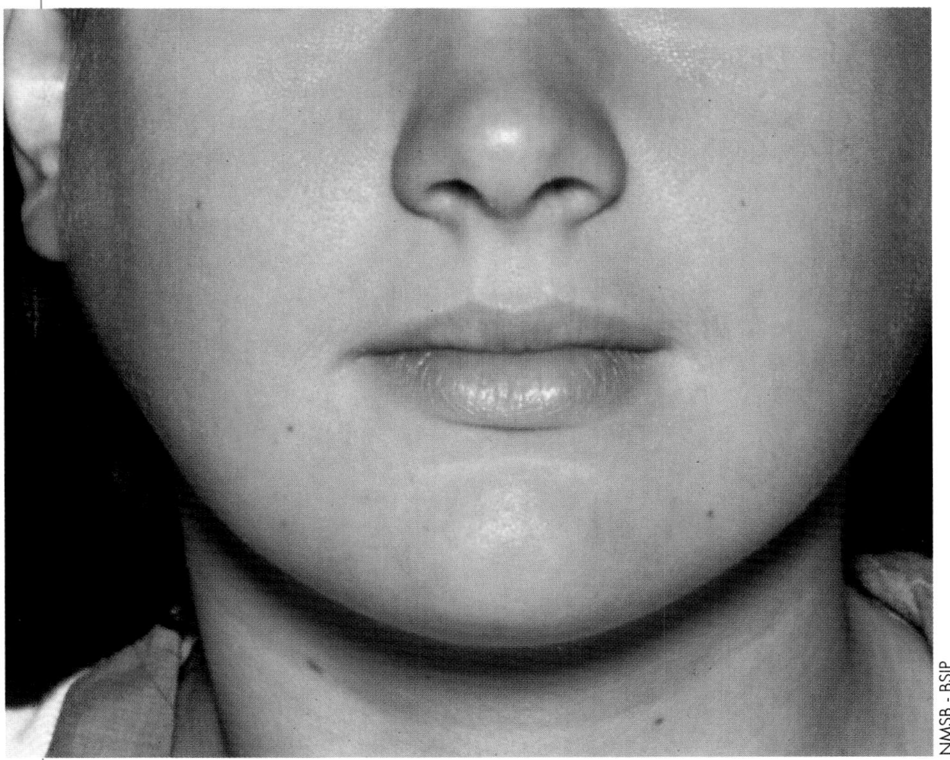

NMSB - BSIP

***Les oreillons.** On remarque un gonflement anormal des joues, dû à une inflammation des glandes parotides. Il apparaît d'abord d'un seul côté et donne au visage de l'enfant un aspect déformé.*

LA MÉNINGITE A PRATIQUEMENT DISPARU

Grâce au vaccin contre les oreillons, associé à celui contre la rougeole et la rubéole, le nombre de méningites, complications graves des oreillons, a beaucoup diminué.

La méningite se manifeste par des maux de tête, des vomissements, un refus de s'alimenter, une raideur de la nuque et des sensations de malaise. Survenant une semaine après l'atteinte de la glande salivaire, elle impose souvent une hospitalisation. Une ponction lombaire permet alors de s'assurer de la justesse du diagnostic et de traiter efficacement la maladie. L'entourage de l'enfant malade doit aussi être traité, pour éviter la contagion.

Elle se traduit par des douleurs qui gênent la mastication. Une légère fièvre, des maux de tête et des difficultés pour déglutir sont fréquents. La maladie ne provoque pas de boutons sur la peau, mais l'enfant peut avoir des rougeurs dans la bouche, au niveau des prémolaires. Cette affection dont l'évolution est bénigne, dure en général une dizaine de jours.
Dans certains cas, il peut y avoir des complications : l'orchite, qui est une inflammation d'un testicule, survenant chez le garçon après la puberté ; la méningite, qui apparaît quelques jours après l'inflammation ; la pancréatite, qui se manifeste par des douleurs abdominales et des vomissements. Toutes ces complications ne laissent en général aucune séquelle chez l'enfant si elles sont bien traitées.

LE DIAGNOSTIC

Très caractéristique, il est le plus souvent établi pendant l'examen clinique, c'est-à-dire lors de l'observation des symptômes apparents (pourtour des oreilles gonflé, fièvre, rougeurs dans la bouche).
Pour le confirmer, le médecin procède à des études de sérums à 15 jours d'intervalle environ, après une analyse de sang. Si le diagnostic n'est pas sûr ou si l'enfant présente des signes d'inflammation des méninges (ou méningite), le médecin fera pratiquer une mise en culture du virus présent dans l'urine ou dans la salive, ou même un dosage des anticorps dans le sang.

LE CALENDRIER DE VACCINATION

Dans 95 % des cas, le vaccin entraîne l'apparition d'anticorps protecteurs, c'est-à-dire une séroconversion. Toutefois, étant donné que la maladie diminue, le risque de rencontre ultérieure avec le virus empêche le rappel naturel et le maintien d'une protection contre ce virus. Comme pour la rougeole, une deuxième injection est conseillée à la puberté pour assurer une nouvelle protection immunitaire. Si cette injection est recommandée d'abord aux garçons, elle l'est aussi pour les filles, même si les oreillons ne provoquent chez elles aucune inflammmation des ovaires.

LE TRAITEMENT

Il repose sur la prise de médicaments, pour faire baisser la fièvre. En cas de douleurs aiguës, le médecin peut prescrire des anti-inflammatoires et des antalgiques. L'enfant doit rester au lit tant qu'il a de la fièvre. Il a mal quand il mastique et qu'il déglutit : préparez-lui donc des plats à base de purée, de viande hachée ou de compote. L'enfant appréciera d'être cajolé pendant ces quelques jours.
Dans les cas d'orchite, c'est-à-dire d'atteinte des testicules, le repos au lit est recommandé, à partir de la puberté car les bourses sont alors gonflées et douloureuses. Des médicaments pour calmer la douleur (antalgiques) et des anti-inflammatoires (corticostéroïdes) sont quelquefois prescrits pour diminuer l'inflammation. Contrairement à ce que l'on dit parfois, l'orchite n'entraîne pas de stérilité.
Si l'enfant est scolarisé, il ne doit pas retourner à l'école avant la disparition totale des symptômes, afin d'éviter tout risque de contagion.

LA PRÉVENTION

À titre préventif, un vaccin efficace et sans danger est maintenant disponible. Souvent associée aux vaccins contre la rubéole et la rougeole, la vaccination est proposée dans le calendrier vaccinal aux alentours de 1 an, mais peut aussi être pratiquée séparément chez les enfants et les adolescents. La protection contre la maladie (l'immunité) dure toute la vie. Bien que non obligatoire, cette vaccination est toutefois recommandée, car elle ne présente aucun risque.

PAROTIDITE ET OREILLONS

Les oreillons « ne supportent pas le singulier » : ils atteignent toujours les deux glandes salivaires, même si, au début, celles-ci ne sont pas atteintes simultanément. D'autres virus peuvent également provoquer une parotidite. Il ne faut pas pour autant conclure à un deuxième épisode d'oreillons ou à une inefficacité du vaccin.

La Scoliose

La scoliose est une torsion de la colonne vertébrale (que l'on appelle aussi le rachis), qui prédomine d'un côté, vers la droite ou vers la gauche. Le haut et le bas du dos sont les régions les plus frappées par les déformations.

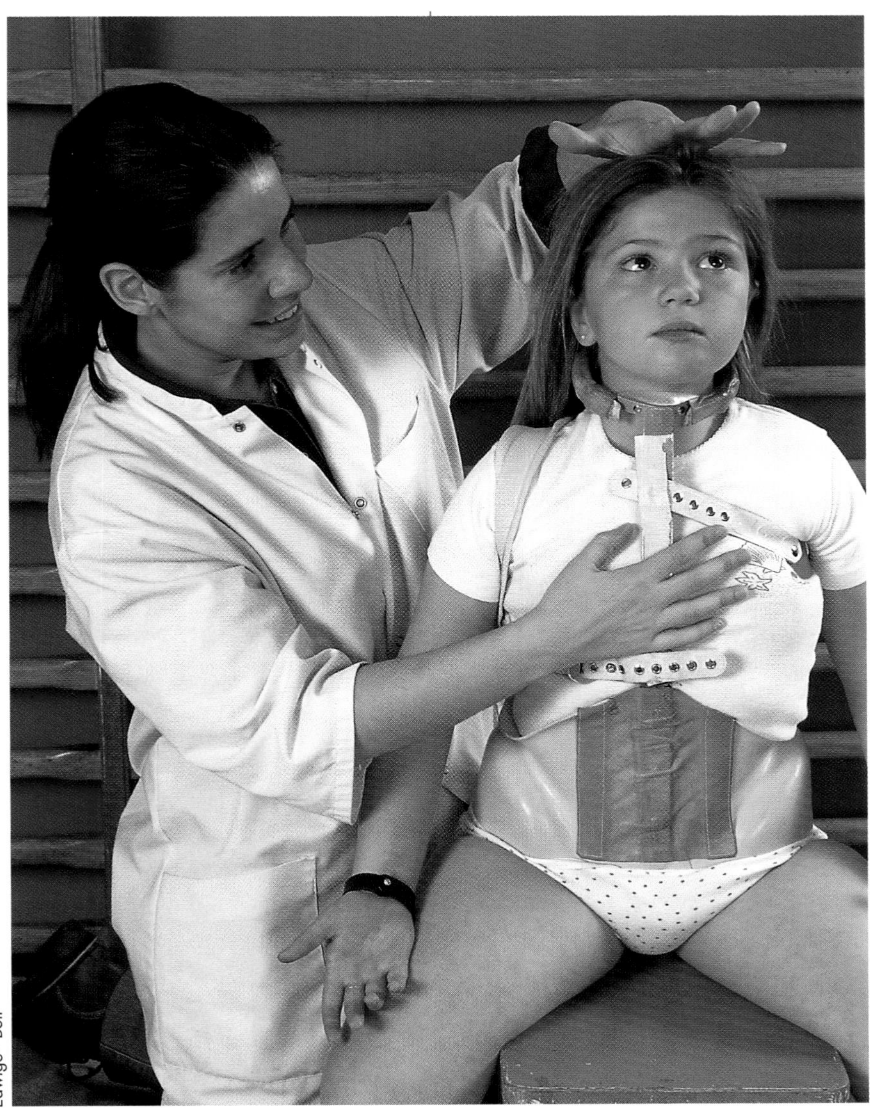

Edwige - BSIP

***La scoliose.** Elle peut nécessiter le port d'un corset. Fabriqué en résine, celui-ci permet d'éviter l'aggravation des déformations de la colonne vertébrale existantes et de soulager les articulations.*

Les scolioses proviennent d'une malformation congénitale ou d'une déformation des vertèbres. Certaines d'entre elles sont bénignes, car peu évolutives, et l'enfant peut facilement s'en accommoder ; d'autres sont sévères, voire invalidantes. Dans ces cas-là, assez rares, l'enfant est soulagé par une intervention chirurgicale, qui permet de redresser sa colonne vertébrale.

LES CAUSES

Une déformation de la colonne vertébrale survient aussi bien chez le nourrisson (scoliose congénitale) que chez l'enfant (vers l'âge de 2 ou 3 ans) ou chez l'adolescent.

La scoliose congénitale. Elle touche plus souvent les garçons

UNE ATTITUDE SCOLIOTIQUE N'EST PAS UNE SCOLIOSE

On entend très souvent dire que l'enfant « se tient mal » lorsqu'il est installé à sa table de travail ou lorsqu'il reste assez longtemps debout. Sa posture n'est souvent ni maladive ni inquiétante dans la mesure où, quand il y pense, il a la possibilité de se tenir bien droit.

Malgré tout, un examen médical peut s'avérer nécessaire pour s'assurer que l'enfant va bien et qu'aucune intervention ne doit être envisagée.

LA SURVEILLANCE À L'ADOLESCENCE

Lors de la puberté, la croissance est importante et doit être suivie par le médecin. En effet, c'est au cours de cette période que le développement de la colonne vertébrale est le plus important et peut révéler une scoliose méconnue ou en aggraver une déjà existante. L'évaluation du développement du corps pendant la puberté, très variable d'une personne à l'autre, est une donnée utile pour apprécier l'évolution et la stabilisation d'une scoliose.

que les filles et a diverses origines : il peut s'agir d'une anomalie d'une ou de plusieurs vertèbres qui sont déformées, ou d'un déséquilibre du bassin provoqué par des jambes qui n'ont pas la même longueur.

La scoliose chez l'enfant et l'adolescent. Elle concerne, en revanche, plus souvent les filles que les garçons (8 fois sur 10). Dans la majorité des cas, elle est révélée au moment de la puberté. Face à une déviation de la colonne vertébrale, qui ne peut d'ailleurs que s'aggraver jusqu'à la fin de la croissance, il faut que l'orthopédiste confirme son diagnostic en faisant une radiographie.

Selon les observations des médecins, environ 25 % des cas de scoliose auraient une origine familiale. Il est donc nécessaire de surveiller tout particulièrement les enfants dont un proche parent présente cette déviation de la colonne vertébrale.

LA FORME

La scoliose, qui apparaît pendant l'enfance ou la puberté, est caractérisée par un aspect sinueux : la colonne vertébrale est déviée latéralement et prend la forme d'un S, que l'enfant ne peut pas corriger de lui-même. En outre, lorsqu'on lui demande de se pencher en avant, il fait ressortir une bosse au niveau du dos : c'est la gibbosité.

LE DIAGNOSTIC

Bien que souvent visible, la scoliose doit être confirmée par des radiographies de la colonne vertébrale. Cet examen permet au médecin de localiser les déviations, de les mesurer, d'estimer l'évolution de la déformation et d'orienter les soins. D'autres radiographies viennent compléter celles du rachis : bassin, hanches et jambes.

LE TRAITEMENT

Il vise à réduire la déformation, parfois douloureuse et souvent inesthétique. Lorsque celle-ci est minime, il n'y a pas de traitement particulier : l'enfant n'est soumis qu'à une surveillance médicale pour vérifier que la scoliose n'évolue pas. Lorsque la déformation est provoquée par une inégalité de longueur des jambes, l'enfant porte des talonnettes ou une semelle du côté de la jambe la plus courte. Lorsque la déformation est plus marquée, une prise en charge est nécessaire pour éviter d'éventuelles complications respiratoires ou nerveuses liées à la compression des nerfs ou de la moelle épinière. Cette prise en charge, toujours très longue, utilise des corsets de différents types pour s'opposer aux déviations et maintenir la colonne droite. Contraignants à porter au quotidien, les corsets permettent cependant aux enfants de mener une vie pratiquement normale. La rééducation kinésithérapique est souvent indiquée pour muscler et assouplir le dos de l'enfant.

La correction chirurgicale ne concerne que les scolioses qui évoluent dans le temps ou qui sont très importantes. L'intervention consiste à souder les vertèbres entre elles par une greffe osseuse (arthrodèse) et à les relier avec une tige de métal (ostéosynthèse). Cette opération, pratiquée exceptionnellement après la croissance de la colonne vertébrale, permet de corriger les courbures anormales, mais elle donne souvent une certaine raideur à la démarche.

SE MUSCLER LE DOS POUR L'AVENIR

La croissance de la colonne vertébrale pendant la puberté s'accompagne de la fin de l'ossification des vertèbres. Fragiles et soumises à des contraintes, celles-ci peuvent se déformer et provoquer une courbure du dos. Pour lutter contre d'éventuelles douleurs dorsales, il existe un certain nombre d'activités (la natation, par exemple, mais surtout pas la danse) qui permettent de renforcer les muscles du dos, servant à stabiliser la colonne.

LES TROUBLES DU LANGAGE

Un enfant présente des troubles du langage quand, vers 3 ans, il déforme encore les mots et possède un vocabulaire limité pour son âge.

Lorsque des troubles du langage s'intallent et persistent chez l'enfant, celui-ci doit être tout d'abord examiné par un pédiatre. Certains troubles peuvent être très facilement soignés avant l'âge de 6 ans, grâce à des séances de rééducation orthophonique. Plus ces séances seront prescrites tôt et plus l'enfant pourra progresser rapidement.

E. Durand-Goivaux - Rapho

L'orthophonie. *Lors de séances d'orthophonie, l'enfant apprend à articuler les mots, à réorganiser ses phrases et à corriger le bégaiement et les retards de langage par des exercices phonétiques.*

Les difficultés de l'enfant pour parler ont diverses origines : problème psychologique, problèmes d'audition, etc. Si vous pensez que votre enfant n'entend pas bien, faites tester sa capacité auditive et faites-le suivre par un spécialiste.

LE BÉGAIEMENT

Il est caractérisé par l'hésitation, la répétition saccadée, la suspension, voire l'empêchement de parler. Très fréquent, il survient entre 18 mois et 9 ans, particulièrement chez les garçons, pendant la période d'acquisition du langage. L'enfant bégaie quand il est excité, stressé ou quand il est pressé de parler. Cette perturbation, qui dépend de causes affectives ou

LA LANGUE MATERNELLE OU PARENTALE

Grâce au brassage important des populations, certains enfants apprennent deux langues très tôt : quand les parents sont d'origines différentes, ils peuvent parler à leur enfant en utilisant chacun sa langue maternelle. Celui-ci s'adaptera très vite, passant d'une langue à l'autre sans difficulté. Ce bilinguisme aide l'enfant à développer très tôt ses capacités d'apprentissage des langues et lui permet d'entrer plus facilement en relation avec les autres.

nerveuses, prend parfois une forme chronique : des troubles moteurs peuvent toucher le visage et les muscles respiratoires ; l'enfant salive parfois de façon excessive. Le bégaiement diminue ou disparaît quand l'enfant crie, chuchote, récite ses leçons ou lit à voix haute. L'enfant finit par croire qu'il est incapable de parler correctement. Parfois, le bégaiement est entretenu chez lui par la simple peur de bégayer. Des séances de rééducation orthophonique s'imposent. Différentes techniques sont adaptées à l'âge et au comportement de l'enfant.

LE PARLER BÉBÉ

Parfois, votre enfant a quelques difficultés pour prononcer des sons : il zozote. Certains enfants parlent aussi bébé, articulant bien chaque son mais n'arrivant pas à prononcer les mots entiers (« saucette » pour « chaussette », « bourette » pour « brouette »). Si ces anomalies ne disparaissent pas spontanément vers 4 ans, faites-les corriger par une rééducation chez un orthophoniste.

LE ZÉZAIEMENT

Ce trouble de la prononciation consiste à dire « ze » au lieu de « je » ou de « ce ». C'est le défaut le plus répandu chez les enfants entre 4 et 5 ans. Il est dû à une mauvaise position de la langue qui vient se coincer entre les incisives, si bien que le son s est remplacé par le son z. Le zézaiement est généralement associé à une déglutition infantile (lorsqu'il déglutit, l'enfant met la langue en avant des gencives, comme le bébé qui tète) et à la succion du pouce. Il disparaît souvent de lui-même. Il suffit que l'enfant arrête de téter le biberon et de sucer son pouce. Si le défaut persiste au-delà de 5 ans, des séances de rééducation orthophonique seront nécessaires pour aider l'enfant à bien positionner sa langue dans la bouche.

L'ORTHOPHONIE

Elle étudie et traite les troubles de la voix, de l'articulation et de la parole. Elle s'intéresse aux difficultés de l'apprentissage du langage parlé, de la lecture et de l'écriture. Une rééducation chez un orthophoniste est indiquée pour l'enfant en cas de retard dans l'acquisition du langage, de surdité, de malformation du larynx ou à la suite de certaines maladies.

LE RETARD DE LANGAGE

L'enfant qui présente un retard de langage déforme les mots, possède un vocabulaire limité et construit maladroitement ses phrases. Décelés lors d'un examen de routine, ces problèmes conduisent le médecin à intervenir, car des troubles peuvent survenir à la suite d'une maladie ou être liés à des difficultés du développement de la personnalité, nécessitant une évaluation psychologique avant de décider des indications thérapeutiques. Le médecin pourra prescrire un bilan orthophonique, débouchant sur des séances de rééducation. Plus ces séances commencent tôt, plus l'enfant a de chances de rattraper son retard.

LA DYSLEXIE

C'est un retard dans l'apprentissage de la lecture et de l'orthographe. Il touche environ de 8 à 10 % des enfants et atteint trois fois plus les garçons que les filles. Les causes sont encore mal connues, mais elles pourraient provenir d'une prédominance anormale d'une partie du cerveau. Il ne s'agit pas d'une déficience intellectuelle, ni de troubles affectifs ou psychiatriques. L'enfant a une intelligence et une motivation normales. Il aime l'école, mais, après l'apprentissage de la lecture, il lit trop lentement et avec beaucoup de difficulté. Le petit dyslexique évite l'écriture et les lectures prolongées. Alors que, en général, les enfants corrigent vite leurs erreurs, le dyslexique a tendance à confondre les signes, les symboles et les syllabes.
La rééducation orthophonique permet alors de surmonter ce handicap. Mais la compréhension des difficultés que cela représente pour l'enfant dans son apprentissage ainsi que le soutien de son entourage sont des éléments essentiels à la réussite d'une rééducation orthophonique, souvent d'assez longue durée.

LES TROUBLES DU SOMMEIL

Les troubles du sommeil sont très fréquents chez le jeune enfant. Ces difficultés sont passagères et souvent liées à un moment particulier de son développement.

Le sommeil de l'enfant âgé de 3 à 6 ans n'est pas toujours facile. Après une journée pleine de découvertes et d'excitation, la transition vers le sommeil doit être précédée d'un moment de calme ; elle doit être accompagnée par un rituel du coucher, rassurant et serein.

LES RAISONS DE LA COLÈRE

Sauf peut-être lorsqu'il est vraiment fatigué, l'enfant âgé de 2 ou 3 ans ne vit pas toujours très bien le moment du coucher. Il est vrai que passer de l'état d'excitation à l'état d'endormissement n'est pas si simple. Aider l'enfant à franchir ce cap réclame souvent pour les parents une bonne dose de patience. Parfois, ce moment devient très délicat. En proie à des peurs irraisonnées, mais pourtant bien réelles, l'enfant crie, pique une colère et se débat quand il doit aller se coucher. Il invoque d'affreux monstres cachés dans sa chambre et réclame parfois une lumière tamisée, quand ce n'est pas la présence de sa mère ou de son père près de son lit jusqu'à son endormissement complet.

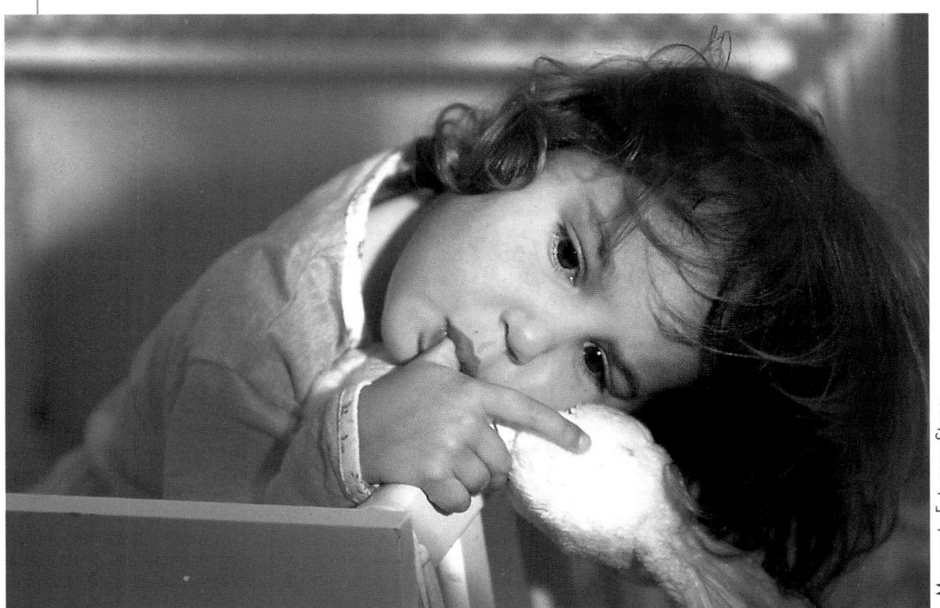

L. Monneret - Fotogram-Stone

__Un sommeil difficile.__ Le moment de la séparation est délicat. Il faut rassurer l'enfant, qui comprendra bientôt qu'il n'est pas abandonné et finira pas trouver le sommeil.

DES TROUBLES RELATIONNELS

Les troubles du sommeil ne sont pas une maladie en soi, comme peut l'être la rougeole, mais ils sont plutôt à considérer comme un signe d'appel ou de détresse. Dans certains cas, une consultation médicale peut aider à comprendre tout ce qui provoque ces troubles : angoisse de la séparation avec les parents, conflit qui n'a pas éclaté au grand jour, etc. La prise de somnifères doit être évitée chez l'enfant.

REDONNER CONFIANCE

Il ne faut pas nier la réalité des angoisses de l'enfant ; mieux vaut, au contraire, les dédramatiser. Celui-ci doit comprendre que rien de fâcheux ne peut lui arriver, et la pire des choses serait de précipiter ce moment où il se retrouve tout seul dans le noir. Il est nécessaire de lui redonner confiance. S'il pleure quelques minutes une fois couché, ce n'est pas grave, l'essentiel étant de revenir pour lui faire une petite caresse de consolation. Ce scénario est à

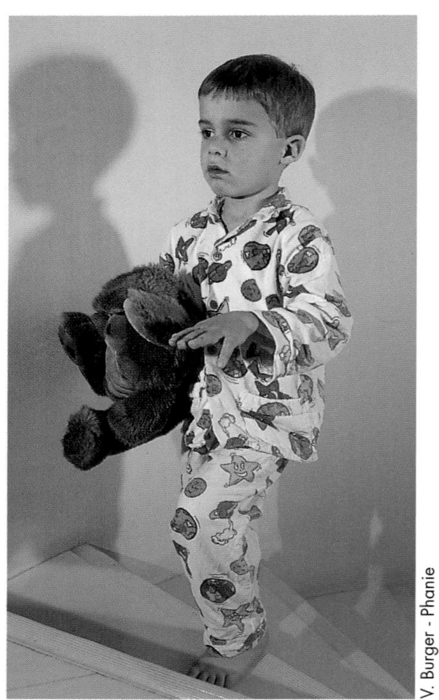

L'enfant somnambule. *Endormi, il se promène dans la maison, avant d'aller se recoucher.*

LA PEUR DU NOIR EST NORMALE

Au cours de sa 2e année, l'enfant devient peu à peu autonome et prend en même temps conscience de sa dépendance vis-à-vis de ses parents. Très tôt, il s'aperçoit que la maison continue de vivre, alors que lui est déjà couché. Cet isolement, ce sentiment de mise à l'écart de la famille et la peur du noir peuvent le perturber et provoquer chez lui angoisse et inquiétude. Il a alors besoin d'être rassuré par ses parents, d'où les rituels qui doivent être établis avant le coucher : toilette, câlins, histoire à raconter, besoin d'un « doudou ».

recommencer autant de fois qu'il le faut, au moins jusqu'à ce que l'enfant réalise bien qu'il n'est pas abandonné pendant son sommeil et qu'il peut compter sur la présence de ses parents. Bientôt, lorsqu'il saura que sa mère et son père sont près de lui, dans la maison, il fera ses nuits complètes.

LE SOMMEIL PERTURBÉ

À 3 ans, l'enfant va à l'école. Il s'endort maintenant sans faire trop d'histoires. C'est par contre en fin de nuit qu'il peut se réveiller, en proie à des cauchemars ; ces rêves terrifiants le paniquent. Il hurle et réclame ses parents, à qui il raconte ce qui lui a fait peur. Il a besoin d'être rassuré car, même conscient, il ne fait pas de différence entre le rêve et la réalité. Calmé, il pourra se rendormir. Si ces cauchemars se répètent et sont trop intenses, ils peuvent cacher un problème qui reste à trouver et à traiter.
Entre 3 et 4 ans surviennent les terreurs nocturnes en début de nuit (moins de trois heures après l'endormissement), plus fréquentes que les cauchemars. Elles provoquent un éveil brutal en pleine phase de sommeil profond. L'enfant s'agite, crie et fait des mouvements désordonnés. Malgré les apparences, il dort et ne reconnaît même pas ses parents. Il ne faut pas le réveiller, car cela augmenterait son malaise. En cas de terreurs nocturnes répétées, il vaut mieux consulter un médecin.

D'AUTRES TROUBLES

À ces fréquents troubles du sommeil s'ajoutent des perturbations passagères : les grincements de dents inconscients (bruxisme), qui arrivent pendant la phase de sommeil léger et peuvent se répéter plusieurs fois dans la nuit. Cette manifestation peut être le signe d'un manque d'activités physiques (cas d'un enfant qui a un trop-plein d'énergie à dépenser). Survient aussi le pipi au lit (énurésie), fréquent chez le garçon. Il se produit en début de nuit, sans perturber le sommeil. Il est inutile de gronder l'enfant et de le traiter avant sa 5e année, car il n'a pas la maîtrise de sa vessie. L'enfant peut aussi être somnambule entre 5 et 12 ans. Il se lève, se promène et ne se souvient plus de rien le matin.

ET À L'ADOLESCENCE ?

Les adolescents peuvent aussi avoir des difficultés à s'endormir. Leurs troubles du sommeil sont provoqués par des états d'excitation ou des angoisses. Par ailleurs, un trouble du sommeil peut parfois cacher un autre problème (mal-être, par exemple) qui mérite une prise en charge plus spécifique.
Des calmants légers peuvent aider temporairement à passer des nuits paisibles pour se reposer des fatigues accumulées pendant la journée. Mais il ne faut pas que les jeunes s'accoutument à ces produits, qui ne peuvent être donnés que sur l'avis d'un médecin, puisque délivrés sur ordonnance.

LES TROUBLES DE LA VUE

La vue peut être déficiente dès la naissance ou au cours de la petite enfance. Un suivi médical régulier permet de faire le point sur d'éventuels problèmes de vision.

Les yeux sont les organes qui grandissent le plus vite chez l'enfant, puisqu'ils atteignent leur taille définitive (environ 2,5 centimètres de diamètre) à l'âge de 3 ans. Ce sont des organes très complexes, qui présentent parfois des anomalies, plus ou moins graves, qu'il est nécessaire de traiter très rapidement.

QU'EST-CE QUE L'ŒIL ?

L'œil est constitué d'avant en arrière par la cornée, derrière laquelle viennent l'iris (c'est lui qui donne à l'œil sa couleur – bleu, vert, noir ou marron) et la pupille, ce petit orifice de 3 ou 4 millimètres de diamètre, qui s'ouvre dans le noir et se ferme à la lumière. Derrière la pupille se trouvent le cristallin (les modifications de sa courbure permettent à la vue de s'adapter de loin et de près) puis la rétine, dont le rôle est de transmettre l'ensemble des informations au cerveau, par l'intermédiaire du nerf optique.

MESURER LA VISION

La vision est mesurée en dixièmes. Un score de 10/10 correspond à une très bonne vue. L'enfant obtient généralement ce score entre 5 et 7 ans ; auparavant, à l'âge de 1 an, il n'a que 3/ 10 ou 4/10 ; entre 3 et 5 ans, il atteint 9/10 de vision. C'est à cette époque que des tests de dépistage de la vue sont effectués systématiquement en milieu scolaire.

B. Robbins - Fotogam-Stone

Les lunettes. *Les anomalies de la vision nécessitent souvent le port de lunettes. Celles-ci sont recommandées, car elles évitent de faire des efforts qui provoquent douleurs et maux de tête.*

QUELLE VISION A LE NOUVEAU-NÉ ?

Quelques heures seulement après sa naissance, le nouveau-né a déjà son attention visuelle captée soit par une lumière douce, soit par des objets brillants assez contrastés (succession de bandes blanches et noires, par exemple). Dès les premiers jours de sa vie, il va suivre des yeux un objet qui se déplace. Mais ce qui attire le regard du nouveau-né, c'est surtout le visage de sa mère, notamment lorsqu'il est animé et accompagné par la voix.

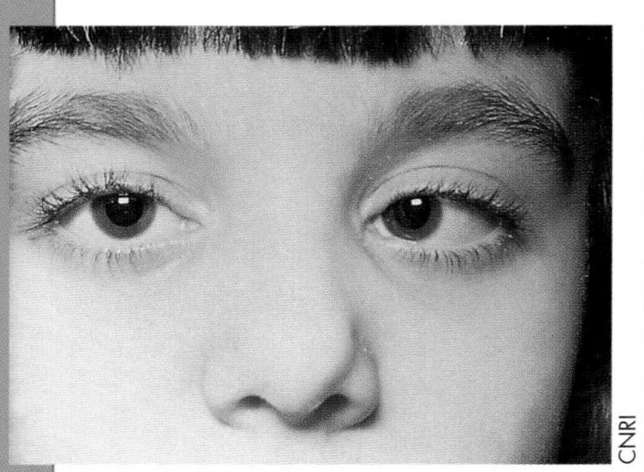

***Le strabisme.** Il est le plus souvent, comme sur cette photo, convergent. Cette déviation de l'œil vers l'intérieur doit être traitée dès le plus jeune âge.*

LES TROUBLES DE LA VUE

L'hypermétropie. Pour que la vision soit parfaitement nette, il faut que les lentilles de la cornée et du cristallin projettent l'image regardée par l'enfant directement sur la rétine. Lorsque ces lentilles sont trop faibles, l'image se forme derrière la rétine. L'œil voit alors très mal de près ; on dit qu'il est hypermétrope.

La myopie. Lorsque ces lentilles sont, au contraire, trop fortes, l'image se forme en avant de la rétine. L'œil voit mal de loin, il est myope. Cette anomalie survient chez les enfants entre 8 et 12 ans et touche environ 20 % d'entre eux. L'enfant myope doit obligatoirement porter des lunettes pour corriger sa vue.

L'astigmatisme. Lorsque la cornée est déformée, l'image est modifiée. L'œil voit flou de loin comme de près, il est astigmate. Les enfants hypermétropes et astigmates parviennent parfois à corriger seuls leur vue, mais au prix de grands efforts d'accommodation, qui provoquent des migraines et une fatigue de l'œil en fin de journée. La correction de ces troubles par le port de lunettes est donc toujours nécessaire.

L'amblyopie. Une différence de vision de 3/10 peut être enregistrée entre les deux yeux de l'enfant. Au-delà, on dit qu'un œil est amblyope par rapport à l'autre. De simples tests permettent à l'ophtalmologiste de détecter cette anomalie, qui peut se traduire de deux manières :

– une amblyopie dite organique, si l'œil est malformé ou malade. La correction de la vision est alors impossible ;

– une amblyopie dite fonctionnelle, si l'enfant louche (strabisme convergent). Jusqu'à 7 mois, le nourrisson louche naturellement lorsqu'il regarde un objet ou un visage (un de ses yeux est dévié vers l'intérieur). Cette anomalie ne dure que quelques semaines, le temps pour l'enfant d'accommoder sa vue en fonction de la distance. Si le défaut dure plus longtemps, un traitement s'impose. Plus celui-ci est précoce et plus il est efficace. Il consiste à mettre un cache sur l'œil non dévié pour obliger l'autre à travailler et à revenir en position normale. Si le défaut est vraiment important, une intervention chirurgicale peut être tentée sur les muscles de l'œil vers l'âge de 4 ou 5 ans. Si, au contraire, le défaut est léger, une rééducation pourra suffire, mais il faudra que l'enfant soit en mesure de coopérer, vers 6 ou 7 ans, avec la personne qui fait cette rééducation, l'orthoptiste.

LES SIGNES D'APPEL D'UNE MAUVAISE VISION

L'enfant a probablement des troubles de la vue si son regard ne fixe pas ou n'accroche pas un objet après plusieurs essais successifs. Il en est de même s'il balaie du regard cet objet avec des mouvements trop lents et sans montrer le moindre intérêt pour lui. Les examens répétés au cours de la première année visent à détecter d'éventuelles anomalies de la vision.

UN ORGANE FRAGILE

L'œil n'est protégé des agressions extérieures que par la paupière. Pourtant, les risques de traumatismes sont fréquents, surtout chez le petit enfant qui ne demande qu'à explorer son environnement. Lorsqu'un corps étranger pénètre dans l'œil, il faut d'abord l'identifier (petit éclat de bois, poussière, grain de sable). Parfois, un simple morceau de mouchoir suffit pour l'extraire, mais il ne faut pas chercher à l'enlever à tout prix, car il pourrait s'enfoncer davantage. Si l'objet pénètre dans la cornée, vous devez emmener rapidement l'enfant chez un médecin. En cas de plaie ouverte à l'œil, il s'agit d'une urgence ophtalmologique à traiter à l'hôpital.

LA VARICELLE

La varicelle est une maladie virale sans gravité chez l'enfant, qui provoque une fièvre, des taches rouges, des croûtes et de vives démangeaisons sur certaines parties du corps.

La varicelle est une maladie de l'enfance par excellence, qui survient généralement entre 2 et 10 ans. Très contagieuse, elle est facile à identifier grâce à l'éruption de ses petites bulles caractéristiques sur la peau. Le traitement sert surtout à éviter une surinfection des boutons et à calmer les démangeaisons (le prurit). Un vaccin existe, mais il est encore très peu administré à l'heure actuelle.

LES CAUSES

La varicelle se transmet par les voies respiratoires, par la salive ou par contact direct avec des lésions de la peau déjà existantes. L'incubation de la maladie dure environ deux semaines, avant que n'apparaissent les premiers symptômes. C'est pendant toute cette période que l'enfant est très contagieux.

A. Bartel-S.P.L. - Cosmos

Une éruption de varicelle. *La varicelle, qui s'étend sur tout le corps, se présente sous forme de taches rouges évoluant rapidement en vésicules remplies d'un liquide transparent.*

LES SYMPTÔMES

De toutes les maladies infantiles, la varicelle est certainement la plus facile à reconnaître. Elle commence par une légère fièvre (38 °C), suivie par l'apparition sur la peau d'une série de taches rouges : celles-ci, 24 heures plus tard, se transforment en sortes de boursouflures (appelées vésicules),

LA DERNIÈRE DES MALADIES INFECTIEUSES DE L'ENFANT

Depuis l'extension des vaccinations, la varicelle est devenue la seule maladie éruptive classique que les enfants peuvent attraper. En général bénigne, cette maladie, dont l'éruption évolue en dix à quinze jours, reste très désagréable et inconfortable pour l'enfant. Par ailleurs, des complications peuvent survenir en cas de diminution des défenses immunitaires de l'organisme contre les maladies. Un vaccin commence à être utilisé dans certains pays. Cependant, il ne peut pas être associé aux autres vaccins ni être effectué en une seule injection, ce qui en limite actuellement l'utilisation.

ÉVITER LES DÉMANGEAISONS

Beaucoup de maladies provoquent des démangeaisons qui elles-mêmes déclenchent le besoin de se gratter. Ce geste réflexe soulage l'enfant mais entraîne des lésions sur la peau. Celles-ci peuvent s'infecter et, dans le cas de la varicelle, laisser des cicatrices. Elles peuvent être évitées par des traitements (par voie orale, avec la prise d'antihistaminiques ; par voie locale, avec des bains adoucissants, des pommades) qui calment les démangeaisons.

grosses comme des têtes d'épingle. Ces vésicules sont remplies d'un liquide clair. Elles sont souvent visibles d'abord au niveau de la racine des cheveux et du visage, puis gagnent le thorax, les bras, les aisselles et les cuisses. Au bout de deux jours, ces vésicules sèchent et une croûte se forme avant de tomber finalement vers le septième jour.
Ce scénario se reproduit en général à plusieurs reprises. Les vésicules provoquent alors de vives démangeaisons, que l'enfant ne doit surtout pas gratter s'il ne veut pas infecter la peau et garder, par la suite, des cicatrices visibles. Cela est difficile à expliquer à un enfant qui souffre et est énervé par l'irritation de la peau. Le médecin conseille parfois de ganter les mains des tout jeunes malades, qui ainsi n'auront pas de lésions de grattage trop importantes.

LE TRAITEMENT

Il est très simple et consiste à appliquer localement une pommade antiseptique pour éviter les surinfections de la peau. Si les démangeaisons sont vraiment trop intenses, le médecin prescrira à l'enfant des médicaments (antihistaminiques) pour le soulager. Il est conseillé de couper ras les ongles du petit malade. Les savons détergents, souvent irritants pour la peau, doivent être remplacés par des lotions nettoyantes très douces. Des bains trop fréquents et trop chauds peuvent intensifier les démangeaisons. Il vaut mieux éviter de baigner l'enfant pendant toute la durée de la maladie. En cas de fièvre, le paracétamol est préférable à l'aspirine.
En cas de varicelle particulièrement sévère, un enfant dont les défenses naturelles sont affaiblies (il est alors dit « immunodéprimé ») peut prendre des médicaments pour mieux combattre le virus (antiviral).
Des sensations de vertige, bénignes et passagères, surviennent parfois trois ou quatre semaines après le début de la maladie, qui dure de huit à dix jours. Ce trouble ne laisse généralement aucune séquelle.

LA PRÉVENTION

Après la déclaration de la maladie, la toute première mesure consiste à garder l'enfant à la maison jusqu'à la guérison totale, pour qu'il ne transmette pas la maladie à ses petits compagnons de classe ou de crèche. Un vaccin contre la varicelle existe, mais il n'est pas encore effectué à une grande échelle à cause de son coût et du fait qu'il ne peut pas être mélangé avec d'autres vaccins et qu'il nécessite plusieurs injections. Pour l'instant, il est réservé aux enfants immunodéprimés ou aux enfants en attente de greffe.
Une fois la maladie guérie, le virus, qui reste en sommeil dans des ganglions nerveux, peut éventuellement se réveiller plus tard et provoquer alors un zona : en effet, c'est le même virus qui est responsable de la varicelle et du zona. Le zona se manifeste par une éruption de vésicules localisée essentiellement au niveau de la cage thoracique, accompagnée d'une sensation de brûlure. Des antiseptiques locaux suffisent, en général, à activer la guérison.
La varicelle n'est pas une maladie grave chez l'enfant. Par contre, chez l'adulte, elle est plus sévère : elle peut provoquer des complications pulmonaires, une forte fièvre et des difficultés respiratoires.

LE VACCIN À VENIR

Un vaccin à virus vivant efficace, mis au point au Japon en 1974, existe contre la varicelle. Il est proposé aux enfants immunodéprimés qui n'ont pas encore eu la maladie, mais qui présentent des facteurs de risque particuliers (attente de greffe, par exemple). Aux États-Unis, on commence déjà à vacciner tous les enfants.

LES VERRUES

Les verrues sont des petites excroissances dures et rugueuses qui poussent sur ou sous la peau. Parfaitement inoffensives, elles se transmettent d'un enfant à l'autre par simple contact.

Véhiculées par un virus, les verrues sont souvent présentes sur les doigts et sur les pieds de l'enfant. Des traitements existent pour les supprimer, mais ils ne parviennent pas toujours à éliminer le virus. Lorsque les verrues sont trop nombreuses et qu'elles abîment les mains des enfants ou des adolescents, il faut que le médecin intervienne. Parfois, elles disparaissent d'elles-mêmes au bout de quelques mois ou de quelques années. Les verrues sont des tumeurs bénignes qui ne dégénèrent jamais en cancer.

LES FORMES

Les verrues sont très fréquentes et peuvent prendre de multiples formes.

Les verrues planes sont les verrues le plus couramment rencontrées chez les enfants. Elles se présentent sous forme de petites grosseurs lisses, de couleur rosâtre ou grisâtre. Elles sont parfois alignées à la surface de la peau sur le visage, le dos des mains, les doigts, les bras, les genoux et l'arrière des jambes. Elles persistent plusieurs mois et peuvent disparaître spontanément.

La verrue plantaire se rencontre beaucoup chez les enfants. Elle prend une forme habituelle un peu saillante, arrondie, à bords secs, durs et épais. Elle ressemble un peu à un durillon et tend à pousser en profondeur.

Il existe un autre type de verrue plantaire : il s'agit de petits éléments striés groupés en mosaïque, moins saillants et moins profonds que dans la

BSIP

La verrue. *Les verrues apparaissent souvent sur les mains (ici, une verrue sur la main gauche de l'enfant). Elles ne sont pas douloureuses et n'entravent pas les mouvements de l'enfant.*

UNE TUMEUR BÉNIGNE D'ÉVOLUTION BÉNIGNE

Les verrues sont des tumeurs bénignes de la peau. Elles sont provoquées par un virus (genre papillomavirus), qui entraîne une grande prolifération cellulaire. La présence de ce virus les rend contagieuses pour soi-même (les verrues peuvent s'étendre sur tout le corps) et pour les autres. Les verrues ne dégénèrent jamais en cancer, mais leur multiplication rend nécessaire un traitement précoce. Dans certains cas, elles peuvent disparaître spontanément au bout de quelques mois.

LA VERRUE PLANTAIRE

Elle se présente comme une masse blanchâtre, prisonnière de la peau, et s'attrape sur les sols contaminés des lieux publics. Contrairement à la verrue située sur la main, la verrue plantaire est douloureuse lorsqu'on y touche et, de ce fait, peut gêner l'enfant pour marcher. Beaucoup de ces verrues disparaissent toutes seules, d'autres persistent pendant des années. L'un des moyens de destruction est l'application d'azote liquide (cryothérapie), en deux ou trois fois, à une ou deux semaines d'intervalle.

forme précédente, mais souvent plus nombreux.

Les verrues dites vulgaires atteignent également les jeunes enfants. Elles sont rondes, fermes, saillantes et leur surface est parfois sillonnée de fissures. Ces verrues poussent sur le dos des mains, le visage, les genoux et le cuir chevelu.

D'autres verrues vulgaires ont des localisations moins évidentes (anus, organes génitaux), qui sont à l'origine d'un diagnostic tardif et de complications (extension ou surinfection cutanée). Il faut respecter des mesures d'hygiène élémentaires pour éviter la contamination, en ne mélangeant pas les linges et les serviettes des enfants et des adultes.

D'autres petites lésions bénignes d'origine virale affectent encore les enfants et sont aussi facilement reconnaissables que les verrues. C'est le cas du *Molloscum contagiosum,* qui peut se propager sur tout le corps. C'est une tumeur provoquée par un virus. Elle est extrêmement contagieuse et le grattage est la cause principale de cette propagation. Elle se manifeste, en général, par une forme ronde, ferme et rose, en relief. De taille variable, elle peut siéger sur le visage, sous les bras, dans le cou ou à l'aine.

LA TRANSMISSION

Comme toutes les maladies virales, les verrues sont contagieuses. Elles apparaissent souvent en série, par contact direct, et sont autocontagieuses, c'est-à-dire que l'enfant qui en est porteur risque très vite de les développer sur les autres parties de son corps. Leur degré de contagion varie selon le virus en cause, l'endroit du corps où elles se trouvent et l'état de santé de l'enfant. La verrue plantaire s'attrape souvent dans les lieux où l'on se déplace pieds nus : piscine, douches collectives, vestiaires, tapis de sport.

LES TRAITEMENTS

Ils sont nombreux. L'un d'entre eux consiste à décaper la verrue à l'aide d'un produit caustique (vaseline salicylique ou acide lactique surpuissant). Ces substances, appelées verrucides, brûlent en profondeur les verrues plantaires au bout de quinze jours d'application, mais elles sont parfois mal tolérées par l'enfant (irritations).

Une autre technique plus sophistiquée consiste à brûler la verrue par le froid (cryogénisation), en appliquant de l'azote liquide à 160 °C pendant une ou deux minutes, au moyen d'un bâtonnet ou d'un pistolet. Cette opération est peu douloureuse, très précise et n'abîme pas les tissus voisins.

Plus rarement, l'ablation chirurgicale sous anesthésie locale se pratique encore, mais elle doit être suivie d'une période de cicatrisation assez longue.

Enfin, la dernière-née des techniques est l'incision au laser, qui coupe avec précision tout en cicatrisant la plaie.

Il existe une dernière solution pour enrayer la propagation des verrues : les « remèdes de bonne femme ».

Malgré tous ces traitements, les verrues sont parfois rebelles. Tant que le virus n'a pas disparu, elles ont tendance à revenir à plus ou moins long terme. Une bonne hygiène de l'enfant évite la dissémination des verrues sur le corps, mais pas la contagion.

VERRUE ET IMMUNODÉPRESSION

La diminution des défenses de l'organisme contre les agressions des agents infectieux (l'immunité contre les virus, bactéries et parasites) provoque parfois des verrues. L'apparition de celles-ci demande alors une surveillance médicale régulière. Sauf dans ce cas particulier, aucune recherche immunitaire n'est nécessaire devant l'apparition de verrues.

LES VERS INTESTINAUX

Certains vers sont très fréquents chez l'enfant et se propagent facilement, par contact direct ou par l'intermédiaire des aliments souillés. Tous ne sont pas visibles à l'œil nu dans les selles, ce qui peut compliquer le diagnostic.

Les vers intestinaux qui infestent l'enfant proviennent de la consommation d'aliments crus non rincés, comme les fruits et les légumes (oxyure, ascaris) ou de viandes (ténia) contaminés. Certains autres vers se transmettent lorsque l'enfant porte sa main à sa bouche, après avoir été contaminé en jouant au jardin ou dans un bac à sable. Pour mettre un terme au développement des parasites, il n'y a pas d'autre solution que de traiter l'enfant, qui doit également suivre un certain nombre de règles d'hygiène (lavage des mains en rentrant à la maison et avant de passer à table).

LES OXYURES

Ce sont des petits vers blancs en forme de filaments ; la femelle mesure environ 10 millimètres, et le mâle 5. Ils touchent souvent les enfants âgés de 2 à 10 ans et sont extrêmement contagieux. Les oxyures se transmettent par simple contact. Les parasites adultes vivent dans le côlon, où ils se reproduisent. Le soir, la femelle fécondée parcourt tout le côlon et vient pondre plusieurs centaines d'œufs autour de l'anus. L'enfant se gratte et ramasse sous ses ongles des œufs qu'il met un peu autour de lui ou qu'il avale. Ces vers sont minuscules et l'enfant en dépose aussi sur ses jouets, ses aliments ou ses vêtements. La contagion peut s'étendre, d'autant que les œufs sont résistants et peuvent vivre neuf jours à l'air libre.

Les symptômes de l'infestation par des oxyures sont nombreux : mauvais sommeil, fatigue, agitation. Le plus souvent, l'enfant souffre de démangeaisons nocturnes, au moment où la femelle oxyure pond ses œufs autour de l'anus. Les vers sont parfois visibles à

CE QUI LEUR EST ATTRIBUÉ

Jadis, les anciens accusaient les vers de provoquer chez l'enfant des maladies ou des troubles du comportement. C'était une manière commode de les rendre responsables de certains problèmes (sommeil, caractère), censés disparaître avec leur élimination. Aujourd'hui, des symptômes peuvent faire songer à une infestation par les vers, mais cela doit être confirmé par des examens.

■ LE CYCLE DE L'OXYUROSE

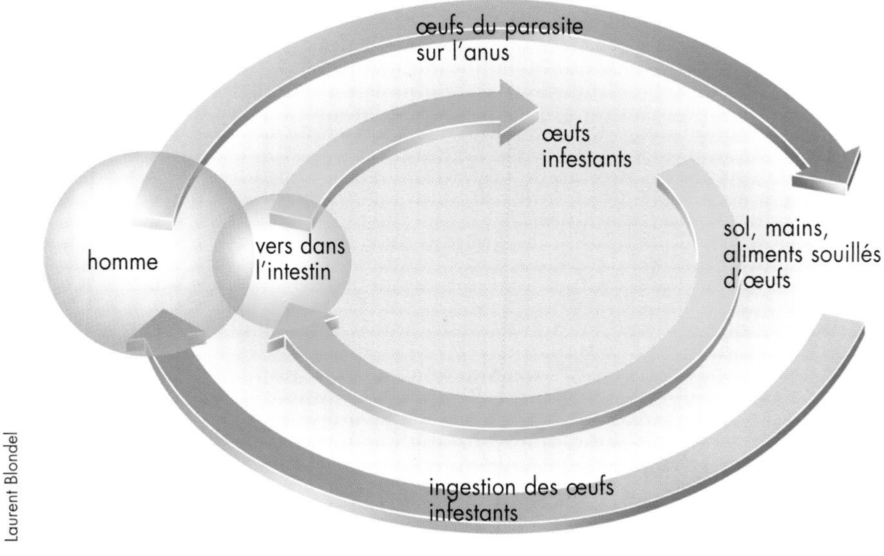

la surface des selles ou dans les sous-vêtements de l'enfant. Le médecin peut prélever des œufs à l'aide d'une bande de papier adhésif (Scotch-test) et les examiner au microscope.
Ensuite, le traitement consiste à administrer un vermifuge à l'enfant et à sa famille. Ce traitement doit être renouvelé deux semaines plus tard pour éviter toute récidive. Pour stopper la contamination, il faut changer et laver chaque jour le linge, nettoyer le sol des chambres, empêcher l'enfant de se gratter et lui couper les ongles. L'enfant doit se laver les mains avant de passer à table et après être allé aux toilettes.

L'ASCARIS

Ce parasite de couleur rose fait des ravages sur la planète : environ un milliard et demi de personnes sont touchées dans les régions tropicales et dans les zones rurales d'Europe. Avec sa grande taille (plus de 10 centimètres), l'ascaris ne passe pas inaperçu. Logé dans l'intestin grêle, il se nourrit du liquide qui provient de la digestion des aliments.
La contamination se fait par l'alimentation. L'enfant mange un fruit ou un légume souillé par des œufs, qui éclosent dans le tube digestif avant de nicher dans l'intestin, où ils deviennent adultes. La femelle pond des œufs qui sont évacués dans les selles. La présence des vers provoque une toux, des douleurs abdominales et des vomissements. D'autres symptômes peuvent survenir : fatigue, irritation, diarrhée, maux de ventre, amaigrissement. Ces vers peuvent également provoquer des allergies. Les œufs d'ascaris sont recherchés dans les selles, par un examen au microscope.
Un vermifuge est alors administré à l'enfant, qui doit également se laver régulièrement les mains. Il est conseillé, à titre préventif, de nettoyer les crudités à l'eau potable.
Certains vers peuvent être transmis par les animaux : ainsi, l'ascaris du chien – plus rarement du chat – peut provoquer chez l'enfant de la fièvre, des troubles digestifs, des allergies cutanées ou respiratoires. Le diagnostic n'est pas facile, car la recherche dans les selles est toujours négative, mais un contact fréquent avec les animaux et des tests sérologiques permettent de l'établir et de trouver un traitement adapté.

LE TÉNIA

Souvent appelé ver solitaire, le ténia est formé de segments rectangulaires blanchâtres plats, qui mesurent 1 ou 2 centimètres de long et environ 3 millimètres de large. Ce parasite adulte, dont la tête se fixe dans l'intestin grêle à l'aide de ventouses, peut mesurer de 6 à 8 mètres de long. Il se nourrit aux dépens de l'enfant, qui peut l'attraper en mangeant du poisson d'eau douce, de la viande de bœuf ou de porc mal cuite. Il est combattu grâce à des mesures d'hygiène préventives, dont la cuisson suffisante du poisson et de la viande.
Il n'y a pas de symptômes spécifiques. On peut retrouver dans le slip ou les selles de l'enfant des segments du ver évacués par l'anus. Comme pour l'oxyure et l'ascaris, le traitement repose sur un vermifuge qui, en quelques dizaines de minutes, décolle la tête du ver de l'intestin et l'évacue en une seule fois dans les selles.

HYGIÈNE MANUELLE ET ALIMENTAIRE

La transmission des vers se fait par l'eau, les mains et les aliments souillés. Les contrôles sanitaires et vétérinaires, la réglementation de la distribution d'eau dans les pays industrialisés ont toutefois fait reculer ces maladies parasitaires. Sans les précautions d'hygiène élémentaires, l'enfant est tout de même exposé à ces parasitoses, aussi bien en ville qu'à la campagne.

L'OXYUROSE EST À TRAITER EN FAMILLE

Les vers sont très contagieux, car les œufs pondus sont directement infestants. Par ailleurs, l'enfant qui a des démangeaisons se gratte et propage les œufs à tout l'entourage. Pour éviter cela, il faut scrupuleusement traiter toute la famille en même temps. Le traitement consiste à donner des médicaments à tout le monde et à faire bouillir draps, pyjamas, chemises de nuit et sous-vêtements.

QUATRIÈME PARTIE

LES MALADIES DE L'ADULTE ET LEURS TRAITEMENTS

- APPAREILS DIGESTIF, URINAIRE, HORMONAL
- APPAREIL GÉNITAL
- CERVEAU, NERFS
- CŒUR, SANG
- MALADIES INFECTIEUSES
- ORGANES DES SENS VISION ET AUDITION
- OS, ARTICULATIONS, MUSCLES
- PEAU
- POUMONS, ORL
- PROBLÈMES DE SANTÉ
- PSYCHIATRIE

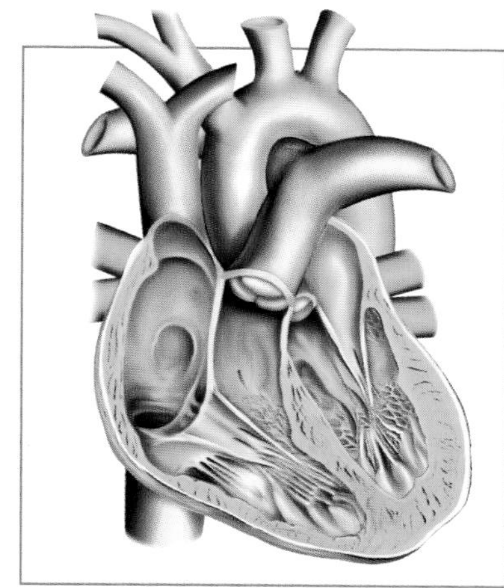

LES ACCIDENTS VASCULAIRES CÉRÉBRAUX

L'HÉMORRAGIE CÉRÉBRALE

L'hémorragie cérébrale est un épanchement de sang dans le tissu cérébral. Elle représente 20 % des accidents vasculaires cérébraux.

L'hémorragie cérébrale est le plus souvent due à une élévation de la tension artérielle, mais peut également être provoquée par une malformation d'un vaisseau sanguin (angiome ou anévrysme artériel) ou par des troubles de la coagulation du sang. L'épanchement de sang entraîne différents troubles selon la zone atteinte.

LES SYMPTÔMES

Dans sa forme la moins grave, l'hémorragie cérébrale se traduit par un déficit de la force musculaire et de la sensibilité. Ces anomalies touchent la moitié du corps, c'est-à-dire le visage, le bras et la jambe du même côté. Lorsque l'hémorragie siège dans l'hémisphère dominant, qui contrôle le langage, le malade peut alors présenter un trouble de la parole (aphasie).

Le plus souvent, l'hémorragie cérébrale se manifeste de façon brutale, avec l'apparition de maux de tête et de vomissements, rapidement accompagnés de signes neurologiques et d'une somnolence.

Lorsque le saignement touche le cervelet, le malade se plaint de maux de tête intenses, de vomissements, de vertiges et de troubles de l'équilibre. Le risque est la compression et la destruction de structures vitales situées au niveau du tronc cérébral. Une intervention chirurgicale en urgence est alors indiquée. Lorsqu'il existe aussi un saignement dans les méninges, le malade présente un syndrome méningé (maux de tête, douleurs du dos ou raideur des muscles).

Une hémorragie importante entraîne rapidement la mort.

LES EXAMENS

Le malade est soumis à un scanner cérébral, qui permet d'établir s'il souffre d'une hémorragie cérébrale ou d'un infarctus cérébral : le scanner sera normal dans le cas d'un

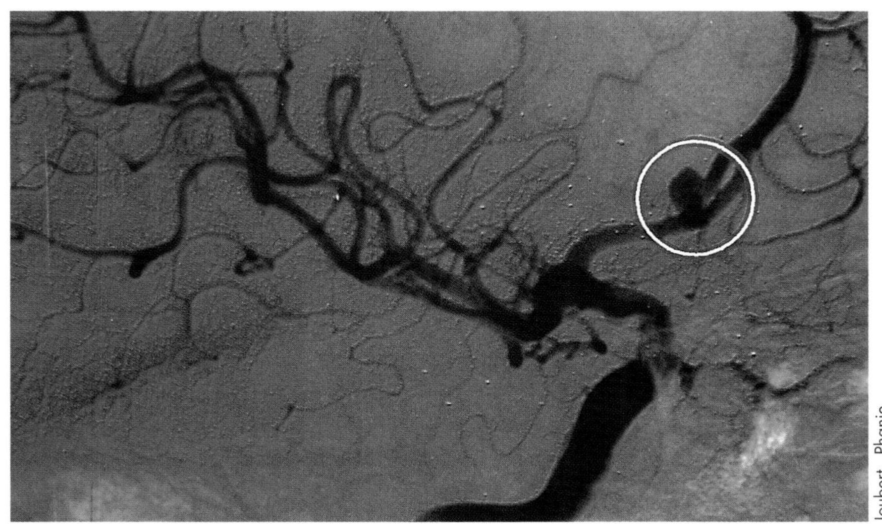

***Anévrysme.** Cette image d'artériographie du cerveau révèle un petit anévrysme (entouré par un cercle) sur une des artères. L'anévrysme, en se rompant, peut provoquer une hémorragie cérébrale.*

UNE MÊME ATTEINTE, DIFFÉRENTS TROUBLES

L'hémisphère qui contrôle le langage, ou hémisphère dominant, diffère selon les personnes : dans 80 % des cas environ, c'est l'hémisphère gauche ; dans 5 %, c'est le droit ; chez les 15 % restants, ce sont les deux à la fois.

Une hémorragie cérébrale touchant une même zone du cerveau peut donc entraîner ou non des troubles du langage, selon que les lésions concernent ou non l'hémisphère dominant.

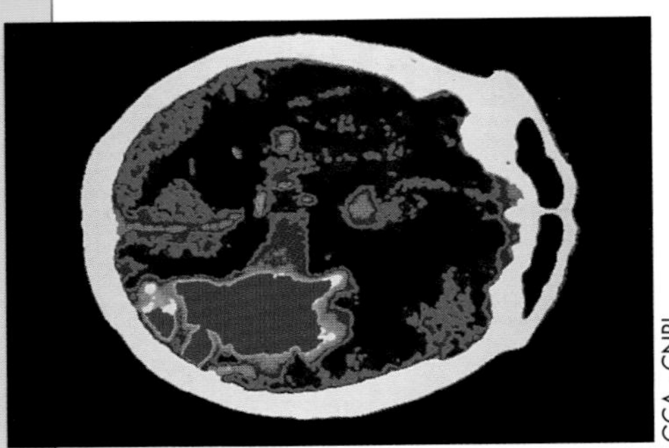

GCA - CNRI

***Hématome intracrânien.** Le scanner permet de visualiser la présence d'une hémorragie (tache rouge, sur la photo).*

infarctus et montrera la présence de sang s'il s'agit d'une hémorragie. Cette distinction, capitale, doit être établie rapidement, car le traitement de ces deux formes d'accident vasculaire cérébral diffère.

LA PRÉVENTION DE L'HYPERTENSION ARTÉRIELLE

Pour prévenir l'hypertension artérielle, certaines activités sportives comme la marche, le vélo, la natation, la gymnastique ou le footing sont recommandées. Mais la prévention dépend essentiellement d'une bonne hygiène de vie (diminution de la consommation de tabac et des facteurs de stress) et d'un régime alimentaire pauvre en graisses, en alcool et en sel. En cas d'hypertension artérielle modérée, les sports d'endurance (pratiqués sans dépasser ses limites) peuvent aider à la normalisation de la tension ; il est aussi vivement conseillé de se soumettre à un contrôle médical régulier.

LES CAUSES

L'hypertension artérielle. C'est la cause la plus fréquente. Le saignement est consécutif à la rupture d'une petite artère, qui s'est déformée à cause de l'hypertension artérielle. Depuis l'existence de traitements efficaces contre l'hypertension artérielle, on constate une diminution du nombre des hémorragies cérébrales.

Les malformations vasculaires. Chez des patients encore jeunes (autour de 50 ans ou moins), les hémorragies font suite à des malformations vasculaires. Il en existe deux types.

– Les anévrysmes. Ils sont congénitaux, c'est-à-dire présents dès la naissance. Ils consistent en une déformation de la paroi de l'artère, formant un petit sac très fragile qui peut se rompre à tout moment.

– Les angiomes artérioveineux. Ce sont des anomalies congénitales qui résultent d'une communication anormale entre les veines et les artères du cerveau, généralement au niveau de vaisseaux de petite taille.

Responsables d'hémorragies cérébrales lorsqu'elles se rompent, ces anomalies peuvent aussi provoquer des maux de tête, des crises d'épilepsie, parfois des troubles neurologiques. Elles peuvent être décelées par artériographie ou par angiographie par résonance magnétique nucléaire (angioIRM).

LE TRAITEMENT

Le traitement d'une hémorragie cérébrale est essentiellement pris en charge par les neurochirurgiens. Il consiste, lorsque cela est possible, en une intervention chirurgicale du cerveau (ablation de la zone atteinte ou mesures visant à décomprimer le cerveau lorsque la pression intracrânienne est trop élevée). Quand aucune intervention n'est possible, le traitement vise à soulager les symptômes (maux de tête, problèmes respiratoires, etc.).

L'HÉMORRAGIE MÉNINGÉE

L'hémorragie méningée, épanchement de sang dans les méninges, est souvent associée à une hémorragie cérébrale, mais elle peut aussi survenir isolément. Elle est due à la rupture spontanée d'un anévrysme.

L'hémorragie méningée, lorsqu'elle est isolée, survient, dans 30 % des cas, après un effort (même peu important), une toux, un rapport sexuel ou une exposition prolongée au soleil. Le signe principal est l'apparition de maux de tête intenses, qui s'étendent rapidement à tout le crâne. Ceux-ci s'accroissent avec le bruit, la lumière, les mouvements, et sont souvent associés à des vomissements. Le malade a des contractures musculaires, qui se traduisent par une raideur de la nuque et des douleurs dans les jambes. Le diagnostic repose sur le scanner et sur la ponction lombaire, qui révèle que le liquide céphalorachidien contient du sang. Le traitement consiste en une intervention chirurgicale, lorsque cela est possible.

LES ACCIDENTS VASCULAIRES CÉRÉBRAUX

L'INFARCTUS CÉRÉBRAL

L'infarctus cérébral est caractérisé par une interruption plus ou moins longue de la circulation du sang dans un des vaisseaux du cerveau.

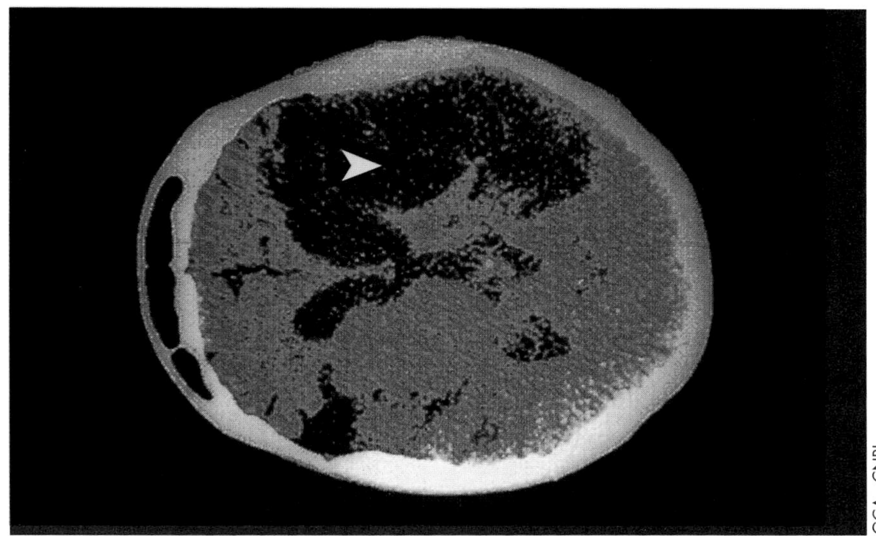

L'infarctus cérébral. *Le scanner cérébral permet de visualiser très précisément la lésion provoquée par l'infarctus.*

Les accidents vasculaires cérébraux, couramment appelés congestions cérébrales, peuvent être provoqués par une interruption ou une diminution de la circulation sanguine dans un vaisseau cérébral. On parle alors d'infarctus cérébral, ou ischémie. Ce type d'accident touche davantage les hommes que les femmes et sa fréquence augmente rapidement avec l'âge : les trois quarts des personnes atteintes ont plus de 65 ans.

LES SYMPTÔMES

Ils varient selon la zone du cerveau touchée, l'étendue des lésions et la cause de l'accident. Les personnes atteintes subissent un déficit neurologique brutal, d'une durée variable, qui se traduit par une hémiplégie, des troubles de la sensibilité ou des troubles du langage (aphasie), des troubles visuels complexes (perte d'une partie du champ visuel), des troubles de la coordination des mouvements, des vertiges. Lorsqu'un accident vasculaire cérébral est suspecté, il faut immédiatement faire emmener la personne à l'hôpital.
Un scanner permet de confirmer le diagnostic et de préciser s'il s'agit d'une hémorragie ou d'un infarctus. Des examens complémentaires, tels qu'une analyse de sang, une exploration des vaisseaux du cou et du cerveau par écho-Doppler, une échographie cardiaque, une IRM, voire une artériographie, permettent de déterminer l'origine de l'accident.
Un infarctus cérébral peut avoir des degrés de gravité variables : certains infarctus sont très sévères tandis que d'autres peuvent être à peine visibles.
Les arrêts transitoires de la circulation, ou accidents ischémiques transitoires. Les troubles (troubles de la vue, du langage, faiblesse d'un bras ou d'une jambe) disparaissent complètement en moins de 24 heures. Cet accident transitoire est provoqué par une diminution ou par l'arrêt de la circulation du sang dans un vaisseau cérébral. Environ un quart ou un tiers des personnes qui ont eu un accident ischémique transitoire peuvent faire un accident cérébral ischémique constitué dans les cinq ans. Cette alerte doit donc être prise très au sérieux. Le malade devra suivre un traitement préventif, afin d'éviter un accident plus grave.
Les arrêts importants de la circulation, ou accidents ischémiques constitués. Ils représentent environ 80 % des accidents vasculaires cérébraux. Les troubles sont dans ce cas d'une durée supérieure à 24 heures. L'obstruction d'une

des artères qui irriguent le cerveau provoque une destruction (ou nécrose) d'une partie plus ou moins importante de l'encéphale.

LES CAUSES

Ce type d'accident vasculaire cérébral peut provenir d'une maladie des artères (athérosclérose) ou d'une obstruction brutale d'une artère destinée à irriguer le cerveau (embolie).

L'athérosclérose. Cette maladie provoque la formation de plaques qui se déposent dans les artères (cœur, jambes, aorte, etc.), pouvant parfois même les boucher complètement et empêcher ainsi la circulation du sang. L'athérosclérose est liée à l'âge, au sexe (elle intervient surtout chez les hommes avant l'âge de 60 ans), à certains facteurs génétiques, à une consommation excessive de graisse et de tabac, à un fort taux de cholestérol, à une hypertension artérielle.

Elle figure au premier rang des causes de mortalité en Europe et se trouve responsable de plus d'un tiers des décès.

L'embolie. Cette affection caractérisée par l'obstruction d'une artère peut survenir de deux façons. Dans le premier cas, un caillot se forme dans le cœur et se déplace vers le cerveau. Dans le deuxième cas, un caillot se développe à partir du rétrécissement d'une artère ou à partir d'une plaque de dépôt sur la paroi interne d'une artère. Dans les deux cas, le caillot se détache et circule dans le sang, jusqu'à se bloquer dans une artère dont le diamètre est plus petit que le sien, provoquant ainsi son obstruction.

Il existe également d'autres causes d'infarctus cérébral, comme des troubles de la coagulation qui favorisent la formation de caillots.

LES CONSÉQUENCES DE L'INFARCTUS CÉRÉBRAL

L'infarctus cérébral entraîne un bouleversement total de la vie du malade : dans les cas les plus graves (accidents ischémiques constitués), des séquelles neurologiques (hémiplégie, troubles du langage ou troubles visuels) persistent ; elles sont généralement irréversibles. Dans certains cas, le handicap peut être réduit à l'aide d'une rééducation appropriée : kinésithérapie pour retrouver ses capacités motrices, orthophonie pour récupérer la parole.

LE TRAITEMENT

Il comporte trois volets : le traitement d'urgence, à la phase aiguë, le traitement à long terme pour éviter les récidives, enfin la rééducation des séquelles neurologiques.

Le traitement à la phase aiguë. C'est surtout celui des symptômes. Il vise à maintenir les fonctions vitales du patient (aide respiratoire, par exemple), à éviter l'extension des lésions et les complications liées à l'alitement (escarres).

Le traitement à long terme. Pour éviter tout risque de récidive, on prescrit au patient des médicaments qui varient suivant la cause de l'infarctus cérébral et devront généralement être pris à vie.

Dans le cas de l'athérosclérose, on fait prendre, pour éviter la formation de caillots, un médicament qui rend le sang plus fluide, par exemple l'aspirine ; si ce traitement est insuffisant, on peut envisager une intervention chirurgicale, notamment si c'est l'artère carotidienne (artère du cou et de la tête) qui est atteinte.

Dans le cas de l'embolie, on recommande des médicaments anticoagulants, associés parfois à un traitement pour le cœur, quand l'embolie a une origine cardiaque.

La rééducation. Une rééducation adaptée (kinésithérapie, ergothérapie, orthophonie) est mise en œuvre et s'effectue généralement dans un service spécialisé. Son but est d'aider le patient à récupérer ses capacités (réapprentissage de la marche, par exemple) mais aussi de l'aider à accepter un handicap et à adapter celui-ci à sa vie quotidienne.

LA PRÉVENTION

Elle consiste à diminuer les facteurs de risques de l'infarctus cérébral (les principaux étant l'hypertension, un taux de cholestérol élevé, un diabète, ainsi que la consommation de tabac) notamment grâce à une meilleure hygiène de vie et à un régime alimentaire approprié.

L'ACNÉ JUVÉNILE

Cette maladie, fréquente à l'adolescence, est due à l'inflammation des petits sacs qui contiennent la base des poils (follicules pilo-sébacés).

L'acné, qui atteint environ 80 % des adolescents, se traduit par la présence de points noirs, de papules, de pustules, de kystes remplis de pus et, dans les formes graves, de lésions profondes infectées. La formation de ces lésions fait intervenir certaines hormones, le sébum, des bactéries et des modifications de la structure de la peau. Selon la gravité des lésions, on dit de l'acné qu'elle est légère ou sévère. Elle apparaît le plus souvent au niveau du visage, des épaules, du cou et du dos.

LES CAUSES

L'acné débute le plus souvent à la puberté, période pendant laquelle les hormones sexuelles masculines (androgènes), produites par les glandes surrénales, les testicules et les ovaires, stimulent fortement les glandes sébacées. Celles-ci sécrètent alors en excès une substance grasse qui lubrifie l'épiderme (sébum). Le sébum qui ne peut plus s'éliminer normalement entraîne la formation d'une petite boule appelée comédon. Celui-ci contient du sébum, de la kératine et des bactéries en grande quantité. Leur rupture provoque l'inflammation des follicules.

LES SIGNES

Dans les formes légères d'acné, on distingue les comédons fermés, ou points blancs (microkystes), et les comédons ouverts, ou points noirs. Les comédons fermés apparaissent sous forme de papules blanches de 1 ou 2 millimètres, surtout visibles quand la peau est étirée. Ils sont localisés de préférence au niveau du front, du nez, des joues et du dos. Les comédons ouverts ont un orifice

LES FACTEURS FAVORISANT L'ACNÉ

L'acné s'aggrave volontiers pendant l'hiver, alors qu'elle diminue l'été sous l'influence bénéfique du soleil. Il ne semble pas que l'alimentation puisse la favoriser. Certains aliments ont été incriminés dans le passé (chocolat, charcuteries, etc.), sans doute à tort. On constate des poussées d'acné à l'approche des règles chez les jeunes filles, et une accalmie ou une aggravation pendant la grossesse.

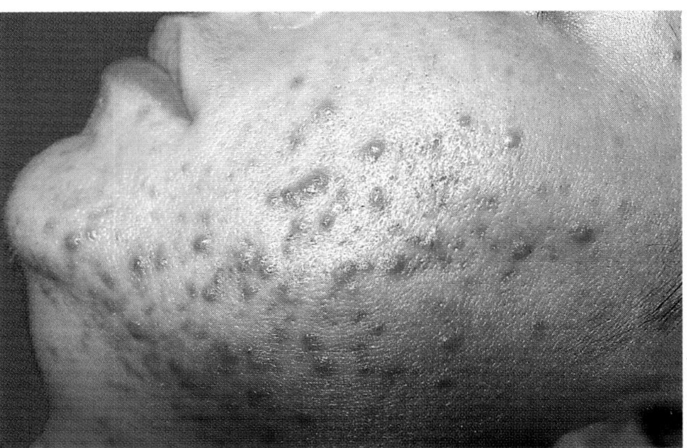
Dr F. Daniel

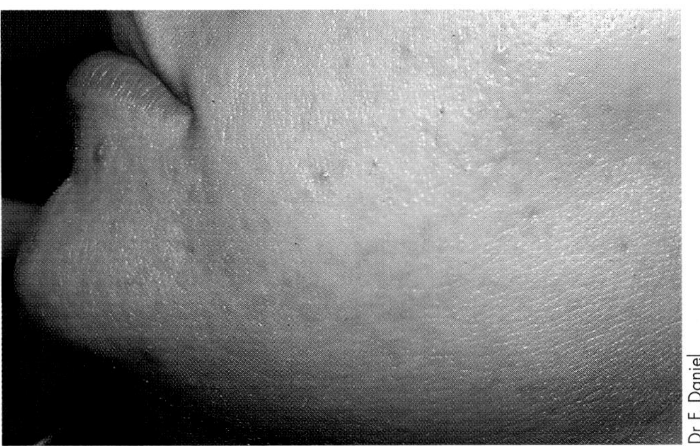
Dr F. Daniel

Acné juvénile avant et après traitement. *L'acné ne doit plus être considérée comme une fatalité, car il existe maintenant des traitements très efficaces qui permettent d'en venir à bout.*

dilaté qui permet d'en extraire facilement le contenu, contrairement aux comédons fermés qui sont plus souvent inflammatoires.
Les formes légères d'acné guérissent généralement sans traitement, sauf en cas de manipulations maladroites et sans désinfection pour tenter d'extraire les points noirs.
Les formes plus importantes d'acné sont caractérisées par la présence de lésions contenant du pus (pustules, kystes) et laissent fréquemment des cicatrices indélébiles, semblables à de petites dépressions.

LE TRAITEMENT LOCAL

Le traitement local (c'est-à-dire par voie externe), à base de crèmes, de gel ou de lotions, suffit dans la grande majorité des cas à faire disparaître l'acné chez l'adolescent.
Ce traitement a 2 objectifs principaux : d'une part, favoriser l'élimination des comédons et, d'autre part, lutter contre la production excessive de sébum (séborrhée).
Il est à base de vitamine A acide en gel, de peroxyde de benzoyle et d'antibiotiques locaux. Tous ces produits sont irritants pour la peau : ils peuvent provoquer des rougeurs, une élimination excessive des cellules superficielles de l'épiderme (desquamation), une réaction au soleil (photosensibilisation). Il faut les utiliser selon des règles précises, données par le médecin. Le traitement est efficace, à condition de le suivre quotidiennement pendant 3 ou 4 mois.

LE TRAITEMENT GÉNÉRAL

Le traitement antibiotique. Dans les formes persistantes, très infectées ou rebelles au traitement local, ou en cas de lésions très étendues et très profondes, le traitement doit être absorbé par voie orale. En plus de la guérison des lésions de l'acné, son but est d'essayer de prévenir au maximum l'apparition de cicatrices.
Les antibiotiques sont utilisés pour empêcher la prolifération et l'activité des microbes responsables de l'infection. Au bout de 3 mois de traitement, le médecin juge des résultats et décide d'arrêter ou de poursuivre le traitement. Les cyclines de 2e génération (formes de synthèse), quelquefois l'érythromycine, sont les plus prescrites. Ils sont généralement bien tolérés.
L'isotrétinoïne. Ce médicament de synthèse est employé quand les antibiotiques se révèlent insuffisants, ou dans les acnés d'emblée très importantes (acné nodulo-kystique, acné conglobata), surtout en cas de localisation au niveau du tronc. Il permet de venir à bout de ces formes rebelles en 6 mois environ. Ce produit a une action essentiellement anti-séborrhéique (il diminue la taille des glandes sébacées et réduit la sécrétion de sébum), un peu anti-inflammatoire et anti-microbienne. Il entraîne de nombreux effets secondaires (fragilisation osseuse, soudure des cartilages de conjugaison avec arrêt de croissance chez l'enfant, etc.) et exige donc une surveillance très sérieuse. L'exposition au soleil est déconseillée. En outre, l'isotrétinoïne est très dangereuse chez la femme enceinte, car elle entraîne des risques de malformation du fœtus (effet tératogène). Si ce médicament doit être prescrit chez des jeunes femmes en âge de procréer, il devra absolument être associé à un traitement contraceptif.
Les hormones anti-androgènes. Elles sont surtout utilisées chez la femme et donnent de bons résultats. Elles s'opposent à l'action acnéique des androgènes et des œstrogènes.

LA PRÉVENTION

Il est recommandé de laver la peau chaque jour avec un savon doux et de bien la rincer. L'expulsion manuelle des points noirs et la manipulation des boutons sans désinfection sont absolument déconseillées. Elles risquent en effet d'entraîner une infection du follicule pileux. Les cosmétiques contenant des huiles favorisant la formation de comédons (comédogènes) sont contre-indiqués, de même que certains produits agressifs pour la peau. Le soleil peut améliorer les lésions superficielles. Il faut l'éviter en cas de traitement par voie orale, et surtout ne pas s'exposer de façon prolongée car, par un phénomène de rebond, les lésions peuvent s'accentuer lors du sevrage des rayons ultraviolets.

L'Adénome de la Prostate

Vers la soixantaine, de nombreux hommes commencent à présenter des troubles urinaires dus à un accroissement de volume de leur prostate. Cette augmentation est appelée adénome, ou hypertrophie bénigne, de la prostate.

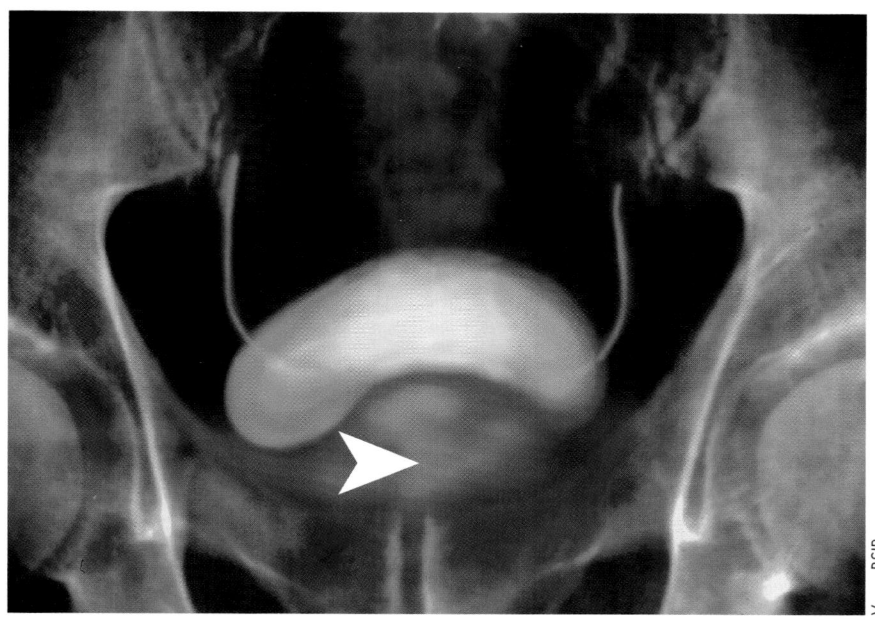

Vem - BSIP

***Adénome de la prostate.** Cette urographie intraveineuse montre un adénome (ou hypertrophie bénigne) de la prostate comprimant partiellement la vessie.*

La prostate est une glande génitale masculine en forme de châtaigne, située sous la vessie. Elle entoure la partie supérieure de l'urètre, le canal par lequel sont émis l'urine et le sperme. Le rôle de cette glande est la production de sécrétions qui entrent dans la composition du sperme.

Entre la naissance et la puberté, la prostate grossit lentement, puis subit une poussée de croissance pour atteindre chez l'adulte un poids stable de 15 à 25 g. Il arrive, pour des raisons inconnues, que la prostate recommence à grossir jusqu'à atteindre un volume parfois très important. On parle alors d'adénome ou d'hypertrophie bénigne de la prostate.

Cette augmentation de volume, qui n'est pas cancéreuse, voit sa fréquence augmenter avec l'âge. Elle concerne en effet 50 % des hommes à 60 ans et 90 % à 80 ans et plus.

LES SYMPTÔMES

En augmentant de volume, la prostate comprime l'urètre, faisant obstacle à l'écoulement normal de l'urine et irrite la vessie. Ce processus explique les troubles urinaires qui révèlent un adénome de la prostate :

– des envies d'uriner plus fréquentes, d'abord la nuit (le patient est obligé de se lever plusieurs fois), puis le jour ;

– des envies irrépressibles d'uriner : le muscle de la vessie se contracte sans que la vessie soit remplie, ce qui donne à la personne la sensation de devenir incontinente ;

– une difficulté à uriner : faiblesse du jet et difficulté à vider complètement la vessie ;

– des gouttes retardataires : à la fin de la miction, des gouttes continuent de couler de manière incontrôlable.

Ces troubles, minimes au début, s'aggravent. Ils entraînent alors une gêne dans la vie privée et sociale qui amène la personne à venir consulter.

Sans traitement, l'adénome peut provoquer des complications graves, comme une impossibilité totale d'uriner (rétention aiguë d'urine).

Il peut, en outre, être à l'origine d'une infection de la prostate et de l'appareil urinaire, parfois associée à une infection du petit organe situé en arrière du testicule (épididyme) ou à la présence de sang dans les urines (hématurie).

LE DIAGNOSTIC

La consultation commence par un interrogatoire médical complet du patient. Un questionnaire permet d'évaluer l'importance des symptômes (légers, modérés ou sévères) et leur retentissement sur la qualité de vie du malade. Ensuite, le médecin effectue un toucher rectal afin de déceler une augmentation de la taille de la prostate, qui, dans l'adénome, reste souple et bien délimitée.
Le dosage dans le sang de protéines spécifiques de la prostate (PSA) permet d'orienter le diagnostic vers un adénome ou un cancer de la prostate. Mais, dans ce dernier cas, seul l'examen de tissus de la prostate prélevés sur le patient (biopsie) permet de confirmer avec certitude la présence d'un cancer.
D'autres examens (échographie, radiographie, mesure du débit urinaire...) confirment le diagnostic et aident le médecin à évaluer le stade de la maladie et son retentissement.

PROSTATE ET SEXUALITÉ

Certaines interventions chirurgicales sur la prostate peuvent diminuer la fertilité, entraîner une éjaculation rétrograde (au lieu d'être projeté à l'extérieur, le sperme reflue vers la vessie) ou d'autres troubles sexuels.
Toutefois, dans tous les cas, il est essentiel que l'homme vienne consulter dès les premiers troubles urinaires, car la maladie sera d'autant mieux contrôlée.

DES TRAITEMENTS VARIÉS

L'adénome de la prostate est une affection bénigne qui n'a pas d'enjeu vital. Cependant, il peut perturber considérablement la vie quotidienne des personnes atteintes. La perception de la gêne est très subjective : elle varie selon les individus, leur mode de vie (actif ou non) et leur état de santé. Trois possibilités sont envisageables :
– une simple surveillance, avec une consultation annuelle, pour les hommes qui ont des symptômes légers et ne ressentent pas de gêne importante dans leur vie sociale ;
– un traitement médicamenteux pour les patients qui ressentent une gêne mais qui n'ont pas de complications ;
– la chirurgie s'impose lorsque les patients développent un adénome avec des complications. Une mauvaise vidange de la vessie, qui, alors, se dilate et devient le siège d'infections urinaires à répétition, est la complication la plus courante.

Les médicaments. Les médecins disposent de plusieurs catégories de médicaments. Pendant longtemps, le seul traitement existant a consisté en des extraits végétaux ayant un effet décongestionnant. Ce traitement bien toléré agit sur les symptômes et non sur la cause de la maladie.
Depuis quelques années sont apparus des médicaments efficaces qui agissent en diminuant le volume de la prostate ou en améliorant l'ouverture du col de la vessie, levant ainsi l'obstruction à l'écoulement de l'urine.

QUELQUES RÈGLES D'HYGIÈNE DE VIE

En cas d'hypertrophie de la prostate, il est important de respecter quelques règles simples d'hygiène de vie :
– éviter les plats épicés, les boissons alcoolisées (surtout le vin blanc et la bière) et les boissons gazeuses (surtout le champagne) ;
– pratiquer une activité physique régulière (marche) et éviter de faire de la bicyclette.

La chirurgie. Dans la chirurgie endoscopique, le médecin introduit dans le canal de l'urètre une sonde, appelée résecteur endoscopique, qui permet à la fois de voir l'adénome grâce à un système optique et de procéder à son ablation. L'intervention est faite sous anesthésie loco-régionale. Elle dure environ une heure et nécessite une hospitalisation de courte durée (3 ou 4 jours).
La chirurgie conventionnelle (adénomectomie) est préférée à l'ablation endoscopique lorsque la prostate est particulièrement volumineuse. Elle consiste à enlever la partie hypertrophiée de la prostate (adénome) en laissant en place le tissu normal.
Il est parfois possible de traiter un adénome par hyperthermie (par la chaleur). Lorsque l'état du patient ne permet pas une intervention chirurgicale, une prothèse peut être mise en place au niveau de l'urètre prostatique pour permettre au patient d'uriner normalement.

Les Affections des Ménisques

Les ménisques, présents dans quelques articulations, sont souvent lésés lors de traumatismes. Généralement, ils se déchirent en longueur, cette déchirure allant de la simple fissure jusqu'à la rupture complète.

Un ménisque est une lame constituée de fibres et de cartilage, interposée entre 2 surfaces articulaires pour faciliter leur glissement.
Les ménisques se trouvent dans les articulations du genou et de la mâchoire.
L'articulation du genou est la plus sujette à des traumatismes au niveau des ménisques, surtout chez les sportifs.
Les ménisques du genou sont au nombre de 2: le ménisque interne et le ménisque externe, fixés au tibia par des ligaments. Chaque ménisque ressemble à une lame en forme de croissant et comprend 3 faces: une face supérieure et une face inférieure, en rapport avec les surfaces articulaires, et une face externe périphérique, qui adhère à la capsule articulaire. Enfin, chaque ménisque se termine par 2 cornes, une antérieure et une postérieure.

LES CAUSES

Les ménisques, notamment ceux des genoux, sont souvent lésés lors de traumatismes: après une entorse, une extension faisant suite à une flexion forcée du genou ou encore une rotation externe forcée du tibia. Généralement, les ménisques se déchirent en longueur. En fonction de la gravité de la déchirure, le ménisque peut être simplement fissuré ou totalement rompu.

LES SYMPTÔMES

Les lésions des ménisques peuvent entraîner des douleurs, un gonflement, une instabilité, voire un blocage, du genou: celui-ci reste immobilisé en flexion, avec impossibilité d'étendre la jambe. Ce phénomène dure peu de temps et le genou se débloque parfois tout seul. Dans les jours qui suivent, une accumulation du liquide lubrifiant l'articulation (épanchement de synovie) apparaît. Cependant, une déchirure des ménisques peut également se traduire uniquement par des douleurs au niveau du genou. Dans d'autres cas, elle peut se manifester par des épanchements de synovie répétés.

■ MÉNISQUE

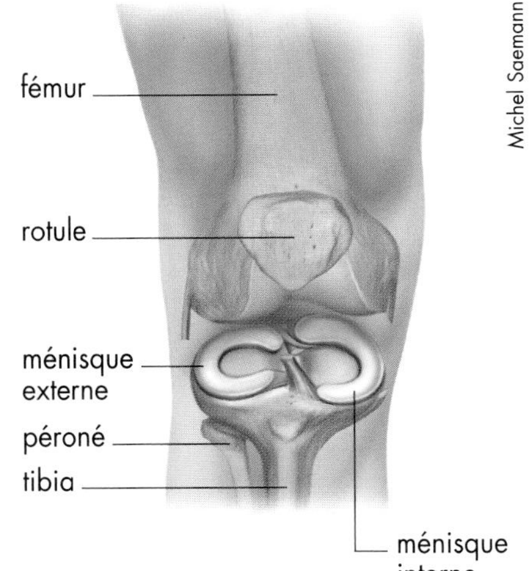

Michel Saemann

LE TRAITEMENT

Le traitement des affections des ménisques repose sur la technique de l'arthroscopie, qui permet de visualiser les ménisques et de les réparer. L'opération s'effectue généralement à l'hôpital sous anesthésie locale. Elle consiste à recoudre le ménisque quand il est simplement déchiré ou à l'enlever lorsque les lésions sont trop importantes.

LE BLOCAGE ARTICULAIRE

Le blocage articulaire entraîne une incapacité totale à réaliser un mouvement volontaire. Il survient à la suite de l'immobilisation brutale et douloureuse d'une articulation.
Les lésions des ménisques du genou sont souvent à l'origine de ce blocage, mais celui-ci peut aussi être dû à la présence d'un corps étranger à l'intérieur d'une articulation.
Le traitement du blocage articulaire repose sur l'extraction par arthroscopie du corps étranger en cause ou du ménisque lésé.

■ ARTHROSCOPIE

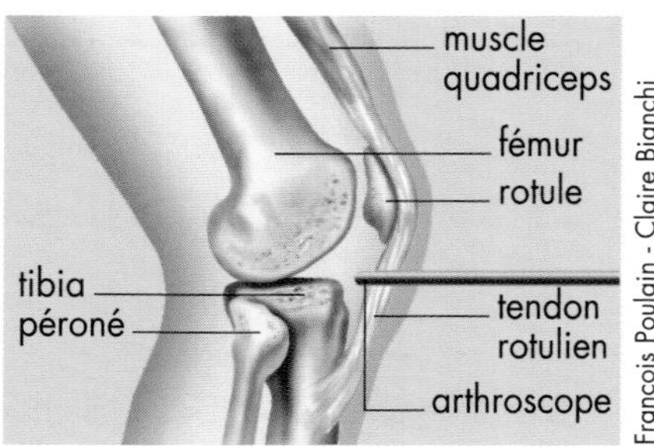

François Poulain - Claire Bianchi

Le patient peut généralement rentrer chez lui le jour même et est capable de marcher normalement au bout de quelques jours. Même les grands champions peuvent reprendre leur activité sportive rapidement. L'ouverture chirurgicale de l'articulation (arthrotomie) avec ablation du ménisque (méniscectomie), pratiquée beaucoup plus rarement, est plus traumatisante. Après l'opération, le patient doit s'aider de cannes pour marcher pendant environ 3 semaines.

Il est préférable de conserver une partie du ménisque : en effet, l'ablation du ménisque, lorsqu'elle est totale, favorise très souvent l'apparition d'une arthrose de l'articulation plusieurs années après.

L'ARTHROSCOPIE

L'exploration des ménisques se fait le plus souvent grâce à l'arthroscopie, qui permet d'observer l'articulation, d'y prélever des tissus et même d'y effectuer des opérations. Cette technique est utilisée pour l'examen de structures invisibles à la radiographie : cartilage, membrane synoviale, ligaments croisés et ménisques. Les arthroscopies le plus fréquemment réalisées sont

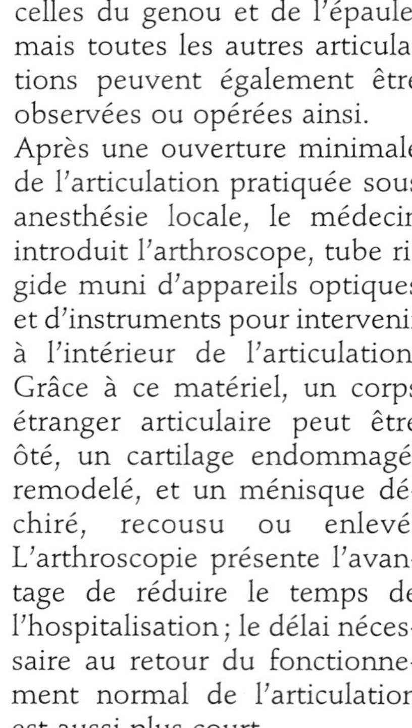

celles du genou et de l'épaule, mais toutes les autres articulations peuvent également être observées ou opérées ainsi.
Après une ouverture minimale de l'articulation pratiquée sous anesthésie locale, le médecin introduit l'arthroscope, tube rigide muni d'appareils optiques et d'instruments pour intervenir à l'intérieur de l'articulation. Grâce à ce matériel, un corps étranger articulaire peut être ôté, un cartilage endommagé, remodelé, et un ménisque déchiré, recousu ou enlevé. L'arthroscopie présente l'avantage de réduire le temps de l'hospitalisation ; le délai nécessaire au retour du fonctionnement normal de l'articulation est aussi plus court.

LE GENOU DU SPORTIF

Le genou est très actif dans la pratique de certains sports (ski, football) et donc particulièrement exposé aux accidents (entorse, rupture du ligament croisé, élongation, problème de ménisque). Chaque cas nécessite un traitement spécifique : l'entorse du genou sans rupture du ligament croisé requiert une immobilisation temporaire de l'articulation. L'élongation du ligament croisé demande une immobilisation et un arrêt de tout sport pendant 3 à 6 mois. En cas de rupture de ce ligament, la chirurgie est souvent nécessaire, avec une hospitalisation de 8 jours et un repos de 3 semaines, suivis d'une rééducation. Le sport ne sera repris qu'après 3 à 6 mois.

F. St-Clair-Renard – Vandystadt

Skieur tombant. *Les chutes de ski provoquent souvent des lésions au niveau des genoux, très sollicités par ce sport.*

L'ALCOOLISME

CAUSES ET DÉFINITION

L'alcoolisme sévit partout dans le monde. Il est la troisième cause de mortalité dans les pays industrialisés. À l'origine de ce problème, on trouve des facteurs socioculturels et individuels.

F. Durand – Sipa

Groupe de jeunes dans un bar. *La consommation de boissons alcoolisées symbolise souvent, pour les jeunes, un passage à la vie adulte.*

Depuis l'Antiquité, l'alcool accompagne les rites, les cérémonies et les croyances traditionnels et, aujourd'hui encore, il conditionne les mentalités. Dans le monde moderne, la publicité encourage parfois indirectement sa consommation par les images qu'elle y associe. Les facteurs socioculturels ont donc une place prépondérante dans la consommation d'alcool.

Mais une personne qui boit de l'alcool ne devient pas pour autant alcoolique. Tout dépend de sa personnalité. Si elle est fragile, elle aura plus de risques de sombrer dans l'alcoolisme.

LES FACTEURS SOCIOCULTURELS

Les facteurs socioculturels jouent un rôle important dans le problème de l'alcoolisme parce qu'ils induisent un entraînement collectif à boire, qui est accepté de tous, reconnu, voire favorisé. Dans de nombreux pays, la consommation d'alcool est cautionnée par la société elle-même, ce qui en fait, en quelque sorte, une drogue licite. La plupart du temps, les boissons alcoolisées sont synonymes de convivialité et de plaisir; chez les plus jeunes, elles représentent souvent un symbole d'initiation à l'état d'adulte. L'environnement amical, familial ou professionnel peut inciter à la consommation d'alcool, qui marque alors le partage de moments agréables et se rattache à toute une symbolique de force et de virilité.

Le modèle familial des comportements vis-à-vis de l'alcool est également fondamental. Un enfant qui voit ses parents abuser de boissons alcoolisées, notamment face aux difficultés de la vie, sera plus porté à reproduire les mêmes comportements à l'âge adulte. Par ailleurs, la facilité avec laquelle on peut se procurer de l'alcool favorise sa

POUR Y VOIR PLUS CLAIR

QUELQUES MOTS À CONNAÎTRE

Alcoolisation : imprégnation de l'organisme par l'alcool, quelle que soit la quantité ingérée.
Alcoolodépendance : état de dépendance à l'alcool, dont la personne est incapable de s'abstenir, psychologiquement et physiologiquement.
Alcoolopathie : toute maladie aiguë ou chronique découlant de l'intoxication alcoolique.

Berretty – Rapho

Personne alcoolique buvant un alcool fort et fumant.
Le tabagisme est très souvent lié à l'alcoolisme, ce qui multiplie les risques de maladies cardiovasculaires ou pulmonaires.

consommation. Mais les facteurs socioculturels ne suffisent pas à entraîner l'alcoolisme.

LA PERSONNALITÉ DE L'INDIVIDU

Face à la tentation de l'alcool dans un environnement qui autorise sa consommation, la personnalité de l'individu est déterminante dans le passage à l'alcoolisme. Les personnes fragiles, incapables de dominer leur émotivité, peu sûres d'elles-même, notamment les jeunes adolescents en quête d'identité, sont plus exposées à la prise répétée de boissons alcoolisées que des personnes équilibrées, car l'alcool leur donne l'impression de maîtriser leur angoisse et leur inhibition. On parle alors d'alcoolisme « de compensation ». Les réactions psychologiques face aux difficultés de la vie jouent également un rôle important dans l'installation de l'alcoolisme. De nombreux buveurs modérés et occasionnels commencent à s'adonner à la boisson de façon irraisonnée au moment d'un deuil ou lorsque les enfants viennent à quitter le foyer familial.

ALCOOLISME ET HÉRÉDITÉ

Une prédisposition génétique semble intervenir dans la tendance à l'alcoolisme, comme l'ont montré des recherches sur des jumeaux vrais ou des enfants adoptés. Ce qui ne signifie en aucun cas qu'un enfant dont les parents sont alcooliques deviendra inéluctablement alcoolique ; mais, s'il se trouve confronté à la tentation, il lui sera plus difficile qu'à un autre d'y résister.
À l'inverse, certaines personnes supporteraient naturellement très mal l'alcool, ce qui expliquerait leur plus faible propension à devenir alcooliques. En effet, elles présentent un déficit en ALDH (acétaldéhyde déshydrogénase), une substance normalement chargée d'éliminer un produit de dégradation toxique de l'alcool (acétaldéhyde).

L'IVRESSE

L'ivresse est l'effet rapide que peut provoquer la consommation de boissons alcoolisées. Elle dépend de la concentration d'alcool dans le sang (alcoolémie). Elle se déroule généralement en 3 phases :
– une phase d'excitation, qui se traduit surtout par une désinhibition ;
– une phase d'incoordination et d'instabilité (le buveur somnole, est atteint de confusion mentale et de troubles de l'équilibre) ;
– une phase de coma (la personne est ivre morte).
Dans certains cas, ces signes s'associent à une agressivité dangereuse, à des hallucinations, à des délires ou encore à une dépression.

L'ALCOOLÉMIE

L'alcoolémie indique la teneur du sang en alcool éthylique. Elle permet d'apprécier avec précision la quantité d'alcool ingérée par un individu. Le résultat de l'analyse sanguine est exprimé en grammes par litre. On considère, sans tenir compte des spécificités individuelles, qu'au-delà de 0,50 g/l peuvent apparaître des anomalies du comportement. L'ivresse correspond à des valeurs de 1 à 2 g/l. L'alcoolémie croît jusqu'à 2 heures après l'absorption d'alcool. Elle augmente plus et plus vite chez la femme que chez l'homme, chez le jeune que chez l'adulte, chez l'individu petit et maigre que chez l'individu grand et gros, et, surtout, chez la personne à jeun que chez celle qui a bu au cours d'un repas.

L'ALCOOLISME

SYMPTÔMES ET TROUBLES

L'alcool agit insidieusement. Il commence par provoquer des sensations agréables, mais, très vite, apparaissent des troubles qui, à la longue, peuvent entraîner des maladies graves.

Après avoir été absorbé par le tube digestif, l'alcool, diffusé dans tout l'organisme par le sang, atteint différents organes, dont il modifie le fonctionnement.

LES EFFETS IMMÉDIATS

L'alcool, consommé en petites quantités, procure au buveur une sensation agréable de détente et de relaxation. La personne se sent plus ouverte, plus confiante et, quelquefois, plus audacieuse. Elle a plus de facilité à communiquer avec les autres. Ce sont d'ailleurs ces modifications de l'humeur et du comportement qu'elle recherche. Mais cette amélioration des performances est illusoire. En effet, l'alcool dans le sang entraîne un ralentissement des réflexes. Plus on consomme d'alcool, plus les capacités de concentration et de jugement diminuent, tandis que le sentiment de confiance en soi s'accroît.

Par ailleurs, sur un plan purement physique, l'alcool agit en augmentant les sécrétions gastriques qui favorisent la digestion. Il provoque une déshydratation et une sécheresse de la langue.

L'ACCOUTUMANCE ET LA DÉPENDANCE

On parle d'accoutumance lorsque la consommation d'alcool est régulière et que les mêmes doses induisent des effets moindres. Rapidement, pour obtenir les mêmes sensations, le buveur est amené à augmenter progressivement sa consommation. Il peut aussi choisir des boissons plus fortement alcoolisées sans augmenter la quantité absorbée. Ce besoin accru d'alcool est lié à l'accoutumance du foie – qui, avec le temps, apprend à éliminer l'alcool de plus en plus rapidement – et à celle des cellules nerveuses – qui, à doses égales, réagissent de moins en moins au stimulus alcoolique.

La dépendance physique est également caractéristique de l'alcoolisme. En effet, un consommateur d'alcool devient alcoolique lorsqu'il ne peut plus s'arrêter librement de boire et que le fait de ne plus boire provoque chez lui des symptômes typiques (malaise généralisé avec tremblements et sueurs), appelés syndrome de sevrage. Ce syndrome disparaît dès que le sujet reboit de l'alcool ; sinon, il s'aggrave et s'accompagne d'hallucinations pouvant aller jusqu'au délire aigu, associé à une déshydratation : c'est la crise de delirium tremens.

LES TROUBLES DE L'ALCOOLISME

L'alcoolisme entraîne des troubles caractéristiques : tremblements, douleurs abdominales,

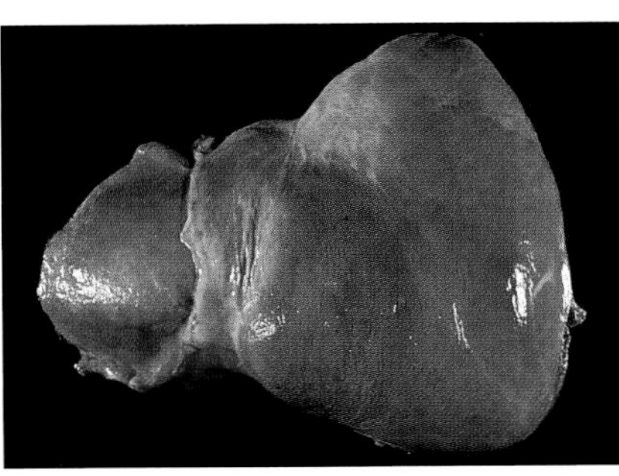

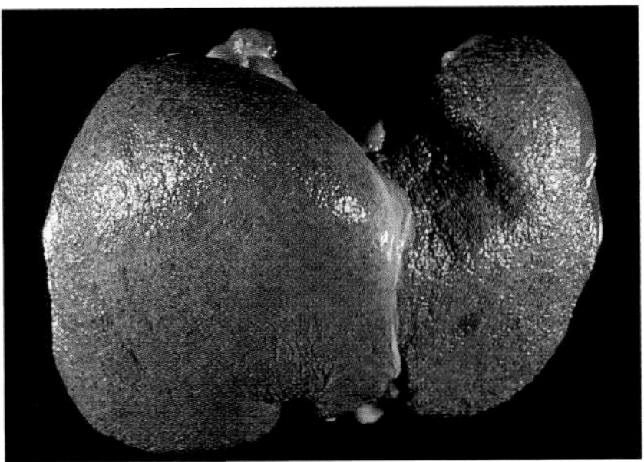

À gauche : foie normal *(après autopsie). Sa surface est régulière et lisse, de couleur rosée.*
À droite : foie atteint d'une cirrhose *(après autopsie ou ablation pour greffe). L'organe est déformé, sa surface est plus ou moins bosselée et verdâtre.*

crampes, engourdissements, fourmillements. Le pouls est irrégulier, le visage, rouge, et la démarche, instable. Les propos du buveur sont souvent confus, sa capacité à réfléchir est ralentie et il a des trous de mémoire. L'alcool, qui est toxique et irritant, peut provoquer des lésions au niveau des différents organes. Il peut entraîner une baisse du taux de sucre dans le sang (hypoglycémie) ou une augmentation du taux sanguin de graisses (hypertriglycéridémie), qui contribuent au mauvais fonctionnement du cœur, du foie et des vaisseaux sanguins.

L'alcoolisme est souvent responsable de carences nutritionnelles. En effet, le buveur mange peu, d'autant plus que l'apport calorique de l'alcool suffit le plus souvent à ses besoins énergétiques. Mais ces apports ne comportent ni protéines, ni vitamines, ni sels minéraux.

LES 4 PHASES DE LA DÉPENDANCE

On considère que la dépendance s'installe une fois que le buveur a traversé 4 phases. Dans la première phase, sa tolérance à l'alcool (capacité à boire sans ressentir d'effet nocif) augmente. Dans la deuxième phase, il commence à avoir des trous de mémoire. La troisième phase est caractérisée par la perte de contrôle face à l'alcool : le buveur ne peut plus s'arrêter de boire, même s'il le souhaite. Durant la dernière phase s'installent un certain nombre de désordres psychiques et physiques caractéristiques.

LES MALADIES LIÉES À L'ALCOOLISME

À long terme, la consommation régulière d'alcool provoque différentes maladies, regroupées sous le terme d'alcoolopathies.

Les maladies du foie et des organes digestifs. L'alcool provoque dans le foie une accumulation de corps gras, puis une inflammation et, enfin, des lésions irréversibles des cellules hépatiques. Les maladies du foie se développent successivement au cours des années et sont de plus en plus graves : dégénérescence graisseuse du foie, hépatite alcoolique, cirrhose et cancer. Le risque de destruction du foie est proportionnel à la quantité et à la durée de la prise d'alcool.

La consommation excessive d'alcool peut également entraîner une inflammation du pancréas (pancréatite), responsable de douleurs abdominales survenant par crises, d'une inflammation de l'œsophage ou de la muqueuse de l'estomac.

Les cancers. Les cancers se localisent principalement au niveau de la bouche, de la langue, de la gorge et de l'œsophage, sans doute en raison de l'action irritante de l'alcool. Le risque de cancer du foie est aussi plus élevé chez les alcooliques. L'association alcool-tabac multiplie ces risques.

Les affections du cœur et du système vasculaire. Une très forte consommation d'alcool accroît le risque d'insuffisance cardiaque, de maladie coronarienne (des artères du cœur), d'hypertension artérielle (HTA) et d'accident vasculaire cérébral.

LES SIGNES DE LA DÉPENDANCE

Les signes de la dépendance sont variés et peuvent se combiner différemment selon les individus :
- modifications de la personnalité (jalousie, irritabilité, colères subites, comportement agressif) ;
- désintérêt pour la nourriture ;
- négligence physique ;
- dissimulation des bouteilles ;
- modifications dans la façon de boire (commencer à boire plus tôt le matin ou passer de la bière aux alcools forts) ;
- promesses répétées de cesser de boire ;
- instabilité professionnelle : fréquents changements d'emploi.

Les maladies du système nerveux. Une déficience importante en vitamine B1 peut causer une encéphalopathie alcoolique (encéphalopathie de Gayet-Wernicke), qui se manifeste par une confusion mentale (le malade croit, à tort, reconnaître des personnes en réalité inconnues), par des troubles de la parole et de la marche et, dans les cas les plus graves, par un coma.

Les affections psychiatriques. Les alcooliques souffrent souvent d'angoisse et de dépression, sans que l'on puisse dire exactement ce qui relève de la cause et de la conséquence.

Ils sont plus souvent que d'autres atteints de détérioration mentale irréversible (démence), et le nombre de suicides est plus élevé chez les alcooliques que chez les non-buveurs.

L'ALCOOLISME

TRAITEMENT ET PRÉVENTION

Le traitement de l'alcoolisme consiste en une cure de désintoxication, qui comprend une phase de sevrage et une phase de psychothérapie.

Ce n'est qu'après avoir pris conscience de son état et décidé de se libérer de sa dépendance que l'alcoolique peut entreprendre une cure de désintoxication. Celle-ci s'effectue en deux temps. Elle commence par un sevrage, rendu plus supportable grâce à l'administration de tranquillisants, puis elle se poursuit par une psychothérapie, destinée à instaurer une abstinence durable.

Anciens alcooliques en cure de désintoxication. *Les réunions, au cours desquelles chacun exprime ce qu'il ressent, améliorent souvent l'efficacité de ces cures.*

LE SEVRAGE

Le sevrage, d'une durée de 2 ou 3 semaines, peut se dérouler, selon les désirs et l'état de santé du malade, à son domicile ou à l'hôpital. L'hospitalisation est recommandée aux alcooliques qui n'ont pas réussi un sevrage à domicile ou qui ont des complications médicales et des problèmes familiaux importants. Le sevrage impose un suivi médical, car l'arrêt brusque d'alcool entraîne toute une série de troubles graves, regroupée sous le nom de delirium tremens : tremblements généralisés, accélération du rythme cardiaque, sueurs, confusion mentale, hallucinations et déshydratation importante ; des convulsions peuvent également survenir.
Le traitement des symptômes liés au sevrage repose sur la réhydratation intensive du patient, associée à de la vitamine B, et sur l'administration

M. Goldwater – Network – Rapho

QUELQUES IDÉES REÇUES

L'alcool est source de chaleur. En effet, l'alcool produit de la chaleur, mais il entraîne également une dilatation des vaisseaux superficiels, qui favorise aussitôt la perte de cette chaleur.
L'alcool donne des forces. C'est faux, car la production accrue d'acide lactique liée à la dégradation de l'alcool limite les possibilités de travail musculaire.
L'alccol favorise la sexualité. Non. Tout au plus entraîne-t-il une certaine désinhibition ; mais, à partir d'une dose d'ailleurs assez peu élevée, la « satisfaction » féminine et les « performances » masculines sont diminuées.

ALCOOL ET GROSSESSE

L'alcool est contre-indiqué pendant la grossesse, car il est dangereux pour le fœtus.
Lorsqu'une femme enceinte boit plus de deux verres par jour (deux verres de vin, deux petits verres d'alcool fort ou deux demis de bière), elle fait courir à son enfant un risque irrémédiable. L'alcoolisme fœtal se traduit par des malformations, un développement anormal des membres et une intelligence inférieure à la moyenne. Le risque d'avortement est également augmenté.
Des excès occasionnels peuvent provoquer le même résultat.

de tranquillisants (anxiolytiques).
Passé le cap du sevrage, l'organisme peut supporter l'abstinence, mais, une fois désintoxiquée, la personne ne doit plus jamais boire, sous peine de resombrer dans l'alcoolisme. Le soutien psychologique est alors primordial pour éviter les récidives.

LA PSYCHOTHÉRAPIE

L'ancien alcoolique, parfois rejeté par son entourage, a souvent une mauvaise image de lui-même. Il a besoin de se déculpabiliser et de reprendre confiance en lui. C'est à ce niveau qu'intervient la psychothérapie, dont l'objectif est de lui réapprendre à vivre sans l'alcool, en le responsabilisant et en lui offrant de nouveaux repères.
Il existe, au sein des consultations d'alcoologie, des groupes de parole qui permettent au malade de mieux comprendre ce qui l'a conduit à l'alcoolisme.
Les anciens alcooliques peuvent également suivre des séances de relaxation destinées à revaloriser l'image de leur corps.
Il leur est vivement conseillé, après la désintoxication, de rejoindre une des nombreuses associations d'anciens malades afin de rencontrer des personnes ayant traversé les mêmes difficultés. L'ancien buveur reste en effet toujours confronté à la tentation de « replonger », et sa guérison n'est jamais acquise. Celle-ci nécessite une certaine force de caractère, force qu'il peut puiser auprès de personnes qui ont connu les mêmes problèmes et qui peuvent lui apporter le soutien dont il a besoin.

LES ALCOOLIQUES ANONYMES

Créée en 1935 à New York par un médecin et un agent de change, tous deux anciens alcooliques, l'association des Alcooliques anonymes est présente dans près de 140 pays.
Sa vocation est d'aider les alcooliques à se désintoxiquer de manière durable. La seule condition exigée pour y adhérer est le désir de ne plus boire.
Des séances de thérapie de groupe sont organisées une fois par semaine, au cours desquelles chacun raconte son expérience, ce qui l'a poussé à devenir alcoolique, ce qui l'a incité à arrêter, les difficultés qu'il a rencontrées, etc.
Tout nouveau patient choisit un parrain qui va l'encourager à franchir le cap du sevrage. Il dispose également du soutien constant des autres membres de l'association, qu'il peut joindre par téléphone en cas de crise.

RÔLE DE L'ENTOURAGE ET DE LA SOCIÉTÉ

Sans nécessairement lui faire la morale, informer un buveur des dangers de l'alcool peut le conduire à consulter un médecin et à diminuer sa consommation, alors que, une fois la dépendance installée, le seul remède sera l'abstinence définitive.
Le rôle de l'État, tant d'un point de vue législatif (réglementation de la consommation d'alcool sur les lieux de travail, de la publicité, protection des mineurs) que d'un point de vue informatif, est primordial.

L'ALCOOL

L'alcool, que les chimistes appellent alcool éthylique, ou éthanol, est un liquide incolore, volatil, à la saveur brûlante, obtenu par fermentation de fruits ou de grains (vin, cidre, bière), ou par distillation (alcools dits forts, liqueurs, eaux-de-vie, whisky, etc.).
Absorbé par le tube digestif sans subir de modification, l'alcool passe dans le sang, d'où il diffuse à tout l'organisme. Divers mécanismes (enzymes, radicaux libres) le dégradent alors en d'autres substances (acétaldéhyde, puis acétate). Outre ses effets sur les différents organes, l'alcool interagit avec de nombreux médicaments : il peut diminuer leur action, l'augmenter ou même la modifier complètement.

LES ANÉMIES

L'anémie est une baisse anormale du taux d'hémoglobine (pigment contenu dans les globules rouges et chargé d'apporter l'oxygène aux tissus) ; elle se traduit notamment par une pâleur et une sensation de fatigue.

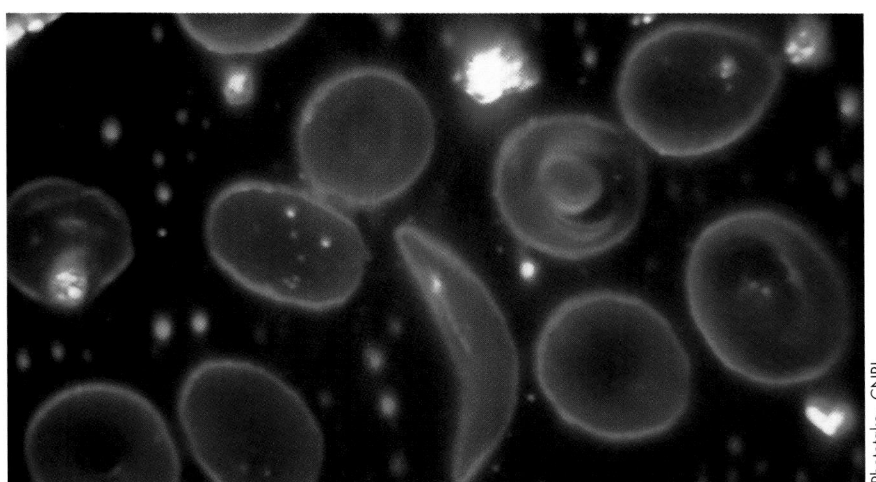

Phototake - CNRI

***La drépanocytose.** Au cours de cette anomalie de la synthèse de l'hémoglobine, les globules rouges (ici, en vert) se déforment en faucille, bloquant les petits vaisseaux, et se détruisent facilement.*

L'ANÉMIE PAR CARENCE EN FER

Appelée anémie ferriprive, c'est la plus courante des anémies. Chez le nourrisson, elle est due à une insuffisance d'apport en fer dans l'alimentation. Elle touche aussi la femme enceinte, surtout en cas de grossesses rapprochées, car le fœtus utilise le fer de sa mère pour fabriquer ses propres globules rouges. Mais ce sont avant tout les femmes réglées qui sont concernées : les besoins en fer sont juste couverts par une alimentation normale et toute perte peut provoquer une carence. Dans la plupart des autres cas, l'anémie ferriprive provient d'un saignement digestif : elle est traitée par un apport en fer, par voie orale, à doses élevées.

Le taux normal d'hémoglobine varie avec l'âge et le sexe. On parle d'anémie s'il est inférieur à 13 grammes par décilitre chez l'homme et à 12 grammes par décilitre chez la femme. Cette affection, fréquente, a de nombreuses causes, classées en deux groupes : un excès de pertes de sang et un défaut de production de sang.

LES TYPES D'ANÉMIE

Les anémies par excès de pertes de sang. Elles peuvent être dues à un écoulement de sang hors des vaisseaux (anémie hémorragique) ou à une destruction des globules rouges à l'intérieur de l'organisme (anémie hémolytique).

Les anémies hémorragiques font suite à une hémorragie importante, survenant souvent dans l'appareil digestif.

Les anémies hémolytiques sont soit dues à une anomalie des globules rouges, soit consécutives à une agression extérieure : infection des globules rouges par un parasite (paludisme), réaction anormale de défense du patient contre ses propres globules rouges (hémolyse auto-immune), réaction à un médicament entraînant la destruction des globules rouges (hémolyse immunoallergique), absorption de substances toxiques, rupture mécanique des globules rouges sur un obstacle (prothèse cardiaque, par exemple).

Les anémies par défaut de production de sang. Elles sont provoquées par diverses anomalies de la fabrication des globules rouges dans la moelle osseuse :

– Une anomalie de la synthèse de l'hémoglobine. Elle se traduit

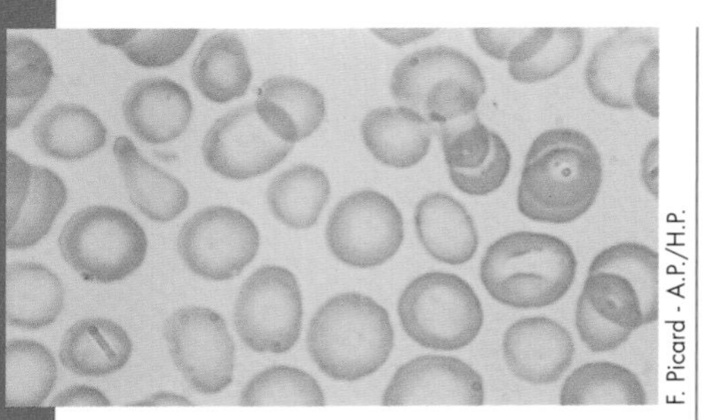
F. Picard - A.P./H.P.

***Des globules rouges pauvres en fer.** Ils contiennent peu d'hémoglobine et sont caractéristiques de l'anémie ferriprive.*

par des globules rouges anormalement petits, et survient en cas de manque de fer (anémie ferriprive) ou en cas de mauvaise répartition du fer (phénomène survenant au cours d'inflammations). Cette anomalie est également caractéristique de maladies génétiques (anémie de Cooley et drépanocytose, au cours de laquelle les globules rouges prennent une forme de faucilles).

– Une anomalie de la formation de l'ADN. Elle se traduit par une augmentation de la taille des globules rouges. Elle est due à une carence en vitamine B12 (maladie de Biermer) ou en acide folique (malabsorption digestive, déficit d'apport, alcoolisme ou absorption de substances toxiques). Une augmentation de la taille des globules rouges s'observe aussi lors de la prise de médicaments anticancéreux et au cours d'une maladie de la moelle osseuse (anémie réfractaire) touchant surtout les personnes âgées.

– Un défaut de production de l'érythropoïétine (hormone qui régule la formation des globules rouges), en cas d'insuffisance rénale, ou d'autres hormones jouant un rôle dans le processus de formation des globules rouges, principalement les hormones thyroïdiennes.

– Un défaut des érythroblastes, cellules de la moelle osseuse à partir desquelles se forment les globules rouges, en cas de raréfaction de la moelle osseuse (aplasie médullaire) ou d'érythroblastopénie (diminution de ces cellules).

– Une prolifération incontrôlée des cellules de la moelle osseuse (leucémies aiguës).

LES SYMPTÔMES

Une personne souffrant d'anémie a la peau et les muqueuses anormalement pâles, ce qui est visible au niveau des paumes des mains, de la bouche et des conjonctives (membranes tapissant la face interne des paupières). Elle est fatiguée lorsqu'elle fournit un effort, en cas d'anémie modérée, et même au repos si l'anémie est plus grave. Chez les personnes âgées, une insuffisance cardiaque et des œdèmes peuvent survenir. À ces signes s'associent parfois d'autres troubles propres à un type particulier d'anémie. Les anémies dues à une hémorragie digestive se manifestent par du sang dans les selles, une soif importante et, dans les cas graves, par une chute de la tension artérielle. Les anémies hémolytiques s'accompagnent souvent d'une augmentation du volume de la rate et d'une jaunisse. Les anémies par carence en vitamine B12 se caractérisent par une atrophie de la muqueuse de la langue et des atteintes neurologiques.

LE DIAGNOSTIC

Un patient peut souffrir d'anémie sans le savoir. L'anémie est souvent diagnostiquée grâce à une simple analyse de sang. Un examen plus spécialisé, l'hémogramme, est parfois utile : il mesure le nombre des cellules du sang, le taux d'hémoglobine, le volume moyen des globules rouges et le taux de globules rouges en début de formation (réticulocytes), et permet de distinguer le type d'anémie.

LE TRAITEMENT

C'est celui de la cause. L'anémie ferriprive est traitée par un apport en fer. L'anémie par carence en acide folique se traite par apport de cette vitamine par voie orale. L'anémie par carence en vitamine B12 se traite par injection intramusculaire de la vitamine. Les transfusions sont réservées aux anémies dont la cause ne peut être traitée.

LA VITAMINE B12 ET L'ACIDE FOLIQUE

Ils sont nécessaires à la synthèse de l'ADN et leur carence entraîne une anémie.

– L'acide folique se trouve dans les légumes verts, la viande, les céréales. La carence est fréquente car les réserves de l'organisme sont peu abondantes.

– La vitamine B12 se trouve dans les aliments d'origine animale. La carence est rare, car les réserves de l'organisme sont grandes, pouvant durer de trois à quatre ans.

L'Angine

L'angine est une inflammation aiguë de la gorge (pharynx), qui se limite le plus souvent aux amygdales. C'est une affection fréquente, résultant d'une infection par un virus ou une bactérie.

Au cours d'une angine, l'inflammation – c'est-à-dire la réaction des tissus consécutive à l'agression par un micro-organisme (virus ou bactérie) – atteint parfois tout le pharynx : on parle dans ce cas de pharyngite. Cependant, elle se limite le plus souvent aux amygdales (amygdalite) ou encore, surtout chez les enfants de moins de 4 ans, à la partie supérieure de la gorge (rhinopharyngite).

L'angine peut prendre différentes formes : angine rouge (la muqueuse de l'intérieur de la gorge est anormalement rouge) ; angine blanche (la muqueuse est recouverte d'un enduit blanchâtre) ; angine ulcéreuse (la muqueuse présente une ou plusieurs ulcérations).

L'ANGINE ROUGE

Les différents types d'angine rouge.

– L'angine érythémateuse (également appelée angine rouge catarrhale) est la plus répandue ; elle touche le plus souvent les enfants de moins de dix ans. Le malade est fiévreux, a mal à la tête, ressent de vives douleurs lorsqu'il déglutit. Sa gorge est rouge et le volume de ses amygdales a augmenté dans des proportions variables. Dans certains cas, l'angine érythémateuse se complique d'un abcès qui se développe entre la paroi du pharynx et d'une amygdale (phlegmon périamygdalien), ce qui entraîne une contracture involontaire des muscles de la mâchoire (trismus) et une difficulté à déglutir (dysphagie).

– L'angine des maladies éruptives est l'un des symptômes de la scarlatine, de la rougeole et, parfois, de la rubéole.

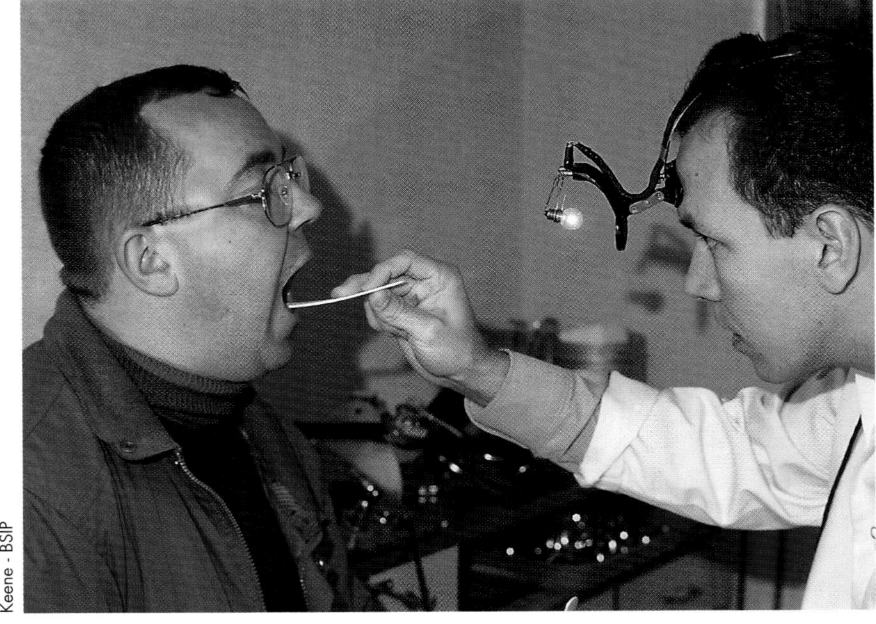
Keene - BSIP

L'examen clinique. *L'examen de la gorge permet de visualiser la présence d'une inflammation, et donc d'une angine.*

À QUOI SONT DUES LES ANGINES ?

Les angines sont dues à une infection par un virus ou, parfois, par une bactérie (présence de germes, tels que streptocoque, staphylocoque ou *Hæmophilus*). Elles surviennent souvent au cours d'un rhume ou d'une grippe. Plus rarement, une angine peut constituer le signe précurseur d'une autre maladie (ou être l'un de ses symptômes), comme la scarlatine (angine rouge), la mononucléose infectieuse ou la leucémie (angine ulcéreuse), ou encore la diphtérie (angine blanche).

–L'angine streptococcique se traduit par une inflammation des amygdales, associée à des vomissements et à des maux de tête. Cette variété d'angine risque, en l'absence de traitement antibiotique, de se compliquer d'une grave inflammation des grosses articulations et du cœur (rhumatisme articulaire aigu) ; cette inflammation est due à l'action des toxines sécrétées par les streptocoques.

Le traitement. Il est conseillé au malade de se reposer, d'éviter les refroidissements, de manger légèrement et de boire abondamment. Par ailleurs, on lui prescrit un traitement, à la fois local (gargarismes ou pulvérisations pour soulager le mal de gorge et désinfecter la bouche), et général (administration d'antibiotiques – en général pénicilline pendant dix jours –, souvent en association avec des médicaments contre la douleur, l'inflammation et la fièvre). Si les récidives se multiplient, on conseille une ablation des amygdales.

L'ANGINE BLANCHE

Les différents types d'angine blanche.

– L'angine érythématopultacée se traduit par les mêmes symptômes que ceux d'une angine rouge, mais les amygdales sont recouvertes d'un enduit blanchâtre, ou parfois gris jaunâtre, facile à enlever avec un coton.

–L'angine pseudomembraneuse est souvent le signe précurseur d'une mononucléose infectieuse. Les amygdales sont également recouvertes d'un enduit, plus adhérent que celui de l'angine érythématopultacée. Ces symptômes sont proches de ceux de la diphtérie. Au moindre doute, on administre donc au malade du sérum antidiphtérique.

–L'angine vésiculeuse et l'angine herpétique sont respectivement dues au virus du zona et de l'herpès, et se traduisent par l'apparition, au fond de la gorge, de vésicules blanchâtres, éclatées ou non, semblables à de petites ulcérations.

Le traitement. Comme au cours de l'angine rouge, il est conseillé au malade de se reposer et d'éviter les refroidissements. Le traitement, outre des gargarismes et des pulvérisations, comporte l'administration d'antibiotiques. Certaines angines, comme l'angine herpétique, nécessitent des traitements plus spécifiques.

L'ANGINE ULCÉREUSE

Les différents types d'angine ulcéreuse.

–L'angine de Vincent survient surtout chez les adolescents et les adultes jeunes, et peut être due à un mauvais état des dents. Elle se caractérise par la multiplication, sur la muqueuse du pharynx, de deux bactéries qui y sont présentes à l'état normal, le bacille fusiforme et le spirille. L'angine de Vincent entraîne des douleurs peu intenses, qui s'accentuent dès que le malade avale sa salive. Le plus souvent, une seule amygdale est atteinte ; elle est alors recouverte d'ulcérations et d'un enduit formant une fausse membrane.

–L'angine de Duguet s'observe chez des personnes atteintes de fièvre typhoïde, et se caractérise par une ulcération indolore d'un ou des deux piliers du voile du palais (zones prolongeant le voile du palais sur les côtés).

–L'angine des maladies hématologiques peut être le signe révélateur d'une leucémie.

–L'angine de Ludwig se caractérise par une importante déformation du cou, une fièvre élevée et de vives douleurs.

Le traitement. Il repose sur l'administration d'un antibiotique (le plus souvent de la pénicilline).

ANGINE ET DIPHTÉRIE

Au cours de certaines angines, les amygdales sont recouvertes d'un enduit adhérent. Or, ce type d'enduit (on parle de fausses membranes) est aussi l'un des signes d'une très grave maladie infectieuse, la diphtérie. Celle-ci a pratiquement disparu aujourd'hui dans les pays occidentaux grâce à la vaccination, mais elle persiste ailleurs et représente toujours un risque pour un voyageur non vacciné. Tout malade souffrant d'une angine associée à la formation de fausses membranes doit donc faire l'objet d'un examen bactériologique et, au moindre doute, recevoir du sérum antidiphtérique pour enrayer l'évolution d'une éventuelle diphtérie.

L'ANGINE DE POITRINE

L'angine de poitrine, ou angor, est due à une mauvaise circulation du sang dans les artères coronaires. Cette maladie, très répandue dans les pays industrialisés, peut être prévenue par une bonne hygiène de vie.

Une forte douleur à la poitrine lors d'un effort musculaire, une sensation de serrement au niveau de la gorge ou une douleur au bras gauche sont des symptômes qui nécessitent une consultation médicale rapide.

LES TYPES D'ANGINE DE POITRINE

On distingue trois types d'angine de poitrine.

L'angor stable. Il se caractérise par des douleurs plus ou moins fréquentes qui surviennent lors d'un effort ; il cesse avec l'arrêt de cet effort ou avec la prise d'un médicament adapté.

L'angor instable. Il associe généralement des douleurs à l'effort et au repos, et annonce, à brève échéance, un risque élevé d'infarctus du myocarde.

L'angor spastique. Il survient au repos, plus particulièrement la nuit ou tôt le matin. Quand il est intense, il est souvent associé à des palpitations et justifie une hospitalisation.

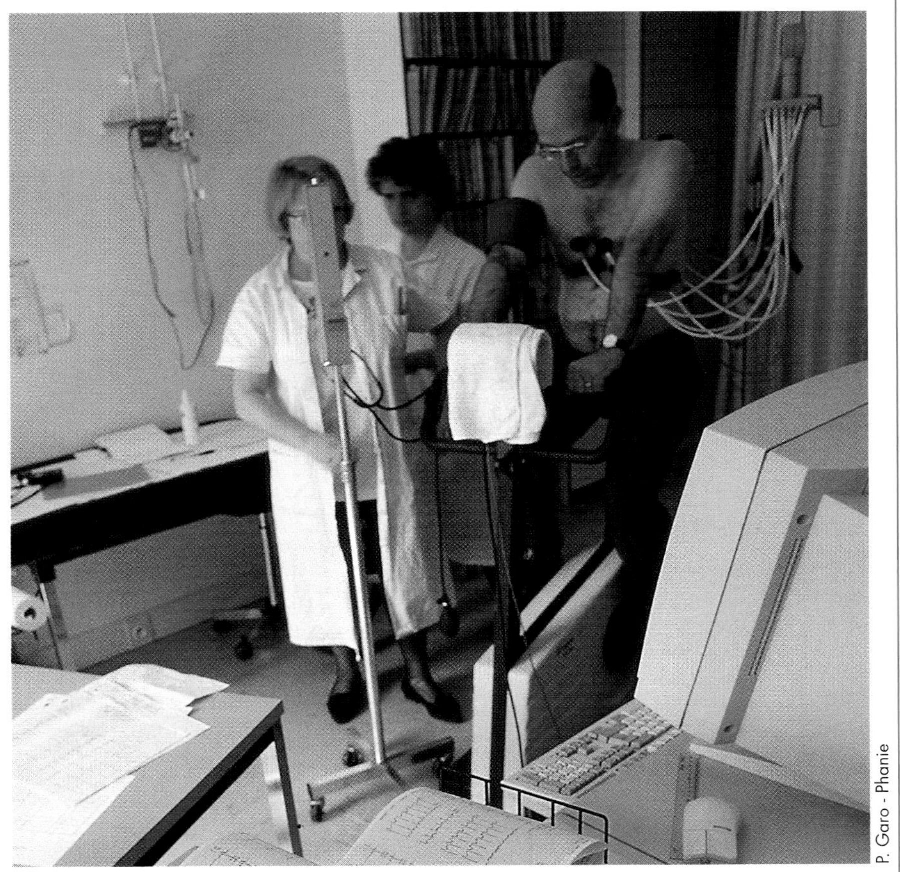

P. Garo - Phanie

L'épreuve d'effort. *Elle consiste à soumettre, sous surveillance, le patient à un effort physique et à pratiquer un électrocardiogramme.*

L'ÉPREUVE D'EFFORT

L'électrocardiogramme d'effort est une électrocardiographie (enregistrement de l'activité du cœur) pratiquée successivement au repos puis au cours d'un effort (épreuve d'effort). Cet examen consiste à surveiller la fréquence cardiaque et la tension artérielle du malade pendant un effort physique, et à détecter des anomalies (troubles du rythme cardiaque, douleurs thoraciques). Le patient, muni d'électrodes, doit fournir un effort progressif, en pédalant sur une bicyclette ergométrique ou sur un tapis roulant ; cet effort provoque une fatigue musculaire chez les moins sportifs. Cet examen permet d'évaluer l'effort nécessaire pour faire apparaître des signes d'ischémie myocardique ou d'angine de poitrine.

LES CAUSES

Le rétrécissement d'une ou de plusieurs artères du cœur, les coronaires, est responsable de l'angor stable ou instable. Ces artères se bouchent sous l'action de dépôts de graisses riches en cholestérol (l'athérome). Divers facteurs favorisent leur apparition : âge, hérédité, obésité, alimentation trop riche, tabagisme, diabète, manque d'exercice.
Ce rétrécissement des coronaires n'existe pas forcément dans l'angor spastique : une contraction involontaire de l'artère (un spasme) peut suffire à provoquer la maladie.

LES SYMPTÔMES

L'angine de poitrine se traduit par une douleur lors d'un effort ou au repos. Celle-ci peut prendre la forme d'une barre au milieu de la poitrine, d'une sensation de pression qui remonte le long du cou ou qui descend le plus souvent le long du bras gauche, d'une douleur localisée au cou ou au bras.

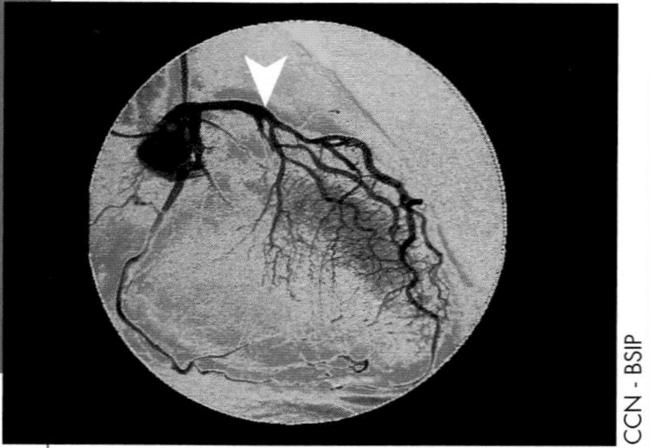

CCN - BSIP

***Coronarographie.** Elle permet de visualiser un rétrécissement éventuel de l'artère coronaire (flèche), dû à l'angine de poitrine.*

LA CORONAROGRAPHIE

Cet examen permet de visualiser les artères coronaires. Sous anesthésie locale, on introduit une sonde au niveau de l'aine (dans l'artère fémorale) ou du poignet (dans l'artère radiale). Cette sonde est poussée jusqu'aux artères coronaires. Un produit de contraste iodé est injecté dans la sonde et une caméra filme le trajet du produit pour détecter d'éventuels rétrécissements du diamètre des artères.

La principale complication de l'angine de poitrine est l'infarctus du myocarde, qui entraîne la destruction d'une partie du cœur par suite de l'occlusion brutale d'une artère coronaire. Les principaux symptômes de l'infarctus sont une douleur intense, des nausées, des sueurs. Parfois, le patient perd connaissance : il faut alors immédiatement appeler un service d'urgence et le transporter à l'hôpital.

LES EXAMENS

La description de la douleur par le malade permet au médecin de reconnaître l'angine de poitrine. Des examens confirment ce diagnostic : enregistrement de l'activité électrique du cœur (électrocardiographie), épreuve d'effort, exploration du cœur par scintigraphie, examen radiographique des coronaires (coronarographie).

LE TRAITEMENT

De nombreux médicaments améliorent la circulation du sang dans les coronaires. Mais il est parfois nécessaire d'avoir recours à une dilatation de l'artère coronaire rétrécie (angioplastie coronaire) ou à une opération chirurgicale (pontage).

L'angor stable. Le traitement fait appel à des bêtabloquants, chargés de ralentir le rythme cardiaque, à des vasodilatateurs (dérivés nitrés administrés sous forme de comprimés, pulvérisations, pommade ou timbre collé sur la peau, ou inhibiteurs calciques) et à l'aspirine, qui empêche la formation de caillots.
L'angor instable. Il nécessite l'hospitalisation du malade pour réduire le risque d'infarctus. La coronarographie permet de choisir le traitement approprié : médicaments, angioplastie ou chirurgie.
L'angor spastique. On utilise des médicaments destinés à augmenter le diamètre des artères coronaires : les vasodilatateurs, associés à l'aspirine.

LA PRÉVENTION

Essentielle, elle consiste à arrêter le tabac et à soigner une anomalie du taux de lipides dans le sang (dyslipidémie). Il faut aussi lutter contre les facteurs de risque : hypertension artérielle, diabète, excès de poids. Il convient également d'éviter une vie trop sédentaire (en pratiquant une activité physique régulière, comme la marche ou la natation).

L'ANUS ARTIFICIEL

L'anus artificiel est un orifice créé dans la paroi de l'abdomen pour évacuer directement les matières fécales, en court-circuitant l'anus. Un tel dispositif peut être définitif ou temporaire. Il ne constitue plus aujourd'hui une infirmité grave.

Chez les personnes ayant un anus artificiel, les selles sont évacuées dans une poche en matière plastique, maintenue par une plaque adhésive collée sur la peau. On change cette poche régulièrement, une ou deux fois par jour, en fonction de l'évacuation intestinale.

LA TECHNIQUE

Selon les besoins du malade, l'anus artificiel est créé en différents niveaux de l'intestin. La partie de l'intestin reliée à la peau peut être le gros intestin (côlon). On parle alors de colostomie. Celle-ci peut être latérale : l'orifice est percé sur le côté du côlon, sans que celui-ci soit sectionné. Elle peut également être terminale : le côlon est coupé, le bout supérieur étant relié à la peau et le bout inférieur fermé. Dans certains cas, c'est la dernière partie de l'intestin grêle (iléon), qui est reliée à la peau. Il s'agit alors d'une iléostomie.

L'anus artificiel peut être définitif ou provisoire. Dans ce dernier cas, le chirurgien prépare les conditions nécessaires au rétablissement ultérieur du circuit intestinal.

■ COLOSTOMIE

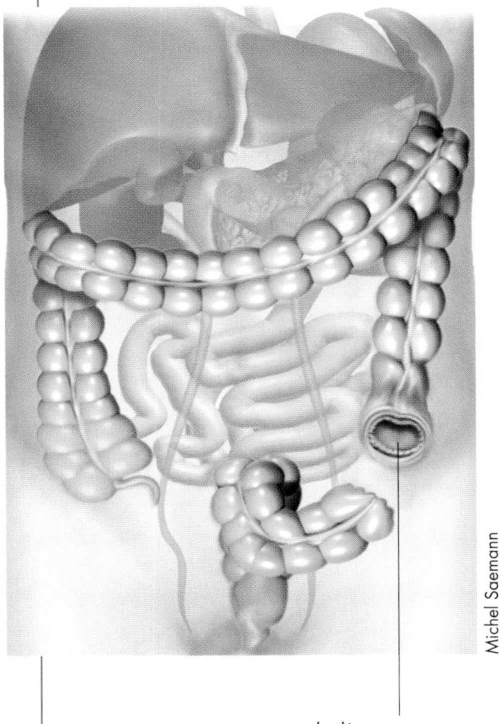

partie de l'intestin reliée à la peau

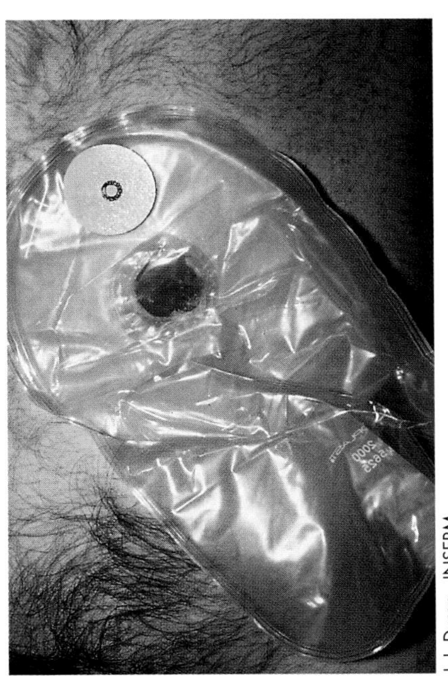

Poche en place sur un patient ayant subi une colostomie. *Elle reçoit les matières évacuées par l'anus artificiel.*

LES INDICATIONS

L'anus temporaire. Il est posé lorsqu'il existe un risque de cicatrisation difficile et longue, après une intervention chirurgicale sur le côlon. C'est le cas quand le patient souffre d'une infection de la membrane qui tapisse les parois de l'abdomen (péritoine) ou lorsque son côlon a été distendu par une occlusion. Une fistule peut alors survenir, c'est-à-dire un écoulement de matières fécales par la cicatrice abdominale. Pour éviter cette grave complication, on crée un anus artificiel temporaire qui dérive les matières en amont et protège efficacement les sutures. Deux ou trois mois plus tard, lorsque la cicatrice est complète et que les phénomènes infectieux ont disparu, le circuit intestinal normal est rétabli. La fermeture

VIVRE AVEC UN ANUS ARTIFICIEL

La mise en place d'un anus artificiel est réputée être une intervention invalidante et difficile à supporter psychologiquement. Cependant, ses inconvénients sont aujourd'hui réduits au minimum. Les poches destinées à recueillir les excréments sont maintenant légères, discrètes, non irritantes et étanches aux odeurs. Le patient apprend, en milieu hospitalier ou auprès d'une association de malades, à se servir de la poche. Il peut aussi conserver un certain contrôle de l'émission des selles, d'une part grâce à un régime alimentaire approprié, d'autre part avec un lavement matinal qui évite l'évacuation pendant la journée. Certains patients parviennent ainsi à se passer de poche, et se contentent de protéger l'orifice avec une compresse. Beaucoup de colostomisés, malgré ces contraintes, mènent une vie normale.

de l'anus artificiel est une opération brève et sans danger, qui nécessite une très courte hospitalisation.

L'anus définitif. Les indications de l'anus artificiel définitif sont de plus en plus rares. Il s'agit de cancers du rectum situés très bas, ou de maladies inflammatoires de l'intestin qui détruisent définitivement l'anus naturel. Parfois, l'anus artificiel est imposé par la fragilité de certains patients qui ne peuvent supporter une longue intervention chirurgicale et chez qui on craint une mauvaise tolérance de l'opération de rétablissement (patients âgés, cardiaques).

LE FONCTIONNEMENT

La colostomie. Après la mise en place de l'anus artificiel, les selles franchissent l'orifice créé. La difficulté du fonctionnement tient au fait qu'il n'existe plus de réservoir où les selles s'accumulent. Leur émission fréquente et imprévisible nécessite donc l'installation d'un dispositif pour les recueillir. On fabrique des poches en plastique, comportant une collerette qui se colle de façon étanche à la peau de l'abdomen. Un dispositif spécial permet d'évacuer les gaz en les désodorisant. Quand la poche est pleine, on la remplace facilement. Pour l'entourage, l'anus artificiel est invisible et imperceptible. Des personnes spécialisées, les stomathérapeutes, sont en mesure d'apporter aux colostomisés les soins et les conseils nécessaires au bon fonctionnement du dispositif.

L'iléostomie. L'iléon est une portion de l'intestin où la digestion n'est pas terminée : les matières qu'il contient sont semi-liquides. Ainsi, quand l'anus artificiel est créé au niveau de ce segment, le volume des matières à évacuer chaque jour est plus grand (près d'un litre). Les poches doivent donc s'adapter à ce volume. Par ailleurs, les pertes de liquides et de sels étant plus importantes, le patient doit consommer de grandes quantités de liquide, afin d'éviter la déshydratation et de prévenir le risque de formation de calculs dans les reins. De plus, le contenu évacué contient des substances (enzymes digestives) qui peuvent irriter la peau. Les soins locaux doivent être particulièrement minutieux.

L'anus naturel. Si la colostomie est définitive, elle s'accompagne le plus souvent d'une amputation de l'anus. Le périnée (plancher du petit bassin situé entre les cuisses) ne comporte plus d'orifice. S'il s'agit d'un anus temporaire, la partie inférieure de l'intestin continue à fabriquer des selles, composées de sécrétions liquides et de produits de desquamation de la paroi du côlon (chute des cellules qui tapissent l'intestin).

LES PROGRÈS TECHNIQUES

Depuis les années 1980, les indications de l'anus artificiel ont beaucoup diminué. Dans le cancer de l'anus, la radiothérapie permet d'obtenir la guérison sans intervention chirurgicale. Dans les cancers du bas du rectum où l'amputation était autrefois obligatoire, des techniques chirurgicales permettent souvent de se passer de colostomie. Dans les maladies inflammatoires de l'intestin où il est indispensable d'enlever le côlon et le rectum, on fabrique avec l'iléon (dernière partie de l'intestin grêle) un « nouveau rectum », qui sert de réservoir et permet aux patients de mener une vie acceptable en gardant la fonction du sphincter anal.

APPENDICITE ET PÉRITONITE

L'appendicite et la péritonite font partie des affections les plus fréquentes qui touchent les organes abdominaux. Elles n'ont pas le même caractère de gravité, mais elles nécessitent toutes les deux une intervention chirurgicale.

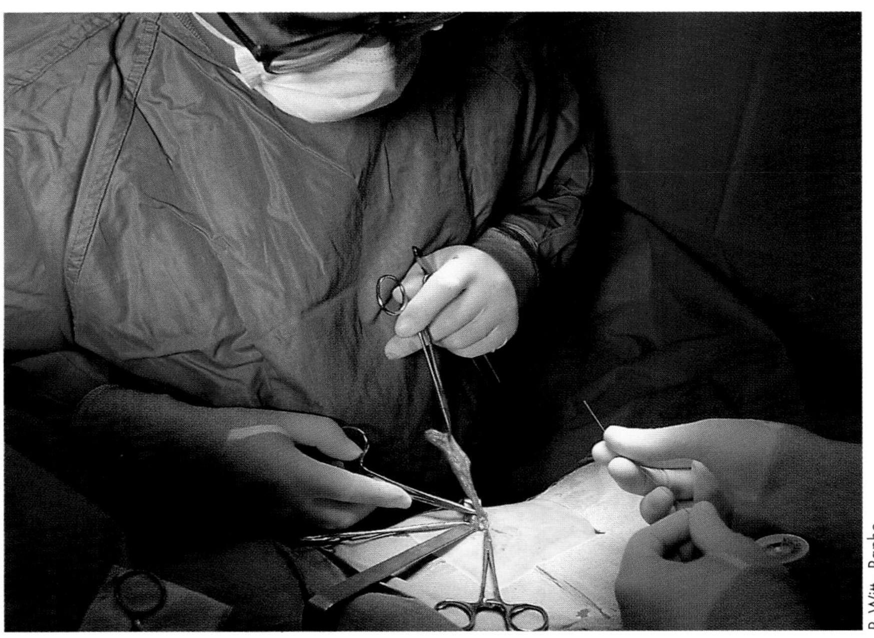

P. Witt - Rapho

***Traitement de l'appendicite.** Il consiste à retirer l'appendice enflammé, bien visible ici, lors d'une intervention chirurgicale.*

L'appendicite et la péritonite sont des inflammations, respectivement de l'appendice et du péritoine, membrane qui tapisse les parois de l'abdomen et la surface des viscères digestifs.

L'APPENDICITE

Les causes. L'appendicite touche le plus souvent les adolescents et les adultes jeunes. Ses causes ne sont pas toujours connues. Parfois, l'inflammation a pour origine l'obstruction de l'appendice par des matières fécales qui s'y accumulent. L'appendice est un petit cylindre de 7 ou 8 centimètres de long et de 4 à 8 millimètres de diamètre qui prend naissance à la jonction de l'intestin grêle et du gros intestin et y forme une sorte d'excroissance. Il ne joue qu'un rôle mineur dans le fonctionnement du tube digestif.

Les symptômes. L'inflammation de l'appendice se traduit par une douleur sur le côté droit de l'abdomen, dans la partie inférieure. Le malade est nauséeux ou vomit, souffre d'une fièvre modérée (38 °C à 38,5 °C), son transit intestinal est ralenti. Lorsque l'on palpe la zone douloureuse du ventre, la paroi abdominale se contracte spontanément. Dans certains cas, la cause des troubles est difficile à déterminer en raison

LA CONVALESCENCE D'UNE APPENDICITE

Il n'y a pas de durée standard pour la convalescence d'une appendicite. En règle générale, une semaine après le retour au domicile (entre 2 et 6 jours après l'opération), les douleurs de la cicatrice s'estompent. La fatigue liée à l'intervention chirurgicale se dissipe progressivement. Pendant sa convalescence, le patient ne doit pas rester couché, en raison du risque de constitution d'un caillot dans une veine (phlébite). Trois semaines après l'opération, la reprise d'un travail sédentaire est tout à fait possible. En l'absence de complication, les efforts physiques importants et les activités sportives sont permis deux à trois mois après l'intervention.

de la position inhabituelle de l'appendice, sous le foie ou très bas dans le bassin, par exemple.

Les complications. Dans sa forme la plus courante, l'appendicite consiste en une simple inflammation de la muqueuse. Dans d'autres cas, l'appendice est obstrué par du pus. Il peut alors se rompre ; le pus est susceptible de gagner le péritoine, ce qui déclenche une inflammation de cette membrane, appelée péritonite.

L'ABLATION DE L'APPENDICE

Le traitement de l'appendicite consiste en l'ablation chirurgicale de l'appendice (appendicectomie), réalisée sous anesthésie générale. Depuis quelques années, l'intervention peut également être réalisée à l'aide d'un tube optique muni d'un système d'éclairage (endoscope), introduit dans l'abdomen (cœlioscopie). L'incision est le plus souvent de petite taille, laissant alors, après l'intervention, une cicatrice à peine visible. Lorsque l'appendice, en raison de sa position, est difficile à extraire, il peut être nécessaire d'agrandir l'incision initiale. Dans la grande majorité des cas, l'hospitalisation est de courte durée (de 2 à 6 jours) et la convalescence assez brève.

LA PÉRITONITE

L'inflammation du péritoine, ou péritonite, est souvent liée à une appendicite, dont elle constitue une complication.

Les causes. La péritonite est presque toujours consécutive à l'atteinte d'un organe situé dans l'abdomen (l'appendice par exemple, un des cas les plus fréquents). Elle survient le plus souvent brusquement : soit c'est un viscère plein qui est infecté, et les bactéries se sont propagées de proche en proche jusqu'au péritoine ; soit c'est la paroi d'un viscère creux (tel l'intestin) qui s'est perforée, et son contenu s'est accumulé dans le péritoine.

Une péritonite peut être généralisée à tout l'abdomen, ou rester localisée. Dans ce dernier cas, l'infection a entraîné la formation d'adhérences qui cloisonnent la cavité du péritoine, ce qui empêche la propagation de l'infection.

Une péritonite peut être, beaucoup plus rarement, chronique. Elle est alors, le plus souvent, d'origine tuberculeuse.

Les symptômes. Une péritonite se traduit par une intense douleur dans le ventre, des vomissements et un arrêt de l'émission des selles et des gaz. Le malade est fiévreux, abattu et souvent anxieux et pâle. Dans certains cas, son pouls s'accélère. La paroi de l'abdomen est dure et douloureuse. En cas de péritonite localisée, le siège des douleurs dépend de l'organe en cause (en bas et à droite de l'abdomen en cas de complication d'une appendicite, par exemple).

LE TRAITEMENT DE LA PÉRITONITE

Une péritonite aiguë généralisée nécessite une hospitalisation en urgence dans un service de chirurgie. Le patient est mis sous perfusion intraveineuse pour compenser ses pertes en liquides. L'intervention chirurgicale vise, d'une part, à soigner la cause de la péritonite (suture pour fermer un ulcère perforé, ablation de l'appendice, etc.), d'autre part, à nettoyer la cavité abdominale et à mettre en place un drain, destiné à évacuer du sang ou du pus. Cette opération est complétée par l'administration de médicaments (antibiotiques). L'hospitalisation dure en général de 8 à 15 jours, mais elle peut s'étendre à plusieurs semaines dans les cas les plus graves.

Le traitement de la péritonite localisée est le même, mais les lésions responsables de l'inflammation peuvent être traitées quelques mois plus tard, une fois terminée la phase aiguë de l'inflammation.

LES DIFFICULTÉS DU DIAGNOSTIC

Il est parfois très difficile de diagnostiquer une appendicite ou une péritonite. En effet, très souvent, le malade ne présente pas l'ensemble des signes caractéristiques. Le risque est alors soit de tarder à pratiquer une opération nécessaire, soit de faire une intervention inutile. Dans ce cas, la décision repose sur les connaissances et l'expérience des médecins. En cas de doute, le patient est mis en observation en milieu chirurgical ; des examens sont pratiqués d'heure en heure pour prendre une décision correcte.

L'ARTÉRIOSCLÉROSE

Au cours de cette maladie, des dépôts s'installent progressivement sur les parois des artères, rétrécissant leur calibre et empêchant le sang de circuler normalement. Ce processus peut aboutir à de graves atteintes des organes vitaux.

L'artériosclérose est une maladie dégénérative des artères, provoquée par le dépôt de différentes substances sur leur paroi, entraînant la destruction des fibres musculaires lisses et des fibres élastiques qui les constituent. La localisation de ces lésions au niveau de certains organes vitaux, comme le cœur, le cerveau ou les reins, peut provoquer des complications graves, parfois même mortelles.

LES DIFFÉRENTS TYPES D'ARTÉRIOSCLÉROSE

L'artériosclérose recouvre deux maladies différentes.

L'artériosclérose proprement dite. Elle est caractérisée par un épaississement de la paroi des petites artères (artérioles), dû à un dépôt des protéines du plasma (partie liquide du sang). Les lésions consécutives à une artériosclérose sont généralement diffuses.

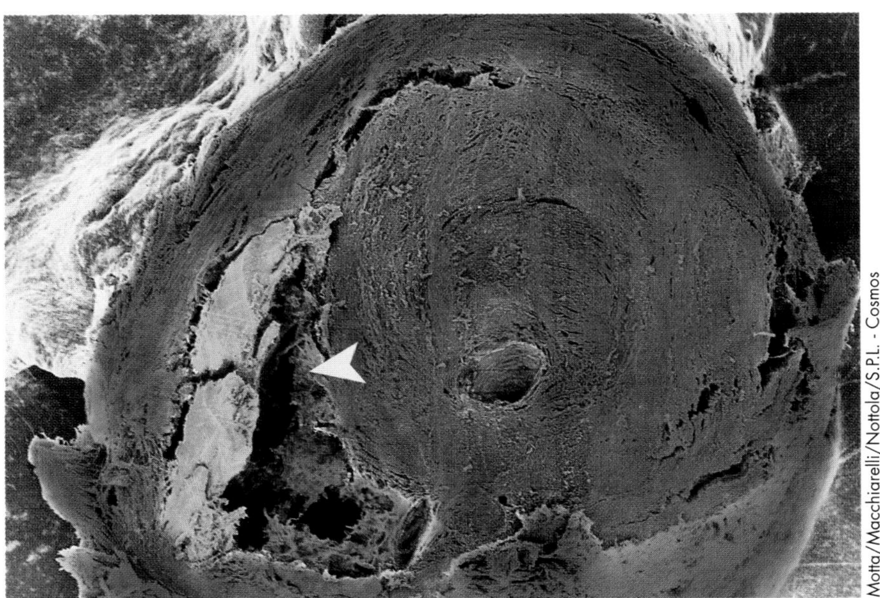

***L'artériosclérose.** L'artère est bouchée par un important dépôt graisseux (athérome). Le sang ne s'écoule plus qu'à travers une toute petite partie de l'artère (flèche).*

L'HYGIÈNE DE VIE

Il est vivement conseillé aux personnes ayant un risque héréditaire d'artériosclérose d'adopter certaines règles d'hygiène de vie afin de limiter le risque d'infarctus du myocarde. Ces règles comprennent : l'arrêt total du tabac ; un régime alimentaire sans sucre, pauvre en graisses et en calories en cas de diabète, de taux de cholestérol trop élevé ou d'obésité (si ce régime est insuffisant, des médicaments sont prescrits pour corriger le diabète, l'hypertension et l'excès de cholestérol) ; la pratique régulière d'une activité physique comme la marche.

L'athérosclérose. Elle est caractérisée par la formation d'un dépôt graisseux, l'athérome, qui peut s'accompagner d'une calcification de la paroi des artères, processus appelé médiacalcose. L'athérosclérose représente la première cause de mortalité en Europe : elle est responsable de plus d'un tiers des décès.

LES CAUSES

L'artériosclérose est favorisée par un certain nombre de facteurs, dont les principaux sont le tabagisme, l'hypertension artérielle, le diabète, l'obésité, l'existence d'un taux élevé de cholestérol dans le sang, des antécédents familiaux d'artériosclérose ainsi qu'un mode de vie trop sédentaire. L'association de deux ou de plusieurs de ces facteurs accroît considérablement la probabilité d'apparition de la maladie. Les hommes sont proportionnellement plus touchés que les femmes avant l'âge de soixante ans. Enfin, l'incidence de la maladie s'aggrave avec l'âge ; celle-ci s'installe en général lentement et progressivement.

LE BON ET LE MAUVAIS CHOLESTÉROL

Le cholestérol est une substance lipidique (ou graisse) présente dans le sang. Son origine est double : il y a du cholestérol dans de nombreux aliments (les aliments particulièrement riches en cholestérol sont le jaune d'œuf, les abats, les produits laitiers, les viandes et la charcuterie), et notre propre foie en fabrique également. On accuse souvent le cholestérol lorsque des maladies des vaisseaux apparaissent. Toutefois, il faut savoir qu'il existe deux types de cholestérol, l'un dit bon et l'autre dit mauvais cholestérol. Le premier est appelé HDL cholestérol ; son taux dans le sang ne doit pas être inférieur à 0,4 gramme par litre ; plus son taux est élevé, plus le risque de maladies des artères coronaires (angine de poitrine, infarctus) est faible. Le second est appelé LDL cholestérol : l'augmentation de son taux au-delà de 1,6 gramme par litre constitue un risque important de maladies cardiovasculaires.

LES SYMPTÔMES

L'artériosclérose se manifeste généralement lorsque l'orifice des artères est rétréci au point de gêner la circulation du sang. Les symptômes, sensiblement les mêmes pour l'artériosclérose et l'athérosclérose, dépendent de l'organe dont l'irrigation est perturbée : les signes peuvent être des vertiges, une paralysie, des troubles de la parole quand il s'agit du cerveau, des douleurs dans la poitrine irradiant vers la mâchoire ou les bras (crises d'angine de poitrine) quand il s'agit du cœur, des crampes dans les jambes apparaissant à la marche (artérite des membres inférieurs).
D'autre part, même en l'absence d'un rétrécissement important, des fragments d'athérome peuvent se détacher de la paroi d'une artère, migrer et obstruer une autre artère, provoquant un accident vasculaire (embolie cérébrale, intestinale ou des membres inférieurs).

LES COMPLICATIONS

L'artériosclérose peut se compliquer de graves maladies : hypertension artérielle, incapacité du cœur à assurer correctement sa fonction de pompe (insuffisance cardiaque), réduction de la capacité des reins à filtrer et à éliminer les produits de déchets du sang (insuffisance rénale).

LE TRAITEMENT

Lorsque des lésions sont déjà constituées, le traitement a pour objectif principal d'en limiter les conséquences : le médecin prescrit alors des anticoagulants ou des médicaments antiagrégants plaquettaires pour empêcher la formation de caillots de sang, des vasodilatateurs, substances augmentant le calibre des vaisseaux et permettant de restaurer la circulation sanguine. Toutefois, ces médicaments ne traitent pas les causes mêmes de l'affection.
Dans certains cas, il peut être nécessaire de désobstruer l'artère à l'aide d'un cathéter ou d'une sonde à ballonnet, ou même de pratiquer l'ablation d'un segment atteint et de le remplacer par un greffon sain ou par une prothèse.

FORMATION D'UNE PLAQUE D'ATHÉROME

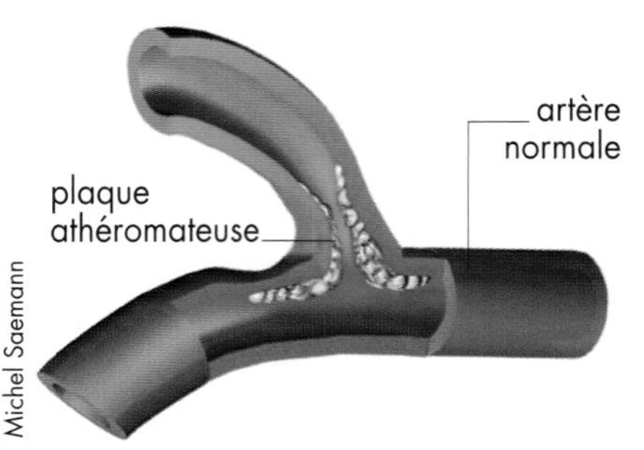

LA PRÉVENTION

Le traitement de l'artériosclérose est avant tout préventif. Il consiste à respecter une meilleure hygiène de vie : pratiquer une activité physique régulière, supprimer le tabac, respecter un régime alimentaire pauvre en graisses, corriger autant que possible une hypertension artérielle ou surveiller un diabète.

L'ARTHRITE

SYMPTÔMES ET CLASSIFICATION

L'arthrite est caractérisée par l'inflammation d'une ou de plusieurs articulations. Elle se manifeste par une douleur, un gonflement, une raideur ou une rougeur.

L'arthrite peut être plus ou moins grave. Dans les cas les plus évolués, l'articulation atteinte est raide et définitivement déformée.

LES SYMPTÔMES

L'inflammation d'une articulation est caractérisée par une douleur qui survient souvent la nuit, pouvant réveiller le malade. Le matin, les articulations ne retrouvent leur mobilité qu'après une période d'échauffement, dont la durée témoigne du degré de l'inflammation. Au niveau de l'articulation, la peau est rosée ou rouge, voire violacée.
L'articulation est souvent gonflée. Cela est dû en partie à la sécrétion excessive du liquide servant à lubrifier l'intérieur de l'articulation (épanchement de synovie), en réaction à l'inflammation.

LES GRANDS TYPES D'ARTHRITE

Les arthrites infectieuses. Appelées également septiques, elles sont dues à l'invasion, par l'intermédiaire du sang, de microbes dans l'articulation, à partir soit d'un foyer infectieux situé à distance soit d'une blessure ouverte infectée à proximité de l'articulation. Ce sont presque toujours des arthrites touchant une seule articulation. L'articulation infectée est gonflée, chaude, parfois rouge et douloureuse, au point de rendre tout mouvement impossible. Le malade a de la fièvre, accompagnée de frissons.
Les arthrites inflammatoires non infectieuses. Appelées aussi aseptiques, elles sont caractérisées par l'inflammation du tissu tapissant la face interne des articulations (membrane synoviale). La plus fréquente de ces arthrites est la polyarthrite rhumatoïde, qui touche en majorité les femmes de plus de 50 ans. Elle atteint plusieurs articulations, notamment celles des mains, du poignet et de l'avant-pied. Les articulations sont gonflées, raides, déformées et douloureuses. La maladie, chronique, évolue sur plusieurs années par périodes de poussée et de rémission. Elle serait favorisée par le surmenage, une infection ou un affaiblissement général. Le rhumatisme articulaire aigu, ou maladie de Bouillaud, fait également

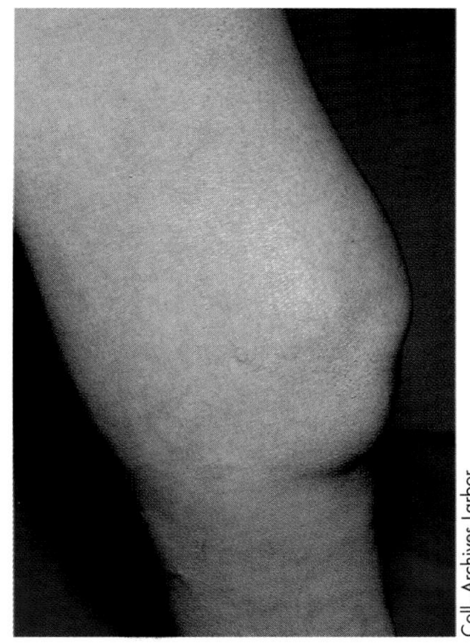

Coll. Archives Larbor

Genou au cours d'une polyarthrite rhumatoïde.
Le genou est gonflé et déformé à cause de la présence de liquide dans l'articulation.

LA DÉNOMINATION DES ARTHRITES

On parle de monoarthrite si une seule articulation est atteinte, d'oligoarthrite lorsque 2, 3 ou 4 articulations sont touchées, et, au-delà, de polyarthrite.
Les arthrites qui affectent les articulations des mains et des pieds sont appelées acropolyarthrites ; celles de l'épaule et de la hanche, polyarthrites rhizoméliques ; enfin, celles de la colonne vertébrale ou des articulations sacro-iliaques, spondylarthropathies.

LES ARTHROPATHIES NERVEUSES

Les arthropathies nerveuses s'observent au cours de certaines maladies du système nerveux, telles que le diabète, la lèpre, la paraplégie et la tétraplégie d'origine traumatique, provoquant une perte de sensibilité de l'articulation. Les traumatismes et les contraintes qui s'exercent sur cette dernière ne déclenchent plus le phénomène de contracture réflexe destinée à protéger les muscles voisins. Il s'ensuit une mobilité exagérée de l'articulation qui, à terme, s'abîme et se déforme (articulation de Charcot).

partie de ce type d'arthrites. Assez fréquent, il survient 2 ou 3 semaines après une angine à streptocoque non soignée qui, pour des raisons inconnues, déclenche la production d'anticorps dirigés contre l'organisme lui-même (processus auto-immun). Cette maladie touche les genoux, les chevilles et les coudes. L'inflammation, douloureuse, est de courte durée et passe d'une articulation à l'autre. Elle atteint souvent les tissus du cœur (cardite rhumatismale).

Les arthrites non infectieuses microcristallines. Elles sont provoquées par l'accumulation dans l'articulation de cristaux d'acide urique, de pyrophosphate de calcium et d'autres sels de calcium, donnant respectivement lieu à la goutte, à la chondrocalcinose et à la maladie des calcifications multiples. Ces arthrites d'origine inconnue entraînent un gonflement des articulations et des douleurs très vives, le plus souvent à la base du gros orteil pour la goutte, mais aussi au niveau des chevilles, des genoux et, parfois, du poignet. Elles guérissent sans laisser de séquelles.

LE DIAGNOSTIC

Le diagnostic de l'arthrite s'établit d'abord à partir des symptômes observés par le médecin. Un examen radiologique de la zone atteinte permet de confirmer ce diagnostic. La recherche de l'origine de l'arthrite est réalisée par un examen appelé arthrocentèse. Celui-ci est pratiqué sous anesthésie locale et consiste à prélever une petite quantité du liquide lubrifiant l'articulation (liquide synovial). Ce liquide est ensuite soumis à des tests biologiques, pour confirmer le caractère inflammatoire de la maladie et rechercher le germe responsable de l'infection ou la présence de microcristaux, qui sont à l'origine des arthrites microcristallines. Un prélèvement (biopsie) de la membrane synoviale, effectué sous anesthésie locale, peut être demandé. Il est parfois associé à une arthroscopie permettant le contrôle visuel du cartilage, de la membrane synoviale, des ligaments et des ménisques.

LES TRAITEMENTS

Si la majorité des arthrites nécessitent la prise de médicaments pour soulager la douleur (analgésiques et anti-inflammatoires), certaines d'entre elles requièrent un traitement spécifique : antibiotiques pour les arthrites infectieuses, corticostéroïdes (par voie orale ou sous forme d'injection) pour les arthrites inflammatoires non infectieuses et pour la chondrocalcinose, uricosuriques pour la goutte. En cas d'arthrite grave, et quelle qu'en soit la cause, un repos de quelques jours aide parfois à vaincre l'inflammation. Il est également possible, pour soulager la douleur, d'immobiliser partiellement l'articulation grâce à un appareil orthopédique.

Lorsque les articulations sont très douloureuses, déformées ou détruites, notamment dans les cas graves d'arthrites inflammatoires non infectieuses, un remplacement de l'articulation par une prothèse (arthroplastie) est nécessaire. La prothèse permet à l'articulation de retrouver une certaine mobilité.

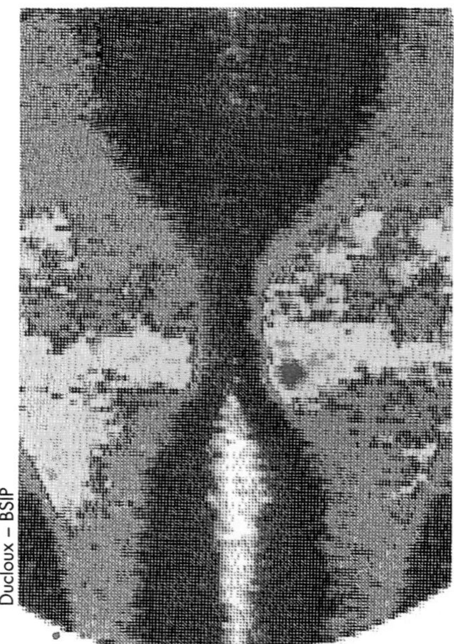

Ducloux – BSIP

***Genoux enflammés.** Les zones marquées en jaune et en rouge indiquent une réaction inflammatoire due à la présence de cristaux calciques.*

L'ARTHROSE

L'arthrose est une maladie des articulations qui se traduit par une détérioration du cartilage et une prolifération du tissu osseux, donnant à celles-ci un aspect noueux caractéristique.

L'arthrose, contrairement à l'arthrite, ne comporte pas d'inflammation. Elle se manifeste par une douleur, une raideur, et par un mauvais fonctionnement de l'articulation. Son évolution est souvent lente et aggravée par les efforts et les contraintes.

■ LES DIFFÉRENTES LOCALISATIONS

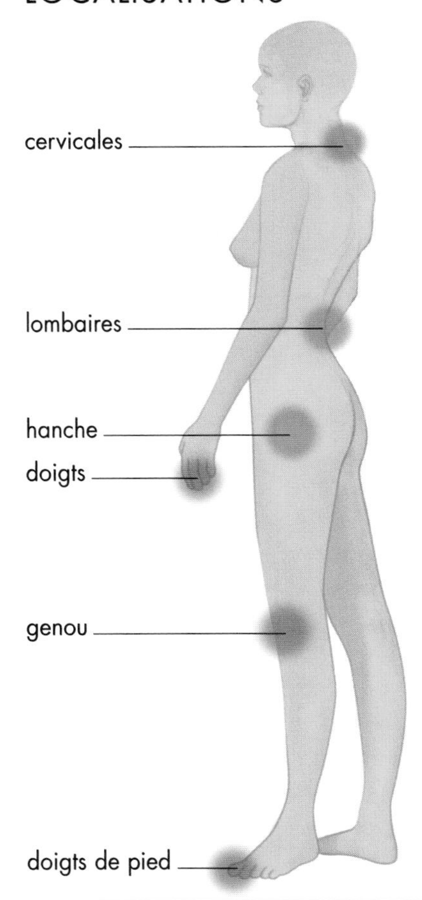

LES CAUSES

Dans la grande majorité des cas, l'arthrose survient vers la soixantaine, 3 fois plus fréquemment chez la femme que chez l'homme.
Bien qu'elle ne soit pas au sens strict la conséquence du vieillissement, l'arthrose apparaît souvent lorsque le cartilage qui recouvre les surfaces osseuses des articulations n'a plus ses qualités originelles de souplesse, d'élasticité et de glissement.
La survenue de l'arthrose peut cependant être plus précoce et résulter d'un traumatisme ayant abîmé le cartilage ou d'une trop grande sollicitation des articulations, soumises à des gestes répétés et à des efforts trop intenses dans le cadre d'une activité professionnelle ou sportive.

LES SYMPTÔMES

L'arthrose provoque une douleur et une raideur qui apparaissent surtout après un effort important, mais qui disparaissent pendant le sommeil. Au réveil, un temps de « dérouillage » des articulations est souvent nécessaire ; sa durée permet d'apprécier la gravité et l'évolution de la maladie. L'arthrose évolue toujours par poussées (dites congestives), au cours desquelles la douleur est plus intense. Celles-ci correspondent à des phases de destruction du cartilage, qui s'amincit de plusieurs millimètres. L'articulation est raide, gonflée par une sécrétion excessive du liquide lubrifiant l'articulation (épanchement de synovie).

LES GRANDS TYPES D'ARTHROSE

La cervicarthrose touche le plus souvent la partie basse des vertèbres cervicales, mais n'entraîne généralement qu'une gêne légère. La douleur, signe de poussée congestive, se manifeste par une raideur du cou, souvent plus marquée d'un côté que de l'autre, et peut, à terme, diminuer la mobilité du cou. La

L'ARTHROSE DES MAINS

L'arthrose des mains atteint surtout les femmes (80 % des cas) et survient après la ménopause. Elle se caractérise par des douleurs vives apparaissant quand on remue les doigts et par une raideur des articulations. Dans les cas avancés, les articulations des phalanges peuvent se déformer, donnant aux doigts un aspect noueux. Hormis les bains de boue chaude, parfois efficaces, il n'existe pas de traitement spécifique.

ARTHROSE DU GENOU

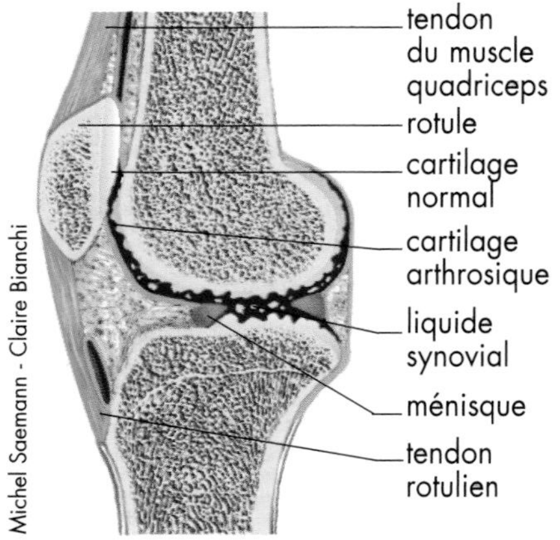

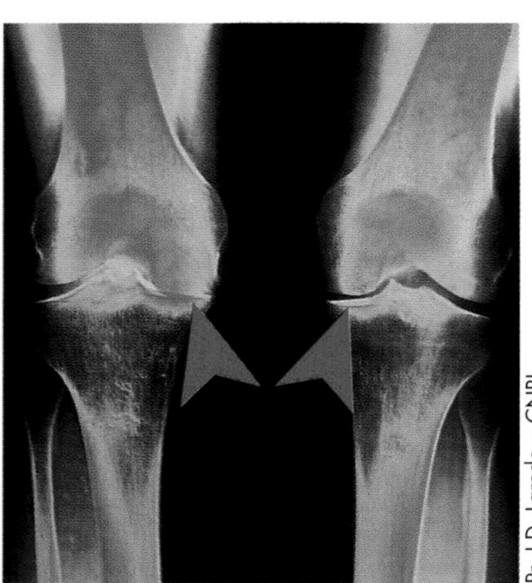

Radiologie de l'arthrose du genou. *Sur la partie interne du genou, l'espace qui sépare le fémur et le tibia est trop étroit.*

douleur peut également atteindre l'épaule et le bras, avec des fourmillements au niveau de la main. Les troubles sont liés à la compression d'une racine nerveuse par les lésions de l'arthrose, qui peuvent aussi comprimer la moelle épinière.

La lombarthrose touche les articulations basses de la région lombaire de la colonne vertébrale. Elle concerne le plus souvent les personnes de plus de 50 ans et celles qui exercent une activité professionnelle nécessitant le port de charges lourdes. Elle se manifeste soit de manière aiguë, par un lumbago, soit de manière chronique, à l'occasion de port de charges, d'efforts ou de station assise prolongée. La douleur ressentie peut être soulagée par le repos allongé.

La coxarthrose atteint l'articulation de la hanche et peut évoluer de manière lente (80 % des cas) ou très rapide (20 % des cas), par des douleurs au niveau de l'aine, de la face antérieure de la cuisse et du genou, donnant lieu à une boiterie temporaire.

LE TRAITEMENT

Lors des poussées, la mise au repos de l'articulation est obligatoire. Il est conseillé de porter un collier cervical en cas de cervicarthrose importante ou une ceinture de soutien lombaire lors d'une crise de lombarthrose.

Les analgésiques, l'aspirine, les anti-inflammatoires et les infiltrations de corticoïdes peuvent soulager la douleur, mais n'empêchent pas la destruction du cartilage. Une fois la crise passée, si l'épaisseur du cartilage est suffisante, l'articulation retrouve son fonctionnement normal.

Il n'existe pas de traitement préventif de l'arthrose. On peut cependant limiter les facteurs de déclenchement des poussées en évitant de surmener les articulations atteintes.

L'entretien d'une bonne musculature peut en partie éviter l'apparition de l'arthrose et compenser le mauvais état des articulations. Un régime amaigrissant est parfois conseillé pour diminuer le poids superflu supporté par les articulations. Le thermalisme, l'utilisation d'agents naturels tels que l'eau, la boue, la chaleur (physiothérapie) permettent d'alléger les symptômes. Lorsque le cartilage est entièrement détruit, on peut avoir recours à la reconstruction de l'articulation à l'aide d'une prothèse.

LA GONARTHROSE

La gonarthrose touche l'articulation du genou. C'est la cause la plus fréquente de douleur du genou chez les personnes de plus de 45 ans. Selon la zone du cartilage atteint, la douleur est ressentie en avant, en dedans ou en arrière du genou, mais elle ne s'étend pas au-delà. Elle est favorisée par la station debout prolongée, la marche, la montée et la descente d'escaliers, et elle diminue au repos.

LE DIAGNOSTIC

Si la radiographie peut ne rien révéler lors d'une première poussée d'arthrose, elle est indispensable pour confirmer le caractère mécanique et non inflammatoire (arthrite) de la maladie. Les signes radiologiques d'une arthrose déclarée sont un pincement des disques intervertébraux, une densification de l'os situé sous le cartilage et la présence d'excroissances osseuses indolores (appelées ostéophytes ou « becs de perroquet ») sur le pourtour de l'articulation.

L'ASTHME

L'asthme est une manifestation allergique. Il consiste en crises de gêne respiratoire, auxquelles s'associent un œdème et une hypersécrétion des bronches et des voies aériennes.

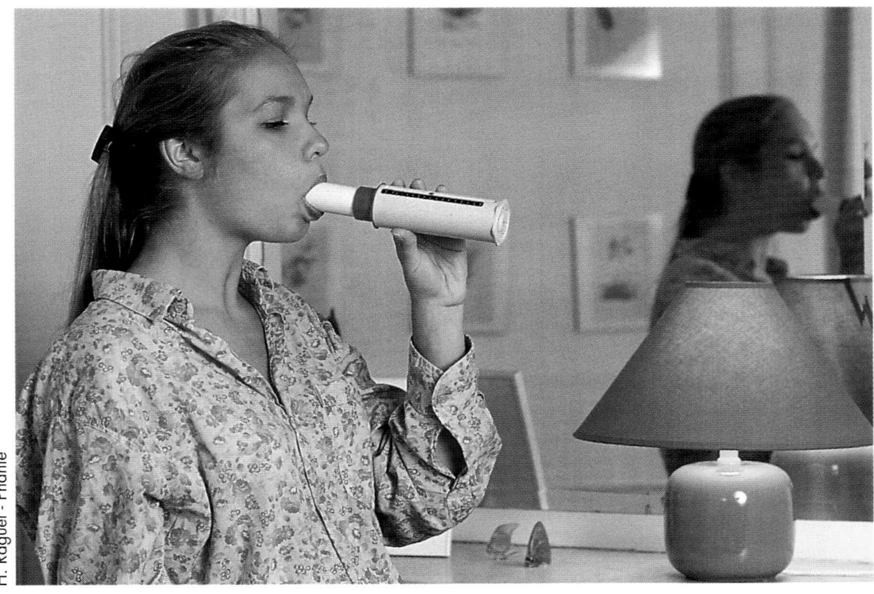

H. Raguet - Phanie

Le débitmètre de pointe. *En soufflant dans l'appareil, cette patiente peut évaluer ses capacités respiratoires et leurs variations.*

LE DÉBITMÈTRE DE POINTE

Le débitmètre de pointe, encore appelé *peak flow*, est un petit instrument en forme de tube, d'utilisation très simple : il suffit de souffler dedans le plus fort et le plus vite possible. Cet appareil est utilisé par les patients asthmatiques, qui s'en servent pour contrôler les fluctuations de leur état respiratoire. En effet, l'asthme est une affection caractérisée par sa variabilité rapide dans le temps. Ainsi, une personne asthmatique en pleine crise à 4 ou 5 heures du matin, par exemple, ne ressentira plus aucune gêne quelques heures plus tard.
Le débitmètre de pointe permet d'estimer cette variabilité. Les mesures, notées sur un carnet, aident le médecin à adapter le traitement.

L'asthme est une maladie répandue qui peut survenir à n'importe quel âge, mais rarement avant 2 ou 3 ans. Cette affection se manifeste sous forme de crises de gêne respiratoire (dyspnée) plus ou moins graves et plus ou moins rapprochées, liées à la contraction brusque des muscles qui commandent l'ouverture et la fermeture des bronches. Un traitement de fond, à condition qu'il soit suivi régulièrement, parvient le plus souvent à prévenir les crises et permet au patient de mener une vie normale. La guérison est souvent possible au cours de l'enfance, mais elle est beaucoup plus difficile à obtenir lorsque la maladie débute tardivement.

LES CAUSES

L'hérédité est l'un des éléments essentiels du développement de l'asthme. Celui-ci est la conséquence d'une sensibilité anormale des voies aériennes à certaines substances (appelées allergènes) comme les pollens, les acariens, les moisissures, les poussières, les farines, etc. Ces substances, lorsqu'elles pénètrent dans les voies aériennes, agressent les cellules qui tapissent l'intérieur des bronches. Ces cellules répondent en libérant des substances chimiques qui agissent directement sur la contraction des muscles bronchiques. D'autres substances, dont l'action est plus tardive, sont responsables d'une sécrétion excessive et d'un œdème. Différents facteurs sont susceptibles de déclencher les crises :

des infections respiratoires, l'inhalation de fumées (tabac, pollution atmosphérique), la prise de certains médicaments (comme l'aspirine), l'exercice physique (surtout à l'air froid), les contrariétés.

LA CRISE D'ASTHME

La crise d'asthme peut aller d'un simple essoufflement à une insuffisance respiratoire importante. Elle survient le plus souvent le soir ou la nuit et, dans certains cas, est précédée de signes avant-coureurs : maux de tête, digestion difficile, éternuements, démangeaisons. Après une série de quintes de toux sèche, la respiration du patient devient sifflante et difficile ; il transpire et les battements de son cœur s'accélèrent ; parfois, ses doigts et ses lèvres prennent une coloration bleutée (cyanose). Le malade tousse et expulse des crachats blancs et brillants (crachat perlé de Laennec). Au bout de quelques dizaines de minutes, la crise s'apaise, puis cesse. Après une forte crise, la respiration du malade continue d'être sifflante, surtout lorsqu'il force son expiration.

DE NOUVEAUX TRAITEMENTS

Les traitements classiques de l'asthme reposaient sur la théophylline et les dérivés de la cortisone. Depuis une vingtaine d'années, de nouvelles molécules ont été mises sur le marché (bêtamimétiques comme le salbutamol, anticholinergiques comme l'ipratropium). En outre, de nouveaux modes d'administration permettent de réduire les effets secondaires (aérosols-doseurs). Des médicaments sous forme de poudre à inhaler, simplifiant les prises, sont apparus ainsi que des médicaments à action prolongée. Enfin, les dérivés de la cortisone existent désormais sous forme de spray et de poudre, ce qui augmente leur effet sur les bronches.

LE TRAITEMENT

Il repose sur l'administration de médicaments servant à augmenter le diamètre des bronches (bronchodilatateurs) et, éventuellement, de médicaments exerçant un puissant effet anti-inflammatoire (corticostéroïdes). La substance utilisée et le mode d'administration varient en fonction de la gravité de l'affection.

Le traitement des crises. Il fait appel aux bêtamimétiques (bronchodilatateurs). Si la crise est grave, on a recours aux corticostéroïdes administrés par voie générale. Dans les cas les plus sévères (succession de crises asthmatiques intenses pouvant conduire à l'asphyxie), une hospitalisation en urgence s'impose pour surveiller le malade, l'oxygéner, lui injecter des corticostéroïdes et lui administrer de fortes doses de bronchodilatateurs.

Le traitement de fond. Il concerne les personnes chez lesquelles l'asthme est invalidant au quotidien, et permet de diminuer la fréquence et la gravité des crises. Ce traitement consiste en médicaments bêtamimétiques, que le patient s'administre par aérosol-doseur lorsqu'il en ressent le besoin. Les médicaments corticostéroïdes par voie générale ne sont prescrits que s'ils sont indispensables. Dans de rares cas, une ventilation assistée peut être nécessaire, lorsque les crises sont très sévères et qu'elles ne peuvent être améliorées par les traitements.

ÉVITER ALLERGÈNES ET IRRITANTS

L'asthme est le signe d'une sensibilité excessive des bronches à différentes stimulations extérieures. Ces stimulations sont le plus souvent d'origine allergique (pollens, poussières, poils d'animaux, etc.). Elles peuvent aussi être non allergiques, mais irritantes : ainsi, l'inhalation de fumée de cigarette, d'air atmosphérique pollué ou d'air froid et sec peuvent favoriser la survenue de crises d'asthme. Un asthmatique doit donc éviter tant le contact avec les allergènes que les facteurs irritants ; il lui est particulièrement recommandé de ne pas fumer.

LA PRÉVENTION

Elle consiste à éviter autant que possible le contact avec le facteur déclenchant les crises (allergène), lorsqu'il est connu. Quand l'élimination de l'allergène est impossible et si cet allergène est unique, une désensibilisation spécifique peut être proposée.

L'ASTIGMATISME

L'astigmatisme est un défaut de la vision, le plus souvent peu gênant, qui résulte d'une courbure inégale de la cornée et se traduit par une vision déformée des images.

L'astigmatisme est un défaut de vision fréquent qui, contrairement à la myopie ou à l'hypermétropie, n'a pas tendance à s'aggraver au fil du temps. Cette anomalie est surtout gênante pour les personnes sollicitant beaucoup leurs yeux (travail sur ordinateur). L'astigmatisme est parfaitement corrigé par le port de lunettes ou de verres de contact appropriés ; dans de nombreux cas, le port de verres n'est d'ailleurs pas indispensable ; on conseille simplement aux astigmates de faire régulièrement examiner leurs yeux.

DÉFINITION DE L'ASTIGMATISME

La cornée, membrane transparente et bombée, enchâssée dans le blanc de l'œil et située en avant du globe oculaire, intervient dans le phénomène de la réfraction (processus au cours duquel les rayons lumineux captés par l'œil convergent sur la rétine, qui les transforme en images) ; c'est cette membrane qui forme la première lentille, ou dioptre, sur le trajet des rayons lumineux. Normalement, la cornée a une courbure uniforme. Mais, chez les astigmates, le rayon de courbure n'est pas le même dans deux axes perpendiculaires, le plus souvent les axes horizontal et vertical. L'accommodation, ou mise au point, que réalisent spontanément nos yeux pour nous permettre de voir aussi bien de loin que de près, est correcte dans un axe, mais pas dans l'autre ; l'image est donc nette dans un axe, et floue dans l'axe perpendiculaire. Généralement, les personnes astigmates le

Alexandre - BSIP

***L'ordinateur.** Le travail sur écran est difficile pour les personnes astigmates. La fatigue occasionnée peut entraîner des troubles de la vision, mais sans baisse de l'acuité visuelle.*

L'ORDINATEUR ET L'ASTIGMATISME

De nombreuses personnes travaillant sur ordinateur se plaignent d'avoir les yeux fatigués, ce qui les amène à consulter. À cette occasion, on peut découvrir qu'elles sont astigmates. Mais ce n'est pas le travail sur écran qui provoque l'astigmatisme ; la fatigue visuelle a servi de révélateur à un astigmatisme existant. Pour ménager ses yeux, il est indispensable d'orienter l'écran de manière qu'il ne reflète pas les sources lumineuses, afin d'éviter une fatigue supplémentaire.

sont dès leur naissance. Plus rarement, l'astigmatisme découle d'une cicatrice sur la cornée (d'origine accidentelle ou survenue après une intervention chirurgicale), ou d'une modification du cristallin.

LES SYMPTÔMES

L'astigmatisme, quand il est peu important, ne se manifeste pas nécessairement par une vision plus basse que la normale, mais peut entraîner des troubles de la vision qui surviennent en cas de fatigue, au bout d'un certain temps de lecture ou de travail visuel sur un écran d'ordinateur : la vision se trouble, la personne a mal à la tête ; des sensations de picotements et de brûlure dans les yeux apparaissent. À l'examen, l'ophtalmologiste constate que l'acuité visuelle est correcte, mais que le patient confond certaines lettres (le D et le O, le P et le R).

Chez les enfants, l'astigmatisme peut se traduire par une difficulté à suivre les lignes horizontales des cahiers et une tendance à confondre certaines lettres. Ils risquent d'avoir des difficultés pour apprendre à lire ; il est donc important de faire contrôler leur vue avant le passage à l'école primaire.

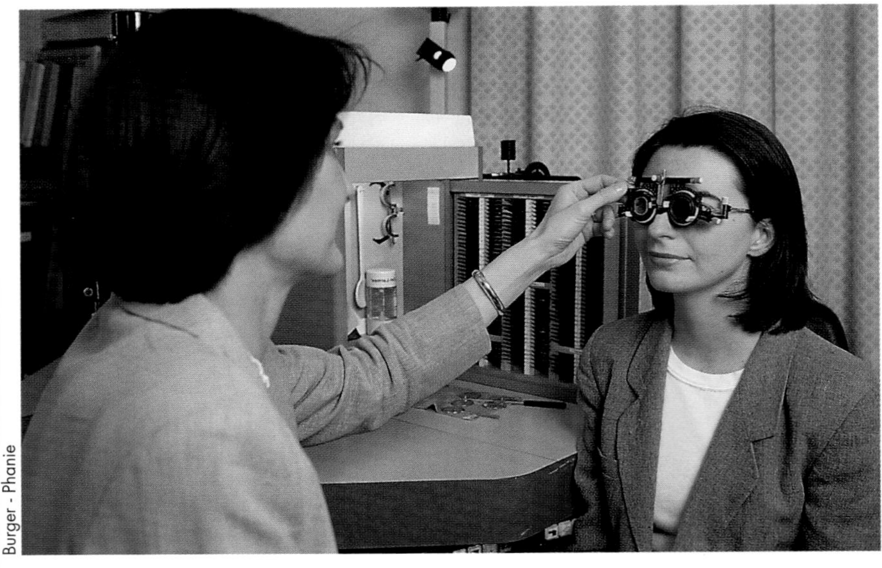

Burger - Phanie

Le port de verres correcteurs. *L'ophtalmologiste teste des verres de puissances diverses pour trouver les plus adaptés au défaut de vision.*

LE DIAGNOSTIC

Le diagnostic est réalisé par un ophtalmologiste, qui pratique la mesure des rayons de courbure de la cornée à l'aide d'un appareil appelé ophtalmomètre de Javal ou d'un autoréfractomètre ; l'examen confirme l'astigmatisme en révélant une différence entre les rayons de courbure dans deux axes perpendiculaires. Le praticien mesure alors la puissance de l'astigmatisme ; celle-ci est exprimée en dioptries positives ou négatives, selon que la courbure de la cornée est trop courte ou trop longue, et l'axe entre 0 et 180° ; ainsi, un verre concave (cornée trop longue, comme chez un myope) de 2 dioptries dans l'axe horizontal sera noté sur l'ordonnance : – 2 à 0°.

LE TRAITEMENT

Il repose sur le port de verres ou de lentilles de contact. Cette correction n'est indispensable qu'en cas d'astigmatisme gênant, et chez les enfants jeunes, pour ne pas perturber leur développement. Pour les personnes peu astigmates, la correction n'est pas toujours nécessaire, mais une surveillance régulière est recommandée.

ASTIGMATISME ET KÉRATOCÔNE

Le kératocône est une déformation progressive de la cornée, qui devient de plus en plus conique. La partie centrale de la cornée s'amincit et se déforme sous l'effet de la pression intra-oculaire. Cette affection rare, parfois héréditaire, se manifeste par un astigmatisme qui augmente très lentement. Le traitement consiste à corriger l'astigmatisme par des verres correcteurs, puis par des verres de contact spéciaux. Si la déformation continue à augmenter (ce n'est pas toujours le cas), les verres de contact ne peuvent plus tenir sur la cornée, devenue trop conique ; on propose alors une greffe de cornée.

LES CALCULS URINAIRES

Les calculs urinaires sont des concrétions pierreuses qui se forment dans les reins. Ils peuvent migrer dans la vessie et dans les voies urinaires, occasionnant d'intenses douleurs, appelées coliques néphrétiques.

Les calculs urinaires, semblables à de petites pierres, se forment à partir de substances présentes dans l'urine (oxalate de calcium, phosphate de calcium ou acide urique). On appelle lithiase le processus de formation des calculs. Dans les cas bénins, les calculs se désagrègent spontanément ou sont évacués par les voies naturelles. Dans les autres cas, ils doivent être éliminés.

LES SYMPTÔMES

Il arrive que les calculs passent inaperçus. Mais ils sont parfois douloureux ou source de complications : présence de sang dans les urines (hématurie), infection grave du rein, incapacité du rein à assumer sa fonction de filtre (insuffisance rénale). Lorsqu'un calcul migre dans un des deux conduits par lesquels l'urine s'écoule des reins dans la vessie (uretères), il provoque sa dilatation brusque et entraîne des crises de douleurs intenses : ce sont les coliques néphrétiques.

LES CAUSES

Elles ne sont pas toujours connues. La formation de calculs urinaires est souvent la conséquence d'un obstacle à l'écoulement des urines (malformation, adénome de la prostate) ou d'une infection urinaire. Dans d'autres cas, c'est un trouble métabolique de l'organisme, consécutif à des excès alimentaires (surtout en calcium

CNRI

Calcul urinaire d'oxalate de calcium. *Les calculs urinaires sont des concrétions pierreuses qui se forment dans les reins, à partir de substances présentes dans l'urine.*

PULVÉRISER LES CALCULS

L'opération qui consiste à pulvériser les calculs urinaires est la lithotripsie. Les fragments obtenus sont éliminés naturellement dans les urines. L'accès aux calculs se fait par endoscopie, la pulvérisation pouvant être effectuée au moyen d'une pince ou d'ultrasons par exemple. Aujourd'hui, on recourt de plus en plus souvent à la lithotripsie extracorporelle, qui s'effectue sans aucune intervention chirurgicale. Elle consiste à repérer le calcul (par radioscopie ou échographie), puis à le pulvériser au moyen d'ondes émises par un appareil externe et dirigées vers la zone à traiter.

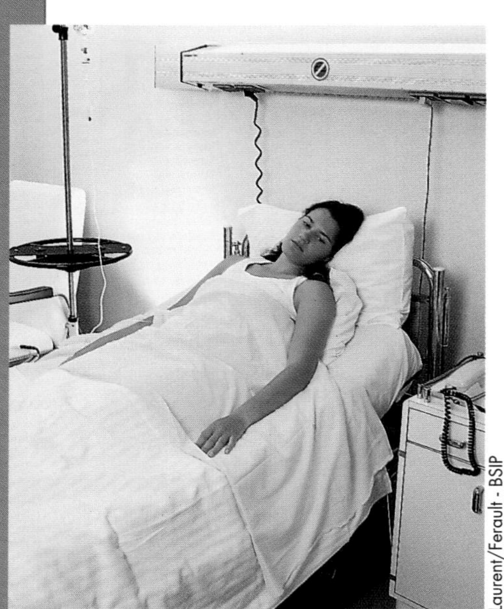

***Patiente sous perfusion.** Les coliques néphrétiques, très douloureuses, nécessitent un traitement administré par perfusion intraveineuse.*

ou en acide urique), qui est à l'origine de l'affection. Enfin, la formation de calculs peut résulter d'une maladie hormonale, comme l'affection caractérisée par une sécrétion anormalement élevée des glandes parathyroïdes (hyperparathyroïdie).

LE TRAITEMENT

En cas de calcul de petite taille (moins de 5 ou 6 millimètres), aucun traitement n'est proposé, sauf en cas de complications ; on attend que le calcul soit spontanément éliminé par les voies naturelles. Lorsqu'il s'agit d'un calcul d'acide urique, on prescrit des eaux minérales appropriées ou des médicaments rendant les urines plus alcalines, ce qui entraîne la dissolution du calcul. Dans les autres cas, on fait appel à la lithotripsie, qui consiste à pulvériser les calculs par différents moyens (laser, pince, ultrasons, ondes de chocs), soit directement au contact du calcul, par voie endoscopique, soit par l'intermédiaire d'un appareil externe (lithotripsie extracorporelle).

LES COLIQUES NÉPHRÉTIQUES

Ce sont des douleurs aiguës et violentes ressenties dans la région lombaire, du côté de l'uretère dilaté.

L'évolution. Les douleurs débutent le plus souvent progressivement, puis elles s'intensifient rapidement. Elles évoluent alors par paroxysmes très violents, vite insupportables, et sans qu'aucune position ne les soulage. La douleur emprunte un trajet caractéristique : elle contourne le flanc et irradie vers l'abdomen, descendant vers les organes génitaux. Très souvent, elle est associée à des troubles digestifs, des nausées, des vomissements et des brûlures à la miction. Lorsque l'obstacle est situé bas dans l'uretère, le patient ressent de fréquents besoins d'uriner sans parvenir à émettre d'urine.

Le traitement. On traite avant tout la douleur par des analgésiques, car il s'agit d'une affection difficilement supportable et qui peut durer des heures. Sinon, le traitement consiste à supprimer toute boisson et à administrer des antispasmodiques ou des anti-inflammatoires. L'extraction ou la pulvérisation du calcul n'est pas toujours nécessaire : l'élimination par les voies naturelles du calcul responsable des douleurs est fréquente s'il est de petite taille. En revanche, le chirurgien peut être amené à pratiquer l'ablation du calcul ou son élimination par lithotripsie s'il est trop volumineux pour être évacué spontanément ou si les douleurs ne cèdent pas rapidement aux médicaments.

LES CAS URGENTS

Les calculs urinaires peuvent nécessiter un traitement en urgence. Ainsi, en cas de coliques néphrétiques, lorsque les médicaments contre la douleur sont inopérants, une intervention immédiate par lithotripsie extracorporelle ou ablation du calcul peut être nécessaire. Autre urgence : un calcul ayant entraîné une infection urinaire, ce qui se traduit par l'association de coliques néphrétiques et d'une fièvre pouvant atteindre 40 °C. Il y a alors un grand risque que les microbes en cause dans l'infection passent dans le sang, provoquant une infection généralisée (septicémie). Les urines infectées doivent immédiatement être évacuées à l'aide d'une sonde. Par conséquent, en cas de très vives douleurs dans la région lombaire, le patient doit se rendre ou être amené à l'hôpital, où on lui fera subir des examens afin de déterminer si son état nécessite un traitement en urgence.

LES CANCERS

MÉCANISME ET ÉVOLUTION

Les cancers sont des maladies caractérisées par une prolifération anarchique, incontrôlée et incessante des cellules.

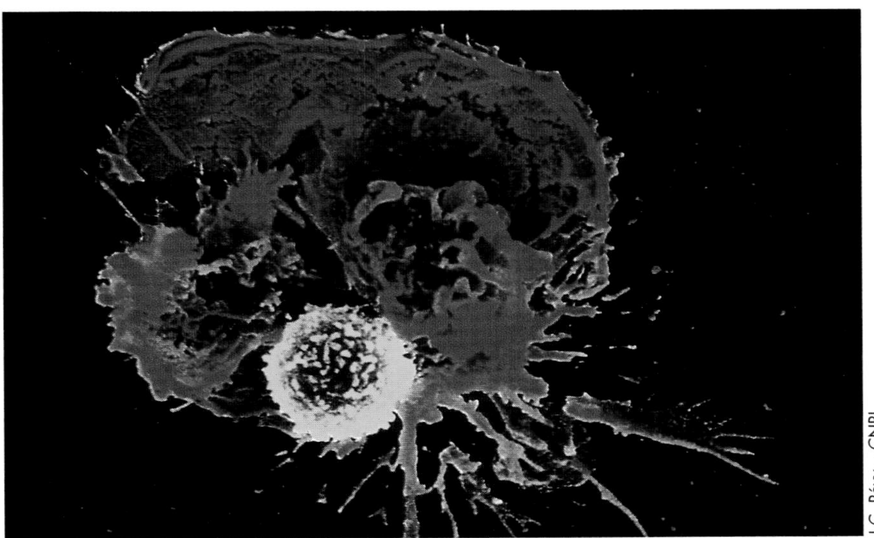

J.C. Révy – CNRI

Lymphocyte (jaune) attaquant une cellule cancéreuse (rose fuchsia). *Le but est de détruire la cellule cancéreuse.*

Le cancer prend généralement le nom de l'organe dans lequel il s'est déclaré : cancer du foie, du poumon, du rein, par exemple.

LE MÉCANISME

Normalement, les cellules qui constituent les tissus et les organes se multiplient en permanence, les cellules les plus jeunes remplaçant les plus vieilles. Pour chaque tissu, ce rythme est régulier et s'accélère parfois en cas de besoin. Ainsi, les cellules de la peau se multiplient plus rapidement lors de la cicatrisation d'une coupure. Cette multiplication cellulaire, maîtrisée et harmonieuse, est contrôlée par des gènes. Mais certains de ces gènes, les oncogènes, sont susceptibles de subir une modification de structure, appelée mutation ; ils provoquent alors une multiplication ininterrompue des cellules, ce qui aboutit à la naissance d'un cancer. Les causes de ces mutations ne sont pas toujours connues. Certaines mutations sont probablement spontanées, d'autres étant provoquées par des facteurs extérieurs divers : virus, substances naturelles ou chimiques, rayonnements solaire ou radioactif.

La mutation d'un oncogène ne suffit pas à faire naître un cancer, car l'organisme possède des systèmes de défense, dont le premier est celui des antioncogènes. Ces derniers sont des gènes destinés à contrer et à équilibrer l'action des oncogènes. Leur action est efficace lorsqu'il n'existe qu'une mutation. Mais ils peuvent être débordés quand plusieurs mutations ont eu lieu. Parfois, c'est l'antioncogène lui-

LA CARCINOGENÈSE

La carcinogenèse est l'ensemble des mécanismes qui vont entraîner la transformation d'une cellule normale en cellule cancéreuse, en permettre la prolifération anarchique et incontrôlée et la dissémination dans l'organisme (métastases). Il s'agit d'un phénomène à plusieurs étapes, qui se déroule le plus souvent sur de très nombreuses années. Des anomalies et des dysfonctionnements s'accumulent au niveau de certains gènes appelés oncogènes. Chaque année, de nouveaux dysfonctionnements de la cellule cancéreuse par rapport à la cellule normale sont découverts. La complexité du processus d'apparition d'un cancer est de mieux en mieux comprise et laisse entrevoir la possibilité de traitements plus efficaces dans l'avenir.

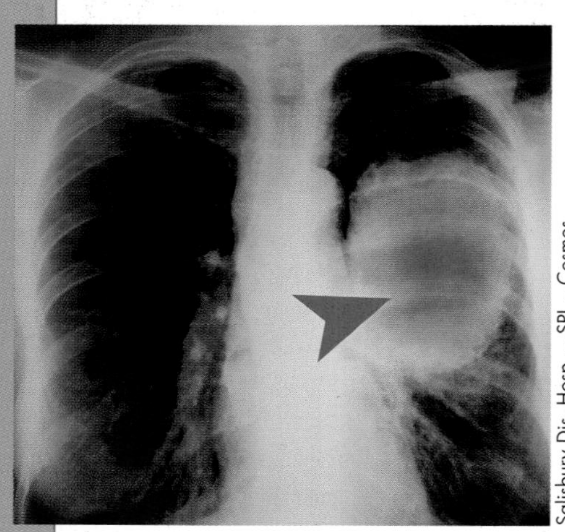
Salisbury Dis. Hosp. – SPL – Cosmos

Cliché radiographique d'un cancer du poumon. *La tumeur, volumineuse, est visible en orange au niveau du poumon gauche.*

même qui subit une mutation. Il devient inactif et laisse le champ libre aux oncogènes, entraînant l'apparition d'un cancer. Enfin, il existe des cancers qui sont dus à l'absence héréditaire de plusieurs anti-oncogènes, ce qui expliquerait les prédispositions familiales à certains cancers.

LA NAISSANCE DU CANCER

Lorsqu'une cellule devient cancéreuse, elle se multiplie en donnant naissance à d'autres cellules, elles-mêmes cancéreuses. Lors de ces premières multiplications, l'organisme peut réagir grâce à son système immunitaire, qui mobilise des globules blancs spéciaux, appelés phagocytes. Ces derniers reconnaissent les cellules cancéreuses comme anormales, au même titre que des microbes ou des parasites, et sont capables de les détruire.
Il se produit ainsi une course de vitesse entre le système immunitaire et les cellules cancéreuses qui cherchent à se multiplier. Si celles-ci sont plus rapides, le cancer se développe. C'est pourquoi les malades qui ont un système immunitaire affaibli (sida, par exemple) développent aussi des tumeurs malignes en plus des infections.
La multiplication des cellules cancéreuses ne s'arrête jamais. Après les premières divisions cellulaires anormales, on ne peut plus espérer une guérison spontanée. C'est ce qui différencie le cancer des tumeurs bénignes. Celles-ci résultent également d'une multiplication anormale et excessive des cellules, mais qui reste limitée et localisée, comme pour les verrues.

L'ÉVOLUTION

L'évolution du cancer est généralement très longue. Les premiers symptômes de la maladie apparaissent souvent plusieurs années après la formation initiale du cancer. Au fur et à mesure que la maladie évolue, le tissu cancéreux devient de plus en plus autonome, fabriquant lui-même les facteurs de croissance dont il a besoin ou initiant leur production par les cellules normales qui l'entourent.
Des cellules cancéreuses peuvent se détacher de la tumeur initiale, migrer par les vaisseaux sanguins ou lymphatiques et s'implanter dans un autre organe pour donner naissance à une nouvelle tumeur cancéreuse : c'est ce que l'on appelle la métastase. Le cancer est alors disséminé et généralisé.
En même temps qu'il se développe, le cancer devient de plus en plus agressif et résistant aux traitements entrepris.
L'évolution de la maladie est différente d'un cancer à l'autre. En effet, il existe 300 types de cellules dans le corps humain, chacun d'eux pouvant donner naissance à un cancer particulier. De plus, pour un même type de cancer, l'évolution peut également varier d'une personne à l'autre.
Ces variations dépendent du nombre et des types de dysfonctionnements accumulés dans la cellule cancéreuse et des relations complexes que le tissu cancéreux établit avec les cellules normales.

LES MÉTASTASES

Des cellules cancéreuses peuvent quitter la tumeur initiale, migrer vers d'autres organes et donner naissance à une tumeur secondaire, la métastase. La migration la plus fréquente s'effectue par les vaisseaux lymphatiques vers les ganglions. Ainsi, en cas de cancer, le médecin recherche toujours une modification des ganglions (ceux de l'aisselle pour le cancer du sein). Les cellules cancéreuses peuvent aussi passer par le sang et provoquer alors des métastases n'importe où dans l'organisme.
La présence de métastases est un signe de gravité du cancer, rendant le traitement plus difficile. Parfois, la métastase est plus grave que le cancer lui-même : c'est le cas d'une métastase localisée dans le cerveau, dont le foyer d'origine est, par exemple, un cancer digestif.

LES CANCERS

LES SIGNES D'ALERTE

Ils peuvent être généraux, sans concerner particulièrement un organe, ou, au contraire, être liés à la localisation du cancer ou à sa dissémination.

La plupart des signes d'alerte du cancer ne sont pas spécifiques de cette maladie. Ils sont, pour cette raison, très souvent négligés par le malade, ou même par le médecin, étant rapportés à d'autres affections bénignes, ou considérés comme habituels et non alarmants. Néanmoins, ils justifient toujours, si minimes soient-ils, une consultation médicale. Seul un examen clinique, complété au besoin par des examens biologiques, radiologiques et endoscopiques, orientera le diagnostic de façon précise.

Femme ressentant de la fatigue. *Une fatigue inhabituelle, prolongée et inexpliquée, peut être un signe d'alerte du cancer.*

LES SIGNES GÉNÉRAUX

Les signes généraux sont variés et peuvent rester longtemps isolés, sans manifestation particulière d'un cancer, notamment en cas d'atteinte d'un organe profond. Ils doivent alerter par leur permanence ou leur aggravation.
Ils peuvent être une perte d'appétit (viande en particulier), une perte de poids importante et une fièvre, souvent peu élevée, qui résiste à tout traitement et sans cause infectieuse. Une fatigue inhabituelle et de plus en plus marquée peut également survenir.

LES GRANDS SIGNES D'ALERTE

Les cancers se manifestent par 3 grands signes d'alerte : saignement, douleur, infection.
Le saignement, qu'il soit minime ou abondant, constitue toujours un signe d'alerte. Il peut être dû à une lésion des vaisseaux sanguins, envahis par une tumeur, ou à leur rupture au sein même du tissu cancéreux. Il peut être extériorisé par la bouche ou par le nez en cas de cancers de la bouche, de la gorge, des sinus ou de l'œsophage ou se limiter à quelques traînées sanglantes dans les crachats en cas de cancer des bronches et des poumons. La présence de sang dans les urines oriente vers un cancer des reins, de la vessie ou de la prostate (l'appareil urinaire). Chez la femme, des pertes de sang en dehors des règles ou provoquées par des rapports sexuels, ou encore survenant après la ménopause, peuvent être dues à un cancer de l'utérus ou à un cancer du vagin. Un saignement accompagnant les selles est souvent le premier signe d'un cancer du côlon. Un vomissement de sang est généralement lié à un cancer de l'œsophage ou de l'estomac.
La douleur fait également partie des grands signes d'alerte des cancers. Elle est particulière car

LES PHLÉBITES

Les phlébites (formation d'un caillot de sang dans une veine) sont parfois le premier signe d'un cancer. Au niveau des membres inférieurs, les phlébites peuvent être favorisées par une compression veineuse liée à une tumeur au niveau de l'abdomen ou du bassin. Elles peuvent être à répétition, avec des localisations variables et inhabituelles. Elles sont alors dues à la sécrétion, par le tissu cancéreux, de substances provoquant la formation de caillots sanguins.

de localisation fixe, permanente, s'accentuant régulièrement, cause d'insomnie et de plus en plus difficile à calmer par les médicaments antidouleur habituels. Un mal de tête permanent peut être, au début, le seul signe révélateur d'un cancer du cerveau. Des douleurs abdominales continues ou spasmodiques (coliques) peuvent être les premiers signes d'alerte d'un cancer développé dans un organe profond (côlon, par exemple).

L'infection. Des infections survenant à répétition et cédant mal à des traitements antibiotiques répétés peuvent constituer un signe d'alerte du cancer. En effet, le cancer facilite les infections bactériennes pour plusieurs raisons. Il entraîne un affaiblissement du système immunitaire, un rétrécissement des organes creux (bronches ou appareil urinaire, par exemple), une ulcération des muqueuses de la bouche, de la gorge ou des organes génitaux, ou une destruction des tissus. Tous ces troubles favorisent le développement des bactéries, responsables d'infections.

LES SIGNES PALPABLES OU VISIBLES

Certains signes d'alerte des cancers peuvent être directement visibles ou palpables. Un nodule (petite lésion sous forme de boule) ou un durcissement anormal au niveau de la peau, d'un muscle, d'un sein ou d'un testicule, qu'ils soient douloureux ou non, doivent inciter à consulter un médecin s'ils persistent et augmentent régulièrement de volume.

Une irritation saillante et irrégulière au niveau de la peau, ulcérée, qui ne cicatrise pas et s'étend, est un signe d'alerte important pour les cancers de la peau.

Enfin, en cas de modification d'une verrue ou d'un grain de beauté, avec épaississement, changement de couleur ou saignement, il faut consulter rapidement son médecin.

LES SIGNES PAR ORGANE OU PAR APPAREIL

Les signes d'alerte des cancers peuvent orienter précisément le diagnostic vers un organe ou un appareil particuliers.

La bouche, la gorge, les sinus et l'œsophage : les signes d'alerte sont une gêne ou une douleur à la mastication, la douleur se propageant dans les oreilles, une modification persistante de la voix avec enrouement (cancer de la bouche ou de la gorge) et une sensation, parfois douloureuse, de blocage des aliments, suivie de vomissements (en cas d'atteinte de l'œsophage).

Appareil respiratoire : une difficulté à respirer d'apparition brutale ou progressive, d'abord à l'effort puis au repos, est souvent le premier symptôme d'un cancer des poumons. L'apparition ou l'aggravation d'une toux qui dure doivent être considérées avec attention chez un fumeur.

Appareil digestif : les premiers signes d'un cancer de l'appareil digestif sont une sensation de pesanteur dans la partie haute de l'abdomen et un ralentissement du transit intestinal (constipation). Des fausses envies, une pesanteur rectale parfois très douloureuse orientent vers un cancer du rectum ; une jaunisse s'accentuant rapidement évoque un cancer des voies biliaires ou du foie.

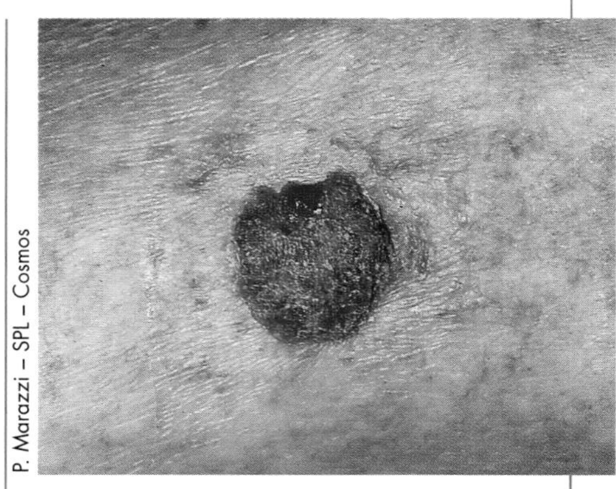

P. Marazzi – SPL – Cosmos

***Mélanome malin.** Ce cancer provient de la transformation d'un grain de beauté, qui change de forme et de couleur.*

Appareil urinaire et prostate : des difficultés pour uriner, voire une rétention d'urine, peuvent être les premiers signes d'un cancer de l'appareil urinaire ou de la prostate chez l'homme.

Appareil ganglionnaire : l'augmentation de volume d'un ou de plusieurs ganglions lymphatiques au niveau du cou, des aisselles ou de l'aine peut être le premier signe d'un cancer profond ou d'un cancer développé aux dépens du tissu ganglionnaire lui-même.

Système nerveux central : un mal de tête persistant, des paralysies, des troubles visuels, des modifications du caractère, des vomissements survenant le matin sont parfois les premiers signes révélateurs d'un cancer au niveau du cerveau ou des méninges.

LES CANCERS

LE POINT DES RECHERCHES

Les recherches sur le cancer portent essentiellement sur la thérapie génique et sur les nouvelles approches de l'immunothérapie.

Ces voies de recherche semblent prometteuses pour le traitement du cancer, car elles visent de manière spécifique le tissu cancéreux en respectant les tissus sains, contrairement à la radiothérapie et à la chimiothérapie.

LA THÉRAPIE GÉNIQUE

La thérapie génique utilise les gènes et l'information dont ils sont porteurs pour modifier le comportement des cellules. Elle fait l'objet de nombreuses recherches dans le traitement du cancer. En effet, il est maintenant bien établi que l'apparition et le développement des cancers sont liés à un dérèglement de certains gènes, en particulier ceux qui contrôlent les divisions des cellules, et donc leur multiplication. Le développement de la biologie moléculaire a permis d'identifier un nombre important d'anomalies au niveau de ces gènes. Ces anomalies s'accumulent dans le temps, durant toute l'évolution de la maladie, rendant les cellules cancéreuses de plus en plus agressives et résistantes aux défenses de l'organisme.

La thérapie génique vise à utiliser des gènes comme des médicaments. Pour introduire le gène médicament dans la cellule que l'on veut traiter, on utilise ce que l'on appelle des vecteurs, qui sont, en quelque sorte, des moyens de transport du gène. Ces vecteurs peuvent être des virus inactivés, qui ont perdu leur capacité à provoquer des maladies, ou des substances chimiques, par exemple des petites vésicules de graisse (liposomes). Différents types de gènes sont ainsi utilisés comme des médicaments, chacun ayant son propre mécanisme d'action.

LA THÉRAPIE GÉNIQUE AUJOURD'HUI

La thérapie génique est un mode de traitement actuellement réalisable, mais encore confronté à des difficultés techniques. Elle permet d'envisager de nombreuses possibilités thérapeutiques ; cependant, cette « manipulation génétique » doit être menée avec une extrême prudence. Les premiers essais chez l'homme sont en cours. Des résultats positifs ont été relevés dans des cancers du cerveau, de la peau et du poumon. Il est toutefois encore impossible, faute d'un recul suffisant, d'en évaluer la réelle efficacité.

J. King-Holmes – SPL – Cosmos

Recherche d'une anomalie génétique au niveau des chromosomes. *Les gènes sont représentés par les bandes noires. Le gène entouré en rouge est responsable d'un cancer.*

IMMUNOTHÉRAPIE : NOUVELLES APPROCHES

Les nouvelles approches de l'immunothérapie reposent sur la mise au point d'anticorps artificiels spécifiquement dirigés contre les cellules cancéreuses et sur l'utilisation des cytokines.

Les anticorps. Deux conditions sont nécessaires pour qu'une cellule cancéreuse soit reconnue comme un élément étranger par l'organisme et détruite grâce aux défenses immunitaires. D'une part, la cellule cancéreuse doit comporter des structures différentes de celles des cellules normales, afin d'être identifiée comme une substance étrangère, ou anti-gène. D'autre part, l'activité des cellules du système immunitaire (macrophages, différentes classes de

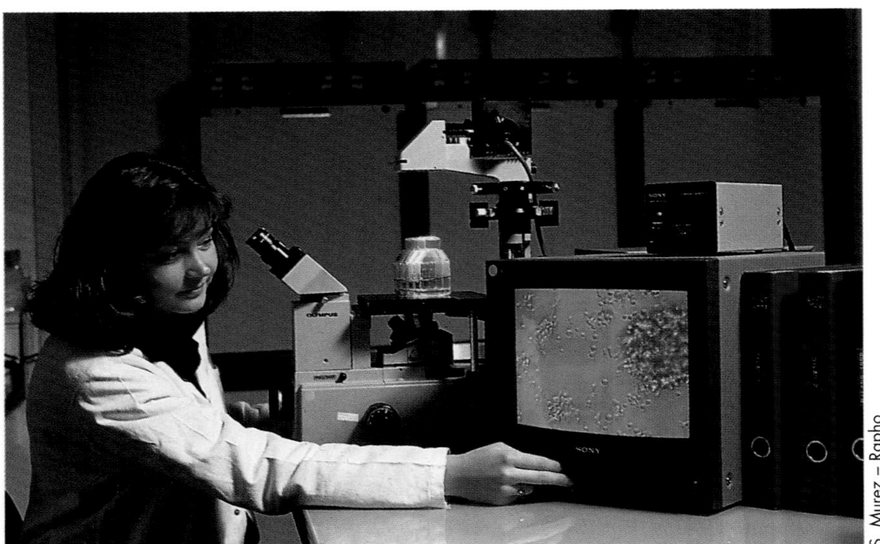
S. Murez – Rapho

Chercheur examinant en vidéo une culture de lymphocytes en laboratoire. *Les lymphocytes sont activés et attaquent spécifiquement les cellules cancéreuses.*

lymphocytes) doit être suffisamment importante pour pouvoir reconnaître la cellule cancéreuse comme étrangère, l'attaquer et la détruire. Plusieurs structures reconnaissant les cellules cancéreuses comme étrangères ont été identifiées. La recherche porte sur la création artificielle de substances reconnaissant spécifiquement ces structures. Ces substances, appelées anticorps, pourraient être utilisées comme transporteurs de médicaments qui n'atteindraient alors que les cellules cancéreuses, en respectant les cellules normales de l'organisme.
Ces anticorps pourraient également être dirigés contre les facteurs de croissance des cellules cancéreuses ou contre leurs récepteurs situés en surface. Ils pourraient ainsi être utilisés pour annuler les messages de prolifération donnés aux cellules cancéreuses. La difficulté de cette voie de recherche est d'obtenir un ciblage très spécifique des cellules cancéreuses.

Les cytokines. Depuis la découverte de l'interféron, en 1957, une vingtaine d'autres cytokines ont été isolées. Elles sont employées en immunothérapie. Leur rôle est de contrôler l'activité de certains globules blancs et de participer ainsi à la défense immunitaire contre les cellules cancéreuses. Actuellement, les cytokines utilisées sont l'interleukine 2 et les interférons.
Des recherches sur l'administration simultanée de plusieurs cytokines et sur leur association à la chimiothérapie se poursuivent dans le traitement de nombreux cancers, avec des résultats encourageants. Ainsi, la cytokine responsable de la formation des globules rouges peut être utilisée pour corriger la diminution des globules rouges (anémie) qui survient après certaines chimiothérapies, en évitant le recours à des transfusions sanguines. Les cytokines responsables de la formation des globules blancs sont également utilisées après certaines chimiothérapies pour réactiver la moelle osseuse. Ce traitement permet de diminuer les risques infectieux secondaires à la chute des globules blancs provoquée par les chimiothérapies. Dans certains cancers, les cytokines permettent, associées ou non à des greffes de moelle osseuse, d'administrer de très fortes doses de chimiothérapie.
D'autres recherches portent sur l'association des cytokines à la thérapie génique. En introduisant les gènes commandant la sécrétion de certaines cytokines dans les cellules cancéreuses, la multiplication des cellules immunitaires et leur activation en cellules tueuses sont réalisables au niveau même des tissus cancéreux. Cette modalité de thérapie génique offre de nouvelles perspectives dans le traitement des cancers.

L'ACTION DES CYTOKINES

Les cytokines sont des substances normalement présentes dans l'organisme. Certaines d'entre elles interviennent dans les réactions de défense de l'organisme face aux agressions extérieures. Elles conduisent cette défense en activant les diverses cellules du système immunitaire capables de reconnaître l'agresseur étranger à l'organisme et de le détruire.
D'autres cytokines contrôlent, au niveau de la moelle osseuse, la production et la maturation des cellules du sang : globules rouges, globules blancs, plaquettes.

LE CANCER DU CÔLON

Le cancer du côlon augmente régulièrement dans les pays occidentaux. Pourtant, le suivi régulier des personnes prédisposées à ce type de cancer permet d'éviter l'apparition de la maladie ou de la diagnostiquer dès ses débuts.

L. Monneret - Fotogram Stone

L'importance de l'alimentation. *Les fruits et les légumes verts, riches en fibres, ont un effet protecteur contre le cancer du côlon.*

Le cancer du côlon et du rectum (partie terminale du côlon) est en passe d'atteindre le premier rang des tumeurs malignes dans les pays occidentaux, chez les hommes comme chez les femmes. Il représente 15 % de tous les cancers, proportion qui augmente de 10 % tous les 5 ans, alors que le pronostic (50 % de survie après 5 ans) a peu évolué depuis 20 ans.

Ce constat souligne l'importance du dépistage systématique de ce cancer chez les personnes à risque.

LES SYMPTÔMES

Le cancer du côlon se traduit par différents signes digestifs : constipation, douleurs persistantes ressenties dans l'abdomen, saignements digestifs qui se traduisent par la présence de sang dans les selles. Par ailleurs, l'état général du patient s'altère, il est fiévreux et anémié. Le cancer peut aussi se manifester par une occlusion intestinale (la tumeur entraînant un rétrécissement de l'espace à l'intérieur du côlon) : les aliments s'accumulent en amont de la tumeur, ce qui entraîne une distension de l'intestin et occasionne de vives douleurs ainsi que l'arrêt de l'émission des selles et des gaz.

Un cancer du côlon peut également être découvert à l'occasion de tumeurs secondaires ayant essaimé à partir du cancer initial (métastases), en particulier dans le foie.

LES CAUSES

Il existe une prédisposition génétique au cancer du côlon. Il survient plus fréquemment chez les personnes comptant des cas de ce cancer dans leur famille. Il est également plus fréquent chez des personnes souffrant de tumeurs bénignes du côlon, les polypes, qui présentent un risque élevé de dégénérer en tumeur cancéreuse. Différentes maladies héréditaires, les polyposes digestives (la plus fréquente, appelée polypose rectocolique familiale, touche 0,03 % de la population) se traduisent par l'apparition, à partir de l'adolescence, de centaines, voire de milliers de polypes qui, en

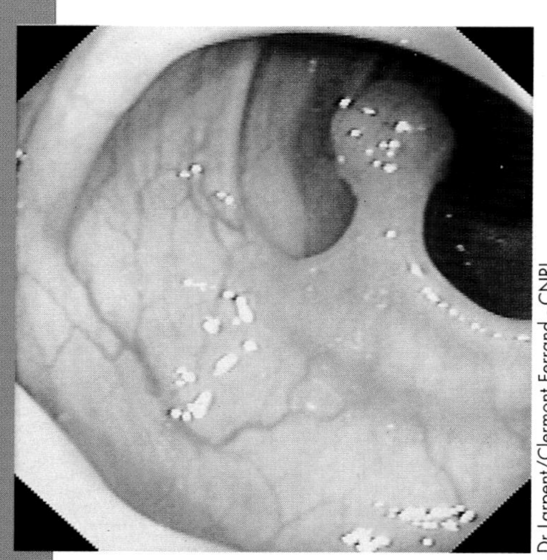
Dr Larpent/Clermont Ferrand - CNRI

Polype du côlon vu par coloscopie. *Cette excroissance sur la paroi interne du côlon doit être retirée, car elle peut devenir cancéreuse.*

l'absence de traitement, dégénèrent inexorablement en tumeurs cancéreuses. Ce cancer est également plus fréquent chez les personnes qui souffrent depuis longtemps d'une inflammation chronique du côlon. Enfin, un régime alimentaire pauvre en fibres semble favoriser son apparition.

LE TRAITEMENT

Il consiste à pratiquer l'ablation de la portion atteinte du côlon (colectomie partielle), les deux segments restant étant suturés bout à bout pour rétablir la continuité du tube digestif. L'ablation est associée à celle des vaisseaux et des ganglions du voisinage et complétée, dans certains cas, par un traitement médicamenteux dirigé contre les cellules cancéreuses (chimiothérapie). Ce traitement permet de diminuer de façon significative le nombre des récidives. Lorsque le cancer survient dans la partie terminale du côlon (bas rectum), il est nécessaire, après l'ablation de la partie malade, de mettre en place un anus artificiel. Un orifice est pratiqué dans la paroi de l'abdomen, auquel on relie la partie terminale du côlon. Les matières fécales sont alors évacuées par cet orifice et recueillies dans une poche en matière plastique changée régulièrement.

Dans le cas des polyposes digestives, le seul traitement est l'ablation totale du côlon. Une surveillance ultérieure s'impose afin de dépister la survenue éventuelle de polypes de l'estomac et de l'intestin grêle.

LA PRÉVENTION

Elle est fondée sur le diagnostic précoce de la maladie et sur le dépistage des polypes, souvent à l'origine du cancer du côlon. L'alimentation joue aussi un rôle dans la prévention de ce cancer. Par ailleurs, le gène responsable de la plus fréquente des polyposes familiales a récemment été identifié, ce qui représente un espoir important pour la prévention de cette maladie. La détection par recherche de sang dans les selles à l'aide d'un test, l'Hémocult®, est également à l'étude au sein de l'ensemble de la population. Son efficacité est en cours d'évaluation.

Le dépistage des polypes. Il est particulièrement important chez les personnes ayant ou ayant eu un ou plusieurs membres de leur famille atteint par un cancer du côlon. Pratiqué régulièrement, par coloscopie, il permet de déceler et de traiter une éventuelle tumeur à son tout début, ce qui multiplie les chances de guérison.

L'alimentation. Une alimentation riche en fibres aurait un effet protecteur contre le cancer du côlon. Les aliments riches en fibres sont les céréales et les produits céréaliers (son de blé, farine de blé complet, etc.), certains fruits (noix, abricots, figues, pruneaux) et légumes (haricots secs, lentilles, pois). Pour être efficaces, les fibres doivent être consommées régulièrement et de façon continue.

LA COLOSCOPIE

La coloscopie est un examen qui consiste à explorer la muqueuse du côlon au moyen d'un long tube flexible muni d'un système optique (coloscope), que l'on introduit par l'anus et que l'on fait progresser dans le côlon en y insufflant de l'air. Elle est, selon le cas, pratiquée sans anesthésie ou sous anesthésie générale légère. Il s'agit certes d'un examen désagréable lorsqu'il est pratiqué sans anesthésie (l'insufflation d'air est parfois douloureuse), mais tout à fait supportable. La coloscopie est indispensable pour diagnostiquer un cancer du côlon ou pour repérer un polype et procéder, si nécessaire, à son ablation. Elle est également utilisée pour surveiller les patients ayant été opérés d'un cancer du côlon ou du rectum.

LE CANCER DE L'ESTOMAC

Le cancer de l'estomac est une tumeur maligne qui se développe à partir de la muqueuse de cet organe. Ce cancer, grave, touche davantage les hommes que les femmes. Dans le monde entier, il est aujourd'hui en voie de diminution.

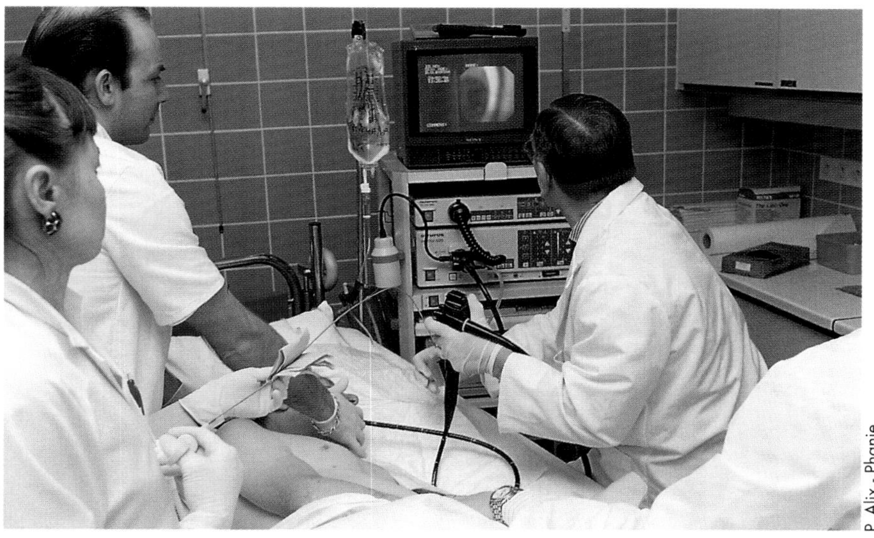

P. Alix - Phanie

***Endoscopie de l'estomac.** Le tube optique introduit par la bouche du patient permet au médecin de visualiser l'intérieur de l'estomac sur un écran vidéo et de prélever, si besoin, un fragment de tissu.*

VIVRE APRÈS UNE GASTRECTOMIE

Une personne ayant subi une ablation de l'estomac ne doit pas se considérer comme handicapée. En effet, au bout de quelques mois, les organes digestifs s'adaptent et le patient peut reprendre un mode d'alimentation presque normal. Lors de la phase d'adaptation, il lui est conseillé de fractionner ses repas (5 ou 6 par jour), d'avoir une alimentation variée et équilibrée en évitant de consommer trop de sucres rapides (sucreries, pain). Il faut aussi noter que, après une ablation de l'estomac, surtout en cas d'ablation totale, la sensibilité aux effets nocifs de l'alcool est accrue.

Le cancer de l'estomac, plus fréquent dans les pays pauvres que dans les pays industrialisés, se place au quatrième rang dans l'ordre de fréquence des cancers.

LES SYMPTÔMES

Le cancer de l'estomac se manifeste par un très petit nombre de symptômes : quelques douleurs à l'estomac, parfois un saignement. C'est ce qui rend si difficile son diagnostic. Ainsi, la plupart du temps, le cancer de l'estomac est découvert à un stade avancé, à l'occasion de signes généraux : amaigrissement, diminution du taux de globules rouges dans le sang (anémie). Parfois, la découverte survient lors de la surveillance systématique d'une maladie chronique de l'estomac : ulcère ou gastrite.

LE DIAGNOSTIC

Il repose essentiellement sur un examen endoscopique de l'estomac, au cours duquel un fragment de tissu est prélevé afin d'être analysé en laboratoire (biopsie). Dans certains cas, on soumet également le patient à une radiographie de l'estomac, ce qui permet de préciser le type de la lésion (forme bourgeonnante, ulcérée, infiltrante). Enfin, divers examens complémentaires ont pour but d'estimer l'extension de la tumeur : échographie du foie, scanner de l'abdomen, radiographie du thorax.

LES CAUSES

Deux grands types de facteurs interviennent dans l'apparition de ce cancer. Le premier est d'ordre diététique. Ce sont les modes de préparation traditionnels des aliments : salaison et fumage. Les nitrates et nitrites qui y sont associés sont ingérés en même temps que les aliments, et transformés dans le corps en substances cancérigènes. Le second facteur est probablement le microbe *Helicobacter pylori,* qui provoquerait une gastrite chronique susceptible d'évoluer vers un cancer de l'estomac. Les autres causes sont moins importantes : ulcères chroniques, gastrites au cours desquelles l'organisme fabrique des anticorps contre ses propres constituants (auto-immunes).

LE TRAITEMENT

Il est avant tout chirurgical et consiste à pratiquer l'ablation de tout ou partie de l'estomac (gastrectomie totale ou partielle), selon la taille de la tumeur et sa localisation dans l'estomac. La chimiothérapie peut constituer une aide complémentaire au traitement.

La gastrectomie totale. Le chirurgien pratique l'ablation de la totalité de l'estomac, puis rétablit la continuité du circuit digestif en reliant l'œsophage à la deuxième partie de l'intestin grêle, le jéjunum. Les aliments passent alors directement dans l'intestin.

La gastrectomie partielle. Le chirurgien retire, selon le cas, la partie inférieure (antre), les deux tiers inférieurs ou encore les quatre cinquièmes inférieurs de l'estomac. Puis il relie la portion restante de l'organe à la première partie de l'intestin grêle (duodénum) ou au jéjunum.

LE PRONOSTIC

Il est lié à la taille de la tumeur, à son degré de pénétration dans la paroi de l'estomac, à l'existence d'une propagation aux ganglions voisins et à la présence de métastases. Trop souvent, un diagnostic tardif aboutit à découvrir des lésions étendues. L'amélioration du pronostic passe par la pratique de la gastroscopie lors de tout trouble gastrique persistant (douleurs, saignements digestifs).

LES TROUBLES LIÉS À LA GASTRECTOMIE

La plupart du temps, la gastrectomie est une opération bien supportée. Cependant, il existe un certain nombre de troubles liés à cette intervention, plus fréquents et plus intenses en cas d'ablation totale de l'estomac.

Dans les premiers temps, le patient souffre du syndrome du petit estomac, c'est-à-dire qu'il lui est impossible de faire des repas de volume normal. Il est obligé de fractionner ses repas : 5 à 6 par jour. Progressivement, l'estomac s'adapte et le patient apprend à se nourrir. Une vie alimentaire presque normale est alors possible. Seuls les repas surabondants et l'abus de boissons alcoolisées sont déconseillés. Plus tard, des périodes de diarrhées peuvent survenir ; elles sont traitées avec efficacité.

Après l'ablation de l'estomac, surtout en cas d'ablation totale, l'absorption de la vitamine B 12 est perturbée. Il faut alors administrer cette dernière, directement dans le sang par injection.

Deux complications, rares, peuvent apparaître après une gastrectomie. La première est le syndrome de chasse, lié à l'arrivée brutale du bol alimentaire dans l'intestin grêle. Il survient peu de temps après le repas, parfois au cours de celui-ci. Le patient ressent un malaise intense qui l'oblige à se coucher. Le traitement consiste d'abord à fractionner les repas. L'autre complication est le syndrome d'hypoglycémie tardive, caractérisé par une chute brutale du taux de glucose dans le sang, 1 à 2 heures après le repas. Il se manifeste par des malaises, sueurs, vertiges, tremblements, etc. Il faut, dans ce cas, éviter les sucres rapides (sucreries, pain, etc.) et prendre des repas riches en fibres (crudités, légumes verts, fruits secs).

UN CANCER EN VOIE DE DIMINUTION

Exception notable en cancérologie, la fréquence du cancer de l'estomac diminue dans les pays économiquement favorisés. Les causes de cette décroissance sont sans doute nombreuses. Deux d'entre elles sont connues. La première est le remplacement, pour conserver les aliments, de la salaison par le froid ; les nitrates et les nitrites contenus dans le sel sont en effet cancérigènes. L'autre cause connue est le recul de l'infection de l'estomac par le microbe *Helicobacter pylori*, qui favoriserait indirectement l'apparition de ce cancer.

LE CANCER DU FOIE

Le cancer du foie est une affection grave, au pronostic encore réservé. Dans de nombreux cas, il survient chez des personnes souffrant déjà d'une maladie du foie, notamment d'une hépatite ou d'une cirrhose.

Le foie est une glande volumineuse qui assure des fonctions multiples et complexes de fabrication et de transformation de différentes substances. On ne peut pas vivre sans foie. Lorsque celui-ci est atteint par un cancer, c'est-à-dire lorsque les cellules qui le constituent prolifèrent de façon incontrôlée, le pronostic est souvent sombre, en particulier si la tumeur est trop étendue pour que son ablation chirurgicale puisse être pratiquée.

Le cancer du foie est dit primitif lorsqu'il se développe, dès le début, dans cet organe (par rapport au cancer secondaire provenant d'un autre organe).

LES DIFFÉRENTS TYPES

Le cancer primitif du foie se développe soit aux dépens des cellules du foie (hépatocarcinome), soit des cellules des canaux biliaires qui assurent le transport de la bile issue du foie (cholangiocarcinome), soit des vaisseaux qui irriguent le foie (angiosarcome). Il est rare en Europe et en Amérique et beaucoup plus fréquent en Afrique et en Asie.

L'hépatocarcinome. Il survient, dans 20 % des cas, chez des personnes n'ayant aucune maladie du foie. Dans les autres cas, les personnes concernées souffrent déjà, au moment où le cancer se déclare, d'une maladie du foie telle qu'une cirrhose (affection chronique irréversible au cours de laquelle les cellules du foie sont progressivement remplacées par du tissu

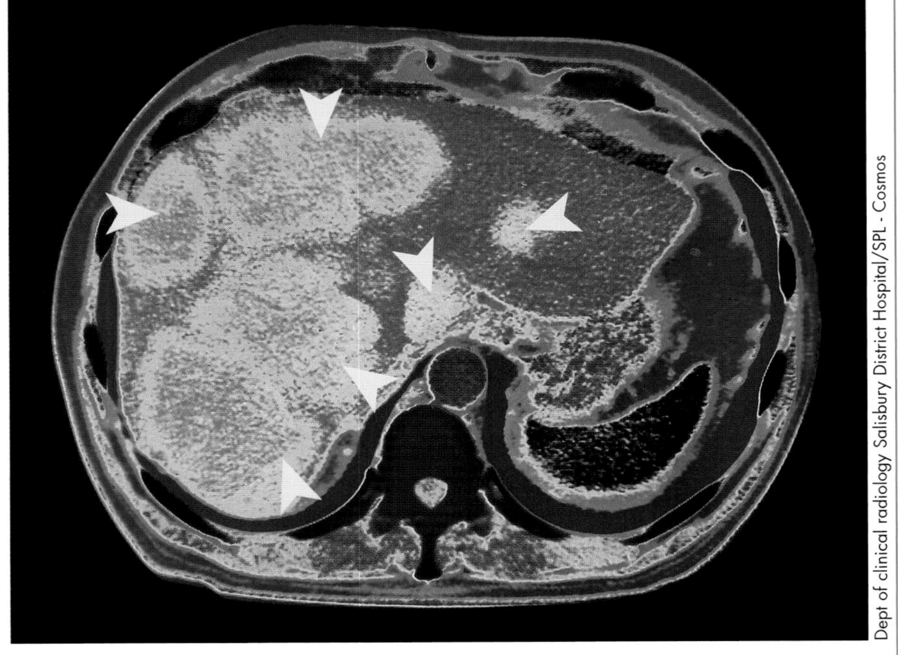

Dept of clinical radiology Salisbury District Hospital/SPL - Cosmos

Tumeurs cancéreuses du foie, vues au scanner. *Les taches bleutées correspondent aux tumeurs, alors que les tissus sains sont rouges.*

HÉPATITES ET CANCER DU FOIE

La survenue du cancer primitif du foie est, dans de nombreux cas, favorisée par une maladie déjà existante de cet organe. Les hépatites chroniques B, C, et plus rarement D, sont les principales affections pouvant entraîner le développement de ce cancer, que ce soit dans les pays économiquement défavorisés ou dans les pays développés. Environ 5 à 10 % des porteurs chroniques des virus de l'hépatite B ou de l'hépatite C développeront, parfois après un délai de plusieurs dizaines d'années, un cancer du foie.

LE CANCER SECONDAIRE DU FOIE

C'est le plus fréquent des cancers du foie dans les pays tempérés. Dans la majorité des cas, il constitue la localisation secondaire d'un cancer de l'appareil digestif (côlon, estomac, pancréas, voies biliaires) ou, chez la femme, d'un cancer de l'appareil génital (utérus, ovaires) ou du sein. De plus en plus souvent, le cancer secondaire du foie est découvert lors du diagnostic du cancer primitif. Il peut se traduire par une altération de l'état général ou par une jaunisse. Le foie peut être douloureux ou non. Le traitement est chirurgical (ablation de la tumeur) lorsque cela est possible. Dans le cas contraire (formes diffuses atteignant le foie en totalité), on utilise la chimiothérapie générale ou locale.

fibreux) ou une inflammation chronique du foie (hépatite chronique), due à l'infection par un virus (virus de l'hépatite B, C ou D).

En Europe, la cirrhose liée à l'intoxication par l'alcool est la principale cause de ce type de tumeur. En revanche, dans les pays tropicaux, c'est le plus souvent l'infection par les virus de l'hépatite B ou C, ou parfois la pollution des aliments (notamment par une toxine appelée aflatoxine), qui est à l'origine de ce cancer.

Le cholangiocarcinome. Il est beaucoup moins fréquent. On le rencontre surtout en Asie du Sud-Est. L'infection par certains parasites en serait la cause.

L'angiosarcome. C'est la plus rare des tumeurs primitives du foie. Elle est parfois liée à des intoxications chroniques (par l'arsenic, par exemple).

LES SYMPTÔMES

Le foie d'une personne souffrant d'une tumeur primitive de cet organe est anormalement gros, ce qui peut être repéré lors d'une simple palpation. Le malade est légèrement fiévreux (type de fièvre semblable à celle qui provoquerait une infection chronique). Il souffre de douleurs modérées, localisées dans la partie supérieure de l'abdomen. Souvent, c'est cette douleur qui constitue le premier signe de la maladie. Ce cancer peut également se traduire par l'aggravation d'une cirrhose ; il est d'ailleurs de plus en plus souvent découvert lors de la surveillance systématique de cette maladie. Le cancer primitif du foie présente un risque important d'essaimer à distance (métastases), essentiellement dans les poumons et les os.

LE TRAITEMENT

Il consiste à pratiquer l'ablation de la tumeur, lorsque cela est possible (hépatectomie partielle). Exceptionnellement, une transplantation de foie est envisagée. Dans les formes où la chirurgie ne peut être utilisée, le traitement fait appel à la chimiothérapie générale ou locale (injection du produit directement dans la tumeur par un cathéter introduit dans l'artère hépatique), ou à la destruction de la tumeur par une technique appelée alcoolisation (injection locale d'alcool).

LA PRÉVENTION

La prévention repose avant tout sur la lutte contre l'alcoolisme. La vaccination contre le virus de l'hépatite B (il n'existe pas de vaccin contre les hépatites C et D) et le traitement par des médicaments antiviraux des personnes atteintes d'hépatite chronique, font aussi partie de la prévention. La contamination de l'hépatite s'effectuant par voie sexuelle ou sanguine, il est important de prendre des précautions d'hygiène (usage du préservatif, par exemple).

LE CANCER DE LA VÉSICULE BILIAIRE

La vésicule biliaire est un petit sac situé sous le foie, dont le rôle est de servir de réservoir à la bile entre les repas. Le cancer de la vésicule biliaire, qui atteint surtout les personnes âgées, se traduit par une jaunisse, des nausées et des vomissements, un amaigrissement et des douleurs ressenties en haut et à droite de l'abdomen. Le traitement consiste à pratiquer l'ablation de la vésicule biliaire. Le pronostic est excellent lorsque la tumeur est de petite taille et diagnostiquée précocement, beaucoup plus réservé dans le cas contraire.

Les Cancers du Larynx et du Pharynx

Tout comme les cancers de la bouche, les cancers du larynx et du pharynx, organes situés dans la gorge et faisant communiquer la bouche avec l'œsophage et la trachée, sont au premier chef liés à l'intoxication par le tabac et l'alcool.

C'est grâce au pharynx, qui fait partie des voies respiratoires (mais constitue aussi, dans sa partie inférieure, le début des voies digestives), et au larynx, organe de la phonation situé entre le pharynx et la trachée, que nous pouvons avaler, parler et respirer. C'est pourquoi un cancer du pharynx ou un cancer du larynx, même lorsqu'il est soigné à temps – les chances de rémission étant alors plutôt bonnes –, est très invalidant : le traitement nécessite parfois une opération chirurgicale mutilante, l'ablation partielle ou totale du larynx et du pharynx.

LE CANCER DU LARYNX

C'est une tumeur maligne qui se développe sur la paroi du larynx. Ce cancer atteint avant tout les fumeurs, généralement entre 40 et 60 ans. Il résulte d'une intoxication prolongée par le tabac, facteur cancérigène direct. Le risque est considérablement augmenté par la consommation d'alcool.

Les symptômes. Le premier signe du cancer du larynx est une modification de la voix. Puis apparaissent une gêne respiratoire et un gonflement d'un ou de plusieurs ganglions du cou. Le cancer est parfois découvert lors d'une consultation pour une inflammation chronique du larynx (laryngite chronique).

Le diagnostic. Il repose sur un prélèvement de tissu (biopsie) et son observation au microscope pour y déceler des cellules cancéreuses.

Le traitement. Il dépend de l'endroit où s'est développée la

L'ABLATION DU LARYNX

Appelée aussi laryngectomie, l'ablation peut être totale ou partielle. Pratiquée sous anesthésie générale, elle nécessite une large incision du cou. Lors d'une laryngectomie totale, la trachée est, après l'ablation du larynx, abouchée à un orifice ouvert dans la peau à la base du cou (trachéotomie) ; la respiration se fait définitivement par cet orifice. Pratiquée lorsque la localisation le permet ou que la lésion est limitée, la laryngectomie partielle consiste à retirer une partie du larynx : après rééducation, le malade peut respirer de nouveau par les voies naturelles et parler, parfois avec une voix altérée.

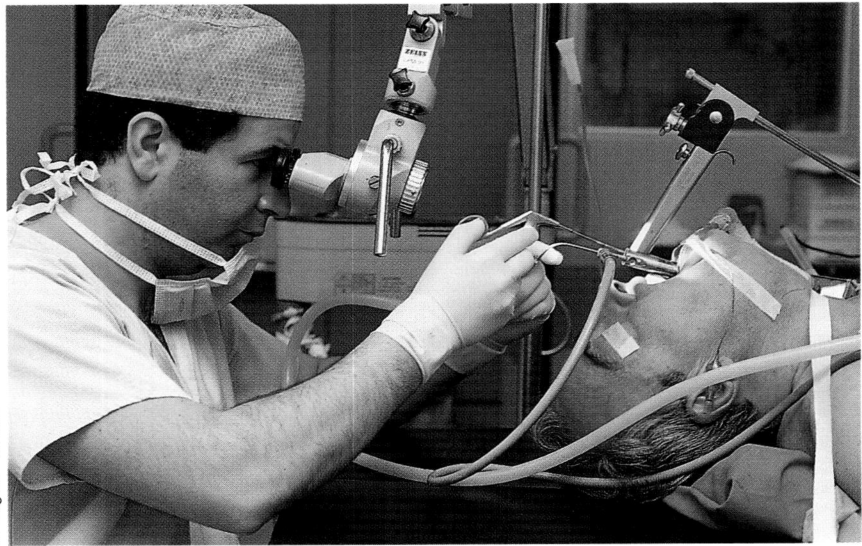

H. Raguet - Phanie

La laryngoscopie. *Un fibroscope, tube rigide, est introduit dans la bouche ; le médecin peut visualiser les cordes vocales et le larynx à l'aide d'un microscope binoculaire.*

tumeur, de sa taille et de l'atteinte éventuelle des ganglions. Trois traitements sont employés soit séparément, soit en association : la chirurgie, la radiothérapie et la chimiothérapie. L'intervention chirurgicale consiste en une ablation partielle ou totale du larynx, appelée laryngectomie, associée dans certains cas à une trachéotomie (ouverture de la trachée et mise en place d'une canule pour assurer le passage de l'air). Cette intervention est responsable de troubles de la déglutition et de la parole, qui seront rééduqués par la suite.

Par ailleurs, après le traitement, le malade doit être soumis à une surveillance médicale pendant de nombreuses années afin de diagnostiquer au plus vite une éventuelle récidive.

La convalescence. Après l'ablation du larynx, la convalescence se déroule sans souffrance physique. Elle dépend de l'état du malade et des soins complémentaires que celui-ci doit recevoir (radiothérapie, par exemple). Sa durée est généralement de un mois au minimum. Un soutien psychologique du médecin est nécessaire pour les personnes qui ont subi une laryngectomie totale, car il est moralement très difficile de supporter la perte de la voix.

Le pronostic. Il dépend du stade de la maladie et peut varier considérablement d'un patient à un autre. Le pronostic est généralement bon quand le cancer a été dépisté à temps. Aussi, toute personne constatant une altération persistante de sa voix doit consulter rapidement un médecin oto-rhino-laryngologiste.

LES CANCERS DU PHARYNX

Les tumeurs du pharynx sont parfois bénignes (polype, angiome, fibrome), mais le plus souvent malignes. Les cancers de la partie supérieure du pharynx (rhinopharynx) sont dus à l'infection par un virus, le virus d'Epstein-Barr. Les cancers des parties moyenne et basse du pharynx (oropharynx et hypopharynx) sont liés à la consommation de tabac et d'alcool.

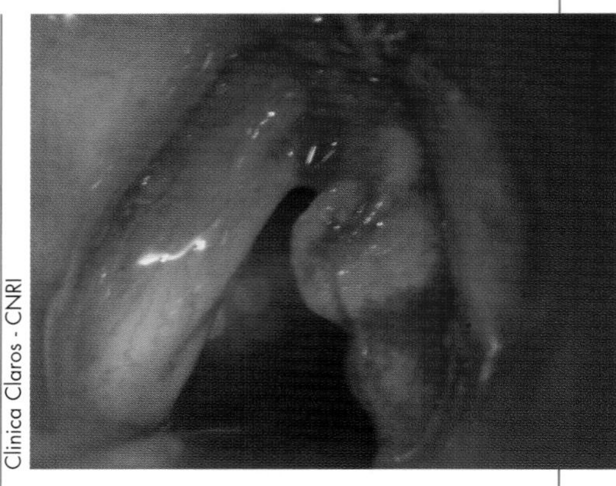

Clinica Claros - CNRI

Cancer de la corde vocale droite. *Il s'agit d'une tumeur très importante : presque toute la corde vocale est détruite.*

Les symptômes. Ils sont variés : une gêne dans le pharynx plus ou moins localisée, une difficulté plus ou moins douloureuse à la déglutition tant de la salive que des aliments, parfois l'émission de quelques crachats sanglants, un excès de salive stagnant dans la gorge, une modification de la voix, un gonflement des ganglions du cou, etc.

Le diagnostic. Il repose d'abord sur l'examen clinique. Il est ensuite confirmé par un examen endoscopique (laryngoscopie), pendant lequel est pratiqué un prélèvement de tissu à des fins d'analyse en laboratoire (biopsie).

Le traitement. Il fait appel, selon la localisation et l'extension de la tumeur, à l'ablation chirurgicale de la lésion, à la radiothérapie ou à la chimiothérapie, ces trois techniques pouvant être associées. Le pronostic est très variable ; il dépend de la localisation, du stade auquel la tumeur a été découverte et de la présence ou non de ganglions cancéreux.

LA RÉÉDUCATION DE LA VOIX APRÈS UNE LARYNGECTOMIE

Le larynx est l'organe de la parole : une personne qui a subi l'ablation du larynx ne peut plus parler. On la soumet alors à une rééducation : elle apprend à faire des éructations qu'elle s'habitue progressivement à moduler. Toutefois, il s'agit d'une voix œsophagienne, qui n'aura jamais la sonorité de sa voix antérieure. Pour aider le patient, on peut poser, lors de la laryngectomie ou ultérieurement, des canules parlantes : ce sont des prothèses internes qui permettent de contrôler l'air provenant des poumons, donc d'émettre une voix de sonorité plus normale.

LE CANCER DE L'ŒSOPHAGE

Le cancer de l'œsophage est une maladie fréquente, dont la première cause est l'intoxication par le tabac et l'alcool. Il s'agit d'une affection grave, souvent détectée tardivement.

Chassenet - BSIP

Les facteurs de risque du cancer de l'œsophage. *L'association du tabac et de l'alcool constitue un important facteur de risque du cancer de l'œsophage.*

L'œsophage est un conduit long d'environ 25 centimètres qui relie le fond de la gorge à l'estomac. Le cancer de l'œsophage correspond à la prolifération incontrôlée des cellules qui le constituent. Il peut se développer à n'importe quelle hauteur de l'organe.

LA FRÉQUENCE

La fréquence du cancer de l'œsophage varie d'une région du monde à une autre. Dans les pays occidentaux, on compte 10 nouveaux cas annuels pour 100 000 habitants, la majorité des personnes atteintes ayant plus de 50 ans. Dans certaines régions (quelques pays de l'Extrême-Orient et l'Iran), la fréquence de ce cancer est particulièrement élevée. Cela semble être lié à certains produits chimiques contenus dans la nourriture. Les hommes sont beaucoup plus touchés que les femmes.

LES SYMPTÔMES

Le cancer de l'œsophage met longtemps avant de se manifester, et les premiers troubles surviennent souvent à un stade avancé de la maladie. Le premier signe est une difficulté à déglutir (dysphagie). Le patient a l'impression que les aliments se bloquent de temps en temps dans l'œsophage. Cette difficulté survient d'abord par intermittence, puis devient permanente et douloureuse. Elle s'accompagne parfois de brûlures au niveau du sternum, de sensations d'inconfort digestif, apparaissant après les repas (dyspepsie), et d'éructations douloureuses. Ces signes sont suivis d'un déclin rapide de l'état général du malade. Ce dernier peut également souffrir d'infections respiratoires, en raison des fausses routes alimentaires vers la trachée.

LES CAUSES

Le cancer de l'œsophage est essentiellement dû à une intoxication par l'alcool et le tabac. Il

VIVRE APRÈS UNE ŒSOPHAGECTOMIE

L'ablation partielle ou totale de l'œsophage, ou œsophagectomie, est une intervention importante, surtout lorsque la tumeur est étendue ou qu'elle est pratiquée chez une personne âgée ou souffrant d'insuffisance respiratoire. Après l'intervention, le malade a souvent tendance à maigrir. Il doit modifier son régime alimentaire (repas peu copieux mais riches en calories) et son mode d'alimentation (fractionnement des repas). En outre, il lui est indispensable de se soumettre à un contrôle médical régulier.

peut alors s'associer à un cancer de la gorge (larynx, pharynx) et à un cancer des poumons. Plus rarement, la tumeur survient sur une lésion préexistante : inflammation de l'œsophage liée à un reflux anormal des sécrétions acides de l'estomac (œsophagite peptique), trouble de la motricité de l'œsophage (achalasie), entraînant une anomalie de l'emplacement du point de jonction entre l'œsophage et l'estomac (endo-brachy-œsophage).

LE DIAGNOSTIC

Le diagnostic du cancer de l'œsophage est établi grâce à l'introduction dans cet organe d'un tube optique (fibroscopie), qui permet de voir la tumeur et d'en prélever un fragment pour une analyse ultérieure en laboratoire. Un bilan de l'extension locale et générale de la tumeur et la recherche d'autres affections chez le malade (cirrhose, bronchite chronique) permettent de choisir le traitement le mieux adapté.

LE TRAITEMENT

Selon la taille de la tumeur, l'extension du cancer à d'autres organes et l'état général du malade, plusieurs traitements sont proposés.

Le traitement chirurgical. C'est le plus efficace. Il consiste à pratiquer l'ablation de la tumeur et de la partie de l'œsophage située au-dessus et au-dessous de la tumeur (œsophagectomie partielle). Le plus souvent, afin de pouvoir replacer bout à bout les deux segments restant, il est nécessaire de déplacer l'estomac en le remontant. Dans certains cas, il faut pratiquer l'ablation de la totalité de l'œsophage (œsophagectomie totale). Le chirurgien prélève alors un segment de la dernière partie de l'intestin (côlon), qu'il greffe à la place de l'œsophage pour pouvoir rétablir la continuité digestive. L'œsophagectomie est une intervention importante, qui nécessite une hospitalisation de 2 à 3 semaines.

La radiothérapie. Elle consiste à soumettre le patient à un faisceau de rayonnements ayant la propriété de détruire les structures responsables de la division cellulaire (ce qui entraîne la mort des cellules cancéreuses). Elle permet de soulager les troubles de la déglutition. Elle peut également améliorer l'efficacité de la chirurgie en diminuant le volume de la tumeur.

La chimiothérapie. On recourt parfois à la chimiothérapie (administration de substances destinées à détruire les cellules cancéreuses) pour améliorer les résultats de la chirurgie et de la radiothérapie.

Les traitements palliatifs. Ils ne soignent pas la maladie mais permettent de mieux la supporter. Ils sont pratiqués lorsque la tumeur est très étendue et qu'elle empêche les aliments de passer dans l'œsophage. Un de ces traitements consiste à poser un court tube rigide au niveau de la tumeur pour l'empêcher de réduire le calibre de l'œsophage. Le patient peut alors s'alimenter normalement.

PRONOSTIC ET PRÉVENTION

Malgré les traitements, le pronostic du cancer de l'œsophage est encore sombre. Cela est probablement lié au fait que le diagnostic est souvent posé très tardivement. La prévention est donc primordiale. Elle passe avant tout par la lutte contre le tabagisme et l'alcoolisme. Elle repose aussi sur la surveillance des patients atteints de maladies prédisposant au cancer (achalasie, œsophagite). Cette surveillance consiste à pratiquer régulièrement un examen endoscopique (introduction dans l'œsophage, par la bouche, d'un tube muni d'un système optique). Un tel examen permet en effet de détecter des lésions précancéreuses, même de petite taille, contre lesquelles il existe un traitement efficace.

LES CANCERS DES OS

Un cancer osseux est caractérisé par le développement d'une tumeur maligne à l'intérieur de l'os, détruisant progressivement ses tissus. Il touche essentiellement les os longs.

Un cancer des os peut débuter dans l'os lui-même : on parle de cancer primitif ; plus souvent, il résulte d'un cancer qui a migré dans l'os à partir d'un autre organe (métastase) : on parle de cancer secondaire. La tumeur cancéreuse provoque une douleur et, parfois, un gonflement de la région concernée. Il s'ensuit une fragilisation de l'os, qui peut se fracturer à la suite d'un traumatisme minime, voire sans le moindre traumatisme apparent (fracture spontanée).

LE CANCER PRIMITIF DES OS

Assez rare, le cancer primitif des os regroupe 4 types de cancers, qui se différencient principalement selon leur localisation dans l'os.

L'ostéosarcome. Il survient surtout chez les adolescents. Son origine est inconnue. Il touche également les personnes âgées et, dans ce cas, il s'agit d'une complication de la maladie osseuse de Paget.

L'ostéosarcome affecte la partie centrale ou périphérique de l'os et s'étend assez rapidement aux tissus voisins. Il peut également se disséminer par le sang (métastases) et atteindre les poumons.

La tumeur se localise dans les os longs de la jambe (fémur ou

LES TUMEURS BÉNIGNES

Les tumeurs des os ne sont pas toujours cancéreuses, elles peuvent être bénignes. La tumeur bénigne la plus fréquente est l'ostéochondrome, qui se traduit par une excroissance de l'os. Elle survient le plus souvent à l'extrémité du fémur ou du tibia, ou encore au voisinage de l'épaule. Elle débute souvent pendant l'enfance. L'ostéome, autre tumeur bénigne, est généralement petit et très dur. Il peut se développer dans n'importe quel os.

Ces tumeurs ne nécessitent aucun traitement, sauf si leur taille est importante au point d'être inesthétique ou de comprimer des organes voisins. Il est alors possible de les enlever par ablation chirurgicale.

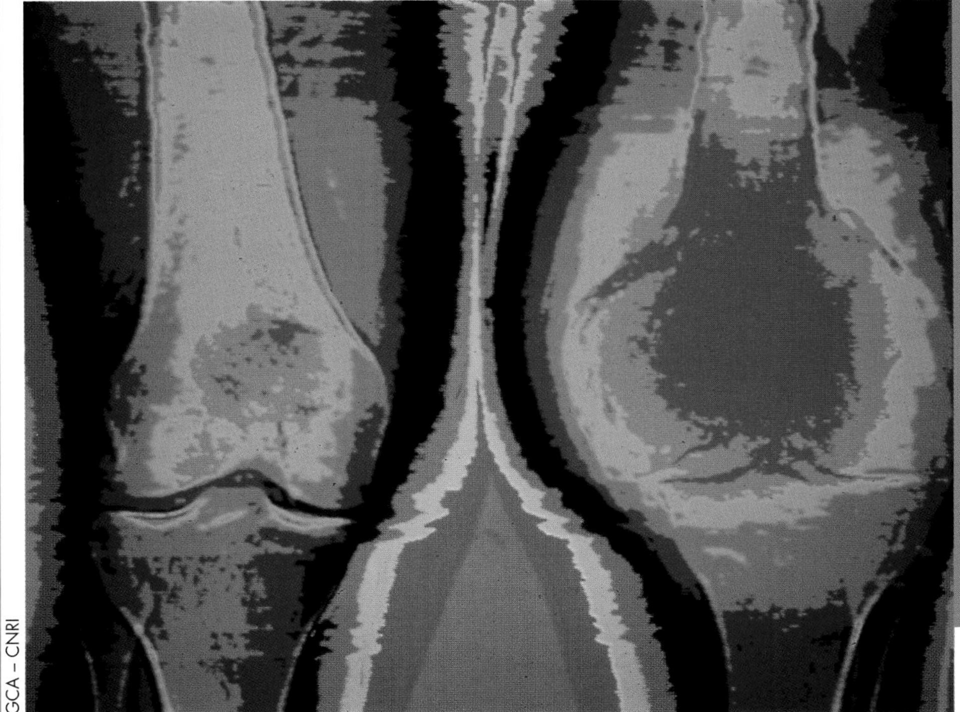

GCA – CNRI

Radiographie d'un ostéosarcome. *Ce cancer des os entraîne un gonflement et une déformation considérables de l'extrémité inférieure du fémur gauche.*

tibia), à proximité de l'articulation du genou ou du bras (humérus), ou au voisinage de l'articulation de l'épaule.
Les principaux symptômes sont un gonflement douloureux de l'os qui, au fil du temps, augmente de volume et devient très inflammatoire.
Le diagnostic repose sur la radiographie de l'os atteint, sur l'examen microscopique des tissus (examen histologique) de la tumeur après prélèvement d'un fragment de tissu osseux (biopsie), ainsi que sur la recherche d'éventuelles métastases pulmonaires.
Le traitement, généralement efficace, fait appel à la chimiothérapie et nécessite l'ablation de la tumeur. L'amputation, exceptionnelle, est réservée aux tumeurs volumineuses et récidivantes.
Les autres types de cancers primitifs. Ils comprennent essentiellement le chondrosarcome, tumeur localisée dans la zone des os longs (métaphyse) située juste avant l'extrémité (fémur, tibia, humérus), chez l'adulte de plus de 30 ans. Ils incluent aussi le sarcome d'Ewing (maladie rare), naissant dans la partie moyenne (diaphyse) des os longs (tibia, fémur), qui touche l'enfant entre 10 et 15 ans, et le myélome multiple, qui débute dans la moelle des os et affecte l'ensemble du squelette chez les personnes de plus de 60 ans.
Le diagnostic des cancers est établi par la radiographie et confirmé par une biopsie. Le traitement du chondrosarcome repose sur l'ablation de la tumeur ; celui du sarcome d'Ewing se fonde d'abord sur la radiothérapie et la chimiothérapie, et, si ces techniques sont insuffisantes, sur l'ablation de la tumeur. Le traitement du myélome multiple nécessite également la radiothérapie et la chimiothérapie, associées à des transfusions sanguines pour lutter contre l'anémie qui accompagne cette maladie.

LE CANCER SECONDAIRE DES OS

Plus fréquent que le cancer primitif, le cancer secondaire des os survient habituellement chez les personnes âgées.
Les cancers qui se disséminent rapidement en direction des os sont ceux du sein, de la prostate, de la glande thyroïde et des reins. Les métastases osseuses se logent dans les os longs, mais aussi dans les vertèbres, le bassin ou le crâne.
La douleur et les fractures spontanées en sont les principaux symptômes.
La radiographie, la scintigraphie osseuse et la biopsie permettent de confirmer la présence de métastases osseuses.
Le traitement des cancers secondaires osseux repose sur la radiothérapie et la chimiothérapie. Lorsque le cancer résulte d'un cancer primitif de la prostate ou du sein, le patient doit en plus avoir recours à l'hormonothérapie : prise d'anti-œstrogènes et de progestatifs pour le cancer du sein, d'antiandrogènes et d'œstrogènes pour celui de la prostate.
En cas d'atteinte des vertèbres, on peut pratiquer une ablation d'une partie de la vertèbre (laminectomie) afin d'éviter que la tumeur ne comprime la moelle épinière et ne provoque une perte de la motricité et de la sensibilité des membres.

LA SCINTIGRAPHIE

La scintigraphie est une technique d'imagerie médicale permettant de déceler de nombreuses maladies (inflammation, infection, traumatisme, tumeur), touchant tant la structure que le fonctionnement des organes ou des tissus. Elle est fondée sur la détection des radiations émises par l'organe étudié, après injection dans l'organisme d'une substance radioactive (un radioélément) inoffensive et sélectionnée pour ne se fixer que sur l'organe ou le tissu explorés.
Le produit est injecté en très petite quantité, le plus souvent dans une veine du bras, et s'accumule sur la zone cible. Une caméra spéciale enregistre alors le rayonnement émis par les radioéléments de la région atteinte, dont l'image apparaît sur un écran d'ordinateur.
La scintigraphie osseuse est particulièrement efficace, car elle permet de déceler la plupart des affections qui touchent le squelette dès les premiers signes, bien plus tôt que ne pourrait le faire l'examen radiologique. Elle est ainsi souvent utilisée pour dépister d'éventuelles métastases osseuses provenant d'un cancer du sein, de la prostate, de la thyroïde ou du rein.

Le Cancer de l'Ovaire

Le cancer de l'ovaire est relativement rare mais grave, car aucun dépistage précoce n'est possible. Bien que des progrès aient été réalisés, le diagnostic reste souvent trop tardif pour qu'un traitement soit efficace.

Situés de part et d'autre de l'utérus, les ovaires sont des glandes sexuelles de 3 à 5 cm de long et en forme d'amande. Leur rôle est double :
– ils sécrètent des hormones qui rythment les cycles menstruels : les œstrogènes et la progestérone ;
– ils émettent chaque mois un ovule, qui est capté par une trompe de Fallope dans laquelle se fera éventuellement la rencontre avec un spermatozoïde (fécondation).
Dans la grande majorité des cas de cancer de l'ovaire, la tumeur maligne se développe sur les tissus muqueux ou glandulaires de l'ovaire (adénocarcinome).

FRÉQUENCE ET GRAVITÉ

Le cancer de l'ovaire atteint 8 femmes sur 100 000. Il se situe en 4e position des cancers gynécologiques, derrière le cancer du sein, le cancer du col de l'utérus et le cancer de l'endomètre (la muqueuse qui tapisse la face interne de l'utérus), mais il est la première cause de décès par cancer gynécologique. Il atteint les femmes à tout âge, mais surtout après la ménopause. La gravité de cette maladie est due à un diagnostic tardif, qui rend le traitement difficile. 75 % des cancers de l'ovaire sont découverts à un stade avancé (stade III : cancer étendu au-delà du pelvis, ou stade IV : cancer avec métastases à distance).

FACTEURS DE RISQUE

Plusieurs facteurs de risque sont associés à une fréquence accrue de ce cancer :
– l'âge, le risque augmentant sensiblement après 40 ans et jusqu'à 70 ans, puis diminuant au-delà de cet âge ;
– le faible nombre d'enfants et une ménopause précoce ;
– une prédisposition génétique, retrouvée dans moins de 5 % des cas : il a été montré qu'une mutation sur un gène également impliqué dans la prédisposition au cancer du sein (gène BRCA1) confère un risque de développer un cancer de l'ovaire de 40 % (contre 0,9 % dans la population générale). Cela peut expliquer l'association relativement fréquente dans une même famille de cas de cancers du sein et de cas de cancers de l'ovaire.

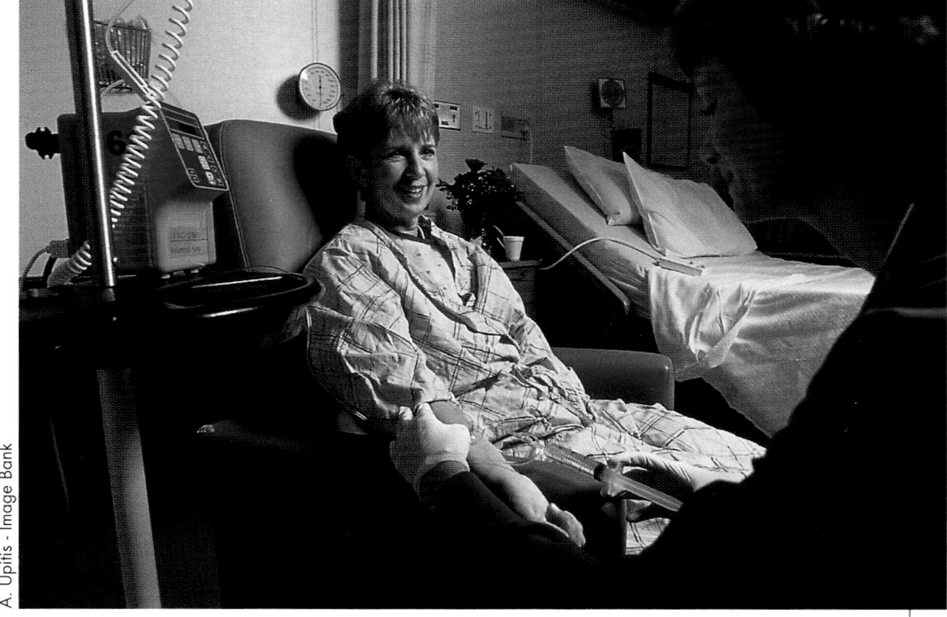

A. Upitis - Image Bank

Traitement du cancer de l'ovaire. *Une intervention chirurgicale est pratiquée pour enlever la tumeur ainsi que la totalité des organes génitaux. Elle est suivie d'une chimiothérapie.*

DIAGNOSTIC

Le diagnostic de ce cancer est souvent tardif, car il se manifeste par des signes peu suggestifs et peu spécifiques qui n'inquiètent pas immédiatement la femme : des douleurs abdominales, des troubles des règles (saignements en dehors des règles, ou métrorragies), des troubles urinaires ou intestinaux, une fatigue, une perte de poids.
L'examen clinique fait apparaître une augmentation du volume de l'abdomen et la présence d'une masse tumorale facilement palpable. Le diagnostic est ensuite précisé à l'aide de deux examens : l'échographie du bassin, qui révèle ou non l'aspect suspect de l'ovaire (ou des deux ovaires), et le scanner.
D'autres examens permettent de faire un bilan de l'extension locale et générale de la tumeur et de doser dans le sang des protéines particulières, appelées « marqueurs tumoraux », qui peuvent témoigner de l'existence de métastases.

TRAITEMENT

Le traitement actuel du cancer de l'ovaire repose sur l'association chirurgie-chimiothérapie, à laquelle s'ajoute parfois la radiothérapie.
La chirurgie. Elle constitue le traitement majeur du cancer de l'ovaire. Après ouverture de la paroi abdominale (laparotomie), l'intervention permet d'inspecter la totalité de la cavité abdominale pour faire le bilan précis des lésions cancéreuses, puis de procéder à l'ablation de la tumeur et de la totalité des organes génitaux : les 2 ovaires, les 2 trompes et l'utérus (hystérectomie totale). Dans les formes très précoces, chez les patientes jeunes qui souhaitent avoir un enfant, et si un seul ovaire est atteint, il est possible de n'enlever dans un premier temps qu'une trompe et un ovaire ; généralement, une ablation complète est programmée après la grossesse.
La chimiothérapie. Mise en œuvre systématiquement après le traitement chirurgical, elle permet d'éliminer les cellules cancéreuses en circulation dans l'organisme. Grâce aux nouvelles techniques d'administration et à des substances actives contre les nausées, les médicaments sont mieux tolérés et montrent une certaine efficacité. Un grand espoir vient de la découverte de nouvelles molécules anticancéreuses, extraites de l'if, qui se révèlent actives en particulier en cas de rechute d'un cancer de l'ovaire ou de cancer de l'ovaire présentant dès le départ d'autres foyers cancéreux (métastases).
La radiothérapie. Elle est moins importante que la chirurgie ou la chimiothérapie dans le traitement d'un cancer de l'ovaire, mais intervient dans certains cas définis par le cancérologue en complément des autres techniques.
La surveillance. Elle a pour objectif de dépister les récidives et les métastases. Le dosage des marqueurs tumoraux dans le sang en est l'élément principal.

L'IF ET LES CANCERS

Depuis la haute Antiquité, l'if est connu pour ses propriétés toxiques. Tout, ou presque, est toxique dans cet arbre (une décoction de 50 g de feuilles d'if est mortelle, par exemple).
Les cancérologues disposent désormais de 2 nouveaux médicaments extraits de l'if, l'un de l'écorce, l'autre des aiguilles.
Ces substances inaugurent une nouvelle génération de médicaments anticancéreux (médicaments taxoïdes ou taxanes) qui sont d'un grand intérêt, entre autres, dans le traitement des cancers de l'ovaire présentant des métastases d'emblée, mais aussi dans le traitement du cancer du sein.

***If.** L'écorce et les aiguilles de ce végétal entrent dans la composition de médicaments anticancéreux, en particulier ceux utilisés contre certains cancers de l'ovaire.*

LES CANCERS DE LA PEAU

LE MÉLANOME

Le mélanome est le plus grave de tous les cancers de la peau. Il se développe à partir d'une cellule particulière, le mélanocyte. Sa fréquence double actuellement tous les 5 ans.

BSIP

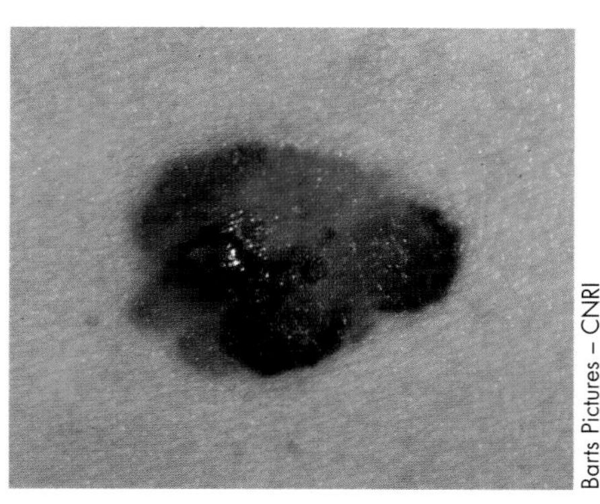

Barts Pictures – CNRI

Grain de beauté normal (à gauche) et mélanome malin (à droite). *La comparaison de 2 photos permet de bien repérer les modifications d'un grain de beauté susceptible de se transformer en cancer, qui doivent inciter à consulter un médecin : irrégularité du relief et des contours, et perte de l'homogénéité de la couleur.*

En raison de la gravité de ce cancer de la peau, il est primordial de savoir le reconnaître le plus tôt possible, afin de le traiter avec les meilleures chances de guérison.

Le mélanome évolue en 3 stades. Le premier stade est celui de la lésion purement localisée à la peau. C'est à ce niveau qu'il faut agir rapidement, le traitement étant assez efficace pour permettre la guérison.

Le deuxième stade correspond à l'atteinte des ganglions lymphatiques localisés près de la région où le mélanome s'est développé.

Enfin, le troisième stade est celui de la dissémination du cancer à d'autres organes, sous forme de métastases qui touchent essentiellement le foie, les poumons et le cerveau.

LES CAUSES

Le mélanome est dû à la prolifération des cellules chargées de fabriquer le pigment responsable de la couleur de la peau (ou mélanine), appelées mélanocytes.

Les mélanocytes ont leur origine dans une zone particulière du cerveau, la crête neurale. Ils s'en détachent avant la naissance et vont coloniser la peau de 2 manières.

Soit ils restent isolés dans la partie superficielle de la peau, ou épiderme. Ils prennent alors contact avec les cellules épidermiques, ou kératinocytes, pour leur donner leur pigment.

Soit ils se groupent en petits amas, que l'on appelle des thèques. Ces dernières sont situées à la jonction entre le derme et l'épiderme. Lorsqu'elles sont très nombreuses et saillantes, elles forment les grains de beauté, ou nævus.

Ainsi, les mélanomes peuvent se former de 2 façons : tantôt ils proviennent d'un grain de beauté qui dégénère, tantôt – le plus souvent – ils surviennent spontanément sur une peau jusqu'alors saine.

FACTEURS DE PRONOSTIC

L'épaisseur de la tumeur, exprimée en millimètres et appelée indice de Breslow, est le meilleur guide pour évaluer l'évolution de la lésion. Elle est calculée par l'anatomopathologiste qui examine la tumeur au microscope. Au-dessous de 0,76 millimètre, le pronostic est favorable dans environ 95 % des cas. Entre 0,76 et 1,5 millimètre, les chances de guérison sont moyennes. Au-dessus de 2 millimètres d'épaisseur, le pronostic n'est pas très favorable.

Le facteur essentiel qui explique l'apparition d'un mélanome est l'exposition solaire. Plus précisément, c'est l'attaque brutale de la peau par les rayons solaires, responsable des coups de soleil, qui est dangereuse. La prévention du mélanome par la protection solaire est donc très importante, en particulier chez les enfants.

LES SIGNES

Mélanome provenant d'un grain de beauté. Le premier signe qui doit attirer l'attention et inciter à consulter le médecin est la modification d'un grain de beauté. Un grain de beauté est une petite lésion bien délimitée, de couleur chamois clair à brun foncé, localisée sur n'importe quelle zone de la peau. On en trouve cependant en plus grand nombre sur le dos et la face externe des bras et de la poitrine, ainsi que sur les cuisses et les jambes.

Il faut se méfier tout particulièrement :

– des grains de beauté apparus dans les 6 premiers mois de la vie, d'autant plus dangereux qu'ils sont étendus. Ils doivent être retirés chirurgicalement ;

– des grains de beauté qui se modifient rapidement : leur taille augmente, les bords deviennent irréguliers, leur coloration se modifie, associant plusieurs teintes allant du blanc grisâtre au brun foncé. Ils peuvent également être douloureux et saigner ;

– des grains de beauté qui sont situés sur une zone de frottement comme la ceinture, les bretelles de soutien-gorge ou la plante des pieds.

Mélanome survenant spontanément. Ce mélanome, dit d'extension superficielle, concerne 80 % des cas. Il se présente comme une tache noire aux contours irréguliers et aux couleurs très variées sur la même lésion : blanc grisâtre, marron clair, brun foncé, noir d'encre. Il se développe assez rapidement et touche surtout le dos chez l'homme et les jambes chez la femme.

Le mélanome dit nodulaire est une autre forme de mélanome apparaissant d'emblée, plus rare et beaucoup plus dangereuse. Il se présente comme un bourgeon saillant de couleur rougeâtre, entouré d'une zone rouge enflammée. Il doit être retiré en urgence, en raison de sa gravité.

LES AUTRES VARIÉTÉS DE MÉLANOMES

Le mélanome lié à la mélanose de Dubreuilh, une affection de la peau, est une tache brune qui s'étend lentement sur le visage d'une personne âgée. Il ne faut pas la confondre avec une simple tache de vieillissement. On doit effectuer un prélèvement (biopsie) au moindre doute, en vue d'une analyse. Le panaris mélanique est un mélanome touchant la région des ongles. Il se présente souvent comme un simple bleu (hématome) de l'ongle, ou comme une ligne pigmentée verticale débordant sur la peau entourant la lunule de l'ongle. Il doit être rapidement traité par la chirurgie car il est souvent de mauvais pronostic.

LE TRAITEMENT

Le traitement du mélanome repose sur une opération chirurgicale immédiate, qui doit enlever la lésion et au moins 5 millimètres de peau autour. Le tissu retiré est ensuite analysé par un spécialiste (anatomopathologiste) ; si la marge de sécurité n'est pas assez grande, on décide de refaire une seconde opération plus élargie.
Une surveillance régulière, tous les 3 à 6 mois, s'impose ensuite. Dans beaucoup de cas, si le dépistage a été assez précoce, tout se passe bien et il n'y a pas de récidive. Il faut cependant interdire au patient de s'exposer au soleil et lui retirer par principe toute lésion pigmentée dès qu'elle est un peu suspecte ou étendue.

LES COMPLICATIONS

Dans certains cas, des complications peuvent survenir : récidive locale ou de voisinage ; extension du cancer (métastases) aux ganglions, au foie, aux poumons et au cerveau. La chimiothérapie est peu efficace contre ces redoutables tumeurs (seulement 20 à 25 % de bons résultats). Les tentatives d'immunothérapie par l'interféron ou par des traitements à base d'interleukine sont toujours à l'étude, mais très difficiles à supporter. Le dépistage précoce reste actuellement la meilleure garantie de succès.

LES CANCERS DE LA PEAU

LES CANCERS DE L'ÉPIDERME

Ces cancers très fréquents, appelés carcinomes, peuvent être traités avec un maximum d'efficacité s'ils sont dépistés à un stade précoce et si l'on respecte quelques règles très simples.

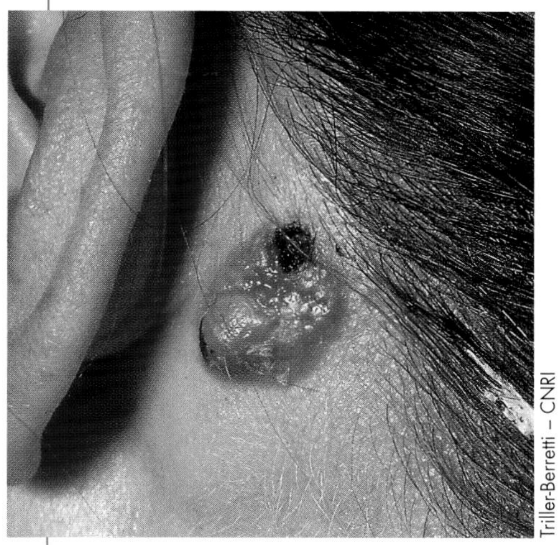

Carcinome basocellulaire.
Ce cancer, dû à une exposition excessive au soleil, apparaît très souvent sur les parties découvertes de la peau, comme le visage.

Il existe 2 sortes de carcinomes : les basocellulaires, qui ont un développement purement local, et les spinocellulaires, plus rares, mais qui peuvent se disséminer (métastases) dans les ganglions lymphatiques.

LES CAUSES

Les carcinomes basocellulaires sont dus à une prolifération anormale des cellules de la couche basale de l'épiderme. Ils sont essentiellement liés à une exposition prolongée de la peau au soleil. Ils surviennent en effet surtout sur les parties découvertes de la peau (visage et dos des mains). Ils touchent souvent des personnes travaillant au grand air, comme les marins ou les agriculteurs.

Les carcinomes spinocellulaires se développent à partir de cellules différentes, situées plus haut dans l'épiderme. On les appelle cellules du corps muqueux de Malpighi, ou cellules en épines. Ces cancers se forment très souvent sur des lésions préexistantes de la peau : cicatrices, en particulier celles des brûlures ; lésions chroniques comme les ulcères de jambe, ou petites lésions saillantes (kératoses) que l'on voit souvent sur le dos des mains et le visage des personnes âgées. Ces dernières peuvent être dues soit à l'exposition solaire (kératoses solaires), soit à une intoxication chronique par l'arsenic (kératoses arsenicales). Les carcinomes spinocellulaires peuvent également toucher les muqueuses : on les rencontre alors autour des lèvres, en particulier chez les grands fumeurs.

LES SIGNES

Le carcinome basocellulaire se manifeste par une lésion caractéristique, la perle épithéliomateuse. Il s'agit d'une petite lésion en forme de demi-sphère, de couleur rosée ou jaune pâle, bien délimitée, ferme à la palpation et parfois parcourue d'une petite dilatation des vaisseaux. Si l'on n'y fait pas attention, la lésion initiale se développe et donne alors des aspects variables. Le carcinome basocellulaire plan cicatriciel

LA CRYOCHIRURGIE

La cryochirurgie est la destruction des carcinomes de la peau par le froid. Après anesthésie locale, on applique sur la lésion à traiter de l'azote liquide, soit par pulvérisation avec un vaporisateur, soit par contact avec une sonde métallique (cryode) posée directement sur la lésion. Il se forme au bout de quelques heures une bulle volumineuse, qui va couler et suinter pendant plusieurs jours. Elle va ensuite laisser place à une croûte noirâtre adhérente (escarre). Celle-ci ne tombera qu'après 1 ou 2 mois d'évolution.
La cryochirurgie est une méthode simple, peu onéreuse, donnant généralement de bons résultats, que l'on utilise surtout chez les personnes très âgées ayant des lésions multiples.

est la variété la plus fréquente. Il se présente sous la forme d'une large plaque rouge, rosée ou rougeâtre, avec un centre un peu plus clair et une bordure constituée par la juxtaposition de perles épithéliomateuses formant une sorte de chapelet en couronne.

Le carcinome basocellulaire sclérodermiforme est la forme la plus grave et la plus évolutive. Il s'agit de lésions assez mal délimitées, qui se laissent difficilement plisser. Elles doivent être retirées très largement pour éviter les récidives. Comme la plupart des carcinomes basocellulaires, elles sont surtout localisées sur le visage. Les formes touchant la région du nez sont particulièrement graves, comme celles qui sont proches de l'angle externe ou interne des yeux ; les formes situées au niveau du front et des joues semblent bénéficier d'un meilleur pronostic.

Les carcinomes spinocellulaires donnent souvent une tumeur saillante. Il s'agit d'une assez grosse lésion, entourée d'une zone rouge inflammatoire. Le sommet est grisâtre et croûteux. Le fond est rouge, sombre, légèrement saignant, parcouru de grains jaunâtres qui sont le signe d'une ulcération. Ces lésions sont le plus souvent localisées sur la lèvre inférieure, l'oreille, les joues, les régions maxillaires, plus rarement sur les mains et les membres. Ce type de carcinome peut également toucher les muqueuses : le rebord des lèvres, la région du gland chez l'homme et la région de la vulve chez la femme. Leur diagnostic doit être suspecté chaque fois qu'il existe une petite lésion érodée qui saigne légèrement et qui n'arrive pas à cicatriser.

LE TRAITEMENT

Le traitement des carcinomes basocellulaires et spinocellulaires repose sur leur ablation chirurgicale, avec une marge d'au moins 2 à 5 millimètres de sécurité. L'ablation doit toujours être complétée par un examen des tissus enlevés, qui permet de connaître le stade d'évolution de ces cancers. Lorsque les lésions surviennent chez des personnes très âgées ou qu'elles sont très superficielles, comme dans le carcinome basocellulaire pagétoïde, on peut être amené à proposer d'autres traitements que la chirurgie. Il s'agit de la cryochirurgie, de l'ablation par bistouri électrique ou du laser au gaz carbonique. La destruction par un produit anticancéreux local comme le 5-fluorouracile peut être proposée, surtout dans le traitement préventif des kératoses solaires.

Le traitement appelé chimiochirurgie est rarement utilisé. Il consiste à retirer à l'aide de produits chimiques agressifs, couche par couche, l'ensemble de la lésion en examinant chaque fois au microscope la couche qui vient d'être retirée afin de déterminer à quel moment le traitement doit être interrompu. Il s'agit d'un traitement long, difficile à supporter pour les patients et onéreux, réservé actuellement aux carcinomes basocellulaires sclérodermiformes ou bien aux carcinomes cutanés récidivants.

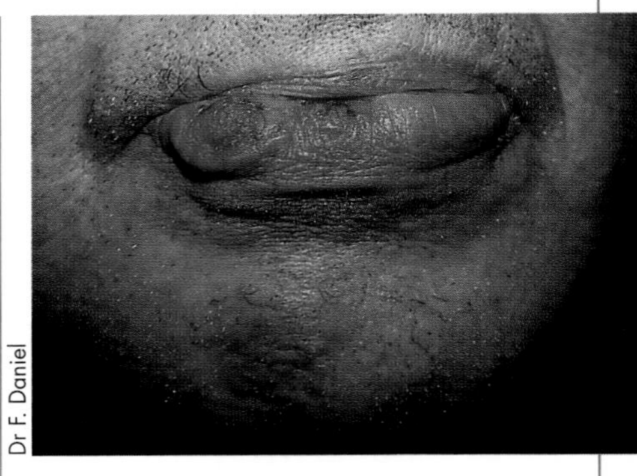

Dr F. Daniel

Carcinome spinocellulaire. *Cette forme de cancer de la peau peut toucher les muqueuses, comme les lèvres, surtout chez les grands fumeurs.*

LES AUTRES TYPES DE CARCINOMES BASOCELLULAIRES

Le carcinome basocellulaire pagétoïde est très superficiel. Il apparaît sous la forme d'une plaque rosée ou rougeâtre assez uniforme, bordée d'une toute petite collerette épithéliomateuse parfois un peu plus foncée (carcinome tatoué).

Les carcinomes basocellulaires nodulaires forment des saillies assez importantes, plus ou moins régulières et volumineuses, parsemées d'une petite dilatation des vaisseaux.

Les carcinomes basocellulaires ulcérés se présentent comme une plaie qui n'en finit pas de cicatriser. C'est l'examen attentif de la bordure qui permet de retrouver les perles épithéliomateuses caractéristiques de ce type de cancer de l'épiderme.

LES CANCERS DES POUMONS

Ces cancers, dits cancers bronchopulmonaires, touchent les bronches et les poumons. Ils constituent une cause de mortalité très importante et sont principalement liés à la consommation de tabac.

Appelés communément cancers des poumons, les cancers bronchopulmonaires surviennent rarement avant l'âge de 40 ans. Ils peuvent être primitifs, c'est-à-dire survenir spontanément, ou secondaires. Ils sont alors formés de métastases pulmonaires provenant d'un cancer localisé dans une autre partie du corps. Compte tenu des résultats médiocres des traitements de ces cancers, la prévention est fondamentale. Elle consiste surtout à lutter contre le tabagisme et à offrir aux personnes exposées professionnellement aux substances cancérigènes des mesures de protection efficaces.

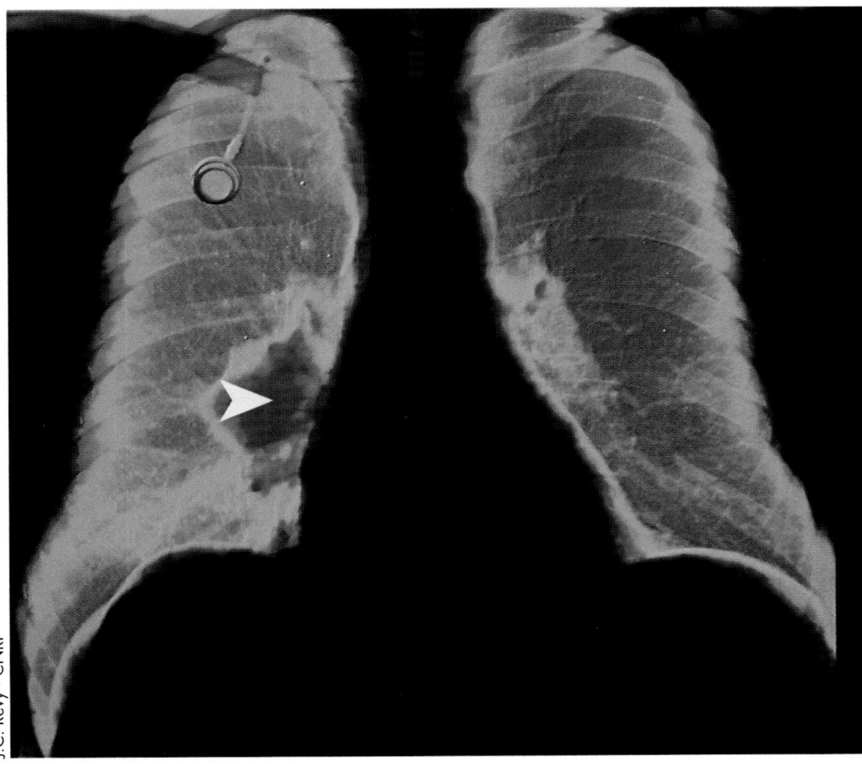

J.C. Révy - CNRI

Le cancer des bronches. *La radiographie révèle une tumeur du poumon droit, sous la forme d'une tache sombre (flèche).*

LES CAUSES

Le cancer des poumons est le plus répandu au monde. Il a connu une augmentation spectaculaire depuis une cinquantaine d'années. L'agent responsable de cette maladie est le tabac, dont la combustion libère, outre la nicotine (qui provoque des effets stimulants et une accoutumance), de nombreuses substances cancérigènes. Plus la consommation est importante et prolongée, plus les risques d'apparition d'un cancer sont élevés. Même les personnes qui ne font que

UN CANCER DIFFICILE À DÉPISTER

Le cancer des poumons se développe dans un organe essentiellement formé d'air, ce qui explique qu'il n'entraîne que tardivement des symptômes permettant de soupçonner sa présence. Même la radiographie pulmonaire ne décèle la maladie qu'assez tard.
Cependant, depuis quelques années, des méthodes de dépistage des cancers des bronches de petite taille sont en cours d'élaboration : ces méthodes reposent sur l'utilisation de certains lasers. Cependant, elles n'explorent que des zones précises des poumons ; en outre, il s'agit de méthodes encore expérimentales.

respirer la fumée des autres (ces fumeurs sont dits passifs) peuvent développer ce cancer (risque supérieur de 30 % à celui encouru par les non-fumeurs non exposés). Beaucoup plus rarement, le cancer bronchopulmonaire découle de l'exposition à différents facteurs de l'environnement et touche des personnes ayant une sensibilité particulière à ces facteurs : pollution très importante de l'air, radiations ionisantes ou produits tels que les minerais radioactifs, le chrome, le nickel, les hydrocarbures ou l'amiante.

LES CANCERS PRIMITIFS

On distingue deux catégories de cancers bronchopulmonaires primitifs, en fonction de la taille des cellules constituant la tumeur cancéreuse.

Le cancer primitif « non à petites cellules ». Il représente 80 % des cancers des bronches et des poumons. Il se manifeste par des signes respiratoires : toux persistante, essoufflement, douleurs dans la cage thoracique, émission de crachats sanguinolents, sifflements respiratoires, abcès du poumon, inflammation purulente de la plèvre. Tardivement, survient une dégradation générale de l'état du patient : perte d'appétit, amaigrissement, fièvre, etc.

Le diagnostic repose sur une radiographie des poumons ; il peut être confirmé par la bronchoscopie, qui permet le prélèvement d'un fragment de tissu (biopsie), ou par l'analyse des crachats pour y rechercher la présence de cellules cancéreuses.

Le traitement dépend de plusieurs facteurs : l'étendue de la maladie dans le thorax, la dissémination ou non des métastases dans le corps, l'état de la fonction respiratoire du malade. Seuls 30 % des malades peuvent être opérés et la suppression totale du cancer n'est possible que pour un quart d'entre eux. L'intervention consiste à pratiquer l'ablation d'un lobe entier (lobectomie) ou d'un poumon entier (pneumonectomie), parfois seulement d'une partie du lobe malade. Les patients non opérables (70 % des malades) bénéficient d'un traitement par chimiothérapie, éventuellement associé à une radiothérapie.

Le cancer primitif à petites cellules. Il est plus grave que le précédent, car son évolution est rapide et il a une grande tendance à produire des métastases ; les plus fréquentes touchent les os, le foie ou le cerveau. Ce type de cancer se manifeste de la même façon que le cancer « non à petites cellules ». À cause du volume des tumeurs et de leur prolifération, il peut provoquer en plus une dilatation des veines superficielles du thorax, un gonflement à la base du cou (syndrome cave) ou une atteinte douloureuse des fibres nerveuses destinées au bras (syndrome de Pancoast-Tobias).

Le traitement du cancer primitif à petites cellules repose sur une association de chimiothérapie et de radiothérapie. Celle-ci permet d'obtenir des rémissions de bonne qualité, voire des guérisons, toutefois moins fréquentes.

LES CANCERS SECONDAIRES

Très fréquents, ils constituent le foyer secondaire (métastase) d'un cancer initial. Il s'agit, le plus souvent, d'un cancer du sein chez la femme, d'un cancer du tube digestif, de la gorge, du rein ou des bronches.

Les symptômes. Ils sont identiques à ceux des cancers primitifs. L'examen radiologique peut révéler sur le poumon atteint une opacité unique ou des opacités multiples.

Le traitement. Il dépend de la nature du cancer primitif. Il repose sur la chimiothérapie ou l'hormonothérapie, exceptionnellement sur la chirurgie. Le pronostic reste réservé.

COMMENT ARRÊTER DE FUMER ?

Arrêter de fumer est difficile ; cette décision doit donc être mûrement préparée. Il est indispensable de s'entourer de conseils médicaux, ou même de faire appel à une consultation spécialisée. Les conséquences du manque de tabac (irritabilité, difficultés à dormir, tendance boulimique, prise de poids, etc.) doivent être connues afin d'y faire face. Il est préférable de traverser ce moment lors d'une période de moindre tension nerveuse (vacances, par exemple). Diverses méthodes peuvent aider au sevrage (acupuncture, auriculothérapie, etc.), mais la plus efficace est le timbre de nicotine, en complément d'une ferme volonté.

LE CANCER DE LA PROSTATE

Très fréquent, ce cancer atteint un homme sur deux à partir de 80 ans. Il est caractérisé par le développement d'une tumeur maligne à partir de la partie externe de la prostate.

Le cancer de la prostate met souvent longtemps (entre 10 et 30 ans) à se manifester. Il est donc prudent de considérer que tout homme de plus de 50 ans est susceptible d'être atteint par cette affection et qu'il doit se faire examiner par un médecin au moins une fois par an. Sans pouvoir affirmer que l'hormone mâle la plus importante, la testostérone, joue un rôle prédominant dans le développement de la tumeur, il semblerait qu'elle exerce une influence sur sa croissance.

SYMPTÔMES

Très souvent, ce cancer n'entraîne aucun symptôme et c'est l'examen clinique systématique de la prostate par le médecin ou des analyses effectuées à titre de dépistage qui permettent d'orienter le diagnostic. Dans d'autres cas, le cancer se traduit par la présence de sang dans les urines et par des troubles urinaires : il y a une augmentation anormale du nombre de mictions, le patient a du mal à uriner et doit forcer pour vider sa vessie. Dans les cas très avancés, l'évacuation des urines peut être bloquée, soit parce que l'urètre est comprimé par la prostate, soit parce que le cancer a envahi la vessie et les uretères. Enfin, la présence d'autres foyers cancéreux (métastases) peut entraîner une fatigue, une perte de poids ou une anémie.

DIAGNOSTIC

Il est le plus souvent établi par un examen clinique. L'introduction d'un doigt ganté dans le rectum (toucher rectal) révèle une prostate dure et bosselée. Le diagnostic est établi grâce à une échographie par voie endorectale, puis par une biopsie de la prostate (prélèvement, puis analyse au microscope de plu-

Keene - BSIP

Un cancer de l'homme âgé. *Le cancer de la prostate peut survenir à un âge moyen, mais c'est le plus souvent un cancer de la personne mûre ou âgée : 80 % des sujets atteints ont plus de 55 ans.*

APRÈS L'ABLATION DE LA PROSTATE

Les principales complications de la prostatectomie sont :
– une impuissance sexuelle, qui survient dans 50 à 70 % des cas et tient au fait que, souvent, au cours de cette intervention, les nerfs érecteurs, situés contre la prostate, sont lésés ; il est parfois possible de conserver ces nerfs, ce qui permet de diminuer le risque d'impuissance ;
– une incontinence urinaire, qui survient dans 1 à 5 % des cas ; d'importance variable, elle est très souvent atténuée grâce à des séances de rééducation périnéale ; lorsqu'elle est très invalidante, l'incontinence peut nécessiter la pose d'un sphincter artificiel.

sieurs fragments de tissu suspect). Une fois le diagnostic confirmé, il est nécessaire de déterminer le stade d'évolution du cancer, celui-ci pouvant être localisé à la prostate, ce qui permet d'entreprendre un traitement curatif, ou être déjà diffusé hors de la glande, les métastases les plus fréquentes atteignant les os et les ganglions lymphatiques. Dans ce cas, on ne recourt qu'à un traitement palliatif.
Ce bilan repose sur différents examens :
– la radiographie thoracique (recherche de métastases dans les poumons) ;
– la scintigraphie osseuse (recherche de métastases osseuses) ;
– le dosage sanguin d'une protéine particulière, l'antigène spécifique prostatique (PSA) ; très élevé, il permet de suspecter la présence de métastases ;
– la biopsie des ganglions lymphatiques pelviens, voisins de la prostate.
Tous ces examens ne sont proposés qu'aux patients suffisamment jeunes, qui ont une espérance de vie d'au moins 10 ans et sont en bon état général. En effet, le cancer de la prostate est une tumeur maligne d'évolution souvent très lente, qui n'est pas la cause principale de décès chez les patients âgés porteurs de cette affection.

TRAITEMENT

Le choix du traitement. Il dépend de l'âge et de l'état général du patient, ainsi que du degré d'évolution du cancer (localisé ou métastasé).
Lorsque le cancer est localisé dans la prostate, l'ablation totale de la prostate, des vésicules séminales et du col de la vessie (prostatectomie radicale), la radiothérapie externe ou, éventuellement, la curiethérapie (technique de radiothérapie utilisant des sources radioactives introduites dans l'organisme) permettent d'obtenir, dans un grand nombre de cas, une guérison. Ces traitements ne sont généralement proposés qu'à des patients de moins de 70 ans. Lorsque le cancer a entraîné des métastases ou s'il s'agit d'un patient très âgé dont l'état général est mauvais, il n'est pas nécessaire de proposer un traitement curatif agressif : l'hormonothérapie permet d'obtenir une rémission qui dure en général plusieurs années.

Les méthodes chirurgicales. L'ablation de la prostate, des vésicules séminales et du col de la vessie (prostatectomie radicale), effectuée par chirurgie classique, vise à éliminer toute la tumeur et ses prolongements. Elle donne d'excellents résultats (environ 85 % de guérisons à 10 ans) mais peut entraîner une impuissance. Une ablation endoscopique partielle de la prostate, lorsque la tumeur obstrue l'urètre prostatique, permet d'atténuer les symptômes de la maladie, sans la soigner.
La radiothérapie. Elle vise à détruire la tumeur et ses prolongements. Elle peut entraîner une incontinence urinaire, une impuissance (dans 40 % des cas) ou une irritation de la vessie ou du rectum. Elle est aussi utilisée, à titre palliatif, pour traiter certaines métastases osseuses douloureuses.
L'hormonothérapie. Elle est réservée aux cancers de la prostate s'accompagnant de métastases. Il s'agit d'un traitement palliatif consistant à supprimer la sécrétion par les testicules des hormones androgènes, lesquelles stimulent la croissance du cancer. L'hormonothérapie repose sur deux méthodes : la pulpectomie (ablation chirurgicale du tissu fonctionnel des testicules), qui supprime toute sécrétion hormonale testiculaire et évite au patient de prendre des médicaments à vie, et le traitement médicamenteux. Ces deux méthodes (pulpectomie et traitement médicamenteux pris de façon continue) entraînent une stérilité et une impuissance.

LE CANCER DU REIN

Tumeur maligne qui touche surtout les adultes à partir de 50 ans, le cancer du rein a un pronostic généralement favorable lorsque le traitement est entrepris à temps.

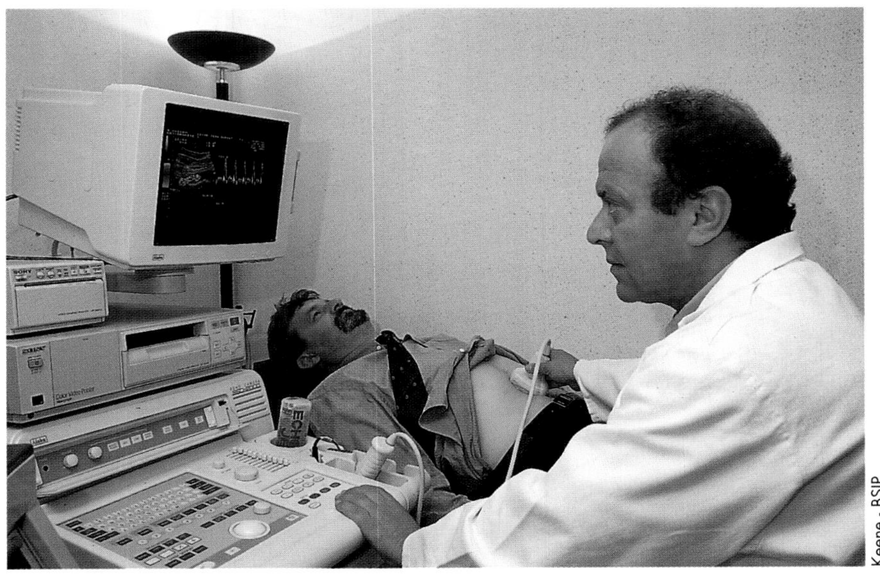
Keene - BSIP

Échographie de l'abdomen. *Le cancer du rein est souvent découvert fortuitement lors d'une échographie de l'abdomen, prescrite pour une autre raison.*

Le cancer du rein est une tumeur maligne, c'est-à-dire une prolifération incontrôlée des cellules qui composent cet organe. Les reins sont des organes indispensables à la vie, leur principale fonction étant d'épurer l'organisme des déchets qu'il produit. Toutefois, un seul rein suffit à assurer cette fonction. C'est pourquoi, en cas de cancer, on pratique l'ablation chirurgicale du rein malade : cette intervention parvient généralement à endiguer la progression de la maladie ; le patient peut alors mener une existence parfaitement normale avec le rein qui lui reste.

LES DIFFÉRENTS TYPES

Trois types de cancers peuvent se développer au niveau du rein : l'adénocarcinome rénal, le néphroblastome et le cancer urothélial.

L'adénocarcinome rénal. Représentant environ 75 % des cancers du rein, c'est la forme la plus fréquente. Il atteint plus souvent les hommes que les femmes, et apparaît généralement après 40 ans.

Le néphroblastome. Également appelé tumeur de Wilms, il touche les enfants, surtout les petits garçons, vers l'âge de 4 ans. Il représente 20 % de l'ensemble des tumeurs malignes de l'enfant.

Le cancer urothélial. Appelé aussi cancer à cellules transitionnelles, il se développe à partir du revêtement des voies excrétrices du rein (bassinet, calices, uretères). Il est fréquent chez les fumeurs.

LES TUMEURS BÉNIGNES DU REIN

Le rein peut être atteint par un type de tumeur bénigne, le kyste. Un kyste est une cavité anormale, contenant un liquide séreux, et limitée par une paroi qui lui est propre. Les kystes du rein peuvent être uniques ou multiples, et survenir de façon isolée (kystes simples) ou, au contraire, s'observer dans le cadre d'une maladie familiale (maladie polykystique des reins). Dans ce dernier cas, ils peuvent entraîner une incapacité des reins à assurer leur fonction (insuffisance rénale). Les kystes simples sont, en revanche, bénins et ne nécessitent, dans la majorité des cas, ni traitement ni surveillance.

LES SYMPTÔMES

Le cancer du rein se traduit par la présence de sang dans les urines (hématurie). Parfois, le patient ressent des douleurs dans le bas du dos, du côté du rein malade. Plus rarement, la tumeur peut entraîner une fatigue anormale avec perte de poids, de la fièvre, ou encore un excès de globules rouges dans le sang (polyglobulie).
La maladie évolue généralement très lentement, même lorsque le cancer a donné naissance à des foyers cancéreux situés à distance du cancer initial (métastases). Les foyers cancéreux secondaires du cancer du rein se développent dans les os, les veines, les poumons ou encore le foie.

LE DIAGNOSTIC

Le plus souvent, le cancer du rein est révélé par hasard, à l'occasion d'une échographie de l'abdomen (technique d'imagerie médicale utilisant les ultrasons) prescrite pour une autre raison. Le diagnostic est confirmé par un scanner et une urographie intraveineuse. Celle-ci consiste à prendre une série de clichés radiologiques de l'appareil urinaire, après injection dans une veine d'un produit de contraste iodé, opaque aux rayons X.
Lorsque le diagnostic est particulièrement difficile à établir, il peut être nécessaire de recourir à des examens complémentaires, tels que l'imagerie par résonance magnétique (IRM) ou l'artériographie rénale (prise de clichés radiologiques après injection d'un produit de contraste iodé dans l'artère qui irrigue le rein).

VIVRE AVEC UN SEUL REIN

Le corps humain comprend deux reins, chargés de l'épuration quotidienne des déchets produits par le fonctionnement de l'organisme. Ces déchets sont éliminés dans les urines. De nombreuses maladies peuvent entraîner la destruction de l'un des deux reins, sans pour autant compromettre la fonction d'épuration. Il suffit que le rein restant soit sain. En effet, un seul rein suffit largement à assurer cette fonction. Il n'y a donc aucun risque particulier à vivre avec un seul rein sain, ni de précaution diététique ou de restriction de l'activité physique à respecter. La durée de vie des personnes n'ayant qu'un seul rein n'est pas plus courte que celle des autres.

LE TRAITEMENT ET L'ÉVOLUTION

En l'absence de métastases, le traitement le plus efficace du cancer du rein est l'ablation du rein malade, de la membrane graisseuse qui l'entoure (loge) et des ganglions lymphatiques adjacents. On parle de néphrectomie élargie. Il s'agit d'une intervention relativement importante, qui nécessite une hospitalisation de plusieurs jours (de 5 à 15 jours selon l'état du malade). Elle est réalisée sous anesthésie générale et généralement suivie d'une période de convalescence d'environ 3 semaines.
Les métastases nécessitent un traitement spécifique. S'il n'y a qu'une seule métastase, on recourt à son ablation chirurgicale. S'il en existe plusieurs, on administre des médicaments stimulant le système de défense de l'organisme (immunothérapie), en association, si besoin, avec une chimiothérapie, traitement médicamenteux destiné à éliminer les cellules cancéreuses. Si le cancer du rein est traité avant l'apparition de métastases, le pronostic est habituellement favorable. Toutefois, le malade devra se soumettre à une surveillance régulière (2 ou 3 visites par an).

LA NÉPHRECTOMIE BILATÉRALE

L'ablation chirurgicale des deux reins, ou néphrectomie bilatérale, n'est pratiquée que lorsque les deux reins sont atteints par le cancer, ce qui est exceptionnel. Après une telle intervention, l'organisme est définitivement incapable d'assurer l'élimination de ses déchets (insuffisance rénale dite terminale). Le patient doit se soumettre à vie à une épuration artificielle du sang (dialyse) ou, lorsque cela est possible, se faire greffer un rein. Néanmoins, dans de telles situations, il est très souvent possible d'ôter uniquement la tumeur, en conservant le tissu rénal sain, de façon à éviter au patient une insuffisance rénale.

LE CANCER DU SEIN

FACTEURS DE RISQUE ET DÉPISTAGE

Le cancer du sein est de loin le plus fréquent des cancers de la femme. Si sa cause précise n'est pas connue, les facteurs de risque sont de mieux en mieux identifiés.

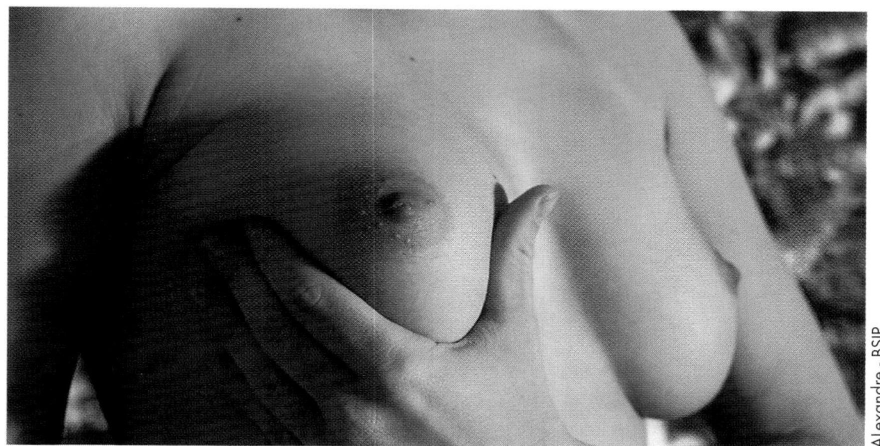
Alexandre - BSIP

L'importance du dépistage. *Il est démontré que le dépistage précoce du cancer du sein réduit la mortalité due à cette maladie, d'où l'importance d'une surveillance régulière.*

Grâce à la mammographie, le dépistage précoce de ce cancer a considérablement augmenté les perspectives de guérison.

FRÉQUENCE

La fréquence du cancer du sein ne cesse d'augmenter dans les pays développés (surtout en Europe occidentale et en Amérique du Nord, moins au Japon) et ce cancer est de très loin le plus fréquent des cancers de la femme. Chaque année, le cancer du sein est à l'origine de 77 000 décès en Europe, dont 40 % chez des femmes de moins de 65 ans. L'incidence de ce cancer, c'est-à-dire le nombre de nouveaux cas au cours d'une année, augmente, mais la mortalité a atteint un plateau, ce qui laisse penser que le taux de survie s'accroît.

LES FACTEURS DE RISQUE

On connaît depuis longtemps les facteurs de risque. Ils sont :
– d'ordre personnel : la précocité des règles, le fait de ne pas avoir eu d'enfant (nulliparité), une première grossesse tardive (après 35 ans), une ménopause tardive ;
– d'ordre familial : des antécédents de cancer du sein dans la famille proche, suggérant des facteurs génétiques.

Outre ces facteurs, l'âge est en lui-même un facteur de risque. 7 % des cancers du sein affectent des femmes de moins de 40 ans, et ce pourcentage augmente avec l'âge : 18 % entre 40 et 50 ans, 32 % entre 50 et 60 ans et 43 % au-delà de 65 ans. Plusieurs études semblent souligner l'influence d'une alimentation trop riche en graisses animales sur l'apparition de ce cancer. Un excès de poids serait un facteur favorisant.

QU'EST-CE QU'UN CANCER ?

Le corps humain est composé de 100 000 milliards de cellules qui forment les tissus des différents organes (foie, cerveau, cœur...). Au cours de leur vie, les cellules reçoivent et envoient en permanence des signaux qui ressemblent à des ordres : se multiplier, se différencier, arrêter leur division... Si une cellule ne répond plus aux signaux, elle échappe à toute régulation et peut se multiplier sans fin de manière anarchique au détriment des cellules voisines. Devenue maligne, elle donne naissance à un cancer.

RECOMMANDATIONS POUR LE DÉPISTAGE

La tranche d'âge la plus touchée est celle de 50 à 65 ans ; les femmes de moins de 30 ans sont rarement atteintes. Cela n'exclut pas une surveillance régulière (autoexamen des seins, visites médicales régulières) chez les toutes jeunes femmes.
Avant 50 ans : un examen gynécologique annuel, comprenant une palpation des seins ; l'autoexamen des seins ; une mammographie en cas d'anomalie.
Après 50 ans : un examen gynécologique annuel, comprenant une palpation des seins ; l'autoexamen des seins ; une mammographie tous les 2 ans.
Les femmes dont une ou des parentes proches ont déjà eu un cancer du sein font l'objet d'une surveillance plus poussée.

LE DÉPISTAGE PRÉCOCE

Le dépistage du cancer du sein s'effectue par l'autopalpation (la femme examine ses seins tous les mois), l'examen médical annuel (par le gynécologue ou le médecin de famille) mais surtout par la mammographie.
L'apport de la mammographie. Cette radiographie aux rayons X de faible pénétration montre les différences de densité des tissus du sein.
Elle permet de déceler des tumeurs de très petite taille (à partir de 3 mm) qui ne peuvent être découvertes à la palpation des seins, celle-ci ne permettant de détecter que des grosseurs supérieures à 0,5/1 cm. C'est donc une technique essentielle pour le dépistage précoce du cancer du sein, car elle permet de repérer une tumeur deux années avant son entrée dans la phase clinique, c'est-à-dire lorsque des signes décelables par le médecin apparaissent.
La taille de la tumeur mais surtout la présence ou l'absence d'envahissement des ganglions de l'aisselle indiquent la gravité de la maladie. Lorsque le cancer est localisé (cancer in situ ou stade 0), la survie à 5 ans est de 97 % ; si la tumeur a une taille inférieure à 5 cm sans envahissement des ganglions (stade 1), la survie est de 70 % ; avec un envahissement des ganglions (stade 2), la survie n'est plus que de 38 %.
La prévention. On recommande un dépistage systématique à partir de 50 ans à raison d'une mammographie tous les 2 ou 3 ans. Avant cet âge, il est important pour toute femme de consulter régulièrement son médecin pour un examen clinique comprenant une palpation des seins. Une mammographie est souvent proposée à l'âge de 40 ans, même en l'absence d'anomalie.

LE DÉPISTAGE DES FORMES FAMILIALES

Dans la très grande majorité des cas (plus de 95 %), les cancers du sein surviennent de manière sporadique, c'est-à-dire au hasard. Cependant, dans certaines familles, l'incidence de ce cancer est particulièrement élevée et ne peut

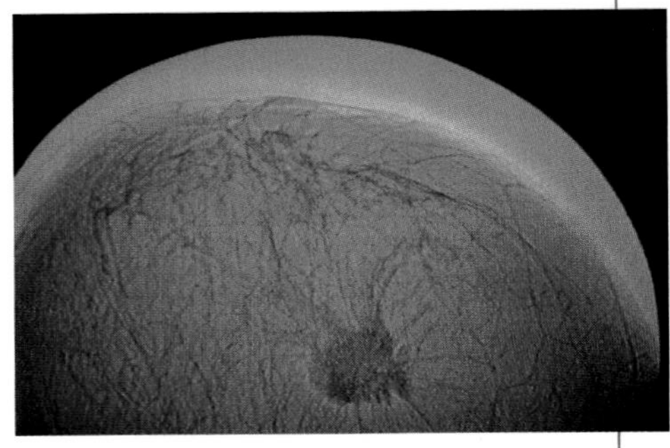
H. Raguet – Phanie

***Mammographie (cliché circulaire).** Le nodule aux contours irréguliers évoque une lésion maligne.*

s'expliquer par le seul hasard. En outre, plusieurs particularités laissent présager que, chez une personne atteinte d'un cancer du sein, la maladie est liée à une prédisposition génétique : la survenue à un âge précoce (avant 40 ans), l'atteinte des deux seins, la présence de cancers associés (seins et ovaires, par exemple). On sait maintenant que ces formes familiales sont liées à des gènes de prédisposition, transmis d'une génération à l'autre. Une femme porteuse de ces gènes (BRCA1 et BRCA2) court un risque élevé de développer dans sa vie un cancer du sein (80 à 90 %, contre 8 à 10 % normalement). Ce n'est pas le cancer qui est héréditaire, ce sont les gènes prédisposant au cancer qui se transmettent. La recherche de ces gènes de prédisposition héréditaire au cancer du sein doit être faite dans le cadre de consultations médicales spécialisées (génétique oncologique).
Leur découverte chez une patiente justifie la mise en œuvre d'une stratégie adaptée de dépistage.

LE CANCER DU SEIN

DIAGNOSTIC ET TRAITEMENTS

Différents examens permettent de diagnostiquer un cancer du sein. Grâce aux informations recueillies, il est ensuite possible de mettre en place un traitement spécifique.

Grâce au dépistage systématique, le cancer du sein est de plus en plus souvent diagnostiqué de manière précoce. Cette détection à un stade primaire de la maladie permet aujourd'hui de guérir la grande majorité des cancers du sein non métastasés.

LE DIAGNOSTIC

L'examen clinique. C'est la première étape du diagnostic : il comprend un interrogatoire, une palpation des seins et une exploration des ganglions dans le creux de l'aisselle (creux axillaire). L'examen clinique permet de déceler une anomalie qui conduit le médecin à prescrire d'autres examens.

Les examens complémentaires. La mammographie (examen radiologique du sein) permet de détecter une grosseur. L'échographie apporte des informations complémentaires sur la nature de cette grosseur. Elle peut être associée à un prélèvement de quelques cellules de la lésion (cytoponction), qui confirme ou non la présence de cellules cancéreuses.

Si, à ce stade, un doute persiste sur le caractère bénin ou malin de la grosseur, une biopsie (pré-

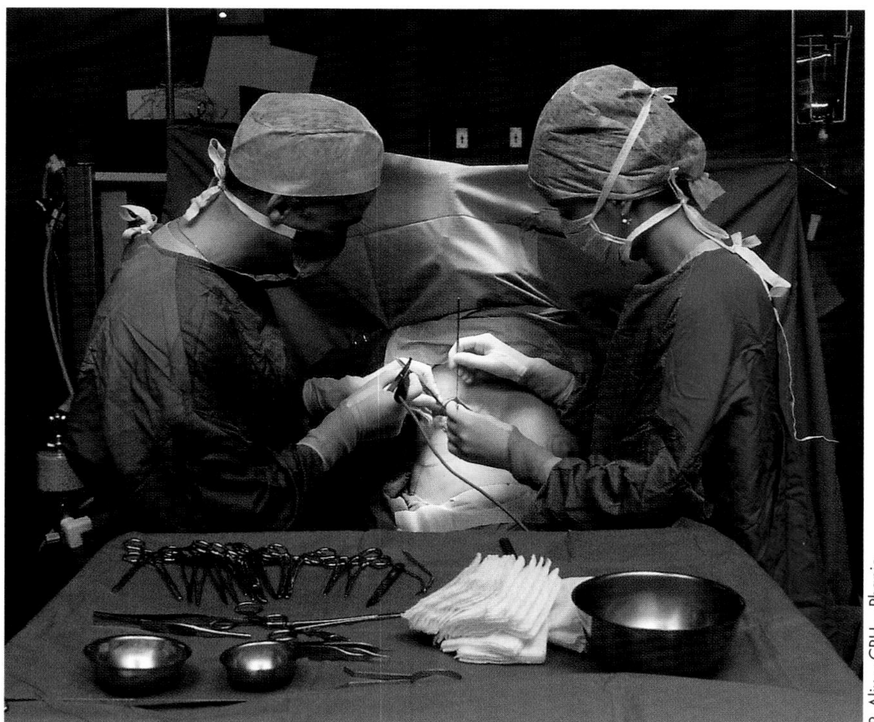

P. Alix – CRH – Phanie

Traitement chirurgical. *C'est généralement le premier traitement envisagé en cas de cancer du sein. Le plus souvent, il consiste en l'ablation de la tumeur et des ganglions de l'aisselle.*

LES SYMPTÔMES

Dans la majorité des cas, la première manifestation du cancer du sein est une grosseur découverte par la femme elle-même ou par le médecin. Cette grosseur est le plus souvent située dans la partie supérieure du sein, près de l'aisselle. Les autres symptômes sont un écoulement par le mamelon et une déformation du galbe du sein ou du mamelon (rétraction). Parfois, le cancer du sein ne présente aucun signe.

Toute grosseur du sein n'est pas forcément cancéreuse. Il peut s'agir d'un kyste, d'une congestion douloureuse liée à la période prémenstruelle, ou d'un adénofibrome, une tumeur bénigne fréquente.

CANCER DU SEIN ET GROSSESSE

La grossesse n'aggrave pas le cancer du sein. Cependant, si la maladie est découverte au premier trimestre de grossesse, une interruption de celle-ci peut être conseillée afin de mettre en route le traitement. Si elle est diagnostiquée plus tard, le traitement chirurgical est effectué mais la radiographie et la chimiothérapie sont suspendues jusqu'à l'accouchement, qui peut être provoqué dès que l'enfant est viable. Une femme ayant subi un traitement d'un cancer du sein peut envisager d'avoir un enfant : un délai de 2 ans après la fin du traitement doit être respecté afin de surveiller l'évolution de la maladie. L'allaitement maternel est néanmoins déconseillé.

lèvement, puis analyse d'un fragment de tissu mammaire) est nécessaire.

Une fois le diagnostic de cancer établi, il est possible d'étudier le degré d'agressivité de la tumeur. Les facteurs de gravité d'un cancer du sein sont la vitesse de croissance de la tumeur (définie par le temps qu'elle met pour doubler de volume), l'envahissement des ganglions de l'aisselle et la présence éventuelle de métastases.

LES TRAITEMENTS

Le choix de la méthode de traitement (protocole thérapeutique) tient compte de multiples facteurs, dont l'âge de la patiente et le stade d'évolution de la tumeur. 4 traitements peuvent être entrepris, en association ou isolément : la chirurgie, la radiothérapie, la chimiothérapie et l'hormonothérapie.

La chirurgie. Elle consiste le plus souvent en l'ablation de la tumeur (tumorectomie) et des ganglions de l'aisselle (curage ganglionnaire axillaire). L'ablation du sein (mastectomie) est évitée dans la mesure du possible, mais elle reste encore pratiquée si la tumeur est volumineuse (plus de 3 cm) ou mal placée. L'ablation du sein peut être suivie d'une intervention de chirurgie plastique visant à reconstruire le sein.

La radiothérapie. Elle utilise la capacité des radiations ionisantes à arrêter la croissance des cellules tumorales. Le plus souvent, la radiothérapie est mise en œuvre après l'intervention chirurgicale, qu'elle soit conservatrice ou non, dans le but de limiter les récidives locales, en particulier au niveau des ganglions axillaires. Parfois, dans le cas d'une tumeur non opérable, elle est associée à la chimiothérapie dans le but d'obtenir une régression.

La radiothérapie a connu d'importants progrès : appareils perfectionnés, techniques de visée plus précises et outils de simulation qui permettent de calculer la dose de rayons le mieux adaptée à la situation.

La chimiothérapie. Elle est préconisée après une intervention chirurgicale ou comme seule méthode thérapeutique, lorsque la tumeur évolue rapidement, chez les femmes jeunes, ou lorsque des métastases ont été constatées. Les médicaments utilisés agissent en bloquant la division cellulaire. Ils limitent ainsi la taille de la tumeur et le risque de formation de métastases. Les effets secondaires des médicaments (vomissements, nausées, pertes de cheveux...) sont de mieux en mieux maîtrisés.

L'hormonothérapie. Le traitement hormonal (à base d'anti-œstrogènes) est envisagé si la tumeur est sensible aux hormones sexuelles (environ 30 % des cas). Il est efficace après la ménopause.

PRONOSTIC ET SURVEILLANCE

Lorsque le cancer du sein est traité précocement, son pronostic est bon. Toutefois, environ 50 % des patientes font une rechute dans les 10 années qui suivent le traitement. Afin de dépister une récidive, une surveillance s'impose, avec :

– des visites fréquentes chez le médecin traitant (tous les trimestres la première année, puis tous les 6 mois pendant 4 ans, puis chaque année) ;

– un autoexamen mensuel des seins permettant de consulter rapidement en cas d'anomalie ;

– certains examens prescrits systématiquement ou uniquement si la personne présente certains symptômes afin de rechercher la présence de métastases ou des signes de rechute du cancer dans un autre organe (échographie cardiaque, scintigraphie osseuse, radiographie du thorax, échographie hépatique, scanner cérébral, dosage des marqueurs tumoraux).

LE CANCER DU TESTICULE

Le cancer du testicule atteint les hommes jeunes, ayant entre 20 et 40 ans. Globalement, le taux de guérison est excellent, de 80 à 85 %. Néanmoins, ces cancers peuvent être responsables d'une stérilité.

Il existe plusieurs types de cancers du testicule. La très grande majorité d'entre eux (95 %) se développe aux dépens des cellules du testicule qui assurent la production des spermatozoïdes (cellules germinales).
Au sein de cette catégorie, on distingue, selon la structure de leurs tissus, différents types de cancers : le séminome, le dysembryome et le choriocarcinome. Ces formes peuvent se combiner chez un même malade.

LES TYPES DE CANCERS

Le séminome. Cette tumeur se traduit par une masse indolore, palpable, contenue dans la bourse, provoquant une déformation du testicule.
Elle affecte le plus souvent l'homme d'une trentaine d'années. Son traitement permet d'obtenir une guérison dans plus de 90 % des cas.
Le dysembryome (carcinome embryonnaire et tératome). Ces tumeurs se développent en fabriquant, à partir des cellules embryonnaires restées présentes dans l'organisme, différents types de tissus qui se mélangent de façon désordonnée et colonisent un organe. Actuellement, la guérison d'une majorité de malades peut être obtenue.
Le choriocarcinome. Cette tumeur se manifeste par la formation d'un nodule palpable et indolore du testicule. Elle est très souvent associée à une augmentation du volume des seins (gynécomastie), due à un déséquilibre hormonal.
Le choriocarcinome revêt une gravité particulière en raison de la fréquence et de la précocité des métastases, ainsi que des récidives.

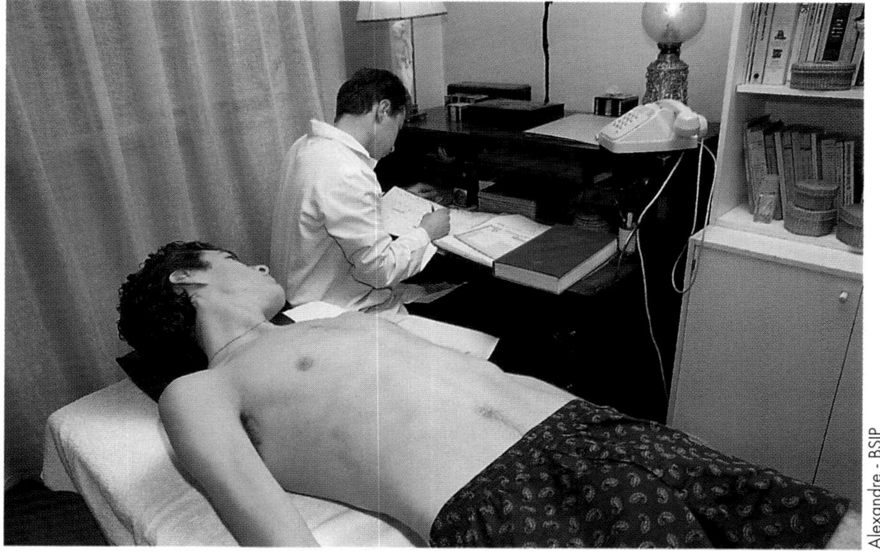
Alexandre - BSIP

***Diagnostic.** C'est la palpation du testicule (qui est augmenté de volume) qui oriente le diagnostic. Il est important que chaque homme, à partir de la puberté, pratique un autoexamen de ses testicules.*

LA CRYPTORCHIDIE, UN FACTEUR FAVORISANT

La cryptorchidie est une anomalie de la migration du testicule : le testicule (ou les deux) n'est pas descendu dans la bourse pendant la vie intra-utérine, et s'est arrêté dans l'abdomen ou à la racine de la bourse. Si le testicule ne descend pas spontanément avant l'âge de 2 ans, il est nécessaire de traiter l'enfant par des médicaments ou par la chirurgie. En effet, en dehors des troubles psychologiques ultérieurs provoqués par l'absence des testicules, une cryptorchidie persistante favorise la stérilité et, surtout, la cancérisation du testicule atteint.

SYMPTÔMES ET DIAGNOSTIC

Le cancer du testicule atteint généralement un seul testicule. Il se traduit par une augmentation de volume et parfois par une déformation de la bourse, indolore mais gênante. Il arrive que des douleurs irradiant vers le haut des cuisses, la région de l'aine et le bas du dos se manifestent. La palpation du testicule malade permet d'établir le diagnostic. Le médecin complète son examen par la palpation de l'autre testicule et par celle de l'abdomen pour dépister une éventuelle atteinte des ganglions. Le diagnostic peut être confirmé par une échographie du testicule, surtout si l'on ne peut préciser avec certitude le siège exact de la tumeur. Celle-ci permet également de rechercher la présence d'une tumeur non palpable dans l'autre testicule.
Mais l'examen le plus important reste le dosage de certains marqueurs biologiques sanguins (alpha-fœto-protéine, fraction bêta de l'hormone chorionique gonadotrophine). Ils permettent de préciser la nature de la tumeur et sont essentiels pour le suivi du traitement.

LES TRAITEMENTS

Le traitement chirurgical. Le premier temps du traitement est l'ablation chirurgicale du testicule malade (orchidectomie). Cette intervention consiste à retirer le testicule, son épididyme (le petit canal situé derrière le testicule) et le pédicule spermatique après avoir effectué une incision au niveau de l'aine. Elle se pratique sous anesthésie générale. Il est possible, si le patient le demande, de mettre en place à ce moment-là une prothèse testiculaire. L'orchidectomie se distingue de la castration (ablation des deux testicules) : si le testicule restant est sain, elle n'a aucune conséquence sur la libido ou sur la fertilité. Néanmoins, les traitements complémentaires qui accompagnent le plus souvent l'orchidectomie peuvent provoquer une stérilité.
L'analyse des tissus. Près d'une fois sur deux, la tumeur comporte deux ou plusieurs variétés de tissus. Il est fondamental qu'après l'orchidectomie ceux-ci soient examinés, car le pronostic dépend de la présence ou non de la variété de cancer du testicule la plus maligne (le choriocarcinome).
Le bilan d'extension. Réalisé après l'ablation du testicule, il repose sur le scanner abdomino-pelvien pour rechercher des métastases ganglionnaires, la radiographie thoracique – complétée, en cas de doute, par un scanner thoracique – et des analyse sanguines (dosage des marqueurs biologiques). Ce bilan permet de définir le stade de développement de la tumeur et de choisir le meilleur traitement complémentaire.
Les traitements complémentaires. En fonction du développement de la tumeur et de la nature des tissus analysés, l'équipe médicale choisira de pratiquer une radiothérapie ou une chimiothérapie. Le curage (ou ablation) des ganglions lymphatiques proches (lombo-aortiques et aortico-cave) peut également être effectué. Une technique permettant d'épargner les nerfs sympathiques limite alors les séquelles sexuelles (impossibilité d'éjaculer).

LA SURVEILLANCE

Elle permet de détecter une récidive ou une métastase. Elle est réalisée tous les mois la première année, puis tous les 2 mois la deuxième année, enfin tous les 6 mois pendant 5 à 10 ans. L'examen clinique consiste à palper le testicule sain restant et à rechercher d'éventuelles métastases ganglionnaires.
Des examens (radiographies, échographies, marqueurs tumoraux) sont réalisés au même rythme, les scanners de contrôle étant, eux, réalisés tous les 3 à 6 mois les deux premières années, puis tous les ans.

LA CONGÉLATION DU SPERME

Dans le cas du cancer du testicule, ce sont les traitements complémentaires éventuels, radiothérapie ou chimiothérapie, qui peuvent altérer le sperme. Ces derniers sont, en effet, très agressifs pour les cellules germinales (qui produisent les spermatozoïdes) du testicule sain restant. En règle générale, l'altération est temporaire, mais elle peut être définitive, entraînant une stérilité. Pour cette raison, il est proposé aux patients de conserver leur sperme (congélation) avant le début du traitement.

LE CANCER DE L'UTÉRUS

Le cancer du col de l'utérus touche le plus souvent des femmes jeunes (35 à 50 ans) en période d'activité génitale tandis que le cancer du corps de l'utérus, plus rare, apparaît surtout après la ménopause.

L'utérus est composé de plusieurs parties, dont le corps de l'utérus, qui héberge le futur bébé durant la grossesse, et, vers le bas, le col de l'utérus, qui fait communiquer le corps de l'utérus avec le vagin. Les cancers du col et du corps de l'utérus diffèrent en tout point.

LE CANCER DU COL DE L'UTÉRUS

Après le cancer du sein, le cancer du col de l'utérus est le cancer le plus fréquent chez la femme. Comme la très grande majorité des cancers (90 % d'entre eux), il s'agit d'un carcinome, c'est-à-dire d'une tumeur qui se développe à partir d'un tissu de revêtement appelé épithélium.

Les lésions précancéreuses. L'apparition de ce cancer est précédée de lésions appelées dysplasies (« mauvaise formation ») du col de l'utérus. Ces dysplasies peuvent être dépistées précocement et traitées, évitant ainsi l'évolution vers le cancer. En l'absence de traitement, ces dysplasies peuvent évoluer vers un cancer localisé, qui peut, au bout de 10 à 15 ans, s'étendre aux organes voisins (vagin, vessie...). Le cancer est alors devenu invasif.

Les facteurs de risque. On connaît depuis longtemps les facteurs de risque pour ce cancer : vie sexuelle précoce, nombre élevé de partenaires avec des rapports sexuels non protégés par un préservatif. Ces facteurs favorisent l'apparition d'infections virales provoquées notamment par les papillomavirus humains ; ces derniers entraînent des lésions, appelées condylomes, qui marqueraient le début du processus cancéreux.

Les symptômes. Souvent, aucun signe ne se manifeste. Toutefois, des saignements anormaux (métrorragies) lors de rapports sexuels, des pertes

T. May - Fotogram Stone

Une maladie trompeuse. *Souvent, un cancer du col de l'utérus débutant ne provoque aucun symptôme, d'où l'importance du dépistage.*

LES PAPILLOMAVIRUS

Les papillomavirus sont des virus provoquant des lésions sur la peau et les muqueuses. Chez la femme, l'infection par les papillomavirus de l'appareil génital peut favoriser le développement d'un cancer du col de l'utérus. Elle se manifeste par l'apparition de verrues ou d'excroissances appelées crêtes-de-coq et se transmet sexuellement. Les recherches sur un vaccin se poursuivent et les premiers essais de vaccination chez la femme sont envisagés dans un proche avenir.

blanches (leucorrhées) striées de sang sont des signes qui doivent alarmer toute femme. À l'examen gynécologique, le médecin appréciera l'aspect des lésions et prescrira, si nécessaire, un dépistage par frottis.

Le diagnostic. Lors de la découverte d'un frottis anormal, un examen approfondi du col de l'utérus (colposcopie) doit être effectué pour observer les régions du col suspectes et faire des prélèvements de tissu (biopsies). L'examen des cellules de ces tissus permet de préciser si les lésions sont bénignes, précancéreuses ou cancéreuses.

Les traitements. Ils dépendent du stade d'évolution des lésions :

– au stade des simples lésions précancéreuses, le tissu anormal est détruit (laser, destruction par le froid ou par un courant électrique) ;

– au stade des lésions précancéreuses (dysplasies) sévères, l'intervention – appelée conisation – consiste en l'ablation d'une partie conique à la base du col de l'utérus ;

– au stade de cancer plus avancé (cancer invasif), les traitements dépendent du stade d'extension du cancer. On a recours à la chirurgie, à la radiothérapie et, éventuellement, à la chimiothérapie, utilisées seules ou combinées, selon les situations.

LE CANCER DU CORPS DE L'UTÉRUS

Le cancer du corps de l'utérus est également appelé cancer de l'endomètre, du nom de la muqueuse qui tapisse l'intérieur de la cavité utérine. Les modifications de cette muqueuse au cours de la vie génitale de la femme dépendent des hormones (particulièrement des œstrogènes). Les cancers de l'endomètre sont moins fréquents que les cancers du col de l'utérus bien que le nombre annuel de nouveaux cas augmente dans les pays industrialisés du fait de l'accroissement de l'espérance de vie.

Facteurs de risque. Rare avant 40 ans, ce cancer se rencontre principalement chez la femme ménopausée (80 % des cas). L'âge moyen de survenue se situe entre 60 et 70 ans.

Outre l'âge, les facteurs de risque de ce cancer sont :

– une puberté précoce et/ou une ménopause tardive ;

– le fait de ne pas avoir eu d'enfant ou d'avoir eu des grossesses tardives ;

– certaines maladies, comme le diabète ou l'obésité, sont des facteurs de prédisposition ;

– une prise excessive d'œstrogènes (c'est la raison pour laquelle les œstrogènes ne sont pas prescrits seuls dans le traitement substitutif de la ménopause).

Symptômes. La tumeur se manifeste par des saignements : chez la femme non ménopausée, il s'agit de règles abondantes ou, surtout, de saignements entre les règles. Une femme ménopausée est alertée par la réapparition de pertes de sang. Des pertes vaginales blanchâtres (leucorrhées) et purulentes sont parfois présentes. Il n'existe pas, comme pour le cancer du col, de dépistage pour ce cancer.

Le diagnostic. Il repose sur l'examen direct de la cavité utérine avec un tube muni d'un système optique (hystéroscopie). Une analyse de tissus prélevés sur les parois de la cavité utérine (frottis) permet de confirmer un cancer suspecté sur les images radiologiques. D'autres examens complémentaires permettent de faire un bilan d'extension du cancer.

L'évolution de ce cancer s'étend sur plusieurs années. Les métastases peuvent atteindre le foie, le cerveau et les os, et les ganglions sont fréquemment atteints.

Les traitements. La chirurgie est le traitement choisi si le cancer est localisé. Elle consiste en l'ablation de l'utérus (hystérectomie) et des deux ovaires (ovariectomie). Dans le cancer invasif, d'autres traitements viennent en complément de la chirurgie : radiothérapie externe ou encore locale (curiethérapie), chimiothérapie.

LES CARIES DENTAIRES

Les caries détruisent les dents en s'attaquant à l'émail, puis en progressant vers l'intérieur de la dent. Elles peuvent être prévenues par une alimentation pauvre en sucres et un brossage régulier.

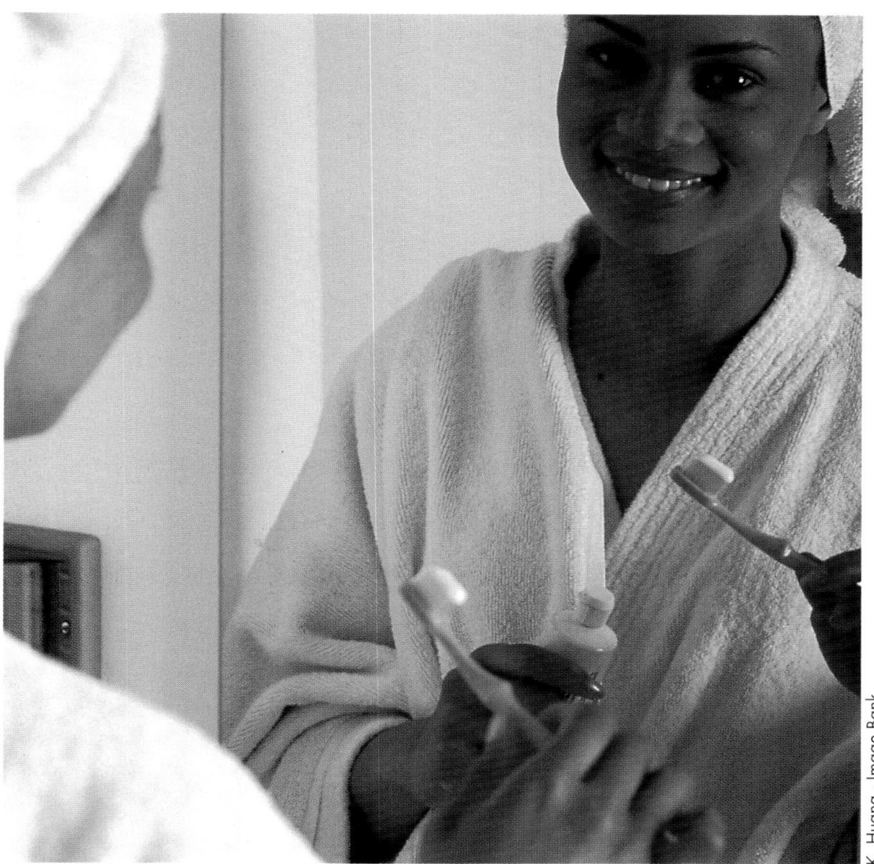

K. Huang - Image Bank

Le brossage des dents. *Un brossage quotidien permet de se débarrasser des débris alimentaires et de la plaque dentaire, limitant ainsi les risques de caries.*

Les dents sont des organes vivants qui contiennent des nerfs et des vaisseaux sanguins formant, au centre de chacune d'elle, un tissu appelé pulpe. Lorsqu'une dent est atteinte par une carie, celle-ci commence par s'attaquer à l'émail (le tissu calcifié, de couleur blanche, qui recouvre la partie visible des dents), puis à la pulpe. La dent devient sensible et risque, à terme, d'être complètement détruite.

LES SYMPTÔMES

La carie se loge de préférence dans les zones creuses, difficiles à nettoyer. Elle commence par détruire l'émail, créant une cavité. À ce stade, elle est indolore. Elle progresse ensuite dans le tissu qui recouvre la pulpe (dentine), agrandissant la cavité et permettant aux bactéries d'envahir la pulpe mise à nu au centre de la dent. Celle-ci devient alors sensible au contact du froid et du chaud, puis au contact du sucre. Non traitée, la carie entraîne la destruction de la dent, se propage aux dents voisines et infecte l'os sous-jacent (ostéite).

LES CAUSES

Les caries surviennent sous l'action associée de trois facteurs : le terrain héréditaire (certains individus ont des dents plus résistantes que d'autres), une alimentation riche en sucres rapides (sucre blanc, sucreries, pâtisseries, etc.) et une substance appelée plaque dentaire, qui se forme spontanément en une douzaine d'heures, sauf si on se brosse les dents entre-temps. Cette plaque est composée de débris provenant de l'alimentation, de salive et de bactéries.

Le processus de formation d'une carie est le suivant : les bactéries de la plaque dentaire assimilent les sucres rapides, prolifèrent et sécrètent un acide qui attaque la dent et entraîne la formation d'une cavité. Ce processus concerne particulièrement les personnes qui ne se brossent pas les dents.

LE TRAITEMENT

Il dépend du stade auquel est découverte la carie : il est d'autant plus important que la dent est abîmée.

Au stade initial. La carie est alors limitée à l'émail. Il suffit au praticien de pratiquer à la fraise une cavité destinée à prévenir l'extension de l'infection. Le fond de la cavité est alors garni d'un produit spécifique, et la cavité, obturée par une substance appropriée : soit par un amalgame, alliage de différents métaux, soit par un composite, matériau résineux imitant la teinte de la dent.

À un stade avancé. La pulpe dentaire est atteinte. Le praticien procède à un nettoyage de la carie (suppression de tous les tissus cariés), d'abord à la fraise, puis à l'aide d'instruments adaptés qui lui permettent de ne pas léser la partie de la pulpe encore saine. Comme au stade initial, la cavité est ensuite obturée avec des produits appropriés.

À un stade très avancé. Le praticien est obligé de dévitaliser la dent, c'est-à-dire d'en ôter tous les tissus vivants. Il doit d'abord procéder au nettoyage et à la désinfection des canaux de chaque racine de la dent, puis les obturer à l'aide d'une pâte appropriée. Enfin, il obture définitivement la dent en surface, par une substance en métal ou en résine composite. Toutefois, une dent dévitalisée est fragile et risque de se casser : elle devra donc être protégée par une couronne.

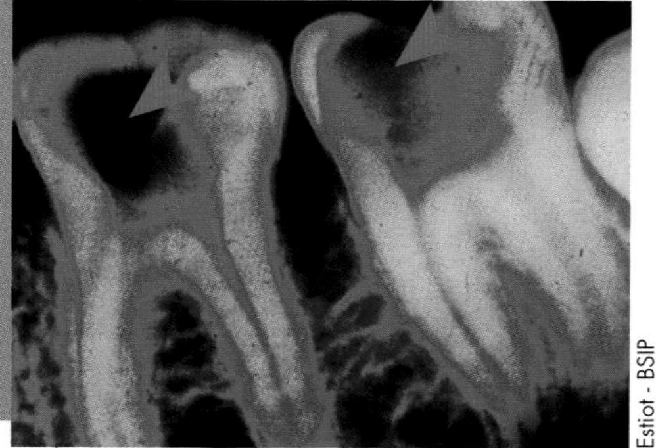
Estiot - BSIP

Carie au niveau de deux molaires. *Chaque carie a creusé un trou dans la dent, bien visible sur la radiographie, sous la forme d'une tache noire.*

LA PRÉVENTION

Selon des études menées par l'Organisation mondiale de la santé (OMS), la carie est à l'heure actuelle le troisième fléau mondial. Les dents jouent un rôle capital dans l'alimentation (elles permettent la mastication, premier temps de la digestion), mais aussi dans l'émission des sons et dans l'esthétique, puisqu'elles soutiennent les lèvres et les joues. Il faut donc en prendre bien soin. Il existe plusieurs moyens pour prévenir les caries. La plaque dentaire doit être éliminée quotidiennement par un brossage minutieux après chaque repas, complété par le passage d'un fil dentaire entre les dents. L'alimentation doit être équilibrée et pauvre en sucres rapides (sucreries, pâtisseries, boissons sucrées). Enfin, il est possible d'intervenir de façon précoce sur la constitution des dents en renforçant l'émail par l'administration de fluor au cours des douze premières années de la vie. Par ailleurs, il est vivement conseillé de se soumettre à une visite de contrôle régulière chez le dentiste ou le médecin stomatologiste, environ une fois par an. Lors de cet examen, le praticien examine la sensibilité et la mobilité de chaque dent et recherche la présence éventuelle de caries. Si une carie est suspectée, il prend des clichés radiologiques de la dent en cause, afin de confirmer le diagnostic et d'évaluer l'étendue de la carie. Le praticien propose un détartrage, éventuellement sous traitement antibiotique, aux personnes dont les dents sont recouvertes de tartre, lequel favorise l'apparition de caries.

LE BROSSAGE DES DENTS

Se brosser les dents chaque jour, après chaque repas, est indispensable. Le brossage permet de débarrasser les dents des débris alimentaires et de la plaque dentaire. Un brossage idéal dure environ trois minutes, et doit être plus minutieux qu'énergique. Il s'effectue sur toutes les surfaces des dents, dans un mouvement rotatif dirigé de la gencive vers la dent. La brosse à dents doit être régulièrement changée. Idéalement, elle est composée d'un manche souple et d'une tête de petite taille (pour atteindre les zones d'accès difficile), munie de poils synthétiques souples.

LA CATARACTE

La cataracte est une opacification du cristallin qui entraîne une gêne visuelle progressive. Elle touche le plus souvent les personnes âgées. Elle est aujourd'hui parfaitement corrigée par une intervention chirurgicale.

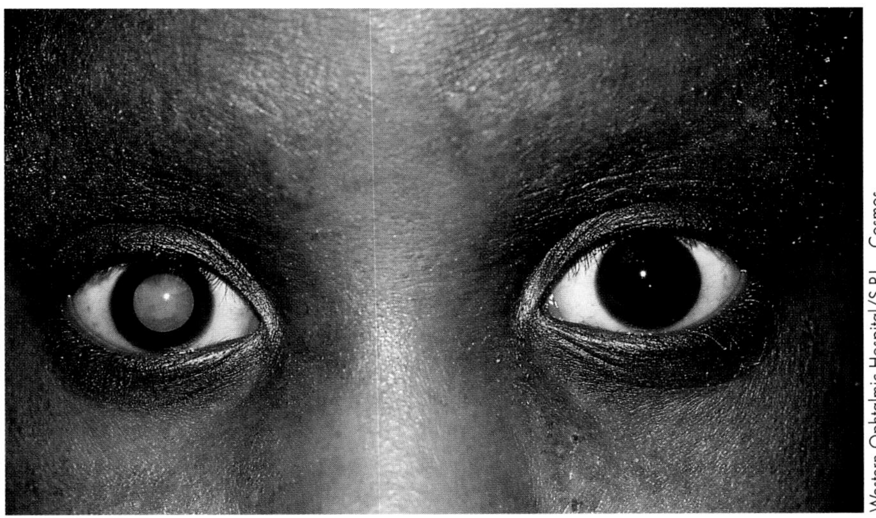

Western Ophtalmic Hospital/S.P.L. - Cosmos

La cataracte. *La cataracte (présente, ici, sur l'œil droit) se manifeste par une opacité du cristallin et donc par une baisse progressive de l'acuité visuelle.*

Le cristallin est un élément de l'œil, en forme de lentille, situé dans le globe oculaire en arrière de la pupille et constitué d'une membrane externe, d'un cortex (zone périphérique) et d'un noyau central ; les rayons lumineux le traversent avant de parvenir à la rétine. Dans le cas de la cataracte, cet élément devient progressivement opaque, ce qui empêche les rayons lumineux de le traverser correctement. Une intervention chirurgicale, qui consiste à ôter tout ou partie du cristallin malade avant d'implanter, dans la plupart des cas, un cristallin artificiel, permet au patient de recouvrer parfaitement la vue.

LES DIFFÉRENTS TYPES DE CATARACTE

La cataracte de la personne âgée. À partir de 65 ans, toute personne peut présenter un début de cataracte, qui s'accentue avec l'âge. Sans que l'on connaisse la cause précise de cette dégénérescence, on sait qu'un ralentissement de l'élaboration des protéines par l'organisme est en cause.

La cataracte de l'adulte plus jeune. La cataracte peut, dans certains cas, découler d'un traumatisme (choc, contusion). Elle peut également apparaître chez des personnes atteintes de diverses maladies : diabète, troubles du calcium (hypoparathyroïdie, tétanie), affections neurologiques, telles que la myotonie de Steinert (décontraction trop lente des muscles), affections dermatologiques (eczéma, sclérodermie).

TOUT SAVOIR SUR L'INTERVENTION

La pose d'un cristallin artificiel est une opération courante et rapide, qui se déroule sous anesthésie, le plus souvent locale. Elle nécessite une hospitalisation d'environ trois jours. L'implant est composé de matériaux synthétiques et comprend une lentille transparente entourée d'anses fines qui servent à la maintenir. On enlève le cristallin malade ; l'implant est placé et maintenu par ses petites anses. Après l'opération, le patient doit porter pendant quelques jours un cache sur l'œil opéré pour le protéger de la lumière. Pendant quelques semaines, il devra mettre dans l'œil opéré des collyres qui dilatent la pupille, pour éviter qu'elle ne se resserre trop tôt sur l'implant.

Une cataracte peut également se développer chez des personnes suivant des traitements prolongés par des médicaments stéroïdiens. Enfin, certaines affections de l'œil (forte myopie, glaucome, tumeur de l'intérieur de l'œil) peuvent se compliquer d'une cataracte.

La cataracte de l'enfant. Son origine est parfois difficile à déterminer. Elle peut être liée à une maladie infectieuse contractée par la mère au cours de la grossesse et transmise au fœtus (rubéole) ou, plus rarement, être la conséquence d'une maladie métabolique (incapacité à assimiler un élément essentiel, le lactose, appelée galactosémie congénitale) ou encore accompagner une trisomie 21 (mongolisme). Il existe aussi des cataractes congénitales héréditaires, sans cause déterminée.

LES SIGNES DE LA CATARACTE

La cataracte se traduit par une baisse progressive de l'acuité visuelle, qui s'étale parfois sur plusieurs années. Le patient a l'impression d'être dans le brouillard et souffre d'éblouissements. Plus rarement, il voit double, même lorsqu'il ferme un œil. Les enfants atteints de cataracte peuvent avoir les pupilles blanches (ou leucocorie).

Aisée à diagnostiquer chez l'adulte, à la suite d'un examen au biomicroscope après dilatation de la pupille, la cataracte est plus difficile à détecter chez l'enfant, car celui-ci ne signale pas toujours la gêne visuelle, surtout si elle est progressive.

LE TRAITEMENT

Il est chirurgical : c'est l'extraction du cristallin malade, suivie, ou non, de l'implantation d'un cristallin artificiel.

Chez l'adulte. La mise en place d'un cristallin artificiel, très bien tolérée à long terme, est presque systématique, sauf parfois chez les personnes très myopes. Cet implant est posé à vie. On peut faire appel à trois techniques différentes :

– l'extraction intracapsulaire, qui consiste à enlever le cristallin en totalité, et à le remplacer par un cristallin artificiel ;

– l'extraction extracapsulaire, qui consiste à extraire uniquement le noyau et le cortex du cristallin, puis à loger l'implant dans la membrane externe du cristallin (sac capsulaire) ;

– la phacoémulsification, qui consiste à détruire le noyau du cristallin à l'aide d'ultrasons, et à l'aspirer avant d'installer le cristallin artificiel.

Chez l'enfant. On a recours à une intervention, la phacophagie, qui ne nécessite qu'une petite incision, car le cristallin de l'enfant est mou : un instrument sectionne le cristallin et aspire les fragments. L'implantation de cristallins artificiels chez les enfants est controversée : on connaît actuellement mal la tolérance à long terme. On propose plutôt le port d'une lentille de contact si l'affection ne touche qu'un seul œil, ou le port de verres correcteurs si la cataracte touche les deux yeux. La correction est souvent définitive après trois mois quand l'astigmatisme lié à l'extraction du cristallin est résorbé.

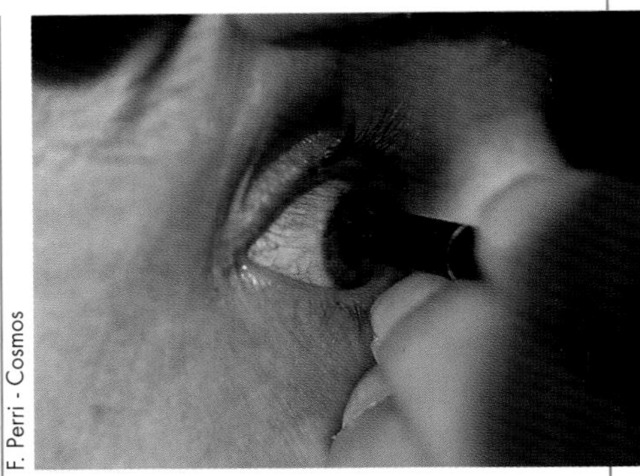

F. Perri - Cosmos

La mesure par échographie de la longueur axiale et de la courbure de la cornée. *Elle permet de mesurer la puissance de l'implant qui sera mis en place après extraction du cristallin malade.*

QUE VOIT UN ŒIL SANS CRISTALLIN ?

Un œil peut perdre son cristallin après une opération de la cataracte (extraction chirurgicale du cristallin) ou, plus rarement, après un traumatisme de l'œil. On dit alors qu'il est aphake. Il perd ses facultés d'accommodation, c'est-à-dire sa capacité de voir nettement de près comme de loin, et devient hypermétrope : il voit mal de près, comme de loin. Après l'ablation de son cristallin, une personne qui avait une vue normale peut ainsi devenir hypermétrope. En revanche, si elle était myope (avec une bonne vision de près, mais une mauvaise de loin), elle peut, soit recouvrer une vue normale, soit devenir moins myope, ou encore faiblement hypermétrope. Si la personne était hypermétrope, ses difficultés de vision s'accentuent.

LA CÉCITÉ

DÉFINITION

La cécité est le fait d'être aveugle, totalement ou partiellement, quelle qu'en soit la cause et que cet état soit ou non réversible. On estime à 40 millions le nombre d'aveugles dans le monde.

La cécité peut être totale ou partielle (c'est l'amblyopie), présente dès la naissance, ou survenir au cours de la vie, être définitive ou passagère. Les causes de cécité sont très nombreuses et varient selon les parties du monde : dans les pays industrialisés, en dehors des maladies congénitales et des traumatismes, c'est une complication du diabète sucré, la rétinopatie diabétique ; dans les pays en développement, la cause principale est une maladie parasitaire, le trachome.

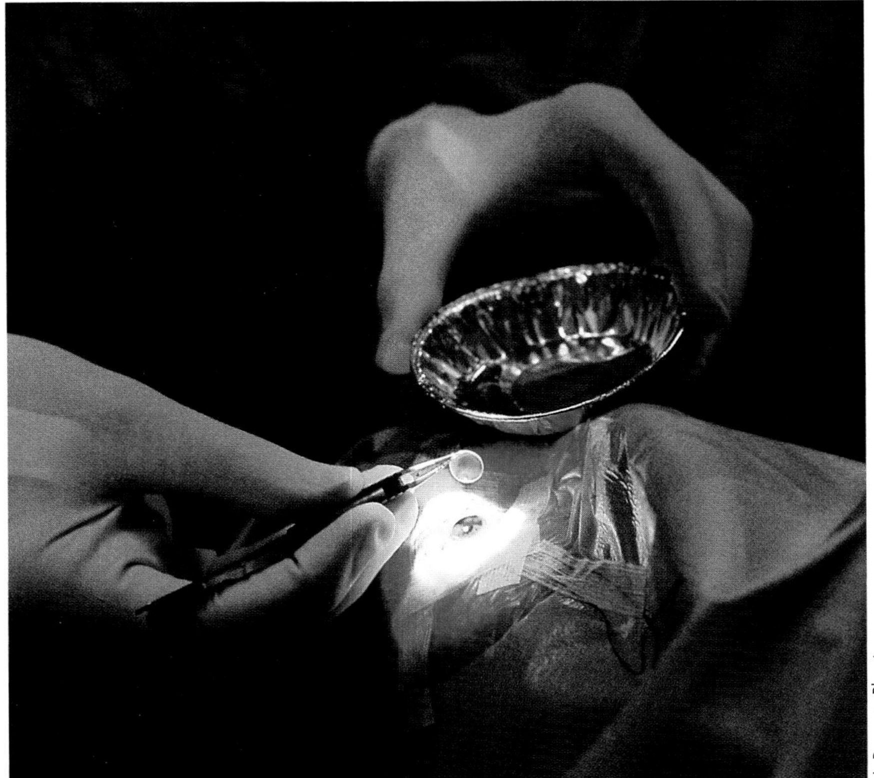

H. Raguet - Phanie

Greffe de la cornée. *Elle est chirurgicalement au point, mais reste encore difficile à cause du manque de donneurs de greffons.*

DÉFINITION

Selon les normes établies par l'Organisation mondiale de la santé (O.M.S.), une personne est considérée comme atteinte de cécité lorsque son acuité visuelle corrigée (c'est-à-dire avec port de lentilles de contact ou de lunettes) est inférieure à 1/20 de vision. Une personne qui n'a qu'un œil ou ne voit que d'un œil (c'est la monophtalmie) n'est pas considérée comme atteinte de cécité lorsque l'autre œil a une acuité corrigée de plus de 1/20. Toujours

CÉCITÉ ET DIABÈTE SUCRÉ

Le diabète est une affection chronique due à une insuffisance de la sécrétion d'insuline par le pancréas ; cette hormone est indispensable à l'organisme pour transformer le glucose (sucres) pour répondre aux besoins énergétiques des cellules. Le diabète peut se compliquer par l'altération des vaisseaux sanguins, dont la rétinopathie diabétique, qui lorsqu'elle atteint les personnes diabétiques depuis plus de dix ans, peut évoluer vers la cécité. Un diabétique, en plus de l'équilibration du diabète doit se soumettre chaque année à un fond d'œil, complété au besoin par un examen des vaisseaux de la rétine (angiographie rétinienne), et à un traitement préventif par laser.

selon les normes de l'OMS, la cécité est considérée comme partielle lorsque la vision du meilleur œil est comprise entre 1/20 et 1/50, presque totale lorsque l'acuité du meilleur œil est comprise entre 1/50 et le seuil de perception de la lumière, et totale lorsque la perception de la lumière est nulle. Le terme d'« aveugle » désigne généralement une personne privée de la vue, celui d'amblyope une personne qui souffre d'une perte partielle de l'acuité visuelle (permettant la formation sur la rétine d'une image claire et nette) ; il peut s'agir d'une amblyopie organique (due à une lésion du globle oculaire, comme un traumatisme ou une infection) ou une amblyopie fonctionnelle (due à un trouble de la vision, sans lésion).

LA CÉCITÉ DANS LES PAYS INDUSTRIALISÉS

La rétinopathie diabétique. Mis à part les accidents et les affections congénitales (dues à une malformation lors du développement de l'appareil oculaire, ou à une infection contractée pendant la vie intra-utérine, comme la rubéole), la principale cause de cécité en France est la rétinopathie diabétique ; cette affection due à une dégénérescence des capillaires qui irriguent la rétine et favorisée par l'hypertension artérielle, survient chez les personnes atteintes de diabète depuis une dizaine d'années.

Les autres principales affections qui peuvent aboutir à la cécité sont les suivantes :
– le glaucome, affection au cours de laquelle la pression intraoculaire est trop élevée, en raison d'une accumulation d'humeur aqueuse dans l'œil. Il s'accompagne d'une altération du nerf optique et d'une réduction du champ visuel ;
– les maladies vasculaires, souvent graves quand elles concernent la vascularisation de la rétine ou du nerf optique, comme l'occlusion de l'artère ou de la veine centrale de la rétine ;
– les maladies dégénératives, qui peuvent être liées à des anomalies héréditaires ou au vieillissement de l'œil, comme certaines cataractes ou la dégénérescence maculaire.

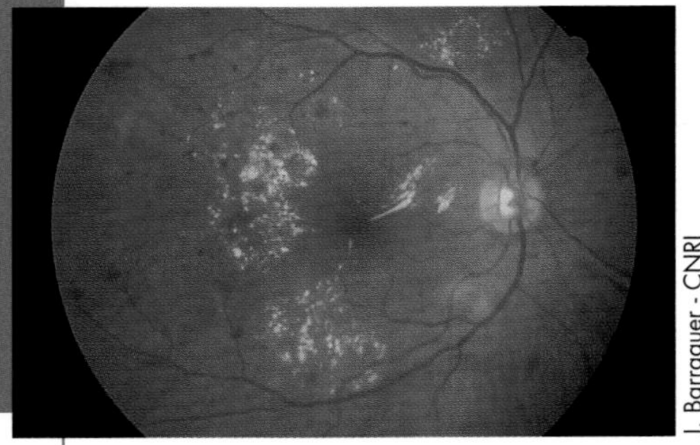

J. Barraquer - CNRI

***Fond d'œil avec rétinopathie diabétique.** L'examen du fond de l'œil permet de voir la dégénérescence des capillaires (en rouge).*

LE TRACHOME

Cette maladie parasitaire, première cause de cécité dans le monde, est très répandue en Afrique, notamment en Afrique du Nord, et en Asie. Elle est due à l'infection des yeux par une bactérie très contagieuse, *Chlamydia trachomatis*, qui se transmet par l'intermédiaire de mains sales portées au visage ou de poussières apportées par le vent, le manque d'hygiène augmentant le risque de surinfection. Le trachome se traduit par une conjonctivite granuleuse (caractérisée par la formation de surélévations conjonctivales translucides) ; des vaisseaux sanguins envahissent la conjonctive puis la cornée, la recouvrant d'un voile opaque responsable de la baisse de vision. Le traitement se fait par des collyres et des pommades antibiotiques.

LA CÉCITÉ DANS LES PAYS DU TIERS MONDE

Le trachome. En Asie et en Afrique, la principale cause de cécité est le trachome, inflammation chronique très contagieuse qui affecte 350 millions de personnes, dont 7 à 9 millions sont aveugles.

Les autres causes de cécité sont les suivantes :
– l'onchocercose, une maladie parasitaire due à l'infestation de la peau et des yeux par un ver, *Onchocerca volvulus* (30 millions de personnes atteintes, dont 1 million sont aveugles) ;
– la kératomalacie, mort progressive de la cornée, provoquée par un dessèchement extrême de la conjonctive et de la cornée liée à une carence majeure en vitamine A ;
– le ptérygion, épaississement de la conjonctive favorisé par les expositions au soleil, au vent et aux intempéries, fréquentes dans les pays tropicaux.

LA CÉCITÉ

LA VIE QUOTIDIENNE

Le quotidien des aveugles est encore difficile, mais de nombreux moyens sont mis en œuvre pour réduire la dépendance aux autres et leur ouvrir les portes d'activités qui leur étaient autrefois interdites.

Leca - BSIP

L'éducation par le toucher. *L'éducation des doigts en palpant les objets aidera cet aveugle dans sa vie quotidienne.*

La vie quotidienne des aveugles est souvent pénible du fait de leur dépendance à autrui et de l'impossibilité d'effectuer certains actes de la vie courante. Des moyens liés aux technologies modernes se développent aujourd'hui pour leur permettre d'acquérir une plus grande autonomie.

LES DÉPLACEMENTS

Les déplacements, particulièrement en ville, sont un des moments de la vie quotidienne où le handicap des non-voyants se fait le plus durement ressentir. Ils peuvent se déplacer seuls, munis d'une canne blanche qui est utilisée en balayant l'espace au sol pour repérer d'éventuels

LES LOISIRS POUR MALVOYANTS

Certains musées accueillent les personnes aveugles, en leur proposant des œuvres accompagnées d'un commentaire en gros caractères ou en braille, ou des dessins gaufrés. Au cinéma, un nouveau procédé, l'audiovision, permet d'incorporer dans les silences de la bande des commentaires sur l'action, les décors et les personnages. Ce procédé, encore récent, est proposé dans peu de salles, mais l'accueil favorable qu'il a rencontré laisse espérer un développement prochain.

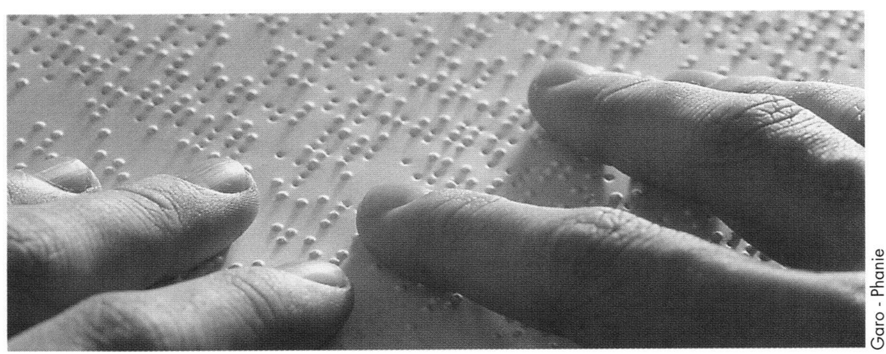

***Le braille.** La lecture du braille se fait en tâtant avec le bout des doigts les lettres, les chiffres ou les symboles imprimés en relief.*

obstacles. Mais la canne blanche ne permet pas de détecter les obstacles situés en hauteur (le rétroviseur d'un camion à hauteur de visage, par exemple), ni de trouver immédiatement une porte. Les chiens-guides d'aveugle sont très précieux pour les déplacements, car ils préviennent de tous les obstacles, même en hauteur, et savent anticiper ; leur accès dans les lieux publics est autorisé ; ils restent malheureusement très onéreux.

LECTURE ET ÉCRITURE

Chez les personnes qui ont une acuité visuelle faible, la lecture en caractères d'imprimerie est possible, grâce à l'utilisation de loupes ou d'un vidéo-agrandisseur (une caméra filme le texte et le projette agrandi sur un écran vidéo). En outre, de plus en plus de livres et de revues sont maintenant imprimés en gros caractères. Sur ordinateur, il existe des logiciels qui agrandissent caractères et dessins.
Pour les personnes aveugles, on trouve des logiciels de synthèse vocale, qui transforment un texte affiché sur un écran en voix synthétique (de même, il existe des calculatrices qui parlent) ; il existe également des livres ou des magazines enregistrés sur cassettes. Cependant, l'alphabet braille, qui fait appel au relief (chaque signe est traduit en points lus avec les doigts) demeure un outil indispensable. L'inconvénient des ouvrages en braille est qu'ils sont très volumineux, car imprimés sur du papier cartonné très épais.
Il existe des machines à écrire en braille ; il est aussi possible aujourd'hui de traduire sur ordinateur des caractères d'imprimerie en braille et inversement, puis d'imprimer le texte sous l'une ou l'autre forme. On peut encore numériser un texte avec un scanner, puis le traduire soit en synthèse vocale, soit en gros caractères, soit en braille.

SCOLARITÉ ET TRAVAIL

Les enfants malvoyants doivent être scolarisés, dans la mesure du possible, pour une meilleure intégration, dans des écoles non spécialisées, avec, si nécessaire, un encadrement et des aménagements particuliers. Il existe aussi des écoles spécialisées. Les professions qui leur sont les plus accesssibles sont la musique, la kinésithérapie, l'informatique (avec un clavier normal ou un clavier en braille, et un système vocal de lecture).

LA VIE QUOTIDIENNE

Difficile pour les non-voyants, elle doit être soutenue par une rééducation pour une utilisation optimale des aides proposées : aide optique, repérage sur certains appareils (micro-ondes sonores, cuillère doseuse pour la cuisine, thermomètre parlant). Une bonne rééducation est axée sur l'utilisation des autres sens (toucher, ouïe) pour pallier les insuffisances de la vision et permettre d'acquérir autonomie et confiance en soi.

LE BRAILLE

On doit à Louis Braille (1809-1852), professeur à l'Institution royale des jeunes aveugles, lui-même aveugle depuis l'âge de 3 ans, l'invention de l'alphabet pour non-voyants. Le principe est le suivant : tout signe s'inscrit dans un rectangle de deux colonnes de trois points en relief. Chaque assemblage de points forme une lettre, un chiffre, un symbole mathématique ou une note de musique. On écrit en braille avec un poinçon, en utilisant un guide-main, sorte de plaque de tôle très fine ajourée d'espaces linéaires, ou à la machine ; on le lit en palpant les reliefs avec les doigs. Il en existe une version sténographique.

La Cellulite

La cellulite est une modification de certains tissus de la peau, qui prend alors une consistance molle et un aspect capitonné. Elle se rencontre surtout chez les femmes, dans la région des fesses et des cuisses.

Le terme de cellulite désigne 2 affections très différentes : la cellulite au sens courant, dite cellulite esthétique, et les cellulites médicales, le plus souvent infectieuses, recouvrant plusieurs maladies. La cellulite esthétique est une atteinte chronique de la peau, au niveau du derme et surtout de l'hypoderme.

LE MÉCANISME

Le mécanisme d'apparition de la cellulite n'est pas encore bien connu, mais il semble associer 2 phases. Dans un premier temps, les cellules graisseuses, ou adipocytes, gonflent par stockage des acides gras d'origine alimentaire (triglycérides) et compriment le tissu de soutien (cloisons conjonctives) qui les entoure. Ces cloisons conjonctives sont parcourues par des vaisseaux lymphatiques et sanguins qui sont également comprimés. Dans un second temps, tout ce réseau se détériore, ce qui provoque d'abord un gonflement (œdème) puis un épaississement des cloisons conjonctives. Celles-ci finissent par durcir et par devenir fibreuses, provoquant un capitonnage visible qui constitue la fameuse « peau d'orange ».

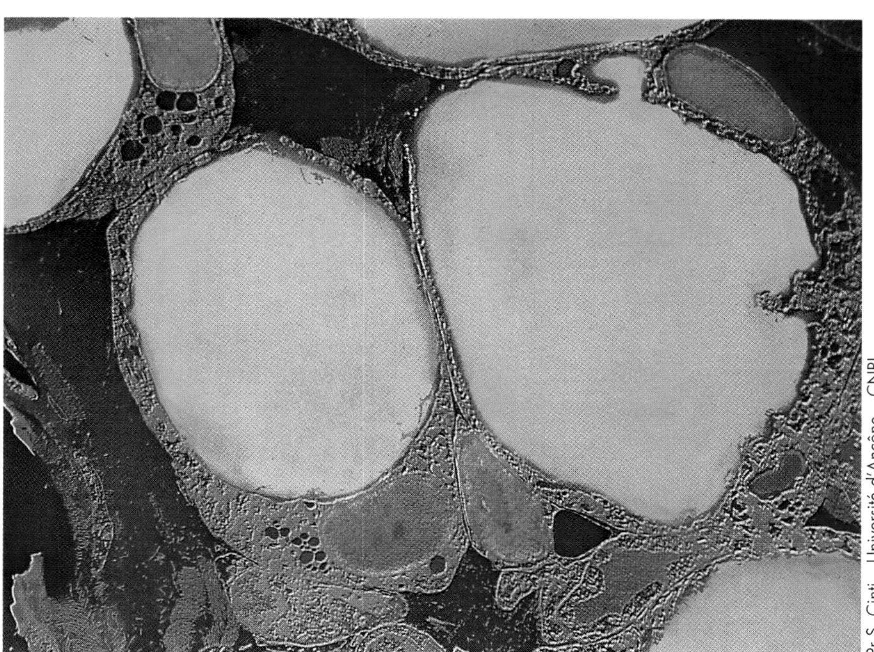

Adipocytes. *La cellulite est due à un gonflement des cellules graisseuses, les adipocytes (en jaune).*

LES CAUSES

Tous ces phénomènes sont liés à une série de facteurs, qui peuvent s'associer. L'hérédité est nettement en cause dans certaines familles, où l'on a de la cellulite de mère en fille. Les

LES CELLULITES INFECTIEUSES

Les cellulites infectieuses sont des infections sous-cutanées dues à un streptocoque ou à un staphylocoque, parfois liées à une plaie de la peau survenant chez des personnes fragiles (diabétiques) ou ayant une hygiène précaire. La forme aiguë (érysipèle) est caractérisée par des plaques rouges, chaudes, dures, douloureuses, avec un bourrelet périphérique. Elle touche surtout les membres inférieurs, mais peut atteindre le visage ou le cuir chevelu. La fièvre élevée (40 °C) et la dégradation importante de l'état général nécessitent un traitement antibiotique d'urgence, parfois même une hospitalisation.

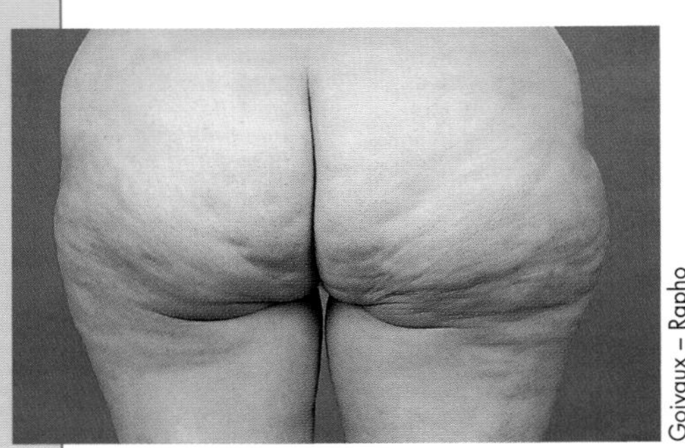

***Culotte de cheval.** La cellulite située en haut des cuisses et sur les fesses forme un renflement, dit « culotte de cheval ».*

troubles des circulations veineuse et lymphatique, entraînant une insuffisance veineuse ou lymphatique, peuvent également favoriser l'apparition de cellulite. Les déséquilibres alimentaires jouent aussi parfois un rôle, de même que le stress, qui favorise le stockage des graisses en raison de l'augmentation du taux d'adrénaline.
Les troubles hormonaux, notamment l'excès d'œstrogènes, qui favorisent l'absorption et la rétention d'eau au niveau du tissu conjonctif, aggravent souvent le phénomène. Des facteurs osseux et articulaires sont également à prendre en compte, dans le cas par exemple de pieds plats ou trop cambrés.

LA DESCRIPTION

La cellulite peut toucher les 2 sexes, mais elle se rencontre surtout chez la femme : 90 % de la population féminine en est atteinte.
Elle apparaît à la puberté ; elle est alors ferme et sensible, la peau devenant rouge et granuleuse surtout sur les cuisses et les fesses. Entre 25 et 50 ans, la cellulite prend un aspect mou, puis flasque, des boules sous-cutanées apparaissent puis s'accentuent ; la peau est de plus en plus capitonnée (peau d'orange). Elle peut s'accentuer lors des grossesses.
La « culotte de cheval » est une localisation de la cellulite aux hanches, aux fesses et sur la face externe des cuisses. Souvent considérée comme un véritable préjudice esthétique, elle est à l'origine de nombreux complexes face aux critères de beauté actuels.

LE TRAITEMENT

Le traitement doit tenir compte de tous les facteurs responsables de la cellulite et comporte ainsi plusieurs mesures.
L'hygiène diététique consiste à diminuer l'apport des matières grasses et des sucres rapides pour éviter le stockage des graisses. Il ne faut pas en surestimer l'efficacité, car ce type de régime agit en premier lieu sur les cellules graisseuses situées en dehors des zones de la cellulite.
L'activité physique – notamment la natation, qui est le sport le plus indiqué – peut aussi améliorer l'aspect de la peau.
Le drainage lymphatique et le port de collants de contention permettent de stimuler les circulations veineuse et lymphatique, en cause dans l'apparition de la cellulite. Les massages manuels avec des crèmes contenant des substances destinées à empêcher le stockage des graisses et à améliorer les circulations veineuse et lymphatique peuvent aussi être utiles.
La mésothérapie, qui consiste à injecter ces mêmes substances par des multipiqûres au niveau des zones atteintes, a les mêmes effets.
Les cures thermales (traitements en piscine, hydromassages et enveloppement de boues marines) peuvent être efficaces. Enfin, beaucoup d'autres techniques ont été utilisées avec des résultats divers et pas toujours bien contrôlés (ionophorèse, ultrasons, etc.).

LA LIPOASPIRATION

C'est une technique chirurgicale permettant de diminuer les surcharges graisseuses de l'hypoderme, qui est de plus en plus utilisée actuellement. Elle se pratique sous anesthésie locale ou, plus rarement, générale. Après anesthésie du patient, on enfonce un instrument servant à faire des ponctions (trocard) dans les masses graisseuses qui sont à vider. On emploie ensuite un appareil à forte pression pour aspirer le contenu graisseux en excès.
Cette technique peut être intéressante si l'on respecte certaines conditions (zones limitées, respect du tissu sous-cutané, limites raisonnables des quantités aspirées). Mais il ne faut pas oublier que la cellulite ne constitue qu'un désordre esthétique, et que toute intervention agressive est susceptible de laisser des séquelles disgracieuses ou handicapantes.

LE CHALAZION ET L'ORGELET

Le chalazion est un petit kyste, et l'orgelet un petit furoncle. L'un se forme à l'intérieur de la paupière, et l'autre sur le bord de la paupière, mais tous les deux sont bénins.

Tandis que le chalazion est indolore et met parfois plusieurs semaines pour se développer, l'orgelet est immédiatement douloureux et évolue très rapidement. Ces deux affections bénignes, situées sur la paupière, se soignent par des antibiotiques et des anti-inflammatoires. Une petite incision est parfois nécessaire pour retirer un chalazion incrusté à l'intérieur des tissus de la paupière.

LE CHALAZION

Il est plus fréquent chez les personnes qui ont des problèmes de peau : acné ou sécrétion excessive de sébum.

Petit nodule souple qui se loge dans l'épaisseur de la paupière inférieure ou supérieure, le chalazion est provoqué, sans cause connue, par l'obstruction du canal d'une glande de Meibomius (au nombre de 25 à 30 par paupière, ces glandes fabriquent une sorte de graisse qui se mélange aux larmes pour lubrifier la cornée). Il est assez visible en retournant la paupière, et bien souvent il roule sous les doigts, lorsqu'on se frotte la paupière.

L'évolution du chalazion. Dans un tiers des cas environ, le chalazion disparaît spontanément, sinon il s'enkyste. Dans ce cas, le nodule se durcit et s'entoure d'une coque fibreuse qui le protège et le rend alors inaccessible aux traitements locaux. Lorsque le nodule s'infecte par un staphylocoque, le bord de la paupière devient rouge, douloureux et il gonfle. Après la guérison, un chalazion peut apparaître plus tard au même endroit, ou sur l'autre paupière. Cette tendance à la rechute doit conduire le médecin à rechercher un diabète ou un trouble de la vue (astigmatisme), qui serait jusqu'alors passé inaperçu.

Le traitement. Il repose sur l'administration de collyres, de pommades anti-inflammatoires et d'antibiotiques. Ce traitement est assez long, pouvant durer deux semaines ou plus. Lorsque le chalazion est enkysté, ou lorsque le traitement médical, pourtant bien suivi, est inefficace, il faut alors faire enlever le kyste en pratiquant

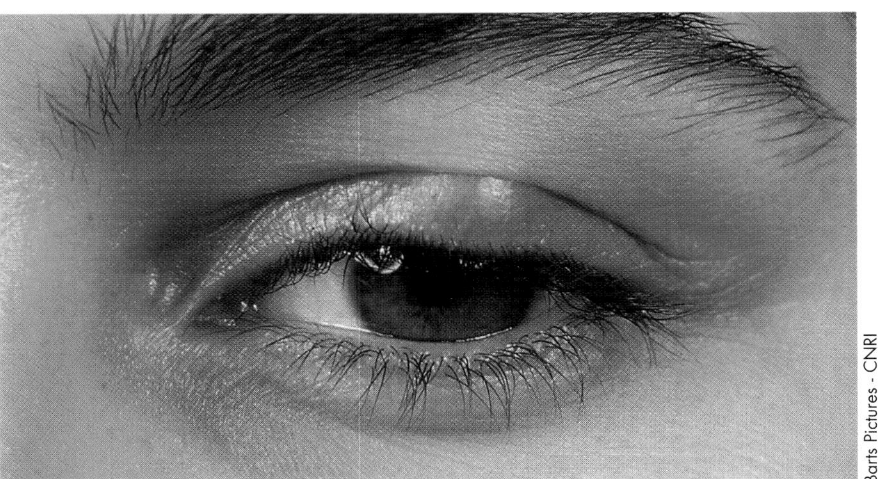

Barts Pictures - CNRI

***Le chalazion.** Ce petit nodule rouge, situé sous la paupière, est le plus souvent indolore et n'a pas de cause connue.*

POUR Y VOIR PLUS CLAIR

QUELQUES MOTS À CONNAÎTRE

Follicule : petite cavité en forme de sac qui peut produire ou évacuer une substance (par exemple, le follicule pileux qui contient la base du poil et dans lequel s'ouvre la glande qui sécrète le sébum).

Nodule : petite boule ronde de consistance dure, qui peut se situer à la surface de la peau, ou être enfouie plus profondément dans les tissus.

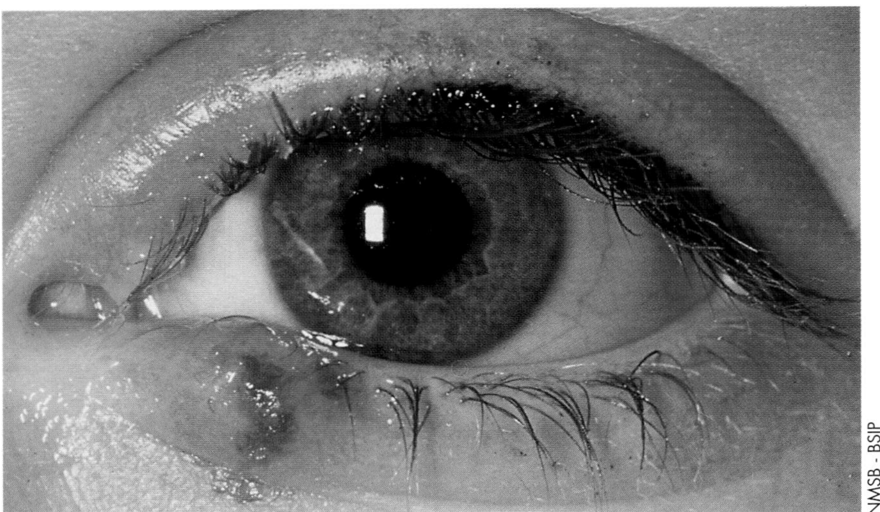
NMSB - BSIP

L'orgelet. Petit furoncle rouge, qui se forme à la base d'un cil, il provoque un gonflement des paupières et s'accompagne souvent d'une forte douleur.

une intervention chirurgicale. Cette opération est indolore et rapide ; elle est recommandée, quand le chalazion provoque une gêne ou quand il présente une rondeur disgracieuse sur la paupière. Exceptionnellement, certains gonflements des paupières peuvent ressembler à un chalazion. Lorsque le traitement ne parvient pas à les faire disparaître, il faut alors envisager une ablation chirurgicale : dans la très grande majorité des cas, cette intervention se révèle efficace.

L'ORGELET

Plus connu sous le nom de compère-loriot, l'orgelet est un furoncle provoqué par un staphylocoque qui prend naissance à la base d'un cil.

L'évolution de l'orgelet. Immédiatement douloureux et d'évolution très rapide, il se caractérise par une inflammation du follicule pileux au bord de la paupière, centrée par un cil.
Cette inflammation est recouverte par une peau rouge et brillante qui devient de plus en plus sensible. Elle grossit, se remplit de pus en quelques jours et se marque d'un point blanc, la tête. Puis le follicule est remplacé par un cône dur, jaunâtre et suppurant, le bourbillon. Son élimination et celle du cil concerné annoncent la fin de l'infection. Souvent à tort, on pense que l'orgelet est provoqué par une exposition aux courants d'air.

Son traitement. Il repose sur l'application de pommades antibiotiques pour accélérer l'élimination du bourbillon. Un traitement antibiotique est parfois nécessaire chez certaines personnes qui présentent une faiblesse des défenses immunitaires, comme les diabétiques. Pour éviter que l'infection ne s'étende, il ne faut pas toucher l'orgelet et encore moins tenter de percer le bourbillon d'une pression des doigts. Comme tous les furoncles, l'orgelet peut récidiver et se multiplier.

LA STAPHYLOCOCCIE

La staphylococcie maligne de la face est une infection grave qui se manifeste par une large zone inflammatoire rouge, chaude et douloureuse sur le visage. Elle peut être provoquée par un furoncle de la face et particulièrement par un orgelet. Cette infection est favorisée par un système immunitaire insuffisant, notamment chez les diabétiques. Sa principale complication est l'extension de l'infection aux veines qui parcourent le crâne (thrombophlébite cérébrale). Elle nécessite un traitement antibiotique par voie intraveineuse.

L'EXTRACTION CHIRURGICALE DU CHALAZION

Totalement indolore, elle est le plus souvent pratiquée sous anesthésie locale de la paupière. L'incision est faite parallèlement à la fente des paupières pour éviter que la cicatrice ne se voie par la suite, puis le contenu dur et blanc du kyste, ainsi que sa coque sont retirés. Il n'est pas nécessaire de suturer la plaie mais une pommade est appliquée pour aider à la cicatrisation. Un pansement est laissé en place pendant 24 heures et un traitement local à base de pommade antibiotique et anti-inflammatoire est prescrit pour huit jours.

La Chirurgie Cardiaque

Cette branche de la chirurgie se consacre au traitement des maladies du cœur et des vaisseaux qui l'irriguent, qu'il s'agisse d'anomalies congénitales ou acquises.

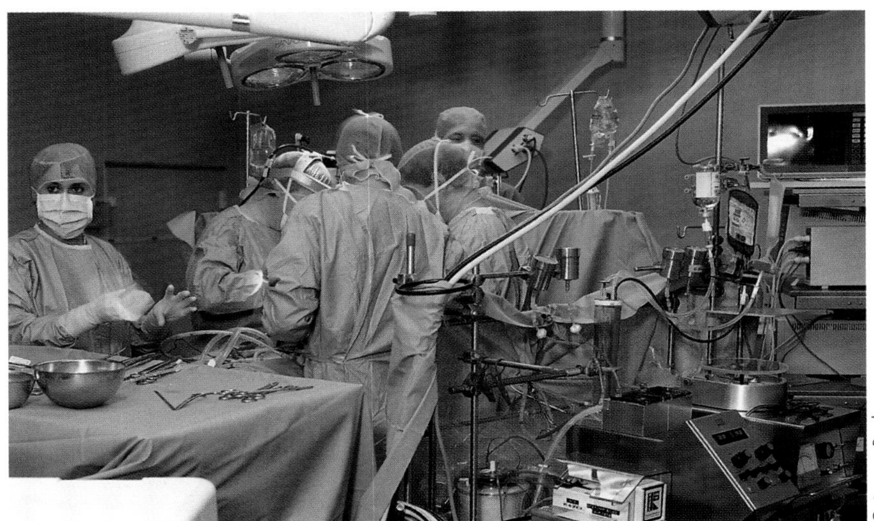

Goivaux - Rapho

***La chirurgie cardiaque.** Pendant une intervention à cœur ouvert, la circulation et l'oxygénation du sang de l'opéré sont assurées par une machine (à droite sur la photo) dite de circulation extracorporelle.*

Les opérations réalisées en chirurgie cardiaque sont, encore aujourd'hui, longues (plusieurs heures) et relativement lourdes. Toutefois, elles ont été grandement facilitées par les progrès techniques réalisés au cours des années 1980.

LES INTERVENTIONS CARDIAQUES

On distingue cinq types d'interventions chirurgicales sur le cœur et ses vaisseaux.

Le pontage coronarien. Il s'agit d'une intervention pratiquée sur les artères coronaires, chargées d'approvisionner le cœur en sang et dont le rétrécissement ou l'occlusion (caillot de sang, artériosclérose) peuvent entraîner des crises d'angine de poitrine (angor) ou un infarctus du myocarde. Le pontage consiste à court-circuiter la partie d'artère rétrécie en utilisant une portion de vaisseau sain, provenant du patient lui-même (prélèvement d'une veine des jambes, la saphène le plus souvent). On fait passer ce segment par-dessus l'obstruction et on le réimplante sur l'artère à revasculariser, en aval de l'obstruction. Le sang peut ainsi circuler de nouveau sans difficulté dans le territoire de l'artère lésée. Au cours de la même intervention, le chirurgien peut être amené à rétablir la circulation sanguine dans plusieurs zones obstruées en réalisant plusieurs pontages (on parle, selon le cas, de pontage double, triple, etc.).

La chirurgie valvulaire. Elle consiste à réparer une valvule cardiaque abîmée (valvuloplastie chirurgicale) ou à la remplacer par une prothèse valvulaire artificielle. Il existe deux types de prothèses valvulaires artificielles : des prothèses biologiques, fabriquées à partir de tissus animaux ou humains, recouvrant une armature métallique ; des prothèses mécaniques, entièrement artificielles, qui durent plus longtemps,

L'ARRÊT DES BATTEMENTS DU CŒUR

Lors d'une intervention chirurgicale sur le cœur, il est nécessaire d'interrompre temporairement les battements du cœur. Pour ce faire, on administre au patient, par voie intraveineuse, des substances dites cardioplégiques, qui provoquent l'arrêt des battements cardiaques. Cette technique est associée à la mise en place d'une circulation extracorporelle.

Le Diascorn - Rapho

La chirurgie à cœur ouvert. Elle permet de procéder à diverses opérations, comme ici le remplacement d'une valvule par une prothèse artificielle.

mais obligent à suivre à vie un traitement anticoagulant pour éviter la formation de caillots à leur contact.

La chirurgie des anomalies congénitales du cœur. Elle consiste à réparer différentes anomalies liées à une malformation survenue pendant la vie intra-utérine : fermeture de communications anormales entre deux cavités, restauration du branchement normal de certains vaisseaux. Lorsque cela est indispensable, l'intervention a lieu dès la naissance : c'est le cas avec la transposition des gros vaisseaux, malformation dans laquelle l'aorte naît anormalement du ventricule droit, et l'artère pulmonaire, du ventricule gauche.

La chirurgie péricardique. Elle concerne l'enveloppe du cœur, le péricarde. Deux types d'intervention sont pratiqués :

– la péricardectomie (ou pelage péricardique). Elle est réalisée chez les malades souffrant de péricardite chronique constrictive, affection au cours de laquelle l'épaississement très important du péricarde crée une véritable gangue enserrant le cœur et gênant son remplissage ;

– le drainage péricardique chirurgical. Il est généralement effectué en cas de tamponnade (présence de liquide sous pression à l'intérieur du péricarde), comprimant les cavités cardiaques. Le drainage péricardique consiste à évacuer le liquide sous pression par une petite incision pratiquée à la partie inférieure du thorax ; on peut aussi, au cours de cette intervention, prélever du liquide ou un morceau de tissu péricardique pour déterminer la cause de cet épanchement.

La greffe du cœur. Également appelée transplantation cardiaque, elle consiste à remplacer le cœur malade par un cœur sain. Une telle intervention n'est pratiquée que lorsque le cœur souffre de lésions irréversibles (infarctus très étendu) ou trop graves pour qu'une intervention chirurgicale classique ou un traitement médicamenteux puissent les corriger.

LA TECHNIQUE

La chirurgie cardiaque se déroule en différentes étapes : après une anesthésie générale, le thorax du patient est ouvert. On refroidit l'organisme (mise en hypothermie), et on met en place une circulation extracorporelle, qui consiste à faire passer le sang veineux à travers un appareil d'oxygénation extérieur avant de le réinjecter dans le réseau artériel au moyen d'une pompe. Les battements du cœur sont alors interrompus (cardioplégie), puis le péricarde est incisé. On procède alors à l'intervention proprement dite (pontage, remplacement valvulaire, etc.). Une fois que celle-ci est terminée, le corps est réchauffé, la circulation extracorporelle, arrêtée ; les battements du cœur reprennent spontanément, ou parfois après administration d'un choc électrique (cardioversion). Enfin, le thorax est refermé.

LA CIRCULATION EXTRACORPORELLE

Cette technique permet d'assurer temporairement, de manière artificielle, la circulation et l'oxygénation du sang à la place du cœur et des poumons. La circulation extracorporelle est utilisée lorsqu'une intervention doit être effectuée sur un cœur immobile, par exemple en cas de remplacement d'une valvule ou de pontage aortocoronarien. Le sang issu des veines est collecté peu avant son arrivée dans le cœur grâce à des tuyaux branchés sur les veines caves. Ce sang passe ensuite dans le circuit de circulation extracorporelle, où il est réoxygéné. Enfin, il est réinjecté par une canule insérée dans l'aorte. La circulation est assurée par un système de pompe qui propulse le sang à intervalles réguliers comme le ferait le cœur.

Chirurgie esthétique et réparatrice du sein

Les interventions chirurgicales sur le ou les seins ont pour objectif d'augmenter ou de diminuer leur volume ou de reconstruire un sein après une ablation.

Ces opérations, regroupées sous le terme de mammoplastie, nécessitent une anesthésie générale et une hospitalisation de 2 à 5 jours en moyenne.

LES INDICATIONS

Une mammoplastie se justifie lorsque l'apparence de la poitrine féminine, et parfois masculine, pose des problèmes physiques, psychologiques (complexe, frustration) et sociaux (gêne vestimentaire).

Les indications de l'opération sont variées : seins très volumineux (hypertrophie mammaire), pouvant avoir des répercussions sur la statique de la colonne vertébrale en raison de leur poids ; développement anormal des glandes mammaires chez l'homme (gynécomastie), parfois dû à une tumeur du sein ou à une anomalie endocrinienne ; seins très tombants (ptôse mammaire), d'origine congénitale ou acquise (grossesse, allaitement, amaigrissement important) ; seins très petits (hypotrophie mammaire), dont l'origine est congénitale ou liée à une grossesse ou à un régime amaigrissant ; asymétrie mammaire ; absence d'un sein ou des deux seins, consécutive, dans la majorité des cas, à une ablation à la suite d'un cancer du sein.

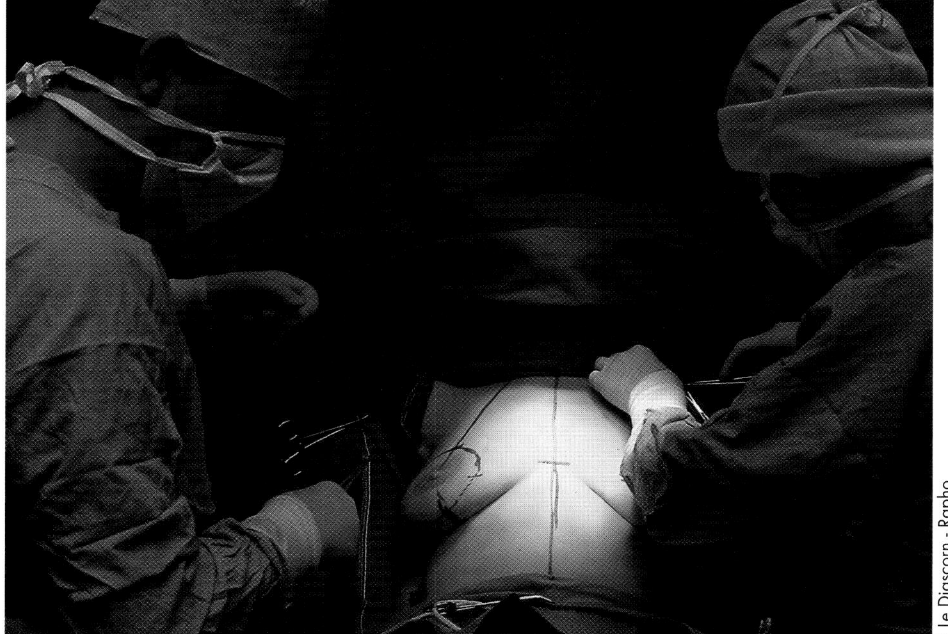

F. Le Diascorn - Rapho

***Réduction et remodelage des seins.** De la graisse, une partie de la glande mammaire ainsi que de la peau sont retirées. Ensuite, le chirurgien reforme le sein.*

LA PRÉPARATION ET LE DÉROULEMENT

L'intervention doit être précédée d'un entretien avec le chirurgien, qui s'assure du bien-fondé de la demande, en évalue le retentissement psychologique et choisit avec les patients la meilleure solution technique parmi les différents procédés possibles pour chaque type d'intervention.

L'opération dure environ deux heures, sauf dans les cas d'une gynécomastie traitée par liposuccion (aspiration de la graisse).

Les seins très volumineux, les seins tombants. La patiente est opérée en position assise afin de faciliter le travail de « sculpture » effectué par le praticien. L'incision se fait le plus souvent autour de l'aréole puis descend verticalement sur une longueur de 4 à 6 centimètres, jusqu'au sillon sous-mammaire. Le chirurgien retire une partie de la glande mammaire, de la graisse et de la peau. Le tissu restant est remodelé en un cône, sur lequel le chirurgien drape la peau. Le mamelon et l'aréole sont placés

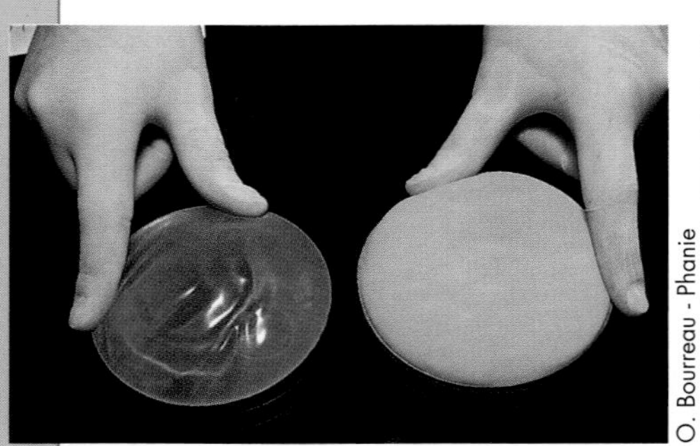
O. Bourreau - Phanie

***Prothèses mammaires.** Il en existe différents types : à gauche, une prothèse en silicone ; à droite, une prothèse en polyuréthane.*

à la fin de l'opération, en tenant compte de la légère retombée du sein, prévisible dans les mois suivant l'intervention. La patiente doit porter un pansement de protection pendant une dizaine de jours. Les fils sont enlevés entre le 4e et le 12e jour après l'opération.

La gynécomastie. Elle se traite par ablation de la glande mammaire, pratiquée grâce à une incision le long de l'aréole. Des gynécomasties essentiellement graisseuses peuvent être traitées par liposuccion (aspiration de la graisse). Le patient ressent des douleurs pendant 3 semaines environ.

Les seins très petits, l'absence de sein(s). Le chirurgien reconstruit le sein en implantant une prothèse, qui se place en général derrière le muscle pectoral. La prothèse est constituée le plus souvent d'une enveloppe en élastomère de silicone, qui est remplie de sérum physiologique. La mise en place d'une prothèse se fait soit par incision dans l'aisselle, ce qui permet de placer la prothèse derrière le muscle pectoral, soit sur le pourtour de l'aréole – la prothèse étant alors placée derrière la glande mammaire. En cas d'insuffisance de peau, il est nécessaire de pallier le manque de tissu par l'utilisation d'une surface de peau complémentaire prélevée sur une autre partie du corps (flanc, dos ou abdomen, par exemple).

LA CONVALESCENCE

La convalescence dure entre une semaine et un mois. En cas d'opération pour hypertrophie (seins volumineux) ou ptôse mammaire (seins tombants), la glande mammaire est le siège d'un œdème postopératoire qui disparaît progressivement dans un délai de 6 semaines à 2 mois. Les sensations douloureuses dues à la mise en place des prothèses disparaissent au bout de quelques jours. Lorsque l'incision a été faite dans l'aisselle, les douleurs postopératoires sont plus intenses. Selon les types de peau, les cicatrices évoluent de manière plus ou moins rapide. La sensibilité mammaire est diminuée pendant quelques mois puis se rétablit peu à peu.

LES COMPLICATIONS

Un hématome peut se former. S'il ne se réduit pas spontanément, il devra être évacué chirurgicalement.

Une infection se produit dans moins de 1 % des cas. Selon son degré de gravité, elle consiste en un simple rejet des fils ou en un véritable abcès du sein, qui devra être drainé chirurgicalement. Des cicatrices rouges et épaisses ou des cicatrices assez larges sont parfois visibles après l'opération, la capacité de cicatrisation des tissus mammaires étant très variable d'une patiente à l'autre. Ces cicatrices peuvent toutefois être reprises lors d'une seconde opération (6 mois à 1 an après la première).

En cas de mammoplastie réalisée pour traiter une hypertrophie mammaire sur des seins anormalement fibreux et dont la glande mammaire est peu fonctionnelle, l'allaitement peut être déconseillé.

La récidive de l'hypertrophie mammaire est possible mais représente moins de 5 % des cas et apparaît surtout chez les jeunes femmes opérées avant d'avoir eu leur premier enfant.

La qualité de la peau n'étant pas évaluable avant l'opération, les seins opérés peuvent retomber si la trame élastique de la peau qui soutient le sein est de mauvaise qualité. Une seconde opération est également envisageable dans ce cas.

PROTHÈSES ET COMPLICATIONS

Les prothèses mammaires gonflables peuvent éventuellement se dégonfler. Le sérum physiologique se répand alors dans l'organisme. Le phénomène est sans danger, mais l'opération doit alors être recommencée.

Avant l'opération, le chirurgien doit informer sa patiente de ce risque, ainsi que des autres complications possibles inhérentes à l'intervention, afin d'obtenir de sa part un consentement éclairé.

CHOCS ET TRAUMATISMES DE L'ŒIL

L'œil est un organe fragile qui peut être gravement lésé lors d'un traumatisme. En cas de lésion, le transfert de la personne blessée à l'hôpital ou chez un spécialiste s'impose d'urgence.

M. Baret - Rapho

Les lunettes de protection. *Certains métiers à risque, comme la soudure, nécessitent le port de lunettes spéciales, pour se protéger des éclats qui pourraient pénétrer dans l'œil.*

En cas d'accident de l'œil, la qualité du bilan des lésions et des premiers soins est primordiale. En effet, certains traumatismes entraînent des lésions d'autant plus graves que le traitement est tardif. En outre, seules les plaies situées sur la partie visible de l'œil sont faciles à détecter, alors que certaines lésions internes, ou situées sur la face postérieure de l'œil, sont invisibles lors d'une simple observation.
Les traumatismes de l'œil peuvent atteindre le globe oculaire (occasionnant des blessures soit superficielles, soit de l'intérieur de l'œil, beaucoup plus graves), la paupière ou l'orbite.

LES PLAIES DE L'ŒIL

Aisées à repérer lorsqu'elles sont situées sur la partie visible de l'œil, elles sont parfois difficiles à détecter lorsqu'elles sont sur la partie postérieure ; elles sont parfois masquées par un hématome de la conjonctive, membrane qui tapisse une partie du globe oculaire. Lorsqu'on suspecte une plaie de l'œil, il faut de toute urgence consulter un médecin. L'ophtalmologiste fera un bilan des lésions et prescrira un traitement approprié. Lors du trajet, il est conseillé de protéger l'œil avec un pansement stérile.

UN CORPS ÉTRANGER DANS L'ŒIL

Le corps étranger peut être présent dans la zone superficielle du globe oculaire. Il est alors en principe assez facile à enlever avec un coin de mouchoir en papier ou grâce à un rinçage à l'eau. Le seul problème peut provenir d'une localisation

LA GREFFE DE CORNÉE

Lorsqu'une personne souffre d'une opacité de la cornée consécutive à un accident, on peut lui proposer une greffe de cornée. Celle-ci consiste à remplacer une partie de cornée malade par une même portion de cornée saine prélevée chez une personne décédée ou, beaucoup plus rarement, sur le malade lui-même. En cas de prélèvement sur un cadavre, d'importantes précautions sont prises pour éviter la transmission de maladies infectieuses. Les risques de rejet sont minimes, car la cornée est un tissu dépourvu de vaisseaux, donc relativement isolé du système immunitaire.

sous la paupière supérieure : le corps étranger est coincé, chaque clignement de paupière provoquant une rayure de la cornée, très douloureuse. On peut essayer de rincer ou d'ôter le corps étranger après avoir soulevé la paupière, mais il est souvent nécessaire d'aller voir un ophtalmologiste. Les corps étrangers provoquent des lésions plus graves s'ils pénètrent à l'intérieur du globe oculaire ; il faut alors les faire enlever et faire suturer la plaie dans un service d'ophtalmologie.

LES CONTUSIONS ET LES BRÛLURES

Les contusions. Il n'y a pas de geste urgent à faire, car le globe oculaire reste fermé. Mais la surveillance ultérieure est importante, car des complications secondaires (cataracte, hypertonie oculaire, décollement de la rétine) peuvent survenir.

QUE FAIRE EN CAS DE BRÛLURE PAR UN PRODUIT TOXIQUE ?

Le premier geste indispensable à faire sans attendre que la personne accidentée soit conduite à l'hôpital est le lavage soigneux de l'œil. Ce lavage peut être fait sous un robinet d'eau tiède avec un écoulement pas trop fort, en veillant à ce que l'œil reste ouvert (maintenir les paupières). Il doit durer plusieurs minutes, pour que le produit toxique soit complétement évacué. Ensuite, si possible, il faut poser un pansement stérile sur l'œil. Dès lors, on pourra amener le blessé dans un service d'ophtalmologie, en ayant bien soin d'emporter le produit qui a provoqué la brûlure ou ses références exactes.

Les brûlures. Elles sont :
– physiques, par ultraviolets ou au cours de soudure à l'arc sans protection efficace. Elles provoquent alors des inflammations de la cornée (kératites) superficielles, très douloureuses, mais en général bénignes ;
– thermiques ; elles sont rares, car la chaleur, qui arrive avant la flamme, provoque la fermeture réflexe de la paupière ;
– chimiques ; les brûlures occasionnées par le contact avec les produits chimiques sont les plus graves. Lorsqu'elles sont causées par le contact avec un acide, elles sont sévères mais n'ont pas tendance à s'aggraver. En revanche, les brûlures par substances basiques (soude caustique) paraissent moins graves au début, mais pénètrent plus profondément dans les tissus oculaires si le produit est laissé en place.

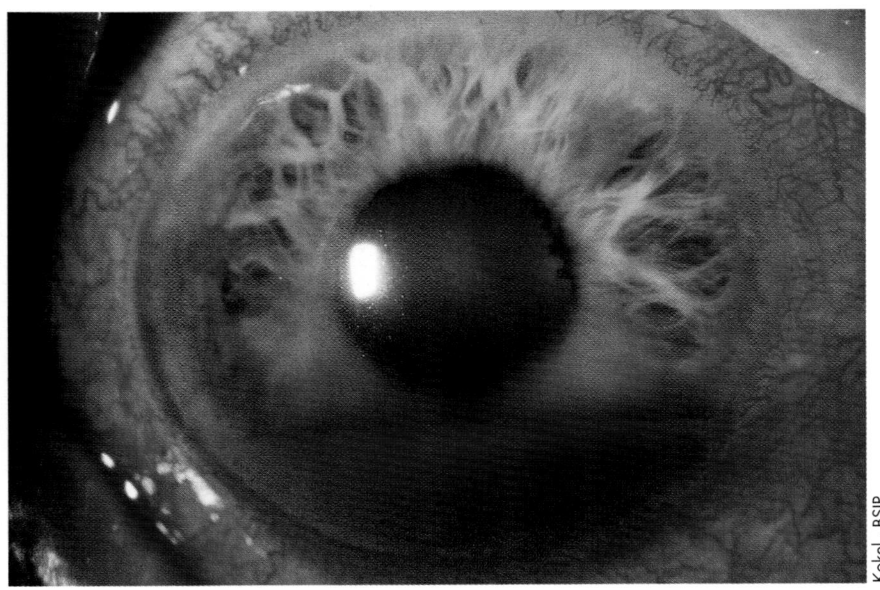
Kokel - BSIP

***Un hyphéma.** En cas de choc sur l'œil, un saignement peut se produire dans la chambre antérieure de l'œil (en bas, sur la photo).*

LES TRAUMATISMES

Les traumatismes des paupières. Ce sont essentiellement les plaies. Elles peuvent être graves si elles touchent le muscle releveur de la paupière supérieure ou les canaux lacrymaux, et nécessitent une réparation chirurgicale spécialisée.

Les traumatismes de l'orbite. Ce sont les fractures. Une fracture de l'os formant la partie inférieure de l'orbite peut avoir pour résultat une lésion d'un des muscles responsables de la motricité des globes oculaires et entraîner une diplopie (le patient voit double). Elle doit être traitée chirurgicalement.

LES CHUTES DE CHEVEUX

La perte des cheveux, appelée alopécie, représente souvent plus un problème esthétique qu'une véritable maladie. Elle se rencontre chez l'homme comme chez la femme.

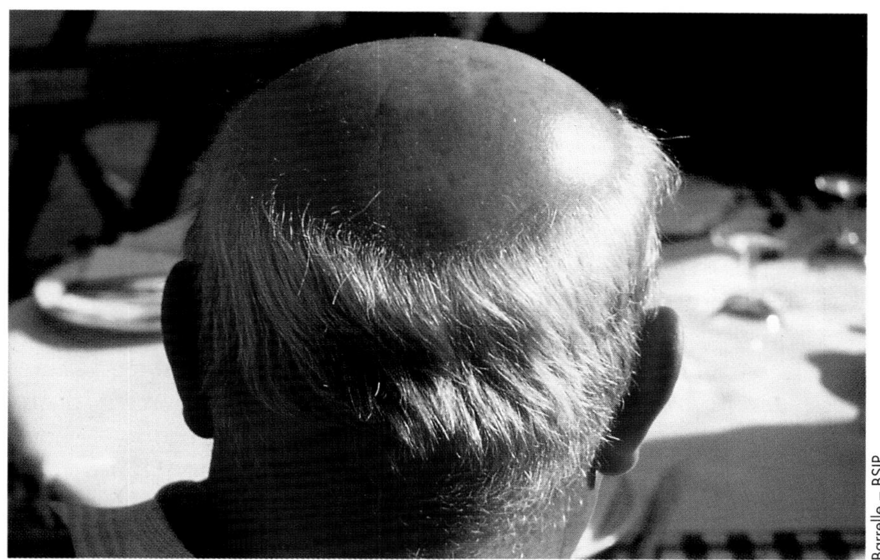

Barrelle – BSIP

Homme atteint d'une calvitie. Les cheveux tombent surtout au niveau des tempes et sur le haut de la tête, mais le pourtour du crâne est souvent épargné.

Les chutes de cheveux peuvent affecter l'ensemble du cuir chevelu (alopécie diffuse) ou ne toucher qu'une zone, laissant des petites aires dépourvues de cheveux (alopécie localisée).

LES CAUSES

Les chutes de cheveux diffuses hormonales. Ce sont les plus fréquentes. Appelées aussi calvities, elles sont dues à un excès d'hormones mâles (androgènes) ou à une sensibilité accrue à ces hormones, d'origine génétique (cas des familles où l'on est chauve de père en fils). Ce type d'alopécie concerne habituellement les hommes, mais il peut également toucher les femmes au moment de la ménopause, à cause de la baisse de la sécrétion des hormones féminines, ou à la suite du traitement par des androgènes. Ces alopécies peuvent aussi apparaître à la suite d'un choc nerveux ou d'un stress. Elles évoluent en général sur de nombreuses années.

Les chutes de cheveux diffuses non hormonales. Elles sont également fréquentes et se rencontrent à n'importe quel âge chez l'adulte. Elles sont liées à un arrêt de croissance des zones où poussent les poils et les cheveux (follicules pileux). Elles débutent de façon assez brutale ; les patients se plaignent d'avoir de nombreux cheveux sur leur oreiller. Le médecin demande alors au patient ce qui s'est passé les 3 mois précédant le début de la chute et retrouve le plus souvent une cause précise : un accouchement, une intervention chirurgicale, une infection, un stress

LA CROISSANCE DU CHEVEU

Les cheveux poussent d'environ 1 centimètre par mois. Chaque cheveu passe par des périodes de croissance et de repos. Il est ainsi normal de perdre de 30 à 100 cheveux par jour.
Au début de la phase de croissance, qui dure environ 3 ans, la racine, ou bulbe, stimule la pousse d'un cheveu et de sa tige, la partie visible du cheveu (phase anagène). La phase qui lui succède est celle de l'arrêt de la croissance ; elle dure 2 ou 3 semaines (phase catagène). La dernière phase, qui dure 6 ou 7 mois, comprend l'ascension du bulbe dans l'épaisseur de la peau puis la chute du cheveu, sous la poussée d'un nouveau cheveu formé dans le même follicule (phase télogène).

LES PELADES ET LES PSEUDO-PELADES

Les pelades sont caractérisées par une chute de cheveux localisée, formant des plaques arrondies sans cheveux. L'épiderme est lisse, reste souple et se laisse plisser. Les pelades, dont l'origine est mal connue, sont souvent secondaires à un grand choc affectif (deuil, etc). Dans la majorité des cas, elles ne sont pas définitives et la repousse est possible. Lorsque l'épiderme est aminci, brillant et ne se laisse pas plisser, il s'agit de pseudo-pelades. Celles-ci correspondent souvent à des maladies comme la sclérodermie, le lupus érythémateux ou le lichen, localisées sur le cuir chevelu. Les traitements sont très peu efficaces.

important, un accident grave ou la prise de certains médicaments (notamment en cas de chimiothérapie anticancéreuse). La plupart du temps, après 2 ou 3 mois, tout rentre dans l'ordre, en particulier si la cause déclenchante a été guérie.

Les chutes de cheveux localisées. Elles peuvent être dues à une lésion définitive du cuir chevelu (par exemple une brûlure), à des traumatismes répétés de la racine des cheveux (coiffures particulières, tics d'arrachage des cheveux d'origine nerveuse), à une infection du cuir chevelu due à des champignons, ainsi qu'à d'autres maladies de peau.

LES SIGNES

Chez l'homme, la chute des cheveux débute le plus souvent dès l'âge de 25-30 ans. Son évolution est alors relativement rapide. Les tempes se dégarnissent progressivement, entraînant la formation de ce qu'on appelle les golfes temporaux, puis la région du sommet du crâne est atteinte.
Souvent, il ne persiste plus qu'une simple couronne de cheveux débutant derrière les oreilles et se prolongeant en arrière vers la nuque, que l'on appelle couronne hippocratique. Dans le cas où la chute des cheveux survient vers la cinquantaine, son évolution est beaucoup plus lente.
Chez la femme, la chute des cheveux évolue différemment et n'est d'ailleurs reconnue que depuis une trentaine d'années. Débutant plus tardivement, vers 40-45 ans, souvent juste avant la ménopause, elle se manifeste par un éclaircissement plus diffus de la chevelure, respectant généralement la ligne frontale d'implantation. Elle dégarnit la partie située juste en arrière de cette ligne ainsi que tout le sommet du crâne. Elle peut être complète vers l'âge de 75-80 ans.

LES TRAITEMENTS

Les traitements des chutes de cheveux sont variables selon le sexe. Chez l'homme, le traitement est assez limité. Il comprend la prise de vitamines du groupe B. Localement, il consiste à appliquer des substances destinées à augmenter la circulation sanguine au niveau des bulbes pileux pour stimuler la pousse des cheveux (minoxidil). Le traitement le plus efficace est la greffe ou la microgreffe de cheveux au niveau du cuir chevelu.
Chez la femme, un traitement hormonal de substitution est souvent proposé, en l'absence de toute contre-indication. Les soins locaux ont également leur intérêt, mais il faut savoir que leurs effets sont limités.
En cas de chute de cheveux, il faut consommer des vitamines, se laver doucement les cheveux et, le cas échéant, prendre des médicaments contre la maladie en cause.

LES GREFFES DE CHEVEUX

Les greffes de cheveux se pratiquent depuis plus de 30 ans. Sous anesthésie locale, on prélève au niveau de la nuque de petits cylindres de peau renfermant 5 ou 6 cheveux. On dépose ensuite ces greffons dans de petites cavités de même diamètre creusées sur le devant du cuir chevelu, au niveau des tempes. Un pansement est alors appliqué quelques jours. On obtient une repousse acceptable au bout de quelques mois.
Cette première opération peut être complétée par la pratique de mini-greffes, qui comportent 1 ou 2 cheveux seulement et que l'on place par simple incision avec la pointe d'un bistouri entre les greffes antérieurement appliquées sur les tempes.

LES CIRRHOSES

Les cirrhoses sont des maladies au cours desquelles les cellules du foie se détruisent progressivement et sont remplacées par un tissu fibreux. Dans les pays industrialisés, la première cause en est l'alcoolisme.

La cirrhose est une des premières causes de mortalité dans les pays industrialisés. Cette affection, irréversible lorsqu'elle s'est installée, se traduit par un durcissement du tissu qui constitue le foie, et par le développement dans cet organe d'un réseau de cicatrices fibreuses. Les cellules restantes, par compensation, se mettent à proliférer de façon anarchique et forment de petites structures de forme sphérique (nodules) et des bosselures. Ces nodules bloquent la circulation du sang à travers le foie. Les cellules hépatiques, mal irriguées, fonctionnent difficilement. En amont du foie, la pression dans les veines augmente (hypertension portale).

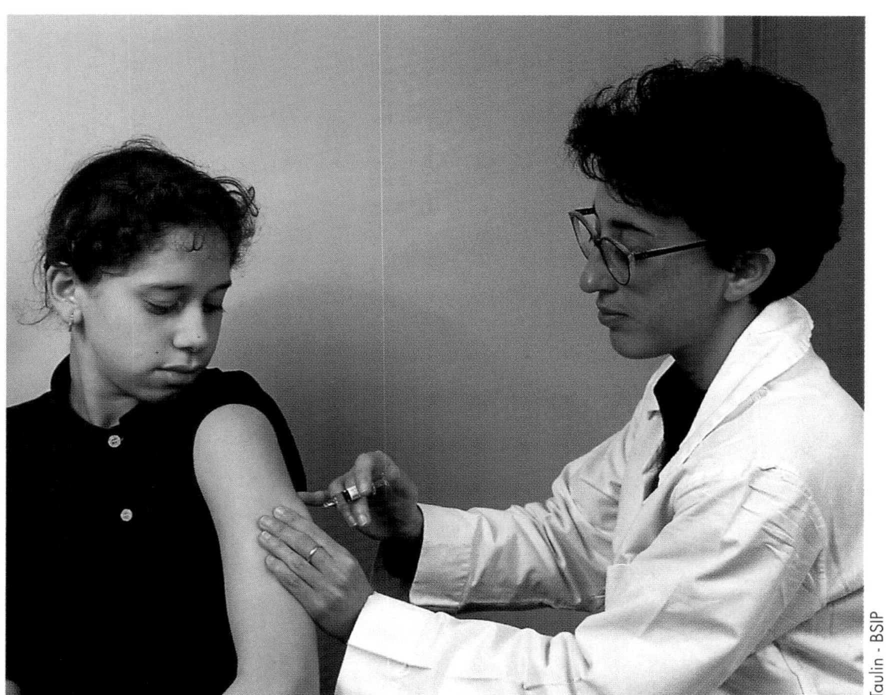

Taulin - BSIP

Adolescente se faisant vacciner contre l'hépatite B. *Cette infection virale peut évoluer vers une cirrhose, aussi est-il nécessaire de se faire vacciner à la naissance, avec un rappel à l'adolescence.*

LES CAUSES

Une cirrhose peut avoir différentes causes. Dans les pays industrialisés, la cause la plus fréquente est l'alcoolisme. Cette maladie peut également découler de l'infection par les virus de l'hépatite B, C ou D, entraînant une inflammation chronique du foie. La cirrhose peut encore résulter d'une maladie au cours de laquelle l'organisme fabrique des anticorps contre ses propres constituants (cirrhose biliaire primitive, hépatite chronique auto-immune). Elle peut également être liée à une anomalie

FOIE ET ALCOOL

À partir de quelle consommation quotidienne d'alcool risque-t-on de développer une cirrhose ? La réponse à cette question n'est pas simple. En cas de consommation d'alcool quotidienne et régulière, une cirrhose ne survient jamais au-dessous de 20 grammes d'alcool (2 verres de vin) pour une femme et de 40 grammes (4 verres) pour un homme. Au-dessus de ces doses, on observe de grandes inégalités face au risque. Par ailleurs, de nombreux autres facteurs doivent être pris en compte. Parmi ceux-ci, les principaux sont la malnutrition et l'infection par un des virus de l'hépatite (B, C ou D).

LES AUTRES CAUSES DE CIRRHOSE

Si l'alcoolisme est une cause fréquente de cirrhose, elle n'est pas la seule. De nombreuses maladies chroniques du foie évoluent vers une cirrhose, par exemple les hépatites chroniques B, C et D. Certaines maladies métaboliques, comme l'hémochromatose, caractérisée par l'accumulation de fer dans l'organisme, ou encore la mucoviscidose, risquent également d'évoluer vers une cirrhose. L'utilisation prolongée de certains médicaments peut aussi conduire à cette grave affection du foie.

de l'assimilation d'une substance par l'organisme : accumulation de fer dans les tissus (hémochromatose), accumulation de cuivre dans les tissus (maladie de Wilson), déficit en une substance participant aux transformations d'un type de glucide, le galactose (galactosémie), etc. Enfin, certaines cirrhoses ont une cause inconnue.

LES SYMPTÔMES

La cirrhose évolue en plusieurs phases. Par ailleurs, les personnes atteintes de cirrhose sont particulièrement sensibles aux infections : tuberculose, infections des voies respiratoires et urinaires.

Les premiers stades. Dans un premier temps, la maladie passe totalement inaperçue, puis les premiers troubles apparaissent : affaiblissement généralisé (asthénie), amaigrissement, épanchement de liquide à l'intérieur du péritoine, la membrane qui tapisse les parois de l'abdomen (ascite). Un écoulement de sang à l'intérieur du tube digestif peut se produire (hémorragies digestives). Il est dû à une élévation de la pression sanguine dans la veine qui conduit le sang de l'intestin et de la rate vers le foie (veine porte). L'hypertension de la veine porte risque d'entraîner une dilatation des veines inférieures de l'œsophage (varices œsophagiennes). En l'absence de traitement, ces varices se rompent, provoquant une hémorragie qui peut être grave et se manifeste par des vomissements de sang.

Les stades plus avancés. L'incapacité du foie à assurer ses fonctions entraîne une jaunisse, des hémorragies diffuses et une atteinte du système nerveux (encéphalopathie, responsable de somnolences, voire d'un coma). Au stade terminal, les reins ne parviennent plus à assurer leur fonction de filtre du sang (insuffisance rénale). Cela se traduit, dans la plupart des cas, par un coma profond et irréversible.

L'ÉVOLUTION ET LE PRONOSTIC

Lorsque la cirrhose évolue sur plusieurs années, un cancer peut se développer dans le foie. Cet organe est indispensable à la vie : il assure, en effet, des fonctions multiples et complexes de fabrication et de transformation de diverses substances. C'est pourquoi le pronostic de la cirrhose, qui détruit progressivement cet organe, est sombre, même s'il s'agit d'une maladie évoluant parfois sur plusieurs dizaines d'années.

LE TRAITEMENT

Il vise essentiellement à prévenir ou à retarder la constitution de tissu fibreux dans le foie.

L'arrêt de consommation d'alcool. La maladie est irréversible, mais son évolution peut être ralentie si l'on supprime immédiatement et complètement la consommation de toute boisson alcoolisée.

La prévention et le traitement des complications. La prévention et le traitement des principales complications permettent de prolonger considérablement la vie des personnes atteintes de cirrhose : traitement des infections à l'aide d'antibiotiques, administration de médicaments qui diminuent le débit sanguin (bêtabloquants) et dérivation des vaisseaux malades en cas d'hypertension portale, prescription de médicaments augmentant la production d'urine (diurétiques) et réduction des apports en sel en cas d'ascite, etc. Chez les patients ayant développé une tumeur du foie, il est parfois possible de procéder à son ablation chirurgicale.

La greffe de foie. Elle constitue le seul traitement radical de la cirrhose. Cependant, une telle intervention ne peut être pratiquée que dans un nombre limité de cas, chez des patients assez jeunes et ne souffrant d'aucune complication grave.

Les Colites

On regroupe sous le terme de colites différentes affections caractérisées par une inflammation de la muqueuse du côlon et se traduisant par divers troubles intestinaux.

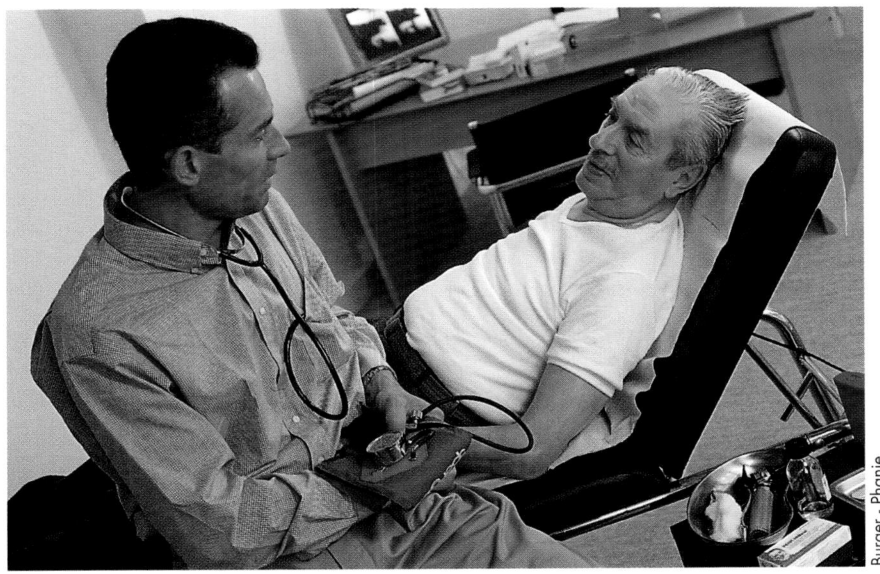

Burger - Phanie

Consultation chez le médecin. *La colite chronique, qui se manifeste par des accès de diarrhée entrecoupés de périodes de rémission, nécessite des visites régulières chez le médecin.*

Une colite est une inflammation de la dernière partie de l'intestin (côlon), qui se manifeste essentiellement par une diarrhée et par des douleurs abdominales. Cette inflammation, qui peut survenir de manière aiguë ou chronique, constitue le signe principal d'affections très variées. Par ailleurs, il existe deux formes particulières de colite chronique, la rectocolite hémorragique et la maladie de Crohn. Le terme de colite est parfois employé à tort pour désigner des troubles du fonctionnement de l'intestin, dans lesquelles il n'existe pas d'inflammation.

LES DIFFÉRENTS TYPES

Les colites aiguës. Elles sont dues à l'infection par une bactérie (shiguelle, salmonelle), par un parasite (amibe) ou, plus rarement, par un virus. Parfois, elles résultent de la prise de certains médicaments antibiotiques qui agissent contre de nombreuses bactéries (antibiotiques dits à spectre large).

Les colites chroniques. L'origine des colites chroniques n'est pas bien connue. Certaines colites seraient liées à des phénomènes au cours desquels l'organisme se retourne contre lui-même en fabriquant des anticorps contre ses propres organes (mécanisme auto-immun). Il est possible que d'autres facteurs (infection par une bactérie ou un virus) jouent un rôle dans leur apparition. Enfin, il existe un facteur génétique incontestable : les colites chroniques touchent davantage certaines familles que d'autres.

LES DIVERTICULES DU CÔLON

Les diverticules du côlon sont de petites cavités anormales : la muqueuse du côlon forme de petites hernies qui traversent la couche musculaire. Ces anomalies sont provoquées par un régime alimentaire pauvre en fibres. Ainsi, les diverticules coliques sont inconnus chez les villageois africains, qui se nourrissent de végétaux, mais apparaissent rapidement chez ces mêmes villageois lorsqu'ils vont travailler en ville et se nourrissent comme les Occidentaux. En dehors de risques d'infection et d'hémorragie, qui sont très rares, cette affection ne requiert aucun traitement particulier.

LES SYMPTÔMES

Une colite aiguë se traduit essentiellement par une diarrhée, avec parfois la présence de sang dans les selles (syndrome dysentérique). Chez certains patients, cette diarrhée s'associe à des douleurs abdominales. Les colites chroniques s'accompagnent des mêmes symptômes. Cependant, la diarrhée survient par accès, entrecoupés de périodes de rémission.

LE TRAITEMENT

Le traitement dépend de la cause de la colite, lorsque celle-ci est connue. Dans le cas des colites aiguës, il peut reposer sur l'administration d'antibiotiques, de médicaments tuant les amibes (amœbicides), etc. En cas de colite chronique due à une affection auto-immune, le traitement comprend la prise d'anti-inflammatoires et de médicaments destinés à atténuer ou à diminuer les réactions immunitaires de l'organisme (immunosuppresseurs).

LA RECTOCOLITE HÉMORRAGIQUE

C'est une maladie de cause inconnue, qui correspond à une inflammation chronique de la muqueuse du côlon. Elle se traduit par des émissions, par l'anus, de sang et d'une substance sécrétée par les cellules de l'intestin (mucus). Le plus souvent, c'est la dernière partie du côlon, le rectum, qui est atteinte, le reste du côlon étant affecté de façon très variable d'un patient à l'autre. Cette maladie touche surtout les femmes jeunes.

Les symptômes. Le principal symptôme est l'émission d'une diarrhée sanglante, qui s'accompagne souvent de douleurs abdominales, d'une fièvre et d'une altération de l'état général.

L'évolution. La maladie se manifeste par poussées entrecoupées de rémissions. Chez les patients atteints de rectocolite hémorragique depuis plusieurs années, une surveillance médicale (examen endoscopique de la muqueuse du côlon) régulière est indispensable. En effet, il existe un risque de dégénérescence des lésions en cancer du côlon. Les complications de la rectocolite comprennent les hémorragies digestives, les perforations et la dilatation du côlon, les deux dernières nécessitant un traitement chirurgical d'urgence.

Le traitement. Il fait appel à des médicaments anti-inflammatoires et immunosuppresseurs (médicaments atténuant la réponse immunitaire de l'organisme). Dans les formes étendues, il est nécessaire de pratiquer l'ablation chirurgicale de tout le côlon, seul traitement qui met un terme définitif à la maladie.

LA MALADIE DE CROHN

La maladie de Crohn est une inflammation chronique de la dernière partie de l'intestin grêle (iléon) et du côlon. Elle entraîne des lésions au niveau de la paroi de l'intestin, où se forment des abcès. Ses causes sont encore mal connues. Cette maladie pourrait être liée à un agent transmissible touchant certains individus prédisposés.

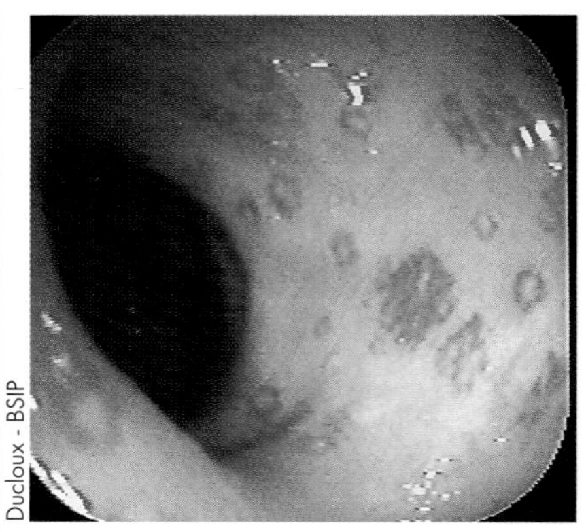

Ducloux - BSIP

Côlon atteint d'ulcérations.
Les ulcérations, propres à la maladie de Crohn, sont les petites taches foncées visibles sur la paroi du côlon.

Les symptômes. La maladie de Crohn se traduit principalement par des douleurs abdominales, une diarrhée et de la fièvre. Le patient est amaigri. Les premières manifestations apparaissent le plus souvent entre 20 et 30 ans, plus rarement après la cinquantaine.

Le traitement et l'évolution. Le traitement fait principalement appel aux anti-inflammatoires, parfois aux immunosuppresseurs, médicaments qui diminuent les réactions de défense de l'oganisme. La maladie de Crohn évolue par poussées suivies de rémissions spontanées. Les traitements actuels permettent d'écourter les poussées et de raréfier les récidives, sans obtenir de guérison définitive. Grâce aux travaux de recherche en cours, on espère trouver des médicaments plus efficaces. Le pronostic de la maladie s'améliore régulièrement, au gré des nouvelles découvertes.

LA COLOPATHIE

On appelle colopathie un ensemble de troubles intestinaux : douleurs abdominales, troubles du transit et de l'émission des selles, ballonnement. Il s'agit d'une affection bénigne, mais responsable d'un réel inconfort et difficile à traiter.

Cette affection, très répandue, est connue sous de nombreux termes : syndrome du côlon irritable, colite spasmodique, troubles fonctionnels intestinaux. Elle se traduit par de multiples troubles digestifs (douleurs, constipation, diarrhée, ballonnements, etc.), plus ou moins gênants pour le patient. Sans gravité, la colopathie est surtout gênante par l'inconfort qu'elle entraîne, son caractère chronique et la récidive facile de ses symptômes.

LES SYMPTÔMES

Une colopathie se traduit par un certain nombre de troubles qui se combinent différemment selon les patients.

Les douleurs. Elles consistent le plus souvent en spasmes survenant par intermittence. Ils sont plus fréquents pendant la journée et après les repas, et disparaissent généralement la nuit. Dans la plupart des cas, les douleurs siègent sur le trajet du côlon (ce qui est caractéristique de cette affection et permet de la diagnostiquer aisément). Toutefois, elles sont parfois localisées dans une autre partie de l'abdomen, ce qui peut laisser croire que le patient souffre d'une inflammation de l'appendice (appendicite), d'une maladie du foie, du cœur ou des poumons, ou,

Maso - BSIP

***Savoir lutter contre le stress.** Les activités de détente, comme la natation, sont un bon moyen pour atténuer les troubles de la colopathie, souvent accentués par le stress.*

UNE AFFECTION À DÉDRAMATISER

Un tiers des patients consultant un médecin généraliste se plaignent de souffrir de troubles digestifs. La plupart du temps, il s'agit simplement de manifestations d'une colopathie. Souvent, une telle consultation est motivée par la maladie d'un proche, le patient craignant d'être atteint d'une affection des organes digestifs évoluant sournoisement. Une fois éliminée la possibilité d'une telle maladie, le médecin rassure son patient. Il lui explique que ses troubles sont biens réels et qu'ils vont être pris en charge, mais qu'il souffre d'une maladie répandue et, surtout, bénigne.

chez les femmes, d'une affection des organes génitaux.
Les troubles du transit intestinal. Il s'agit souvent d'une constipation, ou encore d'une diarrhée peu importante, qui survient surtout le matin ou après les repas (syndrome dit du « côlon irritable »). Chez certaines personnes, la colopathie se traduit par une alternance de diarrhée et de constipation. Il s'agit soit de périodes de constipation qui s'achèvent sur un épisode de diarrhée, soit de diarrhées consécutives à la prise de médicaments contre la constipation (laxatifs).
Les difficultés à aller à la selle. Chez certains patients, l'émission des selles est difficile et s'associe à l'impression de ne pas parvenir à évacuer complètement le contenu de l'intestin.
Les ballonnements. Également appelés météorisme, ils se traduisent par un gonflement de l'abdomen, qui survient souvent brusquement, à la suite des repas. Les ballonnements entraînent un vif inconfort et obligent à porter des vêtements amples. Dans certains cas, l'intensité du phénomène est telle que le patient a l'impression qu'il étouffe, alors qu'il respire parfaitement normalement. De tels symptômes s'accompagnent souvent d'un sentiment d'angoisse.

LES CAUSES

La colopathie est une maladie dont le mécanisme et les causes exactes sont encore inconnus. Elle est probablement liée à une anomalie de la motricité des muscles du tube digestif et à une sensibilité anormalement élevée des organes abdominaux. Le stress joue un rôle incontestable dans son apparition, mais il ne suffit pas à l'expliquer : soumis aux mêmes difficultés psychologiques, tous les individus ne souffrent pas de troubles intestinaux.

LE DIAGNOSTIC

Lorsqu'un médecin examine une personne souffrant de colopathie, l'examen clinique est souvent normal. Tout au plus constate-t-il que l'abdomen est anormalement sensible à la palpation. Toutefois, dans la majorité des cas, les symptômes parlent d'eux-mêmes et suffisent pour diagnostiquer une colopathie.
Il est cependant nécessaire de procéder à des examens complémentaires dans les rares cas où le patient présente des symptômes susceptibles de traduire une affection plus grave : troubles apparus récemment, amaigrissement, fièvre. Ces différents examens (endoscopie, échographie, etc.) sont également pratiqués lorsque le patient appartient à une population particulièrement exposée au cancer du côlon (personnes âgées ou personnes ayant des cas de cancer du côlon dans leur famille).

LE TRAITEMENT

Les colopathies sont difficiles à soigner. En effet, aucun traitement n'a scientifiquement fait la preuve de son efficacité. Il s'agit donc avant tout, pour le médecin, de rassurer son patient en lui expliquant que c'est une affection fréquente et bénigne, qui ne comporte aucun risque de complication, que ce soit à court ou à long terme. Aucun régime alimentaire particulier n'est nécessaire : tous ceux qui ont été proposés à ce jour se sont révélés inefficaces. L'alimentation doit simplement être variée et équilibrée. Un aliment ne doit être évité que si le patient a constaté à plusieurs reprises qu'il le digérait mal. Quant aux médicaments, il est conseillé d'y recourir aussi peu que possible et de manière discontinue. Si l'inconfort est important, chaque trouble (constipation, diarrhée, douleur) doit être traité séparément. En outre, la pratique d'une activité de détente permet d'atténuer les troubles de la colopathie, souvent accentués par le stress.

LES DIFFÉRENTS TYPES DE COLOPATHIE

Chaque personne souffrant de colopathie combine d'une façon qui lui est propre les différents troubles caractéristiques de cette affection. Ainsi, de nombreuses personnes souffrent principalement de constipation – ce qui les conduit souvent à consommer quotidiennement des laxatifs. Chez d'autres, l'affection se traduit surtout par des douleurs dans l'abdomen et des diarrhées impérieuses, ou encore par des douleurs localisées. Enfin, de nombreux patients (en majorité des femmes) souffrent essentiellement de ballonnements.

LE COMA

Le coma est une perte de la conscience totale ou partielle, momentanée ou définitive, entraînant une perte de la sensibilité et de la mobilité.

Le coma est un état d'inconscience, plus ou moins profond, et d'absence de réaction pendant lequel les fonctions vitales de la personne sont conservées. Ses causes peuvent être diverses : traumatisme, accident cérébral, intoxication...

LES CAUSES

Le coma est le résultat de lésions de certaines zones du cerveau. Ces lésions résultent, soit d'un traumatisme crânien, après un accident de la route par exemple, soit d'anomalies telles que des tumeurs ou des hémorragies cérébrales. Le coma peut aussi résulter d'une oxygénation insuffisante du cerveau (insuffisance circulatoire, asphyxie, respiration d'oxyde de carbone), d'une intoxication (médicaments, alcool, drogues) ou encore d'une maladie (encéphalite, méningite, hypothyroïdie, crises d'épilepsie répétées).

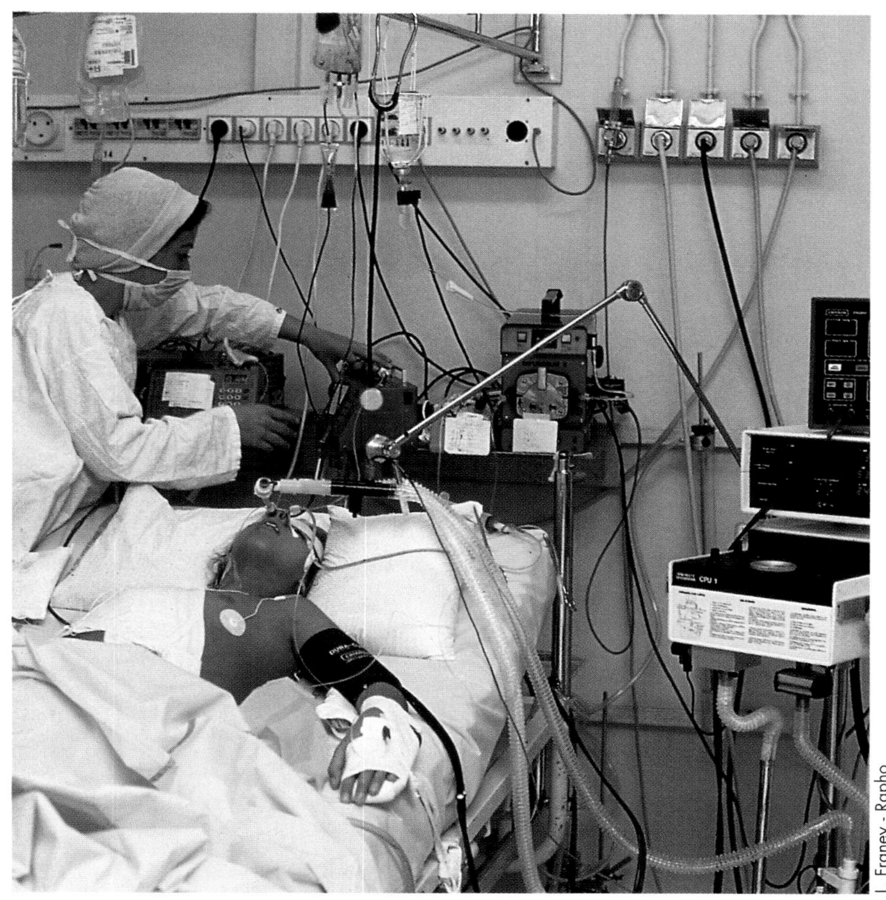

L. Franey - Rapho

***Malade dans le coma.** Il est placé en réanimation, sous surveillance médicale, afin que soient maintenues ses fonctions vitales (respiration, activité cardiaque).*

LES TYPES DE COMA

Il y a plusieurs types (ou stades) de coma et on peut entrer dans le coma à n'importe quel stade. Pour les comas les moins graves (stades I et II), le traitement est plus efficace si la cause (intoxication, maladie) est combattue (sinon le coma peut s'aggraver jusqu'au stade IV).

Le stade I. Appelé *Coma vigil*, il est caractérisé par des réactions d'éveil du malade (ouverture des yeux, grognements) quand on soumet celui-ci à une stimulation douloureuse.

Le stade II. Il se traduit par la disparition de la capacité d'éveil. Des mouvements persistent, comme le retrait d'un membre lorsqu'on le pince.

Le stade III. Appelé *Coma carus*, il voit la disparition des mouvements et l'apparition de troubles oculaires, parfois de troubles respiratoires, qui peuvent causer la mort par manque d'apport d'oxygène aux tissus.

Le stade IV. Encore appelé coma dépassé, il constitue un état de mort cérébrale et définit la mort du malade. Le coma dépassé est provoqué le plus souvent par un arrêt cardiocirculatoire prolongé, un traumatisme crânien ou un accident vasculaire cérébral grave.

LES EXAMENS

L'examen neurologique permet d'évaluer la gravité du coma et d'en rechercher la cause. Cela est primordial, car un coma provoqué par une intoxication est généralement réversible et sans séquelles, après suppression de la substance responsable de son apparition.
La gravité du coma est évaluée par la force musculaire du patient et sa réaction face à une stimulation douloureuse. Des tests sont faits pour contrôler le tonus, en recherchant des réactions d'extension des jambes et des bras. L'examen de la motricité des yeux et de leur réaction à la lumière permet de vérifier que le tronc cérébral n'est pas abîmé. Certains patients ont une respiration perturbée, régulière avec des pauses respiratoires, ou irrégulière. Leur surveillance doit être constante. L'électroencéphalogramme indique les réactions du patient aux stimulus.
L'arrêt définitif de l'activité cérébrale, c'est-à-dire la mort, se traduit par l'absence de réflexe de l'œil et de respiration spontanée. Il peut être confirmé par deux électroencéphalogrammes plats, réalisés à quelques heures d'intervalle. L'arrêt cardiaque définitif survient en quelques heures ou en quelques jours. Si un don d'organe a été envisagé, la réanimation du patient est poursuivie afin de maintenir la vitalité de l'organe à prélever.

LE *LOCKED-IN SYNDROME*

Il ne faut pas confondre le coma avec un syndrome neurologique rare, appelé *locked-in syndrome,* dans lequel le patient est tétraplégique, a du mal à ouvrir et à bouger les yeux, mais conserve toute sa conscience. Ce syndrome, souvent irréversible, résulte de la destruction d'une partie du tronc cérébral, suite à une occlusion de l'artère qui irrigue normalement cette partie du cerveau.

LE TRAITEMENT

Un malade dans le coma doit être hospitalisé d'urgence. Une surveillance très stricte est nécessaire afin de maintenir ses fonctions vitales : respiration (oxygénation, ventilation assistée par un respirateur artificiel) et circulation sanguine (remplissage vasculaire, lutte contre une chute de la tension). Le malade est nourri par perfusion ou par sonde digestive.
Il faut, bien sûr, prévenir les complications de l'alitement (escarres), protéger les yeux, etc. Des traitements spécifiques permettent de lutter contre l'œdème cérébral, de prévenir ou de traiter des crises convulsives et de prévenir des complications, comme les embolies, en prescrivant un traitement anticoagulant.

LE DON D'ORGANE

Un organe peut être prélevé sur un volontaire en bonne santé, mais aussi sur une personne en état de coma dépassé. Dans ce cas, l'accord est donné par ses proches, si le malade n'a pas exprimé lui-même son refus par écrit de son vivant. Les organes prélevés peuvent être le cœur, les poumons, le foie, le pancréas, les reins ou la cornée ; l'opération ne peut se faire que si le cœur bat encore et que si les poumons sont bien ventilés.

L'ÉVOLUTION

L'évolution d'un coma varie d'un patient à l'autre. Le pronostic dépend largement de la cause du coma : les comas provoqués par une intoxication médicamenteuse évoluent souvent favorablement en l'absence de complications. L'âge influence l'évolution des comas consécutifs à des chocs ou à des accidents (elle est plus favorable chez les blessés jeunes). Le pronostic des comas prolongés est mauvais, sauf lorsqu'ils sont dus à un traumatisme crânien (on peut observer des réveils tardifs). Les examens neurologiques des premiers jours (réactivité, pupilles, réflexes) permettent parfois d'évaluer les chances de récupération. Un malade peut rester dans un coma profond plusieurs mois ou plusieurs années, avec une activité cérébrale faible (état végétatif chronique). Cependant, une lésion du tronc cérébral conduit souvent au coma dépassé.

LE DÉCOLLEMENT DE LA RÉTINE

Cette très grave affection de l'œil, qui consiste en une séparation anormale de la rétine et de son feuillet sous-jacent, entraîne la cécité en l'absence de traitement, mais elle est aujourd'hui très bien opérée.

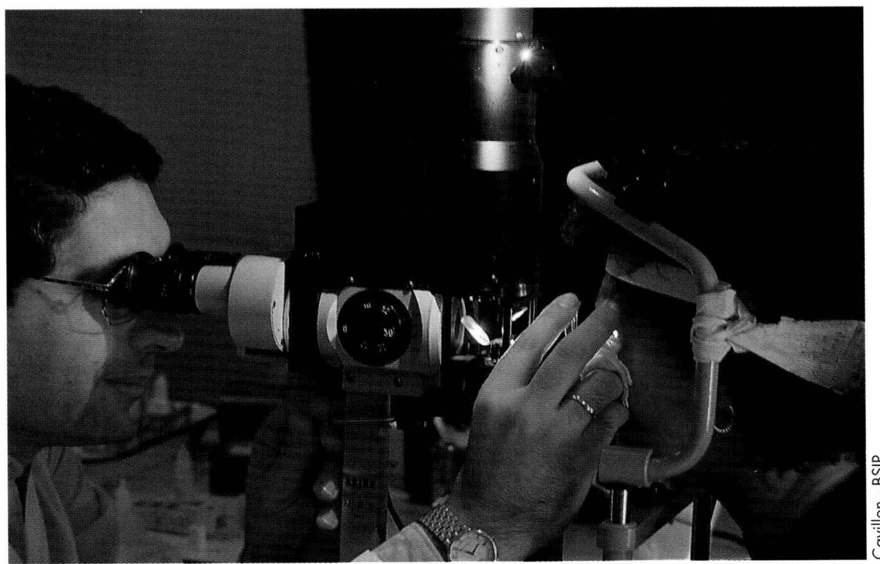
Cavillon - BSIP

Le traitement par laser. *Il est préventif et permet de traiter les lésions afin d'éviter un décollement de la rétine.*

POUR Y VOIR PLUS CLAIR

QUELQUES MOTS À CONNAÎTRE

Laser : appareil produisant des faisceaux lumineux. Il y a plusieurs sortes de laser qui n'ont pas tous la même utilisation. En ophtalmologie, le laser a un rôle de traitement préventif du décollement de la rétine. Il est également utilisé dans la correction de la myopie. Le laser se pratique en général sous anesthésie locale, et sans hospitalisation.

Sclérotique : membrane externe du globe oculaire formant le blanc de l'œil.

Vitré ou corps vitré : gel visqueux situé entre la face postérieure du cristallin et la face interne de la rétine. Sa partie externe, plus condensée, forme une membrane, la hyaloïde.

Le décollement de la rétine est une affection qui touche, en général, un seul œil. Il est dû au passage du liquide contenu dans le vitré sous la rétine. Il survient plus souvent chez les personnes très myopes, les personnes dépourvues de cristallin (aphakes), les diabétiques, les personnes âgées et chez celles qui ont des antécédents familiaux de décollement de rétine. Il est également plus fréquent chez ceux qui ont subi un traumatisme de l'œil ou de l'orbite. Autrefois synonyme de quasi-cécité, le décollement de rétine est aujourd'hui enrayé, si le traitement est précoce. Il est indispensable de consulter rapidement dès que l'on constate des troubles pouvant précéder un décollement, et de faire surveiller sa vue lorsqu'on appartient à un groupe à risque.

LES SIGNES DU DÉCOLLEMENT

Un décollement de rétine s'annonce par des signes avant-coureurs : perception de petites mouches volantes ou de points bleutés lumineux (ce qui traduit une mauvaise adhérence du corps vitré à la rétine), survenue d'éclairs lumineux bleutés et fixes (qui révèlent la traction qu'exerce le corps vitré sur la rétine), vision d'une pluie de suie (qui indique que la rétine est déchirée et qu'il se produit un saignement dans le corps vitré). Lorsqu'on observe de tels signes, il est impératif de consulter rapidement. Ils annoncent le décollement, qui, à ce stade, peut encore être évité. Lorsque la rétine est décollée, le patient a l'impression de voir un voile noir dans une partie de son champ visuel ; en l'absence de traitement, sa vision finit par baisser (ce qui signifie que le décollement a atteint la macula, la zone centrale de la rétine). À l'examen, la rétine apparaît alors grisâtre et flottante.

LE DIAGNOSTIC ET LE TRAITEMENT

Le diagnostic. Il repose sur un examen du fond d'œil, que l'on réalise après avoir dilaté la pupille à l'aide d'un collyre. Il permet de déterminer la localisation du décollement, et de rechercher, à la périphérie de la rétine, les ruptures de la continuité des tissus (déchirures ou trous) qui en sont responsables. Lorsque la partie postérieure de l'œil n'est pas visible, une échographie oculaire peut être pratiquée.

Le traitement. Il est toujours chirurgical. Il consiste à repérer les lésions de la rétine responsables du décollement, à les obturer en exerçant une pression sur l'œil, et à recréer l'adhérence entre les membranes par application de froid à travers la sclérotique (cryoapplication). Il est parfois nécessaire de pratiquer l'ablation du corps vitré, ou encore une ponction du liquide sous-rétinien. Cette intervention nécessite une hospitalisation d'environ une semaine. Les risques de rechute sont possibles, ainsi que les risques d'atteintes de l'autre œil, d'où la nécessité d'une surveillance ultérieure rigoureuse.

LA PRÉVENTION PAR LE LASER

Elle concerne les personnes souffrant de lésions de la rétine qui risquent d'entraîner son décollement. Ce traitement consiste à créer au laser, là où la rétine apparaît fragile et susceptible de se déchirer, de minuscules lésions qui, en cicatrisant, vont provoquer l'adhérence entre la rétine et la couche sous-jacente, évitant ainsi son décollement. L'intervention se déroule sous anesthésie locale. Elle nécessite que la pupille soit bien dilatée ; pour ce faire, on instille préalablement, à plusieurs reprises, un collyre dit mydriatique dans l'œil à traiter. La séance de traitement au laser dure de 10 à 15 minutes (plusieurs séances peuvent être nécessaires). Pour le patient, elle se traduit par de nombreux éclairs éblouissants ; en principe indolore, elle peut toutefois entraîner des sensations de piqûre et être pénible à supporter du fait de l'effort fourni pour garder les yeux bien ouverts. À la fin de la séance, le patient ressent une gêne visuelle importante, qui s'estompe en quelques heures, et parfois des maux de tête.

LE DÉCOLLEMENT POSTÉRIEUR DU VITRÉ

Il existe, normalement, des zones d'adhérence entre le vitré et la rétine. Mais avec le temps, le vitré se liquéfie et se rétracte, se décollant de la rétine ; c'est un processus normal, appelé décollement postérieur du vitré, qui ne nécessite pas d'intervention particulière mais se manifeste par la perception de mouches volantes (zones opaques de largeur variable), qui se déplacent avec les mouvements du globe oculaire. Dans d'autres cas, le décollement passe inaperçu. Les perceptions d'opacité ont tendance à s'estomper peu à peu.

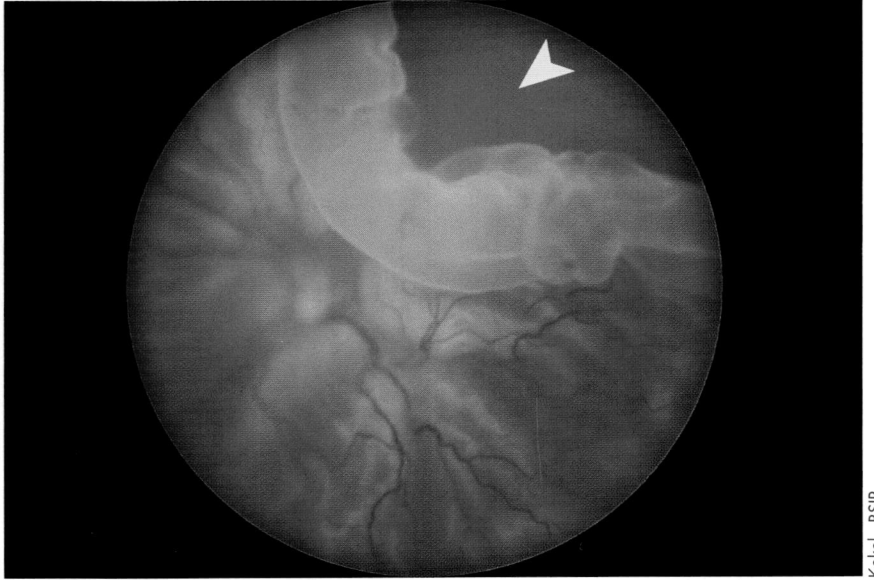

Kokel - BSIP

Le décollement de la rétine. *La tache orange foncé sur la photo signale une poche de liquide du corps vitré qui décolle la rétine.*

LA DÉGÉNÉRESCENCE MACULAIRE

La dégénérescence maculaire est une altération de la zone centrale de la rétine. Elle est responsable d'une baisse de la vision irréversible, mais elle n'entraîne jamais une cécité totale.

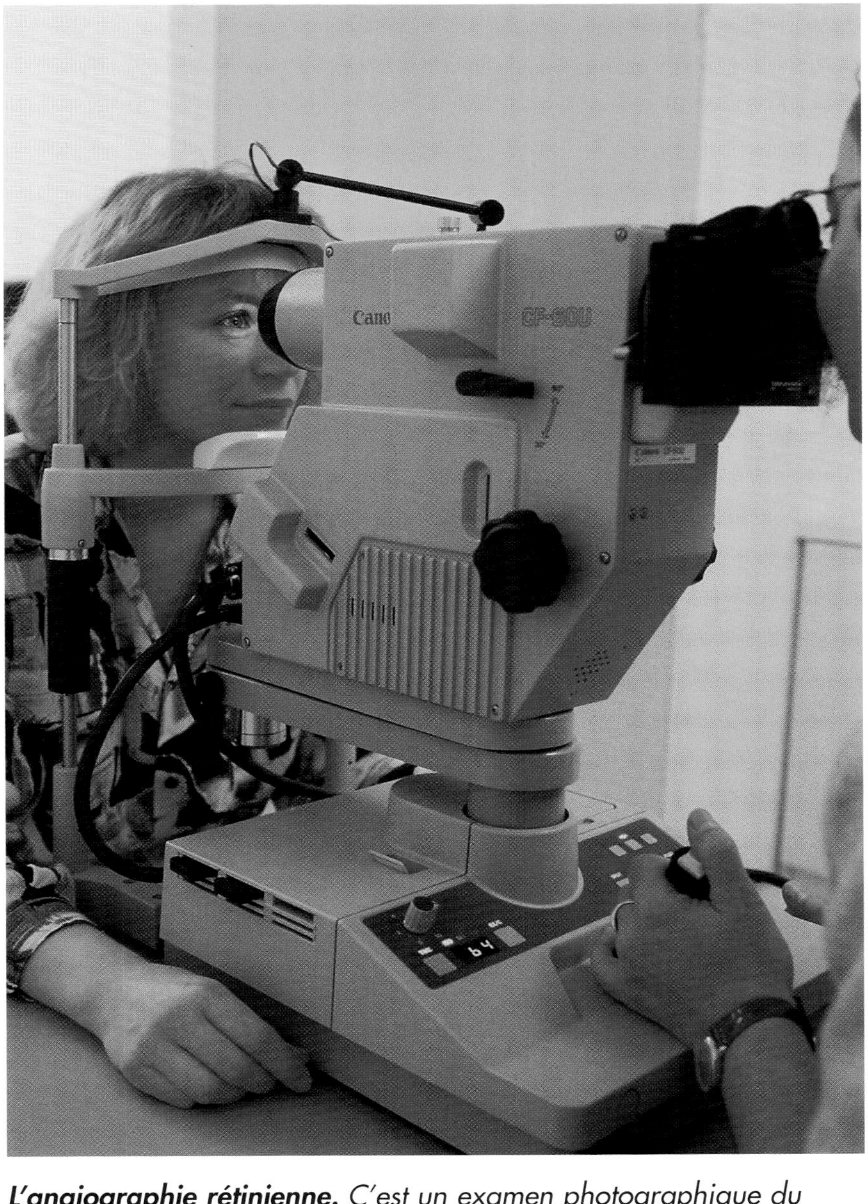

La macula est la zone de la rétine responsable de la vision précise ; le reste de la rétine permet une vision moins précise mais plus vaste (champ visuel) : on regarde un objet avec la macula, et on voit ce qui entoure celui-ci grâce à la rétine. Chez certaines personnes, la macula s'altère progressivement : c'est la dégénérescence maculaire, qui entraîne une baisse de vision. Cette affection survient le plus souvent avec l'âge ; c'est actuellement la principale cause de baisse de vision chez les plus de 65 ans. Les personnes qui en sont atteintes ne deviennent pas aveugles,

H. Donnezan - Rapho

L'angiographie rétinienne. *C'est un examen photographique du fond de l'œil, pratiqué après instillation d'un produit de contraste et qui permet d'examiner la rétine et ses vaisseaux.*

L'ANGIOGRAPHIE RÉTINIENNE

Cet examen consiste à prendre des photographies du fond de l'œil avant et après avoir injecté au patient un produit destiné à accentuer le contraste entre les vaisseaux qui irriguent la rétine et les structures avoisinantes. Avant l'examen, on dilate la pupille du patient à l'aide de collyres appropriés. Le produit de contraste est injecté dans une veine du pli du coude et se diffuse dans toute la circulation sanguine. Lorsqu'il parvient au niveau de la rétine, on prend plusieurs photographies du fond de l'œil. L'injection du produit de contraste est indolore, mais peut entraîner des nausées ou des vomissements passagers.

puisque leur champ visuel demeure normal. Elles peuvent donc mener une vie autonome.

LES CAUSES

On ne connaît pas actuellement les causes précises de la dégénérescence maculaire. Certains facteurs favoriseraient son apparition : hérédité, hypertension artérielle, exposition à la lumière (d'où l'importance de protéger ses yeux du soleil). Toutefois la présence d'un ou de plusieurs de ces facteurs chez une personne ne signifie en aucun cas qu'elle souffrira obligatoirement d'une dégénérescence maculaire.

LES MANIFESTATIONS

Les premiers signes. Ils ne sont pas toujours faciles à percevoir. Il peut s'agir d'une impression de déformation des images (ou métamorphopsie) ; une ligne droite peut apparaître comme une ligne brisée, un quadrillage peut sembler irrégulier. À un stade plus avancé, une baisse de la vision se développe plus ou moins rapidement, malgré le port de verres correcteurs, ce qui entraîne une gêne à la lecture. Cette gêne est due à la perception d'une tache centrale, ou scotome central, la vision périphérique restant normale.

L'évolution. L'affection peut évoluer sous deux formes :

– la forme dite sèche, ou atrophique, la plus fréquente (70 % des cas), se caractérise par une évolution très lente, sur de nombreuses années ;

– la forme dite humide, ou exsudative, plus rare, se caractérise par le risque de formation sous la rétine de petits vaisseaux, appelés néovaisseaux. Ceux-ci se forment spontanément et selon un mécanisme inconnu. Leur paroi est très perméable et laisse passer le sang qu'ils contiennent, ce qui peut provoquer une hémorragie, un œdème ou un décollement de la rétine localisé entraînant une baisse de la vision. Quand cela est possible, on neutralise ces néovaisseaux en les coagulant au laser (photocoagulation), ou, beaucoup plus rarement, en faisant appel à la chirurgie ou à la radiothérapie.

J. Barraquer - CNRI

***Angiographie rétinienne d'une dégénérescence maculaire liée à l'âge.** La rétine centrale est très atrophiée ; seul un petit îlot au milieu de cette zone n'est pas touché.*

LE DIAGNOSTIC ET LE TRAITEMENT

La dégénérescence est mise en évidence lors d'un examen du fond de l'œil, qui consiste à observer l'œil à l'aide d'un appareil muni d'une loupe ou d'un biomicroscope, après dilatation de la pupille par un collyre. Elle se traduit par de petites taches jaunâtres plus ou moins nombreuses, ou par le soulèvement par endroits de la macula, qui prend un aspect grisâtre. L'examen du fond de l'œil peut être complété par une angiographie rétinienne (examen photographique qui permet de visualiser les vaisseaux sanguins de la rétine), qui précise la forme de dégénérescence et permet d'évaluer le risque d'apparition d'un néovaisseau.

À l'heure actuelle, il n'existe aucun traitement capable de faire disparaître une dégénérescence maculaire. Mais des aides visuelles peuvent faciliter la vie quotidienne : loupes à poser ou à fixer sur les lunettes, système vidéo qui filme le texte à lire et le projette agrandi sur un écran de télévision. Il existe des centres de rééducation de la «basse vision» qui apprennent aux patients à utiliser au mieux leur vision restante.

LA RÉÉDUCATION DE LA BASSE VISION

Cette rééducation est menée en plusieurs séances par une équipe soignante composée d'un ergothérapeute, d'un orthoptiste et d'un psychomotricien. On effectue d'abord un bilan initial destiné à évaluer le retentissement du handicap sur la vie quotidienne du patient. Le but de ce bilan est d'apprendre à une personne atteinte de dégénérescence maculaire à utiliser au mieux ses capacités visuelles restantes en s'aidant de systèmes optiques grossissants, et en faisant appel à divers autres moyens destinés à l'aider dans ses tâches quotidiennes.

La Dépression

SYMPTÔMES ET MANIFESTATIONS

La dépression est caractérisée par une humeur triste, associée à un ralentissement général des activités. Cette maladie fréquente nécessite un traitement précoce, pour qu'elle n'évolue pas vers des troubles plus sévères.

Maso - BSIP

La dépression. *Les signes caractéristiques de la maladie sont un état de tristesse, un manque de motivation et un ralentissement physique et intellectuel.*

Le terme de dépression est entré, depuis plusieurs années, dans le langage courant. Bien d'autres mots sont employés pour désigner des troubles de l'humeur (déprime, coup de cafard) qui ne sont en fait que de simples passages à vide, n'ayant que peu de rapports avec la véritable dépression.

LA FRÉQUENCE DE LA DÉPRESSION

C'est une maladie très fréquente, puisque au moins une personne sur cinq risque de faire une dépression au cours de sa vie. Ses conséquences peuvent être graves et invalidantes : 20 % des dépressions deviennent chroniques, souvent à cause d'un retard dans le traitement ; 15 % des déprimés se suicident.

LE DIAGNOSTIC

La dépression est une maladie qui se caractérise par un dérèglement de l'humeur. Son diagnostic repose sur la présence d'un certain nombre de symptômes, qui ne correspondent pas toujours au bon sens commun et s'écartent de la normalité. Il est important de poser le diagnostic de façon précoce, car une dépression non soignée peut entraîner à terme de graves handicaps dans différents domaines : affectif, social, professionnel. Dans la majorité des cas, on guérit une dépression avec un traitement approprié et bien conduit.

En général, le dépressif tarde à reconnaître qu'il souffre de dépression. L'entourage est lui-même embarrassé, lorsque la

maladie touche un proche, d'autant qu'elle est souvent associée à deux idées préconçues :
– le dépressif est profondément triste. Or, la tristesse n'est pas forcément un symptôme de la dépression (ce n'est pas parce que l'on est triste que l'on est dépressif). Par ailleurs, le patient peut ne pas ressentir une véritable tristesse, mais plutôt une indifférence affective ;
– la dépression survient après un événement marquant, que ce soit un deuil, une période de chômage ou une maladie. Cela est vrai, mais elle peut également apparaître brutalement, sans qu'aucun événement particulier ne puisse expliquer sa survenue.

Cette situation aboutit le plus souvent à une incompréhension, surtout quand, aux yeux de sa famille, le malade est « heureux, a tout pour lui et n'a donc vraiment aucune raison de déprimer ». Les conséquences peuvent être un retard du diagnostic et, donc, du traitement.

DÉPRESSION ET DEUIL

La personne qui a perdu un proche peut présenter des signes qui s'apparentent à un état dépressif. Souvent, il ne s'agit pas d'une vraie dépression, mais plutôt d'un processus normal de deuil. Un deuil ne nécessite un traitement antidépresseur que s'il se complique d'une dépression. On parle alors de deuil pathologique. Un avis médical est souvent nécessaire pour définir s'il s'agit d'un deuil normal ou d'un deuil pathologique.

LES CAUSES DE LA DÉPRESSION

Des facteurs génétiques et des perturbations biologiques seraient responsables de la prédisposition à « faire des dépressions » ; des facteurs psychologiques déclencheraient l'accès de dépression (deuil, licenciement, séparation, maladie, etc.). C'est la rencontre entre ce terrain prédisposé et des événements extérieurs qui provoquerait la dépression. Certains troubles somatiques ou certains traitements pourraient également favoriser les dépressions.

Il importe pour le médecin de différencier la dépression de certaines réactions dépressives, liées à un facteur de stress particulier et qui disparaissent généralement lorsque la personne a réussi à se débarrasser de ce stress.

LES SYMPTÔMES

La tristesse pathologique. La tristesse de la dépression est différente de la tristesse « normale ». La première envahit toute la conscience du malade, tandis que la deuxième est seulement liée à un événement particulier, donc passager. Elle s'accompagne souvent d'une perte de l'estime de soi et d'accès de pessimisme. Le malade dépressif éprouve aussi un manque de sentiments et devient indifférent aux autres, en particulier à son entourage.

Le ralentissement. Il touche les mouvements physiques et le fonctionnement intellectuel de la personne, qui se déplace plus lentement et pense avec plus de difficultés. Les capacités de concentration et d'attention sont altérées. Les résultats scolaires ou professionnels peuvent rapidement s'en ressentir. Le ralentissement a pour effet de freiner les actions que la personne pourrait normalement entreprendre. Cela se traduit, le plus souvent, par une suite d'indécisions et d'hésitations.

Les signes physiques sont assez classiques : fatigue, insomnie (typiquement du petit matin), troubles de l'appétit (le dépressif peut perdre l'appétit ou, au contraire, avoir besoin de manger davantage).

L'ensemble de ces symptômes transforme en profondeur le comportement et le fonctionnement habituels du malade au cours de sa dépression.

LE TRAITEMENT

Du fait de sa gravité, la dépression doit impérativement être prise en charge. Cette maladie de l'humeur, qui ne se limite pas à un état de tristesse, se soigne, dans la plupart des cas, par un traitement médicamenteux (antidépresseur), associé à une psychothérapie. Ce traitement doit être prescrit sans délai, ce qui n'est pas toujours le cas. Alors que la consommation de psychotropes (médicaments qui agissent sur le système nerveux) est élevée en France, il s'avère qu'un seul dépressif sur dix est correctement soigné.

La Dépression

LES DIFFÉRENTS TRAITEMENTS

Dès que le diagnostic est établi par le médecin ou par le psychiatre, le traitement repose sur les médicaments (antidépresseurs) et, si nécessaire, sur une prise en charge psychothérapique.

La base du traitement est médicamenteuse, car on considère actuellement qu'un ou plusieurs facteurs biologiques sont en cause dans toute forme de dépression. Mais, pour que la guérison soit possible, d'autres techniques y sont souvent associées : accompagnement, soutien psychologique, aide psychothérapique. Les objectifs doivent au préalable être discutés avec le patient.

L'ÉVOLUTION DU TRAITEMENT

Il y a quelques années, la médecine distinguait deux types de dépression :
– la dépression dite réactionnelle, déclenchée par un facteur d'ordre psychologique et soignée par la psychothérapie ;
– la dépression dite endogène, d'origine biologique et soignée par les antidépresseurs.

Aujourd'hui, cette distinction n'existe plus, car il est admis que des facteurs biologiques existent dans toutes les formes de dépression.

LA PRISE EN CHARGE THÉRAPEUTIQUE

C'est souvent le médecin généraliste qui diagnostique un état dépressif et oriente le malade vers un psychiatre, spécialisé dans ce type de trouble.

Le médecin généraliste. Du fait de la fréquence de la maladie, il est souvent amené à faire le diagnostic et, lorsque ses connaissances le lui permettent, à prescrire le traitement. Parfois, il peut juger nécessaire d'adresser son malade à un

P. Garo - Phanie

La dépression. *L'évolution habituelle d'une dépression bien traitée est la guérison. Dans ce cas, la personne retrouve son état psychique antérieur.*

spécialiste, un psychiatre : en cas de doute ou d'hésitation devant les symptômes, lorsque la dépression résiste au traitement, en présence d'idées suicidaires ou quand le malade a un trouble de la personnalité associé à la dépression.
En outre, l'accompagnement psychologique du patient dépressif est assuré par un spécialiste formé à ce type de prise en charge.
Le psychiatre. Il se charge tout à la fois de la prise en charge médicamenteuse et du soutien psychothérapique. Parfois, cette prise en charge et ce soutien sont assurés par deux personnes différentes. La plupart des dépressions sont traitées en consultation, sans hospitalisation. Celle-ci est nécessaire lorsque le patient présente des tendances suicidaires ou quand son environnement familial et social constitue un frein à la guérison. Une hospitalisation peut être effectuée sous contrainte, c'est-à-dire sans l'accord du malade. Une procédure spécifique est mise en place dans un certain nombre de pays.

LES TRAITEMENTS MÉDICAMENTEUX

Les antidépresseurs. Ils sont disponibles depuis une quarantaine d'années et très efficaces dans le traitement de la dépression. Néanmoins, de nouveaux médicaments apparaissent régulièrement : ils sont mieux tolérés par les malades et produisent moins d'effets indésirables. Le délai d'action des antidépresseurs est de l'ordre de deux ou trois semaines (ou plus) ; la durée du traitement est au minimum de six mois (les dernières recommandations préconisent un an) et les effets indésirables sont souvent passagers, en début de traitement (il est important de les signaler au médecin, qui pourra éventuellement proposer un traitement pour les atténuer).
Les anxiolytiques et les hypnotiques. L'anxiété et l'insomnie sont des symptômes souvent associés à la dépression ; ils diminuent avec le traitement de fond antidépresseur. Mais, compte tenu du délai d'action des médicaments, le médecin peut prescrire des tranquillisants ou des hypnotiques, en début de traitement et pendant deux à quatre semaines.

LES TRAITEMENTS PSYCHOTHÉRAPIQUES

Complémentaires des médicaments, ils sont indispensables pour accélérer la guérison.
La psychothérapie de soutien. Elle fait partie du traitement et consiste à accompagner le malade dans cette expérience douloureuse. La période de sortie de la dépression est importante : le psychiatre va aider le patient à intégrer cette maladie dans son existence, à lui donner une histoire et un sens.
La psychothérapie cognitive. Elle est utile pour les dépressions qui sont considérées d'intensité moyenne. Son objectif est d'aider le malade à corriger certains schémas de pensée susceptibles de favoriser un état dépressif (ils sont dits dépressogènes), du genre «je ne suis pas à la hauteur» ou «je suis un incapable si je ne réussis pas tout ce que je fais». Cette prise en charge psychothérapique est souvent limitée dans le temps, mais il est parfois nécessaire de reprendre quelques séances un peu plus tard.
La psychanalyse et la psychothérapie d'inspiration analytique. Elles ne sont pas les mieux adaptées aux dépressions, car le malade a précisément du mal à associer des idées, ce qui est essentiel pour mener à bien une psychanalyse. Selon sa personnalité, son désir et ses capacités à entreprendre une telle démarche, le malade peut, ou non, y avoir recours.

LA SISMOTHÉRAPIE : LES ÉLECTROCHOCS

Cette technique est efficace à environ 90 % (contre 70 % pour les antidépresseurs). Elle est indiquée lorsque la vie du malade est en danger (risque suicidaire, dénutrition) ou quand la dépression résiste aux antidépresseurs. Les électrochocs, actuellement parfaitement maîtrisés, présentent moins d'inconvénients que les médicaments, en particulier chez les personnes âgées. Ils entraînent beaucoup moins d'effets indésirables ; le seul effet est temporaire et touche la mémoire de fixation, qui devient passagèrement défaillante. Il n'y a aucune séquelle neurologique à long terme après des électrochocs.

DÉPRESSION ET ANXIÉTÉ

LES PLAINTES SOMATIQUES

Les troubles dépressifs et anxieux sont fréquents. Des symptômes physiques spécifiques, en général des douleurs, peuvent être associés à ces troubles.

G. Guerin - Rapho

Les troubles somatiques. *Des douleurs accompagnent souvent les troubles dépressifs, mais ne cachent en général pas d'autre maladie.*

Des signes physiques et des douleurs apparaissent souvent pendant les dépressions et les états anxieux. Le médecin ne décèle en général aucune anomalie susceptible d'expliquer l'origine de ces douleurs. Son examen sert, tout au plus, à vérifier que les symptômes présentés ne correspondent à aucune maladie organique.

LES PLAINTES SOMATIQUES DANS LA DÉPRESSION

Les principaux signes physiques qu'une personne dépressive peut manifester sont des troubles de l'appétit, des troubles du sommeil et des accès de fatigue. Ces différents symptômes accompagnent les signes caractéristiques de la dépression (tristesse pathologique, ralentissement des capacités motrices et du fonctionnement intellectuel) et régressent avec un traitement antidépresseur.

Parfois, le dépressif se plaint uniquement de signes physiques. Les médecins parlent alors de dépression masquée.

Des douleurs inexplicables. En dehors de ces signes physiques, les douleurs sont le symptôme le plus fréquent. Elles sont en général mal définies, localisées, et ne correspondent pas à des douleurs que le malade peut exprimer lors d'une affection plus classique. Un simple examen clinique ou même des examens plus poussés ne permettent pas de détecter une maladie qui expliquerait l'origine de ces douleurs.

Il s'agit le plus souvent de maux de tête, de douleurs localisées (maux de dents, douleurs ou brûlures de la langue), d'élancements au cou ou dans les vertèbres lombaires, d'une gêne douloureuse au niveau de l'anus et du rectum. Toutes ces douleurs réagissent peu aux antalgiques et peuvent entraîner une consommation exagérée de médicaments.

L'établissement du diagnostic. Le médecin peut affirmer que ces douleurs ont finalement une origine dépressive lorsqu'il observe les faits suivants :
– l'absence de cause organique ;
– des signes habituels de dépression (tristesse, difficultés de concentration, perte des intérêts habituels), relégués au second plan et parfois niés par le malade. Leur présence n'est décelée qu'à la suite d'un entretien soigneux ;
– une évolution périodique des douleurs, qui peut alterner avec des accès de franche dépression ;
– l'efficacité des antidépresseurs, bien supérieure à celle des antalgiques destinés à supprimer ou à atténuer la douleur.

ANXIÉTÉ ET DÉPRESSION

L'anxiété et la dépression sont des troubles psychiatriques très fréquents, qui peuvent parfois prendre l'aspect d'une maladie somatique, c'est-à-dire qui se rapporte au corps (par opposition à psychique, qui se rapporte au psychisme). Face à des symptômes physiques inexplicables ou mal définis, le médecin devra rechercher les symptômes spécifiques de ces deux affections. Ainsi, en ce qui concerne la dépression, il devra pouvoir repérer les périodes de rupture par rapport au fonctionnement habituel du malade. En revanche, l'évocation d'un trouble psychiatrique ne doit pas faire négliger un examen médical, certaines maladies graves pouvant être source d'anxiété.

LES PLAINTES SOMATIQUES DANS L'ANXIÉTÉ

Leur expression dépend du caractère aigu ou chronique de l'anxiété.

L'anxiété aiguë (ou attaque de panique). Elle s'accompagne de perturbations qui touchent plusieurs grandes fonctions de l'organisme :
– l'appareil cardio-respiratoire : palpitations, sensations d'étouffement, élévation de la tension artérielle ;
– l'appareil digestif : nausées, vomissements, douleurs abdominales, diarrhée ;
– l'appareil urinaire : difficultés à uriner, nécessité d'uriner de façon urgente ;
– l'appareil neuromusculaire : tremblements, secousses musculaires, picotements dans les extrémités ;
– l'appareil neurovégétatif : bouffées de chaleur, suées, frissons.

La noradrénaline, substance synthétisée par certains neurones, joue un rôle important dans l'apparition de ces manifestations physiques. La diversité de celles-ci peut, à tort, évoquer des maladies, ce qui amène alors le patient à réclamer des examens complémentaires. Un simple examen médical et un bilan minimal permettent au médecin de poser un diagnostic précis. Cet examen est toutefois très utile, car les symptômes constatés peuvent révéler une maladie grave (infarctus, embolie pulmonaire, par exemple), ce qui provoque une anxiété majeure chez le patient.

L'anxiété chronique. Cette anxiété généralisée affecte l'existence du malade, qui se fait toujours du souci de façon injustifiée. Vivant dans une situation permanente d'attente craintive de malheurs et d'événements négatifs, l'anxieux chronique ressent les mêmes symptômes physiques que ceux qui accompagnent l'anxiété aiguë. D'autres symptômes, liés à une tension motrice et à une vigilance de tous les instants, font que la personne anxieuse vit en permanence sur le qui-vive.

Ces symptômes physiques poussent le malade à s'inquiéter excessivement de sa propre santé (hypocondrie) : il aura peur d'avoir un cancer en cas de manifestations digestives, ou une grave atteinte cardiaque en cas de palpitations. Mais ces préoccupations n'envahissent pas toute la vie sociale, familiale et professionnelle de l'anxieux chronique, comme cela est le cas dans l'hypocondrie névrotique.

LE DIABÈTE INSULINODÉPENDANT

Le diabète sucré insulinodépendant est dû à un déficit de la sécrétion d'insuline, une hormone qui permet à l'organisme d'utiliser le sucre. Il est traité par injections quotidiennes d'insuline.

L'insuline est sécrétée par le pancréas. Cette hormone est indispensable au bon fonctionnement de l'organisme. En effet, elle permet au sucre (glucose) du sang d'entrer à l'intérieur des cellules, qui s'en servent pour produire de l'énergie (c'est leur principale source d'énergie).

Lorsque la production d'insuline est inexistante ou presque inexistante, le sucre dans le sang augmente de manière anormale, à des taux supérieurs à 1,26 g/l (hyperglycémie). On parle alors de diabète insulinodépendant ou, plus exactement, de diabète sucré insulinodépendant.

Goivaux - Rapho

Enfant se faisant une injection d'insuline à l'aide d'un stylo. *Ce système d'injection, simple à mettre en œuvre, a permis d'améliorer la qualité de vie des diabétiques.*

LES SYMPTÔMES

La maladie se traduit par une soif très intense, par l'émission de grandes quantités d'urine, par un amaigrissement brutal et par une grande fatigue. Chez certains patients, l'affection n'est découverte qu'à l'occasion d'une des complications aiguës du diabète, telle que l'acidocétose, qui correspond à une accumulation excessive de substances acides (acétone) dans le sang. Le patient maigrit, souffre de troubles digestifs et

LES STYLOS À INSULINE

Actuellement, il n'existe qu'une seule méthode pour administrer de l'insuline : c'est l'injection sous la peau (ou, dans certains cas d'urgence, dans une veine). De plus en plus, cette injection se pratique aujourd'hui non plus avec une seringue classique, mais avec des stylos à insuline munis, à leur extrémité, d'une aiguille jetable. Ces stylos facilitent grandement la vie quotidienne des diabétiques. En effet, ils contiennent des cartouches d'insuline qui se chargent comme des stylos à encre et peuvent être conservées à température ambiante pendant plusieurs semaines, alors que les flacons d'insuline utilisés avec les seringues doivent être conservés au frais. De plus, ils sont très maniables et peu encombrants.

L'AUTOSURVEILLANCE DU DIABÉTIQUE

Un diabétique insulinodépendant doit mesurer le taux de sucre de son sang (glycémie) plusieurs fois par jour. Pour ce faire, il dépose sur une bandelette réactive une goutte de son sang qu'il a prélevée en se piquant le bout du doigt. Le plus souvent, il introduit la bandelette dans un petit appareil qui affiche directement le taux de sucre sur un écran. Il peut également, s'il ne dispose pas de cet appareil, comparer la couleur prise par la bandelette à une échelle de couleurs de référence. Il inscrit ensuite le résultat de chaque mesure sur un carnet de surveillance.

est très fatigué. Ces signes indiquent que la carence en insuline est telle qu'elle oblige l'organisme à puiser dans ses réserves de graisse pour produire l'énergie nécessaire. En l'absence de traitement, le diabète insulinodépendant évolue inexorablement vers cette complication qui peut conduire au coma.

LES CAUSES

Le diabète insulinodépendant apparaît souvent avant l'âge de 20 ans, parfois peu après la naissance. Il s'agit d'une maladie auto-immune : un ou plusieurs antigènes sont à l'origine d'une réaction du système de défense de l'organisme (système immunitaire), aboutissant à la destruction des cellules du pancréas chargées de sécréter l'insuline. Cette affection survient sur un terrain génétiquement prédisposé, et est certainement favorisé par des facteurs environnementaux (viraux, toxiques, etc.).

LE TRAITEMENT

Grâce aux traitements modernes et en respectant une surveillance scrupuleuse, la plupart des diabétiques peuvent mener une existence normale.

L'injection d'insuline. Le premier traitement du diabète insulinodépendant est l'injection d'insuline, par voie sous-cutanée, 1 à 4 fois par jour. On utilise une insuline artificielle, fabriquée par génie génétique, qui a exactement la même composition que l'insuline humaine. Pour être autonomes, les personnes souffrant de diabète insulinodépendant, y compris les enfants, apprennent à pratiquer eux-mêmes les injections. Il existe différentes méthodes : utilisation d'une seringue classique, l'insuline étant pompée dans un flacon qui doit être conservé au frais, stylo injecteur muni d'une réserve d'insuline, plus maniable. Le patient peut également être équipé d'un dispositif portable (à la taille ou en bandoulière), relié à une seringue-réservoir d'insuline et muni d'un mécanisme pousse-seringue (pompe à insuline). Ce système est relié à une aiguille implantée sous la peau. Une dernière méthode, encore utilisée à titre expérimental, consiste à implanter sous la peau une pompe à insuline automatique, à débit variable et programmable. Cette pompe est remplie tous les mois ou tous les trois mois, avec une seringue.

Les doses. Pour savoir quelle dose d'insuline s'injecter, le diabétique insulinodépendant doit surveiller au quotidien le taux de sucre de son sang (glycémie). Il note les résultats sur un carnet de surveillance, ainsi que les doses injectées. Cette technique permet une adaptation, au jour le jour et selon les activités, des doses d'insuline, afin de se rapprocher au plus près de la glycémie normale.

La greffe du pancréas. Elle constitue en théorie le traitement idéal, mais, dans la pratique, elle pose encore de nombreux problèmes. Cependant, les recherches se poursuivent : une technique encore à l'étude consiste à ne greffer que les cellules du pancréas responsables de la sécrétion d'insuline.

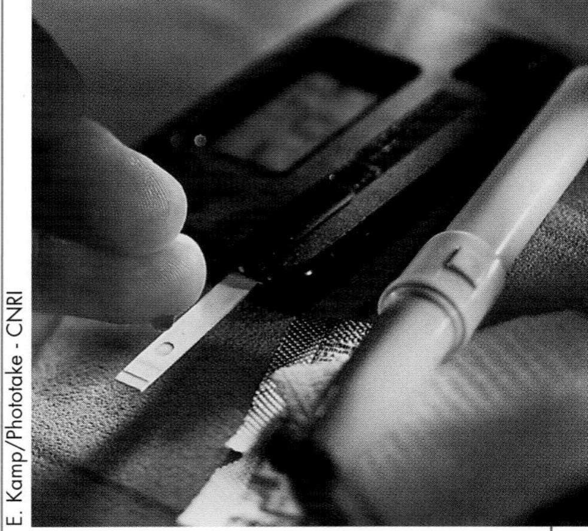
E. Kamp/Phototake - CNRI

Test de la glycémie. *Le malade dépose une goutte de sang sur une bandelette réactive, introduite dans un petit appareil : le taux de glucose s'affiche directement sur l'écran.*

Le Diabète Sucré

LES COMPLICATIONS

Diverses complications peuvent apparaître chez un diabétique dont la maladie est mal soignée. Pour prévenir celles-ci, le meilleur moyen est de bien équilibrer son diabète.

Laurent/Daniela - BSIP

Traiter une crise d'hypoglycémie. *En cas d'hypoglycémie, principale complication aiguë du diabète, le plus simple est de manger un morceau de sucre.*

Parmi les affections découlant du diabète sucré, qu'il soit insulinodépendant ou non insulinodépendant, on distingue les complications aiguës et les complications chroniques. Ces dernières apparaissent en général après dix ans d'évolution, surtout si le diabète est mal équilibré.

LES COMPLICATIONS AIGUËS

L'hypoglycémie. Un taux trop bas de sucre dans le sang, ou hypoglycémie, peut survenir chez des diabétiques, à la suite d'un traitement mal adapté à l'alimentation, aux dépenses physiques ou au taux de sucre initial. L'hypoglycémie se manifeste par une fatigue soudaine, une sensation de faim, des vertiges et des sueurs. Le traitement consiste, le plus souvent, à manger un morceau de sucre blanc. Si le patient est inconscient, il faut lui injecter du sucre par voie intraveineuse. Pour les diabétiques insulinodépendants, il est également possible de leur injecter du glucagon,

LES INFECTIONS CHRONIQUES

Les diabétiques sont particulièrement sujets aux infections chroniques. Celles-ci peuvent être dues à des bactéries ou à des champignons. Elles touchent le plus souvent l'appareil urinaire (par exemple, cystite) et la peau (dans la plupart des cas, infections à staphylocoques).

Ces infections, qui elles-mêmes déséquilibrent le diabète, sont traitées par des médicaments agissant sur les bactéries (antibiotiques) ou sur les champignons (antifongiques).

une substance qui augmente le taux de sucre dans le sang.

L'hyperglycémie majeure. Il s'agit d'une augmentation très importante du taux de sucre dans le sang. À partir d'un certain niveau, elle provoque un passage du sucre dans les urines (glycosurie), puis un syndrome dit polyuropolydipsique : le malade ressent une soif intense et urine très abondamment. Cette complication nécessite une hospitalisation en urgence et est traitée par l'injection d'insuline et une réhydratation.

L'acidocétose. Elle constitue l'aboutissement d'un diabète insulinodépendant non ou mal traité. L'insuffisance d'insuline empêche le sucre d'entrer dans les cellules. Ne pouvant plus utiliser celui-ci comme source d'énergie, les cellules essaient de compenser ce manque en transformant les acides gras présents dans le sang, ce qui provoque l'augmentation de la production de substances chimiques acides (corps cétoniques). L'acidocétose se traduit par un amaigrissement rapide. Le malade souffre de nausées, voire de vomissements, et d'une grande fatigue. Un seul de ces signes doit alerter le patient et l'amener à consulter un médecin : en l'absence de traitement (hospitalisation et injection de grandes quantités d'insuline), l'évolution se fait vers le coma.

LES COMPLICATIONS CHRONIQUES

Elles sont principalement liées à l'altération des vaisseaux sanguins. Ce sont soit les gros vaisseaux (dans le cas de l'athérome), soit les petits vaisseaux (dans le cas de la rétinopathie et de la néphropathie) qui sont touchés.

L'athérome. C'est un dépôt de graisse (lipides) qui se forme par endroits sur la paroi interne des artères et finit par les obstruer complètement. Le développement des plaques d'athérome s'accompagne d'une modification de la paroi de l'artère, qui se durcit : c'est l'athérosclérose. Celle-ci peut être responsable de très graves affections liées à une insuffisance ou à l'absence totale de circulation sanguine dans l'artère atteinte (crise d'angine de poitrine, infarctus du myocarde, artérite des membres inférieurs, etc.).

Lorsque ces lésions sont constituées au moment du diagnostic, le traitement ne peut qu'en limiter les conséquences néfastes. Il consiste à administrer des médicaments augmentant le calibre des vaisseaux (vasodilatateurs) et empêchant la formation de caillots sanguins (anticoagulants), et, dans les cas les plus graves, à pratiquer l'ablation du segment artériel touché et à le remplacer par un greffon.

La rétinopathie. Elle correspond à une lésion de la rétine (membrane tapissant le fond de l'œil et sur laquelle se forment les images). Cette affection apparaît après 10 ans d'un diabète mal équilibré et évolue progressivement vers la cécité. Elle doit donc être systématiquement dépistée chaque année lors d'une consultation chez un ophtalmologiste, par un examen du fond d'œil. Les formes graves peuvent être traitées au laser.

La néphropathie. C'est une atteinte des unités de filtration du rein (néphrons), qui se traduit par un passage trop important de protéines dans les urines. Cette affection touche 40 % des diabétiques et évolue, à long terme, vers une incapacité des reins à assurer leur rôle de filtre du sang (insuffisance rénale chronique). Le patient doit alors se soumettre régulièrement à une filtration artificielle du sang (dialyse).

Comme la rétinopathie, cette complication chronique apparaît après 10 ans d'un diabète mal équilibré. La prévention – diabète bien équilibré, dépistage précoce – est essentielle pour éviter l'aggravation de cette affection.

LES SOINS DES PIEDS

Toute personne atteinte de diabète doit apporter un soin minutieux à ses pieds. En effet, en cas de diabète, surtout après 10 ans d'évolution, une plaie, même minime, peut se surinfecter et entraîner des ulcérations (maux perforants). Pour éviter les risques de surinfection, il faut éviter de marcher pieds nus et porter des chaussures de bonne qualité qui ne blessent pas le pied. Lors des soins de pédicure, il est préférable de ne pas utiliser d'instrument coupant, pour éviter les blessures. En cas de plaie, il faut consulter un médecin qui effectuera des soins locaux de désinfection adaptés au type de plaie.

La Dialyse Rénale

La dialyse rénale est un traitement utilisé lorsque les reins ne fonctionnent plus. Elle permet d'éliminer les impuretés du sang et d'évacuer l'eau en excès dans le corps.

Au cours de nombreuses maladies aiguës ou chroniques, les reins ne sont plus capables d'assurer leur fonction d'épuration du sang : on parle d'insuffisance rénale. Il est alors indispensable de pallier cette défaillance, à l'aide d'une technique de filtration appelée dialyse.

LES INDICATIONS

On a recours à une dialyse pour les patients souffrant d'insuffisance rénale chronique terminale ou aiguë.

L'insuffisance rénale chronique. C'est une atteinte progressive et irréversible des unités de filtration du rein, les glomérules. Ses causes sont multiples. On évalue son évolution grâce au calcul de la clairance de la créatinine (substance d'origine musculaire), c'est-à-dire le nombre de millilitres de plasma que les reins épurent de cette substance en une minute. La dialyse devient indispensable lorsque la clairance de la créatinine est inférieure à 10 millilitres/minute.

L'insuffisance rénale aiguë. C'est une incapacité brutale des reins à assurer leur fonction, en général provisoire. Une insuffisance rénale aiguë peut être la conséquence d'une diminution importante du volume du sang (grave hémorragie, déshydratation intense, etc.). Elle peut également découler d'une altération des tissus du rein, provoquée par une intoxication (médicaments, produits iodés utilisés pour des examens radiologiques), d'une réaction allergique ou d'une infection. Enfin, elle peut être liée à la survenue brutale d'un obstacle (calcul, tumeur) dans les reins ou les uretères. Selon la gravité du trouble, le patient est mis sous dialyse pendant quelques jours

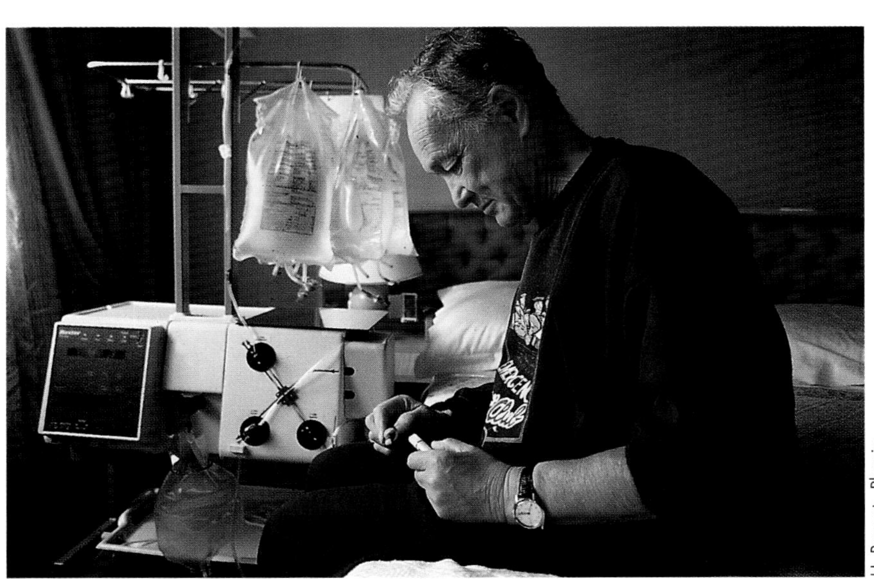

H. Raguet - Phanie

***Dialyse péritonéale à domicile.** La dialyse à domicile, qui nécessite un apprentissage dans un centre spécialisé, est souvent beaucoup moins contraignante pour le patient.*

LA DIALYSE À DOMICILE

Certains patients peuvent effectuer leur dialyse à domicile. Ils doivent cependant vivre dans des conditions de logement satisfaisante (espace suffisant pour contenir tout le matériel). La technique de l'hémodialyse doit être bien assimilée par le patient et par son conjoint. L'apprentissage de cette technique dure de 2 à 3 mois. Pour la dialyse péritonéale, la formation est plus courte (de 8 à 15 jours). Le fait d'être traité à domicile permet d'organiser plus facilement son emploi du temps.

■ PRINCIPE DE LA DIALYSE

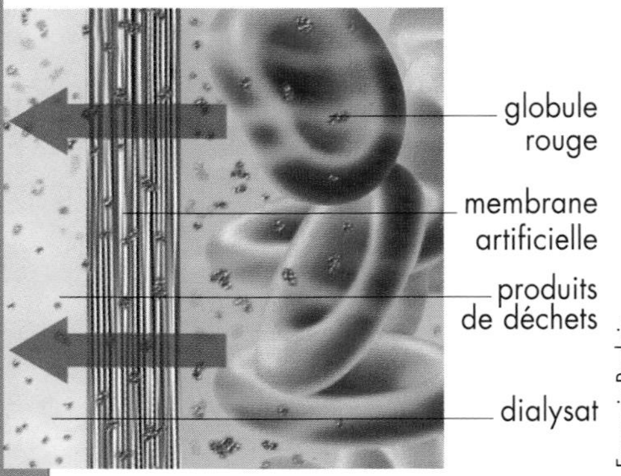

Seules l'eau et les substances de très petite taille contenues dans le sang (à droite) peuvent traverser la membrane.

ou quelques semaines, jusqu'à ce que ses reins recommencent à fonctionner normalement.

PRINCIPE DE LA DIALYSE

La dialyse consiste à mettre le sang du patient en contact avec un liquide artificiel appelé dialysat, par l'intermédiaire d'une membrane qui ne laisse passer que l'eau et les substances de très petite taille. Grâce à un phénomène physique spontané appelé diffusion (l'osmose), les substances présentes en excès quittent le sang et traversent la membrane vers le dialysat. La composition de celui-ci est adaptée à chaque patient, selon le degré d'épuration à obtenir.

LES DIFFÉRENTES TECHNIQUES

Il existe deux méthodes de dialyse, appelées respectivement hémodialyse et dialyse péritonéale. La première utilise une membrane artificielle en contact direct avec le sang du patient, la seconde, une membrane naturelle située à l'intérieur du corps, le péritoine.

L'hémodialyse. Elle consiste à faire passer le sang du patient dans les circuits d'un appareil appelé générateur d'hémodialyse. Le sang entre en contact avec le dialysat fabriqué par le générateur à travers une membrane artificielle puis, une fois purifié de ses déchets, il est réinjecté au patient. Pendant cette opération, une certaine quantité d'eau est soustraite du sang sous contrôle du générateur. Une séance d'hémodialyse dure de 4 à 5 heures. En cas d'insuffisance rénale chronique, elle doit être pratiquée trois fois par semaine.

La dialyse péritonéale. Il existe deux variantes de la dialyse péritonéale : continue ambulatoire et intermittente. La dialyse péritonéale continue ambulatoire est uniquement utilisée dans le traitement de l'insuffisance rénale chronique. Elle consiste à introduire le dialysat, préparé à l'avance dans une poche en plastique, à l'intérieur de la cavité du péritoine, la membrane qui recouvre les organes de l'abdomen. Le liquide du dialysat est introduit par un cathéter implanté chirurgicalement dans la paroi de l'abdomen et laissé définitivement. La dialyse dure 4 heures et est renouvelée chaque jour.

La dialyse péritonéale intermittente repose sur le même principe que la précédente, mais s'effectue à un rythme différent. Trois séances de dialyse de 12 heures en moyenne sont réalisées chaque semaine, à l'aide de machines qui injectent puis évacuent le dialysat toutes les 30 minutes. Cette technique est plus souvent utilisée dans le traitement des insuffisances rénales chroniques, mais elle peut aussi remédier à certaines insuffisances aiguës.

VIVRE SOUS DIALYSE

La mise sous dialyse bouleverse la vie sociale, familiale et professionnelle du malade. Dans un premier temps, la crainte s'installe : le patient va devoir subir plusieurs séances hebdomadaires et suivre un régime alimentaire strict. L'habileté de la personne qui met en place l'installation – infirmière spécialisée, dans un centre, ou un proche, à domicile – aide à vaincre les difficultés rencontrées à ce stade. Dans un deuxième temps, le dialysé et la personne qui l'aide forment une équipe assurée. Cette assurance permet un plus grand confort pendant les séances et un meilleur contrôle du résultat de la dialyse. Il est ensuite possible de voyager, en prévoyant à l'avance des rendez-vous dans des centres de dialyse ou dans des hôpitaux, pour les séances de dialyse. Grâce à la maîtrise et à l'efficacité des séances de dialyse, le malade peut mener de manière quasi normale, une vie familiale ainsi que des activités professionnelles et sportives. Il lui est tout à fait possible de recevoir des amis, d'aller au restaurant, le maître mot de la vie sous dialyse étant l'organisation.

LA DIARRHÉE

La diarrhée correspond à une émission trop importante de selles liquides. Il s'agit d'une affection répandue et le plus souvent bénigne, sauf lorsqu'elle touche des personnes fragiles (enfants, personnes âgées ou malades).

C. Harvey - Fotogram Stone

Prévenir la diarrhée des voyageurs. *Pour éviter la diarrhée des voyageurs, on conseille aux personnes se rendant dans les pays tropicaux de boire des boissons capsulées.*

LA DIARRHÉE DES VOYAGEURS

Au cours de leurs déplacements dans des pays lointains, surtout dans des pays chauds, de nombreux voyageurs ont la diarrhée pendant quelques jours : c'est la « diarrhée des voyageurs », ou turista. Cette affection, le plus souvent bénigne, est due à la modification brutale des habitudes alimentaires et, pratiquement dans tous les cas, à l'infection par une bactérie (shigelles, salmonelles). En général, la turista disparaît d'elle-même en quelques jours. Dans le cas contraire, un traitement par des antibiotiques en vient à bout. Le respect de quelques règles d'hygiène suffisent pour prévenir la plupart des cas de turista : ne manger que des aliments cuits et des fruits pelés, ne boire que des boissons contenues dans des bouteilles capsulées ou de l'eau bouillie ou désinfectée à l'aide de produits spécifiques.

Une diarrhée peut survenir de manière aiguë, c'est-à-dire brutalement et sur une durée limitée, ou être chronique, se prolongeant alors sur une période de plus de 3 semaines.

LA DIARRHÉE AIGUË

Le danger de la diarrhée aiguë tient essentiellement au risque de déshydratation, particulièrement important chez les nourrissons, les jeunes enfants, les personnes âgées et les individus affaiblis par une maladie.

Les causes. La diarrhée aiguë est généralement due à l'infection par des bactéries (salmonelles, shigelles, *Campylobacter, Yersinia,* certains colibacilles, staphylocoques), par des parasites comme les amibes (micro-organismes, constitués d'une seule cellule, qui s'implantent dans la paroi du gros intestin) ou par des virus (rotavirus, adénovirus, entérovirus, coronavirus, etc.). La maladie est le plus souvent transmise par la consommation d'eau ou d'aliments contaminés, ou encore par l'intermédiaire des mains souillées ayant été en contact avec des excréments. Il existe d'autres causes de diarrhées aiguës, comme certains médicaments (par exemple, la colchicine), une allergie ou une intolérance alimentaire, ou une émotion vive. Le syndrome dysentérique (selles glaireuses et sanglantes) est une variante grave de la diarrhée aiguë.

Le traitement. Le traitement consiste d'abord à compenser les pertes de liquide pour éviter une déshydratation. Dans ce but, le patient doit absorber des boissons abondantes à base d'eau, de sel et de sucre (1/2 cuillerée à café de sel et 4 cuillerées de sucre pour 1 litre d'eau). Il existe aussi des solutions hydratantes déjà préparées, vendues en pharmacie. Quand le patient est très déshydraté ou quand il a des vomissements abondants, l'apport de liquides s'effectue en général par perfusion. Lorsque la cause de la diarrhée est connue, le traitement de celle-ci doit bien sûr être entrepris (administration de médicaments contre les amibes, d'antibiotiques, etc.).

La prévention. Pour éviter les diarrhées infectieuses qui se contractent par l'intermédiaire des mains sales, il est conseillé de se laver souvent les mains, en particulier avant chaque repas. Dans les autres cas, quand la cause est connue, il faut l'éviter autant que possible.

LA DIARRHÉE CHRONIQUE

C'est une émission de selles liquides et fréquentes s'étendant sur une période de plus de trois semaines. Lorsqu'elle n'est pas correctement traitée, une diarrhée chronique peut aboutir à un état de dénutrition : les intestins n'absorbant pas correctement les éléments nutritifs contenus dans les aliments, les besoins de l'organisme ne sont pas couverts. La dénutrition se manifeste notamment par un amaigrissement, une peau très sèche, des ongles et des cheveux cassants et par une rétention d'eau dans les tissus (œdème).

Les causes. Une diarrhée chronique peut être provoquée par une lésion de la paroi de l'intestin (due à un cancer ou à une maladie inflammatoire), à une anomalie de l'absorption par l'intestin de certaines substances contenues dans les aliments (maladie cœliaque caractérisée par l'intolérance à une protéine, le gluten, présente dans l'avoine, le blé, l'orge et le seigle), à une activité trop importante du transit intestinal, ou à une sécrétion anormale des cellules qui tapissent l'intestin (diarrhée dite sécrétoire).

Le traitement. Il dépend de la cause : ablation d'une tumeur, régime interdisant les aliments contenant du gluten pour la maladie cœliaque, etc. Parallèlement au traitement de la cause, une renutrition correcte doit être assurée avec un régime adapté à la cause de la diarrhée ; il devra apporter une ration calorique riche.

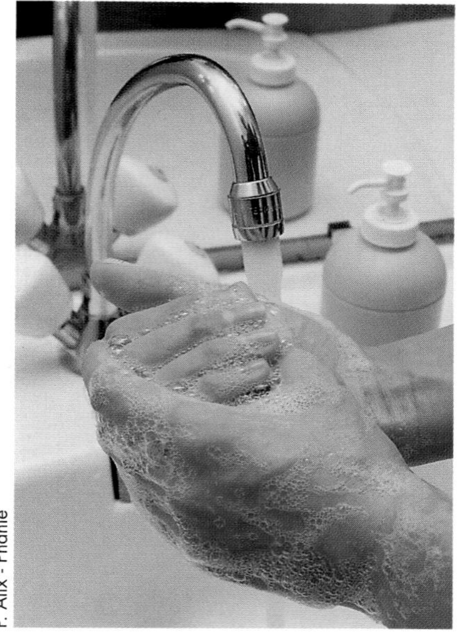

P. Alix - Phanie

L'hygiène des mains.
Elle est primordiale pour éviter les diarrhées infectieuses, qui peuvent notamment se contracter par l'intermédiaire des mains sales.

UN RÉGIME APPROPRIÉ

De nombreuses personnes pensent que le seul moyen de venir à bout d'une diarrhée est de se mettre à la diète, voire de jeûner. Il s'agit là d'une idée fausse. Au cours d'une diarrhée, l'organisme a besoin de recevoir en abondance de l'eau et des sels minéraux pour remplacer ce qui est perdu, et ses besoins en énergie et en protéines doivent être pourvus. Si le malade ne souffre ni de vomissements ni de nausées, l'alimentation doit être presque normale, en évitant toutefois les plats lourds et les crudités. Si l'alimentation par la bouche est impossible, l'eau et les aliments sont administrés par voie veineuse (perfusion). Pour les diarrhées chroniques, des régimes spéciaux peuvent être nécessaires (régime sans gluten en cas de maladie cœliaque, par exemple).

LES DIGESTIONS DIFFICILES

Les digestions difficiles se traduisent par de nombreux troubles digestifs : douleurs abdominales, vomissements, diarrhée, ballonnements. Dans la majorité des cas, elles sont consécutives à des excès de nourriture.

Laurent-Diaw - BSIP

Les douleurs abdominales. *Un repas trop copieux peut entraîner une indigestion, terme qui recouvre plusieurs signes, dont des douleurs abdominales.*

On parle d'indigestion pour désigner un ensemble de troubles digestifs associant des vomissements, une diarrhée, des douleurs abdominales et un état de malaise général. Le plus souvent, l'indigestion survient après un repas trop copieux, mais des troubles digestifs évoquant une simple indigestion peuvent également être le symptôme de différentes affections touchant ou non le tube digestif. Par ailleurs, les digestions difficiles peuvent se traduire par une sensation d'inconfort digestif apparaissant après les repas (dyspepsie).

L'INDIGESTION PAR EXCÈS ALIMENTAIRES

Dans la plupart des cas, les indigestions sont provoquées par des repas trop importants, associés à la consommation d'une grande quantité d'alcool. En effet, une nourriture, même d'excellente qualité, peut provoquer vomissements, diarrhée et douleurs abdominales si l'ingestion est trop rapide et si les quantités absorbées sont importantes. Les enfants en font très souvent l'expérience lors de goûters trop copieux. Les vomissements peuvent être abondants et répétés et, parfois, contenir du sang (syndrome de

LA « CRISE DE FOIE »

La notion de « crise de foie » ne figure pas dans les ouvrages de médecine. En effet, le foie n'entre en rien dans les symptômes invoqués dans la crise du même nom. La plupart du temps, on désigne par cette expression des migraines accompagnées de troubles digestifs : nausées, vomissements, douleurs abdominales. Ces migraines se déclenchent souvent lors de la prise de certains aliments : chocolat, alcools, d'où l'incrimination du foie. Elles ont un traitement spécifique, qui n'agit pas sur le foie. Aucun médicament destiné à traiter les maladies du foie ne guérit une « crise de foie ».

Mallory-Weiss). Dans certains cas, le patient souffre, le lendemain de ses excès de table, de brûlures d'estomac. Une indigestion par excès alimentaire guérit d'elle-même. La guérison est simplement favorisée par la diète et le repos.

LA DYSPEPSIE

C'est une sensation d'inconfort digestif, souvent très gênante pour le patient, qui apparaît après les repas. Dans la plupart des cas, la dyspepsie n'a aucune cause organique ; c'est un trouble de nature fonctionnelle, dont le mécanisme est inconnu.

Les symptômes. La dyspepsie se traduit par des douleurs abdominales dont la localisation n'est pas précise (les douleurs peuvent irradier dans tout l'abdomen), une sensation de lourdeur et de gonflement après les repas, une lenteur de la digestion. Parfois, le patient éructe, a le hoquet, est pris de nausées ou de vomissements. Sa bouche est pâteuse, il a un goût désagréable dans la bouche, une mauvaise haleine. Il est souvent incapable de terminer un repas normal. Son état général n'est pas altéré : il ne maigrit pas et un certain embonpoint peut même exister.

Le traitement. Il repose essentiellement sur des mesures diététiques et hygiéniques. Il faut éviter l'abus de féculents (haricots, lentilles, pois, pommes de terre, etc.), les charcuteries grasses, les fritures et certains plats, propres à chaque malade, qui aggravent les troubles. Les boissons alcoolisées, le thé, le café, le tabac sont déconseillés. Il faut prendre ses repas dans le calme, à des heures régulières, en prenant le temps de bien mastiquer les aliments. On recommande de faire trois ou quatre repas par jour.

La prise de médicaments (pansements gastriques, antispasmodiques) n'ont, en général, que très peu d'effets sur les troubles de la dyspepsie.

LE HOQUET

Le hoquet est une contraction brutale et involontaire des muscles respiratoires s'accompagnant d'un claquement de la glotte. Ce phénomène peut être pénible lorsqu'il persiste : il devient douloureux, gêne l'alimentation, empêche le sommeil. Ses causes sont multiples. Souvent, il est dû à une irritation de l'œsophage provoquée par une alimentation trop rapide ou la consommation de mets épicés. Beaucoup plus rarement, le hoquet est dû à une maladie siégeant dans l'abdomen. Un traitement n'est utile que pour les hoquets prolongés. Il consiste à soigner la cause lorsque celle-ci est connue et à administrer des médicaments calmants.

LES FAUSSES INDIGESTIONS

Beaucoup plus rarement, une maladie cardiaque, pulmonaire ou abdominale peut se manifester par des signes semblables à ceux d'une indigestion. Il peut s'agir de la mort d'une partie des tissus du cœur liée à un brusque arrêt de leur irrigation (infarctus du myocarde), de l'obstruction brutale de l'une des branches de l'artère pulmonaire (embolie pulmonaire), de douleurs spasmodiques liées à la présence d'un calcul dans les voies biliaires (colique biliaire), d'une inflammation du pancréas (pancréatite) ou de l'appendice (appendicite), etc. Dans tous ces cas, les manifestations digestives sont souvent inhabituelles et sans lien ou hors de proportion avec les excès alimentaires. Différents examens sont alors nécessaires pour rechercher l'affection en cause. Au besoin, le patient est mis en observation pour quelques jours en milieu hospitalier.

L'AÉROPHAGIE

L'aérophagie est une déglutition d'air pouvant entraîner une dilatation anormale de l'estomac. L'ingestion d'une certaine quantité d'air est normale. En revanche, lorsqu'elle est excessive, elle peut être à l'origine d'une aérogastrie, qui se traduit par une sensation de tiraillements dans l'abdomen. L'aérophagie est souvent due à une grande nervosité, qui se manifeste par des mouvements fréquents de déglutition. Elle peut également survenir en mangeant ou en buvant trop rapidement. À la fin d'un repas, l'excédent d'air est parfois rejeté (éructation). L'aérophagie n'a pas de traitement spécifique efficace.

La Douleur

DÉFINITION ET MÉCANISMES

La douleur assure une fonction de signal d'alarme en informant l'organisme de la présence d'un désordre susceptible de lui nuire. Intense ou persistante, elle peut être agressive pour l'individu.

Tout le monde a déjà fait l'expérience de la douleur, mais chacun la ressent à sa manière et l'exprime de façon différente. La douleur n'est pas uniquement une réaction simple déclenchée par une lésion physique, c'est un phénomène complexe, dépendant de nombreux facteurs.

LA DÉFINITION DE LA DOULEUR

La douleur correspond à une sensation pénible qui se manifeste sous différentes formes (brûlure, piqûre, crampe, pesanteur, étirement, etc.) et dont l'intensité et l'extension varient.

LA DOULEUR IRRADIÉE

Une douleur ressentie à un endroit du corps différent de la région lésée ou traumatisée est une douleur irradiée. Elle est due au fait que, avant de pénétrer dans le cerveau, les nerfs sensitifs se rejoignent, d'où la possibilité d'une confusion quant au lieu d'origine des influx douloureux. Ainsi, une douleur d'origine dentaire peut être ressentie au niveau de l'oreille, ces régions étant innervées par le même nerf sensitif.

LOCALISATION DES DOULEURS

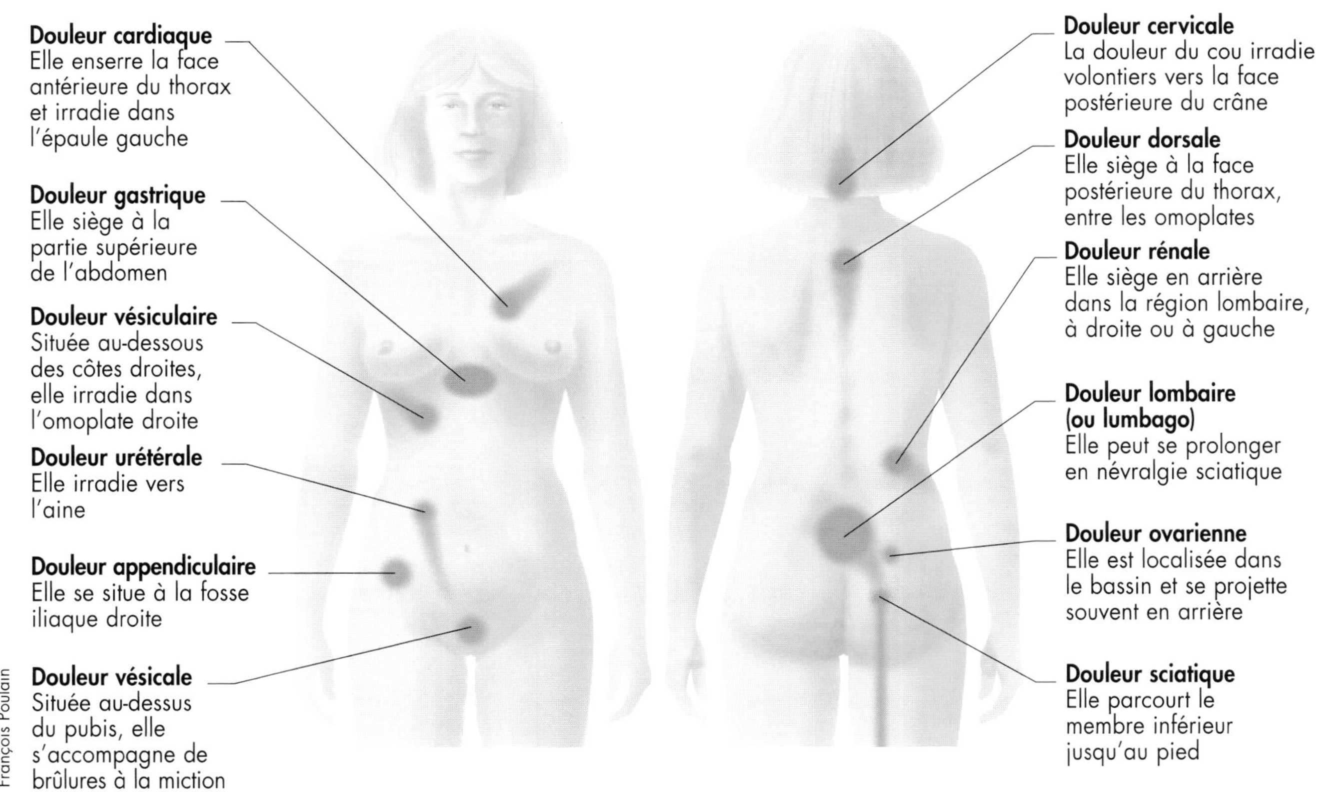

François Poulain

DOULEUR AIGUË ET DOULEUR CHRONIQUE

Une douleur aiguë se manifeste à l'occasion d'une lésion tissulaire et a pour rôle essentiel de prévenir l'individu d'un dysfonctionnement de son organisme. Elle est associée à des palpitations, à une augmentation de la pression artérielle, du taux de certaines hormones (cortisol, catécholamines) et de la fréquence du mouvement de l'air dans les poumons (ventilation). Une douleur chronique est une douleur persistant des semaines, des mois, voire des années. Ce sont les séquelles d'une lésion nerveuse, de problèmes de dos, les maux de tête rebelles, les rhumatismes articulaires ou encore les douleurs cancéreuses.

Elle est associée à des lésions au niveau des tissus ou décrite comme si ces lésions existaient. La diversité de la douleur et le fait qu'elle soit toujours subjective expliquent qu'il soit difficile d'en proposer une définition totalement satisfaisante. La notion de douleur recouvre en effet une multitude d'expériences distinctes, qui varient selon divers critères sensoriels et affectifs. Certaines personnes décrivent une douleur en l'absence de toute cause physique probable ; cependant, il est impossible de distinguer leur expérience de celle qui est causée par une lésion réelle.
La compréhension des mécanismes de la douleur et leur classification sont encore aujourd'hui approximatives.

L'appréciation de l'intensité d'une douleur est extrêmement variable ; elle dépend de la structure émotionnelle de la personne qui souffre, ce qui rend illusoire toute tentative de mettre en relation l'intensité du stimulus douloureux et la souffrance.

LE RÔLE DE LA DOULEUR

Une sensation douloureuse a pour premier objectif de protéger l'organisme, en annonçant la survenue d'un traumatisme ou d'une lésion. Cette fonction d'alerte contre une agression extérieure ou intérieure peut, dans un second temps, si elle n'est pas soulagée, se retourner contre l'organisme lui-même, l'affaiblissant au lieu de le servir. Une douleur intense peut envahir le système nerveux, rendant la personne incapable d'accomplir une autre activité.

LES MÉCANISMES DE LA DOULEUR

La sensation de douleur provient de l'excitation de récepteurs spécifiques, appelés nocicepteurs, au niveau des terminaisons nerveuses sensibles aux stimulations douloureuses. Ces récepteurs sont essentiellement localisés dans la peau et, dans une moindre mesure, dans les vaisseaux, les muqueuses, les os et les tendons. Lorsqu'un récepteur de la douleur est stimulé, les influx nerveux véhiculant le message cheminent dans les nerfs sensitifs vers la moelle épinière. Pendant ce temps, l'information douloureuse est soumise à un certain nombre de contrôles, puis elle est transmise vers une structure particulière du cerveau, le thalamus, où la sensation de douleur est perçue. Les nocicepteurs transmettent 2 types d'information, responsables de 2 types de douleur : le premier type de douleur, bien localisé et immédiat, dû à une fracture par exemple, est véhiculé par une des grosses fibres sensitives ; le second type, une brûlure par exemple, plus diffus et plus tardif, est véhiculé par des fibres différentes des premières.
Dès que le cerveau a reçu le message de douleur, il envoie – lorsque cela est possible – une réponse à un nerf moteur, qui commande la contraction d'un muscle permettant de s'éloigner de la source douloureuse (on retire sa main d'une source chaude, par exemple).

LES DIFFÉRENTES FORMES DE DOULEUR

Une douleur se définit selon son site, son type, diffus ou localisé, son intensité, sa périodicité et son caractère : elle peut se manifester sous forme de pulsations, être battante, lancinante (les élancements sont caractéristiques d'une inflammation) ou en éclair (atteinte nerveuse), avoir une nature de crampe (atteinte musculaire) ou de colique (atteinte viscérale), etc.
Dans certains cas, la douleur est ressentie dans un endroit du corps différent de la zone lésée ou traumatisée ; on parle alors de douleur irradiée. Un autre type de douleur est rapporté à un membre fantôme ; il est ressenti par environ 65 % des amputés.

LA DOULEUR

LE TRAITEMENT

Le traitement de la douleur repose à la fois sur la recherche de sa cause et sur l'utilisation de médicaments qui soulagent la douleur elle-même.

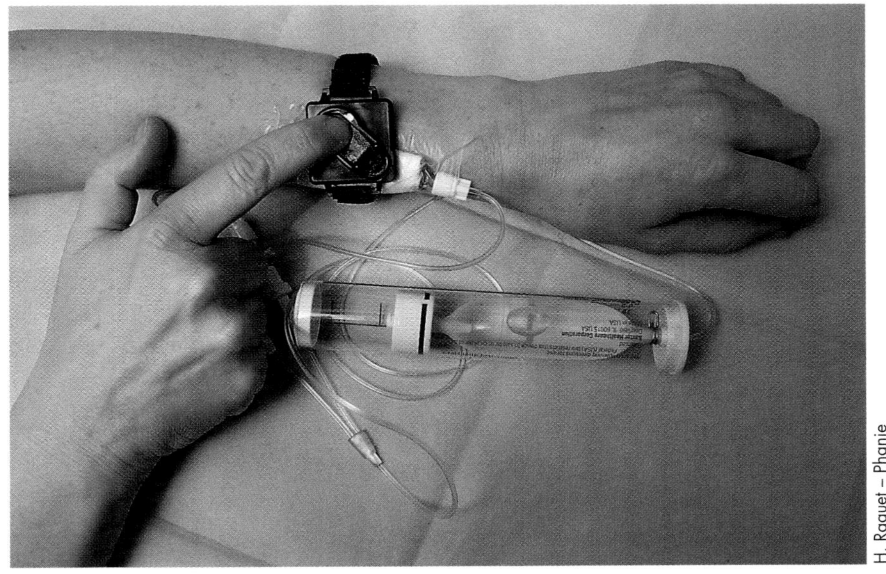

H. Raguet – Phanie

Boîtier permettant l'autoadministration de morphine. *Grâce à ce système de pompe, le patient peut contrôler la quantité de médicament délivrée, pour l'ajuster au mieux à l'intensité de sa douleur.*

L'utilisation des différents traitements dont on dispose pour soulager la douleur dépend de sa gravité, de sa durée, de sa localisation et de sa cause.

EXPLIQUER SA DOULEUR AU MÉDECIN

La description minutieuse d'une douleur à votre médecin lui apporte des renseignements irremplaçables pour le diagnostic. Il est utile de décrire les différentes caractéristiques de la douleur : la localisation (en montrant du doigt le trajet de la douleur), le type (sensation de pression, de brûlure, de décharges électriques...), l'évolution (depuis quand a commencé la douleur, le début était-il brutal ou progressif ?), les circonstances déclenchantes initiales (effort, traumatisme, accident de travail...), etc.

Il faut répondre le plus précisément possible aux questions de son médecin. S'agit-il d'une douleur permanente ou intermittente ? Quelle est la durée des accès, des périodes de rémission ? La douleur est-elle ressentie le jour, la nuit ? Quels sont les facteurs influençant la douleur, les facteurs de soulagement et d'aggravation (position, mouvement, horaire, vie émotionnelle, etc.) ?

PRISE EN CHARGE DE LA DOULEUR

La douleur peut être soulagée ou, du moins, atténuée dans la plupart des cas. Il ne faut pas hésiter à demander à son médecin des traitements efficaces ni à s'adresser, si nécessaire, aux centres antidouleur qui se sont créés, ces dernières années, dans bon nombre d'hôpitaux. Aujourd'hui, souffrir ne doit plus être une fatalité.

LES ANALGÉSIQUES

Les médicaments contre la douleur, dits analgésiques (ou antalgiques), peuvent être classés en 3 catégories selon leur niveau d'efficacité. Les analgésiques légers sont généralement utiles dans le traitement des douleurs banales telles que les maux de tête ou de dents. Les médicaments les plus utilisés sont le paracétamol et l'aspirine. Les anti-inflammatoires non stéroïdiens servent à traiter les douleurs légères et modérées comme celles provoquées par

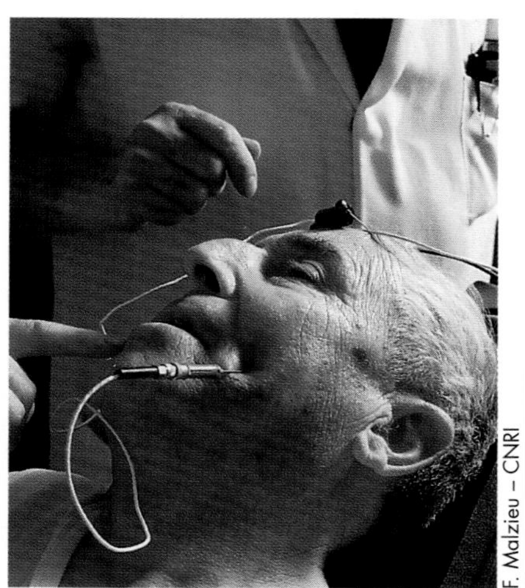

Traitement de la névralgie faciale par stimulation électrique. *Certaines fibres nerveuses sont stimulées par un faible courant électrique, qui permet d'atténuer la douleur.*

l'arthrose ou les traumatismes sportifs. Lorsque la douleur n'est pas soulagée par ce type de médicaments, on passe à un nouveau stade qui consiste à associer des analgésiques légers à des médicaments proches de la morphine (codéine, par exemple). Pour soulager les douleurs intenses et rebelles, on utilise la morphine, un médicament extrait de l'opium. La morphine agit au niveau du cerveau et de la moelle épinière en bloquant la transmission du message douloureux. C'est un analgésique puissant, indispensable pour traiter un certain nombre de douleurs. Pour les douleurs aiguës, comme les douleurs postopératoires, la morphine est de plus en plus utilisée sous forme d'injections contrôlées par le patient (par l'intermédiaire d'une petite pompe). Pour les douleurs chroniques, telles celles liées au cancer, on dispose actuellement de nombreuses possibilités d'administration. La voie orale, sous forme de comprimés, de gélules, de solutions buvables, est en général préférée aux formes injectables, sauf lorsque le patient a du mal à avaler. La morphine est un médicament extrêmement sûr, qui n'entraîne pas de toxicomanie. Les malades sont la plupart du temps soulagés et les effets indésirables, rares, sont en général bien maîtrisés par les médecins et les soignants. Il n'y a donc aucune raison de limiter son utilisation dès lors que les autres médicaments analgésiques n'ont pas réussi à soulager la douleur en cause.

LES TRAITEMENTS COMPLÉMENTAIRES

La kinésithérapie est essentielle dans le traitement de nombreuses douleurs chroniques touchant l'appareil locomoteur (lombalgies, par exemple). Elle apporte une aide utile dans le cas de douleurs liées à de mauvaises positions et attitudes, à des contractures musculaires ou à des limitations de la mobilité articulaire. Elle peut être associée à des techniques de relaxation qui aident le patient à mieux contrôler sa douleur et à mieux réagir face aux situations stressantes susceptibles de l'augmenter. L'objectif de la relaxation est d'aider la personne à accroître sa tolérance à la douleur (à réduire la peur de la douleur), à mieux l'accepter et à mener des activités aussi normales que possible.

LES AUTRES MÉDICAMENTS DE LA DOULEUR

Les antidépresseurs sont utilisés pour leur action propre contre la douleur dans certaines maladies (diabète, zona) et pour traiter les symptômes psychiques associés à la douleur chronique (dépression, anxiété, insomnie). Les médicaments contre l'anxiété (anxiolytiques et sédatifs), contrairement à une idée répandue, n'ont pas de réels effets sur la douleur. Ils sont souvent prescrits pour un trouble du sommeil ou comme relaxants musculaires.

ASPECTS PSYCHOLOGIQUES DE LA DOULEUR

La douleur s'accompagne généralement d'angoisse, d'anxiété et, parfois, de peur. La cause et les circonstances de sa survenue peuvent aussi influencer la façon dont elle est perçue par le patient. La douleur liée à un cancer, en raison de la peur occasionnée par cette maladie, peut apparaître comme beaucoup plus intense et causer plus de souffrance qu'une douleur similaire résultant d'une maladie bénigne. La sensation douloureuse peut être réduite dans les situations d'excitation (par exemple, lors d'une compétition sportive) ou d'émotion intense. Certains pensent qu'une préparation mentale à la douleur (par exemple, en vue de l'accouchement) réduit considérablement la sensation et la réaction qu'elle déclenche.

L'Embolie Pulmonaire

L'embolie pulmonaire est l'obstruction brutale de l'une des branches de l'artère pulmonaire par un caillot de sang. Il s'agit d'une affection fréquente, souvent difficile à diagnostiquer, qui constitue une cause importante de mortalité.

L'embolie pulmonaire est due à la formation d'un caillot de sang (thrombose) sur la paroi d'une veine, presque toujours dans une veine profonde de la jambe, parfois dans une veine du petit bassin ou de l'abdomen (veine cave inférieure). Ce caillot, libéré dans la circulation sanguine, se déplace dans les veines, traverse le cœur et s'arrête dans une artère pulmonaire. Normalement, un processus physiologique, appelé fibrinolyse, est chargé de détruire les caillots lorsqu'ils se forment, mais ce système peut, dans certains cas, ne pas jouer son rôle.

LES CAUSES

La formation d'un caillot sanguin est la conséquence d'un ralentissement de la vitesse de déplacement du sang dans les veines ou d'une inflammation des veines. Cela peut se produire notamment à la suite d'un accouchement ou d'un avortement, d'une intervention chirurgicale (en particulier osseuse ou articulaire avec la pose d'un plâtre), d'une immobilisation prolongée (alitement, fracture), d'une insuffisance cardiaque, d'un cancer, d'une polyglobulie (augmentation du nombre total des globules rouges de l'organisme).

LES SYMPTÔMES

L'embolie survient brutalement. Elle se traduit par une gêne respiratoire, un essoufflement plus ou moins important, une douleur à la base du thorax, une accélération du rythme cardiaque, une angoisse, un

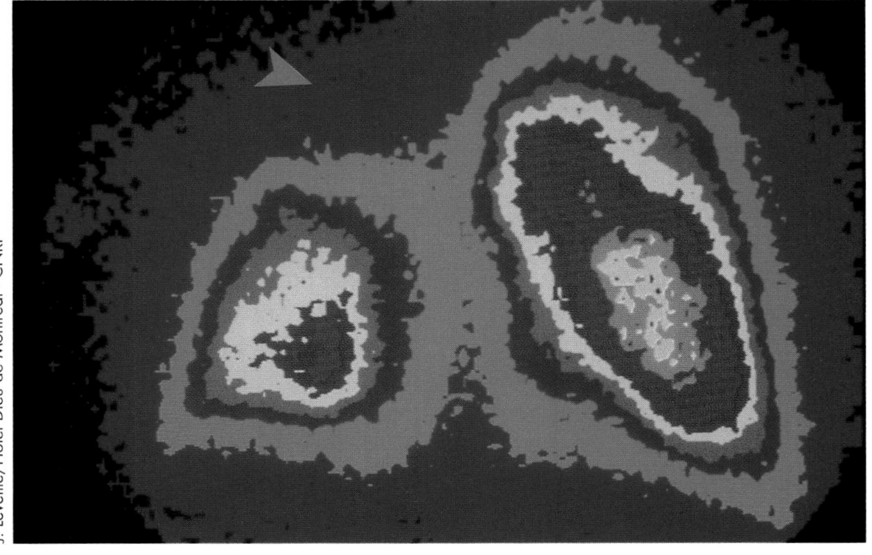

J. Leveillé/Hôtel Dieu de Montréal - CNRI

Poumons lors d'une embolie pulmonaire, vus par scintigraphie. *Cet examen révèle un défaut d'irrigation de la partie supérieure du poumon droit (flèche), dû à la présence d'un caillot dans une artère pulmonaire.*

LES NOUVEAUX TRAITEMENTS DE L'EMBOLIE

Jusqu'à ces dernières années, le traitement des thromboses veineuses et des embolies pulmonaires qui en découlent reposait sur l'administration d'héparine par voie intraveineuse pendant quelques jours, la dose devant être ajustée en fonction des résultats d'analyses quotidiennes. A présent, de nouvelles formes d'héparine peuvent être injectées par voie sous-cutanée, en une ou deux fois par jour, ce qui nécessite moins de contrôles et donc moins de prises de sang.

LES FACTEURS DE RISQUE DE LA THROMBOSE VEINEUSE

Les facteurs de risque de la thrombose veineuse sont multiples. Il peut s'agir de l'âge, qui s'accompagne d'une diminution de l'efficacité du système de destruction normale des caillots sanguins. D'autre part, les risques sont accrus chez les patients immobilisés, en particulier après une intervention chirurgicale portant sur les jambes, les hanches ou le petit bassin. La fin de la grossesse, l'accouchement ou les interruptions de grossesse sont également des événements qui présentent un risque élevé. Enfin, certaines maladies du sang, les cancers, l'insuffisance cardiaque favorisent les thromboses, de même que les séquelles de thromboses antérieures qui ont pu passer inaperçues.

malaise, une fièvre peu élevée. L'importance de ces manifestations est variable. Elle dépend du volume pulmonaire atteint, lui-même fonction de la taille de l'artère obstruée. Dans certains cas, le malade crache du sang (hémoptysie), en général quelques jours après la survenue de l'embolie. Ces crachats sont le signe de la destruction (nécrose) d'une zone du poumon (infarctus pulmonaire). La zone touchée, habituellement de petite taille, est celle qui devrait normalement être irriguée par l'artère bouchée.

LE DIAGNOSTIC

Les symptômes de l'embolie pulmonaire sont inconstants. Des recherches approfondies sont donc souvent nécessaires pour établir le diagnostic. La radiographie pulmonaire permet surtout d'écarter la possibilité d'une autre affection. La mesure des gaz présents dans le sang, réalisée en cas d'essoufflement inexpliqué, révèle un manque d'oxygène (hypoxie). L'électrocardiogramme élimine la possibilité d'un accident cardiaque (infarctus, péricardite). C'est surtout la scintigraphie pulmonaire qui confirme le diagnostic d'embolie pulmonaire. Elle permet de mettre en évidence les zones du poumon où le sang ne circule plus à cause du caillot. Lorsque l'embolie est confirmée, il est habituel de pratiquer une exploration des veines des jambes par une échographie Doppler ou une phlébographie à la recherche de l'origine du caillot.
Enfin, lorsque le diagnostic est hésitant ou dans les formes les plus graves de la maladie, on fait appel à des examens qui permettent de visualiser les artères pulmonaires et le ou les caillots qui y sont logés : artériographie pulmonaire ou angiographie par scanner (examen moins lourd, mais dont les résultats sont moins performants).

LE TRAITEMENT

L'embolie pulmonaire nécessite une hospitalisation en urgence. Le traitement consiste à la fois à traiter les symptômes et les conséquences de l'embolie, notamment par l'administration d'oxygène. En effet, l'embolie pulmonaire peut provoquer une insuffisance respiratoire aiguë et une défaillance circulatoire. On empêche le développement des caillots existants ou la formation de nouveaux caillots en prescrivant un anticoagulant (l'héparine) administré par voie intraveineuse, puis relayé par des anticoagulants en comprimés (les antivitamines K) pendant 3 à 6 mois.
Dans les formes les plus graves, on a recours à des médicaments dont le rôle est de détruire les caillots (des thrombolytiques), tels que la streptokinase ou l'urokinase. Exceptionnellement, il est nécessaire d'opérer en urgence les formes les plus graves.

LA PRÉVENTION

Le traitement préventif de l'embolie pulmonaire consiste à faire bouger le plus vite possible un membre opéré et à faire marcher le patient dès que cela est possible après une intervention chirurgicale ou un accouchement.
En cas d'intervention sur un membre inférieur, la contention du membre par des bandes ou des bas élastiques est fortement recommandée.
Ces mesures sont associées à la prescription d'un anticoagulant comme l'héparine à faibles doses : cela suffit à diminuer considérablement le risque de formation d'un caillot sanguin (thrombose veineuse) et donc d'embolie pulmonaire.

L'Endocardite Infectieuse

L'endocardite infectieuse est une inflammation de la tunique interne du cœur, l'endocarde, et des valvules cardiaques. Due à une infection par des bactéries ou des champignons microscopiques, elle nécessite un traitement en urgence.

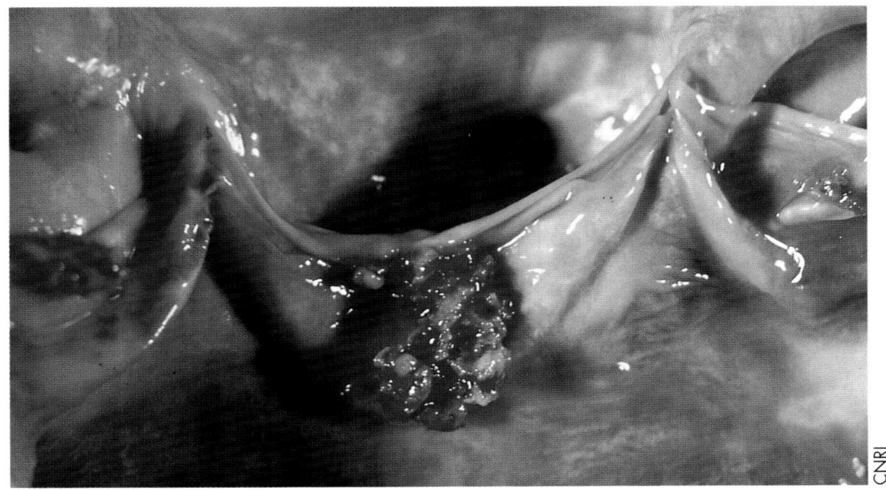

CNRI

L'endocardite. *La valvule aortique est formée de trois éléments, appelés cusps. Celle du milieu est béante et montre une excroissance (végétation) témoignant de son infection.*

Une endocardite infectieuse survient dans les deux tiers des cas chez les personnes souffrant déjà d'une maladie des valvules cardiaques (rétrécissement ou insuffisance aortique, insuffisance mitrale, notamment), d'une anomalie congénitale du cœur, et chez celles qui ont une prothèse valvulaire artificielle. L'endocardite infectieuse touche plus souvent les valvules du cœur gauche (valvules aortique et mitrale) que celles du cœur droit (valvules tricuspide et pulmonaire). Cette maladie touche plus rarement des valvules normales, et revêt alors, dans la plupart des cas, une forme aiguë grave.

LES CAUSES

L'endocardite infectieuse est due à une infection par des bactéries (le plus souvent des streptocoques ou des staphylocoques) ou par des champignons microscopiques tels que *Candida albicans*. Présents à l'état naturel sur les muqueuses, ces germes sont habituellement sans danger pour l'organisme. Généralement, le microbe en cause pénètre dans le sang soit spontanément lors d'une infection (angine, infection urinaire ou cutanée), soit à l'occasion d'une intervention, même peu importante, sur un foyer infectieux (soin d'une carie dentaire, par exemple).
Lorsque l'endocardite touche les valvules du cœur droit, c'est une infection veineuse à répétition qui est en cause. Ce type d'infection est très fréquent chez les toxicomanes s'injectant des drogues par voie intraveineuse.

LES SYMPTÔMES

L'endocardite peut évoluer de deux manières différentes.
La forme subaiguë. Également appelée maladie d'Osler, c'est la forme d'endocardite la plus fréquente. Elle atteint

L'ENDOCARDE

C'est la tunique qui tapisse l'intérieur des cavités du cœur. L'endocarde donne naissance aux quatre valvules, elles-mêmes composées de deux ou trois feuillets valvulaires. L'endocarde peut être le siège d'une inflammation, liée à une infection par des bactéries ou par des champignons microscopiques (endocardite infectieuse), ou, plus rarement, d'origine rhumatismale (rhumatisme articulaire aigu).

souvent des personnes qui souffrent déjà d'une atteinte des valvules cardiaques, quelle qu'en soit la cause (rhumatismale, congénitale, dégénérative ou athéroscléreuse), ou des porteurs de prothèses valvulaires. Les signes, qui apparaissent progressivement, associent une fièvre modérée (autour de 38 °C) mais tenace, une grande fatigue, des sueurs, un amaigrissement, des douleurs articulaires et musculaires diffuses. S'y ajoutent une augmentation du volume de la rate (splénomégalie) ainsi que différents troubles de la peau : faux panaris apparaissant sur la pulpe des doigts ou des orteils, minuscules taches rouges de sang sur la peau (purpura).

Différentes complications peuvent survenir, la principale étant l'incapacité du cœur à assurer sa fonction de pompe (insuffisance cardiaque), due à la destruction de la valve. L'endocardite peut également se révéler par la migration d'un fragment de végétations (excroissances irrégulières présentes sur les valves infectées), qui obstrue une artère irriguant le cerveau, un rein ou une jambe. Enfin, ce fragment peut provoquer sur l'artère un abcès, lui-même responsable d'une hémorragie lorsqu'il se rompt (anévrysme mycotique).

La forme aiguë. C'est la forme la moins fréquente. Elle peut survenir chez les personnes dont les valvules sont saines. L'endocardite aiguë se manifeste par une forte fièvre qui apparaît brutalement. Cette fièvre est accompagnée de frissons, d'un état infectieux généralisé (septicémie), et souvent, en cas de destruction des valvules aortique ou mitrale, d'un œdème pulmonaire, qui traduit une insuffisance cardiaque gauche. Lorsque l'inflammation touche la valvule tricuspide, elle se manifeste par de multiples abcès des poumons.

LE DIAGNOSTIC

L'association d'une fièvre et d'un souffle au cœur ou de la modification de ce souffle chez un malade souffrant déjà d'une atteinte des valvules fait systématiquement suspecter une endocardite infectieuse. Le diagnostic est confirmé par l'examen en laboratoire d'échantillons de sang (hémocultures) ; cet examen met en évidence la présence de microbes et une augmentation de la vitesse de sédimentation du sang, ce qui révèle une inflammation. Le diagnostic peut également être confirmé par une échocardiographie Doppler, technique utilisant les ultrasons, qui montre la présence sur les valves cardiaques d'une ou de plusieurs végétations témoignant de leur infection. Cette échographie peut également montrer des lésions des valves comme des trous dans les feuillets valvulaires ou des ruptures de cordages de soutien des valvules.

LE TRAITEMENT

Le traitement repose sur l'administration prolongée, à fortes doses et par voie intraveineuse, de plusieurs antibiotiques actifs sur les bactéries responsables de l'endocardite. En cas d'infection par un champignon, on administre des antifongiques. Ce traitement est prescrit pendant 4 à 6 semaines. Lorsque l'endocardite provoque un défaut d'étanchéité des valvules (appelé fuite valvulaire), ou qu'elle occasionne ou aggrave une insuffisance cardiaque, un traitement chirurgical s'impose. Celui-ci consiste, après avoir procédé à l'ablation de la valvule infectée, à la remplacer par une prothèse valvulaire artificielle. Chaque fois que cela est possible, l'intervention n'a lieu que lorsque le traitement antibiotique est parvenu à venir à bout du foyer infectieux valvulaire : cela permet d'éviter la contamination par l'infection de la prothèse valvulaire.

LA PRÉVENTION

Elle consiste à administrer systématiquement un traitement antibiotique aux personnes souffrant d'une affection des valvules cardiaques et devant subir une intervention à risque : soins dentaires, ablation des amygdales ou des végétations, intervention chirurgicale ou intervention par endoscopie sur les bronches, les appareils urinaire, génital ou digestif. Dans le cas particulier des toxicomanes, on leur conseille d'utiliser des seringues et des aiguilles stériles, à usage unique, pour éviter de s'inoculer des germes par voie veineuse.

L'ENDOMÉTRIOSE

Cette affection gynécologique est caractérisée par la présence de fragments de muqueuse utérine (endomètre) en dehors de leur localisation normale. Elle entraîne des problèmes de stérilité chez 30 à 40 % des patientes atteintes.

Laurent / Thiam - BSIP

Douleurs au ventre. *L'endométriose se signale par des douleurs dans le bas-ventre, qui doivent motiver une consultation.*

L'ÉVOLUTION DE L'ENDOMÉTRIOSE

Les lésions d'endométriose ont tendance à s'aggraver et à proliférer, au fil des cycles menstruels, sous l'influence des incitations hormonales. Cette évolution est courante, mais il arrive toutefois que l'inverse se produise et que les fragments régressent.

L'endométriose guérit en générale spontanément pendant la grossesse et après la ménopause, car les îlots utérins privés de l'influence hormonale s'atrophient progressivement.

L'endométriose est surtout fréquente chez les femmes âgées de 25 à 40 ans. Les problèmes de stérilité qu'elle entraîne sont fonction du siège de l'affection, une localisation dans les trompes de Fallope étant la plus préoccupante.

LES SYMPTÔMES

Les signes les plus évocateurs sont les douleurs dans le bas-ventre, surtout pendant les règles, et notamment à la fin de celles-ci. Ces douleurs résistent souvent aux traitements habituels. Des troubles des règles sont associés : les saignements s'allongent et peuvent devenir plus abondants et contenir des caillots sanguins. Parfois, les pertes sanguines se prolongent au point de créer une anémie. Des douleurs au cours des rapports sexuels sont également possibles.

DÉFINITION ET LOCALISATION

La cause de la maladie est mal connue. Normalement, à la fin du cycle menstruel, une partie de la muqueuse utérine est évacuée de l'utérus en passant par le vagin. Il arrive que des fragments empruntent une mauvaise direction et migrent hors de la cavité utérine, provoquant une endométriose. Ces fragments se développent à distance et forment des sortes de kystes qui, chaque mois, subissent les variations hormonales propres au cycle menstruel : ils augmentent de volume et, au moment des règles, se mettent à saigner. Les localisations de ces kystes sont multiples :

– dans 40 % des cas, les kystes sont situés au sein même de l'utérus, dans le muscle utérin : on parle alors d'adénomyose ;

– dans 60 % des cas, les kystes sont situés en dehors de l'utérus (endométriose externe). Ils s'implantent alors sur les ovaires, les trompes de Fallope, le col de l'utérus, le vagin, la cloison qui sépare le rectum du vagin, la vulve, le périnée, etc. Plus rarement, des îlots peuvent être présents sur le péritoine, au niveau de l'intestin, de la vessie ou de l'uretère.

LE DIAGNOSTIC

Dans le cas d'une endométriose au sein de la cavité utérine (adénomyose), l'examen clinique et plusieurs examens complémentaires permettent d'effectuer le diagnostic : la radiographie de l'utérus (hystérographie) et une endoscopie de l'utérus (hystéroscopie) sont utiles pour visualiser la cavité utérine et localiser les lésions. Dans le cas d'une endométriose hors de la cavité utérine, l'examen clinique, une hystérographie, une échographie peuvent apporter des éléments intéressants pour le diagnostic. Cependant, c'est la cœlioscopie qui est aujourd'hui l'examen essentiel grâce auquel le diagnostic est établi avec certitude. Cette technique d'exploration en direct permet une observation minutieuse et une évaluation précise de la localisation, de la gravité et de l'étendue des lésions dues à l'endométriose. Elle réalise ainsi une carte géographique de l'affection indispensable pour mettre en œuvre un traitement approprié. La cœlioscopie a ceci de remarquable qu'elle permet non seulement de diagnostiquer mais aussi de traiter : l'acte chirurgical (cœlio-chirurgie) peut suivre aussitôt la phase de diagnostic.

Dr J.P. Abeille - CNRI

***Cœlioscopie.** Elle permet de faire un bilan précis des lésions. Ici, les lésions (points noirs) sont situées dans le cul-de-sac de Douglas, entre le vagin et le rectum.*

LES TRAITEMENTS

Les traitements médicaux. Ils ont pour objectif de bloquer le cycle menstruel. Plusieurs traitements existent :
– des associations d'hormones œstrogènes-progestatifs qui bloquent l'ovulation ;
– des progestatifs seuls, qui bloquent l'ovulation et induisent une atrophie de la muqueuse utérine ;
– des médicaments antigonadotropes, c'est-à-dire qui inhibent la synthèse et la libération des hormones stimulant les ovaires.

Ces médicaments ont l'inconvénient d'avoir des effets secondaires importants et ont une action limitée dans la mesure où, après la fin du traitement (quelques mois), les îlots d'endométriose se développent à nouveau.

Les traitements chirurgicaux. En fonction de la localisation et de l'évolution de l'endométriose, ainsi que de l'âge de la patiente, la chirurgie pourra être conservatrice (sans ablation de l'utérus) ou non (avec ablation de l'utérus, ou hystérectomie). Le traitement conservateur vise à enlever soigneusement les fragments d'endométriose. Il est pratiqué par cœlioscopie. Des instruments sophistiqués et miniaturisés, tel le laser CO_2, qui vaporise les lésions, permettent d'éradiquer les foyers d'endométriose. Dans certaines situations, toutefois, le traitement conservateur par cœliochirurgie n'est pas approprié et une hystérectomie est proposée. Elle est accompagnée, dans les formes sévères, d'une ablation des foyers profonds d'endométriose.

ENDOMÉTRIOSE ET STÉRILITÉ

La complication majeure de l'endométriose est la stérilité, qui atteint 30 à 40 % des patientes. Ce risque est dû :
– à la gêne que peut entraîner la présence des fragments d'endomètre au niveau des pavillons des trompes de Fallope (qui captent l'ovule au moment de l'ovulation) ;
– à une mauvaise motricité à l'intérieur des trompes de Fallope ;
– à un rétrécissement entre l'utérus et les trompes de Fallope ;
– à des troubles de l'ovulation.

Les Entorses

L'entorse correspond à un étirement ou à une déchirure des ligaments reliant les extrémités osseuses d'une articulation, provoqués par une forte torsion.

Les entorses sont dues à un mouvement brutal de l'articulation, lui faisant dépasser son amplitude normale. On distingue les entorses bénignes, où les ligaments sont simplement distendus, des entorses graves, où ils sont rompus.

LES ENTORSES BÉNIGNES

Les entorses bénignes, plus couramment appelées foulures, correspondent à un étirement violent des ligaments articulaires, sans vraie rupture ni arrachement de ceux-ci.
À l'examen clinique, l'articulation est parfois gonflée et très douloureuse, mais les mouvements restent possibles et normaux. La radiographie ne révèle aucune lésion.
Le traitement consiste à poser une attelle ou des bandelettes adhésives (bandage de contention), permettant, au moyen de cette immobilisation légère, la cicatrisation du ligament dans les meilleures conditions.
Dans les cas où l'entorse est très douloureuse, on peut avoir recours à un plâtre pour une immobilisation plus importante du membre ou de l'articulation blessés.

LES ENTORSES GRAVES

Les entorses graves sont caractérisées par une déchirure ou un arrachement du ligament, entraînant des mouvements anormalement amples au niveau de l'articulation.
À l'examen clinique, celle-ci est douloureuse et gonflée, mais parfois guère plus que dans le cas d'une entorse bénigne. La radiographie est donc indispensable pour détecter les entorses graves, susceptibles de laisser des séquelles (douleurs persistantes, raideur, instabilité et fragilité de l'articulation).
Une immobilisation pendant plusieurs semaines peut suffire, mais une intervention chirurgicale est généralement nécessaire. Celle-ci consiste soit à réparer le ligament arraché, soit à le remplacer par des substances synthétiques. Dans tous les cas, un traitement de kinésithérapie

Jolyot – BSIP

Joueur de tennis. *Au cours d'un match de tennis, le joueur est sans arrêt en train de courir sur le terrain, ce qui augmente les risques d'entorses.*

SPORT ET ENTORSES

La pratique de certains sports, notamment le tennis, le football et le basket, expose particulièrement les articulations (surtout celles du genou et de la cheville) aux entorses. La fatigue et le surentraînement sont également des facteurs favorisants.
La prévention passe par le respect des règles d'échauffement avant toute activité sportive pour « dérouiller » peu à peu les articulations, et par le port de bandages souples sur les articulations menacées.
En cas d'entorse, le sportif doit impérativement mettre l'articulation touchée au repos et attendre l'avis de son médecin avant de reprendre très progressivement une activité physique sollicitant l'articulation blessée.

LE RÔLE DES LIGAMENTS

Les ligaments sont des bandes de tissu blanc, fibreux, très résistant et légèrement élastique, qui relient les os les uns aux autres à leurs extrémités. Ce sont des éléments essentiels des articulations, permettant une mobilité contrôlée. Ils cicatrisent très mal, et une entorse entraîne souvent des séquelles.

peut aider le patient à retrouver la mobilité de son articulation et un fonctionnement musculaire normal.

LES ARTICULATIONS LES PLUS TOUCHÉES

Toutes les articulations peuvent être lésées par une entorse, aussi bien le coude, le poignet ou les doigts que l'épaule. Néanmoins, les 2 articulations le plus souvent atteintes sont la cheville et le genou.

L'entorse de la cheville. C'est un traumatisme fréquent, habituellement dû à une torsion du pied en dedans. Cette torsion produit un étirement ou une rupture du ligament de la face externe de la cheville, qui relie les os de la jambe (tibia, péroné) à l'os du pied (astragale).

L'entorse du genou. Elle est caractérisée par une lésion des ligaments, allant de la simple élongation (entorse bénigne) à la rupture complète (entorse grave). Elle est souvent due à un mouvement de torsion forcée du pied, survenant notamment lors de la pratique de certains sports comme le football ou le ski. Lorsque l'entorse du genou est grave, le blessé a du mal à se tenir debout, il a l'impression que son genou n'est plus stable.

LES PREMIERS SECOURS

Avant tout, il faut immobiliser la victime dans une position confortable, en surélevant le membre blessé. Si l'entorse est récente, l'application d'une compresse d'eau froide ou de glaçons peut éviter une inflammation ou un gonflement. Si cela est possible, il faut faire un bandage pour éviter tout mouvement, avant de conduire le blessé chez un médecin afin d'effectuer une radiographie.

Pour faire un bandage efficace, il convient de respecter quelques règles. Avant de poser la bande, il faut recouvrir la blessure avec du coton. Ensuite, on doit faire 2 tours de bande au niveau du pied, la ramener autour de la cheville en passant au-dessus du talon, puis continuer à faire des tours de bande en forme de 8, en allant du pied vers la cheville, chaque tour de bande recouvrant les 3/4 du tour précédent. La personne doit éviter de s'appuyer sur le membre blessé avant la radiographie de contrôle.

Entorse de la cheville. *L'étirement ou la déchirure des ligaments entraînent un gonflement de la cheville.*

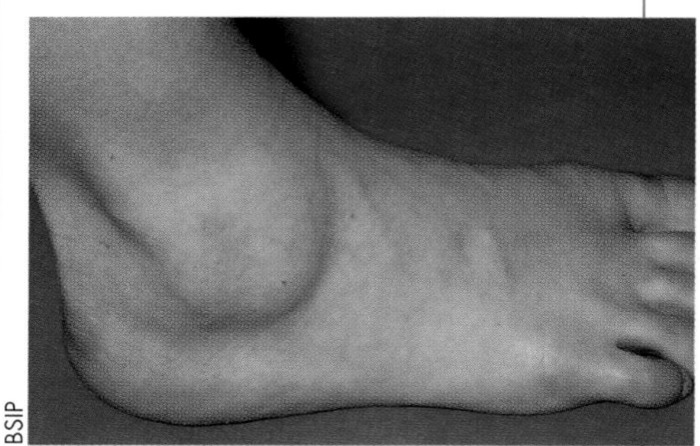

BSIP

LES MÉTHODES DE TRAITEMENT DES ENTORSES

La contention. Elle sert à immobiliser une articulation souffrant d'une entorse mais aussi d'une fracture ou d'une luxation. La contention adhésive (ou strapping) est réalisée au niveau du membre inférieur avec des bandelettes adhésives, élastiques ou non. Elle permet une immobilisation relativement bonne de l'articulation touchée, ce qui, en lui évitant d'être sollicitée, favorise la cicatrisation des ligaments et réduit les douleurs et l'œdème.

La genouillère. Elle se présente sous la forme d'un bandage ou d'un plâtre servant à maintenir ou à protéger l'articulation du genou. Les genouillères plâtrées, posées sous contrôle d'un médecin orthopédiste, sont indiquées dans le cas de certaines entorses graves. Les genouillères articulées permettent, elles, de marcher lorsque le médecin l'a autorisé.

Le plâtre. Il immobilise totalement un membre ou une articulation. Les plâtres traditionnels se présentent sous forme de rouleaux de gaze chargés de plâtre sec, prêts à l'emploi après simple mouillage. De la même façon, les résines immobilisent l'articulation en s'ajustant parfaitement à ses reliefs et ont l'avantage d'être plus légères.

L'EXCÈS DE CHOLESTÉROL

Le cholestérol est un constituant de notre corps indispensable à la vie, mais son excès est nuisible : il favorise l'obstruction progressive des artères (athérosclérose), laquelle augmente les risques de maladies cardio-vasculaires.

Un excès de cholestérol dans le sang (ou hypercholestérolémie) peut avoir de graves conséquences. C'est pourquoi un suivi médical est essentiel. Son objectif est de détecter l'excès de cholestérol, d'en préciser l'origine et d'évaluer les risques de maladies cardio-vasculaires (en recherchant d'autres facteurs de risques et en détectant des atteintes artérielles précoces). En fonction des résultats, le médecin préconise un régime, suivi, si nécessaire, de la prise de médicaments.

LE DIAGNOSTIC

Un excès de cholestérol se détecte à l'occasion d'une analyse de sang. Diverses occasions peuvent amener le médecin à demander une analyse : bilan de santé systématique, contrôle avant ou pendant la prise d'une contraception orale (pilule), existence d'un autre facteur de risque cardio-vasculaire (tel que l'hypertension artérielle, le tabagisme, le diabète, etc.), parent(s) proche(s) atteint(s) d'une hypercholestérolémie, survenue d'un accident cardiaque ou vasculaire.
Si le résultat de l'analyse de sang dépasse les valeurs normales (comprises entre 2 et 2,5 g/l), le médecin en prescrit une seconde, pour confirmer le diagnostic et différencier les niveaux respectifs du mauvais et du bon cholestérol. En effet, il existe dans le sang deux

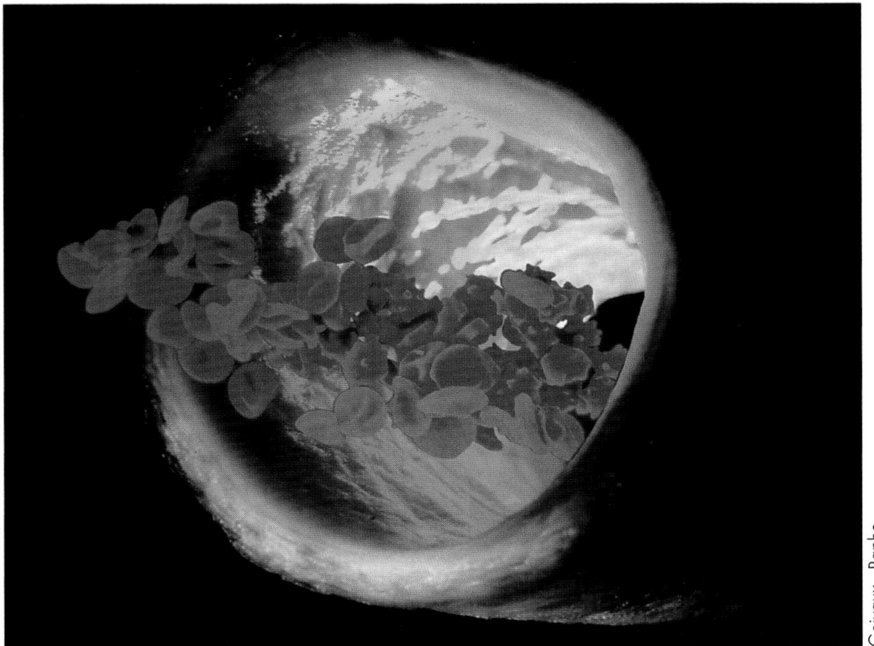

Goivaux - Rapho

Coupe d'une artère en partie obstruée par une plaque d'athérome. *Ce dépôt de graisse (en jaune sur la photo) sur la paroi des artères est la principale conséquence d'un excès de cholestérol.*

PROTÉGER SES ARTÈRES

Pour protéger les artères, et ce quel que soit le niveau du cholestérol dans le sang, il est recommandé de manger chaque jour au moins un légume par repas (crudités, potage, salade ou accompagnement de plat principal) et deux fruits ; du poisson au moins deux fois par semaine ; des fruits oléagineux (noix, noisettes, amandes) ; des flocons d'avoine (porridge, muesli). Le vin rouge, consommé régulièrement, aux repas et à petite dose (au maximum deux verres par jour pour la femme, trois pour l'homme), protège également les artères.

LES MÉDICAMENTS

Lorsque, après plusieurs mois d'essai, le régime ne suffit pas à faire revenir le niveau de cholestérol dans des zones non dangereuses, le médecin prescrit un ou plusieurs médicaments destinés à abaisser ce niveau (hypocholestérolémiants). Mais la prise de ces médicaments ne doit pas faire interrompre le régime, car recommandations alimentaires et traitement médicamenteux vont de pair.

formes de cholestérol : la forme dite LDL (ou mauvais cholestérol), dangereuse pour les artères qu'elle risque de boucher, et la forme HDL (ou bon cholestérol), qui, au contraire, les protège.

LES ORIGINES D'UN EXCÈS DE CHOLESTÉROL

Un excès de cholestérol peut avoir une origine génétique ou être lié au mode de vie. Chez de nombreuses personnes, les deux facteurs sont associés. L'origine génétique est généralement attestée par la présence dans la famille de personnes atteintes d'hypercholestérolomie ou de problèmes cardiovasculaires. L'obésité, la sédentarité, une alimentation trop grasse favorisent l'excès de cholestérol. Chez quelques personnes, cet excès peut provenir d'une maladie préexistante (par exemple une hypothyroïdie), dont le traitement suffit à rétablir une situation normale.

LE RÉGIME

Lorsque l'on souffre d'un excès de cholestérol, la première mesure à prendre est de suivre un régime. Ce régime, qui consiste à manger moins gras et à sélectionner les graisses appropriées, vise deux objectifs : réduire le niveau de cholestérol et protéger les artères.

Manger moins gras. En cas d'excès de cholestérol, il est recommandé d'abaisser la proportion de graisses à environ 30 % de l'apport calorique quotidien. Pour y parvenir, il faut à la fois réduire les graisses ajoutées aux aliments (huile, beurre, margarine, etc.) et les graisses présentes dans certains aliments (viandes grasses, charcuterie, œufs, aliments frits, fromages, pâtisseries, etc.).

Sélectionner les graisses appropriées. Les graisses sont constituées de petits éléments dénommés acides gras, dont on distingue 3 groupes : les acides gras saturés, les polyinsaturés et les monoinsaturés. Toutes les graisses présentes dans la nourriture sont constituées d'un cocktail de ces divers acides gras, mais dans des proportions très variables d'un aliment à l'autre. Chaque groupe d'acides gras a ses particularités, dont il faut tenir compte en cas d'excès de cholestérol.

Les acides gras saturés augmentent le niveau du cholestérol, et surtout sa part la plus dangereuse pour les artères, le cholestérol-LDL. Ils sont surtout présents dans les viandes grasses, la charcuterie, les fromages, le beurre, la crème, la pâtisserie. Il faudra donc réduire la part de ces aliments au profit des viandes maigres, du jambon cuit, des yaourts, du fromage blanc, de la margarine.

Les acides gras polyinsaturés abaissent le mauvais cholestérol, mais ont deux inconvénients : ils diminuent aussi le bon cholestérol et ils sont fragiles, d'où un risque de dégradation et de toxicité dans notre organisme si on en consomme trop. Ils sont surtout présents dans les huiles de tournesol, de maïs, de soja, ainsi que dans de nombreuses margarines.

Les acides gras monoinsaturés ont un triple avantage : ils abaissent le mauvais cholestérol, ils augmentent le bon et ils ne sont pas fragiles. Ce sont donc eux qu'il faut privilégier. Ces acides gras sont surtout présents dans les huiles de colza, d'olive et d'arachide. L'idéal est de consommer ces huiles, que ce soit pour assaisonner des crudités ou pour agrémenter un plat chaud.

LE CHOLESTÉROL DES ALIMENTS

Certains aliments d'origine animale, tels que les œufs (le jaune), les abats, la charcuterie ou la cervelle, sont riches en cholestérol. On a cru initialement qu'il fallait les bannir. En fait, chez la plupart des individus, le cholestérol sanguin est peu dépendant du cholestérol des aliments. En cas d'excès de cholestérol, il faut limiter ces aliments, sans les exclure : par exemple, pas plus de cinq ou six œufs par semaine.

LES FIBROMES DE L'UTÉRUS

Les fibromes sont des tumeurs bénignes très fréquentes qui se développent dans l'utérus. Dans la majorité des cas, ces tumeurs ne se manifestent par aucun signe, et seules celles qui entraînent des complications relèvent d'un traitement médical ou chirurgical.

Les fibromes (ou myomes utérins) sont des tumeurs bénignes qui se développent au niveau de l'utérus. Ils sont constitués de tissu musculaire et de tissu conjonctif fibreux. Ils sont courants et concernent 20 % des femmes au-delà de 35 ans. Ils sont découverts généralement entre 40 et 50 ans, lorsque les symptômes commencent à se manifester. Leur origine est inconnue, mais ces tumeurs sont plus fréquentes dans certaines familles et chez les femmes noires. Elles sont souvent associées à d'autres anomalies de l'utérus, en particulier l'endométriose (présence de fragments de muqueuse utérine en dehors de leur localisation normale).

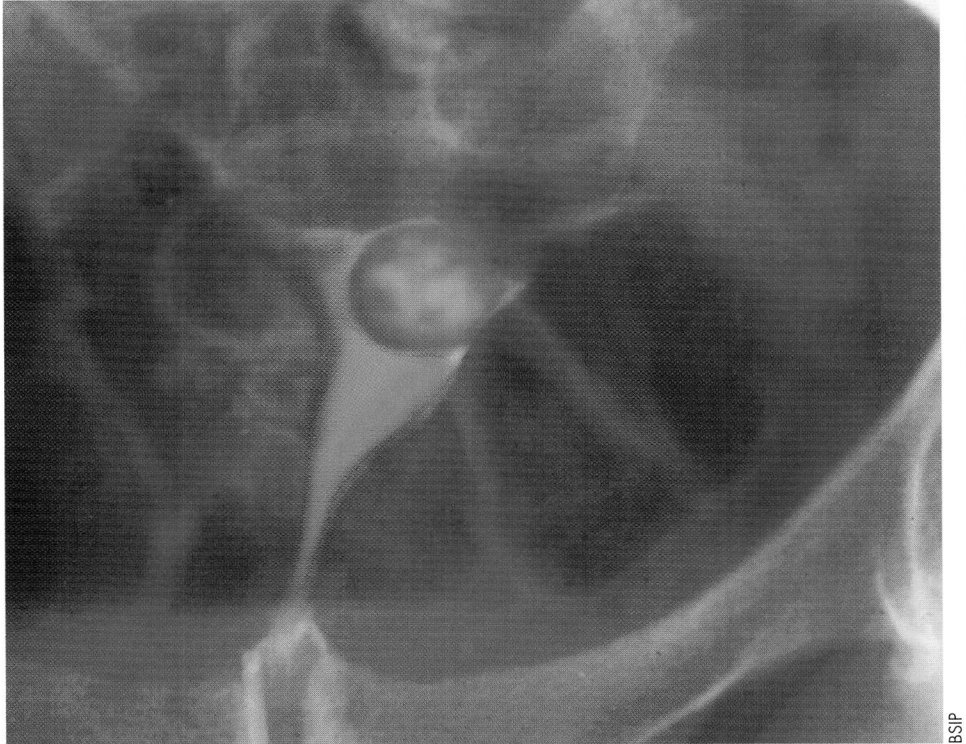

BSIP

Fibrome sous-muqueux. *Le fibrome est la masse arrondie apparaissant en relief en haut et à droite de la cavité utérine, qui est ici représentée en bleu.*

LES SYMPTÔMES

Le fibrome se manifeste le plus fréquemment par des troubles menstruels : les règles sont de plus en plus abondantes et anormalement prolongées (ménorragie), des saignements se produisent entre les règles (métrorragie). S'y associent des douleurs et une pesanteur au niveau du bassin, une augmentation du volume de l'abdomen et des pertes blanches (leucorrhées). Très souvent, la présence d'un fibrome ne provoque aucun symptôme.

LA LOCALISATION

Les fibromes forment des masses arrondies qui peuvent se développer dans les 3 parties de l'utérus :
– le corps de l'utérus, qui est la partie creuse de cet organe et qui est tapissé d'une muqueuse appelée endomètre (c'est le siège le plus fréquent des fibromes) ;
– le col de l'utérus, qui prolonge le corps de l'utérus vers le bas et s'ouvre dans le vagin ;
– l'isthme, qui réunit le col et le corps de l'utérus.

Selon leur localisation dans le muscle utérin, on distingue les fibromes interstitiels, situés dans l'épaisseur du muscle, les fibromes sous-séreux, qui saillent dans la cavité abdominale et ne se manifestent généralement pas, et les fibromes sous-muqueux, en relief dans la cavité utérine, qui donnent toujours des symptômes.

LE DIAGNOSTIC

L'examen gynécologique permet de porter le diagnostic : il révèle une augmentation du volume de l'utérus, qui est dur et fibreux. Divers examens complémentaires sont nécessaires pour préciser la taille et la localisation du fibrome. L'échographie pelvienne permet d'évaluer le nombre de fibromes et leurs dimensions. Un examen radiologique de l'utérus (hystérographie) révèle l'aspect de la cavité utérine. L'examen direct de la cavité utérine avec un tube muni d'un système optique (hystéroscopie) rend possible le diagnostic d'un fibrome sous-muqueux (en relief dans la cavité utérine).

L'ORIGINE DES FIBROMES

On ne connaît pas l'origine précise de l'apparition des fibromes, mais celle-ci serait liée à un taux d'œstrogènes localement trop important.
Plusieurs constatations tendent à confirmer cette hypothèse : il n'y a pas de fibromes avant la puberté ; les fibromes augmentent lorsque la femme reçoit un traitement à base d'œstrogènes et pendant la grossesse ; ils régressent ou se stabilisent après la ménopause.

L'ÉVOLUTION

Les fibromes utérins ont une évolution lente et régressent après la ménopause. La majorité d'entre eux sont bien tolérés ou provoquent des troubles modérés. Cependant, certains peuvent être à l'origine de graves complications :
– des pertes sanguines importantes sont responsables d'anémies, de malaises et de la formation de caillots (thromboses) dans la cavité pelvienne ;
– des complications mécaniques, telles qu'une torsion ou des compressions, peuvent se produire. Ainsi, les fibromes du col ou de l'isthme, en comprimant les organes voisins (vessie, rectum, uretère), peuvent provoquer des troubles urinaires ou une constipation ;
– une mauvaise vascularisation peut conduire à la mort du fibrome (nécrose), qui produit une douleur intense ;
– la présence de fibromes peut entraîner une stérilité.

LES TRAITEMENTS

Un fibrome de volume modéré et qui n'entraîne aucun symptôme exige une simple surveillance. Les traitements ne sont indiqués que pour les fibromes utérins qui se manifestent par des troubles ou qui induisent des complications.
Le choix d'une méthode thérapeutique dépend du volume, du siège et du retentissement du ou des fibromes. Un traitement hormonal peut ralentir l'évolution du fibrome. Dans certains cas (fibrome sous-muqueux, fibrome volumineux, complications), le traitement chirurgical est choisi. Chez la femme de moins de 40 ans, qui peut avoir un désir de grossesse, le traitement conservateur est choisi de préférence : il consiste à enlever le fibrome (myomectomie) tout en respectant l'utérus.
En fonction du site et de la taille du fibrome, diverses techniques sont utilisées pour procéder à l'ablation de celui-ci. La chirurgie par hystéroscopie (à l'aide d'un tube rigide muni d'un système optique) est bien adaptée à l'ablation des fibromes situés à l'intérieur de la cavité utérine.
En cas de fibromes interstitiels ou sous-séreux, de taille modérée, la chirurgie peut faire appel à la cœlioscopie (un tube muni d'un système optique est introduit à travers la paroi de l'abdomen).
L'hystérectomie est envisagée soit après échec du traitement médical des saignements, soit lorsque le fibrome provoque des complications graves.

LE FIBROME ET LA GROSSESSE

La présence d'un fibrome n'est pas en soi un obstacle au développement d'une grossesse. Cependant, différentes complications peuvent survenir : fausse couche, accouchement prématuré ou difficile, mauvaise présentation fœtale, hémorragie de délivrance, etc. Une surveillance étroite de la grossesse est par conséquent indispensable.

LES FRACTURES

LES CARACTÉRISTIQUES

Une fracture est caractérisée par la rupture d'un os, provoquée par un traumatisme (souvent une chute) qui exerce sur l'os une contrainte supérieure à sa résistance.

Les fractures concernent tout le monde, mais les personnes âgées sont particulièrement touchées en raison du plus grand nombre de chutes dont elles sont victimes et parce que leurs os sont fragilisés par le vieillissement (ostéoporose, surtout chez les femmes).
Les fractures surviennent également plus souvent chez les jeunes, notamment chez ceux qui pratiquent des activités ou des sports violents, exposant à de nombreux traumatismes (ski, cross, etc.).

LA STRUCTURE DE L'OS

Les os constituent le matériau fondamental de la charpente du corps. L'ensemble des os forme le squelette. L'os contient du calcium et du phosphore, qui lui confèrent dureté et rigidité. À l'échelle de la cellule osseuse, l'arrangement des fibres assure à l'os une certaine élasticité.
L'os est constitué de plusieurs couches : à l'extérieur, le périoste, lame de surface fine et membraneuse ; à l'intérieur, une structure dense entourant le tissu spongieux central, qui abrite la moelle osseuse.

LES CAUSES

Une fracture peut survenir dans différentes circonstances :
– à l'occasion d'un choc direct : la fracture s'accompagne alors de contusions des tissus situés à proximité du point d'impact du choc ;
– à l'occasion d'un choc indirect : la fracture est provoquée lors d'une torsion, d'un étirement ou d'un tassement de l'os concerné ;
– lorsque les os sont fragilisés par une maladie (ostéoporose, tumeur osseuse) : la fracture est dite « pathologique », il suffit alors d'un choc minime pour que l'os se brise.
Les fractures de fatigue surviennent à la suite de contraintes répétées sur un os sain n'ayant subi aucun traumatisme. Par exemple, les marcheurs ou les joggeurs peuvent souffrir de fractures des os du pied (métatarsiens), en particulier s'ils s'entraînent sur des surfaces dures en utilisant des chaussures mal adaptées à leur pratique sportive. Le vieillissement de la population a également multiplié les cas de fractures de fatigue lorsque les personnes

LES OS FRAGILES

On dit que les os sont fragiles quand ils ont tendance à se fracturer au moindre choc. Cette fragilité est une caractéristique fondamentale de l'ostéoporose, marquée par une perte de masse osseuse. Elle atteint surtout les femmes après la ménopause, mais aussi les malades alités plusieurs mois ou encore les patients obligés de prendre des corticostéroïdes d'une manière continue.

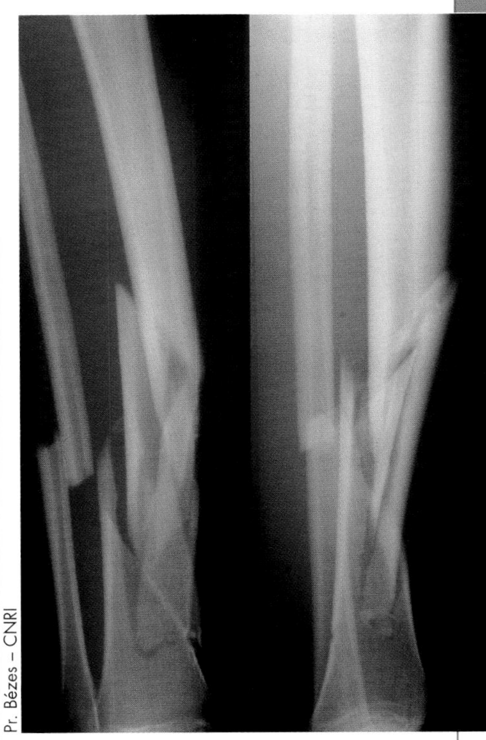
Pr. Bézes – CNRI

Fracture des 2 os de la jambe (vue de face à gauche, de profil à droite). *La fracture du péroné est transversale ; celle du tibia est spiroïde, avec chevauchement.*

■ LES DIFFÉRENTS TYPES DE FRACTURES

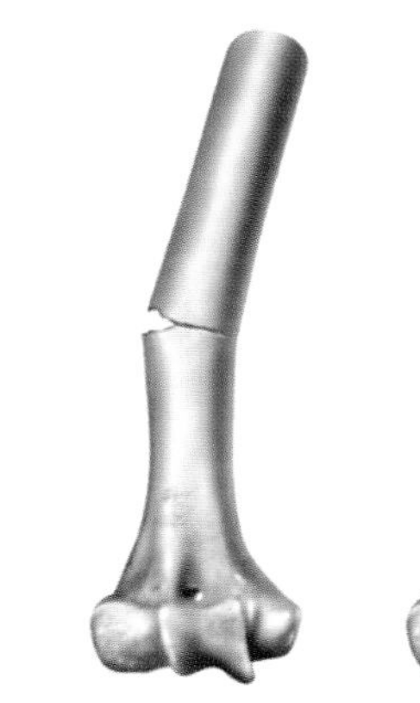

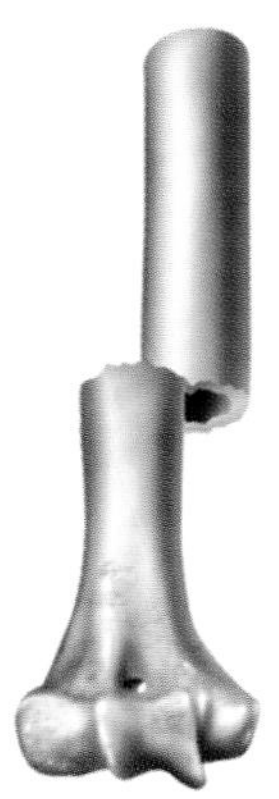
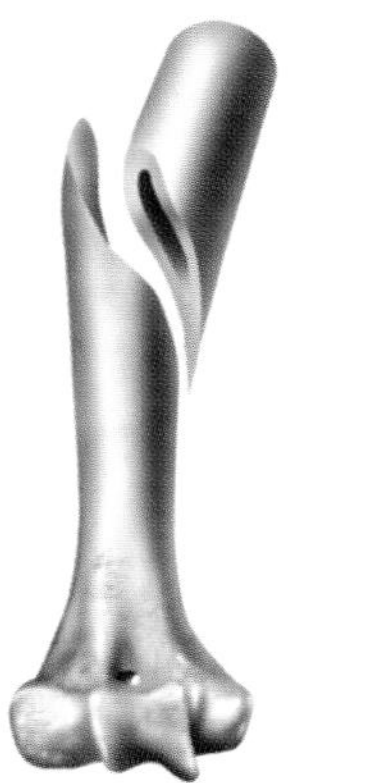

François Poulain

fracture en bois vert — fracture transversale — fracture spiroïde — fracture comminutive

âgées restent actives. De telles fractures affectent alors les os les plus divers : bassin, sacrum, fémur, tibia. Les fractures de fatigue se révèlent par des douleurs, gênant la marche et provoquant parfois une boiterie. Le traitement se limite, le plus souvent, au simple repos.

LES DIFFÉRENTS TYPES DE FRACTURES

Les fractures sont classées selon la façon dont l'os se casse.

Les fractures en bois vert. Elles sont spécifiques de l'enfant. L'os, encore souple, est fracturé partiellement ; il n'est pas rompu sur toute sa circonférence.

Les fractures en motte de beurre. Elles sont également spécifiques de l'enfant. Elles se caractérisent par un tassement localisé de l'os.

Les fractures transversales. Ce sont les plus courantes. L'os se casse en deux, de façon relativement nette, souvent à la suite d'un choc direct.

Les fractures spiroïdes. Il s'agit de fractures pour lesquelles la cassure prend une forme de spirale, observée surtout dans les fractures des os longs des membres.

Les fractures comminutives. Sous l'effet d'un choc très violent, l'os éclate en plusieurs morceaux à un endroit donné. Ce sont généralement des fractures difficiles à traiter.

Les fragments osseux peuvent être éloignés les uns des autres (fracture déplacée), mais ils peuvent également se chevaucher. Une fracture est fermée lorsque les extrémités fracturées de l'os n'ont pas traversé la peau. Elle est ouverte quand l'os fracturé traverse la peau et se trouve exposé à l'air libre. Le risque d'infection est alors très élevé.

LES SYMPTÔMES ET LE DIAGNOSTIC

La fracture se traduit d'abord par une impossibilité immédiate de réaliser certains gestes, puis par un gonflement, une douleur aiguë, un hématome, parfois une déformation visible ou encore une déchirure de la peau quand la fracture est ouverte.

La radiographie confirme le diagnostic et donne des précisions sur la façon dont l'os est cassé et sur le degré de déplacement, s'il existe. Elle est indispensable avant tout traitement, pour choisir la méthode adaptée au type de fracture.

LES PREMIERS SECOURS

Toute personne présentant les signes d'une fracture doit être conduite à l'hôpital, en prenant un certain nombre de précautions.

– S'il s'agit d'un membre supérieur (bras ou avant-bras), il peut être immobilisé à l'avant de la poitrine par une écharpe improvisée.

– S'il s'agit d'un membre inférieur ou de la colonne vertébrale, un secours médical est nécessaire pour assurer le transport de la personne vers l'hôpital.

– Lorsqu'on suspecte un accident de la colonne vertébrale, il faut appeler les urgences ; en aucun cas on ne déplacera la personne blessée, à moins que sa vie ne soit en danger.

– Si la fracture est ouverte, il faut la recouvrir avec un linge propre et éviter le plus possible de déplacer le blessé.

– Il est déconseillé de donner à boire ou à manger au blessé car, si une intervention chirurgicale s'avère nécessaire, il est préférable que le patient ait l'estomac vide.

LES FRACTURES

LES TRAITEMENTS

Après une fracture, le processus de guérison s'engage aussitôt, à condition que les extrémités des os aient été replacées immédiatement et correctement en vue de réparer l'os.

Le processus naturel de réparation de l'os se fait en 5 étapes.

LA RÉPARATION DE L'OS

Au cours de la première étape, un caillot de sang se forme entre les extrémités osseuses, arrêtant le saignement des vaisseaux endommagés par la fracture. Lors de la deuxième étape, des globules blancs « nettoyeurs » (macrophages) éliminent les débris. Aussitôt, d'autres cellules (fibroblastes) forment la trame du nouveau tissu osseux. Pendant la troisième étape, un os nouveau (cal) apparaît entre les extrémités osseuses fracturées et efface la ligne de fracture. Un os plus dense et plus solide que l'os antérieur se crée au niveau du cal (quatrième étape). La dernière étape (assez longue) est celle où l'os retrouve un aspect sensiblement normal.

LES TRAITEMENTS ORTHOPÉDIQUES

L'os commence de lui-même à se réparer juste après une fracture et la première préoccupation du médecin est donc de veiller à ce que les extrémités cassées soient dans un parfait alignement afin que, une fois ressoudé, l'os retrouve sa forme normale.
Des radiographies sont faites pour vérifier s'il a été déplacé ou non. En cas de déplacement,

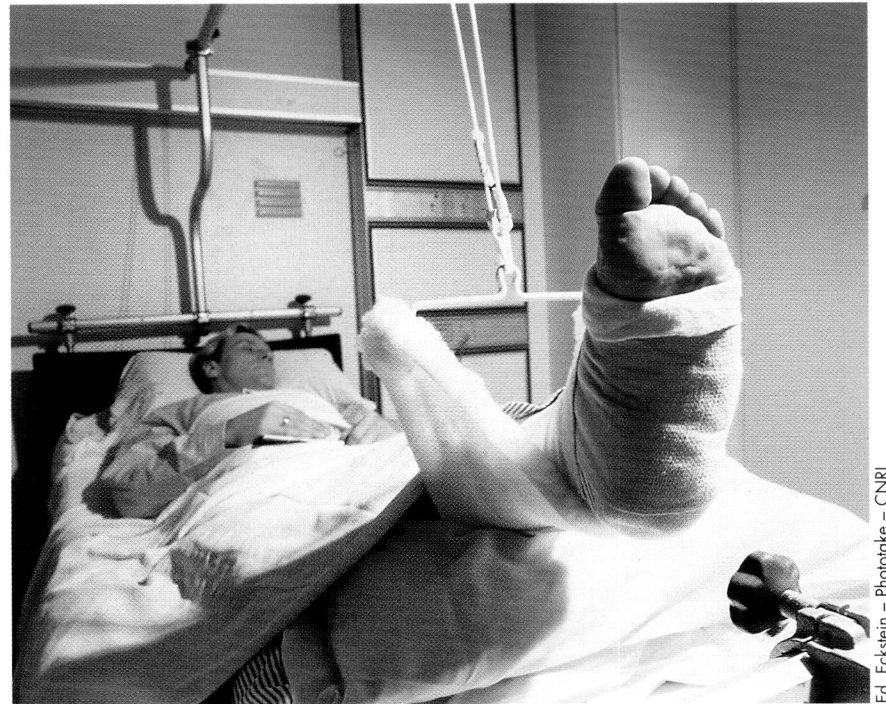

***Personne ayant une fracture de la jambe à l'hôpital.** La suspension du membre fracturé permet d'éviter les contractions musculaires qui risqueraient de déplacer les fragments osseux.*

Ed. Eckstein – Phototake – CNRI

PLÂTRE SOUS SURVEILLANCE

La pose d'un plâtre présente certains risques, notamment celui d'une compression excessive des muscles et des nerfs lorsque le plâtre est trop serré, avec possibilité de paralysie et de mort des tissus (syndrome des loges pour les membres inférieurs et syndrome de Volkmann pour les membres supérieurs). Si, dans les jours qui suivent la pose d'un plâtre, le malade constate que son pied ou sa main ne peuvent plus bouger, sont douloureux ou insensibles, il doit consulter en urgence son médecin.

la fracture est réduite, ce qui signifie que l'os est remis dans son axe par une manœuvre pratiquée sous anesthésie générale et contrôlée par radiographie. Une fois que les deux extrémités de l'os cassé sont en bonne position, on immobilise le membre fracturé afin de créer les conditions idéales pour la formation du cal osseux. Cette immobilisation est réalisée au moyen d'un plâtre. Si la fracture est instable, on peut utiliser des moyens de fixation externes placés dans l'os et solidarisés par une plaque métallique externe. L'ensemble du dispositif est maintenu jusqu'à la formation d'un cal solide. On peut aussi avoir recours à l'ostéosynthèse, qui consiste à réunir les fragments de l'os fracturé à l'aide d'un implant mécanique : vis, plaque, broche, clou ou cerclage métallique. L'opération est réalisée sous anesthésie générale.

L'OSTÉOSYNTHÈSE

L'ostéosynthèse consiste à réunir les fragments d'un os fracturé à l'aide de structures artificielles en métal (implants). Cette technique est par exemple employée pour redresser un os fracturé consolidé en mauvaise position. L'ostéosynthèse sert également à immobiliser les fractures instables.
Selon le type et la gravité de la fracture, différents implants métalliques peuvent être utilisés : plaques, clous, clous-plaques (associant les 2 implants) et broches.
Le matériel d'ostéosynthèse est généralement enlevé après une période de 6 à 18 mois.
Les fractures ouvertes nécessitent une ostéosynthèse par des fixateurs externes : des broches métalliques immobilisent l'os à travers la peau et les muscles, à distance du foyer de fracture.

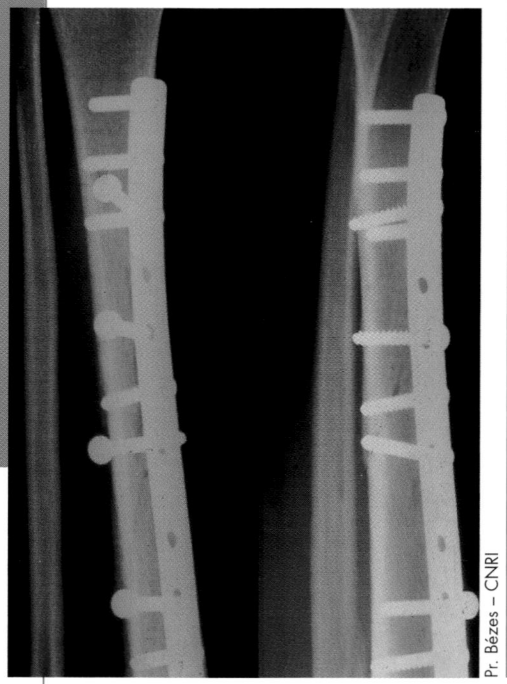

Pr. Bézes – CNRI

***Réassemblage des fragments osseux d'une fracture à l'aide de moyens mécaniques (ostéosynthèse).** La fracture du tibia a été immobilisée par une plaque métallique vissée.*

LA CONVALESCENCE

Le temps nécessaire à la consolidation des fractures varie d'une personne à l'autre et dépend de nombreux facteurs.
Il faut généralement trois mois pour qu'un adulte retrouve l'appui complet sur sa jambe après une fracture du tibia. Les fractures guérissent beaucoup plus vite chez les enfants que chez les adultes.
La guérison d'une fracture dépend également de l'alimentation. En effet, plus l'apport en calcium et en protéines est important, meilleurs sont les résultats. Les taux de certaines hormones et vitamines, notamment la parathormone et la vitamine D, qui interviennent dans le métabolisme et l'absorption du calcium, ainsi que l'état général du malade sont également très importants.
Après une fracture, une rééducation est souvent nécessaire : reprise des mouvements, musculation, aide à la reprise de l'appui complet lorsqu'il s'agit des membres inférieurs. Il est conseillé de ne reprendre une activité sportive que plusieurs mois (entre 2 et 6) après le retrait d'un plâtre.

LES COMPLICATIONS

La plupart des fractures se réparent sans difficulté particulière en formant leur cal. Cependant, une fracture mal réduite peut être plus longue à guérir, notamment lorsque le cal n'est pas suffisamment solide (pseudarthrose). Il est alors souvent nécessaire de recourir à une intervention chirurgicale. Pour toute fracture ouverte, le risque majeur est l'infection de l'os par des bactéries (ostéomyélite). Pour prévenir cette complication, un traitement antibiotique est indispensable.

LA GALE

Cette affection est due à des parasites, les sarcoptes, qui s'installent sous la peau. Ces derniers provoquent des démangeaisons qui, à la longue, entraînent des lésions dites de grattage.

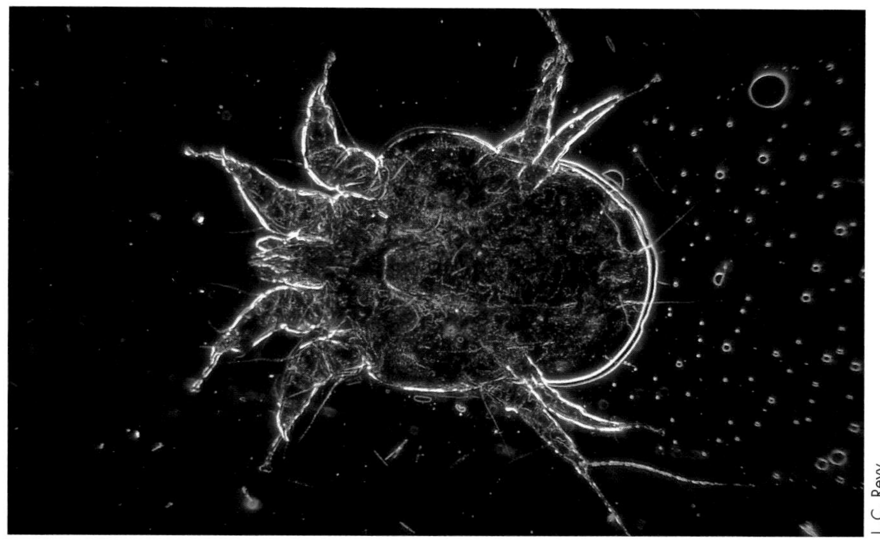

J. C. Revy

Sarcopte de la gale. *Cet acarien mesure quelques dixièmes de millimètre de long.*

Selon le type de transmission, on distingue la gale dite humaine, caractérisée par une contamination à partir d'une autre personne, de la gale non humaine, caractérisée par une contamination à partir d'un animal (chien, chat, cheval, oiseau) ou d'un végétal (arbuste, blé).

LES CAUSES

Les parasites responsables de la maladie, les sarcoptes, sont des acariens (sortes de petites araignées microscopiques à 8 pattes), qui se nourrissent en buvant le sang de la personne infectée. Ce sont les femelles qui sont en cause dans les démangeaisons.

Lorsqu'elles sont fécondées, elles creusent des sillons dans l'épaisseur de la peau pour y pondre leurs œufs. Le cycle parasitaire dure 20 jours : après la ponte, les larves éclosent en quelques jours, deviennent adultes en 2 semaines, et vont ensuite se multiplier à la surface de la peau. La transmission de la gale est alors possible. Elle est souvent très rapide.

La gale humaine se transmet principalement par contact physique direct, notamment lors des rapports sexuels : c'est pourquoi la gale est parfois classée parmi les maladies sexuellement transmissibles. Des cas de contamination par l'intermédiaire de vêtements ou de literie infestés ont également été observés.

LES SYMPTÔMES

Les démangeaisons (prurit) sont le premier signe de cette maladie parasitaire. C'est le soir au coucher, ou après un bain chaud, qu'elles sont le plus fortes. Elles peuvent empêcher la personne de dormir.

Lorsque toute une famille se gratte, il faut penser à la gale

L'HYGIÈNE

L'hygiène, souvent assimilée à la simple propreté, est un ensemble de règles et de pratiques dont le but est de garder l'individu en bonne santé. Son champ d'action, considérable, comprend notamment le dépistage et la prévention des maladies. Dans le cadre d'une maladie parasitaire comme la gale, le traitement précoce, par des médicaments efficaces, des malades mais également et surtout de toutes les personnes qui sont en contact avec eux est le seul moyen de tuer les parasites et d'éviter leur propagation à l'entourage. L'hygiène peut être individuelle ou collective.

DIAGNOSTIC ET ÉVOLUTION

Le diagnostic repose sur la mise en évidence des parasites adultes, des larves ou des œufs, recueillis au niveau des vésicules perlées ou des sillons. En l'absence de traitement, la gale humaine persiste indéfiniment et se complique d'eczéma. La gale non humaine, caractérisée par des démangeaisons avec absence de sillons, guérit spontanément.

avant même qu'il soit possible d'observer les sillons sous la peau. Puis les sillons apparaissent. À l'extrémité de ces petits tunnels, longs de quelques millimètres à 2 centimètres, qui serpentent sous la peau, se forment de minuscules perles translucides (vésicules perlées), caractéristiques de la maladie. Elles contiennent le parasite.
On les observe surtout entre les doigts, sur la face antérieure des poignets, aux plis des coudes, sous les aisselles, à la ceinture, sur la face interne des cuisses, sur la partie inférieure des fesses, sur les aréoles des seins chez la femme, et au niveau du gland chez l'homme. Le grattage provoque l'apparition de croûtes.
Chez les personnes qui ont des défenses immunitaires affaiblies, ou chez les personnes âgées, la gale prend un aspect particulier. Les lésions sont plus étendues, recouvertes de croûtes, et situées de préférence au niveau des extrémités (paume des mains, plante des pieds). On lui donne alors le nom de gale norvégienne. Plus les démangeaisons sont fortes, plus le risque de grattage, donc de surinfection, est important.

LES ACARIENS

Les acariens, qui appartiennent à la famille des arthropodes, sont des animaux invertébrés caractérisés par leur petite taille et leur corps segmenté. Les mâles sont très différents des femelles. Ils se nourrissent tous de sang. Chez l'homme, ils provoquent soit des réactions locales, secondaires aux piqûres, soit de véritables maladies parasitaires, comme la gale pour le sarcopte.

LE TRAITEMENT

Lorsqu'un cas de gale est découvert, il faut impérativement traiter le malade et toutes les personnes vivant dans son entourage, même si elles n'ont aucun signe visible de gale. Cela permet d'éviter la survenue de réinfestations.
Généralement, avant de commencer le traitement à proprement parler, on recommande au malade de prendre un bain chaud accompagné d'un abondant savonnage.
Il existe plusieurs sortes de produits pour traiter la gale (benzoate de benzyle, lindane, DDT, pyréthrines). Certains d'entre eux sont dangereux pour les enfants, car ils peuvent provoquer des convulsions. Le benzoate de benzyle est le produit le plus efficace et le moins dangereux. Ces produits se présentent sous forme de lotions ou d'aérosols à mettre sur la peau. Il faut badigeonner toute la surface du corps, du cou jusqu'aux pieds. Chez les nourrissons, une lotion adaptée est appliquée sur tout le corps ainsi que sur le cuir chevelu.
Il est important de laisser le produit au contact de la peau entre 6 et 24 heures, selon l'âge du patient, avant de bien rincer. Même si les lésions sont stérilisées en 24 heures, il n'est pas rare que les démangeaisons persistent après l'application du produit. Il ne faut cependant pas renouveler le traitement, car l'épiderme pourrait alors être irrité.
Des antibiotiques sous forme de comprimés sont prescrits en cas de surinfection. Lorsque le malade se gratte trop, des médicaments qui soulagent les démangeaisons (antihistaminiques) peuvent être utilisés.
Il faut toujours désinfecter le linge et la literie. Le linge porté pendant les 3 jours précédant le début du traitement doit être lavé à 60 °C, puis pulvérisé avec des aérosols antiparasitaires.

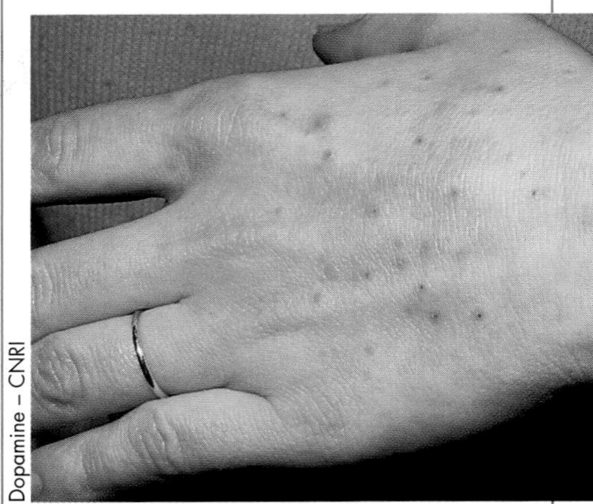

Lésions de la gale. *Ce sont des boutons plus ou moins croûteux, dus au grattage.*

LA GASTRITE

La gastrite est une inflammation aiguë ou chronique de l'estomac. Elle se manifeste essentiellement par des brûlures d'estomac, surtout ressenties au moment des repas.

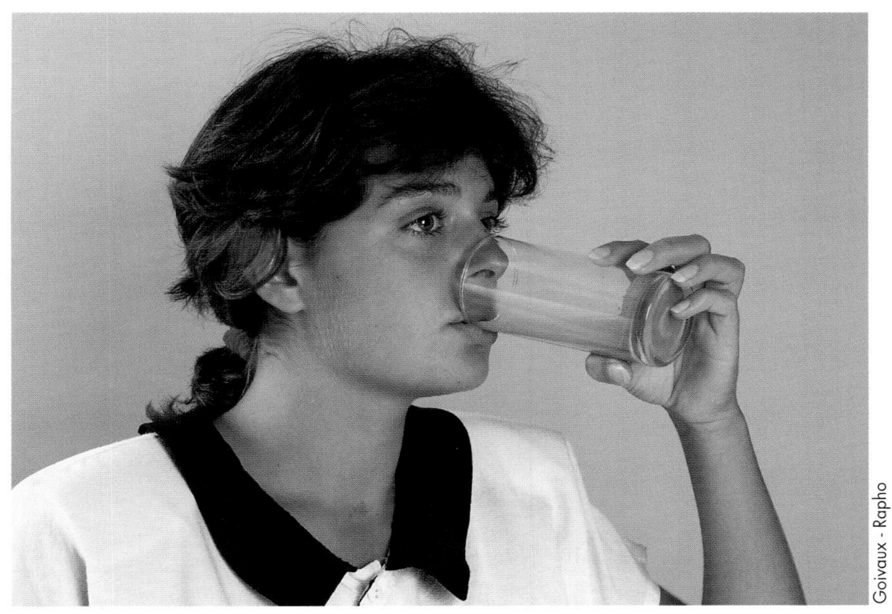

Goivaux - Rapho

Les pansements gastriques. *Le pansement gastrique, qui se présente sous la forme d'une poudre à diluer dans un verre d'eau, neutralise l'acidité de l'estomac et, en recouvrant la paroi de celui-ci, exerce une protection efficace.*

LES PANSEMENTS GASTRIQUES

Les pansements gastriques (ou antiacides) neutralisent l'acidité de l'estomac, tout en exerçant une protection physique de sa muqueuse. Ils permettent de prévenir ou de soulager l'inflammation de l'estomac et la douleur qui peut en résulter. Ces médicaments sont composés de sels d'aluminium et de magnésium, ou de substances végétales. Ils se présentent sous la forme d'une poudre à diluer dans un verre d'eau. Les pansements gastriques ne doivent pas être utilisés régulièrement sans surveillance médicale. En effet, ils peuvent masquer des symptômes de troubles graves ou provoquer des complications.

La gastrite est une affection souvent douloureuse mais en général bénigne. Son principal risque est d'entraîner des hémorragies digestives, qui se traduisent par des écoulements de sang par la bouche ou l'anus. On distingue la gastrite aiguë et la gastrite chronique ; cette dernière est plus difficile à soigner, mais elle ne comporte, dans la plupart des cas, aucun risque d'évolution grave.

LA GASTRITE AIGUË

C'est une inflammation de la muqueuse de l'estomac qui survient brusquement. Elle ne dure habituellement que quelques jours à partir du moment où elle est traitée.

Les symptômes. Ce sont essentiellement des brûlures d'estomac, qui se déclenchent ou s'amplifient au moment des repas, surtout lorsque le patient consomme du vin blanc, des boissons alcoolisées, des épices, des mets acides ou sucrés. Parfois, la langue est enflammée et des aphtes apparaissent dans la bouche.

Les causes. La gastrite aiguë peut avoir des causes très diverses : prise de certains médicaments (notamment anti-inflammatoires et aspirine), allergie, stress, infection par différents microbes (bactérie *Helicobacter pylori,* par exemple), intoxication (dans beaucoup de cas, par l'alcool). En général, la gastrite est due à l'agression répétée de la muqueuse de l'estomac par un de ces éléments. Parfois, aucune cause n'est trouvée.

Les complications. La principale complication d'une gastrite est un saignement dans le tube digestif (hémorragie digestive), plus ou moins grave selon les cas. Par ailleurs, la gastrite favoriserait la survenue d'un ulcère de l'estomac.

Le traitement. Il repose sur le respect d'un régime alimentaire le moins irritant possible (ni épices, ni alcool, ni friture) et sur la suppression des facteurs en cause, lorsqu'ils existent (par exemple, anti-inflammatoires). Le traitement de la gastrite consiste également à protéger la muqueuse de l'estomac contre l'acidité de son contenu. Cette protection peut être obtenue par la prise de médicaments qui réduisent la sécrétion d'acide chlorhydrique dans l'estomac (antisécrétoires) ou qui neutralisent l'acidité de l'estomac et exercent une protection physique (pansements gastriques).

LE DIAGNOSTIC

Le diagnostic de la gastrite est établi grâce à la gastroscopie, un examen qui consiste à introduire par la bouche jusqu'à l'estomac un tube optique muni d'un système d'éclairage. Cet examen permet de visualiser la muqueuse gastrique et surtout d'effectuer un prélèvement de tissu, analysé ultérieurement au microscope. L'analyse au microscope permet de préciser le type d'inflammation : superficielle, profonde ou atrophique.

UNE MALADIE DIFFICILE À DÉFINIR

La gastrite est une affection délicate à appréhender, tant du point de vue du médecin que de celui du malade. Pour un patient, une gastrite représente des brûlures d'estomac et des douleurs ressenties pendant les repas. Pour les médecins, c'est une inflammation de la muqueuse de l'estomac. Mais la réalité n'est pas toujours aussi claire. Certains patients souffrent de brûlures d'estomac alors que leur muqueuse gastrique est normale. À l'inverse, on diagnostique parfois une gastrite, lors d'un examen endoscopique et après analyse au microscope d'un fragment de la muqueuse de l'estomac, alors que le patient ne présente aucun symptôme.

LA GASTRITE CHRONIQUE

C'est une inflammation persistante de la muqueuse de l'estomac. Elle se développe lentement sur une longue période.

Les symptômes. Une gastrite chronique peut se manifester par des douleurs ressenties dans l'estomac. Le patient perd parfois l'appétit et souffre d'une anémie due à un petit saignement persistant de la muqueuse gastrique. Toutefois, la plupart des gastrites chroniques ne se manifestent par aucun signe particulier. En règle générale, cette affection évolue sur plusieurs années, et finit par aboutir à une atrophie de la muqueuse de l'estomac et à la réduction de ses capacités de sécrétion. Le risque d'évolution d'une gastrite chronique en cancer de l'estomac est faible.

Les causes. Une gastrite chronique peut être provoquée par une substance irritante, en particulier le tabac ou l'alcool, ou par la prise de médicaments anti-inflammatoires. L'infection par le microbe *Helicobacter pylori* est une cause importante de gastrite chronique. Chez d'autres patients, la gastrite chronique est liée à un phénomène anormal au cours duquel l'organisme est agressé par ses propres défenses immunitaires (maladie dite auto-immune), comme dans la maladie de Biermer. Cette affection se caractérise par une autodestruction de certaines cellules de l'estomac, entraînant une mauvaise absorption de la vitamine B12. Enfin, la cause d'un certain nombre de gastrites chroniques demeure encore inconnue.

Le traitement. Il consiste essentiellement à soulager les symptômes, quand ils existent (pansement gastrique, régime sans alcool). Dans les très rares cas où l'on peut craindre que la gastrite n'évolue vers un cancer, le patient doit se soumettre à une surveillance médicale régulière (examen de l'estomac par endoscopie). Lorsque la gastrite survient dans le cadre de la maladie de Biermer, le traitement consiste à combler le déficit en vitamine B12 par des injections régulières de cette vitamine.

LE GLAUCOME

Le glaucome est une maladie du nerf optique qui s'accompagne d'une élévation de la tension oculaire et entraîne, en l'absence de traitement, une altération du champ visuel pouvant aboutir à la cécité.

L'œil normal contient un liquide, l'humeur aqueuse, dont le rôle est de réguler la pression de l'intérieur du globe oculaire (pression intraoculaire ou tension oculaire) et de nourrir les différentes structures de l'œil, tout en éliminant leurs déchets. Cette humeur aqueuse chemine entre l'iris et le cristallin, passe dans la partie située entre la cornée et le cristallin (chambre antérieure de l'œil) par la pupille, puis s'évacue par l'angle iridocornéen (partie de l'œil formée par l'insertion du pourtour de l'iris sur la couche profonde de la cornée) ; enfin, elle passe par une sorte de filtre (trabéculum), un tissu translucide qui tapisse l'angle iridocornéen, et est drainée jusqu'aux veines de la sclérotique (blanc de l'œil). En cas de glaucome, la pression dans l'œil augmente anormalement, en raison d'une accumulation de l'humeur aqueuse. Cette affection peut survenir sans cause particulière (glaucome primitif) ou découler de certaines maladies (glaucome secondaire). Le glaucome nécessite un traitement urgent.

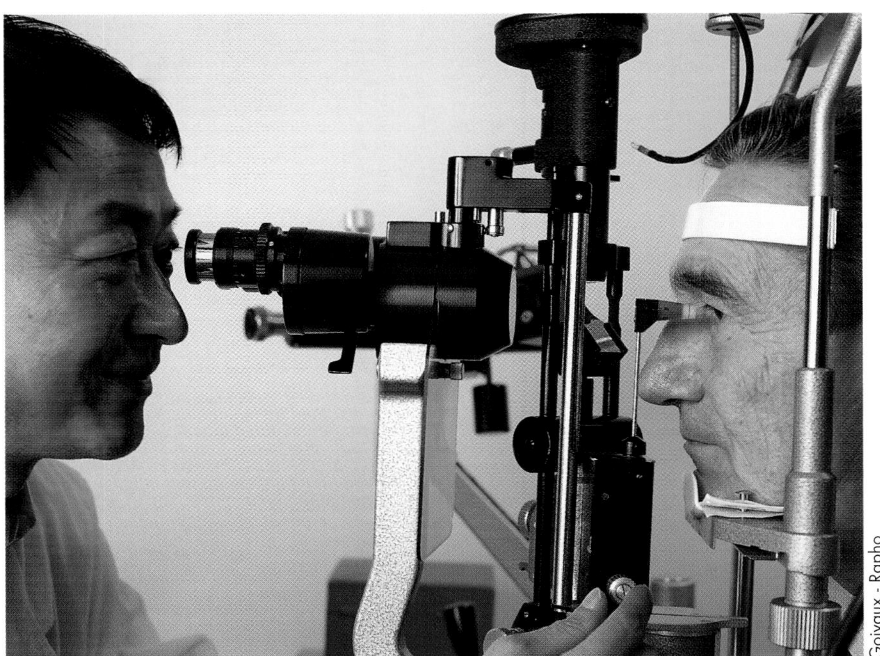

La tension oculaire. *Une goutte est instillée dans l'œil pour insensibiliser la cornée, puis on exerce, à l'aide d'un petit appareil, une légère pression qui permet de mesurer la tension oculaire.*

LE GLAUCOME PRIMITIF À ANGLE LARGE

Cette forme de glaucome, appelée aussi glaucome à angle ouvert ou glaucome chronique, est la plus fréquente. Elle touche de 1 à 4 % de la population, a souvent un caractère familial et apparaît généralement après 45 ans.

Les signes. Touchant les deux yeux, ce glaucome se traduit au début par une simple élévation de la tension oculaire, qui ne

POUR Y VOIR PLUS CLAIR

QUELQUES MOTS À CONNAÎTRE

Adrénergique, bêtabloquant : produits qui agissent en faisant baisser la sécrétion de l'humeur aqueuse, responsable de la pression intraoculaire.

Myotique : une substance capable de provoquer la contraction de la pupille de l'œil.

Tension oculaire : pression qui règne à l'intérieur du globe oculaire ; la tension oculaire dépend de la sécrétion et de l'élimination de l'humeur aqueuse.

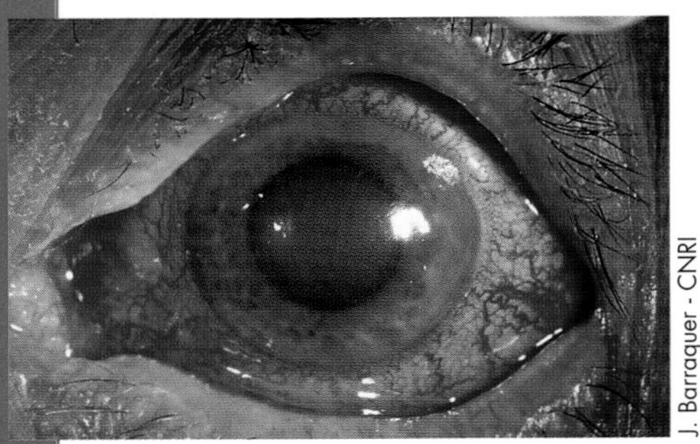
J. Barraquer - CNRI

Le glaucome aigu par fermeture de l'angle. *Il se caractérise par un œil très rouge, une pupille dilatée et une cornée glauque.*

provoque aucun symptôme. Puis il entraîne une altération du champ visuel plus ou moins importante, mais irréversible, et des modifications de la tête du nerf optique pouvant aboutir à la cécité. Dans certains cas, ces altérations apparaissent alors que la tension oculaire n'est pas élevée : le diagnostic est donc particulièrement difficile.

Le diagnostic. Il repose sur la mesure de la tension oculaire, sur la gonioscopie (examen direct de l'angle iridocornéen), qui met en évidence l'ouverture de l'angle, sur l'examen de la pupille et du champ visuel.

Le traitement. Il vise à faire baisser la tension oculaire avec des collyres (bêtabloquants, myotiques, adrénergiques) et, dans certains cas, à améliorer la circulation sanguine de la rétine et de la pupille à l'aide de médicaments qui dilatent les vaisseaux. Si ce traitement est insuffisant, on peut rétablir l'écoulement de l'humeur aqueuse par chirurgie ou par laser. Dans les formes résistant à tout traitement, on peut enfin utiliser les ultrasons.

LE GLAUCOME PRIMITIF À ANGLE ÉTROIT

Appelé aussi glaucome à angle fermé ou glaucome par fermeture de l'angle, il touche les personnes qui ont un angle iridocornéen particulièrement étroit : l'évacuation de l'humeur aqueuse peut être gênée quand la pupille est dilatée (lors d'interventions chirurgicales, d'examens ophtalmologiques ou de prise de médicaments).

Les signes. Ce glaucome, qui touche le plus souvent un seul œil, se manifeste par des douleurs aiguës dans l'œil et dans l'orbite, par une baisse de la vision, parfois par des nausées.

Le diagnostic. L'œil est rouge et dur, la cornée, trouble, et la pupille, dilatée. L'évolution peut rapidement aboutir à la perte de l'œil.

Le traitement. Il consiste à faire baisser au plus vite la tension oculaire, à l'aide de médicaments et de collyres : injection intraveineuse d'acétazolamide (médicament diurétique), collyres bêtabloquants ou myotiques. Puis on pratique un trou dans l'iris pour permettre la circulation de l'humeur aqueuse dans l'œil. Cette intervention peut se faire au laser (iridotomie), ou chirurgicalement (iridectomie). Si le traitement est entrepris en urgence, il n'y a pas de séquelles.

LE GLAUCOME CONGÉNITAL

Cette forme de glaucome, due à une anomalie qui survient pendant le développement du fœtus, touche l'angle iridocornéen et empêche l'évacuation de l'humeur aqueuse. Elle concerne souvent les deux yeux et se manifeste dès la naissance : l'enfant larmoie et craint la lumière ; la cornée est de grande taille, parfois trouble ; parfois, le volume de la cornée augmente (buphtalmie). Cette affection peut être diagnostiquée dès les premiers mois. Le traitement doit être rapide, et il est avant tout chirurgical.

LE GLAUCOME SECONDAIRE

Il fait suite à une maladie oculaire (inflammation, traumatisme) ou générale (comme le diabète, par exemple), ou à la prise de certains médicaments. Le traitement est le même que dans le cas du glaucome primitif à angle large.

IRIDECTOMIE ET IRIDOTOMIE

Ces interventions sont pratiquées pour permettre à l'humeur aqueuse de circuler dans l'œil. L'iridectomie, ablation chirurgicale d'un fragment de l'iris, se fait au moyen d'une incision pratiquée à la périphérie de la cornée, par laquelle on tire l'iris avec une pince. Après avoir coupé la partie voulue, on le remet en place. On pratique parfois un simple trou dans l'iris par laser : c'est l'iridotomie, qui ne nécessite ni hospitalisation ni anesthésie, tandis que l'iridectomie se pratique sous anesthésie et impose une hospitalisation d'environ 48 heures.

LA GOUTTE

La goutte est une maladie métabolique liée à un taux excessif d'acide urique dans le sang (plus de 80 milligrammes par litre). Elle se traduit par des douleurs articulaires très vives survenant par crises.

BSIP

Cristaux d'acide urique vus au microscope en lumière polarisée. *Lorsque l'acide urique est présent en excès dans l'organisme, il cristallise dans les articulations et provoque la crise de goutte.*

La goutte peut se compliquer de déformations articulaires et entraîner des dépôts d'acide urique sous la peau, les tophus.

LES CAUSES

Cette maladie atteint le plus souvent l'homme d'âge mûr. Elle peut être due à certaines maladies (insuffisance rénale, maladies du sang, en particulier les leucémies) ou à la prise de médicaments (diurétiques), mais, le plus souvent, elle est liée à une obésité ou à des excès alimentaires. Il existe aussi une prédisposition génétique à fabriquer trop d'acide urique.

LES SYMPTÔMES

C'est habituellement la crise de goutte qui révèle la maladie. Débutant souvent la nuit, celle-ci survient généralement au niveau du pied, à la base du gros orteil notamment. Elle peut également toucher le dos du pied, la cheville, le genou et, parfois, le poignet ou les doigts. Elle entraîne un gonflement important de l'articulation, avec une peau tendue, luisante et douloureuse. En l'absence de traitement, la douleur devient souvent très intense au bout de 24 à 36 heures, empêchant le malade de dormir ou de poser le pied par terre. Dans quelques cas, on note une légère fièvre qui fait penser, à tort, à une infection locale.

Les douleurs disparaissent spontanément au bout de quelques

L'ORIGINE DE L'EXCÈS D'ACIDE URIQUE

L'acide urique provient, d'une part, de la destruction de certaines substances d'origine alimentaire. Ainsi, des repas trop abondants ou très riches en gibier, abats, viandes en sauce, coquillages, et l'excès de certains alcools favorisent l'accumulation de cet élément dans le sang. D'autre part, l'acide urique est produit par la destruction de certains constituants de l'organisme. L'acide urique est en partie éliminé par les urines, mais, pour différentes raisons, la quantité normalement excrétée peut diminuer. Sa concentration dans le sang augmente alors et des cristaux d'urate de sodium se forment progressivement dans les articulations.

La goutte peut aussi s'expliquer par un dérèglement métabolique, parfois d'origine génétique. L'organisme fabrique alors trop d'acide urique.

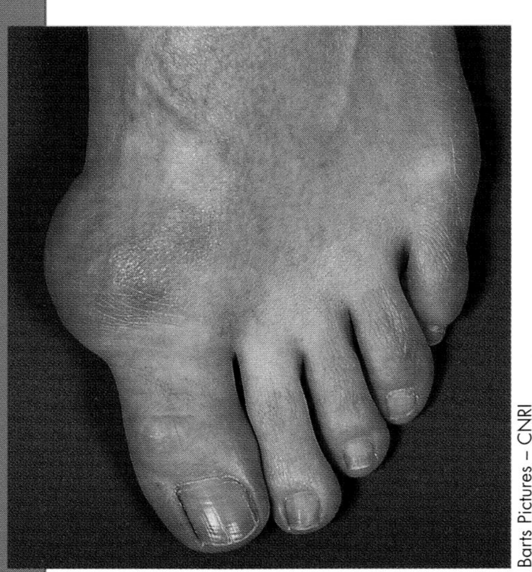
Barts Pictures – CNRI

Crise de goutte au niveau du gros orteil. *L'inflammation est due à une accumulation de cristaux d'acide urique dans l'articulation.*

jours, sans laisser aucune séquelle. Les crises se répètent à intervalles irréguliers au niveau du membre inférieur (surtout au niveau du pied), souvent favorisées par un écart alimentaire. Après quelques années d'évolution, les crises peuvent s'étendre au membre supérieur.
Lorsque l'excès d'acide urique dans le sang n'est pas corrigé par un traitement approprié, l'acide urique s'accumule sous la peau au niveau des articulations, entraînant des tuméfactions rosées ou blanchâtres (tophus), parfois aussi sur le pavillon de l'oreille.
La peau peut aussi s'ulcérer et laisser s'écouler un liquide laiteux contenant des cristaux d'acide urique.
La goutte caractérisée par la présence de tophus s'accompagne souvent de lésions articulaires chroniques avec des douleurs permanentes, des déformations des articulations et une érosion des extrémités des os, visible sur les clichés radiographiques.
Il est également possible d'observer, en même temps que la goutte, des calculs d'urate dans le rein, responsables de coliques néphrétiques et, parfois, de la dégradation de la fonction rénale.

LE DIAGNOSTIC

La localisation typique de l'inflammation et l'intensité des douleurs lors de la crise de goutte donnent des renseignements précieux pour établir le diagnostic. Celui-ci est ensuite confirmé par le dosage de l'acide urique dans le sang, constamment élevé, souvent supérieur à 80 milligrammes par litre (le taux normal se situe habituellement entre 30 et 60 milligrammes par litre). Il peut également être fait de façon très rapide par l'examen au microscope du liquide articulaire ; celui-ci contient en effet un grand nombre de cristaux d'acide urique en forme d'aiguille, responsables de la crise de goutte.
Dans les formes chroniques qui n'ont pas été reconnues à l'occasion de poussées aiguës, le diagnostic repose sur le dosage de l'acide urique dans le sang.

LE TRAITEMENT

Le malade doit bénéficier d'un traitement de sa crise aiguë et d'un traitement de fond.
La colchicine, médicament extrait du colchique, soigne efficacement la crise de goutte. Elle est administrée par voie orale, et le respect des prescriptions permet d'éviter le surdosage qui se traduit par une diarrhée. Les anti-inflammatoires non stéroïdiens peuvent également être utilisés.Le traitement de fond vise à corriger l'excès d'acide urique dans le sang. Il repose tout d'abord sur des règles diététiques. Le patient doit ainsi éviter les aliments susceptibles d'augmenter le taux d'acide urique dans le sang (alcool, gibier, abats, sardines, crustacés, anchois, harengs, etc.). Il doit également boire de l'eau en abondance de façon à favoriser l'élimination de l'acide urique par le rein. Les médicaments qui abaissent le taux d'acide urique sont systématiquement utilisés. Certains d'entre eux ont pour effet d'augmenter l'élimination urinaire de l'acide urique (uricosuriques) ; ils sont réservés aux patients dont la fonction rénale est satisfaisante. D'autres empêchent la synthèse de l'acide urique (allopurinol). Ils sont remarquablement efficaces et ont peu de contre-indications.

LA COLCHICINE

La colchicine, extraite du colchique, a été isolée pour la première fois dans les années 1880 par le pharmacien Alfred Houdé. Mais les vertus médicinales du colchique étaient déjà connues depuis longtemps. En effet, dès l'Antiquité, le savant grec Dioscoride a décrit la plante comme un poison et lui a donné le nom de *colgicos*, le « colchique », parce qu'elle poussait principalement en Colchide, un ancien pays de l'Asie Mineure.

LA GREFFE DE MOELLE OSSEUSE

Dans certaines affections, la moelle osseuse ne remplit plus sa fonction de production des cellules du sang. On tente alors de la remplacer, après destruction de la moelle malade, par des cellules prélevées sur un sujet sain.

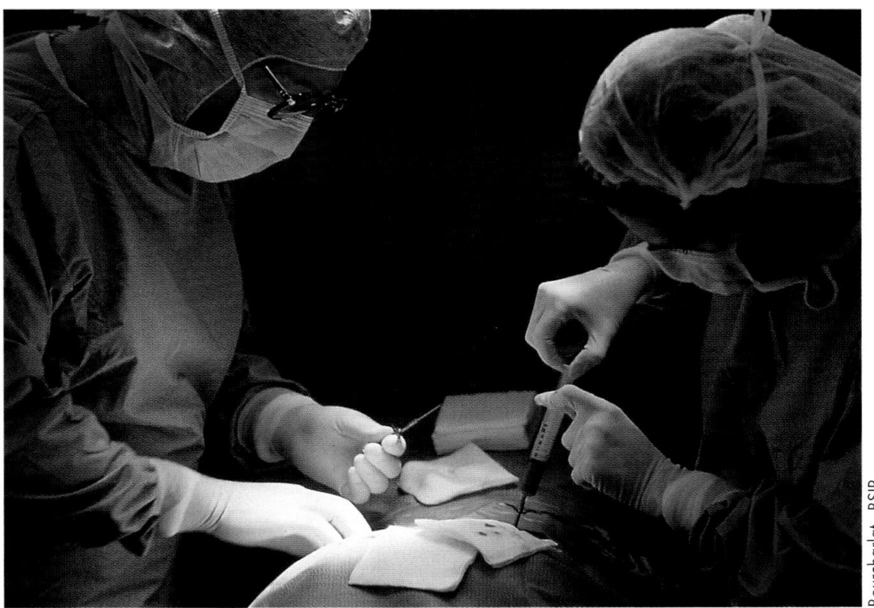

Bourcharlat - BSIP

Prélèvement de moelle. *Il s'effectue, le plus souvent sous anesthésie générale, par ponction au niveau d'un os iliaque, parfois du sternum.*

Un des rôles principaux de la moelle osseuse est de produire, grâce à des cellules (cellules souches), les éléments à partir desquels s'élaborent les différentes cellules du sang (globules rouges, globules blancs, plaquettes). Au cours de certaines maladies, comme la leucémie (prolifération des cellules précurseurs des globules blancs) ou l'aplasie médullaire (raréfaction de la moelle osseuse, incapable de produire des cellules matures), la moelle osseuse ne remplit plus ce rôle. L'un des traitements proposés est la greffe de moelle osseuse. Relativement éprouvant, susceptible d'entraîner des troubles cardiaques, rénaux, pulmonaires ou cutanés, ce traitement est donc, en général, réservé aux patients de moins de 50 ans, dont l'état de santé est, par ailleurs, satisfaisant. Malgré les risques qu'elle comporte, la greffe permet la guérison de certaines aplasies médullaires et de certaines leucémies aiguës.

LES TYPES DE GREFFE

Il existe actuellement deux types de greffe de moelle, l'allogreffe et l'autogreffe.

L'allogreffe. Elle est réalisée avec des cellules de moelle osseuse prélevées chez une personne en bonne santé dont les tissus sont compatibles avec ceux du malade (on parle alors d'histocompatibilité), condition dont dépend le succès de la greffe. C'est chez les frères et les sœurs du malade que l'on a le plus de chance (25 % environ) de trouver un donneur compatible. En l'absence d'un donneur de la même famille, l'équipe médicale doit faire appel à une banque de moelle ; on ne trouve alors un donneur suffisamment compatible pour que la greffe réussisse que dans moins de 20 % des cas.

UN TRAITEMENT LOURD

La greffe de moelle osseuse est précédée d'un traitement, appelé conditionnement, qui a pour but de détruire les cellules anormales et de supprimer les réactions immunitaires pour éviter tout rejet. Il consiste en une chimiothérapie lourde, qui provoque un appauvrissement prolongé de la moelle, associée à une radiothérapie de tout le corps. L'irradiation entraîne une stérilité définitive chez l'adulte et des troubles de croissance chez l'enfant.

L'autogreffe. Elle consiste à prélever, chez un malade devant suivre un traitement qui va détruire sa moelle osseuse (chimiothérapie, radiothérapie ou les deux associées), des cellules souches, à un stade peu avancé de sa maladie, lorsque la moelle est encore saine. Les cellules sont congelées, et seront réinjectées au malade après le traitement. Sa moelle osseuse se reconstituera alors en deux ou trois semaines.

LE DÉROULEMENT DE LA GREFFE

Avant de procéder à la greffe de moelle, il est nécessaire de détruire le plus complètement possible la moelle osseuse malade, afin que l'affection ne puisse pas récidiver. Cette destruction est généralement obtenue par chimiothérapie et irradiation intensive du corps.

La moelle osseuse est prélevée sur le donneur, le plus souvent sous anesthésie générale, par ponction au niveau d'un os du bassin (os iliaque), parfois du sternum. On retire en général de 200 à 500 millilitres de moelle. Ce prélèvement n'entraîne aucune conséquence sur la santé du donneur. La moelle ainsi recueillie est filtrée, congelée et préparée pour la greffe.

Lorsque la moelle osseuse du receveur est détruite, on peut lui greffer la moelle osseuse du donneur. Cette opération consiste en une simple transfusion : les cellules souches du donneur vont spontanément coloniser la moelle du receveur, vidée préalablement de ses cellules souches malades.

LES COMPLICATIONS ÉVENTUELLES

Une greffe de moelle osseuse peut se compliquer d'un rejet de la greffe, survenant en cas de greffe non suffisamment compatible, d'une réaction de la moelle greffée qui attaque l'organisme du receveur (réaction du greffon contre l'hôte), ou d'une récidive de la maladie initiale, notamment en cas de leucémie. Cependant, le risque de récidive est moindre avec le traitement par greffe de moelle qu'en cas de traitement classique (chimiothérapie et radiothérapie). En outre, en cas de rechute, une nouvelle greffe peut être tentée.

Par ailleurs, de nombreuses complications infectieuses ou hémorragiques peuvent survenir. Elles apparaissent surtout juste après la greffe, un délai de deux à trois semaines étant nécessaire avant que la nouvelle moelle fonctionne. Les infections bactériennes sont dues à l'absence de globules blancs – acteurs principaux de la lutte de l'organisme contre l'infection – consécutive à la destruction de la moelle osseuse du patient. Les hémorragies sont liées à l'absence de plaquettes. Ces complications sont combattues par l'administration d'antibiotiques en cas de fièvre et par l'isolement du malade dans une chambre stérile où les visiteurs sont soumis à de strictes règles d'hygiène pour éviter la propagation des microbes (port d'un masque, de protège-chaussures, obligation de se laver les mains avant d'entrer dans la chambre, etc.).

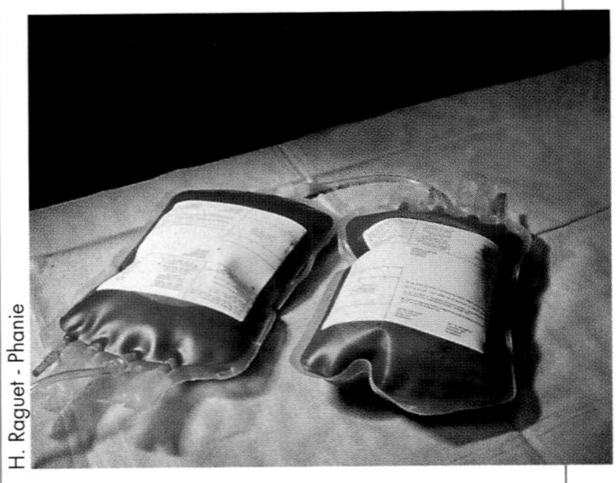

H. Raguet - Phanie

***La moelle prélevée.** Une fois filtrée, elle est placée dans des poches adaptées à la transfusion.*

LA RÉACTION DU GREFFON CONTRE L'HÔTE

Cette réaction touche seulement les patients ayant subi une allogreffe (dans 50 % des cas environ) et concerne plus rarement les moins de 20 ans. Elle est due à une incompatibilité entre la moelle du donneur et celle du receveur : les lymphocytes T du greffon, après avoir détecté des antigènes étrangers sur les cellules du receveur, attaquent ces dernières. La réaction peut être aiguë (elle apparaît alors dans les trois mois qui suivent la greffe) ; elle se traduit par des éruptions cutanées, des démangeaisons, des troubles digestifs, une fièvre, parfois une atteinte du foie. Il existe aussi des réactions chroniques, qui surviennent des années après la greffe et entraînent des lésions cutanées parfois associées à une hépatite chronique et à une sclérose du tissu pulmonaire. Le traitement fait appel aux corticostéroïdes et aux immunosuppresseurs.

LA GREFFE DU REIN

La greffe du rein est pratiquée chez des malades dont les deux reins ne fonctionnent plus. Elle permet au patient d'éviter les astreintes de l'épuration artificielle du sang (dialyse) et de mener une existence normale.

De nombreuses maladies chroniques entraînent, à long terme, une incapacité des reins à assurer leur fonction de filtre du sang, d'élimination des déchets et de maintien d'une quantité constante de liquide dans l'organisme (insuffisance rénale chronique). Un procédé artificiel, la dialyse, permet de suppléer les fonctions rénales ; il assure certes la survie du patient, mais il s'accompagne de nombreuses contraintes. Un patient dialysé doit, selon la technique, se soumettre toute sa vie à trois séances de dialyse par semaine ou à une séance par jour, chacune durant plusieurs heures. C'est pourquoi, chaque fois que cela est possible, on pratique une greffe d'un rein (un seul rein est suffisant pour assurer la fonction rénale de tout l'organisme), ce qui permet à ces patients de mener une existence pratiquement normale.

LA TECHNIQUE

Le prélèvement chez le donneur. Le rein à greffer (appelé greffon) est le plus souvent prélevé sur une personne décédée accidentellement, mais il peut également l'être sur un adulte consentant (parent direct ascendant ou frères et sœurs d'un insuffisant rénal). Dans ce cas, la santé du donneur n'est pas affectée par l'ablation d'un

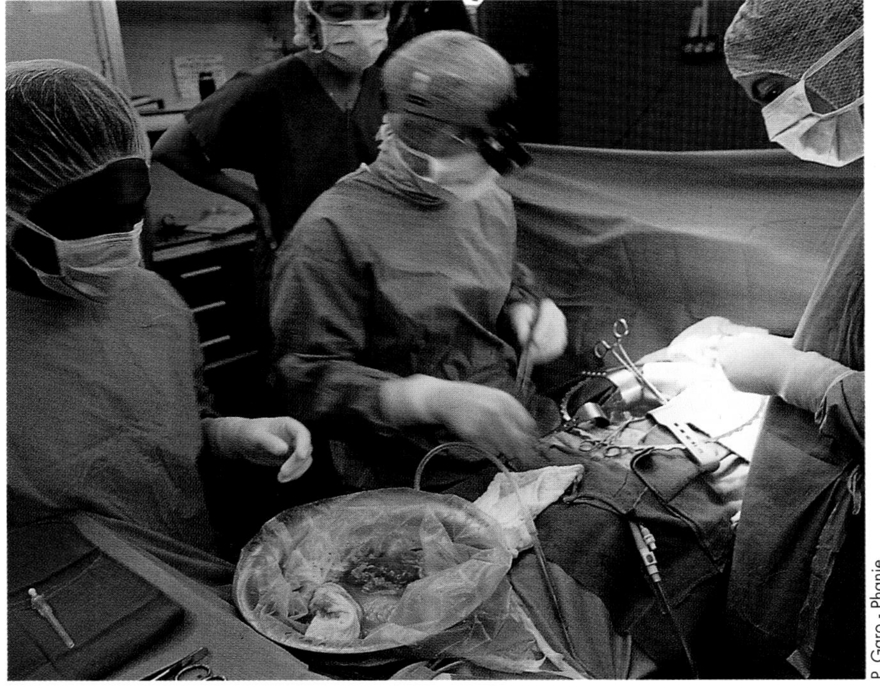

Préparation du receveur avant une greffe du rein. *Avant la mise en place du nouveau rein, le chirurgien prépare les artères et les veines du receveur.*

P. Garo - Phanie

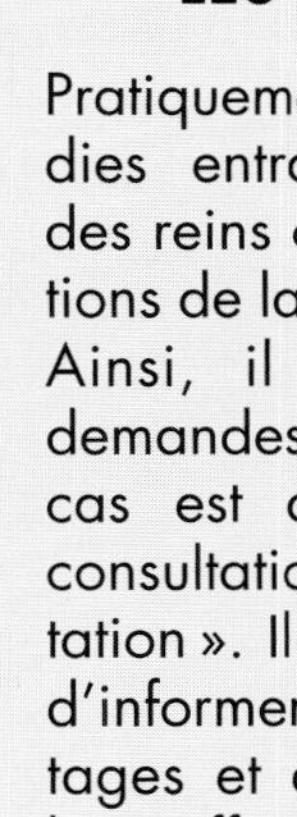

LES INDICATIONS

Pratiquement toutes les maladies entraînant la destruction des reins constituent des indications de la greffe de cet organe. Ainsi, il y a beaucoup de demandes de greffe. Chaque cas est discuté au cours de consultations de « prétransplantation ». Il est en effet important d'informer le patient des avantages et des inconvénients de la greffe, de ses risques et de ses contre-indications. Parmi ces dernières : le malade doit, en principe, avoir moins de 60 ans ; il ne doit pas être atteint de maladies infectieuses évolutives et d'anomalies graves, susceptibles de mettre sa vie en jeu, à court ou à moyen terme.

LES MÉDICAMENTS IMMUNOSUPPRESSEURS

Ils sont destinés à atténuer ou à supprimer les réactions immunitaires de l'organisme. Ils sont prescrits lors de greffes, pour limiter les phénomènes de rejet. La ciclosporine, la cortisone et l'azathioprine sont les plus utilisés et les plus efficaces. Ils sont administrés le jour même de la greffe, à des doses importantes. Ils sont ensuite donnés à des doses décroissantes, puis à de faibles doses, à titre préventif, à très long terme.

de ses reins. En effet, le rein restant augmente de taille, pour assurer une fonction équivalente à celle des deux reins. Dans tous les cas, le donneur doit être génétiquement aussi proche que possible du receveur. Chez un donneur vivant, on prélève le plus souvent le rein gauche, la veine rénale gauche étant plus longue que la droite. Cela permet de reloger plus facilement le greffon dans la cavité abdominale du receveur. Dans les autres cas, on prélève les deux reins.
Dès que le rein du donneur est prélevé, il est perfusé et placé dans une solution spéciale permettant sa conservation, en attendant la transplantation.

L'implantation chez le receveur. Le greffon est implanté chez le receveur en bas de l'abdomen, au niveau du petit bassin (fosse iliaque), c'est-à-dire dans une position différente de la situation normale, ce qui facilite la transplantation. Les vaisseaux du greffon sont raccordés à ceux du malade, et l'uretère est relié à la vessie ou à un de ses uretères. Après la transplantation, le patient est soumis à un traitement visant à éviter le rejet de la greffe (médicaments immunosuppresseurs comme la ciclosporine et l'azathioprine).

LE PRONOSTIC

Les greffes du rein sont couronnées de succès dans plus de 80 % des cas, les résultats étant encore supérieurs si les tissus du donneur sont particulièrement compatibles avec ceux du receveur. Ce sont les greffes d'organe le plus couramment pratiquées. L'échec d'une greffe de rein a des conséquences moins graves que celui d'une greffe de cœur, de foie ou de poumon. En effet, en cas de rejet, le patient peut reprendre ses séances de dialyse. S'il est bien portant, une nouvelle greffe pourra être tentée ultérieurement.

VIVRE AVEC UN REIN GREFFÉ

Grâce à la greffe de rein, les patients souffrant d'insuffisance rénale chronique évitent les contraintes de la dialyse. Après la greffe, ils peuvent mener une vie quotidienne normale. L'exercice d'une activité professionnelle, la pratique de sports (non violents) ainsi que les voyages sont possibles. Une grossesse n'est pas contre-indiquée, mais nécessite une surveillance étroite. En revanche, un suivi rigoureux du traitement immunosuppresseur est indispensable. Ce traitement diminue les défenses de l'organisme contre les bactéries et les virus. Il est donc important d'avoir une bonne hygiène du corps, de la bouche et des dents, et d'éviter tout contact avec des personnes atteintes de maladies contagieuses. Enfin, la personne greffée doit respecter un régime alimentaire sans sucre et sans sel, et éviter l'alcool et le tabac.

HISTORIQUE

Les premières greffes rénales ont été expérimentées sur des chiens dès 1902. En 1947 est réalisée la première greffe de rein sur un être humain à partir d'un rein de cadavre ; elle ne fonctionnera que pendant 24 heures. En 1952, sous la direction du professeur Hamburger, est pratiquée une greffe du rein entre mère et fils ; le rein greffé fonctionne pendant 22 jours. En 1954, la première greffe du rein entre vrais jumeaux est réalisée avec succès, et permet au greffé de reprendre une vie normale. Au fil du temps, différentes méthodes visant à empêcher le rejet de greffe vont progressivement augmenter la durée de vie du greffon : irradiation totale du receveur (1958), corticoïdes et azathioprine (1963), sérum antilymphocytaire (1966), ciclosporine (début des années 1980). Depuis 1990, de nombreux traitements immunosuppresseurs sont en cours d'évaluation.

La Grippe

Cette infection des voies respiratoires est due à un virus provoquant de la fièvre, des maux de tête, des courbatures et une fatigue générale. Maladie contagieuse, la grippe est responsable, chaque année, d'épidémies plus ou moins graves.

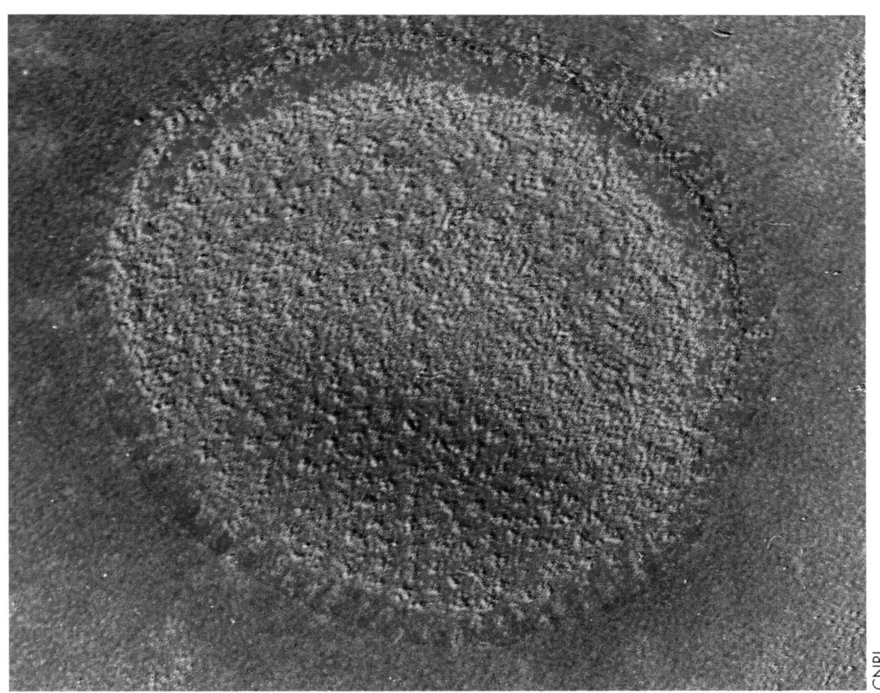

CNRI

Virus de la grippe vu au microscope électronique à transmission.
Il existe 3 types de virus grippal, chacun ayant leurs propres caractéristiques biologiques.

La grippe est souvent bénigne, mais, tous les 10 ou 15 ans, survient une épidémie beaucoup plus grave. L'une des plus importantes, depuis le début du siècle, a été celle de la grippe espagnole en 1918, qui a fait plus de 20 millions de morts en Europe. La vaccination, notamment chez les personnes âgées, et la surveillance de cette infection à l'échelle internationale sont donc nécessaires.

LES SYMPTÔMES

La grippe se traduit par de la fièvre et des courbatures, qui durent de 7 à 10 jours et régressent spontanément. La fièvre est élevée, jusqu'à 40 °C. Ces symptômes, relativement communs, sont les mêmes pour de nombreuses maladies infectieuses virales ou bactériennes. Ils correspondent à ce que l'on appelle des états grippaux.
Le nez peut couler comme pour un rhume ; la gorge peut être douloureuse comme au cours d'une angine ; le malade peut tousser et même cracher, car le virus entraîne une inflammation de la trachée (trachéite) et des bronches (bronchite). Mais ces signes respiratoires sont souvent discrets, voire absents.
Des formes graves (ou grippes malignes) se rencontrent lors de certaines épidémies. Elles provoquent une atteinte du poumon (œdème pulmonaire) qui conduit parfois à une insuffisance respiratoire parfois mortelle, même chez des personnes jeunes et bien portantes. La maladie peut prendre un caractère

LES DIFFÉRENTS VIRUS

Il existe 3 grands types de virus de la grippe : A, B et C. Les virus A et B sont très instables. Chaque année surgissent de nouvelles souches qui peuvent créer une nouvelle épidémie. Les souches sont baptisées du nom du pays où elles font leur apparition : virus de Hongkong, virus de Singapour ou encore virus de la grippe espagnole.
Le virus C provoque des cas moins graves, sans entraîner d'épidémie.

de gravité, particulièrement chez les personnes âgées (troubles cardiaques, complications infectieuses) et chez les personnes souffrant de bronchite chronique ou d'insuffisance cardiaque.

LE VACCIN

Le vaccin antigrippe est préparé à partir de virus inactivés A et B. Il est adapté chaque année aux nouvelles souches qui font leur apparition. Le vaccin ne donne pas une protection totale, mais il est tout de même efficace dans 60 à 70 % des cas. En revanche, il ne protège pas d'une année sur l'autre, il faut donc le refaire chaque année. On conseille de se faire vacciner à l'automne, avant l'hiver où la grippe est plus fréquente.

LE TRAITEMENT

Un antiviral (le zanamivir) permet de réduire la durée des symptômes. Les antibiotiques sont utilisés pour combattre les surinfections bactériennes, par exemple pour lutter contre une bronchite qui se déclarerait à la suite d'une grippe. Mais ils sont sans effet sur le virus, c'est-à-dire sur la maladie elle-même. Ils ne sont donc pas systématiquement prescrits.
La grippe nécessite le repos au lit dans une pièce chaude et bien aérée. L'aspirine, ou autre médicament de ce type, est utile pour lutter contre les douleurs et la fièvre. Boire des liquides chauds est bénéfique en cas d'irritation de la gorge, et les inhalations ont un effet favorable sur l'irritation du nez et des voies respiratoires.
Les personnes âgées ou atteintes d'une maladie cardiaque ou pulmonaire, en raison de leur plus grande fragilité, doivent vite consulter un médecin. Lorsqu'elles ont été en contact avec des malades, elles peuvent, dans certains cas, bénéficier d'un médicament antiviral, l'amantadine, administré préventivement pendant quelques jours.

QUI DOIT ÊTRE VACCINÉ ?

Le vaccin est recommandé aux personnes âgées, car la grippe peut entraîner des complications pulmonaires graves. Il est tout particulièrement indiqué chez les personnes âgées qui vivent en collectivité (maisons de retraite, hôpitaux), en raison des risques d'épidémie.
Le vaccin est également recommandé aux personnes souffrant de troubles respiratoires ou cardiovasculaires.
Il peut aussi être conseillé à tous ceux qui veulent éviter d'être immobilisés pendant plusieurs jours pour une grippe. C'est notamment le cas des travailleurs indépendants, des artisans ou des commerçants.
La vaccination systématique des enfants n'est pas préconisée, car la grippe est généralement bénigne chez une personne saine.

F. Durand – Sipa

Culture du virus de la grippe sur des œufs, en vue de fabriquer un vaccin. *Le vaccin contre la grippe est par conséquent contre-indiqué chez les personnes allergiques au blanc d'œuf.*

LES HANDICAPS

CAUSES ET DÉFINITION

Un handicap est lié à une déficience qui peut être mentale, physique ou sensorielle. Cette déficience entraîne des limitations fonctionnelles et/ou des difficultés sociales.

G. Ventre – Sipa

Les handicaps ont en commun certaines caractéristiques, dont la permanence ou la durabilité : on est le plus souvent handicapé à vie, même s'il existe des handicaps qui s'installent progressivement ou évoluent de façon discontinue.
Les traitements médicaux ou chirurgicaux possibles ont bien souvent pour seule action de limiter le handicap ou d'éviter son aggravation. Toutefois, dans un avenir proche, on pourra envisager une guérison de certains handicaps d'origine génétique en faisant appel à la thérapie génique.

Jeune handicapé mental artiste peintre, lors d'une exposition de peinture sur une péniche. *L'entourage joue un rôle très important dans la prise en charge des handicapés mentaux.*

LES TYPES DE HANDICAPS

On distingue plusieurs types de handicaps :
– les handicaps mentaux et psychoaffectifs : ils se caractérisent par des difficultés mentales ou psychiques à affronter les situations de la vie courante ;
– les handicaps moteurs : ils se définissent par un dysfonctionnement ou par une réduction de l'activité physique d'un individu et touchent les membres, le tronc ou la tête ;
– les handicaps sensoriels : ils affectent la vue et l'audition.

LES CAUSES

Les handicaps peuvent apparaître à n'importe quel moment de l'existence, avant ou après la naissance, de façon brutale ou progressive. Les facteurs responsables sont multiples.
Avant la naissance. Environ 60 % des malformations présentes dès la naissance (congénitales) n'ont pas d'origine identifiée. Les causes connues peuvent être :
– génétiques : le handicap peut être dû à la présence dans les cellules d'un nombre anormal de chromosomes en plus ou en moins (la trisomie 21 est ainsi due à la présence d'un chromosome 21 supplémentaire), ou bien d'un chromosome ou d'un gène anormal (myopathie, albinisme) ;
– infectieuses : le handicap de l'enfant est lié à la présence d'une maladie infectieuse chez la mère, susceptible de contaminer l'embryon ou le fœtus et d'entraîner des malformations (rubéole congénitale, toxoplasmose...) ;
– toxiques : beaucoup de médicaments sont déconseillés pendant la grossesse, notamment durant les 3 premiers mois, car ils sont responsables de malfor-

mations. Certaines substances telles que l'alcool et le tabac ont fait la preuve de leur toxicité. Des études sont en cours pour identifier les risques de malformation congénitale liés à l'exposition à des produits en milieu professionnel (solvants organiques, gaz anesthésiants, pesticides, plomb, etc.). D'autres facteurs peuvent être en cause, comme l'exposition aux radiations ionisantes.

Pendant l'accouchement. Une naissance prématurée, un accouchement difficile peuvent être responsables d'un handicap chez l'enfant, mais il est souvent difficile de faire la part de ce qui relève des conditions de l'accouchement et de ce qui relève d'anomalies du développement fœtal pendant la grossesse.

Après la naissance. Le handicap qui survient après la naissance est le plus souvent traumatique, consécutif à un accident domestique (à la maison, pendant les loisirs), à un accident de la route ou du travail. Mais son origine peut aussi être génétique. En effet, certaines maladies génétiques se révèlent après la naissance, parfois tardivement (la chorée de Huntington apparaît vers cinquante ans). L'origine des handicaps peut également être infectieuse (poliomyélite).

Enfin, certains handicaps sont liés au vieillissement naturel des individus (baisse ou perte de la vue ou de l'ouïe, handicap moteur ou mental) et rendent la vie quotidienne des personnes âgées de plus en plus difficile.

LA FRÉQUENCE DES HANDICAPS

Le nombre de personnes handicapées varie selon les enquêtes, en fonction de la définition du handicap retenue et du seuil pris en compte (quand considère-t-on qu'une personne est handicapée ?). Selon une enquête réalisée en 1981 par l'Organisation mondiale de la santé dans différents pays, 10 % de la population, tous niveaux de handicap et tous âges confondus, souffre de difficultés fonctionnelles plus ou moins importantes.

LA PRÉVENTION

Les mesures de prévention des handicaps interviennent à différents niveaux, en fonction de la nature des risques. Ainsi, certaines mesures sont prises avant la conception, d'autres, pendant la grossesse, et les dernières, à partir de la naissance.

Avant la conception, la vaccination contre la rubéole des fillettes ou des jeunes femmes non immunisées permet d'éviter la rubéole congénitale. Par ailleurs, le conseil génétique permet d'évaluer le risque de survenue d'un handicap chez un individu, lorsque les parents ont connaissance de handicaps dans la famille proche ou qu'ils ont déjà eu un enfant handicapé.

Pendant la grossesse, grâce à une surveillance régulière, il est possible de repérer un retard de croissance intra-utérin, des signes de souffrance fœtale ou une malformation congénitale, et de décider si nécessaire d'un accouchement précoce ou

Marka – Branzi – BSIP

Handicapé moteur travaillant dans une entreprise. *Grâce à l'insertion, des personnes handicapées peuvent mener des activités professionnelles normales.*

d'une intervention chirurgicale dès la naissance.

Après la naissance, la vaccination contre la poliomyélite, la rougeole ou les oreillons permet d'éviter des séquelles parfois redoutables.

Il existe d'autres formes de prévention des handicaps, telle la prévention des accidents domestiques. Chez l'adulte, les accidents survenant au travail, sur la route ou lors des loisirs sont responsables chaque année de traumatismes importants. Des mesures sont prises pour réduire le plus possible ces risques : port obligatoire de la ceinture de sécurité en voiture, du casque en moto, limitation de vitesse, prise d'alcool limitée, médicaments déconseillés lors de la conduite, mesures de sécurité adaptées à chaque branche professionnelle, etc.

LES HANDICAPS

VIE QUOTIDIENNE

Diverses mesures peuvent être prises pour aider les personnes handicapées dans leur vie quotidienne et favoriser leur insertion sociale.

Gromik – Sipa

Course d'athlétisme de handicapés moteurs à Göteborg, en Suède. *De tels exploits sportifs symbolisent la victoire sur le handicap physique ; ils représentent une source d'espoir pour les handicapés.*

Lorsqu'une personne est handicapée, elle doit pouvoir bénéficier d'une prise en charge spécifique lui permettant d'être le plus autonome possible et de s'intégrer au mieux dans la société.

Cette prise en charge englobe non seulement les différents appareils pouvant aider les personnes handicapées à améliorer leur autonomie physique, mais aussi des mesures de rééducation et d'insertion scolaire, professionnelle et sociale. Tous ces moyens peuvent être déterminants pour rendre un individu capable de faire face à la vie quotidienne et de tirer le meilleur parti de ses possibilités. La personne handicapée doit y avoir recours le plus tôt possible, dès qu'un diagnostic précis a pu être établi.

L'étude attentive des capacités de l'enfant ou de l'adulte est en effet une étape préliminaire pour mettre en place une aide spécifique compensant les difficultés et développant toutes les potentialités des handicapés.

DES DIFFICULTÉS DIFFÉRENTES

Selon la nature de son infirmité, la personne handicapée aura besoin d'une aide spécifique.

– Les handicapés mentaux ont dès leur plus jeune âge besoin du soutien d'une équipe médicale pluridisciplinaire pour stimuler leurs capacités d'apprentissage.

– Les handicapés moteurs bénéficieront notamment d'une rééducation motrice, de soins orthopédiques et, lorsque cela est possible, d'interventions chirurgicales.

– Un appareillage adapté, une éducation spécifique et parfois des traitements permettent aux personnes souffrant de déficiences de la vision ou de l'audition de mener une vie sociale et professionnelle satisfaisante.

LES AIDES

Elles sont techniques, humaines, sociales et environnementales.

Il existe de nombreux appareils pour aider les personnes handicapées dans leur vie quotidienne, parmi lesquels des prothèses, des supports, des pièces mobiles permettant d'assurer des fonctions rendant certains gestes plus faciles. Certains objets ou équipements sont extrêmement simples ; d'autres, très sophistiqués, font appel à l'informatique ou à la domotique.

On distingue :
– les aides pour se déplacer : déambulateur, membres artificiels, fauteuil roulant, cannes... ;
– les aides pour se laver : élévateur de bain, siège de douche, tourne-robinet (pour aider à saisir et à tourner les robinets), presse-tube dentifrice (appareil fixé au mur qui permet de libérer le dentifrice)... ;
– les aides pour manger : verre à bec verseur, couverts à manche plus maniable... ;
– les aides pour communiquer (téléphone à amplificateur, synthèse de parole, prothèse auditive, vidéoportiers installés au bas des immeubles...).

Dans certains cas, un réaménagement de l'espace est nécessaire : élargissement des portes, espace plus important dans les toilettes, mise à niveau des meubles de cuisine...

L'aide technique ne doit pas concerner uniquement le logement de la personne handicapée. Des mesures sont prises dans les espaces et bâtiments publics pour faciliter, voire permettre, les déplacements des personnes quel que soit le type de déficience dont elles souffrent (motrice, sensorielle, mentale). Des outils, tels que les micro-ordinateurs capables de transposer les documents en braille ou en synthèse vocale, et des services, tels que le sous-titrage des émissions télévisées ou l'impression de journaux en braille ou en grands caractères, offrent aux non-voyants ou aux malentendants une ouverture sur le monde des « non-handicapés » et, par là même, une chance de s'insérer plus facilement. Enfin, en renforçant l'autonomie des personnes handicapées, ces aides matérielles et ces aménagements apportent un immense soulagement à l'entourage de l'enfant et de l'adulte infirmes.

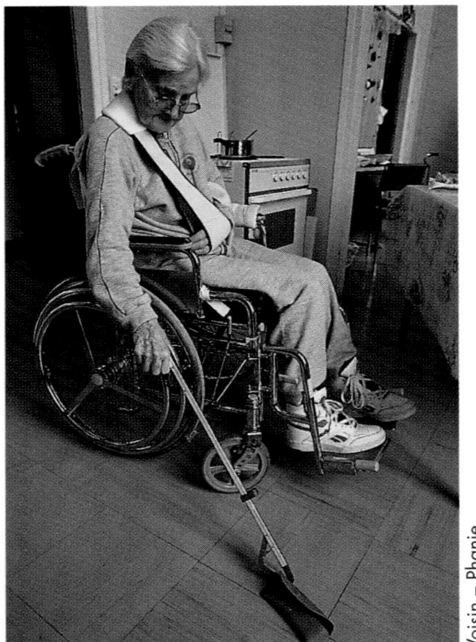

Voisin – Phanie

Handicapé se servant d'une pince pour ramasser son étui à lunettes. *Ce type d'objet est très utile pour faciliter les gestes de la vie quotidienne.*

L'INSERTION SOCIALE ET PROFESSIONNELLE

Chez les enfants, l'entrée à l'école – quand les possibilités d'apprentissage et d'adaptation à la vie en collectivité le permettent –, de même que l'accès aux lieux de loisirs fréquentés par les autres enfants sont le plus souvent souhaitables. Certains enfants seront orientés vers des structures médico-éducatives en externat ou, dans certains cas, en internat. De nombreuses associations et institutions aident les parents d'enfants handicapés et mettent à leur disposition des équipes spécialisées qui peuvent aussi intervenir à domicile ou dans les divers lieux que peut fréquenter l'enfant. Il est important que les parents se libèrent du regard des autres, n'hésitent pas à sortir au jardin public, à aller faire leurs courses ou à partir en voyage avec leur enfant, qui doit être mis en contact avec des enfants de son âge. Si la prise en charge au cours de l'enfance peut être considérée comme assez satisfaisante, l'insertion sociale et professionnelle des adultes handicapés en est encore à ses débuts : leur intégration et leur épanouissement passent à la fois par une adaptation des postes de travail et par une vie sociale (culturelle, sportive ou simplement amicale) riche.

LA VIE QUOTIDIENNE AVEC UN ENFANT HANDICAPÉ

La vie au jour le jour avec un enfant handicapé, qui a parfois des problèmes de sommeil, des troubles alimentaires, un comportement particulier ou une santé fragile, n'est pas simple. Les étapes vers l'autonomie (marche, propreté, etc.) sont lentes. La famille doit éviter de s'isoler, et chercher à obtenir les conseils des spécialistes et les aides financières légales. Frères et sœurs, qui peuvent craindre de devenir eux-mêmes handicapés ou être jaloux de l'attention portée à l'enfant handicapé, auront aussi besoin de votre temps ; il ne faut pas trop les responsabiliser à l'égard de l'enfant handicapé.

LES HÉMORROÏDES

Les hémorroïdes sont des varices des veines situées autour de l'anus. Il s'agit d'une affection fréquente. Lorsqu'elle est gênante ou douloureuse, elle peut être traitée par une intervention chirurgicale.

Schwartz - BSIP

Consultation chez le médecin. *Avant de pratiquer l'examen de l'anus, indispensable pour diagnostiquer des hémorroïdes, le médecin explique à son patient le but et le déroulement de cet examen.*

La dilatation anormale (ou varice) des veines qui entourent l'anus peut survenir dans la partie haute du canal anal (hémorroïdes internes) ou dans sa partie basse, au niveau même de l'anus (hémorroïdes externes), de manière permanente ou non. Il s'agit d'une affection courante chez l'adulte, dont l'apparition est favorisée par la constipation (à cause des efforts de défécation qui l'accompagnent) et par la grossesse (en raison de l'hypertension veineuse que celle-ci entraîne). Il existe également une prédisposition héréditaire à cette affection. Les hémorroïdes peuvent entraîner des désagréments très variables, qui peuvent aller jusqu'à de très vives douleurs et des saignements.

LES SYMPTÔMES

Les hémorroïdes n'occasionnent parfois aucun symptôme. Dans le cas contraire, elles se manifestent par deux signes essentiels : des douleurs et/ou des saignements.

Les douleurs. Il peut s'agir d'une simple sensation de pesanteur au niveau de l'anus, provoquée par une inflammation locale de la veine dilatée, appelée anite hémorroïdaire. Mais la douleur est parfois violente et insupportable. Elle est causée par l'étranglement d'une varice si gonflée qu'elle forme une excroissance à l'extérieur de l'anus (procidence hémorroïdaire). Le patient peut également ressentir de vives douleurs lorsque des caillots de sang se forment à l'intérieur de la veine (thrombose

L'EXAMEN DE L'ANUS : UNE NÉCESSITÉ

Nombreux sont les malades et les médecins qui répugnent à l'examen de l'anus, et se contentent de demander ou de prescrire des traitements pour de prétendues hémorroïdes. Cet examen est pourtant indispensable. En effet, toute anomalie au niveau de l'anus (saignement, douleur, irritation, grosseur) peut révéler de nombreuses maladies, dont certaines sont graves (cancer colorectal, par exemple). Grâce à l'examen de l'anus, le médecin peut établir un diagnostic précis et mettre rapidement en œuvre un traitement adapté, ce qui augmente les chances de guérison.

hémorroïdaire), conduisant à l'apparition d'une tuméfaction de couleur bleutée, arrondie et dure au toucher.

Les saignements. Également appelés rectorragies hémorroïdaires, les saignements proviennent de lésions au niveau des petits vaisseaux sanguins (capillaires) qui irriguent l'anus et sont en contact avec la zone dilatée des veines. Le saignement, de couleur rouge vif, généralement peu abondant, est déclenché lorsque le patient va à la selle. Il s'agit, le plus souvent, d'un signe bénin. Tout saignement doit, néanmoins, mener à consulter un médecin, afin que celui-ci procède à un examen approfondi de l'anus, du rectum et du côlon, de manière à pouvoir exclure l'hypothèse d'un cancer de l'un de ces organes.

QUAND TRAITER DES HÉMORROÏDES ?

Il faut traiter les hémorroïdes si elles entraînent une gêne importante : saignements abondants, douleurs. Avant tout, le médecin doit s'assurer que les hémorroïdes ne cachent pas d'autres affections (maladies vénériennes, cancer). Si un traitement est nécessaire, il faut savoir que les médicaments ont une efficacité modérée. Les moyens de petite chirurgie (piqûres, ligatures) ont des indications limitées. L'intervention chirurgicale qui supprime définitivement les hémorroïdes doit être effectuée à chaque fois que les troubles sont importants.

LA LIGATURE ÉLASTIQUE

Cette méthode de traitement est simple à mettre en œuvre et peu douloureuse. Elle ne nécessite pas d'anesthésie. Avant l'intervention, on administre au patient un laxatif afin de vider la dernière portion de l'intestin. Pour réaliser cette petite intervention, le malade est installé sur la table d'examen : le médecin introduit dans le rectum un tube optique (rectoscope) muni d'une pince. Avec celle-ci, il saisit l'hémorroïde et la tire à l'intérieur du rectoscope. L'appareil à ligaturer est déclenché : il serre des liens élastiques autour de la base de l'hémorroïde. Le rectoscope est ensuite enlevé, laissant en place l'hémorroïde étranglée par les ligatures. Peu de temps après, l'hémorroïde, desséchée, tombe sans douleur.

LE DIAGNOSTIC

Il est réalisé au cours d'un examen dit proctologique. Cet examen comprend la palpation du rectum (toucher rectal), l'examen du bord de l'anus (marge anale) et l'anuscopie, examen de l'anus réalisé à l'aide d'un tube muni d'un dispositif optique et d'un système d'éclairage, l'anuscope.

LE TRAITEMENT

La prise de médicaments. Le traitement consiste à administrer différents médicaments : médicaments contre la constipation (laxatifs), anti-inflammatoires, substances destinées à améliorer la circulation sanguine et la tonicité des veines.

Les traitements locaux. Ce sont des pommades pour prévenir l'infection (antiseptique) et calmer la douleur (anesthésique), à appliquer au niveau des hémorroïdes.

Le traitement ambulatoire. Les hémorroïdes peuvent aussi être soignées de manière ambulatoire (le malade est hospitalisé pour la durée de l'intervention et retourne chez lui le jour même), par de petits traitements chirurgicaux : injection dans les varices de substances qui les sclérosent, ligature de la base de l'hémorroïde, ce qui entraîne la mort des tissus qui la constituent (nécrose), application de froid pour détruire l'hémorroïde (cryothérapie).

L'hémorroïdectomie. En cas d'échec du traitement ou dans les cas les plus graves (hémorroïdes volumineuses extériorisées saignant facilement), on pratique l'ablation des hémorroïdes lors d'une intervention chirurgicale appelée hémorroïdectomie. Celle-ci s'effectue sous anesthésie générale. Les suites sont plus ou moins douloureuses et nécessitent une surveillance et des soins assidus. Il est important, dans les 10 jours qui suivent l'intervention, d'éviter une dilatation trop importante de l'anus. Pour cela, on donne au patient des laxatifs huileux, qui facilitent le passage des selles. La cicatrisation complète demande de 3 à 6 semaines.

LES HÉPATITES VIRALES

Dues à des virus, les hépatites virales se traduisent par une inflammation du foie, dont les cellules, détruites, ne peuvent plus assurer pleinement leurs fonctions.

L'hépatite virale est une maladie longue (1 ou 2 mois). Il en existe essentiellement 5 types : A, B, C, D et E, dus à des virus différents.

LES CAUSES

Le virus A est responsable de l'hépatite A, la plus anodine et la plus fréquente, dont la contamination se fait par la consommation d'aliments, en particulier de fruits de mer, et d'eau souillée par les selles et les urines de personnes contaminées. La période d'incubation est de 2 à 6 semaines. L'hépatite A se rencontre essentiellement dans les pays en voie de développement. Les voyageurs qui se rendent dans ces régions peuvent donc la contracter. Plus le niveau d'hygiène d'un pays est élevé, plus faibles sont les risques d'infection par le virus de l'hépatite A. Mais des épidémies peuvent toujours survenir, par exemple lors de conflits ou à la suite de catastrophes naturelles.

Le virus B est responsable de l'hépatite B, moins anodine que l'hépatite A car elle peut persister plus de 6 mois et devenir chronique (de 3 à 5 % des cas en moyenne). Il se transmet par voie sexuelle et par voie sanguine. La femme enceinte peut aussi transmettre le virus à son enfant pendant la grossesse par le placenta. La période d'incubation est de 45 à 90 jours.

Le virus C, responsable de l'hépatite C, se transmet surtout par voie sanguine, très rarement par voie sexuelle ou à travers le placenta. Comme avec le virus B, il y a un risque de

Institut Pasteur – CNRI

Le virus de l'hépatite B vu au microscope électronique à transmission. *L'hépatite B est une maladie très fréquente. Elle atteint environ 300 millions de personnes dans le monde.*

LA PRÉVENTION

– Pour éviter de contracter les hépatites A et E, il faut se laver soigneusement les mains, vérifier la fraîcheur des fruits de mer que vous consommez et ne boire que de l'eau potable.
– Pour éviter de contracter les hépatites B, C et D, il faut observer les mêmes règles que celles qui sont préconisées dans la lutte contre le sida et les MST (usage du préservatif masculin, emploi systématique de seringues à usage unique).

LE DIAGNOSTIC

Le diagnostic est confirmé par identification dans le sang du virus ou des anticorps produits par l'organisme contre le virus (test sérologique). Dans le cas des hépatites D et E, le diagnostic est établi par exclusion des autres types.
Par ailleurs, des dosages sanguins montrent une augmentation importante de certaines enzymes hépatiques appelées « transaminases ». Cette augmentation est la preuve que les cellules du foie sont endommagées.

passage à une hépatite chronique. Découvert à la fin des années 1980, le virus de l'hépatite C a été isolé pour la première fois en 1995.
Les virus D et E, responsables des hépatites D et E, ont été découverts après les virus A, B et C. Le virus D ressemble au virus C, et le virus E au virus A. Le virus D ne peut se développer que chez une personne qui a ou a déjà eu une hépatite B. Le virus E, identifié en 1988, est à l'origine d'épidémies dans plusieurs régions du monde.
D'autres virus peuvent toucher le foie : le virus de la mononucléose infectieuse, le cytomégalovirus, les virus de la rubéole et de la fièvre jaune.

LES SYMPTÔMES

Quel que soit le virus en cause, l'hépatite peut passer inaperçue. Le risque est donc que les personnes infectées contaminent leur entourage sans le savoir. Mais, le plus souvent, l'hépatite débute par des signes qui font penser à une grippe, avec de la fièvre, une fatigue intense, des migraines et des courbatures. Une semaine après apparaît une jaunisse (ou ictère), marquée par une coloration jaune de la peau et du blanc de l'œil. La personne constate que ses urines sont très foncées et que ses selles sont anormalement claires. Elle est fatiguée, manque d'appétit et a de fortes nausées.
D'une manière générale, l'hépatite virale guérit spontanément. Hormis la fatigue, qui peut persister plusieurs mois, aucune fragilité ne s'installe à long terme. Après la guérison, le foie est de nouveau entièrement fonctionnel, ayant régénéré les cellules détruites, et aucun régime particulier n'est nécessaire.

LES COMPLICATIONS

Les complications sont exceptionnelles pour l'hépatite A. En revanche, pour les hépatites B, C, D et E, le risque le plus fréquent est le passage à un stade chronique, avec une persistance des symptômes et des anomalies sanguines pendant plus de six mois.
Le danger de ces hépatites chroniques est qu'elles peuvent conduire, à plus ou moins longue échéance, à l'apparition d'une cirrhose et d'un cancer du foie. Mais, heureusement, une hépatite chronique peut aussi guérir spontanément.
Dans de très rares cas, l'hépatite peut d'emblée prendre une forme extrêmement grave ; on parle alors d'hépatite fulminante. Elle provoque en quelques jours une destruction massive du foie, pouvant entraîner la mort.

LE TRAITEMENT

Dans les formes anodines, seuls le repos et une alimentation équilibrée sont recommandés. Il faut impérativement éviter l'alcool et les médicaments toxiques pour le foie. La guérison s'annonce quand, d'un seul coup, le malade émet une grande quantité d'urines. Les symptômes disparaissent alors spontanément sans laisser de séquelles ; seule la fatigue peut persister quelques mois. Dans les formes chroniques, des médicaments antiviraux (interféron, ribavirine) sont prescrits. En cas de complications, une greffe du foie est parfois envisagée.

LES VACCINS

Il existe 2 vaccins efficaces contre les hépatites A et B.
Pour l'hépatite A : 2 injections à 1 mois d'intervalle avec rappel 6 mois après et 1 an après, puis tous les 10 ans.
Pour l'hépatite B : 3 injections à 1 mois d'intervalle avec rappel 1 an après, puis tous les 5 ans.
Ces 2 vaccins sont particulièrement recommandés aux personnes exposées à l'infection (personnel de santé, personnes ayant de nombreux partenaires) et aux voyageurs allant dans des zones à risque (Afrique, Asie, Amérique du Sud). Mais, par mesure de précaution, tout le monde peut se faire vacciner (sauf les personnes ayant des antécédents de sclérose en plaques).

Les Hernies de la Paroi de l'Abdomen

Chez certaines personnes, les muscles de l'abdomen ne parviennent pas, ou plus, par endroit à contenir les organes internes : un segment de ceux-ci fait alors saillie sous la peau. Il s'agit d'une hernie abdominale.

Une hernie de la paroi abdominale est une excroissance de taille variable, semblable à un petit sac, qui fait saillie au niveau de l'abdomen, en passant par un point faible de sa paroi. Il s'agit d'une affection généralement peu douloureuse, mais qui peut être gênante au quotidien. La principale complication d'une hernie est son étranglement, avec occlusion intestinale, qui nécessite une intervention chirurgicale d'urgence. Les hernies ayant un risque élevé d'étranglement et celles qui occasionnent une gêne importante pour le patient sont traitées par une intervention chirurgicale appelée herniorraphie.

LES CAUSES

Une hernie est due à un écartement des fibres qui constituent les muscles de l'abdomen. Une petite partie des intestins ou, beaucoup plus rarement, l'appendice ou un ovaire, fait saillie là ou les fibres ne remplissent pas correctement leur rôle de maintien. Il se forme alors une sorte de poche, appelée sac herniaire. Cet écartement des fibres peut être lié à une malformation congénitale et donc être présent dès la naissance. Dans le cas contraire, il est provoqué par un effort intense ou répété (soulèvement de charges), par une toux chronique, par une prise de poids importante. Il peut également découler d'une intervention chirurgicale.

LES DIFFÉRENTS TYPES DE HERNIE

On distingue trois types de hernie de la paroi abdominale : la hernie crurale, la hernie inguinale et la hernie ombilicale. Elles se différencient selon l'endroit où elles surviennent.

La hernie crurale. Cette hernie se caractérise par la saillie d'une partie de l'intestin dans le haut de la cuisse. Particulièrement fréquente chez les femmes obèses, elle est souvent de petite taille et peu douloureuse.

La hernie inguinale. Ce type de hernie, répandu et touchant surtout les hommes, est localisé au pli de l'aine. Chez ces derniers, la hernie peut descendre plus ou moins vers la

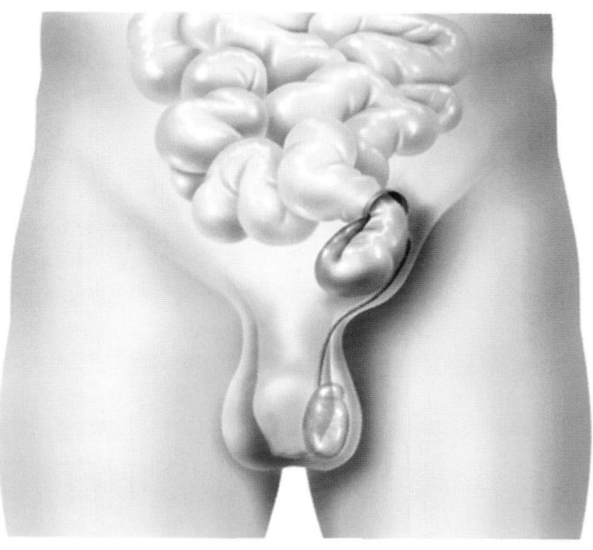

François Poulain

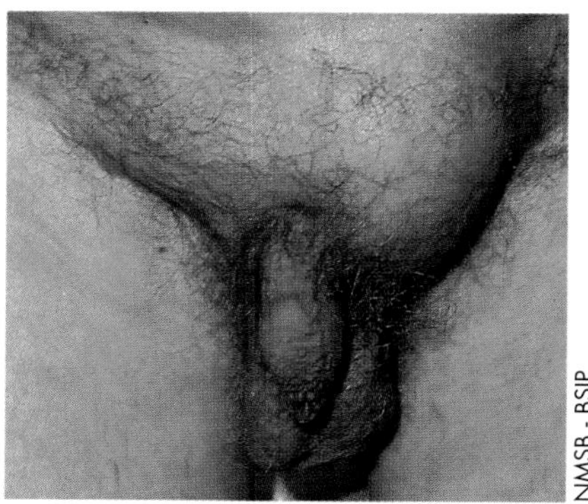

NMSB - BSIP

***Hernie inguinale.** Cette hernie abdominale, plus fréquente chez l'homme, fait saillie au pli de l'aine, près des bourses, dans lesquelles elle peut descendre.*

bourse, la poche qui entoure le testicule (hernie inguinoscrotale). Elle peut être présente dès la naissance (forme congénitale) ou apparaître au cours de la vie. Dans ce cas, elle concerne surtout les personnes âgées et est liée à un affaiblissement des muscles de la paroi abdominale.

La hernie ombilicale. Elle se caractérise par la saillie d'une portion de l'intestin au niveau du nombril. Chez l'adulte, elle touche particulièrement les femmes et les personnes obèses et est souvent volumineuse. Elle atteint aussi les enfants, mais, dans ce cas, elle est plutôt petite et a tendance à disparaître d'elle-même.

LES SYMPTÔMES ET LES COMPLICATIONS

Une hernie se traduit par une grosseur sur l'abdomen, souple au toucher et le plus souvent indolore. Celle-ci est plus ou moins volumineuse et facile à faire rentrer à l'intérieur de l'abdomen lorsqu'on appuie dessus. La hernie peut être à peine visible ou ne faire saillie qu'à certains moments. Dans ce cas, elle sort ou devient plus protubérante lorsque le patient fournit un effort ou tousse.

La hernie étranglée. La principale complication d'une hernie est son étranglement. Si la hernie est formée par un fragment d'intestin, la compression des tissus et des vaisseaux sanguins à sa base peut alors provoquer une occlusion intestinale, qui nécessite une hospitalisation et un traitement chirurgical en urgence. En effet, les matières fécales ne progressent plus dans l'intestin ; elles s'accumulent avec les gaz en amont de l'obstacle et ne sont plus évacuées par l'anus, ce qui entraîne des vomissements et de très vives douleurs. Si un traitement n'est pas mis en œuvre très rapidement, l'accumulation de liquide en amont de l'étranglement et les vomissements provoquent une déshydratation importante, pouvant entraîner un état de choc, avec chute de la pression artérielle et arrêt du fonctionnement des reins (insuffisance rénale).

LE TRAITEMENT

Le seul traitement radical des hernies est une intervention chirurgicale appelée herniorraphie. Celle-ci est indiquée en cas de hernies dangereuses (risque élevé d'étranglement) et pour celles qui entraînent une gêne pour le patient (inconfort, notamment à l'effort, douleurs). Cette intervention se déroule en deux temps. La première étape consiste à réintégrer le contenu de la hernie à l'intérieur de l'abdomen et à procéder à l'ablation du sac herniaire. La seconde étape consiste à retendre la paroi de l'abdomen. Le chirurgien suture les muscles qui s'étaient relâchés ou bien ferme l'orifice de la hernie avec une prothèse en matière synthétique, si celui-ci est trop large ou si la paroi est trop altérée par des interventions chirurgicales antérieures. L'opération, pratiquée selon le cas sous anesthésie locale ou générale, ne nécessite qu'une hospitalisation de courte durée (entre 1 et 5 jours). Après l'intervention, le patient doit éviter les efforts physiques violents, notamment le port de poids importants, pendant 3 à 6 mois. Dans 95 % des cas, il n'y a pas de récidive ; dans le cas contraire, on procède à une nouvelle intervention.

On propose parfois aux patients, en guise de traitement, le port de bandages herniaires destinés à contenir la hernie. Ces bandages ont une efficacité modérée. Ils ne sont proposés que pour des hernies qui ne sont pas gênantes, qui n'évoluent pas et qui sont facilement réductibles, c'est-à-dire facilement réintégrables à l'intérieur de l'abdomen.

LES PROGRÈS DE LA CHIRURGIE

Le traitement chirurgical des hernies de la paroi de l'abdomen a fait de nombreux progrès. Les interventions sont moins lourdes. À l'heure actuelle, elles peuvent être réalisées par cœlioscopie. L'avantage de cette technique est de ne nécessiter qu'une très petite incision. Dans de nombreux cas, le patient peut rentrer chez lui le soir même de l'opération. L'intervention est pratiquée, sous anesthésie générale et après injection de gaz dans la cavité délimitée par le péritoine, à l'aide d'un endoscope (introduction dans l'abdomen d'un tube muni d'un système optique et d'instruments de microchirurgie).

L'HERPÈS

Cette maladie contagieuse est due à un virus appelé *Herpes simplex*. Il en existe 2 grands types. L'herpès buccal est inesthétique, mais bénin ; l'herpès génital est souvent douloureux et il peut être très grave chez le nouveau-né.

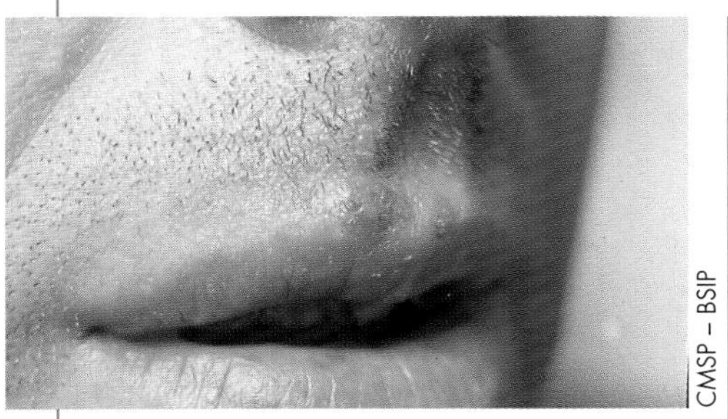
CMSP – BSIP

***Herpès buccal.** L'éruption herpétique apparaît le plus souvent autour de la bouche et dure environ 10 jours.*

Les 2 types d'herpès sont dus à des virus légèrement différents, HSV1 pour l'herpès buccal et HSV2 pour l'herpès génital.
Dans un cas comme dans l'autre, le premier contact avec le virus (appelé primo-infection) ne produit aucun symptôme. Puis, quelque temps après, une lésion apparaît sous forme de vésicules en bouquet, par poussées, toujours au même endroit (au niveau de la bouche pour l'herpès buccal et des organes génitaux pour l'herpès génital). Entre les crises, le virus trouve refuge dans les ganglions de certains nerfs. Les récidives ont lieu à diverses occasions : les règles chez la femme, les expositions au soleil, une maladie infectieuse ou un choc émotionnel.

L'HERPÈS BUCCAL

La première contamination a lieu dans l'enfance. Le virus est transmis par contact direct, par les parents ou par un autre enfant ou adulte. Presque tout le monde (90 % de la population) entre en contact avec le virus, mais seule 1 personne sur 10 développe la maladie, pour des raisons qui demeurent aujourd'hui inconnues.
Les symptômes. La poussée d'herpès débute par une sensation locale de brûlure près du nez, autour de la bouche ou sur les lèvres, qui annonce l'apparition d'une petite rougeur. Celle-ci s'accompagne rapidement d'un bouquet de vésicules douloureuses, remplies d'un liquide transparent. Puis les vésicules s'ouvrent, suintent, entraînant la formation d'une croûte jaunâtre ; celle-ci tombe ensuite en moins d'une semaine sans laisser de cicatrice.
La lésion peut, dans de rares cas, se situer dans la bouche, sur les gencives ou à l'intérieur des joues (on parle de gingivostomatite herpétique). Cette lésion est alors plus douloureuse. Dans des cas exceptionnels, la lésion herpétique peut se situer ailleurs, notamment sur le doigt (panaris herpétique). Elle peut également atteindre l'œil et provoquer une conjonctivite, voire des ulcérations de la cornée.
Le plus souvent, on ne se souvient plus de la première apparition de l'herpès. Celui-ci récidive ensuite de temps en temps, reproduisant toujours les mêmes signes, parfois un peu atténués. Comme l'herpès survient fréquemment à l'occasion d'un épisode infectieux, on l'appelle parfois « bouton de fièvre ». Dans ce cas, le virus profite de la baisse des défenses immunitaires pour se multiplier dans l'organisme.

HERPÈS ET SIDA

L'herpès génital et, dans une moindre mesure, l'herpès buccal sont surtout graves chez les personnes dont le système immunitaire est affaibli. C'est le cas des malades atteints du sida ou des patients qui viennent de recevoir une greffe d'organe. L'herpès se manifeste alors par des lésions diffuses et chroniques, avec d'importantes ulcérations au niveau de la bouche, des lèvres et des organes génitaux. Celles-ci peuvent même s'étendre à tout l'appareil digestif ou respiratoire et provoquer des hémorragies. Les lésions cutanées peuvent se disséminer sur tout le corps. Le traitement antiviral par l'aciclovir donne de bons résultats.

Il existe une forme extrêmement grave d'herpès due au HSV1, qui porte le nom d'encéphalite herpétique. Cette maladie très rare se traduit par une inflammation du cerveau (encéphale) entraînant un coma et des paralysies. Elle nécessite une hospitalisation en urgence.

Le traitement. Il n'existe pas de traitement définitif de l'herpès. On peut seulement appliquer, 2 fois par jour, des antiseptiques locaux, qui assèchent l'éruption. Mais, comme l'herpès a tendance à récidiver, il faut s'armer de patience et recommencer le traitement à chaque poussée d'herpès, jusqu'à ce que la maladie disparaisse.

Dans le cas d'herpès très récidivants ou dangereux (atteinte de l'œil), on a recours à un médicament antiviral, l'aciclovir, en pommade ou en comprimés. Ce médicament est également efficace pour soigner l'encéphalite herpétique.

HERPÈS ET ACCOUCHEMENT

En cas de grossesse, l'herpès génital de la mère est dangereux pour l'enfant, qui peut en effet être contaminé lors de l'accouchement. Or l'herpès du nouveau-né peut être extrêmement grave. Il provoque une éruption généralisée, une atteinte du système nerveux et une jaunisse (ictère). Il se traite avec l'aciclovir en injection intraveineuse. Durant l'accouchement, plus l'infection est importante, plus le risque de contamination est grand. Ainsi, au cours d'une primo-infection herpétique ou en cas d'herpès intense, une césarienne est pratiquée. Elle évite que le nouveau-né ne soit en contact avec le virus au moment de sa naissance.

L'HERPÈS GÉNITAL

L'herpès génital se transmet par contact direct lors des rapports sexuels : c'est donc une maladie sexuellement transmissible. Le risque de contamination est maximal si les rapports ont lieu au moment de l'éruption. L'herpès génital est de plus en plus fréquent dans le monde entier.

Les symptômes. La primo-infection est l'épisode le plus intense : elle se manifeste par la survenue, sur les organes génitaux ou, parfois, dans la région anorectale, d'une sensation de brûlure, suivie par l'éclosion de vésicules qui éclatent en laissant des ulcérations. La douleur est vive et exacerbée par le contact avec l'urine. Le liquide suintant des ulcérations est très contagieux. Ces ulcérations favorisent en outre la dissémination de toutes les autres maladies sexuellement transmissibles. C'est pourquoi il est impératif de s'abstenir de toute relation sexuelle pendant une poussée d'herpès génital. Cette première poussée dure 2 ou 3 semaines. Les épisodes suivants sont plus courts et moins intenses.

Herpès génital chez une femme. *Les lésions sont localisées au niveau des organes génitaux et dans la région de l'anus.*

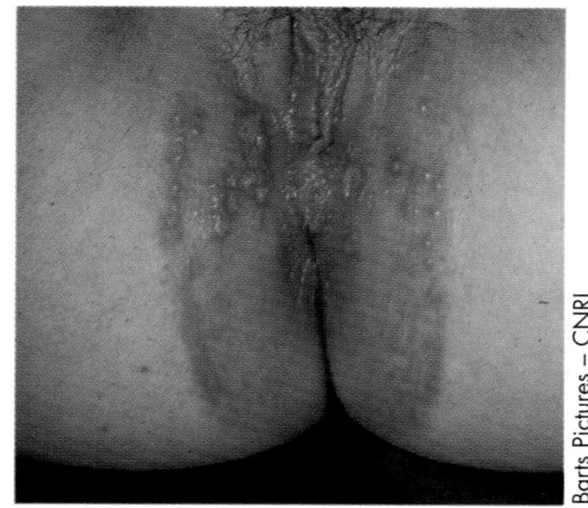
Barts Pictures – CNRI

Le diagnostic de l'herpès génital repose sur l'examen clinique du malade. Chez la femme enceinte, la confirmation du diagnostic est obtenue en effectuant des prélèvements sur la lésion vésiculeuse et en isolant le virus par des cultures spécifiques en laboratoire.

Le traitement. Les soins antiseptiques locaux suffisent pour assécher les lésions minimes et éviter les surinfections.

En cas de récidives fréquentes, on utilise un traitement antiviral avec un médicament particulier, l'aciclovir.

LA PRÉVENTION

Malgré les recherches en cours, il n'y a toujours pas de vaccin contre l'herpès. Aucune prévention n'est possible contre l'herpès buccal. Il serait illusoire d'espérer éviter tout contact avec le virus HSV1. En revanche, la prévention contre l'herpès génital est essentielle. Elle consiste à utiliser des préservatifs et, pendant les poussées d'herpès, à s'abstenir de tout rapport sexuel. En effet, celui qui a une poussée d'herpès peut contaminer son partenaire et risque, dans le même temps, d'être contaminé plus facilement par une autre maladie sexuellement transmissible.

L'HYPERMÉTROPIE

L'hypermétropie est une anomalie de la vision, bénigne et fréquente, qui s'observe chez les personnes dont l'œil est trop « court ». Elle se traduit par une difficulté à voir de près.

L'hypermétropie est une anomalie de la réfraction : les yeux, au lieu de faire converger, comme ils le devraient, la lumière sur la rétine (la partie de l'œil sur laquelle se forment les images), la font converger en arrière de la rétine, ce qui entraîne une difficulté à voir de près, alors que la vision de loin est normale. Bénigne et très fréquente chez les jeunes enfants, elle est facile à diagnostiquer, et on corrige parfaitement le défaut de vision qu'elle entraîne en portant des verres correcteurs appropriés.

POURQUOI EST-ON HYPERMÉTROPE ?

Lorsque nous regardons un objet, les rayons lumineux émis ou transmis par cet objet traversent différentes zones de l'œil avant de converger sur la rétine, la partie de l'œil qui est chargée de les capter. Chez une personne hypermétrope, comme l'œil est trop court, l'image se forme en arrière de la rétine au lieu de se former sur elle. En cas d'hypermétropie peu importante, l'accommodation (la « mise au point » que réalisent spontanément nos yeux pour nous permettre de voir aussi bien de loin que de près), réalisée par le cristallin (la partie de l'œil qui est chargée de cette mise au point), peut suffire à ramener l'image sur la rétine et à assurer une vision correcte. Mais cet effort supplémentaire d'accommodation n'est pas toujours possible : surviennent alors les signes de l'hypermétropie.

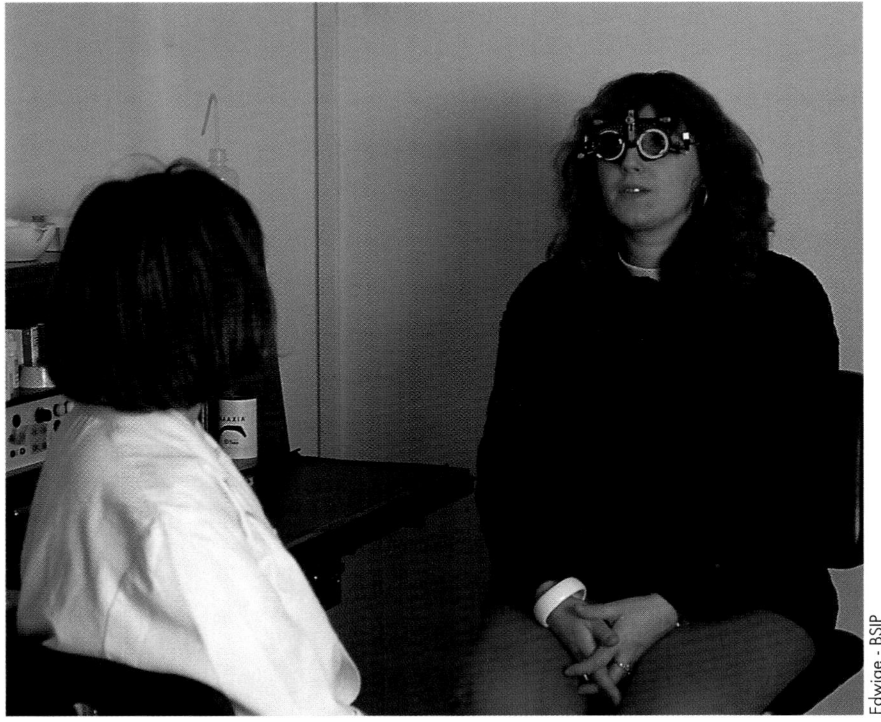

Edwige - BSIP

***L'hypermétropie.** La correction de l'hypermétropie repose avant tout sur le port de lunettes avec des verres convergents ou convexes.*

LES RECOURS CHIRURGICAUX

La correction de l'hypermétropie par une intervention chirurgicale ou par le laser est actuellement encore peu développée. Cette opération (kératomileusis) consiste à diminuer l'épaisseur de la périphérie de la cornée afin d'en accentuer la courbure au centre, alors que, pour la myopie, on doit au contraire réduire cette courbure. L'intervention a lieu sous anesthésie générale et nécessite une hospitalisation de 4 à 8 jours.

Certaines personnes n'ont qu'un seul œil hypermétrope, d'autres, les deux yeux hypermétropes, mais à des degrés différents. On parle dans ce cas d'« anisométropie ».
L'hypermétropie est très fréquente chez les enfants jeunes, en raison de la petitesse de leur œil. Cependant, dans ce cas, elle diminue le plus souvent au fur et à mesure que l'enfant grandit.

LES SIGNES AVANT-COUREURS

L'enfant jeune. L'hypermétropie peut se manifester par un strabisme (l'enfant louche), en général convergent (un œil ou les deux yeux dévient vers l'intérieur). Ce strabisme est dit « accommodatif », car il est dû à l'effort d'accommodation trop important que fournissent les yeux pour voir de près.
Le grand enfant et l'adulte jeune. Ils présentent des signes caractéristiques de fatigue visuelle : sensations de tiraillement des yeux, de brûlure, yeux rouges, maux de tête, etc. Cela est encore plus valable s'ils font des efforts importants pour accommoder leur vision et sollicitent souvent leurs yeux pour lire de près (lecture, travail sur ordinateur, par exemple).
À partir d'environ 40 ans. La personne atteinte d'hypermétropie voit de plus en plus mal de près. Un hypermétrope sera donc plus rapidement qu'un autre atteint de presbytie (presbytie précoce), et sera alors obligé de porter des verres corrigeant cette anomalie.

LE DIAGNOSTIC

Le diagnostic de l'hypermétropie est effectué par un ophtalmologiste. Ce diagnostic repose, en particulier, sur un examen, appelé mesure de la réfraction, qui est réalisé à l'aide d'un appareil informatisé, le réfractomètre automatique. Le patient est simplement invité à y poser le front et le menton, afin que le médecin réalise des mesures de la réfraction de la lumière par les yeux, modifiée en cas d'hypermétropie ; il fait, en général, trois mesures successives pour chaque œil.
Les enfants ont une capacité d'accommodation très forte et une tendance à ne pas fixer longtemps leur regard au loin, ce qui risque de masquer ou de faire paraître moins importante une éventuelle hypermétropie lors de l'examen. Aussi, on instille préalablement dans les yeux, avant l'examen, des gouttes de collyre qui suppriment temporairement le phénomène d'accommodation (collyre dit cycloplégique, comme l'atropine).

LA CORRECTION

Les verres correcteurs ou les lentilles. On propose le plus souvent au patient hypermétrope le port de lunettes avec verres correcteurs, qui suppriment complètement la gêne visuelle de près, ou le port de lentilles de contact, dont le résultat est moins satisfaisant que dans la correction de la myopie. Le degré de correction de ces verres, qui sont dits convergents ou convexes, est exprimé en dioptries positives : on parle ainsi, par exemple, d'une hypermétropie de + 3 dioptries.
Chez les enfants atteints de strabisme, les verres correcteurs sont indispensables, et ils doivent être portés le plus tôt possible, et en permanence. En revanche, chez les personnes qui ne louchent pas, le port de lunettes ou de lentilles sera choisi en fonction de la gêne qu'elles peuvent éprouver. Ainsi, certains hypermétropes n'ont besoin de porter leurs lunettes que lorsqu'ils lisent ou lorsqu'ils travaillent.
La chirurgie ou le laser. La correction de l'hypermétropie par chirurgie ou au laser est actuellement possible, mais elle est encore peu développée, et notamment moins répandue que celle de la myopie.

LE STRABISME DE L'ENFANT

Chez les enfants, le strabisme peut être consécutif à une hypermétropie ; c'est une anomalie fréquente mais bénigne ; elle doit être corrigée aussi tôt que possible. En effet, plus le traitement est précoce, plus il est efficace, d'où la nécessité de déceler un strabisme dès le plus jeune âge (cela est possible à partir de 6 mois). En revanche, s'il n'est pas traité après l'âge de 6 ans, le strabisme est beaucoup plus difficile à guérir et un enfant atteint de strabisme non corrigé risque de perdre progressivement les capacités visuelles de son œil dévié.

L'HYPERTENSION

L'hypertension artérielle est une augmentation anormale de la tension artérielle. Cette affection fréquente peut, si elle n'est pas corrigée, favoriser la survenue de différentes maladies, comme l'accident vasculaire cérébral.

La tension, ou pression artérielle, est la pression sanguine qui résulte de la contraction régulière du cœur. On exprime cette pression en centimètres de mercure. Les chiffres normaux de pression artérielle se situent entre 10 et 14 centimètres de mercure pour la pression maximale, ou pression systolique (qui correspond au moment où le cœur se contracte), et entre 6 et 8 centimètres de mercure pour la pression minimale, ou pression diastolique (phase de repos du cœur, après l'éjection du sang). La pression artérielle s'accroît normalement en cas d'effort physique et avec l'âge. On parle d'hypertension artérielle (HTA) lorsque, au repos, les chiffres dépassent 14 pour la pression maximale et 8 pour la pression minimale.

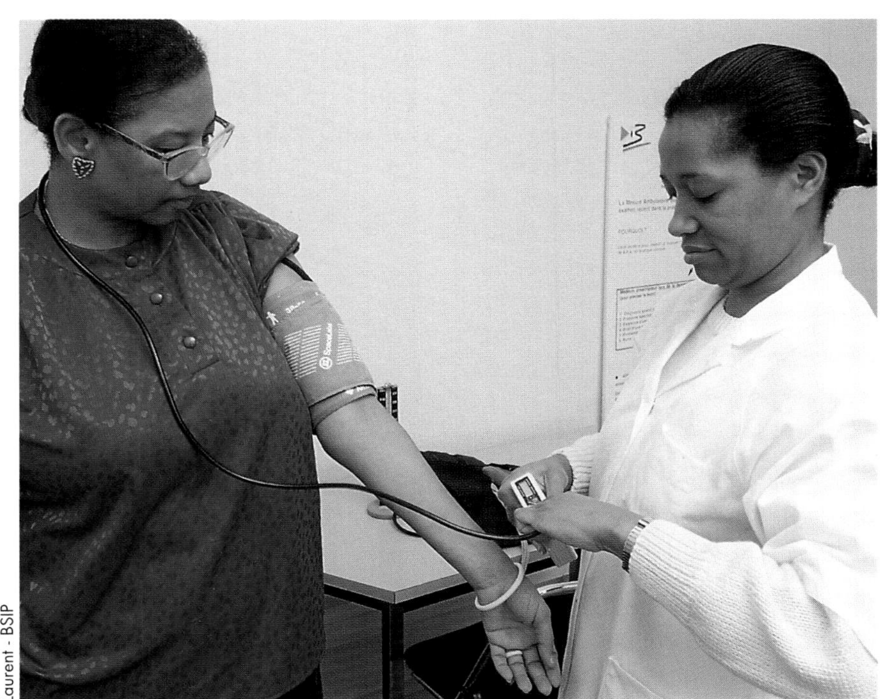

Laurent - BSIP

***La mesure ambulatoire de la pression artérielle (MAPA).** Elle est mesurée à l'aide d'un appareil portatif à mesure automatique.*

LES CAUSES

Dans la plupart des cas (95 %), aucune cause n'est trouvée. L'hypertension artérielle est directement liée au débit cardiaque et aux résistances artérielles. Chez une personne jeune, c'est le débit cardiaque qui est augmenté, alors que chez la personne âgée, ce sont plutôt les résistances des artères qui sont augmentées. Chez certaines personnes, une mauvaise irrigation des reins aurait pour conséquence la libération en excès dans le sang d'une substance, la rénine, qui, en s'associant avec une autre substance, dite hypertensinogène,

LA PRISE DE TENSION

Elle est réalisée à l'aide d'un appareil (tensiomètre), constitué d'un brassard, d'une poire en caoutchouc (qui sert à le gonfler), et d'un système de lecture. Une fois le brassard gonflé, le médecin applique un stéthoscope sur une artère située au-dessus du pli du coude, puis dégonfle le brassard, et lit les valeurs obtenues. Il existe un procédé, appelé mesure ambulatoire de la pression artérielle (MAPA), qui permet d'enregistrer la tension sur 24 heures : un brassard, relié à un boîtier contenant une pompe qui le gonfle automatiquement, enregistre les valeurs de la tension pendant une journée.

provoquerait l'hypertension. Chez d'autres, une trop grande consommation de sel peut jouer un rôle : elle entraîne une augmentation de la contraction des artérioles, responsable d'une résistance à l'écoulement du sang. L'hypertension pourrait aussi être liée à un déséquilibre de la production de prostaglandine (substance produite par l'organisme), ou à des facteurs génétiques.

Chez 5 % des malades, la cause de l'hypertension est connue. Dans ce cas, elle peut être due à une maladie des reins, à une maladie des glandes surrénales, à une hyperthyroïdie, à une malformation congénitale de l'aorte (coarctation aortique), à certains médicaments (corticoïdes) ou à des contraceptifs. Certaines jeunes femmes, lors de leur première grossesse, surtout s'il s'agit de jumeaux, présentent une hypertension généralement passagère, appelée hypertension gravidique.

Mais ce sont surtout le tabagisme et l'obésité qui accroissent le risque d'hypertension.

LES COMPLICATIONS

Une hypertension non traitée peut se compliquer d'affections graves : accident vasculaire cérébral, hémorragie méningée, insuffisance cardiaque, lésions des reins (pouvant déboucher sur une insuffisance rénale) ou lésions de la rétine (pouvant provoquer une cécité). Par ailleurs, une forte poussée d'hypertension peut entraîner une confusion mentale et des convulsions.

LES SYMPTÔMES

Souvent, l'hypertension passe inaperçue. Elle est alors découverte à l'occasion d'un examen de routine. Lorsqu'elle entraîne des symptômes, il s'agit le plus souvent de légers maux de tête, de bourdonnements d'oreilles (acouphènes), de saignements de nez, d'une fatigue ou de troubles de la vue (éblouissements). Plus rarement, elle entraîne des troubles du cœur (gêne à la respiration, angine de poitrine) ou des reins (urine trop abondante ou fréquence exagérée des envies d'uriner).

LE TRAITEMENT

Le traitement est celui de la cause quand cela est possible. Ainsi, certaines formes d'hypertension peuvent être soignées par un traitement chirurgical (ablation d'une tumeur bénigne d'une glande surrénale, par exemple), et d'autres (hyperthyroïdie, syndrome de Cushing), par des médicaments appropriés. Dans les autres cas, l'hypertension peut être contrôlée par des médicaments antihypertenseurs ou vasodilatateurs (augmentant le diamètre des vaisseaux), mais les traitements ne sont efficaces qu'aussi longtemps qu'ils sont poursuivis : dès qu'on les arrête, l'hypertension reprend. Ces médicaments peuvent être des bêtabloquants (qui ralentissent le rythme du cœur), des diurétiques (utilisés pour éliminer le surplus d'eau et de sel), des inhibiteurs calciques (qui exercent un effet vasodilatateur sur les artères), ou des inhibiteurs de l'enzyme de conversion.

CONSEILS ALIMENTAIRES

Il est vivement conseillé aux personnes hypertendues de respecter certaines règles d'hygiène de vie : ne pas manger trop sucré ; combattre l'obésité, car la tension artérielle augmente avec l'excès de poids ; éviter la consommation excessive d'aliments très salés ainsi que certains médicaments (vasoconstricteurs, certaines pilules contraceptives) ; ne pas fumer. Il est également recommandé de dépister des troubles qui peuvent être associés à l'hypertension (diabète, hypercholestérolémie).

LA PRÉVENTION

Dans tous les cas, une meilleure hygiène de vie s'impose. Elle repose sur un régime alimentaire convenable (réduction de la consommation de graisse, de sel et d'alcool). On conseille également d'arrêter de fumer, de lutter contre le stress, et de perdre du poids, si nécessaire. Une vie plus équilibrée nécessite aussi la pratique d'activités physiques régulières (marche, vélo, natation, gymnastique, course à pied). Ces activités doivent néanmoins être pratiquées en évitant la compétition et en surveillant sa tension. Dans le cas d'une hypertension peu importante, les sports d'endurance pratiqués avec modération permettent souvent de normaliser la tension artérielle. Ces prescriptions doivent être d'autant plus strictes que l'hypertension est importante et que le patient est jeune.

L'Hystérectomie

C'est l'ablation chirurgicale de tout ou partie de l'utérus. Cette intervention lourde tend à être remplacée par des traitements moins radicaux.

Il existe différentes formes d'hystérectomie, plus ou moins radicales en fonction de la maladie en cause.

LES INDICATIONS

L'hystérectomie est envisagée dans les cas suivants :

– fibrome utérin (tumeur bénigne au niveau de l'utérus) : l'hystérectomie n'est prescrite que lorsque le fibrome entraîne des complications (hémorragies répétées, compression des organes pelviens, douleurs du petit bassin) ;

– règles très abondantes et longues (ménorragies) : indépendamment de l'inconfort qu'ils entraînent, des saignements importants peuvent provoquer une carence en fer responsable d'anémie. Si ces troubles ne sont pas maîtrisés par un autre traitement, l'hystérectomie peut être envisagée ;

– prolapsus génital (l'utérus s'affaisse dans le vagin) : une hystérectomie est envisagée si le prolapsus est très prononcé ;

– cancer du corps de l'utérus (ou cancer de l'endomètre, la muqueuse qui tapisse la face interne de l'utérus) et du col de l'utérus : l'hystérectomie est alors complétée par une ablation des ganglions lymphatiques voisins ;

– endométriose (présence de fragments de muqueuse utérine, ou endomètre, en dehors de leur localisation normale) : l'intervention n'est indiquée que si les douleurs persistent après les autres traitements et si une grossesse n'est plus envisageable ;

Ian O'Leary - Fotogram Stone

Une intervention parfois mal vécue. *Au-delà des conséquences purement médicales d'une hystérectomie, l'opération est parfois considérée par la femme comme un signe de vieillissement.*

L'ABLATION DES TROMPES ET DES OVAIRES

L'annexectomie, ablation de 1 ou des 2 trompes de Fallope et des ovaires, est effectuée pour traiter une infection grave des trompes ou des ovaires, un cancer de l'ovaire, un cancer de l'utérus. L'ablation d'un seul ovaire et d'une seule trompe ne provoque pas de stérilité. L'annexectomie bilatérale (ablation des 2 ovaires et des 2 trompes) est généralement suivie d'un traitement hormonal (hormonothérapie de substitution). Dans certains cas, chez les femmes de plus de 45 ans, l'hystérectomie est systématiquement complétée par une annexectomie.

LES CONSÉQUENCES PSYCHOLOGIQUES

Après une hystérectomie, une dépression et un manque de désir sexuel peuvent se manifester. Si les 2 ovaires n'ont pas été retirés, ces réactions traduisent plus une angoisse liée aux effets de l'hystérectomie que la conséquence physique ou hormonale de l'intervention. Les inquiétudes les plus courantes sont :
– la peur de vieillir rapidement ou de « perdre » sa féminité ;
– la peur de ne plus éprouver de plaisir sexuel. Après la période de convalescence, la plupart des femmes retrouvent le même plaisir qu'avant ;
– la peur de grossir. Il n'y a aucun lien direct entre l'hystérectomie et la prise de poids.
Un suivi psychologique avant et après l'intervention peut aider à dissiper ces peurs. Si, au préalable, la patiente et son médecin discutent des conséquences éventuelles de l'opération, les troubles postopératoires seront considérablement réduits.

– cancer de l'ovaire : une hystérectomie totale avec ablation des annexes (les trompes de Fallope et les ovaires) est généralement décidée d'emblée.

LES DIFFÉRENTS TYPES D'HYSTÉRECTOMIES

L'hystérectomie totale. Elle comprend l'ablation du corps et du col de l'utérus. Si nécessaire, les ovaires et les trompes de Fallope peuvent également être enlevés (annexectomie).
L'hystérectomie subtotale. Le chirurgien enlève le corps de l'utérus mais laisse le col utérin en place. Cette intervention partielle permet de conserver toute sa profondeur au vagin. Toutefois, elle est peu pratiquée dans le cadre du traitement d'un cancer génital, car le risque de développement d'un cancer sur le col demeure.
L'hystérectomie élargie. Souvent pratiquée en cas de cancer, cette intervention consiste à extraire l'utérus, le col de l'utérus, les tissus entourant les uretères, les ganglions lymphatiques voisins et une partie du vagin. Si nécessaire, les ovaires et les trompes de Fallope sont également enlevés.
Après une hystérectomie, une femme ne peut plus avoir d'enfants ; elle n'a plus de règles et n'a par conséquent plus besoin de contraception.

LA TECHNIQUE ET LE DÉROULEMENT

L'intervention peut se pratiquer par voie abdominale (chirurgie classique) ou, chaque fois que cela est possible, par voie vaginale à cause des avantages de cette voie : le risque opératoire plus faible, la convalescence plus rapide. Pour l'hystérectomie abdominale, une incision est faite à la partie inférieure de l'abdomen. Pour l'hystérectomie vaginale, l'utérus et le col sont enlevés par une incision pratiquée à la partie supérieure du vagin. L'hystérectomie est effectuée sous anesthésie générale et nécessite une hospitalisation d'une semaine, en cas d'hystérectomie par voie abdominale, et de 3 à 5 jours, en cas d'intervention par voie vaginale.

LA CONVALESCENCE

Pendant quelques jours, la douleur et la sensibilité dans la zone du bas-ventre sont importantes. La convalescence dure de 3 à 6 semaines, durant lesquelles les efforts excessifs doivent être évités – un minimum d'activité est toutefois conseillé (marche par exemple). Des saignements vaginaux peuvent se produire les premiers temps. Si les 2 ovaires ont été enlevés, les femmes peuvent souffrir de bouffées de chaleur, connaître une baisse du désir sexuel et traverser une phase de dépression. Les brusques variations hormonales expliquent en partie cet état et, dans ce cas, un traitement hormonal de substitution peut remédier aux effets secondaires de l'intervention. Les rapports sexuels peuvent être repris un mois environ après l'opération.
L'ablation des ovaires chez les femmes jeunes peut entraîner une ménopause précoce, car la production d'œstrogènes et de progestérone cesse dès que les ovaires sont enlevés. On conseille généralement aux patientes de suivre une hormonothérapie de substitution afin de contrecarrer les effets du déclenchement brutal de la ménopause.

LES INFECTIONS DES DENTS ET DES GENCIVES

Les dents et les gencives peuvent être le siège d'infections, localisées, selon le cas, à la racine de la dent, dans la gencive ou dans l'os qui soutient celle-ci. Une mauvaise hygiène de la bouche et des dents est souvent à l'origine de l'infection.

Les dents peuvent être le siège d'abcès, poches de pus localisées dans les tissus qui enveloppent la racine d'une dent infectée. Lorsque la gencive s'infecte (gingivite), l'affection peut se compliquer d'une atteinte des tissus qui assurent la fixation et le soutien de la dent sur les maxillaires (parodontite), et aboutir au déchaussement de la dent ou à sa chute.

L'ABCÈS DENTAIRE

Il est dû à une infection non traitée de la pulpe, tissu formé de nerfs et de vaisseaux sanguins, qui est situé à l'intérieur de la dent. Une fois la pulpe détruite, l'infection gagne l'os de la mâchoire. L'infection de la pulpe résulte souvent d'une carie, plus rarement d'une fracture dentaire ou d'une maladie des gencives.

Burger - Phanie

Les symptômes d'un abcès dentaire. *L'abcès dentaire résultant d'une infection des dents, le plus souvent due à une carie, entraîne une douleur lancinante dans la mâchoire.*

LE PARODONTE

Le parodonte est l'ensemble des tissus qui assurent la fixation et le soutien des dents sur les maxillaires. On distingue le parodonte profond (os alvéolaire, ligament, cément) du parodonte superficiel (gencive). L'os alvéolaire constitue la partie superficielle de la mâchoire ; il est creusé d'alvéoles dans lesquelles sont implantées les racines des dents. Le ligament est un tissu fibreux et élastique qui relie la dent à l'os alvéolaire. Le cément est un tissu minéralisé qui recouvre la racine de la dent.

Les symptômes. Un abcès dentaire se traduit par une rougeur et un gonflement caractéristique de la gencive et parfois de la joue, et par une douleur lancinante qui empêche de mastiquer normalement. En l'absence de traitement, le malade peut souffrir de maux de tête, de fièvre et d'une fatigue générale. Si la paroi de l'abcès se rompt spontanément, un pus verdâtre et fétide s'écoule et la douleur s'estompe dans la plupart des cas.

Le traitement. Il consiste à pratiquer le drainage du pus, si celui-ci ne s'est pas fait naturellement, par une simple incision horizontale au bistouri, puis à assainir les canaux contenant la pulpe infectée. Une fois l'infection enrayée, les canaux sont obturés avec une pâte

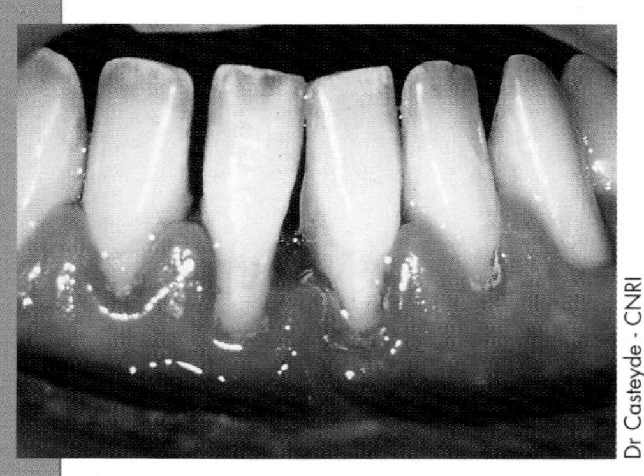

Les signes d'une parodontite. *La gencive est rouge et gonflée et les dents se déchaussent.*

L'ALVÉOLITE DENTAIRE

C'est l'infection d'une des alvéoles, cavités de la mâchoire dans lesquelles sont enchâssées les dents. Elle survient en général à la suite de l'extraction d'une dent le plus souvent déjà infectée. Elle se traduit par des douleurs lancinantes qui cèdent mal aux médicaments contre la douleur. Le traitement repose sur l'application locale d'un médicament anti-infectieux et calmant, parfois sur l'administration d'antibiotiques et d'anti-inflammatoires. Dans certains cas, on doit procéder au curetage de l'alvéole dans laquelle était enchâssée la dent ou à l'ablation d'un fragment d'os nécrosé. Souvent une infiltration anesthésique effectuée au niveau de la joue ou de la tempe soulage immédiatement la douleur.

appropriée, puis la dent, devenue fragile et risquant de se fracturer, est recouverte d'une couronne. Dans le cas où l'incision est impossible (abcès où il n'y a pas encore accumulation de pus), des antibiotiques sont prescrits. La prévention consiste à aller régulièrement chez le dentiste ou le médecin stomatologiste, afin de détecter une infection dentaire débutante, la présence de carie ou de lésion de la gencive. Il est ainsi possible d'intervenir à temps.

L'INFECTION DES GENCIVES

L'infection des gencives, ou gingivite infectieuse, est le plus souvent provoquée par un mauvais brossage des dents. Cela entraîne une accumulation de la plaque dentaire et de tartre, lesquels contiennent de nombreuses bactéries. Les toxines produites par ces bactéries irritent la gencive et l'infectent.

Les symptômes. Une gingivite se traduit par un gonflement anormal des gencives, qui sont rouges et très sensibles ; elles saignent facilement, notamment lorsqu'on se brosse les dents.

Les complications. La gingivite peut, en l'absence de traitement, évoluer vers une inflammation des tissus de soutien de la dent (parodontite) : l'os dans lequel est implanté la dent se détériore peu à peu, entraînant un risque de déchaussement des dents. Lorsque l'os est complètement détruit, on parle de parodontolyse. Celle-ci s'accompagne d'un décollement de la gencive autour de la dent. La parodontolyse est la cause essentielle de la perte des dents à partir de l'âge de 30 ans.

Le traitement. Il consiste à pratiquer un détartrage soigneux, éventuellement après administration d'antibiotiques. Lors d'une parodontite, l'incision et l'ablation d'une partie de la gencive entourant la dent peuvent être nécessaires (gingivectomie). En cas de parodontolyse, une intervention consistant à décoller chirurgicalement la gencive afin de nettoyer et de cureter les lésions peut être pratiquée (intervention dite à lambeau ouvert). Le traitement peut aussi consister à combler les structures détruites à l'aide de corail ou d'autres matériaux. La prévention des infections des gencives est primordiale. Il faut se brosser très soigneusement les dents, au moins deux fois par jour, avec une brosse adaptée.

LA CONSOLIDATION DES GENCIVES

Lorsque l'os dans lequel sont implantées les racines des dents (os alvéolaire) est détruit, il est possible de le restaurer grâce à une technique chirurgicale. On utilise un matériau de comblement, le plus utilisé étant à base de corail, sous forme de poudre ou de fines granules. Une fois déposé dans la cavité à la racine de la dent (alvéole), ce matériau est maintenu en place par une suture de la gencive. Il constitue alors une trame sur laquelle l'os alvéolaire pourra se régénérer, ce qui permettra à la gencive de se consolider en quelques mois.

LES INFECTIONS URINAIRES

Les infections de l'appareil urinaire sont fréquentes et dues, le plus souvent, à des bactéries. Elles se traduisent par des troubles de la miction, des brûlures lors de l'émission d'urine, des douleurs, des envies fréquentes d'uriner, etc.

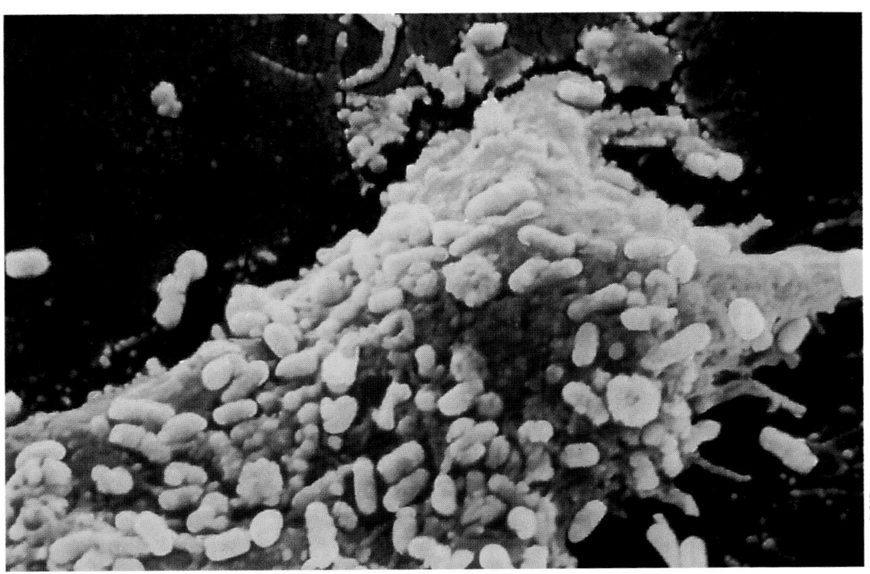
Vem - BSIP

Bactéries envahissant une cellule. *Ces bactéries, appelées* Escherichia coli, *peuvent être responsables d'infections urinaires quand elles se multiplient en grand nombre.*

La prescription d'antibiotiques adaptés et le traitement d'une éventuelle cause déclenchante permettent de guérir la majorité des infections urinaires. Tous les organes de l'appareil urinaire peuvent s'infecter, les plus souvent atteints étant les reins, la prostate et la vessie. On parle, selon le cas, de pyélonéphrite (infection d'un rein), de prostatite (infection de la prostate) et de cystite (infection de la vessie). Le microbe le plus fréquemment en cause est l'*Escherichia coli,* ou colibacille, retrouvé à l'examen cytobactériologique des urines (ECBU).

LA PYÉLONÉPHRITE

C'est une infection aiguë du tissu fonctionnel du rein (parenchyme), des cavités du rein (bassinets) et des canaux (uretères) dans lesquels l'urine se déverse. Elle touche le plus souvent les femmes jeunes.

LE DIAGNOSTIC

De nombreux examens peuvent être demandés pour diagnostiquer une infection urinaire. Un examen d'urine au moyen d'une bandelette réactive permet de confirmer immédiatement le diagnostic d'infection urinaire. L'examen cytobactériologique des urines (ECBU) est réalisé systématiquement.
D'autres examens, comme une échographie des reins ou de la vessie, un examen radiographique des voies urinaires (urographie intraveineuse), une cystoscopie (examen de la vessie, du col vésical et de l'urètre réalisé à l'aide d'un endoscope), sont réalisés pour rechercher la cause favorisante de l'infection urinaire.

Les symptômes. Une pyélonéphrite se traduit par des douleurs dans le bas du dos, d'un seul côté (correspondant au rein atteint) et par une forte fièvre (39-40 °C), souvent accompagnée de frissons. La patiente ressent parfois des brûlures lorsqu'elle urine. Dans certains cas, ses urines sont troubles. Les complications de cette maladie sont rares. Il s'agit essentiellement de la survenue d'un abcès dans le rein infecté, ou d'une atrophie du rein, qui survient après de nombreuses pyélonéphrites insuffisamment traitées.

L'EXAMEN CYTOBACTÉRIOLOGIQUE DES URINES (ECBU)

Cet examen, réalisé en laboratoire à partir d'un échantillon d'urines fraîchement émises, est systématiquement réalisé chez les personnes souffrant d'une infection urinaire. En effet, il permet, quelle que soit la localisation de l'infection, de déterminer quel microbe en est la cause, puis de tester différents antibiotiques sur la bactérie retrouvée (antibiogramme), afin de savoir quel médicament sera ou non efficace.

Les causes. Une pyélonéphrite survient le plus souvent sur une personne n'ayant pas de problème rénal. Elle peut aussi être la conséquence d'un calcul urinaire présent dans le bassinet ou l'uretère : le calcul empêche les urines de s'écouler et leur stagnation provoque la pullulation de bactéries. Une autre cause est le reflux de l'urine au niveau de la vessie vers le rein, dû à une malformation de l'implantation des uretères dans la vessie. Mais, dans la plupart des cas, l'origine de la pyélonéphrite n'est pas retrouvée.

Le traitement. Il repose sur l'administration d'antibiotiques par injections intraveineuses ou intramusculaires pendant quelques jours, puis par voie orale pendant 2 ou 3 semaines. Dans les formes simples, au bout de 2 ou 3 jours, la température redevient normale, les douleurs disparaissent et les urines ne contiennent plus de microbes. En cas d'anomalie des voies urinaires (calcul bloqué dans l'uretère, malformation), une intervention chirurgicale peut être nécessaire. Les récidives sont malheureusement fréquentes. La prévention repose sur le traitement des infections de la vessie (cystites).

LA PROSTATITE

C'est l'infection de la prostate, glande sexuelle masculine située à la base de la vessie. Cette maladie peut survenir à tout âge, mais est plus fréquente chez les hommes âgés de 30 à 40 ans.

Les symptômes. Une prostatite se révèle par une forte fièvre (39-40 °C) associée à des frissons, à des brûlures, à des envies pressantes d'uriner, à des urines troubles. Le malade éprouve aussi des douleurs situées dans le bas du dos et dans le bassin. Les complications sont rares et ne surviennent que si le traitement est trop tardif, insuffisant, ou lorsque le patient souffre d'une baisse de ses défenses immunitaires ou d'un diabète sucré. La prostatite peut alors se compliquer d'un abcès de la prostate ou d'une infection généralisée (septicémie), ou encore devenir chronique.

Le traitement. Il repose sur l'administration d'antibiotiques pendant au moins une quinzaine de jours afin d'éviter les récidives infectieuses. Ce traitement antibiotique fait rapidement disparaître la fièvre et les troubles de la miction.

LA CYSTITE

C'est une infection de la vessie, très fréquente chez les femmes jeunes, en particulier dans la période qui suit les premiers rapports sexuels. La cystite tend à récidiver, ce qui peut entraîner une réelle gêne dans la vie quotidienne.

Les symptômes. Une cystite se traduit par des brûlures lors de l'émission d'urine, des envies fréquentes d'uriner, des urines troubles et malodorantes. La patiente ressent souvent une douleur dans le bassin. Les complications provoquées par une cystite sont exceptionnelles, les récidives, même fréquentes, n'entraînant pas d'altération de la vessie.

Les causes. Les causes favorisant l'apparition d'une cystite sont multiples et doivent être recherchées systématiquement afin d'éviter les récidives. Les plus fréquentes sont un rétrécissement de l'orifice extérieur du canal de l'urètre (méat urétral), une poche (diverticule) communiquant avec l'urètre et dans laquelle l'urine stagne et s'infecte, une infection non traitée des organes génitaux. Mais, très souvent, aucune cause n'est retrouvée.

Le traitement. Il repose sur l'administration d'antibiotiques. Il existe aujourd'hui des antibiotiques à prise unique, surtout indiqués chez les femmes souffrant de fréquentes récidives. Il est conseillé à la patiente de boire abondamment, d'uriner fréquemment, d'avoir une bonne hygiène génitale et d'uriner après chaque rapport sexuel.

Les Infections de la Vulve et du Vagin

La vulve et le vagin sont le siège de nombreuses infections provoquées par une grande variété de germes. Ces infections, souvent récidivantes, doivent être diagnostiquées afin d'éviter le risque de complications.

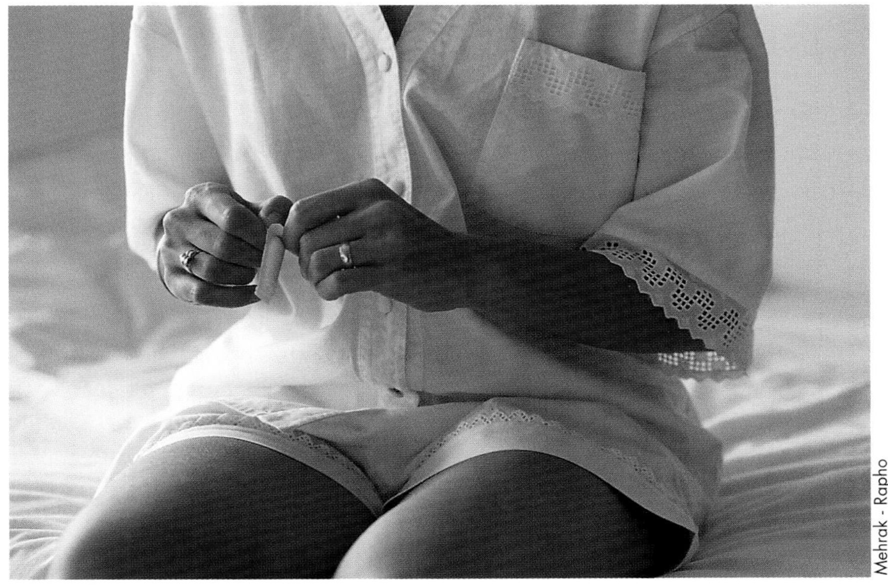

Mehrak - Rapho

***Traitement d'une infection du vagin.** Il peut se présenter sous forme d'ovules gynécologiques composés de produits anti-infectieux, choisis par le médecin en fonction de son diagnostic.*

L'examen gynécologique comprend de manière systématique l'examen de la vulve et du vagin. En effet, si certaines affections se manifestent par un prurit, parfois des douleurs, nombre d'entre elles ne s'accompagnent d'aucun signe.

LES INFECTIONS DE LA VULVE

La vulve est l'ensemble des organes génitaux externes de la femme (grandes lèvres, petites lèvres, clitoris). Constituée de peau, elle assure une protection des organes génitaux internes. En dehors des cancers (rares), elle peut être le siège de nombreuses maladies. Les démangeaisons (prurit) constituent le symptôme principal des maladies de la vulve, dont les plus fréquentes sont les infections.

La vulvite. Il s'agit d'une inflammation de la vulve, qui peut avoir diverses origines. La plus fréquente est la vulvite due au champignon *Candida albicans*, qui provoque des démangeaisons, une rougeur, un œdème responsable de douleurs pendant les relations sexuelles (dyspareunie) et des brûlures en fin de miction. Ces lésions surviennent souvent après un traitement antibiotique et sont favorisées par un diabète. D'autres vulvites sont dues à des parasites *(Trichomonas vaginalis)*, à des bactéries (gonocoque, *Hemophilus vaginalis*) ; elles peuvent encore être dues à une irritation ou à une allergie (à un traitement local, à des produits d'hygiène, etc.). Selon la cause identifiée, le traitement comprend l'application locale de crèmes antiprurigineuses ou antiseptiques, un traitement antimycosique, antibactérien, etc. Dans les formes sexuellement transmissibles, le traitement du partenaire est recommandé. Le traitement des vulvites dues à une irritation ou à une allergie repose sur l'identification de la cause et sur sa suppression.

L'herpès génital. L'herpès génital, dont l'agent principal est le virus *Herpes simplex 2* (HSV2), est une maladie sexuellement transmissible dont la fréquence augmente dans le monde. La primo-infection se manifeste par la survenue de brûlures très vives au niveau de la vulve, associées à une éruption de vésicules caractéristiques. Ces dernières laissent la place à des ulcérations superficielles desquelles suinte un liquide très contagieux. Le traitement est à la fois local et général (antiviral). Les récidives sont fréquentes.

L'IMPORTANCE DU SUIVI MÉDICAL

Les infections du vagin sont souvent discrètes et font courir le risque d'une diffusion de l'infection à tout l'appareil génital. Elles sont par exemple directement impliquées dans l'apparition de salpingites aiguës (infections des trompes de Fallope), qui exposent à un risque élevé de stérilité. Il est donc important d'être régulièrement suivie par un gynécologue (ou son médecin de famille).
Si une infection est détectée, le ou les partenaires sexuels doivent également être traités. Sans cette précaution élémentaire, les risques de récidive ou de diffusion de l'infection à d'autres personnes sont majeurs.

Les condylomes (ou crêtes-de-coq). Un condylome génital est une tumeur de la peau ou des muqueuses d'origine virale (papillomavirus). Il peut prendre différentes formes, dont des saillies cutanées rosées ou grisâtres facilement reconnaissables. Le traitement de cette maladie sexuellement transmissible est local (pommade) et fait appel à divers agents physiques pour détruire les saillies. Le traitement du ou des partenaires sexuels s'impose.
La bartholinite. Les 2 glandes de Bartholin sont contenues dans le muscle constricteur de la vulve (muscle superficiel de la paroi du vagin). Leur canal excréteur débouche entre les petites lèvres et l'hymen. Leur rôle consiste à sécréter en permanence, mais plus encore au moment des rapports sexuels, un liquide incolore qui contribue à la lubrification du vagin. L'inflammation des glandes de Bartholin (bartholinite) se manifeste par un gonflement rouge et douloureux de la partie postérieure de la vulve, associé à de la fièvre. Par la suite, il peut se former un abcès qui se signale par une tuméfaction avec pus sous-jacent. Au début, le traitement fait appel aux antibiotiques. S'il existe un abcès, le traitement est alors chirurgical. En cas de récidive ou d'infection chronique, il est nécessaire d'ouvrir le canal excréteur (marsupialisation) ou d'enlever la glande.

LES INFECTIONS DU VAGIN

Le vagin est doté d'une remarquable capacité de défense naturelle grâce à un écosystème bactérien, la flore de Döderlein, qui crée un environnement protecteur contre les infections. Les vaginites (inflammations des parois vaginales) surviennent quand l'équilibre de la flore vaginale est rompu, à la suite d'une infection généralement. Elles sont la plupart du temps associées à une infection de la vulve ; on parle alors de vulvo-vaginite. Le signe majeur des vaginites est un écoulement exagéré, et parfois malodorant, de substance blanche (leucorrhée, ou perte blanche). S'y ajoutent parfois des pertes sanglantes, une sensation de brûlure, des démangeaisons et une douleur lors des rapports sexuels.

Les vaginoses bactériennes. Dues à la bactérie *Gardnerella vaginalis,* elles se manifestent par des pertes abondantes, grisâtres et odorantes, et sont traitées par des antibiotiques.
Les vaginites mycosiques à *Candida*. L'infection du vagin par le champignon *Candida albicans* est très fréquente. Elle entraîne une rougeur de la vulve, des pertes blanches abondantes, et provoque des démangeaisons locales intenses et parfois des douleurs à la miction. Des prélèvements permettent d'identifier le germe et le traitement se fonde sur des antifongiques par voie locale (ovules vaginaux) ou générale. Le ou les partenaires doivent également être traités.
Les vaginites parasitaires à *Trichomonas vaginalis*. Les infections par ce parasite sont très fréquentes et entraînent des démangeaisons avec des pertes blanches abondantes et d'odeur désagréable. Le traitement de la patiente et de son partenaire permet d'éviter les récidives.

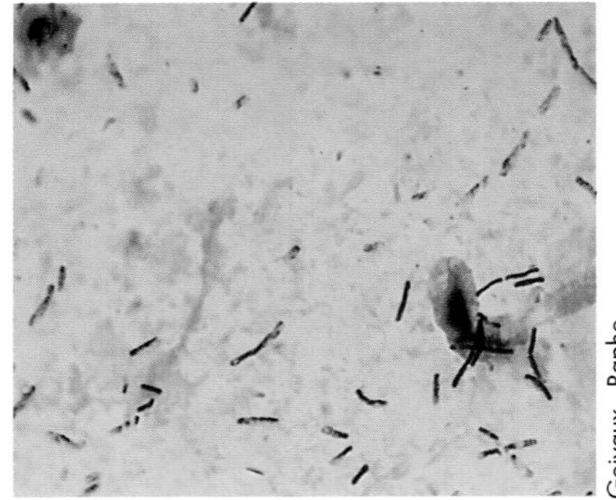
Goivaux - Rapho

***Flore de Döderlein.** Présente dans le vagin, elle est composée de plusieurs types de bactéries et joue un rôle essentiel dans la résistance aux infections.*

L'Insomnie

L'insomnie est très fréquente, puisque la moitié des personnes adultes y seraient régulièrement sujettes. Elle atteint plus souvent les femmes que les hommes et augmente avec l'âge.

Le sommeil est fragile : chacun a pu en faire l'expérience de façon plus ou moins importante ou durable. Ce qui compte avant tout est la qualité du sommeil. En réalité, beaucoup d'insomniaques dorment la majeure partie de la nuit, mais ils ont le sentiment de n'avoir pas assez dormi ou d'avoir mal dormi.
Trois conditions au moins sont nécessaires pour passer une bonne nuit : être assez calme pour se laisser aller à cet état d'inconscience, se sentir en sécurité pour entrer dans le sommeil et respecter ses rythmes biologiques.

L'INSOMNIE OCCASIONNELLE

C'est la plus fréquente. Elle se manifeste, en général, par une difficulté à s'endormir et par de fréquents réveils dans la nuit. La cause de cette insomnie occasionnelle est souvent facile à trouver : soucis que l'on ressasse au moment où l'on devrait s'endormir, maladies douloureuses ou qui provoquent une gêne physique (quintes de toux, démangeaisons, envie d'uriner dans les maladies de la prostate, etc.), prise d'excitants avant d'aller au lit (thé, café, boissons contenant du cola, alcool), repas trop riche et trop lourd.
Certains médicaments, en particulier ceux qui sont utilisés pour soigner l'asthme (théophylline) ou l'hypertension artérielle, ainsi que les hormones thyroïdiennes et les anti-inflammatoires corticoïdes peuvent être aussi à l'origine d'insomnies,

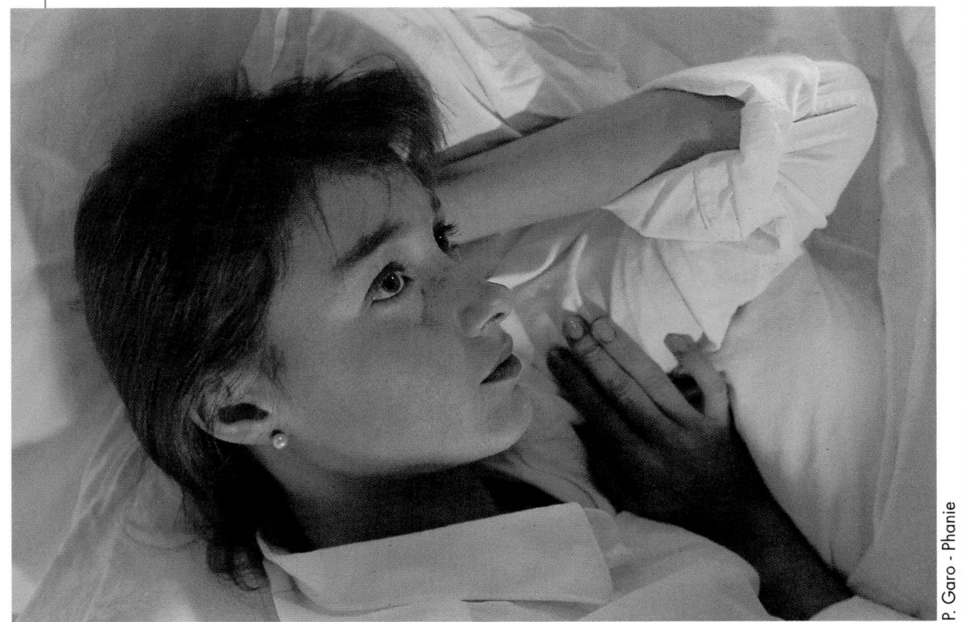

P. Garo - Phanie

L'insomnie. *Elle se traduit par des difficultés à s'endormir et des périodes d'éveil pendant la nuit, ou des réveils précoces. Occasionnelle ou chronique, elle doit être prise en compte sérieusement.*

LES CYCLES DU SOMMEIL

Le sommeil est constitué de différentes phases qui se déroulent en quatre à six cycles d'une heure et demie environ et se répètent au cours de la nuit. Deux types de sommeil existent : le sommeil lent, qui comporte quatre stades (de 1 à 4, le 1 correspondant à un assoupissement léger et le 4 à un sommeil profond), et le sommeil paradoxal, pendant lequel se produisent les rêves. Les périodes de sommeil profond surviennent en début de nuit et permettent une meilleure récupération de la fatigue. Le sommeil paradoxal survient surtout en fin de nuit.

surtout au début de leur utilisation. Par ailleurs, un changement temporaire dans les habitudes de vie, un déménagement ou un décalage horaire lors d'un voyage à l'étranger peuvent provoquer parfois des insomnies.

Dans tous ces cas et lorsqu'il n'est pas possible ou pas suffisant de s'attaquer directement à la cause de l'insomnie, le recours aux somnifères est logique et a priori sans risque. Ces somnifères sont uniquement délivrés sur ordonnance d'un médecin, car des contre-indications peuvent exister. Toutes les personnes ne réagissant pas de la même manière aux somnifères, il pourra être nécessaire d'en essayer plusieurs avant de trouver celui qui garantira un bon sommeil et, surtout, un bon réveil.

La personne insomniaque peut avoir recours à d'autres aides, ou petits moyens, que les médicaments pour se préparer à un bon sommeil : prendre un bain chaud, pratiquer une activité sportive dans la journée ou avoir des loisirs calmes et agréables, favorisant une détente physique et psychologique, entre le moment du dîner et celui du coucher.

L'INSOMNIE CHRONIQUE

Les causes les plus fréquentes de l'insomnie chronique sont psychologiques ou en relation avec un trouble psychiatrique.

Les causes psychologiques. L'insomnie chronique peut être provoquée par une accumulation d'insomnies occasionnelles, donnant l'habitude que le sommeil ne vienne pas au moment du coucher. Le sommeil survient alors par hasard, lorsqu'on ne le cherche plus.

Dans ces cas-là, une véritable rééducation du sommeil doit être entreprise pour modifier les mauvaises habitudes (par exemple, se coucher trop tôt par peur de manquer de sommeil) et apprendre à mieux préparer son sommeil. Des médicaments peuvent aussi être utiles, mais ils doivent être prescrits de façon limitée, dans le cadre de ce nouvel apprentissage du sommeil.

Les causes psychiatriques. La plupart des maladies psychiatriques s'accompagnent d'insomnie. Dans la dépression en particulier, le sommeil est perturbé, non réparateur et écourté, à cause d'un endormissement difficile, ou surtout de réveils précoces, toujours à la même heure, accompagnés d'angoisse et d'idées noires. Son traitement passe par celui de la dépression. La prise excessive de somnifères peut révéler une dépression jusqu'alors méconnue et donc non traitée.

LE SUIVI DES INSOMNIES

Dans la plupart des grands hôpitaux, il existe des consultations spécialisées dans le traitement des troubles du sommeil. En effet, le fait de mal dormir trop souvent ou, au contraire, de trop dormir (certaines maladies se manifestant par une somnolence dans la journée, voire par des endormissements brutaux) peut justifier un diagnostic précis et une prise en charge spécifique.

LES APNÉES DU SOMMEIL

Les apnées sont des arrêts respiratoires d'une durée de 10 à 45 secondes, qui se produisent exclusivement pendant le sommeil. La sensation d'asphyxie réveille le dormeur, qui se rendort aussitôt pour se réasphyxier, et ainsi de suite. Les nuits sont éprouvantes et peu reposantes ; la personne a tendance à somnoler souvent dans la journée. Ces apnées touchent surtout les hommes après 50 ans et sont souvent associées à un excédent de poids. Ce trouble est important à diagnostiquer car il comporte un risque de mort subite au cours de la nuit, ou d'une atteinte des fonctions cérébrales par manque d'oxygénation.

L'UTILISATION DES SOMNIFÈRES

En cas de recours aux somnifères, la règle d'or consiste à en limiter l'utilisation à quelques jours, voire à quelques semaines. En effet, ces médicaments peuvent créer assez rapidement une accoutumance. Cette dépendance aux somnifères se manifeste par un manque et par une réapparition de l'insomnie à l'arrêt du traitement. Une diminution très progressive des doses, étalée sur des paliers de quelques jours, peut alors résoudre le problème du sevrage.

L'INSUFFISANCE CARDIAQUE

L'insuffisance cardiaque est l'incapacité du cœur à assumer sa fonction de pompe et à maintenir le débit sanguin et l'irrigation de l'organisme. Le traitement de cette maladie s'est beaucoup amélioré ces vingt dernières années.

Lorsque, pour des raisons diverses, le cœur ne se contracte plus suffisamment, des mécanismes compensateurs se mettent en place : le rythme cardiaque s'accélère, les cavités du cœur gauche se dilatent et leurs parois musculaires s'épaississent. L'insuffisance cardiaque proprement dite, ou défaillance cardiaque, s'installe quand ces mécanismes ne parviennent plus à compenser le défaut de contraction du cœur. Il s'agit d'une affection grave, dont le traitement par des médicaments a fait, ces dernières années, des progrès importants. Le pronostic de la maladie a donc considérablement évolué. En outre, une intervention chirurgicale est parfois nécessaire pour corriger la cause de l'insuffisance cardiaque.

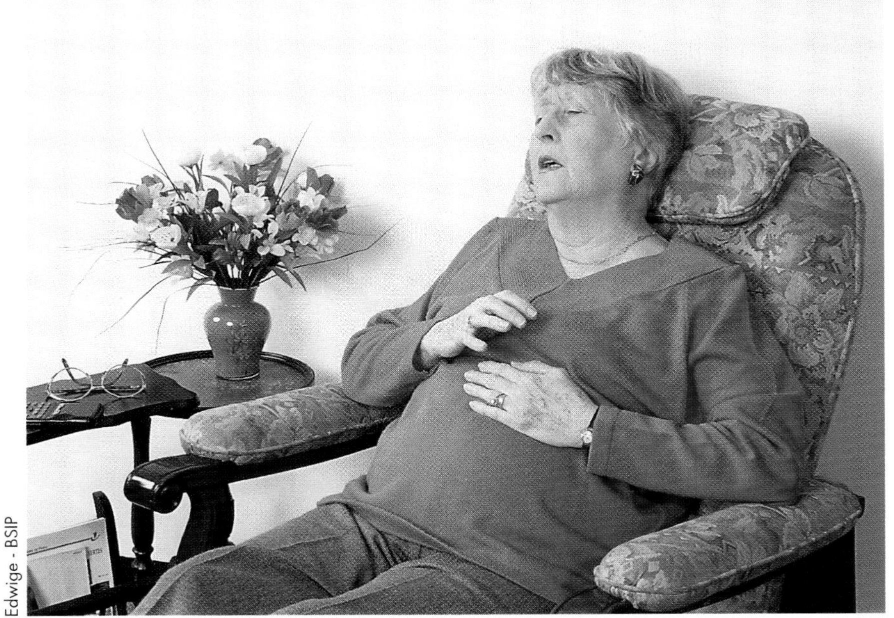

Edwige - BSIP

L'insuffisance cardiaque. *Elle se traduit par une fatigue importante et par un essoufflement à l'effort, puis au repos.*

LES DEGRÉS DE GRAVITÉ DE L'INSUFFISANCE CARDIAQUE

On distingue quatre degrés de gravité, qui sont, du moins grave au plus grave :
– un état de fatigue anormal ;
– une difficulté à respirer pendant ou après avoir fait des efforts physiques (appelée dyspnée d'effort) ;
– une gêne respiratoire (dyspnée), même au repos ;
– un œdème pulmonaire aigu. Celui-ci se traduit par une inondation brutale des alvéoles et des tissus des poumons par du plasma sanguin.

LES SYMPTÔMES

Une insuffisance cardiaque se manifeste avant tout par une accélération du rythme du cœur, par une fatigue importante lorsque le patient fournit un effort et par un essoufflement. Celui-ci survient d'abord au cours d'efforts physiques, puis s'intensifie et finit par persister même lorsque le malade est au repos. Pour mieux respirer, le patient doit dormir assis dans son lit. Il peut parfois être réveillé la nuit par sa propre respiration devenue bruyante, par des sueurs ou par un essoufflement brutal avec émission de crachats mousseux de couleur rose. Cette crise d'œdème pulmonaire aiguë nécessite un traitement urgent, surtout si, à ces symptômes, s'ajoutent d'autres signes : urines foncées et peu abondantes (indiquant une mauvaise irrigation des reins), gonflement des veines du cou (veines jugulaires) et du foie, qui devient sensible (foie cardiaque), et apparition d'œdèmes des jambes, qui entraînent une prise de poids excessive, par rétention de sel et d'eau.

LES CAUSES

Une insuffisance cardiaque peut être liée à une lésion touchant le cœur gauche, le cœur droit ou les deux ensemble ; on parle, dans ce dernier cas, d'insuffisance cardiaque globale.

L'insuffisance cardiaque gauche. Elle peut être provoquée par un infarctus du myocarde, par une maladie avancée des valvules cardiaques, par une maladie du myocarde, par une hypertension artérielle très grave ou par certains troubles du rythme cardiaque.

L'insuffisance cardiaque droite. Elle peut découler d'une insuffisance cardiaque gauche, ou avoir des causes qui lui sont propres : une embolie pulmonaire grave, une bronchite chronique accompagnée d'une augmentation de la pression dans les artères pulmonaires, un défaut des valvules cardiaques droites ou une malformation congénitale entraînant un excès de travail du cœur droit.

LE DIAGNOSTIC

Il repose tout d'abord sur l'examen clinique, qui révèle souvent une accélération du rythme cardiaque, un bruit anormal produit par le cœur et dit de galop et, en cas d'insuffisance cardiaque gauche, des râles provenant des poumons. En cas d'insuffisance cardiaque droite, le gonflement des veines jugulaires, la taille et la sensibilité anormale du foie et l'œdème des jambes sont très évocateurs. D'autres examens (électrocardiogramme, radiographie pulmonaire, écho-Doppler cardiaque) confirment le diagnostic. Enfin, une épreuve d'effort permet d'évaluer l'importance de l'affection.

LE TRAITEMENT

Le traitement de la cause. Il doit être entrepris dès que cela est possible. Il consiste, selon le cas, à rétablir la circulation sanguine dans les artères coronaires en cas de rétrécissement de leur conduit (angioplastie, réalisée à l'aide d'une sonde à ballonnet, ou pontage), à remplacer une valvule cardiaque malade, à fermer une cloison du cœur non étanche, à réduire des troubles du rythme cardiaque ou encore à corriger une hypertension artérielle sévère. La greffe du cœur est réservée aux malades atteints d'une insuffisance cardiaque irréversible et réfractaire au traitement habituel.

Le traitement de l'insuffisance cardiaque. Il nécessite avant tout du repos et le suivi d'un régime pauvre en sel associé à la prise de médicaments diurétiques pour éliminer l'eau et le sel responsables d'œdèmes ; d'autres médicaments peuvent être prescrits au patient pour aider son cœur à travailler : cardiotoniques, qui comprennent notamment les digitaliques, et surtout vasodilatateurs. Parmi ceux-ci, les inhibiteurs de l'enzyme de conversion ont conquis une place de premier plan dans le traitement en montrant leur très grande efficacité sur l'amélioration de la durée de vie du malade.

LE PRONOSTIC

Il est beaucoup plus favorable qu'autrefois grâce aux progrès thérapeutiques réalisés ces vingt dernières années. Il est encore meilleur quand l'insuffisance cardiaque est diagnostiquée rapidement et traitée dans les meilleurs délais.

LE RÉGIME SANS SEL

Le sel de table et certains aliments (charcuterie, conserves, fromage, pain, pâtisseries, boissons gazeuses) constituent la principale source alimentaire en sodium. On consomme souvent trop de sel, entre 7 et 8 grammes par jour, alors que de 3 à 5 grammes suffiraient. Normalement, lorsque nous consommons trop de sel, l'organisme s'adapte et accroît en conséquence l'élimination urinaire, ce qui permet d'évacuer l'excès de sel. Ce n'est plus le cas lorsqu'il existe une insuffisance cardiaque : celle-ci s'accompagne d'une tendance à la rétention d'eau et de sel et à l'apparition d'œdèmes. Un régime sans sel est alors souhaitable pour éviter cette surcharge.

L'INSUFFISANCE RÉNALE AIGUË

L'insuffisance rénale aiguë est une affection au cours de laquelle les reins cessent brutalement de fonctionner. Il s'agit d'une maladie grave, qui nécessite un traitement en urgence, mais guérit le plus souvent sans laisser de séquelles.

L'insuffisance rénale aiguë se traduit par un brusque arrêt de la filtration des déchets du sang et de la production d'urine, fonctions normalement assurées par les reins. Dans la plupart des cas, cette affection survient au cours de circonstances graves (hémorragie importante ou intoxication, par exemple). Cependant, contrairement à l'insuffisance rénale chronique, elle est le plus souvent réversible. Après un traitement approprié, les reins recommencent à fonctionner normalement. Lorsque cela est nécessaire, on supplée la fonction rénale défaillante pendant quelques jours ou quelques semaines, en soumettant le patient à une dialyse.

LES DIFFÉRENTS TYPES

Selon les mécanismes en cause, on distingue trois types d'insuffisance rénale aiguë.

L'insuffisance rénale aiguë fonctionnelle. Elle est due à une diminution brutale et importante de la circulation sanguine, avec chute de la pression artérielle (choc hypovolémique). Cette diminution entraîne une baisse du débit du sang qui irrigue les reins : ceux-ci ne peuvent donc plus assurer leur fonction. Une insuffisance rénale aiguë fonctionnelle survient en cas de perte importante de sang (hémorragie aiguë) ou de liquides (grande déshydratation, diarrhée persistante, vomissements abondants). Elle peut également découler d'une intense réaction allergique (choc anaphylactique) ou d'une défaillance de la fonction de pompe du cœur (choc cardiogénique). Si un traitement n'est pas entrepris assez tôt, cette forme d'insuffisance peut évoluer vers une insuffisance rénale aiguë organique, plus grave.

L'insuffisance rénale aiguë organique. Elle est due à une altération des tubules (structures formant, avec les glomérules, les unités de filtration des reins, ou néphrons) ou du tissu de soutien des néphrons (tissu interstitiel). Ces altérations peuvent avoir plusieurs causes. Il peut s'agir d'une intoxication, notamment par certains médicaments ou par des produits iodés utilisés pour les examens radiologiques, d'une réaction allergique, d'une infection, etc.

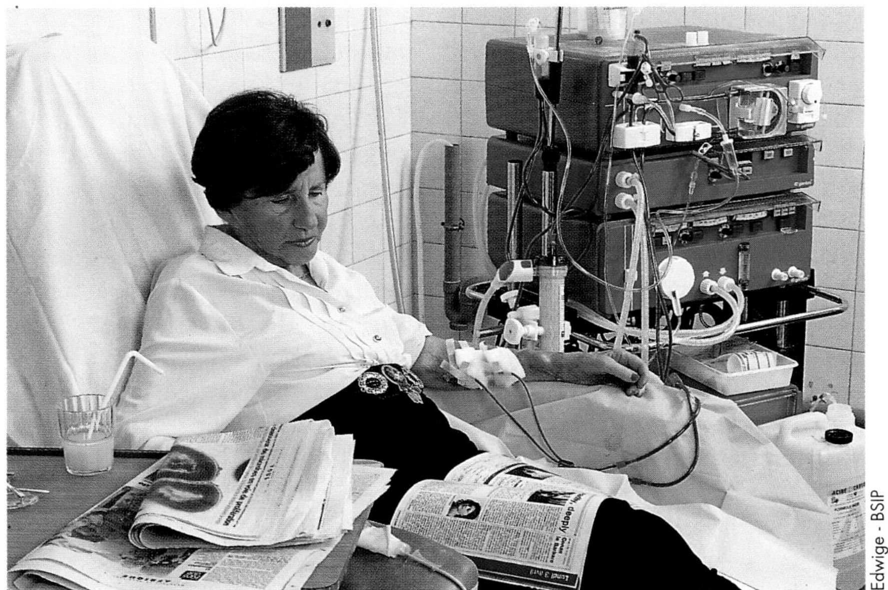

Edwige - BSIP

Dialyse à l'hôpital. *Pendant la séance de dialyse, qui permet de suppléer les reins en cas d'insuffisance rénale aiguë, le patient peut se distraire, en lisant par exemple.*

L'insuffisance rénale aiguë mécanique. Elle est liée à la la présence d'un obstacle (calcul, tumeur) dans les cavités ou les conduits (bassinet, uretère, vessie) qui contiennent l'urine, ce qui empêche l'écoulement de cette dernière.

LES SYMPTÔMES

L'insuffisance rénale aiguë se traduit, quel que soit son type, par des symptômes variés, plus ou moins caractéristiques de la maladie.

L'arrêt de l'émission d'urines (anurie). C'est le premier signe d'une insuffisance rénale aiguë et le plus révélateur. Il est associé à une absence d'envie d'uriner. Dans certains cas, le volume des urines n'est que diminué, ou reste normal (insuffisance rénale aiguë à diurèse conservée) : les unités de filtration du rein sont incapables d'épurer le sang mais laissent passer l'eau. Les urines sont alors très concentrées et de couleur foncée. Leur composition est très perturbée.

Les autres symptômes. Ils sont très variés et découlent de l'accumulation des déchets (urée, potassium, etc.) dans le sang et de leur toxicité. Le patient peut notamment souffrir de troubles digestifs (nausées, douleurs abdominales, hémorragies digestives), d'œdèmes et ressentir une fatigue importante. Celle-ci s'accompagne généralement d'un amaigrissement. L'altération de l'état général peut évoluer, dans les cas les plus graves, vers le coma (on parle alors de coma urémique).

LA DIALYSE RÉNALE

C'est une technique qui permet de suppléer temporairement (insuffisance rénale aiguë) ou définitivement (insuffisance rénale chronique) la fonction des reins lorsque ceux-ci sont incapables d'assurer leur rôle de filtration du sang. Il existe deux méthodes de dialyse. L'hémodialyse consiste à prélever le sang dans une veine et à le faire passer dans une machine (rein artificiel), où il est filtré à travers une membrane artificielle, avant d'être réinjecté. La dialyse péritonéale consiste à utiliser la membrane tapissant l'intérieur de l'abdomen (péritoine) comme filtre : un liquide ayant la propriété d'attirer les substances toxiques du sang est injecté dans la cavité délimitée par le péritoine, puis évacué après quelques heures.

LE DIAGNOSTIC

Il repose sur un examen effectué en laboratoire sur un échantillon de sang. Cet examen met en évidence l'élévation dans le sang du taux de créatinine, substance normalement éliminée par les reins dans les urines. Le calcul du nombre de millilitres de sang que le rein épure de cette substance en une minute (calcul de la clairance de la créatinine) permet de mesurer le degré de l'insuffisance rénale et de décider, le cas échéant, d'effectuer une épuration artificielle du rein (dialyse). En outre, le suivi régulier de ces chiffres de clairance permet de surveiller l'efficacité du traitement. En cas d'insuffisance rénale aiguë liée à un obstacle mécanique, le diagnostic fait également appel à différentes techniques d'imagerie médicale permettant de visualiser la dilatation des voies urinaires et, éventuellement, l'obstacle responsable : scanner et échographie des reins, radiographie des voies urinaires après injection dans une veine d'un produit de contraste opaque aux rayons X (urographie intraveineuse).

LE TRAITEMENT

Il diffère selon le type d'insuffisance rénale aiguë.

L'insuffisance rénale aiguë fonctionnelle. Elle disparaît rapidement après le traitement de sa cause : transfusion sanguine massive en cas d'hémorragie, perfusion de sérum salé en cas de déshydratation, etc.

L'insuffisance rénale aiguë organique. Elle guérit généralement d'elle-même en 2 ou 3 semaines. Pendant cette période, le patient est souvent soumis à une dialyse, le temps que ses reins recommencent à fonctionner normalement.

L'insuffisance rénale aiguë mécanique. En général, elle disparaît rapidement après une intervention chirurgicale consistant à supprimer l'obstacle ou à dériver les urines pour éviter ce dernier. Chez les patients dont le sang est très altéré, il faut procéder à une dialyse avant l'intervention chirurgicale.

L'Insuffisance Rénale Chronique

L'insuffisance rénale chronique est une incapacité progressive et irréversible des reins à assurer leur rôle de filtre du sang. Elle peut obliger, dans les cas les plus graves, à se soumettre régulièrement à une épuration artificielle du sang (dialyse).

Burger - Phanie

Insuffisance rénale chronique et vie quotidienne. *Grâce à la dialyse, cette femme qui souffre d'une insuffisance rénale chronique avancée, peut mener une vie familiale épanouie.*

POUR Y VOIR PLUS CLAIR

QUELQUES MOTS À CONNAÎTRE

Créatinine : substance présente dans le sang, provenant de la dégradation d'un des constituants des muscles, la créatine. La créatinine est normalement éliminée par les reins dans les urines.

Néphron : unité élémentaire du rein. Chaque néphron est constitué de deux segments : le glomérule, où s'élabore l'urine primitive, et le tube urinifère, où s'élabore l'urine définitive. Chaque rein comprend environ un million de néphrons.

Voies excrétrices : cavités et conduits par lesquels l'urine s'écoule depuis le rein vers l'extérieur du corps. Elles comprennent les calices, le bassinet, les uretères, la vessie, l'urètre.

L'insuffisance rénale chronique, autrefois appelée mal de Bright, résulte d'affections atteignant les unités de filtration des reins (néphrons), qui assurent normalement l'élimination des déchets du sang et l'élaboration de l'urine. Lorsque l'insuffisance rénale est très avancée et que les néphrons sont quasiment incapables de filtrer le sang, le patient doit se soumettre à une dialyse ou, quand cela est possible, à une greffe du rein. Toutefois, dans la majorité des cas, l'insuffisance rénale chronique se stabilise si elle est traitée à temps : la dialyse ne concerne qu'une faible proportion des patients atteints d'insuffisance rénale chronique.

LES SYMPTÔMES

Lorsqu'elle est modérée, une insuffisance rénale chronique n'entraîne en général que peu de signes ; elle est découverte par hasard, par exemple à l'occasion d'examens réalisés pour rechercher la cause d'une hypertension artérielle.

En revanche, lorsqu'elle est plus avancée, l'affection se traduit par différents troubles. Il peut s'agir d'une baisse du taux de globules rouges dans le sang (anémie), entraînant une fatigue et un essoufflement anormal, d'une hypertension artérielle, de complications osseuses qui se traduisent par une déminéralisation des os et, chez l'enfant, par un retard de croissance. Des complications

nerveuses peuvent également apparaître, sous la forme de troubles de la sensibilité, voire d'une paralysie.
Une insuffisance rénale chronique est également susceptible d'entraîner une rétention de sodium, responsable de graves défaillances cardiaques telles qu'une incapacité du cœur gauche à assurer ses fonctions (ce qui provoque un œdème pulmonaire aigu), ainsi qu'une augmentation du taux de potassium dans le sang, parfois à l'origine de troubles du rythme cardiaque.

LES CAUSES

Elles sont multiples, presque toutes les maladies atteignant les reins pouvant évoluer vers une insuffisance rénale chronique. On classe ces causes en deux catégories : la première comprend les maladies des reins à proprement parler, qu'elles atteignent ou non exclusivement les néphrons (diabète sucré, infection chronique du tissu fonctionnel du rein, etc.) ; la seconde regroupe les maladies des cavités et des conduits par lesquels l'urine s'écoule (voies excrétrices : calices, bassinets, uretères, vessie, urètre). Ces affections peuvent être présentes dès la naissance (malformations telles que la dilatation anormale des uretères, appelée méga-uretère). Elles peuvent également apparaître au cours de la vie (infection chronique des voies urinaires, conséquence d'un traitement trop tardif de calculs urinaires, tumeur de la vessie, etc.).

LE TRAITEMENT

Il comprend plusieurs mesures, qui dépendent de l'évolution de la maladie et de l'état général du patient.
Le régime alimentaire. Le traitement de l'insuffisance rénale chronique repose avant tout sur le respect d'un régime alimentaire pauvre en protéines et en sel. Les aliments riches en potassium (fruits, chocolat) doivent être évités, voire proscrits.
Le traitement médicamenteux. Par ailleurs, on administre au patient un traitement médicamenteux pour lutter contre les troubles engendrés par l'insuffisance rénale : médicaments pour faire baisser la tension artérielle (antihypertenseurs), dérivés de la vitamine D (nécessaire à l'absorption du phosphore par les reins), calcium, médicaments destinés à abaisser le taux de phosphore et de potassium dans le sang.
La dialyse. Lorsque l'insuffisance rénale est importante (les reins filtrent alors moins de 10 millilitres de créatinine par minute), le patient doit se soumettre à une dialyse. Il existe deux types de dialyse. Dans l'hémodialyse, le sang est prélevé dans une veine du bras et épuré dans une machine située en dehors de l'organisme (rein artificiel), à travers une membrane artificielle, avant d'être réinjecté. Dans la dialyse péritonéale, un liquide ayant la propriété d'attirer les déchets du sang (dialysat) est injecté, par l'intermédiaire d'un cathéter, dans la cavité délimitée par le péritoine, la membrane qui tapisse l'intérieur de l'abdomen. Dans ce cas, c'est le péritoine qui sert de membrane de filtration. Le dialysat reste en place 4 heures avant d'être évacué par le cathéter. La dialyse permet aux insuffisants rénaux chroniques de mener une existence presque normale, mais elle demeure une technique astreignante : les patients doivent se soumettre à 3 séances par semaine, à raison de 4 ou 5 heures par séance en cas d'hémodialyse, ou à une séance quotidienne en cas de dialyse péritonéale.
La greffe d'un rein. C'est le seul traitement définitif de l'insuffisance rénale chronique. Cette intervention est aujourd'hui largement répandue. Elle est pratiquée chez des patients relativement jeunes dont la maladie n'est pas susceptible de se porter sur le greffon.

LE DIAGNOSTIC

Il repose, comme pour le diagnostic de l'insuffisance rénale aiguë, sur un examen effectué en laboratoire à partir d'un échantillon de sang, qui met en évidence l'élévation dans le sang du taux de créatinine, une substance normalement éliminée par les reins dans les urines (calcul de la clairance de la créatinine) : le résultat normal est de 130 millilitres par minute. Le suivi régulier des chiffres de clairance permet, en outre, de surveiller l'évolution de l'insuffisance rénale chez les patients en cours de traitement.

L'Insuffisance Respiratoire

LES FORMES AIGUËS

L'insuffisance respiratoire aiguë est une diminution brutale de la fonction respiratoire. Les échanges gazeux entre l'air et le sang ne s'effectuant plus normalement, elle peut provoquer une asphyxie.

Lors de l'insuffisance respiratoire, les poumons sont incapables d'assurer leur fonction. La concentration d'oxygène dans le sang diminue et, parfois, la concentration de gaz carbonique augmente. Lorsque l'insuffisance respiratoire survient brutalement, elle est dite aiguë et constitue toujours une urgence médicale nécessitant une hospitalisation. On la traite en faisant respirer de l'oxygène au malade, et, dans les cas les plus graves, en le raccordant à un respirateur artificiel.

LES CAUSES

Plusieurs mécanismes peuvent entraîner une insuffisance respiratoire aiguë.

Une réduction de la quantité d'air ventilant les poumons (hypoventilation). Cette réduction peut être provoquée par un arrêt temporaire de la respiration (apnée), par l'obstruction des voies respiratoires (par la langue en cas de coma, par l'inhalation d'un corps étranger) ou par une obstruction des bronches (crise d'asthme grave). Elle peut également être due à un traumatisme qui réduit le volume de la cage thoracique, à une déformation sévère de la colonne vertébrale. Elle peut aussi avoir pour origine une poliomyélite atteignant les muscles de la respiration (ce cas est, grâce à la vaccination, devenu exceptionnel dans les pays industrialisés).

Une perturbation de la circulation pulmonaire. Elle est due à un déséquilibre entre l'apport de sang et d'oxygène : apport trop faible de sang par

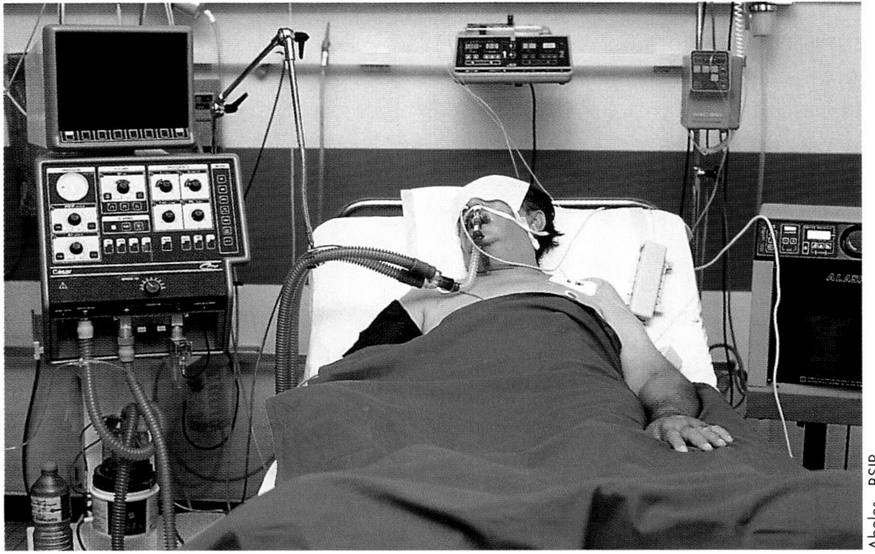

Abeles - BSIP

L'assistance respiratoire. *Le patient est intubé et relié à un respirateur artificiel qui l'aide à respirer. Il est souvent endormi pour tolérer plus facilement ce traitement.*

ALLÔ URGENCE

En cas d'essoufflement important, il faut appeler sans délai un médecin ou un service d'urgences et donner des indications permettant d'orienter les secours : le patient respire-t-il encore ? Si oui, à quel rythme ? Sa peau a-t-elle une coloration bleue ? D'autres éléments sont utiles : circonstances de survenue de l'asphyxie, maladies connues, traitements en cours. Si le patient ne respire plus, il faut immédiatement entreprendre une aide respiratoire (bouche-à-bouche) en attendant les secours.

rapport à la quantité d'air reçue (obstruction d'une ou plusieurs branches de l'artère pulmonaire par un caillot ou embolie pulmonaire, insuffisance cardiaque), ou au contraire, apport excessif de sang par rapport à la quantité d'oxygène disponible (maladie aiguë des poumons).

L'endommagement de la membrane à travers laquelle s'effectuent les échanges entre l'air et le sang. Cette membrane, appelée membrane alvéolocapillaire, est parfois endommagée par l'inhalation de gaz suffocants, par certaines maladies d'origine virale ou par une insuffisance du ventricule gauche (chargé de recueillir le sang oxygéné venant des poumons) responsable d'un œdème aigu du poumon. Elle peut aussi être endommagée lors d'une agression des poumons, qu'elle soit directe (inhalation de liquide lors d'une noyade ou de vomissements) ou indirectes (traumatismes graves).

L'aggravation d'une insuffisance respiratoire chronique. La fonction des poumons peut être déjà réduite, par exemple en raison d'une bronchite chronique ou d'un emphysème. L'insuffisance respiratoire aiguë survient, dans ce cas, lors d'une infection (surinfection bronchique virale ou bactérienne) qui majore l'incapacité respiratoire chronique.

LES SYMPTÔMES

Quel que soit le mécanisme en cause, l'insuffisance respiratoire se traduit par des symptômes identiques, qui sont la conséquence de l'altération des échanges gazeux : accélération importante du rythme respiratoire (polypnée) et du rythme cardiaque (tachycardie), coloration bleutée de la peau (cyanose), élévation de la tension artérielle, sueurs, troubles neurologiques pouvant aller jusqu'au coma.

LE TRAITEMENT

Il se fait toujours en urgence. Il consiste à remplacer la fonction respiratoire défaillante et, simultanément, à traiter la cause lorsque cela est possible (en administrant des antibiotiques en cas de problème infectieux, par exemple).

L'oxygénothérapie. Cette technique consiste à enrichir en oxygène l'air inspiré par le malade. Les quantités d'oxygène varient selon la gravité de l'insuffisance respiratoire.

L'assistance ventilatoire. En cas d'insuffisance respiratoire aiguë rebelle à l'oxygénothérapie, le traitement fait appel à une assistance ventilatoire. Le malade est raccordé à un respirateur artificiel (ou ventilateur) par une sonde mise en place par la bouche ou le nez (sonde endotrachéale), ou introduite par un orifice pratiqué chirurgicalement dans la trachée du malade (trachéotomie). Cette sonde assure la liberté des voies aériennes et permet d'administrer de l'oxygène à débit élevé. On peut ainsi remplacer les efforts respiratoires inefficaces du patient, lui éviter d'inhaler des liquides (vomissements, salive ou sang), et éventuellement aspirer des sécrétions bronchiques.

Une fois la phase aiguë traitée, le pronostic de la maladie dépend de l'état général des voies respiratoires et de l'origine de la défaillance.

LA MANŒUVRE DE HEIMLICH

Cette technique de secourisme est employée pour évacuer, des voies aériennes d'une personne, un corps étranger provoquant une asphyxie. Chez un enfant jeune, la manœuvre consiste à le placer sur le ventre, la tête plus basse que le reste du corps, et à frapper le haut du dos entre les omoplates avec le plat de la main. Chez l'adulte, elle consiste, en position debout, à se placer derrière le patient, à le ceinturer de ses bras, les mains placées au-dessus du nombril, puis à exercer un mouvement brutal de compression vers le haut pour provoquer l'expulsion du corps étranger.

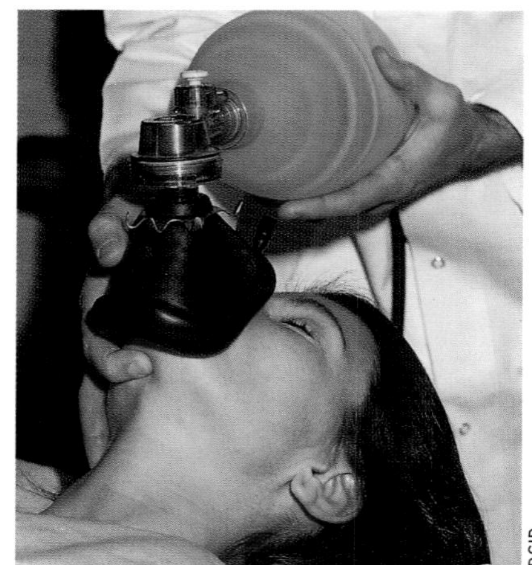
BSIP

La respiration par masque facial. *Elle permet d'attendre l'intubation et la ventilation assistée.*

L'Insuffisance Respiratoire

LES FORMES CHRONIQUES

L'insuffisance respiratoire chronique est une difficulté permanente à respirer qui résulte d'une affection chronique des voies ou des fonctions respiratoires. Elle peut, à terme, devenir très invalidante.

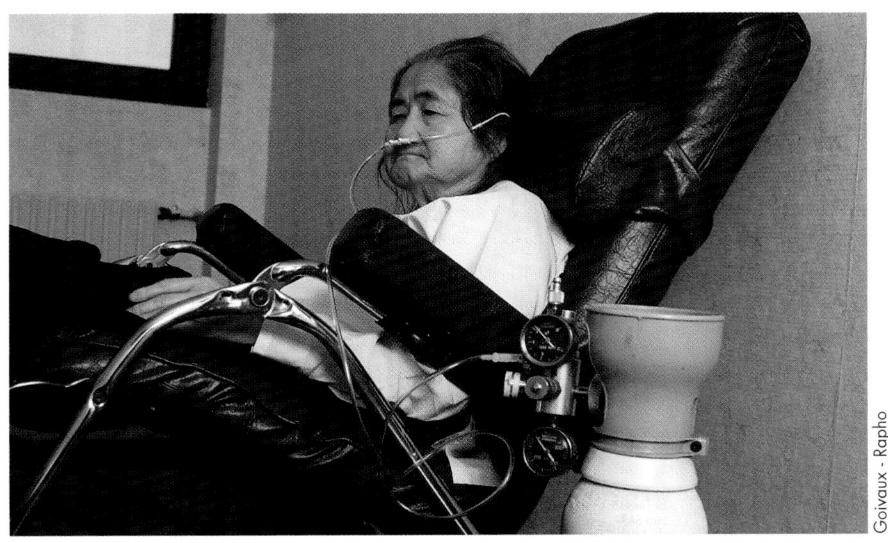

Goivaux - Rapho

L'insuffisance respiratoire chronique. *La patiente est munie de sondes (placées dans les narines) qui délivrent de l'oxygène à un débit variable, afin d'augmenter son taux d'oxygène sanguin.*

L'insuffisance respiratoire chronique est une insuffisance respiratoire permanente. En général, le malade ressent dans un premier temps la gêne respiratoire lorsqu'il fournit un effort important, puis, progressivement, lors d'efforts minimes, ou même au repos. Il s'agit d'une affection qui évolue lentement pour devenir, à terme, très invalidante. Elle nécessite des traitements lourds.

LES CAUSES

On distingue, selon leurs causes, deux catégories d'insuffisance respiratoire chronique.

Les insuffisances respiratoires chroniques obstructives. Elles constituent la majorité des cas et sont liées à une obstruction des voies respiratoires. Cette obstruction découle en général d'une atteinte des bronches et des bronchioles qui trouve souvent son origine dans le tabagisme et résulte de diverses affections comme l'asthme, la bronchite chronique et l'emphysème.

Les insuffisances respiratoires chroniques restrictives. Moins fréquentes que les précédentes, elles sont liées à une diminution des volumes respiratoires, sans atteinte des bronches. Elles peuvent avoir de nombreuses causes : paralysie des muscles respiratoires (poliomyélite, sclérose latérale amyotrophique, myopathie), importante déformation du

LA KINÉSITHÉRAPIE RESPIRATOIRE

Également appelée gymnastique respiratoire, la kinésithérapie respiratoire est un élément capital du traitement de nombreuses maladies respiratoires. L'une de ses missions les plus importantes est de faciliter l'émission des crachats (mucosités) d'origine bronchique et ainsi de libérer en partie les bronches, ce qui diminue la fatigue respiratoire et le risque d'infection. Elle peut également améliorer l'efficacité des muscles respiratoires, ou favoriser la réadaptation à l'effort. Enfin, elle permet de remédier à des adhérences reliant les deux feuillets de la plèvre, et occasionnées par des pleurésies ou des fractures de côtes.

thorax ou de la colonne vertébrale, ablation chirurgicale d'un poumon, ou encore maladie ayant détruit une partie du tissu pulmonaire (tuberculose, fibrose pulmonaire).

LES SYMPTÔMES

L'insuffisance respiratoire chronique se traduit par une respiration difficile. D'autres signes accompagnent la maladie : une augmentation du volume de la cage thoracique ; le creusement des espaces intercostaux lorsque le patient inspire (tirage) ; une coloration bleue ou mauve des lèvres ou des ongles (cyanose). À terme, l'insuffisance respiratoire chronique peut avoir des répercussions cardiaques (apparition d'une insuffisance ventriculaire droite), ce qui provoque une hypertension. Cette insuffisance se traduit par une accélération de la fréquence des battements cardiaques (tachycardie), par une augmentation du volume du foie, par des œdèmes des jambes et par un gonflement des veines du cou (veines jugulaires). Dans certains cas, le patient souffre de troubles du sommeil et a tendance à dormir pendant la journée. Parfois encore, il est pris, apparemment sans raison, de troubles de l'humeur.

LE DIAGNOSTIC

Il repose sur l'interrogatoire et l'examen clinique du malade. La mesure des gaz du sang (oxygène et gaz carbonique) permet de détecter une diminution de la concentration d'oxygène (hypoxie) associée à une augmentation de la concentration de gaz carbonique (hypercapnie) et d'apprécier la gravité de l'atteinte. Une radiographie des poumons permet de préciser le lieu et l'étendue de l'atteinte pulmonaire.

LE TRAITEMENT

L'oxygénothérapie. C'est la base du traitement. Elle est pratiquée plusieurs heures par jour à domicile. Ce traitement est fondamental pour augmenter le taux d'oxygène dans le sang. Il permet de maintenir la qualité de vie du malade.

La prise de médicaments. Par ailleurs, le patient prend des médicaments destinés à augmenter le diamètre des bronches (bronchodilatateurs) et, si nécessaire, à traiter leur surinfection (antibiotiques). Parfois, on prescrit également des corticostéroïdes ou des aérosols qui dispersent de fines particules dans les alvéoles pulmonaires pour faciliter la respiration, ainsi que des séances de kinésithérapie respiratoire ; celles-ci soulagent le patient et l'aident à retrouver une respiration régulière.

En cas d'insuffisance cardiaque droite, le traitement repose sur la prise d'anticoagulants, éventuellement de diurétiques. Tout trouble du rythme cardiaque est à surveiller de près par le médecin.

La trachéotomie. Lorsque l'insuffisance respiratoire chronique devient très grave, le malade est tenu de porter définitivement une canule de trachéotomie (orifice pratiqué chirurgicalement dans la trachée) par laquelle de l'air riche en oxygène lui est régulièrement apporté. Le plus souvent cette canule est bien supportée et peut rester plusieurs années en place, à condition de respecter des soins d'hygiène simples, qui peuvent être réalisés même à domicile.

LE PRONOSTIC

Les insuffisances respiratoires chroniques évoluent lentement, aggravées par des poussées d'insuffisance respiratoire aiguë. La succession des crises et leur rapprochement finit par handicaper de plus en plus le malade, qui doit être hospitalisé de plus en plus souvent.

L'OXYGÉNOTHÉRAPIE À DOMICILE

Cette technique constitue l'élément fondamental du traitement des formes d'insuffisance respiratoire chronique dans lesquelles le manque d'oxygène est permanent (hypoxie). Lorsqu'il est bien suivi, ce traitement améliore non seulement la qualité de vie, mais aussi la durée de vie du patient et diminue le nombre de ses séjours à l'hôpital. L'oxygène est administré par de petites sondes placées dans les narines (les « lunettes ») et reliées à un appareil délivrant une quantité précise d'oxygène, selon une durée prescrite. L'oxygène est contenu dans des bouteilles, et peut être fourni sous forme gazeuse ou liquide.

L'Intoxication Alimentaire

Une intoxication alimentaire est une maladie aiguë provoquée par l'absorption d'un aliment souillé par des microbes ou par les toxines qu'ils produisent. Il s'agit la plupart du temps d'une affection bénigne qui guérit en quelques jours.

Cette affection, également appelée toxi-infection alimentaire, se caractérise par le fait qu'elle survient par épidémies, dans des collectivités (crèches, villages de vacances, cantines, restaurants). Ainsi, le médecin évoque une intoxication alimentaire lorsque plusieurs personnes ont des troubles digestifs après avoir consommé la même nourriture. Les microbes responsables de l'intoxication sont des bactéries. Parfois, ce n'est pas la bactérie elle-même qui est en cause, mais une substance toxique qu'elle produit (toxine).

Burger - Phanie

***La prévention des intoxications alimentaires.** Pour éviter que les aliments frais ne soient infestés par des microbes, il faut régulièrement nettoyer son réfrigérateur.*

VIRUS ET TROUBLES DIGESTIFS

Un certain nombre de virus entraînent des signes digestifs, notamment une diarrhée aiguë. Le médecin ne parle pas d'intoxication alimentaire, mais, pour le patient, les symptômes sont semblables. Les virus en cause sont le virus de Norwalk, les rotavirus et certains adénovirus. La contamination se fait par consommation d'aliments souillés ou par contact avec une personne malade.

LES SYMPTÔMES

Dans la plupart des cas, l'intoxication se fait sentir entre 12 et 18 heures après l'ingestion des aliments contaminés, sauf dans le cas des staphylocoques où les symptômes se manifestent une à deux heures après la contamination. Le malade ressent d'abord des douleurs abdominales, est pris de nausées et, parfois, de vomissements. Une fièvre peut se manifester. Rapidement apparaît une forte diarrhée qui peut entraîner une déshydratation importante.

LES CAUSES

Les aliments le plus souvent contaminés par des bactéries responsables d'intoxications alimentaires sont les œufs ou les préparations à base d'œuf (pâtisseries, crèmes glacées, entremets), les laitages crus ou

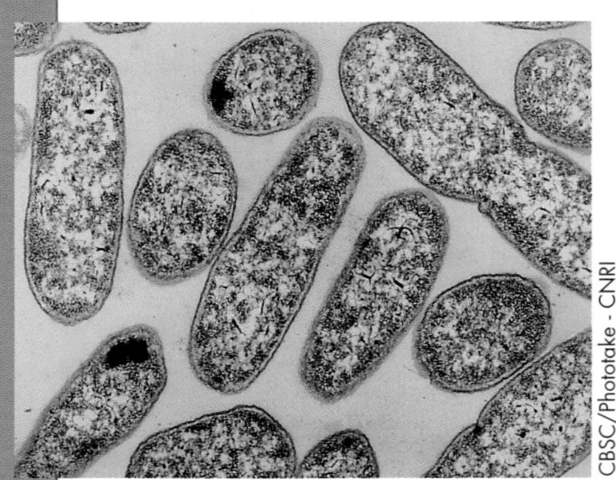

Salmonelles vues au microscope. *Ces microbes peuvent souiller les aliments, entraînant alors une intoxication alimentaire.*

CBSC/Phototake - CNRI

mal cuits, la charcuterie ou les coquillages. Les microbes le plus fréquemment en cause sont les salmonelles, plus rarement des shigelles ou les bactéries *Campylobacter, Clostridium perfringens* et *Yersinia*.

LA GASTROENTÉRITE

Une gastroentérite est une inflammation de l'estomac et de l'intestin d'origine infectieuse (virale ou bactérienne). Elle se contracte en consommant de l'eau ou des aliments contaminés, ou encore en portant ses mains, souillées par des particules de matières fécales, à la bouche. L'inflammation se traduit par une diarrhée, qui survient le plus souvent brutalement, accompagnée de douleurs abdominales et de vomissements. Le traitement repose principalement sur le repos et la réhydratation ; il nécessite parfois une hospitalisation pour les cas les plus graves.

LE BOTULISME

Il s'agit d'une intoxication alimentaire très particulière. Elle est due à la bactérie *Clostridium botulinum,* qui se multiplie lentement dans les conserves mal préparées, domestiques ou artisanales. Les charcuteries domestiques, les conserves mal stérilisées sont des milieux propices au développement du microbe. Les conserves industrielles ne présentent, en revanche, aucun risque. Le microbe fabrique une toxine extrêmement puissante (on la produit pour s'en servir d'arme chimique). Les symptômes apparaissent plusieurs heures après l'absorption des aliments contaminés : sécheresse de la bouche, troubles visuels, désordres digestifs. Au stade suivant apparaissent des paralysies diffuses, qui provoquent la mort si le patient n'est pas rapidement traité dans un service de réanimation. La guérison est lente, nécessitant plusieurs semaines de soins intensifs.

Dans certains cas, l'intoxication alimentaire est provoquée non pas par la bactérie elle-même, mais par une toxine qu'elle produit. Par exemple, des aliments peuvent être souillés par la toxine d'un staphylocoque propagé par le cuisinier qui a préparé le repas et qui a un panaris (lésion cutanée de la main).

LE TRAITEMENT

L'évolution est, la plupart du temps, bénigne et la maladie disparaît spontanément en quelques jours. Cependant, en raison de la perte de liquides due à la diarrhée et aux vomissements, le patient doit boire abondamment afin d'éviter de se déshydrater. Dans certains cas, on lui administre des médicaments antispasmodiques, qui réduisent les douleurs abdominales, et des médicaments, qui ralentissent le transit intestinal. Parfois, des antiseptiques intestinaux sont nécessaires pour accélérer la guérison et prévenir les infections. Des antibiotiques peuvent être prescrits aux personnes les plus fragiles (jeunes enfants, personnes très âgées ou patients dont les défenses immunitaires sont diminuées).

PRÉVENTION : L'HYGIÈNE DES ALIMENTS

L'industrie alimentaire et la restauration collective comportent un risque élevé d'intoxications alimentaires. C'est pourquoi, dans ces secteurs d'activité, les circuits alimentaires (hygiène des produits et des travailleurs, solidité des emballages, chaîne du froid, etc.) sont soigneusement surveillés : ils sont constamment soumis à des contrôles de qualité. Il reste à la charge des détaillants et des acheteurs de bien veiller au respect des dates limites de consommation. Au total, les accidents sont devenus exceptionnels par rapport au volume des aliments distribués.

LES KYSTES DE L'OVAIRE

Il existe différents types de kystes de l'ovaire, de gravité variable. Certains doivent faire l'objet d'une intervention chirurgicale, car ils peuvent entraîner des complications sérieuses.

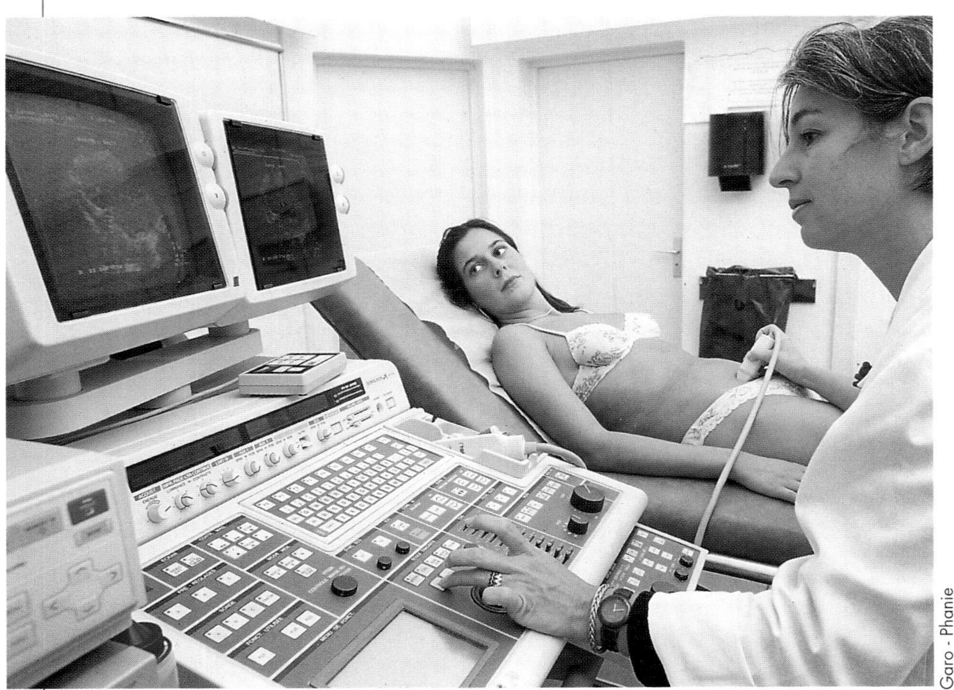

Garo - Phanie

***Échographie abdominale.** Cet examen, indolore et rapide, est souvent prescrit pour confirmer la présence d'un kyste, en préciser la taille et le type.*

Situés de part et d'autre de l'utérus, les ovaires sont des glandes sexuelles de 3 à 5 cm de long. Leur rôle est double : la sécrétion des hormones (œstrogènes et progestérone) qui rythment les cycles menstruels et l'émission, chaque mois, d'un ovule, de la puberté à la ménopause. Les ovaires peuvent présenter un ou plusieurs kystes (ovaires polykystiques).

DIFFÉRENTS TYPES DE KYSTES

Un kyste de l'ovaire est une formation anormale, à l'intérieur de l'ovaire, d'une poche à contenu liquide ayant sa propre paroi. La taille d'un kyste ovarien est très variable, allant de quelques millimètres à plusieurs centimètres de diamètre. Il existe plusieurs types de kystes que l'on peut ranger en 2 grandes catégories : les kystes fonctionnels, qui résultent d'une perturbation hormonale, et les kystes organiques, qui résultent du développement d'une tumeur généralement bénigne.

LES KYSTES FONCTIONNELS

Définition. Ces kystes ne surviennent qu'en période d'activité génitale et sont étroitement associés à l'ovulation : leur taille peut varier avec le cycle menstruel ; ils disparaissent avec les règles et réapparaissent au cycle suivant.
Le plus typique des kystes fonctionnels est le kyste folliculaire, dans lequel le follicule contenant l'ovule poursuit sa croissance. Il existe aussi des kystes du corps jaune (tissu issu de la transformation du follicule après l'ovulation) et des kystes lutéiniques.
Le traitement. Le traitement de ces kystes vise à bloquer l'ovulation par des médicaments comme la pilule. Le ou les kystes disparaissent alors au bout de quelques cycles.

LES KYSTES ORGANIQUES

De cause inconnue, les kystes organiques sont présents en permanence dans l'ovaire et leur morphologie est indépendante du cycle menstruel.

LA TORSION DU PÉDICULE DU KYSTE

Le pédicule est la partie qui rattache le kyste à la peau ou à la muqueuse. Sa torsion (ou enroulement) se produit surtout dans le cas des kystes séreux à long pédicule. Elle se traduit en général par une douleur brusque et intense.
L'opération, qui consiste à détordre puis à enlever le kyste, doit être faite en urgence. Tout retard pourrait en effet entraîner la nécrose (mort) de la trompe et de l'ovaire atteints.
L'intervention est effectuée le plus souvent par cœliochirurgie.

Définition. Il existe différentes catégories de kystes organiques, qui se distinguent par le type de tissu qui forme leur paroi et par leur contenu :
– le kyste séreux a une paroi mince et contient un liquide fluide ;
– le kyste mucoïde a une paroi plus épaisse et son contenu a une consistance gélatineuse ;
– le kyste dermoïde a une structure complexe ; il présente une architecture identique à celle de la peau et contient une substance pâteuse. Il correspond en réalité à une tumeur germinale (dysembryome), et se développe aux dépens des cellules embryonnaires présentes dans l'organisme ; il siège le plus souvent dans les glandes génitales (ovaires chez la femme).

Les symptômes. Dans la majorité des cas, ces kystes ne se manifestent par aucun signe particulier et ne sont découverts qu'à l'occasion d'un examen gynécologique de routine. Parfois, ils provoquent une sensation de pesanteur et de tiraillements dans le petit bassin, des douleurs pendant les rapports sexuels, des anomalies des règles ou des troubles urinaires.

Le diagnostic. L'examen clinique fait apparaître une masse abdominale régulière, indolore, parfois mobile et indépendante de l'utérus, dont elle est séparée par un sillon.
Une échographie par voies abdominale et vaginale permet de préciser la taille et d'examiner la paroi du kyste (épaisseur, régularité), qui est le plus fréquemment de type séreux ou mucoïde. Seule la cœlioscopie permet de confirmer le diagnostic et d'affirmer le caractère bénin du kyste.

Les complications. Les kystes organiques de l'ovaire peuvent à tout moment se compliquer, d'où la règle d'une intervention chirurgicale systématique.
La torsion du pédicule (enroulement de la base du kyste) est une complication fréquente. Elle se traduit par une douleur brutale, intense, accompagnée de nausées et de vomissements, et peut être associée à une hémorragie et à une rupture du kyste. Des compressions (de la vessie, du rectum, des uretères) sont possibles, ainsi qu'une infection.

Le traitement chirurgical. Il consiste à enlever le kyste. L'intervention est effectuée par cœlioscopie (un endoscope est introduit dans la cavité abdominale) ou par l'ouverture de la cavité abdominale (laparotomie) en cas de kyste volumineux. Dans la plupart des cas, l'ovaire est conservé afin de préserver la fécondité.

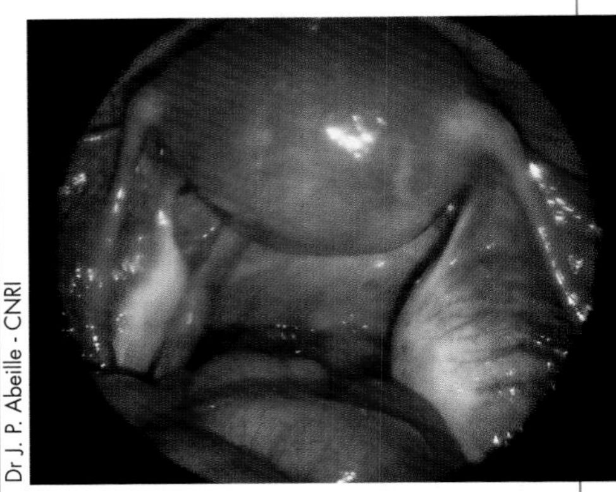
Dr J. P. Abeille - CNRI

***Kyste séreux.** Ce kyste bénin de l'ovaire contient du liquide.*

LA DYSTROPHIE OVARIENNE

Également appelée syndrome des ovaires polykystiques, cette affection est caractérisée par la présence sur l'ovaire de multiples microkystes (mesurant moins de 5 mm de diamètre) durs. Elle est associée à des troubles des règles (absence, irrégularité, durée prolongée) et de l'ovulation, à une pilosité abondante et parfois à un poids excessif.
Le diagnostic par examen gynécologique est souvent insuffisant et doit être confirmé par une échographie pelvienne et des tests hormonaux.
Le traitement est celui des symptômes. Il peut consister à induire l'ovulation, si la femme désire être enceinte, ou à entreprendre un traitement hormonal pour réguler les règles et faire diminuer la pilosité.

LA LARYNGITE

La laryngite, inflammation du larynx, est une affection assez fréquente, qui peut revêtir un caractère aigu ou chronique. Dans le second cas, elle est le plus souvent liée à la consommation de tabac.

Le larynx est un petit organe en forme de cylindre creux situé dans le cou, entre le pharynx et la trachée, dont le rôle est d'assurer l'émission des sons (phonation). Au cours de différentes affections (infection par des virus ou par des bactéries, irritation permanente provoquée par la fumée du tabac et l'ingestion d'alcool, etc.), le larynx présente une inflammation : il devient rouge, douloureux et gonflé. Cette réaction constitue une réponse normale de l'organisme à une agression. Dans certains cas, surtout chez les enfants, cette réaction inflammatoire peut survenir brusquement, et sur un mode aigu. Dans d'autres cas, la gorge est le siège d'une inflammation permanente. On parle alors de laryngite chronique.

La laryngite. *La laryngite se manifeste par une difficulté à respirer, par une voix enrouée et une toux rauque, parfois par une difficulté à avaler sa salive et par une fièvre élevée.*

LA LARYNGITE AIGUË

Cette affection touche surtout les enfants de moins de 5 ans, chez lesquels elle peut entraîner une gêne respiratoire (dyspnée), voire une asphyxie, le larynx étant complètement obstrué en raison du gonflement des tissus. La laryngite aiguë est souvent beaucoup moins grave chez l'adulte, dont les voies aériennes sont suffisamment larges pour ne pas être complètement obstruées. On distingue deux types de laryngite aiguë : la laryngite sous-glottique (inflammation de la région des cordes vocales), et l'épiglottite

LA LARYNGOSCOPIE

Cet examen du larynx peut s'effectuer de deux manières. La première, appelée laryngoscopie indirecte, se déroule lors d'une simple consultation. Le patient est assis face au médecin (qui porte un éclairage sur le front) et ouvre la bouche ; le médecin y introduit un petit miroir pour observer la gorge. La seconde, appelée laryngoscopie directe, est pratiquée sous anesthésie générale et réalisée à l'aide d'un tube optique semi-rigide introduit par la bouche du patient. Elle permet d'examiner le larynx et le pharynx, de prélever des tissus et de réaliser certaines interventions.

LA LARYNGITE TUBERCULEUSE

Cette affection rare, due à l'infection par le bacille de Koch, est toujours associée à une tuberculose pulmonaire. Elle se traduit par une altération de la voix, plus rarement par une gêne respiratoire, et est diagnostiquée par l'observation du larynx et l'analyse en laboratoire d'un prélèvement de tissu pharyngé (biopsie) ; le patient est également soumis à une radiographie des poumons, afin de rechercher une tuberculose pulmonaire. Le traitement repose sur l'administration de médicaments antituberculeux. Un dépistage de la tuberculose doit être réalisé dans l'entourage du malade.

(inflammation survenant au-dessus de la glotte).

La laryngite sous-glottique. C'est une inflammation qui survient dans la zone des cordes vocales. Elle est due à une infection par un virus, et apparaît généralement à l'occasion d'une infection de la partie supérieure du pharynx, ou rhinopharyngite. Elle entraîne une difficulté à respirer et surtout à inspirer. Le patient a une toux rauque, sa voix est enrouée, aboyante, trop aiguë ou trop grave (dysphonie).

Chez l'enfant, la laryngite sous-glottique peut déboucher sur une grave gêne respiratoire. En revanche, chez l'adulte, la plupart des cas sont bénins et guérissent rapidement. Néanmoins, une gêne respiratoire persistante doit être traitée très rapidement par l'injection de corticostéroïdes. Si elle perdure, elle peut nécessiter un traitement à l'hôpital.

L'épiglottite. C'est une inflammation qui survient au-dessus de la glotte. Elle est due à une infection par une bactérie, et est plus grave que la laryngite sous-glottique. Le patient a du mal à avaler sa salive, sa fièvre est élevée, et sa difficulté à respirer, intense. Cette gêne l'oblige à se pencher en avant, position particulière qu'il faut absolument respecter, car il y a un risque d'étouffement si on l'allonge. Une épiglottite nécessite, chez l'adulte comme chez l'enfant, une hospitalisation en urgence. Le traitement est fondé sur l'intubation (assistance respiratoire réalisée à l'aide d'un fin tube introduit par la bouche ou une narine) et sur l'injection par voie intraveineuse d'antibiotiques, qui amènent rapidement la guérison.

LA LARYNGITE CHRONIQUE

Cette inflammation, très fréquente chez l'adulte, peut être consécutive à un surmenage de la voix (il s'agit surtout, dans ce cas, d'une maladie professionnelle affectant notamment les orateurs, les chanteurs et les enseignants), à une infection locale (angine, infection d'une dent, des sinus, de la partie supérieure du pharynx, etc.). Toutefois, la laryngite chronique est le plus souvent liée à la consommation de substances irritant les muqueuses, particulièrement à une intoxication par le tabac et l'alcool.

Les symptômes. Une laryngite chronique se traduit par une altération de la voix : celle-ci devient enrouée, sourde, trop aiguë ou trop grave, parfois traînante. Le diagnostic repose sur la simple observation du larynx, réalisée au cabinet du médecin à l'aide d'un petit miroir introduit par la bouche au fond de la gorge (laryngoscopie indirecte).

Le traitement. C'est celui de la cause de l'inflammation : médicaments contre une infection, rééducation de la voix en cas de surmenage vocal, sevrage pour le tabagisme.

L'évolution. La maladie peut évoluer vers une affection de la muqueuse (dyskératose) qui constitue une lésion précancéreuse, risquant elle-même, dans certains cas, d'évoluer ultérieurement vers un cancer du larynx.

LARYNGITE CHRONIQUE ET CANCER

La laryngite chronique peut, dans certains cas, constituer un véritable état précancéreux. Elle doit donc faire l'objet d'une surveillance rigoureuse et régulière. Au moindre doute (évolution suspecte de la muqueuse du larynx), un examen endoscopique réalisé sous anesthésie générale (laryngoscopie directe) doit être réalisé : lors de cet examen, un fragment des tissus est prélevé à des fins d'analyse (biopsie), puis les lésions sont cautérisées au laser.

LES LEUCÉMIES

La leucémie est un cancer du sang caractérisé par une prolifération incontrôlée de cellules précurseurs des globules blancs dans la moelle osseuse. Celles-ci infiltrent différents organes, dont elles perturbent le fonctionnement.

Selon les statistiques, la leucémie touche environ 8 nouvelles personnes sur 100 000 par an. Ses causes sont inconnues, sauf pour les leucémies consécutives à des expositions à des substances chimiques (benzène) ou aux radiations. Seul le mécanisme de son développement commence à être appréhendé, notamment dans les cas où on constate des anomalies chromosomiques dans les cellules malades : ces anomalies entraînent l'activation successive de gènes du cancer (oncogènes) ou la perte de certains gènes chargés de supprimer les tumeurs ; cela joue sans doute un rôle dans la survenue de la maladie.

LES DIFFÉRENTS TYPES DE LEUCÉMIE

On distingue les leucémies chroniques des leucémies aiguës. Dans les premières, la prolifération des précurseurs des globules blancs (les blastes) ne s'accompagne pas d'un arrêt de leur maturation. Dans les leucémies aiguës, à la prolifération des précurseurs s'ajoute un arrêt de leur maturation. Cela provoque, d'une part, un excès de cellules jeunes et, d'autre part, l'absence de globules blancs matures dans le sang. Par ailleurs, une leucémie peut se développer aux dépens des précurseurs des polynucléaires (myéloblastes) ou des précurseurs des lymphocytes (lymphoblastes). Ces critères permettent de classer les leucémies en quatre grands types : la leucémie myéloïde chronique, la leucémie myéloïde aiguë, la leucémie lymphoïde chronique (la plus fréquente chez les personnes de plus de 40 ans) et la leucémie lymphoïde aiguë (la plus fréquente chez l'enfant).

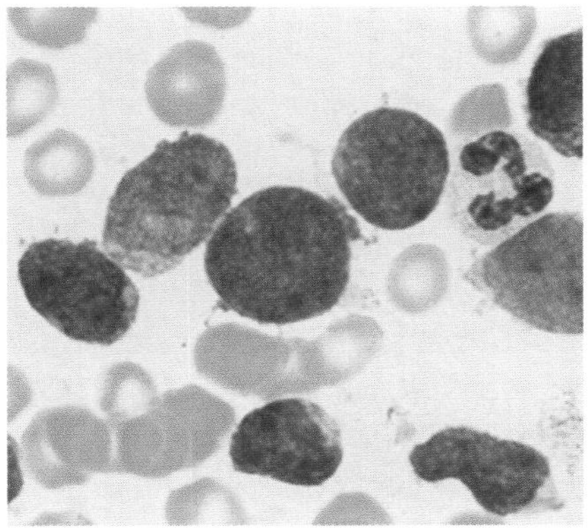

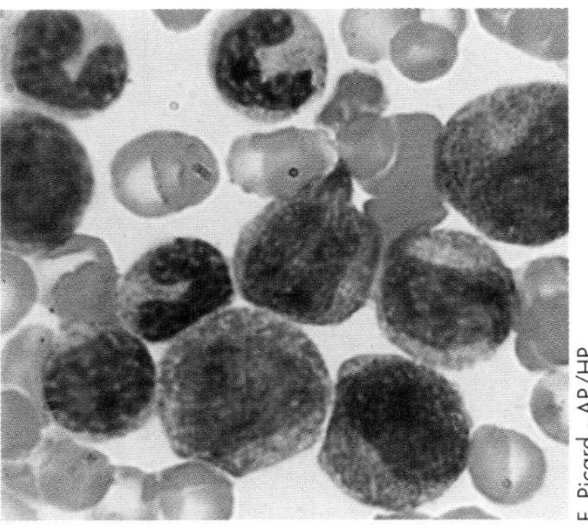

F. Picard - AP/HP

***Leucémies.** À droite, frottis sanguin d'une leucémie myéloïde chronique avec des cellules à différents stades de maturation ; à gauche, frottis sanguin d'une leucémie myéloïde aiguë avec des cellules immatures.*

LES SYMPTÔMES

L'envahissement de la moelle par les précurseurs des globules blancs empêche le développement de toutes les cellules qui y viennent normalement à maturité (globules blancs, globules rouges, plaquettes). Les signes de la maladie sont donc liés à la diminution de toutes les cellules du sang, ainsi qu'à l'envahissement des différents organes par les précurseurs. La diminution des globules rouges entraîne une anémie avec pâleur et palpitations. L'absence de plaquettes provoque des phénomènes hémorragiques tels que saignement des gencives ou ecchymoses. Enfin, la diminution des globules blancs expose à de graves infections, telles que des septicémies ou des angines sévères. L'envahissement par les blastes touche surtout la rate et les ganglions lymphatiques, qui augmentent de volume, plus rarement la peau, ce qui se traduit par l'apparition de lésions rouge-brun, appelées leucémides. Certains types de leucémies peuvent toucher le système nerveux, ce qui entraîne des maux de tête, une méningite, une paralysie faciale ou des troubles de la conscience.

LE DIAGNOSTIC

Il est établi à partir d'une analyse de sang et de la moelle osseuse. Le sang est pauvre en globules rouges et en plaquettes, mais contient des globules blancs en trop grand nombre (leucémie chronique) ou anormalement jeunes (leucémie aiguë). Une ponction de la moelle (myélogramme) montre cet envahissement par des blastes (leucémie aiguë), ou un nombre excessif de globules blancs (leucémie chronique). Dans les cas de leucémie myéloïde chronique, les cellules issues de la moelle présentent une anomalie chromosomique caractéristique (dite chromosome Philadelphie).

LE TRAITEMENT

Il dépend de l'âge du malade et du type de leucémie. On administre généralement aux patients de plus de 65 ans un traitement moins intensif.

Les leucémies aiguës, myéloblastiques et lymphoblastiques. Le traitement consiste en une chimiothérapie intensive, associant un grand nombre de substances. Le rôle de ce traitement est d'inhiber la division des cellules (chimiothérapie antimitotique). Cette chimiothérapie nécessite une hospitalisation de longue durée ; en effet, elle entraîne la destruction des cellules tumorales ainsi que celle des cellules saines de la moelle, qui permettent normalement à l'organisme de fabriquer des globules rouges, des globules blancs et des plaquettes. Pendant le traitement, le malade est donc particulièrement sujet aux infections, aux hémorragies et à l'anémie, respectivement par manque de globules blancs, de plaquettes et de globules rouges, et doit être soumis à une surveillance stricte.

Dans la majorité des cas, ce traitement fait disparaître les blastes. Un traitement de consolidation chimiothérapique est alors administré au patient soit en cures répétées et assez peu intensives, soit en une ou deux fois mais de façon beaucoup plus intensive. Le rythme dépend du type de leucémie et de la réaction de l'organisme au traitement d'attaque. Une greffe de moelle osseuse peut également être envisagée : allogreffe, où l'on transfuse au patient les cellules de la moelle d'une personne saine ; ou autogreffe, au cours de laquelle le patient reçoit sa propre moelle, qu'on lui a prélevée après l'avoir traitée pour en éliminer les cellules malignes. Il existe un risque de rechute, essentiellement au cours des trois années qui suivent la maladie. Ce risque est faible pour les leucémies lymphoblastiques de l'enfant, plus important pour les autres types de leucémie aiguë.

La leucémie myéloïde chronique. Le traitement est la greffe de moelle osseuse, lorsqu'elle est possible. La chimiothérapie ne permet que de normaliser le nombre des globules blancs sans empêcher l'évolution de la maladie. Toutefois, des progrès ont été accomplis dans le traitement de cette leucémie grâce à une substance anticancéreuse et antivirale mise au point ces dernières années, l'interféron alpha.

La leucémie lymphoïde chronique. Le traitement est souvent inutile. En effet, cette maladie n'entraîne aucun symptôme et son évolution est très lente. Si nécessaire, on administre au patient une chimiothérapie légère, pour diminuer le nombre des lymphocytes du sang et pour réduire la taille des ganglions lymphatiques ainsi que celle de la rate.

LES PROGRÈS THÉRAPEUTIQUES

Ils résultent de la découverte de nouveaux médicaments et d'une meilleure utilisation de ceux-ci. Outre la chimiothérapie, dont l'objectif est de détruire au maximum les cellules malades en préservant les cellules normales, de nouveaux traitements ont été récemment proposés. L'exemple le plus remarquable est l'acide rétinoïque, qui permet d'obtenir la rémission complète d'un certain type de leucémie aiguë en transformant les cellules immatures en polynucléaires neutrophiles. Par ailleurs, la greffe effectuée avec la moelle d'un donneur compatible a profondément modifié l'évolution des leucémies aiguës.

LA LISTÉRIOSE ET LA BRUCELLOSE

LA LISTÉRIOSE

Cette maladie, due à la bactérie *Listeria monocytogenes*, concerne les animaux et, plus rarement, l'homme. Souvent bénigne chez l'adulte, elle peut provoquer une affection grave chez le nouveau-né.

La contamination a lieu le plus souvent lors de la consommation d'aliments contenant la bactérie responsable de la maladie (il peut s'agir de lait cru, de fromage au lait cru, de viande crue ou mal cuite, de légumes crus, de charcuterie). La mère peut transmettre le bacille à son enfant pendant la grossesse (par l'intermédiaire du placenta) ou au moment de l'accouchement, si le sang du nouveau-né entre en contact avec celui de la mère.

CNRI

La bactérie* Listeria monocytogenes *vue au microscope électronique à transmission. *Cette bactérie responsable de la listériose a la forme en bâtonnet des bacilles.*

LES SYMPTÔMES

Chez l'adulte, la listériose se manifeste généralement comme une grippe, avec de la fièvre et des douleurs diffuses. Elle passe alors souvent inaperçue. Elle peut prendre toutefois une forme plus grave et se transformer en méningite (listériose neuroméningée) ou en infection généralisée (septicémie).
Le fœtus peut être contaminé par la mère au cours du deuxième ou du troisième trimestre de grossesse. La femme risque alors d'accoucher d'un enfant mort-né ou d'un prématuré atteint de la maladie et souffrant d'une septicémie grave, associée à une méningite, à une atteinte du foie ou à une pneumonie.

LE TRAITEMENT ET LA PRÉVENTION

La listériose est traitée par l'association de 2 antibiotiques sur une période de 3 semaines.
Pour éviter de contracter l'infection pendant la grossesse, certaines précautions alimentaires doivent être respectées ; ainsi il faut éviter de consommer des légumes crus ou peu cuits, préférer la charcuterie préemballée à celle vendue à la coupe, recuire les aliments conservés au réfrigérateur, ne pas consommer la croûte des fromages à pâte molle comme le camembert et le brie, faire bouillir le lait cru ou pasteurisé avant consommation, se méfier des produits artisanaux.
Il est en outre conseillé de se laver les mains après avoir manipulé des aliments non cuits, de nettoyer et de désinfecter régulièrement le réfrigérateur.

LE DIAGNOSTIC

Chez l'adulte et le nouveau-né, le diagnostic repose sur l'identification du bacille dans le sang ou dans le liquide céphalorachidien (après ponction lombaire). Chez la femme enceinte, l'examen du placenta, après l'accouchement, révèle de petits abcès jaunâtres dans lesquels on recherche le bacille. Cela constitue un élément important pour diagnostiquer la maladie chez le nouveau-né.
On peut également rechercher le germe pendant la grossesse en faisant des prélèvements vaginaux. En cas de fièvre survenant sans autres symptômes chez une femme enceinte, de tels prélèvements sont systématiquement conseillés.

LA BRUCELLOSE

Cette maladie est due à la bactérie *Brucella*, transmise à l'homme par les animaux de ferme. Elle se rencontre dans les pays méditerranéens, où elle est connue sous le nom de « fièvre de Malte ».

La brucellose se rencontre fréquemment chez les animaux d'élevage. Elle se transmet à l'homme soit par contact direct avec les animaux (c'est le cas pour les éleveurs, les bergers, les vétérinaires ou les personnes travaillant dans les abattoirs), soit par la consommation de lait, de fromages frais ou de laitages non pasteurisés, contaminés.

LES SYMPTÔMES

L'incubation peut durer plusieurs semaines. Les premiers symptômes de la maladie sont une fièvre élevée, accompagnée de douleurs diffuses et de sueurs, pendant quelques jours. Puis la fièvre se prolonge et devient d'intensité variable. Elle peut être isolée ou associée à des maux de tête, des douleurs articulaires, un manque d'appétit, une faiblesse musculaire et même un état dépressif. On parle de « patraquerie brucellienne ». La maladie peut devenir chronique. Dans ce cas, elle se manifeste sous forme d'accès, entrecoupés de longues périodes de rémission.

LE DIAGNOSTIC

Le diagnostic repose, en début de maladie, sur la recherche de la bactérie *Brucella* dans le sang du malade (hémoculture). Tardivement, il est confirmé par la réaction cutanée à une piqûre intradermique (intradermoréaction de Brunet, comme pour la tuberculose). La recherche des anticorps spécifiques produits par le malade en réaction à l'invasion par le germe (sérodiagnostic de Wright) est un meilleur témoin de la maladie.

D. Lerault – DIAF

Troupeau de moutons dans un pâturage. *Les animaux d'élevage peuvent transmettre la brucellose, soit par contact direct, soit par l'intermédiaire de leur lait.*

LA PRÉVENTION

Les cas de brucellose humaine ou animale doivent être déclarés aux autorités sanitaires locales. Les animaux contaminés sont abattus, et les locaux d'élevage, désinfectés. Les professionnels en contact avec les animaux doivent respecter des règles d'hygiène élémentaires et notamment porter des gants lorsqu'ils sont en contact avec le sang des animaux, au moment des mises bas ou de l'abattage. La vaccination des professionnels exposés et du bétail permet de réduire la fréquence de cette maladie.

LE TRAITEMENT

Le traitement, pour être efficace, nécessite l'association de 2 ou 3 antibiotiques (cyclines, aminosides, quinolones). Il doit être poursuivi pendant 2 mois à partir de la phase aiguë. Lorsque le traitement est commencé tardivement, la maladie est alors plus difficile à soigner. On peut alors ajouter aux antibiotiques un traitement par les corticoïdes. L'état dépressif provoqué par la maladie peut être traité par psychothérapie.

LE LUMBAGO

Le lumbago, plus communément appelé tour de reins, est une douleur d'apparition brutale au niveau des vertèbres lombaires. Il est sans gravité mais peut durer plusieurs jours.

Le lumbago est dû à une petite lésion d'un disque intervertébral occasionnée généralement par un faux mouvement de torsion de la colonne vertébrale.
Il survient de façon brutale et succède à un mouvement maladroit combinant une flexion et une torsion du tronc.

LES CAUSES ET LES SIGNES

C'est souvent en essayant de soulever un objet difficilement accessible que se produit le faux mouvement.
Parfois, le lumbago survient lors d'un véritable effort de traction ou, au contraire, à la suite d'un mouvement complètement anodin, par exemple en faisant un léger faux pas.
La douleur lombaire est aiguë. Elle limite aussitôt les mouvements de la colonne vertébrale. Ce blocage entraîne pendant quelques jours une attitude incorrecte appelée attitude antalgique (c'est-à-dire liée à la douleur ressentie). Le patient garde la position qui lui fait le moins mal. Le moindre geste, ainsi que tout ce qui augmente la pression abdominale (toux),

UN CAS PARTICULIER : LE LUMBAGO D'EFFORT

La douleur de ce type de lumbago n'est pas provoquée par un faux mouvement en torsion, mais par un effort violent de soulèvement. Il s'agit généralement d'une personne plutôt jeune effectuant un travail pénible ou soulevant une lourde charge.
La douleur est violente et se reproduit ensuite à chaque effort pour soulever une charge, handicapant le travailleur dans sa vie professionnelle. Ces douleurs, difficiles à traiter, seraient dues à une irritation des disques intervertébraux.

Boucharlat – BSIP

***Personne soulevant des charges.** Le port de charges lourdes peut provoquer des douleurs dans le dos ; on parle alors de lumbago d'effort.*

LE MÉCANISME

Le lumbago est dû à une lésion limitée d'un disque intervertébral. Chaque disque est formé d'une partie périphérique, l'annulus, et d'une partie centrale, le nucleus pulposus.
L'annulus est constitué par un réseau de fibres qui assure la stabilité de la colonne vertébrale. Au centre, le nucleus absorbe et répartit les chocs.
Le lumbago provient d'une fissure des fibres annulaires dans laquelle s'infiltre une partie du nucleus. Les fibres du disque intervertébral ont une structure et une fonction assez proches de celles des ligaments d'une articulation : on peut donc considérer qu'un lumbago est l'équivalent d'une entorse.

augmente la douleur. Le blocage douloureux est d'une durée très variable (de 2 heures à 2 jours).
Une gêne et de légères douleurs au niveau des vertèbres lombaires peuvent persister pendant 4 ou 5 jours, parfois un peu plus.

LE DIAGNOSTIC

Le diagnostic de lumbago se fait uniquement à partir de l'interprétation des signes : les caractéristiques de la douleur, sa localisation et les conditions de son déclenchement. Habituellement, aucun examen supplémentaire n'est nécessaire. Une radiographie de la colonne au niveau des vertèbres lombaires n'est donc pas systématiquement demandée par le médecin. Elle ne s'impose que si une maladie associée est suspectée, en cas de récidive fréquente, de douleur chronique, ou lorsqu'une arthrose est possible chez la personne âgée, ou encore en cas de complications, quand des signes de sciatique apparaissent.

LE TRAITEMENT

La douleur du lumbago disparaît sans traitement, mais il est possible d'en diminuer l'intensité ou la durée par le repos au lit. Il faut alors choisir une position allongée sur le dos et sur un matelas suffisamment dur.
On utilise parfois aussi des médicaments contre la douleur ou des relaxants, dont les effets sont cependant assez limités. Les anti-inflammatoires sont plus efficaces : ils soulagent bien les douleurs nocturnes, mais sont parfois mal tolérés. En cas de douleurs très intenses, les anti-inflammatoires peuvent être donnés sous forme d'infiltration locale de cortisone.
Les manipulations vertébrales sont parfois bénéfiques. Comme pour les infiltrations, elles doivent être exécutées par un médecin spécialiste.

L'ÉVOLUTION

La cicatrisation des lésions du disque n'est pas toujours parfaite, d'où le risque fréquent de récidive. Le lumbago peut alors se répéter et se transformer en une lombalgie chronique.
La lésion peut aussi s'accentuer et entraîner une hernie discale, qui se traduit par la saillie du disque intervertébral en dehors de ses limites normales, provoquant la compression d'une racine nerveuse, voire de la moelle épinière. Les principaux symptômes sont une douleur aiguë et une raideur de la colonne vertébrale. La compression d'une racine nerveuse induit des douleurs le long de la jambe (trajet du nerf sciatique) ou au niveau de l'épaule et du bras (névralgie cervico-brachiale), associées à des fourmillements, voire à une paralysie.

LA PRÉVENTION

La prévention du lumbago est essentielle, car celui-ci peut se transformer à la longue en une lombalgie chronique, assez invalidante. Cette prévention n'est pas toujours facile à expliquer. Elle consiste à prendre conscience de son dos et des gestes qui peuvent lui être néfastes. Il faut éviter tous les efforts en torsion et garder sa colonne vertébrale droite dans toutes les positions. Ainsi, il ne faut pas se pencher en avant pour ramasser quelque chose par terre, mais apprendre à plier les genoux, même s'il s'agit d'un objet très léger. Cette technique est applicable à de nombreux gestes de la vie quotidienne, comme s'asseoir, se lever, sortir de son lit, passer l'aspirateur, descendre de sa voiture, etc. Mal réalisés, ces gestes peuvent, à la longue, entraîner des douleurs dans le dos.

LUNETTES ET LENTILLES

De nombreuses personnes ont besoin de corriger leur vue ; parmi celles-ci, beaucoup demandent à porter des lentilles. Différents critères, médicaux ou non, permettront d'orienter leur choix.

Keene - BSIP

Les lunettes. *Prescrites par un ophtalmologiste et fournies par un opticien, elles servent à corriger de nombreux défauts de vision.*

Il existe aujourd'hui plusieurs solutions pour corriger sa vue. La plus traditionnelle est celle des lunettes, montures munies de verres correcteurs, soit minéraux (en verre) soit organiques (en plastique). La seconde solution est celle des lentilles de contact, prothèses optiques transparentes et très fines que l'on pose sur la cornée de l'œil. Il existe deux types de lentilles : les lentilles souples (ou hydrophiles), et les lentilles rigides. Le choix revient surtout à l'ophtalmologiste.

LES LUNETTES

Les avantages. Le premier avantage est la simplicité d'utilisation. Tout le monde peut en porter, sans considération d'âge, d'état de santé ou d'activité professionnelle, qu'il s'agisse de corriger une myopie, une hypermétropie, un astigmatisme ou une presbytie.

Les inconvénients. Les lunettes peuvent être perçues comme peu esthétiques, bien qu'il existe actuellement des modèles assez jolis ; elles peuvent être difficiles à tolérer, lors d'activités sportives ; elles ne corrigent la vue que dans le plan du verre, et non dans l'intégralité du champ visuel ; enfin, quand la vue est très basse, comme chez certains myopes, la correction est moins bonne que celle de lentilles de contact.

LES LENTILLES DE CONTACT

Les avantages. Le premier avantage des lentilles de contact est l'esthétique et le confort :

LENTILLES DE CONTACT ET PRESBYTIE

Il existe des verres de contact pour presbytes. Cependant, malgré les nets progrès technologiques réalisés ces dernières années, ils ne constituent pas encore la solution idéale et la correction qu'ils apportent, aussi bien pour la vision de près que pour celle de loin, n'égale pas celle d'une simple paire de lunettes. Pour les myopes qui portent déjà des verres de contact et qui deviennent presbytes, on propose dans certains cas des lentilles de contact multifocales (équivalentes aux verres progressifs des lunettes), mais elles ne sont pas encore efficaces. Il est alors préférable d'associer le port de lunettes pour la vision de près à des lentilles pour corriger le défaut de la vision de loin.

la correction est invisible, et les activités sportives, plus agréables à pratiquer. De plus, comme elles épousent la courbure de la cornée, les lentilles permettent d'avoir un champ visuel corrigé plus complet.
Dans certains cas, le port de lentilles est la seule solution, car les lunettes sont inefficaces : absence de cristallin d'un œil, myopie supérieure à 15 dioptries, kératocône, différence d'acuité entre les deux yeux supérieure à 4 dioptries.
Les inconvénients. Le port des lentilles nécessite impérativement une hygiène quotidienne rigoureuse et soigneuse. À plus ou moins long terme, une intolérance peut survenir, qui est moindre dans le cas de lentilles rigides. Enfin, il existe toujours un risque de kératite (infection ou inflammation de la cornée). Quant aux lentilles permanentes, qui peuvent être gardées entre huit et quinze jours, elles ne peuvent constituer qu'une solution temporaire, en raison d'une moins bonne oxygénation de la cornée, ainsi que de leur coût.

***Les lentilles de contact.** Leur pose et leur entretien exigent un soin tout particulier.*

LE POINT DE VUE DU MÉDECIN

Après en avoir discuté avec le patient, l'ophtalmologiste l'orientera vers l'un ou l'autre choix en fonction du type d'anomalie à corriger, de son âge, de l'état de ses yeux et du genre d'activités qu'il exerce.
La meilleure indication de port de lentilles est la myopie ; la qualité de vision obtenue est meilleure quand la myopie est forte. Pour les hypermétropes, les lentilles sont surtout intéressantes pour les hypermétropies fortes, qui nécessitent une correction permanente, car elles permettent de supprimer des verres parfois lourds.
En revanche, l'astigmatisme est plus difficile à corriger par des lentilles, les plus efficaces dans ce cas étant les lentilles rigides. La réserve est la même pour la presbytie : les lentilles n'apportent pas une correction aussi parfaite que peut l'être celle de verres correcteurs progressifs.

LES AUTRES CRITÈRES DE CHOIX

Un critère important est celui de l'âge : le problème principal des lentilles étant leur entretien, on n'en prescrit qu'à partir du moment où la personne est suffisamment mûre pour assumer correctement cet entretien. Les lentilles sont donc contre-indiquées pour les enfants, sauf dans le cas de jeunes enfants opérés de cataracte, l'entretien étant alors assuré par les parents. Les enfants doivent obligatoirement porter des lunettes munies de verres organiques, qui sont plus légers que les verres minéraux et se cassent rarement, ce qui minimise le risque d'éclats susceptibles de provoquer des blessures à l'œil.
Le deuxième critère est l'état des yeux : les lentilles sont contre-indiquées pour les personnes ayant une maladie de la cornée ou des sécrétions lacrymales insuffisantes. Enfin, les activités du patient et certains métiers (qui exposent à la chaleur ou à la poussière) interdisent le port de lentilles.

L'ENTRETIEN DES LENTILLES

Porter des lentilles demande un entretien quotidien, qui peut paraître fastidieux. Les lentilles doivent être nettoyées et aseptisées chaque jour avec un produit adapté à leur nature (rigide ou souple) et prescrit par l'ophtalmologiste. Le liquide dans lequel on les met lorsqu'on les enlève doit être renouvelé chaque jour, et l'étui qui les contient dans leur liquide est lui-même à changer tous les mois. Une fois par semaine, les lentilles doivent en outre être déprotéinisées, c'est-à-dire baignées dans un liquide qui ôte les dépôts organiques provenant du film lacrymal.

LA LUXATION

La luxation résulte du déplacement violent des 2 extrémités osseuses d'une articulation, avec perte de contact des surfaces articulaires, ou glissement d'un os hors de sa cavité articulaire.

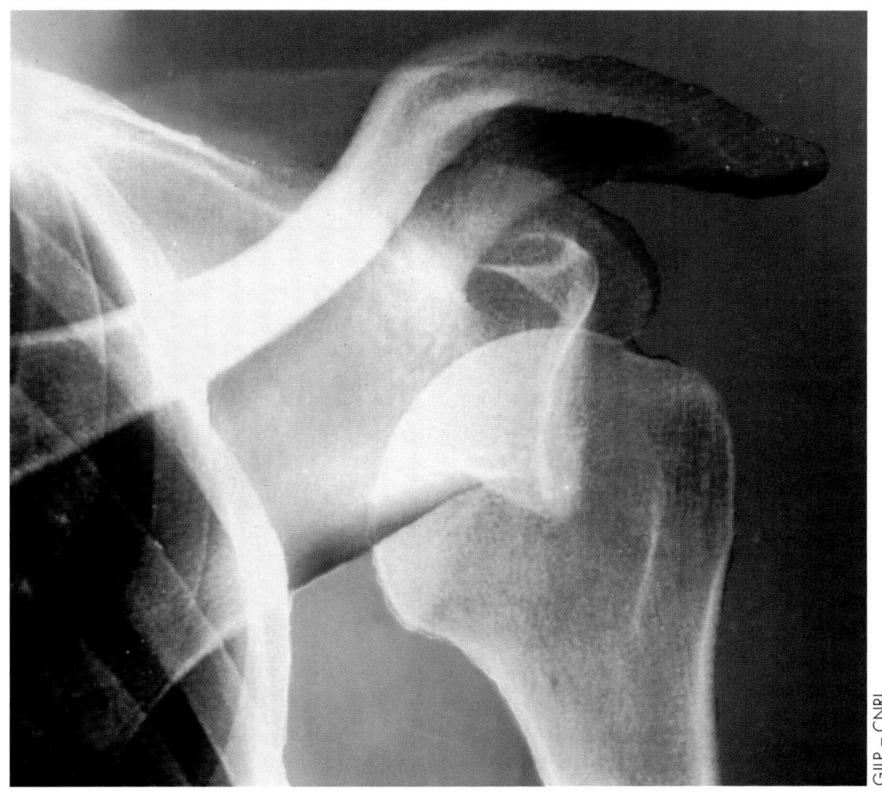
GJLP – CNRI

***Radiographie d'une luxation accidentelle de l'épaule gauche.** La tête de l'humérus est déboîtée et sort de la cavité de l'omoplate.*

Souvent douloureuse, la luxation s'accompagne parfois de la déchirure des ligaments de l'articulation et de la fracture de l'un des 2 os. Elle peut provoquer des lésions des nerfs et des vaisseaux sanguins.

Lorsque le déplacement des 2 extrémités osseuses entraîne une perte totale de contact, on parle de luxation complète. Celle-ci touche principalement les articulations des membres supérieurs : les épaules, les coudes, les pouces. Dans le cas où les 2 os restent en contact sur une petite surface malgré le déplacement, on parle de luxation partielle, ou subluxation. Celle-ci touche souvent la hanche.

LES CAUSES

En fonction de leur cause, on distingue 2 types de luxations. Les luxations dont l'origine est un choc violent ou un mouvement forcé sont dites traumatiques. Celles qui sont liées à des malformations anatomiques sont dites congénitales : ce sont essentiellement les luxations congénitales de la hanche, dont le dépistage est systématique à la naissance.

LES SYMPTÔMES ET LES COMPLICATIONS

La luxation limite ou interdit tout mouvement de l'articulation blessée et provoque en général une douleur violente. L'articulation paraît déformée et gonfle souvent rapidement.

La radiographie confirme le diagnostic et met en évidence d'éventuelles complications : fracture de l'un ou des deux os de l'articulation, par exemple. Une luxation vertébrale (survenant toujours après un traumatisme important) peut entraîner une lésion de la moelle épinière, avec troubles neurologiques au-dessous de la zone lésée. Une luxation de l'épaule ou de la hanche peut endommager des nerfs moteurs du bras ou de la jambe et provoquer une paralysie du membre.

Dans de rares cas, les tissus entourant l'articulation luxée

LUXATION CONGÉNITALE DE LA HANCHE

La luxation congénitale de la hanche, qui se caractérise par la sortie de la tête du fémur hors de la cavité de l'os iliaque, est une malformation présente dès la naissance. Sa cause n'est pas connue, mais on retrouve des antécédents familiaux.
Si cette malformation n'est pas dépistée à la naissance ou aussitôt après par des examens réguliers, elle peut l'être plus tardivement, quand l'enfant apprend à marcher : celui-ci présente alors une petite boiterie ou se montre réticent à se mettre sur ses jambes.

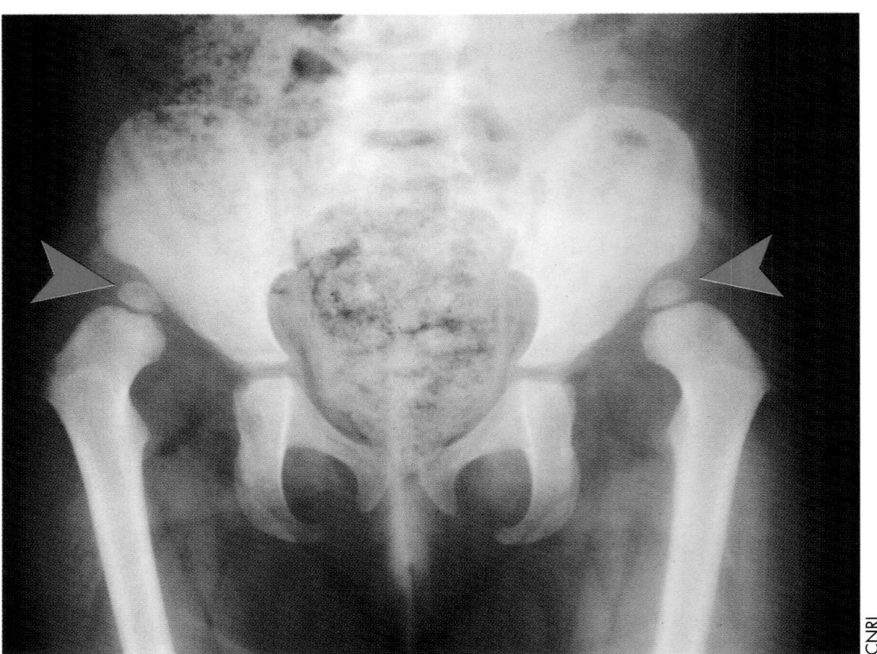

***Radiographie d'une luxation congénitale des hanches.** Les 2 têtes fémorales ne s'articulent plus avec les cavités articulaires du bassin.*

deviennent si fragiles que la luxation peut se reproduire ultérieurement à l'occasion d'un traumatisme minime.
Les luxations laissent parfois des séquelles à long terme, comme une raideur : épaule gelée par exemple, qui rend presque impossibles les mouvements de l'articulation.

LE TRAITEMENT

Seul un médecin ou un secouriste expérimenté peuvent tenter de remettre une articulation en place. En effet, cette manœuvre, appelée réduction, quand elle est maladroite ou brutale, fait courir un risque de lésion nerveuse ou de déplacement osseux s'il existe une fracture associée. Elle doit donc être effectuée à l'hôpital, après vérification des clichés radiologiques (pour s'assurer de l'absence de fracture osseuse). Elle peut être immédiate, effectuée à la main ou lors d'une intervention chirurgicale sous anesthésie générale, qui nécessite d'être à jeun.
L'intervention chirurgicale est indispensable en cas de fracture associée. La pose de plaque, vis ou clou (ostéosynthèse) est souvent nécessaire pour fixer les fragments. Des radiographies sont ensuite pratiquées régulièrement pour surveiller l'évolution. Après réparation ou simple remise en place, une immobilisation au moyen d'une écharpe (luxation de l'épaule) ou d'un plâtre permet aux ligaments, aux tendons et à l'articulation de cicatriser dans les meilleures conditions.
La durée de l'immobilisation dépend de la taille de l'articulation : 2 ou 3 semaines pour le pouce, 5 ou 6 semaines pour la hanche. Dans ce dernier cas, l'immobilisation doit être le plus précoce possible pour prévenir la détérioration de la partie supérieure du fémur (nécrose de la tête fémorale) et doit être associée à une mise en traction de la jambe. Les suites de cette luxation, assez rare mais grave (rupture ligamentaire), sont longues : immobilisation suivie d'une période de marche sans appui avec cannes, avant de pouvoir poser le pied par terre.
Après une luxation du genou, il est fréquent de garder une instabilité définitive du genou.
La luxation récidivante (qui se reproduit pour des traumatismes minimes) est fréquente lorsque les muscles et les ligaments voisins ont été endommagés, par exemple au niveau de l'épaule. Dans ce cas, une intervention chirurgicale peut être effectuée pour renforcer la stabilité de l'articulation.

LES LYMPHOMES

Les lymphomes sont des cancers qui naissent dans le tissu lymphoïde, surtout dans les ganglions. Il en existe deux types : les lymphomes hodgkiniens et les lymphomes malins non hodgkiniens.

Le tissu lymphoïde est un tissu de l'organisme dans lequel les lymphocytes, des cellules de la famille des globules blancs, se multiplient. Ce tissu est présent dans les ganglions lymphatiques (petits nodules constitués de lymphocytes), mais aussi dans d'autres organes comme la rate, le thymus et les amygdales. Dans le premier type de lymphome, appelé lymphome hodgkinien ou maladie de Hodgkin, les ganglions sont atteints de façon prédominante; la maladie de Hodgkin se caractérise en outre par la présence dans les tissus atteints d'un type particulier de cellules anormales, les cellules de Sternberg (cellules de grande taille, dotées d'un gros noyau d'aspect boursouflé). Le terme de lymphome malin non hodgkinien regroupe les autres affections malignes du tissu lymphoïde, que la maladie se développe ou non à l'intérieur d'un ganglion lymphatique.

GJLP - CNRI

***La lymphographie.** Elle révèle la présence de ganglions hypertrophiés dans la cavité abdominale.*

LE DIAGNOSTIC

Il repose sur l'examen au microscope d'un ganglion ou, le cas échéant, d'un fragment de tissu d'un autre organe atteint, prélevés lors d'une petite intervention chirurgicale (biopsie). Cette étude permet de différencier la maladie de Hodgkin, caractérisée par la présence de cellules de Sternberg, des autres lymphomes. Le diagnostic établi, il faut estimer le degré d'extension de la maladie, dont dépend le choix du traitement. L'étendue de l'atteinte des ganglions superficiels est évaluée lors d'un examen clinique, celle des ganglions profonds, par une échographie, une lymphographie, un scanner ou une IRM.

LA MALADIE DE HODGKIN

Cette affection cancéreuse se déclare essentiellement dans la rate et les ganglions (organes lymphoïdes). Rare chez les enfants, elle touche le plus souvent les personnes de moins de trente ans et de plus de soixante ans. Ses causes sont encore mal connues ; l'infection par le virus d'Epstein-Barr jouerait un rôle dans son apparition, même si d'autres éléments sont probablement en cause.

Les signes. La maladie de Hodgkin se déclare d'abord par une augmentation de volume des ganglions lymphatiques : cou, aisselles, aine, espace entre les deux poumons (médiastin) ; puis elle s'étend de proche en proche aux chaînes ganglionnaires et à la rate, qui augmente de taille. Plus tardivement, d'autres organes, tels que le foie, les poumons, la moelle osseuse, sont touchés. À un stade avancé de la maladie, le patient est fiévreux, transpire abondamment, maigrit, souffre de démangeaisons et présente des signes biologiques d'inflammation (augmentation de la vitesse de sédimentation).

Le traitement. La maladie est traitée par polychimiothérapie (association de plusieurs

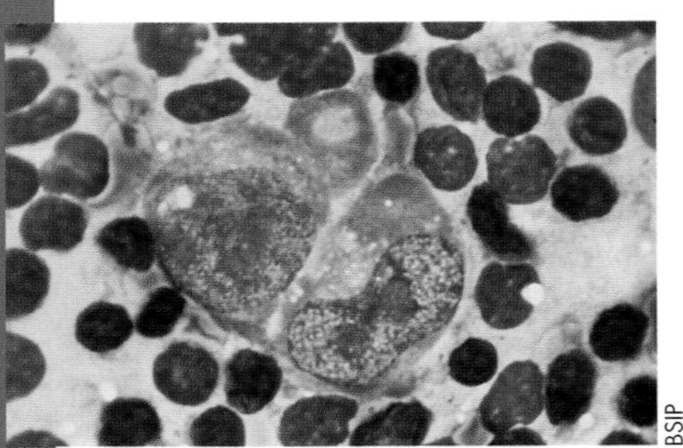
BSIP

La maladie de Hodgkin. *Des cellules de Sternberg (ici, au centre), entourées de lymphocytes, prolifèrent dans les ganglions.*

substances) et radiothérapie. Dans certaines formes localisées, on peut parfois proposer une radiothérapie sans chimiothérapie ; dans ce cas, on effectue souvent au préalable l'ablation de la rate, seul moyen de vérifier si elle est atteinte (la rate est un organe friable sur lequel il est impossible de pratiquer une ponction) et d'estimer ainsi le degré d'extension de la maladie et le traitement.
Mortelle jusqu'au début des années 1960, la maladie de Hodgkin est l'un des cancers qui ont le plus bénéficié de la polychimiothérapie. On peut aujourd'hui guérir la majorité des personnes atteintes.

LES LYMPHOMES MALINS NON HODGKINIENS

Il s'agit de maladies très diverses, tant au niveau du mécanisme d'apparition des cellules malignes et de la morphologie de ces cellules que de l'évolution de la maladie.
Les causes de ces affections sont encore inconnues, mais certains facteurs jouent un rôle manifeste dans leur développement : ainsi, l'infection par le virus d'Epstein-Barr joue un rôle dans l'apparition d'une variété de cette maladie, le lymphome de Burkitt ; les désordres du système immunitaire, chargé de défendre l'organisme contre les agressions extérieures, sont aussi susceptibles de favoriser une prolifération cancéreuse du tissu lymphoïde ; enfin, les déficits immunitaires congénitaux, les maladies auto-immunes (l'organisme est victime de ses propres défenses immunitaires), les traitements immunosuppresseurs, le sida peuvent aussi faciliter l'apparition d'un lymphome non hodgkinien.
Les signes. La maladie se révèle le plus souvent par un gonflement d'un ou de plusieurs ganglions lymphatiques superficiels. Elle peut aussi se révéler par une localisation prédominante en dehors des ganglions, par exemple dans la thyroïde, l'estomac, le mésentère (un repli du péritoine, membrane qui revêt l'intérieur de la cavité abdominale), l'intestin grêle, le côlon, le rectum, les os ou le système nerveux central (surtout le cerveau) : une tumeur se forme alors sur ou dans la partie atteinte. La maladie peut aussi se manifester par une fièvre et par une altération de l'état général, ce qui traduit une atteinte des ganglions situés à l'intérieur de l'abdomen. Dans une forme particulière de lymphome non hodgkinien, le syndrome de Sézary, c'est la peau qui est le siège de la prolifération maligne, l'affection se traduisant par une rougeur diffuse, laissant des intervalles de peau saine, et par d'importantes démangeaisons.
Le traitement. Il repose sur la chimiothérapie. Les formes localisées de la maladie, même graves, ont de très bonnes chances de guérir. Pour les formes plus légères, le traitement n'est indispensable que lorsque la maladie progresse. Quant aux formes étendues et agressives, leurs chances de guérison ont beaucoup progressé avec l'apparition de nouvelles méthodes de chimiothérapie, qui permettent d'espérer une rémission durable dans de nombreux cas.

LES PROGRÈS THÉRAPEUTIQUES

Dans les formes les plus graves de lymphomes, on utilise des doses de plus en plus fortes de chimiothérapie. Cela est devenu possible grâce à l'utilisation de deux adjuvants : en premier lieu, certains facteurs de croissance (substances jouant un rôle primordial dans le processus de production des cellules sanguines par la moelle, ou hématopoïèse) accélèrent la restauration d'un nombre normal de polynucléaires neutrophiles et diminuent ainsi le risque d'infection ; en second lieu, la réinjection au patient de cellules souches hématopoïétiques (capables de donner naissance à n'importe quelle cellule sanguine), prélevées sur lui avant le traitement, permet une guérison plus rapide.

LA MALADIE D'ADDISON

Cette affection, rare, est due à une atteinte des glandes corticosurrénales, conduisant à un arrêt de la production d'aldostérone et de cortisol, des hormones qui jouent un rôle indispensable dans le bon fonctionnement de l'organisme.

L'aldostérone est une hormone qui permet la rétention de sodium par les reins ; elle joue un rôle primordial dans le contrôle du volume sanguin et dans la régulation de la tension artérielle. Le cortisol participe à la dégradation ou à la production (métabolisme) des glucides, des protéines et des lipides. Il possède une forte activité anti-inflammatoire. La maladie d'Addison, caractérisée par un déficit total en ces hormones (d'où l'autre appellation de la maladie : insuffisance surrénalienne lente), doit son nom au médecin anglais Thomas Addison, qui, en 1855, a décrit pour la première fois les caractéristiques de cette affection : association d'une grande fatigue, de troubles digestifs et d'une pigmentation anormale de la peau, par atteinte des glandes surrénales. La maladie d'Addison était mortelle jusqu'à ce qu'un traitement hormonal ait été mis au point, dans les années 1950.

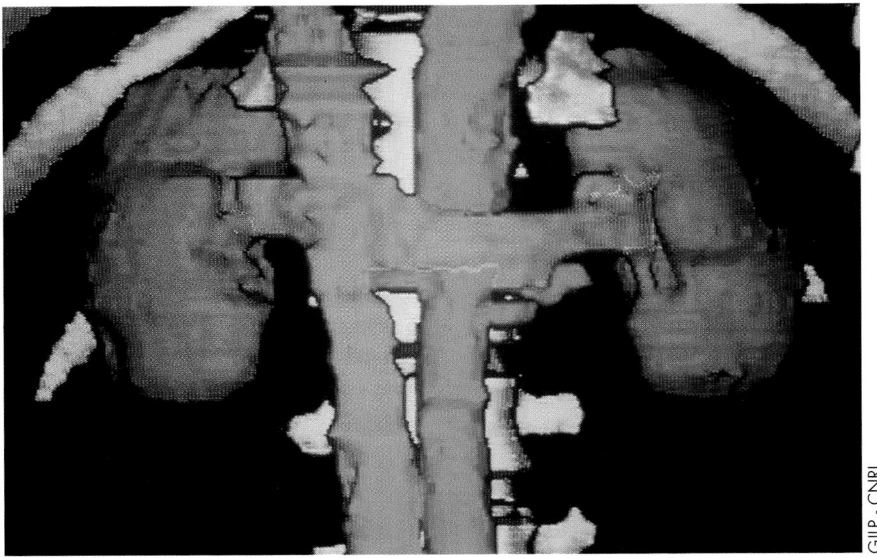
GJLP - CNRI

***Glandes surrénales.** Ces deux glandes hormonales (en violet sur la photo), situées au-dessus de chaque rein, sont en cause dans la maladie d'Addison.*

LES GLANDES SURRÉNALES

Ces glandes hormonales, au nombre de deux, sont situées au-dessus de chaque rein. Elles sont constituées de deux parties fonctionnant indépendamment. Leur partie externe, appelée corticosurrénale, sécrète l'aldostérone (hormone responsable de la rétention de sodium par les reins), le cortisol (qui influence certaines réactions chimiques) et les androgènes surrénaliens, hormones mâles. Leur partie interne, ou médullosurrénale, secrète l'adrénaline et la noradrénaline, hormones d'activation générale de l'organisme en cas de stress.

LES SYMPTÔMES ET L'ÉVOLUTION

Les symptômes de la maladie s'installent très progressivement, en général sur plusieurs mois ou plusieurs années. Le patient éprouve une fatigue physique et psychique, surtout le soir. Une pigmentation brunâtre de la peau apparaît au niveau des plis de flexion, des zones de frottement et des muqueuses (notamment de la bouche). Le malade n'a pas faim, perd du poids et a un goût prononcé pour le sel. Sa tension artérielle est basse et il ressent des sensations de vertige (cette hypotension

artérielle est aggravée en position debout). Son taux de sucre dans le sang a tendance à diminuer (hypoglycémie).
La maladie d'Addison est une affection chronique. Cependant, des poussées aiguës peuvent être déclenchées par une infection, une agression psychique, un traumatisme ou une intervention chirurgicale. Elles sont marquées par une déshydratation importante et des troubles digestifs (douleurs abdominales, vomissements et diarrhée). Elles nécessitent alors un traitement en urgence.

LE DIAGNOSTIC

Il repose surtout sur des dosages hormonaux, effectués en laboratoire, à partir d'un prélèvement de sang. Le médecin constate que les taux de cortisol et d'aldostérone sont très bas et qu'ils n'augmentent pas après une injection de corticotrophine (ACTH), hormone hypophysaire stimulant normalement la sécrétion d'aldostérone et de cortisol. Le bilan comporte également une recherche d'anticorps antisurrénaliens. Le médecin recherche aussi l'existence d'autres maladies auto-immunes : il peut s'agir de maladies hormonales (en particulier de la glande thyroïde) ou d'affections générales (maladie de Biermer, vitiligo). Une tuberculose doit être systématiquement recherchée. Un scanner des glandes surrénales est généralement pratiqué : il permet en effet de mettre en évidence la destruction des glandes surrénales.

LES DIFFÉRENCES ENTRE L'HYDROCORTISONE ET LES CORTICOSTÉROÏDES

L'hydrocortisone correspond à la forme synthétique du cortisol, naturellement produit par la glande corticosurrénale. Elle est prescrite pour suppléer un déficit en cortisol, par exemple dans le cas de la maladie d'Addison. Ce traitement rétablit un équilibre naturel et n'entraîne donc aucun effet secondaire. À partir du cortisol, des dérivés chimiques ont été élaborés : les corticostéroïdes. Ils sont utilisés pour leurs effets anti-inflammatoire, anti-allergique et immunosuppresseur. Quand ces médicaments sont prescrits sur de longues durées, ils peuvent avoir des effets indésirables. Une alimentation pauvre en sel et en sucres rapides, et enrichie en calcium, permet de limiter ces effets.

LES CAUSES

La maladie d'Addison peut être due à toute affection qui détruit les glandes corticosurrénales. Il s'agit le plus souvent d'une maladie au cours de laquelle les anticorps produits par le système immunitaire attaquent les glandes corticosurrénales (maladie auto-immune). Autrefois, l'affection était surtout provoquée par la tuberculose.

LE TRAITEMENT

Un traitement par voie orale est prescrit à vie : hydrocortisone (pour remplacer la sécrétion de cortisol défaillante), 9-alpha-fludrocortisone (pour remédier au déficit en aldostérone). Les doses doivent être augmentées transitoirement en cas d'infection, de traumatisme ou d'intervention chirurgicale, pour prévenir une insuffisance surrénale aiguë. Le régime est, par ailleurs, normalement salé.
Le traitement des poussées aiguës de la maladie consiste à administrer rapidement par perfusion du sérum physiologique et des doses importantes d'hydrocortisone et de 9-alpha-fludrocortisone.

LE SUIVI DU PATIENT

Le suivi d'une personne atteinte de la maladie d'Addison et traitée par hydrocortisone et 9-alpha-fludrocortisone est essentiel. Le patient doit en effet prendre ce traitement à vie et ne peut l'arrêter en aucun cas. Diverses précautions sont nécessaires. Dans certains pays, le malade doit porter une carte d'insuffisant surrénalien indiquant son traitement et le nom du médecin qui le suit. En cas d'infection, de stress ou de toute autre maladie pouvant avoir des répercussions sur l'état du malade, les doses d'hydrocortisone doivent être doublées. Le patient doit toujours conserver au frais une ampoule d'hydrocortisone, en cas de crise aiguë. Enfin, lors d'une nouvelle consultation médicale ou paramédicale, il faut toujours signaler sa maladie et le traitement suivi.

La Maladie d'Alzheimer

La maladie d'Alzheimer est une affection neurologique chronique qui se traduit par une dégradation irréversible des capacités intellectuelles et aboutit à un état de démence.

La maladie d'Alzheimer survient en général après 65 ans (elle touche 2 à 6 % des personnes de 65 ans et 15 à 20 % des plus de 80 ans). Avec l'augmentation de l'espérance de vie, elle devient un problème social, les lieux d'accueil manquant pour prendre en charge les malades.

LES CAUSES

Elles sont encore inconnues, même si des hypothèses ont été formulées, évoquant une origine neurochimique, génétique, immunologique, virale, vasculaire ou encore toxique. L'hypothèse dite des radicaux libres fait actuellement l'objet de recherches : ces substances au pouvoir destructeur seraient à l'origine du vieillissement.

LES SYMPTÔMES

Souvent banals au début de la maladie, ils varient selon les personnes et ont tendance à s'aggraver avec le temps.

Les troubles de la mémoire. Ce sont les premiers signes, et parfois les seuls, à survenir au début de la maladie. Souvent négligés, les troubles de la mémoire concernent d'abord les événements récents (oubli de l'endroit où on a déposé ses clés, par exemple). Les malades n'arrivent plus à retrouver le nom d'une personne ou d'un lieu qui leur sont pourtant très familiers. Des troubles de l'orientation dans le temps et dans l'espace se manifestent progressivement : le malade ne sait plus où il se trouve, se perd facilement dans son quartier, n'arrive plus à donner la date du jour ou du mois. Ensuite, ces troubles touchent des événements plus anciens (impossibilité d'évoquer les faits marquants de sa vie), les connaissances apprises à l'école ou au travail.

Voisin - Phanie

***La maladie d'Alzheimer.** Pour que les malades conservent les capacités qui leur restent, on leur fait faire des excercices afin de maintenir leur mémoire.*

LES DÉMENCES

Dans le langage courant, le mot démence signifie « folie ». Pour les médecins, les démences se traduisent par un ralentissement des facultés intellectuelles, dû à une lésion des cellules cérébrales. On distingue :
– les démences symptomatiques, liées souvent à des congestions cérébrales ; elles proviennent parfois de maladies neurologiques ou hormonales, d'une intoxication ou d'une infection ;
– les démences dégénératives, dont la maladie d'Alzheimer ; elles sont sans cause connue.

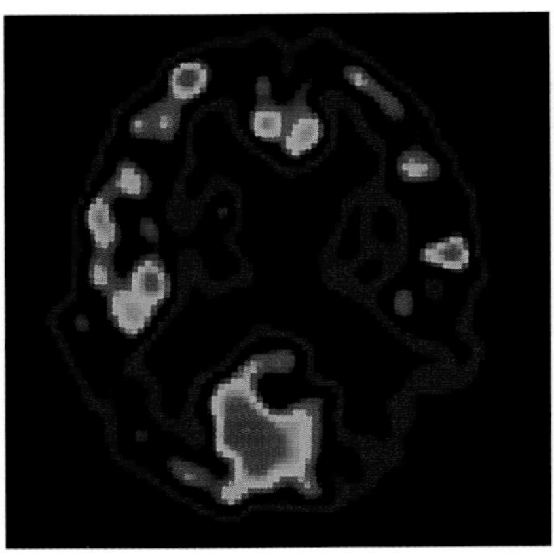

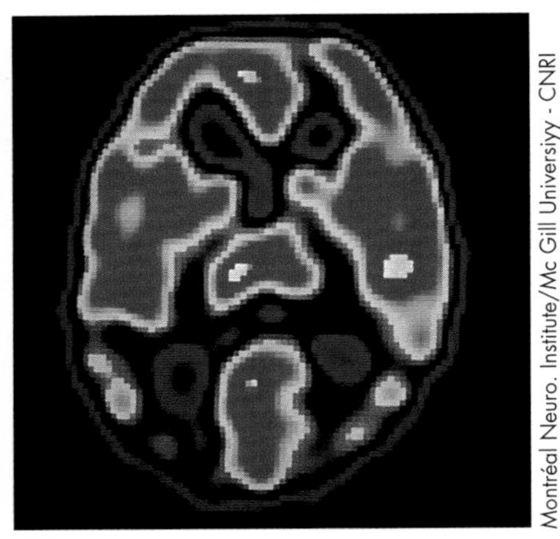

Montréal Neuro. Institute/Mc Gill Universiyy - CNRI

Activité cérébrale. *La tomographie par émission de positons permet de visualiser le niveau d'activité des neurones. À droite, un cerveau normal. À gauche, celui d'une personne atteinte de la maladie d'Alzheimer : l'activité de ses neurones est ralentie.*

Les troubles du comportement. D'abord modérés, ils s'accentuent progressivement : agressivité envers le conjoint et les enfants, idées de persécution ou, à l'inverse, indifférence à l'entourage et réduction de l'activité, ce qui constitue une réaction du malade à ses troubles de mémoire mais peut aussi traduire un état dépressif. Des troubles du sommeil surviennent fréquemment au cours de la maladie, avec inversion du rythme de sommeil : les patients dorment le jour et restent éveillés toute la nuit.

Les troubles du langage. Ils peuvent passer inaperçus au début : la personne cherche ses mots, fait des détours pour exprimer une idée et utilise des mots passe-partout. Plus tard, ces troubles ne font plus de doute : le discours est incohérent, le malade inverse ou remplace les syllabes ou les mots. Des troubles sévères de la compréhension s'installent.

Les troubles du comportement moteur. Ils se manifestent par des difficultés à faire des gestes quotidiens simples (utiliser une fourchette ou un couteau, s'habiller, faire sa toilette), sans signe de paralysie.

Les troubles de la reconnaissance des visages. Le malade ne reconnaît plus ses proches, et ne se reconnaît plus lui-même dans un miroir.

LE DIAGNOSTIC

Lors d'un premier examen, le médecin détecte d'importants troubles de la mémoire. Des tests psychologiques font aussi apparaître une diminution des capacités intellectuelles. Ce premier diagnostic est provisoire, le médecin devant s'assurer que le malade ne souffre pas d'un autre type de démence ou de troubles de la mémoire liés à une maladie curable.

Un second examen plus précis (scanner et imagerie par résonance magnétique) révèle une diminution de volume du tissu cérébral. Une aggravation de cette atrophie cérébrale entre deux scanners successifs a une certaine valeur de diagnostic. Toutefois, seule l'étude au microscope d'un fragment de cortex pourra confirmer avec certitude, après la mort du patient, qu'il était bien atteint de la maladie d'Alzheimer.

LE TRAITEMENT

Aujourd'hui, aucun traitement ne permet de diminuer totalement les signes de cette maladie ni de la guérir. Les neuroleptiques réduisent les comportements agressifs, ce qui favorise le maintien à domicile du patient. D'autres médicaments sont efficaces contre le déclin de la mémoire, sans pour autant interrompre le processus : ces médicaments (donepezil, rivastigmine) qui visent à pallier la carence en acétylcholine – principale molécule intervenant dans les processus de mémorisation – peuvent permettre de ralentir l'évolution de la maladie dans certaines de ses formes modérées.

VIVRE AUPRÈS D'UN MALADE

En l'absence de médicament, le traitement repose sur la prise en charge du malade par sa famille ou par une aide à domicile. Le malade doit rester chez lui le plus longtemps possible, et l'hospitalisation n'est nécessaire qu'à un stade avancé de la maladie. Pour aider les familles qui vivent cette douloureuse expérience, il existe des associations dont le but est de leur venir en aide.

LA MALADIE DE BASEDOW

Cette affection de la glande thyroïde, qui touche surtout les jeunes femmes, se traduit par une augmentation de la production des hormones thyroïdiennes (hyperthyroïdie).

Laurent/Thiam - BSIP

Les causes de la maladie de Basedow. *Le surmenage peut être un facteur déclenchant de la maladie de Basedow, affection qui touche surtout les jeunes femmes.*

La maladie de Basedow porte le nom du médecin allemand Karl von Basedow, qui l'a décrite pour la première fois en 1840. C'est la cause la plus fréquente d'hyperthyroïdie. Elle concerne surtout les jeunes femmes.

LES SYMPTÔMES

Trois sortes de signes traduisent la maladie de Basedow : des signes d'hyperthyroïdie, un goitre et des signes oculaires. Les signes d'hyperthyroïdie sont très fréquents et motivent souvent la consultation : le patient maigrit alors qu'il a toujours de l'appétit, il est agité, ressent une certaine fatigue et ses mains peuvent légèrement trembler. Le goitre, augmentation diffuse et bénigne de la thyroïde qui provoque un gonflement du cou, est constant. La palpation permet d'en estimer la taille et l'étendue.
Les signes oculaires se manifestent avec une importance très variable. Il peut s'agir d'une rétraction de la paupière supérieure, qui rend le regard plus éclatant, de signes inflammatoires (rougeur, œdème), d'exophtalmie, qui se traduit par des yeux exorbités et peut toucher un seul œil ou les deux yeux. Parfois, dans les cas les plus graves, une paralysie des muscles qui contrôlent les mouvements des yeux peut survenir. L'atteinte oculaire peut précéder ou suivre de plusieurs années l'apparition de la maladie de Basedow.

LE DIAGNOSTIC

Le diagnostic de la maladie de Basedow est basé sur l'examen clinique du patient. Il est ensuite confirmé par des examens de sang révélant un faible taux de thyréostimuline et une

LES DIFFÉRENTS TYPES D'HYPERTHYROÏDIE

Il existe 2 grands types d'hyperthyroïdie. Dans le premier type, toute la glande thyroïde augmente de volume (goitre) et sécrète des quantités trop importantes d'hormones. On parle d'hyperthyroïdie diffuse, la plus fréquente étant liée à la maladie de Basedow. Dans le second type, seule une partie de la glande produit trop d'hormones. Il s'agit généralement d'un ou de plusieurs nodules, correspondant à des petites boules de tissu hyperfonctionnel. On parle alors d'hyperthyroïdie nodulaire.

augmentation du taux des hormones thyroïdiennes. La scintigraphie au technétium, qui révèle une fixation importante et diffuse de cette substance dans l'ensemble de la glande thyroïde, est également utile pour établir le diagnostic.

LES CAUSES

La maladie de Basedow est une affection caractérisée par l'attaque de l'organisme par son propre système immunitaire (maladie auto-immune). Elle est due à l'action d'anticorps sur les récepteurs thyroïdiens de la thyréostimuline, une hormone sécrétée par l'hypophyse, qui stimule la thyroïde. En se fixant sur ces récepteurs, qu'ils stimulent continuellement, les anticorps entraînent une hyperactivité de la glande thyroïde.
Le stress psychologique et affectif joue également un rôle dans l'apparition de la maladie. Un événement marquant dans la vie du patient (surmenage, changement familial ou professionnel) peut, en effet, être un facteur déclenchant.

LE TRAITEMENT

Le but du traitement est de bloquer la sécrétion de la glande thyroïde à l'aide de médicaments qui empêchent son fonctionnement, jusqu'à ce que la situation redevienne normale. Ces médicaments, des antithyroïdiens de synthèse, sont pris à forte dose, pendant 2 à 4 mois. Ensuite, le médecin ajuste la dose jusqu'à ce que la thyroïde fonctionne normalement. Généralement, le traitement dure environ 18 mois.
Dans certains cas, il est nécessaire de recourir à un traitement chirurgical qui consiste à retirer une partie de la glande thyroïde (thyroïdectomie partielle) ou de faire appel à la médecine nucléaire en administrant une dose d'iode 131 radioactif qui va se fixer sur la glande thyroïde et la détruire proportionnellement à son hyperfonctionnement. La guérison se fait habituellement sans séquelles, mais les rechutes sont possibles. Toutefois, l'exophtalmie échappe à ce traitement et nécessite une prise en charge particulière.

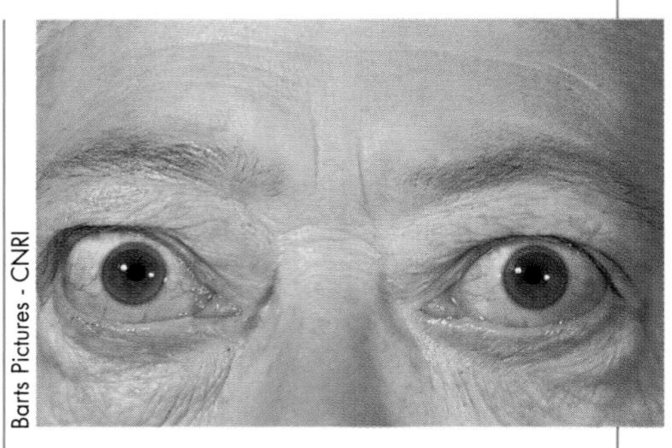

Barts Pictures - CNRI

Exophtalmie au cours de la maladie de Basedow. *Les yeux, que les paupières ne recouvrent plus normalement, sont exorbités.*

LES COMPLICATIONS

Elles se situent au niveau du cœur. Il s'agit de la cardiothyréose, qui se traduit par des troubles du rythme cardiaque, dont les plus fréquents sont une désorganisation de l'activité électrique des oreillettes (fibrillation auriculaire), avec risque de formation d'un caillot de sang et d'une embolie artérielle, surtout chez les personnes âgées. Une insuffisance cardiaque peut succéder aux troubles du rythme : le cœur n'arrive plus à remplir ses fonctions. L'insuffisance est également plus fréquente chez les personnes âgées. Les troubles du rythme et l'insuffisance cardiaque cèdent au traitement de l'hyperthyroïdie et à la prise de bêtabloquants.

LE TRAITEMENT DE L'EXOPHTALMIE

Il consiste d'abord à corriger une anomalie de fonctionnement de la glande thyroïde. L'exophtalmie est en effet aggravée par l'hyperthyroïdie, mais également par l'hypothyroïdie, caractérisée par une production insuffisante d'hormones thyroïdiennes. En outre, lorsque l'on souffre d'exophtalmie, des mesures simples doivent être respectées. Il faut éviter le tabac et assurer une protection oculaire par le port de lunettes, surtout en cas de forte réverbération ou de vent. Des larmes artificielles sont souvent prescrites pour bien humidifier la conjonctive. La mise en place de petits pansements occlusifs pour la nuit est nécessaire si la fermeture des paupières n'est pas complète. Il existe des cas plus graves d'exophtalmie qui imposent le recours à des médicaments anti-inflammatoires (corticostéroïdes), à la radiothérapie, voire à une intervention chirurgicale. Dans tous les cas, le traitement doit être adapté à chaque patient.

LA MALADIE DE CREUTZFELDT-JAKOB

Cette maladie touchant le cerveau est très rare. Elle est provoquée par la présence d'un prion, également en cause dans la maladie de la « vache folle », qui atteint notamment les animaux d'élevage.

La maladie de Creutzfeldt-Jakob appartient au groupe des encéphalopathies spongiformes, que l'on désigne ainsi en raison de l'aspect du tissu cérébral vu au microscope, qui ressemble alors à une éponge.

LES CAUSES

La maladie de Creutzfeldt-Jakob est provoquée, dans l'état actuel des connaissances, par la présence d'un prion. Elle semble avoir 3 origines. Un prion peut apparaître spontanément par le simple changement de conformation d'une protéine normalement présente dans le cerveau, appelée PrP. C'est le cas le plus fréquent de la maladie de Creutzfeldt-Jakob, qui débute alors au-delà de 50 ans et ressemble aux autres maladies dégénératives du cerveau, comme la maladie d'Alzheimer. Un prion peut également être transmis de façon héréditaire. Il existe quelques rares cas de familles où la maladie de Creutzfeldt-Jakob atteint plusieurs personnes. Enfin, un prion peut se transmettre comme un véritable agent infectieux, d'un individu à l'autre et, peut-être, de l'animal à l'homme. La maladie apparaît alors chez des personnes jeunes, bien avant 50 ans. Il existe des cas de transmission par greffe d'un organe provenant d'une personne infectée, notamment greffe de cornée ou greffe de la membrane qui tapisse la moelle épinière et l'encéphale (dure-mère). Des mesures de prévention très strictes ont été édictées depuis quelques années. En France, un certain nombre de cas ont été relevés parmi des enfants traités par l'hormone de croissance prélevée sur l'hypophyse (une glande qui se trouve à la base du crâne) de cadavres. Ce mode de contamination a disparu depuis que l'on utilise une hormone synthétique. Par ailleurs, on a observé plusieurs cas de Creutzfeldt-Jakob chez des patients jeunes depuis que l'épidémie de la « vache folle » s'est

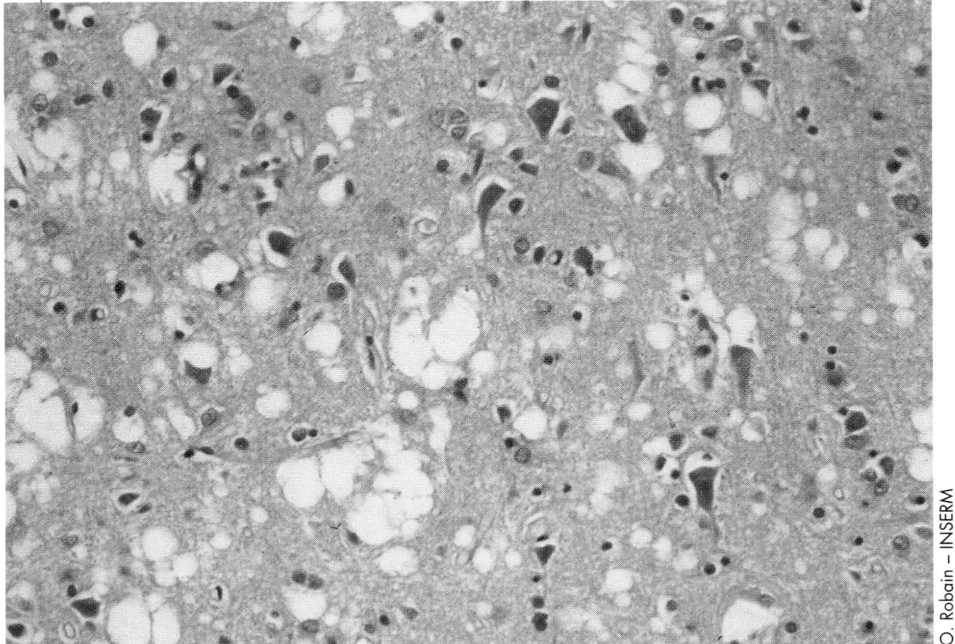

O. Robain – INSERM

***Spongiose disséminée à l'intérieur du cortex cérébral.** Sur la photo, les zones claires indiquent des trous dans le tissu cérébral, qui a l'apparence d'une éponge* (spongia *en latin).*

LES PRIONS

Ni bactéries, ni virus, ni parasites, les prions sont des agents infectieux à part, responsables de démences chez l'homme. Ils entraînent une destruction des cellules du cerveau. Leur nature exacte est inconnue et on ne sait pas encore les détecter chez l'être vivant.

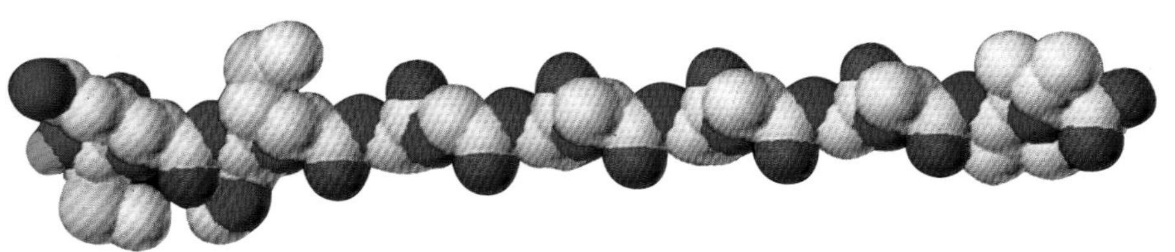
H. Raguet – Eurelios

Représentation d'un prion en 3 D. *Un prion est une protéine normale qui devient infectieuse lorsqu'elle se transforme.*

répandue en Grande-Bretagne. On pense, sans en avoir de preuve formelle, qu'ils ont pu être contaminés par la consommation d'abats contenant du tissu nerveux, notamment des cervelles.

LES SIGNES

La maladie de Creutzfeldt-Jakob se manifeste par une détérioration progressive des fonctions intellectuelles (démence). On observe des troubles de la mémoire, de l'attention, du jugement et du raisonnement. Puis des troubles de l'affectivité apparaissent (le patient est indifférent aux personnes qui l'entourent), ainsi que des troubles du langage. La maladie de Creutzfeldt-Jakob est associée à divers troubles neurologiques, qui la différencient de la maladie d'Alzheimer : mouvements anormaux, un peu analogues à des tics, mais de plus grande amplitude ; cécité ; paralysies et raideur musculaire excessive (hypertonie).

LA MALADIE DU KURU

La maladie du kuru était une maladie connue et fréquente chez les Papous qui vivent dans les montagnes de Nouvelle-Guinée. Lors de cérémonies traditionnelles, ils mangeaient la cervelle des défunts. Aujourd'hui, la transmission de cette maladie a été enrayée avec la fin de cette pratique. Les premiers signes du kuru apparaissaient des mois ou des années après la contamination, la période d'incubation de cette maladie pouvant aller jusqu'à 30 ans. Le kuru se traduisait par des difficultés à maîtriser les mouvements qui s'aggravaient progressivement et par une altération des fonctions intellectuelles. C'est une des premières preuves connues de la possibilité de transmission des prions.

LA MALADIE DE LA « VACHE FOLLE »

Cette maladie est d'abord apparue chez le mouton sous le nom de « tremblante ». Elle se manifeste par des tremblements, des difficultés à se tenir sur les pattes, et entraîne la mort en quelques semaines. Comme pour la maladie de Creutzfeldt-Jakob, l'examen du cerveau après le décès de l'animal révèle un aspect en éponge du tissu nerveux et la présence de prions. Les premiers cas chez des vaches sont apparus en 1986 en Grande-Bretagne, où, en 10 ans, plus de 50 000 bovins ont péri. En France, la maladie, apparue en 1991, a été plus limitée (une vingtaine de cas). La transmission s'est probablement faite en nourrissant les vaches avec des farines fabriquées à partir de carcasses de moutons malades. Cette pratique a été interdite en 1989. La découverte d'un seul cas entraîne désormais l'abattage de l'ensemble du troupeau. Les prions, responsables de la maladie, n'ont jamais été isolés dans les muscles des bêtes malades. La viande n'est donc pas considérée comme un facteur de risque de contamination. Le danger viendrait des abats (cervelle, os à moelle, ris de veau, intestins), où le prion pourrait être présent.

L'ÉVOLUTION ET LE TRAITEMENT

Les premiers signes apparaissent le plus souvent après 50 ans, puis la maladie évolue rapidement, provoquant la mort en l'espace de quelques mois.
Aucun test ne permet de confirmer le diagnostic. Ce n'est qu'après le décès que l'on peut pratiquer un examen microscopique du cerveau et confirmer définitivement le diagnostic en constatant son aspect spongieux.
Il n'existe actuellement aucun traitement et aucun moyen de prévention efficaces contre la maladie de Creutzfeldt-Jacob, mais de nombreuses recherches scientifiques sont en cours.

La Maladie de Cushing

Cette affection est caractérisée par une production excessive des hormones corticostéroïdes par les glandes corticosurrénales, généralement due à une tumeur bénigne (adénome) de l'hypophyse.

L'hypophyse est la glande chef d'orchestre du système hormonal. Elle contrôle l'activité de plusieurs autres glandes, dites périphériques, parmi lesquelles les corticosurrénales. Ainsi, lorsque son fonctionnement est perturbé, cela a des répercussions sur l'activité des glandes périphériques. C'est ce qui se passe dans la maladie de Cushing. Dans ce cas, l'hypophyse secrète une trop grande quantité de corticotrophine, une hormone qui stimule les corticosurrénales (situées au-dessus des reins). Cette hypersécrétion, le plus souvent due à la présence d'une tumeur bénigne (adénome) dans l'hypophyse, provoque une hyperactivité des 2 corticosurrénales. La maladie de Cushing doit son nom au neurochirurgien américain Harvey Williams Cushing, qui l'a décrite pour la première fois en 1932. Elle touche surtout les femmes entre 20 et 40 ans, mais se rencontre également chez les hommes.

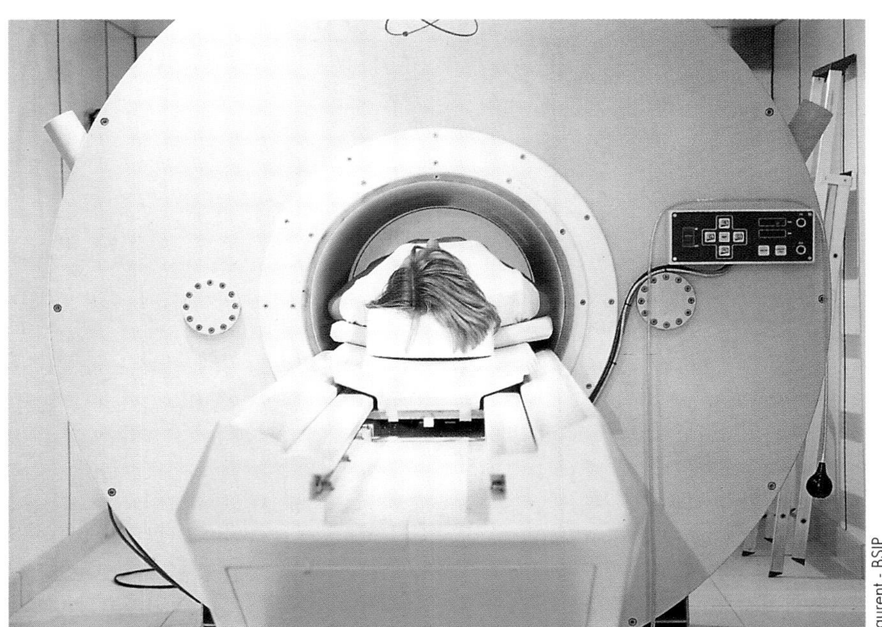

Laurent - BSIP

***IRM cérébrale.** Cette technique d'imagerie permet parfois de repérer un adénome de l'hypophyse, responsable de la maladie de Cushing.*

LES SYMPTÔMES

La maladie de Cushing se manifeste par une prise de poids progressive touchant surtout le visage et le tronc. L'accumulation de graisse sur la nuque forme une protubérance appelée bosse de bison. Le visage s'arrondit, devient rouge, bouffi. Les membres, au contraire, s'amincissent, car les muscles des épaules et des hanches s'atrophient, entraînant une diminution de la force musculaire. La peau se fragilise, s'amincit, se marque plus facilement de bleus (ecchymoses) ou de petites lésions rouge vif ou bleutées (pétéchies). En cas de blessure ou de traumatisme, la cicatrisation est longue et de

LES RISQUES À LONG TERME

La maladie de Cushing est une affection grave qui nécessite un traitement rapide et adapté. Si la maladie est mal soignée ou si le traitement est instauré trop tardivement, plusieurs complications peuvent apparaître : une fragilisation des os (ostéoporose) pouvant entraîner des fractures, une hypertension artérielle, des accidents de thrombose artérielle et veineuse, une diminution des défenses immunitaires de l'organisme, avec une augmentation du risque d'infections, un diabète sucré.

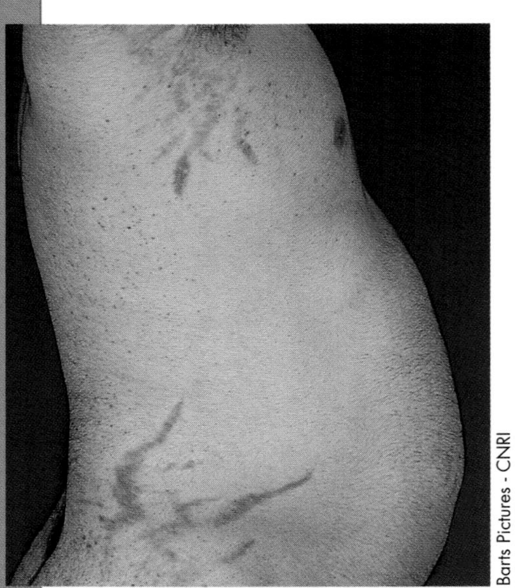

Les signes de la maladie de Cushing. *Les vergetures pourpres, localisées sur l'abdomen et la poitrine, sont caractéristiques de la maladie.*

mauvaise qualité. Il existe parfois des mycoses de la peau ou des ongles. Des vergetures verticales, de couleur pourpre, apparaissent à la taille, sur les épaules et les cuisses. Elles sont caractéristiques de la maladie. Le patient se plaint souvent de fatigue et peut souffrir de troubles psychiques (dépression, délire). Une hypertension artérielle est fréquente. Le taux de glucose dans le sang est souvent augmenté. Par ailleurs, on peut constater chez la femme une absence de règles, une augmentation de la pilosité, parfois une acné, et, chez l'homme, une impuissance.

LE DIAGNOSTIC

Le diagnostic de la maladie de Cushing repose sur des dosages hormonaux (corticotrophine et cortisol), réalisés à partir de prélèvements de sang ou d'urines. Une partie des dosages sont statiques, c'est-à-dire qu'ils mesurent la production spontanée de ces hormones par les glandes corticosurrénales. Les autres dosages sont dynamiques : ils évaluent la réponse des corticosurrénales après administration de substances médicamenteuses ou hormonales freinant ou stimulant leur activité. Les examens radiologiques (scanner) et surtout l'imagerie par résonance magnétique (IRM) de l'hypophyse permettent de repérer la présence d'un adénome ; cependant, celui-ci n'est pas visible dans environ 40 % des cas.

LE TRAITEMENT

Lorsque l'adénome de l'hypophyse est visualisé grâce à l'IRM, le traitement est neurochirurgical et consiste en l'ablation de l'adénome. Au cours de l'intervention, le chirurgien incise la muqueuse sous la lèvre supérieure, juste au-dessus du sillon gingival ; la progression se fait ensuite pratiquement horizontalement jusqu'à l'hypophyse. Cette technique chirurgicale est intéressante, car elle permet une cicatrisation rapide et une hospitalisation assez courte (environ une semaine).

Si l'adénome n'est pas visualisé sur les clichés, plusieurs solutions sont envisageables. Le neurochirurgien peut « explorer » l'hypophyse dans l'espoir de retrouver un adénome non visible sur l'IRM, sinon un traitement médical par des anticortisoliques de synthèse est prescrit pour empêcher le fonctionnement des glandes surrénales. Enfin, en dernier recours, si l'hyperactivité des glandes surrénales n'a pu être contrôlée, une ablation de ces deux glandes est envisagée. Dans tous les cas, il est nécessaire de prendre un traitement substitutif par hydrocortisone et 9-alpha-fludrocortisone, pour suppléer la production hormonale des corticosurrénales.

LE SYNDROME DE CUSHING

Le syndrome de Cushing correspond à l'ensemble des troubles liés à une sécrétion excessive de corticostéroïdes par les glandes corticosurrénales. Cette hypersécrétion peut avoir différentes causes, la plus fréquente étant la maladie de Cushing, provoquée par une production excessive de l'hormone hypophysaire (ACTH) stimulant les corticosurrénales. Les autres causes du syndrome de Cushing sont moins courantes. Il peut s'agir d'une tumeur bénigne ou maligne d'une glande surrénale, ou, plus rarement, de la sécrétion de corticotrophine (ACTH) par une tumeur bénigne ou maligne, située dans les bronches, le thymus ou le pancréas. Le traitement du syndrome de Cushing diffère selon sa cause. Par ailleurs, la prise sur de longues durées de corticostéroïdes (dans les cas d'états inflammatoires tels que la polyarthrite rhumatoïde) donne les mêmes signes cliniques.

La Maladie de Dupuytren

La maladie de Dupuytren est une affection qui atteint la main, avec une flexion progressive et permanente de certains doigts (surtout l'annulaire et l'auriculaire) vers la paume.

La maladie de Dupuytren touche essentiellement les hommes âgés de plus de 50 ans et affecte en général les 2 mains. Elle porte le nom du médecin chirurgien qui en a décrit le premier les signes, au XIXe siècle.

LES CAUSES

La maladie de Dupuytren est provoquée par l'épaississement et la rétraction, au niveau de la main, de la membrane conjonctive et fibreuse constituant l'enveloppe des tendons fléchisseurs des doigts (aponévrose palmaire). Il n'existe en général pas de cause apparente, bien que l'affection soit un peu plus fréquente chez certains travailleurs manuels utilisant des outils vibrants (marteau piqueur, tronçonneuse, etc.). Dans certains cas, la maladie semble favorisée par le diabète, par la prise de médicaments traitant l'épilepsie, par l'alcoolisme ou le tabagisme. Il existe par ailleurs une prédisposition génétique puisque la maladie de Dupuytren touche 50 % des membres d'une même famille.

LES SYMPTÔMES

Les tissus situés sous la peau tendent à s'épaissir et se rétractent, entraînant la formation de petites boules fibreuses (nodules), dures et palpables dans la paume. Une sorte de corde faite de tissu épaissi (bride de rétraction) apparaît ensuite sous la peau. Puis les articulations des doigts sont touchées, provoquant une flexion de ces derniers. Les débuts de la maladie sont souvent insidieux et indolores. La situation peut rester stable durant des années, les mouvements des doigts restant

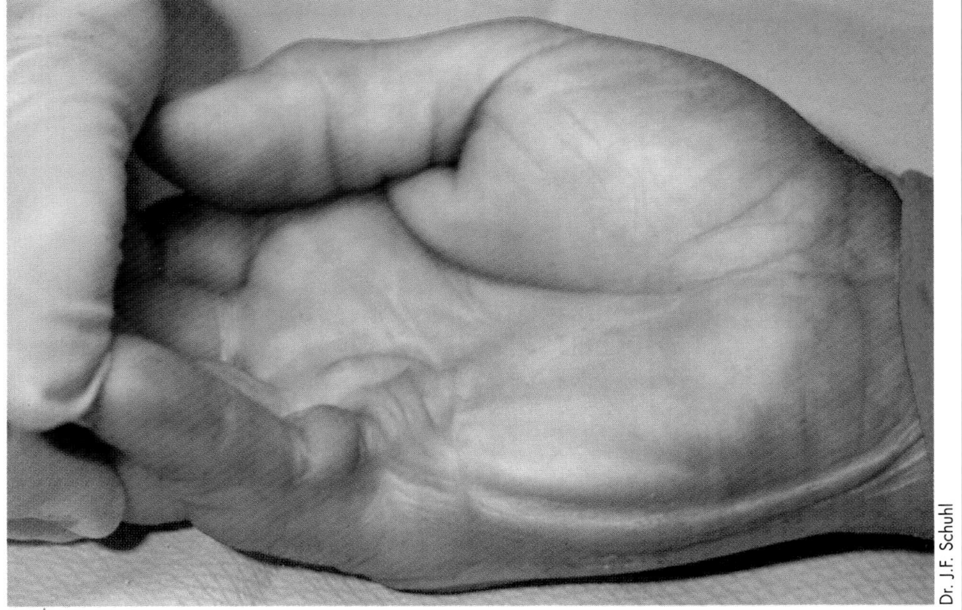

Dr. J.F. Schuhl

***Maladie de Dupuytren.** Il se forme sous la peau des cordes fibreuses qui maintiennent le doigt, notamment l'auriculaire, en flexion vers la paume.*

LES APONÉVROSES

Les aponévroses sont des membranes blanchâtres, résistantes, constituées de fibres conjonctives. Les aponévroses de revêtement forment une membrane fibreuse qui entoure les muscles et les sépare des organes voisins. Par exemple, la membrane qui enveloppe les muscles fléchisseurs des doigts est l'aponévrose palmaire. Plusieurs aponévroses peuvent se rejoindre en une membrane épaisse et dense, appelée aponévrose d'intersection, comme celle de la ligne médiane de la paroi abdominale, qui regroupe les aponévroses des muscles grands droits de l'abdomen.

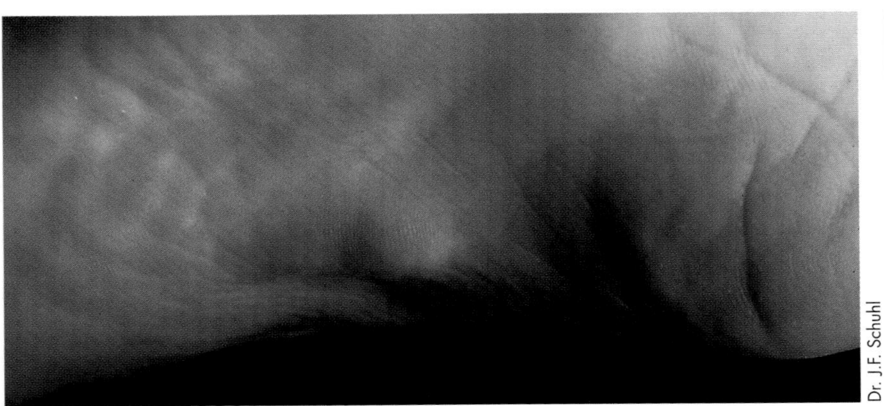

Dr. J.F. Schuhl

***Maladie de Ledderhose.** Cette affection des pieds est l'équivalent de la maladie de Dupuytren, qui atteint les mains.*

libres et peu diminués. Puis les gestes de la main commencent par être difficiles, notamment pour la saisie des objets. Dans certains cas, l'écartement des doigts est impossible. Les doigts les plus touchés sont l'annulaire et l'auriculaire, tandis que le pouce est quasiment toujours indemne. À un stade évolué, les doigts restent bloqués en griffe et ne peuvent plus s'étendre.

LE TRAITEMENT

Le traitement de la maladie de Dupuytren a beaucoup évolué depuis une dizaine d'années. Dans les formes simples, le traitement agit généralement très bien dans plus de 80 % des cas. En cas de blocage de l'articulation, l'efficacité est un peu moins élevée (70 %).
Si la maladie est prise à son début, des infiltrations locales de cortisone peuvent en retarder l'évolution. À un stade plus avancé, il est possible de rompre les zones dures de la paume avec une sorte d'aiguille enfoncée à travers la peau, sous anesthésie.
Lorsque ces méthodes ne sont plus suffisantes, on a recours à un traitement chirurgical, qui consiste en l'ablation des brides de rétraction et des nodules (aponévrotomie). Ce traitement donne de bons résultats, mais une récidive peut survenir.

L'APONÉVROTOMIE

L'aponévrotomie, en supprimant les brides de rétraction et les nodules liés à la maladie de Dupuytren, permet aux muscles de retrouver un espace suffisant pour reprendre une position et un volume normaux. Cette opération est réalisée sous anesthésie générale. Le chirurgien pratique une incision de la peau recouvrant le groupe de muscles affectés, puis de l'aponévrose située entre la peau et les muscles atteints pour leur permettre de passer au travers.

LA MALADIE DE LEDDERHOSE

La maladie de Ledderhose est l'équivalent de la maladie de Dupuytren, mais pour le pied. Elle est provoquée par un étirement ou un traumatisme du tissu fibreux entourant les muscles. Elle se manifeste par la rétraction de la voûte plantaire, provoquant de vives douleurs.
Le traitement nécessite d'abord la mise au repos du pied atteint, à l'aide de semelles orthopédiques. On peut ensuite pratiquer une intervention consistant à enlever l'aponévrose (aponévrotomie).

LE DOIGT À RESSORT

Le doigt à ressort est une affection fréquente, qui correspond au blocage d'un ou de plusieurs doigts en position repliée. La maladie touche habituellement les 2 mains, souvent de manière inégale.
Un doigt à ressort est provoqué le plus souvent par une petite boule (nodule) au niveau du tendon fléchisseur, qui gêne le glissement du tendon à l'intérieur de sa gaine synoviale, ou parfois par une inflammation de la gaine du tendon.
Le malade peut redresser lui-même un doigt à ressort par une traction douce, qui le libère alors brusquement.
Une injection locale de corticostéroïdes assure le plus souvent la guérison. Plus rarement, une intervention chirurgicale est nécessaire pour libérer le tendon.

Les Maladies de l'Hypophyse

L'INSUFFISANCE HYPOPHYSAIRE

Cette affection se soigne par un traitement qui apporte à l'organisme la (ou les) hormone(s) dont la production est insuffisante.

L'insuffisance hypophysaire se caractérise par l'absence de production d'une ou de plusieurs hormones par l'hypophyse. Cette glande a un rôle primordial dans l'organisme. Elle sécrète différentes hormones qui régulent diverses grandes fonctions de l'organisme (croissance, lactation, etc.), ainsi que l'activité des glandes hormonales périphériques (thyroïde, glandes surrénales, ovaires, testicules). Une insuffisance hypophysaire entraîne donc une diminution de la production hormonale par les différentes glandes périphériques concernées.

LES SYMPTÔMES

Ils s'installent très progressivement, ce qui rend le diagnostic parfois long à établir. Le malade est pâle et se fatigue très facilement. Les zones normalement pigmentées (mamelons, organes génitaux) se décolorent progressivement. La peau devient fine et ridée, froide et sèche. Les cheveux prennent un aspect fin et soyeux, le système pileux diminue, avec disparition des poils du pubis et des aisselles, et de la barbe chez l'homme. Chez l'enfant, on observe une rupture de la courbe de croissance. Chez la femme, l'insuffisance hypophysaire entraîne une absence de règles. Il apparaît souvent un ralentissement intellectuel, parfois des troubles de la mémoire et toujours une perte de la libido.

LE DIAGNOSTIC

Les examens biologiques montrent une diminution de la quantité d'hémoglobine dans le sang (anémie) et une baisse du taux de glucose dans le sang (hypoglycémie). Les examens hormonaux décèlent un déficit en hormones hypophysaires et un déficit associé en hormones thyroïdiennes, corticosurrénaliennes, ovariennes et testiculaires. Des examens radiologiques et l'étude du champ visuel sont nécessaires pour rechercher une compression des voies optiques cérébrales par une tumeur de l'hypophyse.

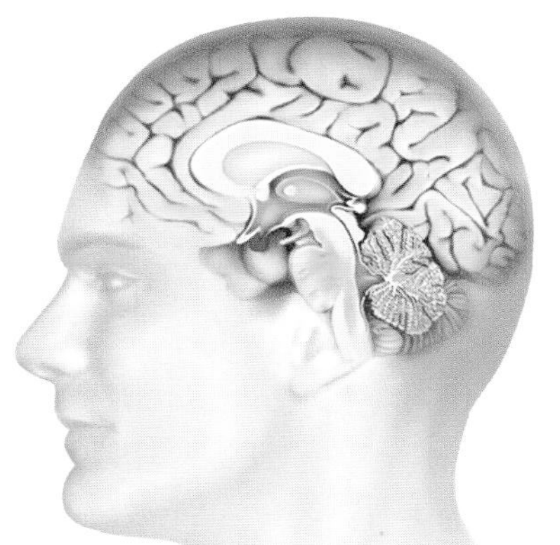

Michel Saemann

***L'hypophyse.** Il arrive que cette petite glande située dans le cerveau ne produise plus d'hormones ; ce qui conduit à une insuffisance hypophysaire.*

LES CAUSES

Plusieurs causes peuvent entraîner une insuffisance hypophysaire. Il peut s'agir d'une tumeur ou d'une irradiation (à l'occasion d'une radiothérapie) de l'hypophyse ou de l'hypothalamus, ce dernier contrôlant l'activité de l'hypophyse. Une surcharge en fer dans l'organisme (hémochromatose), ainsi qu'une destruction d'origine vasculaire, de la partie antérieure de l'hypophyse (syndrome de Sheehan) peuvent également entraîner une insuffisance hypophysaire.

LE TRAITEMENT

Le traitement, administré à vie, consiste à remplacer les hormones manquantes par des médicaments : thyroxine, hydrocortisone et, en cas de désir de procréation, hormones sexuelles (œstroprogestatifs ou testostérone) ou gonadotrophines (hormones folliculostimulante et lutéinisante). Une tumeur hypophysaire doit être opérée ou irradiée. Un patient bien traité peut mener une existence normale.

LES TUMEURS DE L'HYPOPHYSE

Elles sont en général bénignes. Il en existe plusieurs types ; certaines entraînent un déficit de production des hormones hypophysaires.

L'hypophyse est située dans une petite cavité osseuse, à la base du crâne. Au-dessus et en avant de la glande se trouve le chiasma optique, carrefour des deux nerfs optiques qui s'entrecroisent à leur entrée dans le cerveau. Ainsi, lorsqu'une tumeur de l'hypophyse se développe, elle peut finir par comprimer le chiasma optique, entraînant des troubles de la vision (le patient ne voit plus sur les côtés et son acuité visuelle diminue).

LES DIFFÉRENTS TYPES

On distingue différents types de tumeurs de l'hypophyse. Le type le plus courant est une tumeur qui ne produit pas de sécrétions (adénome chromophobe). Son développement entraîne un déficit en hormones hypophysaires (insuffisance hypophysaire, ou hypopituitarisme). D'autres types de tumeurs peuvent, au contraire, provoquer une hypersécrétion hormonale de l'hypophyse. Selon la tumeur, il peut s'agir d'une hypersécrétion de la prolactine, l'hormone qui contrôle la production du lait après l'accouchement, de l'hormone de croissance (responsable d'une acromégalie), de l'hormone qui stimule les glandes corticosurrénnales (provoquant une maladie de Cushing), ou encore de l'hormone qui stimule la thyroïde (ce qui entraîne une hyperthyroïdie).

LES SIGNES

Selon le type de la tumeur, les signes sont de deux sortes.

Les signes d'insuffisance hypophysaire. Ils regroupent une pâleur, une fatigabilité, une dépigmentation de la peau. La peau devient sèche et ridée, les cheveux sont fins et soyeux, le système pileux diminue. On observe aussi des retards de croissance chez l'enfant, une absence de règles chez la femme et différents troubles psychiques (perte de mémoire, de la libido, etc.).

Les signes d'hypersécrétion hormonale. Ils dépendent de l'hormone sécrétée en excès. Lorsque c'est la prolactine qui est sécrétée en excès, on observe une absence de règles ou des troubles de la menstruation, un écoulement de lait, ainsi qu'une éventuelle stérilité. En cas d'hypersécrétion de l'hormone de croissance, on observe une acromégalie : augmentation de la taille des mains, des pieds, du nez, associée à un épaississement des traits, au décollement des oreilles et à une saillie des arcades sourcilières et de la mâchoire. Lorsque c'est l'hormone stimulant les glandes corticosurrénnales qui est en cause, on observe les signes de la maladie de Cushing (obésité localisée au visage et au tronc, vergetures pourpres sur l'abdomen et la poitrine, hypertension artérielle, etc.). Enfin, s'il s'agit d'une hypersécrétion de l'hormone qui stimule la thyroïde, on observe des signes d'hyperthyroïdie (tremblements, perte de poids, sensation de chaleur excessive, accélération du rythme cardiaque).

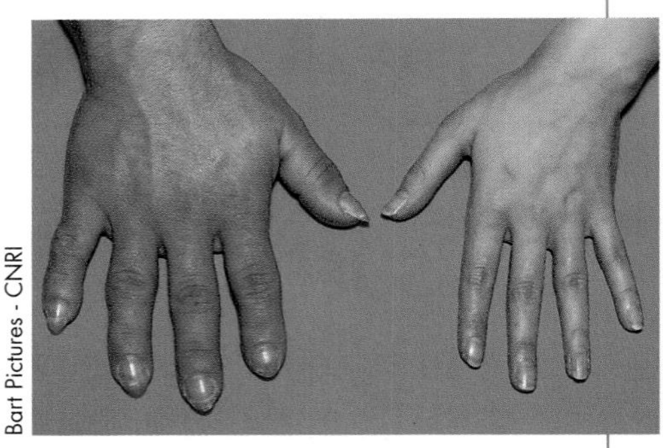

Bart Pictures - CNRI

Acromégalie. *Une tumeur de l'hypophyse peut entraîner une acromégalie, qui se traduit par un épaississement des mains (à gauche sur la photo ; à droite, la main est normale)*

LE TRAITEMENT

Le traitement des tumeurs repose sur l'ablation de l'hypophyse (hypophysectomie), soit par voie crânienne, soit par les fosses nasales, associée à une radiothérapie. Ces méthodes de traitement peuvent avoir des répercussions hormonales. Le patient devra alors suivre à vie un traitement hormonal de substitution : glucocorticostéroïdes, hormones thyroïdiennes, œstrogènes (chez la femme) ou androgènes (chez l'homme).

La Maladie Maniacodépressive

SYMPTÔMES ET MANIFESTATIONS

La maladie maniacodépressive se caractérise par une alternance d'états dépressifs et d'excitation. Ces crises de «hauts» et de «bas» sont parfaitement identifiables ; entre chacune d'elles, le malade retrouve un comportement normal.

Appelée autrefois psychose maniacodépressive, cette maladie débute le plus souvent entre 25 et 45 ans (elle peut, mais plus rarement, commencer avant l'âge de 20 ans ou après 50 ans). Elle prend une forme dite «unipolaire» lorsque la personne est uniquement dépressive, ou une forme «bipolaire» lorsque celle-ci est alternativement maniaque et dépressive. Cette distinction est toutefois contestée par certains psychiatres.

La maniacodépression est fréquente, atteignant 5 % de la population dans sa forme unipolaire (les femmes sont les plus touchées) et 1 % dans sa forme bipolaire (les hommes sont aussi souvent atteints que les femmes).

LA NATURE DE LA MALADIE

La psychose maniacodépressive (PMD) a été définie à la fin du XIXe siècle par un psychiatre allemand, Emil Kraepelin. Ce médecin classait la maladie parmi les psychoses dites fonctionnelles. Le terme

P. Garo - Phanie

La maladie maniacodépressive. *Elle est caractérisée par l'alternance de périodes d'excitation et de périodes de dépression, entre lesquelles le malade retrouve un fonctionnement normal.*

LES CAUSES DE LA MALADIE

Comme beaucoup de maladies qui relèvent du domaine de la psychiatrie, l'origine des maladies maniacodépressives n'est pas connue avec certitude. Des études de plus en plus nombreuses retiennent cependant l'hypothèse d'une origine génétique : plusieurs gènes pourraient en effet provoquer un mauvais fonctionnement des systèmes neurotransmetteurs du cerveau, qui servent à réguler l'humeur. Ces dysfonctionnements s'exprimeraient souvent à la faveur d'événements de vie difficiles.

de psychose fonctionnelle renvoyait alors à deux notions :

– psychose, car le rapport du malade à la réalité est affecté ;

– fonctionnelle, dans la mesure où aucune lésion du cerveau ne peut être mise en évidence par des examens complémentaires.

On a constaté aujourd'hui que les personnes atteintes de ce trouble, en dehors d'un épisode de crise, ont un fonctionnement tout à fait normal. On ne peut donc pas les considérer comme psychotiques.

En revanche, on suppose – et de nombreuses études vont dans ce sens – qu'il existe des altérations neurobiologiques pendant les accès de la maladie ; c'est en agissant sur elles, par le biais des médicaments, que l'on peut traiter efficacement cette affection.

Ces diverses observations ont conduit les psychiatres à considérer la maladie maniacodépressive comme un trouble de l'humeur.

LES SYMPTÔMES DE LA MALADIE

Ils se caractérisent par la répétition d'accès de dépression (qui prennent une forme « classique ») ou d'excitation pathologique (accès maniaques). Dans le langage courant, le mot maniaque est utilisé pour désigner plutôt une personne ordonnée, scrupuleuse et attachée à des petites habitudes un peu ridicules. En psychiatrie, une personne maniaque voit son humeur se dégrader dans le sens d'une excitation maladive. Parfaitement à l'aise en société, le maniaque devient familier avec tout le monde et ne respecte plus les règles habituelles de bonne conduite. Il peut faire de nombreux achats souvent inutiles et inconsidérés, au point de se mettre en difficultés financières. Le maniaque est hyperactif et ne tient jamais très longtemps en place. Il ne supporte pas de ne rien faire et mène plusieurs projets de front sans pouvoir les mener à leur terme.

Un certain nombre de signes physiques sont également présents : diminution du temps de sommeil, perte d'appétit entraînant une perte de poids, fatigue, qui apparaît plus tardivement. Comme pour la dépression, un accès maniaque non traité peut évoluer spontanément vers la guérison au bout de plusieurs mois. Mais les conséquences professionnelles, familiales et sociales de ce type d'accès sont telles qu'un traitement rapide s'impose.

L'ÉVOLUTION ET LE PRONOSTIC

Les personnes maniacodépressives ont des accès dépressifs ou maniaques à répétition et, entre chaque épisode de la maladie, elles retrouvent un fonctionnement psychologique tout à fait normal. Le nombre de ces accès est impossible à prévoir. Il est en effet lié à différents facteurs, tels que l'évolution naturelle de la maladie, la personnalité et l'âge du patient, les événements qui se produisent au cours de son existence, le contexte général de sa vie. Certaines personnes développent un épisode maniacodépressif tous les vingt ans, alors que d'autres les enchaînent année après année.

Le pronostic de cette maladie dépend en fait tout d'abord de la personnalité du malade. Celle-ci aura une grande influence sur la qualité du suivi médical, sur la façon dont le malade va utiliser les moyens que la psychiatrie peut mettre à sa disposition pour traiter les accès, limiter leurs conséquences et prévenir les accès ultérieurs. Ces moyens sont à l'heure actuelle très efficaces.

La maladie maniacodépressive, fréquente, peut être grave par les conséquences des accès. Le pronostic repose donc avant tout sur la régularité du suivi psychiatrique et sur la collaboration entre le patient et son médecin.

LA MALADIE MANIACODÉPRESSIVE

LES DIFFÉRENTS TRAITEMENTS

Le traitement est nécessairement long, du fait de la répétition des accès dépressifs et maniaques. Les psychotropes (médicaments qui agissent sur le psychisme) sont indiqués pour soigner cette maladie. Un soutien psychologique est indispensable pour prévenir et gérer les crises.

La maladie maniacodépressive est caractérisée par des alternances d'accès dépressifs et d'excitation euphorique. Le suivi d'un traitement médicamenteux à base de sels de lithium (produit efficace, mais d'utilisation délicate et contraignante) permet de réguler l'humeur du patient. Le soutien psychologique qui accompagne ce traitement apprend au malade à mieux gérer sa vie en anticipant les rechutes.

LA PRISE EN CHARGE MÉDICAMENTEUSE

Le traitement de la maladie maniacodépressive, du fait des origines biologiques de cette affection, dure plusieurs années. Il a pour but d'éviter le développement de nouvelles poussées de la maladie, aussi bien maniaques que dépressives. Sa mise en place est conseillée dès le premier accès maniaque, qui signale l'existence de la maladie, ou à la suite de deux ou trois accès dépressifs.

Le traitement des accès dépressifs. Les antidépresseurs sont les médicaments les plus courants pour le traitement de la dépression. Ils ne doivent plus être prescrits lorsque l'humeur s'oriente vers une manie ou une hypomanie.

Le traitement des accès maniaques. Il repose sur la prescription de neuroleptiques. Les sels de lithium sont également parfaitement indiqués pour traiter les accès maniaques. Leur délai d'action est tel que le psychiatre doit les associer, au début, à des neuroleptiques. L'association de ces deux types de produits présente deux avantages : elle permet de réduire plus vite les doses de neuroleptiques et de limiter ainsi leurs nombreux effets secondaires (somnolence, mauvaise coordination des mouvements, sécheresse de la bouche, constipation, rétention d'urine).

Les régulateurs de l'humeur. L'essentiel du traitement doit être préventif dans cette maladie aux accès chroniques. On utilise donc des médicaments appelés régulateurs de l'humeur. Administrés par voie orale, les sels de

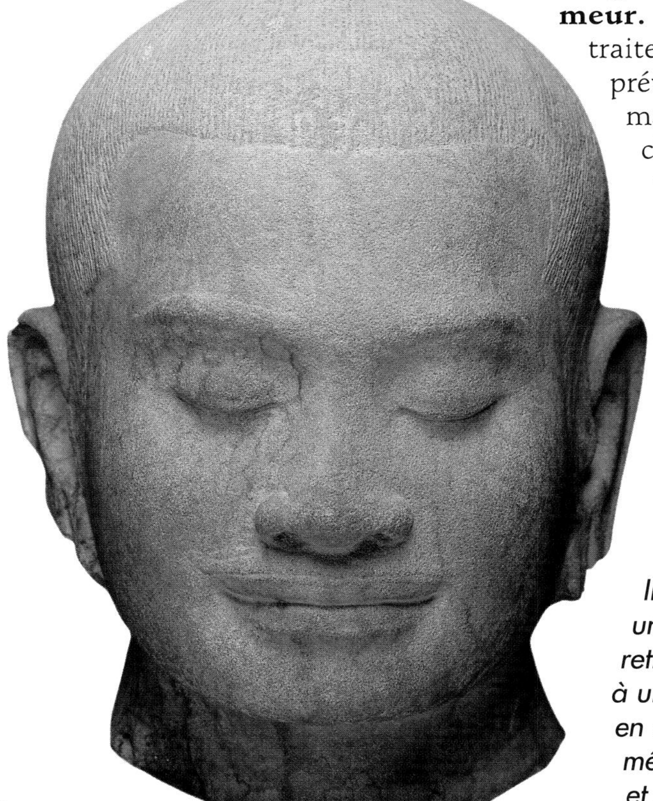

RMN

Le traitement de la maniacodépression. *Il doit aboutir à une paix intérieure retrouvée, grâce à une prise en charge médicamenteuse et psychologique.*

lithium permettent de réguler l'humeur du patient. De nombreuses études ont démontré leur efficacité pour réduire à la fois l'intensité de la maladie et le nombre des accès dépressifs. L'intérêt d'un tel traitement est considérable, compte tenu des conséquences que peuvent avoir les accès, du handicap et des séquelles que peut entraîner leur répétition.
La prise de sels de lithium oblige le malade à subir un bilan préalable. Des prises de sang sont réalisées pendant la phase d'adaptation pour vérifier la concentration de lithium dans le sang, puis des contrôles sont effectués environ tous les six mois.
La prescription des sels de lithium suppose que le malade coopère étroitement avec son médecin. Cela implique que le patient ait été informé sur sa maladie et sur les effets du traitement. Surtout, il doit comprendre que, malgré les contraintes de durée du traitement, celui-ci lui sera très bénéfique.
D'autres produits existent pour réguler l'humeur. Ils remplacent les sels de lithium en cas d'intolérance, d'inefficacité, ou dans les cas de maniacodépressions dites à cycles rapides (au moins quatre accès par an).

LA PRISE EN CHARGE PSYCHOLOGIQUE

Le soutien psychothérapique du malade s'envisage en fonction du moment de la maladie.
Après un accès maniacodépressif. L'accès dépressif ou maniaque perturbe la personne et, par contrecoup, nuit à ses relations sociales, affectives et professionnelles. Après une crise maniacodépressive, le malade va devoir non seulement récupérer ses repères habituels, mais aussi prendre en compte les malaises que sa maladie a pu causer autour de lui. En outre, si l'accès a été provoqué par une situation de conflit ou de deuil, il devra gérer cette situation et s'y adapter. Toutes ces difficultés nécessitent un accompagnement psychologique pour éviter ou limiter au maximum les séquelles des accès maniacodépressifs.
L'instauration du traitement préventif. La décision est prise après une évaluation précise de la lucidité du patient par rapport à sa maladie. L'introduction du traitement suppose donc que le malade se connaisse bien et soit capable de repérer les moments où il aura besoin d'un soutien médicamenteux. Une excellente collaboration entre le psychiatre et le patient permet d'envisager les soins et de prévenir ainsi les accès maniacodépressifs.
La prévention des récidives. Elle repose en grande partie sur la prescription de sels de lithium. Néanmoins, un soutien psychothérapique est tout à fait adapté pour aider un malade à reconnaître et à gérer les situations qui peuvent le mettre en difficulté psychologique. Ces situations représentent en effet un risque de déclenchement d'un nouvel accès maniacodépressif. Par ailleurs, certaines psychothérapies structurées peuvent être proposées, mais leurs indications ont moins de rapport avec la maladie maniacodépressive qu'avec la personnalité du patient. En conclusion, le traitement repose d'abord sur les médicaments, accompagnés, si nécessaire, d'une prise en charge psychologique.

PSYCHOTHÉRAPIES COGNITIVES ET ACCÈS DÉPRESSIFS

Cette forme de psychothérapie est intéressante pour les dépressions d'intensité modérée et lorsqu'un accès dépressif est en voie de guérison. En effet, pendant cette période de déclin de la maladie, le patient manque fréquemment de confiance en lui, même si tous les signes de dépression ont disparu. Ce type de thérapie, sous forme de groupes d'affirmation de soi, de jeux de rôle ou de psychothérapie individuelle, va aider le malade à retrouver une meilleure assurance.

POUR Y VOIR PLUS CLAIR

QUELQUES MOTS À CONNAÎTRE

Hypomanie : état d'excitation passager ou durable, qui se traduit par une hyperactivité, un flot de paroles et une humeur débordante.
Manie : agitation provoquée par une exaltation de l'humeur et par une surexcitation corporelle. Ses signes sont proches de ceux de l'hypomanie mais ont une intensité plus forte.

MALADIES DES ONGLES

Les ongles peuvent être atteints de nombreuses affections : maladies, traumatismes, etc. Ils sont alors déformés, striés, incarnés.

Des plus courantes aux moins connues, il est utile de reconnaître les différentes affections qui touchent les ongles, pour pouvoir les soigner avec efficacité.

LES MYCOSES

Les mycoses sont des maladies infectieuses dues à des champignons microscopiques. Elles atteignent fréquemment les ongles. Leurs manifestations, appelées onychomycoses, sont très variées : soulèvement de l'extrémité de l'ongle par un dépôt sous-jacent parfois gris, avec décollement de l'ongle ; petites taches blanches sur la partie superficielle de la lame de l'ongle ; épaississement en bourrelet du repli cutané qui borde l'ongle. Les ongles peuvent également devenir épais, cassants ou striés.
Un prélèvement permet de confirmer le diagnostic et d'identifier le champignon en cause (dermatophyte, levure ou moisissure), ce qui permet de choisir le traitement adapté.
Lorsqu'il s'agit d'un dermatophyte, le traitement repose sur un meulage de l'ongle, un décapage chimique à l'aide de pansements imbibés de substances ramollissant l'ongle et, plus rarement, une intervention chirurgicale sous anesthésie locale, suivie de l'application locale et de la prise d'antifongiques sous forme de comprimés.
Quand une levure est en cause, le traitement associe des bains contenant des substances actives contre les levures, une désinfection locale, des applications locales et la prise d'antifongiques par voie orale.
En cas d'atteinte par une moisissure, le traitement par un vernis à base d'antifongiques est en général très efficace, à condition cependant que la zone assurant la croissance de l'ongle (matrice) ne soit pas abîmée. Après guérison, l'ongle repousse normalement.

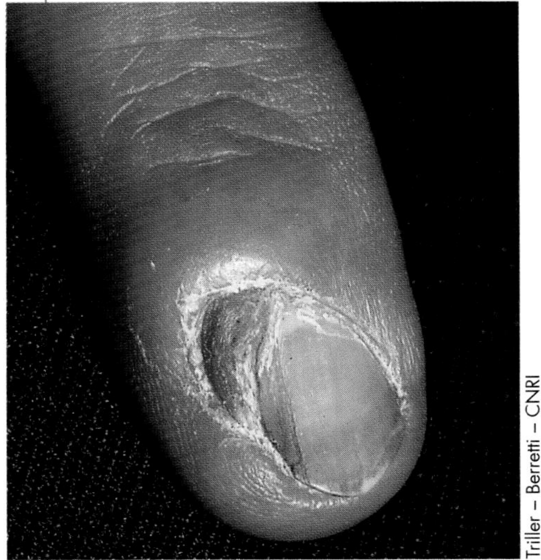

Triller – Berretti – CNRI

***Onychomycose.** Cette affection est due à un champignon qui infecte l'ongle et surtout son pourtour, lequel devient alors rouge et tuméfié.*

POUR Y VOIR PLUS CLAIR

QUELQUES MOTS À CONNAÎTRE

La leuconychie correspond aux stries blanches sur les ongles.
L'onycholyse est le décollement de l'ongle.
L'onychophagie consiste à se ronger les ongles.
L'onychomanie est le fait de se toucher les ongles sans arrêt.

LES TUMEURS

Le plus souvent bénignes, les tumeurs des ongles se présentent sous la forme de verrues, de kystes ou de fibromes. Par contre, une bande noire peut être le signe d'un cancer de la peau (mélanome malin) débutant. Elle apparaît le plus souvent sur le pouce, le gros orteil ou l'index. Un prélèvement chirurgical à la base de l'ongle permet de vérifier s'il s'agit d'une simple pigmentation, d'un grain de beauté bénin ou d'un mélanome. Ce dernier, diagnostiqué et traité à son début, a des chances de guérison.

LES ONGLES INCARNÉS

Lorsque les bords latéraux de l'ongle (le plus souvent celui du gros orteil) s'enfoncent dans la peau, on parle d'ongle incarné.

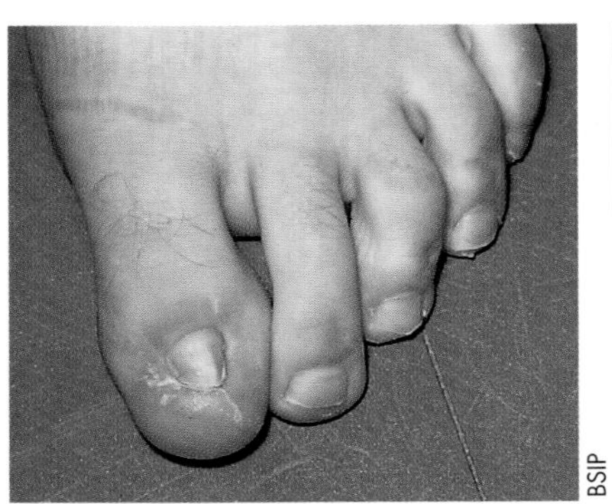

***Ongle incarné.** Les bords de l'ongle s'enfoncent dans la peau, ce qui provoque une inflammation et un gonflement des tissus voisins.*

Parfois très douloureux, les ongles incarnés peuvent provenir d'une malformation de naissance ou résulter d'un traumatisme (objet lourd tombé sur le pied, choc du pied contre un mur...). Une coupe excessive des ongles, des chaussures trop pointues qui appuient sur les ongles, des talons hauts ou inadaptés, certaines activités sportives sont autant de facteurs aggravants, et peuvent même être la cause d'un ongle incarné. Par ailleurs, les personnes dont les ongles ont une forme convexe sont plus prédisposées à avoir des ongles incarnés.
L'enfoncement de l'ongle dans la peau provoque une inflammation avec un gonflement des tissus voisins. Un simple traitement local peut être suffisant. Dans de rares cas, il faut avoir recours à la chirurgie, le plus souvent sous anesthésie locale sans hospitalisation. Le but est de libérer l'ongle de la peau ou encore de le retirer complètement. Le nouvel ongle repousse alors plus petit et ne risque plus de s'incarner.

Pour éviter les ongles incarnés, il est conseillé de ne pas les couper trop court pour protéger l'orteil de la pression et de la friction, et de leur donner une forme carrée et non ovale, sans toucher aux coins. Il est également fortement conseillé d'éviter de porter des chaussures trop serrées au niveau des doigts de pied.

QUELQUES ANOMALIES

Contrairement aux idées reçues, les stries blanches (leuconychie) ne correspondent pas à un manque de vitamines ou de magnésium, mais sont souvent provoquées par des soins excessifs lorsqu'on cherche à repousser trop loin les peaux situées à la base de l'ongle. Le petit bâtonnet que l'on utilise peut être également à l'origine d'un décollement de l'ongle qui prend la forme de montagnes russes (onycholyse).
Les vernis provoquent parfois une coloration jaune de l'ongle. Pour éviter cela, il est recommandé de poser sous le vernis une base de très bonne qualité.

LES ONGLES

Les ongles, comme les cheveux, sont composés de kératine, une substance dure et fibreuse. Ils reposent sur un « lit » irrigué de vaisseaux sanguins, d'où leur couleur rosée. Les ongles se développent à partir d'une zone de cellules actives (matrice), située dans un repli de peau à la base et sur les côtés.
L'ongle de la main grandit de 0,10 millimètre par jour et, lorsqu'on le perd, il met 6 mois à repousser. Pour l'ongle du pied, il faut compter 1 an !

Pour prévenir l'apparition de stries qui sont également dues aux vernis, il faut polir l'ongle.
Le fait de se ronger les ongles (onychophagie) ou de les tripoter tout le temps (onychomanie) entraîne assez souvent leur déformation.
Enfin, comme le reste de la peau, l'ongle vieillit ; il prend alors un aspect terne et se couvre de lignes formant une sorte de chevron.

LES ONGLES FRAGILES

Les ongles des femmes sont généralement plus fragiles que ceux des hommes. La fragilité des ongles est souvent due à une prédisposition familiale. Par ailleurs, la croissance de l'ongle ralentit avec l'âge, favorisant la formation de stries qui provoquent des fissures à l'extrémité de l'ongle. La fragilité des ongles peut également être causée par la déshydratation quand on se trempe trop fréquemment les mains dans l'eau. Une crème hydratante appliquée matin et soir et après chaque lavage permet d'éviter cette évaporation. Un polissage effectué 1 fois par mois réduit les stries, qui rendent les ongles fragiles. Des régimes excessifs non contrôlés, une carence en fer au moment de l'adolescence ou de la grossesse peuvent aussi être à l'origine d'une fragilisation des ongles.

La Maladie de Paget

La maladie de Paget est une maladie des os caractérisée par la production anarchique d'un tissu osseux dont la structure devient grossière, épaisse et moins résistante.

La maladie de Paget provoque un bouleversement du processus normal de formation osseuse, entraînant, dans les os malades, l'apparition de zones alternées de faible ou de forte densité. Elle atteint un ou plusieurs os, mais jamais l'ensemble du squelette. Cette affection commune touche 3 % des personnes de plus de 40 ans. Sa fréquence croît avec l'âge, pour atteindre 10 % au-delà de 80 ans.

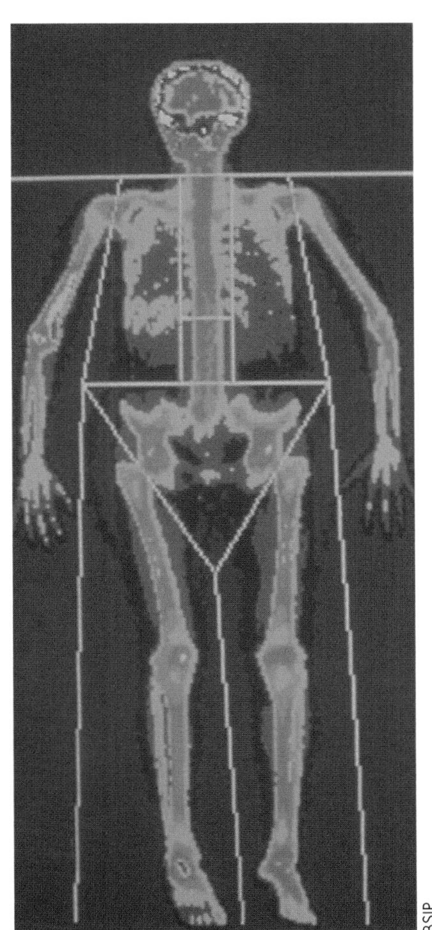

BSIP

__Ostéodensitométrie.__ Cet examen des os révèle le remaniement excessif de certains os (en jaune et rouge sur la photo).

LES CAUSES

Le renouvellement osseux normal implique un équilibre précis entre l'action des cellules osseuses qui détruisent la trame du squelette (ostéoclastes) et celle des cellules qui, à chaque instant, la reconstruisent (ostéoblastes). L'os, qui est une structure vivante et non inerte, est donc en perpétuel remaniement. Ce dernier est normalement lent et limité. Dans la maladie osseuse de Paget, les ostéoclastes s'emballent et détruisent l'os de façon totalement désordonnée. La réparation par les ostéoblastes, qui s'effectue très rapidement par poussées, conduit à une architecture irrégulière. L'aspect de l'os au microscope et son image radiologique reflètent ce trouble du développement osseux.
L'origine de ce déséquilibre entre la formation et la destruction du tissu osseux demeure inconnue. Il existe sans doute une prédisposition génétique (formes familiales, maladie de Paget survenant chez des jumeaux, etc.). L'hypothèse d'une cause infectieuse, éventuellement virale, est également envisagée, mais aucune certitude n'a été apportée.

LES SIGNES

La maladie de Paget, n'entraînant souvent aucune gêne ni aucun symptôme, n'est découverte qu'à l'occasion d'une radiographie demandée pour une autre raison.
Lorsque des signes existent, ils apparaissent le plus fréquemment sous forme de douleurs

QUELS SONT LES OS ATTEINTS ?

La maladie de Paget peut toucher un ou plusieurs os. N'importe quel os est susceptible d'être atteint, mais ce sont surtout le crâne et le squelette du tronc qui sont le plus souvent concernés, notamment le sacrum, la colonne vertébrale lombaire et le bassin. Dans les os longs (fémur et tibia, en particulier), la maladie commence à l'extrémité des os et progresse vers la partie moyenne (diaphyse). Même dans les formes étendues, la maladie n'affecte jamais la totalité du squelette.

ou d'une sensibilité plus importante au niveau des os atteints. Le symptôme qui attire le plus l'attention est une déformation physique, directement visible lors de l'examen clinique du patient : augmentation de volume de la boîte crânienne, avec saillie des bosses frontales, ou hypertrophie progressive du tibia, qui se déforme en se courbant.

L'atteinte de certains os peut être responsable de complications particulières, comme la surdité si la maladie s'étend à l'oreille interne. De même, les lésions au niveau de la colonne vertébrale peuvent entraîner une compression de la moelle épinière ou des racines des nerfs, responsable de douleurs du dos ou, beaucoup plus rarement, d'une paralysie des membres inférieurs.

Lorsque le bassin est touché, des douleurs et une limitation au niveau des hanches peuvent apparaître. Dans des cas plus rares, une insuffisance cardiaque peut se manifester et un cancer des os se développer dans le tissu osseux malade.

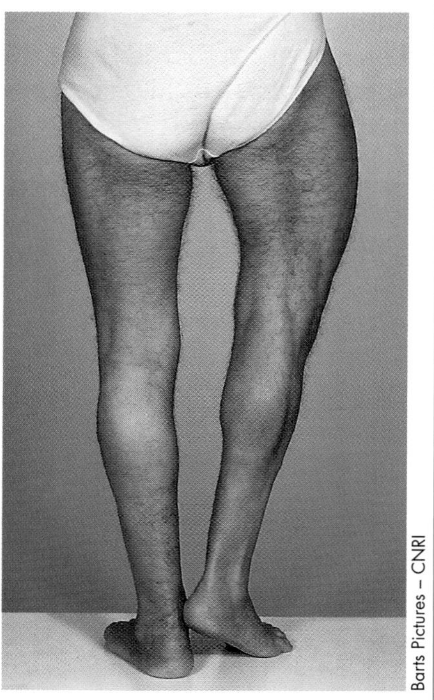
Barts Pictures – CNRI

Maladie de Paget au niveau du fémur droit. *Le fémur droit prend la forme d'une « lame de sabre », entraînant une déformation de la cuisse.*

LE DIAGNOSTIC

Le diagnostic repose sur un examen radiologique. L'os atteint par la maladie de Paget est plus épais que l'os normal et plus ou moins déformé. Sa structure est moins homogène, et il est plus opaque aux rayons X. Sur la radiographie, les zones anormalement condensées apparaissent en blanc. Le scanner, qui permet une visualisation de l'organe sous différents angles, montre des aspects comparables, mais donne des renseignements plus précis. La scintigraphie, en révélant le métabolisme excessif de certains os, localise rapidement l'ensemble des lésions de la maladie de Paget. Quelques examens biologiques peuvent être utiles pour apprécier la gravité de la maladie (dosage sanguin de la phosphatase alcaline, par exemple). Lorsqu'un doute persiste sur la nature de la maladie, on peut réaliser un prélèvement de l'os (biopsie), qui montre le remaniement caractéristique de la maladie.

L'ÉVOLUTION

L'évolution de la maladie de Paget s'accompagne souvent de nombreuses complications : troubles nerveux liés à la compression des nerfs ; fissurations, voire fractures, des os ; lésions des articulations (notamment de la hanche).

La complication la plus grave est l'apparition d'une tumeur cancéreuse sur l'os atteint par la maladie de Paget. Il s'agit habituellement d'un sarcome, bien que d'autres types de tumeurs soient possibles (tumeur osseuse à cellules géantes, myélome, lymphome, métastase dans l'os pagétique d'une tumeur provenant d'un autre organe, etc.). Cette complication survient dans environ 1 % des cas, mais, lorsque la maladie est très étendue, elle peut atteindre 5 à 10 % des cas.

LE TRAITEMENT

Le traitement de la maladie de Paget vise essentiellement à supprimer l'hyperactivité des cellules responsables de la destruction de la trame osseuse (ostéoclastes). Différents médicaments sont utilisés. La calcitonine, une hormone sécrétée par certaines cellules de la thyroïde, interrompt la destruction osseuse. Elle n'est prise que sous forme d'injections, ce qui en limite l'utilisation. Les diphosphonates, qui empêchent également la destruction osseuse, sont d'un emploi beaucoup plus facile ; ils sont ainsi devenus le traitement de choix de la maladie de Paget.

Les Maladies du Pancréas

LA PANCRÉATITE

C'est une inflammation, aiguë ou chronique, du pancréas, glande logée dans la partie supérieure de l'abdomen, qui possède à la fois une fonction digestive et une fonction hormonale.

Le pancréas secrète le suc pancréatique, liquide contenant de nombreuses enzymes nécessaires à la digestion. Il sécrète aussi 2 hormones qui régulent l'utilisation du sucre par l'organisme (l'insuline et le glucagon).

Laurent/Pioffet - BSIP

Symptômes de la pancréatite aiguë. *Une douleur soudaine et très violente dans la partie supérieure de l'abdomen est le principal signe de cette maladie.*

LA PANCRÉATITE AIGUË

Elle correspond à un œdème ou à une destruction (nécrose) des tissus du pancréas, d'intensité et de gravité variables. Cette affection touche des personnes de tout âge, avec une prédominance autour de 40 ans. Elle peut être due à la présence de calculs dans les voies biliaires ou bien à une consommation excessive d'alcool. Elle est parfois inexpliquée.

Les symptômes. La maladie se manifeste brutalement, souvent après un repas lourd, par de violentes douleurs rebelles aux calmants, dans la partie supérieure de l'abdomen. Le malade souffre de troubles digestifs ; son état général est altéré.

Le traitement. Il consiste à interrompre temporairement l'alimentation et à réhydrater le malade. Divers médicaments sont administrés : médicaments pour réduire les sécrétions du pancréas, analgésiques contre la douleur, antibiotiques contre le risque de surinfection. Une intervention chirurgicale peut être nécessaire, par exemple l'ablation de la vésicule biliaire en cas de calculs.

LA PANCRÉATITE CHRONIQUE

Elle se traduit par une sclérose progressive du pancréas (le tissu fonctionnel est peu à peu remplacé par des concrétions calcaires), qui finit par détruire complètement la glande. Cette affection est le plus souvent due à un alcoolisme chronique et se manifeste généralement après de nombreuses années d'intoxication.

Les symptômes. Ce sont principalement une douleur ressentie en haut et au milieu de l'abdomen et un amaigrissement. Au début, la douleur survient par intermittence, avec de longues rémissions, puis les crises douloureuses se rapprochent. La destruction de la partie du pancréas chargée de sécréter les enzymes digestives provoque une diarrhée chronique. Celle de la partie responsable de la sécrétion d'insuline et de glucagon débouche, à terme, sur un diabète insulinodépendant.

Le traitement. Il repose d'abord sur l'arrêt de la consommation d'alcool. Des médicaments contre la douleur (analgésiques) et des extraits pancréatiques sont prescrits. Une intervention chirurgicale (ablation de tout ou partie du pancréas) n'est pratiquée qu'en cas de complications telles qu'une jaunisse persistante ou une hémorragie digestive.

LE CANCER DU PANCRÉAS

Il touche surtout les hommes après la cinquantaine, et semble favorisé par le tabagisme et le diabète. Toutefois, aucun facteur de risque n'a pu à ce jour être déterminé avec certitude.

La tumeur maligne se développe le plus souvent au dépens du tissu sécrétant des enzymes digestives (pancréas exocrine), beaucoup plus rarement aux dépens du tissu sécrétant l'insuline et le glucagon (pancréas endocrine).

LES SYMPTÔMES

Les premiers symptômes sont des douleurs ressenties en haut et au milieu de l'abdomen. Dans certains cas, ces douleurs irradient vers le dos, et peuvent alors être prises pour des crises de rhumatisme. Le plus souvent, ces manifestations apparaissent alors que le cancer est déjà très évolué. L'état général du malade s'altère ensuite rapidement : il manque d'appétit, maigrit ; il est fatigué et parfois pris de vomissements. Au cours de certaines formes (cancer de la tête du pancréas), il souffre d'une jaunisse. Celle-ci est provoquée par la compression exercée par la tumeur sur la voie biliaire principale. Un cancer du pancréas peut également se manifester par des signes d'altération d'un autre organe, en particulier le foie, où la tumeur initiale a essaimé (métastases). Parfois, c'est le déséquilibre inexpliqué d'un diabète correctement traité qui révèle la maladie.

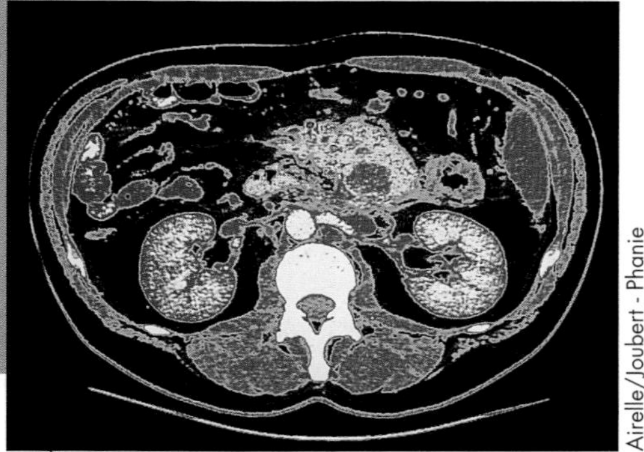

Airelle/Joubert - Phanie

Tumeur du pancréas, vue au scanner. *La tumeur cancéreuse (partie bleutée) envahit tout le pancréas.*

LE DIAGNOSTIC

Le pancréas, en raison de sa position – il est profondément enfoui au fond de l'abdomen –, est un organe difficile à examiner. Aussi, pour diagnostiquer un cancer du pancréas, les radiographies classiques et l'échographie sont-elles peu efficaces. Le scanner et l'imagerie par résonance magnétique (IRM) donnent de meilleurs résultats. Les tumeurs de petite taille peuvent être détectées par échoendoscopie (introduction par la bouche d'un endoscope émettant des ultrasons). On utilise aussi la pancréatographie endoscopique, qui consiste à réaliser des clichés après injection d'un produit de contraste dans les canaux du pancréas, par l'intermédiaire d'un endoscope poussé jusqu'à la première partie de l'intestin grêle.

L'ABLATION DU PANCRÉAS

Cette intervention chirurgicale, appelée pancréatectomie, est pratiquée à la suite d'un cancer du pancréas ou d'une pancréatite. Elle nécessite une hospitalisation d'environ 15 jours et entraîne de nombreux effets secondaires. L'ablation totale du pancréas provoque un diabète et une insuffisance pancréatique externe (selles blanches, graisseuses, molles). Ces troubles sont combattus par l'administration à vie d'insuline et d'extraits pancréatiques. Avec le temps, ils s'atténuent sans toutefois disparaître. Le patient doit donc continuer à suivre un régime alimentaire équilibré (pauvre en graisses et en sucres d'absorption rapide).

LE TRAITEMENT

Il est chirurgical, et consiste à pratiquer l'ablation partielle ou totale du pancréas. Lorsque le cancer est trop évolué, l'ablation est impossible. Le traitement repose alors sur l'administration de médicaments contre la douleur et sur des apports nutritionnels. Une chimiothérapie est parfois utile. Le pronostic de ce cancer est très réservé, en raison de son évolution insidieuse, ce qui empêche de le diagnostiquer à un stade précoce, et de la rapidité avec laquelle la tumeur s'étend aux tissus voisins.

LA MALADIE DE PARKINSON

La maladie de Parkinson est une maladie neurologique chronique, caractérisée par une lenteur des mouvements, une raideur musculaire et des tremblements.

Remarquablement décrite au XIXe siècle par le médecin anglais James Parkinson, la maladie qui porte aujourd'hui son nom est très fréquente, puisqu'elle touche environ 1 % de la population des plus de 50 ans. Classé parmi les maladies dégénératives, le syndrome parkinsonien ressemble à un vieillissement accéléré. Il peut être traité par des médicaments permettant à certains malades de maintenir leurs activités, mais d'autres voient leurs troubles physiques et intellectuels s'aggraver.

LES CAUSES

Elles sont encore inconnues. La survenue de la maladie est probablement liée à de nombreux facteurs. Il existe une prédisposition génétique, mais l'environnement joue aussi un rôle (dans le monde rural par exemple, l'influence de toxiques tels que des pesticides). Aucun facteur n'est sans doute le seul responsable des troubles.
Le mécanisme de la maladie est quant à lui mieux connu depuis quelques années : il s'agit d'une dégradation touchant en particulier certaines cellules nerveuses à l'intérieur du cerveau. Cette dégradation provoque la diminution de la synthèse d'une substance qui sert à contrôler les mouvements volontaires ou automatiques du corps, la dopamine.

LES SYMPTÔMES

La maladie commence vers l'âge de 55 ans environ ; elle est parfois déclenchée par un stress important (à la suite d'une intervention chirurgicale ou d'un choc affectif) mais, le plus souvent, elle survient sans raison apparente. Son évolution est très progressive, l'un des premiers signes étant une écriture en pattes de mouche, avec des lettres très petites. Lorsque la maladie est installée, le patient souffre du syndrome parkinsonien, qui associe des mouvements rares et lents (akinésie), une raideur musculaire (hypertonie plastique) et des tremblements au repos.
Des mouvements rares et lents. Ce signe apparaît au début de la maladie. Il est bien visible sur le visage qui reste figé, inexpressif, impassible : rares clignements des paupières, expression réduite.

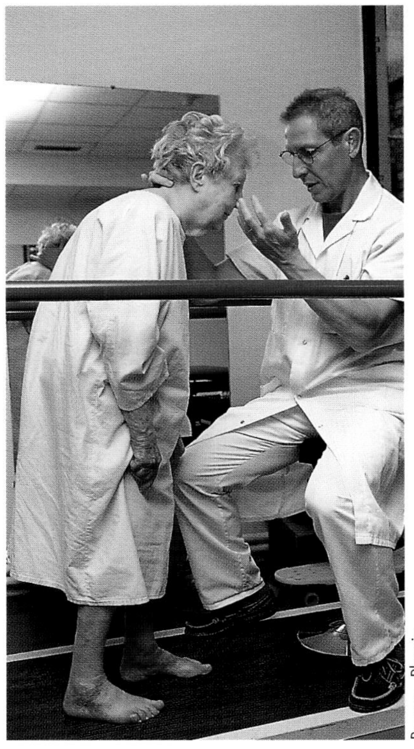

La rééducation. *Elle permet à cette malade parkinsonienne de réapprendre les mouvements de la marche.*

L'EFFICACITÉ DU TRAITEMENT

En général, le traitement permet au malade de poursuivre ses activités quotidiennes et prolonge son existence. Chez certains patients, l'efficacité des médicaments peut diminuer après plusieurs années. Les troubles moteurs réapparaissent alors, mais sont plus accentués, et les capacités intellectuelles du malade se réduisent progressivement.

Le malade a des difficultés à faire des mouvements rapides, il économise ses gestes. Ses bras ne se balancent plus pendant la marche, qui s'effectue à petits pas. La perte du balancement automatique du bras lors de la marche est d'ailleurs fréquemment asymétrique. La parole est monocorde. Les mouvements volontaires sont lents, rares, parfois seulement ébauchés ; ils sont plus importants, au moins au début, d'un côté du corps.

Une raideur musculaire. Elle se caractérise par le maintien d'un membre dans la position dans laquelle il est placé. Cette raideur, appelée hypertonie, touche surtout les muscles fléchisseurs et donne au patient une attitude penchée en avant. Le mouvement d'une seule partie de membre est difficile, ne cédant parfois que par à-coups et donnant un aspect de roue dentée.

Des tremblements. Ils sont présents au repos, réguliers (entre 4 et 8 oscillations par seconde), touchent le plus souvent l'extrémité des membres supérieurs et disparaissent lorsque le malade effectue des mouvements volontaires. Le tremblement peut siéger au niveau du pied, qui semble alors battre la cadence et est souvent très accentué par les émotions, les efforts intellectuels ou la fatigue.

Ces symptômes provoquent chez le malade des difficultés de plus en plus grandes à accomplir les gestes de la vie quotidienne : se lever, s'habiller, manger. Malgré ces signes physiques, les facultés intellectuelles restent intactes jusqu'à un stade avancé de la maladie, mais cette dégradation physique entraîne souvent une dépression.

LE TRAITEMENT

Il est essentiellement médicamenteux.

La lévodopa. Le traitement repose surtout sur l'administration de lévodopa, appelée également L-dopa, qui, une fois absorbée, se transforme en dopamine. Cette substance, la lévodopa, est surtout efficace lorsque prédominent certains signes, comme la lenteur des mouvements et la raideur musculaire. Grâce à ce traitement, les symptômes disparaissent pendant une période pouvant aller de deux à cinq ans, suivie ensuite d'une réapparition des tremblements, qui sont alors souvent plus importants qu'à l'origine ; de plus, on observe des effets secondaires des traitements (fluctuation de l'effet du traitement au cours de la journée, mouvements anormaux, « paralysies » totales pendant une heure et plus, etc.).

Les autres médicaments antiparkinsoniens. Ils sont prescrits seuls ou en association lorsque le traitement par la lévodopa a échoué. Ce sont les anticholinergiques, essentiellement utilisés en cas de tremblements, mais dont la prescription est actuellement limitée en raison de leurs effets secondaires (troubles du comportement, délires) ; des substances qui se fixent sur les récepteurs de la dopamine, provoquant les mêmes effets que celle-ci ; des substances qui empêchent la dégradation de la dopamine dans le cerveau et qui, en outre, présentent l'avantage de ralentir l'évolution de la maladie.

DES TRAITEMENTS AUTRES QUE MÉDICAMENTEUX

Le traitement de la maladie de Parkinson est généralement médicamenteux, mais il existe d'autres techniques qui peuvent soulager le malade :
– la kinésithérapie, qui sert à lutter contre la faiblesse musculaire du malade et vise à rééduquer globalement la marche et l'équilibre ;
– la chirurgie, qui est utilisée quand les tremblements ont résisté à tous les autres traitements. Elle consiste à stimuler une partie du thalamus à l'aide d'électrodes. Les résultats de cette technique encore récente semblent satisfaisants.

LA GREFFE DE CELLULES

Ce traitement encore expérimental n'est pratiqué qu'à un stade très avancé de la maladie, qui interdit tout mouvement aux patients. On procède alors à une greffe de cellules de glandes surrénales. Ces cellules ont pour caractéristique de synthétiser de la dopamine en très grande quantité. Les résultats semblent encourageants, mais cette technique va certainement connaître des améliorations au fil du temps.

LES MST

Les maladies sexuellement transmissibles, appelées aussi MST ou maladies vénériennes, sont des maladies infectieuses contagieuses, transmises lors des rapports sexuels. Elles touchent chaque année environ 250 millions de personnes à travers le monde.

Keene – BSIP

***Les jeunes font partie des groupes à risque pour les MST.** Ils sont en effet susceptibles de changer souvent de partenaire. Dans ce cas, pour se protéger de façon efficace, ils doivent utiliser des préservatifs.*

De nombreux germes peuvent se transmettre pendant les rapports sexuels : des bactéries, des champignons, des virus et même des parasites. Traditionnellement, les maladies dites vénériennes étaient caractérisées par l'apparition d'une lésion locale génitale à la suite d'un rapport sexuel. Mais certaines MST ne provoquent pas de symptômes au niveau des organes génitaux : les germes ou les virus contenus dans le sperme ou les sécrétions vaginales peuvent se transmettre sans aucune trace à l'occasion des rapports sexuels ; c'est le cas de l'hépatite B et du sida.

LES CAUSES

Les bactéries responsables des MST sont principalement les chlamydias et les mycoplasmes. Les bactéries causant la gonococcie (également nommée blennorragie), le chancre mou, la syphilis, la lympho-granulomatose vénérienne (maladie de Nicolas-Favre) sont aujourd'hui plus rares qu'il y a 50 ans. Néanmoins, la syphilis et la gonococcie restent bien d'actualité. Les champignons entraînent des mycoses locales, comme les candidoses. Les virus sont responsables d'affections telles que l'herpès génital, les condy-

LA BLENNORRAGIE

La blennorragie, courammment appelée chaude-pisse, est la plus ancienne des maladies sexuellement transmissibles connues. Elle figure parmi les maladies infectieuses les plus répandues au monde. Elle se rencontre surtout chez les adultes jeunes qui ont des partenaires sexuels multiples. Cette maladie, également connue sous le nom de gonococcie, est due à une bactérie, le gonocoque *Neisseria gonorrheæ*. Chez l'homme, elle entraîne un écoulement au niveau du canal urinaire et une sensation de brûlure en urinant. Chez la femme, des pertes blanches et des inflammations locales apparaissent.
Le traitement de la blennoragie repose sur la prise d'antibiotiques. Il doit être entrepris tôt, pour éviter les complications, et le malade doit s'abstenir de tout rapport sexuel pendant les soins.

lomes papillomateux, la mononucléose infectieuse, l'hépatite B ou le sida. Les parasites responsables de MST sont essentiellement les trichomonas, ainsi que le pou du pubis (morpion).

LES SYMPTÔMES

Les MST classiques apparaissent dans un délai variable après le rapport sexuel contaminant.
Chez l'homme, l'attention est attirée soit par une lésion sur la verge, sous forme d'une rougeur, d'une érosion localisée arrondie (chancre syphilitique, chancre mou), de vésicules (herpès), d'excroissances (condylomes). Il peut également y avoir un écoulement par le canal urinaire avec douleurs à l'émission des urines (urétrite) ; l'écoulement peut être purulent (gonococcie) ou clair et peu abondant (chlamydias, mycoplasmes).
Chez la femme, les lésions passent souvent inaperçues, mais la survenue de douleurs locales, de brûlures urinaires, de démangeaisons, de pertes vaginales inhabituelles, de douleurs lors des rapports doit conduire à consulter un médecin qui pratiquera un examen local attentif.
Chez les deux sexes, les MST peuvent entraîner des lésions au niveau de l'anus et du rectum et l'apparition de ganglions au pli de l'aine.
Les MST non traitées peuvent se compliquer, notamment chez la femme, en s'étendant aux trompes utérines et en provoquant une infection appelée salpingite ; cette dernière peut conduire à la stérilité.
La transmission sexuelle de virus tels que le VIH (sida) ou celui de l'hépatite B ne provoque aucun signe local. La séroconversion plusieurs semaines ou plusieurs mois plus tard peut également passer inaperçue, et le moment de la contamination est souvent difficile à préciser.

LE PRÉSERVATIF

Le préservatif masculin, tube souple en latex, est un moyen de contraception mais aussi la meilleure protection contre la transmission de germes par voie sexuelle. Il empêche le passage du sperme dans le vagin et supprime le contact direct entre les muqueuses et la peau des deux partenaires. Pour que le préservatif soit efficace, il faut suivre scrupuleusement son mode d'emploi : il doit être enfilé sur la verge en érection complète, avant la pénétration sexuelle. Pour éviter qu'il n'éclate ou ne fuie, il faut chasser l'air du petit réservoir qui se trouve à son extrémité en le pinçant. Après éjaculation, l'homme doit se retirer en maintenant le préservatif à la base du pénis pour qu'il ne glisse pas, puis l'enlever et le jeter. En outre, il faut vérifier qu'il possède bien une norme de qualité.

LE DIAGNOSTIC

Le diagnostic des MST est établi dans des centres et des services spécialisés ou par des médecins spécialistes. Le germe responsable de la maladie est retrouvé soit par un examen microscopique (urines, écoulement de l'urètre, sécrétions vaginales), soit par un test sérologique (prélèvement de sang).

LE TRAITEMENT

Le traitement doit être suivi par les deux partenaires sexuels, sinon la rechute est assurée. Il peut comprendre des antibiotiques, des antiviraux, des antimycosiques ou des antiparasitaires, selon la maladie en cause. Ils sont administrés en comprimés et par voie locale (pommade à appliquer sur la verge ou la vulve et ovules à base d'antibiotique et d'antimycosique à introduire dans le vagin). Ils permettent de traiter de manière efficace la plupart des MST. Les symptômes disparus, des tests sont de nouveau effectués pour vérifier que les patients sont bien guéris.

LA PRÉVENTION

La seule prévention efficace des MST repose sur l'utilisation systématique du préservatif masculin lors des rapports sexuels. Cette précaution vaut notamment pour les personnes appartenant à un groupe à risque : homosexuels et hétérosexuels ayant des partenaires sexuels multiples, toxicomanes utilisant des seringues usagées, prostitué(e)s. Pour éviter la propagation de ces maladies, tous les partenaires sexuels récents d'une personne atteinte de MST devraient être suivis médicalement (dépistage et traitement).

Les Maladies des Tendons

Les tendons sont touchés par de nombreuses maladies et lésions d'origines très diverses. L'usure liée à l'âge, un effort violent ou une blessure peuvent provoquer la fragilisation, l'inflammation ou la rupture d'un tendon.

Lenfant – Vandystadt

Danseuses à l'échauffement. *Les exercices assouplissent les muscles, évitant une possible rupture des tendons.*

Un tendon est une corde fibreuse dans laquelle se concentrent et se terminent les fibres musculaires. C'est par le tendon que le muscle s'attache à l'os.

STRUCTURE ET RÔLE DES TENDONS

Les tendons, constitués de fibres de collagène, sont nourris par de fins vaisseaux sanguins. Ils ont une forme de cylindre, hormis ceux de la paroi abdominale (tendons aponévrotiques), qui se présentent sous forme de larges lames plates. Ils peuvent être très courts, comme ceux des muscles à la racine de la cuisse, ou très longs, comme ceux des muscles extenseurs et fléchisseurs des doigts.
Les tendons sont puissants, flexibles mais peu élastiques. Ils sont extrêmement résistants : le tendon d'Achille, par exemple, peut supporter une traction de près de 300 kilos.

LA TENDINITE

La tendinite est la maladie la plus fréquente des tendons. Il s'agit d'une inflammation généralement provoquée par un traumatisme important (choc direct, étirement brutal) ou par de petits traumatismes répétés, liés à certaines activités de la vie quotidienne, ou à des pratiques professionnelles ou sportives.
La tendinite est favorisée par le vieillissement des tissus, qui entraîne une usure, voire une rupture, des fibres de collagène constituant les tendons. Elle peut également être provoquée par une maladie des articulations.
L'une des tendinites les plus classiques est celle de l'épaule, qui peut s'installer progressivement et aboutir à une rupture des tendons de l'articulation (tendons de la coiffe des rotateurs). Dans ce cas, la douleur se manifeste lors de certains mouvements, notamment lorsqu'on lève le bras en l'éloignant de l'axe central du corps.

LE TENNIS ELBOW

Le tennis elbow, aussi appelé épicondylite, est une inflammation douloureuse des tendons qui rattachent certains muscles de l'avant-bras au coude. Causé par le surmenage des muscles extenseurs du poignet et des doigts, il résulte d'un étirement constant des tendons à leur point d'attache. Cette maladie, qui peut être provoquée par le tennis, mais aussi par tout autre sport ou toute autre activité sollicitant le bras, impose la mise au repos du bras et interdit le port de charges lourdes.

Une tendinite est douloureuse même au repos. Elle limite la mobilité en raison de la douleur que déclenche tout mouvement. Elle peut être soulagée par la prise d'anti-inflammatoires, qui atténuent la douleur et l'inflammation : anti-inflammatoires, non stéroïdiens par voie orale ou injection de corticostéroïdes autour du tendon malade (infiltration). Les massages peuvent également s'avérer bénéfiques.

LA RUPTURE DE TENDON

Un tendon peut se rompre à la suite d'une contraction trop brusque ou trop violente. Il peut être coupé accidentellement par une lame (couteau, patin à glace) ou un éclat de verre. Chez les personnes âgées ou si les tendons sont fragilisés par une maladie (tendinite récidivante), des frottements répétés provoquent parfois une rupture des tendons. La douleur provoquée est violente et se traduit par l'impossibilité de bouger l'articulation ou le membre en cause.
En l'absence de plaie, le traitement consiste le plus souvent en un plâtrage. La cicatrisation se fait en 6 semaines environ.
En cas de plaie, le tendon doit être suturé chirurgicalement. Si les extrémités sont trop éloignées l'une de l'autre, il est parfois nécessaire d'effectuer une greffe.
Un tendon qui a été blessé a une résistance et des qualités mécaniques moins importantes. Il est parfois impossible de reprendre une activité professionnelle ou sportive.

LES AUTRES MALADIES

L'inflammation de la gaine qui entoure les tendons des muscles extenseurs et fléchisseurs des doigts et des orteils (gaine synoviale) est appelée ténosynovite. Elle peut être due au surmenage d'une articulation, à un rhumatisme inflammatoire, à une infection bactérienne ou à une maladie inflammatoire locale. Les symptômes sont les mêmes que ceux d'une tendinite : gonflement, douleur accentuée à la palpation et lorsque le tendon est sollicité.
Lorsque la ténosynovite est infectieuse, une intervention chirurgicale et un traitement antibiotique sont nécessaires. Dans les autres cas, le traitement est fondé sur le simple repos de la zone douloureuse et sur la prise d'anti-inflammatoires.
Une autre maladie des tendons, l'enthésopathie, affecte la zone osseuse au niveau de laquelle s'attache un tendon ou un ligament. Les principales enthésopathies sont d'origine inflammatoire et touchent en particulier le talon. Leur traitement repose sur la prise d'anti-inflammatoires, avec ou sans infiltrations locales pour le talon.

LES CALCIFICATIONS TENDINEUSES

Les calcifications tendineuses sont caractérisées par la formation de dépôts de cristaux d'un sel de calcium dans les tendons. Cette maladie, fréquente et bénigne, touche toutes les articulations, mais son siège de prédilection est le tendon des muscles qui coiffent l'épaule. Le traitement consiste essentiellement en infiltrations locales de corticostéroïdes.

■ TENDON D'ACHILLE

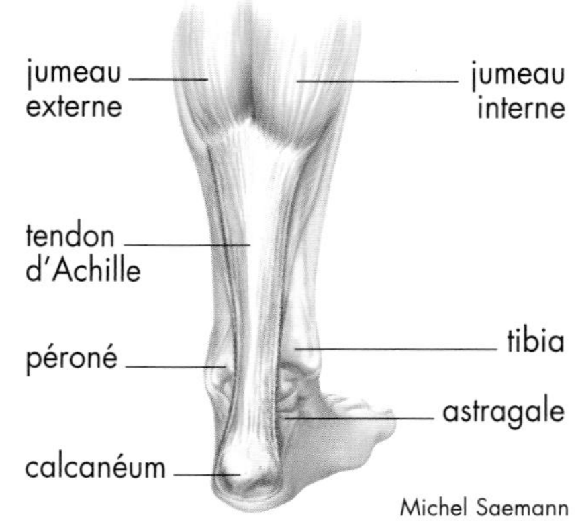

Michel Saemann

LE TENDON D'ACHILLE, PUISSANT MAIS FRAGILE

Le tendon d'Achille, long et puissant, sert à élever le talon lorsque l'on marche. Il est formé par les terminaisons du muscle du mollet (jumeau interne, jumeau externe), qu'il rattache au talon (calcanéum). Le surmenage, le port de chaussures inadaptées ou encore une mauvaise technique sportive peuvent créer une inflammation (tendinite) ou des microdéchirures du tendon. Sous l'effet d'une contraction trop brusque, à l'occasion d'un saut ou d'un sprint, le tendon peut se rompre, partiellement ou complètement. La cicatrisation du tendon d'Achille demande 2 ou 3 mois. La reprise d'une activité sportive ne sera possible que bien longtemps après l'intervention chirurgicale.

LES MALADIES DE LA THYROÏDE

LE CANCER DE LA THYROÏDE

Il a la particularité de présenter des formes très variables, en fonction du type de cellules qui se développent de manière anormale. Son pronostic est, dans la plupart des cas, favorable.

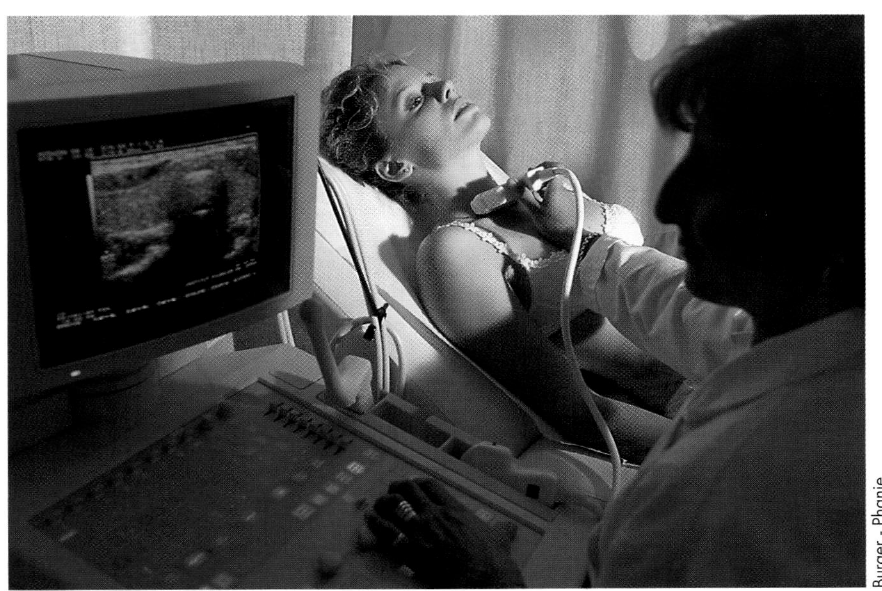

Burger - Phanie

Échographie de la glande thyroïde. *C'est l'un des examens pratiqués lorsque le médecin soupçonne un cancer de la thyroïde.*

Le pronostic du cancer de la thyroïde dépend essentiellement de sa forme et du moment où il est découvert.

LES SYMPTÔMES

L'une des premières manifestations est une grosseur dans la thyroïde (nodule), perceptible au toucher. Le patient peut, à un stade plus avancé, avoir la voix cassée, ce signe étant lié à une atteinte du nerf laryngé qui traverse la glande thyroïde. Parfois, la tumeur est tellement volumineuse qu'elle comprime la thyroïde, l'empêchant alors de fonctionner normalement. Certains cancers sont découverts devant une augmentation de volume des ganglions du cou (adénopathie). Des localisations secondaires du cancer (métastases) sont parfois découvertes dans les poumons et dans les os ; elles révèlent alors le cancer.

LE DIAGNOSTIC

Après l'examen clinique, divers examens sont entrepris pour orienter le diagnostic : scintigraphie, échographie, scanner de la thyroïde. L'examen au microscope d'un prélèvement de la tumeur (biopsie) permet parfois de confirmer le diagnostic.

LE TRAITEMENT

Il dépend de la forme du cancer, de la taille de la tumeur et fait appel à différentes techniques : chirurgie (ablation de la thyroïde) suivie de l'administration d'une dose d'iode radioactif pour détruire les résidus thyroïdiens, radiothérapie, chimiothérapie. Ces techniques peuvent être employées de manière isolée ou associée.

VIVRE SANS THYROÏDE

Pour compenser l'absence de sécrétion hormonale liée à l'ablation de la glande thyroïde, un traitement substitutif par la thyroxine, pris tous les jours, est administré à vie. La surveillance de ce traitement est clinique et biologique (dosage sanguin de la thyroglobuline et de la TSH, notamment). Dans ces conditions, les personnes ayant subi une thyroïdectomie mènent une vie tout à fait normale et ne doivent pas prendre de précautions particulières.

LE NODULE THYROÏDIEN

C'est une grosseur localisée de la glande thyroïde, le plus souvent bénigne. La présence d'un ou de plusieurs nodules thyroïdiens est très fréquente, surtout chez la femme.

Un nodule thyroïdien n'entraîne dans la plupart des cas, aucun symptôme. Plus rarement, il provoque une gêne au niveau du cou. Il peut aussi être découvert à l'occasion de signes de dysfonctionnement de la glande thyroïde. Le nodule peut être associé à une insuffisance de sécrétion d'hormones par la glande thyroïde (hypothyroïdie) ou, au contraire, il peut lui-même sécréter une trop grande quantité d'hormones (hyperthyroïdie).

LE DIAGNOSTIC

La présence d'un nodule thyroïdien peut être découverte au cours d'un examen clinique. Un bilan hormonal, comportant au minimum un dosage de la TSH, l'hormone qui stimule la thyroïde, complète l'examen clinique. Il est suivi d'une scintigraphie de la glande thyroïde. Cette technique permet d'apprécier la fixation d'une substance spécifique (traceur) par la glande thyroïde et par le ou les nodules palpés et donc de mesurer l'activité de la glande et de déterminer le type de nodule. L'échographie permet de mettre en évidence des petits nodules impalpables.

LES DIFFÉRENTS TYPES

La scintigraphie permet de différencier les nodules. Un nodule qui fixe moins bien l'iode que le tissu environnant est dit froid. À l'inverse, un nodule qui fixe mieux le traceur est dit chaud.

Centre J. Perrin - Clermont-Ferrand - CNRI

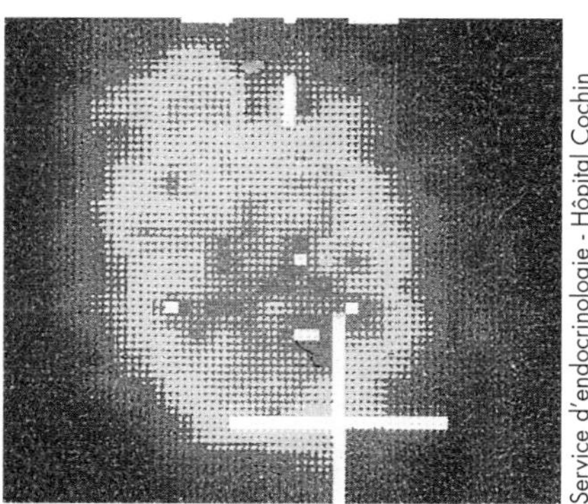

Service d'endocrinologie - Hôpital Cochin

Comparaison entre un nodule froid et un nodule chaud, vus par scintigraphie. *Dans le cas d'un nodule froid (à gauche), la thyroïde fonctionne normalement, elle apparaît donc à la scintigraphie, tandis que le nodule ne fixe pas l'iode. Dans le cas d'un nodule chaud (à droite), on ne voit que le nodule.*

Le nodule froid. Il est le plus souvent bénin. Cependant, dans environ 10 % des cas, il est cancéreux. Il est donc nécessaire d'effectuer une ponction des cellules qui constituent le nodule, afin de procéder à une analyse en laboratoire.

Le nodule chaud. Toujours bénin, il entraîne un risque d'hyperthyroïdie, qui se traduit par une accélération du rythme cardiaque (tachycardie), un tremblement, une sensation permanente d'avoir trop chaud (thermophobie), un amaigrissement et des diarrhées.

LE TRAITEMENT

Il dépend du type de nodule, chaud ou froid, et de son caractère, bénin ou cancéreux.

Le nodule froid. L'ablation chirurgicale n'est pas systématique pour tout nodule froid et dépend de son caractère, cancéreux ou non. Lorsque le nodule n'est pas enlevé (nodule bénin), il nécessite une surveillance régulière (généralement une fois par an). Un traitement avec de l'hormone thyroïdienne est habituellement prescrit pour diminuer le risque d'augmentation de volume du nodule. L'ablation chirurgicale est indiquée si le nodule grossit et qu'il devient gênant et/ou s'il existe des éléments faisant craindre un risque d'évolution vers un cancer.

Le nodule chaud. Le traitement est systématique : ablation du nodule ou radiothérapie métabolique (administration d'une dose d'iode 131), après avoir traité, à l'aide de médicaments, l'hyperthyroïdie.

LES MALADIES DE LA THYROÏDE

LES THYROÏDITES

La thyroïdite est une inflammation de la glande thyroïde. Il en existe différentes formes qui se distinguent essentiellement par leur origine, leurs symptômes et leur évolution.

Le diagnostic des thyroïdites repose principalement sur l'examen clinique et sur la scintigraphie de la glande thyroïde.

LA THYROÏDITE DE HASHIMOTO

Cette forme, également appelée thyroïdite lymphocytaire chronique, est la plus fréquente. Cette affection se manifeste par un gonflement de la thyroïde (goitre) très ferme. Les examens sanguins révèlent la présence d'anticorps antithyroïdiens. La thyroïdite de Hashimoto peut évoluer vers une diminution de la sécrétion des hormones thyroïdiennes (hypothyroïdie), se traduisant par un ralentissement du rythme cardiaque, un épaississement de la peau du visage et du cou, une pâleur du teint. Elle est d'origine auto-immune : le système de défense de l'organisme s'attaque à la glande thyroïde. Le traitement fait appel à la prise quotidienne de thyroxine, qui compense la fonction défaillante de la thyroïde et permet la disparition des symptômes. Dans de très rares cas, cette thyroïdite se complique d'un cancer des ganglions lymphatiques (lymphome).

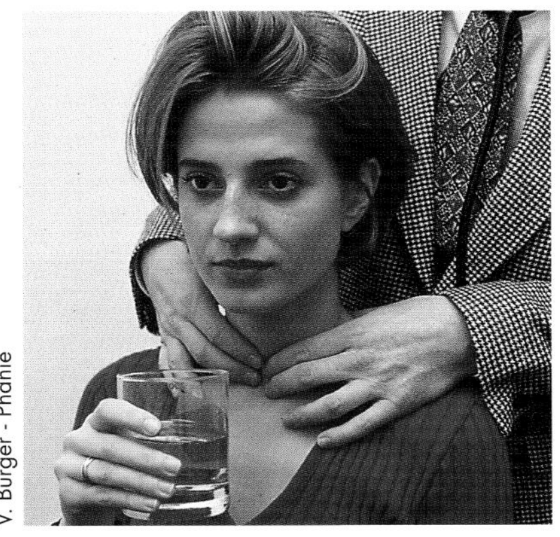

V. Burger - Phanie

Palpation de la glande thyroïde. *C'est le premier geste du médecin lorsqu'il soupçonne un trouble de la thyroïde. Il demande à la patiente de boire un verre d'eau pour qu'elle déglutisse, ce qui rend la palpation plus facile.*

LA THYROÏDITE SUBAIGUË DE DE QUERVAIN

Cette affection se manifeste par de vives douleurs à l'avant du cou, souvent associées à un syndrome grippal (fièvre, fatigue). La thyroïde est volumineuse, dure et douloureuse à la palpation. L'importance du goitre est variable d'une personne à l'autre et d'un examen à l'autre. On observe une augmentation des hormones thyroïdiennes (hyperthyroïdie) transitoire, et, sur la scintigraphie, il n'y a pas de fixation d'une substance spécifique (traceur) par la glande. Cette forme de thyroïdite est probablement d'origine virale. Le traitement comporte la prise d'anti-inflammatoires. La maladie évolue spontanément vers la guérison en six semaines environ.

LA THYROÏDITE DU POST-PARTUM

Cette maladie, rare, se caractérise par l'apparition, après un accouchement, d'une hyperthyroïdie modérée avec un goitre et, sur la scintigraphie, d'une absence de fixation du traceur par la glande thyroïde. La guérison se produit spontanément en 2 à 4 mois avec parfois une phase d'hypothyroïdie transitoire.

LA THYROÏDITE AIGUË D'ORIGINE INFECTIEUSE

Elle est consécutive à une infection par un staphylocoque, un streptocoque ou le bacille de Koch (agent de la tuberculose). C'est une affection très rare. Elle se traduit par un abcès de la thyroïde, douloureux, qu'il est nécessaire de drainer chirurgicalement et de traiter avec des antibiotiques.

LE GOITRE

Le goitre est une augmentation de volume, souvent visible, de la glande thyroïde. Il atteint plus souvent les femmes que les hommes et sa fréquence augmente avec l'âge.

Le goitre est une affection extrêmement fréquente : 800 millions de personnes en sont atteintes dans le monde.

LES SYMPTÔMES

Un goitre se manifeste par un gonflement, plus ou moins important, du cou. Dans la plupart des cas, il est isolé. Néanmoins, il peut être accompagné de troubles consécutifs à un excès de production des hormones thyroïdiennes dans la maladie de Basedow (amaigrissement, tachycardie, tremblements) ou de troubles dus à une insuffisance de ces hormones dans certaines thyroïdites (peau épaissie, constipation, frilosité).

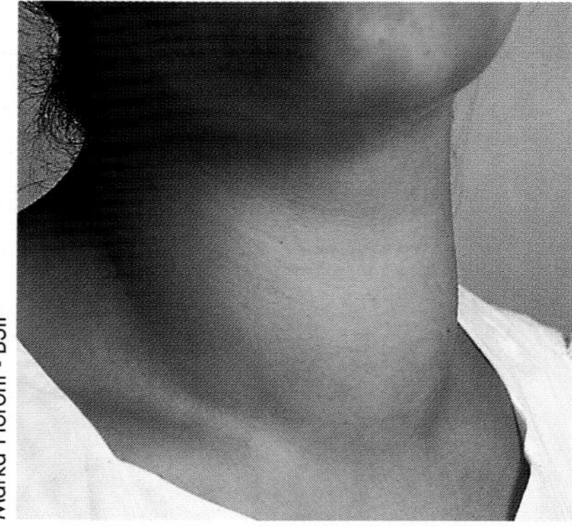

Marka Fioroni - BSIP

***Goitre.** Cette augmentation du volume de la glande thyroïde, qui atteint plus souvent les femmes que les hommes, se traduit par un gonflement au niveau du cou.*

LES CAUSES

Plusieurs types d'anomalie peuvent favoriser l'apparition d'un goitre. Un déficit en iode, constituant obligatoire des hormones thyroïdiennes, entraîne un goitre par carence iodée. La synthèse des hormones thyroïdiennes peut aussi se faire de façon imparfaite. Certaines maladies thyroïdiennes plus rares provoquent également des goitres : la maladie de Basedow, la thyroïdite de Hashimoto, ainsi que d'autres thyroïdites.

LE DIAGNOSTIC

Le diagnostic repose sur la palpation du cou. Lors de l'examen, le médecin évalue la taille du goitre ainsi que son caractère (vasculaire ou nodulaire), et sa sensibilité. Surtout, il recherche des signes de compression des organes voisins : gêne à la déglutition (dysphagie), modification de la voix (dysphonie) ou gêne respiratoire (dyspnée). Une échographie de la glande thyroïde permet parfois de mettre en évidence la présence d'une ou plusieurs grosseurs (nodules). Une scintigraphie thyroïdienne peut se révéler nécessaire pour étudier le fonctionnement de la glande. Une étude au microscope des cellules qui constituent les nodules est parfois aussi réalisée. Enfin, le dosage des hormones thyroïdiennes révèle une éventuelle augmentation ou diminution de celles-ci.

THYROÏDE ET IODE

Les hormones thyroïdiennes sont fabriquées à partir de l'iode contenu dans les aliments. Les besoins en iode sont de 100 à 150 microgrammes par jour. Lorsque l'alimentation comprend des produits riches en iode (poissons, sel iodé), elle suffit à couvrir les besoins. Une carence apparaît lorsque les apports sont inférieurs à 100 microgrammes par jour. Celle-ci peut perturber le fonctionnement de la thyroïde et provoquer un goitre. À l'inverse, un excès d'iode par des médicaments ou des produits iodés peut également être à l'origine d'un dérèglement de la thyroïde.

L'ÉVOLUTION ET LE TRAITEMENT

Spontanément, le goitre peut rester de petite taille ou augmenter de façon régulière. Il peut devenir toxique (en sécrétant des hormones thyroïdiennes de façon excessive) et entraîner une hyperthyroïdie. Le traitement est proposé en fonction de l'évolution et de la cause du goitre : apport d'iode en cas de carence, administration d'hormones thyroïdiennes en cas de synthèse déficiente de celles-ci ou ablation de la thyroïde (thyroïdectomie) partielle en cas de maladie thyroïdienne.

LES MALADIES DES VALVULES

Le cœur comporte quatre valvules cardiaques chargées de canaliser le flot sanguin. Les affections de ces valvules (ou valvulopathies) peuvent provoquer des troubles cardiaques ou respiratoires, voire une insuffisance cardiaque.

Le cœur se compose de quatre valvules, qui canalisent le sang pour qu'il s'écoule dans une direction unique. Ces valvules sont des replis membraneux, eux-mêmes constitués de plusieurs éléments, appelés valves. Deux valvules (dites auriculo-ventriculaires) se trouvent entre les oreillettes et les ventricules : la valvule mitrale à gauche et la valvule tricuspide à droite. Les deux autres valvules (dites artérielles) sont situées à la sortie des ventricules, à l'origine de l'aorte et de l'artère pulmonaire. Les valvules fonctionnent à la manière de clapets qui s'ouvrent sous la pression du sang, puis se referment. Lorsqu'une valvule est lésée, son dysfonctionnement entraîne différents troubles plus ou moins graves. À terme, en cas d'anomalie importante, une incapacité du cœur à assurer correctement sa fonction de pompe (insuffisance cardiaque) peut survenir.

LES DIFFÉRENTES LÉSIONS

La lésion d'une valvule entraîne soit son rétrécissement, soit son insuffisance.

Le rétrécissement valvulaire. Il gêne le passage du sang : en effet, la valvule n'est pas suffisamment ouverte lors du remplissage des cavités du cœur (diastole) pour les valvules mitrale et tricuspide, et lors de la contraction du cœur (systole) pour les valvules aortique et pulmonaire.

Goivaux - Rapho

***La valvule.** Chaque valvule (ici, la valvule mitrale) est rattachée à la paroi du ventricule par de fins cordages.*

L'insuffisance valvulaire. Également appelée fuite ou incontinence, elle est liée à une absence d'étanchéité de la valvule. Elle provoque un retour de sang dans la cavité qu'il vient de quitter, lors de la contraction du cœur pour les valvules mitrale et tricuspide, et lors du remplissage des cavités cardiaques pour les valvules aortique et pulmonaire.

LES SYMPTÔMES

Une maladie des valvules (ou valvulopathie) peu importante peut passer inaperçue. Dans le

LA VALVULOPLASTIE

C'est la réparation chirurgicale d'une valvule ou le rétablissement de son fonctionnement. Elle peut être réalisée par cathétérisme (sous anesthésie locale) ou par chirurgie (sous anesthésie générale et circulation extracorporelle). Dans le premier cas, une sonde est introduite dans un vaisseau à travers la peau, puis poussée jusqu'au cœur ; un ballonnet, situé à l'extrémité de la sonde, est placé dans l'orifice de la valvule et gonflé à forte pression pendant quelques secondes. Pour la valvuloplastie chirurgicale, l'intervention dépend de chaque cas : ablation d'un fragment de tissu excédentaire, pose d'un anneau qui remodèle l'orifice, etc.

cas contraire, le patient ressent une fatigue anormale lorsqu'il fournit un effort, et a du mal à respirer, d'abord uniquement lors d'efforts, puis même au repos. Dans certains cas, il peut ressentir des douleurs d'angine de poitrine, et, s'il souffre d'un trouble du rythme cardiaque, avoir des palpitations. En cas de rétrécissement aortique grave, il peut avoir, lors d'efforts, de brèves pertes de connaissance liées à une oxygénation insuffisante du cerveau (syncopes). Enfin, lorsque l'anomalie est importante, elle peut retentir sur le cœur luimême, en amont de la valvule atteinte, entraînant une dilatation de l'oreillette ou du ventricule, ou encore un épaississement de sa paroi. De plus, le travail du cœur est augmenté, ce qui explique l'évolution possible vers une insuffisance cardiaque. Enfin, les maladies des valvules se compliquent fréquemment d'une infection de l'endocarde (endocardite), surtout lorsque c'est la valvule aortique qui est atteinte.

LES CAUSES

Une valvulopathie peut découler d'une maladie dégénérative due au vieillissement, ou, plus rarement, d'une malformation congénitale. Une infection de l'endocarde (endocardite), une rupture des cordages qui rattachent les valvules à la paroi du ventricule, un infarctus du myocarde (mort d'une partie des tissus du muscle cardiaque) avec atteinte des cordages peuvent également entraîner une insuffisance valvulaire.

LE TRAITEMENT

Deux types de traitement existent, selon que l'atteinte est légère ou sévère.

Les atteintes mineures. Dans ce cas, on prescrit un régime sans sel, associé à la prise de diurétiques ou d'inhibiteurs de l'enzyme de conversion (qui augmentent le diamètre des vaisseaux sanguins).

Les atteintes sévères. Le traitement dépend de la gravité et de la valvule atteinte. Certains rétrécissements mitraux et pulmonaires sont traités par dilatation de la valvule rétrécie à l'aide d'une sonde à ballonnet introduite dans un vaisseau sanguin et poussée jusqu'au cœur. La réparation chirurgicale d'une valvule cardiaque (valvuloplastie) concerne surtout les insuffisances mitrale et tricuspide ; elle consiste selon le cas à pratiquer l'ablation d'un fragment de tissu excédentaire, à poser un anneau qui remodèle l'orifice, etc. Lorsqu'une valvuloplastie se révèle inappropriée, les valvules aortique ou mitrale doivent être remplacées par une prothèse artificielle ou biologique (à base de péricarde de porc).

LA PRÉVENTION

Elle concerne surtout les patients atteints de valvulopathie aortique, et consiste à prévenir le risque d'endocardite en suivant un traitement antibiotique avant toute intervention chirurgicale, soin dentaire même minime ou examen endoscopique (exploration de l'appareil digestif ou urinaire). Par ailleurs, toute personne ayant une angine doit être systématiquement traitée par des antibiotiques, afin d'éviter l'évolution de cette affection vers un rhumatisme articulaire aigu, dont l'endocardite est une des plus graves complications.

LES VALVULES CARDIAQUES

La valvule mitrale. Elle se trouve entre l'oreillette gauche et le ventricule gauche, le sang allant de l'oreillette au ventricule. Ouverte pendant que le ventricule gauche se remplit de sang, elle se referme de façon étanche quand le ventricule se contracte.

La valvule tricuspide. Elle est située entre l'oreillette droite et le ventricule droit, le sang circulant de l'oreillette vers le ventricule. Ouverte pendant que le ventricule droit se remplit de sang, elle se referme quand le ventricule se contracte.

La valvule aortique. Elle se trouve entre le ventricule gauche et le début de l'aorte, le sang circulant du ventricule vers l'aorte. Elle s'ouvre sous la pression du sang pendant la contraction du ventricule gauche et se referme lors de son relâchement, une fois le sang éjecté dans l'aorte.

La valvule pulmonaire. Elle se trouve entre le ventricule droit et l'artère pulmonaire, le sang circulant du ventricule droit vers l'artère pulmonaire. Elle s'ouvre pendant la contraction du ventricule droit, pour permettre au sang d'être éjecté vers les poumons, puis se referme pour éviter le reflux du sang.

LES MALADIES VASCULAIRES

Les vaisseaux sanguins sont les canaux dans lesquels circule le sang. Comprenant les artères, les artérioles, les capillaires, les veinules et les veines, ils peuvent être le siège d'anomalies, présentes dès la naissance ou acquises.

Les principales maladies des vaisseaux sanguins sont les dilatations (anévrysme, varice), les malformations (angiome, fistule), les maladies dégénératives (artériosclérose), les inflammations (artérite, phlébite) et les maladies des capillaires (syndrome de Raynaud). On distingue les maladies liées à une anomalie congénitale et celles acquises au cours de la vie.

LES MALADIES CONGÉNITALES

L'anévrysme intracrânien. C'est la dilatation d'un segment d'artère à l'intérieur du crâne, due à une anomalie congénitale de sa paroi ; en augmentant, la dilatation finit par former un sac qui peut se rompre à tout moment, entraînant une hémorragie cérébrale. Aussi cette anomalie est-elle réparée chirurgicalement ou obstruée à l'aide d'une colle biologique introduite au moyen d'un cathéter (embolisation).

L'angiome. C'est une malformation des vaisseaux sanguins ou lymphatiques ; l'anomalie peut toucher des vaisseaux superficiels ou profonds. Les angiomes les plus répandus sont les angiomes cutanés, appelés angiomes plans : ils forment des taches de vin, inesthétiques mais sans conséquence sur la santé. Un traitement au laser peut les faire disparaître. Parmi les angiomes des viscères, les plus fréquents sont ceux qui se développent aux dépens des vaisseaux du foie et les angiomes du tube digestif ; ces derniers peuvent

LA THROMBOSE

C'est la formation d'un caillot de sang (thrombus) dans une artère ou une veine. Cette affection grave peut entraîner différents accidents tels qu'un infarctus du myocarde (atteinte de l'artère coronaire), une suppression totale de l'irrigation d'un membre (atteinte de l'artère de la jambe), une embolie pulmonaire (thrombose d'une veine, suivie d'une migration du caillot vers le cœur, puis les poumons). Le traitement consiste à prescrire des médicaments pour dissoudre le caillot ou à l'enlever chirurgicalement.

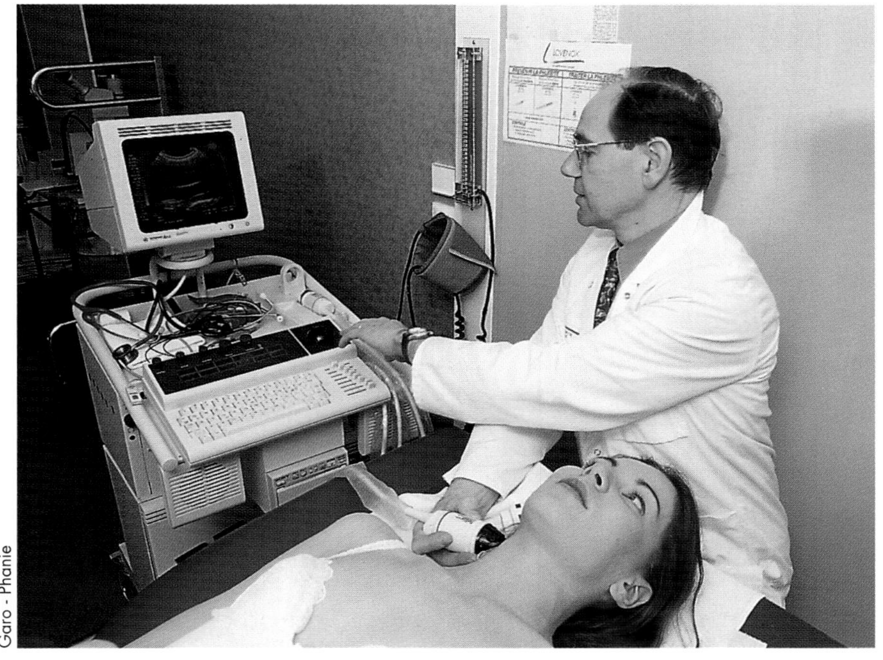

Garo - Phanie

L'écho-Doppler des artères carotides. *Le médecin déplace, le long des carotides du patient, une sonde à ultrasons. Il peut ainsi observer sur un écran la vitesse du sang dans ces artères.*

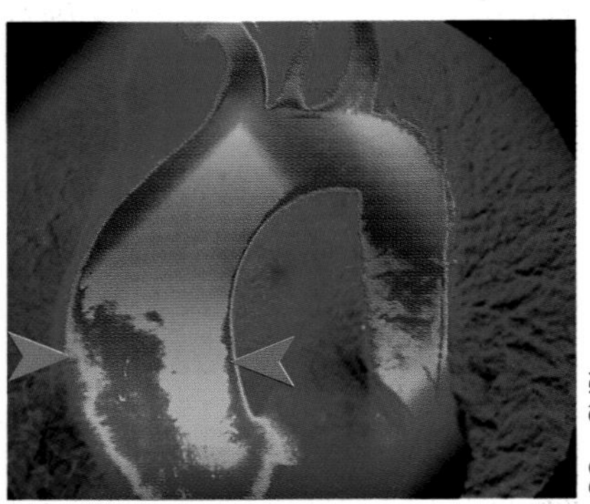
GCa - CNRI

Anévrysme de l'aorte.
L'aorte présente une dilatation importante dans sa portion initiale (flèches).

être à l'origine d'hémorragies. Dans ce cas, ils sont détruits lors d'une endoscopie (par cautérisation) ou lors d'une artériographie (par embolisation). Les angiomes artérioveineux cérébraux, enfin, peuvent entraîner des maux de tête, des crises d'épilepsie, parfois un déficit neurologique ; ils sont traités par ablation chirurgicale.

La fistule artérioveineuse. C'est un canal anormal qui met en relation une artère avec la veine qui chemine à son côté. Lorsque la fistule touche des vaisseaux volumineux (comme la fistule entre l'aorte et la veine cave inférieure), elle peut, à long terme, provoquer une insuffisance cardiaque. Le traitement consiste à fermer chirurgicalement la fistule.

LES MALADIES ACQUISES

L'anévrysme artériel acquis. Un anévrysme acquis peut avoir pour origine un dépôt de cholestérol (athérosclérose), une infection (comme la méningite) ayant entraîné une lésion de la paroi de l'artère, ou encore un traumatisme ayant fragilisé la paroi de l'artère. S'il est volumineux, il doit être traité par une intervention chirurgicale lorsque cela est possible.

L'artériosclérose. C'est une dégénérescence des artères due à la destruction des fibres musculaires lisses et des fibres élastiques qui les constituent. Cette destruction découle de la formation, sur les parois des artères, d'un dépôt de protéines ou de graisses. Elle peut aboutir à de graves atteintes des organes vitaux. Le traitement, avant tout préventif, repose sur une meilleure hygiène de vie.

La dissection aortique. C'est une rupture longitudinale de la tunique interne de l'aorte. Ce trouble aboutit à l'existence de deux canaux (un vrai chenal, par lequel circule le sang, et un faux chenal). Il entraîne de vives douleurs dans le thorax et peut provoquer une rupture mortelle de l'aorte. Le traitement, urgent, est chirurgical.

L'artérite. C'est l'inflammation de la paroi d'une artère. Elle survient au cours de différentes affections (maladie de Horton, de Léo Buerger, de Takayashu, ou périartérite noueuse) et peut entraîner le rétrécissement ou l'occlusion de l'artère atteinte. Le traitement est celui de la maladie en cause : médicaments anti-inflammatoires (corticoïdes) ou immunosuppresseurs, arrêt du tabac, etc.

La phlébite. C'est la formation d'un caillot sanguin dans une veine, parfois associée à l'inflammation de la paroi de la veine. Le traitement repose sur l'administration de médicaments anticoagulants ou anti-inflammatoires.

La varice. C'est la dilatation anormale et permanente d'une veine, le plus souvent d'une veine de la jambe. Cette affection fréquente est favorisée par la surcharge pondérale, par la sédentarité et par les stations debout prolongées. Le traitement consiste à lutter contre l'accumulation de sang (port de bas de contention, surélévation des jambes pendant le sommeil, etc.) et, si nécessaire, à pratiquer l'ablation chirurgicale de la veine malade.

Les maladies des capillaires. Elles sont représentées par la maladie de Raynaud, qui est une constriction anormale au froid des vaisseaux sanguins des doigts et des orteils. Le traitement consiste à administrer un médicament (inhibiteur calcique) qui dilate les artérioles.

LA MALADIE DE MARFAN

La maladie de Marfan est due à une anomalie génétique. Elle se traduit par des anomalies du squelette (membres très longs, déformation thoracique), des yeux (déplacement du cristallin engendrant une myopie) et du cœur. Ces dernières consistent en une dilatation de l'aorte et en une déformation des valvules cardiaques, qui sont exagérément souples et fragiles. Les patients doivent être surveillés régulièrement par échographie cardiaque pour mesurer l'évolution des lésions et pratiquer, si nécessaire, une intervention chirurgicale sur l'aorte (prothèse).

LES MÉNINGITES

Une méningite est une inflammation des enveloppes du cerveau et de la moelle épinière, les méninges. Certaines méningites, dites infectieuses, doivent être traitées rapidement pour éviter une propagation de l'affection au cerveau.

Beaucoup de maladies peuvent s'accompagner d'une inflammation des méninges. Cependant, les méningites les plus fréquentes sont infectieuses. Elles sont classées en deux groupes, selon l'aspect du liquide céphalorachidien (examiné après prélèvement au niveau de la colonne vertébrale lors d'une ponction lombaire) : méningites purulentes, au cours desquelles ce liquide est trouble, et méningites à liquide clair, dont la cause est principalement virale.

LES SYMPTÔMES

La maladie se déclare rapidement par un ensemble de signes, appelé syndrome méningé : le patient est fiévreux, a de violents maux de tête, accentués lorsqu'il est exposé au bruit ou à la lumière, et des douleurs au niveau de la colonne vertébrale ; les muscles de son dos sont raides, ce qui l'oblige à se coucher en chien de fusil pour diminuer la tension musculaire ; le mouvement de flexion de la tête vers le tronc est très douloureux. En l'absence de traitement, l'infection peut entraîner des troubles de la vigilance, des convulsions ou un coma. Outre ces signes généraux, le patient peut présenter d'autres troubles, selon le type de méningite.

P. Bories - CNRI

La ponction lombaire. *On prélève, au niveau de la colonne vertébrale, du liquide céphalorachidien, dont l'étude permettra de diagnostiquer une éventuelle méningite.*

LA PONCTION LOMBAIRE

Elle consiste à introduire une aiguille creuse dans la partie inférieure de la colonne vertébrale (cul-de-sac rachidien lombaire), puis à prélever un échantillon de liquide céphalorachidien pour diagnostiquer une méningite ou une hémorragie au niveau des méninges ; elle permet aussi d'injecter des médicaments (antibiotiques, chimiothérapie) ou un produit de contraste. La ponction lombaire est effectuée à l'hôpital, le plus souvent sans anesthésie locale. Elle ne présente aucun danger, mais le patient doit rester allongé 24 heures après l'intervention pour éviter l'apparition de maux de tête.

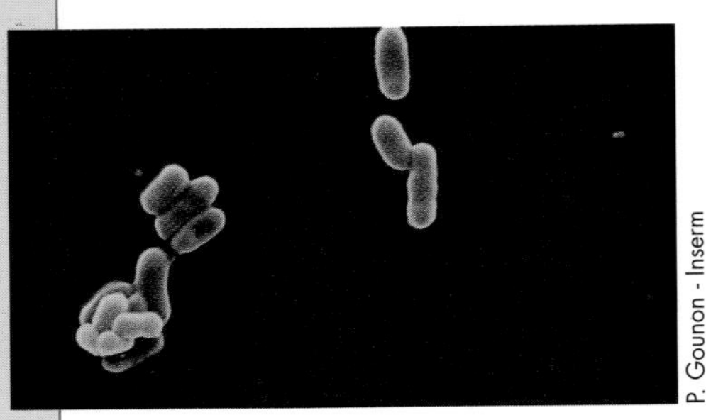

Bactéries. *Certaines d'entre elles, comme ces bacilles de Koch, sont responsables de méningites à liquide clair.*

– Au cours des méningites purulentes, la bactérie peut se diffuser dans le sang, provoquant une septicémie, et se disséminer dans les viscères. Par ailleurs, les méningites à méningocoque se traduisent par une éruption cutanée hémorragique, formant à la surface de la peau de minuscules points rouges (purpura pétéchial).
– La méningite tuberculeuse (méningite à liquide clair, due à l'infection par le bacille de Koch) peut se compliquer d'une atteinte des nerfs oculomoteurs, ce qui entraîne des troubles de la vision, de la déglutition et un coma.
– La méningite à liquide clair provoquée par le virus de l'herpès peut se transformer en méningoencéphalite, entraînant des convulsions, une paralysie ou un coma.

POUR Y VOIR PLUS CLAIR

QUELQUES MOTS À CONNAÎTRE

Liquide céphalorachidien : d'aspect clair, il entoure le système nerveux central et remplit les cavités du cerveau.
Méninges : ce sont les trois enveloppes du système nerveux central (la dure-mère, épaisse, qui protège le cerveau et la moelle épinière ; la pie-mère, qui colle au tissu nerveux ; l'arachnoïde, située entre la dure-mère et la pie-mère).

LES TYPES DE MÉNINGITE

Les méningites purulentes. Elles sont provoquées par une bactérie : *Hæmophilus influenzæ,* méningocoque ou pneumocoque.
– La méningite à *Hæmophilus influenzæ* est surtout grave lorsqu'elle atteint les enfants de moins de 3 ans.
– La méningite à méningocoque, plus connue sous le nom de méningite cérébrospinale, se déclare souvent par épidémie dans les collectivités d'enfants (écoles, crèches). Parfois, la bactérie s'installe dans la muqueuse de la gorge, mais la maladie ne se développe pas. Le porteur sain du germe peut alors contaminer ses proches en toussant.
– La méningite à pneumocoque fait souvent suite à une infection de l'oreille ou des sinus, parfois à une infection respiratoire. Son évolution est souvent très grave.
Les méningites à liquide clair. Elles sont exceptionnellement causées par un champignon microscopique, plus souvent par une bactérie : bacille de Koch (agent de la tuberculose), *Listeria monocytogenes* (agent de la listériose), rickettsie. Elles peuvent aussi être dues à un virus (méningite virale). De nombreux virus peuvent en être responsables. On n'effectue généralement pas leur recherche, la maladie étant le plus souvent bénigne.

LA PRÉVENTION

Elle concerne la méningite cérébrospinale, du fait de la transmission possible du germe, que ce soit par des malades ou des porteurs sains. Les mesures préventives consistent à prescrire des antibiotiques aux personnes qui ont été en contact avec des malades. Un vaccin contre l'*Hæmophilus influenzæ* ainsi qu'un vaccin contre certaines souches de méningocoque sont aujourd'hui disponibles.

LE TRAITEMENT

Les méningites purulentes. Elles constituent toujours une urgence médicale. La ponction lombaire permet de confirmer le diagnostic et d'orienter le traitement. Celui-ci est basé sur l'injection d'antibiotiques ; sa durée varie selon le type et la gravité de la méningite.
Les méningites à liquide clair. Le traitement est fonction de la cause : antituberculeux pour la tuberculose, antibiotiques pour la listériose, etc. Le traitement des méningites virales repose avant tout sur la prescription de médicaments antalgiques et antipyrétiques pour faire baisser la température et supprimer les douleurs. Les antiviraux ne sont utiles que dans le cas d'une infection par le virus de l'herpès.

LA MIGRAINE

La migraine touche un adulte sur dix et plus souvent les femmes que les hommes. Caractérisée par des crises répétitives de maux de tête, elle est parfois insupportable au point de constituer un véritable handicap familial et professionnel.

CNRI

***La migraine.** Elle provoque un violent mal de tête, souvent localisé d'un seul côté, accompagné d'une intolérance à la lumière.*

La migraine n'est révélée ni confirmée par aucun test biologique et par aucune technique d'imagerie médicale du cerveau. Son origine reste obscure, même si certains facteurs bien identifiés peuvent déclencher ou aggraver les crises. Des médicaments permettent de soulager les migraines, sans pouvoir encore les supprimer définitivement. Ce n'est pas une maladie grave, mais elle peut être très invalidante sur le plan professionnel et familial.

LES TYPES DE MIGRAINE

Dans le langage courant, le terme de migraine est souvent utilisé pour désigner de simples maux de tête. En outre, d'autres affections, comme une vive douleur sur une moitié du visage (algie vasculaire) ou sur le trajet du nerf crânien trijumeau (névralgie), sont parfois considérées comme des migraines et, de ce fait, non soignées, alors qu'un traitement spécifique serait possible.

La migraine a pour première caractéristique de survenir par crises. Elle peut revêtir diverses formes, les deux plus fréquentes étant la migraine dite commune et la migraine ophtalmique. On observe également une forme de migraine qui s'associe à des troubles précédant la crise elle-même, dite migraine accompagnée. Enfin, d'autre types de migraine existent (avec paralysie d'un côté du corps ou des muscles de l'œil, des troubles du langage) et nécessitent des examens médicaux approfondis.

La migraine commune. C'est la plus fréquente. Elle se caractérise par un violent mal de tête qui s'étend à une moitié du crâne, au moins au début de la crise. La douleur se renforce à chaque battement cardiaque et augmente également au moindre mouvement.

D'autres signes s'y associent : intolérance à la lumière, aux bruits et aux odeurs, intensification de la douleur lors des efforts physiques. Le migraineux est obligé de rechercher le calme et l'obscurité. Parfois, cette migraine commune perturbe aussi le système digestif, entraînant des nausées, des vomissements, des douleurs abdominales ou une diarrhée. Chaque crise migraineuse peut durer de quelques heures à quelques jours.

La migraine ophtalmique. Elle se traduit par des troubles visuels, parfois précédés de troubles digestifs, de modifications de l'appétit ou de l'humeur ; des points brillants se déplacent devant les yeux, figurant parfois une ligne brisée, en zigzag. Ces phénomènes lumineux durent de quelques minutes à une demi-heure, puis s'atténuent progressivement pour laisser place à la migraine. Celle-ci se manifeste le plus souvent du côté opposé aux manifestations visuelles. Les troubles visuels sont parfois plus inquiétants, le malade voyant son champ visuel diminué de moitié. Cette diminution peut faire suite aux troubles visuels décrits plus haut ou encore apparaître directement.

La migraine accompagnée. Plus rarement, certains patients présentent des manifestations particulières précédant l'apparition des migraines, telles que des fourmillements (souvent localisés dans un bras et la moitié du visage du même côté) ou des troubles du langage parfois très impressionnants.

MIGRAINE ET ALIMENTATION

La consommation de certains aliments peut parfois déclencher des crises de migraine, sans qu'aucun phénomène d'allergie n'ait pu être mis en évidence. Il s'agit en particulier de l'alcool, des graisses cuites, du chocolat, des agrumes et de certains fromages. Jeûner, sauter un repas ou faire des repas irréguliers peut également provoquer une migraine.

LES CAUSES

Les crises sont déclenchées par différents facteurs, mais on retrouve souvent le même facteur chez un malade donné. Il peut s'agir de facteurs psychologiques (contrariété, angoisse), responsables d'une migraine sur deux, mais aussi d'une intolérance à certains aliments, d'une modification du mode de vie, de ruptures de rythme (week-ends, vacances), de facteurs climatiques, de bruits ou d'odeurs. Les facteurs hormonaux sont aussi à l'origine de certaines migraines : chez 2 femmes sur 3, les migraines sont fréquentes au moment des règles ; chez 7 femmes sur 10, la grossesse peut faire disparaître les crises ; mais la ménopause ne suffit pas forcément à arrêter les crises. On a également constaté un facteur héréditaire, car on trouve des familles de migraineux.

LE TRAITEMENT

Il comprend le soulagement de la crise et le traitement de fond.

Le soulagement de la crise. Il est indispensable de prendre un médicament dès l'apparition de la crise. L'aspirine, le paracétamol ou les dérivés de l'ergot de seigle atténuent la migraine en deux heures dans la moitié des cas environ, et la suppriment dans 20 à 30 % des cas. En cas d'échec, d'autres médicaments (sumatriptan, naratriptan, zolmitriptan...) sont souvent efficaces. Il est important d'être suivi par un médecin, car l'abus de certains produits peut avoir des effets néfastes (accoutumance...).

QUELQUES GESTES SIMPLES

L'état du migraineux peut sensiblement s'améliorer grâce à une simple pression sur la tempe du côté douloureux, ou en appliquant sur la tête des compresses glacées ou bouillantes. Il existe également d'autres remèdes simples : boire du café très fort ou porter des lunettes de soleil. Souvent, le migraineux parvient à soulager sa douleur en restant allongé dans le noir et au calme. Pour certaines migraines spécifiques, il existe un traitement particulier. C'est le cas des migraines ne survenant qu'au moment des règles, que l'on peut prévenir par application d'un gel d'œstrogène.

Le traitement de fond. Il permet non pas de supprimer les crises, mais de diminuer leur fréquence. Il ne concerne que les patients qui souffrent de crises fréquentes et invalidantes. Des médicaments (dérivés de l'ergot de seigle, antidépresseurs, bêtabloquants, etc.) se révèlent bénéfiques dans près des deux tiers des cas, à condition d'être pris très régulièrement et pendant plusieurs mois. En général, l'efficacité d'un produit donné ne peut être vraiment appréciée qu'après environ trois mois de traitement. D'une façon générale, les traitements de fond ne présentent pas de risque et ne sont pas à prendre à vie. L'acupuncture et la relaxation peuvent être aussi un bon complément thérapeutique.

La Mononucléose

Cette maladie infectieuse bénigne est due à un virus de la même famille que celui de l'herpès, le virus d'Epstein-Barr. Elle touche surtout les adolescents et les jeunes adultes.

Le virus d'Epstein-Barr se transmet généralement par la salive, d'où les autres noms de la mononucléose infectieuse : la maladie du baiser, des amoureux ou des fiancés.

LA CONTAMINATION

Le virus en cause (virus d'Epstein-Barr, de la famille des herpès virus) est très répandu. Dans les pays occidentaux, 80 % des adultes ont été en contact avec lui et 20 % d'entre eux le portent dans leur salive.
Le virus est faiblement contagieux et la contamination nécessite un contact intime, le plus souvent un baiser.
Le premier contact avec le virus (primo-infection) de la mononucléose concerne en majorité les adolescents et les adultes jeunes. Seule la primo-infection est capable de déclencher une maladie. Elle ne provoque des symptômes que chez des personnes jeunes, dont le système immunitaire est encore très sensible. Chez l'adulte, la primo-infection par le virus d'Epstein-Barr ne provoque plus aucune réaction.
Lorsqu'il pénètre dans l'organisme, le virus se multiplie dans les lymphocytes, qui sont des globules blancs du sang qualifiés de mononucléaires (car ils ne possèdent qu'un noyau). D'où le nom scientifique de la maladie : mononucléose infectieuse.

LES SYMPTÔMES

L'incubation dure de 2 à 6 semaines. La maladie débute par une fièvre (entre 38 et 39 °C) accompagnée de maux de tête, d'une fatigue intense (asthénie) et d'une angine rouge. La gorge, rouge, est parfois recouverte de membranes grises qui ressemblent à celles que l'on observe en cas de diphtérie. Le plus souvent, le malade est un ado-

E. Dal'Secco – Fotogram Stone

La mononucléose infectieuse est également appelée « maladie du baiser ». *En effet, le virus se transmet essentiellement par la salive, donc par un baiser.*

LE DIAGNOSTIC

Le diagnostic est fondé sur un examen de sang, qui montre l'augmentation du nombre des lymphocytes et la présence d'un type particulier de globules blancs (grands mononucléaires bleutés).
Ce résultat différencie la mononucléose infectieuse des angines bactériennes, qui provoquent une multiplication des globules blancs à plusieurs noyaux, les polynucléaires.
On peut confirmer le diagnostic en recherchant dans le sang les anticorps dirigés spécifiquement contre le virus : c'est le test de Paul-Bunnell-Davidsohn (ou MNI-test). Un test sérologique encore plus fin est utilisable (sérologie Epstein-Barr).
Parfois, à l'examen clinique, lorsque l'angine est membraneuse, il est difficile de faire la différence avec une diphtérie. Dans le doute, le médecin doit immédiatement faire un prélèvement de gorge et prescrire en urgence un traitement contre la diphtérie, sans attendre le résultat de l'analyse.

lescent âgé de 15 à 17 ans. Les ganglions du cou sont enflés. Ils peuvent gêner la déglutition et même la respiration.
On observe souvent un gonflement des ganglions des aisselles et de l'aine. Le volume de la rate augmente. Parfois, une jaunisse (ictère) apparaît. Beaucoup plus rarement, des formes graves peuvent survenir (atteintes méningées et nerveuses).

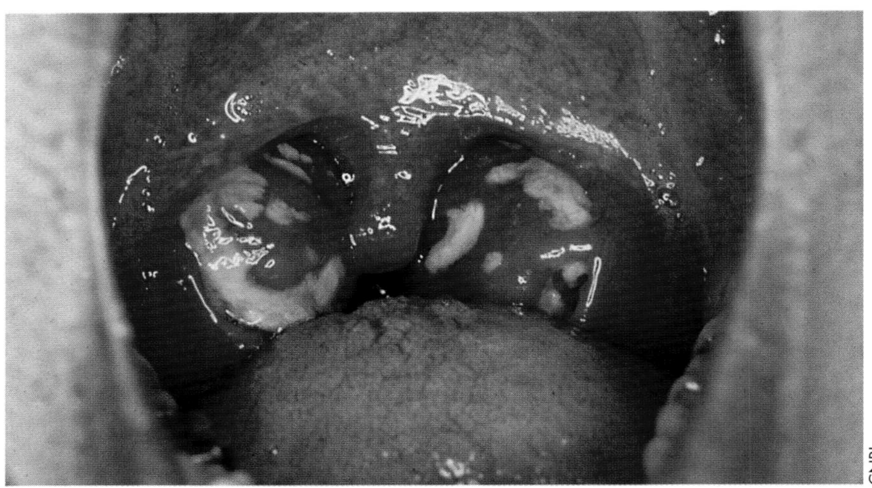
CNRI

Angine à fausses membranes. *La présence de membranes au fond de la gorge peut faire confondre la mononucléose infectieuse avec la diphtérie, qui présente le même aspect.*

L'ÉVOLUTION ET LE TRAITEMENT

Dans la plupart des cas, la mononucléose guérit spontanément en trois à quatre semaines, mais avec une phase de convalescence qui peut durer quelques semaines. Sauf s'il existe un doute sur le diagnostic – il y a en particulier un risque de confusion avec la diphtérie –, on ne donne pas d'antibiotiques ; ces derniers sont en effet non seulement inefficaces contre les virus mais pourraient même, dans le cas d'une mononucléose infectieuse, aggraver la situation en entraînant l'apparition de certains symptômes tels qu'une éruption au niveau de la peau.
La mononucléose est souvent très bénigne et passe fréquemment inaperçue. Mais, parfois, elle génère une longue période de fatigue intense. Le médecin recommande alors au patient de respecter un repos prolongé, d'éviter, pendant un mois, les activités fatigantes afin de permettre à son système immunitaire de détruire le virus et de vaincre la maladie.

Les manifestations sont différentes d'un patient à l'autre : certaines personnes restent fatiguées pendant 2 à 3 mois, d'autres sont déprimées, manquent d'énergie et se plaignent de somnolence au cours de la journée. Lorsque l'épisode initial de l'angine est passé inaperçu, ce qui n'est pas rare, il est quelquefois difficile de diagnostiquer la cause de cette fatigue chronique. Cela est d'autant plus vrai que le test de détection, appelé test de Paul-Bunnell-Davidsohn, n'est pas toujours positif à ce moment-là et que l'augmentation du nombre de lymphocytes a disparu.
Dans certains cas, rares, l'inflammation des ganglions est très importante et gêne la respiration du malade ; un traitement à base de médicaments corticoïdes est alors prescrit au début de la maladie pendant une dizaine de jours.

LES MYCOSES

Ces maladies sont provoquées par des champignons microscopiques qui se multiplient à la surface de la peau et dans les organes. Elles nécessitent un traitement long, et les rechutes sont fréquentes.

Il existe 2 sortes de champignons microscopiques : les levures et les champignons à filaments. Certains d'entre eux, normalement présents dans la bouche, sur la peau, dans l'intestin, dans le vagin, sont inoffensifs. Ce n'est que lorsqu'ils se multiplient qu'ils provoquent des affections, regroupées sous le nom de mycoses. Les mycoses cutanées sont fréquentes mais, le plus souvent, bénignes ; il peut s'agir soit de candidoses de la peau et des muqueuses, soit de dermatophyties.

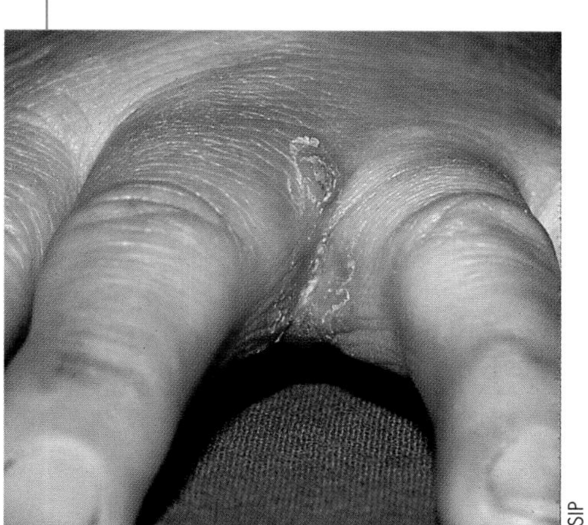

Candidose entre les doigts. *Cette affection, due à un champignon, débute au fond du pli, qui devient rouge, irrité et bordé d'une collerette blanchâtre.*

CANDIDOSES DE LA PEAU ET DES MUQUEUSES

Les candidoses sont provoquées par un champignon appelé candida (le plus souvent, du genre *albicans*). C'est une levure qui se développe naturellement dans la bouche, le tube digestif et les voies génitales, et dont la croissance est contrôlée par des bactéries. Si un traitement antibiotique est en cours ou si la résistance de l'organisme aux infections est diminuée, le champignon prolifère. Celui-ci peut également se multiplier à l'occasion d'une modification hormonale (grossesse ou prise de pilule œstroprogestative). Il existe 3 types de candidoses de la peau et des muqueuses.

La candidose de la bouche est connue sous le terme de muguet. Elle se manifeste par la formation d'une plaque blanche à l'intérieur de la bouche, et atteint souvent les personnes ne produisant pas de salive (asialie), celles qui portent un appareil dentaire et les patients infectés par le virus du sida.

Les candidoses cutanées sont surtout représentées par l'intertrigo. Ce dernier, qui atteint essentiellement les plis du corps (aine, aisselle, nombril, espace entre les doigts et les orteils), est favorisé par la sueur. La lésion débute au fond du pli, qui devient rouge, suintant et très irrité. Lorsque l'intertrigo est associé à l'érythème fessier du nourrisson, il prend la forme d'éruptions rouges semées de taches floconneuses blanchâtres, source de démangeaisons.

Le candida peut aussi atteindre la base de ongle et donner lieu à un panaris superficiel : le pourtour de l'ongle prend un aspect jaunâtre et boursouflé.

LE PIED D'ATHLÈTE

Très fréquent, il est dû à la prolifération de champignons (levures ou dermatophytes) ou de certains germes. Il touche les espaces entre les orteils, et se rencontre surtout chez les sportifs et les marins. Le pied d'athlète se signale par des rougeurs et des cloques sur les plis des orteils, qui se transforment en fissures. Le traitement consiste à faire des bains d'antiseptiques, à désinfecter les lésions à l'alcool iodé et à appliquer des antifongiques. Une hygiène parfaite des pieds, le port de chaussures larges et de chaussettes en fibres naturelles pour limiter la transpiration évitent les récidives.

Cette affection survient le plus souvent chez les personnes dont les mains sont souvent en contact avec l'eau.

La candidose génitale est plus fréquente chez la femme que chez l'homme. Favorisée par l'utilisation abusive de savons acides, une hygiène déficiente et le port de sous-vêtements synthétiques, elle entraîne chez la femme des pertes épaisses et blanchâtres, des démangeaisons et une inflammation de la vulve et du vagin. L'infection du pénis provoque une inflammation du gland, des démangeaisons et un écoulement au niveau du canal par où s'écoule l'urine.

Le diagnostic et le traitement des candidoses. Le diagnostic s'effectue grâce à l'examen d'un prélèvement au niveau des lésions. Le traitement repose sur des médicaments antifongiques locaux (crème ou ovules vaginaux). Les médicaments antifongiques pris par voie orale sont réservés aux candidoses importantes ou récidivantes. Un traitement systématique du partenaire s'impose en cas de candidose génitale.

LES DERMATOPHYTIES

Causes et symptômes. Les dermatophyties, dues aux champignons dits dermatophytes, provoquent des infections de la peau, du cuir chevelu ou des ongles. Elles se transmettent soit directement, par simple contact ou par l'intermédiaire d'un animal, soit indirectement, au contact du sol, de l'eau (bord de piscine, douche) ou d'objets contaminés (serviettes de bain). L'aspect des lésions varie selon leur localisation. L'atteinte des pieds est la plus fréquente, entraînant ce qu'on appelle le pied d'athlète. Sur le corps, l'atteinte du pli de la région de l'aine, plus fréquente chez l'homme, se manifeste par une plaque rouge sur les organes génitaux et la face interne de la cuisse. La dermatophytie du cuir chevelu (teigne) touche surtout les enfants et se traduit par des plaques rondes, parfois suppurantes, sur lesquelles la peau pèle et les cheveux tombent. Contagieuse, elle nécessite l'isolement scolaire de l'enfant. L'atteinte des ongles, ou onychomycose, est responsable d'un épaississement des ongles, qui deviennent blancs ou jaunes et dont le bord libre se décolle.

Le diagnostic et le traitement. Le diagnostic est confirmé par l'examen au microscope d'un prélèvement de peau ou d'une sécrétion de lésion. Le traitement repose sur la prise de médicaments antifongiques locaux ou généraux, selon la localisation et l'importance des lésions. Une dermatophytie superficielle de la peau nécessite de 4 à 6 semaines de traitement ; une teigne et une onychomycose se soignent en plusieurs mois.

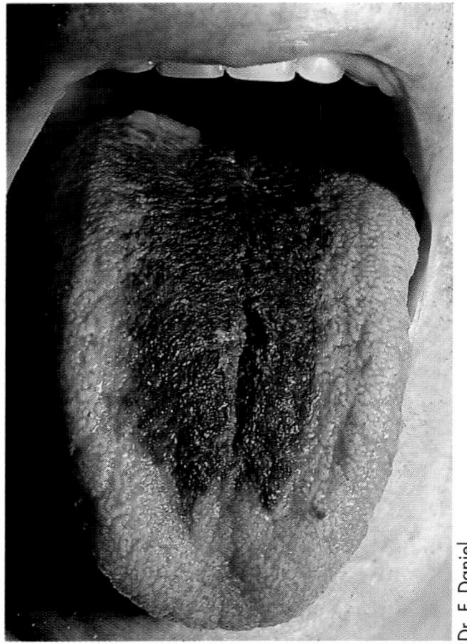

Dr. F. Daniel

***Langue noire.** La coloration et l'augmentation du volume de certaines papilles gustatives témoignent de la présence d'une mycose (candidose).*

LES MYCOSES PROFONDES

Les mycoses profondes s'observent chez les individus dont les défenses immunitaires sont affaiblies : personnes ayant subi une greffe d'organe, malades du sida, patients traités par chimiothérapie, immunodépresseurs ou corticothérapie, etc. L'infection peut être déclenchée par les candidoses de la peau ou des muqueuses qui se propagent par le sang à d'autres organes. Elle peut alors se transformer en infection généralisée (septicémie), avec atteinte du cœur, des poumons, des méninges ou des reins. Une autre levure, *Cryptococcus neoformans*, est responsable d'une méningo-encéphalite et d'une atteinte pulmonaire, notamment chez les malades du sida. *Aspergillus fumigatus,* champignon à moisissure, provoque une aspergillose, se manifestant sous la forme de tumeurs pulmonaires ou bronchiques chez les malades soumis à une chimiothérapie.

LE MYÉLOME

ET LES MALADIES APPARENTÉES

Au cours de différentes affections, certains globules blancs sécrètent en excès dans le sang des substances normalement destinées à défendre l'organisme, les immunoglobulines. Cet excès entraîne des troubles de gravité variable.

La principale fonction de la moelle osseuse est d'élaborer les cellules du sang (globules rouges, globules blancs, plaquettes). Lors de différentes maladies (myélome, maladie de Waldenström, maladie des chaînes lourdes), un type de globules blancs, les plasmocytes, se met à proliférer dans la moelle. Or, le rôle de ceux-ci est de fabriquer et de déverser dans le sang des immunoglobulines ou anticorps, protéines normalement destinées à participer à la défense immunitaire en réagissant à l'introduction dans l'organisme de substances étrangères : les plasmocytes, étant trop nombreux, sécrètent trop d'immunoglobulines.

LE MYÉLOME MULTIPLE

C'est une prolifération maligne, d'origine inconnue, des plasmocytes dans la moelle osseuse ; ceux-ci sécrètent en excès des immunoglobulines A ou G. Le myélome multiple touche surtout les personnes de plus de 60 ans et entraîne une destruction progressive du tissu osseux.

Les symptômes. La maladie peut être découverte à l'occasion de douleurs osseuses persistantes ou par la mise en évidence, lors d'un examen de sang, d'une augmentation importante de la vitesse de sédimentation (vitesse à laquelle les globules rouges se séparent de la partie liquide du sang et se déposent au fond d'un récipient). En l'absence de traitement, les destructions osseuses entraînent un risque de fractures spontanées et une augmentation du taux de calcium dans le sang. Il peut aussi se produire un dépôt d'anticorps

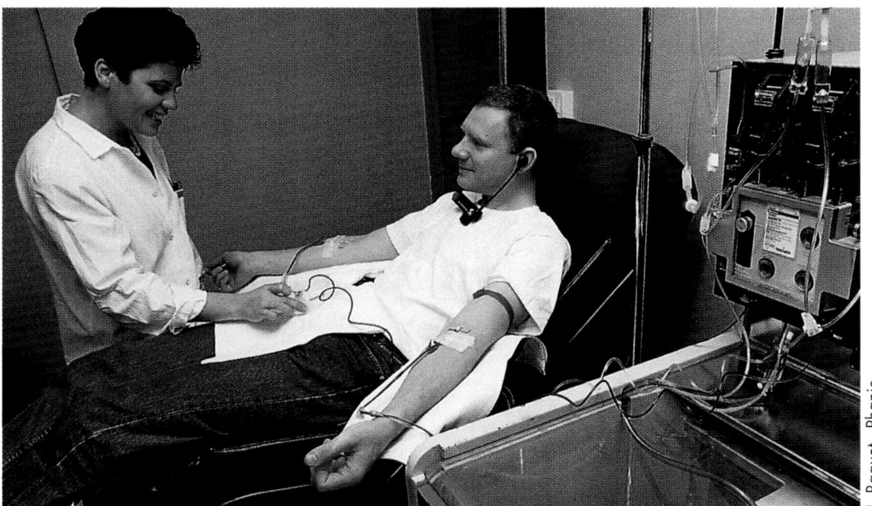

H. Raguet - Phanie

***Plasmaphérèse.** Cette technique, utilisée pour traiter certains myélomes, consiste à filtrer le sang de ses anticorps en excès. Elle est indolore mais assez fastidieuse (une séance dure environ 2 heures).*

LA PLASMAPHÉRÈSE

C'est une technique qui permet de réduire la concentration dans le sang d'un élément toxique, par exemple les immunoglobulines en excès chez une personne atteinte de myélome : on prélève le sang du patient par l'intermédiaire d'une machine qui sépare son plasma du reste du sang, puis on lui restitue ses globules rouges avec le plasma d'un donneur ou avec du plasma artificiel. L'opération dure environ deux heures et nécessite plusieurs séances.

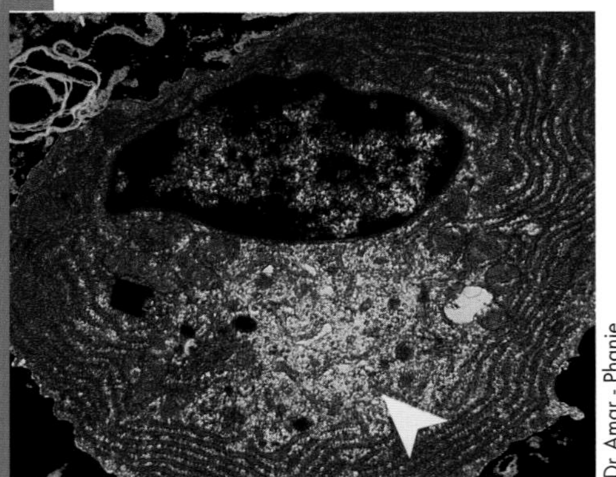

***Plasmocyte.** La zone de la cellule responsable de la sécrétion d'immunoglobulines est appelée appareil de Golgi (zone claire fléchée).*

dans les reins, responsable d'une insuffisance rénale. Enfin, la prolifération des plasmocytes dans la moelle peut perturber la production des autres cellules, comme les globules rouges, ce qui entraîne une anémie.

Le traitement. Il repose sur la chimiothérapie, généralement plus lourde pour les personnes de moins de 50 ans que pour les patients plus âgés, et parfois associée à une greffe de moelle.

LA MALADIE DE WALDENSTRÖM

Cette affection de cause inconnue touche, dans la majorité des cas, des personnes de plus de 60 ans, avec une légère prédominance masculine. Elle consiste en une prolifération de cellules d'origine lymphocytaire (cellules donnant naissance aux lymphocytes) sécrétant de l'immunoglobuline M. La présence en excès de cette substance provoque une augmentation de la viscosité du sang et un accroissement du volume du plasma (partie liquide du sang).

Les symptômes. Ces troubles retentissent sur le système nerveux et se traduisent par des bourdonnements d'oreille, une diminution de l'acuité visuelle, des maux de tête, des troubles de la conscience pouvant aller, dans les cas les plus graves, jusqu'au coma. L'augmentation de volume du plasma peut entraîner une insuffisance cardiaque. L'excès d'anticorps provoque des hémorragies liées à des troubles de la coagulation. Enfin, les dépôts d'immunoglobuline M dans les reins ou les nerfs peuvent être responsables d'une insuffisance rénale et d'une paralysie, notamment des membres inférieurs.

Le traitement. Il consiste généralement en une chimiothérapie par voie orale. Dans les formes les plus graves, on prélève le sang du malade pour l'épurer de l'anticorps en excès avant de le lui réinjecter avec du plasma de substitution (plasmaphérèse). Chez certains patients, l'augmentation du taux d'immunoglobuline M ne s'associe à aucun trouble : ces patients sont simplement soumis à une surveillance médicale régulière, de manière à détecter aussi tôt que possible l'évolution vers la maladie déclarée.

LA MALADIE DES CHAÎNES LOURDES

Cette maladie rare se caractérise par la sécrétion, par les lymphocytes, d'immunoglobulines anormales, dites chaînes lourdes. Elle se traduit par la présence dans le sang et les urines de fragments de ces immunoglobulines.

Les symptômes. Il existe plusieurs variétés de cette maladie, selon les substances sécrétées, la plus fréquente étant la maladie des chaînes lourdes alpha. Celle-ci, que l'on rencontre surtout en Afrique du Nord et au Moyen-Orient, touche essentiellement l'intestin grêle et les ganglions situés dans le mésentère (repli du péritoine, membrane qui tapisse l'intérieur de l'abdomen). Elle se manifeste principalement par une diarrhée chronique et par un trouble du processus d'absorption des aliments.

Le traitement. La maladie peut rester bénigne, et être soignée par des antibiotiques, ou devenir cancéreuse et se transformer en lymphome malin (prolifération de lymphocytes) ; un traitement par chimiothérapie est alors nécessaire.

POUR Y VOIR PLUS CLAIR

QUELQUES MOTS À CONNAÎTRE

Immunoglobuline (ou anticorps) : protéine présente dans la partie liquide du sang, sécrétée par les plasmocytes en réaction à l'introduction dans l'organisme d'une substance étrangère.

Lymphocyte : type de globule blanc responsable des réactions de défense de l'organisme contre les substances étrangères (antigènes).

Plasmocyte : variété de globule blanc dont le rôle est de sécréter des immunoglobulines dans le plasma.

La Myopie

La myopie est une anomalie de la vision qui s'observe chez les personnes dont l'œil est trop « long ». Elle se traduit par une difficulté à voir de loin, alors que l'acuité visuelle de près ne pose pas de problèmes.

F. Ducasse - Rapho

La myopie. *Le port de lunettes, avec des verres concaves, minéraux (en verre) ou organiques (en plastique), est la correction la plus classique de la myopie, car leur entretien est très simple.*

La myopie est une anomalie de la réfraction : comme les globes oculaires sont trop longs, les yeux, au lieu de faire converger la lumière sur la rétine (la partie de l'œil sur laquelle se forment les images), la font converger en avant de la rétine, ce qui entraîne une difficulté à voir de loin. Cette anomalie est parfaitement corrigée par le port de lunettes ou de lentilles ou, dans certains cas, par une intervention chirurgicale ou au laser. Cependant, de nombreuses personnes atteintes de myopie présentent une fragilité accrue de la rétine, et ont plus de risques que les autres de souffrir de cataracte et de tension oculaire. Elles doivent donc se faire examiner régulièrement.

LES TYPES DE MYOPIE

Il existe deux types de myopie.

La myopie dite simple. Elle apparaît à la puberté. Elle est en général faible, augmente pendant l'adolescence et se stabilise ensuite. Cette forme de myopie n'a pas de conséquences sur l'œil lui-même (il y a peu de risque de fragilité de la rétine).

La myopie dite forte. Elle est souvent héréditaire ou consécutive à une maladie de l'œil survenue pendant l'enfance. Elle apparaît vers l'âge de 6 ou 7 ans, et progresse rapidement. Cette seconde forme s'accompagne souvent de lésions dégénératives du fond de l'œil. Les personnes atteintes de myopie forte présentent un risque beaucoup plus important de décollement de la rétine.

COMMENT SAVOIR QUE L'ON EST MYOPE ?

Quand elle regarde au loin, une personne myope voit flou. Elle plisse systématiquement les yeux pour voir nettement : elle tente, sans en avoir conscience, d'accommoder sa vue (c'est-à-dire d'améliorer la mise au point que ses yeux n'arrivent pas à faire). Chez les enfants myopes, le signe le plus caractéristique est qu'ils se plaignent de voir mal au tableau ; ils ont tendance à trop se pencher sur leurs livres ou sur leurs cahiers. C'est le plus souvent lors d'une visite médicale scolaire (enfants) ou du travail (adultes) que l'on détecte la myopie.

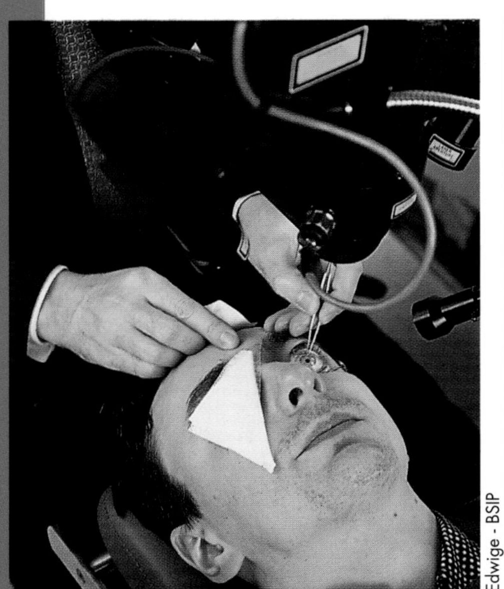

Edwige - BSIP

Le laser. Le traitement de la myopie par le laser Excimer se pratique sous anesthésie locale, sans hospitalisation.

LE DIAGNOSTIC

L'examen qui permet d'établir la myopie et son degré se réalise chez un ophtalmologiste et repose sur des tests d'acuité visuelle et de réfractométrie (mesure de la réfraction de la lumière par les yeux à l'aide d'un appareil informatisé, le réfractomètre automatique). Dans certains cas, surtout chez les enfants, on instille un collyre pour supprimer temporairement l'accommodation et éviter une surcorrection.

LA CORRECTION

On corrige la myopie par le port de verres (dits concaves ou divergents) dont le degré de correction est exprimé en dioptries négatives : – 1 dioptrie, par exemple, correspond à une correction de faible importance (personnes peu myopes), – 10 à une correction plus importante. Les myopes peuvent également porter des lentilles de contact. Les lentilles, qui épousent parfaitement la forme de l'œil, assurent une meilleure qualité de vision que les lunettes ; toutefois, cette solution est réservée aux personnes susceptibles d'en assumer l'entretien.

LE TRAITEMENT PAR CHIRURGIE OU LASER

Il est aujourd'hui possible de traiter la myopie par une intervention chirurgicale, et surtout par le laser. Toutefois, le choix d'une telle intervention doit toujours être pesé avec beaucoup de prudence, car elle présente plus de risques que le port de verres correcteurs : c'est une solution définitive dont le résultat sur le long terme ne peut pas encore être évalué. D'autre part, ce traitement est plus difficile pour les myopies trop fortes (supérieures à – 10 dioptries).

Il existe trois méthodes.

La kératotomie radiaire. Elle consiste à inciser la cornée pour en réduire la courbure. C'est la méthode la plus ancienne ; elle est moins utilisée actuellement, mais présente l'avantage d'être fiable, car pratiquée depuis longtemps.

Le laser Excimer. Il consiste à raboter la surface de la cornée (on parle alors de photoablation). Cette méthode a l'avantage de ne pas fragiliser la cornée ; toutefois, elle provoque des douleurs importantes pendant les quelques jours qui suivent l'intervention ; en outre, le patient voit flou pendant une durée plus ou moins longue. Cette méthode n'étant pratiquée que depuis quelques années, il n'existe pas encore de recul suffisant pour connaître son évolution à long terme.

Le Lasik. Il combine la chirurgie et le laser. Cette méthode consiste à tailler un petit «capot» à la surface de la cornée, qui est soulevé pendant l'utilisation du laser, puis rabattu, ce qui évite les douleurs dues à l'ulcération de la cornée. Ici encore, on manque de recul pour estimer l'évolution à long terme de ce type d'intervention pratiqué depuis peu de temps.

MYOPIE ET FRAGILITÉ DE LA RÉTINE

Les personnes très myopes doivent faire régulièrement examiner leurs yeux. En effet, elles présentent un risque accru de fragilité de la rétine, surtout dans sa périphérie. Lorsqu'on détecte une zone de fragilité de la rétine, il peut être nécessaire de procéder à une photocoagulation au laser : on crée sur la rétine de minuscules petites brûlures qui, en cicatrisant, créent une adhérence entre la rétine et la couche sous-jacente de l'œil. Cette petite intervention évite, en cas de déchirure de la rétine, que celle-ci ne se décolle. Lorsque les lésions sont très nombreuses et atteignent tout le pourtour de l'œil, une photocoagulation sur toute la périphérie de la rétine, ou cerclage, peut être nécessaire.

Les Obsessions

Une obsession est une idée fixe qui s'impose à quelqu'un de manière répétée et irrésistible. La personne essaie vainement de la chasser de son esprit et cette lutte s'accompagne d'angoisse.

Il ne faut pas confondre la personnalité obsessionnelle avec la névrose obsessionnelle, ou trouble obsessionnel compulsif. Cette maladie implique la présence de symptômes particuliers, appelés obsessions et compulsions. Cependant, il est fréquent que ces symptômes apparaissent chez une personne ayant une personnalité obsessionnelle ; celle-ci se caractérise par un besoin exagéré d'ordre dans le domaine matériel, moral et affectif.

P. Alix - Phanie

***Les obsessions.** La crainte de la contamination pousse la personne obsessionnelle à se laver les mains de nombreuses fois par jour.*

POUR Y VOIR PLUS CLAIR

QUELQUES MOTS À CONNAÎTRE

Compulsion : trouble du comportement caractérisé par des actes répétitifs ridicules ou gênants, que le sujet ne peut s'empêcher d'accomplir.
Neuromédiateur : substance chimique de l'organisme qui permet aux cellules nerveuses de transmettre leurs messages.
Rituel : qui constitue un rite, celui-ci étant une manière de se comporter invariable.

La névrose obsessionnelle peut constituer un handicap considérable et être source d'une grande souffrance. Heureusement, des traitements existent aujourd'hui pour en réduire les signes.

LES SYMPTÔMES

Ceux-ci sont de deux types : les obsessions et les compulsions.

Les obsessions. Une obsession est une idée qui s'impose à une personne. Bien que celle-ci la considère comme absurde, immorale ou ridicule, elle lutte en vain pour la chasser de son esprit et cette lutte s'accompagne d'une forte angoisse. Ces obsessions peuvent prendre plusieurs formes :
– des pensées inconvenantes, des problèmes ressassés, des

doutes (Dieu existe-t-il ? Pourquoi et comment les choses sont-elles ainsi ? N'ai-je pas malencontreusement écrasé le passant avec ma voiture ?) ;
– la crainte obsédante d'avoir été contaminé par un microbe ou souillé par un objet sale ;
– la peur de commettre un acte ridicule, immoral ou agressif contre sa volonté (par exemple, écrire des obscénités en signant un chèque, ou pousser quelqu'un sous le métro).

Les compulsions. Elles concernent l'action, et non plus la pensée comme dans le cas des obsessions. Les compulsions sont souvent étroitement liées à une obsession : se laver les mains chaque fois que l'on a touché un objet, vérifier dix fois de suite que la portière de la voiture est bien fermée à clé... Elles deviennent très contraignantes et envahissantes, pouvant en effet occuper plus de la moitié du temps du malade.

OBSESSIONS ET TROUBLES PSYCHIATRIQUES

Des obsessions souvent étranges, touchant le corps ou très stéréotypées, surviennent dans la schizophrénie. Elles sont observées plus fréquemment dans la dépression, associées à des compulsions.

Quand l'obsession concerne le suicide, le risque de passage à l'acte est réel ; le malade doit alors être protégé. En général, d'autres symptômes dépressifs sont présents et permettent de faire le diagnostic ; le médecin peut ainsi prescrire rapidement un traitement antidépresseur. L'apparition de symptômes obsessionnels après 40 ans doit toujours faire penser à une dépression. Enfin, dans certains troubles anxieux, il existe des symptômes proches de ceux de l'obsession ; ils durent cependant moins longtemps et n'en ont pas le caractère irrépressible.

TROUBLE OBSESSIONNEL COMPULSIF (TOC)

Ce trouble, également appelé névrose obsessionnelle, apparaît parfois dès l'enfance (surtout chez le garçon), mais plus souvent à l'adolescence ou chez le jeune adulte. Il touche 2 ou 3 % de la population, autant les hommes que les femmes. Cette pathologie, qui a une évolution assez grave si elle n'est pas soignée, présente deux risques :

– une aggravation chronique, avec un risque de handicap, qui peut être très important et gênant dans la vie quotidienne ;
– des épisodes dépressifs, dans plus de la moitié des cas.

La découverte de médicaments antidépresseurs a constitué une petite révolution dans le traitement des obsessions. Elle a permis de mieux comprendre les mécanismes de la maladie et de mieux soigner les patients. Ces médicaments permettent une réelle amélioration des troubles, si le malade accepte de les prendre à des doses élevées et pendant de longues périodes. La thérapie comportementale, qui vise à aider le malade à retrouver sa volonté pour résister au besoin d'accomplir ses actes obsessionnels, est particulièrement utile dans les formes de troubles obsessionnels avec de nombreuses compulsions. La psychanalyse, sauf exception, est contre-indiquée, mais une psychothérapie d'inspiration psychanalytique peut aider le malade à une prise de conscience de la situation et à un réaménagement psychologique.

LES CAUSES DU TOC

Elles ne sont pas d'origine psychologique, comme la psychanalyse pouvait le laisser supposer. On considère plutôt que les troubles obsessionnels et les troubles obsessionnels compulsifs ont une origine biologique, ce qui est démontré par les effets spécifiques de certains médicaments.

OBSESSION ET VIE QUOTIDIENNE

Être « obsédé » par un problème ne relève pas nécessairement de l'obsession. Ainsi, le chercheur qui réfléchit sans cesse à l'objet de ses recherches n'est pas obsédé : il conserve toute sa liberté de penser à autre chose. De la même manière, vérifier que l'on a bien éteint le gaz ou bien fermé une porte à clé est une situation tout à fait banale. Ces actes ne justifient évidemment pas une consultation chez le psychiatre, sauf si ces besoins de vérification deviennent vraiment irrépressibles et envahissants.

L'Occlusion Intestinale

Une occlusion intestinale est une obstruction partielle ou totale du tube digestif, empêchant son contenu de progresser normalement et d'être évacué par l'anus. Il s'agit d'une affection grave qui doit être traitée en urgence.

Une occlusion intestinale, si elle n'est pas traitée très rapidement, peut déboucher sur un véritable état de choc. L'obstruction du tube digestif empêche la progression des aliments, occasionnant de vives douleurs. L'intestin, distendu, devient incapable d'absorber les éléments nutritifs et accumule une très grande quantité de liquides, d'où une grave déshydratation. Après un délai plus ou moins long, des vomissements surviennent, aggravant encore la perte d'eau et de sel. Une hospitalisation s'impose donc d'urgence.

LES SYMPTÔMES ET LE DIAGNOSTIC

Ce sont essentiellement des douleurs abdominales qui surviennent par crises, suivies d'accalmies. Par ailleurs, le patient n'a plus aucune envie de boire ni de manger. Il est rapidement pris de vomissements, et rejette d'abord les derniers aliments qu'il a consommés, puis simplement le liquide contenu dans l'intestin. Son transit digestif est interrompu : il n'expulse plus de selles ni de gaz intestinaux. En raison de la déshydratation, son état général s'altère : il souffre d'un malaise important, son pouls est rapide, sa tension artérielle basse, ses reins peuvent cesser de fonctionner. À l'examen, l'abdomen du patient est le plus souvent distendu (météorisme) ; on distingue parfois, à travers la paroi de l'abdomen, des contractions dirigées vers une seule direction. La palpation du ventre est douloureuse. Le diagnostic est confirmé par une radiographie de l'abdomen, qui révèle des niveaux liquides horizontaux à l'intérieur de l'intestin.

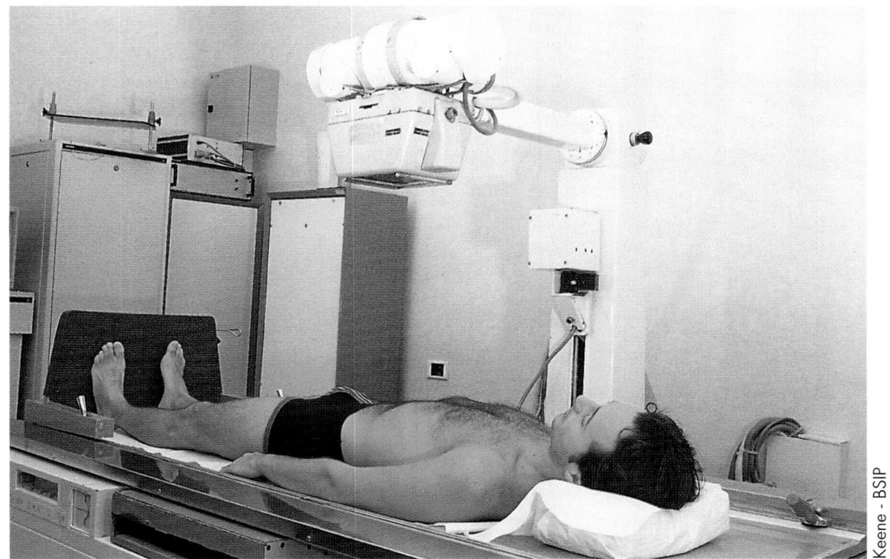
Keene - BSIP

***Radiographie de l'abdomen.** Cet examen permet de confirmer, dans un délai très bref, le diagnostic d'une occlusion, afin de mettre en œuvre le traitement approprié.*

CONSTIPATION ET OCCLUSION

Les personnes souffrant d'une constipation persistante ont souvent peur d'avoir une occlusion intestinale. Cette crainte n'est pas justifiée : les symptômes de ces deux affections ne prêtent absolument pas à confusion. La constipation est simplement une émission anormalement rare des selles, non douloureuse et sans altération de l'état général. Son traitement nécessite un régime alimentaire approprié et, éventuellement, la prise de laxatifs peu irritants.

L'OCCLUSION INTESTINALE

LES CAUSES

Les occlusions intestinales peuvent être de deux types : mécaniques et fonctionnelles.

Les occlusions mécaniques. Elles sont liées à un obstacle organique. On distingue les occlusions dues à un phénomène d'étranglement (occlusion par strangulation) et les occlusions dans lesquelles l'obstacle s'est constitué progressivement (occlusion par obstruction). Les occlusions par strangulation sont essentiellement provoquées par des adhérences anormales (brides) apparaissant à la suite d'interventions chirurgicales portant sur la partie basse de l'abdomen (ablation de l'appendice, par exemple). Une des anses de l'intestin grêle s'étrangle dans la bride. Les occlusions par strangulation peuvent également découler de l'étranglement d'une hernie de la paroi abdominale, correspondant à une saillie d'une petite partie du contenu de l'abdomen à travers la paroi de celui-ci. Enfin, ces occlusions peuvent être liées à un phénomène appelé volvulus : l'anse du côlon sigmoïde (dernière partie du côlon qui aboutit au rectum) fait un tour sur elle-même, ce qui étrangle complètement l'intestin.

Les occlusions par obstruction sont le plus souvent provoquées par le développement de tumeurs malignes, qui obstruent progressivement l'intestin. Elles peuvent aussi être dues à une maladie inflammatoire ou à une infection des diverticules intestinaux (diverticulite).

Les occlusions fonctionnelles. Ce type d'occlusion découle d'une paralysie de l'intestin, provoquée par une lésion touchant un organe voisin : appendicite, abcès, hématome, inflammation du pancréas (pancréatite).

LE TRAITEMENT

Il doit être réalisé en urgence et en milieu hospitalier. Il consiste d'une part à traiter les désordres biologiques qui découlent de l'occlusion et, d'autre part, lorsque le patient a retrouvé un état général satisfaisant, à traiter la cause de l'occlusion.

Le traitement des troubles biologiques. Les liquides accumulés dans l'intestin sont évacués par aspiration à l'aide d'un tube fin introduit par le nez jusqu'à l'estomac (aspiration dite naso-gastrique). Simultanément, on administre au patient, par perfusion, la quantité de liquides et de sels minéraux nécessaires à sa réhydratation.

Le traitement de la cause. En dehors des cas où l'occlusion se dissipe spontanément (ce qui peut se produire lorsqu'une anse de l'intestin grêle est étranglée dans une bride cicatricielle), le traitement de la cause de l'affection requiert une intervention chirurgicale. Dans le cas d'une occlusion par strangulation, l'intervention, réalisée par chirurgie classique ou par cœlioscopie (introduction à travers la paroi de l'abdomen d'un tube optique muni d'instruments), consiste à sectionner la bride responsable de l'étranglement. Lorsque la partie étranglée de l'intestin est altérée (ce qui se produit quand l'intervention a lieu tardivement), on pratique son ablation puis on rétablit la continuité du tube digestif en cousant ensemble les deux extrémités saines. En cas de tumeur obstruant le côlon, l'intervention consiste à réaliser l'ablation de la partie touchée par la tumeur. S'il s'agit d'un volvulus du côlon sigmoïde, il est souvent possible de détordre l'anse au cours d'une simple intervention effectuée sous coloscopie (introduction par l'anus d'un tube optique muni d'instruments).

LES RISQUES CHEZ LES OPÉRÉS DE L'ABDOMEN

Le risque d'occlusion liée à la formation d'une bride cicatricielle à la suite d'interventions chirurgicales concerne toute personne ayant subi une opération au niveau de l'abdomen. Les interventions qui exposent le plus aux brides cicatricielles sont celles qui portent sur la partie basse de l'abdomen et celles qui se sont accompagnées d'une infection du péritoine, la membrane qui tapisse les parois de l'abdomen. Les patients opérés à de nombreuses reprises sont les plus exposés aux occlusions. Dans certains cas, celles-ci se répètent, faisant peser une menace permanente sur le bien-être du patient, mais les récidives finissent tôt ou tard par céder.

Les Œdèmes des Jambes

La rétention anormale de liquide dans les tissus de l'organisme, ou œdème, survient le plus souvent au niveau des jambes. Il s'agit d'une affection fréquente, qui touche surtout les femmes.

Le corps humain est constitué d'environ 60 % d'eau. Normalement, il existe un équilibre subtil entre les quantités de liquide présentes dans le sang et dans les tissus. La pression sanguine, qui tend à pousser la partie liquide du sang hors des vaisseaux sanguins vers les tissus voisins, est contrebalancée par l'attirance que les protéines du sang exercent sur ce liquide vers les vaisseaux sanguins. Mais, au cours de différentes affections, et parfois sans qu'aucune cause ne puisse être invoquée, cet équilibre est perturbé, ce qui entraîne une rétention anormale de liquide dans les tissus de l'organisme, en particulier dans le tissu conjonctif (tissu remplissant les interstices entre les nerfs, les muscles et les os) : c'est l'œdème, qui touche le plus souvent les membres inférieurs.

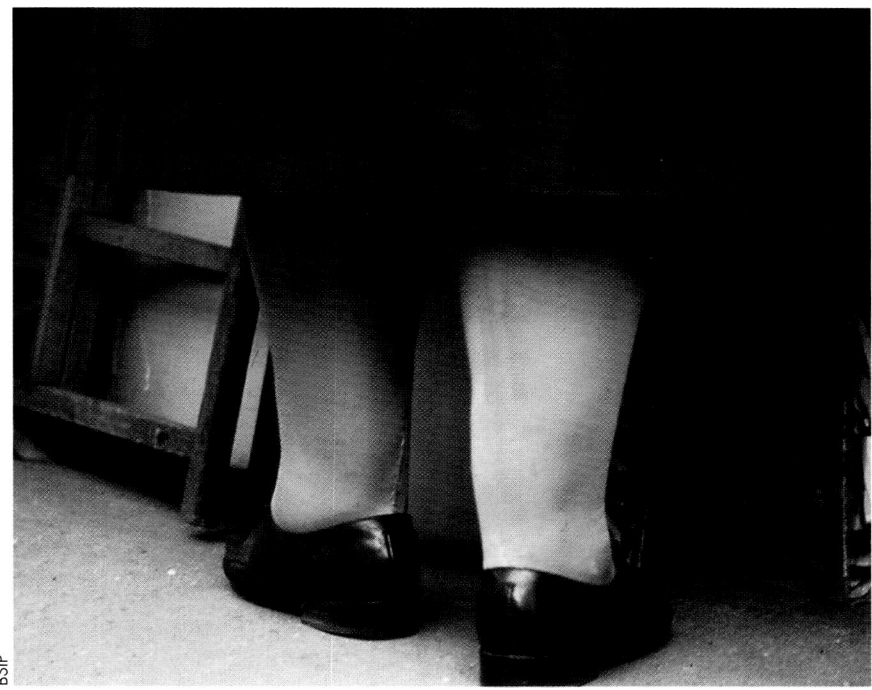

BSIP

L'œdème des jambes. *L'accumulation de liquide dans les tissus entraîne un gonflement des chevilles et une distension de la peau.*

LES CAUSES

Elles peuvent être mécaniques ou chimiques.

Les facteurs mécaniques. Ce sont les obstacles situés sur une veine ou sur un vaisseau lymphatique, gênant la circulation des liquides : inflammation d'une veine (phlébite) ou d'un vaisseau lymphatique (lymphangite), ou, beaucoup plus rarement, tumeur comprimant les vaisseaux (lymphome). L'insuffisance cardiaque, qui provoque une augmentation de la pression sanguine dans les veines et les capillaires, peut aussi être à l'origine d'un œdème des jambes.

LE LYMPHŒDÈME

C'est l'accumulation anormale de lymphe dans les tissus, le plus souvent ceux des jambes. Le lymphœdème peut survenir spontanément ou faire suite à une maladie : tuberculose, sarcoïdose, cancer, obstruction des voies lymphatiques par des cellules cancéreuses, infestation par un ver parasitaire (filaire). Il peut aussi être provoqué par la destruction du réseau lymphatique lors d'une intervention chirurgicale. Le traitement dépend du gonflement : drainage lymphatique par massages, port de bas de contention, prise de médicaments veinotoniques ou intervention chirurgicale.

Les facteurs chimiques. Il s'agit de carences ou, au contraire, d'une quantité trop élevée de différentes substances, ce qui entraîne une perturbation du mécanisme d'équilibre des liquides : diminution du taux de protéines dans le sang consécutive à un syndrome néphrotique ; rétention de sel due à une insuffisance rénale ou liée à la prise de certains médicaments (corticostéroïdes, contraceptifs oraux riches en œstrogènes) ; carences en protéines ou manque de vitamine B1, fréquents chez les alcooliques.

LES SYMPTÔMES

Un œdème des jambes se manifeste d'abord par une augmentation de poids (parfois plusieurs kilos), sans être nécessairement visible à la simple observation. Lorsqu'il s'aggrave, il se traduit par un gonflement des membres inférieurs qui se manifeste surtout le soir et s'accompagne souvent d'une impression de fatigue. Le gonflement est d'importance très variable. Il peut se limiter aux chevilles, toucher la totalité des jambes ou aller jusqu'à la déformation monstrueuse du membre entier (éléphantiasis). L'œdème peut ne concerner qu'une seule jambe ; dans ce cas, il est souvent dû à une insuffisance veineuse provoquée par des varices ou une phlébite d'une veine profonde (veine du mollet, veine fémorale de la cuisse, veine iliaque du petit bassin) ; le patient ressent alors une douleur profonde et une sensation de chaleur dans la zone atteinte.

LE TRAITEMENT

Le traitement dépend d'abord de la cause : médicaments anticoagulants en cas de phlébite, médicaments diurétiques, cardiotoniques et vasodilatateurs en cas d'insuffisance cardiaque, par exemple.

Il est fortement conseillé au patient de porter des bas ou des collants de contention élastiques, qui compriment la jambe et facilitent le retour du sang des extrémités vers le cœur ; ces bas doivent être enfilés avant le lever. Il est également recommandé, en cas d'insuffisance veineuse, de placer ses jambes en position légèrement surélevée pendant le sommeil et de prendre des médicaments veinotoniques.

Dans de nombreux cas, la seule méthode pour réduire l'œdème consiste à stimuler l'évacuation du liquide dans les urines par les reins. Le traitement repose alors sur le respect d'un régime alimentaire pauvre en sel, et parfois sur l'administration de diurétiques. Lorsque le gonflement est important, un drainage par massage manuel ou pneumatique (la jambe est introduite dans une gouttière que l'on gonfle) peut également être pratiqué.

LA FILARIOSE LYMPHATIQUE

C'est l'infestation par un ver parasite appelé filaire. Cette maladie sévit sous les climats chauds et humides : elle est transmise par l'intermédiaire de piqûres de moustiques infectés par le parasite. La filaire femelle pond des œufs qui circulent dans la lymphe et le sang ; les vers adultes, qui peuvent mesurer de 4 à 10 centimètres de long, vivent dans les ganglions et les vaisseaux lymphatiques. L'une des manifestations tardives de l'infestation est un épaississement et un plissement de la peau, suivis d'une rétention de lymphe, surtout dans les membres inférieurs, qui prennent des proportions monstrueuses (éléphantiasis). La filariose est traitée par un médicament antiparasitaire, l'ivermectine. L'œdème disparaît difficilement, même avec l'aide de la chirurgie.

LES COMPLICATIONS

Dans de nombreux cas, les œdèmes des jambes se compliquent d'autres affections : plaie persistante (ulcère variqueux) ; troubles de la nutrition des tissus (atrophie de la peau, troubles de la pigmentation) ; inflammation de la peau liée à l'infection par une bactérie, le streptocoque (érysipèle) ; inflammation d'une veine (phlébite). Ces affections sont traitées par application régulière d'un antiseptique local et, selon le cas, par application de pommades grasses, voire par une greffe de peau (en cas d'ulcère) ou par administration d'antibiotiques (en cas d'érysipèle).

L'OSTÉOPOROSE

Cette maladie osseuse, liée au vieillissement, touche surtout les femmes et se caractérise par une fragilisation des os, due à la diminution progressive de la densité osseuse.

La fragilisation des os est un phénomène naturel, lié au vieillissement du squelette. À 70 ans, la densité du squelette a diminué d'environ 1/3.

L'ostéoporose est caractérisée par l'exagération de ce processus du fait d'un déséquilibre entre l'activité des cellules assurant la formation du tissu osseux (les ostéoblastes) et celle des cellules assurant la destruction du tissu osseux (les ostéoclastes).

Cette maladie, pour des raisons hormonales, touche plus souvent les femmes que les hommes.

LES CAUSES

L'os est un tissu en perpétuel remaniement. Il est, dans certaines zones, fabriqué par des cellules spécialisées, les ostéoblastes. Par ailleurs, il subit une destruction par d'autres cellules, les ostéoclastes. La bonne santé de notre squelette et sa solidité dépendent de l'équilibre entre ces 2 phénomènes de formation et de destruction. L'ostéoporose survient lorsqu'un déséquilibre s'installe progressivement, à l'avantage de la destruction du tissu osseux.

De nombreux facteurs peuvent être responsables de ce déséquilibre :

– la ménopause en est la cause la plus fréquente. En tarissant la sécrétion par les ovaires des œstrogènes, elle provoque un ralentissement de l'activité des ostéoblastes, alors que celle des ostéoclastes se poursuit ;

– d'autres troubles hormonaux (notamment l'excès de corticostéroïdes) peuvent être à l'origine de l'ostéoporose. Ces troubles résultent souvent d'un traitement intense ou sur plusieurs années par des corticoïdes, ou peuvent être dus à une maladie des glandes surrénales (maladie de Cushing) ;

– la diminution de l'activité physique, fréquente chez les personnes âgées, favorise également l'ostéoporose. Le travail des muscles joue en effet un rôle très positif dans le maintien de l'intégrité du tissu osseux.

LES SYMPTÔMES

La maladie ne se manifeste en général par aucun symptôme, et est diagnostiquée lors d'un examen systématique (densitométrie). La survenue d'une fracture à la suite d'un traumatisme minime est le symptôme le plus marquant du début apparent de la maladie. Il peut s'agir d'une fracture du poignet

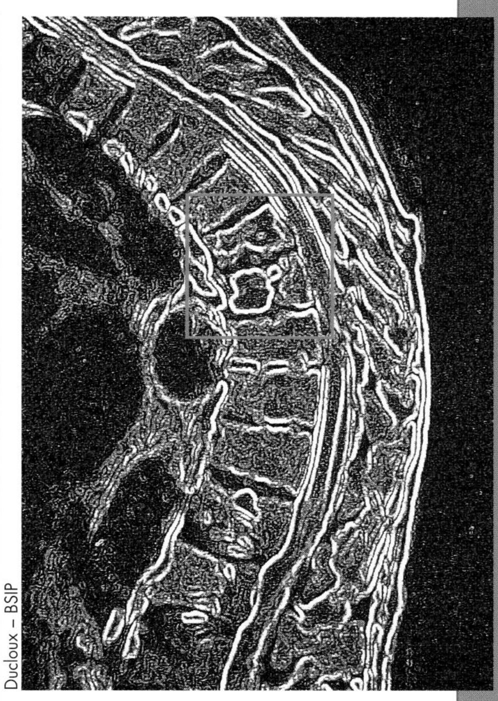

Ducloux – BSIP

Ostéoporose au niveau de la colonne. *Cette maladie des os entraîne un tassement des vertèbres (dans le carré vert).*

TRAITEMENT HORMONAL DE SUBSTITUTION

La fragilité des os est souvent liée à la ménopause, les ovaires cessant de produire les hormones (œstrogènes) essentielles au maintien de la masse osseuse. Un traitement hormonal de substitution est conseillé chez la femme après la ménopause en vue de prévenir une installation rapide de l'ostéoporose. Un apport en calcium et en vitamine D renforce l'efficacité du traitement hormonal de substitution.

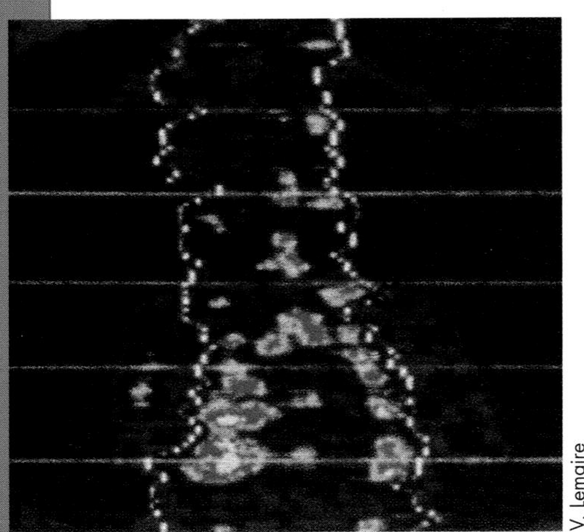

V. Lemaire

Densitométrie lombaire.
L'ostéoporose entraîne une diminution de la densité osseuse vertébrale.

ou d'une fracture du col du fémur, qui témoignent de la fragilité des os. Les tassements des vertèbres, encore plus fréquents, sont responsables de douleurs dorsales ou lombaires intenses, survenant à l'occasion d'une chute ou d'un effort modéré. Ces douleurs s'atténuent progressivement et disparaissent en quelques semaines. Chaque tassement de vertèbre se traduit par la perte de 1 ou 2 centimètres. Ainsi, la répétition de ces tassements entraîne une diminution de la taille, qui peut atteindre 15 à 20 centimètres. Elle modifie également les courbures de la colonne vertébrale : la région lombaire est anormalement creusée, le dos, arrondi, et le cou, projeté en avant.

LA DENSITOMÉTRIE OSSEUSE

Cet examen permet de mesurer la densité osseuse par évaluation du contenu en calcium des os. Il met en évidence une déminéralisation du squelette, qui constitue un facteur de risque de fracture. La densitométrie est surtout utilisée pour les femmes après la ménopause, laquelle entraîne souvent une ostéoporose. Enfin, elle permet d'évaluer le degré d'évolution de l'affection, afin de déterminer la durée et l'importance du traitement.

LE DIAGNOSTIC

À l'occasion d'une fracture ou d'un tassement vertébral survenant sans traumatisme, le médecin peut être amené à soupçonner une ostéoporose. Le diagnostic doit être confirmé par des examens complémentaires, destinés également à apprécier la gravité de la maladie. La radiographie du squelette (plus particulièrement du bassin et des régions dorsale et lombaire de la colonne vertébrale) montre une transparence anormale des os, qui reflète l'appauvrissement du tissu osseux. La tomodensitométrie (scanner) permet de mesurer avec une relative précision la densité de l'os spongieux. La technique la plus performante de densitométrie osseuse est l'absorptiométrie biphotonique à rayons X, dont les résultats sont très précis et fiables. Réalisée au niveau de la colonne, du col du fémur, de l'avant-bras ou même sur l'ensemble du squelette, elle permet d'apprécier le risque de fracture et de prescrire le traitement adapté. Les examens de laboratoire apportent assez peu de renseignements.

LA PRÉVENTION

La prévention de l'ostéoporose consiste à construire et à entretenir un squelette solide, mieux préparé aux inéluctables dégâts de l'âge. Une activité physique suffisante est indispensable durant la vie entière, qu'il s'agisse de la marche ou de divers sports, en évitant cependant le surentraînement, qui a un rôle néfaste sur le squelette. De même, une alimentation équilibrée, avec un apport en calcium suffisant, de l'ordre de 1 000 à 1 500 mg par jour, permet d'obtenir un capital osseux de bonne qualité. Chez la femme, la prise d'œstrogènes naturels permet d'éviter ou de retarder l'apparition de l'ostéoporose après la ménopause.

LE TRAITEMENT

Il fait appel aux œstrogènes chez la femme ménopausée, au calcium et à la vitamine D. On prescrit également des traitements incluant une prise de biphosphonates (etidronate, alendronate), qui doivent être suivis très régulièrement pendant plusieurs années.

Cependant, aucun de ces médicaments n'a une efficacité constante. Dans le meilleur des cas, les couches osseuses peuvent s'épaissir sans que l'on observe une augmentation de la densité du squelette à la radiographie. Les couches osseuses qui ont disparu ne se renouvellent pas et le squelette reste fragile, avec un risque de fracture inchangé. La prévention de l'ostéoporose est donc indispensable.

LE PALUDISME

Cette infection due à un parasite est la maladie la plus répandue dans le monde. Chaque année, elle touche environ 800 000 millions de personnes et provoque 2 millions de décès. Elle menace particulièrement les voyageurs.

Le paludisme, aussi appelé malaria, est présent dans de nombreux pays tropicaux.

LES CAUSES

Le parasite responsable du paludisme porte le nom de *Plasmodium*. Quatre espèces de ce parasite sont transmissibles à l'homme (dont une peut être mortelle, *Plasmodium falciparum*). Le parasite se transmet à l'homme par piqûre d'un moustique, l'anophèle, dont seules les femelles piquent les humains. Le parasite est présent dans la salive du moustique et pénètre dans le corps humain lorsque l'anophèle infesté pique un individu. Le parasite peut également être transmis lors d'une transfusion de sang d'une personne infestée.

LE DIAGNOSTIC ET LE TRAITEMENT

La présence des parasites est révélée en quelques minutes par l'examen au microscope d'un prélèvement de sang (frottis ou goutte épaisse). Il faut bien distinguer le paludisme bénin (dû à *P. vivax*, *ovale* ou *malariæ*) du paludisme à risque mortel à *P. falciparum*; le premier peut se contracter dans de nombreuses régions chaudes et n'est jamais

CARTE ET CYCLE DU PALUDISME

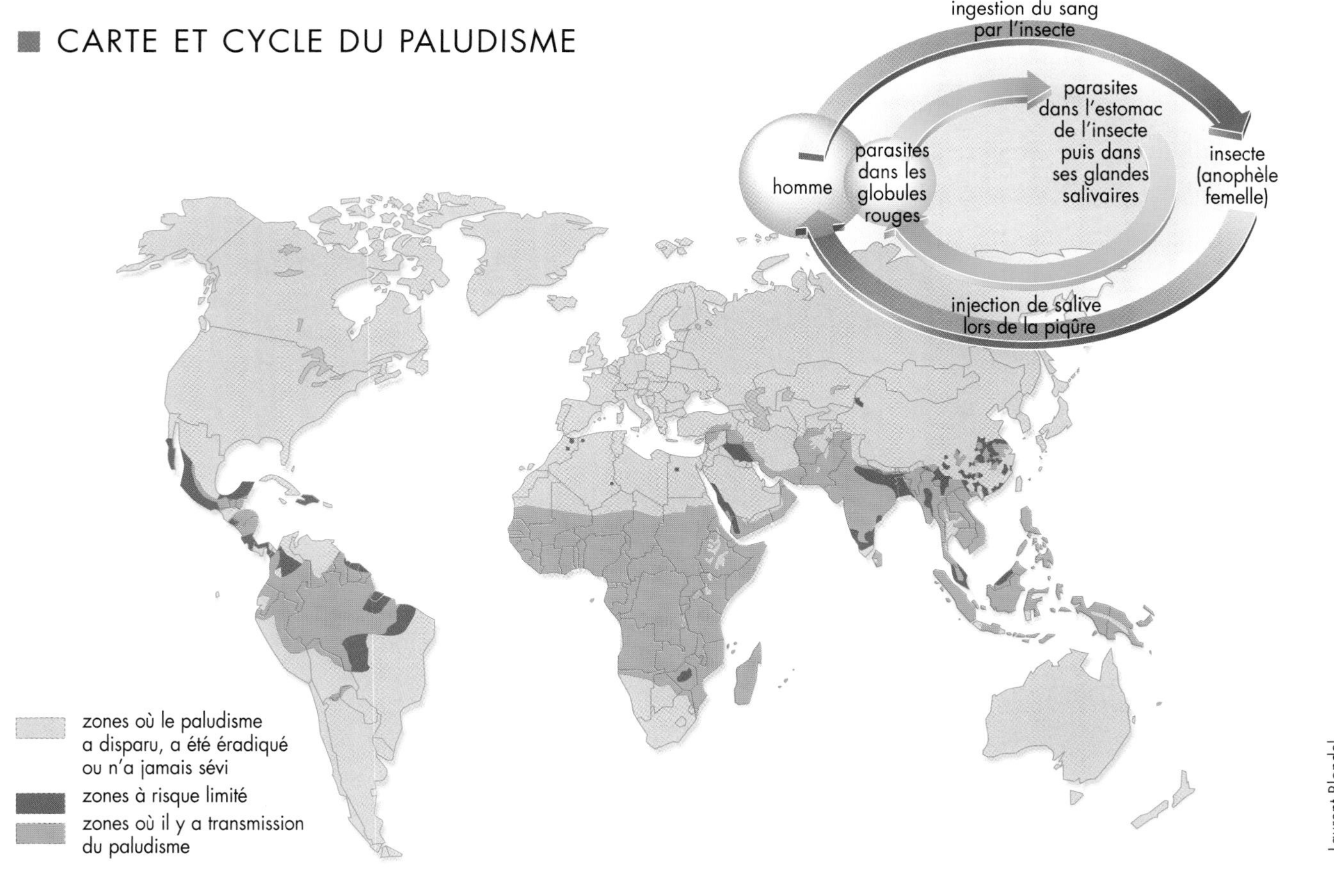

grave (même s'il peut se réveiller pendant plusieurs années lorsqu'il n'a pas été traité), le second est présent en zone intertropicale. Tout accès de ce type de paludisme, même si le début ne semble pas grave, est une urgence médicale. Il faut donc y penser immédiatement, au retour d'un voyage dans un pays à risque, en cas de fièvre ou de troubles digestifs, souvent pris pour les signes d'une hépatite ou d'une salmonellose.

CONSEILS AUX VOYAGEURS

Avant de partir :
– consultez un centre spécialisé, le traitement préventif dépendant du pays où vous vous rendez. Dans certaines régions, le parasite devient résistant aux médicaments employés, il est donc recommandé de disposer d'informations spécifiques et actualisées. Les résistances font l'objet d'une surveillance permanente à l'échelle internationale et d'une mise à jour annuelle ;
– en cas de grossesse, il existe certaines contre-indications qui varient selon les produits.
Sur place :
– portez des vêtements couvrant les bras et les jambes dès que le soleil se couche et, la nuit, protégez-vous par une moustiquaire imprégnée d'insecticide ;
– n'hésitez pas à utiliser tout l'arsenal des produits antimoustiques.
Au retour :
en cas de fièvre au retour d'un pays tropical, il est important de consulter un médecin dans les 24 ou 48 heures.

Un traitement bien conduit du paludisme assure normalement la guérison. Quand la maladie est mal soignée et que les contaminations se répètent durant plusieurs années, un paludisme dit « viscéral évolutif » s'installe. Il s'accompagne alors d'une anémie chronique, d'une jaunisse, d'une dilatation de la rate (avec risque de rupture) et d'une grande fatigue générale.

LES MÉDICAMENTS ANTIPALUDIQUES

L'utilisation de médicaments antipaludiques à titre préventif est absolument nécessaire lorsque l'on se rend dans un pays où sévit le paludisme à *P. falciparum*. Le traitement doit impérativement être commencé avant le départ, être scrupuleusement suivi sur place et être poursuivi au retour pendant au moins 6 semaines.
Dans la plupart des pays tropicaux, la forme de paludisme la plus dangereuse a acquis une résistance à la chloroquine, l'un des principaux traitements antipaludiques. Il faut par conséquent utiliser un autre médicament et, pour ce faire, s'adresser à un spécialiste. Il en va de même lorsque le séjour est supérieur à 3 mois. Pour tout voyage dans un pays à risque et dans une région isolée, il est prudent de se munir d'une quantité suffisante de médicament, pour traiter un accès qui se déclarerait malgré les mesures de prévention. Cette prescription doit être effectuée avant le départ par un médecin.
Quand le paludisme est déclaré et vite confirmé par le diagnostic (recherche du parasite *Plasmodium falciparum* dans le sang), il faut le traiter sans attendre avec les médicaments appropriés. La quinine, le plus ancien des antipaludiques, reste toujours efficace, sauf dans des régions limitées d'Asie. Elle est administrée par voie veineuse dans les cas graves nécessitant une hospitalisation, ou en présence de vomissements.

LES CRISES DE PALUDISME

Les parasites responsables du paludisme vont d'abord dans le foie de l'homme. Par vagues, ils envahissent et détruisent les globules rouges, ce qui provoque les accès de fièvre caractéristiques de la maladie (appelés accès palustres) et une diminution des globules rouges (anémie). La prolifération du parasite dans le sang est rapide : les globules rouges infestés éclatent, libérant dans le sang les parasites qu'ils contiennent, lesquels infestent aussitôt d'autres globules rouges. Ces moments correspondent aux crises de paludisme, qui se répètent tous les jours ou tous les 2 à 3 jours. À chaque accès, la fièvre grimpe à 40 ou 41 °C, entraînant des frissons, puis elle chute et s'accompagne de sueurs importantes et d'une sensation de froid.
À la fin de la crise de paludisme, le malade est épuisé. Il présente un teint jaunâtre, ainsi qu'un état d'anémie (diminution du taux de globules rouges).

LES PARALYSIES

Une paralysie est une incapacité à mobiliser volontairement des muscles, faute d'influx nerveux en provenance du système nerveux.

Ducasse – Rapho

Personne handicapée physique s'occupant d'un groupe d'enfants. *Le fait d'être paralysé n'empêche pas de mener des activités de responsabilité, comme pour ce moniteur de colonie de vacances.*

Les contractions musculaires entraînant les mouvements sont déclenchées par des impulsions du cerveau qui envoient des influx le long de la moelle épinière et des nerfs périphériques, avant d'atteindre les muscles. Toute blessure ou traumatisme le long du trajet nerveux peut entraîner une paralysie.

On distingue, d'une part, les paralysies centrales, où la lésion siège dans l'encéphale ou la moelle épinière, et, d'autre part, les paralysies périphériques, où la lésion se localise sur un nerf entre ses racines et sa terminaison.

LES DIFFÉRENTS TYPES DE PARALYSIES

Une paralysie peut être localisée et ne toucher qu'un muscle ou un membre (monoplégie). Elle peut être plus étendue et toucher la moitié du corps (hémiplégie), ou les 2 membres inférieurs (paraplégie), voire les 4 membres (tétraplégie). Lorsqu'une paralysie est incomplète et que le muscle est encore capable d'effectuer quelques mouvements, on parle de parésie.

Les paralysies périphériques sont marquées par un relâchement des muscles et une abolition des réflexes dans la région concernée (paralysie flasque).

Les paralysies d'origine centrale sont, à l'inverse, associées à une raideur musculaire (hypertonie) et à une exagération des réflexes des membres (réflexes ostéo-tendineux) : elles sont dites spasmodiques. Ce dernier type de paralysie, appelé syndrome pyramidal, correspond à une lésion de la voie pyramidale, c'est-à-dire du faisceau des fibres nerveuses commandant le mouvement et allant du

LE TRAITEMENT DES PARALYSIES

Le traitement des paralysies doit être, dans la mesure du possible, celui de la cause. Dans tous les cas, il est important d'y associer une rééducation qui permet au malade d'apprendre à utiliser au mieux les muscles restés actifs. Un appareillage adapté peut être proposé. Lorsque les personnes paralysées ne peuvent quitter le lit ou un fauteuil roulant, des soins physiques sont indispensables pour éviter les complications liées à l'immobilisation (escarres, infections urinaires, etc.).

LE CURARE

Le curare est un agent paralysant. Il bloque la transmission de l'influx entre le nerf et le muscle. Les Indiens d'Amazonie l'utilisaient pour empoisonner leurs flèches. Le curare paralyse tous les muscles, y compris les muscles respiratoires, et provoque donc une mort rapide.
Des dérivés du curare, les produits curarisants, sont largement utilisés en anesthésie. Ils nécessitent un système de respiration artificielle, mais ils relâchent complètement la musculature de l'opéré et permettent au chirurgien d'intervenir dans de bonnes conditions.

cortex cérébral jusqu'à la terminaison des fibres musculaires sur les muscles. La caractéristique du syndrome pyramidal est le signe de Babinski, consistant en une extension involontaire du gros orteil lorsque le médecin frotte le bord extérieur de la plante du pied.

LA PARAPLÉGIE ET LA TÉTRAPLÉGIE

La cause la plus fréquente de la paraplégie et de la tétraplégie est un traumatisme de la moelle épinière, le plus souvent lors d'un accident de la circulation. Au moment du choc, le blessé ressent une douleur au niveau de la colonne vertébrale. S'il est conscient, il ne peut plus bouger ses membres. Le premier examen met en évidence une paralysie dont la localisation dépend du niveau de la lésion nerveuse. Une atteinte basse, dorsale ou lombaire, conduit à une paraplégie. Une atteinte haute, cervicale (le coup du lapin), provoque une tétraplégie. Les radiographies de la colonne vertébrale permettent de localiser les lésions de la moelle épinière. Une intervention chirurgicale permet parfois de libérer la moelle épinière comprimée, mais, lorsque celle-ci est sectionnée, les lésions sont irréversibles. Une rééducation en centre spécialisé est souvent utile afin de diminuer les conséquences du handicap.

L'HÉMIPLÉGIE

L'hémiplégie est une paralysie affectant une moitié (droite ou gauche) du corps. Elle peut être partielle et ne concerner qu'un bras, une jambe ou le visage, mais toujours sur la même moitié du corps.
L'hémiplégie peut être due à des causes très diverses, le cas le plus typique étant celui de l'accident vasculaire cérébral. L'obstruction d'une artère du cerveau produit une lésion du tissu nerveux. Si cette lésion est située dans l'hémisphère gauche, l'hémiplégie est à droite ; si elle est située dans l'hémisphère droit, l'hémiplégie est à gauche. Lorsqu'il s'agit d'un accident vasculaire, la paralysie s'installe brutalement.
L'étendue de la paralysie est variable (plus ou moins complète) selon la localisation et l'étendue de l'accident vasculaire lui-même. Elle peut régresser ensuite partiellement ou complètement grâce à la rééducation.
Lorsque la cause de l'hémiplégie est une tumeur qui se développe dans le cerveau, la paralysie s'installe progressivement, s'aggravant de plus en plus.

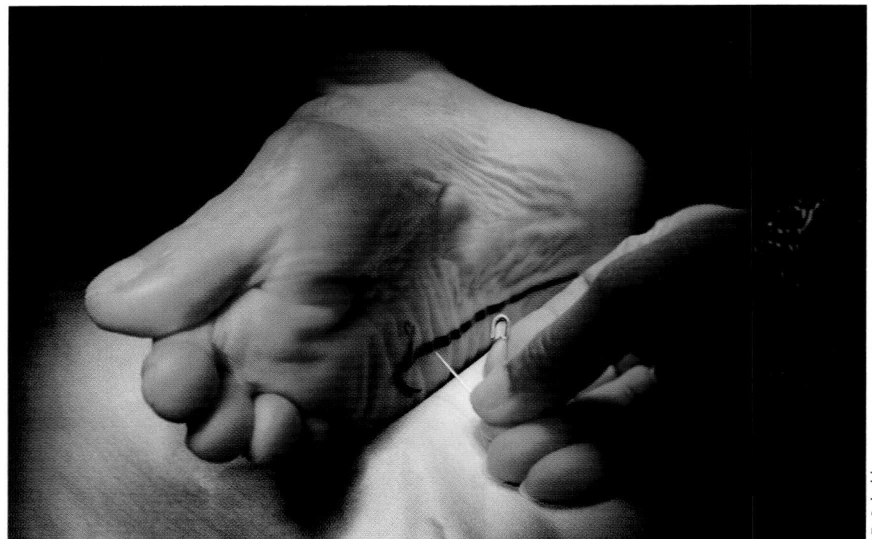
J.-F. Schuhl

Signe de Babinski. *Ce signe, consistant en une extension involontaire du gros orteil lorsque le médecin frotte le bord extérieur du pied, permet de mettre en évidence des lésions des fibres nerveuses du système nerveux central, commandant le mouvement.*

La Paralysie Faciale

Provoquée par une lésion empêchant le fonctionnement du nerf facial, la paralysie faciale est une affection assez courante qui laisse des séquelles dans environ la moitié des cas.

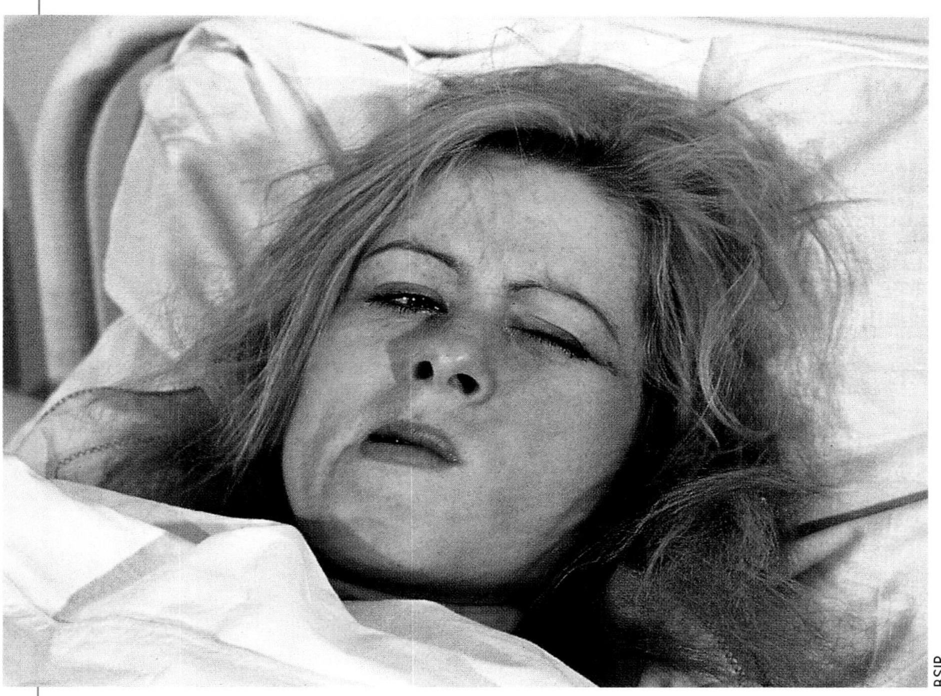

BSIP

La paralysie faciale. *C'est une paralysie des muscles d'une moitié du visage, qui devient alors plus ou moins asymétrique.*

Le nerf facial est l'un des douze nerfs rattachés directement à l'encéphale ; il contrôle notamment les mouvements des muscles du visage, la fermeture des yeux et de la bouche, la sécrétion des larmes et de la salive et une partie des sensations du goût. Au cours de certaines affections, ce nerf cesse de transmettre les informations du cerveau vers les zones qu'il contrôle, ou l'inverse. Il en résulte une paralysie faciale, dont il existe deux types : la paralysie dite centrale, qui touche une moitié du visage dans le sens de la longueur, prédomine dans la partie inférieure et est souvent associée à une paralysie de la moitié du corps (hémiplégie) du même côté ; la paralysie dite périphérique, qui touche également une moitié du visage, aussi bien dans la partie inférieure que supérieure.

La paralysie faciale centrale

Elle est due à l'interruption des fibres nerveuses qui relient le cortex au noyau du nerf facial ; elle touche la partie du visage opposée au côté où siègent les lésions. Elle se traduit par une paralysie d'une moitié du visage, dans sa partie inférieure (épargnant les paupières et le front) : ce sont généralement les muscles des joues et les muscles du pourtour de la bouche qui sont atteints. Elle a la particularité d'être très visible lorsqu'on demande au malade de faire un mouvement précis du visage, tandis que les mouvements automatiques et les réflexes (le sourire, par exemple) sont conservés ; on parle alors de dissociation automatico-volontaire.
La paralysie faciale centrale peut avoir de très nombreuses causes, la plus fréquente étant une lésion provoquée par un accident vasculaire cérébral. Son traitement est celui de la cause. Cette paralysie peut régresser, notamment lorsqu'elle est due à un accident vasculaire aigu ; toutefois, les séquelles (persistance d'une paralysie) sont fréquentes.

La paralysie faciale périphérique

Les signes. Appelé également paralysie de Bell, ce type de paralysie faciale survient du côté du visage où siègent les lésions nerveuses ; elle se traduit par une asymétrie du visage lorsque celui-ci est au repos, les traits étant déviés du côté normal. Du côté atteint, le visage est dénué d'expression, la commissure des lèvres et les rides du front sont abaissées, les lèvres, légèrement ouvertes. Dans certains cas, la sécrétion de salive et de larmes est diminuée du côté atteint. Le patient a des difficultés pour manger et pour parler, liées à la paralysie des muscles du visage.

Les causes. Elles peuvent, comme pour la paralysie faciale centrale, être très nombreuses : une infection (virus du sida, zona, otite aiguë de la partie moyenne de l'oreille, atteinte diffuse des racines nerveuses et des nerfs périphériques ou polyradiculonévrite, infection par certaines bactéries, par exemple celle qui est responsable de la maladie de Lyme) ; un choc (fracture d'un os situé sur le côté du crâne, le rocher) ; une tumeur, ou encore une maladie des vaisseaux sanguins (ramolissement de la partie moyenne du tronc cérébral).

Le cas de la paralysie dite *a frigore*. Elle constitue la forme la plus fréquente de la paralysie faciale périphérique et n'a aucune cause neurologique connue ; on pense qu'elle serait la conséquence d'une infection virale. Elle apparaît brutalement, parfois après une exposition à un courant d'air (la fenêtre ouverte d'une voiture, par exemple), et est souvent précédée de douleurs survenant derrière l'oreille (douleurs dites mastoïdiennes). L'évolution de cette forme de paralysie est généralement positive, la récupération est bonne et les rechutes sont rares.

Le traitement de la paralysie faciale périphérique. Il repose sur des séances de rééducation (kinésithérapie). Lorsque la paralysie est partielle, le patient recouvre habituellement toutes ses facultés et aucune séquelle ne persiste. En cas de paralysie totale, on peut administrer au malade un traitement à base de corticostéroïdes (ce traitement n'est prescrit que si le médecin a écarté la possibilité d'une cause infectieuse, ce qui constitue une contre-indication aux corticostéroïdes). Dans ce cas, la paralysie régresse le plus souvent, mais les séquelles ne sont pas rares.

LES SIGNES ASSOCIÉS

La paralysie faciale peut être associée à une hyperacousie pénible (perception exagérée des sons), à une diminution de la sécrétion de la salive et des larmes, à une diminution de la sensibilité du conduit auditif externe, ainsi qu'à la perte du goût sur la partie antérieure de la moitié de la langue du côté paralysé (goût qui peut être testé en utilisant un coton trempé dans des solutions sucrées, salées ou acides).

LES SÉQUELLES DE LA PARALYSIE FACIALE

Des séquelles persistent plus fréquemment lorsque la paralysie est très marquée et que le malade souffre de diabète ou d'hypertension. Certains patients ne contrôlent plus leurs larmes, qui se déclenchent souvent spontanément lors de la mastication (syndrome des larmes de crocodile) ; il n'y a pas de traitement. Dans d'autres cas, les muscles du visage, bien que paralysés, se contractent de façon incontrôlée : ce spasme peut être traité dans de nombreux cas par des médicaments ou par l'injection d'une toxine dans le muscle atteint. Enfin, certains malades ne peuvent plus fermer une paupière, ce qui entraîne parfois des lésions oculaires.

LES RISQUES DE LÉSIONS OCULAIRES

Des lésions de l'œil peuvent survenir en cas de paralysie faciale. Elles sont liées à l'absence d'humidification de la cornée (en raison de la diminution de la sécrétion des larmes) et/ou au fait que les paupières ne peuvent plus se fermer correctement, donc assurer leur rôle de protection. Ces lésions, qui consistent en ulcérations ou en infections de la cornée, doivent être systématiquement prévenues par l'instillation de larmes artificielles plusieurs fois par jour, par l'utilisation d'un cache oculaire la nuit, ou même par une suture temporaire des deux paupières. Celle-ci sera maintenue tant que le patient ne pourra pas bouger la paupière supérieure.

PELLICULES ET DARTRES

Les pellicules sont de petits lambeaux de peau tantôt très fins, tantôt plus épais, qui se détachent du cuir chevelu. Les dartres sont des rougeurs apparaissant surtout sur le visage et pouvant entraîner une desquamation de la peau.

Les pellicules et les dartres sont la conséquence de phénomènes identiques sur deux structures différentes de la peau. Elles se rencontrent fréquemment et peuvent devenir gênantes dans la vie sociale des personnes concernées.

LES CAUSES

Les causes de ces deux troubles inesthétiques sont les mêmes. On peut distinguer des causes internes, liées à une augmentation de la vitesse de renouvellement de l'épiderme. Les cellules de la couche basale de l'épiderme, appelées cellules de Malpighi, se multiplient plus vite. Cela entraîne une augmentation de la fabrication (synthèse) de la substance qui forme la quasi-totalité de la couche cornée à la surface de la peau (kératine). Ces phénomènes dépendent de multiples facteurs : le stress, une alimentation déséquilibrée, l'abus d'excitants comme le tabac ou l'alcool.
Les causes externes sont liées à la multiplication de petites levures microscopiques, appartenant au genre *Pityrosporon*.

BSIP

***Pellicules.** Ce sont de minuscules morceaux de peau, constitués de cellules mortes, qui se détachent spontanément. Elles sont souvent visibles sur les vestes foncées, au niveau des épaules.*

POUR Y VOIR PLUS CLAIR

QUELQUES MOTS À CONNAÎTRE

Alopécie : chute de cheveux.
Pityrosporoses : ensemble de maladies où l'on retrouve des levures du genre *Pityrosporon* en abondance.
Séborrhée : augmentation de la sécrétion de sébum par les glandes sébacées, qui se traduit par une peau grasse.

LES PELLICULES

Les signes. Les pellicules touchent le cuir chevelu et se présentent sous plusieurs formes. Les pellicules sèches sont de petites squames très fines, poussiéreuses, que l'on voit souvent sur les cols de chemise et les épaules de vestes foncées. Le cuir chevelu est en général indemne de toute rougeur.
Les pellicules humides ou grasses sont plus grandes, de couleur jaunâtre. Elles englobent les cheveux, qui sont agglutinés les uns aux autres. Il peut exister des zones un peu plus rouges, mal délimitées.
Dans tous les cas, les pellicules peuvent s'associer à une chute de cheveux, mais elles n'en

sont pas responsables, celle-ci étant liée en effet à d'autres mécanismes touchant le bulbe pilaire en profondeur.

Le traitement. Il inclut des lotions à base de substances variées comme les goudrons, le dioxyanthranol ou l'ichtyol. Des dérivés antiseptiques à base de pyrithione zinc sont également très souvent utilisés. Les produits antimycosiques imidazolés sont prescrits sous forme de lotions pour le cuir chevelu 1 ou 2 fois par semaine.

Lorsque ces premiers traitements n'ont pas été suffisants, on peut employer des lotions renfermant des dérivés de la cortisone faiblement dosés, en débutant par 2 ou 3 applications par semaine, suivies de 1 application toutes les semaines, voire tous les 15 jours.

LES DARTRES

Le terme de dartre vient de l'allemand *Darz,* qui veut dire « desquamation ». On utilise aussi d'autres termes : eczéma séborrhéique, dermite séborrhéique, parakératoses ou eczématides séborrhéiques. Les dartres touchent toujours les zones riches en glandes sébacées : le front, les ailes du nez, le milieu du thorax, plus rarement le milieu du dos.

Les signes. L'aspect des lésions est toujours le même : ce sont des plaques rouges, symétriques, assez bien délimitées, recouvertes de squames grasses plus ou moins importantes. Ces lésions ne provoquent pas de démangeaisons ou très peu. Une atteinte des conduits auditifs externes est possible, sous forme de petites croûtes qui peuvent parfois gratter. L'évolution est cyclique, avec une amélioration en été au soleil et souvent une aggravation pendant l'hiver.

Lorsque les plaques sont localisées sur la poitrine et arrondies, bien délimitées, desquamantes, avec souvent une périphérie rouge vif contrastant avec un centre plus clair, il s'agit d'une dermite médiothoracique, ou eczéma flanellaire.

Les traitements des dartres sont efficaces mais décevants, dans la mesure où ils n'aboutissent jamais à la guérison totale. On utilise des traitements classiques : soit des préparations dites réductrices, à base de substances variées comme l'ichtyol, soit des dérivés antiseptiques à base de pyrithione zinc. Les crèmes à base de produits antimycosiques (imidazolés) sont très souvent prescrites pour le visage à raison de 1 application par jour. Il faut cependant faire attention, car elles peuvent parfois devenir irritantes.

Si ces traitements sont insuffisants, il faut prescrire des crèmes contenant de la cortisone locale à faible dose. Elles sont surtout utiles lorsque les démangeaisons et l'inflammation sont importantes. On applique ces crèmes 1 fois par jour pendant une dizaine de jours. Dès que les rougeurs ont disparu, ces applications sont espacées, 2 ou 3 fois par semaine, mais de façon très prolongée.

Les traitements à prendre par voie générale sont rarement prescrits. On peut utiliser cependant des vitamines du groupe B.

L'HYGIÈNE DES CHEVEUX

Pour avoir une bonne hygiène des cheveux, il faut utiliser des shampooings qui lavent les cheveux et le cuir chevelu sans l'irriter, faiblement détergents (pour ne pas altérer la kératine), faciles à rincer et laissant les cheveux souples.

Les shampooings sont des solutions de produits émulsionnants dont l'effet lavant n'est pas proportionnel à la quantité de mousse produite. À cette solution sont ajoutés des additifs, choisis en fonction du type de cheveux que l'on veut nettoyer :

– cheveux gras : principes actifs antiséborrhéiques ;
– cheveux à tendance pelliculaire : principes actifs contre la prolifération microbienne et fongique (antiseptiques) et dont l'action est kératolytique (goudrons minéraux ou végétaux, acide salicylique, etc.) ;
– cheveux secs : principes actifs surgraissants (colostrum, acides gras d'origine végétale ou animale, etc.), hydrolysats de protéines et substances vitaminiques.

Les shampooings à usage fréquent peuvent être utilisés quotidiennement ou en alternance avec un produit antiséborrhéique ou antipelliculaire. Ils sont constitués d'une base lavante très douce à détergence modérée, et enrichis par des agents adoucissants et protecteurs (avoine, mauve, etc.).

La Périarthrite de l'Épaule

Cette affection est due à l'inflammation des tissus qui entourent l'articulation de l'épaule. Souvent douloureuse, elle atteint particulièrement les personnes âgées et, plus rarement, les jeunes faisant beaucoup de sport.

Toute articulation peut souffrir de périarthrite mais, en raison de sa complexité anatomique et de l'amplitude des mouvements possibles, c'est l'épaule qui est le plus souvent atteinte.

L'INFLAMMATION DES TISSUS

L'épaule est entourée de nombreux tissus :
– les bourses séreuses assurent le glissement de l'articulation sur les structures voisines ;
– la capsule articulaire est une pellicule de tissu fibreux entourant l'articulation ;
– les ligaments sont des bandes de tissu blanc, fibreux, très résistant et légèrement élastique ;
– les tendons de la coiffe des rotateurs sont constitués de cordes fibreuses puissantes, flexibles mais peu élastiques, qui permettent aux muscles de s'attacher aux os ;
– les muscles voisins de l'articulation comprennent le deltoïde, le biceps et le triceps.

L'inflammation isolée ou associée de ces différents tissus provoque une périarthrite. Elle peut être provoquée par une activité professionnelle ou sportive sollicitant l'articulation de façon excessive. La maladie peut également être congénitale : on peut naître avec un espace trop étroit entre les tendons et la voûte osseuse.

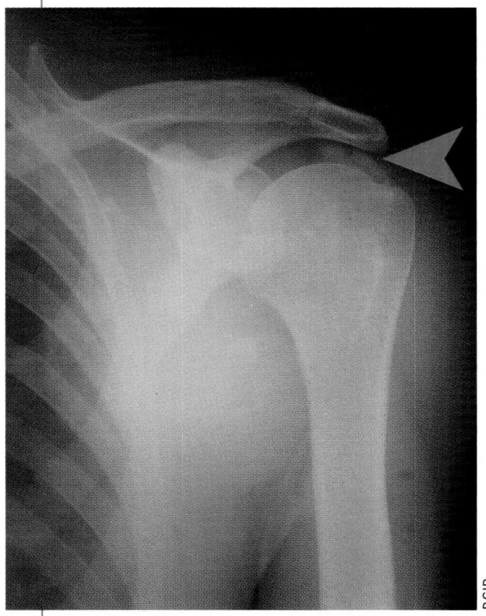

BSIP

Périarthrite de l'épaule.
Les 2 taches blanches entre la tête de l'humérus (en bas) et l'acromion (en haut) correspondent à des calcifications du tendon.

LES SYMPTÔMES

Selon les tissus touchés, les symptômes sont variés. Le malade peut ainsi ressentir une douleur dans l'épaule sans être gêné dans ses mouvements. Les tissus atteints sont alors les tendons des muscles entourant l'épaule. Le patient peut aussi éprouver une douleur aiguë de l'épaule, avec une limitation importante des mouvements de l'articulation. Il s'agit dans ce cas d'une inflammation de la bourse séreuse.

Lorsque la périarthrite est plus grave, l'épaule peut être totalement bloquée et extrêmement douloureuse (épaule gelée). Il s'agit alors d'une rétraction et d'un épaississement de la capsule articulaire de l'épaule.

Enfin, dans certains cas, le malade n'arrive plus à bouger l'épaule, sans que celle-ci soit nécessairement douloureuse (épaule pseudoparalytique). Ce symptôme est causé par une rupture des tendons, fréquente chez les sportifs.

L'ANATOMIE DE L'ÉPAULE

L'épaule se compose de 3 os : la clavicule et l'os du bras (humérus), qui s'articulent tous deux sur l'omoplate. L'extrémité osseuse de l'humérus vient se loger dans une cavité ronde de l'omoplate prévue pour la recevoir. La mobilité du bras est ainsi assurée. Celui-ci est relié au thorax grâce à la clavicule, petit os long légèrement incurvé qui part de l'extrémité supérieure de l'omoplate (articulation acromio-claviculaire) et s'attache au sternum par de puissants ligaments.

LE TRAITEMENT PAR INFILTRATION

Le traitement par infiltration consiste à injecter des médicaments (corticostéroïdes) à l'aide d'une aiguille dans une articulation enflammée.
Les corticostéroïdes complètent ou remplacent les hormones naturelles. Administrés à fortes doses, ils ont un effet anti-inflammatoire, en rendant leur taille normale aux vaisseaux sanguins et en réduisant le nombre des globules blancs.

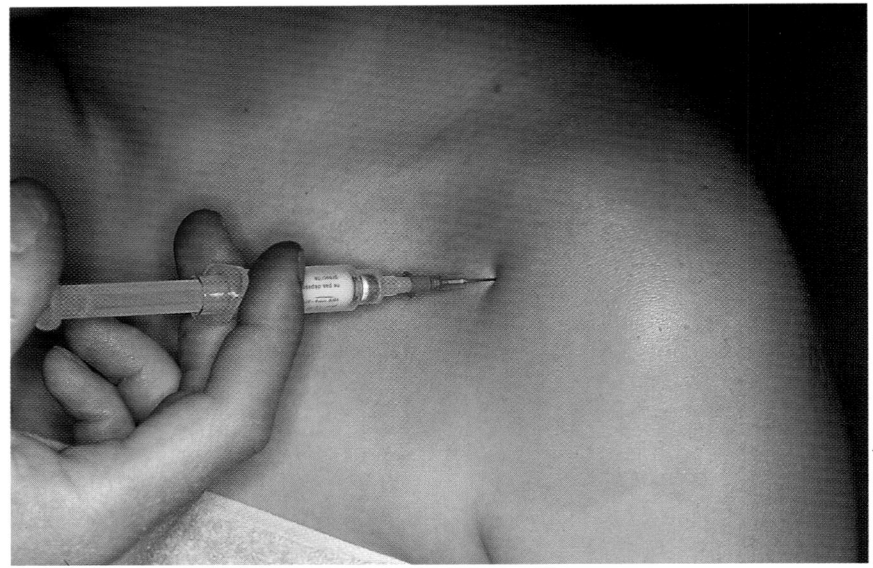

Goivaux – Rapho

Infiltration dans l'épaule. *Cette méthode est la plus efficace car les médicaments sont injectés directement dans la zone enflammée.*

LE SYNDROME DE LA COIFFE DES ROTATEURS

La coiffe des rotateurs est un ensemble de muscles et de tendons qui chapeaute l'articulation de l'épaule. Le syndrome de la coiffe des rotateurs est caractérisé par une douleur de l'épaule ressentie soit spontanément, soit lors d'un mouvement qui écarte le bras du corps.
Les lésions de la coiffe des rotateurs ont des origines multiples : tendinite, rupture de tendon ou encore calcification intratendineuse.
Une rupture totale de la coiffe entraîne parfois une incapacité partielle de l'épaule.

LE DIAGNOSTIC

Pour diagnostiquer une périarthrite de l'épaule, plusieurs examens peuvent être effectués. Une radiographie peut révéler la présence de calcifications sur les tendons de la coiffe des rotateurs, des signes d'usure des os due à des frottements répétés ou un aspect décalcifié de l'os. Lorsque la radiographie n'est pas suffisamment précise ou ne révèle rien d'anormal, on peut avoir recours à d'autres techniques telles que l'échographie, l'imagerie par résonance magnétique (IRM) ou encore l'arthrographie.

LE TRAITEMENT

Le traitement repose presque toujours, en l'absence de contre-indications (affections de l'estomac), sur la prescription d'anti-inflammatoires sous forme de pommade, d'infiltrations ou de comprimés.
La kinésithérapie peut soulager le malade. Dans certains cas, une ponction du liquide inflammatoire est parfois nécessaire. Enfin, lorsqu'un tendon est rompu, la chirurgie peut le réparer.

LES AUTRES TYPES DE PÉRIARTHRITE

La périarthrite du coude peut être liée à une inflammation des tendons s'insérant sur l'une des 2 saillies osseuses situées à l'extrémité inférieure de l'humérus (épicondyle). Elle est fréquente chez les joueurs de tennis. La périarthrite du genou a de multiples causes : présence de kystes en arrière du genou ; tendinite des muscles ; inflammation du ligament interne du genou à la suite d'une entorse. La périarthrite de la hanche est due, en général, à une tendinite des muscles fessiers ou des muscles adducteurs, fréquente chez le sportif (rugby, football). La périarthrite de la main peut être la conséquence de kystes dans la gaine des tendons (kystes synoviaux) ou provenir d'une inflammation d'un tendon et de sa gaine synoviale (ténosynovite).

Les Péricardites

Une péricardite est une inflammation du péricarde, la tunique externe qui enveloppe le cœur. Il s'agit, dans de nombreux cas, d'une affection bénigne, qui disparaît spontanément.

Le péricarde est une sorte de sac membraneux enveloppant la totalité du cœur. Cette membrane est constituée de deux structures différentes : le péricarde fibreux, situé vers l'extérieur, et le péricarde séreux, situé vers l'intérieur. Ce dernier comprend lui-même deux feuillets accolés : le plus profond adhère au myocarde (le muscle cardiaque), et le plus superficiel, séparé du précédent par une cavité virtuelle, adhère au péricarde fibreux. Il protège et facilite les mouvements de contraction et de relaxation du cœur.

Au cours d'une péricardite, c'est le péricarde séreux qui est le siège de l'inflammation. On distingue deux formes de cette affection : la péricardite aiguë et la péricardite chronique constrictive. Il existe également une troisième forme de la maladie, appelée péricardite sèche, mais elle ne constitue souvent que le premier stade d'une péricardite aiguë.

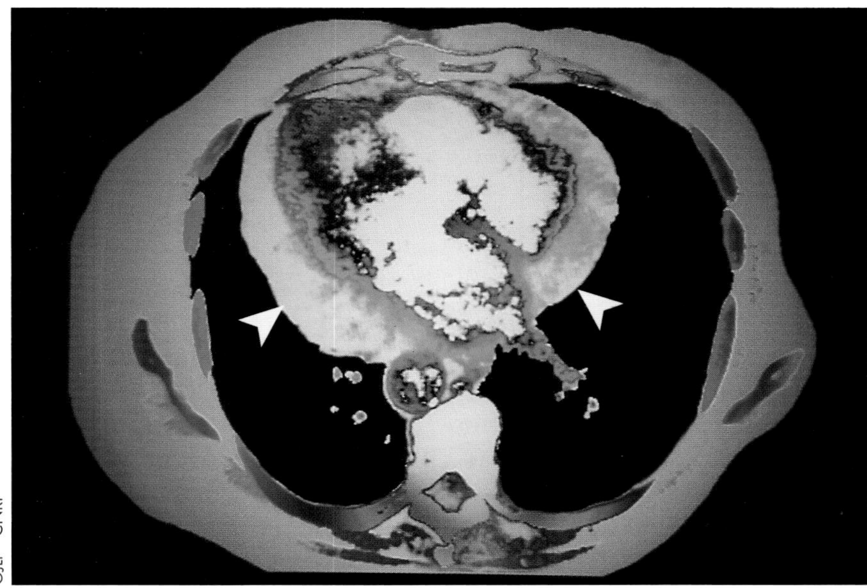
GJLP - CNRI

***La péricardite.** Sur ce scanner de la cage thoracique, les poumons apparaissent en noir et le cœur en jaune. L'épanchement de liquide (flèches) est abondant et cerne le myocarde.*

LES CAUSES

Dans de nombreux cas, on ne retrouve aucune cause véritable. Un mécanisme immunologique serait à l'origine des formes bénignes de la maladie. Les causes connues sont l'infection par un virus (dans ce cas, le liquide entre les deux feuillets est clair), par une bactérie ou par un champignon microscopique (dans ce cas, le liquide est purulent). La péricardite peut également survenir au cours d'un cancer, d'une insuffisance rénale aiguë, ou être liée à une maladie auto-immune (rhumatisme articulaire aigu, connectivites, etc.).

LA PÉRICARDITE AIGUË

Il s'agit d'une inflammation du péricarde séreux, aboutissant, le plus souvent, à l'apparition de liquide entre les deux feuillets qui le constituent.

Les symptômes. Une péricardite aiguë se traduit par une douleur thoracique, irradiant parfois vers le cou et les épaules, et qui augmente lorsque le malade inspire. Elle est souvent associée à une fièvre. Lorsque le médecin ausculte le malade, il peut entendre un bruit très particulier, qui ressemble au frottement d'un cuir neuf, rythmé par les bruits du cœur. Ce bruit est un signe caractéristique de la péricardite.

LA PÉRICARDITE SÈCHE

C'est une inflammation du péricarde qui se traduit par des symptômes cliniques identiques à ceux de la péricardite aiguë, mais qui ne s'accompagne d'aucun épanchement de liquide entre les deux feuillets du péricarde. Une péricardite sèche, qui peut survenir sans cause connue ou être d'origine virale, ne constitue souvent que le stade initial d'une péricardite aiguë avec épanchement.

Le diagnostic. L'examen clinique du patient permet de suspecter la maladie. Le diagnostic est ensuite confirmé grâce à différents examens complémentaires.

– L'électrocardiogramme peut révéler une accélération du rythme cardiaque (tachycardie) et des troubles diffus de l'une des phases de l'activation électrique du cœur, appelée la repolarisation ventriculaire.

– Les examens biologiques, réalisés en laboratoire sur un échantillon de sang (vitesse de sédimentation, numération formule sanguine), mettent en évidence l'existence d'une inflammation ou d'une infection.

– La radiographie du thorax peut révéler un élargissement du cœur lié à l'épanchement de liquide entre les deux feuillets du péricarde.

– Enfin, l'échocardiographie permet de confirmer la présence de liquide dans le péricarde, d'en préciser l'importance et d'évaluer son retentissement sur le fonctionnement du cœur.

Le traitement. En dehors du traitement de la cause (antibiotiques en cas d'infection par une bactérie, par exemple), il repose avant tout sur des médicaments. Il comprend l'administration d'aspirine, à des doses élevées (2 ou 3 grammes par jour). Un repos doit être également respecté jusqu'à la disparition des symptômes et de l'épanchement péricardique que l'on contrôle par l'échocardiographie.

LA PÉRICARDITE CONSTRICTIVE

Cette inflammation chronique du péricarde se traduit par un épaississement très important des feuillets du péricarde. Ceux-ci finissent par former une véritable gangue, parfois calcifiée, qui enserre le cœur et gêne son relâchement et son remplissage. Cette péricardite peut compliquer une péricardite aiguë, en particulier une péricardite aiguë tuberculeuse, et s'installer en quelques mois ou en quelques années.

Les symptômes. Du fait qu'elle perturbe le remplissage des cavités cardiaques, cette forme de péricardite s'accompagne de symptômes analogues à ceux de l'insuffisance cardiaque : augmentation de volume du foie, saillie des veines jugulaires (veines du cou), œdème des membres inférieurs. Ces signes traduisent l'obstacle au retour veineux. Dans un cas sur deux, la radiographie du thorax révèle un liseré opaque, qui correspond à la calcification du péricarde entourant le cœur.

Le traitement. Il est chirurgical, dès lors que le traitement médicamenteux ne permet plus de corriger les signes d'insuffisance cardiaque. L'intervention de chirurgie cardiaque, appelée décortication, est réalisée après la mise en route d'une circulation extracorporelle. Elle consiste à « peler » le péricarde pour libérer le cœur de la gangue qui l'enserre. Les résultats de cette opération sont très souvent bons. Le traitement précoce des péricardites aiguës tuberculeuses à l'aide d'antibiotiques appropriés a nettement réduit la fréquence des péricardites chroniques constrictives.

LA TAMPONNADE

C'est une complication grave des péricardites, souvent due à la présence d'un liquide abondant qui comprime les cavités cardiaques et gêne leur remplissage. Le malade se plaint d'être essoufflé, ressent un malaise général et une grande fatigue. L'examen met en évidence une chute de tension, des signes d'insuffisance cardiaque et un pouls rapide dont l'amplitude est modulée par la respiration (pouls paradoxal). L'échocardiographie confirme le diagnostic. La tamponnade nécessite une hospitalisation urgente. Le traitement consiste à évacuer rapidement le liquide par ponction du péricarde, sous anesthésie locale et sous contrôle échographique. Le plus souvent, on doit compléter ce geste par un drainage chirurgical, sous anesthésie locale ou générale.

LES PHOBIES

La phobie est la crainte angoissante d'un objet ou d'une situation qui ne présente pourtant aucun caractère dangereux. Cette crainte est d'ailleurs reconnue comme absurde et la personne qui en souffre éprouve souvent un sentiment de honte et de dévalorisation.

POUR Y VOIR PLUS CLAIR

QUELQUES MOTS À CONNAÎTRE

Psychanalyse : discipline fondée par Sigmund Freud, reposant sur l'analyse des processus inconscients.

Psychothérapeute : personne qui soigne les malades atteints de troubles psychologiques.

Conditionnement : théorie due au physiologiste russe Pavlov, selon laquelle certains comportements peuvent être associés par habitude à certains excitants, ou stimulus, de l'environnement.

P. Garo - Phanie

La phobie de l'ascenseur. *C'est la peur de se trouver dans un lieu fermé, avec la crainte de ne pouvoir en sortir.*

Parmi les phobies, il en est de très banales, comme les phobies des petits animaux (araignées, guêpes, serpents) ou la phobie du vide (c'est-à-dire le vertige), qui ne présentent finalement qu'une gêne assez modérée. Mais les phobies peuvent aussi constituer une véritable maladie, ayant parfois d'importantes répercussions sur la vie sociale, familiale et professionnelle de la personne phobique.

LES MÉCANISMES DES PHOBIES

La crainte est liée à la présence d'un objet ou à une situation. Elle disparaît lorsque cet objet ou cette situation n'est plus là. C'est la raison pour laquelle une phobie entraîne un certain nombre de comportements qui sont autant de stratagèmes pour éviter l'angoisse.

Le premier de ces stratagèmes est le mouvement de recul : l'objet de la phobie est soigneusement évité. Le deuxième stratagème consiste à se faire accompagner dans ses déplacements par une personne de confiance, censée posséder un pouvoir protecteur. Parfois, un simple objet peut être symboliquement investi de ce pouvoir (sortir avec une canne ou un chapeau, par exemple). Le troisième stratagème, plus rare, est la fuite en avant : la personne se précipite au-devant de la situation qu'elle redoute tant.

PHOBIES ET AUTRES TROUBLES

Les phobies peuvent apparaître dans d'autres maladies, comme la dépression (l'apparition de phobies après 40 ans évoque cette maladie) ou la schizophrénie. Dans le cas de la

LES COMPLICATIONS

Elles sont relativement fréquentes. Une aggravation des troubles phobiques peut intervenir, au point que tous les objets rencontrés et toutes les situations vécues au quotidien suscitent de l'angoisse chez l'individu. Deux complications apparaissent assez souvent : la dépression et l'alcoolisme. L'alcool est en effet souvent utilisé comme remède, car le malade lui prête des vertus propres à combattre l'anxiété (propriétés anxiolytiques) et à surmonter la timidité. Lorsque la dépendance s'installe, l'alcoolisme accentue le trouble phobique.

schizophrénie, les phobies s'accompagnent d'idées délirantes : par exemple, la personne a peur de la foule, parce qu'elle croit qu'on parle d'elle derrière son dos.

LE TRAITEMENT

Trois types de phobies existent : la phobie simple, l'agoraphobie et la phobie sociale.

La phobie simple. Il s'agit d'une phobie isolée, qui peut être banale et fréquente (peur d'un animal, de la maladie, de la vue du sang). Le degré d'angoisse et le détour pour éviter une situation peuvent être à l'origine d'un réel handicap.

Le traitement efficace de la phobie simple s'appuie sur la thérapie comportementale : aidée par un thérapeute, la personne phobique est exposée progressivement à la situation qu'elle redoute tant. Dans ce cas précis, les médicaments ne semblent pas utiles.

L'agoraphobie. Il s'agit des phobies de lieu et de situation, de la foule, des magasins, des moyens de transport : c'est la crainte de se trouver dans ces endroits, sans avoir la possibilité de s'en échapper. Plusieurs de ces phobies sont souvent associées ; dans un cas sur deux, elles sont apparues après une attaque de panique. Ce trouble est plus fréquent chez la femme (dans deux tiers des cas) et débute le plus souvent chez l'adulte jeune, entre 18 et 35 ans.

L'hypothèse d'une origine biologique, avec une prédisposition génétique associée à des événements douloureux déclenchant ce trouble, est actuellement retenue.

Une prise en charge médicale précoce et spécialisée est nécessaire, d'autant que ce trouble est invalidant et connaît souvent des complications. Elle comprend la prescription de médicaments antidépresseurs (parfois avec des anxiolytiques), ainsi qu'une psychothérapie – la technique la plus efficace étant, comme pour la phobie simple, la psychothérapie comportementale.

Les phobies sociales. Il s'agit de la peur de situations dans lesquelles la personne doit faire face au regard attentif des autres : parler en public, manger en présence d'autrui, etc. On estime que de 1 à 10 % de personnes souffrent ou ont souffert de ces phobies sociales. Cette crainte est très invalidante et le handicap social est important : ainsi, un grand nombre de célibataires ont exprimé ce type de phobie.

La prise en charge associe des médicaments (antidépresseurs) et une psychothérapie. Les thérapies comportementales sont également les plus efficaces pour traiter ce genre de phobie. Toutefois, d'autres psychothérapies d'inspiration psychanalytique peuvent aussi apporter une aide au malade.

La mygale. *La crainte du contact avec une mygale n'est pas une phobie. Toute personne normale doit la ressentir.*

Goetgheluck - Cosmos

LES CAUSES DES PHOBIES

L'hypothèse d'une origine psychologique des phobies, retenue par Freud, est aujourd'hui remise en cause par la psychiatrie anglo-saxonne. Certaines phobies seraient provoquées par des crises d'angoisse d'origine biologique. La phobie serait ensuite liée à l'appréhension de nouvelles crises, à la crainte des situations dans lesquelles la crise est déjà arrivée. L'explication psychologique reste néanmoins valable pour les phobies relationnelles.

LES PLEURÉSIES

Les pleurésies sont des inflammations aiguës ou chroniques de la plèvre, la fine membrane qui enveloppe les poumons. Il s'agit d'affections souvent douloureuses, qui tendent à récidiver.

On distingue différents types de pleurésie, selon que l'inflammation s'associe ou non à un épanchement de liquide dans la cavité située entre les deux feuillets de la plèvre (cavité pleurale), et selon la quantité et la composition de ce liquide. La quantité de liquide est très variable, et va de l'absence totale (pleurésie sèche, dite pleurite) à l'épanchement localisé (par exemple, entre un poumon et le diaphragme) ou au contraire diffus, voire touchant les deux poumons. Par ailleurs, le liquide peut être translucide, couleur jaune paille (pleurésie sérofibrineuse, la plus fréquente), trouble et purulent (pleurésie infectieuse), teinté de sang (hémothorax caractéristique d'une pleurésie découlant d'un traumatisme), ou encore associé à de l'air ou du gaz (hydropneumothorax).

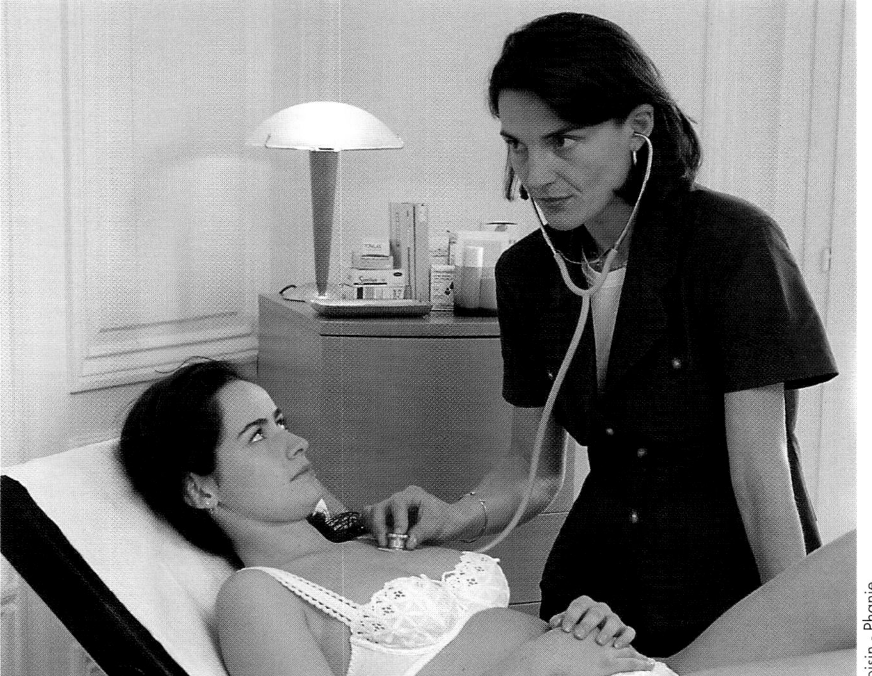

L'examen clinique. L'auscultation permet de déceler différents signes caractéristiques de la pleurésie, qui sera confirmée par une radiographie du thorax.

Voisin - Phanie

LES CAUSES

Les pleurésies trouvent le plus souvent leur origine dans une infection bactérienne ou virale, une tuberculose, une insuffisance cardiaque, hépatique ou rénale, un cancer provenant soit de la plèvre (mésothéliome), soit d'un autre endroit du corps, ou une embolie pulmonaire. Dans environ 10 % des cas, les examens ne sont pas en mesure de déceler l'origine de la maladie.

DES SYMPTÔMES SOUVENT TROMPEURS

En cas de pleurésie, les symptômes ressentis par le malade sont souvent flous : fièvre peu importante, fatigue d'installation progressive, perte d'appétit. Certains signes laissent soupçonner que l'affection siège dans la poitrine : essoufflement, douleur sur le côté coupant la respiration, toux sèche survenant lorsque le patient change de position. En revanche, l'examen clinique révèle différents signes assez caractéristiques de la pleurésie : poitrine anormalement immobile, rendant à la percussion un son mat et sourd, respiration presque inaudible au stéthoscope.

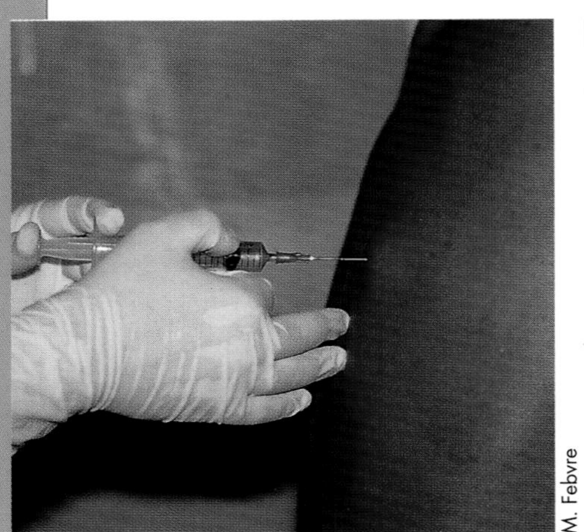

***La ponction pleurale.** Elle consiste à recueillir le liquide pour l'analyser en laboratoire.*

LES SYMPTÔMES

L'inflammation de la plèvre entraîne une douleur, souvent très vive, dans un côté de la poitrine, qui augmente lorsque le patient bouge et respire. Parfois, la pleurésie se traduit par une toux ou un essoufflement de plus en plus importants ou par une fatigue progressive. À ces symptômes s'ajoute une fièvre si la pleurésie est d'origine infectieuse.

LE DIAGNOSTIC

Il repose sur l'examen clinique et la radiographie des poumons. Il est confirmé par l'examen du liquide pleural, ponctionné entre les feuillets de la plèvre à l'aide d'une aiguille, et, dans de nombreux cas, par l'examen d'un fragment du tissu pleural (biopsie). Ce prélèvement, réalisé à l'aide d'une aiguille spéciale, est normalement indolore. Le diagnostic peut nécessiter également un scanner du thorax et une bronchoscopie. Dans les cas où le diagnostic demeure incertain, il peut être utile de recourir à la thoracoscopie, observation de la plèvre à l'aide d'un endoscope (tube rigide muni d'un système optique) que l'on glisse entre les feuillets de la plèvre préalablement décollés par de l'air. Réalisé sous anesthésie locale ou générale, cet examen nécessite une hospitalisation de 1 à 3 jours.

LE TRAITEMENT

La maladie peut régresser spontanément. Toutefois, le plus souvent, et surtout quand la gêne respiratoire devient insupportable, il est nécessaire d'éliminer le liquide contenu entre les feuillets de la plèvre par une ponction pleurale. Celle-ci est réalisée à l'aide d'une grosse aiguille ou d'un drain (sorte de tuyau) que l'on introduit entre deux côtes, après incision de la peau. Selon le cas, on laisse alors le liquide s'écouler de lui-même ou on en pratique l'aspiration.

Par ailleurs, le traitement est celui de la cause : antibiotiques contre une infection, médicaments antituberculeux contre la tuberculose, traitement de l'insuffisance cardiaque, hépatique ou rénale, traitement anticancéreux en cas de cancer de la plèvre, traitement anticoagulant en cas d'embolie.

En cas d'hémothorax, le sang est évacué avec le drain introduit dans la cavité pleurale. Sans ce traitement, un hématome risquerait de se former.

En cas de présence de liquide purulent dans la cavité pleurale (pyothorax), le pus est évacué par un gros drain souvent longuement laissé en place. Le traitement est complété par des médicaments antibiotiques administrés par perfusion et par des séances de kinésithérapie respiratoire.

Lorsque la pleurésie récidive et nécessite de fréquentes ponctions, un accolement définitif des deux feuillets de la plèvre (symphyse pleurale) peut être réalisé. Cette intervention est le plus souvent pratiquée lors d'une pleuroscopie. Elle permet, dans la majorité des cas (80 à 90 %), d'éviter le renouvellement de l'épanchement.

LA PONCTION PLEURALE

Une ponction pleurale consiste à recueillir le liquide contenu dans la cavité pleurale. Cette technique est très utile pour confirmer un diagnostic de pleurésie et pour en préciser la cause, grâce à l'analyse en laboratoire du liquide ponctionné. Elle se pratique sous anesthésie locale, le malade étant assis le plus confortablement possible. Pour recueillir le liquide, on pique entre deux côtes, en général dans le dos, à mi-hauteur. Cependant, l'endroit de la ponction peut varier en fonction des résultats des examens cliniques et radiologiques, qui ont permis de localiser la zone où l'épanchement est le plus abondant. Cette intervention indolore dure de dix à quinze minutes.

La Pneumonie

La pneumonie est une infection des poumons provoquée le plus souvent par une bactérie, le pneumocoque. Il s'agit d'une affection répandue, surtout chez les jeunes enfants et les vieillards. On la traite par administration d'antibiotiques.

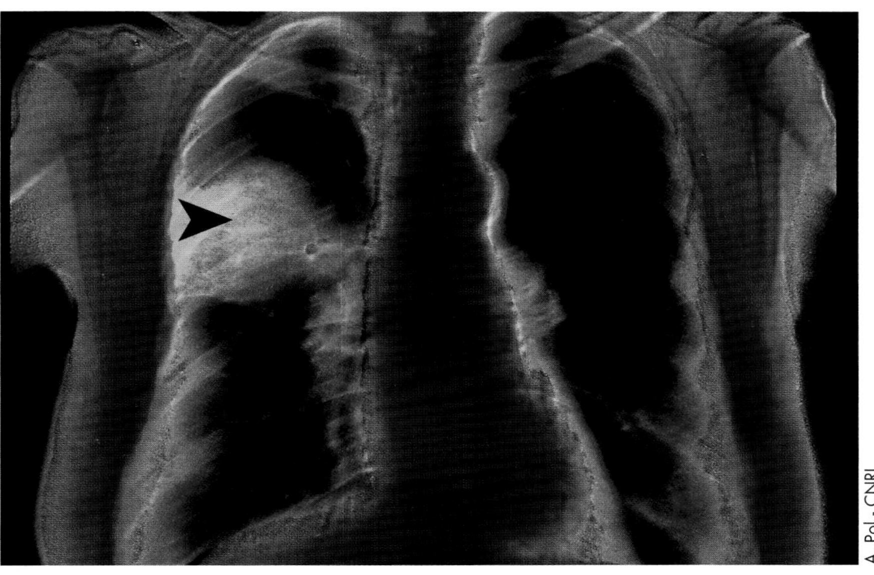

***La pneumonie.** Cette radiographie du thorax montre une opacité dans la partie supérieure du poumon droit, révélant un foyer infectieux.*

LES ANTIBIOTIQUES FATIGUENT-ILS ?

De nombreux patients se plaignent d'être fatigués lorsqu'ils suivent un traitement antibiotique. Mais rien ne permet de prouver que ce sentiment soit exact : la prise d'antibiotiques en l'absence de maladie (prévention, prophylaxie) ne pose jamais de problème de fatigue. En revanche, les maladies infectieuses sont source d'une fatigue parfois intense pour l'organisme. Celui-ci doit en effet lutter par tous les moyens dont il dispose contre cette agression. Cela justifie que la prescription d'antibiotiques soit associée à la prescription de repos, permettant ainsi d'assurer une guérison plus rapide.

La pneumonie est la plus fréquente des infections pulmonaires. Elle touche principalement les jeunes enfants, les personnes âgées et celles dont le système de protection naturelle contre les maladies est affaibli, quelle qu'en soit la raison (diabète, maladie cardiaque ou pulmonaire, tabagisme, etc.). Le terme de pneumonie désigne le plus souvent, en pratique, l'infection du poumon par une bactérie, le pneumocoque.

La pneumonie guérit généralement en quelques jours. Cependant, elle peut mettre en jeu la vie du patient lorsqu'elle touche des personnes âgées ou très fragiles, surtout quand elle s'accompagne d'autres affections (diabète, insuffisance respiratoire, etc.).

LES SYMPTÔMES

La pneumonie peut être précédée d'une angine ou d'un simple rhume. Elle se traduit par une inflammation des alvéoles pulmonaires (alvéolite) et par leur obturation par des sécrétions infectées. Cette inflammation traduit la lutte de l'organisme contre les bactéries (pneumocoques) qui cherchent à se développer dans les alvéoles pulmonaires. En diminuant l'efficacité des échanges gazeux entre le sang et les poumons, elle peut provoquer des troubles respiratoires (essoufflement à l'effort et toux sèche). En outre, le malade présente une fièvre élevée (entre 39 et 40 °C), frissonne, souffre de douleurs importantes dans

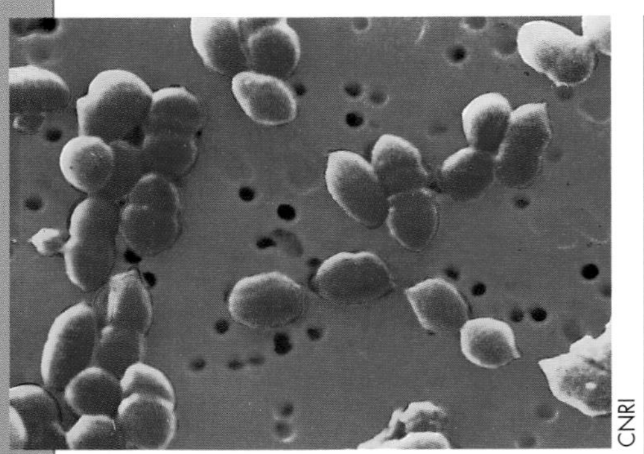

CNRI

***Les pneumocoques.** Ce sont les bactéries responsables de la pneumonie.*

LA RÉSISTANCE DU PNEUMOCOQUE AUX TRAITEMENTS

Le pneumocoque est une bactérie responsable de pneumonies, mais aussi de pleurésies, de méningites, et de diverses infections (angines, rhinopharyngites, otites). Ces maladies, très fréquentes chez les enfants, sont souvent traitées par administration d'antibiotiques de la famille de la pénicilline. Le pneumocoque est un germe fragile, qui était à l'origine très sensible à cette famille d'antibiotiques. Mais à force d'utilisations pas toujours très adaptées, la bactérie a acquis une résistance à ces médicaments, ce qui les rend parfois moins efficaces. Cette résistance pose des problèmes variables selon l'affection traitée.

le thorax, augmentées par la toux, et d'une grande fatigue. Il rejette des crachats sales, parfois rouge-marron. Sa respiration et ses battements cardiaques s'accélèrent.

LES EXAMENS

Le diagnostic est parfois délicat, différentes affections se traduisant par des symptômes similaires à ceux de la pneumonie : maladies pulmonaires liées à l'infection par d'autres bactéries que le pneumocoque, par un virus ou un parasite, tuberculose, ou tumeur des bronches.

L'examen clinique. La pneumonie est suspectée par le médecin lors de l'interrogatoire du patient et lors de l'examen clinique (perception de râles crépitants localisés et augmentation des vibrations que transmettent les poumons quand le malade répète « 33 »).

La radiographie des poumons. Elle révèle l'image du foyer infectieux sous forme d'une opacité (tache blanche).

Les examens de sang. L'analyse d'un échantillon de sang (hémoculture) met en évidence la présence du pneumocoque ; deux ou trois hémocultures sont réalisées afin de s'assurer du diagnostic. Celui-ci est habituellement complété par la mesure du taux dans le sang de certains globules blancs, les polynucléaires : celui-ci est souvent élevé dans ce type d'infection.

On prescrit également volontiers une mesure des gaz du sang pour préciser la gravité de cette infection, qui provoque parfois une insuffisance respiratoire aiguë, surtout chez les personnes fragiles (très jeunes enfants, grands vieillards, bronchiteux chroniques, insuffisants cardiaques ou respiratoires, etc.).

La bronchoscopie. Lorsque le patient est un grand fumeur, ces examens sont complétés par une bronchoscopie, qui permet d'observer la trachée et les bronches et d'exclure l'éventualité d'une tumeur. Cet examen peut également être pratiqué précocement, dans les formes graves, pour réaliser des prélèvements dans lesquels sera recherchée la bactérie.

LE TRAITEMENT

La pneumonie est traitée, durant les premiers jours de la maladie, par un antibiotique particulièrement efficace contre les bactéries (pneumocoques), la pénicilline. Celui-ci est administré sous forme d'injections intramusculaires ou intraveineuses à fortes doses, pour obtenir des concentrations élevées dans le sang. Puis, après quelques jours de ce traitement, le patient prend pendant environ deux semaines ses médicaments antibiotiques sous forme de comprimés ou de gélules. En cas d'allergie à la pénicilline, d'autres antibiotiques (souvent des macrolides) peuvent être prescrits.

En règle générale, la fièvre disparaît en 24 ou 48 heures, et la guérison intervient en quelques jours. Des taches blanches peuvent cependant persister encore quelques semaines sur un cliché radiologique. Cela ne signifie nullement que la pneumonie n'est pas guérie, mais nécessite une surveillance radiologique jusqu'à leur disparition totale.

LE PNEUMOTHORAX

Un pneumothorax correspond à la présence anormale d'air entre les deux feuillets de la plèvre, membrane qui entoure les poumons. Lorsqu'elle récidive, cette affection douloureuse peut être traitée définitivement par l'accolement des deux feuillets.

La plèvre est une membrane très fine, constituée de deux feuillets : la plèvre viscérale, qui recouvre la totalité de chaque poumon, et la plèvre pariétale, qui tapisse la paroi du thorax. Ces deux feuillets délimitent entre eux un minuscule espace, la cavité pleurale; le glissement des feuillets l'un contre l'autre facilite les mouvements respiratoires. Dans certains cas, et parfois sans que la cause puisse en être déterminée, de l'air s'introduit entre les deux feuillets, ce qui les décolle et repousse le poumon : c'est le pneumothorax. Ce décollement peut être diffus ou localisé, et toucher un seul ou, exceptionnellement, les deux poumons.

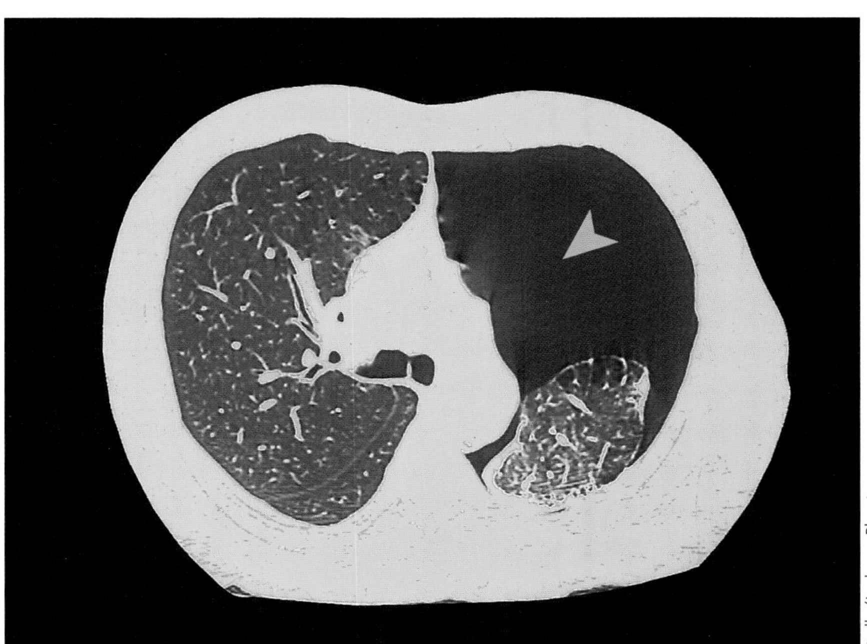

Airelle/Joubert - Phanie

***Le pneumothorax.** Ce scanner du thorax permet de mettre en évidence la présence d'air (flèche), ici dans la cavité pleurale gauche. Le poumon gauche est comprimé par le pneumothorax.*

L'HÉMOPNEUMOTHORAX

C'est la présence simultanée d'air et de sang entre les deux feuillets de la plèvre. Il fait suite à un traumatisme ou à la rupture spontanée d'un vaisseau sanguin. Il touche rarement les deux poumons à la fois et se traduit par une gêne respiratoire aiguë ou une défaillance aiguë de la circulation sanguine (état de choc). Le traitement consiste en un drainage de la cavité pleurale et, si la brèche n'est pas colmatée lors du drainage, en une suture chirurgicale de celle-ci.

LES SYMPTÔMES

Un pneumothorax se traduit par une brusque douleur en coup de poignard du côté du poumon atteint, par une gêne respiratoire, voire par une véritable suffocation. Parfois, les symptômes sont limités à un simple essoufflement. Leur apparition peut être favorisée par l'effort.

LES CAUSES

Un pneumothorax peut avoir ou non une cause connue.

Le pneumothorax de cause inconnue. Appelé pneumothorax idiopathique, il touche les personnes de 20 à 40 ans. Des petites bulles d'air situées dans le poumon, à sa périphérie, se rompent brutalement dans la cavité pleurale, provoquant le pneumothorax.

Le pneumothorax de cause connue. De l'air pénètre dans la cavité pleurale à la suite d'une maladie pulmonaire : emphysème (les alvéoles pulmonaires se distendent), épaississement des tissus du poumon (fibrose pulmonaire), asthme. Le pneumothorax peut aussi survenir à la suite d'une ponction, d'une plaie profonde de la poitrine ou de la fracture d'une côte.

Le pneumothorax peut se compliquer d'un épanchement, dans la cavité pleurale, de liquide (hydropneumothorax) ou de sang (hémopneumothorax).

LE DIAGNOSTIC

Lorsque le médecin examine le malade, il constate que son thorax est peu mobile lors des mouvements respiratoires, sonore quand il le percute et silencieux quand il l'ausculte à l'aide d'un stéthoscope. Outre l'examen clinique, le diagnostic repose sur la radiographie du thorax, qui montre que le poumon est séparé de la paroi par un espace vide. La radiographie permet en outre d'estimer le volume du pneumothorax, donc d'orienter le traitement.

L'HYDROPNEUMOTHORAX

C'est la présence simultanée d'air (pneumothorax) et de liquide (pleurésie) entre les deux feuillets de la plèvre. Il est souvent dû à un traumatisme, parfois à une infection. Il est visible à l'examen radiologique sous la forme d'une opacité, située dans la région inférieure du poumon et surmontée d'une zone anormalement claire entre la paroi extérieure et le poumon, qui est rétracté. Le traitement consiste généralement en un drainage de la cavité pleurale, à l'aide d'un drain mis en place entre deux côtes, associé à la prise d'antibiotiques.

LE TRAITEMENT

En cas de pneumothorax sans cause connue et entraînant une gêne respiratoire modérée, le traitement consiste en un simple repos au lit. L'air se résorbe spontanément, le poumon reprenant sa place en une ou deux semaines. Dans le cas contraire (gêne respiratoire importante), on pratique un drainage de l'air : une aiguille ou un tuyau sont introduits entre deux côtes et reliés à un appareil aspirateur.

La symphyse pleurale. En cas de récidive, ou dans certains cas très précis (pneumothorax atteignant les deux poumons, présence de bulles d'air volumineuses dans les poumons, impératifs socioprofessionnels comme pour les aviateurs ou pour les musiciens jouant d'un instrument à vent), on pratique une symphyse pleurale. Le principe de cette intervention est d'accoler définitivement les deux feuillets de la plèvre. La symphyse pleurale, effectuée par chirurgie classique ou par endoscopie, nécessite une hospitalisation de 4 à 8 jours. Elle peut être réalisée selon trois techniques différentes :

LE PNEUMOTHORAX PEUT-IL RÉCIDIVER ?

Il est difficile de prévoir si un pneumothorax sans cause déterminée va récidiver. Une récidive survient généralement dans 30 à 40 % des cas dans les semaines qui suivent un pneumothorax. Un patient chez lequel un pneumothorax a récidivé présente ensuite un risque plus élevé de nouvelle récidive. C'est pourquoi on propose généralement un traitement radical (symphyse pleurale), après la première ou la deuxième récidive si c'est toujours le même poumon qui est atteint, et dès la première si le pneumothorax touche l'autre poumon. Les pneumothorax de cause connue ne récidivent pas, sauf lorsqu'ils sont dus à une maladie pulmonaire persistante.

– L'avivement. Les tissus situés autour de la plèvre sont abrasés avec une éponge spéciale.
– La pleurectomie. On pratique l'ablation d'une partie de la plèvre pariétale.
– Le talcage. Du talc est déposé entre les feuillets.

Le suivi médical. Une fois que le patient est guéri, il est habituellement soumis à un scanner du thorax afin de vérifier s'il est ou non atteint d'emphysème, affection diffuse des poumons caractérisée par une distension et par la rupture des alvéoles pulmonaires. Il est également courant de le soumettre à un test respiratoire pour apprécier le retentissement de cet éventuel emphysème.

La Poliomyélite

Cette maladie est due à un virus, le poliovirus, qui ne provoque généralement qu'une infection bénigne, mais peut, dans les cas les plus graves, atteindre le système nerveux et entraîner des paralysies irréversibles.

La poliomyélite touche principalement les enfants, d'où son autre nom de paralysie infantile.

CAUSES ET FRÉQUENCE

Le virus de la poliomyélite, appelé poliovirus, se trouve dans les selles des personnes infectées. La maladie se transmet donc par l'ingestion d'aliments et d'eau souillés ou par l'intermédiaire de mains sales. La poliomyélite, autrefois très fréquente, est devenue tout à fait exceptionnelle dans les pays occidentaux, grâce à la vaccination. Toutefois, les personnes non ou mal vaccinées (oubli des rappels) peuvent contracter le virus au cours d'un voyage dans un pays où le niveau d'hygiène et de salubrité est faible (pays en voie de développement).

C. Sappa – Rapho

***Eaux contaminées.** Le virus responsable de la poliomyélite peut contaminer les marigots par l'intermédiaire des excréments humains émis à proximité de ces points d'eau. La maladie se transmet alors au cours des activités pratiquées dans ces lieux, comme la lessive.*

LES SYMPTÔMES

En l'absence de vaccination, la poliomyélite peut provoquer des troubles plus ou moins graves. Les formes peu graves de la maladie sont les plus fréquentes. Environ 85 % des enfants infectés par le virus ne présentent aucun symptôme.

Dans d'autres cas, après une période d'incubation de 3 à 5 jours, les malades souffrent de fièvre, d'une inflammation de la gorge, de maux de tête ainsi que de vomissements. Puis, au bout de quelques jours, la plupart d'entre eux guérissent.

Néanmoins, il faut redouter l'apparition des symptômes de la méningite : fièvre élevée, maux de tête insupportables, nuque raide, douleurs musculaires parfois accompagnées de courbatures, rétention d'urines.

LES SÉQUELLES : LES PARALYSIES

Dans un second temps, la maladie est caractérisée par la survenue de paralysies. Leur répartition corporelle est irrégulière et asymétrique. Elles touchent généralement les membres – les bras et/ou les jambes –, parfois les muscles abdominaux. Dans les cas les plus graves, mais aussi les plus rares, elles peuvent s'étendre aux muscles de la respiration et de la déglutition.

Les paralysies régressent plus ou moins complètement, mais, le plus souvent, la récupération

est partielle et très variable d'un individu à l'autre. Cette période de régression débute 15 jours après l'apparition des troubles et peut durer jusqu'à 2 ans.
Les paralysies sont les séquelles musculaires de la maladie que l'on redoute le plus. Elles font toute la gravité de la poliomyélite, notamment chez l'enfant en période de croissance. L'atrophie et le raccourcissement (rétractation) des muscles, le défaut de croissance d'un ou de plusieurs membres nécessitent souvent, au cours des années suivantes, des interventions chirurgicales orthopédiques des membres atteints ou de la colonne vertébrale en cas de déformation (cyphoscoliose).

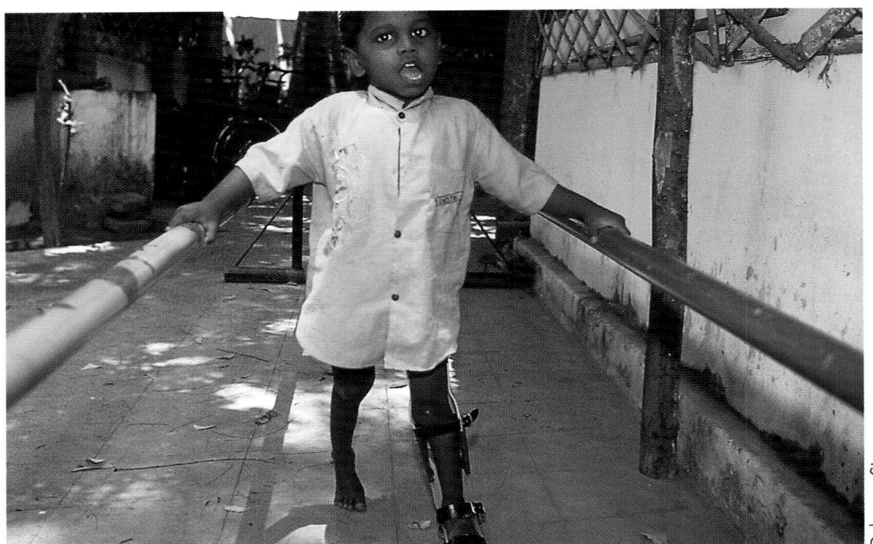

Delage – Sipa

Enfant atteint de poliomyélite et appareillé, à Pondichéry, en Inde. *Dans les pays en voie de développement, les prothèses orthopédiques sont généralement rudimentaires.*

LA PRÉVENTION

La prévention repose sur la vaccination, obligatoire dans de nombreux pays.
Elle consiste en :
– 3 injections au cours de la première année de vie (à 2, 3 et 4 mois) ;
– un rappel l'année suivante (à 15 ou 18 mois) ;
– un rappel tous les 5 ans jusqu'à la majorité de l'enfant (vers 5 ou 6 ans puis 11 à 13 ans et 16 à 21 ans) ;
– au-delà, les rappels sont nécessaires tous les 10 ans.
Pour bien protéger, la vaccination doit être complète.
Dans les pays où la maladie a quasiment disparu grâce à la vaccination, l'immunité des enfants et des adultes doit être entretenue par des rappels réguliers du vaccin.
Il existe deux types de vaccin, l'un oral, l'autre injectable. Le vaccin oral peut être complété par le vaccin injectable, mais non l'inverse.

LE DIAGNOSTIC ET LE TRAITEMENT

Le diagnostic est confirmé en isolant le virus à partir d'un échantillon de liquide céphalorachidien (prélevé par ponction lombaire) ou par l'examen des selles (coproculture).
La maladie ne bénéficie pas de traitement efficace. Lorsque le patient ne souffre pas de paralysie, le médecin lui prescrit du repos et des médicaments contre la douleur (antalgiques). Lorsqu'il y a paralysie, des soins de kinésithérapie doivent aussitôt être entrepris pour limiter les lésions et les rétractations des muscles. Ce traitement doit impérativement être maintenu pendant toute la convalescence pour conserver aux muscles leur meilleur fonctionnement.

LE PRONOSTIC

Le pronostic dépend de l'apparition ou non de paralysies. Ainsi, dans les cas de poliomyélite sans paralysie, la guérison est définitive. En revanche, lorsque des paralysies sont présentes, celles-ci régressent plus ou moins complètement. La récupération de toutes les capacités de mouvement du malade peut prendre jusqu'à 2 ans. Après ce délai, il n'y a généralement plus d'évolution. Ces séquelles sont de degré très variable. Dans les formes étendues avec atteinte respiratoire, laquelle nécessite une assistance respiratoire en service de réanimation, les séquelles paralytiques sont souvent lourdes.

La Polyarthrite Rhumatoïde

Cette maladie inflammatoire touche essentiellement les articulations des extrémités : doigts, poignets, orteils et chevilles. L'inflammation est douloureuse et provoque, à la longue, une déformation caractéristique des articulations.

Au cours de cette maladie, l'organisme produit des anticorps dirigés contre ses propres tissus (maladie auto-immune) : la fine membrane (synoviale) qui tapisse les articulations s'enflamme et le liquide lubrifiant qu'elle sécrète devient très abondant.

LES SYMPTÔMES

Les articulations enflammées deviennent gonflées, chaudes, raides et douloureuses. La polyarthrite rhumatoïde se manifeste généralement par poussées espacées, d'une importance variable, frappant une ou plusieurs articulations.

Ces signes articulaires sont isolés : le malade ne maigrit pas, n'a pas de fièvre ; dans un premier temps, aucun autre organe n'est atteint. La douleur varie au cours de la journée : elle est forte au petit matin, se dissipe au cours de la matinée, pour réapparaître dans la soirée.

La maladie affecte surtout les articulations de la main, du poignet, du pied et de la cheville, mais d'autres articulations, comme celles des hanches, des genoux, des épaules et des coudes, peuvent être touchées.

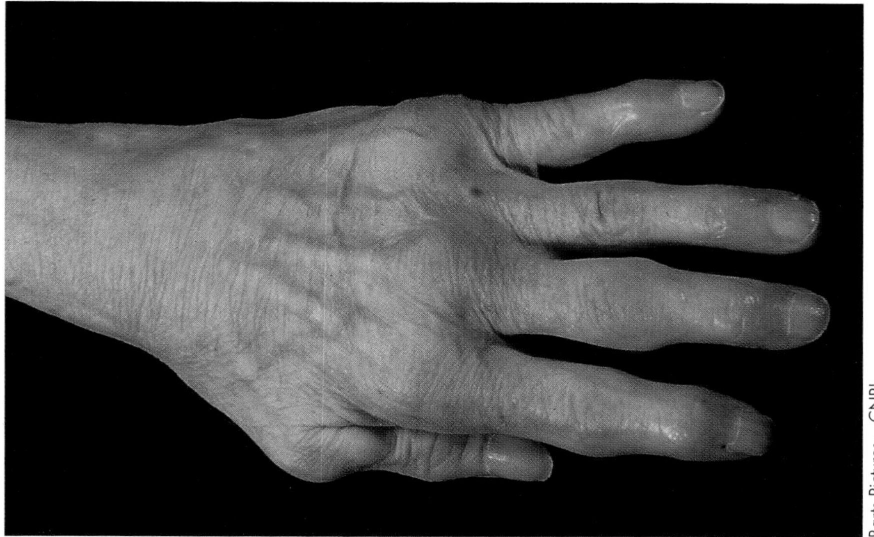

Main d'une personne atteinte de polyarthrite rhumatoïde.
Les articulations des doigts sont gonflées et déformées en flexion.

Barts Pictures – CNRI

UNE MALADIE FRÉQUENTE

La polyarthrite rhumatoïde est une maladie fréquente : elle touche 1 % de la population. Elle est à prédominance nettement féminine : 3 malades sur 4 sont des femmes. Cette affection qui touche les articulations débute le plus souvent à l'âge adulte, entre 40 et 60 ans, sans que l'on sache pourquoi.

Les articulations malades sont souvent déformées. Certaines déformations sont caractéristiques de la maladie : doigts et orteils « en coup de vent » (comme emportés par un coup de vent sur le côté), dos de la main « en dos de chameau », « pouce en Z », etc.

Après quelques années d'évolution, d'autres tissus proches de l'articulation malade peuvent être atteints par l'inflammation : les ligaments, les tendons mais aussi la peau (apparition de nodules sous-cutanés).

Les symptômes sont très invalidants et particulièrement fatigants pour le malade.

LE DIAGNOSTIC

Le diagnostic s'appuie sur plusieurs données. L'interrogatoire et l'examen du patient permettent d'établir l'existence de troubles articulaires, par exemple le gonflement des articulations des doigts pendant 6 semaines au moins.

LA SYNOVIORTHÈSE

La synoviorthèse consiste à injecter dans l'articulation une substance qui détruit la membrane synoviale atteinte lorsque celle-ci représente un danger pour les cartilages, les os et les ligaments voisins.
Après le traitement, l'articulation peut rester transitoirement douloureuse et doit être laissée au repos pendant quelques jours.

Par ailleurs, des tests sanguins permettent, dans certains cas et après plusieurs mois d'évolution, de révéler la présence d'éléments caractéristiques de la maladie, appelés facteurs rhumatoïdes (test au latex, réaction de Waaler-Rose).
Les dosages sanguins montrent aussi des signes inflammatoires, notamment par l'accélération de la vitesse de sédimentation (VS). Les radiographies sont, quant à elles, peu utiles au début de la maladie ; ensuite, elles aident à en suivre l'évolution.

LES TRAITEMENTS

Les traitements agissent à plusieurs niveaux. Le premier objectif est de lutter contre la douleur et la raideur liées à l'inflammation. Pour cela, on utilise des médicaments comme l'aspirine ou les anti-inflammatoires non stéroïdiens. La prise de ces anti-inflammatoires est souvent plus efficace le soir, au coucher, le plus tard possible.
Dans les formes durables ou graves, le traitement de fond repose sur des antirhumatismaux (sels d'or, thiopronine, chloroquine, salazopyrine, méthotrexate). Les médicaments qui diminuent l'activité du système immunitaire (immunodépresseurs) atténuent l'attaque des tissus articulaires par le propre système immunitaire du malade, ce qui freine l'évolution de la maladie. Tous ces médicaments comportent une certaine toxicité, leur emploi nécessite donc une surveillance régulière du malade (examens répétés de sang et d'urine).
Des corticostéroïdes peuvent être injectés à l'intérieur de l'articulation afin de réduire la douleur, de limiter l'impact de la membrane synoviale sur le reste de l'articulation, et de prévenir l'apparition des déformations.
En dernier recours, en cas d'atteinte importante d'une hanche ou d'un genou, on peut faire appel à la chirurgie : ablation de la membrane synoviale ou, si l'atteinte est très sérieuse, pose d'une prothèse (arthroplastie) pour remplacer l'articulation détruite.
La majorité des patients atteints de polyarthrite rhumatoïde doivent prendre des médicaments toute leur vie.
Un traitement bien adapté, bien suivi et régulièrement surveillé apporte généralement une amélioration considérable. Le malade retrouve, la plupart du temps, une vie familiale et professionnelle à peu près normale.

LES COMPLICATIONS

Dans la quasi-totalité des cas, cette maladie touche uniquement les articulations. Néanmoins, elle peut entraîner, à la longue, certaines complications. Une sécheresse de la bouche et des yeux (syndrome de Gougerot-Sjögren) survient fréquemment. La polyarthrite rhumatoïde peut, dans les cas sévères, atteindre les organes profonds (cœur, poumons, etc.), entraînant des maladies souvent graves (péricardite, pleurésie, fibrose pulmonaire, augmentation du volume de la rate ou des ganglions lymphatiques, artérite inflammatoire).

LA PHYSIOTHÉRAPIE ET L'ERGOTHÉRAPIE

La physiothérapie est une technique de rééducation qui utilise des substances naturelles telles que l'eau (cures thermales, balnéothérapie), la boue (fangothérapie), la chaleur, l'électricité ou encore les ultrasons. Vivement conseillée dans les maladies des articulations inflammatoires, elle permet d'atténuer les douleurs, de prévenir ou de diminuer une raideur articulaire, de restaurer la force musculaire autour d'une articulation.
L'ergothérapie est efficace pour prévenir l'apparition des déformations caractéristiques de la maladie. Elle vise à conseiller le malade sur les gestes à faire et à ne pas faire. Dans un cas de fort handicap, elle parvient à faciliter la vie quotidienne du patient sans nuire aux articulations souffrantes.

LA PRESBYTIE

La presbytie est une diminution progressive du pouvoir qu'a l'œil de faire une mise au point nette des images en fonction de la distance. Liée à l'âge, elle se traduit par une difficulté croissante à voir de près.

La presbytie est un processus naturel, qui atteint tout le monde à partir de la quarantaine. Elle devient perceptible aux alentours de l'âge de 45 ans, même si toutes les personnes ne sont pas gênées au même moment ni de la même manière. Il n'existe, jusqu'à présent, aucun moyen d'éviter l'apparition de la presbytie, mais on corrige parfaitement, en portant des lunettes appropriées, le défaut de vision qu'elle entraîne.

POURQUOI DEVIENT-ON PRESBYTE ?

Dans l'œil, c'est une partie appelée cristallin qui est chargée de faire la mise au point, ou accommodation : celle-ci nous permet de voir aussi bien de loin que de près. Le cristallin consiste en une lentille transparente de 1 centimètre de diamètre, formée de fibres élastiques, qui se trouve derrière l'iris ; plus on regarde un objet proche, plus le cristallin, pour adapter l'œil à la vision de près, se déforme, devenant plus sphérique. Mais, avec le temps, le cristallin perd peu à peu les fibres élastiques qui entrent dans sa structure et, donc, le pouvoir de se déformer : c'est alors que survient la presbytie.

Ce phénomène concerne tout le monde : on considère qu'un enfant de 2 ans voit nettement un objet dès 5 centimètres, à 6 ans à 7 centimètres, à 30 ans à 10 centimètres, à 40 ans à 30 centimètres, à 50 ans à 50 centimètres et à 70 ans à 2 mètres !

D'autres facteurs peuvent également avoir une influence sur l'âge d'apparition de la presbytie : un mauvais état général, un état dépressif ou un état de fatigue provoqué par une intervention chirurgicale. La qualité de la vision avant l'apparition de la presbytie est aussi un élément important : ainsi, un hypermétrope en souffrira plus tôt qu'un myope.

Voisin - Phanie

***La presbytie.** Elle se traduit par une mauvaise vision de près, et notamment par la difficulté à lire un livre ou un journal, même avec une lumière adaptée.*

LES SIGNES AVANT-COUREURS

Une personne qui devient presbyte voit mal les objets de près et lit difficilement un texte trop proche. Elle se met à rechercher un éclairage plus puissant, à éloigner le livre ou le journal qu'elle est en train de lire ; elle a de plus en plus de mal à enfiler un fil dans le chas d'une aiguille... Parfois, elle finit par souffrir de maux de tête en fin de journée ou par avoir des sensations de brûlures oculaires, surtout le soir. Au bout d'un certain temps, elle ne peut plus lire sans lunettes.

LES LUNETTES

La presbytie est traitée par le port de verres correcteurs. Comme elle augmente régulièrement avec l'âge jusqu'à environ 60 ans, il faut porter des verres de plus en plus puissants, et les changer tous les 4 ou 5 ans, jusqu'à ce que la diminution du pouvoir d'accommodation soit entièrement stabilisée. Il existe trois types de verres.

Les verres unifocaux. Utilisés pour la vision de près, leur inconvénient principal est de gêner la vision de loin, ce qui doit être signalé au patient. Pour éviter cet inconvénient, on peut utiliser des verres dits demi-lune, par-dessus lesquels on peut regarder de loin ; ils ne posent pas de problème d'adaptation et sont les moins chers.

Les verres bifocaux. Lorsqu'une personne atteinte de presbytie portait déjà des verres correcteurs pour voir de loin, on peut lui conseiller des verres bifocaux, ou à double foyer : ils corrigent la vision de loin dans leur partie haute, et comportent une petite lucarne dans leur partie basse, dans laquelle on regarde pour voir de près. Ils ont comme principal inconvénient de ne pas corriger la vision intermédiaire.

Les verres à foyer progressif. Ils permettent à la fois la correction de la vision de près et de loin. Ce sont les plus récents et les plus perfectionnés. Ils sont formés d'une multitude de petits foyers (invisibles sur le verre des lunettes) qui corrigent aussi bien la vision de près que celle de loin, à toutes les distances possibles. L'avantage est que l'on peut les porter en permanence. Leur principal inconvénient est qu'il faut compter une quinzaine de jours pour s'y adapter ; cette période sera moins pénible et moins longue si on n'attend pas trop longtemps avant de commencer à les porter. Ils sont également moins confortables pour la lecture prolongée, notamment au lit, en position allongée. On les complétera donc avantageusement par une paire de lunettes munie de verres correcteurs de près, à simple foyer.

LES LUNETTES LOUPES

Certaines pharmacies proposent des lunettes prêtes à l'emploi pour les presbytes. Attention ! ce type de lunettes doit servir uniquement de dépannage. En effet, les deux verres corrigent à l'identique, alors que les deux yeux n'ont pas toujours besoin de la même correction ; le centrage des verres peut ne pas convenir, ce qui rend ces lunettes difficiles à supporter au bout d'un certain temps. Par ailleurs, pour des personnes qui n'avaient jusqu'alors pas de problème de vue, l'apparition de la presbytie est l'occasion de consulter un spécialiste et ainsi de faire un premier examen pour détecter des affections insoupçonnées, particulièrement une tension oculaire anormale.

LES LENTILLES DE CONTACT

Il existe des lentilles de contact pour presbytes. Cependant, la qualité de la vision qu'elles apportent, de près comme de loin, malgré les progrès technologiques réalisés ces dernières années, n'égale pas encore celle d'une bonne paire de lunettes.

L'ÉVALUATION DE LA PRESBYTIE

Elle est réalisée par un ophtalmologiste, qui commence par évaluer l'acuité visuelle de loin et par rechercher un éventuel défaut de vue (myopie, hypermétropie, astigmatisme) afin de proposer, si besoin, des verres correcteurs adaptés à la fois au défaut décelé et à la presbytie. Puis il demande au patient de lire une tablette de lecture composée de textes de plus en plus petits ; il évalue ainsi la plus petite taille lue sans difficulté. Il lui met alors une monture dans laquelle il insère différents verres, jusqu'à ce que le patient détermine ceux qui lui donnent le meilleur confort visuel. Cet examen est fait pour chaque œil séparément, puis pour les deux yeux ensemble.

Problèmes de motricité oculaire

On regroupe sous le terme de trouble de la motricité oculaire toute anomalie se traduisant par une déviation de l'axe de l'un ou des deux yeux, quelle qu'en soit la cause.

Les troubles de la motricité comprennent deux types d'affections distinctes : le strabisme, trouble fréquent qui touche essentiellement les enfants et qui est dû à une anomalie de la vision (un œil très faible, par exemple) ; les paralysies d'un ou de plusieurs muscles responsables des mouvements des yeux, ou muscles oculomoteurs, et qui, contrairement au strabisme, surviennent chez des personnes dont les yeux sont sains – le principal signe est un dédoublement de l'image.

LES CAUSES

Le strabisme (la personne louche). Il survient souvent chez des personnes ayant une forte hypermétropie ou souffrant d'anisométrie – différence de réfraction entre les deux yeux (un œil hypermétrope, astigmate ou myope, et l'autre normal) –, plus rarement chez les grands myopes. Le strabisme peut révéler un œil qui voit mal ; la cause peut aussi être une cataracte, une tumeur ou un décollement de la rétine.

La paralysie d'un ou de plusieurs muscles oculomoteurs. Elle est provoquée par la lésion d'un des nerfs oculaires. Les principales causes sont : vasculaires (compression d'un nerf par un hématome ou par la dilatation anormale d'une artère, ou anévrisme), tumorales (compression par une tumeur située à l'intérieur du crâne) ou traumatiques (fracture de l'os qui forme le bas de la cavité de l'orbite, le plancher).

LES SIGNES

Le principal signe est la déviation d'un des yeux.
Dans le strabisme convergent, ou ésotropie. La déviation de l'œil se fait vers l'intérieur (l'œil regarde vers le nez).

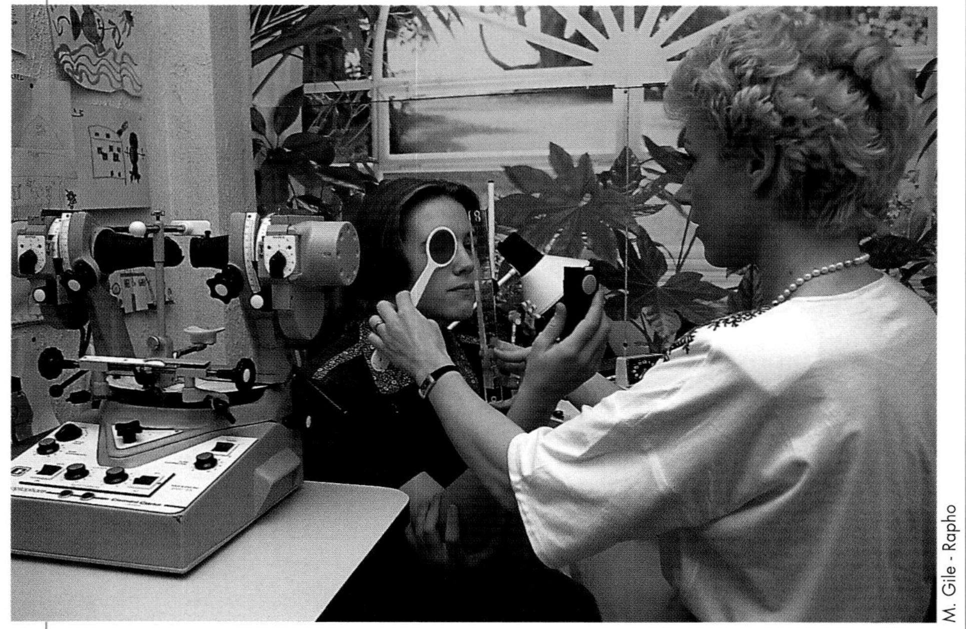

M. Gile - Rapho

***L'orthoptie.** Elle permet la rééducation du strabisme, d'hétérophories et de problèmes de convergence, chez l'enfant et l'adulte.*

L'ORTHOPTIE

Cette spécialité paramédicale a pour but d'évaluer et de mesurer les déviations des yeux, puis d'assurer leur rééducation en cas de troubles de la vision binoculaire, et notamment dans le cas du strabisme. Le but essentiel de la rééducation est d'augmenter la capacité de fusion, c'est-à-dire le pouvoir qu'a le cerveau d'associer deux images semblables (celles perçues par les deux yeux) : on essaie d'améliorer le pouvoir de convergence du patient, de façon qu'il retrouve une vision du relief correcte.

Dans le strabisme divergent, ou exotropie. La déviation se fait vers l'extérieur (l'œil regarde alors vers la tempe). Des déviations en hauteur peuvent également s'associer à ces déviations latérales. Quand l'œil dévie vers le haut, on parle alors d'hypertropie, et quand il dévie vers le bas, d'hypotropie.

Dans les paralysies oculomotrices. La déviation de l'œil est due à une paralysie ; il ne peut effectuer certains mouvements : par exemple, l'œil ne peut pas se déplacer vers l'extérieur (la tempe), vers l'intérieur (le nez), vers le haut ou vers le bas.

LE TEST DE LANCASTER

C'est un examen dont le but est d'étudier le fonctionnement des six muscles oculomoteurs. Le patient, placé devant un écran quadrillé, est muni de lunettes dont le verre droit est rouge, et le verre gauche, vert. L'examinateur tient une torche produisant une ligne lumineuse rouge et il donne au patient une torche produisant une lumière verte. Il projette alors le faisceau lumineux rouge dans différentes positions sur les lignes de l'écran quadrillé ; le patient doit superposer son rayon lumineux vert sur la lumière rouge projetée. Le médecin répète ensuite l'examen en inversant les torches. En cas de paralysie des muscles oculomoteurs, les tracés obtenus pour chacun des deux yeux sont inégaux, le plus petit indiquant le côté où siège la paralysie.

LE DIAGNOSTIC

Il est établi à l'aide de différents examens, selon les troubles.

Chez une personne atteinte de strabisme, le test des reflets cornéens consiste à placer un stylo lumineux devant les yeux ; le reflet est alors décalé sur un des deux yeux. Le test de l'écran consiste à cacher alternativement chaque œil pour connaître le sens de la déviation. On mesure aussi l'acuité visuelle du patient et on vérifie qu'il n'est pas atteint de myopie, d'hypermétropie ou encore d'astigmatisme, car la correction d'un strabisme implique la correction précise de toute anomalie associée.

Dans le cas d'une paralysie oculomotrice, le diagnostic repose sur un examen appelé test de Lancaster ou de Hess-Lees, qui permet de déterminer quel muscle est atteint. On recherche aussi la cause de la paralysie à l'aide d'un examen clinique (qui peut révéler des causes favorisantes comme un diabète ou une hypertension), d'un examen neurologique, du scanner et de l'imagerie par résonance magnétique (IRM).

LE TRAITEMENT

Le traitement du strabisme. Il doit être rapide chez l'enfant : en effet, le cerveau, pour éviter de voir double, ne conserve que l'image de l'œil dont l'axe est correct, supprimant l'image de l'œil dont l'axe est dévié. Ce dernier ne peut donc se développer normalement. Le traitement consiste à cacher, avec un pansement, l'œil qui fonctionne normalement (de deux heures par jour à plusieurs jours de suite) ; le but est d'obliger l'autre œil à développer sa fonction visuelle. Si le traitement est précoce et complet, il est couronné de succès dans 90 % des cas. Dans les autres cas, une rééducation orthoptique, destinée à apprendre aux yeux à travailler ensemble, peut être envisagée vers l'âge de 5 ans. Le traitement chirurgical intervient en dernier recours. Il consiste à déplacer l'insertion de certains muscles responsables de la motricité du globe oculaire et/ou à en raccourcir d'autres.

Chez l'adulte, le traitement peut être aussi chirurgical : il a souvent un but esthétique.

Le traitement des paralysies oculaires est celui de la cause, si possible (anévrisme, tumeur). La diplopie est supprimée par le port d'un cache sur un œil, ou par un prisme.

LES HÉTÉROPHORIES

Certaines personnes ne louchent que par intermittence : on parle d'hétérophorie, par opposition au strabisme où la déviation est permanente. L'hétérophorie, qui peut être divergente (exophorie) ou convergente (ésophorie), se manifeste lorsque le patient est fatigué (lecture prolongée, travail sur ordinateur). Elle peut s'accompagner de picotements des yeux, de brûlures, de dédoublement des images, parfois même de maux de tête.

Le traitement consiste en une rééducation orthoptique, quand le patient est gêné par son trouble.

LE PROLAPSUS GÉNITAL

Il est caractérisé par la chute d'une partie d'organe, d'un organe ou de plusieurs organes génitaux par suite d'un relâchement des ligaments et des muscles qui les maintiennent.

Un prolapsus génital est une descente progressive, dans le petit bassin, du vagin ou d'une partie du vagin (colpocèle) et/ou de l'utérus (hystéroptose), en raison d'un relâchement des muscles et du tissu fibreux du périnée (muscles constituant la base du bassin) ainsi que des différents moyens de suspension des organes du petit bassin.

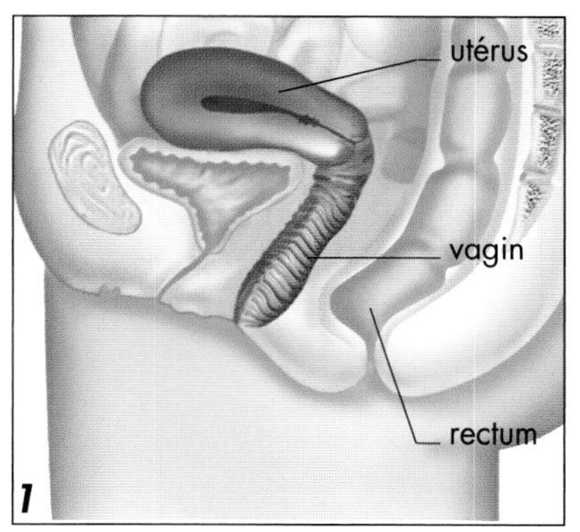

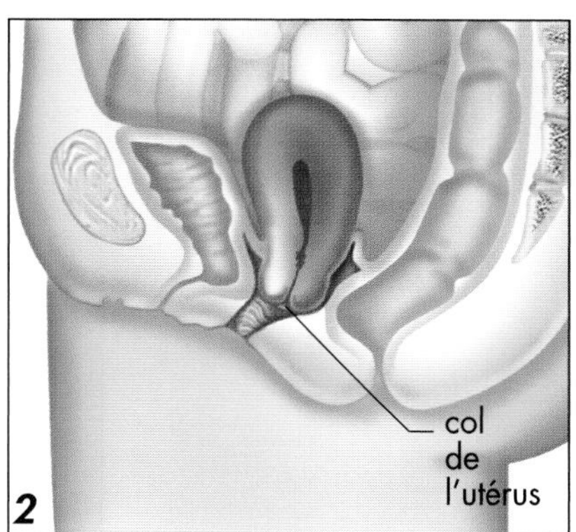

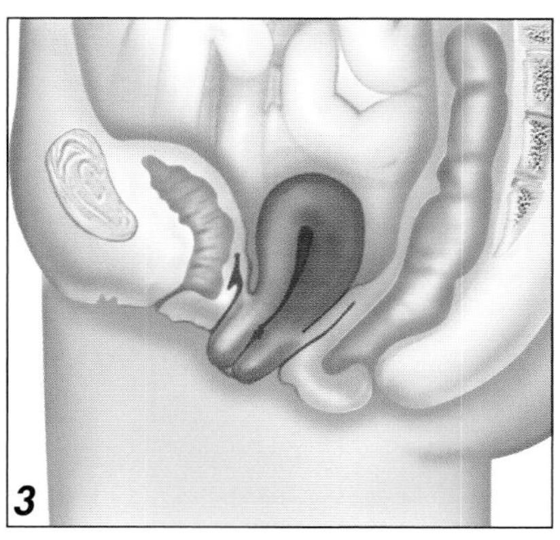

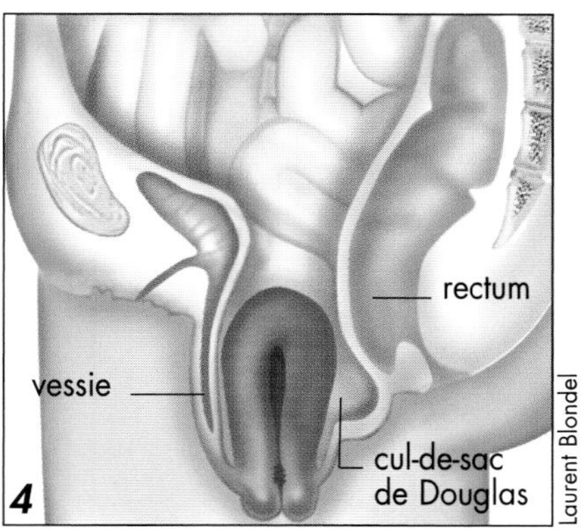

Différents degrés de prolapsus. *L'utérus (correctement placé en 1) descend progressivement dans le vagin. Au premier degré (2), la descente est limitée et l'utérus reste dans le vagin. Puis le col devient visible au niveau de la vulve (3) et enfin la totalité de l'utérus est à l'extérieur (4). Dans ce cas, le prolapsus de l'utérus est associé à une descente de la vessie, du cul-de-sac de Douglas et du rectum.*

LES SYMPTÔMES ET LES SIGNES

Un prolapsus génital se manifeste par une pesanteur dans le bas-ventre, la sensation d'une descente d'organes et des douleurs lombaires. Plusieurs stades de prolapsus peuvent se rencontrer. Au premier stade, à l'effort, le col de l'utérus descend dans le vagin, mais il reprend aisément sa place. Au deuxième stade, après un effort ou une longue station debout, le col sort par la vulve mais remonte lorsque la tension cesse. La vulve peut alors parfois être tuméfiée. Dans les cas avancés, l'utérus est en permanence visible à l'extérieur du vagin. Parfois, une incontinence urinaire, des difficultés à uriner ou à aller à la selle peuvent se manifester, traduisant la présence concomitante d'un prolapsus de la vessie, de l'urètre ou du rectum.

LES CAUSES

Normalement, l'utérus est maintenu en place dans le petit bassin par des ligaments. L'étirement de ces ligaments est la cause la plus fréquente de son prolapsus. Il peut être consécutif à un accouchement (naissance d'un gros bébé, accouchement très rapide ou ayant provoqué des déchirures périnéales, accouchements répétés). Une femme dont l'utérus est incliné vers l'arrière (rétro-

LE PESSAIRE

Destiné à corriger certaines anomalies de position de l'utérus, le pessaire est un anneau de caoutchouc plus ou moins flexible. Introduit dans le vagin de façon que le col de l'utérus fasse saillie au centre, il permet de maintenir l'utérus.
Le port d'un pessaire est nécessaire lorsque l'opération du prolapsus utérin est déconseillée, chez les femmes âgées, par exemple, en raison de contre-indications liées à l'anesthésie. Le pessaire se place manuellement au fond du vagin. Il nécessite une surveillance médicale régulière ainsi qu'un traitement anti-infectieux local.

version utérine) et non vers l'avant est plus exposée au prolapsus. Un prolapsus génital s'observe le plus souvent chez les femmes d'âge moyen qui ont eu plusieurs enfants, bien qu'il survienne aussi chez les femmes sans enfant et chez les femmes âgées. Il était plus fréquent lorsque les femmes avaient davantage d'enfants, leur état général étant par ailleurs moins bon qu'aujourd'hui. L'obésité aggrave les prolapsus.

DIFFÉRENTS DEGRÉS

Tous les degrés de prolapsus peuvent se rencontrer, depuis un déplacement minime jusqu'à la sortie de l'utérus par la vulve (procidence). En fonction de l'importance du prolapsus s'associent parfois d'autres déplacements :
– descente de la vessie sur le vagin (cystocèle), qui gêne parfois la vidange de la vessie lorsque la patiente urine ou qui provoque une incontinence urinaire à l'effort ;
– glissement de la muqueuse de l'urètre (urétrocèle), qui se traduit par des douleurs locales, des envies d'uriner fréquentes et des hémorragies locales ;
– saillie du rectum dans le vagin (rectocèle) ;
– descente du cul-de-sac de Douglas (situé entre le vagin et le rectum).
En cas d'association de ces troubles, on parle de ptôse (descente ou placement anormalement bas) des organes pelviens.

LE DIAGNOSTIC

Un prolapsus génital est diagnostiqué par l'examen clinique, parfois lors d'un examen gynécologique de routine. Une évaluation de l'état de l'appareil urinaire peut être nécessaire si la vessie se trouve aussi affectée.

LE TRAITEMENT

Le traitement est chirurgical. Il dépend de la nature et de l'importance du prolapsus, de l'âge de la femme, de la qualité de ses tissus, de l'existence ou non de relations sexuelles et du désir de maternité. Il fait appel à différentes techniques destinées à remettre en place les organes déplacés.

L'hystéropexie. Elle consiste à fixer l'utérus à un élément stable du petit bassin à l'aide de fil ou de treillis. Deux méthodes sont encore utilisées : la fixation à un ligament de la première vertèbre sacrée (promontofixation) et le raccourcissement des ligaments ronds qui soutiennent l'utérus (hystéropexie ligamentaire).
La colpopérinéorraphie. Cette intervention chirurgicale vise à redonner au vagin et au périnée leur forme, leur position et leurs dimensions initiales. Elle a pour principale indication les prolapsus génitaux avec béance de la vulve, consécutifs à un traumatisme (le plus souvent lié à l'accouchement d'un gros enfant). L'intervention se pratique par les voies naturelles, la patiente étant sous anesthésie générale ou régionale. Elle permet de continuer à mener une vie sexuelle normale. Toutefois, on s'efforce de l'éviter chez les femmes en période d'activité génitale pour limiter les risques de douleurs apparaissant au cours des rapports sexuels.
L'hystérectomie. Dans les cas sévères, le traitement chirurgical est parfois associé à une ablation de l'utérus (hystérectomie).
À toutes ces interventions peut s'adjoindre un traitement de l'incontinence urinaire. En outre, le port d'un anneau de caoutchouc (pessaire) placé autour du col utérin et permettant de maintenir les organes est proposé aux femmes d'un certain âge qui ne peuvent pas ou ne veulent pas être opérées. Les exercices de musculation du plancher pelvien, en fortifiant les muscles du vagin, réduisent les risques de prolapsus utérin.

LES PROTHÈSES DENTAIRES

Une prothèse dentaire est un dispositif fixe ou amovible destiné à restaurer ou à remplacer une ou plusieurs dents. Il en existe une grande variété, selon le nombre de dents concernées et les matériaux utilisés.

Le rôle des prothèses dentaires est double. Elles remplissent d'une part une fonction esthétique : elles corrigent l'aspect disgracieux lié à des dents abîmées ou à des « trous « dans la dentition, et empêchent un éventuel affaissement des lèvres et des joues. Mais leur rôle est aussi fonctionnel : les prothèses permettent de restaurer une mastication satisfaisante des aliments, contribuant ainsi à une bonne digestion, et jouent un rôle dans la prononciation correcte des sons.

LES PROTHÈSES DENTAIRES FIXÉES

Elles peuvent être collées ou scellées. Elles permettent de rendre son aspect normal et sa fonction à une dent très abîmée (onlay, inlay, couronne), de l'immobiliser (attelle de contention), voire de la remplacer intégralement (bridge). Leur entretien ne diffère pas de celui des dents naturelles.

L'inlay et l'onlay. Ce sont des blocs de métal (or, nickel, chrome) collés ou scellés dans la cavité d'une dent préalablement nettoyée et taillée. L'inlay concerne une dent cariée sur une ou deux faces. L'onlay se différencie de l'inlay par son étendue ; plus important que celui-ci, il restaure plusieurs faces de la dent afin de lui rendre sa forme anatomique.

La couronne. C'est un revêtement réalisé, selon le cas, en métal et/ou en céramique ; il est destiné à recouvrir une dent qui a été endommagée par une

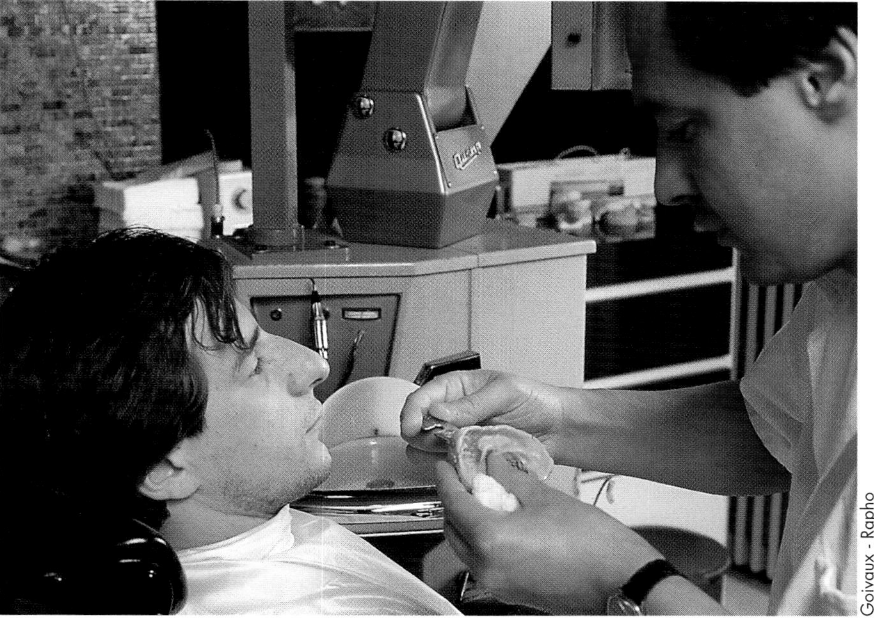

Goivaux - Rapho

Prise d'empreinte des arcades dentaires. *Afin que la prothèse soit parfaitement adaptée à la morphologie du patient, le praticien prend les empreintes de sa denture, grâce à un matériau spécial.*

L'IMPLANT DENTAIRE

Petit cylindre de métal fixé dans l'os de la mâchoire, il remplace la racine d'une dent extraite et sert de soutien à une prothèse. L'implantation est réalisée sous anesthésie locale, les implants étant laissés tels quels dans l'os (ils sont recouverts par la gencive et donc invisibles) pendant environ six mois, pour permettre une bonne intégration. Puis, le chirurgien dégage les implants et les prépare pour qu'ils servent de support à la prothèse, fabriquée selon le même principe qu'une prothèse fixée. Cette technique permet d'éviter de porter une prothèse amovible.

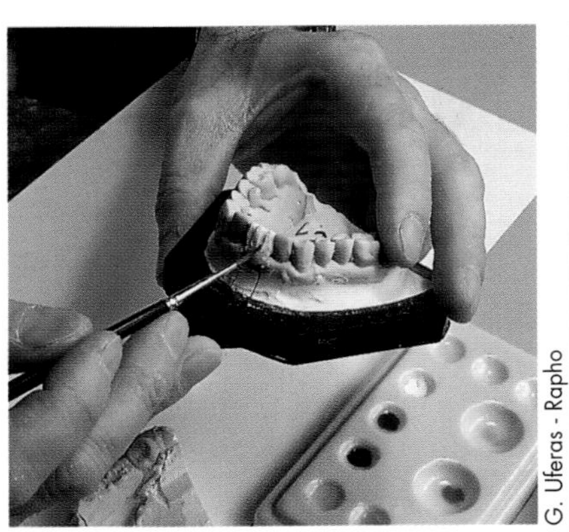

Travail du prothésiste. *À partir des empreintes de la dentition du patient, le prothésiste construit la prothèse.*

LA RÉALISATION D'UNE PROTHÈSE DENTAIRE

Dans un premier temps, le praticien prend des empreintes des mâchoires inférieure et supérieure à l'aide d'un matériau plastique qui durcit après sa mise en place. Les empreintes doivent être le plus précises possible afin que la prothèse, réalisée à partir de ces empreintes, soit parfaitement adaptée à la morphologie du patient. La réalisation de la prothèse est confiée à un prothésiste, qui utilise selon le cas des résines acryliques, des alliages métalliques (précieux ou non) et des matériaux dits esthétiques, comme la céramique. L'aspect esthétique est scrupuleusement respecté : les dents artificielles ont la couleur, la forme et la taille des dents voisines. Enfin, la prothèse est mise en bouche et adaptée (léger meulage au niveau d'une protubérance, par exemple) pour assurer une tolérance parfaite.

lésion importante (fracture, carie). Avant la pose de la couronne, la dent est taillée et peut être ou non dévitalisée.

L'attelle de contention. C'est un appareillage destiné à rendre solidaires les dents d'une même mâchoire. Il permet ainsi d'immobiliser une ou plusieurs dents devenues mobiles soit en raison d'une maladie de la gencive ou du tissu de soutien de la dent, soit à la suite d'un traumatisme. Le plus souvent, l'attelle dentaire consiste en une association de ligatures métalliques et de résine, le tout formant un bloc indéformable. Une attelle qui solidarise les dents des mâchoires inférieure et supérieure et empêche d'ouvrir la bouche est dite bimaxillaire. Elle est temporairement mise en place après une fracture des maxillaires ou une intervention chirurgicale des maxillaires. Elle est constituée de ligatures métalliques fixées sur les dents.

Le bridge. Le bridge (« pont », en anglais) est une prothèse fixée assurant le remplacement d'une ou de plusieurs dents manquantes et prenant appui sur les dents bordant l'espace édenté. Les dents qui servent d'appui sont taillées à cet effet et prennent le nom de piliers.

Il est aujourd'hui possible d'utiliser des implants dentaires comme piliers. Le bridge est constitué d'une structure métallique élaborée dans un alliage suffisamment dur pour supporter la mastication (or et platine, ou métal non précieux). Le métal est recouvert d'un « masque » esthétique, le plus souvent en céramique. Un bridge est dit complet lorsqu'il concerne toutes les dents d'une arcade.

LES PROTHÈSES DENTAIRES AMOVIBLES

Ce sont des appareillages qui doivent être régulièrement ôtés pour être nettoyés. Une prothèse dentaire amovible se fixe sur les dents restantes ou sur la muqueuse du palais. On distingue la prothèse amovible partielle (il reste dans la bouche des dents sur lesquelles la prothèse est retenue par l'intermédiaire de dispositifs tels que des crochets) et la prothèse amovible totale (il n'y a plus de dents, la fixation ne pouvant se faire que sur la muqueuse de la bouche ou sur des racines de dents restantes utilisées comme piliers).

L'ENTRETIEN D'UNE PROTHÈSE AMOVIBLE

Une prothèse dentaire amovible est constituée de matériaux fragiles. Pour lui conserver ses qualités d'adaptation, d'esthétique et de confort, il faut soigneusement l'entretenir. Après chaque repas, la prothèse doit être lavée à l'eau courante, brossée et trempée dans une solution appropriée, enfin rincée à l'eau courante avant d'être remise en place. Le dentifrice ne nettoie pas suffisamment l'appareil. En effet, il n'élimine pas les champignons microscopiques qui ont tendance à se développer sur la prothèse amovible.

LA PROTHÈSE DE LA HANCHE

Les prothèses de la hanche sont utilisées pour remplacer cette articulation, notamment chez les personnes âgées et en cas de lésions importantes. Elles peuvent être partielles ou totales.

LA HANCHE NORMALE

La hanche unit la jambe au bassin. Elle est constituée par l'extrémité supérieure du fémur (os de la cuisse), qui s'articule sur le bassin (os iliaque) au niveau de la cavité cotyloïde pour former l'articulation dite coxo-fémorale.
L'extrémité supérieure du fémur comprend la tête, le col et les trochanters. Les surfaces des os qui composent l'articulation sont maintenues en contact par une capsule articulaire renforcée par des ligaments.

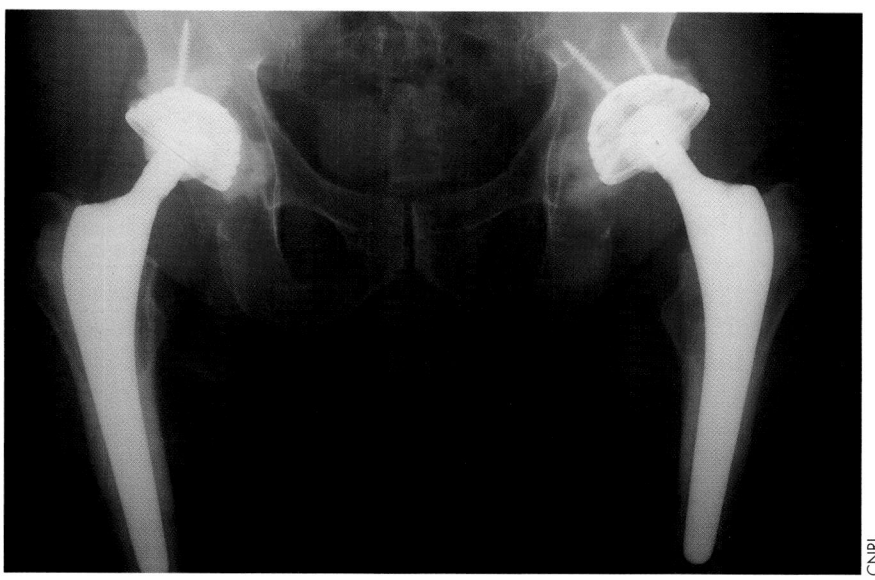

CNRI

Prothèse totale de la hanche. *La prothèse bilatérale (visible en blanc) remplace les 2 parties de l'articulation de la hanche.*

La hanche est une articulation très mobile et extrêmement sollicitée, qui permet d'assurer le mouvement des jambes.
Lorsqu'une affection entraîne un mauvais fonctionnement de la hanche, le meilleur traitement consiste à remplacer l'articulation abîmée par une prothèse.

LES AFFECTIONS DE LA HANCHE

De nombreuses affections peuvent nécessiter la pose d'une prothèse de la hanche.
Les fractures du col du fémur. Elles sont le plus souvent provoquées par un choc violent. Mais, chez une personne âgée, le col du fémur est si fragile que la fracture peut être causée par un choc minime, parfois même par un simple faux pas au cours de la marche.
La gravité de cette fracture chez une personne âgée est liée à l'immobilisation (alitement) qu'elle entraîne inévitablement. En effet, celle-ci précipite la détérioration physique et morale, favorise la survenue d'escarres et augmente les risques d'accident pulmonaire, d'infection urinaire et d'obstruction brutale d'un vaisseau (thrombose ou phlébite).
Le traitement des fractures du col du fémur se fait toujours par la chirurgie. Certaines fractures (fractures cervico-trochantériennes) sont soignées par la mise en place d'un clou ou d'une vis introduits dans le col du fémur.
Pour d'autres fractures, telles que les fractures cervicales, le traitement repose essentiellement sur la pose d'une prothèse, notamment chez les personnes âgées.
La coxarthrose. C'est une forme assez fréquente de rhumatisme de la hanche. On distingue la coxarthrose primitive, sans cause décelable, de la coxarthrose secondaire, qui apparaît à la suite d'affections de la hanche (luxations). D'autres causes interviennent plus rare-

ment : les malformations acquises de la hanche, des traumatismes comme la fracture du col du fémur, etc.
La coxarthrose apparaît en moyenne vers l'âge de 60 ans et touche plus souvent les femmes que les hommes. Elle est favorisée par l'obésité. Elle s'accompagne d'une diminution de la mobilité de l'articulation qui cause, à long terme, une fatigue à la marche ou une boiterie. Les coxarthroses secondaires doivent être soignées par la chirurgie. En cas d'échec, une prothèse totale de la hanche peut être mise en place.
Les coxites inflammatoires. Ce sont des inflammations survenant parfois dans les polyarthrites rhumatoïdes, des affections provoquées par le système immunitaire du malade. Elles imposent souvent la mise en place d'une prothèse totale de la hanche.

LES PROTHÈSES

On distingue les prothèses dites céphaliques, qui remplacent uniquement la tête du fémur endommagé, et les prothèses dites totales, qui se substituent aux 2 parties de l'articulation, la cavité cotyloïde et la tête du fémur.
Les prothèses partielles sont utilisées dans le cadre des fractures du col du fémur.
En revanche, dans les autres affections de la hanche, notamment la coxarthrose, les prothèses totales sont largement préférées. Elles sont constituées d'une tige métallique terminée par une sphère et une cupule hémisphérique.
Les matériaux composant la prothèse. Ils doivent être compatibles avec le milieu biologique, lequel est particulièrement corrosif, et être tolérés par le système immunitaire du patient. On distingue :
– les matériaux de soutien, qui assurent la fixation de la prothèse. Les aciers sont encore très utilisés mais se déforment assez vite lorsqu'ils sont soumis à un effort important. Le chrome-cobalt présente l'inconvénient d'être assez rigide et difficile à fabriquer. Le titane est de plus en plus employé, car il est très résistant, bien toléré par l'organisme, et présente l'avantage d'être léger ;
– les matériaux de frottement, qui sont localisés au niveau de l'articulation proprement dite. Plusieurs types peuvent être associés : métal-polyéthylène, céramique-polyéthylène ou céramique-céramique.
La fixation de la prothèse à l'os. Elle est effectuée à l'aide d'un ciment acrylique. Ce dernier est utilisé en faible quantité et permet de combler les vides entre l'os et la prothèse. L'emploi de ce matériau présente toutefois un certain nombre d'inconvénients : il tend à être fragile, à s'altérer avec le temps et à provoquer des réactions de défense de l'organisme. Pour toutes ces raisons, de nouvelles prothèses posées directement sur l'os, sans application de ciment, ont été mises au point. Le principe de ce type de prothèse est de stimuler la repousse de l'os de la hanche, grâce aux irrégularités de sa surface.
L'usure de la prothèse. Les prothèses rencontrent un problème important d'usure. Elles ne restent, en effet, en bon état que 8 ans environ. Ainsi, leur mise en place sur des personnes jeunes suscite des réticences chez les médecins et n'est pratiquée que dans les cas graves. En revanche, elles sont facilement proposées aux personnes âgées atteintes d'une affection de la hanche.
Les matériaux du futur. La mise au point de nouveaux matériaux dans le secteur des prothèses est très importante, car elle pourrait fournir des solutions aux problèmes rencontrés par les prothèses actuelles : usure, intolérance, etc. Plusieurs types de matériaux sont à l'essai : matériaux biodégradables, hydroxyapatites, matériaux composites (carbone-carbone, carbone-époxy), zircones, etc.

LE DÉROULEMENT DE L'OPÉRATION

Le chirurgien pratique une incision au niveau de la hanche atteinte. Les ligaments et les muscles sont écartés ou sectionnés pour mettre à nu la totalité de l'articulation. La tête du fémur, souvent érodée ou brisée, est ôtée. Le chirurgien creuse la cavité qui reçoit normalement la tête du fémur. La cupule artificielle est mise en place et, éventuellement, cimentée. Puis le chirurgien implante la tige fémorale et insère l'extrémité sphérique dans la cupule articulaire. Les 2 éléments doivent parfaitement s'emboîter, de façon à ne pas se séparer par la suite.

Réactions de la peau au soleil

Lorsque la peau est soumise à une exposition solaire trop intense ou trop prolongée, elle devient rouge, douloureuse, et peut se couvrir de cloques avant de se détacher en lambeaux. C'est le coup de soleil, aussi appelé érythème solaire.

Prévenir les coups de soleil. *La peau doit être protégée par l'application de crème solaire, surtout celle des enfants, très sensible aux rayons ultraviolets.*

Les personnes au teint clair, celles qui sont blondes, rousses ou qui ont des taches de rousseur sont particulièrement exposées aux coups de soleil.

LES ARMES DE LA PEAU

La peau possède des défenses naturelles pour se protéger des rayons du soleil. La couche cornée constitue la première arme. C'est la partie la plus superficielle de l'épiderme. À sa surface, on trouve le sébum, qui tapisse et lubrifie la peau et, surtout, qui absorbe une partie des UVB (rayons ultraviolets B). En plus du sébum, la couche cornée contient un acide, présent dans la sueur, qui joue le rôle de filtre naturel.

Le deuxième dispositif de défense est installé plus profondément dans la peau. C'est la mélanine, un pigment naturel brun qui est à l'origine de la couleur de la peau. Il en existe plusieurs types. La mélanine est produite par des cellules appellées mélanocytes, qui se trouvent dans la couche profonde de l'épiderme. Ces cellules se présentent un peu comme des pieuvres, avec de grands tentacules qui vont distribuer la mélanine aux autres cellules. La mélanine arrête très bien les UVB, mais elle absorbe moins bien les UVA (rayons ultraviolets A) et pratiquement pas le rayonnement visible.

LES INDICES DE PROTECTION

Le coefficient de protection est le rapport entre la durée d'exposition sans coup de soleil avec le produit et la durée d'exposition sans coup de soleil sans le produit. Les coefficients de 2 à 4 correspondent à une protection faible ; de 4 à 8, à une protection moyenne ; de 8 à 15, à une protection forte ; supérieurs à 15, à une protection très forte. Par exemple, une crème à coefficient 3 permet à une personne qui prend habituellement un coup de soleil après 20 minutes d'exposition de rester jusqu'à 3 fois plus longtemps dans les mêmes conditions d'exposition sans prendre de coup de soleil.

LE BRONZAGE

Lorsque la peau est exposée aux rayons du soleil, elle réagit en plusieurs temps. La couche cornée commence par s'épaissir. Les cellules se multiplient rapidement, meurent et s'entassent à la surface. La peau forme ainsi une sorte de bouclier, qui absorbe une partie du rayonnement. D'ailleurs, là où la couche cornée est très épaisse, c'est-à-dire la paume des mains et la plante des pieds, on n'attrape jamais de coups de soleil. Les mélanocytes entrent ensuite en action. Ils sont stimulés par les rayons du soleil, mais également par les messages chimiques des cellules en surface. Ils diffusent alors la mélanine dans l'épiderme. Celle-ci s'étale comme un écran en profondeur et protège ainsi le noyau des cellules.

LE COUP DE SOLEIL

Quand les mécanismes de protection et de régulation deviennent insuffisants, c'est le coup de soleil. Il suffit d'une courte exposition à midi, quand les UVB tombent à la verticale et sont le plus concentrés pour qu'apparaissent les premières rougeurs. La peau lance alors un véritable signal d'alarme. Les cellules souffrent et envoient des appels de détresse au système immunitaire, qui provoque en réponse une inflammation locale. Les UVB en sont les principaux responsables, mais on sait maintenant que les UVA amplifient le phénomène. La douleur qui est générée est censée inciter à se mettre à l'ombre les heures et les jours suivants. Dans les cas graves, le coup de soleil s'accompagne de brûlures des yeux (ophtalmie) très douloureuses, particulièrement fréquentes à haute altitude du fait de la réverbération des rayons du soleil sur la neige, et de signes plus généraux. Regroupés sous l'appellation coup de chaleur ou insolation, ces signes associent de la fièvre, une accélération des battements du cœur, une chute de tension, des vomissements et quelquefois des convulsions, un délire, voire un coma.

CANCERS DE LA PEAU

Les cancers de la peau sont la conséquence la plus grave de l'exposition solaire abusive. Les UVB entraînent des lésions dans les cellules de l'épiderme au niveau du noyau, ce qui peut provoquer la formation d'une tumeur – dont le mélanome est la forme la plus grave. Il est particulièrement fréquent chez les personnes à peau claire qui ont été fortement exposées pendant l'enfance. Il apparaît sur une peau saine ou se développe à partir d'un grain de beauté. Ensuite la lésion grossit, noircit et peut devenir douloureuse. Plus le cancer s'étend en profondeur, plus il est dangereux ; il est alors souvent mortel. Le seul traitement est l'ablation chirurgicale, suivie éventuellement d'une radiothérapie ou d'une chimiothérapie.

L'ÉLASTOSE SOLAIRE

L'exposition prolongée au soleil sans protection efficace risque à terme d'entraîner un vieillissement prématuré de la peau, appelé élastose solaire et essentiellement dû aux UVA. Ces derniers détruisent les fibres qui assurent à la peau son élasticité et sa souplesse (élastine et collagène). La peau est alors sèche, quadrillée de multiples plis et parsemée de taches sombres. L'élastose est fréquente chez les personnes exposées quotidiennement au soleil du fait de leur mode de vie ou de leur activité professionnelle (marins, agriculteurs, etc.).

LA PRÉVENTION

La prévention contre le rayonnement solaire est essentielle. L'exposition solaire doit être progressive, en évitant les heures les plus chaudes (10 à 16 heures en zone tempérée), pour permettre à la peau de se protéger naturellement par le bronzage. Il est possible de majorer l'efficacité par la prise de médicaments (vitamine PP, bêta-carotène). En montagne, il faut se méfier du brouillard, qui laisse passer les UVB, de la très haute altitude (le froid qui y règne annihilant la sensation de brûlure solaire) et de la réverbération sur la neige. Le port de lunettes (avec caches latéraux) est primordial. Toutes ces mesures protectrices sont insuffisantes si l'on ne met pas en plus une crème solaire, qui doit être renouvelée toutes les 2 heures. Les crèmes contiennent le plus souvent des écrans, qui réfléchissent la lumière et l'empêchent de pénétrer dans la peau, et des filtres qui absorbent le rayonnement solaire. Selon leurs composants, elles offrent un degré de protection variable. Un stick protecteur peut être appliqué en complément de la crème sur les zones très sensibles (nez, pommettes, lèvres). Chez les enfants, très sensibles aux rayons ultraviolets, la protection est primordiale pour limiter le risque de survenue de cancer de la peau à l'âge adulte ; ainsi, au bord de la mer, il faut leur mettre un tee-shirt et un chapeau.

LE REFLUX GASTRO-ŒSOPHAGIEN

Le reflux gastro-œsophagien est une régurgitation du contenu acide de l'estomac dans l'œsophage. Il s'agit d'un trouble bénin, mais responsable de sensations de brûlure au creux de l'estomac, parfois très désagréables.

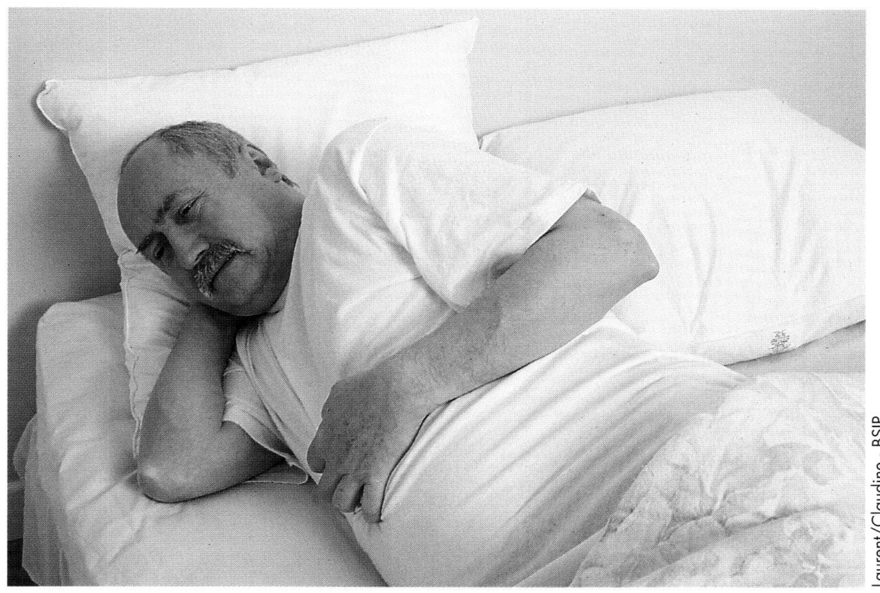

Laurent/Claudine - BSIP

Symptômes du reflux gastro-œsophagien. *La remontée du contenu de l'estomac dans l'œsophage s'accompagne de brûlures gastriques.*

Le reflux gastro-œsophagien est dû à une incapacité du sphincter situé à la partie inférieure de l'œsophage, le cardia, de se fermer correctement. Cette incapacité est le plus souvent liée au passage anormal, à travers la cloison musculaire qui sépare la cavité du thorax de celle de l'abdomen (diaphragme), d'une partie de l'estomac dans le thorax (hernie hiatale). Dans de nombreux cas, le respect de simples règles d'hygiène et un traitement médicamenteux permettent de faire disparaître les symptômes.

Lorsque le reflux gastro-œsophagien est très gênant, une intervention chirurgicale peut être proposée ; elle donne de bons résultats.

LES SYMPTÔMES

Un reflux gastro-œsophagien se traduit généralement, qu'il y ait ou non une hernie hiatale, par une sensation de brûlure ressentie au creux de l'estomac et irradiant derrière le sternum. Cette douleur, qui survient après les repas, se déclenche lorsque le patient se penche vers l'avant, et disparaît lorsqu'il se redresse : c'est le signe dit « du lacet de soulier ». Les brûlures surviennent également lorsque le patient est allongé ou lorsqu'il contracte les muscles de son abdomen. En l'absence de traitement, le reflux gastro-œsophagien risque de se compliquer d'une inflammation de l'œsophage (œsophagite), qui se traduit par une déglutition douloureuse et difficile. Un rétrécissement de l'œsophage peut aussi survenir.

DES SYMPTÔMES PARFOIS TROMPEURS

Les symptômes les plus caractéristiques du reflux gastro-œsophagien sont des sensations de brûlure remontant derrière le sternum, très évocatrices de cette maladie. Toutefois, le reflux se traduit parfois par d'autres signes pouvant orienter à tort vers d'autres affections : douleurs dans la poitrine évoquant une maladie de cœur, toux ou asthme survenant pendant la nuit, douleur dans la gorge ou dans la bouche. Dans ce dernier cas, on soupçonne que ces maux sont d'origine digestive car ils ne surviennent que la nuit, lorsque le patient est couché.

LE DIAGNOSTIC

Le diagnostic d'un reflux gastro-œsophagien est établi par l'endoscopie et éventuellement grâce à un examen appelé pH-métrie œsophagienne. Cet examen sert également à contrôler l'efficacité du traitement, qu'il soit médical ou chirurgical. Il consiste à introduire une sonde par une narine, après avoir pratiqué une légère anesthésie locale. Cette sonde, dont l'extrémité est munie d'une électrode permettant de mesurer l'acidité, est poussée jusqu'à 4 centimètres environ au-dessus du sphincter inférieur de l'œsophage. L'autre extrémité (à l'extérieur du corps) se termine par une fiche reliée à un boîtier, chargé d'enregistrer les mesures. Ce boîtier est fixé à la taille du patient, ce qui lui permet de se déplacer librement. Ce dispositif est laissé en place selon le cas pendant 3 heures ou pendant 24 heures.

LE TRAITEMENT

Combattre l'acidité de l'estomac. Outre des mesures d'hygiène, le médecin conseille au patient un traitement visant à combattre l'acidité de l'estomac : pansements gastriques à prendre avant les repas et avant d'aller se coucher, médicaments accélérant la vidange de l'estomac (prokinétiques). Ces médicaments suffisent dans un grand nombre de cas bénins. Dans les formes plus graves, d'autres médicaments peuvent être nécessaires. Ces derniers freinent la sécrétion de substances acides par l'estomac. Il s'agit le plus souvent de médicaments dits « inhibiteurs de la pompe à proton », ou IPP, administrés à forte dose pendant quelques semaines puis à doses plus modérées pendant de nombreux mois. Il est parfois possible d'arrêter le traitement, mais, dans un grand nombre de cas, on observe une récidive des troubles. Le patient est alors obligé de suivre le traitement en permanence, ce qui ne comporte pas de grands inconvénients.

Le traitement chirurgical. Si le reflux persiste en dépit du traitement médical et s'il est très gênant, ou bien si, malgré l'efficacité des médicaments, le patient souhaite s'affranchir de la contrainte d'un traitement permanent, il est possible de guérir définitivement le reflux gastro-œsophagien grâce à une intervention chirurgicale appelée fundoplicature. Celle-ci consiste à enrouler la partie supérieure de l'estomac située immédiatement sous le diaphragme (fundus), autour du bas de l'œsophage, afin de créer une valve antireflux entre l'œsophage et l'estomac. Elle est, dans la plupart des cas, effectuée sous cœlioscopie. L'efficacité de cette technique est excellente, et les risques de l'intervention sont faibles.

LES MESURES D'HYGIÈNE

Le traitement du reflux gastro-œsophagien consiste d'abord à respecter quelques mesures d'hygiène simples. Le patient doit fractionner ses prises alimentaires : il vaut mieux faire 5 ou 6 repas légers que 2 repas abondants. Il faut éviter les graisses, la vinaigrette, les fruits acides, certains aliments sucrés (miel, confiture, chocolat), les boissons gazeuses et les alcools (surtout les alcools forts). Il est préférable de ne pas boire au cours des repas, mais plutôt une demi-heure avant. Ainsi, les liquides quittent rapidement l'estomac, ce qui permet au repas d'occuper moins de volume et d'être plus épais. Il faut supprimer le tabac, qui ouvre le cardia et excite la sécrétion acide. Il faut éviter la sieste après le déjeuner et le repas du soir doit être pris longtemps avant de se coucher. Les vêtements et ceintures trop serrés sont déconseillés. Pour limiter la remontée d'acide dans l'œsophage, le patient peut dormir avec deux oreillers placés sous les épaules. Dans tous les cas, il doit éviter de se pencher en avant.

LA HERNIE HIATALE

C'est une saillie du haut de l'estomac à travers l'orifice du diaphragme dans lequel s'insère l'œsophage. La cause de la hernie hiatale est inconnue, mais elle est favorisée par l'obésité. Elle ne provoque en elle-même aucun trouble particulier, mais elle peut s'associer à un reflux gastro-œsophagien. Elle peut également se compliquer d'ulcérations, entraînant des saignements aigus ou chroniques ou, plus rarement, des troubles cardiaques et respiratoires. Son traitement est celui du reflux gastro-œsophagien.

Les Rhinites

La rhinite est une inflammation de la muqueuse qui tapisse les fosses nasales. Il en existe deux formes : la rhinite aiguë (le rhume du langage courant) et la rhinite chronique. Il s'agit d'une affection bénigne et extrêmement fréquente.

Voisin - Phanie

***La rhinite aiguë.** Elle se manifeste par le nez qui coule, des éternuements, des yeux qui larmoient et un état fébrile.*

Le rôle des muqueuses qui tapissent l'intérieur du nez est de filtrer l'air inspiré. Au cours de nombreuses affections, ces muqueuses présentent une inflammation qui se complique souvent d'une infection : c'est la rhinite, qui, dans sa forme aiguë, est une affection très courante. Toute la population en est généralement atteinte chaque année selon des fréquences qui peuvent être variables : en moyenne de 6 à 10 fois par an pour les enfants, de 2 à 4 fois pour les adultes.

LA RHINITE AIGUË

Également appelée coryza ou le plus souvent rhume de cerveau, la rhinite aiguë est due à l'infection par un virus, ou accompagne des maladies infectieuses (scarlatine, méningite, rougeole, diphtérie, oreillons, etc.).

Les causes. La rhinite aiguë d'origine virale est favorisée par le froid, l'humidité, les changements brusques de température (ils affaiblissent le système de défense des muqueuses du nez et de la gorge), l'atmosphère des villes ainsi que l'abondance des germes dans les collectivités. Elle survient plus volontiers chez les personnes en mauvais état général (fatigue physique ou morale).

Les symptômes. La rhinite aiguë d'origine virale débute par des courbatures, une fatigue,

LA DIFFÉRENCE ENTRE LE RHUME ET LA GRIPPE

La grippe est une maladie infectieuse provoquée par les virus *Myxovirus influenza* A ou B. Elle se traduit par une fièvre accompagnée de courbatures. En revanche, le rhume n'est pas une maladie, mais l'un des symptômes accompagnant différentes maladies infectieuses, virales (comme la grippe, mais aussi la rougeole) ou non. Le rhume est aussi l'une des manifestations d'une allergie.

LES VASOCONSTRICTEURS

Ce sont des médicaments qui diminuent le calibre des vaisseaux sanguins en provoquant la contraction de leurs fibres musculaires. Ils sont prescrits aux personnes souffrant de rhinite, de sinusite ou de rhinopharyngite, car ils réduisent l'écoulement et l'obstruction du nez. Pris par voie orale, ils peuvent entraîner une sécheresse de la bouche, des insomnies, une anxiété, des migraines, des sueurs ou des troubles digestifs. Pris par voie nasale, ils provoquent parfois une sensation de sécheresse nasale et, en cas d'usage prolongé, des insomnies, des maux de tête, des palpitations, voire une hypertension. Ils ne doivent pas être utilisés plus de sept jours consécutifs.

des picotements ou une sensation de brûlure dans le nez. Le nez se met à couler (rhinorrhée) ; l'écoulement est clair et fluide. En cas de surinfection, il devient épais et jaune. Le nez est alors bouché. La personne éternue, ses yeux sont larmoyants, ses oreilles bouchées et son odorat diminué.

Le traitement. Il n'existe pas de traitement vraiment efficace de la rhinite aiguë. On peut soulager les symptômes, en particulier l'écoulement et l'obstruction du nez (décongestionnant nasal en comprimés ou sirop, gouttes ou pulvérisations antiseptiques, repos au lit, aspirine, etc.). Le plus souvent, la rhinite aiguë se guérit d'elle-même. Des complications peuvent survenir, surtout chez les enfants, le plus souvent sous forme d'otite, parfois de sinusite ou d'infections du larynx, de la trachée ou des bronches. La rhinite aiguë peut être prévenue par les vaccinations, par une climatisation correctement réglée et entretenue et par l'amélioration de l'hygiène dans les collectivités, pour éviter la dissémination des virus.

LA RHINITE CHRONIQUE

Il s'agit d'une inflammation récidivante ou plus ou moins permanente des fosses nasales. Elle est favorisée par la consommation de tabac et d'alcool, par une déviation du cartilage qui forme la cloison centrale du nez, par le climat et par l'utilisation de vasoconstricteurs. Elle peut encore être liée à la présence d'un corps étranger dans le nez ou consécutive à une maladie (syphilis, tuberculose). Enfin, elle peut être d'origine allergique, survenant par crises à une périodicité variable selon l'allergène en cause (le printemps en cas d'allergie aux pollens, par exemple).

Les symptômes. La rhinite chronique se traduit par une obstruction du nez, des maux de tête et une gorge très sèche. Elle tend souvent à se surinfecter et à s'accompagner d'infections chroniques des oreilles. La rhinite allergique est caractérisée par des crises d'éternuements, parfois accompagnées de maux de tête, de picotements des yeux et de la gorge, et d'une obstruction nasale. Une forme particulière de rhinite chronique, appelée rhinite catarrhale, associe une obstruction et un écoulement du nez. Une autre forme de rhinite chronique, appelée ozène, est caractérisée par des croûtes et la perception par le malade d'une odeur fétide.

Le traitement. Pour la rhinite chronique, les gouttes nasales anti-inflammatoires sont peu efficaces, et n'empêchent pas la récidive. On essaie donc d'améliorer la ventilation nasale par plusieurs procédés : cautérisation (destruction par une substance qui brûle les tissus) des cornets inférieurs, saillies situées sur la paroi externe des fosses nasales ; correction chirurgicale d'une déviation de la cloison nasale ; ablation chirurgicale d'une partie des cornets supérieurs.

Pour la rhinite allergique, il faut éviter tout contact avec l'allergène, prendre des antihistaminiques et parfois effectuer une désensibilisation.

Pour la rhinite catarrhale, le traitement dépend de la gêne ressentie, mais il repose avant tout sur une bonne hygiène du nez.

LA RHINITE VESTIBULAIRE

La rhinite vestibulaire est une infection de la racine des poils du nez consécutive à une inflammation. Elle se traduit par des croûtes, des écoulements, parfois des saignements. Le traitement repose sur la désinfection des lésions et sur l'application d'une pommade antibiotique. Il est conseillé de ne pas porter ses mains aux lésions afin d'éviter toute extension de l'infection.

LES RHINITES ALLERGIQUES

La rhinite allergique, plus souvent appelée rhume des foins, est une forme de manifestation allergique. Elle traduit une sensibilité anormale à différentes substances et se manifeste surtout par des séries d'éternuements.

L'allergie est une réaction anormale du système de défense de l'organisme (le système immunitaire) à une substance normalement inoffensive. On parle d'hypersensibilité. Chez certaines personnes, cette hypersensibilité prend la forme d'une inflammation chronique de la muqueuse qui tapisse les fosses nasales : c'est la rhinite allergique. Il s'agit d'une hypersensibilité, dite de type I, c'est-à-dire caractérisée par une réaction immédiate au contact de la substance déclenchant l'allergie. La rhinite allergique est une affection répandue, qui constitue l'un des principaux motifs de consultation en ORL.

LES CAUSES

La rhinite allergique est le plus souvent déclenchée par les pollens des plantes à fleurs (les étamines), disséminés soit par le vent, soit par les insectes. On parle dans ce cas de pollinose. Dans d'autres cas, elle est provoquée par les acariens contenus dans la poussière de maison, par les poils ou les plumes d'animaux domestiques, ou encore par différentes substances chimiques (colles, solvants, peintures, etc.).

LES SYMPTÔMES

Lorsqu'elle est provoquée par les pollens, la rhinite allergique survient généralement chaque année, toujours à la même période, surtout au printemps (rhinite dite saisonnière). En revanche, lorsqu'elle est due à la poussière domestique ou aux autres causes évoquées, elle peut survenir à n'importe quel moment, l'influence de la saison étant peu ou pas marquée (rhinite dite perannuelle).

D. Lovegrove/S.P.L. - Cosmos

La rhinite allergique. *Une grande partie des rhinites allergiques sont provoquées par le contact des muqueuses nasales avec des pollens. Dans ce cas, l'affection survient surtout au printemps.*

LES ANTIHISTAMINIQUES

Ce sont des médicaments qui s'opposent à l'action d'une substance naturellement sécrétée par l'organisme, l'histamine, responsable des manifestations de l'allergie. Les antihistaminiques agissent par blocage des récepteurs de l'histamine. Ils sont notamment utilisés pour traiter les symptômes allergiques. Ils peuvent entraîner différents troubles : sécheresse de la bouche, constipation, hypertension de l'œil, rétention d'urine chez les hommes souffrant d'un adénome de la prostate.

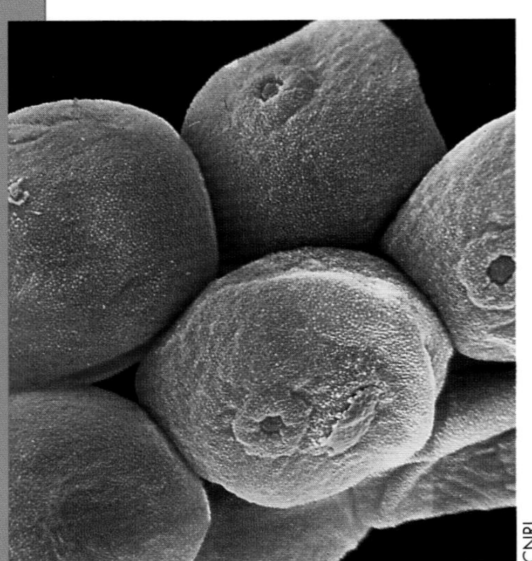

CNRI

***Pollens de graminées.** Dispersés par le vent ou par les insectes, ils provoquent une rhinite allergique, appelée pollinose.*

La maladie se traduit par des symptômes variés, tant dans leur intensité que dans leur forme : démangeaisons dans le nez (prurit nasal) ; éternuements répétés (5 ou 6 de suite) ; écoulement nasal (rhinorrhée), clair et liquide, parfois un peu plus épais ; obstruction nasale, tantôt des deux côtés, tantôt passant d'une narine à l'autre ; perte partielle ou totale de l'odorat (on parle selon le cas d'hyposmie ou d'anosmie), souvent plus grave lorsque le patient souffre de polypes.
Des troubles secondaires peuvent également survenir : troubles du sommeil et ronflements liés à l'obstruction du nez ; gorge sèche, voire douloureuse le matin ; saignements de nez liés à l'irritation des muqueuses ; larmoiement et yeux rouges ; diminution de l'audition par obstruction du canal qui relie l'oreille à la fosse nasale (trompe d'Eustache).

Par ailleurs, la rhinite allergique est souvent associée à d'autres manifestations allergiques : inflammation de la membrane qui tapisse la face interne des paupières, la conjonctive (conjonctivite), asthme, eczéma atopique.

LES COMPLICATIONS

Ce sont des surinfections bactériennes, qui peuvent faire évoluer la rhinite en infection des sinus (sinusite), des otites séreuses, entraînant une diminution de l'audition, par blocage de la trompe d'Eustache, pouvant à leur tour se surinfecter et se transformer en otites aiguës douloureuses.
Par ailleurs, la grossesse peut aggraver la congestion de la muqueuse du nez ou favoriser sa survenue. Le traitement des symptômes est difficile, car les médicaments habituellement prescrits sont contre-indiqués aux femmes enceintes.

LE TRAITEMENT

Il consiste avant tout à supprimer, lorsque cela est possible, tout contact avec la substance responsable des manifestations de l'allergie. Certains médicaments (antihistaminiques administrés par voie orale, corticostéroïdes par voie nasale, voire par voie orale lorsque les symptômes persistent) permettent de réduire les symptômes. Dans certains cas, une désensibilisation peut être tentée. Elle consiste à administrer, sous forme d'injection, des doses répétées et croissantes de l'allergène en cause, ce qui favorise la formation d'anticorps qui bloqueront par la suite les réactions allergiques. Ce traitement est relativement astreignant et réussit dans environ 2 cas sur 3. Il doit être poursuivi pendant trois ans au moins. Il peut être responsable d'effets indésirables rarement graves, tels que démangeaisons, œdèmes ou éruptions. Enfin, certaines règles d'hygiène contribuent à diminuer les manifestations allergiques : utilisation de bombes anti-acariens, de matelas spéciaux, etc.

LES VARIÉTÉS DE RHINITE ALLERGIQUE

On distingue différentes variétés de rhinite allergique selon la substance responsable de ses manifestations.
– Les rhinites polliniques, très répandues, sont provoquées par les pollens.
– Les rhinites dites professionnelles sont liées à différentes substances utilisées dans le cadre professionnel, comme la peinture (carrossiers), les colles (différentes industries), etc. On peut aussi parler de rhinite professionnelle, par exemple chez les agents d'entretien, lorsque l'affection trouve son origine dans la poussière.
– La rhinite vasomotrice, affection très fréquente, n'est pas provoquée par une substance particulière, mais est liée à une mauvaise adaptation de la muqueuse du nez à l'environnement. Les symptômes tendent alors à persister tout au long de l'année.

RONFLEMENT ET APNÉE DU SOMMEIL

De nombreuses personnes, lorsqu'elles dorment, ronflent ou souffrent de brèves pauses respiratoires à répétition (apnée du sommeil). Il existe aujourd'hui des traitements à ces affections responsables d'un sommeil peu réparateur.

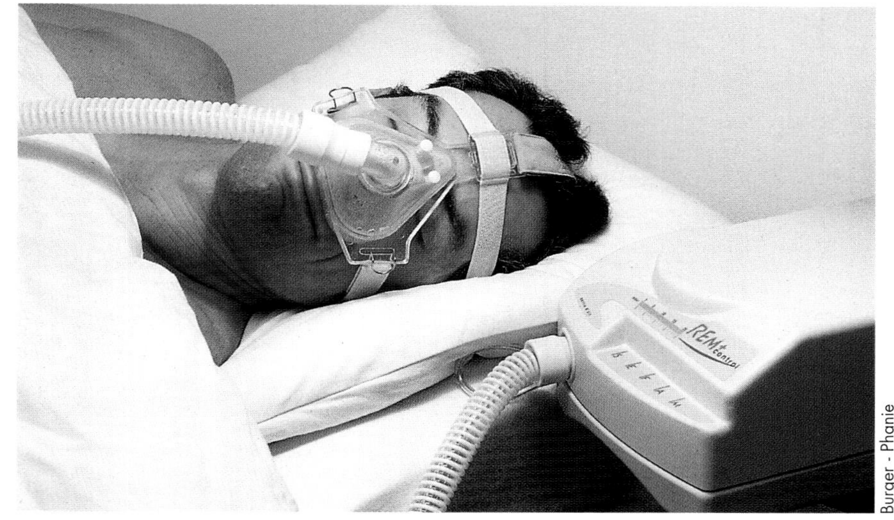

Burger - Phanie

Le traitement de l'apnée du sommeil. *Le patient dort en respirant de l'air délivré par une machine (compresseur). Ainsi, ses voies respiratoires demeurent toujours ouvertes pendant son sommeil.*

Le ronflement concerne 80 % des hommes et 60 % des femmes. Il consiste en un bruit d'intensité variable, parfois considérable (il peut atteindre 80 décibels, davantage que le son perçu lors d'une conversation à 1 mètre). Dans certains cas, et surtout chez les obèses, le ronflement s'associe à des apnées du sommeil, courtes périodes pendant lesquelles le dormeur cesse de respirer et qui, lorsqu'elles surviennent à répétition, sont responsables de troubles liés à une mauvaise oxygénation du sang.

LE RONFLEMENT

Le ronflement, appelé également ronchopathie, est dû à la vibration de la partie molle de la paroi supérieure de la cavité buccale, ou voile du palais. Ce sont les personnes dormant sur le dos qui ronflent le plus, car cette position entraîne un relâchement musculaire : l'air se fraye alors un passage en force, provoquant ainsi un tremblement sonore du voile.

Les causes. Le ronflement peut être lié à un obstacle entravant la circulation de l'air entre le nez et la gorge : déviation de la cloison nasale, inflammation des muqueuses tapissant l'intérieur du nez (rhinite), hypertrophie des amygdales ou des végétations, hypertrophie de la luette, grosse langue. Il peut également être dû à un excès de poids, ou encore à une anomalie anatomique des voies respiratoires. Parfois, les personnes qui sont dans un coma profond respirent bruyamment et ronflent intensément ; ce ronflement spécifique est appelé stertor.

Le traitement. Lorsque le ronflement est bénin, il suffit parfois, pour l'éviter, d'empêcher le ronfleur de dormir sur le dos (oreillers spéciaux, tissu du type Velcro cousu à l'intérieur

L'ENREGISTREMENT DU SOMMEIL

L'enregistrement du sommeil, également appelé polysomnographie, est un examen qui consiste à enregistrer tous les événements survenant pendant le sommeil, et particulièrement d'éventuels arrêts respiratoires (apnées du sommeil). Il permet de déterminer la fréquence et la durée de ces apnées et leurs conséquences sur le manque d'oxygénation des cellules. Cet examen est actuellement pratiqué dans les services de pneumologie. Un traitement approprié est proposé en fonction de ses résultats.

du dos de son pyjama). On peut également obtenir une amélioration en supprimant l'alcool et le tabac, en humidifiant l'atmosphère, en s'abstenant de prendre des somnifères et en corrigeant l'excès de poids. Dans les cas plus importants et surtout si le ronflement s'accompagne d'apnées du sommeil, seule une intervention chirurgicale est efficace : elle consiste à enlever une partie du voile du palais (pharyngoplastie) pour élargir le pharynx et à corriger une mauvaise ventilation nasale.

LE SYNDROME D'APNÉE DU SOMMEIL

L'apnée du sommeil peut survenir chez les personnes des deux sexes et à n'importe quel âge. Sa fréquence augmente avec l'âge. On estime qu'elle touche un homme sur 100, âgé de 30 à 50 ans, le plus souvent obèse et gros ronfleur.

Les symptômes. Le syndrome d'apnée du sommeil consiste en une succession d'arrêts respiratoires (apnées) de 20 à 30 secondes, survenant au cours de certaines phases du sommeil (le sommeil paradoxal, pendant lequel nous rêvons, et le début du sommeil lent profond), alors que le cœur continue de battre normalement. Ces arrêts sont suivis par une reprise brusque de la respiration, qui provoque le réveil du dormeur. Lorsqu'elles sont très nombreuses (si elles surviennent plus de 30 fois en l'espace de 6 heures), les apnées du sommeil entraînent une diminution, parfois très importante, de la quantité d'oxygène dans le sang.

La personne peut ne garder aucun souvenir des réveils qui suivent chaque apnée, et ne conserver que la sensation d'avoir eu un sommeil de mauvaise qualité. D'autres patients se plaignent de dormir d'un sommeil peu réparateur entrecoupé de rêves fréquents, de souffrir de maux de tête qui apparaissent en fin de nuit, parfois d'une importante transpiration pendant la nuit, mais aussi de difficultés à se concentrer et de somnolences pendant la journée.

Au fil des ans, l'évolution peut se compliquer d'une insuffisance respiratoire chronique, et de troubles cardiovasculaires (accident vasculaire cérébral, par exemple).

Une variété d'apnée du sommeil, appelée syndrome de Pickwick, ne touche que les personnes obèses. Le syndrome de Pickwick se traduit par des apnées nocturnes associées à une somnolence pendant la journée et à une cyanose (ongles et lèvres bleutés).

Le traitement. La majorité des malades étant des obèses, le traitement consiste d'abord en une perte de poids. On conseille en outre au patient de ne pas consommer d'alcool dans les deux heures qui précèdent son coucher et de ne pas absorber de somnifères.

Par ailleurs, un traitement efficace de l'apnée du sommeil existe depuis plusieurs années. Il consiste à appliquer un masque sur le nez et la bouche pendant le sommeil. De l'air, provenant d'un compresseur, est envoyé par le masque dans les voies nasales et à l'intérieur des voies respiratoires pour les maintenir ouvertes. On maintient ainsi une pression positive constante dans les voies respiratoires. Des interventions chirurgicales peuvent être nécessaires pour rétablir un circuit respiratoire suffisamment large : correction d'une déviation de la cloison nasale ; élargissement de la gorge par ablation de la partie basse du palais et de la luette, éventuellement associée à une ablation des amygdales. Plus rarement, on procède à une intervention plus importante pour corriger la base de la langue.

LA PHARYNGOPLASTIE

C'est une intervention chirurgicale visant à élargir le pharynx, en pratiquant l'ablation de la partie basse du palais, pour faciliter le passage de l'air. Elle est utilisée comme traitement des ronflements, qu'ils soient ou non associés à des apnées du sommeil. Certaines interventions peuvent se pratiquer au laser, et sont réalisées sous anesthésie locale. D'autres, plus importantes, nécessitent une anesthésie générale et une hospitalisation de 48 heures environ. Après l'opération, le patient éprouve souvent des douleurs et une difficulté pour s'alimenter pendant une semaine. Dans plus de 80 % des cas, la pharyngoplastie donne de bons résultats. En cas d'échec, il est parfois possible de répéter l'intervention.

LES SALPINGITES

LES FACTEURS DE RISQUE ET LE DIAGNOSTIC

Les salpingites sont des infections des trompes de Fallope, les deux conduits voisins des ovaires qui relient ces derniers à l'utérus. Les maladies sexuellement transmissibles (ou MST) en sont la cause principale.

Les salpingites sont des infections de l'une ou des deux trompes de Fallope. Leurs manifestations sont très variées.

LES FACTEURS DE RISQUE

Les salpingites sont fréquentes et atteignent essentiellement les femmes jeunes (moins de 25 ans). Plusieurs facteurs de risque ont été mis en évidence :
– la précocité des rapports sexuels : ce facteur de risque est lié à des raisons biologiques propres aux jeunes femmes, mais aussi à une information parfois insuffisante en matière de maladies sexuellement transmissibles ;
– la multiplicité des partenaires sexuels, entraînant un risque accru d'infection ;
– des antécédents de salpingite ou de maladie sexuellement transmissible ;
– le port d'un stérilet comme moyen contraceptif, car il entraîne un risque d'infection génitale lors de son insertion.

SALPINGITES ET MST

Les salpingites ne sont qu'une variété clinique d'infections appartenant aux maladies sexuellement transmissibles (MST). Parmi les facteurs qui favorisent la survenue d'une salpingite figure la précocité des rapports sexuels. En effet, chez les jeunes filles, l'épithélium du col utérin est très sensible à l'infection par la bactérie chlamydia. La précocité des rapports sexuels, conjuguée à la multiplicité des partenaires sexuels, fait que le risque de développer une salpingite aiguë est plus élevé avant 25 ans.

L'ORIGINE

Les salpingites ont diverses origines, mais, dans la majorité des cas, elles sont dues à une maladie sexuellement transmissible. Elles résultent alors de l'ascension de germes du col de l'utérus vers les trompes. Différents germes pourraient être à l'origine de l'infection :

D. de Lossy - IMAGE BANK

Une infection de la femme jeune. *Des rapports sexuels précoces et un grand nombre de partenaires sont des facteurs de risque de la salpingite.*

– la bactérie *Chlamydia trachomatis* est retrouvée dans plus de 50 % des salpingites aiguës ;
– le gonocoque *Neisseria gonorrhϾæ* est présent dans 15 à 20 % des cas de salpingite ;
– les mycoplasmes sont impliqués dans 5 à 10 % des cas d'infection, en association avec d'autres germes ;
– les germes présents dans la flore vaginale (streptocoques, staphylocoques) peuvent être en cause du fait d'un déséquilibre hormonal ou d'un état d'immunodépression.

Une exploration de l'appareil génital ou une intervention (pose d'un stérilet, interruption

■ TROMPES DE FALLOPE

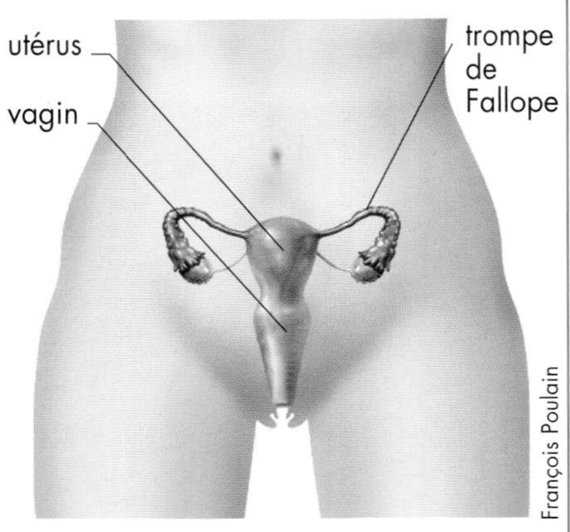

volontaire de grossesse, etc.) peuvent être des sources de contamination par ces mêmes germes si les conditions d'asepsie ne sont pas rigoureusement respectées.

LES SYMPTÔMES

Les salpingites se manifestent par des douleurs dans le bassin (douleurs pelviennes), associées à une fièvre élevée (39 à 40 °C), à une augmentation du volume de l'abdomen, à des pertes blanches (leucorrhées) et parfois à des saignements vaginaux en dehors des règles.

Il arrive aussi qu'aucun signe ne révèle la présence d'une infection et que la salpingite ne soit découverte que tardivement, lors d'un examen motivé par une stérilité par exemple.

LE DIAGNOSTIC

Il repose sur 4 éléments : l'interrogatoire, l'examen clinique, la cœlioscopie et les examens bactériologiques.

L'interrogatoire. Le médecin interroge sa patiente sur les symptômes qu'elle ressent, s'enquiert de ses antécédents gynécologiques (infections, mode de contraception) et de sa vie sexuelle récente.

L'examen clinique. La palpation de l'abdomen, combinée à un toucher vaginal, retrouve une douleur ; l'examen au spéculum révèle la présence de pertes blanches et un aspect caractéristique du col utérin et de la glaire cervicale.

La cœlioscopie. C'est l'examen des organes génitaux à l'aide d'un tube optique introduit par une incision ombilicale. Il permet d'examiner avec soin les trompes et d'établir un bilan précis des lésions. Il nécessite une anesthésie générale et donc une hospitalisation. Même si son intérêt est incontestable dans le diagnostic de la salpingite, la cœlioscopie n'est pas faite de manière systématique.

Elle est pratiquée pour les formes graves, lorsque le traitement médical a échoué, lorsque le diagnostic est difficile et chez les jeunes femmes qui n'ont pas encore d'enfant, car elle permet alors de prévenir une stérilité ultérieure.

Les examens bactériologiques. Ces examens consistent en des prélèvements à divers niveaux (trompes de Fallope, col de l'utérus, méat urinaire, etc.), qui permettent de diagnostiquer la maladie en mettant en évidence les germes responsables.

Un examen bactériologique est également effectué sur le partenaire de la patiente pour diagnostiquer et traiter une infection éventuelle. Des analyses de sang sont généralement prescrites à la recherche de germes ou d'une maladie sexuellement transmissible associée (syphilis, infection par le VIH, etc.).

Les autres examens complémentaires. Le bilan biologique est systématique. Il permet de mettre en évidence certaines anomalies qui montrent la présence d'une infection : augmentation du nombre de globules blancs (leucocytes), de la vitesse de sédimentation, présence d'une protéine (protéine C réactive) liée à l'inflammation.

Le rapprochement des données fournies par l'interrogatoire, l'examen clinique, la cœlioscopie et les prélèvements bactériologiques permet de poser le diagnostic de salpingite et d'exclure la présence d'une appendicite aiguë, d'une infection urinaire ou d'une grossesse extra-utérine, qui sont caractérisées aussi par une forte douleur dans le bassin.

LES TROMPES DE FALLOPE

Les trompes de Fallope sont les deux tubes qui relient les ovaires à l'utérus. L'ovule libéré chaque mois par un ovaire pénètre dans la trompe puis progresse vers l'utérus. La rencontre entre l'ovule et les spermatozoïdes a lieu dans la trompe qui joue donc un rôle essentiel dans la fécondation. Toute lésion des trompes, en particulier d'origine infectieuse, peut constituer un obstacle à la descente de l'ovule et empêcher par la suite la fusion des gamètes, donc la fécondation.

LES SALPINGITES

LES COMPLICATIONS, LES TRAITEMENTS ET LA PRÉVENTION

Les salpingites peuvent entraîner des complications sérieuses qui justifient un traitement précoce, en particulier par antibiotiques, pour contrôler l'évolution de la maladie et minimiser les séquelles.

Après un traitement adapté bien suivi, l'évolution d'une salpingite s'avère favorable : les symptômes disparaissent en moins d'une semaine, sans laisser de séquelles dans la majorité des cas.

Cependant, si la salpingite n'est pas diagnostiquée ou si le traitement est trop tardif, des complications peuvent survenir. Elles peuvent se manifester à court terme ou à long terme (stérilité, par exemple).

Kaz Mori - Image Bank

Informer les jeunes. *La prévention des maladies sexuellement transmissibles (dont les salpingites) passe par l'information et le suivi médical régulier, d'autant plus important que certaines infections ne se manifestent par aucun signe.*

LES COMPLICATIONS

À court terme. Les complications principales sont de nature infectieuse, avec 2 maladies : le pyosalpinx et l'hydrosalpinx, qui peuvent conduire à une stérilité par obturation des trompes.

Le pyosalpinx est la présence de pus dans une trompe de Fallope ou dans les deux. Conséquence d'une salpingite non diagnostiquée ou traitée trop tardivement, il se manifeste par des douleurs pelviennes assez importantes.

L'hydrosalpinx est une accumulation de liquide dans une trompe de Fallope ou dans les deux. Parfois sans symptôme, il peut aussi provoquer des douleurs liées à la distension de la trompe.

À plus long terme. La principale séquelle potentielle des salpingites est la stérilité dite tubaire, due à une obstruction des trompes. Ce type de stérilité est à l'origine d'une grande partie des demandes de procréations médicalement assistées (PMA).

Après un premier épisode de salpingite, le risque d'infertilité, estimé entre 20 et 40 %, est lié à plusieurs facteurs :

– le nombre d'épisodes infectieux : le risque s'accroît à chaque nouvelle infection ;
– la gravité des symptômes ;
– le germe responsable : le pronostic est plus sévère si le germe est la bactérie *Chlamydia tracho-*

L'ABLATION DES TROMPES ET LA STÉRILITÉ

L'ablation chirurgicale d'une trompe ou des deux (salpingectomie) est effectuée sous anesthésie générale par laparotomie (ouverture chirurgicale de l'abdomen) ou, plus souvent, par cœliochirurgie (introduction d'instruments par une petite incision abdominale). L'hospitalisation dure de 1 à 3 jours.
L'ablation d'une seule trompe n'entrave aucunement la fertilité si l'autre trompe est en bon état. En revanche, l'ablation des deux trompes entraîne une stérilité. La salpingectomie est une des indications des techniques de fécondation *in vitro*.

matis, responsable de 70 % des stérilités liées à une affection des trompes de Fallope ;
– la durée de la période douloureuse jusqu'à la mise en œuvre d'un traitement.
En outre, des douleurs du bassin (dites douleurs pelviennes) peuvent devenir chroniques et rebelles aux traitements.
La gravité de ces risques, à court terme ou à plus long terme, justifie qu'un dépistage précoce et un traitement énergique soient mis en œuvre, notamment chez les femmes n'ayant pas d'enfant ou chez celles souhaitant en avoir d'autres.

LES TRAITEMENTS

Dans les formes graves. Le traitement est alors urgent et une hospitalisation s'impose. La cœlioscopie (introduction d'un endoscope à travers la paroi de l'abdomen) permet à la fois de porter le diagnostic et de procéder au traitement. Ce dernier consiste à drainer le pus ou les liquides associés à un pyosalpinx ou à un hydrosalpinx. En parallèle, des antibiotiques sont administrés au patient en perfusion.
Dans certains cas, il arrive que ces infections endommagent la paroi des trompes au point qu'il est nécessaire de procéder à leur ablation chirurgicale (salpingectomie).
En dehors des situations d'urgence. Le traitement est habituellement médical et repose sur la prise d'antibiotiques : à large spectre dans un premier temps, puis, une fois les résultats des prélèvements bactériologiques et sérologiques connus, adaptés à l'infection en cause. La durée de prescription est d'environ trois semaines.
Le traitement du ou des partenaires sexuels est important pour éviter que de nouvelles infections surviennent.
Des médicaments anti-inflammatoires sont généralement associés aux antibiotiques pour réduire le processus inflammatoire et diminuer les risques de séquelles. Ce traitement n'est entrepris que lorsque les antibiotiques ont fait la preuve de leur efficacité. Si la femme portait un stérilet, ce dernier est enlevé.
Le repos est indispensable pendant le traitement. Une abstinence sexuelle et une contraception orale qui met les ovaires au repos sont recommandées.

LA SALPINGITE ET LA GROSSESSE EXTRA-UTÉRINE

L'autre complication des salpingites non traitées est le risque de grossesse extra-utérine (GEU), qui se développe le plus souvent à l'intérieur des trompes.
Le risque de survenue est multiplié par 10 à la suite d'une infection des trompes. La mortalité liée à cette affection est actuellement de 1 pour 1000.

LA PRÉVENTION

La prévention consiste à informer les jeunes sur :
– les risques des maladies sexuellement transmissibles ;
– les comportements à risque : partenaires sexuels multiples, pratiques sexuelles à risque, tourisme sexuel ;
– les moyens de se protéger (utiliser des préservatifs avec des partenaires à risque) ;
– les moyens contraceptifs autres que le stérilet ;
– la nécessité, pour prévenir l'apparition d'une salpingite, d'un dépistage précoce et d'un traitement systématique des infections génitales et des infections urinaires ;
– l'importance d'un traitement précoce en cas de salpingite, afin de limiter les séquelles telles que la stérilité (en raison du risque de récidive, une surveillance gynécologique régulière est souhaitable) ;
– le traitement du ou des partenaires afin de casser la chaîne de contamination de l'infection.

La Sarcoïdose

La sarcoïdose est une maladie inflammatoire chronique qui se développe aux dépens d'un tissu présent dans l'ensemble de l'organisme, et touche surtout les poumons. Il s'agit d'une affection le plus souvent bénigne.

La sarcoïdose est une affection d'origine inconnue, qui a été découverte au début du XXe siècle par des spécialistes des maladies de peau, les docteurs Besnier, Boeck et Schaumann. Elle appartient au groupe des granulomatoses, maladies inflammatoires chroniques caractérisées par l'apparition de petites masses inflammatoires disséminées. Elle touche un tissu présent dans l'ensemble de l'organisme et assurant un rôle de défense et d'épuration, le système réticulo-endothélial. Elle se caractérise par un type particulier de lésion, le granulome épithélioïde, qui est susceptible de toucher, successivement ou simultanément, un grand nombre d'organes ou de tissus. Cette affection est très difficile à diagnostiquer en raison de ses manifestations diffuses et souvent peu visibles. Elle évolue parfois de façon continue vers la guérison, ou peut être émaillée de poussées ; les raisons qui déclenchent ces poussées sont encore inconnues. La plupart des malades guérissent totalement dans les deux ans suivant l'apparition de la maladie, mais certaines formes évoluent en maladie chronique.

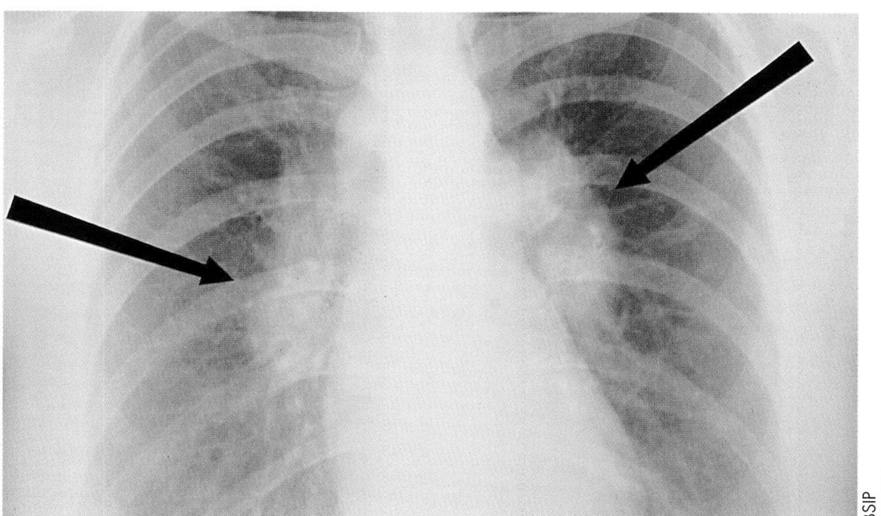

***Radiographie d'une forme bénigne de sarcoïdose.** Elle montre des ganglions hypertrophiés (flèches), qui se trouvent dans la région située entre les deux poumons, le médiastin.*

UNE MALADIE SOUVENT BÉNIGNE

La sarcoïdose est souvent détectée à l'occasion d'une radiographie de routine, réalisée par exemple lors d'une visite médicale d'embauche. Elle peut donc passer totalement inaperçue et guérir en quelques mois ou quelques années sans s'être manifestée par le moindre symptôme. Cela explique que, lorsqu'elle est détectée, elle ne fasse souvent l'objet que d'une surveillance, sans qu'un traitement ne soit administré. L'intérêt de cette surveillance est de dépister précocement d'éventuelles complications et de les traiter tôt avant qu'elles n'entraînent de conséquences.

LES SYMPTÔMES

La sarcoïdose présente souvent très peu de symptômes visibles. Elle peut être révélée par différentes manifestations :

Les lésions des poumons. Ce sont les plus fréquentes, les poumons étant atteints dans au moins 8 cas sur 10. Ces lésions sont classées en quatre stades. Au stade 0, aucune lésion n'apparaît sur les radiographies ; le diagnostic repose alors sur une autre atteinte. Au stade 1, on observe une inflammation des ganglions lymphatiques situés entre les deux poumons, dans le médiastin. Au stade 2, cette inflammation s'accompagne de lésions des poumons (infiltrations par des nodules). Au stade 3, la radiographie révèle une infiltration pulmonaire évoluée.

Les lésions de la peau. Elle touchent surtout les jeunes adultes et la population noire. Ces lésions prennent le plus souvent la forme de petites boules rougeâtres, douloureuses, qui siègent symétriquement à la face interne des jambes (érythème noueux).
D'autres lésions cutanées (sarcoïdes) peuvent survenir, sous la forme de grosseurs fermes et mobiles de taille variable (d'une lentille à une noisette). Lorsqu'elles sont de petite taille, elle se disposent en cercle sur la peau et finissent par laisser des cicatrices blanches tachées de petits vaisseaux. Les lésions peuvent aussi être de consistance molle et envahir le nez et l'angle interne de l'œil. Ces atteintes cutanées s'accompagnent de lésions plus rares et non spécifiques de la sarcoïdose : chute des cheveux, démangeaisons, rougeurs et desquamation de la peau.

Les autres symptômes. Ce peut être une augmentation de volume des ganglions superficiels (adénopathie), des atteintes des yeux (inflammation de l'uvée ou uvéite, par exemple), une inflammation des articulations (arthrite), des douleurs diffuses, des atteintes du foie et des glandes salivaires. Beaucoup plus rarement, la sarcoïdose entraîne une hypertrophie de la rate ou des atteintes cardiaques, rénales, musculaires ou nerveuses.

LE LAVAGE BRONCHIOLO-ALVÉOLAIRE (LBA)

Il a pour but d'examiner les cellules des alvéoles pulmonaires, ce qui permet de distinguer différentes maladies pulmonaires. Il est effectué à l'aide d'un bronchoscope souple, sous anesthésie locale. Le liquide de lavage est introduit par le canal du fibroscope, baigne les alvéoles et est immédiatement réaspiré et recueilli dans des flacons stériles à des fins d'analyse. Cet examen, généralement bien supporté, entraîne parfois une gêne respiratoire ou une fièvre modérée passagères.

LE DIAGNOSTIC

C'est le plus souvent à l'occasion d'une radiographie pulmonaire de routine révélant des ganglions anormalement gros ou des nodules que la sarcoïdose est suspectée. Un bilan de santé met alors en évidence différents signes, notamment un taux anormalement élevé de calcium dans le sang. L'analyse du liquide de lavage bronchiolo-alvéolaire aide souvent le médecin à confirmer le diagnostic. Mais seule la mise en évidence d'atteintes microscopiques, les granulomes, permet de diagnostiquer la maladie avec certitude. Ces granulomes sont décelés par analyse d'un prélèvement de tissu (biopsie), selon le cas des bronches, des poumons, de la peau ou des ganglions, ou d'autres organes.

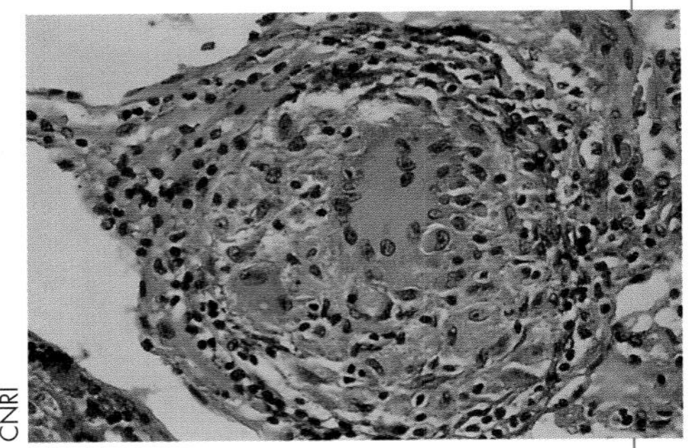

CNRI

Sarcoïdose pulmonaire. *L'observation au microscope d'un prélèvement de tissu des bronches révèle des granulomes.*

LE TRAITEMENT

Il dépend du bilan général et des organes atteints.

En cas d'atteinte des poumons. S'il y a gêne respiratoire, le médecin prescrit des corticostéroïdes.

En cas de lésions sur la peau. Deux modes de soins sont possibles : l'un consiste à administrer un traitement général, l'autre vise à ne traiter que la lésion (infiltration de corticostéroïde ou destruction par l'azote liquide des atteintes isolées).

En cas d'atteinte des yeux. Des traitements d'appoint, comme les larmes artificielles, sont souvent utiles. Il est conseillé d'éviter les expositions intenses au soleil et les apports trop importants de calcium.
Les atteintes les plus graves (augmentation du taux de calcium, atteinte du cœur ou des reins) obligent à administrer des corticoïdes par voie générale.

La Schizophrénie

SYMPTÔMES ET MANIFESTATIONS

La schizophrénie est un trouble mental chronique, qui touche 1 % de la population mondiale et atteint le plus souvent des personnes jeunes, adolescents ou jeunes adultes.

S. Haramaty-Phototake - CNRI

La schizophrénie. *Elle se manifeste en particulier par une volonté de se retirer du monde et de nier toute réalité sociale.*

Cette maladie provoque une désorganisation de la pensée, des accès de délire et des signes de retrait de la société. Ces trois symptômes entraînent un handicap social important. Les traitements sont plus ou moins efficaces.

LES CAUSES

Elles ne sont pas encore connues avec précision, mais l'origine biologique ne fait plus de doute. Selon une hypothèse récente, une anomalie du développement du cerveau expliquerait les dysfonctionnements de la pensée : certaines capacités (organisation de l'action, prise de conscience, attribution d'intentions à autrui), indispensables à l'adaptation d'un individu à son environnement et aux autres, ne se mettraient en place qu'à l'adolescence, car elles nécessiteraient une maturation du cerveau. Chez le schizophrène, cette maturation ne se produirait pas. Les causes de l'anomalie seraient génétiques ou, peut-être, virales.

LES SYMPTÔMES

Le diagnostic de la schizophrénie repose sur trois symptômes caractéristiques.

Une désorganisation des activités mentales. Elle touche les fonctions intellectuelles : manque de logique, mauvaise

POUR Y VOIR PLUS CLAIR

QUELQUES MOTS À CONNAÎTRE

Dédoublement de la personnalité : ce terme est impropre pour désigner la schizophrénie ; il qualifie souvent, dans le langage courant, le sentiment d'être comme « en dehors de soi », de ne plus se reconnaître, sentiment qui peut se voir au cours de crises d'angoisse ou d'états dépressifs.

Stéréotypie : action, le plus souvent élémentaire (par exemple, balancement du corps), répétée sans but intelligible.

LE DIAGNOSTIC

La schizophrénie est une maladie invalidante, dont le traitement dépend en partie de la précocité du dépistage. Cependant, il est important que le médecin ne pose pas un diagnostic de schizophrénie devant tout adolescent qui présente des troubles du comportement ou une bizarrerie de la pensée. En particulier, il faut être extrêmement prudent devant un jeune adulte déprimé ; cet état peut en effet se manifester par des symptômes ressemblant à ceux de la schizophrénie.

utilisation des mots et de la syntaxe, incapacité à prendre part à une conversation et à échanger des idées ; tout cela rend difficile la communication avec le schizophrène. Les états affectifs sont également touchés : le malade est capable d'exprimer en même temps des sentiments totalement opposés, comme l'amour et la haine (par exemple « J'aime ma mère, je la déteste »).

Une activité délirante. Le malade émet des idées fausses, auxquelles il croit fermement. Ces idées s'expriment par le biais d'hallucinations (il entend des voix), d'interprétations (il interprète des événements réels, de façon erronée à cause de son délire) ou d'imagination (il s'invente une histoire).

Des signes de retrait. Le schizophrène semble se retirer du monde. Il n'a plus envie d'agir et d'aller vers les autres. Parfois même, il ne ressent plus d'émotions, que celles-ci soient positives ou négatives. Ces signes de retrait surviennent souvent plus tardivement que les manifestations de désorganisation et de délire.

Tous ces symptômes sont d'intensité variable, selon les individus. Le malade apparaît souvent comme une personne bizarre, fermée, impénétrable. Certains courants, dits antipsychiatriques, ont voulu voir dans cette difficulté de se comporter une manière particulière d'être au monde, dont le sens échapperait de prime abord. Or, il n'en est rien : plutôt que d'avoir trouvé une vérité nouvelle, le schizophrène a totalement perdu les moyens d'arriver à une vérité quelconque et l'incompréhension dans laquelle le met sa maladie ne produit plus qu'une angoisse vide, dite de néantisation.

L'ÉVOLUTION DE LA SCHIZOPHRÉNIE

Elle est parfois grave. Les signes de retrait dominent souvent dans la maladie et le schizophrène semble se couper du monde. L'entourage du malade n'arrive plus à le motiver, ni à lui redonner envie d'agir. Le comportement de celui-ci devient volontiers stéréotypé : mouvements de balancier qui se répètent inlassablement, rituels gestuels qui troublent son comportement.

Parfois, c'est la désorganisation des activités mentales qui est le symptôme le plus important. Dans ce cas, le malade est isolé dans un monde d'incompréhension. Quand c'est le délire qui domine, le schizophrène donne l'impression de s'être échappé du monde réel pour entrer dans un univers dont l'accès est interdit aux autres.

Heureusement, l'évolution de la maladie n'est pas toujours aussi dramatique : environ 25 % des personnes atteintes par ce trouble évoluent favorablement. Variable d'une personne à l'autre, elle est fonction de l'efficacité du traitement. En outre, elle est influencée par les événements de la vie du malade ; il est maintenant établi que des facteurs psychologiques ont un rôle important dans cette évolution. La capacité à gérer des situations de vie difficiles dépend, en plus de la schizophrénie, de la personnalité du patient. En effet, l'individu malade garde une personnalité qui lui est propre et c'est avec cet individu que le psychiatre nouera la relation thérapeutique qui permettra un bon suivi du traitement médicamenteux et un travail psychologique.

L'ENTOURAGE DU SCHIZOPHRÈNE

La famille du malade a un rôle important à jouer tout au long de la maladie. Elle peut intervenir pour faciliter le diagnostic et elle est un des éléments fondamentaux de la prise en charge. Elle doit donc être informée au mieux de tout ce qui concerne cette affection (signes, traitements, etc.), afin qu'une collaboration de bonne qualité puisse s'établir entre le patient, sa famille et l'équipe médicale.

LA SCHIZOPHRÉNIE

LES TRAITEMENTS

Le traitement de la schizophrénie n'est pas exclusivement basé sur les médicaments, pourtant indispensables ; il repose aussi sur les aides psychothérapiques et sur le soutien de la famille.

De multiples interventions doivent être menées pour soigner un malade schizophrène. Le traitement neuroleptique est nécessaire pour agir sur les symptômes de la maladie (désorganisation, délire, retrait). En son absence, aucune autre action n'est en général possible. Mais il faut également mettre en place des aides psychologiques pour le malade et pour sa famille (souvent en grande difficulté), et développer une stratégie de réinsertion.

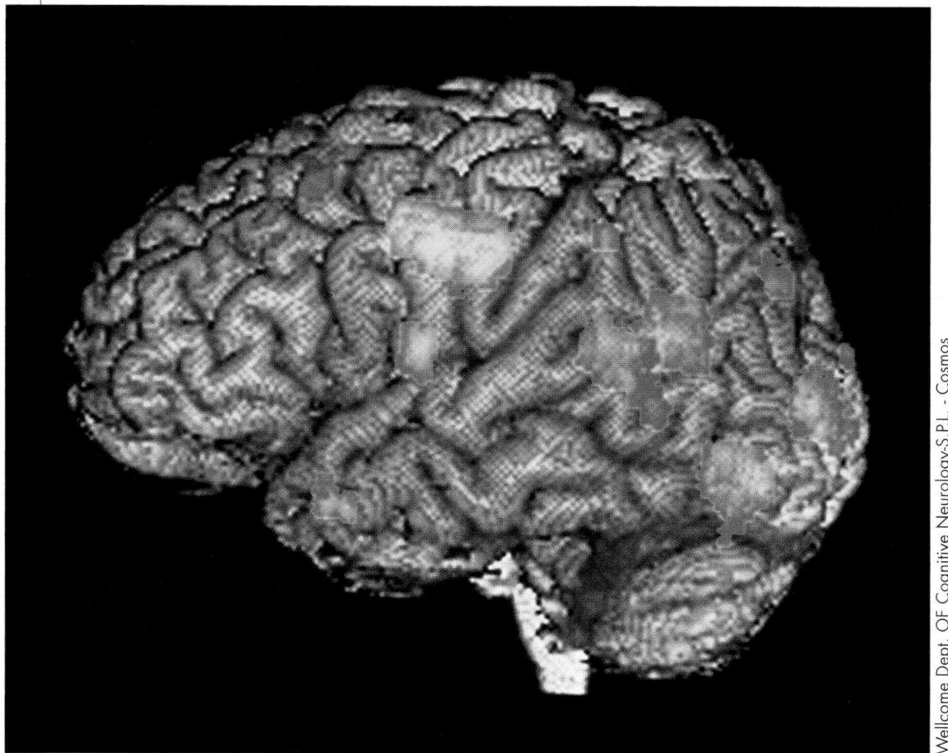

Wellcome Dept. OF Cognitive Neurology-S.P.L. - Cosmos

La schizophrénie. *L'exploration du cerveau du schizophrène en train d'accomplir une action montre des anomalies dans l'activité des zones cérébrales sollicitées par cette action.*

LES TRAITEMENTS MÉDICAMENTEUX

Le traitement médical est basé sur les neuroleptiques. Ces produits sont très actifs sur les signes de la maladie, davantage sur la désorganisation et le délire que sur la tendance à l'isolement. Il existe un grand nombre de neuroleptiques et le choix d'un produit dépendra de son efficacité et des effets secondaires qu'il peut provoquer sur le patient. Le dosage des médicaments est obtenu par tâtonnements successifs, et les doses nécessaires peuvent varier de façon très importante d'un malade à l'autre.

Le traitement dure obligatoirement plusieurs années et nécessite la coopération du malade. En effet, les statistiques montrent que le taux de rechute est compris entre 60 et 80 % sur une période de deux ans en l'absence de neuroleptiques, contre 20 % avec des neuroleptiques. Dans ce dernier cas, l'intensité et la violence des rechutes sont également plus faibles. La survenue d'effets secondaires (somnolence, apathie, troubles neurologiques) doit être correctement contrôlée, car ils peuvent gêner la réinsertion sociale du malade.

D'autres médicaments peuvent être associés aux neuroleptiques, notamment lorsque la schizophrénie se complique d'une dépression. Celle-ci peut être confondue avec les signes de

LE RÔLE DES NEUROLEPTIQUES

Certains neuroleptiques ont une action rapide, d'autres, une action prolongée. Ces derniers permettent, grâce à une injection intramusculaire mensuelle, de réduire au maximum la dose du produit administré ; en outre, ils réduisent le caractère contraignant de ce traitement.

retrait de la schizophrénie : or, elle doit être traitée par des antidépresseurs, et l'absence de ce traitement peut aggraver l'état du malade et accroître encore ses difficultés de réinsertion.

LES TRAITEMENTS PSYCHOSOCIAUX

La qualité de la relation entre le médecin et le malade est un élément fondamental dans le traitement de la maladie. Il est important que le patient soit mis en confiance (attitudes de soutien, de réassurance, d'explication et de conseils) pour pouvoir admettre qu'il est malade et accepter un traitement. Celui-ci, long, passe par des aides psychothérapiques et familiales. Il s'attache également à prévoir des mesures de réinsertion sociale.

Les aides psychothérapiques. Elles sont essentielles, mais doivent tenir compte des possibilités réelles du malade afin qu'il en tire un maximum de bénéfices. Pour cela, de nouvelles psychothérapies, basées sur le modèle comportemental, ont récemment vu le jour. Leur objectif est d'intervenir au niveau du comportement lui-même, afin d'aider le malade à mettre en place des stratégies de pensée ou d'action adaptées au monde extérieur.

Le soutien familial. Il est très important dans l'évolution de la maladie : un milieu familial ouvert et tolérant à l'égard du malade est toujours bénéfique pour l'évolution de la maladie. Malheureusement, les familles de schizophrènes sont souvent en grande difficulté pour faire face à ce type de trouble. L'angoisse, née de l'incompréhension de la maladie et du sentiment d'impuissance mêlé de culpabilité, entraîne souvent des attitudes de rejet, d'hostilité ou d'humiliation de la part de la famille. À l'inverse, la famille peut nier la gravité des difficultés et couver, surprotéger le malade, ce qui empêche celui-ci d'utiliser ses capacités d'autonomie.

Parfois, le comportement de la famille oscille entre ces deux attitudes selon l'état du malade. Lorsque la famille accepte et comprend la maladie, différentes prises en charge peuvent être proposées : psychothérapies, soutien familial.

Quand, par contre, il y a un rejet de la maladie, le maintien dans le milieu familial devient problématique. Dans ce cas, un hébergement en hôpital de nuit, en appartement thérapeutique ou en foyer pourra être proposé au patient.

Enfin, pour aider ces familles en difficulté, de nombreuses associations de parents de patients schizophrènes ont été créées depuis quelques années. Elles leur apportent une écoute et un soutien indispensables pour mieux comprendre ce trouble et mieux intervenir auprès du malade.

Des mesures de réinsertion sociale. Elles viennent compléter le dispositif thérapeutique et sont choisies en fonction des capacités du malade à en tirer profit. Ces mesures de réinsertion sont un facteur de stabilisation et de lutte contre le retrait de la société. Elles permettent de mobiliser les ressources du patient. Plusieurs alternatives sont possibles pour y parvenir : travaux d'occupation dans une institution pour malades chroniques, reprise d'une activité professionnelle dans un cadre ordinaire ou dans un cadre protégé (centres d'aide par le travail).

LA PRISE EN CHARGE

L'administration de neuroleptiques par la famille à l'insu du malade est une pratique courante, mais le plus souvent préjudiciable au patient lui-même. En effet, pour qu'un traitement soit efficace à moyen et long terme, il faut que le patient y participe pleinement. Une telle pratique ne peut donc apporter, au mieux, qu'une amélioration passagère.

Cela est d'autant plus vrai qu'une hospitalisation contre le gré du malade est toujours possible lorsque son état de santé le justifie ; au cours de cette hospitalisation, les raisons de son refus pourront être évoquées avec lui.

La Sciatique

La sciatique est une douleur irradiant le long du nerf sciatique. En suivant le trajet de ce nerf, le plus long de l'organisme, elle peut s'étendre de la fesse jusqu'au pied, bien que, le plus souvent, une seule partie de ce trajet soit concernée.

Le nerf sciatique part du bassin et descend le long de la cuisse, jusqu'au pied. Il est formé de la réunion de 2 racines nerveuses issues de la moelle épinière, au niveau de la 5e vertèbre lombaire (L5) et de la 1re vertèbre sacrée (S1). Il contrôle les articulations de la hanche, du genou et des chevilles par l'intermédiaire des muscles de la cuisse, de la jambe et du pied.

LES CAUSES

Une sciatique se produit lorsque le nerf sciatique est comprimé à un endroit ou à un autre de son trajet à travers le corps. Le plus souvent, la compression est provoquée par une hernie discale se situant au niveau des vertèbres lombaires de la colonne, entre les 2 racines du nerf (L5 et S1).

D'autres causes, plus rares, peuvent entraîner une sciatique. Par exemple, un problème osseux (arthrose, luxation de la hanche ou fracture du bassin), un hématome, un abcès, une tumeur ou, simplement, une mauvaise position assise prolongée, provoquent parfois une compression du nerf sciatique et font naître une douleur.

LES SYMPTÔMES

La sciatique est généralement précédée de douleurs chroniques ou aiguës au niveau des vertèbres lombaires (lumbago), puis une douleur souvent intense, accentuée par la toux et la station debout, apparaît au niveau du nerf sciatique. Si la 5e racine lombaire (L5) est touchée, la douleur irradie vers la face postérieure de la cuisse, la face externe de la jambe, le dessus du pied et le gros orteil. Si la première racine sacrée (S1) est atteinte, la douleur s'étend vers le mollet, le talon, la plante et le bord externe du pied. Si les 2 racines nerveuses sont touchées, la douleur est ressentie de la fesse jusqu'au pied. Quand la sciatique est due à une hernie discale, il n'existe pas de lien entre l'importance de celle-ci et l'intensité de la douleur.

LE NERF SCIATIQUE

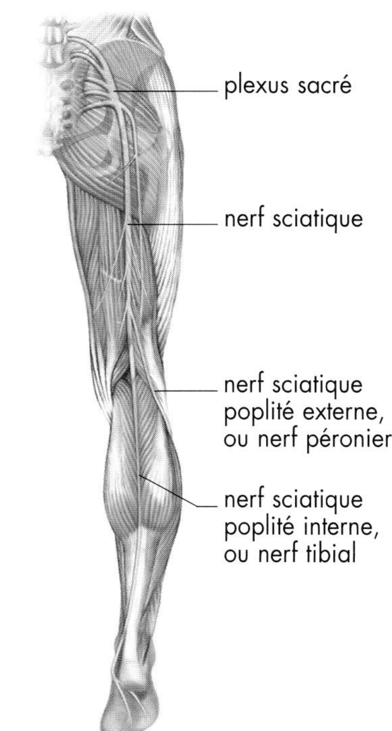

LE DIAGNOSTIC

En général, l'examen radiographique met en évidence un pincement des disques interverté-

LA RADICULALGIE

Une douleur située dans la zone innervée par une racine nerveuse est appelée radiculalgie, ou douleur radiculaire. Celle-ci est due en général à la compression d'une racine d'un nerf rattaché à la moelle épinière (nerf rachidien), près de la colonne vertébrale. Cette compression peut être consécutive à une arthrose de la colonne vertébrale, à une hernie discale, à une tumeur osseuse ou nerveuse. Une personne atteinte de radiculalgie souffre de douleurs le plus souvent aiguës, de fourmillements ou d'une anesthésie de la peau. Le trajet de la douleur indique la localisation de la lésion.

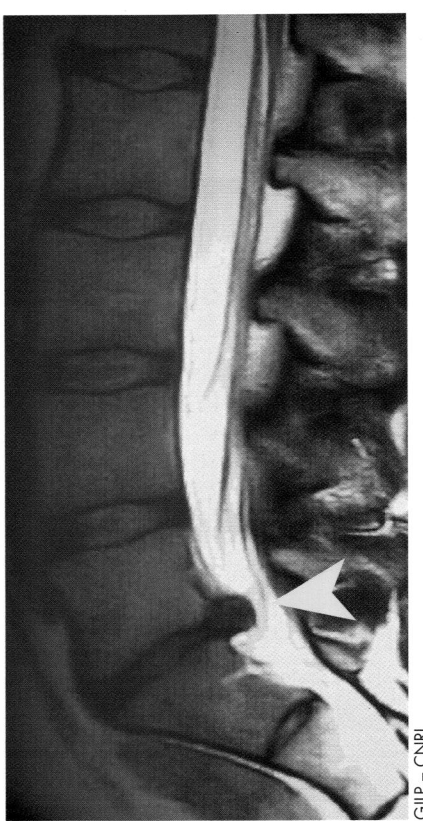

GJLP – CNRI

Radiographie d'une hernie discale. *La photo révèle la saillie du disque intervertébral.*

braux, mais il ne permet pas toujours de révéler une sciatique. Le diagnostic s'appuie donc, avant tout, sur la douleur caractéristique ressentie par le malade.
Le scanner et l'imagerie par résonance magnétique (IRM) donnent des renseignements plus précis : ils permettent notamment de visualiser le point de compression et d'apprécier l'état des racines nerveuses.

LES TRAITEMENTS

Dans la majorité des cas, la sciatique guérit spontanément lorsqu'elle est provoquée par une hernie discale. Néanmoins, la période de guérison est longue : 8 semaines en moyenne.
Des médicaments contre la douleur (analgésiques), des anti-inflammatoires, des corticostéroïdes généraux ou locaux (en infiltration) atténuent la douleur, mais le traitement repose avant tout sur le repos absolu et sur le port d'un corset pour maintenir la colonne vertébrale quand la douleur est très intense.
Si, après 2 mois de traitement, la sciatique reste invalidante, empêchant les activités normales, il faut envisager d'autres traitements. S'il s'agit d'une hernie discale, le traitement fera appel à l'injection d'un médicament qui la détruit dans les disques intervertébraux (chimionucléolyse) ou, plus radicalement, à la chirurgie. Dans le cas des tumeurs malignes osseuses situées au niveau des vertèbres lombaires, la chimiothérapie, la radiothérapie et la chirurgie (ablation de la tumeur) seront utilisées. Lorsque la sciatique résulte d'une inflammation d'un disque intervertébral et des vertèbres adjacentes due à une infection, la prise d'antibiotiques est indispensable.

LE TRAITEMENT PAR CHIMIONUCLÉOLYSE

Le traitement faisant appel à l'injection d'un médicament dans les disques intervertébraux est la chimionucléolyse. Un des médicaments les plus utilisés est la chymopapaïne, une substance extraite du papayer, arbre fruitier, capable de détruire la partie du disque intervertébral qui fait saillie et qui comprime le nerf sciatique.
La chimionucléolyse, réservée aux sciatiques rebelles, permet parfois, en dehors de contre-indications, d'éviter une intervention chirurgicale, souvent moins efficace.

LA HERNIE DISCALE

Une hernie discale se caractérise par une saillie du disque intervertébral hors de ses limites normales : l'anneau fibreux qui forme l'enveloppe du disque se fissure ; le noyau gélatineux qui compose l'intérieur du disque s'infiltre alors dans la fissure jusqu'à former une saillie à l'extérieur de la colonne vertébrale.
La hernie discale, un peu plus fréquente chez l'homme que chez la femme, survient le plus souvent entre 20 et 30 ans et touche, dans 95 % des cas, les vertèbres lombaires. La destruction d'un disque est généralement due à un surmenage modéré mais répété, sollicitant régulièrement les mêmes vertèbres (travaux manuels). Elle peut aussi – mais plus rarement – être causée par le soulèvement d'une lourde charge ou par une brusque torsion du tronc.
Lorsque la hernie est volumineuse, elle provoque des douleurs dans la région lombaire (lombalgie) et peut comprimer certaines racines nerveuses, déclenchant alors une sciatique.

LA SCLÉROSE EN PLAQUES

Dans la sclérose en plaques, les fibres prolongeant les cellules du système nerveux perdent la substance qui les entoure, ce qui les empêche de conduire l'influx nerveux. Cette maladie entraîne souvent une invalidité progressive.

Le système nerveux central comprend le cerveau, le cervelet, le tronc cérébral et la moelle épinière ; il est principalement constitué de substance grise, tissu qui contient les cellules nerveuses (neurones), et de substance blanche, tissu contenant surtout des axones, qui sont les prolongements des neurones. Dans la sclérose en plaques, c'est la substance entourant ces prolongements, la myéline, qui est atteinte (on parle de maladie démyélinisante). La disparition de la myéline se traduit par un durcissement (sclérose) de la substance blanche, qui prend la forme de plaques. Celles-ci empêchent les fibres nerveuses atteintes de conduire l'influx nerveux. La sclérose en plaques touche principalement les jeunes adultes des deux sexes, mais les femmes sont les plus atteintes (60 % des cas). Environ 3 à 5 nouveaux cas se déclarent chaque année pour 100 000 habitants en Europe et aux États-Unis.

LES SYMPTÔMES

Il s'agit de troubles neurologiques d'intensité et de localisation très variables, en fonction de la zone où les plaques apparaissent. Ils se manifestent habituellement sous forme de poussées de courte durée, entrecoupées de périodes de régression. Ces troubles concernent d'abord les fonctions

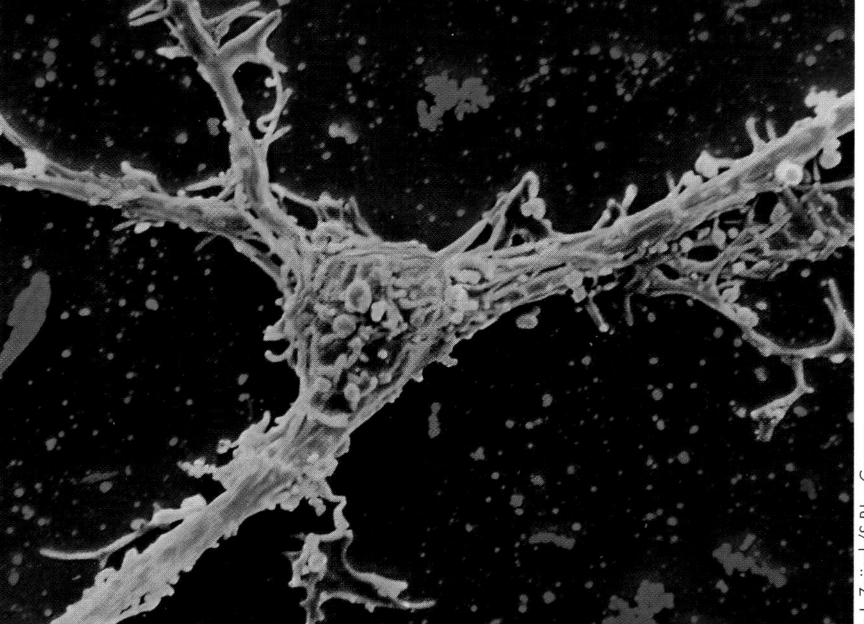

Dr J. Zajicek/S.P.L. - Cosmos

Le neurone. *Les prolongements de ce neurone (au centre) peuvent être privés de leur gaine de myéline. La disparition de celle-ci est responsable des symptômes de la sclérose en plaques.*

LE TRAITEMENT ACTUEL

Un médicament, l'interféron bêta, est actuellement utilisé pour soigner la sclérose en plaques. On ne connaît pas encore ses résultats à long terme. Obtenu par génie génétique, il sert à réguler le système de défense de l'organisme (système immunitaire). Il est prescrit dans les formes de sclérose en plaques évoluant par poussées ou en cas d'aggravation progressive : il permet en effet de diminuer le nombre de poussées et, par là même, la progression de l'invalidité du malade. Ce traitement, très coûteux, doit être prescrit par un neurologue.

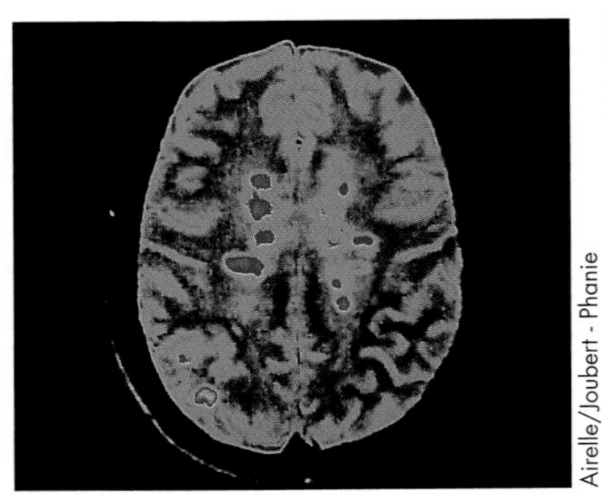

***Sclérose en plaques.** Les lésions se traduisent, sur ce scanner, par de petites plaques rouges.*

sensitives (fourmillements, impressions anormales au toucher, sensation d'avoir une peau cartonnée), les fonctions motrices (paralysie temporaire d'un membre ou de la moitié du corps), l'équilibre, le contrôle des urines (incontinence ou, au contraire, difficulté pour uriner). La manifestation la plus fréquente de la sclérose en plaques reste cependant les troubles de la vision (baisse brutale de l'acuité visuelle d'un œil, due à l'atteinte du nerf optique, ou névrite optique, vision double ou floue), qui régressent en quelques jours, en laissant parfois des séquelles. Ces manifestations ont tendance à s'aggraver lorsque le malade prend un bain chaud.

LE DIAGNOSTIC

L'apparition, chez un adulte jeune, de troubles neurologiques en plusieurs endroits du corps, suivie de leur régression en quelques jours, est à elle seule très caractéristique de la sclérose en plaques. Le diagnostic est confirmé par l'imagerie par résonance magnétique (IRM), qui constitue le meilleur procédé existant à l'heure actuelle pour visualiser les plaques démyélinisées. Il peut éventuellement être complété par l'examen du liquide céphalorachidien. Enfin, l'enregistrement des potentiels évoqués permet de rechercher des atteintes qui n'ont pas encore été repérées, et d'établir la localisation des plaques et des lésions neurologiques.

LE TRAITEMENT

Les crises sont traitées par administration de médicaments corticostéroïdes à fortes doses, par perfusion pendant quelques jours en milieu hospitalier, mais aussi par injections intramusculaires et par voie orale. Dans certains cas, on prescrit également des médicaments destinés à supprimer temporairement les réactions immunitaires de l'organisme (immunosuppresseurs). Chaque trouble est également traité indépendamment : traitement de l'incontinence urinaire par des médicaments, kinésithérapie pour renforcer la musculature, etc.
À l'heure actuelle, aucun traitement ne guérit définitivement la maladie ; cependant, un nouveau médicament, l'interféron, permet de diminuer le nombre des poussées.

L'ÉVOLUTION

La sclérose en plaques peut être bénigne (le malade n'a qu'une ou deux poussées, sans séquelles), ou immédiatement invalidante, mais la forme la plus courante se traduit par une succession de poussées entrecoupées de périodes d'accalmie de durée variable. Après les premières manifestations de la maladie, les symptômes régressent totalement, puis les signes persistent de façon croissante après chaque crise, ce qui aboutit à une invalidité progressive.

LES CAUSES

Elles ne sont pas encore connues avec certitude, mais l'association de plusieurs facteurs est probable. Cette maladie serait due à un dysfonctionnement du système de défense de l'organisme (système immunitaire), qui attaquerait la myéline en la considérant comme un corps étranger. D'autres éléments peuvent intervenir, comme des facteurs génétiques ou environnementaux.

L'ENVIRONNEMENT : UNE CAUSE PROBABLE

La sclérose en plaques est plus répandue dans les régions tempérées du globe et sa fréquence diminue au fur et à mesure que l'on descend vers l'équateur. Courante en Europe continentale, elle s'observe peu en Afrique du Nord et rarement en Afrique noire. Cependant, les jeunes enfants qui migrent d'un pays africain à un pays situé en zone tempérée peuvent développer la maladie dans le pays d'accueil, ce qui peut laisser supposer que celle-ci est liée à l'environnement.

LE SIDA

TRANSMISSION ET PRÉVENTION

Dès l'apparition des premiers cas de sida, en 1981, de nombreuses études ont permis de comprendre comment le virus se transmettait et de définir ainsi des mesures de prévention efficaces.

Le VIH se transmet selon 3 modes principaux : par voie sexuelle, par voie sanguine et de la mère à l'enfant.

LA TRANSMISSION

Pour être contaminé par le virus du sida, il faut soit avoir eu des rapports sexuels avec une personne infectée, soit avoir eu des contacts avec son sang. En effet, le virus n'est présent en quantité suffisante pour être contaminant que dans le sang, le sperme et les sécrétions vaginales. Aucun cas de contamination par la salive et les larmes n'a été rapporté à ce jour.
Pour être infectant, le virus doit entrer en contact avec son site d'action, notamment les globules blancs (lymphocytes T4), et donc franchir la barrière constituée par la peau ou la muqueuse, en profitant d'une piqûre ou d'une plaie.
La contamination de la mère à l'enfant s'effectue soit pendant la grossesse, par l'intermédiaire du placenta, soit après, par l'allaitement maternel.

La transmission par voie sexuelle. C'est le mode de transmission le plus important. Les rapports sexuels anaux (sodomie) ou vaginaux peuvent entraîner la transmission du VIH (présent dans le sperme et les sécrétions vaginales) si l'un des deux partenaires est porteur du virus.
Les muqueuses des organes génitaux et de l'anus présentent souvent des petites lésions qui favorisent la pénétration du VIH. Le risque de contamination existe, même s'il est plus faible, pour les deux partenaires lors des contacts bouche-sexe (fellation, cunnilingus). Les risques de transmission par voie sexuelle sont plus importants :

– en cas de rapports sexuels nombreux avec des partenaires multiples ;
– d'un homme séropositif à une femme séronégative. Toutefois, le risque de transmission en sens inverse, de la femme séropositive à l'homme séronégatif, existe, surtout lorsque la muqueuse est fragilisée par une lésion (une mycose ou une autre MST, par exemple) ; c'est également le cas pendant les règles, le sang contenant le virus.

La transmission par voie sanguine. Elle intervient lorsque le sang d'une personne infectée entre en contact avec celui d'une autre personne. Cela peut arriver lors d'une transfusion de sang contaminé ou lors du partage de seringues chez des toxicomanes porteurs du virus et en cas de réemploi de seringues sans stérilisation (notamment dans les pays en voie de développement).
La voie sanguine est un mode de transmission très contaminant, le risque étant évalué à 90 %. Aussi les hémophiles, qui nécessitent de fréquentes transfusions de sang, ont-ils été particulièrement touchés par le sida jusqu'à ce que des mesures préventives (chauffage des produits transfusés puis contrôle par

CE QUI NE TRANSMET PAS LE VIRUS DU SIDA

La plupart des actes de la vie quotidienne ne comportent aucun risque d'infection par le VIH. Il ne faut donc pas craindre ou éviter la fréquentation de personnes porteuses de ce virus. Une poignée de main, un baiser sur la joue sont inoffensifs, de même que la fréquentation de lieux publics (locaux de travail, école, piscine, etc.), le contact avec des objets (poignée de porte, toilettes publiques, téléphone, etc.). Les piqûres d'insectes (moustiques, guêpes, etc.) ne jouent aucun rôle dans le développement des épidémies sous les tropiques.

tests) mettent un terme à cette contamination.

Lors d'une blessure accidentelle avec du matériel souillé par du sang infecté par le VIH (surtout en milieu hospitalier), ce risque est très faible, sauf en cas de coupure profonde.

La transmission par piqûre d'aiguilles d'acupuncture, de mésothérapie, de tatouage ou de piercing est théoriquement possible.

La transmission de la mère à l'enfant. Toute femme séropositive désireuse d'avoir un enfant court le risque de transmettre le VIH à son enfant. Tous les enfants nés de mère séropositive sont séropositifs à la naissance, car ils portent les anticorps de leur mère.

La contamination n'est pas pour autant obligatoire : sur 5 enfants nés de mère infectée, 1 seul est contaminé, mais plus si la mère est au stade du sida. Lorsqu'ils ne sont pas contaminés, les enfants deviennent séronégatifs vers l'âge de 15 à 18 mois.

Il existe également un risque de transmission du VIH par le lait maternel. C'est pourquoi l'on déconseille l'allaitement aux femmes séropositives dans les pays industrialisés.

LA PRÉVENTION

La prévention de la transmission par voie sexuelle consiste à utiliser le préservatif masculin lors des rapports sexuels. Celui-ci constitue en effet, à ce jour, la seule protection efficace. Le préservatif doit être utilisé quelles que soient les pratiques sexuelles.

La prévention de la contamination par voie sanguine repose sur un contrôle rigoureux des conditions de transfusion. Lors de l'entretien qui précède chaque don de sang, le médecin cherche à exclure les donneurs qui pourraient avoir été contaminés récemment.

Malgré ces deux précautions, le risque existe encore, mais il est minime : 1 cas sur 570 000 dons de sang. Il est lié à la possibilité d'échec de dépistage du virus dans le sang du donneur, les anticorps contre le VIH n'étant détectables qu'un mois après la contamination.

Les piqûres et les coupures accidentelles avec des instruments contaminés ou soupçonnés de l'être doivent être immédiatement désinfectées. Dans les pays où il existe une pénurie en matériel médical, les risques liés à la réutilisation de ce matériel sans stérilisation sont importants.

Les mesures de prévention de la contamination chez les toxicomanes échangeant des seringues portent sur la toxicomanie même : programmes de drogues de substitution, incitation à désinfecter les seringues, programmes de fourniture de matériel neuf (des seringues stériles à usage unique peuvent être achetées anonymement en pharmacie).

La prévention de la contamination de la mère à l'enfant repose sur des mesures d'information. Si une femme apprend au cours de sa grossesse qu'elle est séropositive, les médecins peuvent lui proposer un avortement thérapeutique. L'administration d'AZT au cours de la grossesse et pendant l'accouchement est un traitement qui permet de réduire le risque encouru par l'enfant.

On déconseille aux femmes contaminées d'avoir un enfant, mais également aux hommes contaminés, car ceux-ci sont susceptibles de transmettre la maladie à la mère et, donc, à l'enfant.

Il faut déchirer délicatement l'étui pour ne pas abîmer le préservatif.

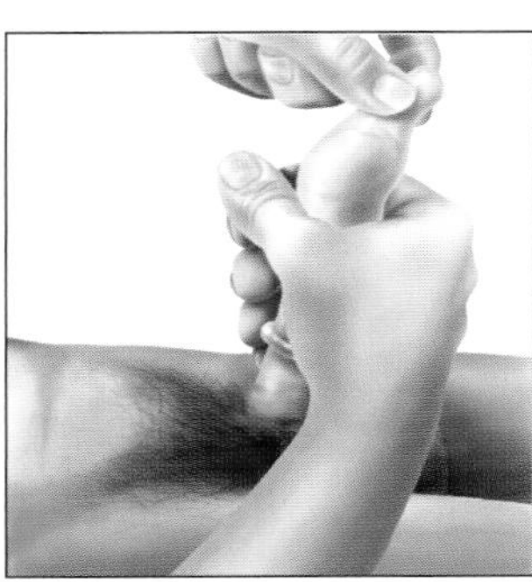

Pour éviter l'éclatement, il faut chasser l'air du petit réservoir en le pinçant.

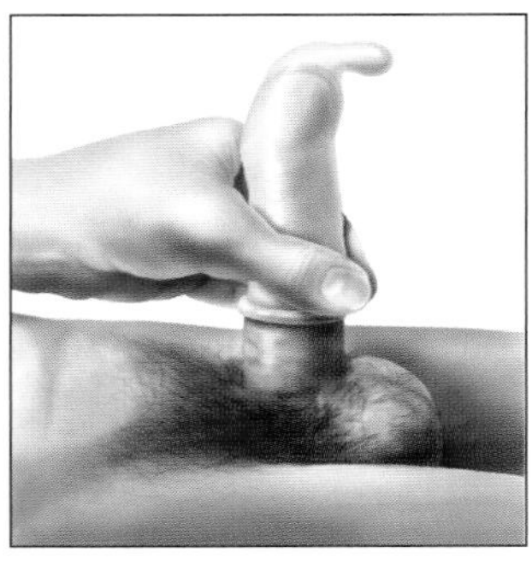

Le préservatif est mis en place lorsque l'érection est complète.

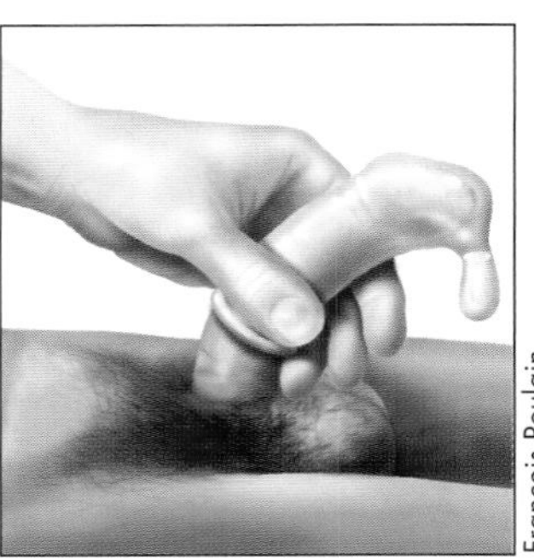

François Poulain

Après l'éjaculation, il faut retirer le préservatif en le tenant à sa base.

LE SIDA

LA SÉROPOSITIVITÉ

Il existe un test fiable qui permet de savoir si l'on est contaminé ou non par le virus du sida. Le résultat (séropositif ou séronégatif) n'est sûr que 2 ou 3 mois après l'éventuelle contamination.

Faire le test du sida implique un certain nombre de questions. Où et comment le faire ? Que signifient les résultats ? Sont-ils fiables ? Être séropositif entraîne d'autres interrogations. Quelles sont les manifestations de la séropositivité ? Quand apparaissent les premiers signes graves ? À partir de quel moment est-on contagieux ? Doit-on consulter son médecin plus souvent ?

LE TEST

Où et comment faire le test ? Le test, réalisé à partir d'une prise de sang, peut être demandé auprès de son médecin (généraliste ou spécialiste), qui établira une ordonnance ; il est ensuite effectué dans n'importe quel laboratoire d'analyses médicales. Dans certains pays, il est aussi possible de le faire dans les centres de planning familial, dans les dispensaires antivénériens et dans les centres de dépistage anonymes et gratuits.

En quoi consiste le test ? À partir du prélèvement de sang, le laboratoire d'analyses médicales réalise un test sérologique, par une méthode appelée ELISA. Le test met en évidence la présence ou l'absence d'anticorps contre le virus du sida, produits par certains globules blancs du système immunitaire.

Le résultat est négatif (personne séronégative). À partir de la date de contamination, il faut 2 ou 3 mois pour produire les anticorps contre le VIH. Un résultat négatif peut donc avoir deux significations :

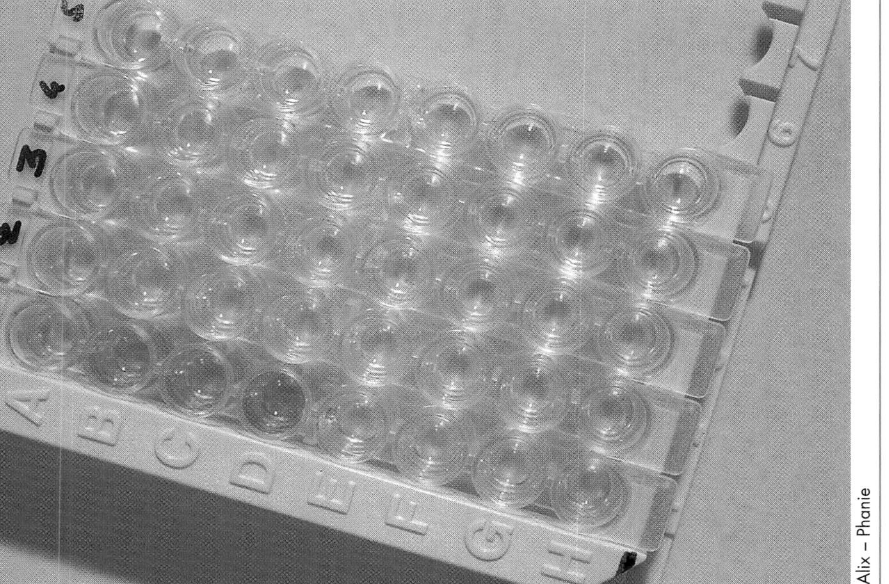
P. Alix – Phanie

Test ELISA utilisé pour le dépistage du sida. *Chaque échantillon correspond à un prélèvement de sang. Ici, les 3 échantillons colorés en rouge-orangé sont des tests positifs.*

QUAND PEUT-ON TRANSMETTRE LE VIRUS DU SIDA ?

Dès qu'une personne est contaminée, elle garde définitivement le virus en elle et peut donc le transmettre par voie sanguine ou par voie sexuelle. L'usage de préservatifs masculins est alors indispensable pour éviter la transmission de la maladie, y compris entre 2 personnes séropositives, car de nouvelles expositions au virus risquent d'accélérer l'évolution de la maladie. En cas de saignement, la personne doit connaître le risque qu'elle fait courir à son entourage et les moyens de protection à utiliser (gants).

– soit la personne n'a pas été contaminée par le virus du sida ;
– soit la contamination est trop récente pour que les anticorps soient détectables dans le sang. Dans le doute, il faut refaire le test dans un délai de 3 mois à partir du moment présumé de la contamination. Si le second test est négatif, la personne n'a pas été contaminée.

Le résultat est positif (personne séropositive). Pour éviter tout risque d'erreur, dès qu'un test est positif, il est immédiatement refait une seconde fois et complété par un autre test plus précis, appelé Western-Blot. La réalisation des deux tests prend 1 semaine. Le test Western-Blot doit être renouvelé 1 mois plus tard pour confirmer une nouvelle fois le résultat. Ce n'est que lorsque tous les tests sont positifs que la personne est dite séropositive. Il existe d'autres tests, plus sophistiqués et plus coûteux, qui sont effectués en cas de résultats douteux et chez l'enfant.

LE TERME SÉROPOSITIF

Il faut bien avoir présent à l'esprit que, dans le langage médical, le terme séropositif ne concerne pas uniquement l'infection par le virus du sida. Il est employé pour toutes les autres maladies infectieuses dont le diagnostic est révélé par un test sérologique qui recherche les anticorps spécifiques d'un microbe. Le plus souvent, être séropositif pour ces maladies signifie qu'on a des anticorps qui nous en protègent (c'est le cas, par exemple, de la rubéole pour une jeune fille).
Le lien entre sida et séropositivité tient à l'impact dramatique de la maladie, mais l'expression commune « être séropositif » n'a aucun sens médical précis.

LA SÉROPOSITIVITÉ

Y a-t-il des signes au moment de la contamination ? Pendant les 3 mois qui suivent la contamination par le virus du sida, la plupart des personnes ne ressentent aucun trouble. Parfois, certaines d'entre elles se plaignent de symptômes ressemblant à ceux d'une mononucléose infectieuse : fièvre pouvant durer jusqu'à 1 mois, gonflement des ganglions lymphatiques, courbatures, douleurs articulaires. Ces symptômes disparaissent spontanément en 1 mois environ. Pendant cette période, même si le test de dépistage est encore négatif, le risque de transmission du virus est élevé.

Quelles sont les manifestations de la séropositivité ? La séropositivité ne se traduit par aucun symptôme particulier. Pendant cette phase sans symptômes (phase asymptomatique), les défenses naturelles de l'organisme sont préservées ou encore suffisantes pour contrôler les effets du virus. Les personnes ne présentent en général aucun trouble particulier si ce n'est, pour certaines, une augmentation de volume des ganglions lymphatiques du cou et des aisselles, ce qui n'est pas un signe d'aggravation de la maladie. Dans l'état actuel des connaissances, la période asymptomatique peut durer de quelques années à 11 ans après la contamination par le virus du sida.

LA REMISE DU RÉSULTAT

Le résultat du test est confidentiel : il n'est connu que du patient et du médecin tenu au secret professionnel. La remise du résultat est souvent un moment de « choc » pour le patient. Elle doit se faire dans un climat de confiance et être l'occasion d'une discussion approfondie. Le médecin doit apporter au patient les explications nécessaires à la compréhension de la maladie et répondre à toutes ses questions.

Quels sont les premiers signes graves ? Quand les premiers signes graves apparaissent, les personnes séropositives entrent dans la phase dite symptomatique, caractérisée par une fièvre qui persiste plusieurs semaines, des sueurs nocturnes, une fatigue intense, une perte de poids de plus de 10 % et de la diarrhée. La personne atteinte peut aussi présenter un muguet, ou candidose (lésion de la muqueuse buccale). Ces premiers symptômes annoncent et précèdent de peu l'apparition des infections graves. Ils signifient que le virus a détruit une grande partie des défenses immunitaires de la personne contaminée, qui entre alors dans la maladie appelée sida.

Quand faut-il consulter son médecin ? Au minimum tous les 6 mois en l'absence de signes, puis à la demande, quand les premiers symptômes apparaissent, pour surveiller l'évolution de la maladie.

LE SIDA DÉCLARÉ

DÉFINITION

Le sida déclaré correspond à la phase de cette affection où le système immunitaire de l'organisme est détruit ; il se manifeste par l'apparition de multiples infections, dites opportunistes, et de tumeurs.

Le sida ne survient que plusieurs années après la contamination par le virus du sida : de 7 à 11 ans pour la plupart des personnes atteintes, dans l'état actuel des connaissances. C'est le temps que met le virus à affaiblir puis à détruire certains globules blancs du système immunitaire, appelés lymphocytes T4 ou CD4, assurant normalement la défense de l'organisme contre les infections et les tumeurs.
Le nombre normal de lymphocytes T4 ou CD4 est de 800 à 1 000 par millimètre cube de sang. Quand le taux descend en dessous de 200 par millimètre cube, les défenses immunitaires sont tellement réduites que l'organisme n'est plus du tout protégé contre les microbes : on dit alors que le malade est immunodéficient. Le sida qualifié de sida déclaré apparaît.

LES SURVIVANTS

Chez certaines personnes contaminées, dites survivants de longue durée, le sida ne s'est toujours pas déclaré après 15 ans de séropositivité. Les chercheurs ignorent encore l'origine de cette résistance naturelle au virus, qui autorise des espoirs si l'on arrive à en identifier les mécanismes.

LE DÉBUT DU SIDA

Avec la destruction progressive de ses lymphocytes T4 ou CD4, la personne contaminée peut présenter différents signes : accès de fièvre, sueurs, diarrhées, muguet, ou candidose (lésions blanchâtres de la muqueuse buccale et de la langue), poussées d'herpès récidivantes, zona, verrues multiples ou dermite séborrhéique du visage (plaques rouges desquamantes au niveau du front et des ailes du nez).
En général, l'apparition de ces symptômes, qui ne sont pas toujours présents, constitue

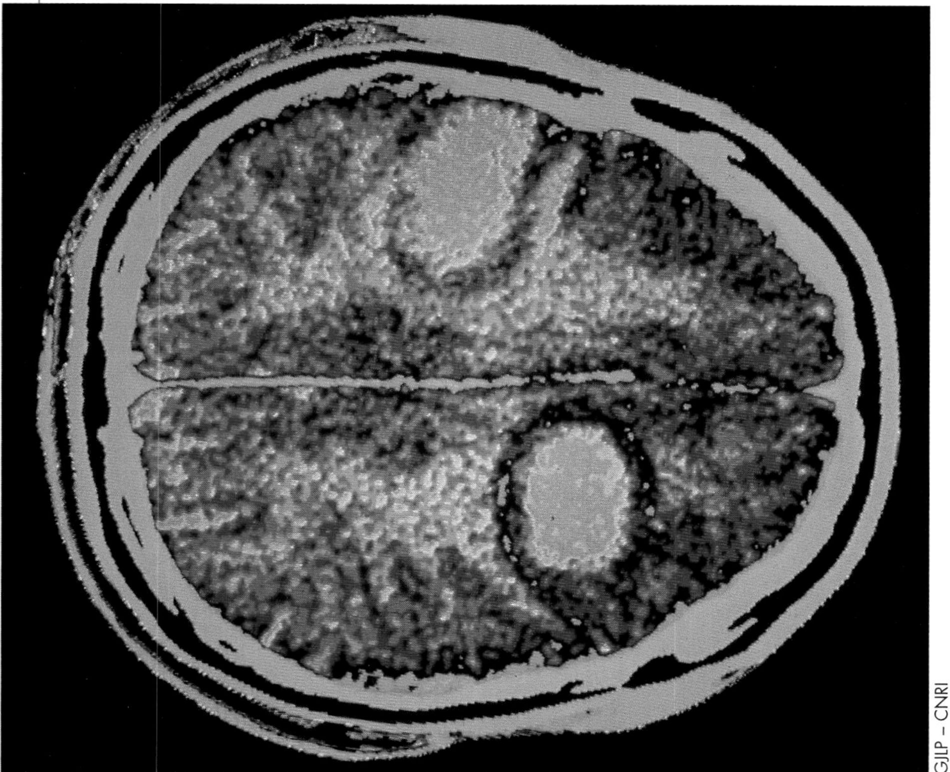

GJLP – CNRI

Toxoplasmose cérébrale chez un patient atteint du sida. *Les deux abcès (en orange sur la photo) de cette maladie parasitaire sont bien visibles sur ce scanner du cerveau.*

DÉFINITION DU MOT SIDA

S pour syndrome = tous les signes et les symptômes caractérisant une maladie
I pour immuno = défenses naturelles (immunitaires) de l'organisme
D pour déficience = destruction des défenses immunitaires de l'organisme par le virus
A pour acquis = maladie qui survient au cours de la vie et qui n'est ni congénitale ni héréditaire

un indice d'évolution vers le sida déclaré dans les 2 ans qui suivent.

LE SIDA DÉCLARÉ

Le sida qualifié de sida déclaré se manifeste par des complications infectieuses et tumorales très graves et souvent mortelles.
Les infections opportunistes. Elles marquent l'entrée dans la phase de sida déclaré. Elles sont dites opportunistes car elles ne devraient normalement pas se manifester et saisissent l'opportunité d'une baisse des défenses immunitaires de l'organisme pour apparaître.
Ces infections sont très souvent multiples, ce qui peut compliquer leur diagnostic et leur traitement. Les infections opportunistes ont tendance à s'étendre à tout l'organisme et à rechuter même après un traitement efficace. C'est ainsi que leur répétition et leur nombre finissent par altérer profondément l'état général du malade.
Les tumeurs. Ce sont les secondes grandes manifestations du sida. Elles touchent le plus souvent la peau (sarcome de Kaposi), les ganglions (lymphomes), puis elles atteignent tous les organes (lymphomes cérébral, digestif, etc.). Leur évolution est en général mauvaise.
Les affections du cerveau. Elles sont dues à l'attaque des cellules nerveuses par le virus. Elles se manifestent par des troubles neurologiques graves avec apparition d'une démence, de troubles de la mémoire, de difficultés de concentration et d'un changement de caractère.

FACTEURS POUVANT ACCÉLÉRER LA MALADIE

Un certain nombre de facteurs semblent pouvoir accélérer l'évolution de l'infection par le virus du sida. Aucune certitude n'a pu être établie, mais de nombreuses recherches sont en cours. Ces facteurs seraient, entre autres :
– l'âge au moment de la contamination : plus la personne est âgée, plus l'évolution vers le sida déclaré serait rapide ;
– le terrain génétique propre à chaque individu ;
– des expositions répétées au virus du sida lors de contaminations successives ;
– certaines infections dues à des virus (cytomégalovirus) ou à des champignons (mycoplasmes).

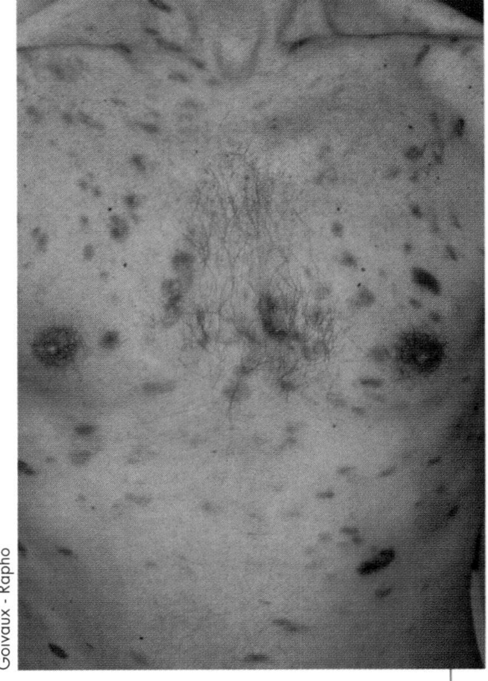

Goivaux - Rapho

***Sarcome de Kaposi.** Des taches violacées ou brunâtres peuvent apparaître sur le tronc soit d'emblée, soit après la formation d'autres lésions cutanées.*

LE SARCOME DE KAPOSI

Le sarcome de Kaposi est une tumeur qui touche principalement la peau et est très fréquente chez les personnes atteintes du sida, surtout chez les hommes homosexuels. Il constitue le mode de révélation du sida pour 40 % d'entre eux. Cette tumeur infiltre le plus souvent la peau du visage et des extrémités du corps (plante des pieds, mains) et se traduit par des taches violettes inesthétiques, mais qui ne sont pas douloureuses et ne démangent pas. Elle siège aussi très souvent dans la bouche (voile du palais) et sur les muqueuses génitales. Elle a tendance à s'étendre vers les organes internes (poumons, tube digestif) et à y provoquer des hémorragies graves.

LE SIDA DÉCLARÉ

LES INFECTIONS OPPORTUNISTES

Les infections opportunistes, qui marquent l'entrée dans la maladie, sont dues à tous les types de microbes existants (bactéries, virus, champignons) et aux parasites.

On distingue ainsi les infections bactériennes, les infections virales, les infections fongiques et les infections parasitaires.

LES INFECTIONS BACTÉRIENNES

La tuberculose touche particulièrement les patients vivant dans des conditions défavorables. Elle peut survenir à un stade précoce ou tardif du sida. La localisation de la maladie est pulmonaire et/ou extrapulmonaire.
Les infections dues à des mycobactéries non tuberculeuses se manifestent lorsque le système immunitaire de la personne est très affaibli.
Certaines infections dues à des pneumocoques, ou à des staphylocoques, peuvent être responsables de septicémies spontanées lors de traitements de longue durée par voie veineuse.
Les salmonelloses sont responsables de septicémies récidivantes et de diarrhées.

LES INFECTIONS VIRALES

Le virus de l'herpès touche la peau et les muqueuses. Les poussées d'herpès entraînent l'apparition de lésions au niveau des organes génitaux et de l'anus, lesquelles sont ulcérées, profondes, étendues, souvent surinfectées et récidivantes.
Le virus varicelle-zona, présent à l'état latent dans certaines cellules nerveuses, est fréquemment réactivé chez les personnes infectées par le virus du sida. La survenue d'un zona chez un séropositif peut être la première manifestation de la maladie.
Le papovavirus est responsable d'une forme grave d'encéphalite, appelée leuco-encéphalite multifocale progressive.
Le cytomégalovirus touche avant tout l'œil (avec risque de cécité), mais aussi les poumons et le cerveau. C'est l'une des maladies virales opportunistes les plus fréquentes.

LES INFECTIONS FONGIQUES

La cryptococcose, due à une levure pénétrant dans l'organisme par inhalation, provoque une maladie pulmonaire et, après dissémination, une atteinte du système nerveux (méningite ou méningo-encéphalite) dont l'évolution est souvent très grave.
La candidose, due à un champignon microscopique, affecte la muqueuse de la bouche et le pharynx, et provoque un muguet ou une glossite érosive (langue rouge, dont les papilles ont disparu). L'infection peut s'étendre à l'œsophage, entraînant une inflammation de l'organe (œsophagite) avec douleurs à la déglutition.

LES INFECTIONS PARASITAIRES

La cryptosporidiose est due à un parasite de la muqueuse gastro-intestinale qui entraîne une diarrhée importante avec fièvre, douleurs abdominales et altération de l'état général (amaigrissement, déshydratation).
La microsporidiose, infection jadis exceptionnelle chez l'homme, pourrait être responsable de 20 à 30 % des diarrhées inexpliquées chez les malades atteints du sida.
La pneumocystose, forme de pneumonie, qui constitue l'infection inaugurale du sida dans 15 à 50 % des cas si un traitement préventif n'est pas institué, se révèle par une toux sèche de plus en plus forte et peut conduire à l'insuffisance respiratoire aiguë.
La toxoplasmose provient de la réactivation d'une infection ancienne, souvent passée inaperçue. Elle entraîne des troubles neurologiques importants si elle atteint le cerveau (coma, convulsions).

PRINCIPALES INFECTIONS OPPORTUNISTES

Les infections opportunistes au cours du sida sont très nombreuses. Elles donnent lieu à plusieurs symptômes touchant les différents organes du corps : poumons, intestin, cerveau, œil. Chacune de ces infections peut se manifester chez une personne contaminée, sans que cela ait un caractère systématique. Mais, dans tous les cas, ce type d'infection profite de l'affaiblissement du système de défense de l'organisme pour se développer.

PRINCIPALES INFECTIONS OPPORTUNISTES

Maladie	Type d'infection	Organes touchés	Symptômes	Traitement
Pneumocystose	Parasitaire	Poumons	Toux, fièvre, essoufflement, détresse respiratoire	Traitement à vie ; il existe un traitement préventif
Toxoplasmose	Parasitaire	Cerveau Œil	Maux de tête, fièvre, troubles nerveux (paralysie, coma)	Traitement à vie ; il existe un traitement préventif
Cryptosporidiose	Parasitaire	Intestin	Plus de 10 selles par jour sous forme de diarrhée durant plus de 1 mois	Traitement peu efficace
Isosporidiose	Parasitaire	Intestin	Diarrhée chronique, fièvre, amaigrissement	Traitement possible
Tuberculose	Bactérienne	Poumons Ganglions	Toux, fièvre, sueurs nocturnes, amaigrissement	Traitement long (de 7 à 10 mois)
Infection à mycobactéries non tuberculeuses	Bactérienne	Tous les organes internes	Fièvre, perte de poids, sueurs, diarrhée, état cadavérique	Traitement pénible et long
Infection à cytomégalovirus	Virale	Œil, rétine, cerveau, poumons	Baisse de la vue puis cécité	Traitement possible mais rechutes fréquentes
Herpès	Virale	Bouche, anus, organes génitaux, tube digestif	Éruption cutanée, lésions des muqueuses	Traitement possible mais rechutes fréquentes
Zona	Virale	Peau, œil	Éruption cutanée douloureuse	Traitement possible
Candidose profonde	Fongique (due à un champignon microscopique)	Œsophage, trachée, bronches, poumons	Diarrhée, amaigrissement, fièvre	Traitement possible
Cryptococcose	Fongique	Cerveau	Maux de tête, fièvre, signes de méningite	Traitement à vie

LE SIDA

TRAITEMENTS : LES PRINCIPES

Le traitement de l'infection due au virus du sida consiste, à l'heure actuelle, à tenter de retarder le plus longtemps possible l'apparition du sida déclaré et à prévenir les infections opportunistes.

Durand – Sipa Press

Malade en traitement à domicile. *Le traitement du sida implique la prise quotidienne de nombreux médicaments.*

LES VOIES DE RECHERCHE

Les recherches reposent sur la mise au point d'autres médicaments capables de renforcer les défenses de l'organisme ou de médicaments encore plus efficaces contre le virus lui-même. Les associations des différents antiviraux font également l'objet d'investigations.
Plusieurs essais de vaccin sont effectués. Malheureusement, les recherches en cours ne permettent pas encore d'espoirs à court terme et ne doivent donc pas faire cesser les moyens de prévention actuels.

Les progrès réalisés dans le traitement du sida permettent actuellement de retarder l'entrée dans la phase déclarée de la maladie. Malgré l'absence de médicaments capables de guérir définitivement la maladie, la qualité de vie des malades s'est beaucoup améliorée et leur espérance de vie s'allonge peu à peu. Plusieurs traitements existent. Les antirétroviraux s'attaquent au virus et cherchent à préserver les défenses immunitaires de l'organisme ; les autres médicaments (antibiotiques, antiparasitaires, etc.) traitent les causes ou les symptômes des infections opportunistes et des tumeurs pouvant survenir au cours de l'évolution de la maladie.

LA DÉCLARATION OBLIGATOIRE

Dans la plupart des pays, les cas de sida doivent obligatoirement être déclarés aux autorités sanitaires concernées (l'anonymat y est bien sûr respecté). Il est ainsi possible de connaître précisément l'évolution de l'épidémie dans ces pays et, partant, l'évolution de la maladie dans le monde. En revanche, la séropositivité pour le virus du sida ne fait l'objet d'aucune déclaration. Le nombre de séropositifs ne peut donc être qu'évalué, ce qui explique les grandes différences dans les chiffres avancés par les divers organismes depuis 10 ans, selon les méthodes d'estimation employées.

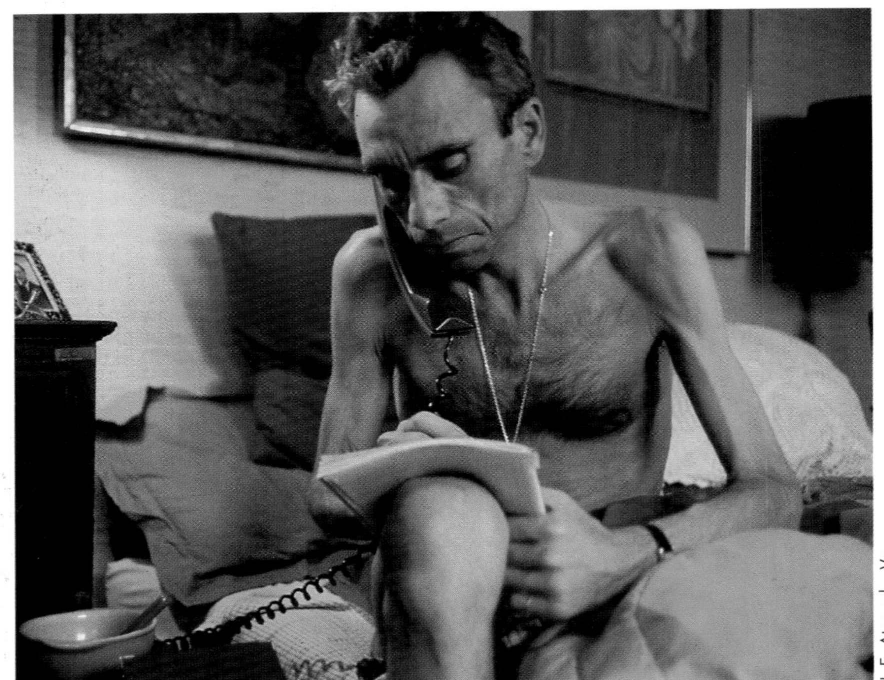

J. E. Atwood – Vu

Les soins à domicile ont considérablement amélioré le confort du malade. *Grâce à ce type de traitement, le patient n'est pas coupé de son environnement familial, amical et social.*

QUAND DÉBUTER LE TRAITEMENT ?

Plusieurs médicaments antiviraux ont été mis au point depuis quelques années et d'autres sont encore à l'étude. Les traitements évoluent donc très rapidement. Ils sont administrés selon des recommandations propres à chaque pays.

Pendant près de 10 ans, les modalités du traitement du sida ont été fonction du nombre de globules blancs, appelés lymphocytes T4 ou CD4, présents dans le sang des malades :

– lorsque le nombre de lymphocytes T4 ou CD4 était supérieur à 500 et qu'il n'y avait pas de symptômes, aucun traitement particulier n'était nécessaire, le malade devait seulement être suivi par un médecin ;

– quand il y avait plus de 500 CD4 mais que des symptômes étaient apparus, il était recommandé de commencer un traitement comprenant de l'AZT ;

– au-dessous de 500 T4 ou CD4, le traitement reposait sur des associations de médicaments comprenant l'AZT plus 1 ou 2 autres antiviraux plus puissants.

Actuellement, les modalités du traitement dépendent davantage des caractéristiques de chaque malade et de la mesure de la charge virale dans le sang.

LA VACCINATION DES ENFANTS SÉROPOSITIFS

L'Organisation mondiale de la santé (OMS) recommande d'effectuer toutes les vaccinations habituelles chez les enfants séropositifs (diphtérie, tétanos, coqueluche, poliomyélite, tuberculose, hépatite B), aux âges normalement conseillés. En revanche, chez les enfants ayant déclaré la maladie, la vaccination contre la tuberculose est contre-indiquée.

Les vaccinations contre la rougeole, les oreillons, la rubéole ne présentent pas de danger, sauf si l'enfant est porteur d'un déficit immunitaire important.

Dans tous les cas, les décisions de vaccination doivent être prises par un médecin et définies pour chaque enfant.

Le Sida

LES DIFFÉRENTS TRAITEMENTS

Depuis la découverte du premier médicament agissant sur le virus du sida, l'AZT, les chercheurs ont essayé de trouver de nouveaux médicaments plus efficaces.

Les médecins se sont également penchés sur la manière de prescrire ces médicaments, appelés antiviraux ou antirétroviraux, afin d'augmenter leur efficacité.

LES ANTIRÉTROVIRAUX

Les médicaments antirétroviraux agissent directement sur le virus. Certains antirétroviraux, appelés inhibiteurs de la réplication virale, empêchent le virus de se multiplier. La zidovudine (AZT), la didanosine (DDI), la zalcitabine (DDC), la stavudine (D4T) et la lamivudine (3TC) font partie de ces traitements. D'autres médicaments (saquinavir, indinavir, ritonavir et nelfinavir) sont des antiprotéases. Les protéases sont les enzymes qui permettent au virus de fabriquer des protéines ; leur inhibition par les antiprotéases aboutit à la formation de virus défectueux, inaptes à survivre.

L'AZT est le premier médicament qui a permis de ralentir l'évolution du sida et d'augmenter l'espérance de vie des malades. Mais il présente deux inconvénients :

– il peut entraîner des effets secondaires gênants (atteinte de certains éléments du sang et des muscles, troubles digestifs) et implique donc une surveillance médicale régulière ;

– il perd de son efficacité au cours du temps, si bien qu'il faut soit arrêter le traitement et prendre un autre médicament, soit le poursuivre en y associant un autre produit.

BITHÉRAPIE ET TRITHÉRAPIE

Les inconvénients liés à l'utilisation de l'AZT ont poussé les chercheurs à mettre au point de

CHEZ LA FEMME ENCEINTE

Le traitement par l'AZT est recommandé au cours de la grossesse pour les femmes séropositives enceintes. L'AZT, administrée selon des doses et des modalités très précises, permet de réduire les risques de transmission du virus du sida à l'enfant. En outre, en effectuant une césarienne sans attendre le déclenchement du travail, on parvient à réduire encore ces risques de façon importante.

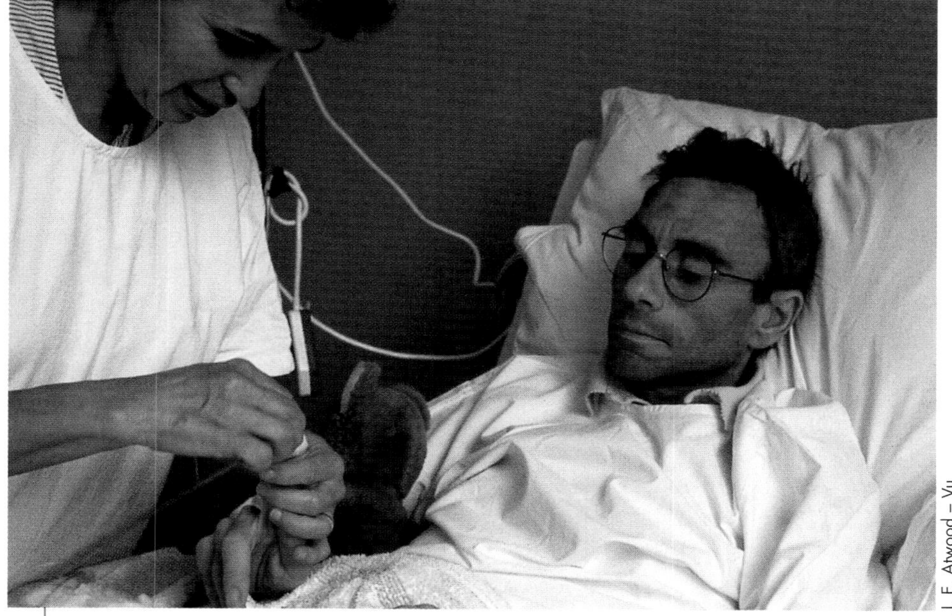

J. E. Atwood – Vu

Après les soins à domicile, le recours à l'hôpital est souvent inévitable. *Le malade est alors pris en charge par des équipes soignantes spécialisées.*

nouveaux médicaments et à faire des essais d'associations de plusieurs médicaments pour augmenter l'efficacité des traitements. L'association de 2 ou 3 antirétroviraux peut ralentir encore plus l'évolution du sida. C'est ainsi qu'est né, en 1996, le principe de la bithérapie et de la trithérapie.

LE TRAITEMENT DES COMPLICATIONS

Le traitement des complications et leur prévention font partie du deuxième volet du traitement du sida. C'est dans ce domaine qu'ont été réalisés les premiers grands progrès. Actuellement, même si le traitement radical reste à inventer, bon nombre de complications de l'infection par le virus du sida peuvent être prévenues, traitées et guéries.

La prévention et le traitement des infections opportunistes. Ils sont fondés sur la prise d'antibiotiques, d'antiparasitaires, d'antiviraux ou d'antifongiques. Les traitements préventifs sont essentiellement utilisés dans le cas de la pneumocystose et de la toxoplasmose. La prévention de ces infections concerne les personnes séropositives, présentant ou non des symptômes, ayant moins de 200 lymphocytes T4 ou CD4 par millimètre cube de sang. Ce chiffre correspond au seuil à partir duquel les risques de survenue de la pneumocystose et de la toxoplasmose sont élevés.

Les traitements sont de 2 types. Un traitement d'attaque est instauré dès qu'une infection opportuniste se déclare. Le traitement d'entretien a pour but de limiter les risques de rechute ou de récidive de ces infections. En effet, les traitements sont généralement efficaces pour réduire le développement des microbes, mais ils ne le sont pas suffisamment pour détruire le germe en cause ; en raison de l'immunodéficience persistante, une nouvelle infection due à ces germes peut apparaître. Ainsi, chaque fois que cela est possible, le médecin propose un traitement d'entretien après la survenue d'une de ces maladies.

Le traitement du sarcome de Kaposi. Il repose sur l'interféron, la chimiothérapie, la radiothérapie ou la chirurgie. Le choix du traitement dépend de la localisation des lésions, de leur étendue et du stade d'immunodépression du patient. Les lymphomes sont généralement traités par chimiothérapie.

LES AUTRES SOINS

Les douleurs, la fièvre, les troubles digestifs de même que les signes psychiques comme l'angoisse et la dépression doivent être traités séparément, en fonction de leur cause et de leur gravité. L'alimentation par perfusion, le traitement de la douleur, les soins d'hygiène et la kinésithérapie constituent une aide précieuse pour le confort du malade et sont assurés chez les personnes les plus gravement touchées. L'admission en réanimation est effectuée en cas d'atteintes mettant en danger la vie du malade (coma, insuffisance respiratoire aiguë).

LES CONSEILS D'HYGIÈNE DE VIE

Les conseils d'hygiène de vie englobent les précautions que doit prendre une personne séropositive afin de ne pas être recontaminée. En effet, des contaminations multiples, par les apports répétés de virus qu'elles entraînent, accélèrent l'évolution de la maladie, donc le passage au sida déclaré.

On recommande également à la personne séropositive de se faire suivre régulièrement par un médecin : l'évolution de la maladie peut être très efficacement retardée par l'administration précoce ou préventive de médicaments et le respect d'une bonne hygiène de vie (alimentation correcte, propreté corporelle, repos, abstention de médicaments ou de drogues pouvant diminuer davantage l'immunité).

LES ESSAIS THÉRAPEUTIQUES

Les essais thérapeutiques ont plusieurs objectifs. Ils visent à améliorer l'utilisation des médicaments déjà existants et à en étudier de nouveaux (tolérance, mécanisme d'action, doses à employer, efficacité par rapport à un traitement de référence). Lorsque les résultats des essais sont concluants, l'autorisation de mise sur le marché (AMM) du médicament testé est donnée.

Pour réaliser ces essais thérapeutiques dans les meilleures conditions possible, la participation active des patients est nécessaire.

LES SOINS EN FIN DE VIE

LES DIFFÉRENTS TYPES DE SOINS

L'objectif des soins palliatifs est de soulager les souffrances physiques et psychologiques du malade en fin de vie.

La lutte contre la douleur est primordiale, mais elle ne peut être efficace qu'au sein d'une relation d'écoute entre le malade et le personnel soignant, qui prend également en compte le confort psychologique du malade.

LA LUTTE CONTRE LA DOULEUR

Pour la plupart des mourants, la douleur est le problème le plus important. À l'heure actuelle, la médecine dispose de médicaments très puissants contre celle-ci.
Le traitement de la douleur est différent pour chaque patient ; il dépend de sa maladie, de l'évolution de celle-ci, de la manière dont la douleur est ressentie. Il se fait en plusieurs étapes selon les causes et l'intensité de cette dernière. Les douleurs les plus intenses sont traitées avec de la morphine ou d'autres opiacés. La morphine est facile à administrer, non toxique et peut être arrêtée à la demande. Contrairement aux idées reçues, la conscience et la personnalité ne sont pas modifiées.
Dans les douleurs rebelles, les opiacés peuvent être administrés directement dans la colonne vertébrale, au niveau de la moelle épinière, par implantation d'une pompe à morphine. Le patient a alors la possibilité d'adapter la dose de morphine délivrée à l'intensité de sa douleur.
Lorsque les médicaments contre la douleur ne sont pas adaptés ou sont inefficaces, d'autres méthodes peuvent être employées. Il peut s'agir d'un blocage nerveux (par une injection anesthésiante ou la chirurgie), d'une section de certaines fibres nerveuses au niveau de la moelle épinière (cordotomie) ou d'une stimulation électrique de certaines fibres nerveuses avec un courant de faible intensité. Il semble que ces méthodes agissent moins bien dès lors que des médicaments à base de morphine ont déjà été utilisés.

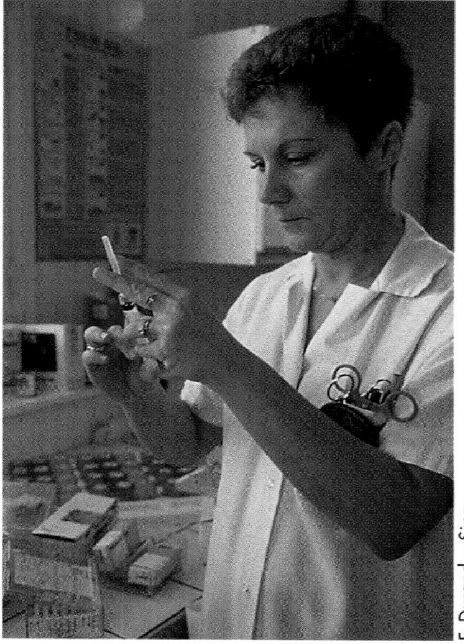
F. Durand – Sipa

Infirmière en train de préparer une injection de morphine. *La morphine est capable de soulager les douleurs les plus intenses, fréquentes chez les malades en fin de vie.*

LE SOUTIEN PSYCHOLOGIQUE

Réduire les soins palliatifs au seul contrôle de la douleur serait trahir le sens profond de ces soins. Derrière la douleur se cache souvent une souffrance humaine complexe, à la fois psychique, sociale, spirituelle.
Les soins affectifs sont donc tout aussi importants que le soulagement de la douleur. L'idée de mourir peut provoquer de la colère ou une profonde angoisse. Un sentiment de culpabilité ou de regret en ce qui concerne le passé apparaît parfois. Se sentir aimé, accompagné, peut permettre d'affronter la fin plus facilement. Une relation compréhensive et chaleureuse peut aider à briser l'isolement du patient, qui doit être considéré comme une personne ayant le droit de faire respecter ses choix. La peur d'une mort douloureuse est encore une grande cause d'anxiété. Les patients doivent être rassurés car ils n'ont aucune crainte à avoir en ce qui concerne la douleur. Du reste,

beaucoup de malades sombrent dans l'inconscience juste avant la fin et meurent « dans leur sommeil ». La crainte d'une trop grande dépendance et d'une perte de dignité est également une cause d'inquiétude chez les mourants. Il est indispensable que ces patients puissent participer autant que possible aux conversations familiales et aux discussions mettant en jeu l'avenir. Se préparer à la mort peut entraîner le désir d'écrire ses dernières volontés, de remercier ses proches, de s'excuser. Certains mourants désirent se confesser et être assistés par un ministre du culte. Dans tous les cas, il semble bien que le besoin le plus pressant soit la communication. Les amis, la famille et les responsables des soins doivent être prêts à répondre à ces demandes du mourant.

LE DEUIL

Le décès d'un proche est souvent une épreuve très difficile à affronter. L'état de choc émotionnel provoqué par la perte d'un être cher est une réaction considérée comme normale. L'expression du chagrin est particulière à chaque individu et à chaque culture, mais il existe des étapes bien définies du deuil, chacune se caractérisant par une attitude déterminée. La première étape est l'incapacité à admettre la mort. La personne en deuil est comme engourdie. Ensuite, elle est envahie par des sentiments d'anxiété, de colère et de désespoir. Enfin, avec le temps, la personne arrive normalement à surmonter sa détresse, en procédant à un travail psychique qui consiste à se détacher affectivement de l'être perdu tout en préservant son souvenir. La famille et les amis peuvent aider la personne en deuil, mais, quelquefois, des secours extérieurs sont nécessaires pour veiller à ce que le décès du proche n'entraîne pas une maladie ou un état dépressif. Dans le cadre des soins palliatifs, un soutien psychologique de la famille et des proches est quelquefois indispensable.

LES SOINS PHYSIQUES

Les soins physiques font partie intégrante des soins palliatifs. Ils consistent à lutter contre les symptômes autres que la douleur et susceptibles d'apparaître chez un malade en fin de vie : déshydratation, sécheresse de la bouche, escarres, troubles du transit intestinal, problèmes urinaires, troubles respiratoires, démangeaisons, sueurs nocturnes, troubles du sommeil. Ils doivent également prendre en compte l'alimentation du patient. En effet, la maladie entraîne souvent un changement du goût. Il faut par conséquent adapter le régime alimentaire aux goûts du patient : plus ou moins sucré ou salé, plus ou moins chaud ou froid, afin qu'il puisse se nourrir, dans la mesure du possible, jusqu'à la fin. Les soins physiques consistent donc à donner des soins d'hygiène, à changer le malade de position, à lui administrer des médicaments et, éventuellement, à pratiquer des gestes chirurgicaux (sur les escarres, par exemple) en vue d'apporter au mourant le plus de confort possible.

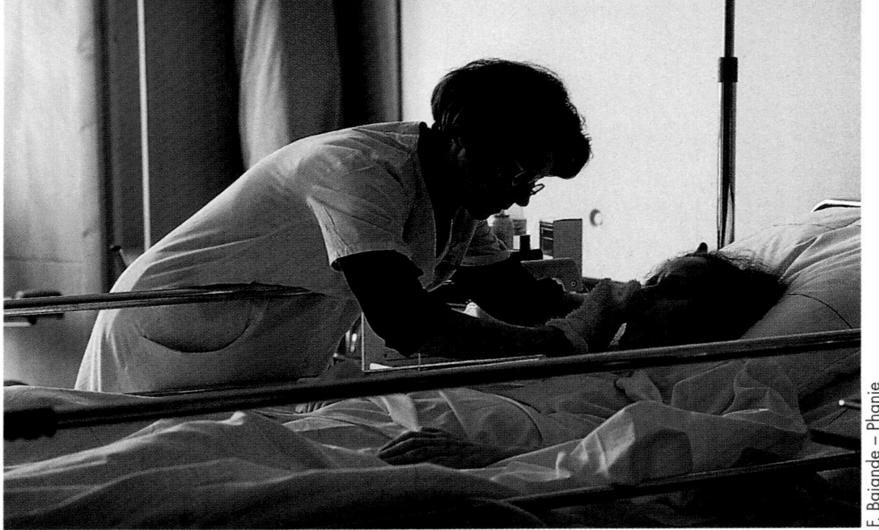

F. Bajande – Phanie

Infirmière en train de laver un malade en fin de vie.
Les soins physiques permettent d'éviter les désagréments liés à l'immobilisation et améliorent le confort des malades.

La Spondylarthrite Ankylosante

Cette maladie rhumatismale inflammatoire est une affection chronique rare, plus fréquente chez les hommes que chez les femmes. Elle touche principalement les articulations du bassin (sacro-iliaques) et de la colonne vertébrale.

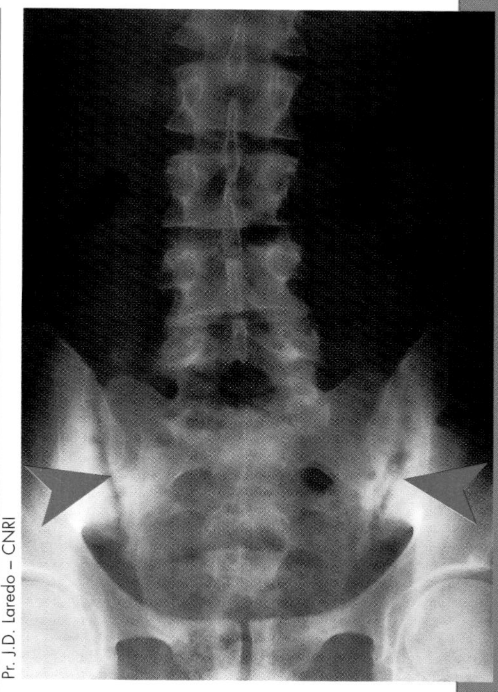

Pr. J.D. Laredo – CNRI

Radiographie révélant une spondylarthrite ankylosante au niveau du bassin.
Les articulations sacro-iliaques ont un aspect dense et flou.

La cause précise de la maladie est inconnue, mais on retrouve une prédisposition familiale dans 10 % des cas. C'est une affection rare, touchant moins de 0,1 % de la population. Les malades sont en majorité de sexe masculin, l'affection débutant généralement entre 15 et 30 ans.

LES SYMPTÔMES

Les premiers symptômes se manifestent sous la forme d'une douleur dans le bas du dos, s'étendant vers les fesses et, parfois, vers les cuisses, associée à une sensation de raideur. La douleur est plus importante à la fin de la nuit et au petit matin, puis elle se dissipe au cours de la matinée dès que le corps est en mouvement, pour réapparaître le soir.
Les articulations des membres sont rarement atteintes, à l'exception des hanches, dont l'atteinte peut gêner la marche, et, à un moindre degré, des genoux et des épaules. Le tendon d'Achille est parfois touché, avec une destruction de petites zones dans l'os du talon (calcanéum). Un talon douloureux peut d'ailleurs être le signe révélateur de la maladie.
D'autres signes immédiats ou plus tardifs peuvent apparaître, comme une perte de l'appétit, une fatigue générale ou une douleur et une rougeur d'un œil, liées à une inflammation de l'iris et nécessitant une consultation d'urgence.

LE DIAGNOSTIC

Une douleur et une raideur du dos chez un homme jeune font d'emblée penser à la spondylarthrite ankylosante lorsqu'elles surviennent en fin de nuit et s'estompent dans la matinée, dès que l'on commence à bouger. Au contraire, les lombalgies liées à une arthrose ou à

SPONDYLARTHROPATHIES

La spondylarthrite ankylosante fait partie des spondylarthropathies, qui regroupent les affections inflammatoires chroniques caractérisées par une atteinte articulaire vertébrale et des symptômes communs (douleurs nocturnes, raideur matinale, etc.). Parmi les autres spondylarthropathies, on trouve le syndrome oculo-urétro-synovial, certaines formes de rhumatisme psoriasique et les rhumatismes accompagnant les maladies inflammatoires chroniques de l'intestin (maladie de Crohn).
Les spondylarthropathies touchent environ 5 personnes sur 1 000, surtout des adultes jeunes (entre 18 et 26 ans). Elles affectent davantage les hommes que les femmes.
L'évolution de ces affections est favorable dans la majorité des cas. Il existe néanmoins des formes graves de spondylarthropathie, notamment lorsque la maladie débute entre 13 et 18 ans. Dans ce cas, la gravité vient du fait que la mobilité des articulations (ankylose) de la colonne vertébrale et des hanches est totalement limitée.

LE SYNDROME OCULO-URÉTRO-SYNOVIAL

Le syndrome oculo-urétro-synovial fait partie des spondylarthropathies, comme la spondylarthrite ankylosante. Cette affection chronique est caractérisée par l'association de plusieurs inflammations au niveau de différents organes ou parties du corps : les yeux, le canal permettant l'écoulement de l'urine (urètre), le tube digestif et les articulations. Dans un premier temps, un foyer infectieux apparaît dans l'organisme ; il provoque une réaction du système immunitaire, qui agresse ensuite différents organes. Les articulations sont particulièrement touchées par cette réaction.
Le syndrome se traduit par une diarrhée, suivie d'une conjonctivite, d'une inflammation de l'urètre et, enfin, d'une arthrite affectant surtout la colonne vertébrale et les articulations sacro-iliaques. Plus rarement peuvent apparaître des lésions cutanées sur la paume des mains et sur la plante des pieds. La maladie évolue par poussées, généralement sur plusieurs mois, laissant souvent des séquelles au niveau des articulations et des yeux.

une hernie discale s'aggravent avec l'exercice et sont soulagées par le repos.
La confirmation du diagnostic repose sur divers critères : présence de l'antigène HLA B 27 dans le sang, examens radiologiques montrant une atteinte des articulations sacro-iliaques et l'existence de ponts osseux (syndesmophytes) entre les vertèbres. En outre, les examens de sang révèlent souvent des signes biologiques d'inflammation (notamment l'accélération de la vitesse de sédimentation).

LES TRAITEMENTS

Les symptômes peuvent être soulagés par la prise d'anti-inflammatoires non stéroïdiens et de médicaments antidouleur. Ces traitements sont adaptés aux poussées douloureuses de la maladie. Un programme de rééducation active et régulière, fondé sur de la gymnastique quotidienne avec des exercices vertébraux et respiratoires et sur de la natation, complète le traitement médicamenteux.

L'ÉVOLUTION ET LE PRONOSTIC

La spondylarthrite ankylosante progresse lentement, par poussées, sur 10 ou 20 ans, en général de bas en haut (du bassin vers la colonne vertébrale cervicale). En l'absence de traitement, l'évolution de la maladie aboutit à une raideur de la colonne vertébrale ou, plus rarement, à une limitation partielle ou totale de la mobilité des articulations (ankylose), invalidante. Mais, dans la majorité des cas, le processus inflammatoire s'atténue au fil des années, jusqu'à parfois disparaître totalement. Une rééducation active permet à la plupart des patients de mener une vie normale.

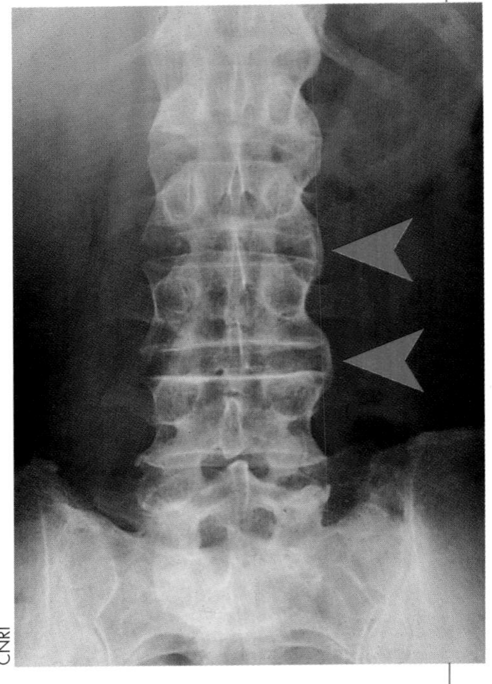

Radiographie d'une spondylarthrite ankylosante au niveau du bas de la colonne.
Certaines vertèbres sont soudées.

LES SYNDESMOPHYTES ET LES OSTÉOPHYTES

Les ponts osseux qui se forment entre 2 vertèbres voisines peuvent être ce que l'on appelle des syndesmophytes ou des « becs de perroquet » (ostéophytes). Dans le cas des syndesmophytes, les vertèbres concernées se soudent entre elles. Cette déformation est fréquente dans la spondylarthrite ankylosante et donne à la colonne un aspect caractéristique ; on parle de colonne bambou. En revanche, les ostéophytes, propres à l'arthrose, ne se soudent pas. Ces 2 types de déformations osseuses sont bien visibles à la radiographie et permettent souvent de préciser le diagnostic.

LE STIMULATEUR CARDIAQUE

Un stimulateur cardiaque est un petit appareil électronique implantable qui permet au cœur de fonctionner à une cadence normale lorsqu'il a tendance à battre trop lentement.

Un stimulateur cardiaque, ou pacemaker, est un appareil électronique implanté sous la peau, au niveau du thorax, qui délivre au muscle cardiaque, le myocarde, des impulsions électriques régulières. Il est constitué d'une pile, qui génère des impulsions, d'un circuit électronique, qui en permet l'émission, et d'un ou plusieurs fils conducteurs, ou sondes d'entraînement, qui transmettent les impulsions au myocarde. De nombreuses personnes portent un stimulateur cardiaque et mènent une vie normale.

LES INDICATIONS

La pose d'un stimulateur cardiaque est indiquée lorsque le ralentissement excessif des contractions cardiaques, qu'il soit permanent ou intermittent, s'accompagne de symptômes tels que de brèves pertes de connaissance (syncopes), ou de malaises avec étourdissement. Le ralentissement de la fréquence cardiaque peut être dû à un dysfonctionnement du nœud sinusal (zone du cœur où naît l'impulsion cardiaque), à une maladie des oreillettes ou à un défaut de la transmission des impulsions des oreillettes vers les ventricules (bloc auriculoventriculaire).

L'ÉVOLUTION DES STIMULATEURS

Le premier stimulateur. Il a été implanté en 1958 chez un malade dont le pouls était trop

R. Nelson - REA

Précautions de la vie quotidienne. *Un porteur de pacemaker doit éviter les portiques d'aéroport, qui pourraient dérégler son appareil.*

LA STIMULATION CARDIAQUE TEMPORAIRE

Chez les personnes souffrant d'un trouble réversible de la conduction cardiaque (phase aiguë d'un infarctus du myocarde, par exemple), une stimulation temporaire du muscle cardiaque peut être nécessaire. Dans ce cas, la stimulation est assurée par un boîtier de stimulation externe (on le porte à la ceinture) qui commande les impulsions. Ce boîtier, réglé par le médecin, est relié au cœur par une sonde d'entraînement introduite dans une veine (à l'aine ou au bras) et poussée jusqu'au ventricule droit, où elle est immobilisée.

lent par suite d'un blocage de la transmission des impulsions des oreillettes aux ventricules (maladie d'Adams-Stokes). Il comprenait une seule sonde d'entraînement (positionnée à la pointe du ventricule droit) et délivrait en permanence des impulsions électriques à un rythme fixe. Ce mode de stimulation est inadapté chez les malades dont le ralentissement des contractions cardiaques n'est qu'intermittent.

Les nouveaux appareils. Ce stimulateur a donc rapidement été supplanté par une nouvelle génération d'appareils, dits sentinelles. Ceux-ci ne délivrent les impulsions que lorsque la fréquence cardiaque du malade s'abaisse en dessous d'un seuil déterminé par le médecin, et cessent de stimuler le cœur dès que le rythme cardiaque redevient normal. Ce mode de stimulation présente un double avantage : il économise la durée de vie des piles en réduisant la consommation d'énergie, et permet d'éviter les interférences entre les impulsions délivrées par le stimulateur et le rythme cardiaque du malade.

Depuis, les techniques de stimulation ont évolué vers une plus grande miniaturisation des appareils et la mise au point de modes de stimulation se rapprochant de l'activation physiologique normale du cœur : utilisation de plusieurs sondes permettant la stimulation synchronisée des oreillettes puis des ventricules, accélération du stimulateur en fonction de l'effort.

DE NOUVELLES INDICATIONS

Mis au point pour traiter les ralentissements excessifs du rythme du cœur, le stimulateur cardiaque, qui a bénéficié d'importants progrès technologiques, peut aujourd'hui être proposé dans le traitement d'autres troubles du rythme (tachycardie ou fibrillation ventriculaire), grâce à des fonctions antitachycardiques ou de défibrillation. Il est également utilisé comme appoint dans certains cas d'insuffisance cardiaque, ou dans le traitement de formes graves de myocardiopathies hypertrophiques obstructives.

LA POSE

Elle nécessite une hospitalisation de quelques jours. L'intervention est faite sous anesthésie locale : le boîtier de stimulation est enfoui dans une loge préparée entre la peau du thorax et le muscle grand pectoral, puis les sondes sont introduites par une veine jusqu'au cœur droit. L'utilisation de piles au lithium et la miniaturisation extrême des circuits électroniques permettent à un stimulateur de fonctionner plusieurs années. Lorsque la pile est usée, elle est changée au cours d'une petite intervention. La présence du boîtier n'entraîne qu'une gêne minime.

VIVRE AVEC UN STIMULATEUR CARDIAQUE

Un porteur de stimulateur cardiaque peut mener une vie normale, moyennant certaines précautions. Il doit veiller à ne pas s'exposer à des sources qui pourraient dérégler l'appareil : émetteurs radio puissants, radars, portiques de contrôle des aéroports, téléphones portables, etc. Il doit aussi éviter les sports violents ou les mouvements nécessitant une grande extension des bras. Les examens médicaux d'imagerie par résonance magnétique (IRM) sont interdits en raison de l'émission de puissants courants électromagnétiques.

Un porteur de stimulateur cardiaque doit, en outre, se soumettre à une consultation de contrôle deux fois par an. Cet examen permet de surveiller le bon fonctionnement du stimulateur, et de vérifier que la pile n'est pas épuisée (elle sera alors remplacée lors d'une nouvelle intervention chirurgicale). Il permet également de vérifier qu'il n'y a pas de mise en tension du système sonde-boîtier (provoquée par un choc direct ou par un trop grand mouvement d'extension des bras).

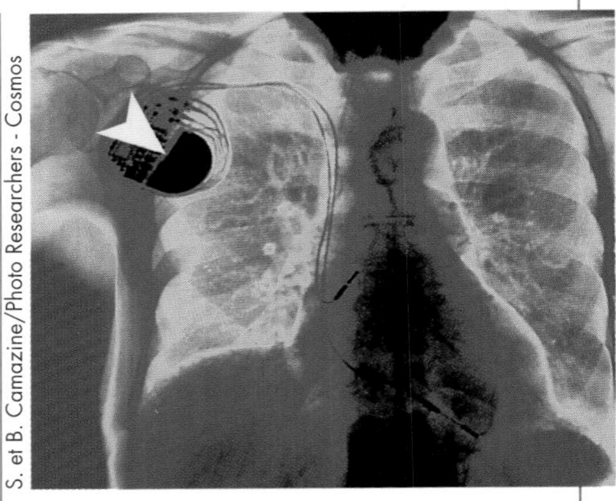

S. et B. Camazine/Photo Researchers - Cosmos

***Le stimulateur cardiaque.** Il est placé dans une loge, au creux de l'épaule droite, et relié à deux sondes fixées dans l'oreillette et le ventricule droits.*

LE SUICIDE

Le suicide suscite toujours de nombreux débats sociaux, médicaux, religieux, moraux et philosophiques. C'est un phénomène complexe dans lequel interviennent de nombreux facteurs qui s'associent diversement selon les individus.

Le suicide est un acte universel, dont la fréquence varie beaucoup d'un pays à l'autre. Le psychiatre est souvent confronté au suicide, qui est l'issue de nombreux troubles qu'il a à traiter. Diverses études montrent que la très grande majorité des personnes qui se suicident (environ 95 %) présentaient un trouble mental au moment de leur passage à l'acte.

LE PROFIL DES SUICIDÉS

Le nombre des suicides est plus élevé chez les hommes que chez les femmes (3 hommes pour 1 femme). En revanche, les femmes font plus de tentatives de suicide que les hommes et ce taux de tentatives est dix fois supérieur à celui des suicides « réussis ». Le suicide est plus fréquent chez les divorcés, moins chez les célibataires et les veufs, encore moins au sein des couples.

Y. Levy-Phototake - CNRI

***L'absorption de médicaments.** C'est un des moyens couramment utilisés par les personnes qui veulent mettre fin à leurs jours.*

LE CONTEXTE PSYCHIATRIQUE

La recherche d'un trouble psychiatrique justifie toujours une consultation après une première tentative de suicide. En effet, la plupart des suicides résultent de troubles mentaux qui ont pour origine une dépression, une intoxication alcoolique, un état schizophrénique, un trouble panique ou une personnalité pathologique.

La dépression. Un trouble de l'humeur est à l'origine de 50 à 80 % des suicides. Environ 15 % des personnes dépressives décéderont par suicide. Le plus grand risque se situe dans les deux ou trois années qui suivent le premier épisode dépressif. Les facteurs de risque les plus importants sont le sentiment de désespoir, la perte d'intérêt et de plaisir.

L'alcoolisme et la toxicomanie. L'abus de substances alcooliques et de toxiques (drogue) multiplie par 30 à 80 le risque suicidaire. Ces comportements sont très souvent associés à une maladie anxieuse ou dépressive.

La schizophrénie. Environ 10 % des personnes atteintes de schizophrénie meurent par suicide. Il s'agit surtout d'hommes jeunes, qui ont présenté des troubles dépressifs associés et qui sont dans les premiers temps de la maladie.

Le trouble anxieux. Le risque de suicide concerne les personnes chez qui apparaît brutalement une attaque de panique.

Les troubles de la personnalité. Une personnalité dite « limite », définie par un caractère instable et impulsif, avec de violentes décharges émotionnelles, est particulièrement exposée au risque de suicide.

LE COMPORTEMENT SUICIDAIRE

Deux situations peuvent se présenter : l'expression d'idées de suicide et la tentative de suicide.

Les idées suicidaires. De 5 à 15 % des personnes ont, à un moment de leur vie, songé à mettre fin à leurs jours. Cette idée peut être passagère (une petite déprime qui, par exemple, fait suite à un dépit amoureux ou à une situation financière difficile) ou plus tenace. Dans tous les cas, elle ne doit pas être prise à la légère, ni par les parents ni par les amis.

Hennebert - BSIP

Le désir de mort. *Il traduit le plus souvent un désir de quitter une vie devenue trop dure à un moment donné plus qu'une réelle volonté de mourir.*

L'adolescence et la vieillesse sont les deux périodes de la vie les plus fragiles, pendant lesquelles le risque de passer à l'acte est le plus élevé.

– L'adolescence est une époque où peuvent débuter des maladies psychiatriques sévères telles que les dépressions ou les schizophrénies. Le risque suicidaire redouble avec l'impulsivité de l'adolescent, qui ne mesure peut-être pas toujours la portée de son geste. Dans les pays développés, le suicide est, avec les accidents de la route, la principale cause de mortalité chez les adolescents.

– La vieillesse voit les risques de suicide s'accroître à cause de la grande détermination des personnes qui sont résolues à en terminer avec la vie et de la présence d'un terrain physique fragilisé par l'âge.

La tentative de suicide. La personne qui fait une tentative de suicide est dirigée vers une structure hospitalière. Elle fait l'objet d'une prise en charge rigoureuse et elle est examinée par un médecin généraliste, qui sollicitera l'intervention d'un médecin psychiatre. Au cours des divers entretiens et examens, ce médecin psychiatre s'attachera principalement à :

– rechercher une éventuelle maladie psychiatrique sous-jacente. Si cette maladie existe, il recommande une prise en charge et un traitement adapté ;

– évaluer le contexte de vie du malade (environnement familial et professionnel, réseau d'amis sur lesquels celui-ci peut s'appuyer, etc.) ;

– estimer, autant que possible, le risque de récidive ;

– mettre des mots sur ce que la personne n'a peut-être pas réussi à dire. Le médecin va l'aider à donner une histoire et un sens à son geste. Surtout, il va le pousser à retisser des liens qui ont été rompus avec lui-même et avec son entourage.

TENTATIVE DE SUICIDE ET SUICIDE RÉUSSI

La tentative de suicide comporte une dimension d'échec (le geste « raté »), parfois mal vécue par une personne déprimée ; elle peut donner lieu dans l'entourage à des interprétations inadaptées (chantage) ou à une banalisation de l'acte qui n'est pas pris assez au sérieux.

Il y a quelques années, de nombreuses études ont cherché à différencier selon plusieurs critères les tentatives de suicide des suicides « réussis ». Cette distinction est actuellement remise en cause. En effet, les personnes ayant tenté de se suicider ont, dès la première tentative, un risque considérablement augmenté de décéder par suicide. En outre, le risque réel d'une tentative de suicide n'est pas parfaitement en relation avec la détermination suicidaire. Toute tentative de suicide doit donc bénéficier d'une évaluation psychiatrique de qualité, afin de limiter le risque de récidive et, donc, de décès par suicide.

La Surdité

LA SURDITÉ ANCIENNE

La surdité ancienne, ou d'apparition progressive, est souvent révélée à l'occasion d'examens auditifs de routine. Elle peut avoir pour origine une maladie ou être liée à l'âge.

La mauvaise audition n'est pas une fatalité. Elle est le résultat de maladies qui évoluent dans le temps ou qui, au contraire, sont présentes à la naissance et se révèlent dès l'enfance. Les progrès techniques, de même que les aides auditives, qui améliorent la vie des personnes dont l'audition est diminuée, permettent à celles-ci de mener une vie sociale presque normale.

LES CAUSES

Elles sont diverses.

La presbyacousie. C'est la diminution de l'audition liée à l'âge. Elle est due à la dégénérescence des cellules ciliées de l'organe de l'audition. Elle provoque souvent des acouphènes, et parfois des vertiges. Cette diminution de l'ouïe touche d'abord les fréquences aiguës, avant de s'étendre ensuite aux sons graves.

L'otospongiose. C'est une maladie héréditaire de l'oreille moyenne. Elle bloque les mouvements de l'étrier et provoque une mauvaise transmission des sons vers l'oreille interne. Elle atteint davantage les femmes que les hommes.

Le neurinome. Cette tumeur bénigne du nerf auditif perturbe lentement l'audition d'une seule oreille.

La maladie de Menière. Elle touche l'oreille interne. Cette maladie, qui aurait pour origine une trop forte pression des liquides dans le labyrinthe (vestibule et cochlée), provoque une baisse auditive, des vertiges et des bourdonnements d'oreille. Elle survient par crises qui aggravent la baisse auditive à chaque fois.

Des médicaments. Certains médicaments ont des propriétés ototoxiques et diminuent l'ouïe : certains antibiotiques, l'aspirine administrée à fortes

M. Liberto - Rapho

Le port du casque. *Pour limiter les nuisances occasionnées par le bruit, le port du casque, avec protecteurs d'oreilles, est obligatoire dans certains métiers, notamment dans ceux du bâtiment.*

POUR Y VOIR PLUS CLAIR

QUELQUES MOTS À CONNAÎTRE

Ototoxique : se dit d'un produit dangereux (médicament) pour l'oreille interne.

Presbyacousie : diminution progressive de l'acuité auditive chez les personnes âgées, due au vieillissement de leur système auditif.

RÉGLEMENTATION POUR BALADEURS

Le baladeur est devenu, grâce à un prix abordable et à un grand choix de marques, un objet très utilisé, notamment par les jeunes. Sa puissance poussée à l'extrême peut être dangereuse pour l'audition. En France, une loi du 28 mai 1996 préconise que la puissance sonore maximale d'un baladeur ne doit pas excéder 100 décibels : cette information doit être signalée sur le produit et les baladeurs non conformes ne sont pas commercialisés en France. Peu de pays ont suivi cette initiative.

doses, la quinine (traitement du paludisme), certains diurétiques et certains anticancéreux. Les personnes à risque doivent absolument signaler au médecin leurs problèmes d'audition.

Le bruit. À partir de 70 décibels environ, il peut être nocif. Il est supporté, au quotidien, par certaines catégories de travailleurs (ceux qui travaillent sur des chantiers).

L'otite séreuse. C'est la première cause de mauvaise audition passagère chez l'enfant. Elle est provoquée par un mauvais fonctionnement de la trompe d'Eustache, qui enflamme l'oreille moyenne, et est réversible avec un traitement approprié.

La rubéole de la femme enceinte. Le futur bébé dont la mère a attrapé la rubéole au début de sa grossesse peut présenter, entre autres malformations, une surdité.

A.G.E. - Fotostock - Cosmos

Le baladeur. *Son usage doit être modéré et le son limité à 100 décibels pour ne pas être dangereux pour l'oreille.*

LES TRAITEMENTS

La surdité ancienne est difficile à soigner, parfois même incurable chez les personnes âgées. Chaque cause a son traitement.

– La plupart des cas provoqués par la presbyacousie nécessitent le port d'une aide auditive. Miniaturisée à l'extrême, cette prothèse peut s'intégrer dans les branches de lunettes ou suivre le contour de l'oreille. Comme pour toutes les prothèses, il faut que le malentendant s'y habitue, car elle provoque un phénomène d'amplification de tous les bruits extérieurs.

– En présence d'otospongiose, l'étrier est remplacé par une pièce en matière plastique. L'intervention chirurgicale (stapédectomie) donne de bons résultats dans 90 % des cas.

– Le neurinome, qui est détecté grâce à l'imagerie par résonance magnétique (IRM), est opéré. La tumeur responsable de la perte auditive est retirée et l'audition est parfois conservée. Si la tumeur est importante, la personne peut ne pas récupérer son audition.

– Dans le cas de la maladie de Menière, le traitement est basé sur une vie saine, un régime alimentaire pauvre en sel, sans tabac, ni alcool. Des médicaments (anxyolitiques, antihistaminiques, antivertigineux) peuvent être prescrits. Dans les cas plus graves, une intervention chirurgicale est envisagée pour décomprimer l'oreille interne.

– L'otite séreuse de l'enfant est traitée par antibiotiques, par cure thermale ou par chirurgie (pose d'un yoyo et suppression des végétations).

LA SURDITÉ ET LA VIE QUOTIDIENNE

La surdité devient handicapante à partir d'une perte auditive de 30 décibels. Le retentissement de cette surdité sur la vie sociale est important : la personne entend un interlocuteur unique dans une ambiance calme, mais elle est gênée lorsque plusieurs personnes parlent à la fois. L'audition au téléphone est, par contre, longtemps conservée, grâce aux sons graves.

LA MÉDECINE DU TRAVAIL

La médecine du travail se charge de la prévention de la santé chez les travailleurs. Les services de médecine du travail sont tenus de surveiller régulièrement l'audition des personnes exposées à des bruits intenses et répétés, et d'imposer une protection efficace, individuelle ou collective. Dans certains cas, la surdité peut être reconnue comme maladie professionnelle.

LA SURDITÉ

LA SURDITÉ SOUDAINE

La surdité soudaine, ou d'apparition récente, est provoquée par un accident ou par une maladie. Généralement facile à soigner, elle permet, le plus souvent, de retrouver l'usage de l'audition après un traitement approprié.

La surdité ou hypoacousie, peut atteindre une seule oreille, ou les deux. Elle est dite de perception, lorsque la baisse auditive est provoquée par une perception défectueuse (les sons sont transmis au cerveau, mais non perçus) ; elle est dite de transmission, lorsque le conduit auditif externe, l'oreille externe ou l'oreille moyenne présentent une anomalie (les sons ne sont pas transmis au cerveau). Les troubles auditifs surviennent à n'importe quel âge, mais il faut surveiller régulièrement les capacités auditives d'un enfant, surtout lorsqu'il y a des antécédents de mauvaise audition dans la famille.

LES CAUSES

Chez l'adulte comme chez l'enfant, elles sont nombreuses et, pour certaines, très courantes.

Un obstacle dans le conduit auditif externe (bouchon de cérumen, morceau de coton, corps étranger) concerne surtout les jeunes enfants. Lorsque cet objet a pénétré profondément dans le conduit auditif, il est préférable de ne pas tenter de le retirer soi-même, au risque de l'enfoncer davantage.

POUR Y VOIR PLUS CLAIR

QUELQUES MOTS À CONNAÎTRE

Acouphène : perception fausse de sons divers, comme des bourdonnements, des grésillements, des sifflements.

Barotraumatisme : trouble (essentiellement de l'oreille) lié à des variations de pression dans le corps. Le barotraumatisme survient en avion ou en plongée sous-marine, soit à la descente, soit à la remontée.

Hypoacousie : diminution de l'acuité auditive, ou surdité.

Paracentèse : ouverture pratiquée dans le tympan pour évacuer le pus d'une otite aiguë.

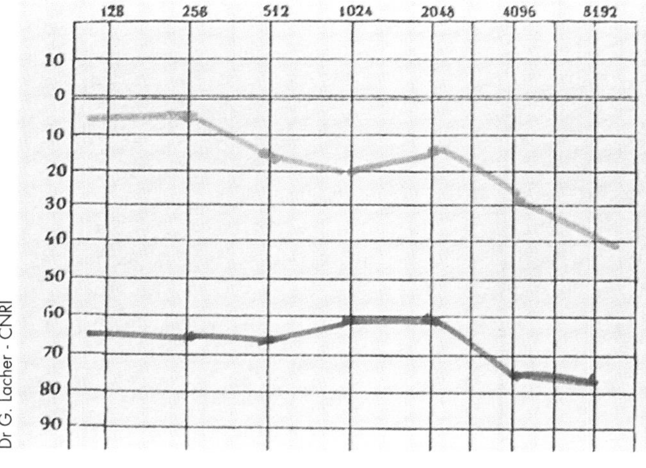

Dr G. Lacher - CNRI

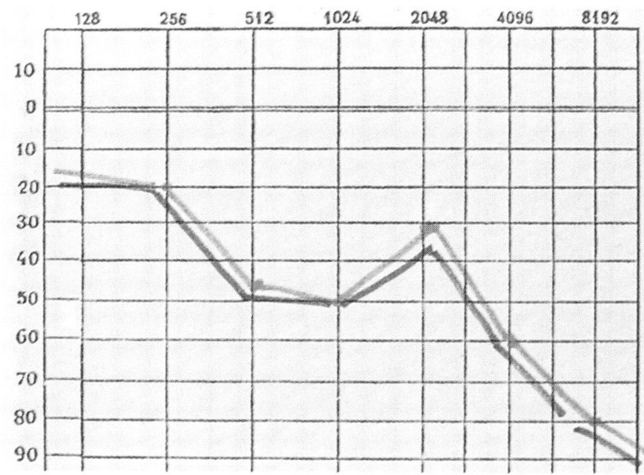

Sur l'audiogramme, *la courbe inférieure indique ce que le patient entend avec des écouteurs, la courbe supérieure, ce que son nerf auditif pourrait entendre. La différence entre les courbes indique un trouble de la transmission (à gauche). À droite, la transmission est bonne, mais il y a un trouble de la perception.*

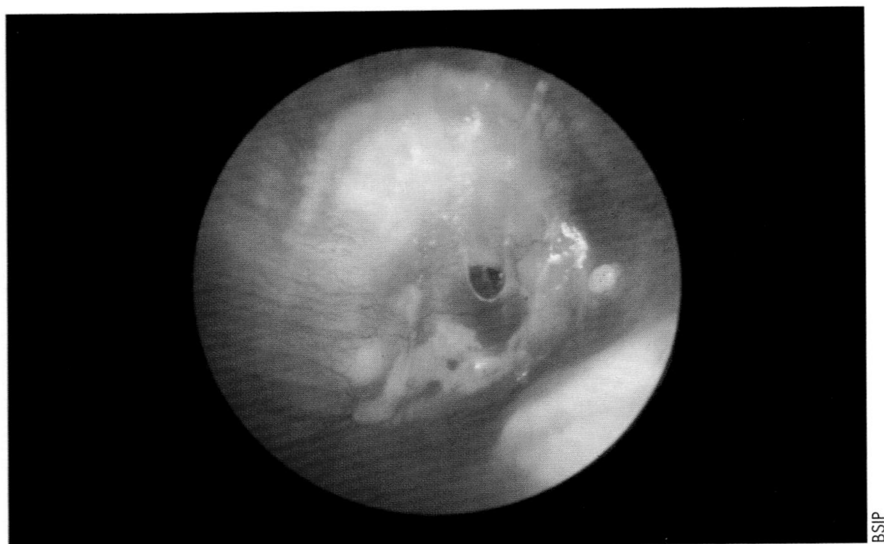

Perforation d'un tympan. *La membrane du tympan montre une perforation soit spontanée (traumatisme, otite) soit provoquée (paracentèse).*

Une visite chez le médecin s'impose pour extraire l'objet.

Des maladies. Chez l'enfant, les otites aiguës mal soignées finissent par se transformer en otites chroniques et abîment le tympan ou l'oreille moyenne. Il en est de même pour les rhino-pharyngites, qui peuvent infecter la trompe d'Eustache. Une tumeur (méningiome, neurinome) peut également causer une perte de l'audition, en attaquant le nerf et les voies auditives. Une atteinte vasculaire (embolie, hémorragie) de l'oreille interne, s'accompagnant d'acouphènes et de vertiges, nécessite de toute urgence un traitement.

Des traumatismes sont aussi à l'origine de pertes auditives : un traumatisme direct (chute d'une planche à voile dans l'eau, gifle sur l'oreille), qui peut abîmer ou perforer le tympan ; le barotraumatisme, qui provoque une sensation d'oreilles bouchées et des douleurs sourdes. Les chocs acoustiques ne sont pas négligeables, car ils causent parfois de graves dégâts : pétards du 14-Juillet, explosions et bombardements, passage du mur du son à faible altitude, concert de rock qui dépasse les 120 décibels.

LE BOUCHON DE CÉRUMEN

Le cérumen, substance molle et cireuse, protège le revêtement du conduit auditif externe et empêche la pénétration de corps étrangers. Poussé par un Coton-Tige, il peut s'accumuler au fond du conduit auditif et provoquer un bouchon, à l'origine d'une irritation ou d'une baisse d'audition. L'évacuation du bouchon de cérumen est réalisée par un oto-rhino-laryngologiste, qui procède par aspiration ou par extraction.

LES DANGERS DE LA PLONGÉE SOUS-MARINE

La plongée sous-marine n'est pas sans risques pour l'oreille, si elle est pratiquée sans précautions. Les dangers sont dus à la pression sur la membrane du tympan, qui est de deux fois la pression atmosphérique à 10 mètres de profondeur, trois fois à 20 mètres et ainsi de suite. L'équilibre des pressions est réalisé par la trompe d'Eustache, qui ne doit pas être bouchée par des sécrétions ou par un gonflement de la muqueuse nasale.

LE TRAITEMENT

La surdité soudaine est souvent peu grave et réversible, avec des soins qui varient selon la nature et la localisation du trouble :

– en cas d'otite, les antibiotiques sont efficaces, mais certains, toxiques, sont contre-indiqués chez les malentendants. Des otites à répétition peuvent obliger à pratiquer une intervention chirurgicale (la paracentèse) pour rétablir l'audition ;

– en cas de rhino-pharyngite, la trompe d'Eustache infectée est débouchée par aspiration ou avec un aérosol ;

– pour limiter les effets du barotraumatisme, on peut procéder à la manœuvre dite de Valsava, connue des adeptes de la plongée : elle consiste à prendre une grande inspiration, à fermer la bouche et à souffler très fort.

Quant au traitement chirurgical, il concerne les cas de surdité ancienne et d'usure des osselets.

LA SURDITÉ

LA VIE QUOTIDIENNE

Les surdités sont totales ou partielles, définitives ou passagères. Des aides existent pour aider la personne à récupérer une partie de son audition.

La correction de la surdité varie selon qu'elle est de transmission (atteinte du conduit auditif externe, de l'oreille externe ou de l'oreille moyenne) ou de perception (atteinte du nerf auditif ou de l'oreille interne). Dans le premier cas, la surdité est provisoire et réversible au moins partiellement par traitement médical ou chirurgical ; dans le second cas, elle est généralement définitive. C'est donc surtout dans le cas des surdités de perception que des aides sont envisagées, ainsi que dans le cas particulier des sourds-muets.

LA CORRECTION DE LA SURDITÉ

Ces surdités sont généralement définitives et difficiles à soigner par les traitements médicaux et chirurgicaux. Leur prise en charge nécessite une mesure précise du déficit auditif par bilan audiométrique. Elle est mise en œuvre en fonction de leur degré de gravité et de la gêne qu'elles occasionnent dans la vie quotidienne et professionnelle.

La surdité profonde oblige le malentendant à porter une prothèse auditive. Cette prothèse miniaturisée à l'extrême est prescrite par l'oto-rhino-laryngologiste, et délivrée par l'audioprothésiste, qui la règle et l'adapte spécialement à chaque cas. Il existe plusieurs types de prothèses :
– les unes, presque invisibles, sont placées dans le conduit auditif (intra-auriculaires) ;
– d'autres suivent le contour de l'oreille et, placées derrière le

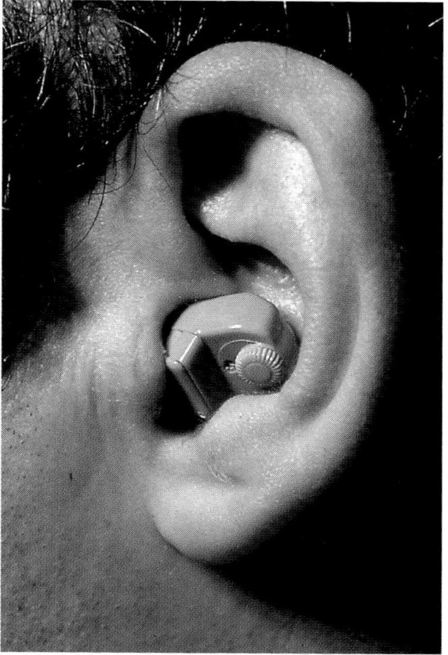

CNRI

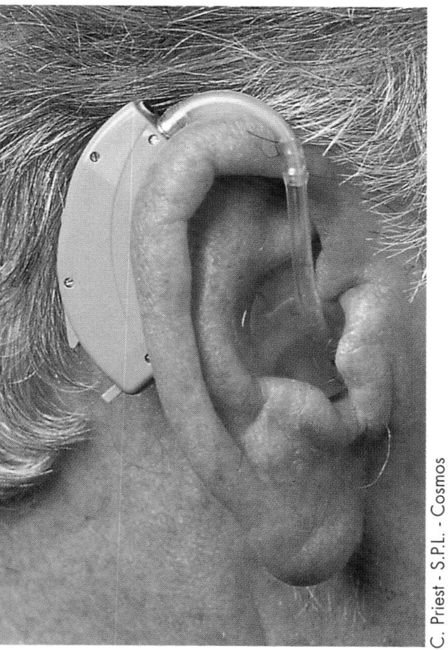

C. Priest - S.P.L. - Cosmos

***Les prothèses.** Elles sont intra-auriculaires (à gauche), posées dans le pavillon de l'oreille, ou en contour d'oreille (à droite), situées derrière l'oreille et reliées au conduit auditif par un petit tuyau.*

LA PRÉVENTION

Malgré des progrès récents dans le traitement de la surdité, il est essentiel d'essayer d'éviter la survenue de ce handicap ou de le limiter. La médecine scolaire est utile pour dépister des déficiences auditives passées inaperçues ou assimilées à de l'inattention : un contrôle médical doit être fait en cas de doute. Dans les professions exercées en milieu bruyant, ou dans les activités à risques, les contrôles de l'audition sont habituels. Souvent, le traitement d'un début de surdité éviterait une aggravation, en protégeant ou en soignant l'oreille atteinte.

pavillon, sont reliées à l'oreille par un tube en plastique ;
– d'autres encore sont serties dans les branches de lunettes. Ces appareils sont parfois réglables par le porteur lui-même au moyen d'une petite télécommande. Ils ne restituent jamais une audition parfaite, mais permettent une vie sociale relativement normale ;
– l'implant cochléaire : c'est un type particulier de prothèse, essayé dans de rares cas de surdité bilatérale profonde, et d'un coût élevé. Des électrodes sont implantées dans la cochlée, reliées à un récepteur placé sous la peau, derrière l'oreille. Le patient doit porter sur lui un microphone et un amplificateur.

Le port d'une prothèse auditive ne dispense pas une personne atteinte de surdité profonde d'apprendre à reconnaître les mots aux mouvements des lèvres de l'interlocuteur. Cette méthode, appelée lecture labiale, est enseignée par les orthophonistes.

LE CAS DES SOURDS-MUETS

N'ayant jamais entendu depuis la naissance (à cause d'une surdité due à une malformation congénitale ou à une maladie survenant au cours de la petite enfance), les sourds-muets ne peuvent pas apprendre la parole en entendant leur entourage, comme le font les autres enfants. Il leur faut apprendre à communiquer par une méthode visuelle : la langue des signes, qui utilise divers mouvements rapides et précis des mains et des doigts. Ce langage nécessite un long apprentissage avec des éducateurs spécialisés. La plupart du temps, les surdités congénitales ne sont pas totales. Elles permettent de combiner un appareillage adapté très tôt (les enfants l'acceptent généralement bien), un apprentissage de la lecture labiale et un soutien scolaire approprié. L'enfant peut alors mener une vie presque normale.

Goivaux - Rapho

Le langage des signes. *Les sourds-muets utilisent le langage des signes pour pouvoir communiquer entre eux.*

LE DÉPISTAGE PRÉCOCE CHEZ L'ENFANT

Les tests de dépistage de la surdité sont importants. Ils doivent être pratiqués dès la naissance et répétés plusieurs fois pendant l'enfance. On a recours à des tests simples (avec des jouets sonores), ou à des tests plus complexes (des électrodes sont placées sur les oreilles et sur la tête pour enregistrer l'activité de la cochlée et du nerf auditif). Un manque de dépistage précoce peut entraîner une absence totale d'audition, accompagnée d'une impossibilité à parler (surdimutité). Si on constate un déficit congénital, l'enfant doit être appareillé très tôt, dès les premières années.

VIVRE AVEC SA SURDITÉ

Certains appareils utilisés dans la vie quotidienne peuvent être adaptés à ce handicap :
– le téléphone : il existe, sur certaines prothèses, une fonction électronique rendant possible l'utilisation de téléphones équipés permettant une bonne compréhension des paroles de l'interlocuteur ;
– la télévision : pour une meilleure audition, il existe des casques avec des écouteurs, sans fil, fonctionnant par infrarouge. Un système de sous-titrage, le télétexte, permet aux malentendants de suivre une émission ;
– les sonneries : les sonneries de portes, téléphones, réveils peuvent être remplacées par des appareils à signaux lumineux, ou même à vibrations.

LE TORTICOLIS

Cette contracture des muscles du cou entraîne la torsion de celui-ci et des douleurs ; la tête adopte alors une position inclinée.

De nombreuses causes sont susceptibles d'entraîner un torticolis : une mauvaise position prolongée pendant le sommeil ; un mouvement brutal ; un traumatisme ; une maladie des os ou des articulations ou même une crise d'angoisse. Un torticolis peut également être la conséquence d'une malformation présente dès la naissance (congénitale). Ces causes variées permettent de reconnaître différents types de torticolis.

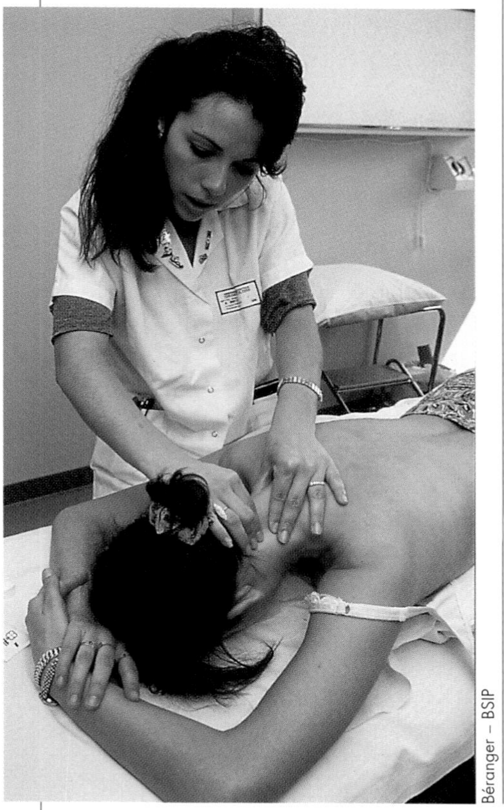

Béranger – BSIP

Séance de kinésithérapie. Un massage du cou peut soulager la douleur occasionnée par un torticolis.

LES DIFFÉRENTS TYPES DE TORTICOLIS

Le torticolis banal. Il apparaît souvent le matin au réveil, et résulte alors d'une mauvaise position du cou pendant le sommeil. Parfois, il est provoqué par un mouvement brutal et forcé du cou. Les symptômes disparaissent en moins de 3 jours.

Le torticolis spasmodique. Il survient après des épisodes de contractures involontaires et douloureuses du cou. La tête prend alors une position inclinée. Plusieurs causes peuvent provoquer un torticolis spasmodique : coup du lapin lors d'un accident de voiture, par exemple ; entorse d'une articulation des vertèbres cervicales irritant certains nerfs de la colonne vertébrale, au niveau du cou...

Une cause relativement rare (mais qui peut être grave) de torticolis spasmodique est la méningite. Dans ce cas, la rigidité du cou s'accompagne généralement de maux de tête, de vomissements, de fièvre, de sensibilité anormale à la lumière (photophobie) et d'une douleur intense à la flexion du cou.

LA PHYSIOTHÉRAPIE

La kinésithérapie, les massages, l'utilisation de la chaleur (thermothérapie), le traitement par les ultrasons, l'usage de l'eau (hydrothérapie) ou des rayons ultraviolets et infrarouges, l'emploi de courants électriques font partie des traitements physiothérapiques. Ceux-ci ont pour objectif de réduire ou de prévenir la douleur, la raideur et la contracture. La physiothérapie peut être prescrite après un accident, une lésion d'un nerf, une fracture, une douleur musculaire ou articulaire tenace. Elle complète souvent le traitement à base de médicaments.

Le torticolis symptomatique. Il s'agit généralement d'un signe d'atteinte du haut de la colonne vertébrale (au niveau de la nuque). Les douleurs du torticolis symptomatique peuvent descendre dans les bras (on parle alors de névralgie cervico-brachiale). La douleur survient en général à chaque mouvement, même de très faible amplitude. Elle témoigne d'une irritation des nerfs, qui se manifeste également, en retour, par des contractures au niveau des muscles du cou.

Chez l'adulte, un torticolis symptomatique à répétition est lié, habituellement, à l'existence d'un problème d'arthrose cervicale. Chez l'enfant, le

Homme atteint d'un torticolis, portant une minerve.
Celle-ci, en soulageant les muscles du cou contractés par le torticolis, permet d'atténuer en partie les douleurs ressenties.

déplacement de la première vertèbre sur la deuxième entraîne un torticolis symptomatique, avec flexion de la tête sur le côté. C'est le syndrome de Grisel.

Le torticolis congénital. Il apparaît dès la naissance, et est dû au développement insuffisant des muscles situés sur un des côtés du cou. Bien qu'indolore, ce torticolis permanent et gênant est opéré chez l'enfant tout jeune, pour rallonger les tendons trop courts.

LES EXAMENS COMPLÉMENTAIRES

En plus de l'examen clinique, la radiographie permet d'ordinaire de confirmer le diagnostic. Elle révèle le défaut de courbure, sans anomalie de la structure osseuse. En cas de doute, le scanner et l'imagerie par résonance magnétique (IRM) peuvent être utiles.

LE TRAITEMENT

Le repos, les médicaments antidouleur et les décontracturants musculaires constituent le traitement de base des torticolis. Dans le torticolis banal, ces moyens suffisent à faire disparaître les symptômes en moins de 3 jours.

Le port d'une minerve, la physiothérapie (traitement par les ultrasons ou la chaleur), la kinésithérapie, qui vise à mobiliser de façon méthodique et spécifique les muscles atteints (étirements, mobilisation passive), sont souvent utilisés pour redonner élasticité, force et mobilité aux muscles, et pour soulager les raideurs. L'injection de toxine botulique à très petites doses est employée avec succès dans les torticolis spasmodiques, pour lutter contre les contractions involontaires des muscles du cou, en les paralysant. L'efficacité de la toxine dure de 2 à 6 mois. Un intervalle minimal de 2 ou 3 mois doit absolument être respecté entre 2 injections, en raison des effets prolongés de la toxine.

Chez le nouveau-né atteint d'un torticolis congénital, des étirements doux des muscles du cou, effectués plusieurs fois par jour, assurent généralement la guérison.

LA MINERVE

La minerve est un appareil destiné à maintenir la tête droite et en extension. Elle permet de soulager les douleurs et de limiter l'instabilité du cou, en réduisant l'amplitude des mouvements. Il existe des colliers souples, en mousse, et des colliers raides, en plastique doublé de mousse. Les minerves en plâtre ne sont presque plus utilisées.

LA TOXINE BOTULIQUE

La toxine botulique est produite par une bactérie appelée *Clostridium botulinum*, responsable du botulisme, une intoxication alimentaire grave caractérisée par des paralysies. Elle est utilisée à des fins thérapeutiques dans certaines indications bien précises, dont le torticolis spasmodique. Ce traitement est réservé aux adultes et aux enfants de plus de 12 ans. La toxine est injectée par un spécialiste dans les muscles atteints, à de très petites doses.

Des effets secondaires peuvent être observés : difficulté à déglutir (dysphagie) ; difficulté à produire des sons (dysphonie) ; diminution de la force des muscles du cou. En cas d'injection d'une dose trop forte, une antitoxine, qui s'oppose aux effets paralysants de la toxine botulique, peut être injectée. La seule contre-indication à ce traitement est la myasthénie (maladie au cours de laquelle les muscles perdent progressivement leur force).

La Toxicomanie

CAUSES ET DÉFINITION

La toxicomanie est due à l'usage de drogues, c'est-à-dire de substances toxiques qui modifient le fonctionnement du cerveau, entraînant une dépendance physique et psychologique.

A. Karskens – Hollandse Hooste – Vu

Toxicomane en train de s'injecter de l'héroïne dans une veine.
La prise de drogues dures comme l'héroïne entraîne une déchéance à la fois physique et morale.

La consommation de drogue débute généralement à l'adolescence. La prise occasionnelle de drogue est souvent liée à la recherche de sensations nouvelles ou au désir d'imiter les autres. Elle peut aussi répondre à une recherche d'excitation créatrice ou représenter la transgression d'un interdit.

DE L'EXPÉRIENCE À LA DÉPENDANCE

Après ces premières expériences, certains adolescents deviennent des consommateurs réguliers de drogue, dont ils peuvent vite être dépendants. Plusieurs facteurs peuvent contribuer à cette modification du comportement : la fréquentation d'autres jeunes qui se droguent déjà ; un dialogue insuffisant avec les membres de la famille, notamment avec les parents ; des problèmes psychologiques personnels tels que l'anxiété, la timidité, un mal-être général ; une structure psychique poussant aux abus ; enfin, la possibilité de se procurer facilement de la drogue dans les lieux fréquentés par les jeunes et, de fait, investis par les dealers.
La grande majorité des personnes qui, à l'âge adulte, continuent à consommer de la drogue se marginalisent socialement. Pour se procurer l'ar-

DÉFINITION DE LA TOXICOMANIE

La toxicomanie (ou pharmacodépendance) se définit comme l'habitude de consommer, de façon régulière et importante, des médicaments ou des substances toxiques, susceptibles d'entraîner un état de dépendance.
Elle se manifeste par un besoin irrésistible de prendre certaines drogues pour leurs effets euphorisants, enivrants, excitants ou hallucinogènes.
La plupart de ces drogues permettent au toxicomane de s'évader momentanément d'une réalité qui lui est insupportable. À chaque nouvelle prise de drogue, celui-ci cherche à retrouver cet état plus satisfaisant que l'état normal.

LA DÉPENDANCE ET LE MANQUE

La dépendance est la conséquence d'une consommation régulière et excessive de drogues. La dépendance psychique se traduit par le besoin impérieux de consommer des drogues modifiant l'activité mentale. Privé de drogues, le toxicomane ressent une détresse émotionnelle intense. La dépendance physique se traduit par des troubles organiques (état de manque) dès que la drogue cesse d'être consommée : profonde angoisse, sueurs, nausées, vomissements, accélération du rythme cardiaque, confusion mentale ou encore hallucinations.

gent nécessaire à l'achat de sa drogue, le toxicomane évolue alors dans des milieux où violence, prostitution et trafic sont de règle.
Enfin, certains adultes prennent occasionnellement de la drogue, notamment de la cocaïne, comme psychostimulant.

LES EFFETS DES DROGUES

La consommation répétée de drogue entraîne une accoutumance physique de l'organisme. En effet, les drogues interfèrent avec des mécanismes neurologiques et biologiques, en particulier avec les substances chimiques qui transmettent les messages dans les cellules du système nerveux (neurotransmetteurs) et se fixent sur des récepteurs spécifiques du cerveau. Ces récepteurs accueillent, à l'état normal, des substances sécrétées par l'organisme, les endorphines, qui ont des propriétés calmantes et qui induisent une sensation de plaisir. Lorsque l'organisme reçoit régulièrement des substances morphiniques d'origine extérieure (comme c'est le cas chez les héroïnomanes), la production interne d'endorphines diminue. Les sensations de plaisir ne peuvent alors plus provenir, à un certain stade d'intoxication, que d'un apport extérieur. Les effets des drogues sur le cerveau se traduisent par une confusion mentale, un délire, des hallucinations et un comportement souvent agressif.
Les drogues peuvent également provoquer des troubles digestifs et cardiaques, entraîner des risques d'obstruction brutale d'un vaisseau sanguin (embolie) et, lors des injections intraveineuses, favoriser l'apparition d'infections diverses. À très fortes doses, elles peuvent être responsables d'une intoxication aiguë, conduisant parfois à la mort par surdosage (overdose).
Les toxicomanes qui utilisent des seringues usagées risquent, en outre, de contracter de graves maladies virales (hépatites B ou C, sida), transmissibles par voie sanguine.

LES DIFFÉRENTES DROGUES

Les drogues sont classées, en fonction de l'effet qu'elles provoquent, en 4 groupes. Au sein de ces groupes, on distingue les drogues « dures » et les drogues « douces », selon le degré de dépendance qu'elles entraînent.
Le premier groupe comprend les substances dites « psychodépressives », qui exercent une action calmante, parfois soporifique, et combattent l'anxiété. L'alcool, les opiacés (héroïne), les barbituriques, les tranquillisants (sédatifs et hypnotiques), mais ausi les solvants tels que l'éther et la térébenthine, font partie de ce groupe.
Le deuxième groupe est formé des substances dites « psychostimulantes » : la cocaïne et son dérivé, le crack, les amphétamines ainsi que l'ecstasy et, dans une moindre mesure, la nicotine, la caféine, le khat.
La troisième famille est celle des substances dites « psychodysleptiques », aux effets hallucinogènes. Elle comprend le LSD et la psilocybine (extraite d'un champignon mexicain), ainsi que le haschisch.
Enfin, la quatrième famille de drogues est composée de certains médicaments (atropine, antihistaminiques) qui peuvent exercer des effets particuliers sur le psychisme (calmants ou, au contraire, stimulants) et entraîner une dépendance.

Comprimé d'ecstasy. *Pour attirer les jeunes, les fabricants d'ecstasy dessinent des petits logos ludiques sur les comprimés.*

Voisin – Phanie

LA TOXICOMANIE

TRAITEMENT ET PRÉVENTION

Le traitement de la toxicomanie repose sur un sevrage physique et psychologique, réalisé dans des centres spécialisés.

G. Mendel – Network – Rapho

***Groupe de toxicomanes discutant avec une animatrice.** Le soutien psychologique est primordial dans la cure de désintoxication ; il permet de prévenir les risques de rechute.*

Lorsque la consommation de drogue est occasionnelle, elle peut être arrêtée par une discussion avec les proches, susceptible de faire comprendre à la personne concernée le risque d'accoutumance et d'escalade.
Celui qui prend régulièrement de la drogue sans être dépendant peut être aidé par un soutien psychologique, qui lui permettra de comprendre quelles difficultés il essaie de compenser et par quels comportements il peut remplacer la drogue.
Lorsque la dépendance physique est installée, une cure de désintoxication s'impose. Cette cure comprend un sevrage, accompagné d'une prise en charge psychologique.

LE SEVRAGE

Le sevrage ne peut être décidé qu'en accord avec le toxicomane. Il ne peut être réalisé qu'à l'hôpital, car l'arrêt de la consommation de drogue est toujours très éprouvant sur le plan physique et psychologique : douleurs viscérales, malaises, contractures musculaires involontaires, tremblements, nausées, accélération du rythme cardiaque, diarrhée et angoisse intense.
La méthode de sevrage diffère peu d'une drogue à l'autre. La plus utilisée est un sevrage brutal, accompagné d'un traitement médicamenteux (anxiolytiques, analgésiques ou antidépresseurs). Une réduction des doses sur 2 ou 3 jours est également possible. Dans ce cas, des antalgiques et des somnifères peuvent être prescrits. Enfin, le sevrage peut être progressif. Cette méthode est réservée aux héroïnomanes. Elle nécessite un produit de substitution : la méthadone, qui est un analgésique de synthèse,

LES INÉGALITÉS DE LA DÉPENDANCE

Selon le produit consommé, la dépendance physique s'installe plus ou moins vite : elle est beaucoup plus rapide avec l'héroïne qu'avec le haschisch. La dépendance augmente aussi plus rapidement si l'on prend des doses élevées, quelle que soit la drogue consommée. Un consommateur de tranquillisants peut devenir dépendant de ses médicaments au même titre qu'un consommateur d'héroïne. Des prédispositions génétiques semblent également être responsables d'une apparition plus rapide de cette dépendance physique chez certains toxicomanes.

voisin de la morphine, mais aux effets moins toxiques.
Au terme de 1 à 3 semaines, le sevrage physique est effectué, mais une postcure dans des établissements adaptés est nécessaire pour éviter au malade de rechuter en se retrouvant dans son environnement habituel.

LA PSYCHOTHÉRAPIE

Le soutien psychologique joue un rôle fondamental dans la cure de désintoxication. En effet, une fois sevré, le malade éprouve un sentiment de vulnérabilité. Un état dépressif peut alors s'installer, avec des risques importants de rechute dès la première angoisse ou frustration. La psychothérapie commence le plus souvent au cours de l'hospitalisation et se poursuit dans un établissement de postcure. Elle associe des séances de thérapie de groupe et des entretiens individuels, au cours desquels on aide le malade à reprendre confiance en lui pour pouvoir affronter une vie normale.
Ce traitement peut durer de plusieurs mois à plusieurs années. Les rechutes sont nombreuses, car subsiste toujours chez l'ancien toxicomane la nostalgie des effets euphorisants de la drogue. Ce n'est souvent qu'après plusieurs rechutes que le toxicomane se stabilise, lorsqu'il se découvre une passion qui « l'accroche » plus que la drogue. La recherche de cet intérêt de substitution représente un des principaux objectifs des programmes de réadaptation.

LA PRÉVENTION DE LA TOXICOMANIE

Limiter l'accès aux drogues par des règles de contrôle du trafic et de répression de la distribution et de la consommation constitue une mesure efficace pour prévenir la toxicomanie. Mais l'attrait financier, pour les vendeurs de drogues, et celui de la transgression, pour les consommateurs, sont tels que la disparition de la toxicomanie est illusoire. Aussi doit-on souligner l'importance de l'éducation dans cette prévention. Elle doit préparer à une vie où la drogue n'a pas sa place parce que l'on a pu développer une personnalité qui trouve en elle-même suffisamment de ressources.

LES DROGUES DE SUBSTITUTION

Chez un grand nombre de toxicomanes, le sevrage représente une difficulté insurmontable. Certains traitements comprennent donc la distribution contrôlée de produits dits de substitution : méthadone, buprenorphine ou encore d'autres produits à base de morphine. Ces substances permettent d'éviter les symptômes liés au sevrage et d'assurer de meilleures possibilités de réinsertion grâce au soutien psychologique qui l'accompagne. Les principes et les résultats de ce mode de sevrage sont très controversés. En effet, les effets secondaires du sevrage à la méthadone pourraient être plus graves que ceux de l'héroïne. En revanche, ce type de traitement peut contribuer à la prévention du sida chez les toxicomanes, qui ne sont plus amenés à échanger des seringues potentiellement infectées par le VIH.

TOXICOMANIE ET GROSSESSE

La consommation de drogue pendant la grossesse est extrêmement dangereuse pour la mère comme pour l'enfant.
Dans 80 % des cas, l'enfant qui naît d'une mère héroïnomane connaît un syndrome de sevrage néonatal dû à l'arrêt de l'apport d'opiacés par le cordon ombilical.
La cocaïne augmente les risques de fausse couche, d'accouchement prématuré, de retard de croissance et d'hématome rétroplacentaire, qui, en décollant le placenta de la paroi utérine, prive le fœtus d'éléments nutritifs et met sa vie en danger.
La consommation de substances hallucinogènes augmente elle aussi les risques de fausse couche et de malformations congénitales.

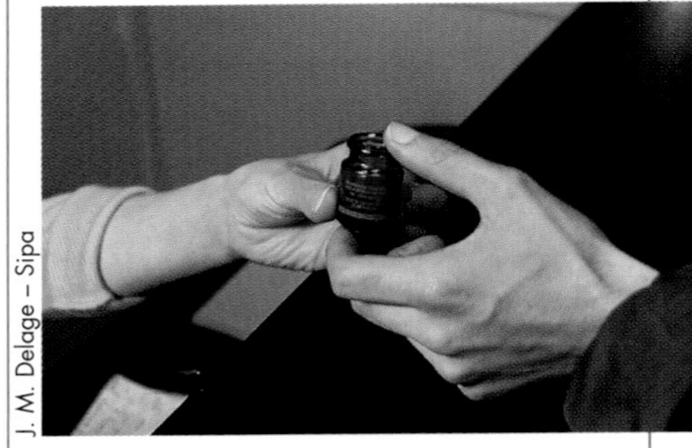

J. M. Delage – Sipa

Distribution de méthadone dans une clinique. *Les drogues de substitution, dont la distribution est contrôlée, permettent dans certains cas de faciliter la désintoxication.*

La Toxoplasmose

Cette infection très fréquente, qui passe le plus souvent inaperçue, est transmise à l'homme par l'intermédiaire du chat. Elle est grave quand elle touche la femme enceinte et les personnes dont le système immunitaire est affaibli.

La toxoplasmose est une maladie fréquente dans tous les pays. Elle est toujours bénigne chez les jeunes et les adultes sains.

LA CONTAMINATION

La toxoplasmose est due à un parasite, *Toxoplasma gondii*, qui vit dans l'intestin du chat. Les œufs du parasite, déposés sur le sol quand le chat produit des excréments, sont ensuite absorbés par des animaux herbivores, notamment le mouton.
L'homme s'infeste soit par l'absorption d'œufs présents dans des crudités ou des fruits souillés par des excréments de chat, soit en mangeant de la viande crue ou saignante (de mouton surtout), soit, encore, en ayant les mains sales pour les personnes en contact avec un chat.

LES SYMPTÔMES

L'infection ne provoque aucun symptôme, si ce n'est l'apparition de petits ganglions fermes au niveau de la nuque, qui sont sans gravité et disparaissent spontanément. Chez certaines personnes, la toxoplasmose peut également entraîner une légère fièvre (38 °C au maximum), des douleurs musculaires et une fatigue passagère. Elle peut aussi générer une inflammation de la rétine (rétinite) et des vaisseaux sanguins situés derrière la rétine (choroïdite).

LES COMPLICATIONS

Les complications ne se rencontrent que chez les patients dont le système immunitaire est affaibli. Dans ce cas, le parasite atteint le cerveau, où il provoque la formation d'abcès pouvant occasionner des paralysies, des convulsions et des troubles de la conscience. Le malade a beaucoup de fièvre, il présente un gonflement des ganglions lym-

■ CYCLE DU PARASITE

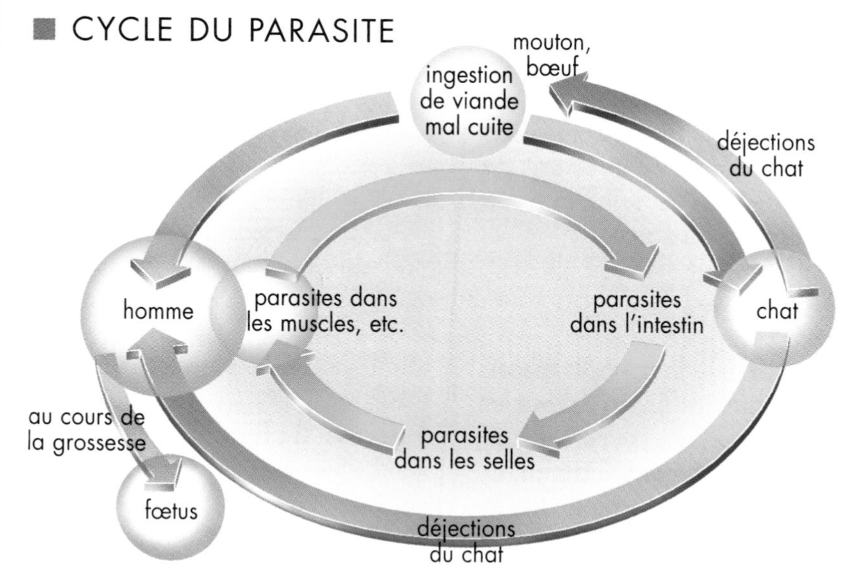

Laurent Blondel

DÉPISTAGE CHEZ LA FEMME ENCEINTE

Si l'examen sérologique est positif avant la grossesse, la femme a déjà eu la toxoplasmose et il n'y a donc plus aucun risque.
Si l'examen sérologique est négatif, la femme n'a jamais eu la toxoplasmose et doit par conséquent prendre les précautions nécessaires pour éviter de contracter la maladie.
Si le test, qui était négatif, devient positif pendant la grossesse, il faut surveiller la mère et l'enfant par des échographies et, surtout, faire une prise de sang dans le cordon ombilical vers la 22e semaine de gestation pour savoir si le fœtus est atteint. Si c'est le cas, un avortement thérapeutique peut être proposé.

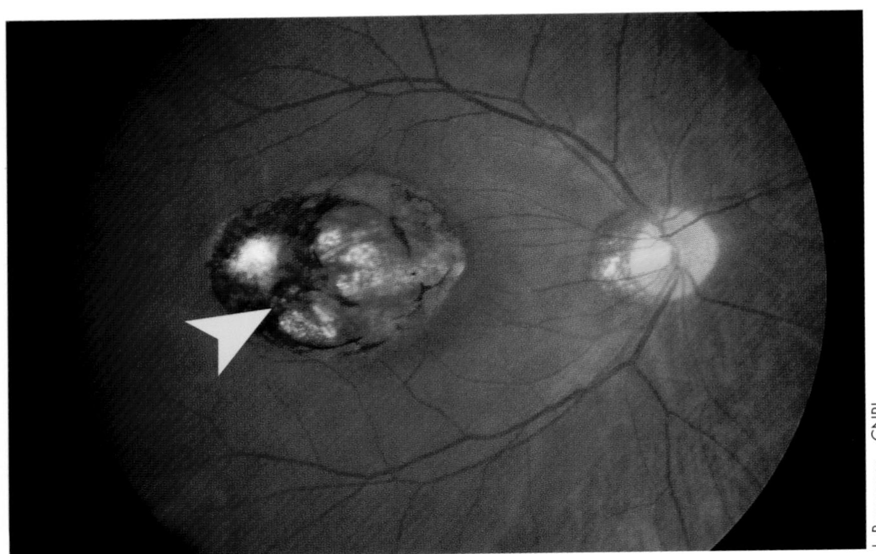

J. Barraquer – CNRI

Examen du fond de l'œil montrant une inflammation de la rétine et de la choroïde. *Cette inflammation, provoquée par la toxoplasmose, est visible sur la photo sous la forme d'un réseau noir sur fond blanc.*

phatiques et une grande fatigue. Il s'agit rarement d'un premier contact avec le parasite, mais plus souvent d'une résurgence d'une infection ancienne (primo-infection) passée inaperçue.

LE DIAGNOSTIC ET LE TRAITEMENT

Le diagnostic est établi après un examen de sang qui révèle la présence d'anticorps antitoxoplasmose (séropositif). Il n'existe pas de vaccin contre la toxoplasmose. Dans la plupart des cas, la guérison est spontanée et la maladie ne justifie pas de traitement particulier.
Le traitement à base d'antibiotiques est nécessaire uniquement chez la femme enceinte infectée, les nouveau-nés et les enfants gravement atteints. En revanche, chez les personnes dont le système immunitaire est affaibli, le traitement par antibiotiques doit être prolongé quasi indéfiniment. Chez la femme enceinte, les antibiotiques permettent de réduire de 50 % le risque de transmission au fœtus.

L'ATTEINTE DU FŒTUS

La contamination du fœtus (toxoplasmose congénitale) peut provoquer des lésions cérébrales, oculaires et hépatiques irréversibles. Elles sont responsables d'un retard mental, d'un handicap moteur, de convulsions ainsi que d'anomalies des yeux qui peuvent apparaître plusieurs années après la naissance.

LA PRÉVENTION

Le dépistage de la toxoplasmose n'est obligatoire qu'en France et en Autriche chez toute femme enceinte. Il doit même être effectué systématiquement avant la grossesse, dans le cadre des examens prénuptiaux et prénataux, afin d'assurer une surveillance régulière de la future mère et, au besoin, de prescrire un antibiotique dès le début de l'infection.
En raison de la gravité de la toxoplasmose congénitale et en l'absence de vaccin, les femmes enceintes non protégées doivent donc prendre deux types de précautions :
– ne manger que de la viande bien cuite, éviter les crudités, ne pas changer les litières de chats, sinon se laver soigneusement les mains après tout contact avec les excréments de l'animal, comme après toute manipulation de terre ou d'aliments pouvant être contaminés ;
– se faire suivre régulièrement pendant une grossesse et faire un test de dépistage tous les mois jusqu'à l'accouchement.

LA TOXOPLASMOSE CONGÉNITALE

Quand une femme est atteinte de toxoplasmose pendant sa grossesse, elle peut transmettre la maladie au fœtus. On parle alors de toxoplasmose congénitale. Le risque de transmission n'est pas systématique et dépend du stade de la grossesse. Il est rare et grave au premier trimestre de la grossesse. À ce stade, la toxoplasmose congénitale peut être responsable d'une fausse couche. Pendant les deuxième et troisième trimestres de la grossesse, la transmission de la toxoplasmose est possible, mais les conséquences sont moins importantes pour le fœtus.

Les Troubles Anxieux

SYMPTÔMES ET MANIFESTATIONS

L'anxiété est le symptôme le plus fréquent en psychiatrie. Elle est présente dans presque toutes les maladies psychiatriques et dans les troubles de la personnalité.

L'angoisse. *Une crise d'angoisse s'accompagne souvent de signes physiques variés, notamment des sensations d'étouffement, des difficultés respiratoires ou des palpitations.*

L'anxiété est un trouble qui peut être positif s'il améliore l'apprentissage et les performances physiques ou intellectuelles. Mais il est souvent pathologique et nécessite alors un traitement. Selon les chercheurs, 12 à 22 % de la population souffre, a souffert ou souffrira de troubles anxieux, en particulier les femmes et les jeunes.

LES SYMPTÔMES

Ils sont très variables. Ils peuvent être physiques : sensations d'étouffement et de tensions

LES CAUSES DES TROUBLES ANXIEUX

Elles sont au nombre de deux.

Une réaction à un facteur de stress, qui peut être compréhensible. Cependant, tous les événements ne sont pas stressants de la même façon pour tous, puisque chaque personne a une histoire et une personnalité qui lui sont propres. Dans le cas de ces troubles réactionnels, tout rentre dans l'ordre au bout de quelques mois, éventuellement avec une aide médicale et psychothérapique de courte durée.

Des troubles d'origine biologique, qui nécessitent un traitement médicamenteux. Le médecin doit alors expliquer au patient l'origine de ses troubles pour lui permettre de mieux comprendre sa maladie.

internes, difficultés respiratoires, mains moites, réactions d'inhibition et d'agitation. Des manifestations psychologiques s'ajoutent parfois à ces troubles physiques : peur de perdre la raison, impression d'étrangeté et d'être séparé de soi-même (dépersonnalisation). L'anxiété peut enfin se manifester de façon permanente (anxiété chronique) ou brutale : les symptômes de la crise d'angoisse sont alors intenses.

LES DIFFÉRENTS TROUBLES

Ils sont au nombre de trois.

Le trouble panique. Il débute par une crise aiguë, qui survient subitement et sans cause apparente. La personne peut avoir peur de mourir ou de perdre la raison. Les manifestations du trouble panique sont souvent suffisamment intenses pour justifier l'intervention d'un médecin. L'examen médical se révèle généralement normal et rassurant. C'est la répétition des crises qui définit le trouble panique. Le patient craint alors d'avoir une nouvelle crise et, en même temps, il a peur d'affronter les conditions dans lesquelles une crise est déjà survenue. À ce stade, il a en général consulté plusieurs médecins et a effectué plusieurs bilans médicaux qui se sont tous révélés normaux. Sans traitement adapté, l'évolution est chronique et se complique souvent de phobies, de dépression, de dépendance aux médicaments tranquillisants et à l'alcool – qui est d'abord consommé pour compenser ou « traiter » l'anxiété, mais qui crée vite une dépendance.

Le trouble anxieux généralisé. Il peut apparaître dans le cours d'un trouble panique ou isolément. Dans le trouble panique, il se présente sous la forme d'une peur de l'apparition de nouvelles crises. Les personnalités fragiles y sont particulièrement sensibles, ce qui peut justifier un traitement psychologique. Ce trouble évolue souvent de façon chronique, en fonction des aléas de l'existence. Les risques de complications existent et ne sont pas négligeables : dépendance aux tranquillisants et aux somnifères (le sommeil est souvent perturbé).

L'anxiété réactionnelle. Appelée aussi trouble de l'adaptation, cette anxiété survient dans le mois qui suit un événement stressant (décès ou maladie d'un proche, perte d'emploi, séparation) ou même un événement fortement désiré (promotion professionnelle, mariage, grossesse). Par définition, elle est limitée dans le temps et disparaît en même temps que le facteur à l'origine de l'anxiété, ou lorsque le sujet a réussi à surmonter la situation.

UNE COMPLICATION FRÉQUENTE : LA DÉPRESSION

Symptômes	Anxieux	Dépressifs
La tristesse	L'avenir est craint et vu en noir. La personne peut être réconfortée et son humeur varie.	Il n'y a plus d'avenir, mais un sentiment de « voie sans issue » ; le pessimisme est permanent.
Le sommeil	Insomnie d'endormissement.	Insomnie de milieu et de fin de nuit.
L'inhibition	L'énergie est conservée mais entravée.	Absence d'énergie ou d'élan.
L'estime de soi	C'est le monde extérieur qui est rendu responsable des difficultés.	Sentiment de dévalorisation, de culpabilité. À l'extrême, la personne s'accuse de fautes qu'elle n'a pas commises.
L'appétit	Souvent conservé.	Souvent absent.
Le suicide	Une tentative de suicide peut être envisagée pour fuir les difficultés. Mais la personne ne souhaite pas réellement mourir.	La mort peut être envisagée comme étant la seule issue.

LA SPASMOPHILIE OU LA TÉTANIE

Jusqu'à une époque récente, les crises d'angoisse étaient mises sur le compte de troubles du calcium ou du magnésium. En effet, les symptômes de l'angoisse étaient similaires à ceux observés dans certains troubles du métabolisme du calcium (tétanie). Les fourmillements dans les mains et les pieds, les crampes musculaires semblaient être des signes typiques. En fait, c'est l'exagération de la respiration lors de ces crises d'angoisse, liée à l'impression d'étouffement, qui est responsable de ces symptômes (spasmophilie).

LES TROUBLES ANXIEUX

LES DIFFÉRENTS TRAITEMENTS

Le traitement des troubles anxieux vise à obtenir une guérison rapide, pour éviter une aggravation de la maladie et des complications comme la dépression ou l'alcoolisme.

La prise en charge rapide et précoce de la maladie est souhaitable. Lorsque les troubles anxieux se développent depuis plusieurs années, la guérison est encore possible, mais le malade doit accepter de suivre un traitement prolongé. Le traitement, qui associe le plus souvent des médicaments et une psychothérapie, varie selon le type de trouble anxieux que présente le malade.

LE TROUBLE PANIQUE

Ce trouble a été reconnu et isolé des autres troubles anxieux, du fait de sa sensibilité particulière à certains médicaments (les antidépresseurs). Son traitement est avant tout médical et peut être assuré soit par un médecin généraliste, soit par un psychiatre, le plus souvent en consultation. Les médicaments servent à prévenir l'apparition de nouvelles attaques de panique. Les antidépresseurs évitent ces rechutes après un délai d'action de quelques semaines (entre deux et quatre). La phase initiale du traitement est assez délicate : les médicaments ont des effets secondaires variables, passagers et sans gravité (bouche sèche, troubles de la vue, palpitations, difficultés à uriner). Souvent, la personne anxieuse supporte avec difficulté ces effets secondaires qui peuvent lui donner l'impression d'aller encore plus mal.

Une fois les symptômes du trouble panique disparus, le traitement médicamenteux n'est pas interrompu pour autant. En effet, pour éviter une rechute rapide, il est nécessaire de continuer les soins sur une durée de six à huit mois. Parfois, le traitement devra être poursuivi plus longtemps encore.

Sur le plan psychologique, il faut dédramatiser la situation et bien expliquer au patient en quoi consiste sa maladie. Celui-ci est toujours soulagé d'apprendre que les symptômes qu'il a correspondent à un trouble parfaitement identifié et banal : il n'est donc ni un malade imaginaire, ni un cas exceptionnel pour la médecine.

Parfois, le médecin prescrit également des tranquillisants lorsque la crainte de la survenue de nouvelles crises est vraiment trop intense. Mais une

Laurent-Stephan - BSIP

Burger - Phanie

Le traitement de l'angoisse. *Il associe, en général, la psychothérapie (photo de gauche) et la prise de médicaments comme les antidépresseurs (photo de droite).*

POUR Y VOIR PLUS CLAIR

QUELQUES MOTS À CONNAÎTRE

Relaxation : méthode qui vise à obtenir la détente physique et mentale résultant d'une baisse du tonus musculaire et de la tension nerveuse.
Sevrage : un syndrome de sevrage peut survenir lors de traitements prolongés par de fortes doses de tranquillisants. Il se traduit par divers signes, dont la réapparition des signes anxieux ayant amené la prescription, des tremblements, voire des convulsions.
Sophrologie : technique fondée sur l'hypnose et la relaxation. Elle comporte également certains aspects issus de la psychanalyse.

psychothérapie cognitive et comportementale (c'est la confrontation avec la situation qui déclenche le trouble) peut aussi être conseillée au malade, une fois que les médicaments ont atteint un certain degré d'efficacité. D'autres techniques soulagent parfois aussi le malade : la relaxation pour diminuer la tension physique, la psychanalyse ou une psychothérapie inspirée de la psychanalyse pour comprendre et soigner certaines difficultés relationnelles.

LE TROUBLE ANXIEUX GÉNÉRALISÉ

Le traitement associe également les médicaments et une psychothérapie. Les médicaments efficaces sont les tranquillisants, qui apportent en général au malade un soulagement rapide : réduction du niveau d'anxiété et récupération des capacités de réaction. Ils sont en général bien tolérés, à condition de ne pas être surdosés. Leur utilisation est cependant délicate : ils peuvent provoquer une dépendance et des symptômes de sevrage lorsque l'interruption du traitement est trop brutale. Ce risque de dépendance apparaît après trois mois de traitement, d'où la mise en place, dans certains pays, d'une réglementation limitant la durée d'usage des tranquillisants. L'arrêt du traitement devra toujours se faire progressivement, avec des paliers de réduction de doses pendant plusieurs jours afin d'éviter l'apparition de certains signes, tels que des soubresauts musculaires, des insomnies ou une rechute anxieuse.
La difficulté du traitement médicamenteux de ce trouble résulte de son caractère souvent chronique ; il est souhaitable de trouver d'autres moyens thérapeutiques. Différentes psychothérapies peuvent être proposées : une psychothérapie de soutien, le malade trouvant chez son médecin une écoute bienveillante et quelques conseils ; la relaxation ou la sophrologie, qui procurent une détente musculaire et donc une diminution du niveau de l'anxiété ; la psychanalyse et la psychothérapie, comme dans le cas du trouble panique.

L'ANXIÉTÉ RÉACTIONNELLE

Il s'agit d'un traitement bref, puisque les troubles disparaissent dès que le facteur de stress a cessé. Cette brièveté du traitement permet l'utilisation des tranquillisants, très efficaces pour soigner cette angoisse, sans craindre le risque de dépendance. Le but de ce traitement est de réduire l'anxiété, de favoriser la récupération des capacités de réaction et d'adaptation, et d'éviter que le trouble n'évolue. Un soutien psychologique sous la forme d'une relation de confiance est aussi utile.

Burger - Phanie

La relaxation. *Elle permet de détendre les muscles et ainsi de réduire le niveau d'anxiété.*

LES CAUSES DU TROUBLE PANIQUE

Certains troubles, et plus particulièrement le trouble panique, ont une origine biologique. Le traitement, essentiellement médicamenteux, est très efficace. Il est d'autant plus justifié que beaucoup de troubles anxieux ont tendance à devenir chroniques et que des complications sont fréquentes.

LES TROUBLES DU RYTHME CARDIAQUE

Le cœur bat en moyenne au rythme de 60 à 90 pulsations par minute. Il arrive, au cours de diverses affections, qu'il batte trop vite, trop lentement ou qu'il se contracte irrégulièrement.

Le rythme cardiaque peut être trop rapide (tachycardie) ou trop lent (bradycardie). Le cœur peut aussi se contracter de façon prématurée (extrasystole) ou de façon anarchique (fibrillation ventriculaire ou auriculaire). Par ailleurs, certaines personnes ont un cœur qui bat plus vite ou plus lentement que la moyenne sans être malades pour autant : les anxieux ont un rythme cardiaque souvent proche de 100, même lorsqu'ils sont au repos, et certains sportifs un rythme proche de 40.

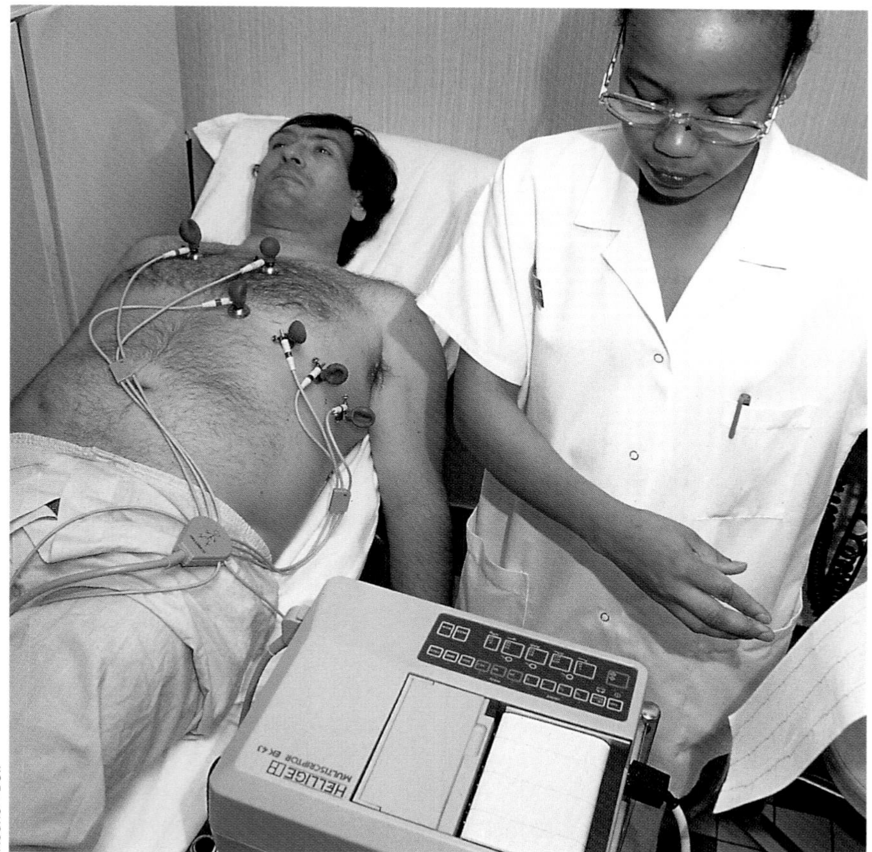

***Les troubles du rythme.** L'enregistrement de l'activité électrique du cœur par l'intermédiaire d'électrodes placées dans la zone du cœur permet de poser un diagnostic précis en cas de trouble du rythme.*

LA TACHYCARDIE

C'est l'accélération des battements du cœur au-delà de 90 pulsations par minute. Elle peut n'entraîner aucun symptôme ou se traduire par des palpitations ou des malaises.

Les causes. La tachycardie peut avoir deux origines :

– Une accélération de l'activité de la zone qui commande le rythme cardiaque, le nœud sinusal. Dans ce cas, la tachycardie peut être naturelle, comme lors d'un exercice physique, après une émotion ou après consommation de café ou de tabac. Elle peut également être le signe d'une maladie, quand elle accompagne une fièvre, une anémie, une diminution du volume sanguin, une hyperthyroïdie, etc. Certains médicaments peuvent aussi entraîner une accélération du rythme cardiaque.

– Un trouble du rythme. Il peut prendre naissance dans les oreillettes (tachycardie atriale, souvent bénigne) ; à la jonction des oreillettes et des ventricules (dans la zone appelée nœud auriculoventriculaire ; trouble responsable d'une tachycardie dite jonctionnelle, le plus souvent bénigne mais évoluant par crises) ; dans le ventricule (tachycardie ventriculaire, souvent grave).

Les symptômes. Les tachycardies peuvent se manifester par des palpitations, des malaises, des douleurs dans la cage thoracique ou un essoufflement.

LA FIBRILLATION VENTRICULAIRE

C'est un trouble grave du rythme cardiaque, caractérisé par des contractions anarchiques et inefficaces des ventricules. Elle peut être la complication d'une maladie cardiaque ou survenir lors d'une électrocution. Le traitement consiste à administrer en urgence des chocs électriques externes (cardioversion) pour régulariser les contractions du cœur. Pour prévenir les récidives et si la cause ne peut être soignée, on fait appel à des médicaments antiarythmiques ou à l'implantation dans le corps d'un défibrillateur cardiaque miniaturisé.

Parfois, elles n'entraînent aucun symptôme et sont découvertes fortuitement lors d'un examen.

Le traitement. Il dépend de l'origine et du type de trouble : suppression d'une cause favorisante (tabac, café, etc.), administration de médicaments qui ralentissent le rythme du cœur. En cas de tachycardie jonctionnelle récidivante, on peut pratiquer l'ablation de la zone du muscle cardiaque responsable de la tachycardie en y appliquant une source de chaleur (électricité) introduite dans le cœur par une sonde.

LA BRADYCARDIE

La bradycardie est le ralentissement des battements du cœur en dessous de 60 pulsations par minute. Elle s'observe chez les sportifs, les personnes âgées, les personnes dont la partie du système nerveux chargée de la mise au repos de l'organisme (système nerveux parasympathique) est hyperactive et celles qui prennent des médicaments ralentissant la fréquence cardiaque. Une bradycardie est parfois associée à des troubles de la conduction de l'influx électrique à travers le cœur, à un déficit d'hormones thyroïdiennes (hypothyroïdie) ou, plus rarement, à un début d'infarctus du myocarde.

Les symptômes. Il sont peu importants si le trouble est modéré et s'installe lentement. En revanche, s'il survient brutalement, il peut provoquer une grande fatigue, des malaises ou une perte de connaissance.

Le traitement. Il dépend de la cause, ainsi que du caractère pathologique ou non de la bradycardie. Certains cas nécessitent un traitement par des médicaments dérivés de l'atropine, d'autres, la pose d'un stimulateur cardiaque.

LES EXTRASYSTOLES

Ce sont des contractions anormales du muscle cardiaque, survenant de façon prématurée au cours du cycle cardiaque. Elles sont souvent liées à l'hyperexcitabilité électrique d'une zone limitée du muscle cardiaque. Dans de nombreux cas, les extrasystoles sont dues à une grande nervosité.

Les symptômes. Les extrasystoles peuvent passer inaperçues ou entraîner une sensation de coups dans la poitrine, de palpitations ou de pause cardiaque.

L'évolution. Elle dépend du type d'extrasystole et de la coexistence ou non d'une maladie cardiaque.

– Les extrasystoles prenant naissance dans les oreillettes ou à la jonction des oreillettes et des ventricules, lorsqu'elles sont peu nombreuses et que le cœur est sain, ne nécessitent aucun traitement. Mais quand elles sont nombreuses, elles peuvent dégénérer en tachycardie.

– Les extrasystoles prenant naissance dans les ventricules sur un cœur malade, si elles sont nombreuses, sont l'indice d'une aggravation de la maladie cardiaque.

Le traitement. Il dépend des symptômes, du siège de l'extrasystole, de sa fréquence et de l'association ou non avec une maladie du cœur. Il consiste, si les extrasystoles sont bénignes, à réduire la consommation de tabac, de café et de thé, parfois à administrer des médicaments antiarythmiques.

LES PALPITATIONS

Le terme de palpitations désigne la sensation d'avoir le cœur qui bat plus vite ou moins régulièrement qu'en temps normal. Des palpitations peuvent traduire un trouble du rythme cardiaque. Elles peuvent aussi être simplement le fait d'un effort violent, d'une émotion ou d'une bouffée d'angoisse. Le traitement dépend du trouble : il peut nécessiter par exemple la prescription de médicaments antiarythmiques. Souvent, il suffit seulement de rassurer le patient.

LA TUBERCULOSE

Cette maladie infectieuse contagieuse est due au bacille de Koch, encore appelé *Mycobacterium tuberculosis*, qui provoque des atteintes variées, notamment au niveau des poumons.

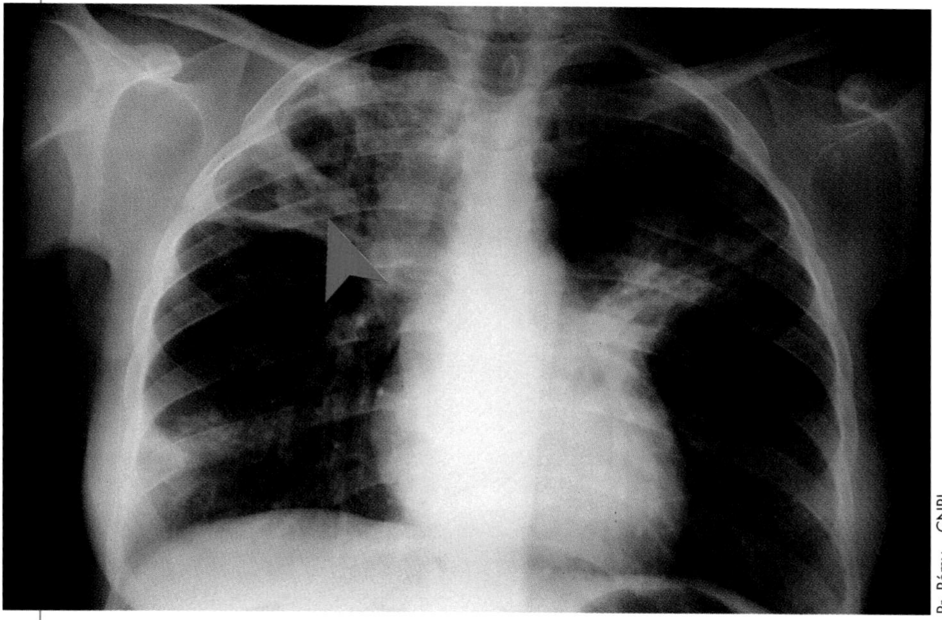

Pr. Rémy – CNRI

***Radiographie d'une tuberculose pulmonaire.** L'élimination du tissu nécrosé crée des zones de clarté (cavernes), visibles sur le cliché radiographique en haut et à gauche.*

Autrefois, la tuberculose était l'une des principales causes de mortalité des enfants et des adultes jeunes en Europe. La vaccination obligatoire et l'élévation générale du niveau de vie l'ont fait régresser. Mais, depuis quelques années, on note une réapparition de cette maladie infectieuse dans les pays développés, due, semble-t-il, à l'extension du sida et à l'appauvrissement progressif d'une partie de la population dans ces pays.

La tuberculose touche actuellement environ 10 millions de personnes dans le monde, dont les trois quarts dans les pays en voie de développement.

LA CONTAMINATION

La contamination se fait par l'intermédiaire de gouttelettes de salive contenant le bacille de Koch rejetées par un malade atteint de tuberculose pulmonaire ou laryngée, qui parle, éternue ou tousse. La tuberculose est donc une maladie contagieuse par voie aérienne.

LES SYMPTÔMES

Le premier contact avec le bacille déclenche une affection appelée primo-infection tuberculeuse. Dans les poumons se forme un petit foyer tuberculeux, comme un abcès, que l'on nomme chancre tuberculeux. En général, le patient ne ressent aucun symptôme et, dans 90 % des cas, la primo-infection guérit spontanément. Le foyer tuberculeux disparaît, laissant une cicatrice anodine, visible sur les radiographies pulmonaires sous la forme d'une petite calcification. Parfois, la primo-infection se manifeste par une toux, une fièvre peu élevée, une légère

UN PEU D'HISTOIRE

La tuberculose a été différenciée des autres maladies pulmonaires et décrite précisément en 1819, par le docteur Laennec. En 1882, Robert Koch a identifié le bacille en cause et lui a donné son nom. La tuberculose, autrefois répandue dans le monde entier, entraînait la mort de nombreux enfants et jeunes adultes. En Europe, elle aurait été responsable d'un quart des décès au XIXe siècle. Sa fréquence a régressé dans les années 40 avec l'apparition des antibiotiques.

fatigue et une perte d'appétit (syndrome infectieux modéré). Dans des cas plus rares, les signes peuvent être plus importants, avec une fièvre élevée, des troubles digestifs et des éruptions cutanées rouge violacé sur les membres (érythème noueux). Dans 5 % des cas environ, le bacille se dissémine par le sang et est à l'origine de foyers qui peuvent rester latents (c'est-à-dire sans provoquer de symptômes) des années, puis, à l'occasion d'une baisse des défenses immunitaires, passagère ou non, se réactiver brutalement.
La maladie évolue alors le plus souvent avec une localisation pulmonaire. Celle-ci se traduit par une altération de l'état général. Trois symptômes sont évocateurs : la fièvre, surtout le soir, accompagnée de sueurs nocturnes, la fatigue et l'amaigrissement.
Puis les signes pulmonaires apparaissent : une toux plus ou moins grasse, des crachats parfois sanglants (hémoptysies), un essoufflement à l'effort ou, plus rarement, une véritable détresse respiratoire (broncho-pneumonie tuberculeuse).

LE DIAGNOSTIC

Le diagnostic repose sur une radiographie du thorax qui met en évidence des opacités (nodules) et des clartés (cavernes) dans les poumons, surtout dans leur partie supérieure.
Pour confirmer le diagnostic de la tuberculose, il faut rechercher la bactérie responsable de la maladie dans les crachats ou dans les sécrétions des bronches. Le bacille de Koch est souvent difficile à voir. L'examen direct au microscope étant rarement positif, il faut systématiquement mettre le prélèvement en culture. Les résultats de l'examen ne sont alors connus qu'après un délai de 3 à 6 semaines.
Des tests cutanés à la tuberculine peuvent également être utilisés. Ils permettent d'établir un diagnostic précis uniquement lorsque la réaction est très fortement positive. Une réaction plus faiblement positive peut indiquer un contact passé avec la maladie (primo-infection) ou une vaccination ancienne.

SIDA ET TUBERCULOSE

Aujourd'hui, un certain nombre d'études montrent un lien entre la recrudescence de la tuberculose et l'extension du sida. Les personnes atteintes de cette maladie ont en effet un système immunitaire affaibli, ce qui constitue un terrain favorable pour une réactivation du bacille de Koch (qui peut ne pas s'être manifesté depuis la primo-infection). Ce phénomène pose d'importants problèmes : fréquentes erreurs de diagnostic, traitement parfois inadapté, suivi plus ou moins régulier, etc. Le malade, non ou mal soigné, reste contagieux pour son entourage.

LE TRAITEMENT ET LA PRÉVENTION

Le traitement associe 3 ou 4 antibiotiques antituberculeux pendant une durée d'au moins 6 mois. On obtient une guérison dans la quasi-totalité des cas. Les malades doivent être isolés pendant les 3 premières semaines de traitement. Ensuite, ils ne sont plus contagieux.
Une primo-infection doit être traitée de la même façon pendant 3 mois pour éviter l'évolution ultérieure vers la tuberculose.
La prévention repose sur la vaccination par le BCG, dont l'efficacité est partielle, mais qui permet de réduire considérablement la fréquence des formes graves.

LA TUBERCULOSE MILIAIRE

La tuberculose miliaire est une forme particulièrement grave de tuberculose se traduisant par un essoufflement intense et, parfois, par une altération marquée de l'état général. Elle se caractérise en outre par la dissémination de bacilles de Koch vers de nombreux organes : méninges, abdomen, os, appareils génital et urinaire, etc. Selon la localisation, les symptômes sont variables : la tuberculose osseuse (mal de Pott) se manifeste par des douleurs osseuses ou articulaires ; la tuberculose génito-urinaire entraîne la présence de sang dans les urines ; la tuberculose méningée est responsable de troubles de la vigilance ; la tuberculose touchant la rate, les ganglions lymphatiques et la moelle osseuse se traduit par une hypertrophie de la rate et des ganglions ; la tuberculose digestive est caractérisée par des douleurs abdominales et des diarrhées.

LES TUMEURS DU CERVEAU

Les tumeurs du cerveau sont des proliférations de cellules anormales, cancéreuses ou non, qui se développent dans le cerveau, le compriment et, dans certains cas, l'envahissent.

Les tumeurs du cerveau peuvent être bénignes ou malignes. Les premières ont en général un volume limité, n'envahissent pas les tissus voisins et n'ont pas tendance à récidiver ; en revanche, les secondes, également appelées cancer du cerveau, deviennent souvent volumineuses, infiltrent les tissus voisins, et ont tendance à récidiver après leur ablation. Par ailleurs, les tumeurs malignes du cerveau peuvent naître à partir de cellules du cerveau ou être des métastases d'un cancer situé dans une autre partie de l'organisme.
Parmi les nombreuses formes de tumeur du cerveau existantes, quatre sont plus fréquentes : le méningiome et le neurinome, qui sont des tumeurs bénignes ; le glioblastome, qui est une tumeur cancéreuse ; les métastases, foyer de cellules cancéreuses s'étant répandu à partir d'un autre point du corps.

P. Bories - CNRI

Métastase cancéreuse. *Cette image du cerveau obtenue par imagerie par résonance magnétique (IRM) révèle une métastase (petite masse ronde et bien délimitée située au centre).*

LES TUMEURS BÉNIGNES

Le méningiome. D'évolution très lente, il se développe dans l'un des trois feuillets formant l'enveloppe du système nerveux central, les méninges, à savoir le feuillet central, appelé arachnoïde. Le méningiome survient entre 20 et 60 ans et forme une tumeur bien délimitée qui refoule le cerveau sans le détruire.
Le neurinome. Il s'agit d'une tumeur se développant aux dépens soit d'un des nerfs rattachés à l'encéphale (neurinome des nerfs crâniens), soit d'un des nerfs rattachés à la moelle épinière (neurinome des nerfs rachidiens) ; seule la première est à proprement parler une tumeur du cerveau, puisque la seconde se développe dans le dos. Le neurinome des nerfs crâniens atteint des personnes âgées de 40 à 60 ans, et surtout les femmes. La tumeur se développe le plus souvent aux dépens du nerf auditif (on parle dans ce cas de neurinome de l'acoustique).

LES TUMEURS MALIGNES

Le glioblastome. Il appartient à la catégorie des tumeurs se développant dans certaines cellules du système nerveux, les cellules gliales, qui assurent la protection et la nutrition des cellules nerveuses (tumeurs appelées gliomes). Cette tumeur se localise de préférence dans un des hémisphères cérébraux, augmente rapidement de volume et s'accompagne d'une augmentation du volume du cerveau consécutive à une élévation de la teneur en eau de ses tissus (œdème cérébral). Il s'agit d'une affection grave. Son pronostic demeure sombre, car elle tend à récidiver après traitement.

Les métastases. Elles proviennent du cancer d'un autre organe. Elles sont fréquentes et précoces, et prolifèrent plus rapidement que le cancer d'origine lui-même.

LES SYMPTÔMES

Les tumeurs bénignes.

– Le méningiome provoque des signes spécifiques selon l'endroit où il se développe (paralysie, par exemple), accompagnés de maux de tête, de vomissements et de crises d'épilepsie.

– Le neurinome des nerfs auditifs provoque une baisse d'audition d'un seul côté, très progressive (souvent, le patient ne s'en rend compte qu'au téléphone), des bourdonnements d'oreilles et des vertiges. Lorsque la tumeur devient plus volumineuse, des fourmillements dans la moitié du visage, parfois associés à une paralysie du visage, peuvent apparaître.

Les tumeurs malignes. Les signes sont liés à l'atteinte des centres nerveux (signes neurologiques), à l'augmentation anormale de la pression à l'intérieur du crâne (hypertension intracrânienne) et au déplacement du cerveau (engagement cérébral), « poussé » par la tumeur lorsque celle-ci est volumineuse. Les signes neurologiques sont des paralysies localisées, des troubles de la sensibilité ou des troubles du langage, qui s'aggravent à mesure que la tumeur se développe. L'hypertension intracrânienne provoque des maux de tête, qui surviennent le matin ou réveillent le malade dans la seconde partie de la nuit, des vomissements en jets et une altération des fonctions mentales. Enfin, l'engagement cérébral aboutit à une compression grave du tronc cérébral, entraînant la mort en l'absence de traitement urgent.

LE DIAGNOSTIC

Le diagnostic d'une tumeur du cerveau fait appel au scanner ou à l'imagerie par résonance magnétique (IRM), qui permettent de déterminer son emplacement et de donner des indications sur sa nature. On peut procéder à un examen, appelé potentiel évoqué auditif (enregistrement de la réponse des nerfs aux stimulations sonores), lorsque l'on suspecte un neurinome du nerf auditif. Seule une biopsie (prélèvement d'un fragment de la tumeur pour l'analyser au microscope) peut préciser la nature exacte de la tumeur et orienter le choix du traitement.

LE TRAITEMENT

Le traitement consiste, quand cela est possible, à pratiquer l'ablation chirurgicale de la tumeur. Il est complété, en présence de tumeurs malignes, par une chimiothérapie ou par une radiothérapie.

LA STÉRÉOTAXIE

C'est une technique utilisée en neurochirurgie pour localiser et délimiter les contours d'une anomalie située à l'intérieur du crâne. Elle consiste à prendre des clichés de la tête par scanner ou imagerie par résonance magnétique (IRM), puis, à partir de ces clichés, à calculer à l'aide d'un ordinateur la position dans l'espace (en trois dimensions) de la lésion. Cette technique permet de prélever un fragment de tissu à des fins d'examen (biopsie) ou de traiter une tumeur par radiothérapie sans léser les tissus voisins.

POUR Y VOIR PLUS CLAIR

QUELQUES MOTS À CONNAÎTRE

Axone : prolongement d'un neurone qui transmet les impulsions nerveuses vers un autre neurone ou vers une fibre musculaire.

Dendrite : prolongement d'un neurone qui reçoit l'influx nerveux provenant d'un autre neurone. Un neurone possède plusieurs dendrites.

Neurone : cellule du système nerveux, dont elle assure les fonctions de base.

LES VERTIGES

Certaines personnes ont la sensation que leur corps se déplace par rapport à l'environnement, ou au contraire que c'est l'environnement qui tournoie autour d'elles : cette sensation erronée de rotation est appelée vertige.

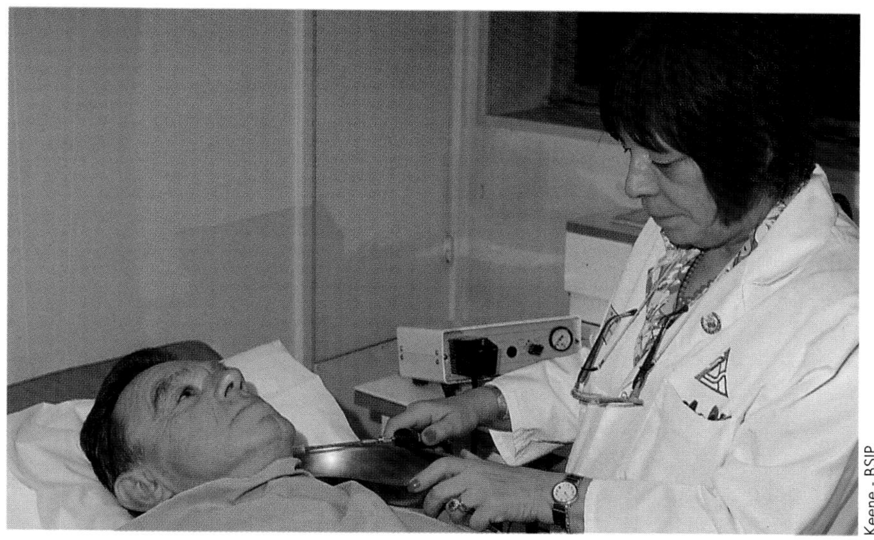

Keene - BSIP

***Stimulation du nystagmus.** Le nystagmus (battement involontaire et saccadé des yeux) peut accompagner un vertige. On le recherche par la stimulation du vestibule en versant de l'eau dans l'oreille.*

Dans le langage courant, on utilise souvent le terme de vertiges pour désigner divers malaises considérés par les médecins comme de faux vertiges, dans la mesure où le patient n'a pas de sensation de rotation : dérobement des jambes, flou visuel, vision double, peur du vide ou peur de tomber, etc. Sur le plan médical, le terme de vertige ne désigne que les cas où un patient ressent une sensation de rotation de son corps ou des repères extérieurs. Le vertige peut être accompagné de nausées, de vomissements, de sueurs, d'une pâleur et surtout d'une angoisse intense. Des bourdonnements d'oreille (ou acouphènes) et une surdité, le plus souvent d'un seul côté, peuvent y être associés.

LES TYPES DE VERTIGE

Un vertige est provoqué, soit par une atteinte de l'oreille interne (où se trouve le vestibule, organe de l'équilibre), soit par une atteinte du nerf vestibulaire (qui s'unit au nerf cochléaire pour former le nerf responsable de l'ouïe et de l'équilibre, ou nerf auditif), soit par une atteinte des centres commandant le fonctionnement du vestibule et situés à l'intérieur du cerveau. Selon la localisation, on parle de vertiges périphériques (atteinte de l'oreille interne ou du nerf vestibulaire) ou de vertiges centraux (atteinte du cerveau).

Les vertiges périphériques dus à une atteinte de l'oreille interne. Ils prennent différentes formes : la maladie de Menière, qui affecte en

QU'EST-CE QU'UN ACOUPHÈNE ?

Un acouphène est une perception, généralement erronée, d'une sensation sonore : bourdonnements, sifflements d'oreille ou grésillements. Près de 15 % de la population adulte en est affectée. Les acouphènes peuvent avoir de nombreuses origines : bouchon de cérumen, otite moyenne aiguë, otospongiose (maladie héréditaire entraînant le blocage d'un osselet de l'oreille, l'étrier), diminution de l'audition due à l'âge (presbyacousie), tumeur du nerf auditif, trouble vasculaire. Leur traitement est difficile, aucune méthode n'ayant fait jusqu'ici la preuve de son efficacité.

même temps le vestibule et la cochlée, se traduit par d'intenses crises de vertiges, associées à une surdité et à des bourdonnements d'oreille se répétant à intervalles irréguliers ; les vertiges déclenchés par un brusque mouvement de rotation de la tête (ces vertiges, caractérisés par leur brièveté, sont appelés vertiges paroxystiques bénins de position) ; les vertiges dus à l'intoxication par des médicaments, dits ototoxiques (certains antibiotiques, la quinine) ; les vertiges liés à certains traumatismes crâniens. **Les vertiges périphériques dus à une atteinte du nerf vestibulaire.** Ils sont dus à une tumeur bénigne qui se développe autour du nerf (cette tumeur est appelée neurinome de l'acoustique), ou à une destruction brutale, probablement liée à l'infection par un virus, de ce nerf vestibulaire (névrite). **Les vertiges centraux.** Ils sont consécutifs à un accident vasculaire cérébral, à une tumeur, à un traumatisme, à une infection ou encore à une intoxication. Les vertiges centraux peuvent être chroniques ; ils sont alors, dans certains cas, le signe d'une affection grave (tumeur de la zone contenant le tronc cérébral et le cervelet ou sclérose en plaques).

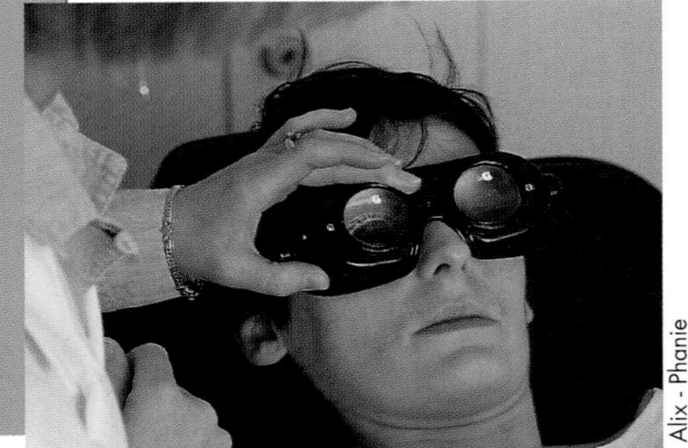

P. Alix - Phanie

Les lunettes-loupes. *Elles permettent de rechercher des mouvements anormaux des yeux accompagnant certains types de vertige.*

LE DIAGNOSTIC

Le diagnostic repose sur l'examen clinique. Lors de cet examen, le médecin examine les yeux du patient à l'aide de lunettes-loupes pour rechercher un mouvement involontaire et saccadé de l'œil (nystagmus), symptôme accompagnant certains vertiges et dont les caractéristiques peuvent contribuer au diagnostic du trouble responsable. L'examen clinique est complété par différents examens : audiogramme, enregistrement des potentiels évoqués auditifs, enregistrement électrique des mouvements de l'œil (électronystagmogramme), scanner, IRM.

LE TRAITEMENT

Le traitement des vertiges est avant tout celui de la maladie responsable de leur apparition, chaque fois que cela est possible : antibiotiques pour soigner une infection, arrêt de la prise d'un médicament, ablation chirurgicale d'une tumeur, etc. Des médicaments (antivertigineux, anxiolytiques) sont utilisés pendant la phase aiguë de la crise. Ils sont associés à du repos. Le vertige positionnel paroxystique bénin peut être guéri sans prise de médicaments par de simples mouvements de rééducation enseignés par le médecin. Lors de vertiges chroniques ou récidivants, des antivertigineux peuvent être associés à des médicaments aidant la circulation en favorisant l'oxygénation des cellules sensorielles et à une rééducation de l'équilibre par certains kinésithérapeutes spécialisés. Enfin, certains troubles neurologiques ou de la vue, qui pourraient aggraver les vertiges, doivent être soigneusement dépistés et corrigés.

LA MALADIE DE MENIÈRE

Cette affection de l'oreille interne touche les personnes de 20 à 50 ans et se manifeste par des crises, associant vertiges, baisse de l'audition et bourdonnements d'oreille. En général, une seule oreille est touchée. La maladie semble liée à des troubles de la pression des liquides dans le labyrinthe mais les mécanismes de survenue de la crise sont encore discutés. La fréquence des crises est variable, ainsi que leur intensité qui aurait tendance à diminuer avec le temps. La guérison s'accompagne souvent d'une surdité. Les causes de cette maladie étant inconnues, le traitement est difficile. Lors des crises, le malade doit rester au repos, éventuellement prendre des médicaments contre le vertige et l'angoisse. Le traitement de fond, permanent, repose sur différents médicaments, parfois sur une psychothérapie. Il est conseillé de respecter un régime alimentaire pauvre en sel et de ne consommer ni tabac ni alcool.

LE VITILIGO

Ce trouble de la pigmentation se caractérise par une diminution ou une absence du pigment responsable de la couleur de la peau, appelé mélanine. Le vitiligo est une affection fréquente, qui touche environ 1 % de la population.

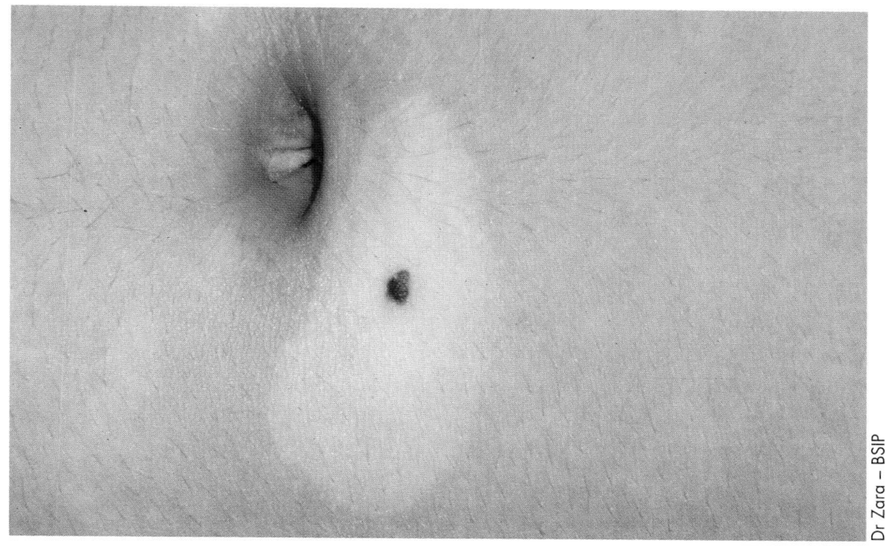

Dr Zara – BSIP

Vitiligo. *La disparition du pigment de la peau se traduit par des taches décolorées, plus ou moins étendues.*

Le vitiligo est une maladie anodine, mais qui présente souvent un préjudice esthétique important. Il débute le plus fréquemment à l'âge adulte. Bien que l'on ignore l'origine du vitiligo, on sait cependant qu'il est héréditaire dans 1 cas sur 3 et qu'il est souvent associé à une autre maladie ; il peut s'agir d'une atteinte de la glande thyroïde, d'une insuffisance surrénale (atteinte des 2 glandes surrénales), de la maladie de Biermer (déficit en vitamine B12) ou d'une pelade.

LES SIGNES

Le vitiligo se traduit par des taches lisses, de couleur ivoire. Souvent bordées d'un liseré foncé, celles-ci siègent sur les aisselles, les organes génitaux, les parties découvertes (visage, dos des mains), le pourtour des orifices ou les zones de frottement (genoux, chevilles). Le vitiligo apparaît sous forme de poussées successives, souvent déclenchées par une exposition au soleil ou par des traumatismes psychologiques.

LES DIFFÉRENTS TYPES DE VITILIGO

Le vitiligo focal est défini par des décolorations limitées à une seule zone du corps.

Le vitiligo segmentaire correspond à des décolorations qui suivent le trajet d'une racine nerveuse.

Le vitiligo universel se traduit par des taches localisées sur l'ensemble du corps.

Le vitiligo trichrome correspond à des lésions en cocarde, avec une tache blanche entourée d'un halo foncé, puis d'un second halo, blanc.

Le vitiligo moucheté se manifeste par des petites zones normalement pigmentées au milieu desquelles se trouve un poil entouré d'une zone blanche.

LES AGENTS DÉPIGMENTANTS

Il s'agit de traitements à base de produits blanchissants, qui ont pour fonction de bloquer la production de mélanine et, par conséquent, de décolorer la peau. Ils se présentent sous forme de pommades. Le traitement, toujours prescrit avec précaution en raison du risque de dépigmentation excessive, dure près de 3 mois. Les résultats sont longs à obtenir, et les récidives, fréquentes. Pendant la durée du traitement, il ne faut pas s'exposer au soleil.

L'ALBINISME

L'albinisme est une maladie héréditaire rare qui survient plus fréquemment chez les personnes à peau foncée. Les cheveux et les poils des albinos sont blancs, leur peau est décolorée (partiellement ou totalement), leurs yeux sont roses, avec des iris translucides de couleur gris bleuté (en raison de l'absence de mélanine, normalement présente dans l'iris), très sensibles aux rayonnement lumineux. Les albinos sont particulièrement sujets aux coups de soleil et aux cancers de la peau, et leur acuité visuelle est moins bonne que la moyenne. Le port de lunettes teintées et l'application de filtres solaires à fort indice de protection sont obligatoires.

LES TRAITEMENTS

Les traitements du vitiligo sont souvent décevants. Ils reposent essentiellement sur l'application locale de corticostéroïdes et sur la puvathérapie (association de psoralènes et de rayons ultraviolets A). Des traitements n'agissant que sur les symptômes consistent à appliquer sur les zones pigmentées restantes des agents dépigmentants afin d'aboutir à une couleur homogène de la peau, ou à utiliser des fonds de teint sur les zones décolorées. La protection solaire est indispensable.

LES AUTRES TROUBLES DE LA PIGMENTATION

Notre peau présente souvent des petites taches plus ou moins foncées, de taille variable, qui sont présentes dès la naissance ou apparaissent au cours de la vie. Celles-ci correspondent à des troubles de la pigmentation appelés hypermélanoses, se traduisant par l'apparition de taches colorées, qui résultent d'une concentration anormale de la mélanine. Les hypermélanoses sont classées en 2 familles : celles qui sont liées à des facteurs génétiques ; et celles qui ne le sont pas, dites acquises.

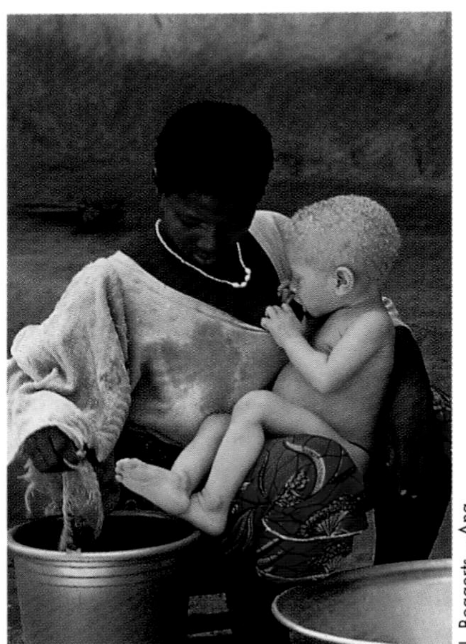
J. Bogaerts – Ana

Albinisme. *Cette anomalie génétique, caractérisée par une absence de pigmentation, peut être transmise même si aucun des 2 parents n'est atteint.*

Les hypermélanoses liées à des facteurs génétiques. Les taches de rousseur sont de minuscules taches beiges, jaunes ou brunâtres, symétriques, présentes surtout sur le visage et le thorax. Elles sont plus fréquentes chez les personnes blondes ou rousses à peau blanche, et se multiplient sous l'action des rayons solaires.

Le grain de beauté (ou nævus) est une petite tache de taille variable, d'une couleur allant du chamois clair au brun-noir en passant par le gris-bleu. Il peut être plat ou en relief et surmonté d'un poil. La plupart sont bénins, mais un nævus qui saigne, change de couleur ou de forme nécessite l'avis d'un médecin afin de vérifier qu'il ne s'agit pas d'un cancer de la peau (mélanome malin).

Les autres hypermélanoses. Elles peuvent être dues à une maladie de la peau (psoriasis, eczéma, pityriasis versicolor). Elles prennent alors la forme de petites taches brunâtres qui démangent souvent.

Les hypermélanoses peuvent aussi résulter d'une affection hormonale, telle que l'hyperthyroïdie, ou d'une modification hormonale, lors de la grossesse ou d'une contraception fortement dosée en œstrogènes. Cela donne lieu au célèbre masque de grossesse, ou chloasma, provoquant des taches brunes plus ou moins étendues sur le visage, essentiellement sur le front, le nez et les pommettes, qui disparaissent en général de manière spontanée après l'accouchement ou le changement de pilule contraceptive.

Les autres hypermélanoses sont le plus souvent dues aux effets indésirables de certains médicaments ou à l'abus de cosmétiques de mauvaise qualité suivi d'une exposition excessive au soleil.

LE ZONA

Cette infection de la peau est due à la réactivation du virus de la varicelle, *Herpes virus varicellæ*. On l'appelle aussi herpès zoster.

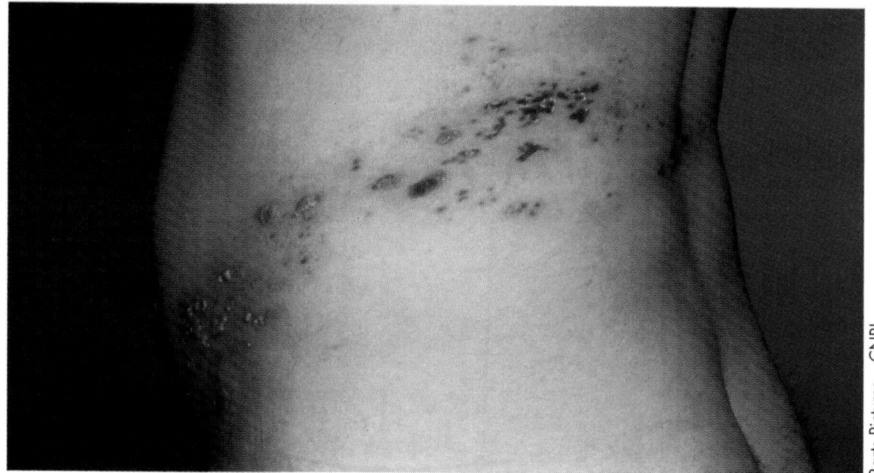

Barts Pictures – CNRI

Éruption cutanée due à un zona. *L'éruption, sous forme de cloques rouges, se produit le plus souvent sur un côté du thorax et suit le trajet d'un nerf intercostal.*

Le zona est fréquent chez l'adulte après 50 ans. Il est exceptionnel chez le nourrisson, mais peut s'observer chez l'enfant sans avoir de gravité particulière. Il survient rarement plus d'une fois chez un même individu.

LES CAUSES

Après une varicelle, qui a lieu généralement dans l'enfance, la majorité des virus responsables de la maladie sont détruits, mais quelques-uns persistent à vie dans les ganglions de certains nerfs. À l'occasion d'une baisse des défenses immunitaires ou sous l'effet d'un stress physique ou psychologique, le virus se réactive et réinfecte une zone de la peau correspondant à un nerf. Contrairement à la varicelle, le zona se transmet rarement d'une personne à une autre ; il est peu contagieux. En revanche, il peut provoquer une varicelle chez les personnes qui n'ont jamais eu cette maladie.

LES SYMPTÔMES

Le zona se manifeste par des douleurs et par une éruption au niveau de la peau, unilatérale, qui touche de façon caractéristique soit le côté droit du corps, soit le côté gauche.
Le début du zona est marqué par l'apparition de douleurs cuisantes, qui ressemblent à des brûlures, localisées là où va apparaître ultérieurement l'éruption. Une diminution de la sensibilité de la peau, qui reste paradoxalement douloureuse au moindre contact, est également ressentie par le malade.
Le lendemain ou quelques jours après la survenue de ces douleurs, une éruption en forme de bande se déclare. Elle apparaît sous forme de taches rouges qui, en 1 à 2 jours, se recouvrent de cloques remplies d'eau (vésicules). En une semaine, ces cloques se dessèchent en formant

LES LOCALISATIONS

Le zona thoracique ou abdominal, lié à l'atteinte d'un nerf intercostal (entre les côtes), est le plus fréquent. Les symptômes se déclarent sur le côté droit ou gauche du thorax ou de l'abdomen, avec un trajet horizontal (de la colonne vertébrale vers le sternum ou vers le nombril).
Mais le zona peut atteindre tous les autres nerfs du corps : nerf lombaire (touchant la fesse ou la jambe), nerf cervical (touchant le bras, la nuque, le cou ou le cuir chevelu), nerfs faciaux (touchant le conduit auditif, le tympan et le cartilage de l'oreille, ainsi que la langue), nerf bucco-pharyngé (touchant la face interne de la joue, du palais et de la gorge), nerf trijumeau (touchant l'œil), toujours d'un seul côté.

LE ZONA OPHTALMIQUE

Le zona est ophtalmique quand le virus touche l'œil par atteinte d'un nerf crânien. Il se manifeste par une éruption et des douleurs au niveau de l'orbite et du front, et peut entraîner des complications oculaires sévères : atteinte de la cornée (kératite), de l'iris (iridocyclite) ou de la rétine (rétinite), voire paralysie passagère de l'œil.

des croûtes qui tombent en 8 à 20 jours, laissant une cicatrice parfois indélébile.
L'éruption, qui dure 2 à 3 semaines, s'accompagne d'une augmentation des douleurs, qui deviennent souvent très difficiles à supporter, et d'une fièvre modérée à 38 °C.

LES COMPLICATIONS

Le zona est une maladie infectieuse bénigne en dehors de 2 circonstances : en cas de zona touchant l'œil (zona ophtalmique) et chez les personnes dont les défenses immunitaires sont affaiblies (sujets atteints du sida, de leucémie). Chez ces dernières, le zona peut se généraliser. Il se présente alors comme une varicelle grave, avec des lésions étendues sanguinolentes. Le risque est que le virus atteigne les organes vitaux (cœur, poumons, foie, etc.).

LE TRAITEMENT

Il existe actuellement un traitement antiviral, le valaciclovir, qui est efficace s'il est pris dans les 3 premiers jours de l'infection, c'est-à-dire quand les douleurs apparaissent ou au tout début de l'éruption. Dans les formes graves, le traitement comprend l'aciclovir, administré d'abord par voie intraveineuse, puis en comprimés ; il doit également être pris au début de la maladie.
Sinon, le traitement classique consiste en la désinfection locale des lésions de la peau (avec une lotion antiseptique), la prise de médicaments contre la douleur (antalgiques) et le repos.
Actuellement, il n'existe pas de vaccin contre le zona.

LES SÉQUELLES

Le zona, une fois guéri, laisse souvent des douleurs, appelées algies postzostériennes, qui peuvent durer des années. Elles sont très intenses, allant jusqu'à empêcher le sommeil, et se localisent dans la région où a eu lieu l'éruption. Elles surviennent essentiellement après un zona ophtalmique ou chez les personnes âgées.
Ces douleurs peuvent être évitées grâce à la prise précoce du traitement antiviral au moment du zona, sinon elles persistent souvent pendant de nombreuses années.
Un certain nombre de méthodes ont été proposées pour soulager ces douleurs. Elles incluent, entre autres, la stimulation de la peau par des frottements intermittents, le passage d'un courant électrique alternatif à travers la peau, le réchauffement local, les applications de neige carbonique, l'injection d'anesthésiques locaux et même l'ablation chirurgicale des nerfs. Aucun de ces procédés ne s'est montré d'une efficacité absolue et constante pour soulager les algies postzostériennes.

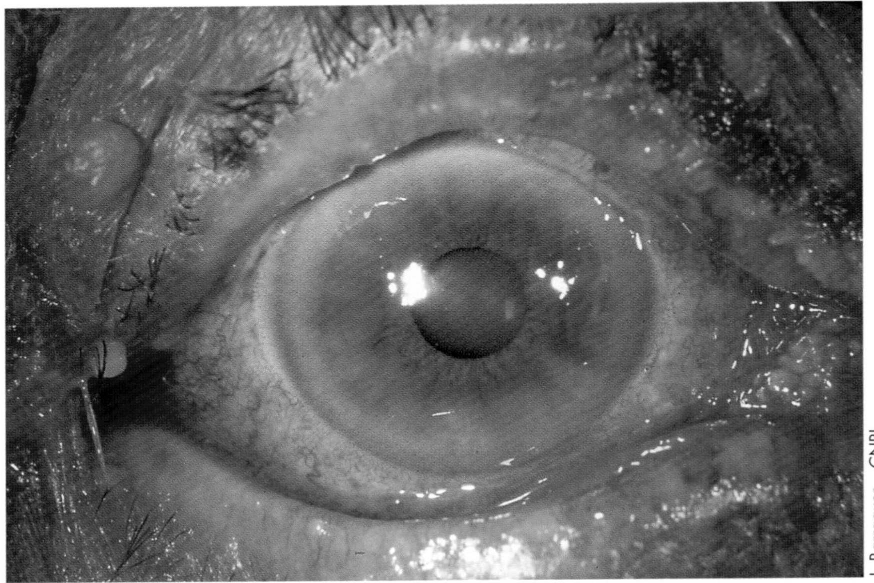

J. Barraquer – CNRI

Zona ophtalmique. *Cette forme de zona se manifeste par une inflammation de la cornée, qui devient trouble, et de la conjonctive, qui est parcourue d'un réseau de petits vaisseaux rouges.*

SAVOIR SE SOIGNER

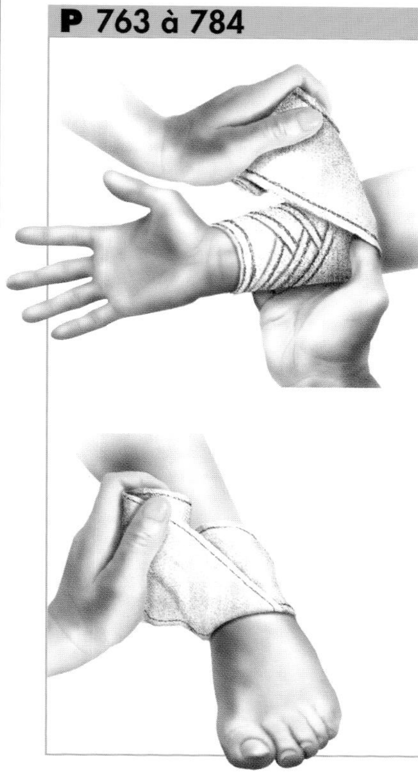

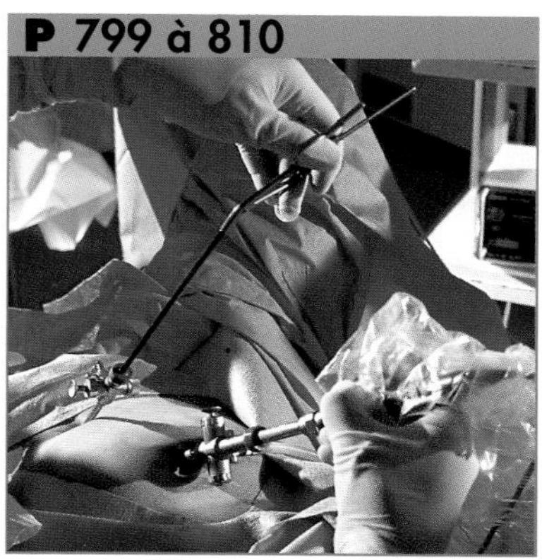

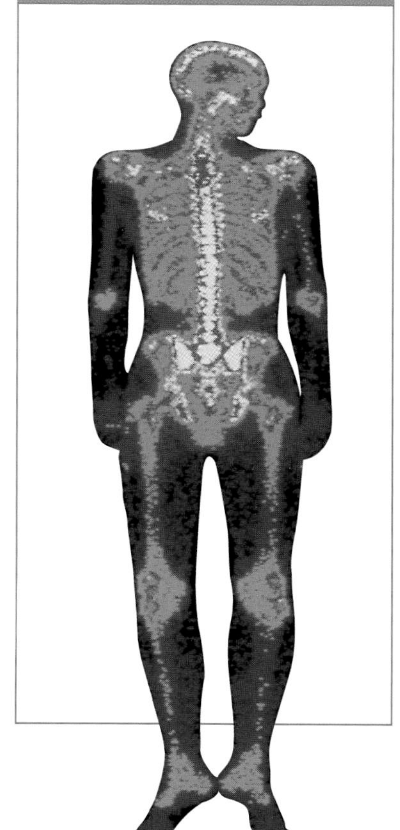

EN ATTENDANT LE MÉDECIN

Les principes généraux de secourisme visent à préserver la vie de la victime et à éviter l'aggravation de son état jusqu'à l'arrivée des secours.

J. Bottet – Arch. Larbor

Accident de la route. *Le triangle de détresse, placé à environ 150 mètres du lieu de l'accident, avertit les automobilistes et les incite à être prudents.*

La prise en charge d'un blessé obéit à un ordre de priorité invariable. Elle se résume à quatre principes clefs: la protection, l'alerte, l'examen de la victime et le secours.

LA PROTECTION

Elle consiste à écarter les risques de danger pour la victime et le sauveteur afin d'éviter l'aggravation de la situation, dans la mesure du possible.
– Pour un accident de la route, demandez à un témoin de régler la circulation et placez un triangle de détresse à 150 mètres de l'accident, coupez le contact au tableau de bord du véhicule accidenté afin d'éliminer le risque d'incendie.
– Pour les intoxications au gaz ou à la fumée, stoppez l'émission si vous le pouvez (robinet du gaz...), ouvrez les fenêtres et tirez la victime hors de la pièce en progressant sans respirer, refermez la porte du local.
– Pour les électrocutions, coupez l'alimentation électrique au disjoncteur (ou en débranchant une prise de courant) avant de toucher au blessé.

L'ALERTE

Si deux personnes sont présentes sur le lieu de l'accident, l'une se charge de secourir la victime, l'autre, de téléphoner aux urgences. Si vous êtes seul, vous devez prioritairement protéger puis alerter.
Indiquez la nature de l'accident (accident de la route, malaise, incendie, noyade, par exemple), ses circonstances, la localisation précise, votre numéro d'appel (domicile, cabine téléphonique), le nombre de blessés et la gravité apparente de leur état (hémorragie, perte de connaissance).

L'EXAMEN

Pour secourir un blessé, il est fondamental d'établir d'abord un bilan de son état de santé, en effectuant quatre contrôles.
– Vérifiez l'état de conscience du blessé : répond-il aux questions (son nom, son adresse), aux ordres simples (ouvrir les yeux, serrer la main) et aux stimulations physiques (pincez l'intérieur du bras) ?
– Évaluez les saignements : souffre-t-il d'hémorragie externe sévère ?
– Contrôlez la respiration : placez votre oreille devant ses

LA NOYADE

Elle résulte le plus souvent d'une pénétration brutale et abondante d'eau dans les voies respiratoires, ce qui conduit à une asphyxie. La victime doit être allongée sur un plan dur ; éliminez de sa bouche tout corps étranger (algues, boue, sable), vérifiez le pouls et la respiration. En cas d'arrêt respiratoire, pratiquez le bouche-à-bouche, en cas d'arrêt cardiaque, le massage cardiaque associé au bouche-à-bouche. Dès que le noyé retrouve une respiration normale, placez-le en position latérale de sécurité, enlevez ses vêtements mouillés et couvrez-le de vêtements chauds. La victime doit être hospitalisée pendant 24 heures pour vérifier l'absence d'un œdème pulmonaire.

L'ÉLECTROCUTION

Sauf dans les cas bénins, toute décharge électrique entraîne une perte de conscience, l'étendue des lésions dépendant de la force et du type de courant reçu. Si le courant traverse le système nerveux, il peut provoquer une syncope respiratoire ou un arrêt cardiaque. Il ne faut jamais toucher un électrocuté sans avoir débranché la prise concernée ou coupé le disjoncteur.

lèvres, écoutez et observez les mouvements de sa poitrine et de son abdomen.
– Prenez le pouls au poignet ou au cou (au niveau de la carotide). La fréquence cardiaque moyenne de l'adulte est de 50 à 70 battements par minute ; chez les nourrissons, elle est de 120. La prise de pouls doit être réalisée toutes les 3 minutes.
Complétez par un examen rapide à la recherche de déformations osseuses apparentes, notez s'il y a une cyanose (coloration mauve ou bleutée des lèvres et des ongles), une pâleur ou des sueurs.
Dans la mesure du possible, ne déplacez pas un blessé pour ne pas aggraver les lésions.

LE SECOURS

Il doit être rapide si la victime souffre d'un arrêt respiratoire ou cardiaque car, au-delà de 3 minutes, le cerveau privé d'oxygène peut être définitivement endommagé.
– Si la victime est consciente : contrôlez la respiration (nombre de mouvements par minute) et le pouls. Essayez d'expliquer la détresse en l'interrogeant. Alertez les secours et surveillez la victime en attendant leur arrivée.
– Si la victime est inconsciente, mais respire : placez-la en position latérale de sécurité (couchée sur le côté, la jambe du dessus repliée contre le sol) afin d'éviter que sa langue ne l'étouffe et que d'éventuels vomissements et saignements ne l'empêchent de respirer. Enlevez tout ce qui pourrait gêner la respiration du blessé (cravate, ceinture) et ôtez de sa bouche ce qui pourrait l'obstruer (sable, vomissement). Couvrez le blessé. Surveillez la respiration et le pouls en attendant les secours.
– Si la victime est inconsciente, ne respire plus, mais a un pouls : entreprenez d'urgence le bouche-à-bouche. Ôtez tout ce qui peut gêner la respiration et dégagez la bouche des obstacles éventuels (vomissure, terre). Allongez la victime sur le dos, sur une surface rigide. Basculez sa tête vers l'arrière et son menton vers le haut. Après avoir pincé le nez du blessé et pris une inspiration profonde, posez votre bouche sur la sienne et soufflez profondément. Le soulèvement immédiat du thorax atteste l'efficacité de la ventilation.
Redressez-vous pour inspirer en relâchant le nez et recommencez au rythme de 15 insufflations par minute chez l'adulte, de 20 à 30 chez l'enfant.
– Si la victime est inconsciente, ne respire plus et n'a plus de pouls : pratiquez immédiatement le massage cardiaque. Allongez la victime sur le dos sur une surface dure. Commencez par 2 insufflations par le bouche-à-bouche, puis appuyez fermement sur la moitié inférieure du sternum avec vos mains posées l'une sur l'autre, au rythme de 80 à 100 par minute chez l'adulte (120 chez le nourrisson, les pressions étant effectuées avec 3 doigts). Alternez au rythme de 2 insufflations tous les 15 appuis s'il y a un seul sauveteur et de 1 insufflation tous les 5 appuis s'il y en a deux, l'un faisant le bouche-à-bouche et l'autre le massage cardiaque.
– S'il y a une hémorragie importante : comprimez la plaie avec la paume de la main ou avec un morceau de tissu (mouchoir, serviette, vêtement) pendant au moins 5 minutes et effectuez un pansement compressif en utilisant un bandage serré. Ne faites pas de garrot, car la circulation en aval doit être conservée.

NUMÉROS D'URGENCE

EUROPE
Numéro d'urgence européen : 112
France
– 15 : SAMU.
– 18 : sapeurs-pompiers (sauvetage, lutte contre les incendies).
– 17 : police ou gendarmerie.
Belgique
– 100 : centrale d'urgences.
Suisse
– 144 : centrale d'urgences.
CANADA
Québec
– 911 : centrale d'urgences.

Malaise et perte de connaissance

Les troubles de la conscience ont de multiples origines. Ils peuvent s'avérer bénins ou au contraire révéler une maladie grave.

Un malaise se manifeste par la sensation d'évanouissement imminent. La perte de connaissance (ou évanouissement) se caractérise par une rupture de contact entre la personne qui la subit et le monde extérieur.

LES MALAISES

Un malaise peut être dû à une diminution de la quantité de sang dans le cerveau, à la présence d'un toxique dans le sang ou encore à un taux de glucose anormalement bas dans le sang (hypoglycémie).
Face à une personne victime d'un malaise, le sauveteur doit commencer par l'interroger. Est-ce la première fois ? À quand remonte son dernier repas ? Depuis combien de temps son malaise dure-t-il ? Suit-elle un traitement ? Existe-t-il une douleur thoracique ? Il alertera ensuite les secours et pratiquera les gestes de premiers secours.
Les malaises bénins. Ils peuvent survenir à l'occasion d'une forte émotion (frayeur, contrariété) ; un stress peut en effet provoquer chez les personnes sensibles une diminution de la tension artérielle et par conséquent du flux sanguin cérébral. Un malaise peut également résulter d'une grande fatigue, d'un environnement confiné ou trop chaud, d'un repas trop copieux ou d'un jeûne prolongé (hypoglycémie). La personne qui en est victime a la tête qui tourne, se sent faible, agitée et nauséeuse, sa peau est pâle et moite. Son pouls est lent et faible. Généralement, elle retrouve son état normal en quelques minutes. Dans certains cas, le malaise est suivi d'une perte de connaissance.
Si le malade se sent chancelant, asseyez-le ou allongez-le, desserrez ses vêtements et demandez-lui de respirer profondément. Si le malaise s'aggrave, allongez la victime sur le dos, les membres inférieurs surélevés pour favoriser l'irrigation et l'oxygénation du cerveau. Choisissez un endroit calme et aéré et éventez le malade, desserrez ses vêtements au niveau du cou, du thorax et de la taille. Vérifiez sa respiration et son pouls. En cas de perte de connaissance, mettez la victime en position latérale de sécurité. Lorsque la victime reprend connaissance, soulevez-la doucement, jusqu'à ce qu'elle soit en position assise. Donnez-lui éventuellement quelques gorgées d'eau froide, mais jamais d'alcool. Continuez votre surveillance.

Laurent – Daniela – BSIP

Jeune femme prise d'un malaise. *Il faut toujours déterminer l'origine d'un malaise en consultant son médecin.*

L'HYPOGLYCÉMIE

Elle survient lorsque le taux de sucre (glucose) est anormalement bas dans le sang et affecte en priorité les diabétiques, mais elle se manifeste aussi après un jeûne prolongé, ou lors d'exercice physique important. L'hypoglycémie se traduit par un état de faiblesse généralisé. La victime est pâle, en sueur, son pouls s'accélère, ses membres tremblent ; elle éprouve une sensation de vertige et parfois s'évanouit. Si la victime est consciente et capable d'avaler, donnez-lui immédiatement un aliment sucré (morceau de sucre, jus de fruit, chocolat...)

Les malaises cardiaques. Le malade se plaint d'une douleur au thorax qui irradie vers les bras, la gorge, la mâchoire ou le dos, ou d'une sensation de serrement de la poitrine, ou encore d'une gêne persistante au niveau de l'estomac ; son visage est pâle, ses lèvres sont bleues. Il est pris d'un vertige l'obligeant à s'asseoir, son langage est incohérent et il peut être essoufflé. En présence d'un ou de plusieurs de ces signes, il faut alerter les secours, car il peut s'agir d'une maladie cardiaque.
Si le malade est conscient, installez-le en position semi-assise en plaçant une couverture derrière lui et un coussin sous ses genoux. Desserrez ses vêtements au niveau du cou, du thorax et de la taille, vérifiez sa respiration et son pouls. Demandez-lui s'il prend habituellement un médicament en cas de malaise et donnez-lui la dose qu'il indiquera.
Si le malade perd connaissance, mais respire normalement, mettez-le en position latérale de sécurité. En l'absence de respiration et de pouls, commencez immédiatement le massage cardiaque associé au bouche-à-bouche.

LA PERTE DE CONNAISSANCE

L'évanouissement survient brutalement ou progressivement. La victime est inanimée, très pâle, et ne réagit plus aux bruits et aux pincements. La durée de la perte de connaissance est le plus souvent inférieure à une minute ; lorsqu'elle se prolonge, on parle de coma.

Ce trouble du fonctionnement cérébral peut être consécutif à une asphyxie, une électrocution, un traumatisme crânien, une hémorragie externe sévère, une déshydratation, une maladie cardiaque, une crise d'épilepsie, ou à la prise de certains médicaments (antidépresseurs, antihypertenseurs). La syncope vagale en est la cause la plus fréquente. Il s'agit d'une surexcitation du nerf pneumogastrique, un nerf qui intervient dans le contrôle de la respiration et de la circulation sanguine. Bénigne, elle survient en situation de stress, de douleur intense, et ne nécessite pas de traitement. Le passage à la position debout après une longue période d'alitement entraînant une hypotension orthostatique est également une cause fréquente d'évanouissement. Elle est due à l'accumulation d'un important volume de sang dans les membres aux dépens du reste de l'organisme.
En cas d'évanouissement, la conduite à tenir est la suivante :
– alertez les secours ;
– allongez la victime dans un endroit calme et aéré, desserrez ses vêtements au niveau du cou, de la taille et du thorax ;
– vérifiez sa respiration ; si elle est normale, allongez-la, avec les membres inférieurs surélevés, ou mettez-la en position latérale de sécurité. Prenez son pouls ;
– lorsqu'elle reprend connaissance, soulevez-la doucement jusqu'à ce qu'elle soit en position assise. Rassurez-la ;
– en cas d'arrêt respiratoire, commencez le bouche-à-bouche et le massage cardiaque si le pouls n'est pas perceptible.

POSITION LATÉRALE DE SÉCURITÉ

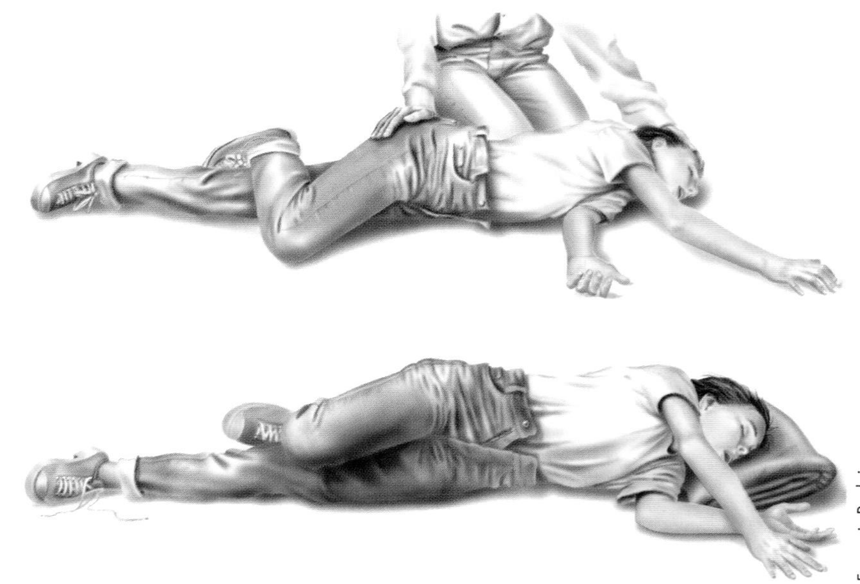

Cette position destinée aux blessés inconscients mais qui respirent prévient l'étouffement en empêchant la chute de la langue vers l'arrière et l'obstruction des voies aériennes.

Bouche-à-Bouche et Massage Cardiaque

LE BOUCHE-À-BOUCHE

On pratique le bouche-à-bouche si, en examinant la victime d'un accident ou d'un malaise, on ne perçoit aucun bruit respiratoire ni aucun mouvement du thorax.

Une personne qui ne répond ni aux questions ni aux stimulations simples a perdu connaissance. Il faut alors vérifier sa respiration : placez votre oreille ou votre joue devant ses lèvres pour sentir son souffle. Observez les mouvements de l'inspiration et de l'expiration de sa poitrine et de son abdomen. Si vous ne percevez rien, le blessé est en arrêt respiratoire. Vous devez effectuer un bouche-à-bouche. Si aucun pouls n'est perçu au poignet, un massage cardiaque externe doit aussi être pratiqué. Pour bien réaliser ces gestes, il est utile d'avoir une formation de secouriste.

CHEZ LES ENFANTS

La technique pour les enfants de moins de 8 ans est identique, mais la bouche du sauveteur recouvre à la fois la bouche et le nez ; l'envoi d'air doit être plus doux, par petites bouffées et à un rythme plus soutenu. Il faut compter 35 insufflations par minute pour les nourrissons de moins de 1 an, 25 pour les enfants de moins de 4 ans, 20 pour les 4-8 ans et 18 pour les plus de 8 ans.

COMMENT FAIRE ?

– Allongez la victime sur le dos sur une surface rigide et desserrez tout ce qui peut gêner sa respiration (ceinture, col).

– Agenouillez-vous près d'elle ; avec deux doigts recouverts d'un mouchoir propre, débarrassez la bouche de tout corps étranger (vomissure, prothèse dentaire) pouvant gêner le passage de l'air **(1)**.

– Basculez doucement la tête en arrière pour faciliter le passage de l'air. Pincez le nez. De l'autre main, soutenez la nuque ou tirez le menton vers le haut pour dégager le larynx **(2)**.

– Prenez une inspiration profonde, posez votre bouche sur la sienne et soufflez ; la poitrine doit se soulever **(3)**.

– Redressez-vous pour inspirer en relâchant le nez, et vérifiez que la poitrine de la victime se rabaisse **(4)**.

– Réalisez 15 insufflations par minute, jusqu'à la reprise de la respiration spontanée **(5)**.

– Au terme de la première minute, vérifiez le pouls au niveau de la carotide. Si vous ne percevez plus de pouls, il faut commencer le massage cardiaque. Interrompez-vous lorsque la respiration spontanée reprend.

■ BOUCHE-À-BOUCHE

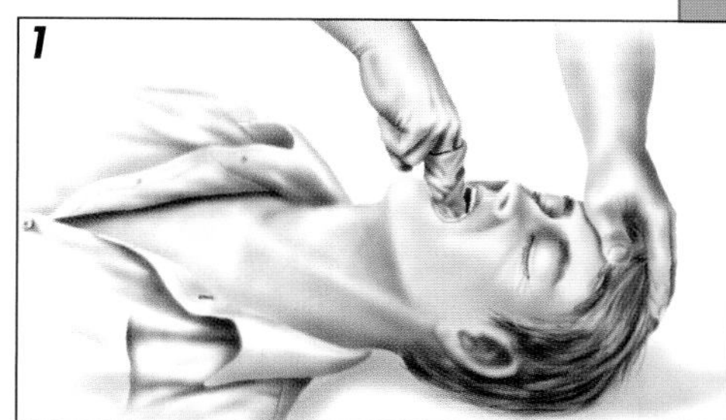
1

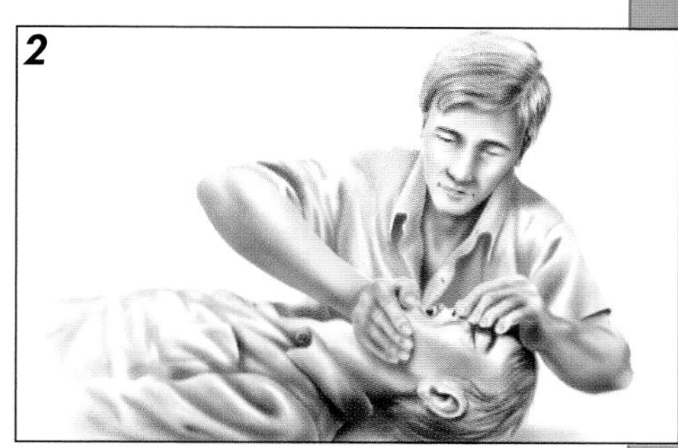
2

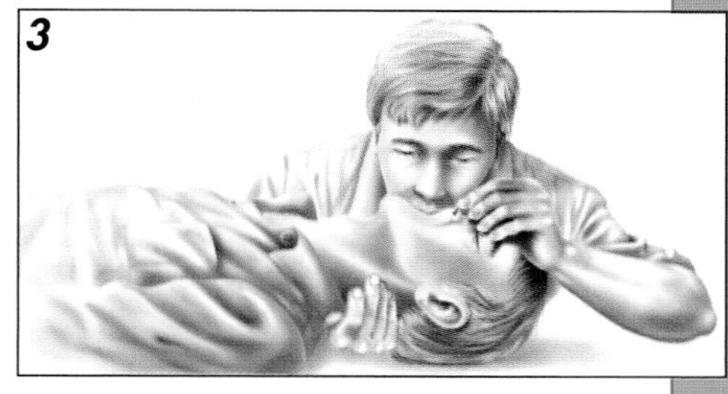
3

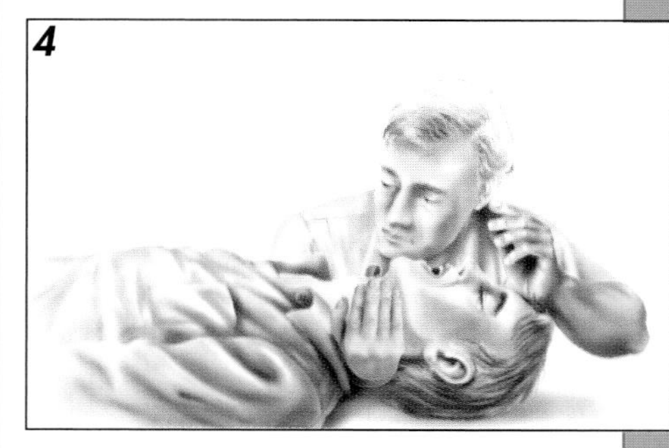
4

5

François Poulain

LE MASSAGE CARDIAQUE

On le pratique après s'être bien assuré que la victime est en arrêt cardiaque : elle ne réagit plus, ne respire plus et n'a plus de pouls perceptible.

La prise du pouls permet de mesurer la fréquence cardiaque, c'est-à-dire d'observer à quel rythme le sang propulsé par le cœur circule dans les artères. Le pouls peut se détecter au niveau du poignet (artère radiale) en appuyant avec deux doigts sur l'artère, ou bien à la base du cou (carotide) en plaçant deux doigts (index et médius) sur l'un des côtés du cou, juste en dessous de l'angle formé par la mâchoire supérieure, et en appuyant modérément. La fréquence moyenne du pouls chez l'adulte en bonne santé est de 50 à 90 pulsations par minute ; chez le nourrisson, elle est de 120.

COMMENT FAIRE ?

Le massage cardiaque comprime le thorax de façon que le sang qui se trouve dans le cœur soit chassé vers les vaisseaux et irrigue le cerveau.

– Allongez la victime sur le dos et sur une surface dure ; dénudez le thorax.

– Commencez par 2 insufflations par le bouche-à-bouche pour oxygéner le sang, puis vérifiez rapidement l'absence du pouls.

– Agenouillez-vous contre le thorax et l'épaule de la victime.

– Repérez le sternum (os long et plat auquel sont reliées la plupart des côtes, derrière lequel se trouve le cœur), situé au milieu de la ligne qui joint les mamelons des seins.

– Placez vos mains l'une sur l'autre sur la moitié inférieure du sternum en tendant vos bras verticalement de manière à transmettre le poids de votre corps sur le sternum.

– Réalisez 15 appuis brefs à la cadence de 80 à 100 par minute. Le sternum doit s'enfoncer de 3 ou 4 centimètres.

– Revenez à la tête du blessé, pincez le nez et pratiquez 2 insufflations par le bouche-à-bouche en prenant soin de bien basculer la tête de la victime en arrière.

– Après chaque série de 15 appuis, insufflez 2 fois, en prenant le pouls à la carotide toutes les deux minutes. Si vous êtes deux : alternez 1 insufflation (par l'un) toutes les 5 pressions (par l'autre).

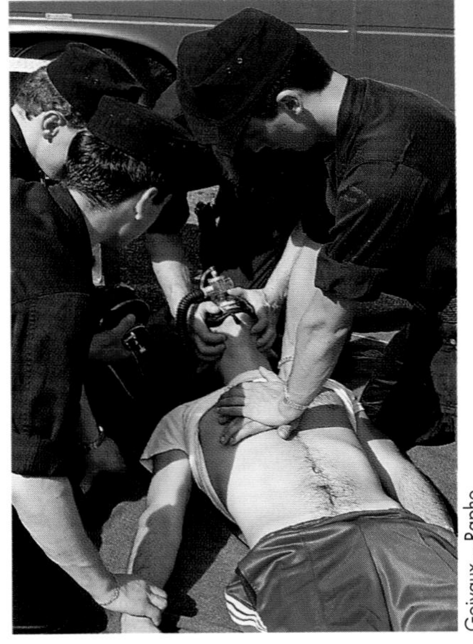

Goivaux – Rapho

Le massage cardiaque externe. *Il permet de rétablir la fonction cardiaque et circulatoire d'un malade victime d'un arrêt cardiaque.*

– Dès que le pouls redémarre, arrêtez immédiatement le massage cardiaque, et poursuivez le bouche-à-bouche jusqu'à ce que la victime retrouve une respiration normale. Placez alors le blessé en position latérale de sécurité et couvrez-le.

LE MASSAGE CARDIAQUE DES ENFANTS

Le principe est le même pour les enfants de plus de 2 ans, mais peut s'effectuer à l'aide d'une seule main. Chez les moins de 2 ans, la pression se fait avec les deux pouces joints ou posés l'un sur l'autre sur le sternum, les paumes des mains entourant le thorax de l'enfant. L'alternance est toujours de 2 insufflations toutes les 15 pressions, mais ces dernières sont plus rapides. Réalisez 120 pressions par minute pour un nourrisson de moins de 1 an, 100 pour l'enfant de 1 à 4 ans et 80 pour celui de 4 à 12 ans. Les appuis doivent permettre d'enfoncer le sternum de 1,5 à 2 centimètres. Vérifiez le pouls toutes les deux minutes. Dès qu'il redémarre, arrêtez le massage mais continuez le « bouche-à-bouche-nez » jusqu'à ce que la victime retrouve une respiration normale.

Les Corps Étrangers dans l'Organisme

Un corps étranger est un objet se trouvant indûment dans un organe, un orifice ou un conduit du corps humain. Il peut avoir été avalé, inhalé ou introduit accidentellement.

Très fréquent, ce type d'accident touche essentiellement les enfants de 6 mois à 6 ans. Les corps étrangers sont le plus souvent des cacahuètes, des billes, des petits cailloux, des fragments de jouet ou de stylo et des perles. Selon la localisation et la nature de l'objet, les risques sont plus ou moins importants.

DANS LES VOIES DIGESTIVES

C'est de loin le cas le plus fréquent d'accident dû à la pénétration d'un corps étranger dans l'organisme. Lorsque le corps étranger a été avalé, qu'il est de petite taille et qu'il n'est ni toxique ni coupant (bille, bouton), il chemine dans le tube digestif sans provoquer de lésions. Il est éliminé par les selles au terme de 24 à 48 heures. L'absorption de mie de pain ou d'aliments riches en fibres (asperges, rhubarbe, poireaux) qui vont enrober le corps étranger facilite son passage dans l'intestin. Un corps étranger de petite taille pointu ou tranchant (épingle, arête de poisson, éclat de verre) nécessite des radiographies et/ou une endoscopie, afin de suivre son cheminement dans l'œsophage, l'estomac ou l'intestin, de vérifier qu'il ne perfore pas les parois des tissus qu'il traverse et, éventuellement, de l'extraire. L'ingestion des petites piles-boutons utilisées dans les montres et dans les jouets nécessite une hospitalisation immédiate et une endoscopie, car, sous l'effet des sucs digestifs, ces piles peuvent libérer des produits toxiques et brûler l'œsophage. Un objet de grande taille peut se bloquer dans l'œsophage. La victime avale et respire difficilement. Il faut contacter les secours et emmener la victime en position assise vers un service d'urgence en vue d'une extraction.

Roux – BSIP

Une cause d'accidents fréquente. *Ne donnez pas de cacahuètes à un jeune enfant, pour éviter le risque de « fausse route » vers les poumons, accident très fréquent.*

DANS LES VOIES RESPIRATOIRES

L'objet mis à la bouche, au lieu de se diriger vers l'estomac, prend une « fausse route » et s'engage vers les poumons. On parle de corps étranger « inhalé ». Selon la taille de l'objet et l'endroit où il s'est fixé, les symptômes ainsi que la conduite à tenir sont différents.

– La victime devient rouge, tousse violemment et respire bruyamment. L'objet est passé par les cordes vocales avant de s'implanter dans les bronches. Il n'y a pas de danger immédiat, il faut attendre que la toux se calme (en général au bout de quelques minutes) et, si la victime ne parvient pas à expulser l'objet, il faut la faire asseoir et contacter les secours. Ne la suspendez pas par les pieds, car l'objet pourrait se coincer sous les cordes vocales, entraînant un risque d'asphyxie ; ne cherchez pas à la faire vomir, car vous pourriez créer une nouvelle fausse route. Le plus souvent, l'objet de petite taille bloqué dans une bronche devra être extrait par bronchoscopie sous anesthésie générale.

– La victime devient bleue, ses yeux sont hagards, elle ne parvient pas à reprendre sa respiration. Ces accidents rares résultent de l'obstruction du larynx et du pharynx par un objet. La victime est en état d'asphyxie, l'urgence de la situation est extrême, le corps étranger doit être expulsé par la manœuvre de Heimlich ou, pour les enfants qui ont moins de 5 ans, par la méthode de Mofenson.

La manœuvre de Heimlich. Placez-vous derrière l'adulte debout ou l'enfant assis sur une table (ou sur vos genoux), en lui entourant la taille. Appliquez un poing fermé au niveau du creux de l'estomac (au-dessus du nombril, juste sous les côtes) ; l'autre main est placée sur le poing. Ramenez brutalement les mains et les bras vers vous et légèrement vers le haut. Cette pression permettra de chasser l'air des poumons vers la trachée et de déplacer le corps étranger bloqué au niveau de la gorge afin de l'expulser par la bouche.

Répétez le geste plusieurs fois si cela est nécessaire. Chaque poussée doit être bien séparée de la précédente.

La méthode de Mofenson. Placez la poitrine de l'enfant sur votre cuisse, à l'horizontale, laissez sa tête dépasser de votre genou pour permettre l'évacuation du corps étranger. Appliquez rapidement 4 secousses avec le plat de la main entre ses omoplates. Recommencez plusieurs fois si nécessaire. Si vous ne voyez pas sortir le corps étranger, essayez la manœuvre de Heimlich.

LES ENFANTS ET LES CACAHUÈTES

Avant l'âge de 3-4 ans, 75 % des corps étrangers sont des fruits oléagineux : la cacahuète à elle seule est responsable de 50 % des corps étrangers « avalés de travers » (inhalés). Mettez toujours hors de la portée des enfants cacahuètes, amandes, raisins secs et noisettes.

DANS L'ŒIL

Les grains de poussière ou de sable sont les corps étrangers le plus souvent en cause ; ils adhèrent à la surface du globe oculaire ou se nichent sous la paupière, le plus souvent supérieure. On les enlève avec un coin de mouchoir propre et humide en les faisant glisser vers l'extérieur de l'œil et/ou en versant quelques gouttes de sérum physiologique. Après l'extraction, lavez abondamment l'œil avec du sérum physiologique, une lotion oculaire ou, à défaut, de l'eau courante.

Lorsque le corps étranger est situé sur l'iris, fiché sur la cornée ou enfoncé dans le globe oculaire, il ne faut pas essayer de le retirer, car le risque de perforation et d'infection de l'œil est majeur. Pour limiter les mouvements oculaires, couvrez l'œil (ou les deux yeux) à l'aide d'une compresse ou d'un tampon, sans appuyer, et consultez un ophtalmologiste ou un service d'urgence en vue de l'extraction de l'objet.

Si le corps étranger est métallique, il risque de s'oxyder et de libérer des pigments toxiques pour l'œil, susceptibles d'entraîner la cécité à long terme. L'objet sera alors enlevé chirurgicalement à l'aide d'un électroaimant très puissant.

DANS L'OREILLE

La présence d'un corps étranger dans l'oreille se manifeste par une douleur et/ou une hémorragie de l'oreille. L'objet introduit doit impérativement être enlevé, mais exclusivement par un médecin pour ne pas risquer de léser le tympan. Contactez rapidement un médecin ORL ; l'extraction s'effectuera par lavage d'oreille ou à l'aide de micro-instruments.

LES HÉMORRAGIES

Une hémorragie est le plus souvent due à une plaie. Son importance varie selon la localisation, la profondeur et l'étendue de la blessure. Tout écoulement de sang abondant doit être stoppé pour ne pas perturber la circulation sanguine.

Lorsqu'une hémorragie se déclare, le corps met en place une série de mécanismes destinés à limiter les saignements. Il réduit son débit sanguin au niveau de la peau et des muscles afin de pouvoir continuer à irriguer suffisamment les organes vitaux (cerveau, cœur, reins).

LES PLAIES SUPERFICIELLES

Elles n'atteignent que la peau ou les tissus sous-jacents (écorchures, coupures). Bénignes, ces plaies peuvent cependant entraîner un saignement persistant et doivent être nettoyées et désinfectées pour éviter une infection. Face à une plaie superficielle, vous devez :

– laver la plaie à l'eau courante en enlevant les impuretés (graviers, terre, poussière) ;
– à l'aide de compresses stériles et d'un antiseptique, frotter doucement la plaie du centre vers la périphérie ;
– si un saignement persiste, appuyer fermement sur la plaie à l'aide d'une compresse, et maintenir la pression pendant 5 à 15 minutes ; ensuite, placer une compresse maintenue par un ruban adhésif.

Même s'il s'agit d'une petite coupure, vérifiez la vaccination antitétanique (rappel tous les 5 ans). Enfin, sachez qu'une plaie même superficielle peut nécessiter une suture.

LES AMPUTATIONS

L'hémorragie doit être arrêtée par appui local et par un pansement maintenu en place sur le moignon. La partie amputée doit rapidement être enveloppée d'un tissu propre et placée dans un sac en plastique, lui-même mis dans un récipient rempli de glace. Elle pourra ainsi être réimplantée chirurgicalement.

LES POINTS DE COMPRESSION

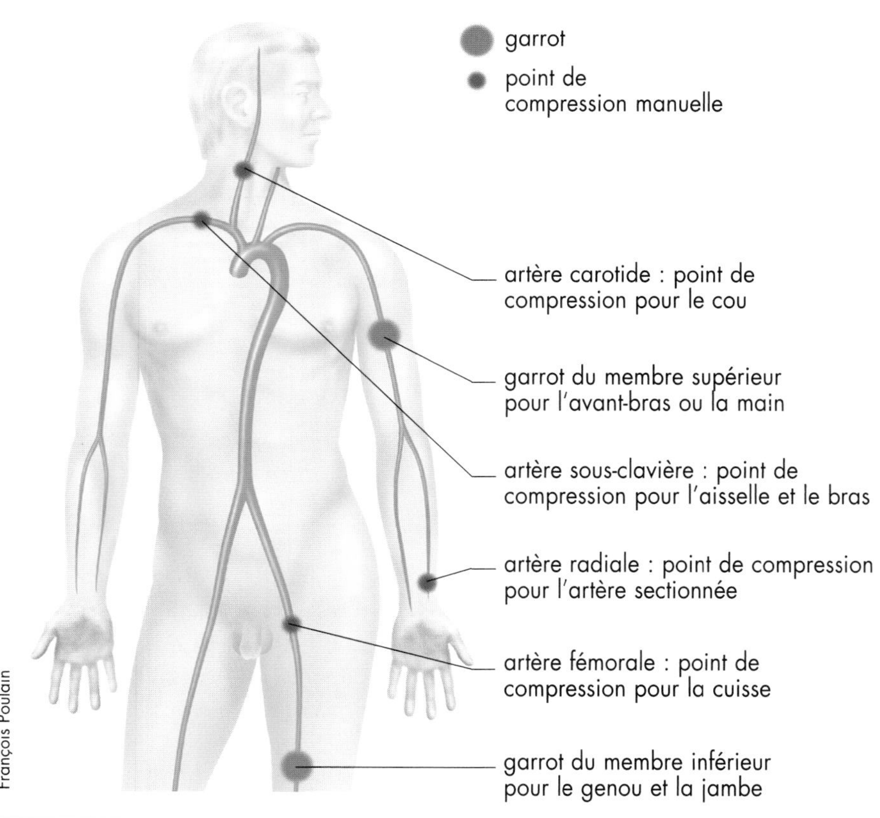

LES PLAIES PROFONDES

Elles touchent les artères, les viscères et les nerfs, et provoquent un saignement abondant. Si la perte de sang est

LE SAIGNEMENT DE NEZ

Si vous saignez du nez, asseyez-vous, inclinez votre tête vers l'avant et pincez la partie inférieure des narines pendant 10 minutes. Vous pouvez appliquer une pommade coagulante ou un tampon d'eau oxygénée à l'intérieur de la narine. Ne relevez pas la tête tant que le saignement persiste. Après l'arrêt du saignement, ne vous touchez pas le nez et ne vous mouchez pas. Au-delà de 20 minutes de saignement, demandez un avis médical. Si le saignement de nez fait suite à un choc violent sur la tête, consultez d'urgence : c'est un des signes du traumatisme crânien.

supérieure à un litre, il peut y avoir un état de choc. Deux techniques sont mises en œuvre pour stopper une hémorragie importante : l'appui local sur la plaie et la compression à distance sur l'artère qui irrigue la zone atteinte.

L'appui local. Il permet de comprimer les vaisseaux sanguins au point de saignement, ce qui réduit le flux sanguin et permet la formation d'un caillot. Appuyez fortement sur la plaie avec la paume de la main, protégée d'un linge propre. Veillez à ce que les bords de la blessure soient le plus rapprochés possible. Allongez le blessé. Posez plusieurs compresses stériles ou de gros pansements sur la blessure et appuyez fermement. Maintenez avec un bandage, un sparadrap ou, à défaut, une cravate ou une bande de tissu, suffisamment serrée pour stopper l'hémorragie, mais pas trop pour ne pas couper la circulation sanguine. Vérifiez le pouls en aval.

Si un gros corps étranger est enfoncé dans la plaie, il ne faut pas le retirer, car il limite le saignement. Improvisez un pansement à l'aide de tissu et de compresses et entourez l'ensemble plaie-corps étranger. Maintenez le pansement par un bandage en veillant à ne pas appuyer sur le corps étranger. Pour éviter un état de choc consécutif à la perte de sang, allongez le blessé à plat sur le dos et surélevez-lui les pieds. Couvrez-le d'une couverture, ne lui donnez pas à boire et surveillez-le. Alertez les secours.

Saignement de nez. *Penchez-vous en avant afin que le sang ne passe pas par la bouche et n'obstrue pas les voies aériennes.*

J. Bottet – Archives Larbor

La compression à distance. Elle ne doit être réalisée que lorsque l'appui local est inefficace ou impossible (lors d'une blessure au cou, par exemple). Le point de compression est l'endroit où l'on peut aplanir une artère contre un os sous-jacent et empêcher ainsi tout écoulement de sang au-delà de ce point. La victime doit être allongée sur le dos. Chaque localisation d'hémorragie correspond à un point de compression précis.

– Pour les hémorragies du cou : pressez avec le pouce sur la carotide, en prenant appui avec les autres doigts sur la nuque.

– Pour les hémorragies du bras et des aisselles : avec votre pouce, pressez l'artère sous-clavière (derrière la clavicule), en direction du bas du corps.

– Pour les hémorragies de la cuisse : appuyez avec le poing sur l'artère fémorale, contre l'os de la cuisse, au milieu du pli de l'aine.

LES HÉMORRAGIES INTERNES

Les signes sont ceux de l'état de choc ; parfois, ils s'accompagnent d'une douleur, d'un œdème de la partie atteinte, ainsi que d'un écoulement de sang par un des orifices naturels.

– Allongez le blessé en préservant l'axe tête-cou, et, en l'absence de traumatismes aux jambes, surélevez ces dernières.

– Desserrez les vêtements au niveau du cou, du thorax et de la taille. Couvrez le blessé d'une couverture, rassurez-le.

– Alertez les secours.

FRACTURES, ENTORSES, LUXATIONS

Ces lésions des os, des articulations ou des ligaments sont courantes et peuvent être très douloureuses. Elles sont souvent difficiles à différencier pour un non-spécialiste et nécessitent d'agir prudemment en attendant l'arrivée des secours.

Face à une personne blessée, vous devez empêcher tout mouvement à l'endroit de la blessure, pour éviter d'aggraver la lésion.

LA FRACTURE

Un os peut se casser ou se rompre lorsqu'on lui porte un coup direct trop important ou qu'on lui fait subir une trop grande contrainte. Il peut se fracturer directement au point d'impact du choc (doigt écrasé par un marteau), ou indirectement, par transmission de la force à l'os adjacent (torsion de la jambe entraînant une fracture du tibia, par exemple). Les fractures peuvent être ouvertes (il y a une plaie en regard de la fracture) ou fermées (la peau est intacte).

Les symptômes d'une fracture sont une douleur aiguë, une impossibilité de réaliser certains gestes, un hématome, parfois une déformation. Les fractures ouvertes peuvent s'accompagner d'une hémorragie importante et parfois d'un état de choc : la victime est pâle, sujette à des étourdissements, son pouls et sa respiration s'accélèrent et elle peut s'évanouir. Quel que soit le type de fracture, la personne doit être transportée à l'hôpital. S'il s'agit d'une fracture de la colonne vertébrale, le blessé ne doit pas être déplacé avant l'arrivée des secours.

Si la fracture est ouverte, la prévention de l'infection et de l'hémorragie doit être la priorité. Recouvrez la blessure de plusieurs compresses stériles maintenues par un bandage lâche et immobilisez le membre. Si le blessé se plaint de douleur dans le dos, le cou, le bassin ou la hanche, il faut le laisser dans la

R. Martin – Vandystadt

***Entorse.** Les joueurs de tennis sont particulièrement exposés aux entorses. La prévention passe par le respect des règles d'échauffement et par le port de bandages souples sur les articulations menacées.*

LA COMPRESSE FROIDE

La compresse froide doit être employée exclusivement pour les blessures internes sans plaie superficielle : les foulures, les contusions, les gros hématomes. Elle permet de réduire le gonflement de la zone (œdème) et de soulager la douleur.

Trempez une serviette en éponge sous l'eau glacée, essorez-la et appliquez-la sur la blessure ; refroidissez régulièrement le linge jusqu'à disparition de la douleur et de l'œdème. Vous pouvez utiliser un sac en plastique ou un gant de toilette remplis de glaçons.

L'ATTELLE

Tout objet rigide (une planchette de bois, une règle, un bâton de ski) suffisamment long et large pour immobiliser le membre blessé peut convenir. Le seul impératif est qu'il soit assez long pour s'étendre au-delà des articulations situées au-dessus et au-dessous de la fracture, et qu'il soit bien maintenu par une bande de tissu enroulée autour du membre blessé. Il doit si possible être isolé du membre par une petite épaisseur de tissu. Pour une blessure à la jambe ou au doigt, il est préférable d'employer la technique de l'« attelle corporelle » en utilisant le membre sain comme attelle. Les deux membres sont mis côte à côte, calés par un rembourrage et entourés d'une bande de tissu nouée du côté du membre blessé.

position qui lui semble la plus confortable, surtout ne pas le bouger, respecter la rectitude de l'axe tête-cou-tronc et le caler avec des couvertures roulées posées des deux côtés du tronc ou du bassin et du cou. Couvrez le blessé d'un vêtement chaud, et surveillez sa respiration et son pouls.
Quelle que soit la localisation de la fracture, ne déplacez jamais un blessé, sauf en cas de nécessité absolue.
Dans ce cas, immobilisez toujours le membre atteint dans la position où il se trouve (avec des vêtements, des journaux, des tissus roulés), ainsi que les articulations en amont et en aval à l'aide d'une écharpe ou d'une attelle. Ne donnez à un blessé aucune nourriture ni boisson car, en cas d'intervention chirurgicale, il doit être à jeun.

LA LUXATION

Elle survient lorsque deux extrémités osseuses d'une articulation se déboîtent, et que le contact entre elles est rompu. Les articulations le plus souvent luxées sont celles des membres supérieurs : l'épaule, le coude, le doigt. Les symptômes sont une douleur sévère, parfois source de nausées, une déformation importante de l'articulation atteinte. Une luxation peut s'accompagner d'une fracture, qui n'est pas facile à déceler.
À moins d'être secouriste qualifié, il ne faut jamais essayer de remettre en place l'articulation disloquée, car cette manœuvre, quand elle est maladroite ou brutale, risque de léser les tissus environnants. En revanche, enlevez les bijoux avant la formation d'un gonflement. Vérifiez la circulation en aval. Immobilisez en position l'articulation luxée au moyen d'une écharpe fixant le bras contre le thorax s'il s'agit de l'épaule ou du coude, ou au moyen d'une attelle s'il s'agit du doigt.

L'ENTORSE

Elle est due à une distension violente des ligaments (tissus reliant les articulations entre elles), qui peuvent être simplement distendus (entorse bénigne ou foulure) ou bien rompus (entorse grave). L'entorse se manifeste par un gonflement douloureux de l'articulation, augmenté par les tentatives de mouvement ; la peau est chaude. Si l'articulation permet des mouvements normaux, il s'agit d'une entorse bénigne ; si les mouvements sont anormalement amples, il s'agit d'une entorse grave.
Installez le blessé aussi confortablement que possible et alertez les secours. Si l'entorse est récente, placez une compresse froide sur la blessure jusqu'à disparition de la douleur. Ensuite, immobilisez l'articulation avec un bandage élastique ou un bandage classique.

L'ÉCHARPE

Elle est utilisée pour maintenir une portion de membre supérieur (avant-bras, coude, poignet ou main) immobile sur la poitrine. Elle ne peut être posée que si le membre est spontanément dans la position requise : bras le long du corps, avant-bras à 90°. La main doit être placée un peu plus haut que le coude pour éviter tout gonflement.
Prenez une pièce de tissu et faites passer l'une des pointes du triangle derrière le cou, du côté opposé au bras à soutenir. Ramenez l'autre pan par-dessus le bras atteint, de manière à pouvoir nouer les deux bouts juste au-dessus de la clavicule du blessé. Le sommet du triangle qui dépassera à l'arrière peut être fixé à l'aide d'une épingle de nourrice.

Comment faire un bandage ?

Le bandage est utilisé dans de nombreuses situations. Il sert à maintenir un pansement en place, à exercer une compression ou à immobiliser un membre ou une articulation lésés.

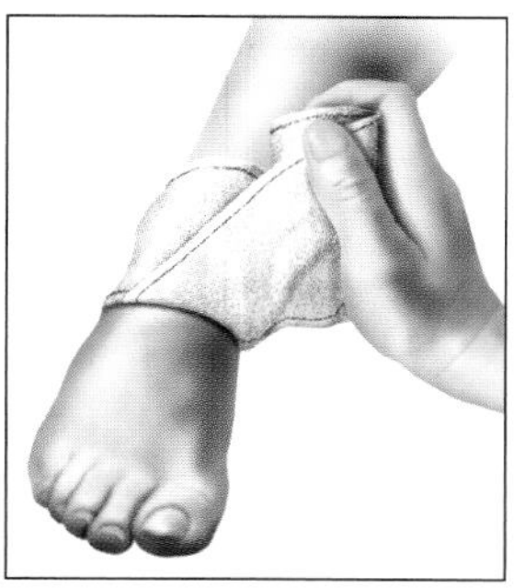

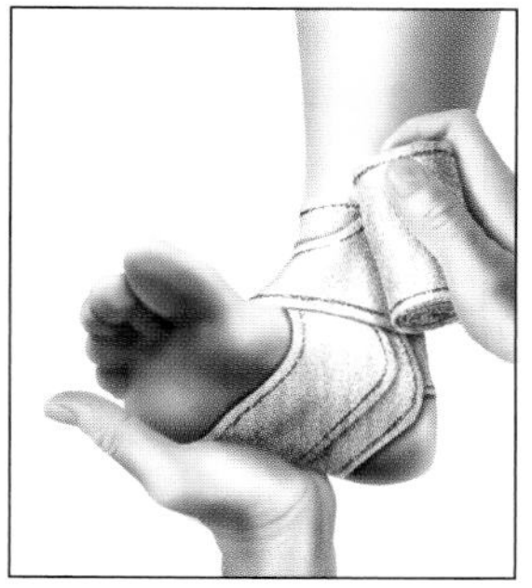

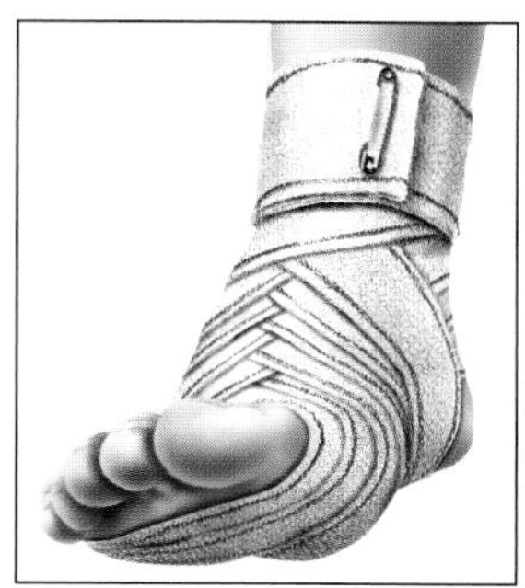

François Poulain

***Bandage de la cheville.** Un premier tour à hauteur de la cheville doit fixer la bande. Faire ensuite des 8 avec la bande, du pied à la jambe, en croisant sur le pied. À chaque nouveau passage, la bande doit être légèrement décalée vers le haut.*

LA VÉRIFICATION DE LA CIRCULATION SANGUINE

Immédiatement après la pose du bandage et toutes les 10 minutes, il faut vérifier que les vaisseaux et les nerfs ne sont pas comprimés par le bandage. Un test permet de voir si le sang circule bien : pressez un des ongles du membre bandé jusqu'à ce qu'il devienne blanc, puis relâchez la pression. Si l'ongle redevient rose, cela prouve le retour du sang ; s'il reste blanc ou devient bleu, la circulation sanguine est entravée, le bandage est trop serré. Vous devez alors tout de suite le desserrer.

Les bandes permettent de maintenir légèrement mais fermement un pansement, et, du fait de leur texture, elles épousent la forme du membre en gardant une pression adaptée et en maintenant ce dernier en place.

L'APPLICATION D'UN BANDAGE

La pose du bandage impose plusieurs règles.

– Un bandage ne doit pas être appliqué directement sur une plaie ou une brûlure, il doit être isolé par une compresse de gaze.

– Avant de commencer, vérifiez que la partie blessée est dans la position où elle devra rester.

– Un bandage s'effectue de bas en haut, des extrémités à la racine d'un membre, pour ne pas gêner la circulation veineuse. Il est recommandé également de procéder du dedans vers le dehors, c'est-à-dire de faire des tours de gauche à droite, dans le sens des aiguilles d'une montre.

– Un bandage doit être suffisamment serré, mais ne doit pas bloquer la circulation sanguine. Desserrez immédiatement le bandage si le blessé se dit gêné, se plaint de fourmillements et d'une diminution de sensibilité des doigts et des orteils.

– Lorsque vous procédez au bandage d'un membre, assurez-vous que les doigts et les orteils restent dégagés. Cela permettra de vérifier la circulation sanguine. S'il s'agit d'un bras, la main doit être placée un peu plus haut que le coude et les bijoux doivent être ôtés.

LES DIFFÉRENTS TYPES DE BANDAGE

Chaque localisation : doigt, membre, cheville, coude, genou…, appelle en principe une technique spécifique. Mais l'essentiel est de veiller à ne pas trop serrer un bandage et à l'enrouler en remontant vers la racine du membre.

Les bandages simples. Des tours de bandes en tissu, en latex ou en tricot élastique recouvrent la partie du corps concernée. Ces bandages sont utilisés pour maintenir un pansement, arrêter une hémorragie ou immobiliser une articulation.

Ils s'appliquent le plus souvent de façon circulaire. On distingue le bandage en rouleau et le bandage croisé ou en huit.

– Pour le bandage en rouleau, faites de simples tours en spirale. Commencez par un premier tour horizontal autour du membre, suivi d'un tour oblique bien serré pour maintenir le premier tour. Par la suite, faites une série de tours en spirale en remontant vers la racine du membre. Chaque tour doit recouvrir les deux tiers du précédent. Terminez par deux tours horizontaux ; repliez à la manière d'un ourlet l'extrémité de la bande et fixez-la avec une épingle de nourrice ou deux morceaux de sparadrap.

– Pour le bandage croisé ou en huit, démarrez par un premier tour droit, puis décrivez à chaque fois un 8, en croisant une fois devant et une fois derrière. Renouvelez plusieurs fois en allant vers la racine du membre. Fixez l'extrémité de la bande.

Les bandages dits pleins, ou écharpes. De larges pièces de tissu sont pliées de façon à immobiliser un membre blessé contre le thorax. Ce type de bandage est employé pour maintenir ou soutenir le bras, en cas de luxation de l'épaule ou de fracture de l'avant-bras par exemple. L'écharpe peut être réalisée à partir d'une simple pièce de tissu pliée en triangle et nouée sur l'épaule. Elle est contre-indiquée si le membre n'est pas spontanément dans la position requise (bras le long du corps et avant-bras à 90°). La main doit être placée un peu plus haut que le coude. Commencez par faire passer l'une des pointes du triangle derrière le cou, du côté opposé au bras à soutenir. Ramenez l'autre pan de l'écharpe par-dessus le bras atteint, de manière à pouvoir nouer les deux bouts juste au-dessus de la clavicule du blessé. Le sommet du triangle qui dépassera, à l'arrière, peut être plié à l'intérieur du bandage ou fixé à l'aide d'une épingle de nourrice.

Les bandages tubulaires. Ce sont des cylindres en jersey ou en maille fréquemment utilisés pour les traumatismes des doigts, après une brûlure ou une coupure par exemple. Ils nécessitent l'utilisation d'un applicateur fourni avec la gaze. Commencez par couper une longueur de gaze tubulaire double de celle du doigt à recouvrir, puis enfilez cette gaze sur l'applicateur. Placez l'applicateur sur le doigt, maintenez la gaze à la racine du doigt et retirez l'applicateur. Recommencez pour placer une deuxième épaisseur de gaze. Fixez l'extrémité de la gaze avec un ruban adhésif.

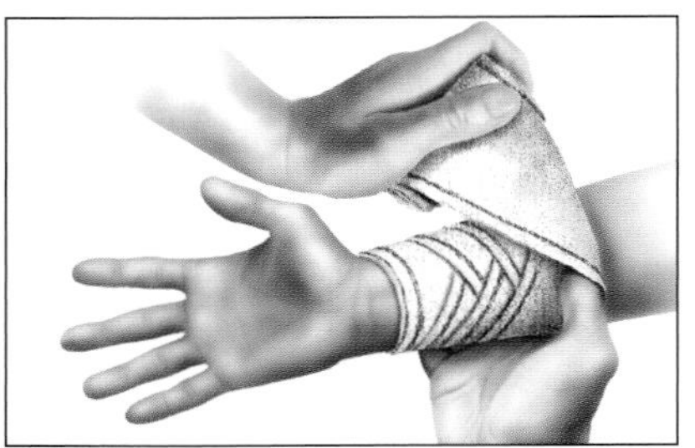

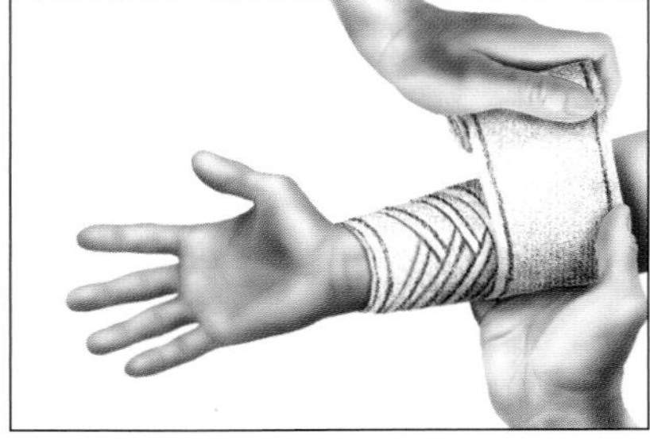

François Poulain

Bandage au niveau du poignet. *Pour un segment de membre tel que l'avant-bras, après un premier tour, remonter en hélice ; achever par un autre tour.*

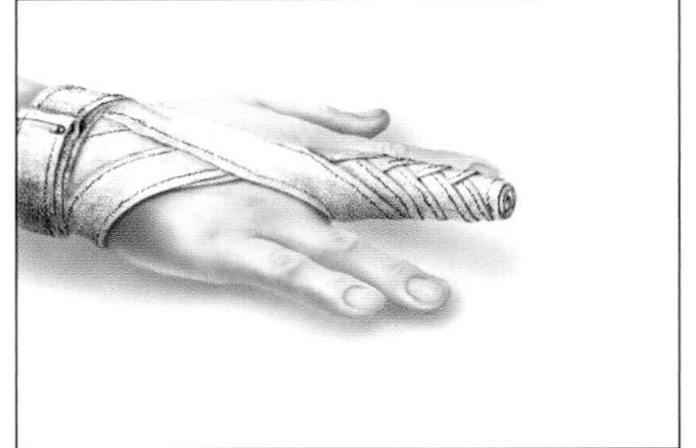

Bandage au niveau du doigt. *Deux techniques sont possibles : le bandage classique en 8 et l'utilisation de cylindres en maille, dits bandages tubulaires.*

LES BANDES PLÂTRÉES

Elles servent à immobiliser un membre fracturé. Après les avoir mouillées, le médecin les met en place sur le membre, où elles sèchent et forment une coque rigide. Aujourd'hui, elles sont progressivement remplacées par des bandes en résine, plus légères.

BANDAGE DE LA TÊTE

Il sert à maintenir un pansement en place ou à protéger le cuir chevelu. Pliez un morceau de tissu en deux de façon à lui donner une forme triangulaire.

À la manière d'un fichu, placez la plus grande largeur sur le front au ras des sourcils. Nouez les extrémités par un nœud sur la nuque.

LES BRÛLURES

Les brûlures comptent parmi les accidents domestiques les plus fréquents. Elles affectent surtout les enfants et les personnes âgées.

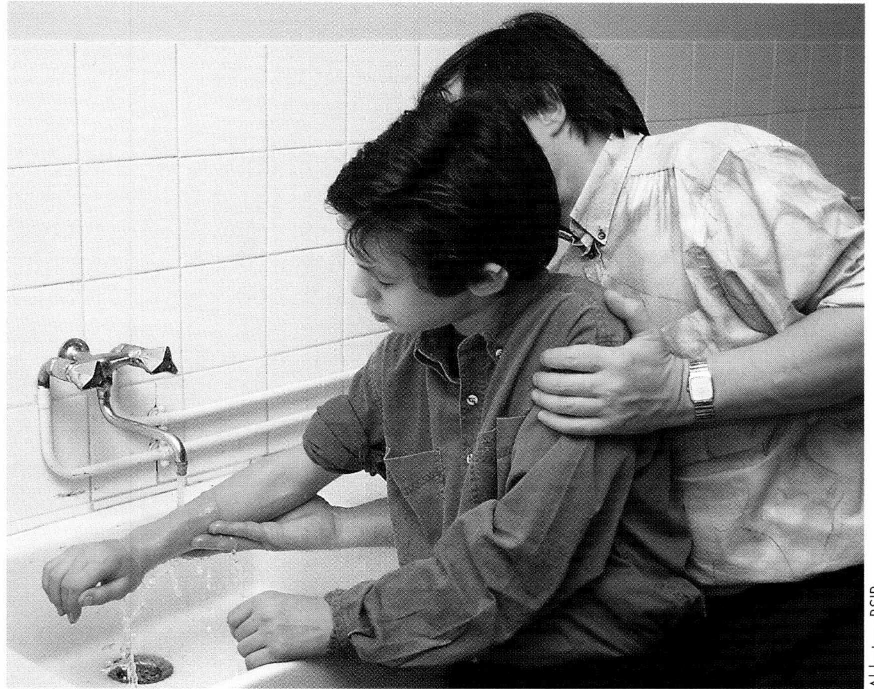

Abbate – BSIP

Brûlure du premier degré. *L'eau courante fraîche peut calmer la douleur, de même que l'application de compresses froides.*

Les brûlures peuvent être provoquées par des liquides ou des objets chauds, mais aussi par des agents chimiques (acides, bases) ou physiques (rayons X, rayons ultraviolets).

LA GRAVITÉ

La gravité d'une brûlure dépend de plusieurs paramètres.
– L'âge de la victime : une brûlure est plus grave chez un enfant et une personne âgée, qui sont plus fragiles et supportent moins la déshydratation.
– La profondeur : les brûlures du premier degré n'atteignent que l'épiderme, la partie la plus superficielle de la peau. Elles se manifestent par une rougeur et une douleur vive, parfois suivies d'une desquamation au bout d'un jour ou deux. Le coup de soleil est une brûlure de ce type. Ces brûlures guérissent en moins de six jours. Les brûlures intermédiaires ou du deuxième degré peuvent détruire l'épiderme et une partie ou la totalité du derme. Elles se caractérisent par une rougeur et un gonflement de la peau alentour et par l'apparition de cloques. La cicatrisation est plus lente (deux à trois semaines). Les brûlures du troisième degré (ou carbonisation) touchent toute l'épaisseur de la peau, et peuvent détruire des muscles ou de l'os sous-jacents. La partie brûlée est blanche, cireuse ou colorée en gris-noir. Ces brûlures peuvent être indolores, car les terminaisons nerveuses sont détruites.
– L'étendue : une brûlure est grave si elle touche plus de 15 % de la surface du corps chez l'adulte (l'équivalent d'une cuisse ou d'un bras) et plus de 5 % chez l'enfant.
– La localisation : les brûlures du visage, de la bouche, du nez, des yeux, de la main, des pieds sont particulièrement graves.
À surface égale, c'est la profondeur de la partie brûlée qui est un facteur aggravant. Tout blessé dont les brûlures même superficielles recouvrent une surface supérieure à la paume de la main doit se rendre chez un médecin.

LES BRÛLURES MINEURES

Elles comprennent les brûlures superficielles ou intermédiaires peu étendues. L'objectif des gestes de premier secours est triple : diminuer l'effet de la chaleur, soulager la douleur et

BRÛLURES CHIMIQUES DES YEUX

– Lavez abondamment les yeux avec du sérum physiologique ou maintenez l'œil sous l'eau du robinet à faible pression pendant au moins 10 minutes.
– Recouvrez l'œil d'une compresse de gaze stérile et alertez les secours en indiquant le produit incriminé.

éviter l'infection de la lésion. Quatre étapes doivent être respectées.
– Placez la blessure sous un robinet d'eau froide (de 10 à 15 °C) à faible débit pendant 5 à 10 minutes. Prolongez le ruissellement si la douleur persiste.
– Nettoyez doucement la blessure à l'eau et au savon de Marseille, ou à l'aide d'une solution antiseptique non colorée.
– Si les brûlures sont douloureuses, donnez un médicament antalgique (paracétamol à dose adaptée à l'âge de la victime).
– Appliquez un tulle gras ou une pommade adaptée aux brûlures, et recouvrez la blessure d'une compresse de gaze stérile.

Triller – Berretti – CNRI

Enfant brûlé par un gril.
La cicatrisation est longue et parfois suivie de séquelles esthétiques importantes.

LES BRÛLURES GRAVES

Elles sont dues soit à des projections de liquide bouillant, soit à un contact intense et bref avec un objet chaud (fer à repasser, plaque de four, etc.), ou aux flammes. Elles nécessitent le recours aux secours médicalisés. Si les vêtements sont en feu, étouffez les flammes directement sur le corps de la victime en l'aspergeant d'eau froide ou en l'enroulant dans une couverture, un tapis ou tout autre matériau textile lourd et non synthétique. Si vous n'en avez pas, plaquer la victime au sol peut suffire. Allongez-la, en évitant le contact direct de la zone brûlée avec le sol.
– Quelle que soit l'origine de la brûlure, appliquez de l'eau froide par immersion ou ruissellement, ou à l'aide de compresses mouillées, sur les zones brûlées pendant au moins 5 minutes.
– Si la brûlure est due à un liquide, enlevez les vêtements de la victime s'ils sont en matière naturelle (coton, laine, lin). Les vêtements synthétiques ou ceux qui collent à la peau ne doivent pas être retirés.
– Enlevez doucement toute bague, montre ou ceinture qui entoure la zone touchée avant qu'elle ne commence à gonfler.
– Couvrez toute la zone brûlée avec un pansement stérile ou un linge en matière naturelle propre, sec et non pelucheux, maintenu par un bandage.
– Si la victime est consciente, couvrez-la. Si elle est inconsciente, placez-la en position latérale de sécurité et couvrez-la. Si la respiration et les battements cardiaques s'arrêtent, commencez le massage cardiaque associé au bouche-à-bouche.

LES BRÛLURES CHIMIQUES

Les brûlures de la peau sont souvent dues aux acides (sulfurique, nitrique, chlorhydrique), aux bases (soude caustique, ammoniaque, eau de Javel) ou à l'antirouille. La gravité des brûlures dépend de la nature du produit, de la quantité renversée ou projetée et surtout de sa durée de contact avec la peau ou les yeux. Il faut placer la zone touchée sous l'eau courante pendant 10 minutes, retirer les vêtements imprégnés et procéder comme pour une brûlure grave.

À NE PAS FAIRE

– Ne pas recouvrir la plaie d'un pansement adhésif ni de coton hydrophile.
– Ne pas percer les cloques (elles constituent un rempart contre les infections).
– Ne pas retirer un vêtement carbonisé collé à la peau brûlée.
– Ne pas appliquer de corps gras (beurre, huile, pommade…) sur les brûlures graves.
– Ne pas toucher les brûlures graves.

LES EMPOISONNEMENTS

Ils résultent de l'ingestion ou de l'inhalation de substances toxiques et constituent un pourcentage important des hospitalisations d'urgence.

Les intoxications accidentelles ou volontaires par les médicaments sont les plus fréquentes. Les autres toxiques en cause sont les produits industriels, ménagers, de jardinage, les stupéfiants, le monoxyde de carbone, l'alcool et les champignons.
La gravité dépend de la toxicité du produit, du mode d'introduction, de la dose absorbée, de la résistance et de l'âge de la victime. La première mesure à prendre est de déceler les signes de risque vital : il faut vérifier l'état de conscience de la victime, sa respiration, et rechercher son pouls.

Laurent – Gille – BSIP

Les intoxications de l'enfant. *Elles viennent au deuxième rang des accidents domestiques chez l'enfant, après les traumatismes.*

MÉDICAMENTS

Chez l'adulte, les intoxications médicamenteuses sont en général provoquées par l'association de plusieurs médicaments, alors que chez l'enfant c'est le surdosage d'un seul produit qui est en cause. Les médicaments le plus souvent impliqués sont les benzodiazépines, les analgésiques, les antidépresseurs, les barbituriques, les différents psychotropes et les médicaments actifs contre les troubles cardiaques. Selon la dose ingérée et le produit, ils peuvent provoquer des troubles de la conscience, des troubles cardiorespiratoires graves, des convulsions et des lésions hépatiques et rénales. Après avoir pris les mesures visant à éliminer une détresse vitale (voir encadré), il faut appeler le centre antipoison ou les services d'urgence.

PRODUITS DE MÉNAGE ET DE JARDINAGE

Les intoxications par les produits ménagers. Elles surviennent surtout chez les enfants, souvent après le transvasement du produit toxique dans une bouteille à usage alimentaire. Tous les produits ménagers sont potentiellement toxiques. La plupart d'entre eux sont simplement irritants pour le tube digestif ; ils n'entraînent que des douleurs de l'abdomen et parfois des diarrhées. Mais d'autres constituent une menace sérieuse, comme les produits caustiques (déboucheurs, détartrants, décapants, eau de Javel), qui entraînent des brûlures de la bouche et des voies digestives, et les produits ménagers moussants, qui peuvent provoquer une asphyxie si la mousse envahit les appareils digestif et respira-

L'ALERTE

Alertez immédiatement le centre antipoison local ou les urgences en précisant :
– l'état de la victime (perte de connaissance, convulsions, difficultés respiratoires, vomissements, fréquence cardiaque...) ;
– le nom du produit et sa composition (lire l'étiquette sur l'emballage) ; l'espèce de champignon en cause, le cas échéant ;
– l'heure à laquelle la victime a absorbé le produit ;
– la quantité probablement ingérée ;
– l'heure de son dernier repas ;
– si la victime est un enfant ou une personne âgée.

À NE PAS FAIRE

– Ne faites pas vomir la victime : attendez d'avoir appelé le centre antipoison ou les secours d'urgence, et agissez en fonction de leurs recommandations. Lorsqu'un produit corrosif (acide, caustique, pétrole) a été absorbé, lui faire faire le trajet inverse risque d'aggraver les brûlures de la bouche et de l'appareil digestif. En outre, le vomissement est dangereux si la victime est inanimée.
– Ne lui faites pas boire d'eau ni de lait.
– N'administrez pas de médicaments : cela pourrait aggraver l'intoxication par interaction médicamenteuse.

toire. Sont également dangereux les produits industriels à usage domestique (térébenthine, white-spirit, ammoniac), à l'origine de graves troubles digestifs, cardio-respiratoires ou neurologiques. Quelles que soient la nature du produit et la quantité absorbée, il faut alerter au plus vite le centre antipoison ou les urgences. Sauf si le médecin le recommande, vous ne devez jamais provoquer le vomissement de la victime ni lui faire boire de l'eau, car cela aurait pour effet d'entraîner le produit plus en aval ou de le faire mousser, avec un risque d'asphyxie.

Les intoxications par les produits de jardinage. Elles touchent en priorité les enfants. Les produits agricoles, dont les pesticides, sont très toxiques. Les désherbants sont les plus dangereux, suivis par les insecticides, les fongicides (contre les champignons) et les rodonticides (antirongeurs). En cas d'ingestion, il faut immédiatement appeler le centre antipoison ou les urgences, et agir selon la conduite générale (voir encadré).

MONOXYDE DE CARBONE

Ce gaz est produit lors de la combustion de gaz, de charbon, de bois et de fuel. Il est incolore et inodore, et donc indécelable par l'homme. Il peut être émis par un chauffe-eau qui fonctionne mal ou par une chaudière encrassée. Le monoxyde de carbone se concentre rapidement dans le sang, prend la place de l'oxygène et provoque une asphyxie progressive. Les signes sont variables : maux de tête, vertiges, nausées, troubles du comportement. Alertez les secours d'urgence. Coupez la source de gaz, sans vous mettre en danger vous-même (pénétrez dans la pièce sans respirer). Ouvrez en grand les portes et les fenêtres. Emmenez la victime loin de la pièce polluée. Empêchez-la de bouger, tout mouvement pouvant aggraver le manque d'oxygène. Procédez ensuite selon la conduite générale (voir encadré).

CHAMPIGNONS

Les premiers signes d'intoxication sont presque toujours digestifs (maux de ventre, diarrhées, vomissements), avec parfois des hallucinations et une grande agitation. Si les premiers troubles surgissent moins de 6 heures après le repas, il peut s'agir d'une intoxication bénigne, sinon l'intoxication est grave.
Toute intoxication aux champignons nécessite d'alerter le centre antipoison. Allongez la victime et procédez selon la conduite générale.

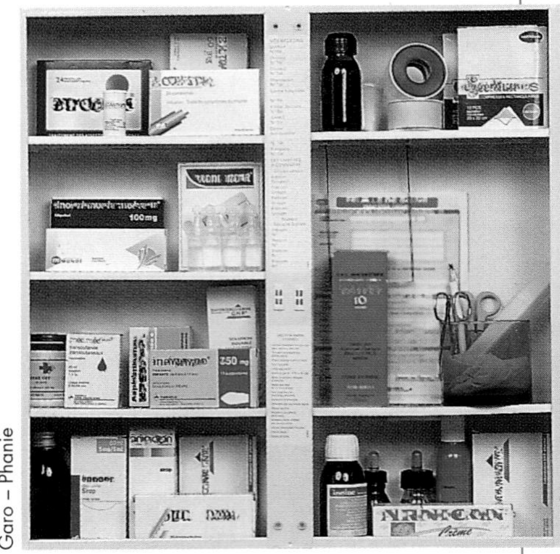

Garo – Phanie

Armoire à pharmacie. *Les médicaments et les produits toxiques doivent être tenus hors de portée des enfants.*

CONDUITE GÉNÉRALE

– Si la victime a encore du produit dans la bouche, faites-la cracher.
– Si la victime est inconsciente, placez-la en position latérale de sécurité, couvrez-la et vérifiez sa respiration et son pouls toutes les 3 minutes.
– En cas d'arrêt respiratoire, pratiquez le bouche-à-bouche.
– Si le cœur et la respiration se sont arrêtés, commencez immédiatement le massage cardiaque et le bouche-à-bouche.

MORSURES ET PIQÛRES D'ANIMAUX

Leur gravité dépend de l'espèce animale en cause, de l'étendue des lésions, mais aussi des premiers soins effectués.

World – Vandystadt

***Prévention.** Portez des bottes et empruntez de préférence les chemins balisés pour limiter les risques de piqûre et de morsure.*

La morsure se distingue de la piqûre en ce qu'elle exerce une prise entre deux mâchoires. De plus, elle est rarement venimeuse, mais le risque infectieux est prépondérant.

LES MORSURES

Sous nos climats, ce sont surtout les vipères et les animaux domestiques (surtout les chiens) qui en sont responsables.

Les morsures de mammifères. Elles présentent deux types de risque : la destruction des chairs et les infections. Les dents de ces animaux étant acérées, les plaies par morsure sont souvent profondes et étendues, et peuvent s'accompagner d'un broiement des os, parfois d'un sectionnement des vaisseaux sanguins provoquant de grosses hémorragies. Les microbes qui pullulent dans la gueule des animaux sont transmis à l'homme par l'intermédiaire de la salive et peuvent être à l'origine d'infections telles que la rage et le tétanos. Quelle que soit l'étendue de la blessure, la victime doit impérativement et dans tous les cas consulter un médecin pour se protéger contre le risque infectieux. Les mesures à prendre dépendent de l'importance de la morsure.

– Si la morsure est superficielle : nettoyez la plaie à l'eau savonneuse ou avec un antiseptique non coloré pour éviter que les microbes n'aient le temps de pénétrer en profondeur, et recouvrez-la d'un pansement stérile.

– Si la morsure est profonde : arrêtez l'hémorragie en comprimant la plaie avec la paume de la main. Recouvrez-la d'un pansement stérile et faites un bandage pour maintenir le tout.

– Alertez les secours.

Les morsures de vipère. Rarement mortelles, elles se reconnaissent aux deux points de couleur noire espacés de 5 ou 6 mm et au gonflement qui apparaît de 15 minutes à 2 heures après la morsure. Celui-ci s'accompagne de douleurs, de vomissements, de troubles neurologiques (prostration ou agitation), d'une accélération du rythme cardiaque et de difficultés respiratoires.

LA TIQUE

La tique pénètre dans la peau et doit être extraite, car elle peut transmettre de graves maladies infectieuses (borrélioses, arboviroses, rickettsioses). Appliquez un tampon d'éther pour l'endormir, puis extirpez-la avec une pince à épiler, avant de laver et de désinfecter la plaie.

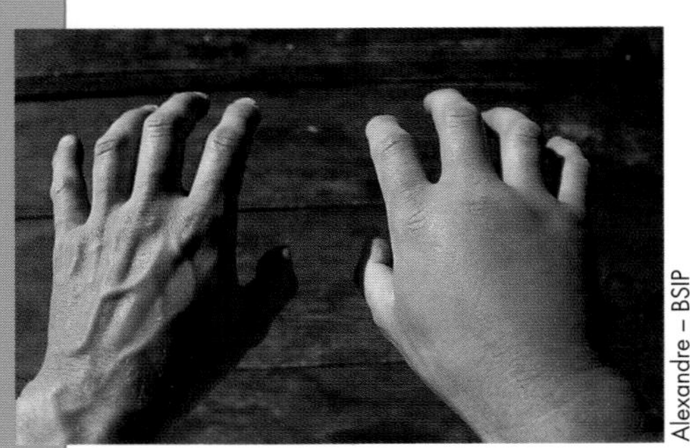

Piqûre d'insecte. *Certaines piqûres provoquent un gonflement (œdème).*

En cas de morsure de vipère, il faut procéder de la façon suivante :

– allongez la victime en position latérale de sécurité si besoin et immobilisez-la. Tout mouvement, en augmentant la fréquence cardiaque et le débit sanguin, favorise la diffusion du venin dans l'organisme. Il est contre-indiqué d'inciser ou de sucer la morsure ;

– désinfectez la morsure avec un antiseptique ;

– placez un bandage modérément serré au-dessus de la lésion (entre la morsure et le cœur) pour diminuer la diffusion du venin ;

– assurez l'évacuation du blessé vers un service d'urgence.

LES PIQÛRES

Beaucoup d'animaux sont porteurs de venin qu'ils injectent avec leur aiguillon, leur dard, leurs crochets ou leur trompe. Les plus courants sont les insectes (moustique, taon, punaise, fourmi), les arachnides (araignée, scorpion), les hyménoptères (abeille, guêpe, frelon) et les animaux marins (vive, méduse).

Le venin des insectes provoque généralement une douleur à l'endroit de la piqûre et des démangeaisons, que l'on calme avec un antiseptique et une crème antiprurigineuse. Les piqûres d'araignées et de scorpions vivant sous nos climats sont peu toxiques mais occasionnent de vives douleurs, parfois une inflammation locale, et réclament le recours à un anti-inflammatoire local et à une crème antiprurigineuse.

Les abeilles, guêpes et frelons injectent leur venin au moyen d'un dard, mais seule l'abeille abandonne ce dernier à l'endroit de la piqûre. Ces piqûres sont responsables de douleurs, de rougeurs et d'un gonflement. Elles sont dangereuses dans trois cas : quand elles sont multiples (risque de réaction allergique), lorsqu'elles sont situées dans la gorge ou la bouche (le gonflement peut provoquer l'asphyxie) ou si elles touchent une personne allergique au venin.

Si vous avez été piqué par une abeille, enlevez rapidement le dard. Appliquez de la glace pour ralentir la diffusion du venin et soulager la douleur. Appliquez un désinfectant et éventuellement un anti-inflammatoire.

S'il s'agit d'une piqûre à la bouche ou à la gorge, et que la personne présente des signes de détresse respiratoire, maintenez la victime en position semi-assise et alertez les secours. Si vous décelez un arrêt respiratoire, commencez le bouche-à-bouche en effectuant des insufflations de façon que l'air passe à travers l'œdème.

Si la victime souffre de nausées, de maux de tête et d'une gêne respiratoire, installez-la en position semi-assise et appelez les secours d'urgence. L'apparition d'urticaire, d'un œdème au visage et à la gorge indique une réaction allergique grave au venin d'hyménoptère. Étendez la victime, jambes surélevées et alertez les secours d'urgence.

LES PIQÛRES D'ANIMAUX MARINS

– Le venin de vive provoque une douleur comparable à celle d'une brûlure, pendant une durée de 2 à 24 heures, et un œdème important. Plongez la zone atteinte dans un bain très chaud (à 45 °C) additionné d'un antiseptique léger. En cas de malaise, couchez la victime, jambes surélevées, et alertez les secours.

– Les méduses possèdent des tentacules urticants, responsables de vives douleurs, d'urticaire, d'un engourdissement progressif de la partie touchée et, dans les cas graves, de nausées et de vertiges. Ôtez les fragments de filaments de méduse avec une lame de couteau et de l'eau de mer, lavez la peau avec un antiseptique, avant d'y appliquer du sable ou du talc.

– Les piquants d'oursins doivent être extraits à l'aide d'une pince à épiler ; s'ils sont profondément plantés sous la peau, trempez la zone atteinte dans de l'eau légèrement javellisée ou appliquez un pansement humide pendant la nuit, avant de les extraire le lendemain.

ÉVITER LES ACCIDENTS DOMESTIQUES

Les accidents domestiques touchent principalement les jeunes enfants et les personnes âgées. La plupart d'entre eux pourraient être évités si des règles de sécurité étaient respectées.

Avant l'âge de 1 an, les accidents les plus fréquents sont les chutes (escaliers, fenêtres et tables à langer). Entre 1 et 5 ans, les intoxications et les brûlures dominent. Chez les personnes de plus de 65 ans, les chutes constituent le risque principal ; elles sont dues essentiellement aux réflexes plus lents, à la baisse de la vision et à la faiblesse musculaire.

LES RÈGLES DE SÉCURITÉ

Chaque pièce de la maison possède ses propres dangers et donc ses règles de sécurité.

La cuisine.

– Les objets tranchants : placez-les toujours hors de portée des enfants. Portez des gants quand vous ouvrez des huîtres ou coupez des aliments congelés.

– Les produits d'entretien : placez-les en hauteur ou optez pour un système de sécurité (crochet) empêchant les jeunes enfants d'ouvrir les portes des placards. Ne stockez jamais ces produits dans des récipients ayant contenu des liquides consommables.

– La porte du four et les plaques de cuisson : la première doit être munie d'une « porte froide » et les secondes de protège-plaques.

– Les casseroles : veillez à ce que leur manche soit tourné vers le mur. Ne surestimez pas vos forces en transportant des liquides brûlants, et protégez-vous avec des gants et un tablier lorsque vous faites de la cuisine.

– Le micro-ondes : ne faites pas chauffer de biberon dans un micro-ondes, car la chaleur n'est pas également répartie dans le liquide (une partie du liquide peut être à bonne température et une autre brûlante).

– Les appareils de chauffage, de cuisson et les conduits de cheminée : vos appareils doivent être équipés de systèmes de sécurité ou d'arrêt automatique en cas d'émanation anormale de monoxyde de carbone ; faites ramoner vos conduits avant la saison de chauffe.

ANIMAUX DOMESTIQUES

Ne laissez pas un chien ou un chat sans surveillance dans une pièce où se trouve un bébé au berceau ou un enfant au lit. Apprenez à vos enfants à ne pas importuner les animaux par des caresses répétées et à les laisser en paix au moment de leurs repas.

F. Ducasse – Rapho

***Entre 18 mois et 3 ans, le risque d'accident est maximal.** Si à cet âge l'enfant acquiert une plus grande autonomie dans la maison, il ne possède pas encore la notion du danger.*

ÉVITER LES ACCIDENTS DOMESTIQUES

La salle de bains.

– La baignoire : un enfant de moins de 18 mois ne doit jamais être laissé seul dans la baignoire, même avec peu d'eau. À partir de 3-4 ans, apprenez aux enfants à mettre la tête sous l'eau en retenant leur respiration. Les personnes âgées doivent s'équiper d'un tapis de bain antidérapant et d'une poignée pour se relever.

– Les médicaments : fermez à clef votre armoire à pharmacie.

– La table à langer : ne laissez jamais un nourrisson sans surveillance (risque de chute).

– Les appareils électriques : ne les manipulez pas avec des pieds et des mains humides ; débranchez-les après usage et avant de les nettoyer.

La chambre et le salon.

– Les tapis : équipez-les de systèmes antidérapants et évitez les parquets trop cirés, responsables de chutes.

– La table basse : elle met à la portée des enfants verres et bouteilles qui se cassent, et cacahuètes qui peuvent se coincer dans la trachée et provoquer une asphyxie. En outre, équipez les coins des tables de protections en mousse.

– Les prises de courant : installez des prises à éclipses dont les orifices sont fermés, plutôt que des cache-prises. Ne laissez pas traîner les rallonges branchées et non raccordées.

Les fenêtres et les balcons. Équipez les fenêtres d'un système de sécurité empêchant les enfants de les ouvrir ; ne placez pas de meubles sous la fenêtre, les enfants pourraient y monter ; protégez les balcons d'un grillage à mailles serrées ou d'une plaque de Plexiglas.

L'escalier. L'installation d'une barrière d'escalier permet d'en interdire l'accès aux jeunes enfants. Une rampe ou une barre d'appui le long de l'escalier, un bon éclairage aident les personnes âgées à l'emprunter plus sûrement.

La cave, le garage. Les portes de garage automatiques sont à l'origine d'écrasements du tronc, de la tête et du cou chez les enfants et surtout chez les adolescents qui s'amusent avec. En l'absence de système d'arrêt automatique, interdisez aux enfants de s'en approcher. Veillez au bon état de vos outils (le démanchement d'une hache ou d'une masse peut provoquer des accidents graves). Mettez hors de portée des enfants les produits toxiques (engrais, désherbants, insecticides) et gardez l'emballage d'origine.

Le jardin.

– Portez des gants de jardinage et des lunettes de protection si vous avez à craindre des projections de matériaux.

Chassenet – BSIP

Tondeuse à gazon. *Les accidents qui se produisent dans le jardin touchent surtout les 45-65 ans.*

– Vérifiez les barreaux de votre échelle régulièrement. Contrôlez l'écartement d'une échelle double et son assise au sol.

– En cas de panne de tondeuse à gazon, débranchez la machine avant de la retourner. Ne glissez jamais la main ou le pied sous la tondeuse pour la « débourrer », même si vous venez d'arrêter le moteur : la lame peut continuer à tourner en roue libre et vous blesser.

– Veillez à ce que la chaîne coupante de la tronçonneuse soit bien affûtée et bien huilée, et à ce que le frein de chaîne puisse sauter au moindre rebond.

– Ne laissez pas traîner un râteau les pointes en l'air.

– Attention aux plantes à baies toxiques (houx, gui, belladone) qu'un enfant peut confondre avec des groseilles ou des myrtilles.

– N'allumez jamais un barbecue en y jetant de l'alcool à brûler ou de l'essence.

LES PISCINES

Les noyades à domicile sont une des premières causes de décès chez les moins de 5 ans. Ne laissez jamais un enfant seul près d'une pièce d'eau ou d'une piscine. L'unique protection efficace est la surveillance de l'adulte. Une barrière de sécurité doit entourer les piscines privées. Les couvertures, bouées, manchons, avertisseurs de chute n'empêchent malheureusement pas les noyades.

LE MÉDECIN GÉNÉRALISTE

La mission du médecin généraliste est primordiale et son exercice comprend des interventions variées : diagnostic, soins, rédaction des ordonnances, conseils, orientation mais également prévention, sans oublier la maîtrise des dépenses de santé.

B. Seitz – Photo researchers – Cosmos

Médecin généraliste examinant la gorge d'une petite fille.
Le médecin interroge sa patiente pour connaître les symptômes ; il procède à un examen clinique puis prescrit un traitement si nécessaire.

CHOISIR SON MÉDECIN

Le premier critère de choix est la qualité professionnelle du médecin, c'est-à-dire sa capacité à faire un bon diagnostic, à prescrire un traitement adéquat ou à orienter son patient vers le bon spécialiste : demandez conseil à votre entourage et aux personnes habitant votre quartier.
La proximité géographique ou le fait que le médecin se déplace sont des facteurs importants si vous ne disposez pas de moyen de transport, ou bien si vous – ou un membre de votre famille – vous déplacez difficilement.
Ne changez pas trop souvent de médecin, car la connaissance approfondie du patient (de ses antécédents médicaux, de son mode de vie) est importante.

Le médecin généraliste, également appelé médecin de famille (ou au Canada, « omnipraticien ») exerce une médecine de proximité et joue un rôle d'intermédiaire essentiel entre les patients et toutes les professions qui se rattachent à la santé.

SON RÔLE

Le médecin généraliste connaît bien ses patients, du point de vue tant strictement médical (antécédents de santé personnels et familiaux) que personnel (vie privée et professionnelle) ; souvent, il suit plusieurs générations dans une même famille. Cette connaissance globale du patient est précieuse ; elle permet au médecin de considérer le malade en même temps que l'individu, et, de ce fait, d'adapter les traitements, de les expliquer et de permettre ainsi qu'ils soient correctement suivis. C'est cette qualité de relation humaine et cette proximité qui font du généraliste un interlocuteur privilégié ; simultanément, on voit se développer des secteurs extrêmement spécialisés de la médecine, qui, eux, ne considèrent qu'une pathologie précise et non l'individu dans sa globalité.
Au fur et à mesure de son exercice, le médecin généraliste a su constituer un réseau de spécialistes dont il connaît, pour chacun, les qualités et la méthode de travail. Il est ainsi le mieux à même de solliciter l'avis d'un confrère spécialiste. Muni d'une lettre explicitant la demande

thérapeutique, le patient peut se rendre chez le spécialiste. Enfin, le généraliste peut faire la synthèse d'un traitement nécessitant l'intervention successive de plusieurs spécialistes.
Mais le médecin généraliste n'est pas qu'un aiguilleur. La santé de chaque individu constituant un gigantesque puzzle, il est celui qui dispose du maximum de pièces pour pouvoir comprendre et analyser globalement la santé de ses patients. Pour cette raison, il est capable d'agir préventivement en vue de protéger ses patients : prévenir les cancers liés à l'abus de tabac ou d'alcool, la toxicomanie chez les jeunes, la dépression…

MÉDECIN EN VILLE OU À LA CAMPAGNE

La vie du médecin généraliste est bien différente selon qu'il exerce en ville ou à la campagne. En ville, la pratique change aussi selon le quartier dans lequel ce dernier travaille. Dans certains quartiers populaires, l'aspect social prédomine. Des problèmes de langues peuvent surgir. Le généraliste est souvent le seul interlocuteur de ses patients pour ce qui touche à leur santé. Il soigne beaucoup d'enfants et de femmes enceintes par exemple, les familles ayant peu recours au pédiatre et au gynécologue. Dans d'autres quartiers, les demandes peuvent être davantage orientées vers la médecine douce, la relaxation ou la médecine esthétique.
Le médecin de campagne est généralement seul sur son terrain d'intervention, car l'hôpital et les médecins spécialistes sont souvent géographiquement éloignés. Il doit affronter toutes sortes de situations. Il est appelé à pratiquer des gestes de petite chirurgie et doit aussi gérer certaines urgences. Pour faire ses visites, il doit parcourir de nombreux kilomètres, d'autant plus que, le monde rural vieillissant, ses patients sont loin d'être tous valides et motorisés.

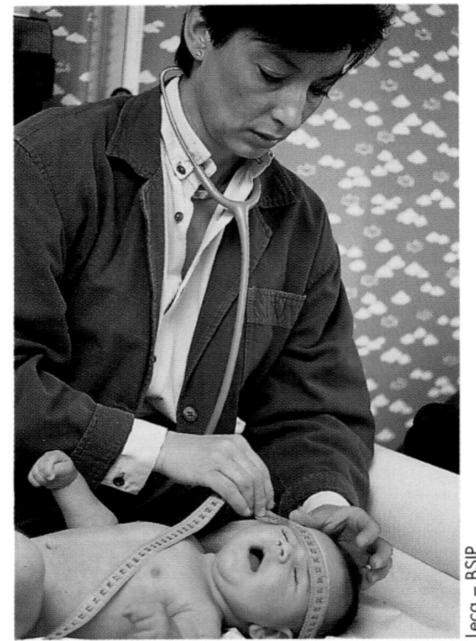
Leca – BSIP

Examen clinique d'un bébé. *De nombreux parents, surtout à la campagne, s'adressent à leur médecin de famille pour soigner leurs jeunes enfants.*

LA FORMATION CONTINUE

La formation continue, mais aussi les journaux, les séminaires et les congrès professionnels sont autant de possibilités pour le médecin d'acquérir des compétences complémentaires et de mettre à jour ses connaissances.
Le fait de s'installer en groupe avec d'autres généralistes ou avec des spécialistes n'a pas uniquement un intérêt financier (partage des frais). De cette façon, le médecin n'est pas isolé dans sa pratique et, lorsqu'un cas difficile se présente, la discussion entre confrères peut l'aider.

LE SERMENT D'HIPPOCRATE

Le serment d'Hippocrate, prêté par les jeunes médecins diplômés, est un code des règles morales concernant l'exercice de la médecine.
« En présence des maîtres de cette école et devant l'effigie d'Hippocrate, je promets et je jure d'être fidèle aux lois de l'honneur et de la probité dans l'exercice de la médecine. Je donnerai mes soins gratuits à l'indigent et n'exigerai jamais un salaire au-dessus de mon travail. Admis dans l'intérieur des maisons, mes yeux ne verront pas ce qui s'y passe, ma langue taira les secrets qui me seront confiés et mon état ne servira pas à corrompre les mœurs ni à favoriser le crime. Respectueux et reconnaissant envers mes maîtres, je rendrai à leurs enfants l'instruction que j'ai reçue de leurs pères. Que les hommes m'accordent leur estime si je suis fidèle à mes promesses ! Que je sois couvert d'opprobre et méprisé de mes confrères si j'y manque. »
En Suisse, en Belgique et au Canada, les médecins prêtent un autre serment médical.

LES MÉDECINS SPÉCIALISTES

DIAGNOSTIC ET TRAITEMENT

Le plus souvent, un patient commence par consulter un médecin généraliste qui, si nécessaire, l'oriente vers un spécialiste.

Les médecins spécialistes peuvent exercer en médecine libérale, c'est-à-dire en cabinet privé ou en clinique, ou bien en médecine hospitalière. Les médecins hospitaliers exercent aussi parfois une activité libérale partielle de consultation à l'hôpital (secteur privé).

Cancérologie. Également appelée oncologie ou carcinologie, cette spécialité concerne tous les cancers, quelle que soit leur localisation.

Cardiologie. Le cardiologue soigne les maladies du cœur et des vaisseaux sanguins telles que les diverses cardiopathies, la coronarite, l'infarctus, les troubles du rythme cardiaque, l'hypertension artérielle.

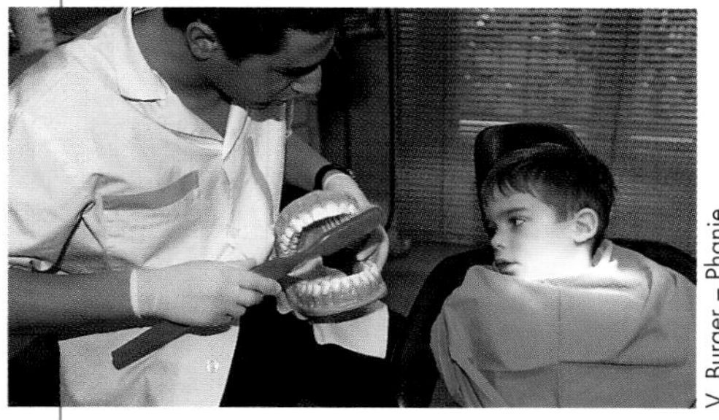

V. Burger – Phanie

***Dentisterie.** Cette activité est une branche de la stomatologie qui se consacre à l'étude et au traitement des maladies de la cavité buccale.*

Dermatologie-vénérologie. Cette spécialité concerne les maladies de la peau, des muqueuses, des ongles et des cheveux quelle qu'en soit la nature : infection, tumeur, allergie, trouble métabolique (diabète) ou problème psychosomatique. Les maladies sexuellement transmissibles (MST) relèvent aussi de ce domaine.

Endocrinologie. L'endocrinologue prend en charge les dysfonctionnements des glandes endocrines (thyroïde, hypophyse, surrénales, glandes sexuelles) et des hormones qu'elles sécrètent. La diabétologie appartient à cette spécialité.

Gastroentérologie. Elle traite les maladies du tube digestif (œsophage, estomac, intestins, rectum, anus) et de ses annexes (pancréas, foie, voies biliaires). Les maladies concernées sont, par exemple, l'ulcère gastroduodénal, la lithiase vésiculaire (présence de calculs dans la vésicule biliaire), la cirrhose, l'hépatite chronique.

Gynécologie-obstétrique. Cette spécialité s'intéresse aux maladies de l'appareil génital féminin (gynécologie), à la grossesse et à l'accouchement (obstétrique). Elle intègre des actes chirurgicaux (césarienne ou hystérectomie).

Hématologie. Elle traite les maladies du sang (anémie, leucémie) et de la coagulation (hémophilie). Elle implique une connaissance approfondie des mécanismes de défense de l'organisme contre les agents pathogènes extérieurs (immunologie) et de la cancérologie.

Médecine physique et de réadaptation. Cette spécialité se consacre à la rééducation dans les suites d'accidents, d'interventions chirurgicales, de maladies neurologiques, cardiaques ou pulmonaires. Elle comprend la rééducation physique par des massages, des manipulations, des exercices, des soins par la chaleur ou le froid, ainsi qu'une réadaptation psychologique et sociale.

Néphrologie. Cette spécialité concerne les maladies du rein. Les techniques de rein artificiel et de dialyse péritonéale ainsi que la transplantation rénale sont de son domaine.

Neurologie. Elle prend en charge les maladies du système nerveux. Les céphalées, les paralysies, l'épilepsie, la maladie de Parkinson, la maladie d'Alzheimer, les troubles de la mémoire et du langage, les accidents vasculaires cérébraux sont les principales maladies traitées par le neurologue.

LA MÉDECINE INTERNE

Elle regroupe les connaissances de toutes les pathologies médicales pour en faire des synthèses ou prendre en charge des maladies qui concernent l'ensemble de l'organisme. À l'hôpital, les internistes sont responsables de services qui admettent les malades ne relevant pas directement d'une spécialité donnée.

Ophtalmologie. L'ophtalmologiste traite les affections de l'œil (glaucome, cataracte, décollement de la rétine, strabisme, etc.) et corrige les troubles de la vision tels que la myopie ou la presbytie. C'est lui qui prescrit des lunettes et des lentilles de contact.

Oto-rhino-laryngologie (ORL). Cette spécialité traite les maladies des oreilles, du nez et des sinus, du larynx et des cordes vocales, de la gorge, des glandes salivaires et du cou : infections, tumeurs, interventions chirurgicales (des amygdales ou de la thyroïde, par exemple). La surdité et les problèmes de vertiges sont également pris en charge par l'oto-rhino-laryngologiste, ainsi que certaines interventions de chirurgie esthétique de la face et du cou.

Pédiatrie. Le pédiatre traite les maladies de l'enfant depuis la vie intra-utérine, en collaboration avec les obstétriciens (médecine anténatale), jusqu'à l'adolescence (15 ans). La pédiatrie s'est diversifiée en « surspécialités » telles que la cardiologie, l'endocrinologie, la gastroentérologie ou la pneumologie. À ces spécialités il faut ajouter la prise en charge du nouveau-né (néonatologie), la psychiatrie pédiatrique (pédopsychiatrie) et la médecine scolaire.

Pneumologie. Elle traite les maladies des bronches, des poumons, de la plèvre. Les principales maladies sont l'insuffisance respiratoire, les maladies de nature infectieuse (bronchopneumonie, pleurésie, pneumonie, tuberculose…) ou tumorale (cancers).

Psychiatrie. Le psychiatre traite les dépressions et les troubles de l'humeur de façon générale. Il s'occupe également des maladies mentales graves et invalidantes (autisme, schizophrénie, etc.).

Rhumatologie. Elle s'intéresse aux maladies des os, des articulations, des tendons. L'ostéoporose, la maladie de Paget, l'arthrose, la sciatique, la hernie discale et les polyarthrites inflammatoires sont traitées par le rhumatologue.

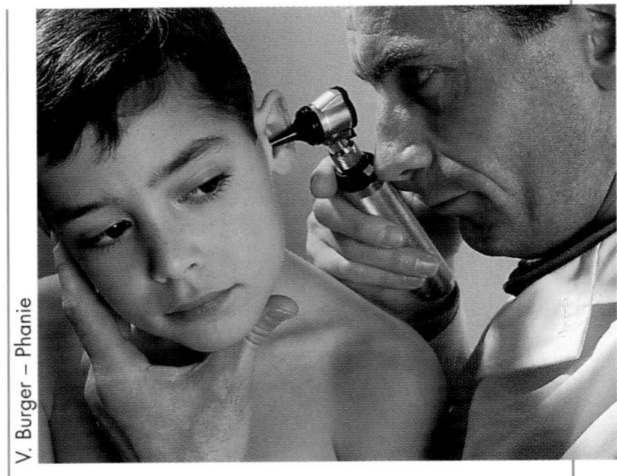

V. Burger – Phanie

***Oto-rhino-laryngologiste.** Ce spécialiste traite les maladies des oreilles, du nez et de la gorge.*

Stomatologie. Le stomatologue assure la prévention et le traitement des maladies qui affectent la bouche et les dents. La dentisterie relève de la stomatologie ; elle consiste à traiter les caries dentaires, à effectuer des détartrages, à extraire des dents, à poser des prothèses, à soigner les affections touchant les gencives et à assurer le redressement des dents.

DES COMPÉTENCES PARTICULIÈRES

Aux spécialités médicales s'ajoutent des compétences particulières qui apportent un savoir-faire supplémentaire au médecin.

– L'andrologie est l'étude des éléments anatomiques, biologiques et psychiques qui concourent au bon fonctionnement des appareils urinaire et génital masculins.

– La gériatrie se consacre aux maladies dues au vieillissement.

– La nutrition étudie le processus d'assimilation et de dégradation des aliments dans le corps et propose des recommandations alimentaires ou médicales pour maintenir l'organisme en bonne santé.

– L'allergologie étudie les manifestations pathologiques (allergies) survenant lors de l'exposition d'un sujet à certaines substances sensibilisantes (allergènes).

LES MÉDECINS SPÉCIALISTES

EXAMENS ET CHIRURGIE

Moins familières, ces spécialités médicales ne s'exercent généralement pas à l'occasion d'une consultation classique.

Un médecin ne parvient pas toujours, sur les seuls renseignements fournis par l'interrogatoire et l'examen clinique de son patient, à établir un diagnostic. Il demande alors des examens dits complémentaires. Ceux-ci, qu'il s'agisse d'imagerie médicale, d'examens biologiques ou génétiques, sont effectués par des médecins spécialistes.

La chirurgie intervient le plus souvent après une consultation chez un médecin (généraliste ou spécialiste). Elle recouvre de nombreuses spécialités médicales et peut, de ce fait, être divisée en autant de disciplines.

LES EXAMENS MÉDICAUX

Anatomie et cytologie pathologique. Elles concernent l'examen des organes et des tissus qui les composent, à l'œil nu et au microscope, grâce à la maîtrise des techniques de préparation des tissus permettant de mettre en évidence d'éventuelles anomalies. Ces tissus sont prélevés par biopsie, chirurgie, ou après un décès lors d'une autopsie. Les résultats aident au diagnostic de nombreuses maladies, notamment en définissant le caractère bénin ou malin des tumeurs de tous les organes. Dans certains cas, les anatomo-cyto-pathologistes permettent de déterminer un pronostic et d'élaborer un traitement (en caractérisant un type de cancer, par exemple).

Biologie clinique. Les spécialistes en biologie clinique sont chargés d'effectuer des examens biologiques (biochimiques, hormonaux ou bactério-biologiques) à partir de prélèvements de sang, d'urine, de crachat, de selles, de liquide céphalo-rachidien prélevé par ponction lombaire...

Génétique médicale. Le généticien étudie les maladies qui se transmettent génétiquement (par les gènes des parents) et entraînent certaines maladies (trisomie 21, myopathie, par exemple). Les progrès de la génétique moléculaire laissent espérer que l'on saura un jour isoler la totalité des gènes responsables des maladies génétiques et donc réaliser des diagnostics anténataux (avant la naissance) pour un nombre croissant de maladies.

Radiodiagnostic et imagerie médicale. Cette spécialité comprend plusieurs techniques de mise en images du corps humain, reposant sur des principes totalement différents : la radiographie classique et le scanner (tomodensitométrie) ont recours aux rayons X ; l'IRM (imagerie par résonance magnétique) utilise un champ magnétique ; les échographies exploitent les propriétés des ultrasons. Un service de radiologie moderne comporte donc plusieurs départements intégrant ces différentes techniques.

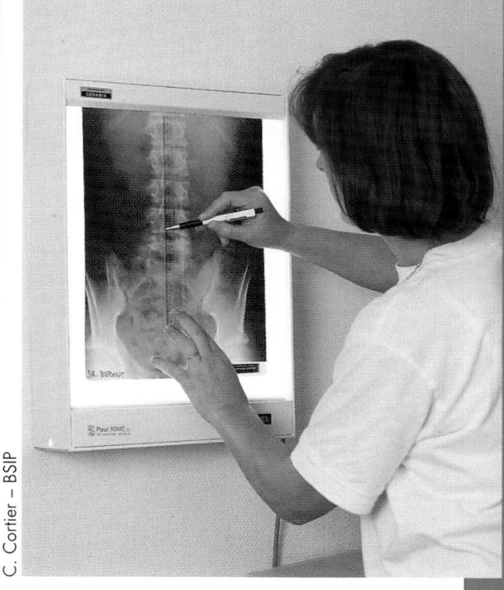

C. Cortier – BSIP

Radiologue. *Le radiologue est consulté sur la prescription d'un médecin qui a besoin de son intervention pour confirmer ou orienter un diagnostic.*

Médecine nucléaire. La médecine nucléaire est fondée sur la propriété qu'ont certains éléments ou certaines molécules de se concentrer naturellement dans un organe ou dans un site particulier de l'organisme (thy-

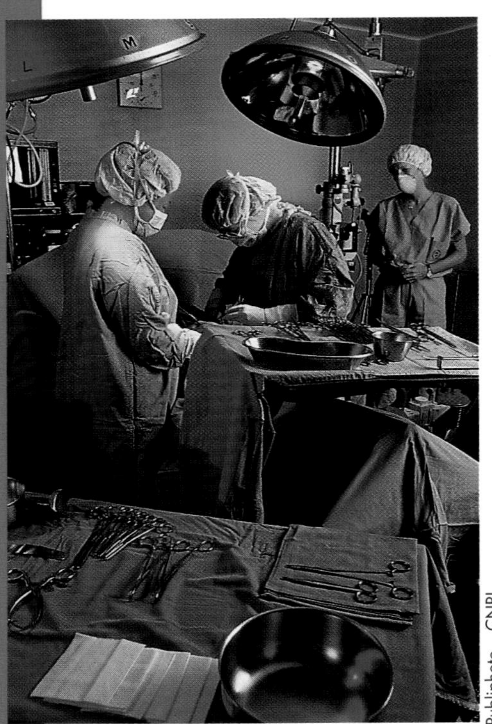

Publiphoto – CNRI

Salle d'opération. *La chirurgie a bénéficié de l'amélioration des techniques de chirurgie et des progrès d'autres disciplines médicales telles que l'anesthésie et la transfusion sanguine.*

roïde, par exemple, pour l'iode 131). Le traitement des données recueillies permet d'obtenir des scintigraphies, documents qui dessinent la répartition de la radioactivité dans l'organe examiné.

LA CHIRURGIE

Chirurgie générale. La chirurgie consiste à pratiquer des actes opératoires sur un corps vivant. Les techniques de chirurgie sans incision (chirurgie endoscopique) se développent ; certaines permettent d'éviter l'hospitalisation (chirurgie ambulatoire). Les applications de la chirurgie sont très vastes – correction de traumatismes osseux, articulaires ou viscéraux, traitement de lésions, ablation de tumeurs, de calculs urinaires, etc., correction de malformations, remplacement d'organes – et donnent lieu à des « spécialités chirurgicales » :

– la chirurgie cardio-vasculaire traite certaines maladies du cœur et des vaisseaux ;

– la chirurgie ophtalmologique traite certaines maladies du globe oculaire et de ses annexes (muscles oculomoteurs, paupières) ;

– la chirurgie orthopédique et traumatologique répare les conséquences des maladies, des accidents et des déformations de l'appareil locomoteur (os, articulations, ligaments, tendons, muscles) ;

– la chirurgie infantile se consacre aux enfants, et plus particulièrement aux nouveau-nés. Elle traite notamment les malformations et anomalies du développement dues à la prématurité ou à d'autres causes nécessitant une prise en charge dans des unités spécialisées ;

– la chirurgie plastique et esthétique regroupe les interventions consistant à améliorer l'apparence d'un individu et à réparer diverses lésions du corps humain.

Neurochirurgie. Cette spécialité est consacrée au traitement des maladies du système nerveux. Le neurochirurgien pratique des opérations aussi variées que l'ablation de tumeurs ou de malformations vasculaires cérébrales, la section de certains nerfs dans le traitement de douleurs chroniques, ainsi que les interventions destinées à supprimer des mouvements anormaux (tremblements importants) ou des crises d'épilepsie rebelles aux médicaments.

Anesthésiologie-réanimation chirurgicale. L'anesthésiste assure l'endormissement des patients pour éviter la douleur provoquée par une intervention chirurgicale, un examen ou un accouchement. L'anesthésie peut être générale, partielle (péridurale) ou simplement locale. Les anesthésistes assurent également la visite préopératoire et la réanimation postopératoire des opérés.

LE CONSEIL GÉNÉTIQUE

En présence d'antécédents familiaux de maladies génétiques ou en présence de ce type de maladie chez un premier enfant (mucoviscidose, par exemple), des tests peuvent être réalisés au début de la grossesse pour s'assurer que le fœtus n'est pas atteint. Ces tests consistent à prélever un fragment du placenta (prélèvement de villosités choriales) ou du liquide amniotique, puis à examiner les chromosomes des cellules prélevées au microscope.

Grâce à l'analyse génétique, suivie d'une interruption de grossesse dans les cas défavorables, la fréquence de certaines maladies héréditaires a diminué.

LES SOINS MÉDICAUX

Autour du médecin gravitent différentes professions dites paramédicales, dont la fonction est de mettre en œuvre des soins spécifiques et/ou de prodiguer des conseils.

L'infirmier. Ce métier est généralement exercé par des femmes, sauf dans certains services (services d'urgence et de psychiatrie) qui peuvent nécessiter une force masculine. L'infirmière est habilitée à donner des soins sur prescription médicale. Plus spécifiquement, elle fait des injections, pose des perfusions, nettoie les plaies et fait des pansements. En milieu hospitalier, l'infirmière assure également certains soins d'hygiène et de la vie courante avec la participation des aides-soignantes placées sous sa responsabilité. Elle distribue les médicaments, tient à jour les feuilles de surveillance de chaque malade, où tout ce qui a trait aux soins est consigné, et dialogue en permanence avec les malades et les médecins.

En ville, l'infirmière libérale exécute les soins prescrits par le médecin, au domicile du malade ou au cabinet du médecin. Les infirmières travaillent également dans des structures non médicales, par exemple les écoles, les entreprises (infirmières du travail), les prisons, les laboratoires.

V. Burger – Phanie

__Sage-femme.__ La préparation à l'accouchement est à la fois pratique (apprentissage des techniques de respiration) et théorique (explication du déroulement de l'accouchement).

Une infirmière peut se spécialiser en suivant une formation complémentaire. Elle peut ainsi devenir infirmière de bloc opératoire, infirmière spécialisée en anesthésie-réanimation, surveillante, infirmière générale.

La sage-femme. La sage-femme (le maïenticien, s'il s'agit d'un homme) assiste les femmes enceintes tout au long de leur grossesse, pendant l'accouchement et dans les suites de couches. Pendant la grossesse, elle anime plusieurs séances de préparation à l'accouchement en proposant éventuellement diverses méthodes : préparation « classique » à l'accouchement sans douleur, sophrologie (méthode aidant à surmonter les sensations douloureuses par la relaxation), préparation aquatique à la maternité (exercices de relaxation et de respiration pratiqués en piscine), haptonomie (méthode qui utilise le toucher pour faire communiquer précocement l'enfant et ses futurs parents), etc.

En salle de travail, la sage-femme surveille la patiente et pratique certains soins. Elle doit faire appel à un médecin obstétricien en cas d'accouchement difficile (nécessitant par exemple le recours à des forceps ou à une césarienne).

Après la naissance, elle surveille l'allaitement, la cicatrisation s'il y a eu épisiotomie, la croissance de l'enfant, l'état physique et psychologique de la mère.

Une sage-femme peut exercer en clinique privée, en hôpital ou de façon libérale.

La puéricultrice. Les puéricultrices (les hommes sont rares) travaillent soit à l'hôpital (services de maternité, de néonatalogie, de pédiatrie), soit en crèche, en halte-garderie ou dans un service de protection maternelle et infantile (PMI). Leur rôle est de prendre soin des tout-petits et de participer à leur éveil. Elles peuvent être amenées à dépister un défaut de vue ou d'audition chez un enfant, à prodiguer des conseils d'hygiène et de santé aux mères inexpérimentées. L'enseignement de la puériculture comprend la connaissance de la physiologie et du développement psychomoteur et intellectuel de l'enfant. Il est assuré dans les services de médecine infantile des hôpitaux et dans des écoles spécialisées qui donnent aux sages-femmes, aux infirmières, aux professionnels de la petite enfance, voire aux étudiants en médecine, les connaissances nécessaires dans ce domaine.

Le diététicien. Le rôle du diététicien consiste notamment à prescrire un régime alimentaire adapté aux apports nutritionnels recommandés dans un but hygiénique. Dans les cantines scolaires, les maisons de retraite, les restaurants d'entreprise, le diététicien est chargé de contrôler la qualité nutritionnelle et hygiénique des repas. Il peut également intervenir dans l'industrie agroalimentaire ou pharmaceutique. Les principales pathologies pour lesquelles il est fait appel à un diététicien sont l'obésité, la dénutrition, le diabète, l'augmentation du taux de cholestérol dans le sang (hypercholestérolémie), l'hypertension artérielle, l'insuffisance rénale. Lors d'une première consultation, le diététicien interroge le patient afin de déterminer ses habitudes et ses comportements alimentaires et de quantifier ses besoins quotidiens en glucides, en lipides et en protéines. Puis, en fonction de la raison pour laquelle celui-ci lui a été adressé, il prescrit un régime détaillant les apports quotidiens et leur répartition dans la journée. Si le calcul des calories est important, la prise en charge psychologique des patients l'est tout autant, et le diététicien peut être amené à collaborer avec des psychothérapeutes.

L'assistant dentaire. L'assistante dentaire (cette profession étant surtout exercée par des femmes) travaille « au fauteuil » auprès du chirurgien-dentiste, du parodontologue ou du médecin stomatologiste. Elle est responsable du nettoyage, de la stérilisation et du rangement des instruments, accueille les malades et prend les rendez-vous.

L'aide-soignant. Il assiste l'infirmière dans son travail. Il veille à la bonne hygiène des malades, à leur confort et souvent à leur réconfort, dans le cas notamment des personnes âgées ou atteintes de maladies graves. Il aide à la toilette, aux repas, à l'habillage des patients et tient la chambre propre.

Le pédicure-podologue. Le pédicure-podologue soigne les affections du pied : ongles incarnés, durillons, cors, verrues plantaires. Il nettoie et entretient les ongles. La correction de certaines malformations (pieds plats ou creux, affaissement de la voûte plantaire) relève aussi de sa compétence. Il conçoit et réalise alors des semelles orthopédiques.

UN SOUTIEN PSYCHOLOGIQUE

À côté de leur rôle strictement médical, les infirmières et aides-soignants assurent un soutien psychologique essentiel pour l'état de santé moral des patients. Cette aide dépend du service dans lequel ils travaillent (cancérologie, pédiatrie, service d'urgence, gériatrie...), de la durée d'hospitalisation du malade, de la façon dont il accepte sa maladie, de la présence ou non de sa famille.
S'asseoir auprès du malade, lui prendre la main, lui parler, veiller à son confort, l'aider dans ses démarches administratives ou lui apporter des revues, toutes ces attentions peuvent être d'un grand secours pour des personnes isolées de leur cadre familier, souffrant et parfois seules. Mais l'infirmière ou l'aide-soignant ne doivent pas trop s'impliquer affectivement, sous peine de mal supporter l'aggravation de l'état de santé de leurs malades.

LA RÉÉDUCATION, LES PROTHÈSES ET LES EXAMENS

Le médecin peut être amené à prescrire des examens, à recommander des soins de rééducation ou à faire réaliser une prothèse. Pour chacune de ces prestations, il a recours à des professionnels du secteur paramédical.

LA RÉÉDUCATION

Le kinésithérapeute. L'objectif du kinésithérapeute est de réadapter des personnes souffrant d'une incapacité motrice à la suite d'une intervention chirurgicale, d'un traumatisme (fracture, entorse ligamentaire, etc.), d'une déformation de la colonne vertébrale (scoliose, par exemple), de rhumatismes, etc. Leur mission est donc de redonner au patient, dans la mesure du possible, une motricité normale. Outre les affections de l'appareil locomoteur, le kinésithérapeute traite les maladies neurologiques graves débouchant sur une paralysie, ainsi que les maladies respiratoires (bronchite chronique, asthme, mucoviscidose, etc.). Cette profession comporte un très large éventail de techniques : massages, exercices physiques, exercices en piscine, rééducation posturale, utilisation du froid, de la chaleur, etc. Le kinésithérapeute peut se spécialiser dans le suivi des sportifs : il prodigue alors des conseils pour récupérer, compenser, éviter les traumatismes et les douleurs, améliorer les performances.

Phototake – CNRI

Le kinésithérapeute. *La kinésithérapie active fait appel à différentes techniques de tonification des muscles, dont les exercices sur appareil.*

L'orthophoniste. L'orthophoniste prévient et soigne les troubles de la communication orale ou écrite : rééducation des troubles de la voix (émission des sons), de la parole (prononciation des mots) et du langage (organisation des phrases en fonction du sens recherché). Enfants et adultes peuvent être concernés : les enfants lorsqu'ils souffrent de troubles du langage (retard d'acquisition, dyslexie, dysorthographie, dysphonie, etc.), et donc de retard scolaire, ou bien de troubles de l'élocution (bégaiement, par exemple) ; les adultes qui, à la suite d'un accident ou d'une maladie (affection ou suites de chirurgie du larynx, affections neurologiques, etc.), ont perdu la voix, l'audition ou la capacité d'utiliser le langage.

L'orthoptiste. L'orthoptiste rééduque la vision : strabisme convergent ou divergent, fatigue oculaire, etc. Il évalue l'acuité visuelle, la capacité d'accommodation, la position et la mobilité des yeux. Il travaille sur prescription médicale et en collaboration avec l'ophtalmologiste. La rééducation se fait sous forme d'exercices adaptés à l'âge et au handicap du patient. Elle a pour but de renforcer la musculature oculaire.

Le psychomotricien. Une mauvaise latéralisation, une instabilité ou une inhibition psychomotrice chez l'enfant peuvent être du ressort du psychomotricien. La rééducation met en jeu des techniques qui font intervenir le corps : expression corporelle, danse, mime, relaxation, etc. L'objectif est de restaurer le schéma corporel et les différents repères dans l'espace de l'enfant.

LES PROTHÈSES

L'opticien. L'opticien exécute la prescription de l'ophtalmologiste. Lorsqu'il n'y a pas d'ordonnance, il peut procéder lui-

L'OSTÉOPATHIE

L'ostéopathie est une méthode thérapeutique manuelle utilisant des techniques de manipulations vertébrales ou musculaires. Selon cette méthode, le bien-être du corps humain est lié au bon fonctionnement de son appareil locomoteur (squelette, articulations, nerfs et muscles). L'ostéopathie peut ainsi agir à distance sur les principaux organes du corps humain en utilisant des techniques de torsion, d'élongation et de pression. Les manipulations sont en général brèves, parfois accompagnées d'un léger craquement ; elles sont habituellement indolores.
En fonction des pays, les manipulations ostéopathiques sont effectuées par des médecins, par des kinésithérapeutes ou par des ostéopathes reconnus officiellement ou simplement tolérés, comme en France.

même à un examen de la vision (essai de verres correcteurs, mesures de distance).
L'opticien guide son client dans le choix de la monture. Il assure le montage des lunettes, les réparations et le changement de verres ainsi que la mise au point de lentilles de contact.

L'audioprothésiste. L'audioprothésiste adapte et contrôle les appareils permettant aux personnes sourdes ou malentendantes d'entendre à nouveau des sons ou d'améliorer leurs facultés auditives. Ces équipements sont de plus en plus sophistiqués (lunettes auditives, mini-appareils à loger à l'intérieur du conduit auditif, etc.). L'audioprothésiste travaille à partir de l'ordonnance d'un spécialiste (oto-rhino-laryngologiste, ou ORL). Il apprend à son client comment utiliser et entretenir son appareil, et procède régulièrement à un bilan audiométrique (mesure de l'acuité auditive).

Le prothésiste dentaire. Le prothésiste dentaire fabrique et crée des prothèses dentaires. Il travaille à partir des empreintes de la cavité buccale fournies par le dentiste, donc sans contact direct avec le patient. Il réalise des prothèses fixes (bridges) et des prothèses mobiles (dentiers). Il fabrique également des appareils d'orthodontie destinés à rectifier l'alignement des dents.

LES EXAMENS

Le technicien d'analyses biologiques. Le technicien d'analyses biologiques (autrefois appelé laborantin) est chargé d'analyser les prélèvements faits en laboratoire (sang, urine, etc.). Il peut parfois être amené à réaliser lui-même des prélèvements.

Le manipulateur en électroradiologie. Plusieurs domaines font appel aux compétences des manipulateurs radio, dont l'imagerie médicale et la radiothérapie.
L'imagerie médicale couvre la radiographie traditionnelle mais également le scanner (vision en coupes successives), l'IRM (imagerie par résonance magnétique) et l'échographie (exploration par ultrasons). Le manipulateur est chargé d'installer le malade, de préparer et de régler le matériel. Il fixe tous les paramètres pour obtenir une bonne qualité d'image. Il est techniquement responsable de la prise des clichés et de l'état du matériel.
La radiothérapie est essentiellement utilisée dans les centres anticancéreux. Dans ce cas, le manipulateur travaille au sein d'une équipe spécialisée de radiothérapeutes, cancérologues et radiophysiciens. Il repère le champ à traiter, protège les zones voisines, règle les appareils et envoie les rayons. Durant l'irradiation, il surveille en permanence le malade.

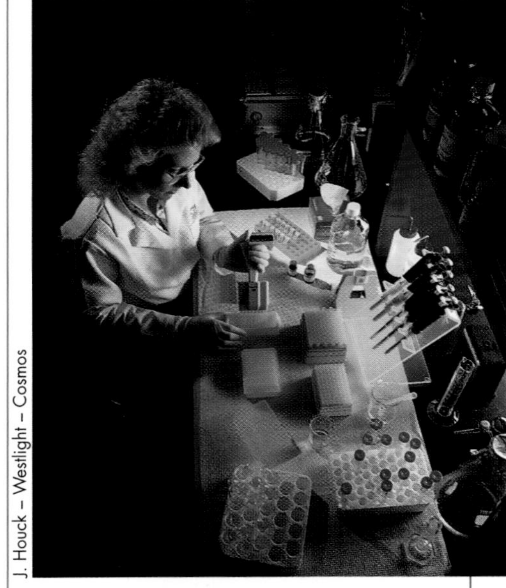
J. Houck – Westlight – Cosmos

Une technicienne d'analyses biologiques. *Les médecins ont recours en permanence à des analyses biologiques pour établir ou confirmer un diagnostic ou encore suivre l'évolution d'un traitement.*

La Kinésithérapie et le Thermalisme

LA KINÉSITHÉRAPIE

Elle consiste à exercer une action physique sur les muscles et les tendons pour améliorer, préserver ou restaurer les fonctions motrices.

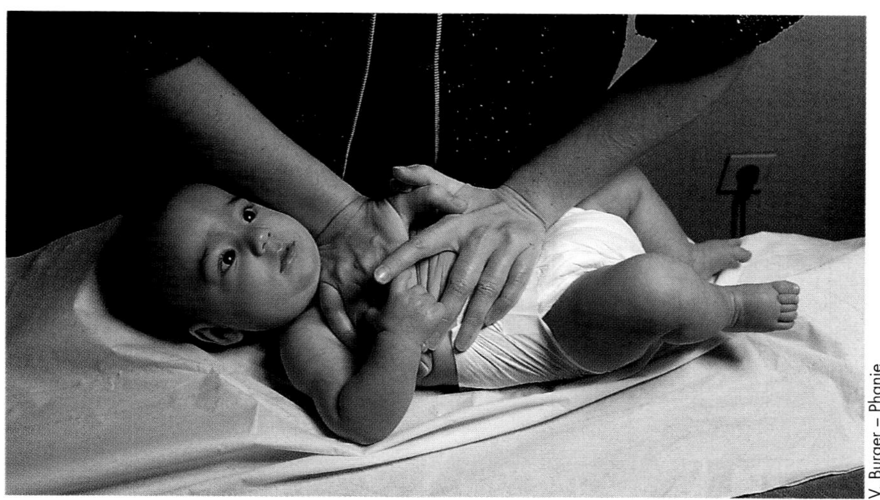

V. Burger – Phanie

La kinésithérapie respiratoire. *Le médecin procède à un « clapping » en frappant la cage thoracique avec le plat de la main pour décrocher les sécrétions des parois bronchiques avant de commencer les manœuvres d'expectoration.*

La kinésithérapie utilise différentes techniques, actives ou passives pour le patient, dans un but thérapeutique (rééducation) ou simplement préventif.

LES TECHNIQUES

La kinésithérapie utilise un large éventail de techniques que l'on peut regrouper en plusieurs grands domaines.

– La kinésithérapie passive comprend des techniques manuelles et instrumentales. Par le massage, les tractions ou les étirements des muscles et des tendons, elle mobilise de façon spécifique tissus, articulations et muscles pour leur restituer élasticité et mobilité, pour lutter contre les raideurs, les rétractions ou les déformations.

– La kinésithérapie active a pour but de tonifier les muscles. Elle fait appel à différentes techniques, dont le travail en piscine ou avec des poids.

– La physiothérapie utilise différents agents physiques : ultrasons, rayons infrarouges, courants continus..., employés dans le traitement de la douleur et, selon le cas, pour la stimulation musculaire, la destruction des tissus fibreux, l'amélioration du métabolisme ou le traitement des inflammations.

LES INDICATIONS

De très nombreuses affections nécessitent un traitement kinésithérapique.

– Les affections de l'appareil locomoteur : fractures, luxations, maladies dégénératives ou inflammations liées aux rhumatismes peuvent être traitées afin de restituer au patient une mobilité articulaire et une fonction musculaire optimale.

– Dans les maladies neurologiques, la kinésithérapie permet aux patients de récupérer tout ou partie de leurs capacités motrices ou d'y suppléer.

– Des maladies respiratoires (bronchites chroniques, emphysème, mucoviscidose) peuvent être soignées par la kinésithérapie, grâce notamment à la technique de désencombrement bronchique et d'amélioration de la ventilation.

LA KINÉSITHÉRAPIE RESPIRATOIRE

Elle regroupe tout un ensemble de techniques, dont des techniques de désencombrement destinées à empêcher l'accumulation des sécrétions dans les bronches.

Les techniques de gymnastique respiratoire visent à améliorer le rythme et la qualité des inspirations et des expirations (ventilation). Le kinésithérapeute apprend à son patient à réaliser une respiration ample et lente (mouvements thoraciques corrects).

LE THERMALISME

Les eaux minérales sont exploitées sous différentes formes à des fins thérapeutiques, dans le cadre de nombreuses affections chroniques.

DÉROULEMENT

Une cure dure environ deux à trois semaines et peut être renouvelée autant que nécessaire. Au cours du traitement, l'eau est utilisée sous différentes formes (boissons, inhalations, etc.), dont plusieurs sont associées pour traiter une même affection. Le climat du site, associé au changement de vie et à l'éloignement du domicile, contribue aux effets bénéfiques de la cure.

P. Lears – Phototake – CNRI

Séance de kinébalnéothérapie. *Les exercices douloureux sont possibles car le poids du corps diminue dans l'eau.*

Le thermalisme permet, dans les affections chroniques, une diminution du nombre et de l'intensité des crises, ainsi qu'une réduction de la consommation médicamenteuse.

L'EAU THERMALE

L'eau thermale est une eau minérale provenant d'une source naturelle. Pour les soins, elle est utilisée entre 30 °C et 36 °C en vue d'obtenir une vasodilatation de la peau et donc une meilleure pénétration des éléments minéraux dans le corps.
Les eaux sont classées en six catégories : les eaux bicarbonées, sulfatées, sulfurées, chlorurées sodiques, les eaux caractérisées par un élément rare (arsenic, fer, cuivre, sélénium), enfin les eaux oligométalliques, faiblement minéralisées.
Selon la température de l'eau à la source, on distingue les eaux froides (de 8 °C à 15 °C), les eaux mésothermales (de 25 °C à 34 °C) et les eaux hyperthermales (plus de 50 °C). La composition d'une eau oriente son utilisation thérapeutique.

LES INDICATIONS

Le thermalisme est indiqué dans le traitement de différentes affections chroniques, en dehors des poussées aiguës, les eaux étant utilisées sous différentes formes.
– Artériopathie des membres inférieurs, au stade de douleurs à la marche : bains, douches et exercices en piscine.
– Traitement des maladies digestives et métaboliques : boissons, bains, douches, cataplasmes de boue, exercices en piscine et lavements.
– Neurologie : bains, douches, mouvements en piscine, cataplasmes de boue.
– Traitement des maladies de la peau et des muqueuses telles que l'eczéma, le psoriasis ou la couperose : bains de bouche, bains, douches à forte pression, compresses, exercices en piscine.
– Phlébologie, après une phlébite ou une maladie vasculaire : bains.
– Traitement des affections rénales et du métabolisme : boissons, bains.
– Traitement des maladies respiratoires telles que les sinusites, les otites, l'asthme, les bronchites : boissons, inhalations, gargarismes, associés à la rééducation respiratoire.
– Rhumatologie : bains, douches, mobilisations en piscine, bains et cataplasmes de boue.

LES AIDES PSYCHOLOGIQUES

La psychologie étudie le comportement de l'être humain. Elle propose deux voies thérapeutiques : la psychothérapie et la psychanalyse.

Le pionnier de la psychologie expérimentale est le psychologue allemand Theodor Fechner (1801-1887). C'est à partir de ses travaux que Sigmund Freud (1856-1939) a fondé les bases de la psychanalyse.
La psychiatrie, elle, est une discipline médicale qui, tout en utilisant la psychologie et la psychanalyse, se consacre à l'étude et au traitement des maladies mentales.

LA PSYCHOLOGIE

La psychologie s'intéresse au fonctionnement psychique de l'individu dans toutes ses composantes : la perception, la mémoire, les sentiments, le langage, mais également l'intelligence, l'apprentissage ou encore le développement de la personnalité.
Le psychologue étudie donc les processus mentaux, le comportement et les motivations de l'individu. Il est spécialisé dans la compréhension et l'évaluation des difficultés psychologiques ou émotionnelles. Certaines de ces difficultés peuvent, par exemple, gêner le développement général d'un enfant et perturber l'apprentissage scolaire ; chez l'adulte, c'est la vie professionnelle et l'harmonie familiale ou conjugale qui peuvent être menacées.
Certains psychologues privilégient un domaine : les problèmes liés à l'apprentissage et à l'intelligence, entre autres. Les psychologues cliniciens étudient quant à eux la personnalité d'un individu en particulier et aident leur patient à résoudre des problèmes comportementaux et/ou émotionnels. Selon leur champ d'intervention, les moyens mis en

PSYCHISME

Ce terme, dérivé du mot grec *psychê* signifiant « âme », qualifie l'esprit en ce qu'il s'oppose au corps. Le psychisme est l'ensemble des caractères qui fondent la personnalité d'un individu. Il est la résultante d'un ensemble complexe de facteurs : humeur, émotions, affectivité, intelligence, capacité d'abstraction, créativité. Dans sa théorie psychanalytique, Freud considère que le psychisme est structuré et fonctionne selon une organisation spécifique.

M. Gounot – Petit Format

Le psychologue. *Le recours au jeu permet au psychologue d'établir une relation de confiance avec l'enfant tout en lui permettant d'analyser ses réactions.*

œuvre par les psychologues sont variés : expérimentations directes, observations, enquêtes, tests psychométriques comme les tests d'intelligence ou les tests de personnalité.

LA PSYCHOTHÉRAPIE

La psychothérapie est une méthode thérapeutique qui utilise les ressources de l'activité mentale pour traiter certaines difficultés psychologiques et émotionnelles. Dans une psychothérapie individuelle, le patient expose ses symptômes au thérapeute qui, sans être nécessairement médecin, est formé et possède l'expérience nécessaire pour conduire ce type de relation. L'objectif est d'aider le patient à mieux se connaître, à élaborer une nouvelle compréhension de son passé et de ses relations avec les autres, donc à modifier ses modèles de comportement. La psychothérapie peut être directive : dans ce cas, le psychothérapeute guide la séance et interprète ce qu'expose le patient. Elle peut être non directive : le psychothérapeute se borne alors à écouter le patient. Dans une psychothérapie collective, le thérapeute utilise différentes techniques comme l'ergothérapie (les patients participent à certaines activités) ou le psychodrame (représentation théâtrale permettant d'extérioriser les ressorts d'un conflit que le sujet réactualise avec les autres acteurs de la scène). D'autres méthodes, telle la relaxation, fondent leur thérapie sur la recherche d'une détente musculaire.

FREUD, PÈRE DE LA PSYCHANALYSE

Le terme de psychanalyse a été créé vers 1896 par Sigmund Freud, neuropsychiatre autrichien. À cette époque, l'inconscient n'est déjà plus une notion nouvelle mais, pour la première fois, il est décrit sous un aspect à la fois dynamique (théorie des pulsions) et topique (définition des lieux psychiques que sont le conscient, le préconscient et l'inconscient). Avec la psychanalyse, Sigmund Freud élabore donc une théorie globale du psychisme qui s'accompagne d'une méthode thérapeutique. Longtemps combattue ou ridiculisée, la psychanalyse connaît aujourd'hui un développement considérable et trouve des applications qui dépassent le cadre thérapeutique. Elle intéresse des secteurs tels que la pédagogie, la philosophie, l'art ou encore la publicité.

Les psychothérapies comportementales et cognitives sont des psychothérapies d'apprentissage. Les premières s'adressent surtout aux obsessionnels et aux phobiques ; elles visent à traiter directement le symptôme (la phobie, les rites obsessionnels), sans chercher à intervenir de façon globale sur la personnalité. Les secondes cherchent à faire prendre conscience au patient de ses comportements anormaux afin de l'aider à les corriger. Les thérapies cognitives sont notamment utilisées dans le traitement de la dépression.

LA PSYCHANALYSE

La psychanalyse recouvre à la fois une théorie générale du fonctionnement psychique et une méthode thérapeutique fondée sur l'exploration de l'inconscient. Par la verbalisation, elle permet au patient de rechercher et de retrouver la trace d'expériences fondamentales vécues dans l'enfance et enfouies dans l'inconscient. Le traitement consiste en des entretiens d'une durée variable, de une à trois fois par semaine, entre l'analyste et son patient. Les horaires et les honoraires du thérapeute sont fixés d'avance. Au cours de ces séances, le patient est allongé sur un divan afin de faciliter une détente physique ; il est incité à parler librement de sa vie et de ses rêves. Il doit suivre la règle de l'association libre des pensées et des images, un mot ou une idée le menant à d'autres sans qu'il y ait contrôle par la conscience, afin de permettre à ce qui est refoulé de faire surface. Un des éléments importants du traitement est le « transfert », relation ambivalente qui s'établit entre le sujet et son analyste de façon que puissent ainsi réapparaître des conflits fondamentaux.

Une psychanalyse peut durer de quelques mois à plusieurs années.

Les analystes peuvent être médecins mais ne le sont pas nécessairement. En revanche, ils ont eux-mêmes été analysés afin de résoudre leurs propres problèmes émotionnels.

LA CHIRURGIE

La chirurgie consiste à pratiquer des interventions sur l'organisme pour traiter des maladies ou des traumatismes.

Les interventions chirurgicales font appel à un certain nombre de techniques : incision et suture de la peau ou d'autres organes, réparation, ablation, remplacement de tissus lésés ou d'organes, etc.

HISTORIQUE

Nombre de peuples de l'Antiquité, tels les Égyptiens ou les Romains, possédaient des chirurgiens très habiles. Au Moyen Âge, l'Occident chrétien interdit la dissection des cadavres et réunit chirurgiens et barbiers (dont les fonctions ne sont pas distinguées) dans un même corps d'État, celui des barbiers-chirurgiens. Pendant la Renaissance, le développement spectaculaire des connaissances en anatomie et le recul du tabou de la dissection vont permettre aux chirurgiens – le Français Ambroise Paré (1509-1590) étant le plus illustre – de perfectionner leurs méthodes et leurs instruments. Aux XVIIe et XVIIIe siècles ainsi qu'au début du XIXe siècle, des progrès continuent à être réalisés. Cependant, les interventions chirurgicales restent très limitées, car la mortalité par infection est importante et les opérations sont un véritable supplice pour les patients puisqu'elles se font sans anesthésie. La découverte des propriétés anesthésiques de l'éther (1846), puis celle des méthodes de désinfection (1867) vont enfin permettre à la chirurgie de prendre son essor.
Depuis, cette dernière a bénéficié des progrès effectués dans les domaines médical (notamment en anesthésie et en réanimation) et technique. Le remplacement d'organes (cœur, foie, rein, poumon) ou de tissus, par greffe ou par implantation de prothèses, la microchirurgie, la radiologie interventionnelle, l'endoscopie opératoire et la chirurgie vidéoguidée sont les principales innovations de cette spécialité médicale.

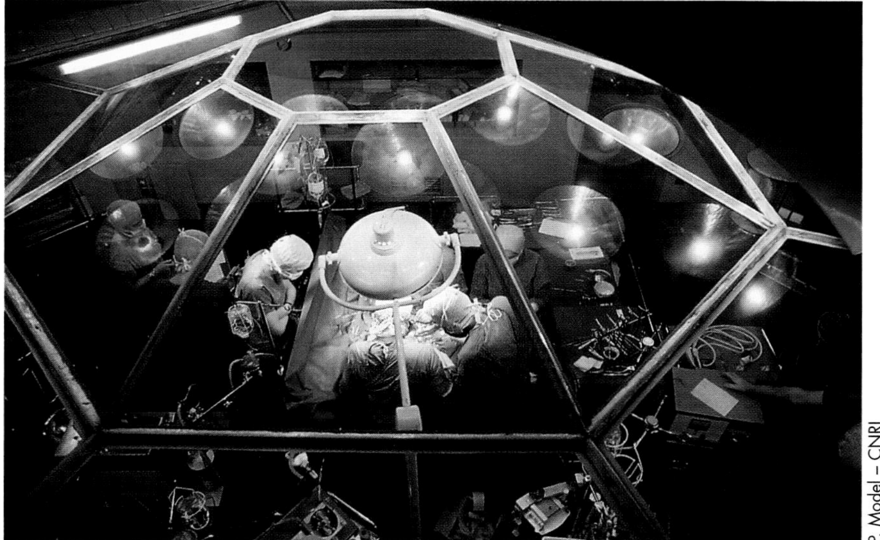

P. Model – CNRI

Salle d'intervention. *Au centre, les chirurgiens sont en train d'opérer. À côté d'eux, la panseuse est à proximité des instruments. De l'autre côté, les anesthésistes surveillent le patient.*

L'ASEPSIE

La personne opérée doit être protégée contre les risques d'infection des plaies opératoires. Pour cela, le champ opératoire, c'est-à-dire la région du corps qui va faire l'objet de l'intervention, est délimité par des draps stériles collés à la peau, qui a été préalablement badigeonnée d'antiseptique. Le chirurgien (de même que toutes les autres personnes intervenant dans l'opération) enfile des vêtements et des gants stériles ; les instruments stérilisés sont posés sur une table recouverte d'un drap stérile.

LES INDICATIONS

La chirurgie permet de corriger les conséquences de traumatismes au niveau des os, des articulations ou des viscères (foie, pancréas, cœur, reins, intestin, etc.), de traiter des lésions infectieuses (abcès, ostéites, arthrites, péritonites) et d'enlever des tumeurs bénignes ou cancéreuses. Elle lutte contre les effets des troubles du métabolisme (ablation de calculs urinaires), des affections neurologiques (libération de nerf en cas de douleur) ou hormonaux (ablation de la glande thyroïde pour traiter la maladie de Basedow). Au cours d'une intervention chirurgicale, il est possible enfin de corriger des malformations de membres ou d'organes, en particulier du cœur, de remplacer des organes déficients (rein, cœur, foie, poumons) et de traiter certains phénomènes d'usure (arthrose, cataracte).

LES DIFFÉRENTS TYPES DE CHIRURGIE

On distingue la chirurgie dite à foyer ouvert et la chirurgie dite à foyer fermé. La première nécessite une incision de la peau et des tissus sous-cutanés afin d'exposer l'organe lésé ou malade à traiter ; la seconde permet d'intervenir sans exposer la lésion, en limitant les ouvertures de la peau au passage d'instruments (au moyen d'un endoscope, c'est-à-dire un tube optique muni d'un système d'éclairage et d'une caméra).
Les actes chirurgicaux qualifiés de petite chirurgie font appel à peu d'instruments et ne nécessitent qu'une anesthésie locale, voire pas d'anesthésie du tout (suture d'une plaie cutanée, par exemple). Mais la majeure partie des actes chirurgicaux implique de nombreux instruments et la participation de plusieurs personnes. Ils sont effectués sous anesthésie générale, exigeant le recours à des appareils de surveillance (du pouls, de la tension, de l'oxygénation...), ou sous anesthésie locorégionale (insensibilisation d'une région du corps par injection d'anesthésiques locaux au voisinage d'un nerf ou de la moelle épinière). La chirurgie lourde concerne des interventions importantes (sur le cœur ou les poumons, par exemple), nécessitant des moyens très sophistiqués tant pour l'anesthésie que pour l'intervention elle-même.
Il existe de nombreuses spécialités médicales au sein de la chirurgie, telles que la neurochirurgie (traitement des maladies du système nerveux), la chirurgie orthopédique (traitant les maladies, les traumatismes et les déformations des os, des articulations et des muscles), la chirurgie cardiovasculaire, la chirurgie infantile, la chirurgie plastique... Ces dernières années, l'arrivée de la microchirurgie et des interventions sous endoscope a conduit à des spécialisations encore plus marquées.

LES DIFFÉRENTS TYPES DE SUTURE

En fonction de la nature de la plaie (coupure) ou de l'incision chirurgicale pratiquée, tel ou tel type de suture sera appliqué, l'objectif étant de favoriser la cicatrisation. La suture à bords affrontés consiste à accoler exactement les deux bords de la plaie. La suture inversante retourne les deux bords vers la profondeur (suture digestive). La suture éversante retourne les deux bords vers la surface, et elles forment alors une saillie visible (suture vasculaire).
Le matériel utilisé est soit du fil monté sur une aiguille (suture proprement dite), soit des agrafes posées à l'aide d'un petit appareil automatique. Selon le type de plaie, le fil est résorbable (il se désagrège spontanément) ou non (il est retiré après cicatrisation).

LE BLOC OPÉRATOIRE

Les interventions chirurgicales se déroulent dans un lieu spécialisé, le bloc opératoire, où sont installés tous les équipements nécessaires.
La salle d'opération. Elle comporte plusieurs dépendances : un local où l'opéré est préparé à l'anesthésie, un autre où les chirurgiens et les autres intervenants se lavent les mains et s'habillent avec des vêtements stériles, et la salle d'intervention elle-même.
La salle de réveil. Elle accueille tous les patients ayant subi une anesthésie générale et devant être surveillés jusqu'à leur réveil. Le personnel médical dispose à proximité de tout le matériel de réanimation éventuellement nécessaire.

L'Endoscopie Chirurgicale

L'endoscopie, c'est-à-dire l'exploration visuelle d'une cavité par l'intermédiaire d'un tube optique appelé endoscope, permet d'effectuer des interventions chirurgicales.

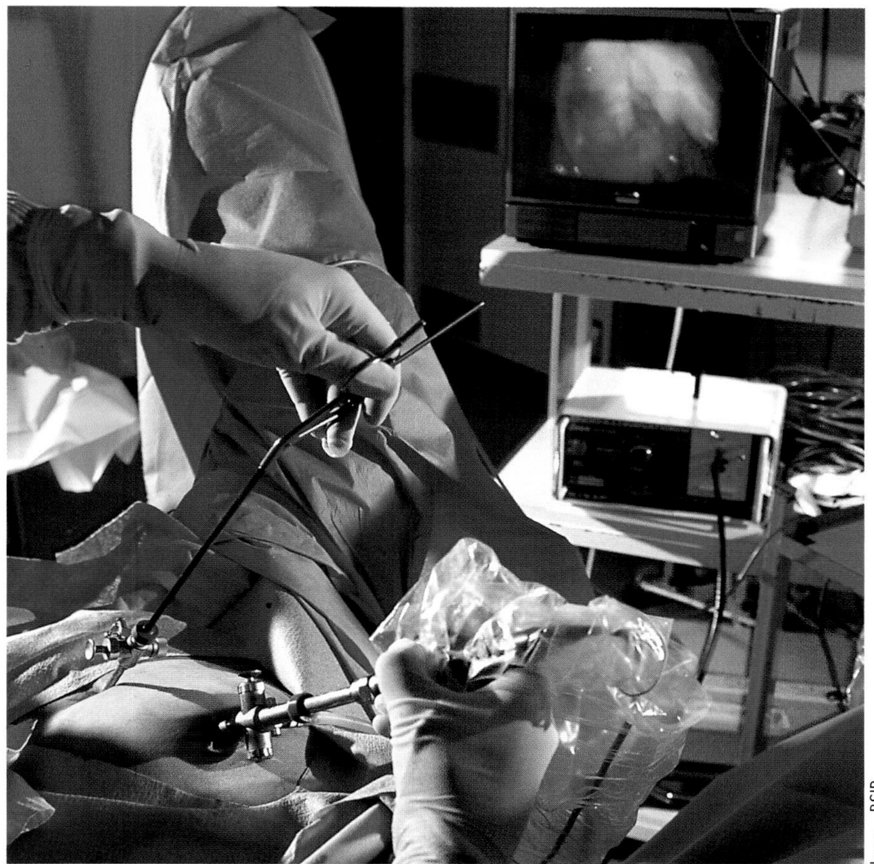

Leca – BSIP

Cœliochirurgie opératoire. *Le chirurgien tient d'une main l'endoscope, de l'autre l'instrument qui pénètre dans l'abdomen. Il contrôle ses gestes sur l'écran vidéo.*

L'endoscopie opératoire est utilisée dans des interventions aussi variées que l'ablation d'un ménisque, d'une tumeur de la vessie, de polypes (de l'estomac, du côlon, des fosses nasales...), l'ablation d'une hypertrophie de la prostate, le traitement de certains cas de stérilité... Elle est également employée en urgence, par exemple lors d'une hémorragie digestive pour coaguler les vaisseaux qui saignent, ou pour retirer des corps étrangers dans les bronches ou l'œsophage. Les applications les plus courantes de l'endoscopie opératoire sont la chirurgie endoscopique de la cavité abdominale (cœliochirurgie) et la chirurgie endoscopique des articulations (arthroscopie).

LA CŒLIOCHIRURGIE

La cœliochirurgie est une technique chirurgicale permettant d'intervenir sous endoscopie dans la cavité abdominale. Elle est l'extension à la chirurgie d'une technique diagnostique, la cœlioscopie (examen des organes abdominaux et prélèvement éventuel par endoscopie). Elle a d'abord été utilisée sur l'appareil génital de la femme, puis a été étendue à d'autres organes (foie, estomac, pancréas, côlon, vessie...).

Les indications. En gynécologie et obstétrique, la cœliochirurgie permet de traiter certaines formes de stérilité par la libération d'adhérences (accolements anormaux de deux tissus) formées autour des trompes ; elle est utilisée dans certaines affections des ovaires ou de l'utérus (ablation de tumeurs ou de kystes par exemple). Dans le cas d'une grossesse extra-utérine, la cœlioscopie établissant le diagnostic est parfois suivie d'une intervention durant laquelle le chirurgien enlève soit l'œuf lui-même, soit la trompe de Fallope si elle est déchirée.

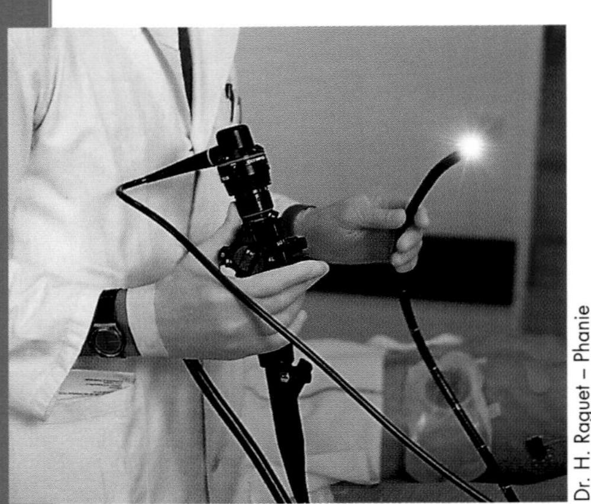
Dr. H. Raguet – Phanie

***Endoscopie.** Les fibres optiques conduisent la lumière permettant de visualiser les organes.*

Sur les viscères abdominaux, la cœliochirurgie permet l'ablation de la vésicule biliaire, de l'appendice, l'extraction des calculs de la voie biliaire principale, le traitement des hernies hiatales (remontée dans le thorax de la partie supérieure de l'estomac) et des ulcères gastroduodénaux, l'ablation partielle ou totale du côlon.
La cœliochirurgie peut également être utilisée pour l'ablation d'un rein, d'une ou des deux glandes surrénales (situées au-dessus de chaque rein), ou encore, en chirurgie cancéreuse, pour retirer des ganglions afin de les analyser.
Au niveau du thorax, la cœliochirurgie, appelée thoracoscopie ou pleuroscopie, permet de soigner certaines lésions pulmonaires telles qu'un épanchement de liquide ou d'air dans la plèvre (la membrane qui recouvre presque complètement le poumon) et de réaliser des interventions sur l'œsophage.
La technique. La cœliochirurgie se pratique sous anesthésie générale. Le chirurgien introduit avec une aiguille du gaz carbonique au niveau du nombril ou sous les côtes du côté gauche du corps. L'objectif est de créer un espace gazeux éloignant la paroi des viscères et permettant la manipulation des instruments. Un instrument en forme de poinçon (trocart) est introduit à travers une incision effectuée au niveau du nombril, afin de pouvoir faire passer l'endoscope.
D'autres incisions sont réalisées pour d'autres instruments : pince tractrice, ciseau, électrocoagulateur (en vue d'obtenir une coagulation locale), matériel de suture ou de ligature, aspirateur, irrigateur. Lorsque l'intervention est terminée, le gaz s'évacue spontanément par les ouvertures, et les orifices de la peau sont suturés.

L'ARTHROSCOPIE

Les indications. Initialement réservée au genou (lésions du ménisque, en particulier), cette technique d'examen et d'opération s'applique désormais à d'autres articulations : épaule, cheville, hanche et, plus récemment grâce à la miniaturisation, coude, poignet.
La technique. Une ouverture minime de l'articulation est effectuée sous anesthésie locorégionale. Le chirurgien introduit un tube rigide (arthroscope) muni d'appareils d'optique dans la cavité articulaire préalablement remplie de liquide. Il pratique d'autres incisions d'un demi-centimètre environ pour faire pénétrer divers instruments (palpateur, pince coupante, ciseaux, couteau rotatoire électrique, minifraise...). La caméra branchée sur les appareils d'optique permet de projeter l'articulation sur écran et ainsi de visualiser l'intervention. Un corps étranger articulaire peut être ôté ; un cartilage endommagé, remodelé ; un ménisque, recousu ou enlevé ; des ligaments peuvent être recréés.

LES PERSPECTIVES

L'endoscopie chirurgicale évite les incisions de paroi et leurs éventuelles complications (abcès de paroi, désunion de cicatrice). Moins agressive que la chirurgie classique, elle provoque moins de lésions des tissus et se révèle moins gênante pour le malade, qui récupère plus rapidement. En revanche, elle comporte des risques de perforation d'organes et nécessite un appareillage important et coûteux, un personnel formé et des chirurgiens entraînés.

L'ÉLIMINATION DES CALCULS

Les calculs urinaires peuvent être éliminés grâce à l'endoscopie. L'endoscope est introduit jusqu'aux calculs par les voies urinaires (urètre, vessie, uretère), puis les calculs sont pulvérisés au moyen d'une pince, d'ultrasons, d'ondes de choc répétées, ou encore à l'aide d'un faisceau laser.
Les fragments broyés ou pulvérisés des calculs urinaires sont ensuite éliminés naturellement dans les urines.

La Chirurgie Plastique

La chirurgie plastique regroupe les deux spécialités médicales que sont la chirurgie esthétique et la chirurgie réparatrice.

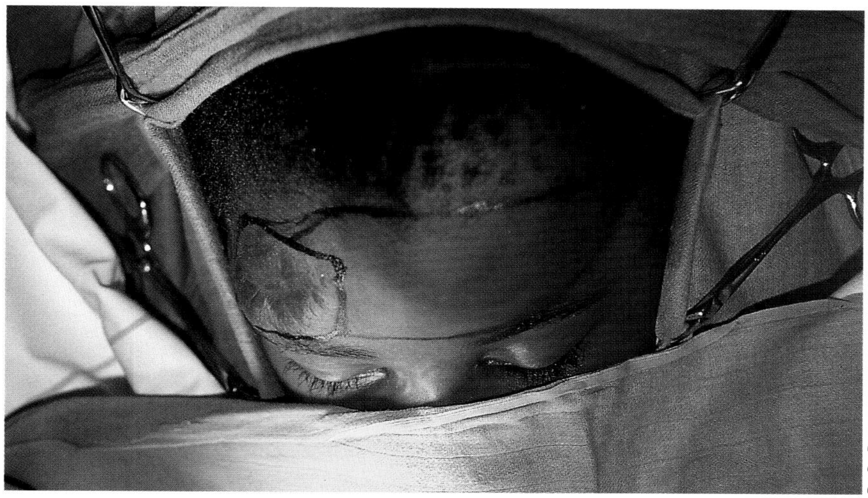

Dr B. Pavy

***Lésions de la peau.** La chirurgie permettra de restituer un visage sans cicatrices après l'ablation d'une tumeur de la peau.*

La chirurgie esthétique concerne les interventions visant à améliorer l'apparence d'un individu en le rajeunissant ou en corrigeant un défaut. L'objectif de la chirurgie plastique est de réparer diverses lésions du corps humain telles que les malformations congénitales, les séquelles des tumeurs ou les traumatismes liés à des accidents.

LA CHIRURGIE ESTHÉTIQUE

Le visage. C'est sur le nez que sont pratiquées les interventions les plus fréquentes pour supprimer une bosse ou refaire l'extrémité. La correction des oreilles décollées, opération bénigne, est aussi fréquente.
Les effets du vieillissement sont combattus par la dermabrasion ou le peeling pour faire disparaître des rides ou des cicatrices, les opérations sur les paupières et le lifting.

La silhouette. Les interventions concernent les seins, le ventre, les fesses, les cuisses, les genoux, voire les bras. Elles visent à améliorer les contours en diminuant le volume de graisse ou de peau.

Déroulement. Un entretien permet au chirurgien de déterminer les motivations de son patient et de lui expliquer le déroulement de l'intervention, les risques de complications ainsi que les limites de l'opération. En plus d'une consultation avec un anesthésiste, d'autres examens peuvent être utiles : radiographie ou scanner... En outre, un entretien préparatoire avec un psychologue est souvent conseillé.

Cicatrisation. Le résultat d'une intervention de chirurgie esthétique évolue au cours de la cicatrisation, qui dure un an en moyenne. On peut dépister les complications immédiates dès le deuxième jour. Les traces de l'opération ont en général disparu au bout de deux mois ; il faut alors surveiller les cicatrices. Six mois après l'opération subsistent parfois quelques cicatrices, un petit œdème et une induration. C'est un an après l'acte opératoire qu'a lieu

LA LIPOSUCCION

Cette intervention se pratique lorsqu'une accumulation de graisse résiste à un traitement amaigrissant. La graisse est aspirée par une petite incision. La liposuccion est réalisée le plus souvent sur les hanches et le haut des cuisses chez les femmes, sur le ventre ou la face interne des genoux chez les hommes et les femmes. Une liposuccion minime ne nécessite pas d'hospitalisation mais, en cas de retrait de plus d'un kilogramme de graisse, une hospitalisation d'environ 48 heures est nécessaire.

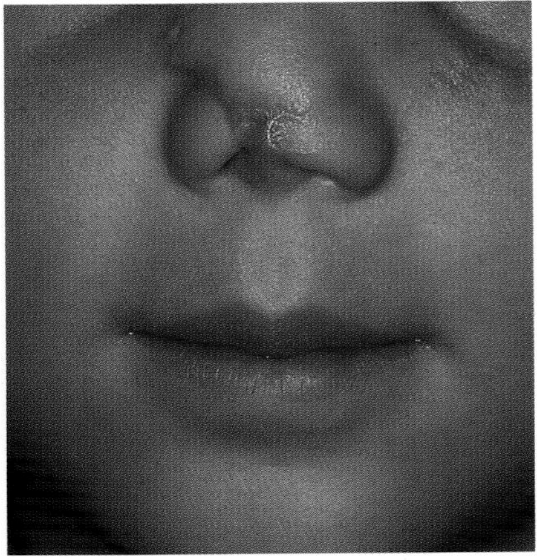

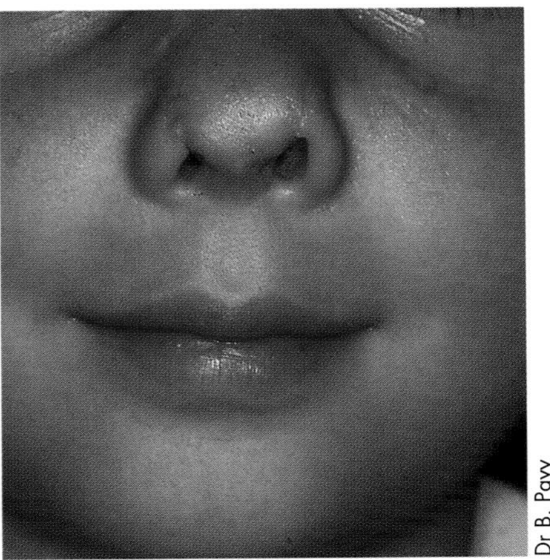

Dr B. Pavy

Traumatisme de la face. *La chirurgie réparatrice permettra au nez de cet enfant, mordu par un chien, de retrouver un aspect normal.*

le dernier bilan. S'il persiste des anomalies, une retouche ou une reprise opératoire pourra être proposée.

Échecs et complications. Une insensibilité localisée provoquée par la section d'un petit nerf ou, rarement, une paralysie due à la section d'une branche d'un nerf peuvent se manifester juste après l'opération. Un hématome survient parfois soit immédiatement après l'opération, soit dans les trois ou quatre jours qui suivent. Les hématomes (ecchymoses) se résorbent en général spontanément ; seuls les hématomes importants entraînant la formation d'une poche de sang doivent être drainés par ponction ou par incision chirurgicale. L'infection est une complication rare et le plus souvent locale.

Les échecs sont rares. On admet qu'il existe 1 % de problèmes mineurs (de cicatrisation surtout), les complications plus graves ne représentant pas plus de 1 cas pour 1 000 opérations. Par contre, le patient peut juger le résultat insuffisant, inacceptable, ou contester la qualité de l'intervention.

LA CHIRURGIE RÉPARATRICE

Indications. Elle concerne les malformations congénitales (bec-de-lièvre, malformations de l'abdomen, des organes génitaux, des membres), les séquelles de brûlures ou de tumeurs – l'intervention de chirurgie réparatrice type est celle qui est réalisée sur le sein après l'ablation de celui-ci. La chirurgie des brûlures, par greffe de peau prélevée sur le sujet, a récemment fait de grands progrès. Il est désormais possible de fabriquer de l'épiderme par culture tissulaire : en prélevant 1 cm^2 de peau saine, on peut ainsi développer jusqu'à 1 m^2 de surface de peau. Les traumatismes du visage sont le plus souvent liés à des accidents (domestiques, de la route) ou à des agressions.

LE LIFTING

Cette intervention est destinée à corriger les effets du vieillissement du visage et du cou par « redrapage » de la peau relâchée. Le lifting cervicofacial diminue l'affaissement des joues et supprime le double menton. Le lifting frontal fait disparaître les rides du front et celles qui sont situées entre les sourcils. Après l'intervention, le visage demeure gonflé une dizaine de jours ; il conserve une apparence peu expressive pendant environ 3 semaines. La sensibilité de la peau décollée revient dans un délai de 4 à 6 mois. Les cicatrices d'un lifting sont dissimulées dans le cuir chevelu et derrière l'oreille. Les résultats d'un lifting réussi sont stables pendant une période de 7 à 10 ans.

Techniques. La chirurgie réparatrice fait appel à diverses techniques : greffe, plastie osseuse, suture d'un lambeau de peau arraché, etc. Les traumatismes des membres se traitent par des greffes de peau et de muscle ainsi que par des techniques de microchirurgie, qui permettent notamment de réimplanter un membre sectionné. Une bonne vascularisation et une continuité osseuse solide sont nécessaires à la réparation d'un membre. La reconstruction dure entre 2 et 6 mois, mais des handicaps importants peuvent subsister et certaines réparations sont réalisées sur plusieurs années, aboutissant à un résultat qui n'est pas toujours satisfaisant.

Chirurgie et Transfusion Sanguine

Une personne peut subir des pertes de sang importantes, mettant sa vie en danger. Elle doit alors recevoir du sang extérieur au moyen d'une transfusion.

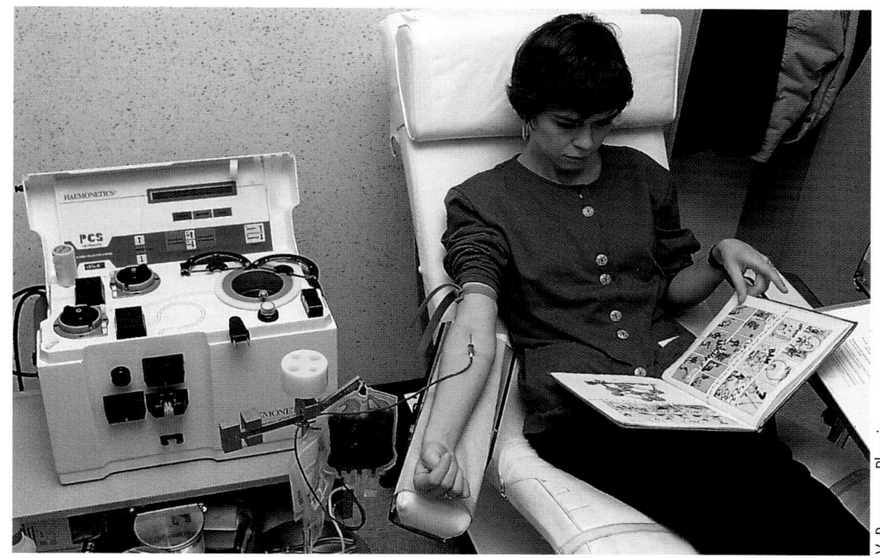

V. Burger – Phanie

Don de sang. *Les donneurs de sang sont soumis avant chaque don à des examens médicaux et biologiques afin de dépister des maladies telles que le sida ou les différents types d'hépatite.*

Avant la découverte des principaux groupes sanguins, au début du siècle, les transfusions de sang comportaient beaucoup de risques, provoquant souvent de graves réactions et parfois même la mort. La connaissance des composants du sang permet maintenant de le transfuser avec une grande sécurité, mais des complications sont toujours possibles.

INDICATIONS

Les transfusions de sang sont nécessaires en cas de pertes sanguines brutales et abondantes (hémorragies internes ou externes), lors d'un accident par exemple, de pertes chroniques responsables d'anémies et au cours de maladies. Certaines interventions chirurgicales entraînent une perte de sang importante prévisible ; dans ce cas, il est possible avant l'intervention de prélever sur le malade une certaine quantité de sang qui lui sera réinjecté pendant ou après l'intervention. Cette technique, que l'on appelle l'autotransfusion, diminue le risque d'accident transfusionnel. Dans certains cas (maladie hémolytropique du nouveau-né causée par une incompatibilité Rhésus entre le fœtus et sa mère par exemple), il peut être nécessaire de changer tout le sang du patient : on parle alors d'exsanguinotransfusion.

COMPATIBILITÉ SANGUINE

Lorsqu'on transfuse du sang d'un individu à un autre, la connaissance de leur groupe sanguin est indispensable pour assurer la compatibilité entre le donneur et le receveur. Deux systèmes permettent de caractériser le sang des individus

Le système ABO. En 1900, le médecin allemand Landsteiner mélange le sang de différentes personnes ; il s'aperçoit que seuls certains mélanges peuvent être effectués. Il met ainsi en évidence 2 marqueurs (antigènes) présents à la surface des globules rouges : les antigènes A et les antigènes B. Selon que le sang d'une personne contient l'un ou l'autre de ces antigènes, les 2 ou aucun, il le classe dans le groupe A, B, AB ou O. Landsteiner découvre également que le sérum sanguin contient des anticorps anti-A et anti-B, reconnaissant les antigènes correspondants et détruisant le globule porteur de ce marqueur. Cela lui permet d'établir une règle de compatibilité du sang.

Le système Rhésus. En 1940, le même médecin, en faisant des expériences sur les singes *Macacus rhesus*, parvient à distinguer plusieurs antigènes, dont le plus important est l'antigène D. Il s'aperçoit que cet antigène est présent chez 85 % de la population, et définit un groupe dit « Rhésus positif » ; puis il rassemble les 15 % de la population ne possédant pas cet antigène dans un groupe dit « Rhésus négatif ». Chaque personne peut donc être classée en fonction de ces deux systèmes ABO et Rhésus : par exemple, « A négatif » ou « AB positif ». À côté de ces groupes majeurs, il existe d'autres systèmes qui permettent d'affiner les critères de compatibilité pour les transfusions sanguines ou les greffes d'organes.

Un test de compatibilité sanguine doit être réalisé avant toute transfusion. On prélève un échantillon de sang du receveur, on identifie son groupe et on détermine s'il est compatible avec celui du donneur. On réalise ce test en mélangeant un peu des sangs du donneur et du receveur sur une lamelle que l'on examine au microscope pour s'assurer qu'il n'y a pas d'anticorps dans le plasma du receveur risquant d'endommager les globules du donneur. Ce test demande un peu moins d'une heure. En cas d'hémorragie grave, il arrive qu'il soit impossible d'attendre. On administre alors un sang compatible avec tous les autres sangs, provenant d'un donneur universel (O négatif), ou un substitut sanguin (liquide qui va prendre la place du sang), en attendant que la détermination du groupe soit réalisée.

D'autres tests pratiqués sur le sang du donneur permettent de s'assurer qu'il n'y a pas d'anticorps ni d'antigènes incompatibles avec ceux du donneur.

TECHNIQUE

Le sang est injecté dans une veine du bras, sous forme d'unité. Chaque unité (environ 500 g) de sang est administrée en 1 à 4 heures, mais peut l'être en quelques minutes en cas d'urgence. Pendant la transfusion, le pouls du patient, sa tension artérielle et sa température sont régulièrement contrôlés et, à la moindre réaction anormale, la transfusion est interrompue.

COMPLICATIONS

Si le test de compatibilité sanguine n'est pas bien réalisé, les anticorps du sang du receveur peuvent provoquer un éclatement (hémolyse) des globules du donneur. Les réactions les plus graves consistent en un état de choc avec chute brutale de la pression sanguine, insuffisance rénale et inefficacité de la transfusion. Une fièvre ou des frissons doivent toujours faire rechercher une incompatibilité ou une infection. Les réactions aux transfusions peuvent également résulter d'une allergie aux composants du sang transfusé : globules, protéines plasmatiques ou plaquettes. Si le sang du donneur n'a pas subi d'examens assez stricts, il peut transmettre des infections telles que l'hépatite B ou C, le sida, la syphilis ou le paludisme.

Actuellement, dans les pays développés, pour minimiser ces risques, tous les sangs destinés à la transfusion sont préparés et rigoureusement contrôlés, ce qui permet d'écarter pratiquement les risques d'infection.

Par ailleurs, les dons de sang sont systématiquement numérotés, ce qui permet, en cas de problème chez un receveur, de retrouver le prélèvement initial : cette « traçabilité » du sang donné permet d'une part d'accélérer un diagnostic et, d'autre part, de prévenir d'autres problèmes éventuels.

LES PRODUITS SANGUINS

De nombreux produits sanguins sont obtenus à partir du sang donné : concentré globulaire (globules rouges mêlés à une très petite quantité de plasma), plaquettes, plasma, facteurs plasmatiques (les hémophiles reçoivent par exemple un facteur de coagulation qui leur manque).

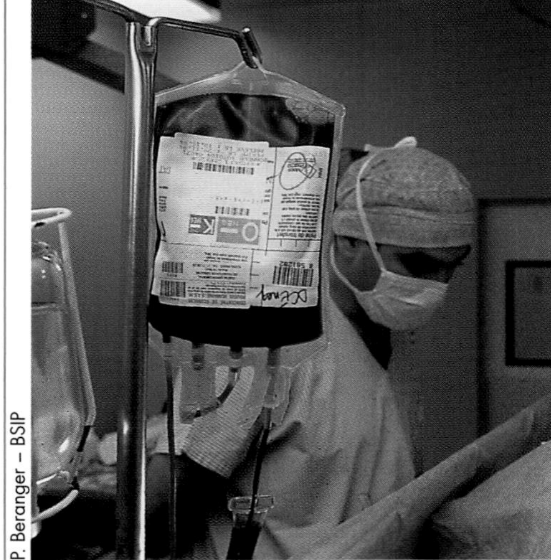

P. Beranger – BSIP

Transfusion sanguine. *Sur les poches de sang apparaissent le groupe sanguin et différents critères qui garantissent aux patients receveurs un maximum de sécurité.*

L'ANESTHÉSIE

Une anesthésie, générale ou locorégionale, entraîne une perte de la sensibilité de tout l'organisme ou d'une partie du corps.

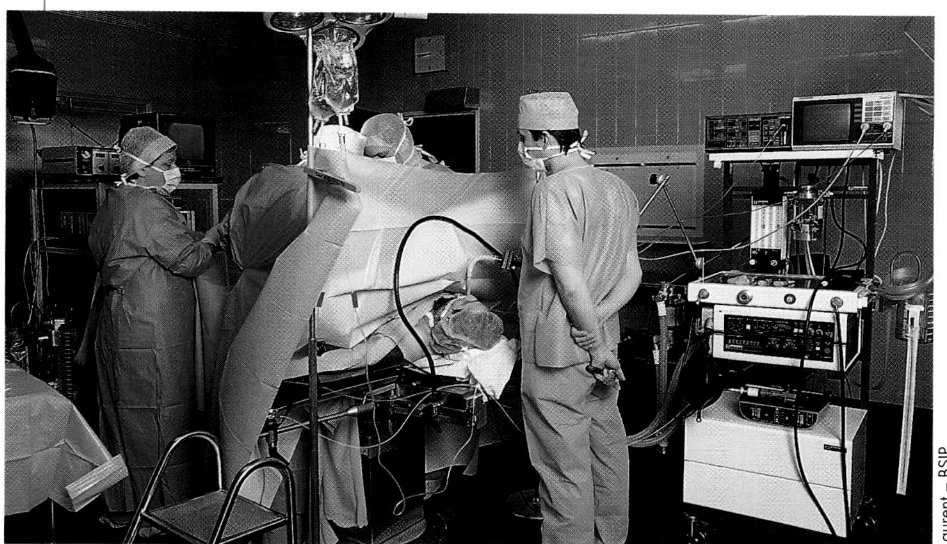

Laurent – BSIP

L'anesthésie. *Le médecin anesthésiste surveille son malade pendant toute la durée de l'intervention. Des alarmes se mettent en route à la moindre anomalie.*

Sous anesthésie générale, le patient est totalement inconscient. Sous anesthésie locorégionale ou locale, il demeure conscient, la sensibilité n'étant abolie que dans une partie du corps.

L'ANESTHÉSIE GÉNÉRALE

L'anesthésie générale inhibe l'ensemble de la sensibilité de l'organisme et la conscience. Elle est utilisée lors des interventions chirurgicales, mais également pour certains examens longs ou douloureux. L'anesthésie a 3 objectifs. Tout d'abord, elle permet la perte de conscience grâce à des anesthésiques agissant au niveau des cellules du cerveau. Le deuxième objectif est la suppression de la douleur. Celle-ci provient de l'excitation de récepteurs situés dans la peau ou dans les organes profonds, comme les os ou le cœur. L'excitation de ces récepteurs entraîne la naissance d'un influx nerveux qui passe par la moelle épinière avant d'atteindre le cerveau. Lorsqu'on bloque la transmission de cet influx, on supprime la sensation douloureuse. Le dernier objectif de l'anesthésie est le relâchement musculaire. Lorsque nous sommes inconscients, nos muscles ne sont pas totalement détendus ; cette contraction, notamment celle des muscles de la région abdominale, gêne les gestes du chirurgien. Le relâchement musculaire est obtenu grâce à des relaxants, comme le curare, qui entraînent une paralysie de tous les muscles, sauf du muscle cardiaque. En empêchant les muscles respiratoires de soulever la cage thoracique, les relaxants entravent la respiration spontanée. C'est la raison pour laquelle on a recours à la respiration artificielle pendant l'anesthésie.

AUTREFOIS

Jusqu'au milieu du XIXe siècle, pour supprimer la douleur, les chirurgiens devaient se contenter de substances naturelles telles que l'alcool et l'opium, dont les effets étaient incomplets et de courte durée. C'est à partir des années 1840 que l'on a mis au point les premières méthodes d'anesthésie suffisamment fiables pour provoquer une perte de conscience, facilement maintenue pendant une durée longue et réversible à la demande. On a d'abord utilisé l'éther, avant de découvrir les propriétés anesthésiantes du chloroforme et du protoxyde d'azote ; ceux-ci ont marqué les débuts d'une nouvelle ère de la chirurgie.

LE RÉVEIL

En cas d'anesthésie générale, le patient est emmené après l'opération dans une salle spécialisée dite « salle de réveil ». La surveillance du réveil est très importante, car c'est souvent à ce moment que se produisent les accidents anesthésiques (avalement de la langue, problèmes respiratoires...) ou liés à l'acte opératoire. Le malade n'est ramené dans sa chambre que lorsqu'il a retrouvé un état de conscience normal et des réflexes suffisants. L'utilisation de certains calmants provoque souvent une amnésie passagère, et le patient, ne se souvenant plus de ce premier réveil, a l'impression de ne s'être réveillé que dans sa chambre. Un délai de quelques heures est nécessaire avant que le patient puisse recommencer à boire puis à manger.

LES ANESTHÉSIES LOCORÉGIONALE ET LOCALE

Les anesthésies locorégionale et locale sont essentiellement utilisées pour des opérations ou des examens limités. Elles permettent aussi de pratiquer des interventions sur des patients dont l'état contre-indique l'anesthésie générale.

L'anesthésie dite locorégionale consiste à injecter des anesthésiques locaux au voisinage d'un nerf, de la moelle épinière ou parfois dans le réseau veineux de la zone considérée, afin d'insensibiliser une région de l'organisme. Elle se pratique à tous les niveaux du système nerveux, en fonction de la région à anesthésier. L'état de conscience du patient est conservé. Pour insensibiliser un membre, on injecte le produit au contact des nerfs qui le commandent.

L'anesthésie locale consiste à injecter sur la zone opérée ou sur sa périphérie un anesthésique qui insensibilise la peau. Certaines parties du corps peuvent être anesthésiées par contact direct avec un produit anesthésiant. Il peut s'agir par exemple d'une pulvérisation lors d'interventions sur les voies respiratoires, ou encore de l'application d'une crème sur la peau pour supprimer la douleur d'une injection. Chez les malades anxieux et émotifs, ce type d'anesthésie doit être complété par l'administration d'un tranquillisant.

LE DÉROULEMENT

L'anesthésie générale. Le patient rencontre l'anesthésiste quelques jours avant l'intervention. Différents examens sont réalisés afin de s'assurer que le futur opéré pourra supporter l'anesthésie. L'anesthésiste prend en compte les antécédents familiaux et personnels (traitements suivis, allergies, etc.) du sujet, pour dépister une éventuelle contre-indication et évaluer le risque anesthésique. Ce bilan peut révéler des anomalies, qu'il faut traiter avant l'intervention ; de même, certains traitements doivent être modifiés, voire arrêtés, avant une anesthésie générale.

Avant l'anesthésie proprement dite, on administre au patient des médicaments qui atténuent l'anxiété. Par la suite, le maintien de l'anesthésie s'effectue soit par réinjection périodique des mêmes produits, soit par l'inhalation d'un anesthésique volatil (connu sous le nom de gaz hilarant).

En salle d'opération, le patient est relié à différents appareils qui vont permettre de surveiller la fréquence des battements de son cœur, sa tension artérielle, sa température, l'équilibre de ses échanges respiratoires, ainsi que la composition du mélange gazeux qui lui est administré. Cette surveillance est assurée, pendant toute la durée de l'intervention, par un médecin ou une infirmière anesthésistes. En salle de réveil, le patient est surveillé par une infirmière, en relation étroite avec un médecin, pendant une à plusieurs heures.

Les anesthésies locorégionale et locale. Une anesthésie locorégionale telle que la péridurale (injectée dans l'espace situé entre les vertèbres et la moelle épinière afin d'insensibiliser les nerfs du thorax et de la partie inférieure du corps), la rachianesthésie (voisine de la péridurale mais plus profonde) ou l'anesthésie des membres supérieurs implique une surveillance pendant l'intervention, car, en cas d'échec , on peut décider de faire une anesthésie générale.

L'anesthésie locale ne nécessite aucune préparation. Elle peut être faite par l'opérateur lui-même (dermatologue, dentiste, etc.), qui interrogera juste son patient sur l'existence d'une éventuelle allergie.

La Réanimation

DÉFINITION ET MODALITÉS

La réanimation est l'ensemble des moyens mis en œuvre pour pallier la défaillance d'une ou de plusieurs fonctions vitales d'un malade, due à une maladie, à un traumatisme ou à une intervention chirurgicale.

Il existe 2 types de réanimation. La réanimation chirurgicale assure la prise en charge des malades ayant subi ou devant subir une intervention lourde ou à risque élevé et nécessitant une surveillance très étroite. La réanimation médicale est destinée aux patients souffrant de maladies graves (intoxication, insuffisance respiratoire aiguë, coma, infarctus, accident vasculaire cérébral) dont le traitement ne relève pas de la chirurgie.

Dans un cas comme dans l'autre, l'objectif de la réanimation est de rétablir les fonctions respiratoires et cardiaques, et d'améliorer l'état du patient en lui administrant des médicaments par voie veineuse. Pour cela, l'équipe de réanimation dispose de nombreuses techniques.

LA VENTILATION ARTIFICIELLE

L'intubation trachéale. Elle consiste à introduire un tube dans la trachée, à partir de la bouche ou d'une narine. On insuffle alors de l'air dans les poumons au moyen d'un appareil (ventilation artificielle), de façon manuelle ou mécanique. L'intubation trachéale permet aussi de maintenir la trachée en communication avec l'air exté-

Leca – BSIP

La réanimation. *De très nombreux moyens techniques vont être mis en place pour sauver ce polytraumatisé après sa sortie du bloc : surveillance cardiaque, assistance respiratoire, perfusion de médicaments.*

LE MONITORAGE

Le monitorage est l'ensemble des techniques qui permettent de surveiller différents paramètres médicaux au moyen d'appareils automatiques appelés moniteurs. En service de réanimation, on contrôle grâce au monitorage les paramètres de presque toutes les fonctions de l'organisme : fréquence et régularité des battements du cœur, pression dans les artères ou dans les veines, débit cardiaque, fréquence respiratoire, quantité d'oxygène inspiré et de gaz carbonique expiré, activité électrique du cerveau, température, concentration de certaines substances dans le sang (glucose, par exemple).

rieur ; en effet, la voie naturelle peut être obstruée par la langue, qui bascule en arrière dans certaines circonstances (par exemple, en cas de coma). En réanimation, l'intubation trachéale est employée en cas d'altération de la commande respiratoire (coma) ou en cas d'altération de l'appareil respiratoire lui-même (œdème pulmonaire, bronchopneumopathie, etc.). Cependant, lorsque la ventilation artificielle doit être pratiquée sur une longue durée, l'intubation trachéale peut être remplacée par une autre technique appelée trachéotomie.

La trachéotomie. Elle consiste à pratiquer une ouverture de la trachée en incisant la peau du cou et à y placer une canule pour assurer le passage de l'air. En réanimation, elle permet d'assurer une ventilation artificielle sur de longues périodes et elle prévient les risques d'encombrement des bronches en facilitant l'aspiration des sécrétions.

Les respirateurs sont employés en cas de ventilation artificielle prolongée : coma, paralysie des muscles respiratoires, détresse respiratoire postopératoire, infection aiguë grave (septicémie). Ces appareils, de plus en plus complexes, insufflent dans les poumons de l'air enrichi en oxygène et contrôlent les paramètres qui renseignent sur l'état des poumons et la capacité prochaine du patient à respirer de nouveau par lui-même.

L'ORGANISATION

Les unités hospitalières qui prennent en charge la réanimation sont les unités de soins intensifs ; elles peuvent être spécialisées (en cardiologie, en médecine infantile et néonatale...). Elles disposent de tout l'équipement nécessaire pour surveiller les fonctions vitales du corps (tension artérielle, pouls, fréquence respiratoire, activité cardiaque, etc.) et pour stabiliser l'état du malade.

Des unités de réanimation mobiles ont été créées dans de nombreux pays ; elles sont destinées aux secours et au transport immédiat des blessés ou des malades du lieu de l'accident vers l'hôpital.

LA RÉANIMATION CARDIAQUE

Le massage cardiaque manuel. Il permet de rétablir la fonction cardiaque et circulatoire d'un malade victime d'un arrêt cardiaque, en effectuant des compressions thoraciques de façon intermittente au niveau du sternum. En comprimant ainsi le cœur, on le vide de son contenu sanguin ; le cœur se remplit à nouveau de sang lorsque la pression exercée par les mains se relâche.

La défibrillation. Cette technique consiste à stimuler le cœur par un bref choc électrique, en général au moyen de 2 plaques métalliques appliquées sur la poitrine (défibrillateur). Également appelée cardioversion ou choc électrique externe, la défibrillation permet de traiter certains troubles du rythme cardiaque qui peuvent survenir chez un patient en réanimation. Il s'agit notamment de contractions rapides, irrégulières et totalement inefficaces du cœur, dues à des contractions anarchiques des ventricules (fibrillation ventriculaire). Ce trouble est le plus souvent consécutif à un infarctus du myocarde.

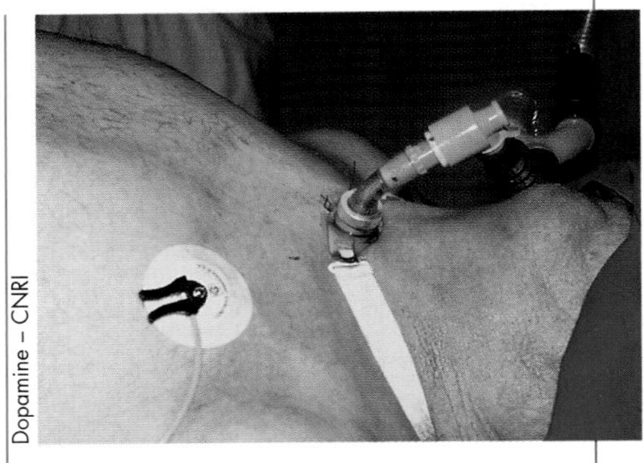

Dopamine – CNRI

Trachéotomie. *Un orifice est créé à la base du cou et un tube est introduit dans la trachée pour rétablir la fonction respiratoire.*

LA PERFUSION

Ce procédé consiste en une injection lente et continue de liquide dans la circulation sanguine, habituellement dans une veine. Les perfusions veineuses permettent l'administration de médicaments, de dérivés du sang ou de produits de nutrition artificielle. En réanimation, elles sont indispensables dès lors que la voie orale et le tube digestif ne peuvent être utilisés. Les traitements par perfusion ont pour but d'augmenter l'efficacité des manœuvres de réanimation et de prévenir une rechute (médicaments contre les troubles du rythme cardiaque, par exemple).

Les Examens

Les informations qui permettent d'établir un diagnostic et de définir un traitement sont fournies lors d'une consultation par l'interrogatoire et l'examen clinique, d'une part, et par des examens que prescrit le médecin, d'autre part.

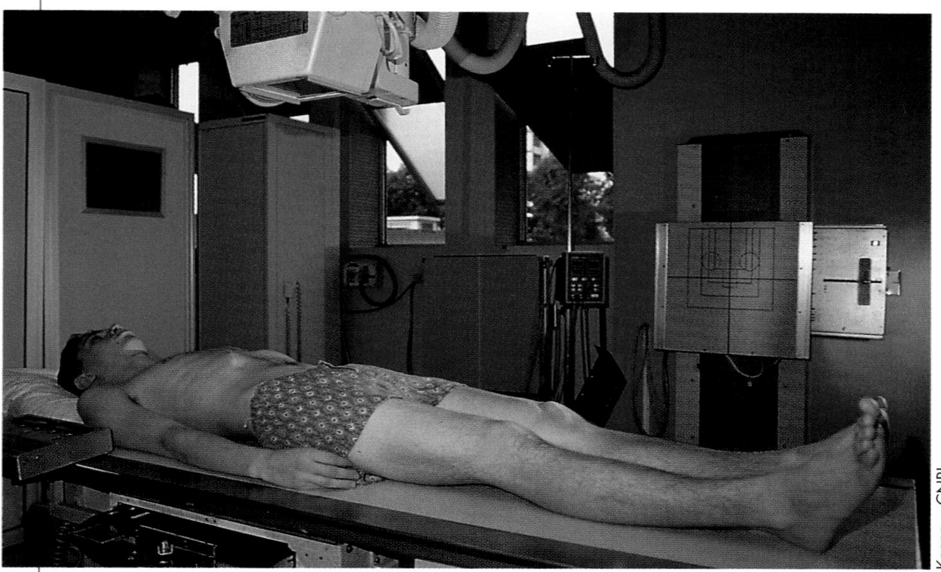

Keene – CNRI

Examen radiologique. *Il permet de visualiser une partie ou même la totalité du corps grâce aux propriétés des rayons X.*

Les examens dits complémentaires aident le médecin à établir un diagnostic et lui permettent d'affiner un traitement et de surveiller l'évolution d'une maladie. Ils sont le reflet de l'état de santé d'un patient à un moment donné.

LA VARIÉTÉ DES EXAMENS

De nombreux progrès dans le domaine du diagnostic n'auraient pas été possibles sans le développement parallèle de sciences et de techniques aussi variées que la bactériologie, la physique, la chimie, la biologie, la génétique, l'immunologie, l'électronique et l'informatique, la miniaturisation...

Les examens biologiques. Les liquides contenus dans l'organisme sont composés de milliers de substances chimiques différentes. Dans un corps en bonne santé, la concentration de chacune des substances est maintenue dans une proportion normale, dont les limites sont clairement définies. En cas de maladie ou de mauvais fonctionnement d'un organe, la concentration d'une substance peut être anormalement élevée ou faible : par exemple, une élévation anormale du taux de glucose dans le sang peut être un signe de diabète sucré. Ainsi, pour aider à établir un diagnostic, le médecin peut demander des analyses à partir d'échantillons de sang, d'urine et d'autres liquides biologiques tels que le liquide céphalo-rachidien (liquide entourant l'encéphale et la moelle épinière), la salive ou la sueur.

LA PRESCRIPTION D'EXAMENS

Lorsqu'un médecin vous prescrit des examens, il engage sa responsabilité. À partir des éléments du diagnostic clinique, son objectif est de rechercher des données ou des arguments manquant au diagnostic et permettant de le préciser. Quand plusieurs examens sont susceptibles de démontrer les mêmes lésions ou d'apporter des résultats similaires, ceux qui ne nécessitent pas d'hospitalisation, qui sont les moins agressifs (ou invasifs), les moins chers, mais surtout les plus performants doivent être privilégiés par le médecin. Les patients peuvent en outre donner leur avis sur ces choix.

Les examens d'imagerie médicale. Les techniques d'imagerie fournissent des images des structures internes de l'organisme. Elles permettent de reconnaître des aspects anatomiques normaux et pathologiques, notamment des lésions comme les abcès ou les tumeurs. Outre les radiographies standards, les techniques d'imagerie comprennent la tomodensitométrie, la scintigraphie, l'échographie et l'imagerie par résonance magnétique (IRM).

Les examens endoscopiques. Ils permettent d'explorer directement les cavités du corps et de visualiser les anomalies au moyen d'un tube optique muni d'un système d'éclairage. Des prélèvements (essentiellement de tissus) à des fins diagnostiques peuvent être effectués, ainsi que certains gestes thérapeutiques.

L'étude des tissus, des cellules et des micro-organismes. L'étude des tissus (histologie) et des cellules (cytologie) de l'organisme appartient au domaine de l'anatomie pathologique ; l'étude des micro-organismes, et particulièrement des micro-organismes infectieux (virus, bactéries, parasites), est la microbiologie.

Les explorations fonctionnelles. Des examens spécifiques permettent de juger du fonctionnement normal ou anormal de chaque organe du corps : échocardiographie pour le cœur, tests respiratoires pour les poumons, électro-encéphalogramme pour le cerveau...

L'INTERPRÉTATION DES RÉSULTATS

Les examens prescrits à l'issue d'une consultation ont pour but d'établir un diagnostic précis ; par exemple, si au cours de la consultation, le médecin a décelé une infection, l'objectif de l'examen sera d'isoler le germe responsable et de déterminer sa sensibilité aux antibiotiques.

En fonction du type d'examen pratiqué, les résultats peuvent être exprimés sous forme de chiffres, de courbes ou d'images ; ils sont transmis, accompagnés d'un compte rendu, par le spécialiste au praticien demandeur. Les résultats normaux sont établis par rapport au plus grand nombre de sujets sains. Mais il faut savoir que les valeurs standards peuvent être sujettes à des variations normales (physiologiques), au cours de la grossesse par exemple. Il sera parfois nécessaire de vérifier un résultat anormal avant de le retenir pour significatif.

Les examens ne reflètent l'état de santé qu'à un moment donné : ils peuvent parfois être normaux alors que le sujet est malade, parce qu'ils sont en décalage (en retard) sur les autres signes de la maladie ; de même, certains médicaments peuvent fausser les résultats.

Par ailleurs, un médecin ne connaît bien que les examens qu'il prescrit souvent ; pour les examens plus rares, il devra faire appel à l'interprétation du spécialiste.

L'UTILITÉ ET LES LIMITES

Certains examens, en particulier les dosages biologiques, sont couramment prescrits et peuvent faire partie de bilans de santé systématiques. D'autres, tels que les radiographies ou les endoscopies, comportent parfois certains risques et impliquent par exemple une anesthésie générale et une prise en charge multidisciplinaire (médecin, radiologue et chirurgien). Dans certains cas, le spécialiste pourra refuser de faire l'examen, parce qu'il le juge inutile ou trop dangereux par rapport aux informations qu'il peut apporter.

SI VOUS DEVEZ FAIRE DES EXAMENS...

– Lors de la prescription d'examens, demandez à votre médecin, s'il y a lieu, de vous remettre, en plus de l'ordonnance, une lettre comportant des renseignements sur son examen clinique. Demandez-lui aussi quelques explications sur le déroulement des examens.

– Lorsque vous prendrez rendez-vous, vous devrez fournir les indications portées sur l'ordonnance et la lettre. Renseignez-vous sur les conditions requises pour l'examen (être à jeun ou non, apporter des documents médicaux...).

– À la fin de l'examen, demandez si les résultats sont transmis à votre médecin ou vous sont envoyés.

– Vous devrez probablement revoir votre médecin avec vos résultats.

L'Examen Clinique

Lors d'une consultation médicale, l'examen clinique a pour objectif de déterminer, ou du moins d'orienter, le diagnostic.

Une consultation se déroule en deux temps : interrogatoire du patient, puis examen clinique. À la fin, le médecin prescrit un traitement, demande des examens complémentaires si le diagnostic clinique n'est pas possible, ou oriente son patient vers un spécialiste.

L'INTERROGATOIRE

Après avoir écouté le patient exposer le motif de sa consultation, le médecin va lui poser différentes questions ; il va essayer de préciser les troubles ressentis, leur ancienneté et le contexte durant lequel ils apparaissent (au lever, après un repas...). Il recherche des signes associés (des signes accompagnant les symptômes que le patient n'aurait pas pensé à décrire), s'informe sur les traitements en cours, les antécédents pathologiques personnels et familiaux, d'éventuels voyages dans les pays en voie de développement. Il apprécie aussi la personnalité du patient, l'interroge sur son mode de vie.

L'EXAMEN CLINIQUE

Si les symptômes semblent généralisés (dans le cas d'une grande fatigue, par exemple), le médecin examine tout le corps du patient. Lors d'une visite médicale de routine, il pratiquera de même. En revanche, en cas de maladie localisée ou de blessure, l'examen se limite le plus souvent à la partie du corps concernée (examen de la cheville en cas d'entorse, par exemple).
L'examen physique comprend plusieurs temps.
L'inspection. Dès que le patient entre dans le cabinet, le médecin commence par l'observer. Cette inspection ren-

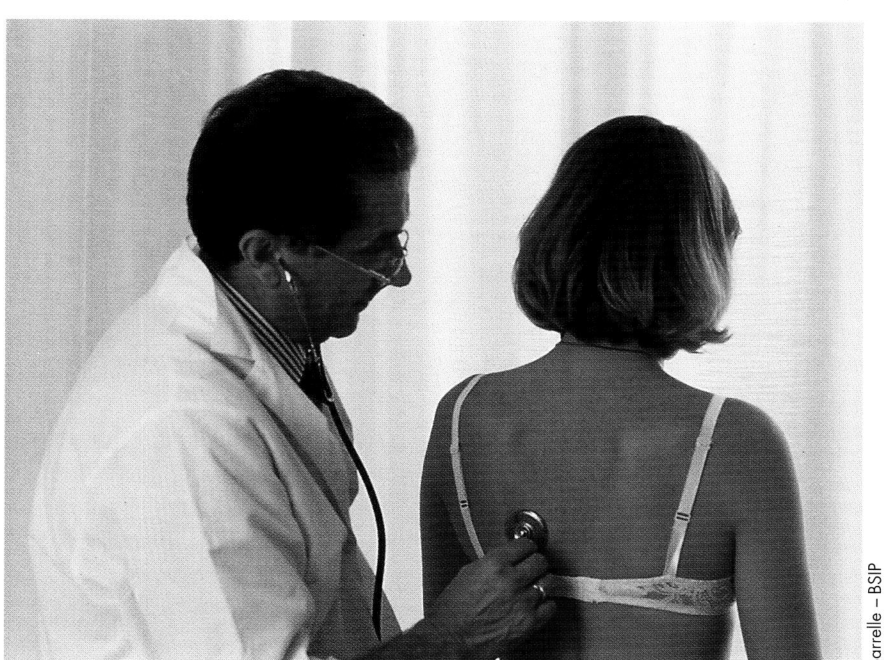

Barrelle – BSIP

Auscultation. *Le médecin écoute les bruits transmis lors de la respiration grâce à un stéthoscope.*

LE STÉTHOSCOPE

Inventé au début du XIXe siècle par le médecin français René Laennec, le stéthoscope est un instrument qui permet d'étudier les sons de l'organisme, en les amplifiant. Utilisé par le médecin lors de l'auscultation du patient, il est constitué d'un tube flexible en forme de Y, chacune des branches se terminant par un embout que l'on place dans l'oreille. À l'autre extrémité se trouve un détecteur de sons. Des stéthoscopes électroniques à amplificateur, plus récents, assurent une meilleure audition et permettent l'enregistrement des sons sur bande magnétique.

seigne sur la corpulence, l'état cutané, l'hygiène corporelle, la démarche, la mimique ou les gestes du patient. Elle comprend l'examen de la bouche et de la gorge.

La palpation. Le patient est généralement allongé sur la table d'examen. Le médecin pose la paume d'une ou des deux mains à plat sur la région à examiner, pour apprécier l'emplacement, la forme, le volume et la consistance d'une lésion ou d'un organe, ou encore pour rechercher des ganglions, une grosseur, une douleur ressentie en un point du corps. L'utilisation des deux mains permet au médecin d'examiner des organes profonds.

Ainsi le volume de l'utérus peut-il être apprécié par le toucher vaginal, associé à la palpation du bas de l'abdomen. La sensibilité du dos de la main sert à l'appréciation de la température locale de la peau, en cas d'inflammation par exemple. La palpation est notamment importante dans l'examen de l'abdomen et du petit bassin.

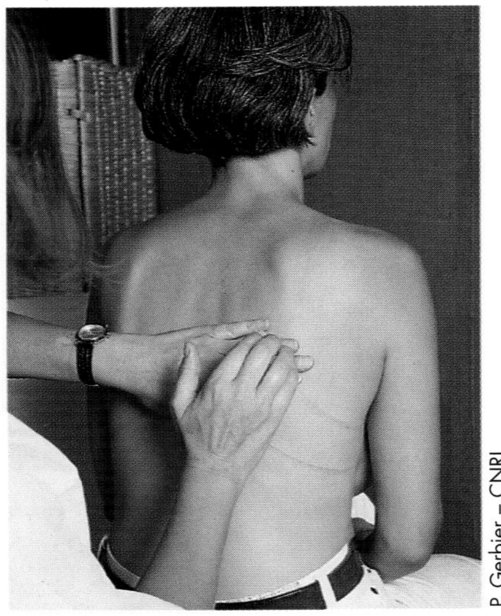
P. Gerbier – CNRI

***Percussion.** Le médecin étudie ici la sonorité des poumons.*

La percussion. Le médecin tapote une partie du corps avec ses mains pour juger de la sonorité ou de la résonance produite par ce geste.

La percussion se pratique surtout sur le thorax et l'abdomen : elle permet d'apprécier les limites de certains organes comme le foie, de juger de la sonorité relative des deux poumons. Ainsi, lors de la percussion du thorax, une diminution de la sonorité peut indiquer la présence de liquide dans la cavité entourant les poumons (pleurésie), tandis qu'une augmentation de la sonorité peut signaler la présence d'air dans cette même cavité (pneumothorax).

L'auscultation. Le médecin écoute les bruits internes de l'organisme pour contrôler le fonctionnement d'un organe et déceler une anomalie. L'auscultation peut s'effectuer par contact direct de l'oreille sur la partie du corps concernée, ou par contact indirect à l'aide d'un instrument qui amplifie les sons, appelé stéthoscope. Toute perception d'un bruit anormal à l'auscultation du cœur ou des poumons traduit une atteinte de l'organe.

Les autres examens. Lors de la consultation, le médecin contrôle généralement la tension artérielle du patient et, si besoin, son poids et sa température. Il peut aussi, en fonction des symptômes décrits par le patient, examiner la force musculaire, la coordination des mouvements, l'équilibre, la mobilité des articulations, la sensibilité de la peau, l'état des yeux, des oreilles, de la bouche et des dents, l'état des réflexes. Certains examens très simples peuvent être pratiqués au cabinet du médecin : examens urinaires au moyen de bandelettes réactives, prélèvement de cellules, électrocardiogramme...

L'OBSERVATION MÉDICALE

Votre dossier médical, appelé observation médicale, est couvert par le secret médical. Il appartient au médecin et son objectif est de permettre la continuité des soins médicaux. En aucun cas, les renseignements médicaux qu'il contient ne peuvent être communiqués à des tiers. Vous pouvez en avoir connaissance, mais vous n'avez pas accès directement à votre dossier. Pour faire valoir vos droits, vous pouvez demander à votre médecin une information orale ou un certificat médical qui vous sera remis en main propre, ou encore désigner un médecin de votre choix qui aura accès au dossier médical.

LA FIN DE LA CONSULTATION

Au terme de la consultation, le médecin note ses constatations dans le dossier médical de son patient. Il y inscrit également les prescriptions de médicaments et/ou d'examens complémentaires ; lors des consultations suivantes, il complétera ce document avec les résultats d'examens et l'évolution de l'état de santé de son patient.

L'Imagerie Médicale

LES RADIOGRAPHIES

L'imagerie médicale est l'ensemble des techniques qui permettent de visualiser les structures internes de notre corps.

La radiographie a révolutionné le diagnostic médical, en rendant possible la visualisation des os, des organes et d'autres tissus internes de l'organisme sans avoir à ouvrir le corps.
Actuellement, elle est surtout utilisée pour mettre en évidence les maladies affectant les poumons, le cœur et les vaisseaux, les os et les dents.

LES PRINCIPES

La radiographie utilise les rayons X. Ce sont des rayonnements électromagnétiques, de longueur d'onde extrêmement courte, qui peuvent traverser le corps. Ils sont davantage absorbés par les structures denses, comme les os, que par les tissus mous ou les poumons. Ainsi, lorsqu'un faisceau de rayons X est focalisé sur un film photographique, des ombres de tonalités différentes sont projetées sur le film, produisant une image radiographique.

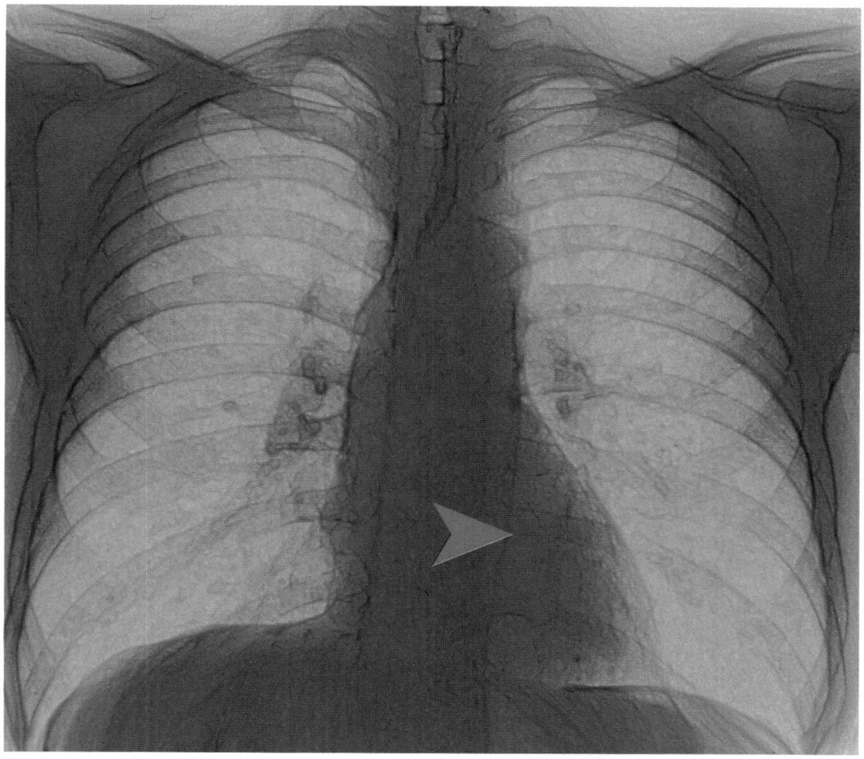

BSIP

Radiographie thoracique. *Fréquemment prescrite en cardiologie, elle permet notamment d'observer le cœur (flèche).*

L'HISTORIQUE

L'histoire de la radiographie commence en 1895, avec la découverte des rayons X par le physicien allemand Wilhelm Conrad Röntgen.
Dans les années 1900, il faut plusieurs dizaines de minutes pour obtenir l'image d'une main sur une plaque photographique. L'intérêt médical des rayons X est d'emblée évident : des médecins, parmi lesquels le Français Antoine Béclère, démontrent leur utilité diagnostique, en particulier pour l'examen des poumons et des os, et pour l'identification et la localisation des corps étrangers (projectiles métalliques, par exemple).
En revanche, les dangers des rayons X sont d'abord méconnus. Les premières règles de sécurité et de radioprotection ne seront élaborées qu'un peu plus tard, dans les années 1920.

RADIOGRAPHIES AVEC PRODUITS DE CONTRASTE

Sur les radiographies classiques, les os apparaissent distinctement, mais les tissus mous sont moins visibles. Pour pallier cet inconvénient, les

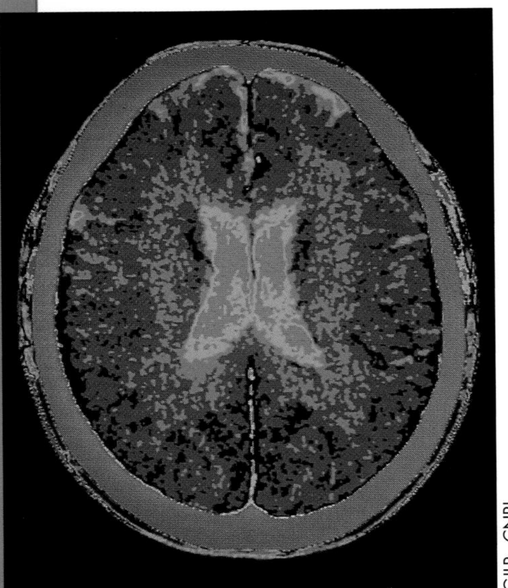

Scanner cérébral normal. *Coupe horizontale de la tête montrant l'intérieur de la voûte crânienne.*

AUTRES EXAMENS RADIOGRAPHIQUES

– La **mammographie** est la radiographie des seins.
– L'**hystérosalpyngographie** est la radiographie de l'utérus et des trompes de Fallope.
– L'**urographie** et l'**urétrocystographie** sont des radiographies de l'appareil urinaire.
– L'**artériographie** est la radiographie des artères, la **phlébographie,** celle des veines, les deux étant regroupées sous le terme d'**angiographie** ; la **lymphographie** est celle des voies et des ganglions lymphatiques de l'abdomen ; l'**angiocardiographie,** celle des valves et des cavités cardiaques ; la **coronarographie,** celle des artères coronaires.
– La **myélographie** est la radiographie de la moelle épinière, des racines des nerfs et des méninges. La **saccoradiculographie**, qui est une forme de myélographie, explore le contenu du canal rachidien.

radiologues ont commencé dès les années 1920 à utiliser des substances opaques aux rayons X. Lorsque de telles substances, appelées produits de contraste, sont introduites dans les organes internes, les vaisseaux sanguins ou les organes creux, elles permettent de faire apparaître (sur un écran ou sur un film radiographique) le contour des cavités qu'elles remplissent.
Un produit de contraste peut être administré sous forme de comprimés ou de liquide pour un examen de la vésicule biliaire (cholécystographie) et sous forme de liquide pour des radiographies d'organes creux (l'œsophage, l'estomac ou l'intestin).
Dans le cas des radiographies des artères (artériographie) ou des veines (phlébographie), le produit est injecté directement dans les vaisseaux sanguins.

La radiographie est généralement indolore. La préparation et les contre-indications sont spécifiques à chaque type d'examen. En cas d'allergie au produit de contraste, il faut respecter certaines précautions (traitement antiallergique en particulier).

LE SCANNER À RAYONS X

La radiographie simple a l'inconvénient de superposer et de mêler les différents plans du corps. L'informatique va permettre de résoudre ce problème, en fournissant des images en coupe des tissus examinés.
La technique qui combine l'utilisation de l'informatique et des rayons X est le scanner à rayons X (également appelé tomodensitométrie), qui fut inventé dans les années 1970.
Lorsqu'une personne subit un scanner, elle est placée dans un appareil où un faisceau de rayons X balaie plan par plan la partie de son corps à examiner.

Le faisceau est mobile et tourne autour du corps dans un même plan. Des détecteurs mesurent alors la quantité de rayons absorbés par les tissus et transmettent ces informations à un ordinateur, qui construit une image en coupe de la région étudiée, qui est visualisée sur un écran.
Ces images montrent les tissus mous du corps (cerveau, pancréas, foie, poumons, rate, reins, vessie, etc.) de manière beaucoup plus précise que la radiographie simple. Elles permettent de mettre en évidence des tumeurs, des abcès, des hémorragies cérébrales ou des traumatismes crâniens.
Le scanner à rayons X est indolore et ne provoque aucun effet secondaire. Son usage est limité chez la femme enceinte. Si l'examen nécessite l'injection d'un produit de contraste iodé et que le patient a déjà présenté des manifestations allergiques, le médecin prescrit un traitement antiallergique avant l'examen.

L'IMAGERIE MÉDICALE

LES AUTRES TECHNIQUES

L'échographie, l'examen Doppler, l'imagerie par résonance magnétique (IRM) et la scintigraphie sont d'autres techniques d'imagerie médicale précieuses pour le diagnostic de nombreuses maladies.

Ces différentes techniques permettent d'obtenir des images très détaillées de notre corps. Elles fournissent des renseignements non seulement sur la forme et la structure des organes, mais également sur leur fonctionnement.

L'ÉCHOGRAPHIE

L'échographie, développée au cours des années 1970-1980, consiste à diriger un faisceau d'ondes sonores de haute fréquence (ultrasons) vers l'organe que l'on cherche à explorer. Les ultrasons se propagent dans les tissus mous et subissent une réflexion partielle (appelée écho) chaque fois qu'ils rencontrent un nouveau type de tissu. À partir des ultrasons réfléchis et captés par la sonde, un ordinateur produit des images sur un écran vidéo.

L'échographie est particulièrement utile pour l'examen des organes remplis de liquide, comme l'utérus pendant la grossesse ou la vésicule biliaire, ainsi que pour des organes mous, comme le foie ou les reins. Les ultrasons ne permettent pas de visualiser les régions entourées d'os, comme le cerveau, ou les organes remplis d'air, comme les poumons ou les intestins.

L'échographie permet de visualiser les mouvements des organes. Elle est donc très intéressante pour l'examen du cœur et pour la surveillance du fœtus.

Cet examen ne nécessite pas d'hospitalisation et n'a pas d'effet secondaire connu. Il peut se faire en introduisant une sonde dans le vagin, le rectum ou l'œsophage ou, simplement, en passant une sonde sur le corps du patient au-dessus de la région à explorer. Dans ce cas, la zone est préalablement enduite de gel pour favoriser la transmission des ultrasons. Le médecin applique alors la sonde et la déplace tout en observant les organes étudiés sur son écran. Pour certaines échographies, le malade doit

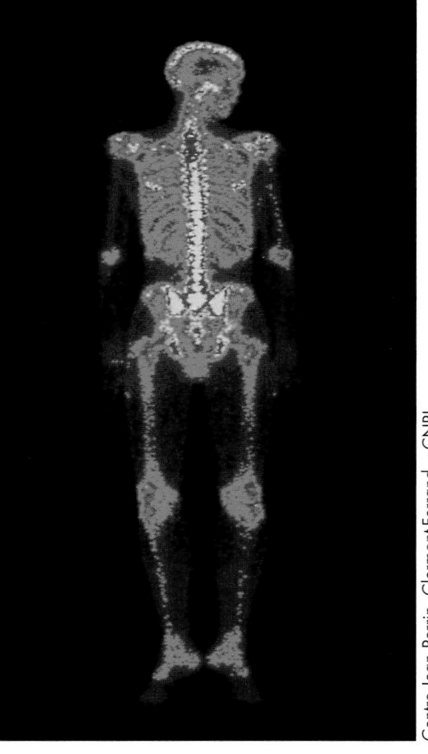

Centre Jean Perrin, Clermont-Ferrand – CNRI

***Scintigraphie osseuse normale de l'ensemble du squelette (face/dos).** Les couleurs reflètent le degré de fixation du produit radioactif dans les os : du rouge (important) au bleu foncé (faible).*

ingérer une quantité d'eau suffisante pour remplir sa vessie, de façon qu'elle n'apparaisse pas ; pour d'autres, il doit être à jeun et ingérer une préparation destinée à réduire les gaz intestinaux. L'examen est indolore et dure 10 à 20 minutes.

L'EXAMEN DOPPLER

L'examen Doppler, qui utilise le même principe que l'échographie, permet de visualiser la circulation du sang dans les différents organes du corps. Il est particulièrement utilisé pour étudier les mouvements du sang dans le cœur. Il permet de diagnostiquer les anomalies de fonctionnement des différentes cavités cardiaques (oreillettes, ventricules) et des valvules. Au cours de la grossesse, il donne des renseignements sur la façon dont le fœtus est irrigué.
L'examen Doppler ne nécessite ni préparation particulière ni anesthésie ; il est indolore. Le médecin pose sur la peau une sonde en forme de crayon qu'il déplace en suivant le trajet de l'artère étudiée, par exemple. Aucune surveillance n'est nécessaire après l'examen, qui n'entraîne aucun effet secondaire.

L'IRM

L'imagerie par résonance magnétique (IRM) exploite les propriétés magnétiques des noyaux d'hydrogène (les protons) contenus dans la matière. Elle se fonde sur la possibilité d'orienter l'ensemble des protons du corps humain dans un champ magnétique intense et de les faire résonner à l'aide d'une onde de radiofréquence. Chaque tissu a des propriétés magnétiques différentes : on obtient donc des images contrastées des différents tissus de l'organisme, et cela dans n'importe quel plan de l'espace, en coupe ou reconstruites en volume (3D). Les grands domaines d'application de l'IRM sont la tête et le cerveau, la colonne vertébrale et la moelle épinière, les articulations, le cœur, le foie et les voies biliaires, l'appareil urinaire et le petit bassin.
L'IRM n'exige ni hospitalisation ni geste compliqué. Le patient est allongé sur un lit mobile qui coulisse dans le cadre de la machine. Les seuls inconvénients sont un inconfort relatif, l'immobilisation et le bruit qui correspond à l'émission des ondes électromagnétiques. L'examen est contre-indiqué en cas de claustrophobie sévère et chez les patients portant un pacemaker (qui serait déprogrammé) ou certains éléments métalliques (broches, clips vasculaires...).

LA SCINTIGRAPHIE

Le principe consiste à administrer au patient une substance radioactive qui se fixe de manière préférentielle sur l'organe ou le tissu à explorer. Une caméra enregistre le rayonnement émis par l'organe ou par le tissu. L'image de la région explorée est visualisée sur l'écran de l'ordinateur.
La quantité de rayonnement émis par une partie du corps dépend essentiellement du niveau d'activité des cellules qui la constituent. Ainsi, les cellules cancéreuses, caractérisées par leur multiplication rapide, apparaissent distinctement sur l'image. En enregistrant la succession dans le temps de plusieurs images, il est possible de visualiser une transformation, une évolution, un mouvement.
Les produits employés pour la scintigraphie sont en principe des formes radioactives d'éléments que l'on trouve dans l'organisme, tel l'iode, ou bien des éléments radioactifs de synthèse, tel le technétium. Ils sont utilisés à des doses très faibles et ne présentent aucun danger. En général, aucune préparation n'est nécessaire, et le patient peut reprendre ses activités immédiatement après l'examen.
La scintigraphie permet de déceler de nombreuses affections, touchant tant la structure que le fonctionnement des organes, et certains processus liés à des maladies : inflammation, infection, saignement, tumeur.

LA SCINTIGRAPHIE OSSEUSE

La scintigraphie osseuse permet de mesurer l'activité du squelette. Qu'elles soient d'origine infectieuse, traumatique, inflammatoire ou tumorale, la plupart des affections qui touchent le squelette se traduisent par une élaboration accélérée de la trame des os. La scintigraphie met précocement ce trouble en évidence, quelques semaines à quelques mois avant que n'apparaissent les premiers signes visibles à la radiographie.

L'ENDOSCOPIE

Cette technique permet d'explorer visuellement presque toutes les parties du corps, par l'intermédiaire d'un tube optique muni d'un système d'éclairage, appelé endoscope.

L'endoscopie est un terme générique qui recouvre des examens spécifiques par organe. Ainsi, la bronchoscopie est l'exploration des bronches, la coloscopie, celle du côlon, la cystoscopie, celle de la vessie, etc.

HISTORIQUE

L'endoscopie a vu le jour dans les années 1930 avec la mise au point d'un tube semi-flexible destiné à étudier l'intérieur de l'estomac (gastroscope). Vers la fin des années 1950, l'introduction de faisceaux de fibres de verre conduisant la lumière (fibres optiques) a permis de fabriquer des endoscopes entièrement flexibles, élargissant considérablement les possibilités d'emploi de cette technique. Dans les années 1960, des arthroscopies (exploration des articulations) sont réalisées ; la cœlioscopie (exploration de l'abdomen) se développe également en gynécologie.
L'apparition de minicaméras et les progrès de la vidéo dans les années 1980 ont enfin ouvert la voie à la chirurgie endoscopique en permettant de visualiser des manipulations sur un écran.

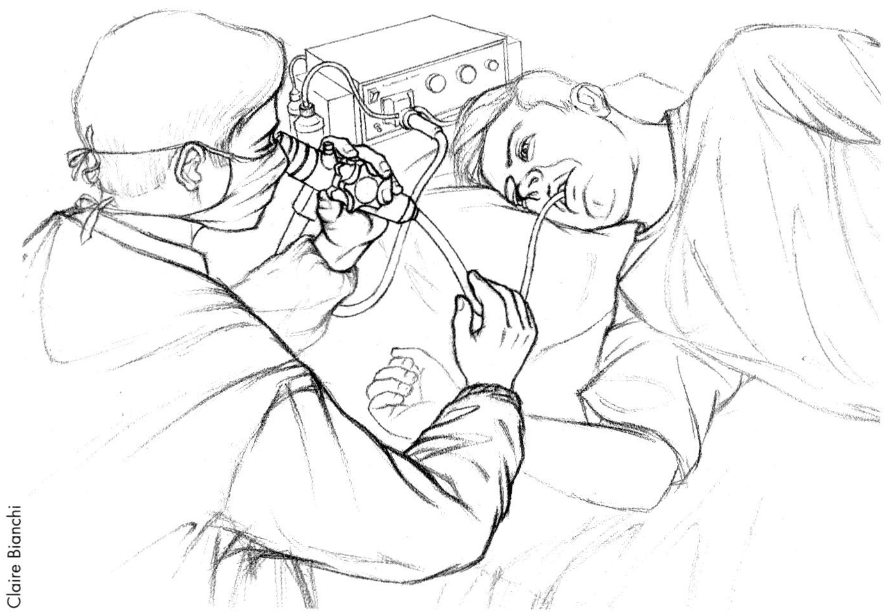
Claire Bianchi

L'ÉCHOENDOSCOPIE

Cette technique associe l'exploration échographique et l'endoscopie pour l'examen du tube digestif. Pratiquée par voie haute (l'endoscope est introduit par la bouche), elle permet de détecter l'existence et l'extension de tumeurs œsophagiennes ou gastriques, bénignes ou malignes.
L'échoendoscopie basse, avec introduction de l'endoscope par l'anus, étudie surtout les tumeurs rectales et permet de rechercher des ganglions adjacents.

L'ENDOSCOPE

L'endoscope est un tube muni d'un système d'éclairage. Il en existe 2 types. L'endoscope rigide est formé d'un tube métallique de 5 à 8 millimètres de diamètre et de 15 à 30 centimètres de longueur. Il est surtout utilisé pour l'exploration des articulations (arthroscopie), de la vessie (cystoscopie), de la cavité abdominale (laparoscopie ou cœlioscopie). L'endoscope souple, ou fibroscope, est quant à lui constitué de fibres optiques conduisant la lumière. Il est plus long que l'endoscope

L'endoscopie. *Elle permet d'examiner une cavité au moyen d'un tube que l'on introduit, chaque fois que possible, par les voies naturelles (ici, la bouche).*

rigide et permet d'explorer des organes tels que les bronches, l'œsophage, l'estomac, le duodénum ou le côlon. Les endoscopes peuvent être équipés de petites caméras qui retransmettent l'image sur un écran. Des accessoires sont parfois adjoints à l'endoscope pour réaliser des actes chirurgicaux ou des prélèvements : pinces pour saisir et retirer les corps étrangers ou des échantillons de tissus, ciseaux pour couper les tissus, brosses pour prélever des cellules, lacet pour attraper des polypes…

UTILISATIONS

L'endoscopie peut être utilisée soit pour établir un diagnostic (endoscopie diagnostique), soit pour traiter une maladie ou un traumatisme (endoscopie opératoire). Les endoscopies se font, lorsque cela est possible, par les voies naturelles (par la bouche pour l'estomac et les bronches, par les narines pour les fosses nasales et les sinus, par l'anus pour l'examen du côlon) ; sinon, une incision permet de pénétrer dans certaines cavités de l'organisme. Selon les techniques utilisées, les gestes sont effectués sous anesthésie locale ou générale.

LES DOMAINES D'APPLICATION

Oto-rhino-laryngologie (ORL). Effectuée sous anesthésie générale, la laryngoscopie directe permet de visualiser le larynx et les cordes vocales. La rhinofibroscopie a pour objet les fosses nasales, le larynx et le pharynx. Elle implique parfois une anesthésie locale. La sinuscopie a pour but d'observer les sinus maxillaires et d'apprécier l'état de la muqueuse nasale. Une anesthésie locale précède l'examen.

Pneumologie. La fibroscopie bronchique permet d'observer la trachée et les bronches. L' examen se fait sous anesthésie locale ou générale. La pleuroscopie explore la cavité pleurale (l'espace entre les 2 feuillets de la plèvre) sous anesthésie locale ou générale.

Gastro-entérologie. L'anuscopie (qui permet d'observer l'anus) et la rectoscopie (qui concerne les muqueuses des parois du rectum) se font sans anesthésie. La coloscopie est l'examen du côlon et du rectum. Le plus souvent, une anesthésie générale n'endormant pas complètement le patient est effectuée. La fibroscopie de l'œsophage, de l'estomac et de l'intestin permet de repérer d'éventuelles inflammations de la paroi digestive, des ulcérations, des ulcères ou d'autres lésions. On pratique généralement une anesthésie locale, mais une anesthésie générale légère est parfois indiquée. La laparoscopie explore la membrane qui tapisse l'ensemble de la cavité abdominale (le péritoine) ainsi que la surface du foie, de la vésicule biliaire et de la rate. Elle nécessite une anesthésie locale.

Gynécologie/obstétrique. La cœlioscopie permet l'observation des organes génitaux internes de la femme. Elle implique une anesthésie générale. L'hystéroscopie permet d'observer le canal du col de l'utérus, l'intérieur de l'utérus et la membrane qui le tapisse (endomètre). Elle est réalisée sous anesthésie locale ou générale si une intervention est prévue. L'amnioscopie est l'examen du liquide amniotique dans lequel baigne le fœtus. Il ne requiert aucune anesthésie. La fœtoscopie (examen direct du fœtus), rare, se fait à l'hôpital sous anesthésie générale.

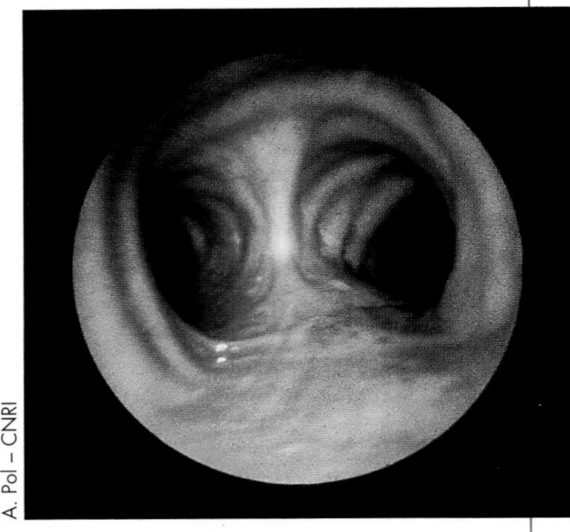

A. Pol – CNRI

***Vue endoscopique de l'arbre bronchique.** Le fibroscope est introduit, après anesthésie locale, dans la narine ou, parfois, dans la bouche.*

Urologie. La cystoscopie est l'examen des parois de la vessie. Elle se pratique sans anesthésie chez la femme et sous anesthésie locale chez l'homme. Lorsqu'elle est effectuée dans un but thérapeutique, elle implique, pour les deux sexes, une anesthésie régionale par péridurale, ou une anesthésie générale.

Rhumatologie. L'arthroscopie est l'observation directe de l'intérieur d'une grosse articulation. Elle est faite sous anesthésie, générale le plus souvent.

LA BIOPSIE

Cette méthode consiste à prélever des fragments de tissu ou d'organe malades pour les examiner au microscope en vue d'établir ou de confirmer un diagnostic.

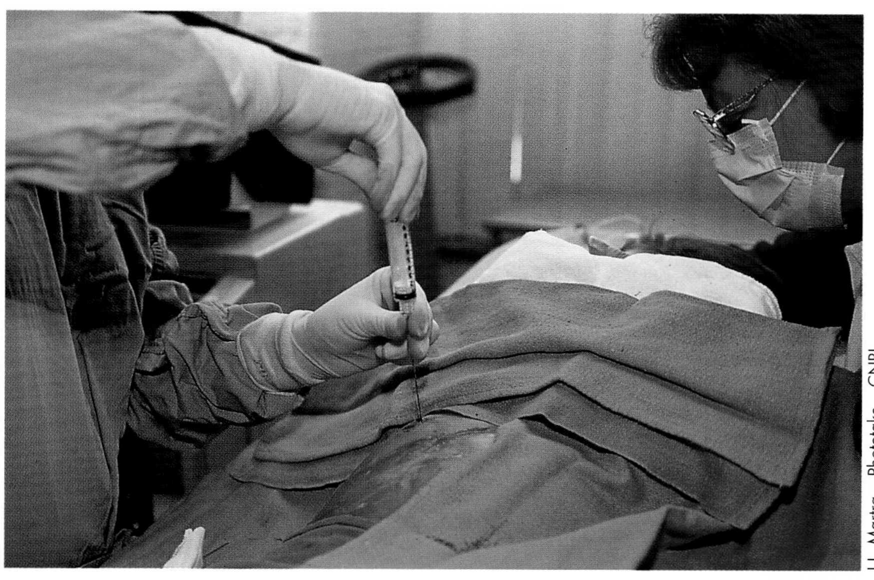

J.L. Martra – Phototake – CNRI

Ponction-biopsie du foie. *Un fragment de foie est prélevé en vue d'une analyse au microscope. Une anesthésie locale est pratiquée et le patient doit être hospitalisé 24 heures au moins.*

Les biopsies sont utiles pour diagnostiquer avec certitude de nombreuses maladies, les cancers en particulier.

LES INDICATIONS

L'examen au microscope de tissus ou de cellules permet presque toujours d'établir un diagnostic précis. Grâce à la biopsie, on peut ainsi déterminer la nature d'une tumeur, celle-ci présentant généralement des caractéristiques différentes selon qu'elle est cancéreuse ou bénigne. Dans le cas d'une tumeur cancéreuse, on peut également savoir si elle s'est étendue à d'autres organes (métastases) en effectuant des biopsies sur les tissus voisins. On peut aussi recourir à la biopsie pour déterminer la cause d'une infection ou d'une inflammation inexpliquée. Plusieurs biopsies successives sont parfois pratiquées pour vérifier que l'évolution de la maladie est favorable sous traitement. Le déroulement de l'examen est très variable selon la localisation de la lésion et la technique utilisée. La plupart des biopsies sont des interventions peu douloureuses, mais certaines d'entre elles nécessitent une anesthésie locale (biopsie transcutanée du sein, de la peau) ou générale (biopsie chirurgicale d'un organe profond). Jusqu'à une époque récente, si l'organe concerné n'était pas localisable au toucher ni accessible par endoscopie, le médecin devait procéder au jugé pour effectuer le prélèvement. Aujourd'hui, les méthodes de guidage assisté par scanner ou par échographie permettent de

LA BIOPSIE DE LA MOELLE OSSEUSE

C'est dans la moelle osseuse que sont produits la plupart des composants sanguins (globules rouges, globules blancs et plaquettes). Le prélèvement d'un échantillon de cellules de la moelle osseuse (biopsie par aspiration) ou d'un fragment d'os contenant un peu de moelle (biopsie par trépanoponction) peut donner des renseignements sur le développement des composants du sang. La biopsie permet de diagnostiquer des maladies du sang, notamment l'anémie, la leucémie, l'insuffisance de production de globules rouges (insuffisance médullaire), et certaines infections.

LA BIOPSIE DE LA PEAU

L'objectif de cet examen est de prélever un fragment de peau afin de l'analyser au microscope pour établir le diagnostic de certaines maladies de la peau. Le médecin commence par pratiquer une anesthésie locale par injection sous-cutanée, provoquant une sensation de picotements fugaces. À l'aide d'un bistouri, il découpe un fragment de peau sur toute son épaisseur (jusqu'au tissu sous-cutané) et enfin referme la petite incision par un ou deux points de suture, dont les fils seront retirés 5 à 8 jours plus tard. Les résultats sont connus dans les 8 jours.

réaliser des biopsies avec beaucoup plus de précision et de sécurité. En outre, la mise au point récente d'aiguilles très fines autorise les biopsies d'organes tels que les glandes salivaires et le pancréas, pour lesquelles le recours à des aiguilles plus grosses était considéré comme dangereux.

LES TECHNIQUES DE BIOPSIE

La ponction-biopsie. Elle permet, en piquant à travers la peau, d'atteindre un organe ou une lésion. On utilise pour cela une aiguille à pointe coupante, avec laquelle on prélève un fragment de tissu. La biopsie par aspiration est pratiquée à l'aide d'une sonde. Une anesthésie locale suffit généralement.

La biopsie endoscopique. L'endoscopie se pratique à l'aide d'un tube optique muni d'un système d'éclairage (endoscope), qui est introduit dans l'organe à explorer. Généralement, cette technique nécessite une prise de sédatifs pour insensibiliser le patient. Elle est utilisée pour les biopsies des parois des organes creux, tels que les bronches, la vessie, l'œsophage, l'estomac et le côlon.

La biopsie chirurgicale. Elle s'effectue sur un organe ou une tumeur, à l'occasion d'une intervention chirurgicale, souvent sous anesthésie générale. On a recours à ce type de biopsie lorsque les autres techniques (par ponction, aspiration ou endoscopie) ne sont pas possibles ou lorsqu'on soupçonne la nécessité de procéder à une ablation.

L'examen au microscope peut être effectué immédiatement, le chirurgien attendant le résultat pour éventuellement procéder à l'élimination des zones malades, afin de ne pas avoir à intervenir une seconde fois. Dans ce cas, la biopsie est dite extemporanée.

La biopsie-exérèse. Elle consiste à prélever en une seule fois la totalité de la partie anormale que l'on souhaite examiner en laboratoire. Couramment utilisée pour les tumeurs de la peau et du sein, elle ne nécessite en général qu'une anesthésie locale.

La biopsie par trépanoponction. Elle est généralement réalisée au niveau de la jonction entre l'os du bassin et la colonne vertébrale (crête iliaque). Elle s'effectue au moyen d'une longue aiguille épaisse que l'on introduit dans la moelle, dont on prélève un fragment. On utilise cette technique lorsqu'une tumeur est trop grosse pour permettre une aspiration ou lorsqu'il faut examiner la moelle osseuse.

Le délai d'obtention des résultats peut aller de quelques minutes (biopsie extemporanée) à une dizaine de jours.

LES EFFETS SECONDAIRES

La biopsie n'est pas toujours sans danger, car elle peut léser un organe, provoquer une hémorragie par traumatisme d'un vaisseau sanguin, introduire des microbes dans l'organisme. C'est pourquoi, comme pour tout examen médical, l'indication d'une biopsie doit être soigneusement pesée, de sorte que les avantages l'emportent sur ces inconvénients.

Toutefois, aujourd'hui, l'expérience de l'opérateur, le guidage radiographique des instruments et le respect d'une stérilisation rigoureuse ont considérablement diminué les risques.

LES RÉSULTATS

Le délai d'obtention des résultats d'une biopsie est très variable : il peut aller de quelques minutes, dans le cadre d'une biopsie chirurgicale dite extemporanée (le chirurgien attend alors le résultat pour déterminer l'importance de l'opération), à une dizaine de jours.

Les résultats sont envoyés sous forme de compte rendu au médecin qui a prescrit l'examen.

LES EXAMENS BIOLOGIQUES

ANALYSES DE SANG

Il existe une grande variété d'examens biologiques ; la plupart d'entre eux sont réalisés à partir d'une prise de sang.

On distingue 3 types d'analyses sanguines : les examens hématologiques, les examens biochimiques et les examens microbiologiques.

LES EXAMENS HÉMATOLOGIQUES

Ils permettent l'étude des composants du sang (forme, nombre, taille des globules) et des facteurs de coagulation. Les plus importants d'entre eux sont l'hémogramme et les tests de coagulation.

L'hémogramme. Il peut être morphologique et décrire l'aspect des différentes cellules, ou quantitatif et exprimer la numération formule sanguine (NFS). Ce décompte par mm^3 des globules rouges, des globules blancs et des plaquettes sanguines permet le diagnostic de très nombreuses affections : anémies (manques de globules rouges et surtout d'hémoglobine), infections d'origine bactérienne où les globules blancs dits neutrophiles sont augmentés, syndromes viraux où les globules blancs sont plutôt diminués, thrombopénies (manque de plaquettes) entraînant un risque hémorragique…

La coagulation du sang. La coagulation, c'est-à-dire la solidification du sang aboutissant à la formation d'un caillot, peut être explorée par différents examens : temps de saignement, temps de coagulation, taux de prothrombine, ou TP (un facteur de la coagulation), temps de céphaline-kaolin, ou

LA VITESSE DE SÉDIMENTATION

Pour obtenir la vitesse de sédimentation globulaire (VS), on met une petite quantité de sang rendu incoagulable dans un tube gradué et on mesure la chute des globules rouges. Une accélération de la vitesse de sédimentation est normale au cours de la grossesse. Elle s'observe aussi dans diverses pathologies, notamment en cas d'inflammation, d'anémie, d'infection…

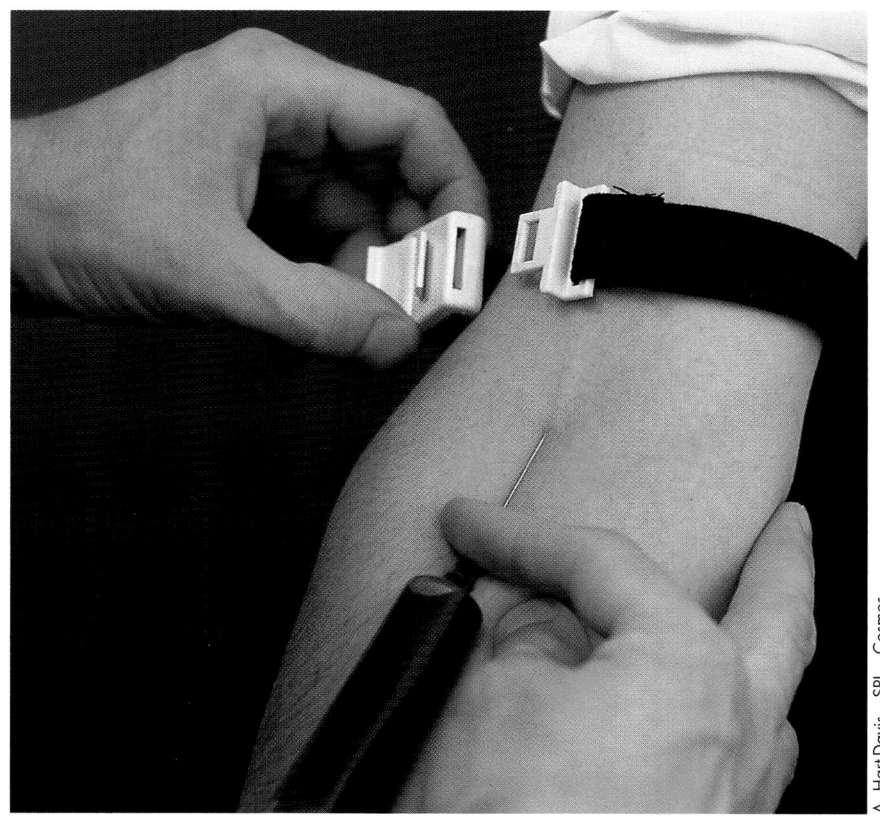

A. Hart-Davis – SPL – Cosmos

***Prise de sang.** Le sang est pris dans une veine du pli du coude à l'aide d'une seringue, après pose d'un garrot au-dessus du point de ponction.*

TCK (temps de coagulation du plasma sanguin en présence d'un substitut de plaquettes, la céphaline), et par d'autres tests de spécificité croissante.
Ces examens permettent de diagnostiquer des troubles de la coagulation provoquant des saignements sans blessure ou un saignement anormalement prolongé et excessif après blessure.

LES EXAMENS BIOCHIMIQUES

Ils étudient les différentes substances chimiques présentes dans le plasma (sodium, urée, etc.), lesquelles jouent toutes un rôle dans l'équilibre de l'organisme.
Les éléments minéraux. L'ionogramme plasmatique calcule la teneur en ions (atome ou molécule portant une charge électrique), normalement constante, du plasma : sodium, potassium, chlorures et bicarbonates. Le pH (caractère plus ou moins acide ou basique) du sang est lié à cette teneur en ions. Le taux sanguin en fer (sidérémie) dépend surtout du métabolisme de l'hémoglobine (pigment des globules rouges qui transporte l'oxygène). Il est abaissé en cas de carence d'apport, lors des anémies par saignement (ce qui peut être le cas chez certaines femmes ayant des règles abondantes), et en cas de maladies inflammatoires.
Les glucides et les lipides. La glycémie est le taux de glucose dans le sang. Elle doit être dosée à jeun et augmente après les repas et sous l'influence du stress. Une élévation de la glycémie à jeun est une des principales manifestations du diabète sucré non traité. Le dépistage du diabète sucré peut comporter un dosage de la glycémie après une charge en glucose (hyperglycémie provoquée). Les lipides plasmatiques doivent être dosés à jeun : il s'agit du cholestérol et de ses fractions (le « bon » et le « mauvais »), et des triglycérides. Leur élévation favorise l'athérosclérose et constitue un facteur de risque vasculaire.
Les protéines plasmatiques et autres constituants azotés. Les protéines sont extrêmement nombreuses dans le plasma. Il s'agit en particulier des protéines de la coagulation, dont le fibrinogène et l'albumine, qui joue un rôle essentiel pour le transport d'hormones et de vitamines. On peut décomposer les protéines du plasma par la technique de l'électrophorèse, qui sépare l'albumine et plusieurs sous-groupes de protéines, dont les gammaglobulines. On peut aussi doser plus spécifiquement certaines protéines, comme celles de la coagulation sanguine ainsi que celles de la réaction inflammatoire, renseignant de façon plus précise que la simple vitesse de sédimentation. L'urée et la créatinine sanguines servent de tests de la fonction rénale. La bilirubine plasmatique existe sous deux formes : la forme libre est augmentée dans les anémies hémolytiques ; la forme dite conjuguée reflète en partie le fonctionnement du foie (elle est élevée en cas d'ictère).

LES EXAMENS MICROBIOLOGIQUES

Ils consistent à rechercher dans le sang différents micro-organismes (bactéries, champignons microscopiques, virus) ainsi que les anticorps qui se sont formés contre eux. L'hémoculture est une technique de laboratoire visant à mettre en évidence la présence ou l'absence de micro-organismes pathogènes dans le sang, donc à dépister les états infectieux.
Les examens du sérum (partie du sang ne comportant ni cellules sanguines ni fibrinogène) utilisent des marqueurs spécifiques pour dépister telle ou telle maladie infectieuse (sérologies de l'hépatite virale, de l'infection HIV, de la grippe...) et pour en rechercher les anticorps. C'est le domaine de l'immunologie, qui s'applique aussi à des maladies inflammatoires comme la sclérose en plaques ou la polyarthrite rhumatoïde. Certaines méthodes immunologiques (immunomarquages) s'appliquent désormais à des molécules ou parties de molécules jusqu'alors indosables.

LA PRISE DE SANG

Le praticien désinfecte la zone de prélèvement, place un garrot en amont afin de faire saillir la veine. Une prise de sang se fait généralement dans une veine du pli du coude ou, chez les personnes dont les veines sont peu visibles et chez le petit enfant, dans les veines du pied, du poignet ou du dos de la main.

Les Examens Biologiques

LES AUTRES EXAMENS

Le médecin peut demander des analyses biochimiques sur des échantillons d'urine et sur d'autres composants organiques tels que les selles ou le liquide céphalorachidien.

Certains examens, tels ceux des urines, sont très simples et peu contraignants pour le patient ; d'autres sont parfois désagréables, voire douloureux.

LES EXAMENS D'URINE

Comme le sang, dont elles dérivent, les urines peuvent être facilement utilisées pour des examens biologiques. Elles reflètent à la fois le comportement sanguin et la fonction rénale, et donnent des informations sur d'éventuelles maladies des voies urinaires. Certains examens ne nécessitent qu'un échantillon d'urine, tandis que d'autres exigent le recueil des urines sur 24 heures, parfois plusieurs jours de suite.

L'examen cytobactériologique des urines (ECBU). Il a pour but d'analyser en laboratoire le nombre de cellules (globules rouges, globules blancs) contenues dans l'urine. En cas de saignement dans les voies urinaires (hématurie), le nombre de globules rouges dans les urines augmente rapidement. De même, en cas d'infection urinaire (cystite), le nombre de globules blancs dans les urines peut être important ; les urines seront alors mises en culture pour isoler en quelques jours les germes qui poussent et pour tester leur sensibilité aux antibiotiques (antibiogramme).

La protéinurie. Les urines normales, lorsqu'elles sont analysées sur 24 heures, ne contiennent pas de protéines. Une protéinurie (présence de protéines dans les urines) relève de nombreuses causes, dont des lésions des unités de filtration des reins (glomérules). Mise en évidence par des bandelettes réactives trempées dans les urines, une protéinurie peut être quantifiée par un dosage en laboratoire. La technique de l'électrophorèse per-

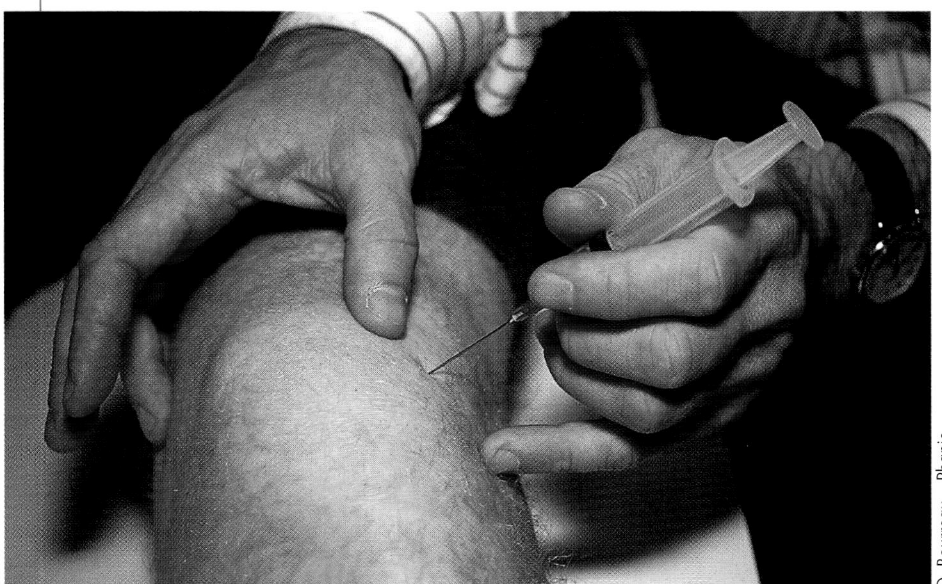

O. Bourreau – Phanie

Ponction articulaire du genou. *Dans les cas d'épanchement de synovie, la ponction est utilisée pour évacuer le liquide et pour soulager la douleur.*

SAVOIR INTERPRÉTER LES RÉSULTATS

L'interprétation des résultats de l'examen doit être effectuée par un professionnel, car il faut les associer aux données de l'examen clinique. Il est donc essentiel de revoir son médecin-traitant en consultation, dans un délai assez rapide après la prescription de l'analyse, afin qu'il puisse prendre les décisions médicales adaptées.

met de séparer les protéines urinaires et donc d'en connaître la nature.

La glycosurie. À l'état normal, les urines ne contiennent que d'infimes quantités de glucose. La présence de sucre dans les urines est généralement un signe de diabète sucré.

L'ionogramme urinaire. Le recueil des urines des 24 heures permet d'apprécier l'élimination urinaire des ions (atome ou molécule portant une charge électrique) par les reins : sodium, potassium, chlorure...

L'ionogramme urinaire aide notamment à préciser l'état de la fonction rénale.

Autres dosages. Le recueil des urines permet beaucoup de dosages simples, tels ceux de l'acide urique, du calcium, du phosphore, du pH urinaire... Il est réalisé aussi pour des dosages plus sophistiqués, en particulier ceux des hormones sexuelles dans les urines, pour des recherches de médicaments et de substances toxiques et pour différentes caractérisations d'ordre immunologique.

L'EXAMEN DES SELLES

L'examen des selles consiste en une série de tests permettant de diagnostiquer des maladies de l'appareil gastro-intestinal. L'examen microscopique permet de constater la présence anormale de graisses non digérées, de sang, de fragments de muqueuse et de cristaux... Un examen bactériologique des selles (coproculture) peut aussi être indiqué pour déterminer la flore microbienne intestinale ou pour une recherche de parasites dans les selles, surtout après un séjour dans un pays en voie de développement.

LES PONCTIONS

Une ponction consiste à introduire une aiguille ou à pratiquer une ouverture étroite dans un tissu, un organe, une cavité naturelle ou pathologique pour en extraire un gaz, un liquide, ou pour en prélever un échantillon. Le prélèvement de liquide, céphalorachidien est réalisé par ponction lombaire (dans la partie inférieure de la colonne vertébrale) pour caractériser une méningite et certaines pathologies du système nerveux.

La ponction du liquide amniotique dans lequel baigne le fœtus (amniocentèse) est pratiquée au cours de certaines grossesses difficiles ou à risque connu, en particulier d'ordre génétique (risque de trisomie 21 notamment). Une ponction peut également être pratiquée en cas d'épanchements liquidiens pathologiques : ponction de la plèvre (membrane recouvrant presque entièrement le poumon) en cas de pleurésie, ponction abdominale en cas d'ascite, c'est-à-dire d'excès de liquide entre les deux membranes du péritoine, ponction articulaire, notamment au niveau du genou...

Les biopsies et ponctions-biopsies permettent d'étudier la structure globale d'un fragment de tissu de l'organisme.

LES AUTRES PRÉLÈVEMENTS

– Un tamponnement par Coton-Tige permet d'effectuer des prélèvement au niveau d'une lésion de la peau ou des muqueuses oculaires, ORL, buccales, génitales ou anales...

– Le tubage gastrique consiste à introduire une sonde dans le tube digestif (estomac, duodénum) pour prélever des sécrétions.

L'ECBU : DÉROULEMENT PRATIQUE

Cet examen doit être réalisé en dehors de tout traitement antibiotique ou antiseptique qui, en détruisant les germes, rendrait l'interprétation de l'ECBU difficile.

Un certain nombre de précautions doivent être respectées :

– mieux vaut recueillir les premières urines du matin ;

– lavez-vous les mains, désinfectez la zone urinaire à l'aide d'une compresse imbibée d'une solution antiseptique (demandez conseil au laboratoire ou dans une pharmacie) ;

– lors de l'émission d'urine et jusqu'à la fin, le prépuce de l'homme doit être maintenu en arrière ; la femme doit d'une main écarter les grandes lèvres ; ces gestes évitent la contamination par des germes extérieurs ;

– ne prenez pas le premier jet d'urine, qui permet de « laver » l'urètre et l'orifice urinaire (ils renferment naturellement des germes qui fausseraient les résultats).

Les Examens des Os, des Articulations et des Muscles

De nombreux examens permettent d'explorer les os, les articulations et les muscles, et de mettre en évidence les maladies qui affectent ces organes.

Ces différents examens sont demandés par le médecin. Ils complètent l'examen clinique et confirment le diagnostic.

Examen	Principe	Indications
Absorptiométrie biphotonique	Mesure de la masse osseuse grâce à l'utilisation de 2 faisceaux de rayons X d'énergie différente.	En cas de risque d'ostéoporose (perte de masse osseuse) à la ménopause ou bien de fracture, notamment au niveau du col du fémur.
Arthrocentèse	Ponction d'un épanchement de liquide à l'intérieur d'une articulation.	En cas d'épanchement de synovie (liquide visqueux qui humecte les articulations) dans le genou ou dans d'autres articulations.
Arthrographie	Radiographie d'une articulation (le plus souvent sous anesthésie locale) après injection d'un produit opaque aux rayons X, de gaz ou d'air.	En cas de fracture ou de lésion à l'intérieur d'une articulation (hanche, genou, épaule) ou de lésion des ménisques.
Arthroscopie	Examen endoscopique (grâce à des appareils optiques) de l'intérieur d'une articulation après une ouverture minimale.	En cas de lésion du cartilage, de la membrane recouvrant l'articulation (synoviale), des ligaments croisés ou des ménisques
Biopsie osseuse	Prélèvement d'une partie d'un os pour un examen permettant un diagnostic.	En cas de maladie qui appauvrit le squelette en calcium, comme l'ostéoporose (perte de masse osseuse), survenant souvent après la ménopause, ou l'ostéomalacie (ramollissement des os). En cas de tumeur osseuse.
Biopsie synoviale	Prélèvement d'une partie de la membrane qui recouvre l'articulation (synoviale) pour un examen permettant un diagnostic.	En cas de suspicion de maladie infectieuse (rhume de hanche ou inflammation de la membrane recouvrant l'articulation).
Densitométrie osseuse	Évaluation du contenu minéral des os, essentiellement du calcium.	En cas de maladie qui appauvrit le squelette en calcium, comme l'ostéoporose (perte de masse osseuse), survenant souvent après la ménopause chez les femmes, ou l'ostéomalacie (ramollissement des os).
Discographie	Radiographie des disques intervertébraux après injection d'un produit de contraste.	En cas de troubles au niveau des disques intervertébraux, le plus souvent avant une intervention chirurgicale. Examen très rare, supplanté par le scanner ou l'IRM.
Échographie	Exploration des tissus mous du corps, à l'aide d'un faisceau d'ultrasons. À partir des ultrasons réfléchis, un ordinateur produit des images sur un écran simple ou un système vidéo.	En cas de kyste ou de tumeur dans les tissus mous (poignet, genou) ; en cas de lésion des tendons, des ménisques ou des muscles.

LES EXAMENS DES OS, DES ARTICULATIONS ET DES MUSCLES

Examen	Principe	Indications
Électromyographie	Enregistrement des variations de courants se produisant dans les nerfs et les muscles au repos ou contractés (contraction volontaire ou provoquée par une stimulation électrique).	En cas de maladie musculaire comme une myopathie ou une myasthénie.
IRM (imagerie par résonance magnétique)	Visualisation d'images en coupe grâce à l'utilisation des champs magnétiques des atomes.	– IRM du rachis : en cas de lésion vertébrale, de hernie discale, de compression des racines nerveuses de la moelle épinière, de tumeur bénigne ou maligne de la moelle épinière ou des nerfs rachidiens. – IRM ostéo-articulaire : en cas de lésion du cartilage, du ménisque ou de la membrane recouvrant l'articulation. En cas de tumeur des os ou des tissus mous (muscles, graisse, vaisseaux, nerfs, etc.).
Méniscographie	Radiographie des ménisques après injection d'un produit opaque aux rayons X, de gaz ou d'air.	En cas de lésion des ménisques après entorse.
Radiographie	Visualisation des différences de densité des organes ou des tissus grâce à l'utilisation d'un faisceau de rayons X.	En cas de maladie des os, de tumeur osseuse, de fracture ou de maladie des articulations.
Scanner ou tomodensitométrie	Visualisation de l'ensemble d'un organe ou de plusieurs organes sous différents angles, grâce à l'utilisation d'un faisceau de rayons X en rotation et à la reconstitution des images sur écran, par traitement informatique. Un produit de contraste à base d'iode est parfois injecté par voie intraveineuse pour améliorer la qualité de l'image de certains organes et étudier leur vascularisation. Il faut alors être à jeun et n'avoir ni bu ni fumé depuis six heures.	– Arthroscanner : en cas de lésion des ménisques ou des ligaments croisés du genou. – Scanner des membres : en cas de traumatisme grave ou complexe des os des membres, de tumeur ou de kyste dans les os ou les tissus mous. – Scanner rachidien : en cas de hernie discale, d'arthrose ou de lésion de la moelle épinière ou des nerfs qui y prennent naissance.
Scintigraphie	Visualisation du niveau d'activité des différents tissus et organes grâce à la détection des radiations émises par une substance radioactive (radioélément) introduite dans l'organisme et se fixant sur un tissu ou un organe.	En cas de tumeur osseuse : recherche de façon rapide et fiable de l'éventuelle dissémination dans les os (métastases) d'une tumeur d'un viscère (poumon, rein, sein, prostate, etc.). En cas d'infection suspectée. En cas de douleur osseuse persistante, pour rechercher une éventuelle fracture de fatigue ou de stress. En cas de maladie de Paget, pour apprécier la diffusion de l'affection. En cas de douleur articulaire, pour reconnaître rapidement une ostéonécrose aseptique (hanche, genou, etc.) ou, chez l'enfant, une ostéochondrite disséquante. En cas de maladie métabolique du squelette (ostéomalacie, hyperparathyroïdie, ostéodystrophie rénale).

LES EXAMENS CARDIAQUES

Le cœur peut être atteint par de nombreuses maladies. Différents examens (radiographie, électrocardiographie, échographie et Doppler, IRM) permettent de déceler la plupart des troubles cardiaques.

En cardiologie, de nombreuses techniques complètent l'examen clinique (auscultation, prise de tension) et aident le médecin à détecter la cause des différents symptômes ressentis par le patient : douleurs, malaises, grande fatigue, difficultés respiratoires.

Examen	Principe	Indications
Angiocardiographie (visualisation des cavités et des cloisons du cœur).	Un produit de contraste est injecté dans la cavité cardiaque à l'aide d'un cathéter introduit dans un vaisseau (artère ou veine) ; le médecin réalise des clichés. Le malade est à jeun, sous anesthésie locale. L'examen dure de 30 minutes à 1 heure 30.	L'examen permet d'évaluer le fonctionnement des valves cardiaques (notamment mitrale et aortique), ainsi que la qualité des contractions du cœur.
Artériographie (visualisation des artères).	Un produit de contraste est injecté dans les artères à examiner. L'examen dure 30 minutes environ. Le patient doit être à jeun.	L'examen permet de mettre en évidence des lésions artérielles, liées à des dépôts de cholestérol et de détecter une artériosclérose ou une embolie pulmonaire.
Cathétérisme (mesure des pressions du cœur et des gros vaisseaux).	Un cathéter est introduit dans un vaisseau, puis poussé jusqu'au cœur pour enregistrer les pressions du sang et le débit cardiaque.	L'examen permet d'étudier le retentissement des maladies des valvules cardiaques et renseigne sur la fonction de contraction du cœur.
Coronarographie (visualisation des artères coronaires).	Un produit de contraste est injecté dans chaque artère coronaire après qu'un cathéter ait été poussé jusqu'à l'aorte. Le patient est à jeun ; l'examen dure de 20 minutes à 1 heure 30. Une allergie au produit de contraste est possible.	L'examen permet de diagnostiquer une maladie des artères coronaires (angine de poitrine, infarctus du myocarde), de repérer des rétrécissements dus à l'athérosclérose, d'estimer leur gravité et de prévoir, si nécessaire, une dilatation ou un pontage coronarien.
Écho-Doppler cardiaque (visualisation du cœur et des gros vaisseaux ; mesure des vitesses du sang).	Le patient est allongé. Le médecin applique un émetteur-capteur à ultrasons sur son thorax, observe sur son écran de contrôle les images qu'il obtient et prend des clichés. Les images ressemblent à une coupe anatomique.	L'examen permet de mesurer la taille des cavités cardiaques et des gros vaisseaux, de vérifier le bon état des cloisons du cœur et des valvules, et de rechercher des caillots ou des tumeurs à l'intérieur du cœur. Il renseigne sur la fonction de contraction du cœur, les vitesses du sang et le débit cardiaque.
Écho-Doppler vasculaire artériel (visualisation des artères).	Le patient est allongé. Le médecin déplace une sonde à ultrasons sur sa peau, dirigée vers les artères, et mesure les vitesses du sang.	L'examen permet de mesurer le diamètre des artères et d'observer leur paroi interne : normalement lisses, elles peuvent être obstruées par des plaques de cholestérol. Le Doppler sert à détecter les rétrécissements du diamètre des artères (artérite).

LES EXAMENS CARDIAQUES

Examen	Principe	Indications
Écho-Doppler vasculaire veineux.	Le patient est allongé. Une sonde à ultrasons est appliquée sur la peau de ses membres et la vitesse du sang est mesurée.	L'examen permet de visualiser les veines, d'explorer les varices et de rechercher les signes de varice et de phlébite.
Électrocardiogramme de repos (étude de l'activité électrique du cœur au repos).	Le patient est allongé. Des électrodes appliquées sur les poignets, les chevilles et sur le thorax sont reliées à un appareil enregistreur. Les courbes obtenues sur du papier sont analysées par le médecin.	L'examen permet de rechercher des troubles du rythme cardiaque ou des signes d'insuffisance coronarienne. Il permet également de surveiller les traitements cardiaques.
Électrocardiogramme d'effort (étude de l'activité électrique du cœur au repos et à l'effort).	L'examen est pratiqué au repos, puis assis, et lors d'un effort : le malade pédale sur une bicyclette ou marche sur un tapis roulant.	L'examen sert à détecter une insuffisance coronarienne ou à évaluer certains troubles du rythme.
Enregistrement Holter de 24 heures (étude de l'activité électrique du cœur sur plusieurs heures).	Des électrodes collées sur la poitrine du patient enregistrent un électrocardiogramme pendant 24 heures. Le patient, équipé d'un enregistreur à cassette, note les événements de la journée et ceux qui pourraient modifier son rythme cardiaque (stress, effort).	Un électrocardiogramme est réalisé sur une période de 24 heures pour déceler un trouble du rythme, perçu ou non par le malade, et rechercher des anomalies dues à des maladies des coronaires (angine de poitrine, par exemple).
Exploration électrophysiologique (étude de l'activité électrique du cœur et des anomalies de rythme cardiaque).	Une sonde souple munie d'électrodes est introduite jusqu'au cœur par une veine, chez un patient à jeun et sous anesthésie locale.	L'examen enregistre l'activité électrique du cœur, recherche et précise le mécanisme des troubles du rythme (tachycardie, bradycardie).
Imagerie par résonance magnétique ou IRM (analyse de la taille des cavités cardiaques et des gros vaisseaux, et des flux sanguins).	Le patient est allongé dans un électro-aimant. On obtient des images fixes en coupe et des images en mouvement (ciné-IRM) du cœur ; il est possible aussi de visualiser les artères (angio-IRM).	L'examen permet de détecter certaines affections : dilatation anormale des gros vaisseaux (anévrysme), malformations congénitales, maladies des valvules, anomalies du péricarde, etc.
Mesure ambulatoire de la pression artérielle (MAPA).	Grâce à un brassard gonflable, relié à un boîtier, on mesure, toutes les 20 à 30 minutes la tension artérielle sur une période de 24 heures.	L'examen permet de confirmer un diagnostic d'hypertension et de contrôler l'efficacité de médicaments antihypertenseurs.
Phlébocavographie (visualisation des veines des membres inférieurs et de la veine cave).	Un produit de contraste opaque aux rayons X est injecté pour visualiser les veines profondes du mollet, de la cuisse et de la partie basse du ventre.	L'examen radiologique permet de détecter la présence de caillots de sang, principale source d'embolie pulmonaire.
Scanner et angioscanner.	Le patient est allongé et introduit dans un anneau à rayons X. L'examen dure de 30 à 45 minutes.	L'examen permet de mesurer la taille des cavités cardiaques et des gros vaisseaux et de rechercher un rétrécissement ou une obstruction artériels.
Scintigraphie myocardique.	Une substance faiblement radioactive (thallium, technétium, gallium) est injectée au patient et une caméra enregistre le rayonnement émis.	L'examen permet d'apprécier la façon dont le cœur est irrigué en sang et de détecter une ischémie myocardique ou des séquelles d'infarctus.

LES EXAMENS DU SANG

Différents examens permettent de donner des informations sur les composants du sang et l'état du système immunitaire. Ils sont réalisés à partir d'un prélèvement de sang, de ganglions ou de moelle osseuse.

Les analyses de sang renseignent sur sa composition : facteurs de la coagulation, plasma, anticorps, éventuels micro-organismes (bactéries). Elles peuvent être complétées par l'analyse d'un prélèvement de ganglions lymphatiques ou de moelle osseuse.

Examen	Principe	Indications
LES ANALYSES DE SANG Bilan de coagulation (ou bilan d'hémostase). Il comprend : – dosage des protéines de la coagulation (fibrinogène et facteurs de la coagulation) ;	Examen de laboratoire réalisé à partir d'un échantillon de sang pour évaluer le temps nécessaire au plasma pour coaguler.	Diagnostic des troubles de la coagulation (coagulation déficiente, responsable d'hémorragies, ou trop active, responsable de thromboses).
– temps de céphaline activée (TCA).	Examen de laboratoire réalisé à partir d'un échantillon de plasma, permettant l'étude de la coagulation plasmatique (voie endogène).	Dépistage des déficits en facteurs VIII et IX (hémophilie) ; détection de l'anticoagulant du lupus érythémateux disséminé ; surveillance des traitements anticoagulants par l'héparine.
– Temps de prothrombine (TP), ou temps de Quick.	Examen de laboratoire, réalisé à partir d'un échantillon de plasma, permettant l'étude de la coagulation plasmatique (voie exogène).	Recherche d'une tendance hémorragique liée à un déficit en facteur II, V, VII ou X, à une atteinte du foie ou à une carence en vitamine K ; surveillance des traitements anticoagulants par les antivitaminiques K.
– Temps de thrombine.	Examen de laboratoire, réalisé à partir d'un échantillon de plasma, permettant l'étude de la dernière phase de la coagulation (fibrinoformation).	Diagnostic des affections altérant la qualité du fibrinogène (dysfibrinogénémie) ou sa quantité (hypofibrinogénémie) ; confirmation d'une fibrinolyse.
Électrophorèse des protéines.	Séparation des différents constituants des protéines du sérum, sous l'action d'un champ électrique, pour identifier chacun d'eux.	Recherche d'un déficit immunitaire ou d'une augmentation des immunoglobulines.
Hémogramme (ou numération formule sanguine, NFS).	Analyse des cellules du sang : taux d'hémoglobine ; comptabilisation des cellules ; pourcentage du volume de globules rouges par rapport au volume du sang (hématocrite) ; concentration des globules rouges en hémoglobine ; aspect des différentes cellules ; volume globulaire moyen. La formule sanguine est établie sur un frottis sanguin qui permet d'observer au microscope une goutte de sang étalée sur une lame de verre.	Dépistage de nombreuses affections (anémies, inflammations, réactions immunitaires). Le frottis sanguin permet en particulier de détecter des affections liées à une anomalie de l'hémoglobine déformant les globules rouges (drépanocytose), caractérisées par la présence de cellules anormales (mononucléose infectieuse ou leucémie) ou par une infection des cellules par un parasite (paludisme).

Examen	Principe	Indications
Immuno-électrophorèse et immunofixation.	Électrophorèse suivie d'une précipitation spécifique de chaque immunoglobuline.	Permet de mettre en évidence les immunoglobulines normales ou anormales, présentes dans le plasma.
Réaction de Waaler Rose.	Anticorps dirigés contre les immunoglobulines présentes dans le plasma.	Dépistage de la polyarthrite rhumatoïde.
Test de Coombs.	Examen qui met en évidence, à partir d'un prélèvement de sang, des anticorps fixés à la surface des globules rouges.	Diagnostic de maladies auto-immunes ; diagnostic de la maladie hémolytique du nouveau-né ; diagnostic de certaines incompatibilités transfusionnelles.
LES EXAMENS COMPLÉMENTAIRES Biopsie médullaire (examen complémentaire du myélogramme dans certaines affections).	Prélèvement d'un petit fragment osseux à l'aide d'un trocart ; observation du prélèvement au microscope après fixation et coloration. L'examen, un peu douloureux, est réalisé sous anesthésie locale.	Permet la vérification de données fournies par le myélogramme, comme une moelle osseuse pauvre (aplasie) ou une moelle osseuse envahie par des cellules normalement absentes (leucémie).
Examen des ganglions lymphatiques.	Ponction (à l'aide d'une fine aiguille) ou biopsie (ablation chirurgicale du ganglion), et analyse au microscope des tissus prélevés.	Recherche de la cause du gonflement anormal (adénopathie) d'un ganglion : infection, inflammation, affection maligne.
Intradermoréaction.	Injection dans la peau d'une petite quantité d'allergène (substance susceptible de déclencher des réactions allergiques).	Permet d'identifier le degré de sensibilité à une substance allergisante.
Myélogramme (examen de la moelle osseuse).	Prélèvement par ponction au niveau du sternum (à l'aide d'un trocart) d'un petit volume de moelle et observation du prélèvement au microscope après coloration.	Dépistage de nombreuses formes d'anémie, de thrombopénies (diminution des plaquettes) ; explication de la diminution ou de l'augmentation de certains globules blancs ; surveillance de l'évolution des maladies de la moelle en cours de traitement.
Temps de saignement (étude du temps nécessaire pour qu'une incision cesse de saigner).	La méthode la plus utilisée, la méthode d'Ivy, consiste à pratiquer sur le bras une incision de un millimètre de profondeur sur un centimètre de longueur.	Étude du premier temps de la coagulation : agrégation des plaquettes entre elles et formation du clou plaquettaire, ou hémostase primaire.
Test du garrot et test de la ventouse.	Mesure du nombre de lésions (pétéchies) après compression (garrot) ou après dépression (ventouse) d'intensité et de durée contrôlées.	Mesure de la résistance des petits vaisseaux (capillaires).
Typage tissulaire.	Examen réalisé sur des globules blancs isolés, permettant d'identifier les antigènes d'histocompatibilité (antigènes caractérisant le groupe tissulaire de chaque individu).	Personnes en attente de greffes : identification des individus (recherche de paternité ; dépistage de terrain à risque pour certaines maladies auto-immunes).

LES EXAMENS DES POUMONS

TECHNIQUES D'IMAGERIE

Parmi les examens pratiqués en cas d'affection des voies respiratoires, ce sont avant tout les techniques d'imagerie médicale (en premier lieu la radiographie du poumon) qui servent à orienter le diagnostic.

Différentes techniques d'imagerie médicale permettent d'étudier les poumons, les vaisseaux qui les irriguent (artères pulmonaires) et la membrane qui les tapisse (plèvre). Ce sont la radiographie du poumon et des artères pulmonaires (angiographie), l'échographie, l'IRM (imagerie par résonance magnétique), le scanner et la scintigraphie.

Examen	Principe	Indications
Angiographie (ou artériographie) des artères pulmonaires.	Un produit de contraste est injecté dans une veine à l'aide d'un long et fin cathéter poussé doucement jusqu'au cœur, puis dans l'artère pulmonaire. La progression est suivie sur un écran par le médecin qui prend des clichés. L'examen est pratiqué à jeun. Le patient peut parfois ressentir des nausées ou un bref malaise au moment de l'injection du produit. L'examen dure 30 minutes environ. Des réactions allergiques sont possibles.	Cet examen permet d'examiner le calibre des artères pulmonaires et d'y détecter l'existence de caillots, grâce à l'injection directe d'un produit de contraste opaque aux rayons X. Il permet notamment de déceler une embolie pulmonaire.
Cathétérisme des cavités cardiaques droites et de l'artère pulmonaire droite.	Le médecin pousse un fin cathéter à partir d'une veine du bras jusqu'au cœur. Cet examen, réalisé sous anesthésie locale, dure de 30 minutes à 1 heure 30. Il nécessite une hospitalisation de 2 ou 3 jours. Les effets secondaires sont rares et en général bénins : petit hématome au point de ponction, parfois palpitations passagères.	Pratiqué sous contrôle radiologique, cet examen permet de mesurer les pressions qui règnent dans les cavités droites (oreillette, ventricule), l'artère pulmonaire et ses branches. Les mesures des pressions permettent de diagnostiquer certaines maladies pulmonaires et cardiaques.
Échographie de la plèvre.	L'examen consiste à déplacer sur le thorax du patient une sonde émettant des ultrasons. À partir des ultrasons réfléchis par les tissus et les organes, un ordinateur reconstruit des images anatomiques en deux dimensions. Le médecin observe les images obtenues sur un écran. Il n'y a aucun effet secondaire.	Cet examen permet de visualiser les deux feuillets de la plèvre et de détecter la présence éventuelle de liquide entre ces deux feuillets, en cas de pleurésie.

LES EXAMENS DES POUMONS

Examen	Principe	Indications
Imagerie par résonance magnétique (IRM).	Le patient est allongé sur une table à l'intérieur d'un électro-aimant dans lequel règne un champ magnétique intense. Des récepteurs recueillent les ondes électromagnétiques émises par le patient. À partir des données obtenues, un ordinateur reconstruit des images. Il n'y a aucun effet secondaire, mais l'examen est contre-indiqué si le corps contient des éléments en métal (pacemaker, broche).	Cet examen permet d'obtenir des images en coupe des poumons et des organes voisins. Il permet notamment de détecter la présence de tumeurs dans les poumons.
Radiographie thoracique.	Le principe de la radiographie consiste à mesurer les différences d'absorption d'un faisceau de rayons X par les divers tissus. Le patient est torse nu, debout devant une plaque radiographique. Il gonfle les poumons le temps que le technicien prenne le cliché. Il n'y a aucun effet secondaire, mais l'examen est contre-indiqué chez la femme enceinte en l'absence d'une protection plombée.	C'est un examen primordial en pneumologie. Il permet de reconnaître la plupart des lésions pulmonaires, comme celles de la tuberculose, des pneumopathies infectieuses (pneumonie, notamment) ou de l'œdème du poumon. Il facilite aussi le diagnostic des infections de la plèvre (pleurésie, pneumothorax). Il sert également à contrôler l'efficacité des traitements.
Scanner (ou tomodensitométrie TDM) thoracique.	Le scanner mesure les différences d'absorption d'un faisceau de rayons X mobile par les organes qu'il traverse. Le patient est allongé à l'intérieur d'un anneau contenant les appareils émetteurs de rayons X. La table progresse dans l'anneau tandis que le radiologue réalise des clichés. L'examen est pratiqué à jeun. Il n'y a pas d'effet secondaire, sauf un risque d'allergie, si un produit de contraste iodé est injecté dans une veine.	Cet examen permet de diagnostiquer avec précision une tumeur pulmonaire. On obtient, avec le scanner, un résultat plus précis qu'avec la radiographie.
Scintigraphie pulmonaire.	Il existe deux techniques de scintigraphie : – la scintigraphie de perfusion, qui consiste à injecter dans une veine du bras de fines particules radioactives ; – la scintigraphie de ventilation, qui consiste à faire respirer au patient un produit radioactif. Le déroulement de ces deux techniques est sensiblement le même. Le patient est allongé sur le dos. Ses poumons sont examinés sous différents angles par une caméra qui tourne autour de lui. Lorsqu'un obstacle obstrue un vaisseau (caillot), le produit radioactif ne peut pas se diffuser, ce qui apparaît sur l'image obtenue. Il n'y a aucun effet secondaire.	Cet examen permet d'étudier l'irrigation des poumons, notamment pour rechercher une embolie due à la présence d'un caillot (scintigraphie de perfusion). Il met également en évidence des troubles des échanges gazeux dans les bronches et les alvéoles pulmonaires.

LES EXAMENS DES POUMONS

EXAMENS ENDOSCOPIQUES ET ÉPREUVES RESPIRATOIRES

Outre l'examen clinique et les techniques d'imagerie, de nombreux moyens sont mis à la disposition des médecins pour déceler les maladies des voies respiratoires.

Les principaux examens utilisés en pneumologie ne faisant pas appel aux techniques d'imagerie médicales sont les explorations réalisées par l'intermédiaire d'un endoscope (qui permettent par exemple d'effectuer des prélèvements de tissus à des fins d'analyse, ou biopsie), et différentes épreuves permettant d'estimer les capacités respiratoires.

Examen	Principe	Indications
Bronchoscopie (ou fibroscopie, ou endoscopie bronchique).	L'examen se pratique à jeun et sous anesthésie locale. Le médecin introduit par une narine ou par la bouche du patient un tube optique rigide (bronchoscope) ou souple (fibroscope), et le pousse lentement en suivant sa progression dans l'oculaire ou sur un écran.	Cet examen sert à explorer l'intérieur de la trachée et des bronches, pour mettre en évidence des lésions et effectuer des prélèvements. Il permet notamment de diagnostiquer un cancer des bronches.
Débitmètre de pointe.	L'examen consiste à mesurer la capacité respiratoire à l'aide d'un instrument en forme de tube. Plusieurs fois par jour, le patient souffle dans l'appareil et note la valeur obtenue.	Cet instrument sert aux asthmatiques à contrôler l'état de leur capacité respiratoire. Les mesures quotidiennes aident le médecin à adapter le traitement.
Explorations fonctionnelles respiratoires (EFR).	Le patient, assis, avec une pince sur le nez et un embout entre les lèvres, gonfle et vide ses poumons suivant les instructions. Il faut parfois interrompre un éventuel traitement bronchodilatateur avant l'examen.	Ces examens évaluent le fonctionnement des poumons et leur capacité à assurer l'oxygénation des tissus. Ils comprennent différentes épreuves : mesure des volumes pulmonaires, des débits, de la capacité de transfert de l'oxyde de carbone (DLCO) et de l'élasticité du thorax.
Lavage bronchiolo-alvéolaire (LBA).	Il consiste à introduire un liquide dans les poumons à l'aide d'un tube optique souple (fibroscope), puis à recueillir et analyser ce liquide. L'examen peut entraîner une gêne respiratoire ou une fièvre passagère.	Cet examen sert à examiner les éléments contenus dans les bronchioles et les alvéoles pulmonaires (éléments cellulaires, bactéries, champignons, parasites, éléments minéraux).
Médiastinoscopie.	Cet examen sert à examiner, grâce à un tube optique (endoscope) introduit dans le thorax, au-dessus du sternum, la zone située entre les poumons (médiastin) et à y effectuer des prélèvements de ganglions. Il nécessite une anesthésie générale et une hospitalisation de trois jours environ. Il n'y a aucun effet secondaire.	La médiastinoscopie est indiquée lorsque l'on soupçonne un cancer bronchopulmonaire, afin de vérifier si les tissus sont cancéreux.

LES EXAMENS DES POUMONS

Examen	Principe	Indications
Mesure des gaz du sang (gazométrie artérielle).	L'examen est réalisé sur un échantillon de sang prélevé dans une artère, généralement au pli du coude ou au poignet. L'échantillon de sang est analysé en laboratoire. Il n'y a aucun effet secondaire.	Le but de cet examen est de mesurer les contenus en oxygène et en gaz carbonique du sang. Il permet d'évaluer la gravité d'une insuffisance respiratoire et de déterminer sa cause.
Pleuroscopie (ou thoracoscopie).	Cet examen a pour but d'examiner, à l'aide d'un tube optique (endoscope) introduit entre deux côtes par une petite incision, la cavité située entre les deux feuillets de la plèvre et d'y effectuer des prélèvements. Il nécessite une hospitalisation de deux jours au minimum et est effectué sous anesthésie locale ou générale. Les effets secondaires sont rares : accumulation de bulles d'air sous la peau, infection, parfois drainage un peu prolongé.	Cet examen permet de diagnostiquer une tuberculose ou un cancer de la plèvre, et de soigner une pleurésie (épanchement de liquide) ou un pneumothorax (épanchement d'air).
Ponction et biopsie pleurales.	Ces examens consistent à prélever le liquide contenu dans l'espace situé entre les deux feuillets de la plèvre (ponction), ou un fragment de tissu pleural (biopsie) pour un examen en laboratoire. Le prélèvement du liquide est réalisé sous anesthésie locale. Certains patients peuvent ressentir des douleurs, voire un léger malaise, au moment où l'on introduit l'aiguille dans la plèvre.	Ces examens permettent de préciser les causes d'un épanchement de liquide : inflammation, tuberculose, autres maladies infectieuses, cancers, etc.
Recherche de bacilles tuberculeux, ou bacilles de Koch (BK).	Cet examen consiste à détecter la présence du bacille de Koch (BK), responsable de la tuberculose, dans des crachats recueillis dans un tube stérile. Les mucosités sont prélevées le matin au réveil, pendant plusieurs jours. Si le patient ne crache pas, le prélèvement est réalisé à l'aide d'un tube introduit dans l'estomac, les mucosités étant alors prélevées à l'aide d'une seringue. Il n'y a pas d'effet secondaire.	Cet examen sert à confirmer le diagnostic d'une tuberculose par examen direct et mise en culture des prélèvements.
Tests à la tuberculine.	Les tests à la tuberculine servent à déterminer si un patient a été en contact avec le bacille de la tuberculose. Il existe différents tests : intradermoréaction (tuberculine introduite sous la peau) ; timbre imprégné de tuberculine (placé sur la peau) ; bague à multipuncture (diffusant la tuberculine sous la peau).	La réaction est analysée par le médecin au bout de trois jours. Si la réaction est très fortement positive, cela signifie que le patient a déjà été en contact avec le bacille de la tuberculose. S'il n'y a pas de réaction, une vaccination par le BCG est recommandée.

Les Examens ORL

Le diagnostic des maladies ORL fait appel à de nombreux examens, permettant d'estimer l'acuité auditive et de déceler les affections des oreilles, du nez, des sinus, de la gorge et du cou.

Parmi les examens pratiqués en ORL, certains sont de simples tests mesurant l'audition. D'autres permettent de diagnostiquer différentes affections. Ce sont les examens d'imagerie médicale, l'enregistrement de l'activité de l'oreille et les examens endoscopiques.

Examen	Principe	Indications
Acoumétrie.	Tests consistant à chuchoter à l'oreille du patient, puis à parler normalement, à lui faire entendre le bruit d'une montre, enfin à faire vibrer un diapason et à le placer sur le front, à quelques centimètres du pavillon de l'oreille puis sur l'os situé derrière l'oreille (mastoïde).	Ces tests permettent de dépister une surdité et d'en définir le type, donc de déterminer les examens complémentaires nécessaires.
Audiométrie.	Test d'audition qui estime la capacité d'audition des sons, puis la compréhension des mots. Il est réalisé avec un appareil électronique (audiomètre) qui émet des sons sur différentes fréquences. L'examen comprend l'audiométrie tonale (on fait entendre au patient des sons variés et on recherche le seuil au-delà duquel il n'entend plus) et l'audiométrie vocale (on fait entendre au patient, selon une intensité décroissante, des mots qu'il doit répéter).	Cet examen permet de détecter une surdité. En comparant ce qu'entend réellement le patient (conduction aérienne) et les possibilités d'audition de son oreille interne (conduction osseuse), le médecin peut déterminer s'il est atteint d'une surdité de transmission ou de perception.
Électrocochléographie (examen complémentaire de l'acoumétrie).	Examen, sous anesthésie locale ou générale, qui consiste à faire passer une électrode très fine à travers le tympan et à placer son extrémité sur la partie osseuse de la cochlée (organe de l'audition), puis à envoyer une série de stimulations sonores, la cochlée produisant naturellement une réponse électrique.	Cet examen permet de dépister précocement une surdité. Il est pratiqué chez les nourrissons nés dans une famille comptant des cas de surdité, en cas d'anomalie de la grossesse (rubéole, toxoplasmose) ou de l'accouchement (souffrance de l'enfant), ou lorsque l'on suspecte une surdité. Il permet aussi de suivre l'évolution d'une affection ou l'efficacité d'un traitement.
Électronystagmographie.	Enregistrement du nystagmus (secousses des globes oculaires). Trois électrodes, placées autour de chaque œil, enregistrent les modifications électriques entraînées par les mouvements du globe oculaire.	Exploration de certains troubles de l'équilibre ou des vertiges, survenant au cours de lésions neurologiques ou d'atteintes de l'oreille interne. L'examen permet de déterminer la cause et le type du nystagmus.
Endoscopie nasale.	Examen des fosses nasales et de la cavité supérieure du larynx (cavum) à l'aide d'un endoscope souple (fibroscope) ou rigide.	Examen pratiqué en cas d'affections des fosses nasales et des sinus (rhinite, sinusite, polype, etc.) pour compléter, si besoin, un examen classique (rhinoscopie).

LES EXAMENS ORL

Examen	Principe	Indications
Enregistrement des potentiels évoqués auditifs.	Enregistrement, au moyen d'électrodes placées derrière les oreilles et sur le front, de l'activité électrique des voies nerveuses de l'oreille interne jusqu'au cerveau, lors d'une stimulation de l'oreille par des sons brefs, d'intensité décroissante.	Recherche du siège (au niveau de l'oreille interne, du nerf auditif ou des centres nerveux du cerveau) d'une lésion responsable de surdité neurosensorielle. Mesure objective de l'audition.
Fibroscopie du pharynx et du larynx.	Examen endoscopique permettant de visualiser la dernière partie du pharynx et le larynx : un tube souple (fibroscope) est introduit par une narine.	Recherche d'une anomalie de la zone étudiée.
Impédancemétrie.	Étude de la souplesse du tympan et des osselets à l'aide d'une sonde introduite dans le conduit auditif externe. La sonde est munie de trois canaux : l'un fait varier la pression sur le tympan, le deuxième émet des sons, et le troisième analyse la variation de pression qu'entraîne le mouvement du tympan en réponse aux sons émis.	Diagnostic de différentes affections : maladie héréditaire de l'oreille moyenne entraînant une surdité (otospongiose), inflammation des cavités de l'oreille moyenne et du tympan (otite), anomalie de la trompe d'Eustache.
IRM de la tête.	Technique d'imagerie médicale permettant de reconstruire par ordinateur des images en coupe.	Diagnostic d'une tumeur ou évaluation de son extension.
Laryngoscopie directe.	Examen endoscopique, souvent réalisé sous microscope et nécessitant une anesthésie générale, qui permet d'observer le larynx : un tube creux, équipé d'un système d'éclairage, est introduit par la bouche de façon que son extrémité atteigne la partie supérieure du larynx.	Observation de l'intérieur du larynx en cas de troubles de la voix, de douleurs du pharynx, de difficultés respiratoires. Lors de cet examen, il est possible de prélever des tissus à des fins d'analyse (biopsie) ou de pratiquer certaines interventions chirurgicales (avec des instruments chirurgicaux classiques ou au laser).
Laryngoscopie indirecte.	Observation de l'intérieur de la gorge au moyen d'un petit miroir monté sur un manche.	Détection et retrait d'un corps étranger (arête de poisson coincée dans la gorge, par exemple). Appréciation de l'état du larynx.
Otoscopie.	Examen du conduit auditif de l'oreille externe, réalisé à l'aide d'un spéculum (petit cône creux).	Observation du tympan, notamment en cas d'otite ou de surdité.
Radiographie de la face.	Examen utilisant les rayons X pour visualiser les différentes structures de la face.	Visualisation des os et des sinus de la face. Examen indiqué en cas de traumatisme, d'affection des sinus et des rochers (partie inférieure de l'os temporal).
Rhinoscopie.	Examen des fosses nasales et du cavum, réalisé au moyen d'un spéculum à deux valves et d'un miroir incliné permettant de visualiser les cavités.	Examen pratiqué en cas d'atteinte des fosses nasales et des sinus.
Sialographie.	Examen radiologique d'une glande salivaire, réalisé après injection dans la glande d'un produit de contraste opaque aux rayons X.	Recherche d'un calcul dans le canal excréteur de la glande salivaire.

Les Examens de l'Appareil Digestif

Les organes de l'appareil digestif et leur fonctionnement sont étudiés par de nombreux examens. Ceux-ci font appel à des techniques d'imagerie médicale ou sont réalisés en laboratoire.

D'autres examens, regroupés sous le terme d'épreuves fonctionnelles, ont pour but d'observer le fonctionnement des différents segments du tube digestif : étude du mécanisme de la défécation, du fonctionnement des sphincters de l'œsophage, par exemple.

Examen	Principe	Indications
IMAGERIE MÉDICALE ET ENDOSCOPIE		
Anuscopie	Exploration de l'anus et du bas du rectum à l'aide d'un tube muni d'un système optique introduit par l'anus.	Diagnostic des hémorroïdes, des fissures et fistules anales, des ulcérations et des cancers de l'anus.
Coloscopie	Examen qui permet d'inspecter toute la muqueuse du côlon à l'aide d'un long tuyau flexible muni d'un système optique (coloscope). On peut pratiquer des prélèvements de tissu (biopsie) pendant l'examen, ainsi que, le cas échéant, l'ablation de polypes.	Recherche de la cause d'une diarrhée, d'un saignement digestif, de douleurs abdominales et diagnostic d'un polype ou d'un cancer du côlon ; surveillance des patients ayant été opérés d'un cancer du côlon ou du rectum.
Échoendoscopie	Exploration du tube digestif à l'aide d'un tube muni à son extrémité d'une sonde émettant et recueillant des ultrasons. Selon la partie à étudier, le tube est introduit par la bouche ou par l'anus.	Diagnostic et estimation de l'extension de tumeurs de l'œsophage, de l'estomac et du rectum, des affections aiguës ou chroniques du pancréas, des maladies des voies biliaires.
Échographie hépato-bilio-pancréatique	Technique permettant de visualiser les organes de l'abdomen en déplaçant sur la peau une sonde émettant et recueillant des ultrasons.	Dépistage d'inflammations, d'une cirrhose, de calculs de la vésicule biliaire. Mise en évidence d'un kyste ou d'une tumeur.
Gastroscopie	Exploration de la muqueuse du haut du tube digestif (de l'œsophage au duodénum) à l'aide d'un tube souple (fibroscope) introduit par la bouche jusqu'à l'estomac.	Examen des muqueuses du tube digestif, extraction de corps étrangers, ablation de petites tumeurs et arrêt d'hémorragies par injection ou coagulation.
IRM abdominale	Technique utilisant les propriétés de résonance magnétique nucléaire du corps et donnant des images en coupe des organes.	Précisions sur l'emplacement et l'extension d'une lésion.
Lavement baryté	Examen radiologique permettant, après introduction dans l'anus d'un produit de contraste à base de baryum, de visualiser le gros intestin (côlon).	En cas de troubles du transit (alternance de constipation et de diarrhées), pour diagnostiquer des polypes ou diverticules ou un cancer du côlon.

LES EXAMENS DE L'APPAREIL DIGESTIF

Examen	Principe	Indications
Rectoscopie	Examen permettant d'inspecter les parois du rectum à l'aide d'un tube rigide muni d'un système optique. Des prélèvements de tissu (biopsie) sont possibles.	Recherche d'une cause en cas de douleurs dans l'anus ou le rectum, hémorroïdes, hémorragies de la muqueuse du rectum, troubles du transit.
Scanner abdominal	Examen radiologique utilisant un appareil (scanner à rayons X) qui permet d'obtenir des images en coupe très fines de l'organe étudié.	Étude des organes contenus dans la cavité de l'abdomen : foie, pancréas, reins, rate, aorte, veine cave inférieure, tube digestif, vessie.
Transit baryté de l'intestin grêle	Examen radiologique de l'intestin grêle réalisé après absorption ou introduction par une sonde (par la bouche ou le nez) d'un produit de contraste (baryte).	Mise en évidence d'une lésion de l'intestin grêle (jéjunum et iléon) ou d'un rétrécissement de ces segments, dû à une inflammation ou à une tumeur.
Transit œso-gastro-duodénal	Série de clichés radiographiques de la partie supérieure du tube digestif (œsophage, estomac, duodénum) réalisés après absorption de produit de contraste (baryte).	Mise en évidence de lésions de la paroi des organes étudiés dues à une maladie inflammatoire, à une tumeur ou à un ulcère.
LES DOSAGES SANGUINS Amylasémie	Mesure du taux d'amylase, une enzyme intervenant dans la digestion de l'amidon.	Diagnostic d'une pancréatite aiguë ou recherche d'un cancer des voies digestives.
Bilirubinémie	Mesure du taux de bilirubine, pigment jaune-brun, déchet de l'hémoglobine et principal colorant de la bile.	Orientation du diagnostic vers une maladie du foie ou une obstruction des voies biliaires.
Lipasémie	Mesure du taux des lipases, substances (enzymes) participant aux transformations chimiques des graisses (lipides).	Suivi de l'évolution d'une inflammation aiguë du pancréas ou d'une obstruction du canal du pancréas (canal de Wirsung) par un calcul ou une tumeur maligne.
Transaminasémie	Mesure du taux des transaminases, substances présentes dans le sang, dont l'augmentation du taux est révélatrice de certaines affections.	En cas de suspicion d'une hépatite, d'une cirrhose ou d'un cancer du foie.
LES EXAMENS DES SELLES Coproculture	Examen au microscope d'un échantillon de selles pour y rechercher d'éventuels microbes (bactéries ou virus).	En cas de selles glaireuses et sanglantes (dysenterie), d'une diarrhée accompagnée de fièvre.
Examen parasitologique des selles	Examen au microscope d'un échantillon de selles pour y rechercher d'éventuels parasites.	En cas de suspicion d'une maladie parasitaire (amibiase, bilharziose).
LES ÉPREUVES FONCTIONNELLES Manométrie	Examen destiné à mesurer les pressions qui règnent à l'intérieur du tube digestif.	Détection de troubles de la défécation, d'un défaut de relâchement d'un sphincter de l'œsophage.
PH-métrie œsophagienne (exploration par)	Mesure pendant plusieurs heures, du degré d'acidité du bas de l'œsophage, grâce à une sonde munie d'une électrode, introduite par une narine jusqu'à l'œsophage.	Diagnostic du passage anormal de liquide acide issu de l'estomac dans l'œsophage (reflux gastro-œsophagien). Contrôle de l'efficacité du traitement chirurgical ou médical de ce reflux.

Les Examens de l'Appareil Urinaire

L'appareil urinaire et son fonctionnement peuvent être étudiés à l'aide des différentes techniques d'imagerie médicale : radiographie, scanner, imagerie par résonance magnétique, échographie et endoscopie.

D'autres examens sont réalisés en laboratoire à partir d'un échantillon d'urine ou d'un fragment de tissu prélevé lors d'une petite intervention ou par endoscopie (biopsie). Ils permettent de déceler diverses anomalies et de suivre l'évolution de nombreuses affections.

Examen	Principe	Indications
IMAGERIE MÉDICALE ET ENDOSCOPIE Cystoscopie	Examen de la vessie à l'aide d'un tube souple ou rigide muni d'un système optique (cystoscope), que l'on introduit par les voies naturelles (urètre), après anesthésie locale chez l'homme.	Observation du bas de l'appareil urinaire (vessie, urètre). Possibilité pendant l'examen d'effectuer diverses interventions : prélèvement de tissus, extraction de calculs, etc.
Échographie prostatique	Technique d'imagerie médicale permettant de visualiser la prostate grâce à une sonde émettant et recueillant des ultrasons, introduite par l'anus.	Recherche ou diagnostic d'une maladie de la prostate (adénome, tumeur).
Échographie rénale	Technique d'imagerie médicale permettant de visualiser les reins en déplaçant sur la peau, à l'endroit où sont situés ces organes, une sonde émettant des ultrasons.	Recherche de calculs urinaires, de dilatation des voies urinaires, de kystes ou de tumeurs du rein en cas de troubles de l'émission d'urine, de douleurs, d'infection, de présence de sang dans les urines.
IRM abdomino-pelvienne	Technique d'imagerie radiologique utilisant les propriétés de résonance magnétique nucléaire des composants du corps et donnant des images en coupe.	Précisions sur l'emplacement et l'extension d'une lésion des organes de l'appareil urinaire (rein essentiellement).
Scanner abdomino-pelvien	Examen radiologique utilisant un appareil (scanner à rayons X) qui permet d'obtenir des images en coupe très fines de l'organe étudié.	Étude des organes de l'appareil urinaire (rein, vessie).
Urographie intraveineuse	Examen radiologique qui permet d'étudier la morphologie et le fonctionnement de l'appareil urinaire. Il consiste à radiographier les voies urinaires après avoir rendu celles-ci opaques aux rayons X en injectant, dans une veine du patient, un produit iodé radio-opaque.	Examen réalisé en cas d'infection urinaire, de présence de sang dans les urines, de douleurs liées à la migration d'un calcul dans les voies urinaires (coliques néphrétiques) ou de troubles de l'émission d'urine.
LES EXAMENS DE LABORATOIRE Créatininémie	Mesure dans un échantillon de sang du taux de créatinine, une substance normalement éliminée par les reins dans les urines.	Recherche ou confirmation d'une incapacité des reins à assurer correctement leur rôle de filtre du sang (insuffisance rénale).

LES EXAMENS DE L'APPAREIL URINAIRE

Examen	Principe	Indications
Cytologie urinaire	Étude au microscope des cellules desquamées de la paroi de la vessie, issues d'un échantillon d'urines.	Recherche de cellules anormales cancéreuses, en rapport avec une tumeur de la vessie.
Dosage des antigènes prostatiques sanguins (PSA)	Mesure, réalisée en laboratoire sur un échantillon de sang, du taux de l'antigène spécifique de la prostate, une substance produite par la prostate.	Dépistage et surveillance après traitement d'un cancer de la prostate, d'un adénome de la prostate (tumeur bénigne) ou d'une inflammation aiguë de la prostate.
Examen cytobactériologique des urines (ECBU)	Examen au microscope, réalisé en laboratoire, d'un échantillon d'urines recueillies dans un flacon stérile, dans le but de déterminer le nombre de microbes et de globules rouges et blancs par millilitre d'urine.	Diagnostic d'une infection de l'appareil urinaire. En cas de détection de globules rouges dans les urines (hématurie), orientation du diagnostic vers un calcul du rein ou une tumeur de l'appareil urinaire.
Ionogramme urinaire	Recherche, dans un échantillon d'urine des ions qu'il contient (sodium, potassium, calcium, magnésium, chlore, etc.) et mesure de leur concentration respective.	Diagnostic et suivi des maladies perturbant la composition en eau et en ions des liquides de l'organisme : diarrhée, œdème, insuffisance rénale, déshydratation, hyperhydratation, etc.
Mesure du pH urinaire	Mesure du caractère plus ou moins acide des urines, effectuée en laboratoire à partir d'un échantillon.	Évaluation du risque de formation de calculs d'acide urique en cas d'urines trop acides.
Ponction-biopsie prostatique	Prélèvement d'un fragment de la prostate, suivi de l'examen au microscope des tissus prélevés.	Diagnostic des tumeurs (bénignes ou malignes) de la prostate.
Ponction-biopsie rénale	Prélèvement d'un fragment de tissu d'un rein, suivi de l'examen au microscope des tissus prélevés. Examen pratiqué seulement lorsque les autres moyens d'investigation sont insuffisants.	Confirmation du diagnostic d'affections rénales difficiles à identifier : syndrome néphrotique, périartérite noueuse ou lupus érythémateux disséminé.
Recherche d'hématurie microscopique	Examen réalisé en laboratoire à partir d'un échantillon d'urines afin de déterminer s'il contient du sang.	En cas d'excès de globules rouges (plus de 2 000/ml), orientation du diagnostic vers une infection urinaire, une tumeur de la vessie, des calculs rénaux.
Urémie	Mesure dans un échantillon de sang du taux d'urée, un produit de déchet des aliments normalement éliminé par les reins.	Recherche ou confirmation d'une incapacité des reins à assurer correctement leur rôle de filtre du sang (insuffisance rénale).
LES ÉPREUVES FONCTIONNELLES Débitmétrie mictionnelle	Mesure de la qualité de la miction en faisant uriner le patient dans l'appareil (débitmètre) qui permet de calculer le débit d'urines en ml/s.	Recherche d'obstacles à l'évacuation de la vessie, en particulier en cas d'adénome de la prostate.
Exploration urodynamique	Ensemble des examens permettant d'enregistrer les variations de pression et de débit régnant dans l'appareil urinaire.	Recherche de certaines anomalies de l'évacuation de l'urine au niveau de la vessie et d'anomalies de la miction.

Les Examens du Système Hormonal

LES DOSAGES HORMONAUX

Les dosages hormonaux font partie des examens régulièrement pratiqués lorsque l'on souhaite étudier le système hormonal.

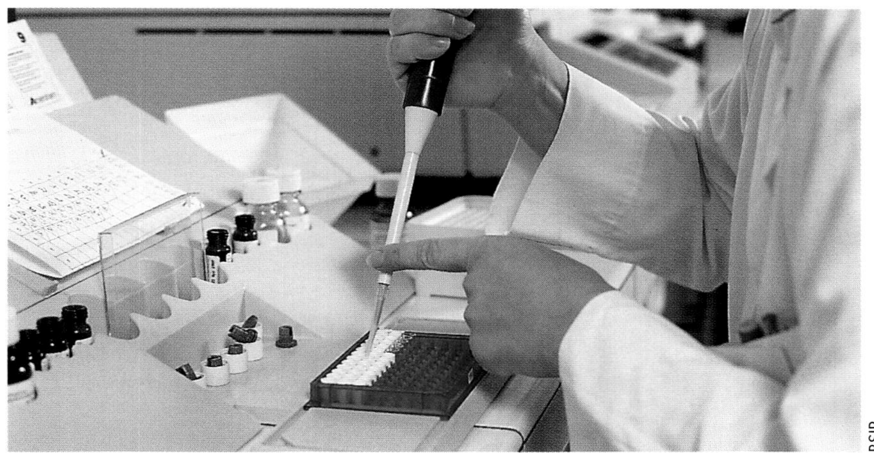

BSIP

***Les dosages hormonaux.** Effectués en laboratoire par des personnes spécialisées, ces dosages nécessitent des moyens techniques sophistiqués.*

Les dosages hormonaux permettent de mettre en évidence une anomalie de la sécrétion d'une hormone. Ils sont effectués en laboratoire, à partir de divers prélèvements : de sang, d'urine, ou, dans certains cas particuliers, de salive. Ils peuvent être complétés par des examens d'imagerie médicale de la glande qui sécrète l'hormone en cause (échographie, scanner, imagerie par résonance magnétique, scintigraphie). Pratiquement toutes les hormones de l'organisme peuvent être dosées. Selon l'objectif du médecin, les dosages hormonaux sont réalisés de différentes façons.

LES DOSAGES DE BASE

Ils évaluent la production spontanée d'une hormone par la glande concernée. Par exemple, lorsque l'on soupçonne une maladie des glandes surrénales, on mesure la production spontanée des hormones surrénaliennes. Le résultat permet de mettre en évidence un mauvais fonctionnement de ces glandes.

LES TESTS DYNAMIQUES

Les tests dynamiques sont généralement demandés en complément des dosages de base. Ils ont pour but de mesurer la réponse d'une glande hormonale lorsque son activité est stimulée ou, à l'inverse, freinée. Les tests de stimulation consistent à injecter une substance qui augmente la production hormonale par la glande concernée. Ils sont pratiqués lorsque l'on suspecte une insuffisance de production hormonale (par exemple, une insuffisance surrénalienne dans le cas des glandes surrénales). À l'inverse, les tests de freinage consistent à administrer une substance qui diminue, voire annule, la production hormonale de la glande en cause. Ils sont indiqués lorsque l'on suspecte un excès de production hormonale (par exemple, un hypercorticolisme).

LES HORMONES SURRÉNALIENNES

Les glandes surrénales sécrètent plusieurs hormones : l'aldostérone, responsable de la rétention de sodium par les reins, le cortisol, qui influence certaines réactions chimiques, les androgènes surrénaliens, hormones mâles, l'adrénaline et la noradrénaline, qui jouent un rôle dans les réactions de l'organisme face au stress. Un excès (hypercorticolisme) ou un ralentissement (insuffisance surrénalienne) de leur production entraînent divers symptômes qui nécessitent un traitement. Ces dysfonctionnements sont notamment diagnostiqués en réalisant des dosages hormonaux.

L'IMAGERIE MÉDICALE

Les différentes techniques d'imagerie médicale permettent de visualiser les diverses glandes qui composent le système hormonal et d'évaluer leur fonctionnement, normal ou anormal.

Les résultats des examens d'imagerie médicale, quel que soit le type de technique mis en œuvre, doivent toujours être confrontés aux données obtenues par l'examen clinique du patient et par les dosages biologiques des hormones. Ainsi, grâce à l'ensemble des résultats de ces examens, le médecin peut établir un diagnostic précis.

Examen	Principe	Indications
Échographie	Technique permettant de visualiser les différentes glandes, en déplaçant sur la peau, à l'endroit où se situent ces organes, une sonde émettant des ultrasons. L'image obtenue est visible sur un écran. Pour explorer les glandes profondes (pancréas), cette technique peut être associée à l'endoscopie : la sonde est introduite dans le corps par l'intermédiaire d'un tube optique muni d'un système d'éclairage.	Diagnostic de kystes ou de tumeurs de la glande thyroïde, du pancréas, des ovaires et des testicules.
IRM (imagerie par résonance magnétique)	Technique utilisant les propriétés de résonance magnétique nucléaire des composants du corps humain, et permettant de reconstruire par ordinateur des images en coupe des différentes glandes.	Diagnostic de tumeurs de l'hypothalamus, de l'hypophyse, des glandes surrénales, de kystes des surrénales.
Scanner	Examen utilisant un appareil (scanner à rayons X) qui permet d'obtenir des images en coupe très précises des différentes glandes. Un ordinateur transforme les données obtenues en images, visibles sur un écran.	Diagnostic de tumeurs de l'hypothalamus, de l'hypophyse et des glandes surrénales.
Scintigraphie	Technique permettant de visualiser les glandes hormonales et d'évaluer leur fonctionnement par la détection des radiations émises par une substance radioactive (radioélément), introduite dans l'organisme et ayant une affinité particulière pour la glande sur laquelle elle se fixe.	Diagnostic d'une tuméfaction localisée de la glande thyroïde (nodule) et d'un excès de production de la glande thyroïde (hyperthyroïdie) et des glandes parathyroïdes (hyperparathyroïdie). Examen également pratiqué en cas de sécrétion anormalement élevée d'aldostérone, hormone produite par les glandes surrénales (hyperaldostéronisme).

EXAMENS DE L'APPAREIL GÉNITAL

L'HOMME

Moins connus que ceux de l'appareil génital féminin, ces examens jouent un rôle essentiel dans le diagnostic et le dépistage des tumeurs, des infections, des troubles de la sexualité et de la fécondité.

De nombreux examens permettent d'explorer l'appareil génital masculin : spermogramme pour étudier les spermatozoïdes, échographie de la prostate et des testicules, écho-Doppler des corps caverneux… Ces examens permettent le dépistage et le diagnostic de nombreuses affections : malformations, tumeurs, infections, troubles de l'éjaculation ou de l'érection…

L'ÉTUDE DU SPERME

Une étude du sperme (spermogramme) est effectuée lorsqu'un couple vient consulter pour infertilité. Elle consiste à évaluer le nombre de spermatozoïdes dans l'éjaculat (le sperme éjaculé), leur mobilité durant la première heure après l'éjaculation et dans les 4 heures qui suivent ainsi qu'à détecter et compter les formes anormales (spermatozoïdes trop petits, à tête double, à flagelle double) grâce à un frottis (spermatocytogramme).
Le spermogramme se pratique dans un laboratoire d'analyses médicales. Avant l'examen, l'homme doit s'abstenir de toute relation sexuelle durant 3 à 5 jours. Le jour de l'examen, il recueille son sperme par masturbation.

P. Correz – Fotogram Stone

LA TESTOSTÉRONE

Sécrétée par les testicules et les glandes surrénales chez l'homme (et par les glandes surrénales chez la femme), la testostérone est la principale hormone mâle (androgène). Elle est nécessaire à la production de spermatozoïdes et au développement des organes génitaux.
Elle est responsable de l'apparition et du maintien des caractères sexuels secondaires masculins (répartition de la musculature, de la pilosité, mue de la voix et libido).

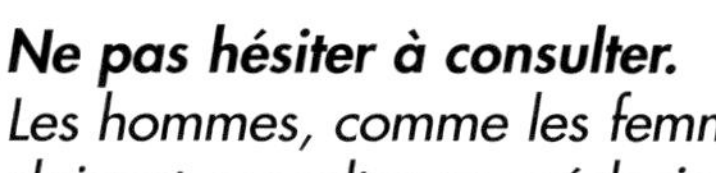

Ne pas hésiter à consulter.
Les hommes, comme les femmes, doivent consulter un médecin en cas de trouble génital.

LES EXAMENS DE LA PROSTATE

Ils permettent de dépister et de suivre l'évolution des principales maladies de la prostate que sont l'adénome, le cancer, l'infection (prostatite), l'abcès et le kyste.

Le toucher rectal. Le toucher rectal se pratique avec l'index, muni d'un doigtier lubrifié. Il permet de palper la prostate, d'évaluer sa forme, sa consistance, sa régularité et son volume. Cet examen devrait être réalisé systématiquement tous les ans à partir de 50 ans à titre de dépistage de l'adénome ou du cancer de la prostate.

L'échographie de la prostate. Elle permet d'évaluer très précisément la structure et le volume de la prostate. La sonde munie d'un émetteur d'ultrasons est introduite dans le rectum, ce qui est déplaisant mais indolore et sans risque. Si le médecin découvre au cours de l'examen une anomalie, il peut décider d'effectuer une biopsie de la prostate.

La biopsie prostatique. Elle permet de confirmer le diagnostic d'un cancer de la prostate. Elle est réalisée grâce à une aiguille à biopsie introduite par voie rectale sous contrôle échographique, ce qui permet de prélever très précisément une zone de la prostate suspecte à l'échographie. Elle ne nécessite pas d'anesthésie.

Les examens biologiques. Le dosage du PSA (antigène prostatique spécifique) renseigne sur le volume de la prostate (plus la glande est volumineuse, plus les antigènes libérés dans le sang sont importants) et, en cas d'hypertrophie, sur la nature, cancéreuse ou non, du tissu prostatique ; il permet parfois de déceler un cancer de la prostate qui ne s'est pas encore manifesté cliniquement.

UROLOGIE ET ANDROLOGIE

L'urologue est un médecin spécialiste qui traite les maladies de l'appareil urinaire masculin et féminin. L'étude de l'appareil génital masculin fait l'objet d'une spécialisation particulière, pratiquée par les urologues : l'andrologie. Concernant les troubles masculins (y compris les problèmes de stérilité), les champs d'intervention de l'urologie et de l'andrologie recouvrent :
– les anomalies (constitutionnelles ou acquises) et les maladies de l'appareil urogénital (prostate, vésicules séminales, testicules, épididymes, pénis, mais aussi reins, uretères, vessie, urètre) ;
– les anomalies hormonales (de sécrétion de testostérone, notamment) ;
– les anomalies du sperme (absence de sperme, absence de spermatozoïdes...).

LES EXAMENS DES TESTICULES

L'examen clinique (observation, palpation) est complété, si nécessaire, par différents examens :
– l'échographie des testicules, qui permet d'en observer la taille, la structure et la localisation et d'étudier l'organe qui s'étend derrière chaque testicule (épididyme).
– les dosages hormonaux (testostérone, hormone folliculostimulante et lutéinisante) ;
– l'étude des marqueurs tumoraux (substances synthétisées par des cellules cancéreuses ou saines en réponse à la présence d'une tumeur) ;
– la biopsie (prélèvement d'un fragment de tissu) ;

LES EXAMENS DU PÉNIS

Les affections du pénis peuvent être des malformations ou des maladies (infections, cancer, troubles neurologiques, vasculaires ou endocriniens...). Outre l'examen clinique, le médecin peut avoir recours à la biopsie (prélèvement et analyse d'un fragment de tissu) et aux techniques d'imagerie médicale pour confirmer son diagnostic. Prescrit dans les cas de troubles de l'érection, le Doppler pénien permet d'étudier l'état des vaisseaux sanguins du pénis.

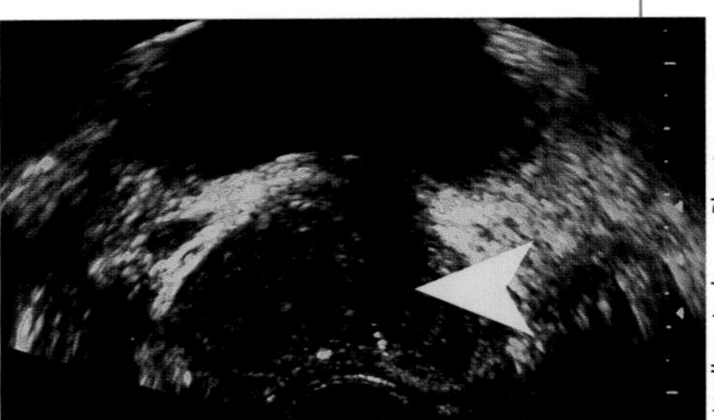

Airelle – Joubert – Phanie

Échographie de la prostate. *La masse noire en haut est la vessie ; en dessous, on voit la prostate (fléchée).*

EXAMENS DE L'APPAREIL GÉNITAL

LA FEMME : CHEZ LE GYNÉCOLOGUE

La plupart des femmes sont amenées à consulter régulièrement un gynécologue, ne serait-ce qu'en raison des impératifs liés à la vie sexuelle (contraception, suivi de grossesse).

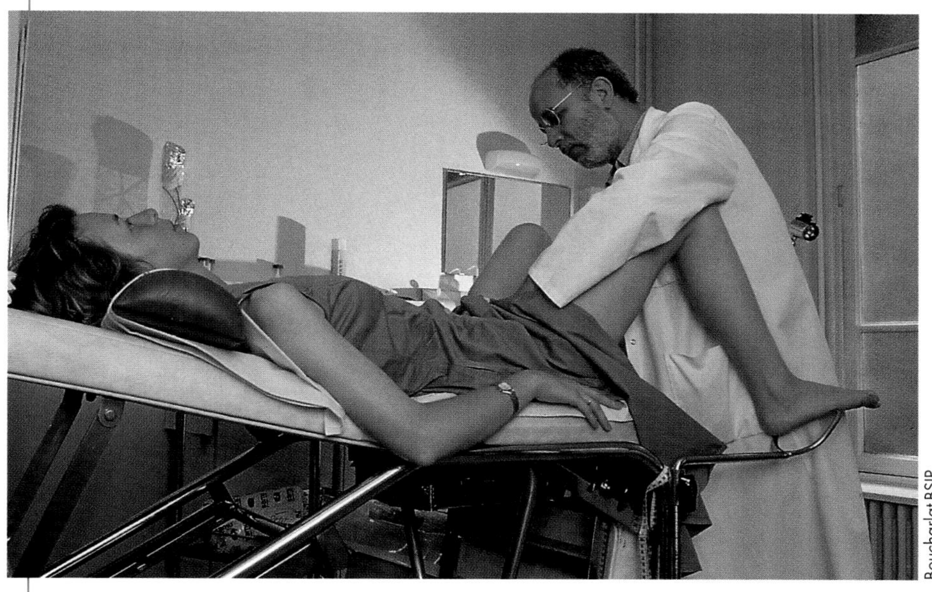

Boucharlat-BSIP

***Position gynécologique.** La patiente est allongée sur le dos, jambes repliées et pieds placés dans des étriers.*

Une consultation en gynécologie se déroule en plusieurs temps : interrogatoire de la patiente, examen de l'appareil génital et palpation des seins. Selon le cas, le gynécologue complète cet examen en faisant différents prélèvements.

L'ENTRETIEN

En fonction du motif de consultation, et surtout si la patiente vient consulter pour la première fois, le gynécologue est amené à la soumettre à un interrogatoire minutieux. En effet, de nombreux éléments peuvent aider au diagnostic, orienter le choix d'un contraceptif, décider du bien-fondé d'examens complémentaires, etc. Il est en particulier important de connaître les antécédents de la patiente (maladies, cas familiaux de cancers du sein ou de l'appareil génital) et, si celle-ci vient consulter pour un trouble, la nature de ses symptômes : absence ou irrégularité des règles, saignements ou pertes anormaux, douleurs (quand sont-elles apparues ? sont-elles intermittentes ou continues ? à quel moment du cycle surviennent-elles ?), existence d'une incontinence urinaire (est-elle permanente ou survient-elle lors d'efforts ?), troubles sexuels (s'agit-il d'une baisse du désir ? d'une incapacité à ressentir un orgasme ? d'une incapacité à supporter la pénétration ?), etc.

LA BIOPSIE

La biopsie est le prélèvement d'un fragment de tissu ou d'organe destiné à être examiné au microscope. Elle est effectuée soit au cabinet du gynécologue, soit à l'occasion d'un examen endoscopique ou d'une intervention chirurgicale, à l'aide d'une petite tige ou d'une pince introduite dans l'utérus. La biopsie permet le diagnostic des anomalies locales ou la confirmation du caractère bénin de lésions connues.

LE TOUCHER VAGINAL

Cet examen permet de dépister une anomalie de position ou une augmentation de la taille de l'utérus, la présence d'une masse dans l'utérus, les ovaires ou les trompes, ou encore une anomalie siégeant au niveau du col de l'utérus. En cours de grossesse, le toucher vaginal renseigne sur l'état du col de l'utérus, dont les modifications éventuelles laissent présumer une menace d'accouchement prématuré. Le médecin introduit 2 doigts recouverts d'un gant lubrifié dans le vagin et palpe simultanément l'abdomen, pour examiner l'utérus, les trompes et les ovaires.

LA PALPATION DES SEINS

Un examen au cabinet du gynécologue comprend toujours une palpation des seins : le médecin, du plat de la main, appuie fermement sur chacun des deux seins, quartier par quartier, la patiente étant d'abord en position assise, puis couchée. Cette palpation permet de détecter la présence d'une grosseur suspecte (kyste, abcès, tumeur).

LA RECHERCHE D'ANOMALIES CELLULAIRES

Divers examens sont couramment pratiqués au cabinet du gynécologue dans le but de dépister des modifications des cellules de l'appareil génital (cellules précancéreuses).

Le frottis. Il consiste à prélever des cellules du vagin et du col de l'utérus à l'aide d'une petite spatule après mise en place du spéculum. Les prélèvements sont étalés sur une lame de verre et envoyés en laboratoire, où ils seront observés au microscope. Il est recommandé de se soumettre à 2 frottis à un an d'intervalle au début de la vie sexuelle, puis à un frottis tous les 2 ou 3 ans.

Le test de Schiller. Également appelé test au lugol, il consiste à badigeonner le col de l'utérus avec un tampon imbibé de lugol (solution d'iode et d'iodure de potassium diluée dans de l'eau), puis à étudier la réaction de la muqueuse. Ce test permet de déceler une anomalie cellulaire prédisposant au cancer de l'utérus.

LES EXAMENS PRATIQUÉS EN CAS DE STÉRILITÉ

Si la patiente vient consulter pour stérilité, et avant des investigations plus poussées, différents examens peuvent être réalisés au cabinet du gynécologue.

L'étude de la glaire cervicale. Elle consiste à prélever de la glaire cervicale entre le 11e et le 13e jour du cycle. Le prélèvement est étalé sur une lame de verre et observé au microscope.

Le test de Huhner. C'est l'étude de l'ascension des spermatozoïdes dans la glaire cervicale. Il consiste à prélever de la glaire cervicale 8 à 12 heures après un rapport sexuel.

La biopsie de l'endomètre. C'est le prélèvement d'un fragment de l'endomètre, tissu qui recouvre l'intérieur de l'utérus, à des fins d'analyse en laboratoire. Le prélèvement est effectué à l'aide d'une petite tige en métal ou en plastique introduite dans l'utérus. Cet examen permet d'étudier l'équilibre hormonal de la patiente. Il peut aussi être pratiqué chez les femmes ménopausées pour déceler une éventuelle anomalie siégeant dans l'utérus.

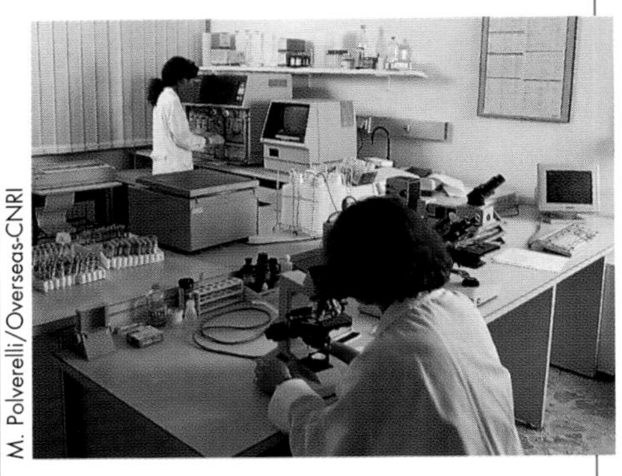

M. Polverelli/Overseas-CNRI

Au laboratoire. *Le médecin envoie les prélèvements (frottis, notamment) au laboratoire pour qu'ils soient analysés.*

QUELQUES MOTS À CONNAÎTRE

Endomètre. Muqueuse tapissant la face interne de l'utérus. L'endomètre s'épaissit pendant la première moitié du cycle menstruel ; en l'absence de fécondation, sa couche superficielle se décolle et est éliminée, formant les règles.

Glaire cervicale. Liquide visqueux et transparent sécrété par les cellules du col de l'utérus sous l'action de certaines hormones, les œstrogènes. Son rôle est de favoriser l'ascension des spermatozoïdes dans l'utérus.

Gynécologue. Médecin spécialisé dans l'étude de l'organisme de la femme, les affections de son appareil génital et leur traitement, le suivi des premiers mois de la grossesse.

Spéculum. Instrument médical en acier ou en plastique, en forme de bec de canard, utilisé lors de l'examen gynécologique pour écarter légèrement les parois du vagin.

EXAMENS DE L'APPAREIL GÉNITAL

LA FEMME : L'IMAGERIE MÉDICALE

Ces examens endoscopiques, radiographiques ou échographiques sont demandés par le gynécologue pour établir ou compléter un diagnostic, confirmer une grossesse ou la surveiller.

On appelle techniques d'imagerie médicale l'ensemble des procédés permettant de visualiser sur un écran les organes ou les différentes parties du corps. De telles techniques sont d'un emploi très courant en gynécologie pour confirmer le diagnostic d'affections des organes génitaux internes (vagin, utérus, trompes de Fallope, ovaires).

LES EXAMENS ENDOSCOPIQUES

Ce sont des examens réalisés à l'aide d'un endoscope, tube optique rigide ou souple (on parle alors de fibroscope) muni d'un système d'éclairage et introduit dans une cavité de l'organisme, si besoin après anesthésie locale ou générale. L'endoscope peut être équipé d'instruments chirurgicaux permettant, par exemple, de réaliser un prélèvement de tissu à des fins d'analyse (biopsie).

La colposcopie. C'est un examen endoscopique du vagin et du col de l'utérus, utilisé dans le diagnostic et la surveillance de toutes les maladies du col de l'utérus ; il est systématiquement pratiqué en cas d'anomalie du frottis (examen au microscope d'un prélèvement de cellules du vagin et de l'utérus).

Après avoir mis en place un spéculum, le médecin observe directement le vagin et le col de l'utérus à l'aide d'un tube optique (colposcope). Il applique différentes solutions pour faire apparaître d'éventuelles lésions et effectue, si nécessaire, des prélèvements biopsiques.

L'hystéroscopie. C'est un examen endoscopique de l'utérus qui permet de détecter des anomalies de la muqueuse utérine (polype, fibrome, cancer).

Après mise en place d'un spéculum, le médecin introduit l'endoscope par le col utérin à l'intérieur de l'utérus et y insuffle du gaz carbonique pour distendre la cavité utérine, ce qui facilite l'exploration.

La cœlioscopie. Cet examen permet l'exploration des organes du petit bassin ; il est pratiqué pour rechercher l'origine d'une stérilité (obturation des trompes, adhérences, endométriose), diagnostiquer une grossesse extra-utérine, une

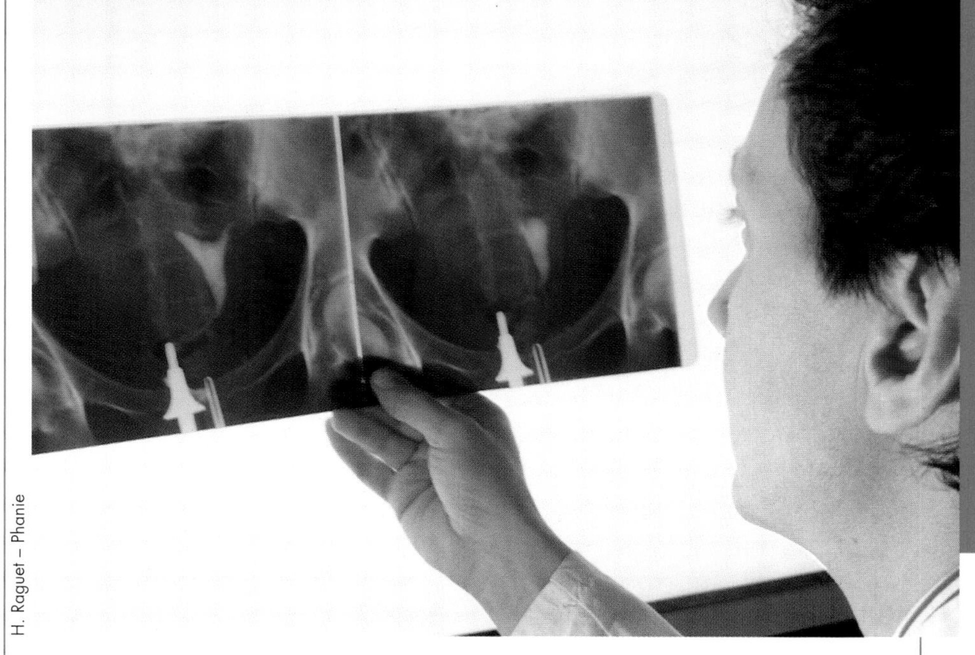

H. Raguet – Phanie

***Hystérographie.** C'est l'examen radiologique de l'utérus. Il est notamment prescrit lorsque la femme souffre de troubles des règles, de saignements anormaux ou de stérilité.*

LES EXAMENS DES SEINS

La mammographie. Cet examen radiographique des seins permet de dépister des lésions cancéreuses ou précancéreuses du sein. Il est recommandé d'effectuer une mammographie tous les 2 ans à partir de 40 ans.
L'échographie mammaire. Complémentaire de la mammographie, elle donne des précisions sur la nature liquide ou solide d'une tumeur, sur sa malignité ou sa bénignité. Elle est aussi utilisée par le médecin pour le guider lorsqu'il effectue une ponction.
La galactographie. Cet examen radiologique permet de visualiser les canaux galactophores (par lesquels s'écoule le lait) de la glande mammaire pour dépister une anomalie. Il est notamment prescrit en cas d'écoulement de sang par un pore du mamelon.
La cytoponction. Elle consiste à prélever, à l'aide d'une fine aiguille, des cellules d'une lésion située en profondeur en vue de leur examen au microscope.

infection des trompes (salpingite) ou obtenir des précisions sur la nature d'un kyste ovarien. Après anesthésie générale, l'endoscope est introduit grâce à une petite incision pratiquée dans le nombril.
L'utilisation de cœlioscopes de petit diamètre (2 à 4 mm), ou microcœlioscopie, pourrait se développer dans les prochaines années. Plus facile à mettre en œuvre que la cœlioscopie classique, celle-ci ne requiert qu'une anesthésie locale.

LES EXAMENS RADIOGRAPHIQUES

Ce sont des examens reposant sur l'utilisation des rayons X et consistant à enregistrer sur un film photographique l'image d'une zone du corps.
L'hystérosalpingographie. Cet examen associe une radiographie de l'utérus (hystérographie) et une radiographie des trompes de Fallope (salpingographie). Il nécessite, avant réalisation des clichés, l'introduction dans l'utérus d'un produit de contraste opaque aux rayons X.
Une hystérosalpingographie est pratiquée en cas de troubles des règles, de saignements anormaux, de stérilité, d'avortements spontanés à répétition. Elle permet de détecter des anomalies siégeant dans l'utérus telles que des fibromes, des polypes, des altérations des tissus, etc., et de diagnostiquer des rétrécissements, obstructions ou altérations des trompes.
L'introduction du produit de contraste peut entraîner des douleurs sans gravité, dans le bas-ventre, quelques heures après l'examen.
La colpocystographie. Elle permet d'explorer les mécanismes musculaires responsables du soutien des organes du pelvis (vagin, utérus, vessie, rectum), et est surtout prescrite en cas de récidive ou de complication de prolapsus (descente d'organe) ou d'incontinence.

LES EXAMENS ÉCHOGRAPHIQUES

L'échographie est une technique permettant de visualiser certains organes internes grâce à l'emploi des ultrasons. Ceux-ci sont émis par une sonde ; les ultrasons renvoyés par les organes sont traduits en images apparaissant immédiatement sur un écran. L'avantage de cette technique est d'être totalement indolore, sans danger et non invasive.
L'échographie pelvienne. Elle permet d'observer l'utérus, les ovaires et la vessie grâce à une sonde passée sur le bas-ventre. L'examen nécessite que la vessie soit pleine au moment de l'examen. La patiente doit donc boire auparavant et ne pas uriner.
L'échographie endovaginale. Cet examen consiste à introduire une sonde échographique à l'intérieur du vagin, ce qui permet de visualiser directement, donc avec une grande précision, les organes génitaux. Il permet en particulier de déceler et de localiser un fibrome ou un kyste, de suivre le déroulement d'une grossesse et de contrôler l'activité cardiaque du fœtus.
L'échographie endovaginale est également utilisée lors du traitement d'une stérilité ou de la programmation d'une fécondation in vitro, pour suivre le développement des follicules ovariens.

Les Examens du Système Nerveux

Certains examens sont très courants, d'autres sont demandés plus rarement, mais tous permettent de diagnostiquer une maladie du système nerveux et d'orienter le traitement ou l'intervention.

De nombreux examens médicaux sont pratiqués pour explorer le cerveau et le système nerveux. Ils peuvent être assez simples ou plus compliqués, mettant en œuvre des compétences médicales extrêmement pointues et un appareillage très sophistiqué. De nouvelles techniques d'examens, comme le scanner et l'IRM (imagerie par résonance magnétique), se développent depuis quelques années, mais nécessitent, en raison de leur coût élevé, une utilisation très précise.

Examen	Principe	Indications
Artériographie	Cet examen radiologique permet de visualiser les artères et leurs branches. Un produit de contraste iodé, introduit dans l'artère, est rapidement entraîné par le sang dans le système artériel.	L'artériographie est surtout utilisée pour établir les diagnostics préopératoires (prévoir le caractère plus ou moins hémorragique d'une intervention, par exemple). Elle permet aussi de localiser un rétrécissement artériel, un anévrysme.
Biopsie musculaire ou biopsie neuromusculaire	Le patient est sous anesthésie locale. Le médecin pratique une incision et prélève quelques fragment musculaires ou un fragment de nerf sensitif. Il referme ensuite l'incision par quelques points de suture. L'examen dure environ 20 minutes. Le fragment prélevé est ensuite analysé au microscope optique ou électronique. Il est conseillé de ne pas marcher pendant 48 heures après une biopsie neuromusculaire.	La biopsie musculaire permet de diagnostiquer des affections musculaires, et la biopsie neuromusculaire, de préciser la nature d'une affection du système nerveux périphérique.
Doppler transcrânien	Le Doppler utilise les ultrasons pour mesurer la vitesse de circulation du sang. Il permet d'explorer certaines artères du cerveau, à travers les os du crâne.	Cet examen étudie la façon dont le sang s'écoule dans les artères situées à l'intérieur du cerveau. Il permet par exemple de rechercher la cause d'un accident vasculaire cérébral.
Écho-Doppler des vaisseaux et du cou	Cet examen échographique explore les artères. Il comporte trois modalités : l'échographie bidimensionnelle visualise une artère et sa paroi ; le Doppler artériel étudie l'état du réseau artériel ; l'écho-Doppler avec codage couleurs visualise sur écran le flux sanguin coloré.	L'écho-Doppler permet de connaître avec précision l'état du réseau artériel ; il est utilisé pour rechercher un rétrécissement localisé dans une artère.
Électroencéphalographie (EEG)	Cet examen enregistre l'activité électrique spontanée du cerveau. À l'aide d'électrodes (de 18 à 24) posées sur le cuir chevelu, l'**électroencéphalographie** enregistre, sur un graphique, l'activité électrique spontanée des neurones du cortex cérébral.	Beaucoup moins employé qu'autrefois du fait de la concurrence du scanner, l'EEG sert surtout aujourd'hui à rechercher une épilepsie, le tracé permettant de localiser un éventuel foyer épileptique sur le cortex.

LES EXAMENS DU SYSTÈME NERVEUX

Examen	Principe	Indications
Électromyographie	Cet examen permet d'enregistrer l'activité électrique d'un muscle ou d'un nerf. – Muscle : le médecin y pique une aiguille, qui joue le rôle d'électrode et sert à recueillir l'activité électrique du muscle. Celle-ci est enregistrée sur un graphique au repos, puis au cours d'un mouvement volontaire. – Nerf : on stimule le nerf par un bref courant électrique dispensé par des électrodes et on enregistre ses réactions.	Cet examen permet d'explorer les nerfs et les muscles pour dépister une polynévrite (troubles sensitifs et moteurs) ou une myasthénie (faiblesse musculaire).
Enregistrement des potentiels évoqués	Cet examen permet d'étudier l'activité électrique des voies nerveuses de l'audition, de la vision et de la sensibilité, l'organe étudié étant stimulé par un choc électrique de courte durée : casque placé sur les oreilles enregistrant l'activité de l'oreille interne, du nerf auditif et du tronc cérébral (voies nerveuses auditives) ; flash lumineux ou écran noir et blanc lumineux (potentiels évoqués visuels) ; brefs chocs électriques provoqués par deux électrodes placées près du nerf observé (sensibilité).	L'enregistrement des potentiels évoqués permet d'évaluer l'atteinte d'une fonction sensorielle alors qu'elle est encore très faible, ou encore lorsque le patient ne peut coopérer (jeunes enfants, personnes dans le coma). Cet examen est utilisé dans le bilan du neurinome de l'acoustique.
Exploration urodynamique	Enregistrement des pressions à l'intérieur de la vessie à l'aide d'un appareil composé d'un capteur de pression et d'un dispositif qui transforme les mesures en graphique. Le médecin introduit la sonde dans la vessie (parfois après anesthésie locale) ; la vessie est alors remplie de sérum physiologique.	Cet examen est pratiqué en cas de troubles sphinctériens urinaires, qui sont souvent liés à des troubles nerveux.
Imagerie par résonance magnétique (IRM) cérébrale ou médullaire	L'IRM met en œuvre un champ magnétique créé par un électroaimant et des ondes électromagnétiques. Une antenne placée face à la tête du patient renvoie des ondes électromagnétiques qui permettent d'obtenir des images.	C'est l'examen le plus performant actuellement pour détecter les maladies du système nerveux central (cerveau, cervelet, tronc cérébral, moelle épinière) grâce aux images très précises qu'il fournit : hémorragies cérébrales, tumeurs, malformations des artères ou des veines, etc.
Ponction lombaire	Elle est effectuée sans anesthésie, dans le cadre d'une hospitalisation et dure environ 15 minutes. Le médecin introduit une aiguille dans la partie inférieure de la colonne vertébrale du patient ; il recueille le liquide et retire l'aiguille.	Cet examen sert à prélever du liquide céphalorachidien dont l'analyse permet d'effectuer le diagnostic de nombreuses maladies neurologiques.
Scanner (cérébral ou rachidien)	L'examen consiste à mesurer les différences d'absorption d'un faisceau de rayons X par les divers tissus qu'il traverse. Le patient est allongé dans un anneau qui contient les appareils émetteurs de rayons X. Des coupes très précises sont réalisées, puis analysées.	Les indications sont les mêmes que celles de l'IRM, qui tend à concurrencer le scanner car elle fournit des images plus précises.
Scintigraphie cérébrale	C'est une technique d'imagerie médicale fondée sur la détection des radiations émises par une substance radioactive introduite dans l'organisme, qui présente une affinité particulière pour un organe ou un tissu.	La scintigraphie cérébrale étudie l'irrigation du cerveau et son métabolisme. Elle permet également de visualiser le liquide céphalorachidien.

LES EXAMENS DES YEUX

L'œil peut souffrir d'un certain nombre d'affections, congénitales ou non, de défaillances accidentelles ou dues à la vieillesse.

Certains examens concernant les yeux étudient leur fonctionnement (vision, motricité) ; d'autres, l'aspect anatomique de l'œil, des voies visuelles et des annexes de l'œil.

L'œil a la particularité de pouvoir être examiné directement à l'aide de systèmes optiques grossissants. Certains examens sont pratiqués systématiquement, mais d'autres ne sont envisagés que dans des situations particulières.

Examen	Principe	Indications
Examens cliniques Examen du fond d'œil (examen de la rétine).	Examen pratiqué avec un appareil muni d'une loupe et d'un éclairage, ou avec un biomicroscope.	La dilatation de la pupille permet un bon examen, mais entraîne un flou visuel de quelques heures.
Examen du mouvement des yeux.	Divers examens évaluent la motricité des yeux : – le test de l'écran recherche une déviation apparaissant lorsqu'un œil est caché ; – l'étude du reflet d'une lumière sur les yeux pour vérifier leur parallélisme ; – le test de Lancaster : il s'agit de faire coïncider un faisceau lumineux vert sur un trait de lumière rouge projeté sur un écran mural quadrillé ; – le test du verre rouge ; – bilan orthoptique.	Strabisme, hétérophorie. Strabisme. Étude du fonctionnement des six muscles servant à faire bouger les yeux ; strabisme ; paralysie même partielle des globes oculaires ; défaut de coordination. Recherche de la vision double (diplopie). Mesure de la vision et des mouvements des yeux.
Lampe à fente (ou biomicroscopie).	Étude de l'œil sous un fort grossissement, avec un éblouissement lumineux.	Examen des structures de l'œil (cornée, iris, pupille, cristallin, corps vitré).
Mesure de l'acuité visuelle (l'acuité visuelle est la capacité que l'œil peut avoir à déterminer l'écart entre deux points séparés).	Acuité de loin (test à 5 m ; coté en dixièmes, de 1/10 à 10/10) : reconnaissance de lettres ou de chiffres de taille de plus en plus petite. Acuité de près (test à 30 cm) : lecture de textes, de chiffres ou de dessins de plus en plus petits.	Tests qui font partie de tous les examens ophtalmologiques, notamment en cas de baisse de vision, de maux de tête, etc. Ils permettent de déterminer la meilleure correction optique possible.
Mesure de la réfraction. (la réfraction est le changement de direction d'un rayon lumineux qui traverse des milieux différents).	Deux examens permettent d'évaluer la réfraction : – la réfractométrie automatique : un appareil informatisé mesure la réfraction à trois reprises grâce à un faisceau lumineux ; – la skiascopie : un faisceau lumineux, projeté sur l'œil provoque une ombre dans l'orifice de la pupille. La position de l'ombre définit l'anomalie.	Examen rapide, facile à réaliser chez les adultes et les enfants à partir d'environ 3 ans. Plus facile à pratiquer chez les enfants jeunes, car elle oblige moins à fixer un point précis.
Mesure de la tension oculaire.	L'appareil de mesure, le tonomètre, comporte un petit cône dont l'extrémité vient aplanir la cornée.	Examen systématique à partir de 40 ans. Il est indolore et peut être répété plusieurs fois.

LES EXAMENS DES YEUX

Examen	Principe	Indications
Examens complémentaires Angiographie rétinienne.	Un produit est injecté dans une veine, au pli du coude. Rendues opaques, les veines sont photographiées à travers la pupille dilatée.	Examen radiologique destiné à photographier les vaisseaux de la rétine. Le flou et l'éblouissement par la lumière durent quelques heures.
Échographie.	Les yeux sont examinés au moyen d'ultrasons.	Recherche d'une tumeur dans l'œil ; mesure de la longueur du globe avant intervention de la cataracte.
Examen du champ visuel (portion de l'espace que perçoit un œil immobile qui regarde un point fixe devant lui)	**Les tests cliniques** – Au doigt ou à la boule. Le médecin met ses doigts ou une boule dans le champ visuel du sujet qui réagit lorsqu'il les voit apparaître. – Par grille d'Amsler (quadrillage avec un point central). Le sujet fixe ce point et signale l'absence ou la déformation de certaines zones de la grille. **Les tests instrumentaux** – Le test manuel de Goldmann. Des points lumineux apparaissent dans une coupole. L'œil fixe le centre de cette coupole et le sujet signale l'arrivée des points au médecin. Celui-ci trace un graphique qui correspond aux limites du champ visuel. – Le test de Humphrey. Le tracé du graphique est automatisé et l'examen est plus long. – L'analyseur de Friedmann. Le sujet fixe un écran plat sur lequel s'allument des points lumineux.	Test simple mais peu reproductible. Il est utile lors de larges atteintes du champ visuel périphérique. Test difficile à réaliser, mais utile pour la surveillance des atteintes du champ visuel central. Exploration précise du champ visuel périphérique. Chaque œil est étudié (l'autre étant caché par un masque) au cours de cet examen, qui dure de 15 à 30 minutes. Test le plus utilisé, car il donne des indications chiffrées. Examen simple, rapide et reproductible, qui étudie surtout le champ visuel central.
Examens électrophysiologiques (l'activité électrique provoquée par une stimulation lumineuse est enregistrée par des électrodes).	– L'électrorétinographie (enregistrement de l'activité électrique de la rétine). Les électrodes sont posées sur la cornée et sur la peau, près des orbites ; – les potentiels évoqués visuels (PEV). Stimulation des yeux par un flash lumineux ou par un damier lumineux noir et blanc. Les électrodes, posées sur le cuir chevelu, enregistrent l'activité du cerveau.	Affections de la rétine. Examen indiqué en cas de lésion des voies visuelles.
Neuro-imagerie, IRM, scanner.	Examen par résonance magnétique nucléaire ou exploration au scanner à rayons X (tomodensitomètre orbitocéphalique).	Étude des voies optiques.
Photopératoscopie.	Prise de clichés en relief de la cornée.	Avant chirurgie de la myopie ou de l'astigmatisme ; détection d'affections de la cornée.
Test de la vision des couleurs.	L'examen se fait avec deux sortes de tests : – le test d'Ishihara, qui consiste à identifier des chiffres ou des dessins colorés sur un fond de pastilles elles-mêmes colorées ; – le test d'appariement, qui consiste à assembler des godets de couleurs approchantes.	Tests qui servent à déceler le daltonisme, les atteintes du nerf optique ou de la macula. Ils nécessitent d'avoir une acuité visuelle suffisante.

Bien Prendre ses Médicaments

La prise de médicaments est censée améliorer l'état du patient. Pour avoir un bénéfice maximal, un médicament doit être pris en respectant bien les indications du médecin.

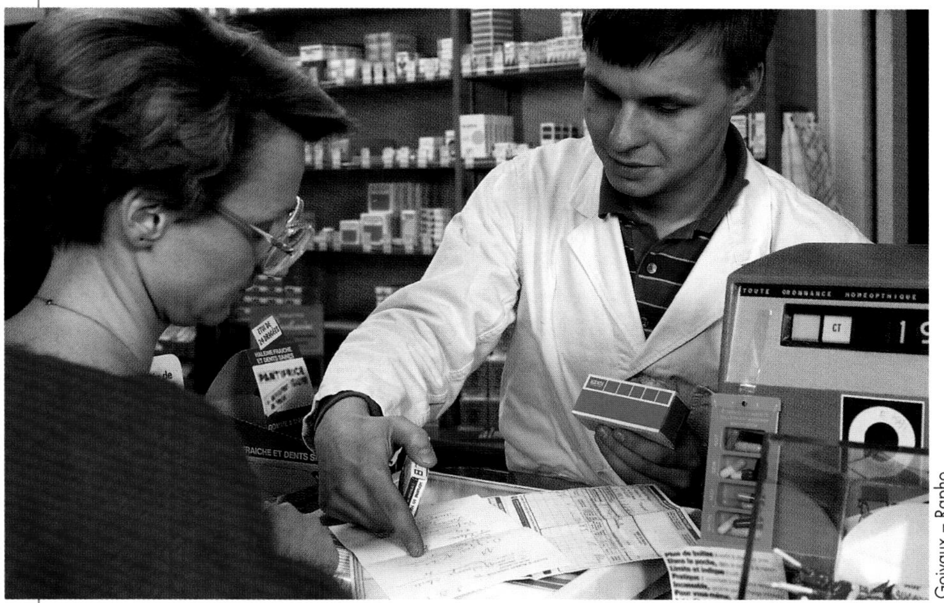

Goivaux – Rapho

Les pharmaciens. *Ils connaissent l'action des médicaments, leurs effets indésirables et leurs interactions, et sont en outre de bon conseil dans le domaine des médicaments en vente libre.*

LES PROBLÈMES DE L'AUTOMÉDICATION

Établir son traitement par soi-même n'est pas sans danger. Il est important de n'utiliser les médicaments qu'au moment où ils sont prescrits, et non ultérieurement pour un trouble similaire. En effet, médicaments périmés, doses inadaptées, diagnostic inexact, allergies à certains médicaments mais aussi utilisation de médicaments en vente sans ordonnance peuvent faire plus de mal que de bien.

On estime que 2 personnes sur 5 ne suivent pas correctement la prescription de leur médecin. Cela peut être attribué à un manque de compréhension des directives d'utilisation, à une crainte de réactions possibles ou tout simplement à une négligence vis-à-vis de la prise du médicament. Le non-respect de l'ordonnance (quantité prescrite, rythme des prises, durée du traitement) peut avoir d'importantes conséquences : rechute, développement d'une résistance aux médicaments. Il représente en outre un coût important, car il entraîne souvent de nouvelles consultations.

RESPECT DE LA PRESCRIPTION MÉDICALE

Avant d'établir une prescription, le médecin questionne son patient sur les autres traitements qu'il suit déjà. Cet interrogatoire se justifie d'autant plus chez les personnes âgées qui, souffrant souvent de plusieurs affections, prennent déjà divers médicaments.

Respect du mode d'emploi. Les médicaments ont des temps variables de diffusion dans l'organisme et d'élimination. Certains médicaments (analgésiques, antimigraineux, etc.) ne sont utilisés qu'en cas de besoin, quand les symptômes annonciateurs surviennent. D'autres doivent être pris régulièrement, à des intervalles de temps précis. Prenez si possible votre médicament aux moments prescrits : le fait de ne pas respecter les intervalles de temps indiqués augmente les risques de survenue d'effets indésirables.

Le pharmacien ou le médecin doit vous dire si le médicament doit être pris en même temps que des aliments. Si vous avez plusieurs médicaments à prendre, demandez au médecin si vous devez les prendre en même temps ou séparément, de façon à éviter des effets indésirables ou une interaction entraînant une diminution de leur efficacité.

Surconsommation. La durée d'un traitement n'est jamais fixée arbitrairement. Avant sa mise sur le marché, tout médicament est testé et des doses optimales sont fixées. Certains médicaments peuvent entraîner des effets de dépendance ou des effets indésirables.

Prolonger un traitement ou augmenter les doses n'est pas synonyme de guérison totale ou plus rapide. Cela peut en revanche être source de complications ou d'accoutumance à la substance médicamenteuse.

Arrêt prématuré d'un médicament. Dans le cas d'un traitement au long cours, il peut entraîner une rechute de la maladie ou provoquer des complications. Même si vous commencez à vous sentir mieux, n'interrompez pas le traitement sans en parler à votre médecin. Les patients commettent souvent cette erreur lorsqu'ils prennent des antibiotiques. Mais la disparition des symptômes ne signifie pas toujours que l'infection est guérie. Les bactéries peuvent se multiplier de nouveau, provoquer une rechute, voire même devenir résistantes aux antibiotiques.

Diminution progressive d'un traitement. Les doses de certains médicaments doivent être diminuées progressivement de façon à éviter une réaction à la fin du traitement. Il en est ainsi pour les traitements par corticoïdes. Ceux-ci suppriment en effet la production d'hormones naturelles par la glande corticosurrénale. Une réduction des doses par paliers permet aux hormones naturelles de retrouver peu à peu leur taux normal.

UNE AFFAIRE DE VIGILANCE

Autosurveillance. Avant sa mise sur le marché, l'effet d'un médicament est testé dans différentes conditions afin de prévoir, entre autres, l'apparition d'effets indésirables. Toutefois, même si le patient suit son traitement correctement, des effets indésirables imprévus peuvent survenir. Celui-ci doit donc être vigilant lorsqu'il se soigne et ne pas considérer que les maux ressentis sont forcément nécessaires. Il est conseillé de signaler tout effet supposé indésirable à son médecin ou à son pharmacien, qui, selon les cas, suspendra ou non le traitement.

Cas particuliers. Toute affection ou maladie (diabète, insuffisance rénale, allergie à certains médicaments, etc.) préexistante à la consultation du médecin doit lui être signalée. Au moment de sa prescription, le médecin tiendra compte de ces précisions et pourra ainsi éviter tout médicament susceptible d'avoir une incidence sur ces maladies. Une grossesse doit impérativement être signalée. Certains médicaments peuvent, en effet, franchir la barrière placentaire et atteindre le fœtus. Si bon nombre d'entre eux sont sans danger, leurs effets demeurent souvent inconnus puisque difficilement testables. D'autres, en revanche, sont nocifs pour l'enfant et peuvent provoquer des malformations.

Un médecin, un pharmacien. Le médecin de famille possède le dossier médical de son patient et connaît son histoire médicale, la présence éventuelle d'allergies, les examens déjà effectués et leurs résultats. Changer fréquemment de médecin, c'est risquer d'omettre de signaler des informations capitales au nouveau praticien ; dans ce cas, les erreurs de prescription sont plus fréquentes. En outre, ce dernier peut prescrire des examens déjà effectués (radiographies, examens sanguins) et donc inutiles. De même, certains pharmaciens tiennent un fichier de leurs clients réguliers et des médicaments qu'ils prennent, ce qui constitue une garantie supplémentaire pour éviter d'éventuelles interactions médicamenteuses.

ENFANTS ET MÉDICAMENTS

Les précautions d'emploi générales sont plus strictes chez les enfants que chez les adultes. Un médicament n'est jamais anodin (même de l'aspirine) et ne doit être donné que sur avis médical. Il est également fortement déconseillé de donner à un enfant, sans avis médical, un produit antérieurement prescrit. Les formes pharmaceutiques destinées à l'enfant ou adaptées à chaque tranche d'âge doivent être préférées lorsqu'elles existent. Il est conseillé aux parents de vérifier sur la notice les contre-indications, le mode d'emploi et la posologie.

LES MÉDICAMENTS

LES EFFETS INDÉSIRABLES

Conçus pour soigner, les médicaments provoquent parfois des effets non désirés, symptômes d'affections ou d'anomalies biologiques qui se développent en plus de l'effet recherché.

Avant de prescrire un médicament, le médecin en évalue les avantages et les inconvénients. Il attend de son traitement la disparition des troubles ou l'atténuation des symptômes, mais doit aussi considérer les risques d'effets indésirables.

EFFETS INDÉSIRABLES

Les effets indésirables peuvent être des réactions prévisibles, liées à la structure chimique du médicament, ou des effets toxiques imprévisibles, inhérents au patient et à son état. Le suivi de l'apparition d'effets indésirables est appelé pharmacovigilance.
Pour des raisons éthiques, les médicaments ne sont pas testés chez la femme enceinte ou allaitante, et sont donc pour la plupart contre-indiqués ou déconseillés en cas de grossesse ou d'allaitement.
L'apparition de symptômes imprévus doit amener le patient à consulter son pharmacien ou son médecin afin de voir si le traitement est en cause. Dans la plupart des cas, le traitement est interrompu ou modifié par le médecin. Les manifestations

Gardner – Goivaux – Rapho

Prévention. *Respectez la prescription du médecin, signalez-lui tous vos traitements en cours pour éviter les interactions médicamenteuses et consultez-le en cas d'effets indésirables.*

LE SURDOSAGE

Le surdosage est la prise excessive d'un médicament pouvant entraîner la survenue d'effets toxiques.
Les symptômes de surdosage peuvent apparaître lors d'une seule prise massive, mais aussi lors de prises répétées d'une dose un peu forte. Dans ce cas, c'est l'accumulation du médicament dans l'organisme qui provoque des effets toxiques. La gravité de la réaction varie en fonction du médicament et de la dose consommée.
En cas d'intoxication aiguë, volontaire ou involontaire, il faut évaluer les quantités absorbées et contacter très rapidement les structures d'aide médicalisée d'urgence ou encore le centre antipoison.

PERSONNES ÂGÉES ET MÉDICAMENTS

Souvent, un médicament provoque des effets nocifs chez les personnes âgées parce qu'il n'est pas pris régulièrement ou correctement : les patients sont mal informés sur son mode d'administration ou oublient que le médicament a déjà été pris et le prennent une deuxième fois (surdosage). Les prescriptions destinées aux personnes âgées doivent être claires et rédigées lisiblement. En outre, on peut utiliser des récipients spéciaux pourvus d'un aide-mémoire pour préparer les doses du médicament pour la journée.

des effets indésirables peuvent être aiguës ou chroniques. Aiguës, elles se manifestent rapidement, après une prise unique ou après plusieurs prises rapprochées. Chroniques, elles se révèlent après l'administration prolongée et répétée d'un médicament.

DÉPENDANCE AUX MÉDICAMENTS

Une personne en état de dépendance aux médicaments est incapable de s'abstenir d'en consommer. Deux types de dépendances, associés ou non, existent. La dépendance psychique est liée à la sensation de plaisir procurée par l'ingestion du médicament. La privation provoque un désir irrésistible de recourir de nouveau au produit. On parle de dépendance physique lorsque l'organisme s'adapte à la substance et que le manque se traduit par des symptômes désagréables. Tout arrêt de la consommation (sevrage) s'accompagne dans ce cas de manifestations physiques. La dépendance aux médicaments peut être associée à une accoutumance due à une perte progressive de l'activité du produit, ce qui oblige le consommateur à augmenter les doses. Les principaux groupes de médicaments pouvant conduire à une dépendance sont les anxiolytiques et les somnifères, les dérivés morphiniques, certains antidépresseurs et les décongestionnants nasaux.

INTERACTIONS

La prise simultanée de plusieurs médicaments ou la prise d'un médicament avec une substance comme l'alcool peut entraîner des effets différents de ceux qui sont produits par le médicament lorsqu'il est pris seul. De telles interactions surviennent lorsque les substances chimiques en présence agissent sur les mêmes récepteurs ou si l'une d'entre elles modifie l'absorption, la dégradation et l'élimination de l'autre. Parfois, l'effet est favorable : les médecins utilisent souvent les interactions médicamenteuses pour augmenter l'efficacité d'un traitement (pour traiter une infection, un cancer). Cependant, de nombreuses interactions sont indésirables et peuvent se révéler nocives. Elles peuvent diminuer le bénéfice d'un médicament, voire l'annuler (action antagoniste), et entraîner des effets indésirables. Des médicaments comme les barbituriques et les antiépileptiques ont la propriété d'augmenter le métabolisme hépatique. Associés à une pilule contraceptive, ils la rendent inefficace. Ces interactions s'observent non seulement entre des médicaments vendus sur ordonnance, mais aussi entre ces derniers et des produits en vente libre dans les pharmacies. Les malades doivent donc toujours informer le médecin des médicaments qu'ils prennent, afin d'éviter des interactions avec ceux qui pourraient leur être prescrits. Le pharmacien devra lui aussi rechercher de possibles interactions entre les différents médicaments d'une ordonnance. L'existence d'interactions peut être très grave dans le cas de médicaments présentant peu d'écart entre la dose toxique et la dose efficace.

Dans ce cas, un suivi particulier doit être mis en place pour surveiller les concentrations du médicament dans le sang ou son influence sur une fonction organique (bilan rénal, hépatique ou sanguin).

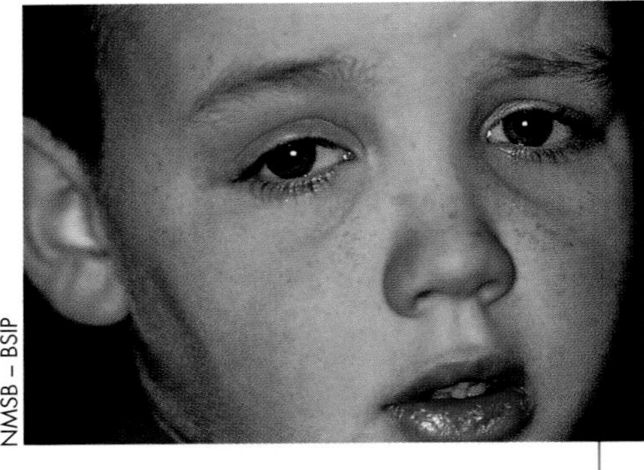

NMSB – BSIP

Œdème de Quincke. *Il peut être déclenché par la prise de médicaments (antibiotiques notamment).*

TROUSSE À PHARMACIE

La trousse à pharmacie familiale contient des médicaments et des instruments indispensables pour traiter les petits maux de la vie quotidienne.

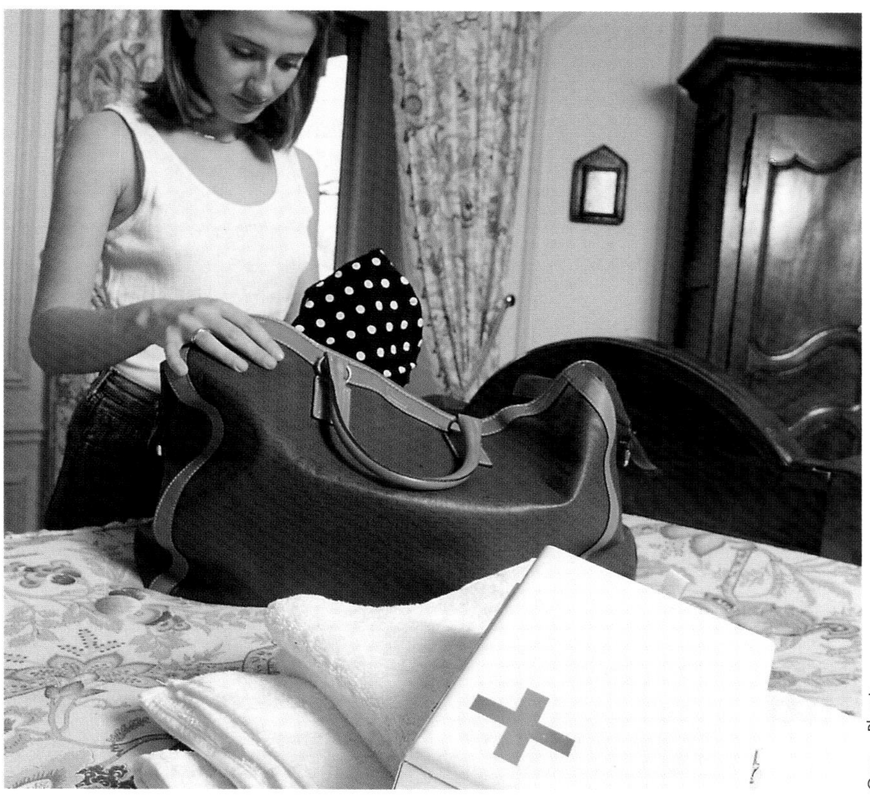

Garo – Phanie

En voyage. *Pensez à prendre une quantité suffisante de médicaments pour la durée de votre déplacement (contraceptifs oraux, traitements chroniques, etc.).*

Les différents éléments d'une trousse à pharmacie familiale varient en fonction du lieu de vacances (bord de mer, montagne, campagne, séjour dans un pays où les conditions sanitaires sont limitées), de la présence ou non de jeunes enfants (pour ces derniers, il est conseillé d'emporter des médicaments sous forme pédiatrique pour éviter tout surdosage) et des sensibilités de chacun ; il faut, entre autres, prendre garde aux allergies (qui peuvent concerner des médicaments apparemment aussi anodins que l'aspirine). Dans tous les cas, il convient de bien lire la notice des produits utilisés et de s'assurer que la date de péremption n'est pas dépassée.

L'HOMÉOPATHIE DANS LA TROUSSE FAMILIALE

Prévenir la grippe, le mal de mer, lutter contre les bleus et les courbatures, soulager les insolations, les piqûres d'insectes, éviter les insomnies : l'homéopathie peut être utilisée dans toutes les circonstances quotidiennes. Vous connaissant, votre homéopathe pourra vous guider dans le choix des médicaments à mettre dans votre trousse d'urgence.

LES MÉDICAMENTS

Antidiarrhéiques. Changement d'alimentation ou de température peuvent provoquer l'apparition de diarrhées. Il faut adapter la dose au poids et à l'âge du malade. Demandez conseil à votre médecin avant le départ.

Antihistaminiques. Ils sont indispensables si certains membres de la famille présentent un terrain allergique.

Antiseptiques/désinfectants. Les antiseptiques comme l'alcool permettent de désinfecter une coupure. Le spray antiseptique ou les compresses pré-imbibées sont particulièrement utilisés en vacances.

Aspirine et paracétamol. Ces deux médicaments peuvent soulager beaucoup de petits maux (mal de dents, courbatures, coup de soleil douloureux, mal de tête, fièvre). Il existe des conditionnements adaptés aux enfants

VOYAGES À L'ÉTRANGER

Comprimés désinfectants. Dans les pays aux conditions sanitaires limitées, lorsque les bouteilles d'eau minérale ne sont pas disponibles, il est recommandé de désinfecter son eau de boisson avec des comprimés d'hydroclonazone ou de Micropur®, ou avec quelques gouttes d'eau de Javel, ou d'utiliser des filtres de voyage (filtres Katadyn®). Attention ! L'eau doit également être désinfectée pour se laver les dents.
Antipaludéens. Il faut se renseigner pour savoir si le paludisme sévit dans le pays où vous vous rendez et quel traitement y est conseillé. Le paludisme est une maladie transmise par certains moustiques et reste une cause de mortalité importante dans de nombreux pays.
Moustiquaire et pommades répulsives. Il existe des pommades qui permettent d'éviter les piqûres de moustiques, même si, la nuit, la moustiquaire reste la protection la plus sûre. On peut aussi emporter des prises électriques antimoustiques.
Antidiarrhéiques. Demandez à votre médecin une ordonnance afin d'acheter les produits de base indispensables.

(sachets, suppositoires) ; la dose qui leur convient est ainsi déjà préparée, celle des comprimés traditionnels étant trop forte. En cas de douleurs localisées aux membres (coudes, genoux, chevilles, etc.), les pommades ou les gels antalgiques sont préférables.
Si les symptômes persistent ou si la douleur devient trop forte, il faut demander l'avis d'un médecin.
Collyre. Les irritations de l'œil peuvent être causées par un grain de sable, de la poussière ou, en montagne, par le soleil. Ce genre de produits, applicable directement sur l'œil, est très rapidement périmé (environ une semaine après ouverture).
Contre les nausées. Mal au cœur en voiture, mal de mer : les enfants et les femmes sont les plus affectés. Pour lutter contre les vomissements, on peut avoir recours à des médicaments spécifiques.
Laxatifs. Les suppositoires à la glycérine sont efficaces et peu agressifs, en particulier pour les enfants. Il ne faut toutefois pas en abuser.

LE MATÉRIEL

Contre les ampoules. En randonnée, surtout s'il fait chaud, les ampoules ont tendance à apparaître rapidement. Les pansements peuvent être appliqués à titre préventif. Si l'ampoule s'est formée, il existe des pansements spécifiques qui font une deuxième peau et permettent de reprendre la marche.
Aspivenin. En cas de morsure de serpent, cette petite pompe permet d'aspirer suffisamment de venin pour permettre à la victime d'attendre les soins du médecin.
Coussins thermiques réutilisables. Ils sont utilisés congelés pour les douleurs musculaires (déchirements) et les entorses, et doivent être chauffés pour des douleurs rhumatismales.
Pansements. Les pansements prédécoupés sont plus pratiques, surtout pour les enfants en bas âge. Par ailleurs, certains pansements sont conçus pour résister à l'eau.
Pince à épiler. Elle est très utile pour ôter les échardes ou les dards d'insectes.
Thermomètre. Le thermomètre au mercure est fragile. On lui préfère maintenant le thermomètre électronique.

DIVERS

Crème antibleus. La crème à l'arnica est adaptée aux bosses causées par les chutes.
Crème antidémangeaisons. Elle permet de lutter contre les démangeaisons dues aux piqûres de moustiques, d'orties, etc.
Crème solaire et après-soleil. Pour les peaux fragiles (en particulier celle des enfants), il faut choisir un indice de protection maximal.
Crème pour coups de soleil. Si on a attrapé malgré tout un coup de soleil, il existe des crèmes hydratantes apaisant les brûlures superficielles. En cas de brûlure plus sérieuse, avec apparition de cloques par exemple, il faut l'avis d'un médecin ou d'un pharmacien.
Lunettes anti-UV. Elles sont indispensables en altitude, même lorsque l'ensoleillement ne paraît pas important.
Préservatifs. C'est le meilleur moyen de se protéger contre le sida et les autres maladies sexuellement transmissibles.

L'HOMÉOPATHIE

GÉNÉRALITÉS

Cette méthode thérapeutique consiste à traiter une maladie avec une substance capable de produire chez un sujet sain des symptômes similaires à ceux que présente le malade.

Découverte et codifiée il y a deux siècles par Samuel Hahnemann, l'homéopathie possède ses propres règles : les médicaments sont administrés en très petite quantité (dose infinitésimale) en tenant compte de l'individu et de ses réactions à la maladie. Par ailleurs, le choix des remèdes repose sur la loi de similitude.

La Caby – BSIP

La prise des remèdes. *Versées dans le capuchon prévu à cet effet, les granules homéopathiques doivent être déposées directement sous la langue.*

L'HOMÉOPATHIE ET L'ALLOPATHIE

L'homéopathie et l'allopathie (nom donné par Hahnemann à la médecine traditionnelle) ne doivent pas être mises en opposition. Toutes deux procèdent de la même démarche : à partir d'un diagnostic, elles mettent en œuvre un ensemble de moyens thérapeutiques destinés à soigner le malade. Il est donc tout à fait possible de les associer. L'allopathie est un mode de traitement qui oppose aux causes ou aux symptômes de la maladie des médicaments destinés à les combattre (une migraine sera traitée par un antimigraineux). L'homéopathie, elle, utilise une substance capable de provoquer, chez un sujet sain, un certain nombre de symptômes pour guérir un malade présentant des symptômes semblables (une migraine sera soignée par un médicament qui donne le même symptôme). S'il convient de s'en tenir à la médecine classique pour beaucoup d'indications (problèmes chirurgicaux, maladies cardiovasculaires, maladies infectieuses graves, diabète, cancers, etc.), il existe des maladies où l'action des deux démarches est complémentaire.

HISTORIQUE

C'est Hippocrate (v. 460-v. 377 av. J.-C.) qui le premier émit l'idée selon laquelle on pouvait soigner par les contraires (allopathie) et par les semblables (homéopathie), mais c'est au chimiste Christian Samuel Hahnemann (1755-1843) que revient le mérite d'avoir repris ce principe et d'en avoir fait une nouvelle médecine. Sa théorie est exposée dans l'*Organon de l'art de guérir*, publié en 1810.

LES PRINCIPES

L'homéopathie repose sur trois principes fondamentaux.

La loi de similitude. Elle considère que toute substance capable de provoquer chez un individu sain un certain nombre de symptômes peut guérir une personne malade présentant un ensemble de symptômes semblables : l'homéopathie « soigne le mal par le mal ». Ainsi, l'intoxication chronique par le mercure provoque chez un individu sain une inflammation des amygdales accompagnée d'une augmentation de la transpiration et de la salive. L'homéopathie utilise donc le mercure (en quantité infinitésimale) pour traiter des maladies telles que l'angine, dont les symptômes sont similaires. Le traitement homéopathique d'une angine par le mercure ne combat pas directement l'infection mais stimule la réaction de défense du patient.

La loi d'infinitésimalité. Progressivement et fortement diluée dans de l'eau et de l'alcool, puis secouée énergiquement (dynamisation), la substance voit son action renforcée par ce procédé et ses effets toxiques sont diminués.

La loi de la globalité. Chaque individu ayant son propre mode d'expression de la maladie, le médecin homéopathe tient compte des dimensions physiologique et psychologique du malade (terrain) pour déterminer le traitement.

LE STATUT DE L'HOMÉOPATHIE

Belgique : l'homéopathie n'est pas reconnue comme spécialité médicale, mais les médecins sont libres d'y recourir.
Canada : l'enseignement de l'homéopathie n'est pas officiellement reconnu et les homéopathes ne sont pas forcément médecins.
France : l'homéopathie est obligatoirement exercée par un médecin qui a suivi un cycle d'enseignement sur cette discipline.
Suisse : l'homéopathie n'est pas reconnue comme spécialité médicale et les homéopathes ne sont pas forcément médecins.

LA PERSONNALISATION DU TRAITEMENT

La grande originalité de l'homéopathie consiste à intégrer la maladie dans la dynamique d'ensemble (physique et psychologique) de l'organisme. Elle prend en compte l'individu dans sa globalité, son mode de vie, son environnement, ses maladies passées ainsi que ses antécédents familiaux et s'attache à connaître les réactions spécifiques du patient face à la maladie.

Partant du principe que l'organisme possède ses propres capacités pour lutter contre les maladies mais aussi des prédispositions à développer certaines affections, l'homéopathie tend à restaurer l'équilibre psychologique et physique du patient en opérant un traitement de « terrain ». Le médecin choisit un traitement personnalisé pour soigner non pas un symptôme spécifique mais le malade dans son intégralité. C'est pourquoi deux personnes ayant la même maladie ne recevront pas toujours le même traitement.

G. Felix – Jacana

***Écorce de quinine.** Elle fournit la quinine qui, chez le sujet sain, provoque les mêmes symptômes que la malaria, alors qu'elle les soigne chez une personne malade.*

LE CHAMP D'ACTION

Dans la mesure où l'homéopathie tend à rééquilibrer le système de défense de l'organisme d'un individu, elle peut être à la fois curative et préventive. Les traitements préventifs sont fréquemment utilisés pour les petites affections ORL, les allergies, les troubles liés au vieillissement (rhumatismes, ménopause), les troubles digestifs, les affections dermatologiques, etc.

Les traitements curatifs (qui peuvent être complémentaires d'un traitement allopathique) concernent certaines affections aiguës (otite, gastro-entérite, etc.), des maladies chroniques ou récurrentes (asthme, herpès, etc.), des maladies dues au mauvais fonctionnement d'un organe (mal de dos, indigestion, etc.), ainsi que la plupart des maladies psychiques légères (dépression peu importante, spasmophilie, anxiété, etc.).

En revanche, en ce qui concerne les urgences (infarctus, embolie pulmonaire, etc.) et les maladies graves dues à la défaillance d'un organe (cancer, sclérose en plaques, etc.) ou d'un système (diabète, sida, etc.), l'homéopathie ne doit en aucun cas constituer l'unique traitement. Associée à un traitement médical classique, elle peut toutefois en améliorer l'efficacité et la tolérance.

LA CONSULTATION HOMÉOPATHIQUE

Au cours d'un interrogatoire approfondi, le médecin homéopathe apprécie l'ensemble des symptômes physiques et psychologiques ressentis par son patient, ce qui lui permet de déterminer un traitement personnalisé afin de combattre la maladie.

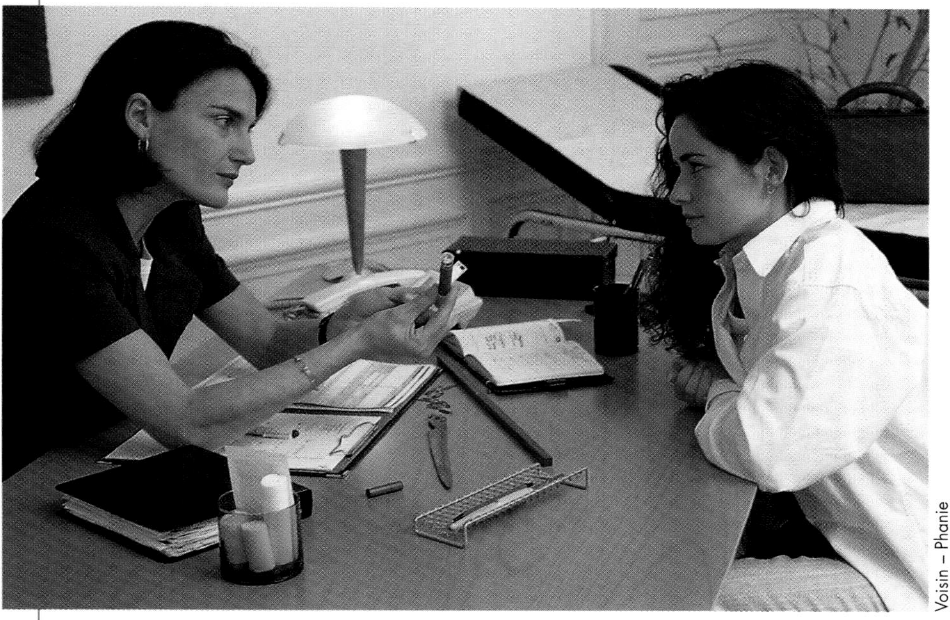

Voisin – Phanie

***La consultation.** Elle permet au médecin de définir le terrain de son patient et de lui prescrire un remède correspondant le mieux possible à son mode de réaction.*

LA CONSULTATION DU NOURRISSON

Elle repose essentiellement sur les observations communiquées par la mère du bébé. Celle-ci doit en effet définir les principales caractéristiques du comportement de son enfant, indiquer ses heures de repas, de veille et de sommeil, la nature de ses demandes et de ses peurs, préciser la qualité de sa digestion, et rechercher ce qui le calme ou, au contraire, le rend coléreux (gestes, mots, membre de la famille).

Ces informations suffiront la plupart du temps à définir le terrain de l'enfant et permettront la prescription d'un traitement. Dans le cas contraire, le médecin s'intéressera à la grossesse de la mère, à son état d'esprit d'alors, aux problèmes de santé généraux ou obstétricaux auxquels elle a été confrontée à cette période.

Le médecin homéopathe s'intéresse avant tout à la morphologie, au comportement général, aux désirs et aux aversions de son patient : la maladie n'est pas sa seule préoccupation.

Il tient compte du « terrain » de chaque individu, c'est-à-dire de la spécificité de son mode de réaction face à la maladie, pour choisir un remède. Lors de la consultation, il cherche à connaître le contexte d'apparition des symptômes.

LE DÉROULEMENT DE LA CONSULTATION

Comme ses confrères allopathes, le médecin homéopathe réalise sa consultation en deux temps. En premier lieu, il interroge le patient sur les motifs de sa venue, sur ses antécédents médicaux, son mode de vie, et procède à un examen clinique afin d'établir son diagnostic. Dans un second temps, il choisit un traitement.

C'est au moment du diagnostic que l'homéopathie témoigne de toute sa spécificité.

Le diagnostic. L'homéopathie considère que chaque individu exprime sa maladie selon un mode qui lui est propre. Le médecin recherche donc les signes particuliers qui s'associent aux symptômes classiques, plus ou moins délaissés par les médecins mais révélateurs du « mode réactionnel » du patient. C'est ce que l'homéopathie nomme « le terrain » de l'individu. Par une série de questions très variées posées au patient, le médecin s'applique à définir très précisément chaque symptôme au travers de plusieurs paramètres : sa nature (crampe, brûlure, élancement...), sa localisation, sa durée, ses circonstances d'apparition et de disparition et ses facteurs d'aggravation ou d'amélioration. Il s'informe sur le malade lui-même : comportement général (tempérament extraverti ou introverti), réactions face à la maladie (agitation, colère, prostration), environnement, mode de vie, maladies auxquelles il est prédisposé, etc. Toutes ces données fournissent des indications sur « le terrain » de l'individu et permettent au médecin homéopathe de sélectionner un traitement individualisé qui guérira la maladie tout en restaurant l'équilibre immunitaire du patient. Plus le symptôme et surtout les indications personnelles fournies par le patient sont précis, meilleur sera le diagnostic. Ce dernier est ensuite complété par un examen clinique classique, le médecin prêtant une attention toute particulière à une augmentation ou une diminution de la transpiration, à une sensibilité à la chaleur ou à certains signes distinctifs perceptibles au niveau de la peau, des ongles, des cheveux ou de la langue.

L'ordonnance homéopathique. Le médecin homéopathe peut demander des examens complémentaires (analyses biologiques, radiographies, endoscopies, etc.) pour compléter son examen clinique et prescrire, s'il le juge utile, des médicaments allopathiques.

Le mode de prescription homéopathique dépend du médecin. Deux courants coexistent. Les médecins homéopathes appartenant au courant « pluraliste » prescrivent un ou deux remèdes symptomatiques et un nombre similaire de médicaments de « terrain » choisis en fonction de la personnalité du malade. À l'inverse, les médecins dits « unicistes » recommandent l'emploi d'un seul remède (qui peut changer en fonction de l'évolution de l'état du malade) recouvrant l'ensemble des symptômes de la maladie, qu'elle soit aiguë ou chronique.

LE TRAITEMENT HOMÉOPATHIQUE

Le degré de dilution. L'homéopathe considère que plus le remède correspond aux symptômes de son patient, plus il doit être dilué.

La durée du traitement. Elle dépend de la maladie à soigner. Pour les maladies chroniques et difficiles à soigner, le traitement est souvent prolongé et s'échelonne sur plusieurs mois. Les prises de médicaments s'effectuent généralement au réveil et au coucher. Pour les maladies aiguës (rhume, angine, diarrhée, etc.), la fréquence des prises est liée à l'intensité des symptômes. L'espacement entre les prises peut être réduit à un quart d'heure dans les cas de brûlures, de piqûres, de spasmes, etc. Face à certains cas aigus, le traitement peut être ponctuel : après une chute, une dose d'*Arnica* soulage et limite la formation d'un hématome.

Les modes de réaction au remède. Ils sont variables d'un individu à l'autre. En règle générale, dans les cas de troubles chroniques (migraine, eczéma, asthme), l'amélioration est rapide, mais il arrive qu'une aggravation temporaire de l'état général (suivie d'une amélioration) survienne, ou que d'autres symptômes dont le malade n'avait pas conscience disparaissent. Il est recommandé de noter les réactions à la prise du traitement et de les communiquer au médecin.

L'HOMÉOPATHIE ET L'AUTOMÉDICATION

L'automédication est une pratique courante en homéopathie. Mais, comme pour l'allopathie, elle nécessite le respect de certaines règles de prudence. Même si vous présentez des symptômes qui vous semblent bénins (mal de tête, diarrhée, toux, fièvre légère...), n'hésitez pas à consulter votre médecin homéopathe pour qu'il vous prescrive un traitement adapté. Dans tous les cas, en l'absence d'amélioration sous 24 heures, il est fortement recommandé d'aller voir son praticien pour confirmer le diagnostic. Il faut toujours avoir à l'esprit qu'une erreur dans la prise d'un médicament homéopathique, due à une automédication, peut entraîner l'apparition de symptômes que la substance prise à tort est censée guérir.

Le Remède Homéopathique

Les remèdes homéopathiques sont préparés à partir de substances issues des règnes végétal, animal et minéral. Leur fabrication est soumise à des contrôles et à des normes rigoureux.

Le remède homéopathique est fabriqué en laboratoire à partir de matières premières brutes, transformées en substances de base. Ces dernières subissent ensuite plusieurs étapes de transformation (essentiellement la dilution et la dynamisation) avant d'être conditionnées sous une forme que l'on ne retrouve dans aucun autre médicament classique : les granules.

LA FABRICATION

Si l'on donne une tasse de café à un patient pour traiter son insomnie, on aggrave l'agitation physique et psychologique dont il souffre. Pour obtenir un effet positif et donc contraire à l'effet primitif, on dilue de façon très importante la quantité de café ingérée. La fabrication du remède homéopathique suit ce principe et se déroule en 3 étapes.

La teinture mère. On prépare d'abord une solution appelée « teinture mère », obtenue par macération de la matière première (café, noix vomique, abeille, etc.) dans de l'eau et de l'alcool (à 45° ou à 90°) pendant plusieurs semaines. Les substances non solubles, telles que l'or ou la nacre de la coquille d'huître, sont dans un premier temps broyées jusqu'à ce qu'elles deviennent solubles (trituration) puis utilisées de la même manière que les autres substances.

Le procédé de dilution. C'est à partir de cette « teinture mère » que sera effectuée la première dilution. Le principe consiste à mélanger 1 quantité donnée de teinture mère à une quantité 99 fois supérieure d'alcool, pour obtenir une solution diluée au 1/100 et appelée « première centésimale hahnemannienne « ou « 1 CH ». Puis le produit de la première dilution sera à nouveau dilué selon le même procédé : 1 millilitre

Contrôle des matières premières. *À leur arrivée, les plantes sont rigoureusement contrôlées pour s'assurer de leur parfaite qualité.*

Burger – Phanie

PRÉPARATION

Il existe 2 méthodes de préparation des remèdes homéopathiques :
- la méthode hahnemannienne, la plus courante, consiste à changer de flacon chaque fois que l'on procède à une nouvelle dilution (elle est indiquée sur les ordonnances avec des « CH ») ;
- la méthode korsakovienne (du nom de son inventeur le Dr Korsakov, homéopathe du XIXe siècle) consiste à garder le même flacon pour chaque nouvelle dilution. On se contente de le vider puis de le remplir à nouveau d'alcool, en considérant qu'une quantité suffisante de substance reste sur la paroi. Ces préparations sont indiquées par des « K ».

de cette 1 CH ajouté à 99 millilitres d'alcool permettent d'atteindre la deuxième centésimale hahnemannienne ou 2 CH (dilution de la teinture mère au 1/10 000). On peut procéder ainsi jusqu'à 30 fois (30 CH), hauteur de dilution maximale.

La dynamisation. Cette dernière étape, sans laquelle le remède homéopathique n'agirait pas, consiste à agiter ou à secouer le produit ; elle a lieu après chaque dilution.

L'ÉNERGIE VITALE

À ces degrés de dilution, la présence des substances de base dans les remèdes est donc extrêmement faible (1 pour 100 dans 1 CH, 1 pour 10 000 dans 2 CH, etc.). L'explication de l'activité des remèdes homéopathiques résiderait, selon les médecins homéopathes, dans leur puissance dynamique. Ces remèdes fourniraient à l'organisme une sorte de message codé qui le pousserait à réagir, permettant le rétablissement de l'équilibre entre les agresseurs de l'organisme et l'organisme lui-même.

C'est la notion d'« énergie vitale », défendue par les médecins homéopathes, à rapprocher du « pouvoir spontané de guérison du corps », admis par les médecins classiques.

Grâce à ce principe de dilution, le remède homéopathique n'est pas toxique et peut être prescrit à dose identique à tous les âges – aux nourrissons, aux femmes enceintes et aux personnes âgées – sans aucune restriction.

INGESTION ACCIDENTELLE DE REMÈDES

Des substances très dangereuses (arsenic, belladone, venin de vipère) perdent entièrement leur toxicité dès lors qu'elles sont diluées et dynamisées selon le principe de fabrication. L'ingestion accidentelle ou l'abus de ces remèdes par le malade ne prêtent absolument pas à conséquence. Chez un sujet sain, la prise régulière d'un remède inadapté peut provoquer des symptômes similaires à ceux que le remède est censé guérir. La réaction étant alors individuelle, en cas d'ingestion du traitement par un non-malade, il faut toujours s'adresser à un médecin homéopathe.

LA PRÉSENTATION

Les remèdes homéopathiques portent le nom latin du produit, suivi d'une mention indiquant la hauteur de dilution (4 CH, 7 CH, 15 CH, etc.). Ils se présentent sous des formes originales parmi lesquelles on distingue :

– le tube-granules. Ce sont de petites sphères recouvertes de saccharose et de lactose. Il y en a 75 environ dans chaque tube et elles se prennent généralement par trois ;

– les doses. Dix fois plus petites que les granules, elles se prennent en une seule fois, en absorbant tout le contenu du tube.

D'autres formes sont utilisées : les gouttes pour l'emploi direct des teintures mères, la poudre (trituration), les ampoules, les pommades, les sirops ou les suppositoires. Ces préparations existent à des degrés de dilution variés et sont prescrites en fonction de la maladie, mais aussi du malade.

Burger – Phanie

Les tubes-granules. *Aujourd'hui, le principe actif des remèdes imprègne la granule jusqu'au cœur. On peut donc saisir celle-ci avec les doigts sans en altérer la substance.*

LA CONSERVATION

Il est conseillé de ranger les remèdes homéopathiques dans un endroit frais et sombre, à l'écart des aliments ou des produits dégageant une forte odeur. Bien fermés et stockés correctement, les remèdes homéopathiques peuvent conserver leurs propriétés pendant plusieurs années. En aucun cas, la composition du remède ne peut s'altérer au point de rendre le produit toxique.

REMÈDES HOMÉOPATHIQUES

MAL DE GORGE ET TOUX

Il existe diverses formes de mal de gorge, allant de la simple irritation à des maladies plus sérieuses. Le traitement doit correspondre à l'ensemble des symptômes ressentis.

Le mal de gorge est un terme générique qui désigne n'importe quelle inflammation ou infection du larynx (laryngite), des amygdales, des végétations, du pharynx (angine) et des cordes vocales. Il s'accompagne parfois d'une toux.

LE MAL DE GORGE

Il peut toucher toute la gorge ou provoquer une sensation d'inconfort dans des zones bien précises. Les symptômes les plus caractéristiques sont les suivants : bouche et gorge sèches, déglutition douloureuse causée par une inflammation de la gorge et des amygdales, fatigue, fébrilité et irritabilité.

Les principaux remèdes.

Aconit 5 CH : douleur aiguë au niveau de la gorge, soif intense, amygdales enflées, gorge rouge. Sensation de brûlure et de picotements, voix parfois enrouée. Symptômes aggravés le soir et la nuit et par les atmosphères chaudes.

Gelsemium 5 CH : douleur qui s'étend au cou et aux oreilles, déglutition difficile, alternance de frissons et de bouffées de chaleur, fatigue. Symptômes aggravés la nuit et le matin, par l'humidité et le stress.

Apis mellifica 5 CH : brûlures et picotements au niveau d'une gorge rouge vif et enflée, irritabilité. Symptômes soulagés par l'air frais, les applications froides sur la gorge et les vêtements amples.

Posologie. 3 granules toutes les heures. Cessez dès amélioration. Reprenez en cas de rechute. Consultez en cas de persistance des troubles plus de 24 heures.

D. Delfino – Bios

***Le* Coccus cacti.** *Les cactus mexicains abritent une cochenille* (Coccus cacti) *qui est utilisée pour fabriquer un remède contre la toux.*

LA LARYNGITE

D'origine virale ou fonctionnelle (utilisation excessive de la voix), cette inflammation du larynx est généralement bénigne chez l'adulte, mais elle peut être grave et constituer une urgence médicale chez l'enfant de moins de 5 ans, en raison de la gêne respiratoire et du risque d'asphyxie par obstruction qu'elle entraîne.

Chez l'adulte, la laryngite se caractérise par une aphonie ou une modification de la voix, accompagnée d'une toux sèche et parfois de fièvre. La laryngite de l'enfant est généralement consécutive à une rhino-pharyngite : il respire bruyamment, a du mal à inspirer, sa toux est rauque, douloureuse et violente, sa voix est enrouée.

L'ANGINE

Infection virale ou bactérienne, elle se traduit par un mal de gorge et des difficultés à avaler. La gorge est rouge, sèche, et présente parfois quelques points blancs. Ces symptômes sont souvent associés à de la fièvre, à des frissons et à des maux de tête.
Dès l'apparition de ces symptômes, associez *Belladonna* 5 CH et *Mercurius solubilis* 5 CH, à raison de 3 granules toutes les 2 heures. Cessez dès amélioration. Après 2 jours de traitement, les prises se limiteront à 2, voire à 3 par jour. Une dose de *Pyrogenium* 9 CH par jour pendant 3 jours permettra de prévenir toute infection.
Phytolacca 5 CH, à raison de 3 granules 2 fois par jour, si des ganglions apparaissent sous la mâchoire et le long du cou, ainsi qu'une grande fatigue.
Bains de bouche avec *Phytolacca* (teinture mère) : quelques gouttes mélangées à de l'eau tiède.
Consultez si les troubles persistent au-delà de 24 heures.

Les principaux remèdes.
Aconit 5 CH : laryngite survenant brutalement après un coup de froid ou une angoisse. Agitation, fièvre et toux sèche incessante.
Phosphorus 5 CH : douleurs accrues le soir, voix rauque, soif, haut-le-cœur, tendance aux saignements de nez, urinaires et génitaux. Symptômes aggravés par la position allongée et un temps humide.
Causticum 5 CH : violentes quintes de toux, aphonie, gorge sèche et très douloureuse. Symptômes améliorés par l'humidité.
Belladonna 5 CH : toux et soif intenses, bouche sèche, visage rouge, fièvre élevée.
Spongia 5 CH : toux rauque nocturne, gêne respiratoire, suffocation, sécheresse des muqueuses du nez et de la gorge, anxiété. Symptômes aggravés par la position allongée.
Posologie. 3 granules toutes les heures. Cessez dès amélioration. Redonnez en cas de rechute. Consultez en cas de persistance des troubles plus de 24 heures. Si la laryngite est chronique, une consultation médicale est obligatoire.

LA TOUX

Elle peut être liée à une affection bronchopulmonaire (bronchite, trachéite) ou ORL (otite, rhinite, grippe, laryngite, sinusite) ou à une trachéite allergique ou nerveuse. Grasse ou sèche, la toux est généralement associée à d'autres symptômes.
Contre la toux grasse.
Kali muriaticum 5 CH : en cas de rhino-pharyngite associée (écoulement nasal continu, sensation d'oreilles bouchées).
Hepar sulfur 5 CH : rhino-pharyngite, avec écoulement de pus par le nez et par la gorge et toux douloureuse. Symptômes aggravés par le froid.
Pulsatilla 5 CH : expectoration épaisse le jour, sèche et douloureuse la nuit. Manque d'appétit et parfois fièvre, sans soif, avec frissons. Amélioration des symptômes au grand air.
Coccus cacti 5 CH : quintes de toux provoquées par des chatouillements au niveau du larynx, crachats épais et filants avant minuit et au réveil. Avec *Drosera rotundifolia*, *Coccus cacti* est un grand médicament de la coqueluche et des toux spasmodiques persistantes.
Contre la toux sèche.
Bryonia alba 9 CH : en cas de bronchite ou de rhino-pharyngite, toux douloureuse, soif intense, nez sec et bouché, parfois fièvre et sueurs. Symptômes aggravés par le moindre mouvement.
Allium cepa 5 CH : au début du rhume, éternuements, écoulement nasal clair, abondant et très irritant.
Rumex crispus 5 CH : toux violente, épuisante et incessante, provoquée par un chatouillement dans l'arrière-gorge ou par de l'air froid.
Drosera rotundifolia 5 CH : toux quinteuse, spasmodique, survenant après minuit et s'accompagnant d'une congestion du visage, parfois de vomissements et d'une sensation de démangeaison de la gorge.
Ipeca 5 CH : toux avec haut-le-cœur, langue propre.
Rhus toxicodendron 5 CH : dans les cas d'une grippe, fièvre avec soif intense, sueurs abondantes, courbatures et toux douloureuses.
Posologie. 3 granules 4 fois par jour et à chaque quinte. Cessez dès amélioration. Redonnez en cas de rechute. Consultez en cas de persistance des troubles plus de 24 heures.

Remèdes homéopathiques

RHINITE ET GRIPPE

Courantes et efficacement traitées par l'homéopathie, ces affections sont en général bénignes, et assez facilement identifiables.

P. Nief – Jacana

Euphrasia. *Cette plante est utilisée lorsqu'une affection respiratoire est accompagnée d'une inflammation des yeux (larmoiement).*

Les affections respiratoires présentent souvent des symptômes proches et, même si l'on est parfois tenté de pratiquer une automédication, il est préférable, la plupart du temps, de consulter un médecin.

LES RHINITES

Il existe 2 formes de rhinite : la rhinite aiguë, communément appelée rhume de cerveau ou coryza, et la rhinite chronique, qui comprend la rhinite non allergique et la rhinite allergique. D'origine virale, infectieuse ou allergique, la rhinite se manifeste par une inflammation des muqueuses du nez, déclenchant un écoulement nasal plus ou moins important. Quelle que soit sa cause, le remède sera choisi en fonction des symptômes que présente le malade.

Les principaux remèdes.
Kali muriaticum 5 CH : mucus blanc et épais coulant dans l'arrière-gorge, inflammation de la gorge. Symptômes aggravés par le froid, les courants d'air et pendant les règles.
Kali bichromicum 5 CH : nez bouché, croûtes dans le nez, maux de tête dans la région du front, toux grasse au réveil.
Graphites 5 CH : croûtes dans le nez, possibles saignements de nez, sensibilité à la moindre odeur. Symptômes aggravés par les aliments froids ou sucrés.
Hydrastis 5 CH : sécrétions nasales jaunes ou vertes, fines et abondantes, provoquant une sensation de brûlure et coulant

VOUS AVEZ DE LA FIÈVRE ?

Posez-vous des questions simples : avez-vous plus soif que d'habitude ? Transpirez-vous ? Avez-vous des frissons ? Êtes-vous abattu ?
– Vous avez soif et vous transpirez : prenez *Belladonna* ; si vous n'avez pas de sueurs : *Aconit*.
– Vous n'avez pas soif, vous ne transpirez pas et êtes à peu près en forme : optez pour *Apis mellifica* ; pour *Gelsemium* si vous avez des frissons et êtes très abattu au point de vous aliter.
– Vous n'avez pas très soif, mais vous transpirez, frissonnez beaucoup et avez besoin d'air : prenez *Pulsatilla*.
Posologie. 3 granules toutes les heures. Cessez dès amélioration. Reprenez en cas de rechute. Consultez en cas de persistance des troubles plus de 24 heures.

L'ASTHME

Cette affection respiratoire particulièrement invalidante est caractérisée par une augmentation de la sensibilité de la trachée et des bronches à des allergènes variés.
Associée dans un premier temps à un traitement classique à base de bronchodilatateurs et parfois de cortisone, l'homéopathie propose des remèdes ayant pour but de rééquilibrer le terrain.

dans la gorge. Symptômes aggravés la nuit, par la chaleur et les vents secs.
Allium cepa 5 CH : éternuements fréquents, écoulement nasal incessant, translucide et irritant, larmoiement non irritant.
Pulsatilla 5 CH : écoulement jaune non irritant, perte du goût et de l'odorat.
Nux vomica 5 CH : frissons et intolérance aux courants d'air, courbatures surtout lombaires, douleur frontale, rhinite avec écoulement clair, éternuements au réveil, troubles digestifs. Malade irritable et impatient.
Arsenicum album 5 CH : écoulement nasal et larmoiement abondants et irritants, aggravés la nuit et soulagés par la chaleur.
Euphrasia 5 CH : écoulement nasal doux, larmoiement abondant, paupières gonflées et brûlantes, yeux sensibles à la lumière.
Posologie. 3 granules toutes les heures. Cessez dès amélioration. Reprenez en cas de rechute. Consultez en cas de persistance des troubles plus de 24 heures.

LA GRIPPE

Maladie infectieuse, très contagieuse, la grippe se déclare toujours brutalement et se manifeste par des frissons, de la fièvre, des douleurs musculaires et une grande fatigue. L'atteinte des voies respiratoires provoque une inflammation des muqueuses du nez (écoulement nasal), de la gorge, de la trachée, parfois des bronches (toux sèche susceptible de devenir grasse).
Les principaux remèdes.
Eupatorium perfoliatum 5 CH : fièvre et soif intense, courbatures, douleurs des globes oculaires et nausées. Douleurs accrues par le mouvement.
Gelsemium 5 CH : médicament spécifique de la grippe. Fièvre, grande faiblesse physique et nerveuse (incapacité de se tenir debout), tremblements, courbatures, maux de tête intenses, absence de soif.
Nux vomica 5 CH : frissons et intolérance aux courants d'air, courbatures surtout lombaires, douleur frontale, rhinite avec écoulement clair, éternuements au réveil, troubles digestifs. Malade irritable et impatient.
Rhus toxicodendron 5 CH : langue blanche, courbatures douloureuses avec besoin constant de bouger pour les soulager, grande soif, frissons incessants, sueurs abondantes.
Prévention. *Influenzinum* 9 CH : préparé à partir du vaccin antigrippal de l'année en cours, ce remède peut être pris préventivement à raison de trois granules une fois par semaine d'octobre à avril.
Posologie. 3 granules toutes les heures. Cessez dès amélioration. Reprenez en cas de rechute. Consultez en cas de persistance des troubles plus de 24 heures.
Attention ! la consultation s'impose d'emblée pour les malades du cœur et des voies respiratoires (poumons), les personnes âgées, les femmes enceintes.

LA SINUSITE

D'origine infectieuse ou allergique, la sinusite se traduit par une douleur et une congestion au niveau des sinus.
Principaux remèdes.
Belladonna 5 CH, *Ferrum phosphoricum* 5 CH ou *Aconit* 5 CH : début de crise.
Kali bichromicum 5 CH : pus jaune verdâtre, adhérent, visqueux, obstruction du nez et éternuements au grand air.
Hepar sulfuris calcaneum 5 CH : pus épais et jaunâtre, hypersensibilité au froid avec obstruction du nez au grand air.
Mercurius solubilis 5 CH : pus jaune verdâtre, strié de sang. Sueurs, soif, salivation abondante, langue chargée, blanche et épaisse. Écoulements aggravés par la chaleur et la nuit.
Posologie. 3 granules toutes les heures. Consultez en cas de persistance des troubles plus de 24 heures et en cas de rechute.

REMÈDES HOMÉOPATHIQUES

LES AFFECTIONS COURANTES DE LA PEAU

De par son rôle de barrière protectrice, la peau est particulièrement exposée à de nombreuses affections liées aux agressions du milieu extérieur.

Si l'homéopathie propose des remèdes symptomatiques efficaces pour traiter les affections généralement bénignes de la peau, elle préconise également l'utilisation d'un traitement constitutionnel pour rééquilibrer le terrain du patient et obtenir des résultats durables.

L'ACNÉ

L'acné affecte généralement le haut du dos et le visage. Ses lésions les plus caractéristiques sont les comédons (points noirs), les points blancs (petites taches en saillie) et les pustules. La forme d'acné la plus fréquente est l'acné juvénile.

Les principaux remèdes.

Kali bromatum 5 CH : acné pustuleuse et dure, localisée sur le dos, la poitrine et le visage de l'adolescent agité, anxieux, sujet aux terreurs nocturnes, aux retards scolaires, aux troubles de la mémoire.

Selenium 5 CH : chez l'adolescent dont la peau grasse est recouverte de comédons.

Eugenia jambosa 5 CH : chez la jeune fille dont l'acné est aggravée pendant les règles.

Hepar sulfur 5 CH : acné inflammatoire avec gros boutons douloureux et purulents.

Posologie. 3 granules matin et soir pendant 15 jours.

Un traitement de terrain permettra de limiter la fréquence et l'intensité des poussées d'acné. Parmi les remèdes les plus courants : *Calcarea phosphorica, Iodum, Lycopodium clavatum, Natrum muriaticum, Silicea, Sulfur iodanum, Thuja occidentalis, Tuberculinum.*

LES VERRUES

Elles se manifestent sous forme de bourgeons croûteux, de couleur grisâtre, ayant tendance à s'étendre. Situées généralement sur la peau des mains, au pourtour des ongles ou sous la plante des pieds, elles disparaissent généralement spontanément, mais il est préférable de les traiter afin d'éviter l'atteinte d'autres parties du corps.

Les principaux remèdes.

Sepia 5 CH : verrues qui démangent.

D. Bringard – Bios

***Abeilles mellifères.** En homéopathie, Apis mellifica, remède fabriqué à partir de l'abeille entière (y compris l'aiguillon), est utilisé pour traiter de nombreuses affections de la peau.*

LA TRANSPIRATION

La transpiration est l'élimination de la sueur par les pores de la peau, sous l'influence de différents facteurs : température extérieure et effort physique, émotions et stress. C'est une fonction naturelle : une transpiration excessive n'est pas une maladie mais un symptôme pouvant orienter le médecin (homéopathe ou allopathe) dans son diagnostic. Au moment de la consultation, le patient (ou, s'il s'agit d'un enfant, l'adulte qui l'accompagne) doit pouvoir définir les caractéristiques de la transpiration (si celle-ci est jugée importante) : localisation (tête, pieds, mains, organes génitaux, aisselles, généralisée à tout le corps), circonstances d'apparition (au moindre effort, au moment de l'endormissement...) pour permettre au médecin de recueillir le maximum d'informations.

Antimonium crudum 5 CH : verrues dures et cornées ; verrues localisées sous les pieds.
Thuja occidentalis 5 CH : verrues dures, douloureuses et saignant facilement.
Dulcamara 5 CH : verrues indolores et molles.
Nitricum acidum 5 CH : verrues plantaires. Douleur ressemblant à une piqûre d'écharde.
Posologie. 3 granules matin et soir pendant 1 mois.

LES APHTES

Petites ulcérations douloureuses, ils apparaissent à l'intérieur des joues, sur les gencives ou les bords de la langue. Ils sont d'origine inconnue, et leurs récidives, fréquentes, sont liées à des facteurs infectieux (à l'occasion d'une maladie), alimentaires (fruits secs ou acides, gruyère, épices), et au stress. Ils guérissent spontanément en une dizaine de jours sans laisser de cicatrice. Si les aphtes reviennent régulièrement, il est conseillé de se rendre chez un médecin.

Les principaux remèdes.
Kalium bichromicum 5 CH : gros aphtes à bord régulier avec sécheresse de la bouche.
Mercurius corrosivus 5 CH : grands cratères recouverts d'un enduit jaunâtre, haleine fétide et salive abondante.
Borax 5 CH : petits aphtes, rouges et douloureux au contact.
Sulfuricum acidum 5 CH : aphtes de la chimiothérapie.
Posologie. 3 granules à prendre avant les 3 repas et au coucher, pendant 10 jours.

LA COUPEROSE

Caractérisée par une dilatation des petits vaisseaux de la peau du visage, la couperose touche les peaux claires, fines et fragiles. Apparaissent dans un premier temps de petits vaisseaux superficiels dessinant de fins traits violines sur les pommettes et les ailes du nez, viennent ensuite des rougeurs en nappe sur les joues, le nez et le menton. Les excitants (tabac, café), les atmosphères trop chaudes, trop froides et très ventées ainsi que les expositions solaires constituent les principaux facteurs aggravants.
Les principaux remèdes.
Carbo animalis 5 CH : à raison de 3 granules avant les 3 repas pendant 10 jours, ce remède de la couperose doit être associé à un traitement de terrain (*Iodum, Lachesis muta, Thuja occidentalis, Sulfur*, par exemple), dont les modalités (posologie) sont adaptées à chaque patient par le médecin homéopathe.

LES MYCOSES

Causées par des champignons, ces infections de la peau, généralement bénignes, se localisent au niveau des plis, du cuir chevelu, des ongles, de la bouche, du vagin et entre les doigts. Un traitement de terrain est indispensable pour éviter les récidives. Les remèdes les plus utilisés sont : *Thuya, Natrum sulfuricum, Dulcamara, Calcarea carbonica, Graphites, Arsenicum album, Psorinum, Lypocodium.*
Posologie. Elle est définie par le médecin homéopathe en fonction de chaque patient.

LES DÉMANGEAISONS

L'homéopathie dispose de nombreux remèdes contre les démangeaisons, qui doivent être choisis avec précision par le médecin. À raison de 3 granules tous les soirs pendant 1 mois, *Staphysagria* 15 CH permet de soulager les démangeaisons généralisées à l'ensemble du corps et déclenchées par une contrariété.

REMÈDES HOMÉOPATHIQUES

INFECTIONS ET ALLERGIES DE LA PEAU

L'homéopathie, très efficace contre les maladies de peau chroniques d'origine infectieuse ou allergique, permet de faire disparaître les lésions et de diminuer la fréquence et l'intensité des crises.

H. Berthoule – Jacana

Le sel gemme. *Ce minéral, source du sel ordinaire, sert à fabriquer le remède* Natrum muriaticum, *utilisé, entre autres, pour traiter certains problèmes de peau.*

Pour les médecins homéopathes, une maladie de peau n'est pas un problème local, mais la matérialisation externe d'un déséquilibre interne. Elle survient souvent lors des périodes de fragilisation de l'organisme (maladie, surmenage, contrariété, stress) et récidive dans des contextes similaires. En règle générale, il est nécessaire d'associer aux remèdes symptomatiques un traitement de fond pour obtenir des résultats à long terme.

L'HERPÈS

Dû au virus *Herpes simplex*, l'herpès peut être buccal ou génital. Après la primo-infection (premier contact avec le virus entraînant des réactions inflammatoires), il récidive en diverses occasions : poussée de fièvre, état de fatigue, exposition au soleil, contrariété ou, chez la femme, au moment des règles. Il se caractérise par une tache rose couverte de vésicules qui se rompent avant de former des croûtes.

Les principaux remèdes.
Simples rougeurs : *Apis mellifica* 5 CH, à raison de 3 granules toutes les 2 heures. Espacez les prises dès amélioration.
Vésicules : *Rhus toxicodendron* 5 CH, dès les premiers fourmillements indiquant une poussée d'herpès, à raison de 3 granules toutes les 2 heures. Espacez les prises dès amélioration.
Croûtes : *Mezereum* 5 CH, à raison de 3 granules toutes les 2 heures. Espacez les prises dès amélioration. Ce remède est utilisé pour toutes les affections vésiculaires de la peau (varicelle, impétigo).
Natrum muriaticum, *Sulfur* et *Sepia* sont les médicaments les plus souvent prescrits dans le cadre d'un traitement de terrain.

LE ZONA

Contagieux, il est dû au même virus que la varicelle ; il débute par une fièvre modérée et une sensation de brûlure. Apparaît ensuite une bande de petites taches rouges surmontées de vésicules. Le zona touche en général le thorax, plus rarement la nuque et le cou. Il peut durer plusieurs semaines au cours desquelles les douleurs et les

LE PSORIASIS

Non contagieux, mais très disgracieux, il se manifeste sous forme de plaques rouges recouvertes d'un enduit blanchâtre et localisées essentiellement sur les coudes, les genoux, le bas du dos, les fesses et leurs plis ainsi que sur le cuir chevelu. D'origine inconnue, il évolue par poussées et récidive à la faveur d'une rhino-pharyngite chez l'enfant, d'un surmenage ou d'un choc émotif.
L'homéopathie propose surtout des médicaments de terrain parmi lesquels *Psorinum, Sulfur, Zincum metallicum*.

démangeaisons sont importantes. Fréquentes, les récidives sont localisées au même endroit.
Les principaux remèdes.
Rhus toxicodendron 5 CH : remède classique du zona.
Ranonculus bulbosus 5 CH : vésicules très foncées (sang) avec névralgie intercostale très intense.
Cantharis 5 CH : grosses cloques (phlyctènes).

L'URTICAIRE CHRONIQUE

D'origine allergique, il se caractérise par l'éruption de plaques rouges en relief qui entraînent de vives démangeaisons. Un urticaire aigu peut être déclenché par de multiples facteurs (piqûre d'insecte, aliments...). Un urticaire chronique surgira après un contact au froid, une intense transpiration, un aliment, un contact avec une substance allergisante (pollen, acariens), un stress ou une forte émotion. Le médecin devra rechercher pour chaque patient les facteurs déclenchants avant d'envisager un traitement.
Les principaux remèdes.
Contre l'urticaire aigu :
Histaminum 5 CH : à prendre systématiquement dès les premiers symptômes. Traitement à associer à *Apis mellifica,* si l'urticaire est soulagé par le froid, ou à *Urtica,* si au contraire il est soulagé par la chaleur.
Contre l'urticaire chronique :
La consultation d'un médecin homéopathe est utile, cette affection étant le reflet d'un déséquilibre chronique. Un traitement de terrain, défini par le médecin homéopathe, est indispensable, surtout si aucun facteur déclenchant n'a été identifié.

L'ECZÉMA ATOPIQUE

Il atteint les personnes héréditairement prédisposées à l'allergie et est souvent associé à de l'asthme, à un rhume des foins ou à une conjonctivite allergique. Il se manifeste par des plaques très sèches, rouges, rugueuses, qui pèlent et démangent fortement. Il est le plus souvent localisé sur le visage du nourrisson, dans les plis des coudes et des genoux chez l'enfant plus âgé et l'adulte. Il est déclenché par la présence d'une substance allergisante (pollen, acariens, poils d'animaux), mais également par des facteurs psychiques (choc affectif, conflit familial).
Les principaux remèdes.
Le remède est choisi par le médecin homéopathe en fonction de l'origine de l'eczéma, de la localisation des lésions cutanées, des facteurs d'aggravation, et d'une éventuelle maladie associée à l'eczéma. L'un des remèdes les plus courants est *Rhus toxicodendron* 5 CH : à prendre dès l'apparition des vésicules (eczéma vésiculaire) et à raison de 3 granules matin et soir pendant 10 jours.
Les remèdes de terrain les plus fréquents sont : *Sulfur, Arsenicum album, Sepia, Natrum muriaticum, Calcarea carbonica,* à raison d'une dose en 9 CH, une fois par semaine. Cessez dès amélioration. En l'absence de résultat sous 24 heures, voire en cas d'aggravation, il faut retourner voir son médecin homéopathe.

LE *SULFUR* ET LE *PSORINUM*

Le *Sulfur* (soufre) et le *Psorinum* (extraits de lésions de gale) constituent les traitements de terrain indiqués chez les personnes dont le mode de réaction face aux agressions internes et externes s'exprime toujours par des manifestations cutanées. Ces individus sont régulièrement sujets à de fortes démangeaisons, à des poussées d'urticaire, d'eczéma et de zona, ou souffrent de psoriasis, d'acné ou de poussées d'aphtes.
En général, ces troubles de la peau alternent ou coexistent avec des maladies respiratoires, d'origine allergique ou infectieuse (asthme, rhinite allergi-que, rhinopharyngite à répétition), et digestives (ballonnements, constipation, diarrhées).

REMÈDES HOMÉOPATHIQUES

LES TRAUMATISMES

Les médicaments homéopathiques peuvent être d'un grand secours en cas de petits traumatismes de la vie courante. Leur rôle est de soulager la douleur et d'accélérer le processus de guérison.

En présence d'un accident n'occasionnant qu'une blessure superficielle et sans gravité, l'homéopathie est efficace. Dans certaines situations, l'avis d'un spécialiste s'avère indispensable pour confirmer le diagnostic et prescrire un traitement.

ENTORSES ET FOULURES

Elles sont caractérisées par l'étirement ou la déchirure soudains des ligaments d'une articulation. Différents degrés de gravité sont observés depuis l'entorse bénigne (foulure), sans lésion grave, jusqu'à l'entorse grave avec déchirure du ligament. Si le blessé peut effectuer des mouvements normaux, il s'agit d'une simple foulure que l'homéopathie peut soigner efficacement. En revanche, une entorse grave, voire une fracture, requiert d'emblée une consultation médicale. Dans ce cas, le rôle de l'homéopathie consiste à accélérer la guérison.

Y. Noto Campanella – Bios

Arnica des montagnes. *Les montagnards mâchaient la plante fraîche pour soulager les douleurs musculaires et les contusions. L'homéopathie l'utilise également en cas de choc traumatique ou émotionnel.*

Les principaux remèdes.
Rhus toxicodendron 5 CH : en cas de traumatisme des ligaments (foulure, entorse, par exemple) et de traumatisme lié à la fatigue sportive.
Ruta graveolens 5 CH : en cas de traumatisme de l'enveloppe de l'os.
Symphytum 5 CH : pour accélérer la cicatrisation.
Posologie. 3 granules matin et soir pendant 3 jours.
Attention !
Consultez immédiatement un médecin si vous avez ressenti un craquement, une sensation de déchirure ou de déboîtement de l'articulation.

SAIGNEMENT DE NEZ

Très fréquents, les saignements de nez (ou épistaxis) se manifestent en général lors d'un rhume, de grattages intempestifs, d'un traumatisme, d'une fatigue, d'un changement d'altitude ou d'un air trop sec ou trop chaud.
Attention !
Consultez rapidement un médecin :
– si le saignement dure plus de 30 minutes ;
– si le saignement fait suite à un choc direct sur le nez ou le crâne.
Un examen approfondi, suivi si nécessaire d'un bilan radiologique, peut s'avérer indispensable pour détecter une éventuelle lésion des os du nez ou encore un traumatisme crânien.

Les principaux remèdes.
China rubra 5 CH : à prendre en alternance avec *Millefolium* 5 CH, à raison de 2 granules toutes les 5 minutes.
Arnica montana 5 CH : saignement consécutif à un choc sur le nez.
Belladonna 5 CH : saignement de nez consécutif à un coup de soleil.
Hamamelis 5 CH : saignement accompagné d'une sensation de serrement à la racine du nez.
Posologie. 3 granules toutes les 5 minutes. Cessez dès amélioration.
Par ailleurs, *Phosphorus* est un médicament de fond préconisé chez les enfants qui saignent facilement ou qui ont des bleus au moindre choc, ainsi que chez les femmes qui ont des règles abondantes. La posologie est donnée par le médecin homéopathe au moment de la consultation.

CONTUSIONS

Un choc ou une pression trop prolongée sur la peau provoquent un bleu (ecchymose) qui est en fait une petite hémorragie locale sous-cutanée, la plupart du temps sans gravité.
Consultez un médecin si :
– les douleurs sont encore très intenses au-delà de 48 heures ;
– en cas d'atteinte de l'œil (œil au beurre noir) : le choc peut avoir provoqué une lésion de la cornée ou de la rétine nécessitant l'avis d'un ophtalmologiste.
Principal remède.
Arnica montana 5 CH.
Posologie. 3 granules 4 fois par jour.

PETITES PLAIES

Une coupure occasionnée par le maniement d'un couteau, une écorchure provoquée par une chute ou une griffure sont autant de petits incidents courants de la vie quotidienne. Bien que bénignes, ces plaies peu profondes peuvent, en l'absence de traitement, laisser le champ libre aux microbes et donc à un risque d'infection.
Les principaux remèdes.
Staphysagria 5 CH : coupures nettes faites par un instrument tranchant.
Ledum 5 CH : blessure ne saignant pas, et zone affectée engourdie et froide.
Hypericum perforatum 5 CH : blessure occasionnée par un objet pointu (clou, échardes, etc.) et douleurs remontant le long du membre.
Posologie. 3 granules toutes les heures. Cessez dès amélioration. Reprenez en cas de rechute. Consultez en cas de persistance des troubles plus de 24 heures.

PETITES BRÛLURES

Les brûlures comptent parmi les accidents domestiques les plus fréquents à la fois chez les adultes et les enfants. Le plus souvent dues à un contact avec un liquide bouillant ou un objet brûlant, elles peuvent également être causées par un produit chimique ou des rayonnements ultraviolets.
L'homéopathie ne peut être utilisée que pour les brûlures superficielles peu étendues donnant lieu à une rougeur diffuse de la peau ou à de petites cloques très douloureuses.

LES INTERVENTIONS CHIRURGICALES

Dans le cadre d'une intervention chirurgicale, l'homéopathie peut atténuer le choc opératoire, diminuer les risques d'hémorragie et faciliter la cicatrisation.
Les principaux remèdes.
Arnica 5 CH et *China* 5 CH.
Posologie. 3 granules matin et soir 48 heures avant et après l'intervention.

Attention !
Consultez d'emblée un médecin si la brûlure :
– touche le visage ou la région du bassin, quelle que soit son étendue ;
– atteint la totalité d'un membre (bras, jambe, par exemple), est importante sur les mains et les pieds ;
– occupe une surface supérieure à la paume de la main ;
– concerne les enfants de moins de 10 ans ou les personnes de plus de 60 ans.
Les principaux remèdes.
Arnica montana en pommade : à appliquer sur la brûlure pour soulager la douleur.
Belladonna 5 CH : brûlure très superficielle, peu étendue et présentant un œdème rouge.
Apis mellifica 5 CH : léger œdème rosé, douleurs piquantes et brûlantes.
Cantharis vesicatoria 5 CH : brûlure accompagnée de grosses cloques.
Rhus toxicodendron 5 CH : peau rouge, enflée et couverte de petites cloques qui démangent.
Posologie. 3 granules toutes les heures. Cessez dès amélioration.

Remèdes Homéopathiques

LES TROUBLES DIGESTIFS

L'homéopathie permet de soulager les principaux troubles digestifs occasionnels ou permanents, souvent pénibles au quotidien.

Les troubles présentés ici sont pour la plupart liés à une alimentation déséquilibrée ou à un dérèglement du mode de vie (stress, grignotage, tabac, alcool, activité sportive réduite) ; ils peuvent aussi être dus à des circonstances précises (grossesse, règles, voyage, intolérance médicamenteuse). Les douleurs abdominales aiguës, les gastrites, les ulcères ou les hépatites sont bien soulagés par l'homéopathie mais imposent l'avis d'un médecin.

LES TROUBLES FONCTIONNELS

Ils se manifestent par l'apparition de troubles après les repas : lourdeur et lenteur de la digestion, douleurs abdominales, ballonnements et flatulences.

Les principaux remèdes.

Lycopodium 5 CH : sensation d'être rapidement rassasié, pesanteur au niveau de l'estomac après le repas, ballonnements et besoin de dormir.

Nux vomica 5 CH : sensation d'avoir trop mangé, estomac sensible au toucher, langue chargée, état nauséeux et frilosité. Remède à prendre systématiquement avant un bon repas par les personnes sujettes à une digestion difficile.

Carbo vegetalis 5 CH : flatulences abondantes et ballonnements au-dessus du nombril, survenant juste après les repas et déclenchés par l'absorption d'aliments gras ou d'alcool, somnolence, besoin d'air frais.

China rubra 5 CH : ballonnement du ventre aggravé par la prise de crudités. Abdomen tendu, bruyant et douloureux.

Aloe 5 CH : ballonnements importants du ventre chez des personnes obèses et sédentaires et chez les gros mangeurs sujets aux colites et aux diarrhées.

Posologie. 3 granules toutes les heures sauf *Carbo vegetalis* : 3 granules avant les repas et au coucher. Cessez dès amélioration. Reprenez en cas de rechute. Consultez en cas de persistance des troubles plus de 24 heures.

LES PRÉCAUTIONS

Contactez d'emblée un médecin :
- en cas de fièvre persistante ;
- en cas de douleurs abdominales violentes, ou de vomissements de sang ;
- lorsque le nombre de selles est supérieur à 6 par jour ou si elles contiennent du sang.

Consultez un médecin si la durée de la constipation ou des diarrhées excède 3 jours.

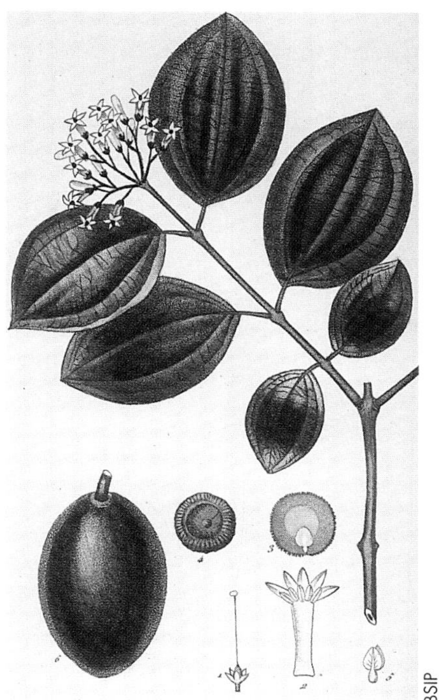

BSIP

***Noix vomique.** Extrêmement toxique, la strychnine extraite de cette noix permet, à doses homéopathiques, de stimuler l'appétit et de faciliter la digestion.*

L'INDIGESTION

Elle peut résulter d'une intoxication alimentaire ou de l'absorption d'un repas trop riche et trop copieux (crise de foie). Elle se traduit par une indisposition associant douleurs abdominales, nausées et vomissements.

Les principaux remèdes.

Carbo vegetalis 5 CH : douleurs du ventre à la moindre ingestion d'aliments, brûlures d'estomac irradiant vers le dos, maux de tête, somnolence, renvois qui soulagent, besoin d'air frais.

Nux vomica 5 CH : brûlures d'estomac, nausées avec mauvais goût dans la bouche, irritabilité, aérophagie et frilosité.
Pulsatilla 5 CH : nausées et vomissements se manifestant quelques heures après le repas, accélération de la fréquence des battements du cœur (tachycardie), mauvais goût dans la bouche et maux de tête.
Posologie. 3 granules toutes les heures. Cessez dès amélioration. Reprenez en cas de rechute. Consultez en cas de persistance des troubles plus de 24 heures.

LA CONSTIPATION

Très fréquente, surtout chez les femmes, la constipation peut apparaître après un changement d'alimentation, la prise de médicaments, au cours de la grossesse ou avant les règles. Une persistance de la constipation au-delà de plusieurs jours doit amener à consulter un médecin, car elle peut traduire une occlusion intestinale.
Les principaux remèdes.
Ils regroupent les remèdes utilisés pour traiter les ballonnements, ainsi que les remèdes suivants :
Alumina 5 CH : selles molles ou dures nécessitant un gros effort pour être expulsées.
Nux vomica 5 CH : faux besoin d'aller à la selle, ou expulsion de petites quantités avec la sensation de ne pas être soulagé.
Posologie. 3 granules toutes les heures. Cessez dès amélioration. Reprenez en cas de rechute. Consultez en cas de persistance des troubles plus de 24 heures.

LA DIARRHÉE

Survenant brutalement, la diarrhée se caractérise par l'émission de selles trop fréquentes, trop liquides et/ou trop abondantes.
Les principaux remèdes.
Nux vomica 5 CH : diarrhée spasmodique survenant après la prise d'antibiotiques, un excès d'alcool ou un abus de laxatif.
Arsenicum album 5 CH : diarrhées brûlantes d'origine infectieuse (voir gastro-entérite), soif fréquente de petites quantités d'eau froide, anxiété, agitation, faiblesse. Remède également prescrit en cas d'intoxication alimentaire (coquillages, conserves, etc.).
Aloe 5 CH : diarrhée due à une intolérance alimentaire.
Antimonium crudum 5 CH : en cas d'excès alimentaire, de nausées, de vomissements, d'aérophagie avec une langue complètement blanche. Les symptômes sont aggravés par un temps froid et humide et soulagés par des bains chauds, le repos et le plein air.
Colocynthis 5 CH : diarrhée accompagnée de douleurs abdominales (ressemblant un peu à des douleurs de crampes) soulagées par la chaleur et la position pliée en deux.
Pulsatilla 5 CH : diarrhée provoquée par l'ingestion d'aliments gras, de pâtisserie ou de glace. Ballonnements et renvois ayant le goût des aliments, nausées. Pas de soif, besoin d'air frais.
Posologie. 3 granules à chaque selle. Cessez dès amélioration. Reprenez en cas de rechute. Consultez en cas de persistance des troubles plus de 24 heures.

NAUSÉES ET VOMISSEMENTS

Ils peuvent survenir dans des circonstances non pathologiques (début de grossesse, mal des transports...), être liés à une prise de médicament ou à diverses maladies.
Les principaux remèdes.
Cocculus indicus 5 CH : mal des transports ou nausées avec vertiges.
Nux vomica 5 CH : après un excès alimentaire.
Sepia 5 CH : pendant la grossesse.
Pulsatilla 5 CH : après absorption d'aliments gras.
Posologie. 3 granules à chaque vomissement. Consultez en cas de persistance des troubles plus de 24 heures.

LA GASTRO-ENTÉRITE

D'origine infectieuse, virale ou bactérienne, cette inflammation de l'estomac et de l'intestin peut survenir après l'ingestion d'eau ou d'aliments contaminés.
Les principaux remèdes.
Arsenicum album 5 CH : selles irritantes, nausées, vomissements, fièvre et frisson.
Mercurius solubilis 5 CH : selles verdâtres avec envies urgentes d'aller à la selle. Haleine fétide, langue blanche, fièvre et sueurs intenses.
Posologie. 3 granules à chaque selle, ou à chaque vomissement. Cessez dès amélioration. Reprenez en cas de rechute. Consultez en cas de persistance des troubles plus de 24 heures.

REMÈDES HOMÉOPATHIQUES

LES TROUBLES NERVEUX

L'homéopathie peut traiter de nombreux troubles émotionnels et nerveux. Les traitements de terrain permettent de mieux lutter contre la fatigue et l'anxiété et de rétablir l'équilibre psychique.

Alors que la médecine traditionnelle s'attache à soigner les symptômes de la maladie (somnifères contre l'insomnie ou antidépresseurs contre les dépressions, par exemple), l'homéopathie recherche l'ensemble des troubles, tant psychologiques que physiologiques, et prescrit un traitement unique destiné à soigner l'ensemble de ces dysfonctionnements en tenant compte de la personnalité du malade.

L'ANXIÉTÉ

Très fréquente, elle se traduit par un sentiment indéfinissable d'insécurité. L'anxiété comporte 3 caractéristiques principales : pressentiment d'un danger imminent ; réactions physiques variées (sensation d'étouffement, palpitations, sueurs, vertiges, troubles du transit) ; impression d'impuissance ou de faiblesse devant la menace.

Les principaux remèdes.
Aconitum napellus 9 CH : angoisse, agitation, peur de la mort, craintes diverses liées à des événements de la vie courante ou consécutives à une frayeur.
Arsenicum album 9 CH : anxiété accompagnée d'une alternance de dépression et d'agitation, aggravée par la solitude et la nuit.
Ignatia 9 CH : angoisse empêchant de parler avec sensation de « boule » dans la gorge, émotivité exacerbée, bâillements, soupirs involontaires.
Gelsemium 9 CH : anxiété avec incapacité de bouger et tremblements de tout le corps. Remède idéal pour le trac.
Posologie. 3 granules matin et soir pendant 10 jours ou 10 granules ponctuellement en cas de crise aiguë. Consultez un médecin en cas de persistance des troubles.

IRRITABILITÉ ET AGRESSIVITÉ

Les comportements d'agressivité et l'irritabilité sont des réponses à des situations perçues comme menaçantes. Ils se traduisent par une tendance à s'opposer systématiquement à autrui ou à l'attaquer de manière réelle ou imaginaire. Ils peuvent s'accompagner d'une tension musculaire, de crampes d'estomac ou d'une accélération du rythme cardiaque. Ils reflètent parfois un trouble mental plus grave.

B. Marcon – Bios

Aconit napellus. *Cette plante très toxique est à l'origine d'un remède utilisé contre les angoisses.*

Les principaux remèdes.
Nux vomica : excès de colère déclenché par le moindre incident, grande impatience, insatisfaction permanente et irritabilité agressive. Symptômes aggravés par l'activité physique. Besoin de café, d'alcool et de tabac.
Lycopodium : manque de confiance en soi, profond sentiment de lâcheté occasionnant des accès de colère, comportement parfois violent et autoritaire.
La dilution et la posologie (nombre de granules, rythme des prises, durée du traitement) sont définies par le médecin homéopathe au moment de la consultation. Il est important

d'étudier les modifications du comportement dans le mois qui suit l'administration du traitement et il ne faut pas hésiter à retourner voir son médecin en cas de persistance des troubles.

LA DÉPRESSION

Ce terme très employé dans le langage courant recouvre des états divers, allant des troubles de l'humeur (déprime, coup de cafard) à la véritable dépression. Cette dernière est caractérisée par une humeur triste accompagnée d'un ralentissement général des activités.
Elle doit impérativement être traitée rapidement car, si elle s'installe, elle peut entraîner des handicaps importants, tant sur les plans affectif et social que sur le plan professionnel. Une véritable dépression n'étant pas toujours facile à identifier, il est indispensable de consulter un médecin ; lui seul pourra établir un diagnostic et prescrire un traitement adapté, de nature allopathique ou homéopathique.
Les principaux remèdes.
Ignatia : comportement inapproprié (besoin de café juste avant de dormir), sautes d'humeur, sentiment de culpabilité, hystérie et hypersensibilité au bruit.
Pulsatilla : apitoiement sur soimême, besoin de consolation et de réconfort, crises de larmes à la moindre contrariété, découragement et manque de volonté.
Natrum muriaticum : besoin d'isolement, ressassement de chagrins anciens, refus de toute consolation, maigreur malgré un fort appétit. Manifestations physiques : herpès, acné, eczéma, allergie.
Posologie. La dilution et la posologie (nombre de granules, rythme des prises, durée du traitement) sont définies par le médecin homéopathe. Si aucune amélioration n'est constatée dans les semaines qui suivent, il faut retourner voir son médecin.

LE SEVRAGE TABAGIQUE

Plus la dépendance est forte, plus l'arrêt du tabac demande une grande motivation. Si des traitements homéopathiques, tels *Nux vomica, Tabacum* et *Caladium,* sont habituellement utilisés pour aider le fumeur « faiblement dépendant » à s'arrêter, ils ne sont efficaces qu'en complément d'autres méthodes (acupuncture, chewing-gum ou timbre à la nicotine...) chez les « personnes fortement dépendantes ». L'homéopathie peut en revanche être très utile pour lutter contre le syndrome de sevrage tabagique, qui se manifeste par de l'anxiété, de l'irritabilité, des troubles du sommeil, parfois des maux de tête, des vertiges.
Grâce à un traitement de terrain, spécifique à l'ex-fumeur, l'homéopathie corrige la somnolence de la journée, l'insomnie et la difficulté de concentration intellectuelle propres au sevrage du tabac. De plus, elle évite le grignotage intempestif inhérent à l'arrêt du tabac.

L'INSOMNIE

Elle se traduit par des difficultés d'endormissement ou par des réveils en série au cours de la nuit ou à heures fixes ; elle peut également se manifester par un réveil précoce non suivi du rendormissement. En général passagère, l'insomnie résulte d'un événement générateur d'anxiété (examen, soucis professionnels, conflit familial). Dans ce cas, l'homéopathie permet d'accélérer l'endormissement en évitant un recours aux somnifères. Lorsque l'insomnie est chronique et de longue date, le médecin homéopathe intervient par étapes successives : utilisés dans un premier temps en complément des remèdes classiques (somnifères), les médicaments homéopathiques deviennent progressivement l'unique traitement.
Les principaux remèdes.
Coffea 5 CH : insomnie avec incapacité de se détendre, esprit hyperactif au moment du coucher ; le sommeil survient mais après une longue agitation.
Nux vomica 7 CH : endormissement facile, mais réveil précoce. La personne est irritable, impatiente et pessimiste.
Aconit 9 CH : nervosité et agitation, insomnie avec peur de mourir ; le sommeil est agité et ponctué de cauchemars.
Ignatia 9 CH : insomnie avec peur de ne jamais parvenir à s'endormir.
Posologie. 3 granules au coucher et dans la nuit en cas de réveil. Cessez dès amélioration. Reprenez en cas de rechute. En cas de persistance des troubles, consultez un médecin.

REMÈDES HOMÉOPATHIQUES

LES AFFECTIONS DU NOURRISSON

L'homéopathie donne de bons résultats dans des troubles tels que les coliques, les régurgitations, l'otite, l'érythème fessier, les poussées dentaires.

Les traitements homéopathiques sont particulièrement indiqués pour traiter les troubles bénins ou quotidiens du nourrisson (coliques, régurgitations...).

Il est important que la mère du bébé indique précisément au médecin homéopathe les principales caractéristiques du comportement de son enfant (heures des repas, rythme sommeil-veille, qualité de sa digestion, comportement, etc.) afin que, une fois le diagnostic précisé, il prescrive le remède le plus approprié possible.

L'ADMINISTRATION DES REMÈDES CHEZ LE NOURRISSON

La prise de granules peut s'effectuer de deux manières :

– en glissant 1 ou 2 granules entre la joue et la gencive du bébé ;

– en faisant dissoudre dans le biberon 15 granules dans 20 ml d'eau et en en donnant une gorgée toutes les heures ou toutes les 2 heures, après avoir secoué énergiquement le mélange.

Il est déconseillé de mélanger les granules à du lait ou à du jus de fruits.

LES COLIQUES

Fréquentes les premiers mois de la vie, ces douleurs abdominales sont accompagnées d'éructations et d'émissions de gaz. Elles surviennent entre les tétées, ou après le biberon, le plus souvent dans la seconde partie de la journée.

Les principaux remèdes.

Chamomilla vulgaris 5 CH : douleurs importantes aggravées par les régurgitations. Agité, le bébé hurle, ne se calme que s'il est bercé ou promené dans les bras ou dans la poussette ; il se sent mieux l'estomac vide. Une gastro-entérite, une poussée dentaire, une contrariété en sont souvent à l'origine.

Lycopodium 5 CH : l'enfant pleure immédiatement après la tétée et semble avoir encore faim. Il mange peu mais souvent. Il a des ballonnements, de nombreux gaz, des douleurs qui augmentent en fin d'après-midi et sont calmées par les éructations.

Nux vomica 5 CH : convient au nourrisson très actif, hypersensible au bruit. Les douleurs apparaissent généralement quelque temps après la tétée et s'aggravent au moindre changement de nourriture. Elles sont soulagées par la chaleur, par les vomissements ainsi que par les massages du ventre.

Ph. Leveque - BIOS

***Belladone.** Toxique, cette plante permet à dose infinitésimale de soulager les fièvres infantiles élevées.*

Posologie. 3 granules avant chaque tétée. Cessez dès amélioration. Redonnez en cas de rechute. Consultez le médecin en cas de persistance des troubles plus de 24 heures.

LES RÉGURGITATIONS

Banales et bénignes, elles se manifestent par un rejet d'une petite quantité de lait au moment du « rot » et disparaissent avec l'introduction d'aliments solides et l'acquisition de la position assise. Importantes, répétées et accompagnées de troubles respiratoires, voire de petits malaises, les régurgita-

GRANULES ET AUTRES MÉDICAMENTS

L'homéopathie peut être associée à un traitement allopathique ou à une autre médecine douce. Il convient simplement de commencer par les granules. L'association homéopathie-oligoéléments est possible à condition d'espacer les prises d'au moins 5 minutes, le temps de l'absorption complète des granules.

tions peuvent indiquer un reflux gastroduodénal et nécessiter alors un avis médical.
Les principaux remèdes.
Calcarea carbonica 5 CH : convient au bébé calme, plutôt rond, dont les régurgitations sont fréquentes et acides. Elles diminuent avec les biberons froids et augmentent lors de poussées dentaires.
Magnesia carbonica 5 CH : régurgitations de lait caillé à l'odeur aigre. Bébé maigre, irritable, qui ne se calme qu'en étant promené.
Aethusa cynapium 5 CH : efficace chez le bébé à qui la mère donne la tétée au moindre pleur. Le bébé tète, mais vomit, s'assoupit puis pleure jusqu'à ce que sa mère le nourrisse de nouveau.
Posologie. 3 granules avant chaque tétée.

L'ÉRYTHÈME FESSIER

La transpiration, l'insuffisance des changes ou les percées dentaires peuvent être à l'origine des rougeurs des fesses chez les enfants. Des changes fréquents et l'application régulière d'huile d'amande douce permettent d'estomper les rougeurs.
Les principaux remèdes.
Medorrhinum 5 CH et/ou *Calcarea carbonica* 5 CH : à donner systématiquement lors des premières rougeurs.
Chamomilla 5 CH : érythème associé à une poussée dentaire
Posologie. 3 granules 3 fois par jour pendant quelques jours. La persistance de l'érythème au-delà d'une semaine nécessite un avis médical.

L'OTITE

Les signes sont difficilement perceptibles : le bébé peut se frotter contre l'oreiller, ou, quand il est plus grand, se gratter l'oreille, mais ce sont surtout les troubles digestifs (vomissements, diarrhées) et les accès de fièvre qui permettent de diagnostiquer la maladie. Les traitements homéopathiques conviennent dans de nombreux cas. Cependant, en l'absence d'amélioration sous 24 heures, en présence d'écoulement purulent de l'oreille, de diarrhées persistantes et de fièvre prolongée, il est nécessaire de consulter rapidement un médecin.
Les principaux remèdes.
Capsicum 5 CH associé à *Pyrogenium* 5 CH : de façon systématique dès qu'une otite est suspectée.
Belladonna 5 CH : otite douloureuse débutant brutalement la nuit. Fièvre élevée, associée à des sueurs et à une soif intense.
Ferrum phosphoricum 5 CH : enfant agité, pâle, douleurs surtout nocturnes, fièvre modérée.
Posologie. 3 granules de tous les quarts d'heure à toutes les 2 heures en fonction de l'intensité des symptômes. Cessez dès amélioration. Consultez le médecin en cas de persistance des troubles plus de 24 heures.

LES POUSSÉES DENTAIRES

Elles s'accompagnent souvent de troubles divers : gencives douloureuses, joues rouges, érythème fessier. Fragilisé, le nourrisson a parfois de la fièvre et des diarrhées. Les remèdes homéopathiques diffèrent d'un enfant à l'autre selon les symptômes.
Les principaux remèdes.
Belladonna 5 CH : accès de fièvre à chaque poussée dentaire. L'enfant est rouge, chaud, abattu, il crie, refuse de boire alors qu'il a soif. Les gencives sont rouges, gonflées et douloureuses.
Kreosotum 5 CH : l'enfant, très irritable, souffre constamment ; la douleur l'empêche de dormir la nuit. Les gencives sont d'aspect bleuâtre et très gonflées.
Cina 5 CH : violent lorsqu'il a mal, l'enfant est très irritable. Il pleure quand on le prend ou le caresse. Son état s'améliore lorsqu'il est bercé et promené.
Chamomilla 5 CH : capricieux et irritable, l'enfant pousse des cris rageurs. Il refuse les liquides chauds et est soulagé quand il est porté ou promené. Joues rouges, gencives gonflées et chaudes.
Posologie. 3 granules toutes les heures. Cessez dès amélioration. Consultez en cas de persistance des troubles plus de 24 heures.

REMÈDES HOMÉOPATHIQUES

LES AFFECTIONS DE L'ENFANT

L'homéopathie présente l'avantage de guérir les affections courantes et de prévenir les récidives sans risque d'entraîner les effets secondaires des médicaments allopathiques.

D. Halleux – Bios

Coffea cruda. *Les baies de café permettent la fabrication d'un remède prescrit en cas de surexcitation avec insomnie.*

L'homéopathie apporte une réponse rapide et appropriée à un certain nombre de problèmes de l'enfance (affections ORL à répétition, accès de fièvre, états fébriles consécutifs à une vaccination, etc.). Elle peut également être très utile pour combattre les troubles liés à l'adolescence.
En stimulant le système immunitaire de l'enfant, elle l'aide à affronter des maladies plus graves. Dans certains cas, le médecin homéopathe peut faire appel à l'allopathie s'il le juge utile, voire même associer les deux démarches.

LA FIÈVRE

Elle indique une agression de l'organisme par un microbe, mais elle peut aussi surgir lors d'une réaction à un vaccin ou à cause d'une déshydratation. En cas de fièvre, il est utile de rechercher d'autres symptômes – éruption cutanée, toux, état des selles et de l'appétit... – afin d'orienter le diagnostic.
Si la fièvre s'accompagne de convulsions, d'irritabilité, de somnolence ou que l'état de l'enfant semble inquiétant, le recours immédiat au médecin s'impose.

Les principaux remèdes.
Aconitum napellus 5 CH : fièvre à début brutal chez un enfant agité, anxieux, frissonnant mais ne transpirant pas. L'enfant a soif, son visage est rouge.
Belladonna 5 CH : accès brutal de fièvre élevée chez un enfant abattu. Grande soif et transpiration abondante.
Gelsemium 5 CH : fièvre chez un enfant abattu, avec tremblements, absence de soif et de transpiration, maux de tête et courbatures.
Posologie. 3 granules toutes les demi-heures. Cessez dès amélioration. Redonnez en cas

LES TROUBLES DU SOMMEIL

Fréquente chez le jeune enfant, l'insomnie est souvent passagère et sans gravité. Peur de la nuit, des monstres et des fantômes, énervement avant de s'endormir, refus d'aller au lit ou réveil en pleine nuit avec impossibilité de se rendormir : lorsque ces troubles persistent, ils peuvent avoir des répercussions psychologiques sur l'enfant.
À raison de 3 granules au coucher et dans la nuit en cas de réveil, on prescrira *Stramonium* 5 CH ou *Coffea* 5 CH pendant quelques jours.

de rechute. Consultez en cas de persistance des troubles plus de 24 heures.

MAUX DE TÊTE ET FATIGUE DE FIN DE TRIMESTRE

Ces signes s'accompagnent d'un comportement apathique ; l'enfant ou l'adolescent est pâle, il a les yeux cernés, les traits tirés, manque d'entrain et d'appétit. Le plus souvent dus à une poussée de croissance ou à des facteurs psychologiques (émotion, stress scolaire), ces symptômes peuvent révéler un début de maladie infectieuse.
Les principaux remèdes.
Calcarea phosphorica 9 CH : chez un adolescent triste et irritable, n'aimant pas souffrir mais refusant d'être consolé. Maux de tête en fin de journée, après la classe, et bâillements fréquents (migraine des écoliers).
Natrum muriaticum 9 CH : convient à l'enfant introverti, anxieux, ayant tendance à s'isoler. Irritable et maladroit par précipitation, il fait des erreurs en parlant et en écrivant et se décourage facilement. Maux de tête en fin de trimestre et réveil la nuit.
Phosphoricum acidum 9 CH : apathie et état somnolent en fin de trimestre, soulagés par un court sommeil. Transpiration abondante et diarrhée. L'enfant ou l'adolescent est découragé, a besoin de solitude et a du mal à faire ses devoirs ; il manque de mémoire, se plaint de maux de tête lorsqu'il a lu longtemps, ce qui l'oblige à s'allonger. Indifférence apparente avant un examen pourtant appréhendé.
Posologie. 3 granules matin et soir pendant 15 jours. Consultez en cas de persistance des troubles plus de 24 heures.

LES TROUBLES DE L'ADOLESCENCE

Cette période désigne l'ensemble des modifications morphologiques et physiologiques inhérentes au passage de l'enfance à l'adolescence. Environ un tiers des adolescents présentent des difficultés nécessitant une prise en charge.
Les principaux remèdes.
Calcarea phosphorica 9 CH : lors de fortes poussées de croissance chez un adolescent irritable. Maux de tête, diarrhée, étirements et bâillements fréquents. Règles tardives chez les filles.
Natrum muriaticum 9 CH : adolescent secret, maigre mais doté d'un solide appétit et ruminant ses contrariétés pendant des heures. Herpès, acné, eczéma et rhinites associées à des maux de tête.
Pulsatilla 9 CH : jeune fille sentimentale, très attachée à sa famille, douce, passant du rire aux larmes et se plaignant facilement. Règles tardives, irrégulières, espacées et douloureuses.
Sepia 9 CH : adolescente maigre, triste, introvertie et taciturne. Tendance à l'isolement, mais peur de la solitude, pleurs silencieux, refus d'être consolée. Règles irrégulières, de courtes durées mais douloureuses et fatigantes. Maux de dos, acné, mauvaise digestion, cystite, frilosité.
Tuberculinum 9 CH : maigre, malgré un solide appétit, l'adolescent est très fatigué et irritable lorsqu'il est malade ; il se trouve laid, passe du rire aux larmes et a des besoins contradictoires d'indépendance et de sécurité. Acné importante chez les garçons ; règles abondantes et longues, avec douleurs proportionnelles au flux, chez les filles.
Phosphorus 9 CH : adolescent svelte, agité mais éprouvant un besoin constant de se reposer. Émotif, craintif et anxieux surtout à la tombée de la nuit, il fuit le moindre effort mental et physique. Doté d'un gros appétit, il se sent mieux après un bon repas, il a soif d'eau froide, mais est frileux. Règles précoces et abondantes chez les filles.
Posologie. 3 granules matin et soir pendant 15 jours. Cessez dès amélioration.

L'ÉNURÉSIE

L'émission involontaire d'urine le jour et surtout la nuit peut être causée par l'anxiété, un choc, une allergie alimentaire, une infection urinaire ou révéler un trouble psychologique nécessitant un traitement de terrain.
Les principaux remèdes.
Equisetum 5 CH : enfant maigre, frileux et distrait ; miction très abondante, survenant pendant les rêves.
Causticum 5 CH : enfant craintif, émotif, compatissant ; miction dès l'endormissement, incapacité de se retenir dans la journée.
Calcarea carbonica 5 CH : enfant frileux, bien en chair, peureux et transpirant beaucoup.
Posologie. 3 granules au coucher. Cessez dès amélioration.

REMÈDES HOMÉOPATHIQUES

LES PROBLÈMES FÉMININS

L'homéopathie peut intervenir à tous les stades de la vie hormonale de la femme. Elle permet notamment de traiter les troubles menstruels.

D. Magnenat – Bios

Pulsatilla. *Ce remède, fabriqué à partir de l'anémone pulsatille, est particulièrement indiqué pour traiter les troubles gynécologiques.*

Les troubles du cycle menstruel sont dus à des variations hormonales. Pour améliorer le bien-être de la femme, le médecin homéopathe fait appel à des remèdes symptomatiques, mais également « de terrain ».

LES RÈGLES DOULOUREUSES

Les douleurs au niveau du pubis peuvent s'étendre dans le dos ou dans tout l'abdomen et s'accompagner de troubles digestifs (nausées, diarrhées), de maux de tête et de vertiges.

Les principaux remèdes.
Chamomilla vulgaris 5 CH : règles abondantes, douleurs soulagées par la chaleur et par la position pliée en deux, agitation et agressivité. Remèdes prescrits aux femmes hypersensibles ne supportant pas la douleur.
Caulophyllum 5 CH : douleurs intermittentes et intenses, irradiant dans toutes les directions. Règles peu abondantes.
Colocynthis 5 CH : règles peu abondantes, douleurs ressemblant à des crampes, atténuées par la chaleur et la position pliée en deux.
Actaea racemosa 5 CH : douleurs spasmodiques évoluant en fonction de l'abondance des règles.
Les principaux médicaments de terrain sont : *Calcarea phosphorica, Graphites, Natrum muriaticum, Nux vomica, Ignatia, Pulsatilla, Sepia, Thuja occidentalis, Tuberculinum, Zincum metallicum.*
Posologie. 3 granules toutes les heures. Cessez dès amélioration. Reprenez en cas de rechute. Consultez en cas de persistance des troubles plus de 24 heures.

LA CYSTITE

Elle est caractérisée par une inflammation de la vessie et se traduit par des douleurs à l'émission des urines.
Les principaux remèdes.
Cantharis 5 CH : douleurs violentes avant, pendant et après les mictions ; urines foncées, sanguinolentes, fréquentes et peu abondantes.
Nux vomica 5 CH : fréquent besoin d'uriner pour n'éliminer que quelques gouttes ; frissons et irritabilité.
Staphysagria 5 CH : sensation de brûlure permanente apparaissant après les rapports sexuels ; irritabilité et agressivité.
Posologie. 3 granules à chaque miction. La cystite requiert un traitement allopathique si les troubles persistent au-delà de 24 heures de traitement homéopathique.

LES MYCOSES VAGINALES

Cette infection se caractérise principalement par des démangeaisons et des pertes blanches. Le stress, le surmenage, un déséquilibre hormonal, la grossesse ou la prise d'antibiotiques peuvent être à l'origine de ce trouble, qui nécessite une consultation médicale.
Les principaux remèdes.
Helonias 5 CH : démangeaisons et pertes abondantes ressemblant à du lait caillé.
Sepia 5 CH : pertes irritantes et plus abondantes après les rapports sexuels, importantes démangeaisons, douleurs et brûlure au niveau du vagin. Dépression, irritabilité et indifférence.
Sulfur 5 CH : pertes irritantes, blanchâtres ou jaunâtres, provoquant douleurs et démangeaisons au niveau du vagin. Douleur vaginale pendant les rapports sexuels. Alternance de constipation et de diarrhée.
Posologie. 3 granules 3 fois par jour pendant 5 jours.

LES RÈGLES ABONDANTES

Ce trouble peut être causé par le stress, le surmenage, un déséquilibre hormonal ou l'approche de la ménopause.
Les principaux remèdes.
Calcarea carbonica 5 CH : règles abondantes et irrégulières avec prise de poids, douleurs utérines et lombaires, transpiration abondante. Sensation de froid avant les règles. Symptômes aggravés par l'air froid, l'humidité et l'exercice physique.
Sepia 5 CH : règles abondantes et irrégulières, pertes vaginales, démangeaisons, spasmes très violents, transpiration abondante pendant les règles et irritabilité. Symptômes soulagés par des applications chaudes sur le bas-ventre et l'exercice physique.
Posologie. 3 granules toutes les heures. Cessez dès amélioration. Reprenez en cas de rechute. Consultez en cas de persistance des troubles plus de 24 heures.

L'ABSENCE DE RÈGLES

Chez une femme en période d'activité génitale, l'absence de règles peut être due, mis à part la grossesse, à une anorexie, à une perte de poids importante, à la pratique de certains sports, au stress, à l'arrêt de la pilule, à un choc, à une peur ou encore à des troubles au niveau de l'utérus, ou des ovaires.
Les principaux remèdes.
Aconit 5 CH : arrêt brutal des règles, douleur et sensation de lourdeur au niveau des ovaires. Symptômes aggravés le soir et la nuit et par les atmosphères chaudes.
Ignatia 5 CH : arrêt des règles accompagné d'un changement de comportement et de sautes d'humeur. Symptômes aggravés le matin, après les repas et par le froid et les odeurs fortes.
Posologie. 3 granules toutes les heures. Cessez dès amélioration. Reprenez en cas de rechute. Consultez si les règles ne se déclenchent pas après 24 heures.

LE SYNDRÔME PRÉMENSTRUEL

Plus ou moins intense selon les femmes, le syndrome prémenstruel précède les règles et s'interrompt avec leur arrivée ; ses symptômes sont variés : congestion douloureuse des seins, gonflement des mains et des chevilles, ballonnement abdominal, douleurs dans le bas-ventre, migraines et problèmes de peau (acné). Psychologiquement, il se traduit par une tension nerveuse avec parfois un état dépressif (crises de larmes).
Les principaux remèdes.
Folliculinum 5 CH : œstrogène (de synthèse ou naturel) qui, utilisé à dose infinitésimale, se transforme en anti-œstrogène et permet de corriger l'ensemble des troubles liés au syndrome. Ce remède est particulièrement efficace lorsque les douleurs mammaires dominent.
Phytolacca decandra 5 CH : seins tendus et gonflés, règles abondantes et douloureuses.
Hamamelis 5 CH : jambes lourdes, douloureuses au toucher et veines dilatées.
Murex purpurea 5 CH : règles douloureuses, très abondantes et en avance ; congestion mammaire, dépression et tristesse.
Posologie. 3 granules matin et soir dès l'apparition des troubles et jusqu'aux règles si les troubles persistent.
De nombreux remèdes de terrain, spécifiques à chaque patiente, peuvent être associés : *Actaea racemosa, Graphites, Lachesis muta, Natrum muriaticum, Natrum sulfuricum, Opium, Pulsatilla, Sepia, Sulfur, Thuja occidentalis, Zincum metallicum.*

Remèdes Homéopathiques

LA MÉNOPAUSE

Les troubles de la ménopause peuvent nécessiter un traitement de terrain qui sera défini à l'issue de la consultation avec le médecin homéopathe.

La ménopause survient chez la femme entre 40 et 55 ans. Elle correspond à l'arrêt de la fonction de reproduction et est confirmée lors de l'interruption définitive des règles.
Elle se déroule en 2 étapes : la préménopause, qui dure de plusieurs mois à plusieurs années et se caractérise par des cycles menstruels irréguliers, et la ménopause, définie par l'arrêt des règles. Elle provoque une série de troubles dus à la baisse du taux d'œstrogènes : bouffées de chaleur, vertiges, maux de tête, bourdonnements d'oreille, oppression respiratoire, troubles de l'humeur, hypertension artérielle et problèmes osseux (ostéoporose).
Le rôle du médecin homéopathe consiste à déterminer le terrain de la patiente pour pratiquer un traitement de fond tenant compte de son état de santé global, en vue de limiter les troubles causés par la ménopause.

Y. Lanceau – Jacana

La seiche. *L'encre de ce mollusque permet de fabriquer un remède de premier plan, Sepia, particulièrement indiqué pour les troubles affectant les femmes durant la ménopause.*

LES TROUBLES DES RÈGLES

Les règles deviennent irrégulières avant de s'interrompre définitivement. Il convient en cas de règles prolongées ou trop irrégulières de demander l'avis d'un médecin.
Les principaux remèdes.
Sabina 5 CH : règles en avance, abondantes, prolongées, caillots de sang rouge, flot augmenté par le moindre mouvement, violentes douleurs du sacrum au pubis.
Secale cornutum 5 CH : règles longues, sang noir, flot augmenté par le moindre mouvement.
China 5 CH : sang noir, faiblesses physique et psychique, baisse de tension, divers troubles de la vue.
Posologie. 3 granules 4 fois par jour. Cessez dès amélioration. Reprenez en cas de rechute. Consultez un médecin en cas de persistance des troubles plus de 24 heures.

LES BOUFFÉES DE CHALEUR

Elles se caractérisent par une sensation de chaleur au niveau du visage, du cou et des extrémités, accompagnée de sueurs. Elles peuvent survenir à plusieurs reprises au cours de la journée ou de la nuit.
Les principaux remèdes.
Ethinyl-œstradiol 5 CH et *Propionate de testostérone* 5 CH : dans tous les cas, à raison de 3 granules matin et soir.

S. Fournier – Rapho

Retrouver un équilibre. *Les symptômes désagréables de la ménopause ne sont pas une fatalité : des traitements allopathique et homéopathique permettent de mieux vivre cette période de la vie.*

Belladonna 5 CH : apparition et disparition brutales de sueurs au moment des troubles.
Glonoinum 5 CH : troubles accompagnés d'une sensation de battements au niveau du cou et du visage.
Amyl nitrosum 5 CH : troubles associés à des palpitations, à de l'anxiété et à une sensation d'oppression.
Posologie. 3 granules tous les quarts d'heure. Cessez dès l'amélioration. Consultez en cas de persistance des troubles plus de 24 heures.

LES PRINCIPAUX REMÈDES DE TERRAIN

LA MÉNOPAUSE « CHAUDE » :
Lachesis muta.
Médicament de la ménopause par excellence, *Lachesis muta* convient aux femmes volubiles, anxieuses, susceptibles, acceptant mal l'interruption de leurs règles, et ayant peur d'être abandonnées. Elles souffrent de fortes bouffées de chaleur ascendantes, avec transpiration et tachycardie, de migraines, surtout du côté gauche. Elles éprouvent une sensation d'étouffement la nuit et sont fatiguées au réveil ; elles ne supportent pas la chaleur, le soleil et les boissons chaudes et réclament de l'air malgré leur frilosité. Elles ne supportent pas les vêtements trop serrés, surtout au niveau du col.

LA MÉNOPAUSE « FROIDE » :
Sepia.
Ce traitement concerne les femmes irritables, indifférentes à leur entourage et éprouvant un besoin de solitude, mal assumé en raison de leur fort sens du devoir. Frileuses, elles sont sujettes aux rhinites et aux conjonctivites allergiques. Elles refusent les rapports sexuels, se plaignent de sécheresse vaginale, de cystites récidivantes, d'une pesanteur au niveau du bas-ventre, et sont enclines à l'herpès vaginal. Elles souffrent de bouffées de chaleur très fatigantes accompagnées d'une sensation de perte de connaissance, avec sueurs froides.

LA MÉNOPAUSE ANGOISSÉE :
Calcarea carbonica.
Le remède est prescrit aux femmes lentes, méthodiques et organisées. Elles se plaignent d'une prise de poids, de maux de dos et de douleurs articulaires avec gonflement et varices. Elles transpirent beaucoup du visage et sont sujettes aux mycoses vaginales ainsi qu'à la constipation. Phobiques, elles ont des crises d'angoisse, ont peur de perdre la mémoire et souffrent de bourdonnements d'oreille. Elles ne supportent pas le froid. Leurs symptômes sont aggravés par le surmenage.
Posologie. Elle est définie par le médecin homéopathe.

L'OSTÉOPOROSE

Au moment de la ménopause, les os perdent leur calcium plus rapidement, au cours des 3 ou 4 premières années. Une fragilité osseuse (ostéoporose) peut se développer en 10 ou 15 ans. L'homéopathie considère que certains terrains (types constitutionnels) sont tout particulièrement prédisposés à l'ostéoporose. Le choix d'un traitement déterminé en fonction de la constitution de la patiente permet, en rééquilibrant le terrain, d'agir préventivement et de diminuer partiellement les risques de développement de cette maladie.

L'ACUPUNCTURE

GÉNÉRALITÉS

L'acupuncture est une branche de la médecine chinoise traditionnelle ; elle consiste à piquer la peau du patient avec des aiguilles en des points précis de la surface de son corps.

L'acupuncture utilise l'énergie du malade dans un triple objectif : parvenir au retour à l'état normal, celui d'avant la maladie ; « immuniser » le sujet et éviter ainsi le retour de cette maladie ; donner le maximum de résistance au sujet.

LA MÉDECINE CHINOISE

En médecine occidentale, toute démarche diagnostique cherche à identifier un agent agresseur (virus, bactérie, parasite) ou un dérèglement fonctionnel et le traitement vise à lutter contre ces derniers par des médicaments. Pour l'acupuncture, la maladie n'est pas extérieure à l'individu et le fait que certaines personnes résistent moins que d'autres aux agressions extérieures (microbes par exemple) vient toujours d'un trouble de l'énergie. Les premiers médecins chinois constatèrent au cours des épidémies que seuls certains sujets étaient touchés. Incapables alors d'identifier le germe en cause, ils cherchèrent un moyen d'augmenter les défenses de l'organisme. Dans cette perspective, la médecine chinoise étudie l'homme dans son ensemble – ses pensées, ses sentiments et son corps physique –, elle ne fait pas de séparation, comme en Occident, entre le corps et l'esprit. Elle étudie chaque fonction et chaque organe en relation avec les autres.

HISTORIQUE

Au XVIIe siècle, les jésuites de la mission scientifique française à Pékin avaient désigné cette méthode de traitement par le terme latin *acupunctura* (de *acus*, « aiguille », et *punctura*, « piqûre »). La « méthode des aiguilles » semble avoir été pratiquée en Chine depuis des temps immémoriaux. Elle aurait été mise au point au néolithique. On a, en effet, retrouvé des aiguilles poinçons de pierre, puis des aiguilles de cuivre.

DIFFÉRENTS TYPES D'ACUPUNCTURE

On distingue deux types principaux d'acupuncture :

L'acupuncture dite traditionnelle. Elle s'appuie sur

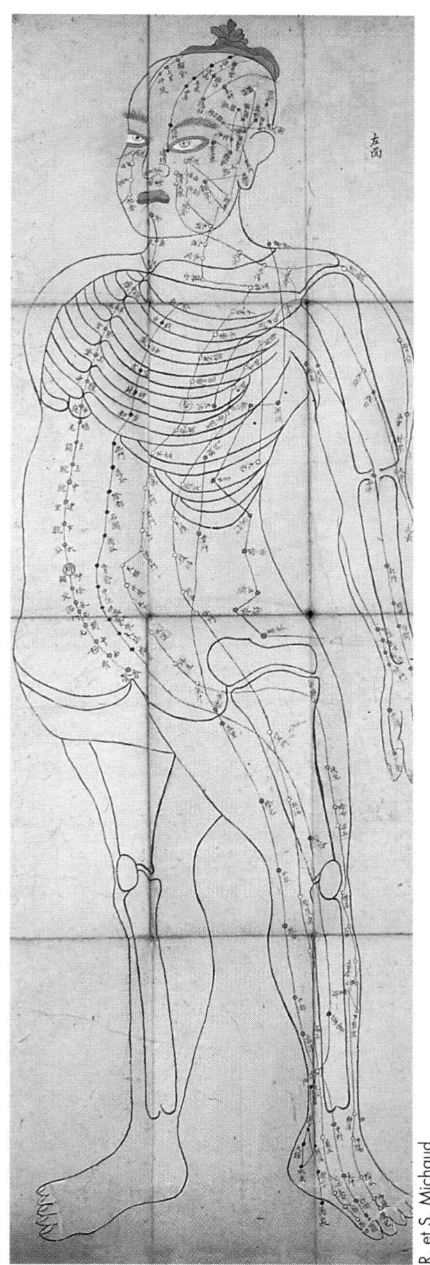
R. et S. Michaud

Carte d'acupuncture (XIXe siècle). *Elle montre le trajet des méridiens à la surface du corps. C'est à partir des points situés sur les méridiens que s'exerce l'action de l'acupuncture.*

LE STATUT DE L'ACUPUNCTURE

Belgique : l'acupuncture n'est pas reconnue comme spécialité médicale. Les médecins sont cependant libres d'y recourir.
Canada : l'acupuncture peut être pratiquée par les médecins ou par des acupuncteurs reconnus, et son enseignement est assuré par un Collège d'enseignement général et professionnel (CEGEP).
France : l'acupuncture n'est pas une spécialité médicale, mais elle peut être pratiquée par des médecins formés à cette discipline. Son exercice est interdit aux non-médecins.
Suisse : l'acupuncture n'est pas reconnue comme spécialité médicale, mais elle peut être pratiquée par une personne – médecin ou non.

l'étude des textes anciens fondateurs de l'acupuncture. L'examen clinique du malade, par l'inspection, la palpation, la prise du pouls et l'examen de la langue, est l'élément fondamental du diagnostic. La définition du traitement est complexe car elle s'appuie sur un choix judicieux de points et sur une manipulation particulière des aiguilles dans le but d'améliorer la circulation de l'énergie ;
L'acupuncture dite moderne. Elle tient compte des découvertes occidentales de neurophysiologie. Elle considère que la stimulation des points d'acupuncture entraîne la libération par l'organisme de substances proches de la morphine, les endorphines, qui agissent sur les centres de la douleur. En bloquant les influx douloureux parvenant au cerveau, les endorphines augmentent le seuil de résistance à la douleur et ont par conséquent un effet analgésique (supprimant ou atténuant la douleur). Cette théorie ne peut toutefois expliquer tous les phénomènes constatés lors des séances d'acupuncture. Ainsi, les effets de cette médecine sur la douleur peuvent être rapides, alors que la libération d'endorphines est vraisemblablement un processus plus lent.

LES APPLICATIONS DE L'ACUPUNCTURE

Les applications de l'acupuncture ne correspondent pas à celles de la médecine occidentale puisque, à l'origine, en Extrême-Orient, les patients consultaient l'acupuncteur avant que des symptômes ne se déclarent. Les Chinois étaient abonnés à leur médecin, qui recevait des honoraires pour les maintenir en bonne santé. Le domaine de prédilection de l'acupuncture concerne les troubles fonctionnels (dus à un mauvais fonctionnement des organes, des glandes, etc.). Plus le mal est récent, meilleurs sont les résultats. L'acupuncture agit immédiatement en cas de douleurs, d'inflammations, de contractures, de faiblesses, etc. Ses effets sont en revanche plus lents dans les affections chroniques et anciennes. L'acupuncture n'introduit pas de substance étrangère dans le corps. Elle ne perturbe donc pas les traitements suivis par ailleurs. Elle s'adresse plus particulièrement à certaines affections :
– les rhumatismes et les névralgies (comme les sciatiques ou les migraines) ;
– les troubles du sommeil ;
– l'énurésie (émission d'urines involontaire et inconsciente) ;
– les allergies ;
– les petits états dépressifs ;
– durant la grossesse, l'acupuncture permet de lutter contre les nausées, les vomissements et l'anxiété. Elle peut accélérer la dilatation du col de l'utérus lors de l'accouchement ;
– l'alcoolisme, la toxicomanie et le tabagisme. L'acupuncture aide dans les désintoxications et la désaccoutumance.

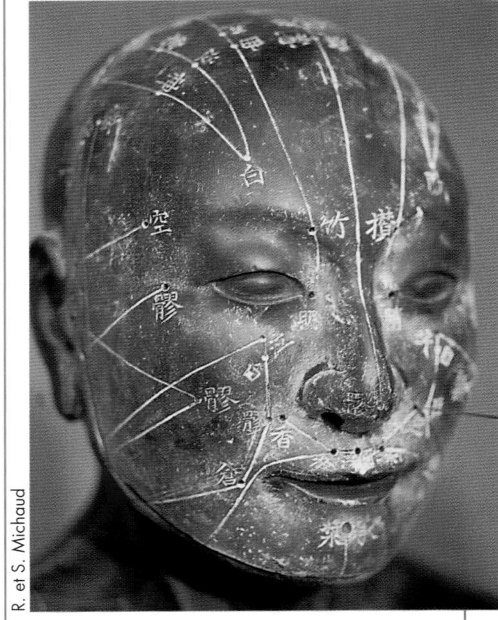
R. et S. Michaud

Homme de bronze (XVe siècle). *Symbolisant l'acupuncture, les statuettes chinoises furent pour une large part à l'origine de la diffusion de l'acupuncture.*

L'ACUPUNCTURE

LES CONCEPTS FONDATEURS

L'acupuncture utilise la pose d'aiguilles pour rééquilibrer l'énergie de l'organisme et éviter ainsi l'apparition de la maladie ou la traiter.

Les aiguilles sont piquées en des points précis du corps, euxmêmes placés sur des méridiens qui sont les lignes de circulation de l'énergie dans le corps.

LES MÉRIDIENS

Les planches d'anatomie chinoise représentent le corps humain traversé de lignes pour la plupart verticales. Les 12 lignes symétriques qui traversent le corps sont les méridiens ; ceux-ci portent le nom des organes auxquels ils sont rattachés. Les méridiens auraient deux fonctions : ils assurent la circulation de l'énergie et du sang, et ils protègent l'organisme contre les agressions extérieures.
Le corps humain étant une entité, les méridiens permettent de relier le haut et le bas du corps, l'intérieur et l'extérieur de l'organisme.
La circulation d'énergie à l'intérieur des méridiens se déroule suivant un horaire et un ordre précis et qui ne varient pas. Cette circulation peut être comparée à une vague qui, durant deux heures, parcourt un méridien puis passe au suivant. Ainsi, en 24 heures, chacun des 12 méridiens est balayé par une vague énergétique nourricière.

LA CIRCULATION DE L'ÉNERGIE

La circulation de l'énergie est permanente et existe à plusieurs niveaux : circulation horaire (toutes les deux heures, l'énergie parcourt un méridien différent) ; circulation annuelle (à chaque saison correspond un organe). Ainsi, en été, l'énergie est maximale au niveau du cœur et, en hiver, elle prédomine au niveau des reins. Par conséquent, l'heure et la saison d'apparition de la maladie ne sont pas anodines et conditionnent le traitement.

LES POINTS

Le point d'acupuncture correspond à un lieu géographique précis. Sa localisation est définie par rapport aux repères anatomiques des muscles, des tendons, des artères et des trajets nerveux. Les Chinois appellent les points *Tsiue*, terme qui signifie « cavité », « caverne », car, en principe, les points se situent toujours dans un creux. Leur surface peut par conséquent être extrêmement réduite et une erreur de quelques millimètres de la part de l'acupuncteur peut compromettre l'efficacité du traitement. Le point d'acupuncture agit d'abord sur l'énergie du méridien sur lequel il est situé. Sa fonction est de tonifier le méridien, notamment quand l'énergie présente sur le trajet

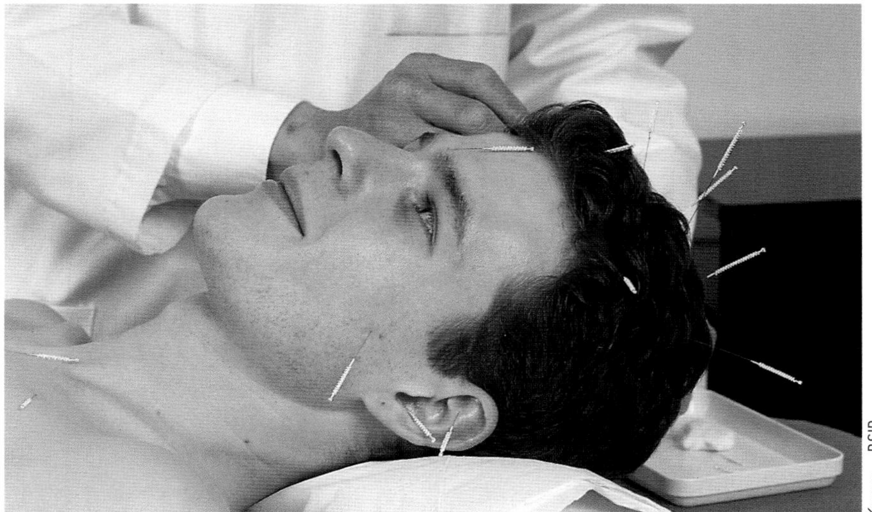
Keene – BSIP

Les points d'acupuncture. *Les aiguilles sont appliquées par l'acupuncteur en des points précis, situés sur les méridiens, pour favoriser la circulation harmonieuse de l'énergie.*

L'EMBLÈME DU TAO

Le yin et le yang alternent en s'interpénétrant. Rien n'est totalement yang, rien n'est totalement yin. Il y a toujours du yin dans le yang et du yang dans le yin. Ces oppositions et ces alternances, cette oscillation universelle sont enfermées en un ensemble matérialisé par le symbole bien connu du tao : un cercle divisé par un tracé en S qui délimite une partie yang et une partie yin, à l'intérieur desquelles on retrouve un petit cercle représentant le yin dans le yang et le yang dans le yin.

est insuffisante (en cas de faiblesse ou de paralysie sur le trajet du méridien). À l'inverse, la stimulation du point peut créer une dispersion lorsque l'énergie est trop importante (dans les douleurs aiguës sur le passage d'un méridien, par exemple). De la même manière, il existe aussi des points d'accélération et de ralentissement de la circulation énergétique, ainsi que des points de dérivation permettant de faire passer l'excès d'énergie d'un méridien dans un autre méridien. Les points d'acupuncture aboutissent à un système de régulation de l'énergie qui peut être mobilisé selon les besoins. Le point d'acupuncture ne crée pas à proprement parler de l'énergie : il permet une régulation de l'organisme en équilibrant des régions « en excès » et des régions « en vide ». Ce mécanisme se comprend aisément si l'on considère que la plupart des maladies sont le fait de déséquilibres internes souvent minimes mais lourds de conséquences. La simple stimulation d'un point d'acupuncture est comparable au petit mouvement de relance que l'on donne à un balancier pour remettre définitivement en marche le délicat mécanisme de fonctionnement d'une pendule. Notre énergie vitale se charge ensuite d'entretenir le mouvement.

YIN ET YANG

Les Chinois ont toujours recherché leur source d'équilibre dans la nature. Partant du principe que la vie sur terre était régie par le rythme jour/nuit, la succession des saisons, l'alternance du froid et du chaud, le passage de la vie à la mort…, ils ont élaboré la notion de yin-yang qui sont deux entités complémentaires (le yin n'existe pas sans le yang, et réciproquement). La loi du yin et du yang s'applique aussi bien à la nature qu'au corps humain. Dans la nature, le yang représente ainsi le jour, le ciel, l'énergie, la chaleur ou la sécheresse, tandis que le yin symbolise la nuit, la terre, la matière, le froid ou l'humidité. Dans le corps humain, le yang symbolise l'homme, le dos, la tête, la fonction des organes, le mouvement, tandis que le yin représente la femme, l'ensemble thorax/abdomen, le corps, la structure des organes, le repos. L'idée d'opposition tient une place importante dans la pensée chinoise. Elle seule crée le mouvement qui donne la vie. Toutefois, cette opposition est relative : un homme marchant est considéré yang (mouvement) par rapport à un homme au repos, mais il devient yin s'il est comparé à un sprinter. De même, le yin n'existe pas sans le yang, et réciproquement. Le chaud est yang et le froid est yin, mais le chaud n'existe que par la présence du froid. Cette interdépendance se retrouve au niveau médical : une contraction musculaire n'existe que par rapport à un relâchement des muscles et vice versa. Maintenir l'équilibre entre les deux polarités que forment le yin et le yang est le but fondamental de la médecine chinoise.

R. et S. Michaud

Yin et yang. *Au milieu se trouve le symbole du yin-yang avec, au centre de chaque entité, une représentation de l'entité opposée. Tout autour, les huit combinaisons de traits évoquent les différents équilibres du yin et du yang.*

L'ACUPUNCTURE

LES TECHNIQUES

La technique la plus connue est celle des aiguilles, mais d'autres méthodes, également chinoises, utilisent les points et les méridiens pour soigner les maladies ou prévenir leur apparition.

Outre la technique des aiguilles répondant le mieux à la notion d'acupuncture, les autres méthodes sont la moxibustion (thérapeutique utilisant la chaleur), le massage des points et des méridiens et l'auriculothérapie (utilisation des zones réflexes de l'oreille).

LA TECHNIQUE DES AIGUILLES

Il existe plusieurs types d'aiguilles : rigides ou très souples, de différentes longueurs, adaptées aux enfants ; certaines, très courtes, peuvent rester en place plusieurs jours sur un point déterminé, fixées par un sparadrap. Les aiguilles les plus minces sont employées pour les mains, la tête et tous les endroits où la peau est fine ; elles servent également pour les enfants et les personnes sensibles. Les aiguilles plus grosses sont utilisées dans les parties charnues et celles où la peau est épaisse.

Les aiguilles sont le plus souvent en acier. En Europe, on utilise parfois aussi les métaux précieux : or (yang) pour tonifier, argent (yin) pour disperser.

Asepsie et utilisation des aiguilles. Ce point est essentiel en acupuncture. Auparavant, la désinfection se faisait à la chaleur. Aujourd'hui, pour éviter toute contamination virale (par les virus de l'hépatite ou du sida, par exemple), 95 % des praticiens utilisent des aiguilles jetables. Les acupuncteurs qui préfèrent les aiguilles en métaux précieux utilisent des aiguilles personnalisées : chaque patient possède ses propres aiguilles, qu'il conserve avec lui entre chaque consultation après que l'acupuncteur les a désinfectées.

Déroulement. Le patient doit être confortablement installé de façon à être détendu. Il est allongé sur le dos ou sur le ventre. Il reste parfois assis.

Les techniques de manipulation répondent à des règles très précises. Pour tonifier, le praticien pique dans le sens de la circulation d'énergie, au moment où le patient expire et en effec-

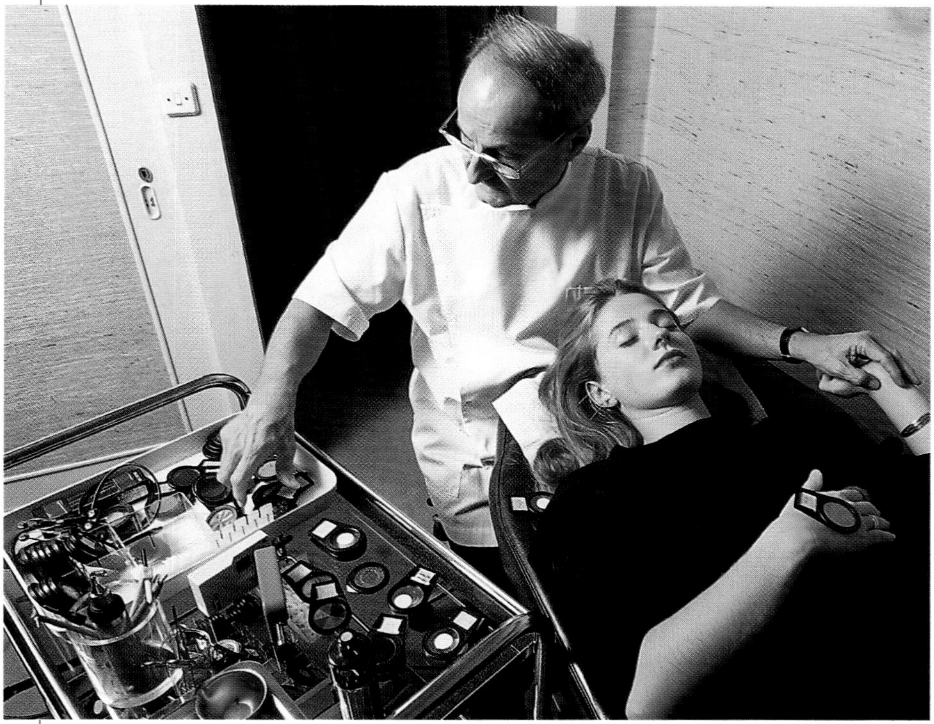

Garo – Phanie

Auriculothérapie. *Dérivée de l'acupuncture, elle consiste à stimuler, au moyen d'aiguilles, certains points situés sur le pavillon de l'oreille, dont la disposition rappelle celle du fœtus.*

TRAITEMENT AU LASER

Le laser est une méthode récente de stimulation des points d'acupuncture et des points réflexes de l'oreille, de plus en plus utilisée. Les praticiens emploient des lasers à gaz hélium-néon et des lasers à infrarouge. Cette technique, qui peut être considérée comme une variante moderne de la moxibustion, donne des résultats dans le traitement des dermatoses, le sevrage tabagique ou chez les personnes (enfants en particulier) qui craignent ou ne supportent pas la piqûre des points d'acupuncture.

tuant un mouvement tournant de droite à gauche. Il enfonce l'aiguille lentement et la retire rapidement. Pour disperser l'énergie, l'acupuncteur pique à contre-courant de la circulation d'énergie, lors d'une inspiration et en tournant de gauche à droite. Il enfonce l'aiguille rapidement et la retire lentement.

Le nombre de points piqués varie considérablement selon la maladie, le patient et la technique utilisée par l'acupuncteur. Le plus souvent, 5 à 15 points sont piqués à chaque séance et les aiguilles sont laissées en place une dizaine de minutes. Plusieurs séances sont recommandées pour les douleurs rebelles et anciennes, le rythme classique étant hebdomadaire. Les effets indésirables de l'acupuncture sont quasi inexistants. L'acupuncture doit toutefois être pratiquée de façon très prudente (en évitant certains points) chez la femme enceinte.

LA MOXIBUSTION

La moxibustion est une technique qui consiste à introduire de la chaleur dans l'organisme du malade au niveau des points d'acupuncture des méridiens principaux. Son but est de tonifier, en recherchant l'énergie.

Déroulement. Dans cette technique, le praticien utilise des moxas : ce sont des bâtons constitués de feuilles séchées d'une plante aromatique, l'armoise, roulées en forme de cigare (les médecins occidentaux emploient également des aiguilles classiques chauffées au briquet). L'extrémité des bâtons est chauffée jusqu'à l'incandescence puis présentée près du point d'acupuncture. Lorsque la chaleur devient difficile à supporter, le bâton est éloigné. Plus doux que les aiguilles, les moxas sont conseillés chez les patients affaiblis, les personnes âgées et les enfants. La moxibustion est particulièrement adaptée aux rhumatismes. En revanche, elle est déconseillée dans les maladies congestives ou inflammatoires.

LE MASSAGE DES POINTS

Le massage des méridiens et des points peut donner de bons résultats s'il est effectué régulièrement. Il est toutefois moins actif que la technique des aiguilles et la moxibustion. De plus, la sensibilité des points rend souvent le massage douloureux.

Déroulement. Le procédé le plus simple consiste à appuyer avec l'ongle du pouce et l'index sur le point d'acupuncture, puis à remuer en frottant de haut en bas et de droite à gauche. Les massages des méridiens sont indiqués pour stopper les angines débutantes et soulager les rhumes, les vomissements ou les hoquets. Ils sont aussi utilisés dans le traitement de l'obésité et de la fatigue.

L'AURICULOTHÉRAPIE

Cette technique est basée sur l'utilisation des zones réflexes de l'oreille ayant des propriétés curatives. Les points se répartissent sur le pavillon de l'oreille et sont disposés à l'inverse de ceux du corps : le lobule de l'oreille représente la tête, et la partie haute du pavillon représente le reste du corps.

Déroulement. La stimulation des points du pavillon de l'oreille se fait par des aiguilles classiques d'acupuncture, par massages au stylet, ou bien avec des appareils de détection et de traitement électroniques. L'auriculothérapie est intéressante pour traiter les troubles neurovégétatifs, aider les patients qui souhaitent arrêter de fumer ou suivre un régime.

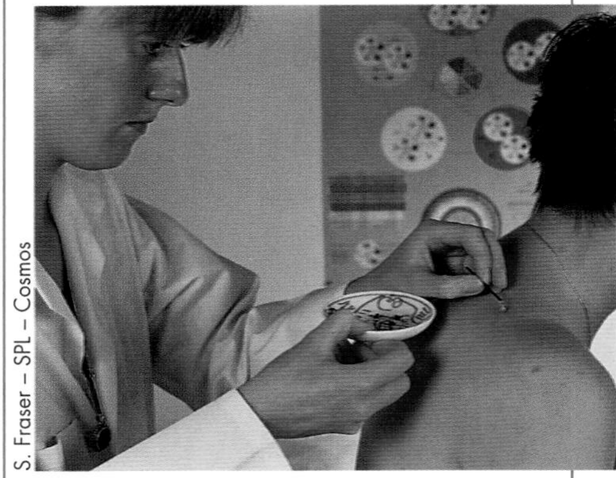

S. Fraser – SPL – Cosmos

Séance de moxibustion. *Le bâton chauffé (moxa) est approché du point d'acupuncture.*

L'ACUPUNCTURE

POUR QUELLES AFFECTIONS ?

L'acupuncture fournit de très bons résultats dans de nombreuses affections. En revanche, elle n'intervient que comme traitement d'appoint dans des maladies graves comme le cancer.

Pour comprendre les principes de traitement par l'acupuncture, donc ses applications, il est important de savoir de quelle façon la médecine chinoise appréhende la maladie.

L'EXAMEN DU MALADE

L'exploration clinique du malade se fait en quatre étapes : examiner, écouter, interroger, palper. Pour découvrir les points intéressants, l'acupuncteur effectue une étude plus spécifique du yin et du yang. En effet, l'équilibre entre ces deux extrêmes est synonyme de bonne santé, tandis que tout déséquilibre signifie qu'il y a maladie. L'aspect du malade fournit lui aussi des indices sur sa santé. Un patient au teint coloré, qui est par ailleurs agité, bavard, extraverti, qui a chaud et cherche la fraîcheur, qui a tendance aux insomnies, aux contractures, aux spasmes, est un malade yang. Le patient opposé (malade yin) est pâle, vite fatigué, voûté et frileux, il déteste la compagnie et le bruit. Après avoir pratiqué un interrogatoire précis et examiné son malade, le médecin acupuncteur poursuit par un examen des pouls. Il palpe le corps du patient à la recherche des neuf zones où il est possible de sentir les battements du sang dans les artères : trois pouls à la tête, trois aux bras, trois aux jambes. D'un point de vue anatomique, il existe un décalage entre les pouls droit et gauche, dû à une dissymétrie de la circulation sanguine. Tous les pouls superficiels correspondent aux fonctions organiques yang, tous les pouls profonds, aux fonctions organiques yin.

LES UTILISATIONS DE L'ACUPUNCTURE

Les indications de l'acupuncture sont nombreuses. Il peut s'agir de l'unique traitement ou d'un complément à d'autres méthodes thérapeutiques.

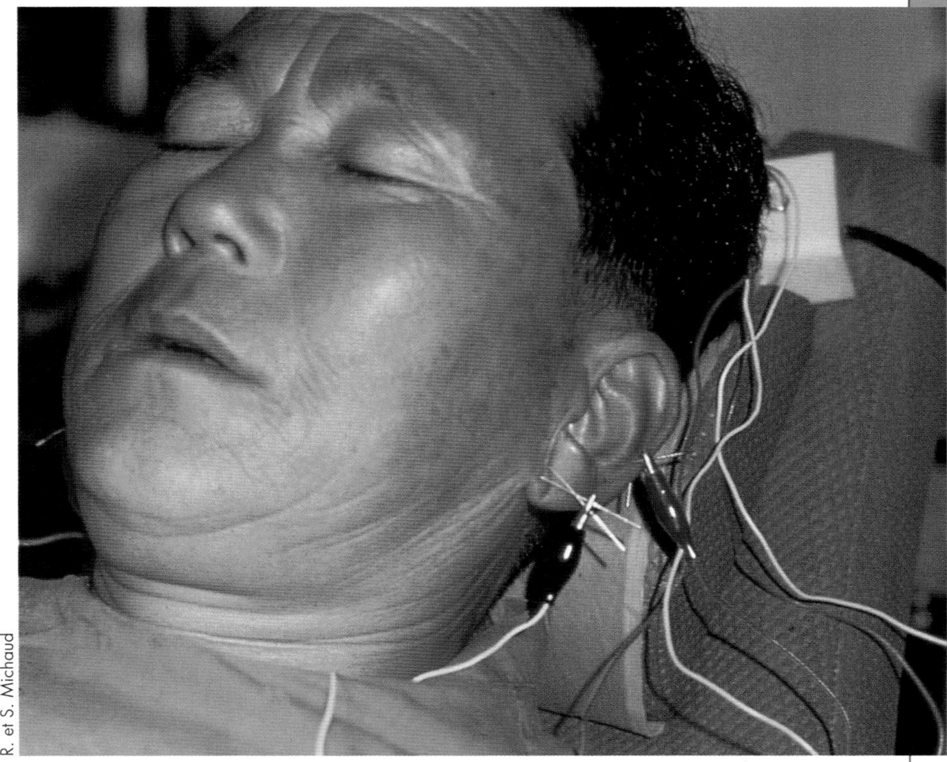

R. et S. Michaud

***Anesthésie par acupuncture.** Il s'agit d'une des premières utilisations de l'acupuncture. Aujourd'hui, toutefois, cette méthode d'anesthésie est très rarement utilisée dans les pays occidentaux.*

POUR QUELLES AFFECTIONS ?

L'ACUPUNCTURE VÉTÉRINAIRE

L'acupuncture donne de très bons résultats dans les tendinites du cheval de course. Elle est parfois utilisée pour « doper » le cheval de façon non médicamenteuse.
L'acupuncture vétérinaire fournit un excellent moyen d'expérimentation des possibilités de l'acupuncture. Par ailleurs, les résultats obtenus dans le traitement des animaux par les aiguilles montrent que l'acupuncture n'est pas seulement une médecine de persuasion.

Les douleurs. Les douleurs localisées, régionales ou viscérales, quelle qu'en soit la cause, peuvent être traitées par cette technique. L'acupuncture est ainsi indiquée dans toutes les affections regroupées sous le terme de rhumatismes : les maladies causées par le vent, le froid, l'humidité et qui entraînent une arthrite et une arthrose ainsi que toutes les affections articulaires douloureuses. Elle s'applique également aux troubles touchant les muscles, les tendons, les aponévroses (membranes qui gainent les muscles), à ceux qui sont provoqués par la répétition d'un mouvement (tendinite) ou qui sont causés par le processus de vieillissement. L'acupuncture est aussi indiquée dans les névralgies : sciatiques, migraines, zonas. Dans toutes ces affections, elle soulage les douleurs et permet de réduire la dose des médicaments antalgiques et anti-inflammatoires.

Les manifestations spasmodiques des maladies. L'acupuncture soulage les douleurs dues aux contractions qui s'observent dans un certain nombre de maladies (gastrites ou colites, par exemple).

Les affections allergiques. Le traitement par l'acupuncture donne de bons résultats dans le cas du rhume des foins, des rhinites spasmodiques, de l'eczéma, du prurit et de l'asthme.

Les troubles du comportement. L'acupuncture peut procurer un grand soulagement dans les petits états dépressifs, l'angoisse, la nervosité, les affections consécutives au stress.

L'énurésie. L'acupuncture peut contribuer à supprimer un problème d'énurésie (perte d'urine involontaire et inconsciente) chez un enfant.

Les troubles du sommeil. L'acupuncture peut dans certains cas résoudre des problèmes d'insomnie.

Les traumatismes. L'acupuncture permet une récupération plus rapide et de meilleure qualité chez les patients souffrant de traumatismes (fractures par exemple).

La grossesse et l'accouchement. Pratiquée de façon prudente par un médecin, l'acupuncture permet de lutter contre les troubles qui accompagnent la grossesse : les nausées, les vomissements, le hoquet, les troubles circulatoires, mais aussi l'anxiété et l'appréhension. Lors du déclenchement du travail, la dilatation du col de l'utérus est accélérée grâce à l'acupuncture. Les douleurs sont moins fortes et on constate une régulation des contractions. La délivrance est souvent plus facile et, de ce fait, l'accouchement dure moins longtemps.

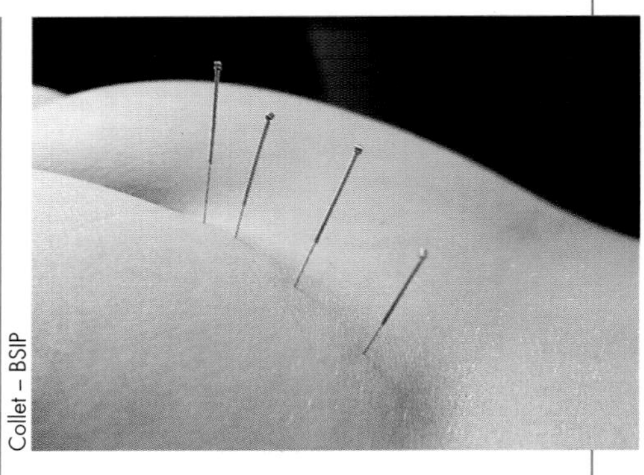
Collet – BSIP

***Points d'acupuncture.** La pose d'aiguilles est peu douloureuse sur la majeure partie du corps.*

Le sevrage tabagique. L'acupuncture est très couramment utilisée pour dégoûter les fumeurs du tabac.

Anesthésie par acupuncture. L'anesthésie par acupuncture permet une simplification des suites opératoires. Elle serait surtout intéressante chez les personnes allergiques ou souffrant de certains troubles cardiaques, chez lesquelles l'anesthésie classique pose problème. Cette application de l'acupuncture est toutefois très peu utilisée en Occident.

LES LIMITES DE L'ACUPUNCTURE

Les effets de l'acupuncture s'arrêtent lorsque les troubles sont profondément organiques et qu'il y a modification et destruction des organes. Dans les états dégénératifs, tels que le cancer ou la tuberculose, l'acupuncture ne peut que soulager le malade.

LA PHYTOTHÉRAPIE

La phytothérapie utilise les plantes pour prévenir et traiter des maladies. Comme l'homéopathie ou l'acupuncture, elle appartient à l'ensemble des médecines dites alternatives, douces ou parallèles.

La phytothérapie est l'une des méthodes thérapeutiques les plus anciennes. Depuis la haute antiquité, on a utilisé la médecine par les plantes. Fruit de l'observation, héritage de la tradition, ou encore inspirée par l'ésotérisme, la phytothérapie a ensuite été rejetée, concurrencée par les médicaments classiques, dont beaucoup sont d'ailleurs fabriqués à partir d'extraits de plantes.

LA CONSULTATION

L'objectif de la phytothérapie est de modifier le « terrain » du malade (sa tendance à avoir un type de maladies), en plus de soulager ses symptômes. Pour cela, le dialogue entre le médecin phytothérapeute et son patient est nécessaire afin d'établir un diagnostic de la maladie, mais aussi de l'état du fonctionnement physiologique du patient. Le phytothérapeute établit ensuite un traitement personnalisé, à partir des plantes dont les principes actifs sont les mieux adaptés à la physiologie du malade.

PHYTOTHÉRAPIE ET INSOMNIE

La dépendance vis-à-vis des tranquillisants et des somnifères est depuis longtemps démontrée, et la boucle insomnie/somnifère/mauvaise qualité du réveil est préjudiciable à la santé. Il existe de nombreuses plantes sédatives ou calmantes, qui ne provoquent pas de dépendance, et surtout respectent le rythme du sommeil. L'aubépine, par exemple, agit sur l'anxiété et ses manifestations (crampes, palpitation, etc.). De même, la valériane et la passiflore possèdent des propriétés sédatives.

J. Grison – Rapho

Consulter avant d'acheter. *Très facilement utilisée en automédication, la phytothérapie ne doit pourtant pas être considérée comme sans danger lorsqu'elle est employée sans le conseil d'un professionnel.*

UTILISATION THÉRAPEUTIQUE

La phytothérapie est utilisée pour guérir ou prévenir certaines affections comme les rhumatismes, la spasmophilie ou les problèmes circulatoires. Elle est particulièrement indiquée contre la nervosité et les troubles du sommeil.

La tradition associe couramment certaines plantes à des symptômes : l'arnica contre les bleus et les coups, le radis et

LE STATUT DE LA PHYTOTHÉRAPIE

Belgique : la phytothérapie n'est pas reconnue en tant que spécialité médicale. Les médecins reçoivent des notions de phytothérapie dans les facultés de médecine, qu'ils peuvent ensuite compléter. Les plantes sont vendues dans les pharmacies et, pour certaines d'entre elles seulement, dans des herboristeries ou des parapharmacies.
Canada : la phytothérapie n'existe pas en tant que spécialité médicale. Les plantes sont vendues dans des boutiques spécialisées par des personnes sans formation reconnue.
France : la phytothérapie n'est pas reconnue en tant que spécialité médicale, mais les médecins phytothérapeutes peuvent exercer leur art librement. Les plantes sont vendues en pharmacie, chez les quelques herboristes qui existent encore et, pour certaines d'entre elles, dans les supermarchés.
Suisse : sauf dans quelques cantons qui reconnaissent le statut de guérisseur, la plupart d'entre eux réservent l'exercice de la phytothérapie aux seuls médecins. Les plantes médicinales sont vendues par les pharmaciens et par les droguistes herboristes. Certaines sont également en vente libre dans les magasins diététiques et les supermarchés.

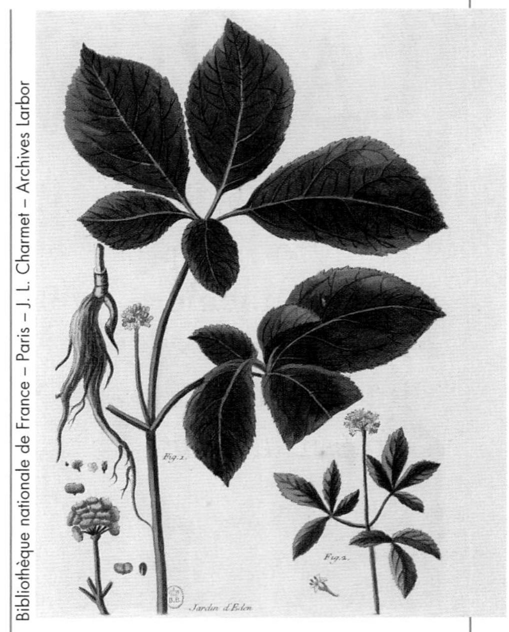

***Ginseng.** Cette plante agit comme tonique du cœur et défatigant, mais elle est surtout connue comme aphrodisiaque.*

l'artichaut comme stimulants du foie, ou encore la valériane contre l'insomnie.
Pour les affections plus graves, il est recommandé de lui préférer la médecine allopathique classique. Associée à un traitement allopathique, la phytothérapie aide parfois à mieux tolérer les effets secondaires de celui-ci.
De plus, l'association de la phytothérapie et de l'allopathie écourte presque toujours la durée de la phase aiguë de la maladie, permettant là encore de réduire la durée du traitement.
Les effets indésirables d'un traitement phytothérapique sont rares et généralement bénins, lorsque les doses prescrites sont respectées. Les troubles sont souvent liés à l'utilisation abusive et prolongée d'une plante médicinale.

LES MODES D'UTILISATION

Il existe de nombreuses pratiques phytothérapiques, que le médecin choisit ou non de combiner afin d'adapter son traitement au cas de chaque patient.
L'aromathérapie. Il s'agit d'une thérapeutique qui n'utilise que les huiles essentielles (ou essences) de plantes aromatiques, comme le thym, la lavande ou la menthe. Parfois toxiques, ces substances sont à employer avec précaution et en respectant les doses prescrites. Elles sont administrées par voie buccale, rectale, vaginale ou cutanée (à travers la peau).
La gemmothérapie. Cette méthode fait partie de l'homéopathie. Elle utilise des extraits alcooliques et glycérinés (dilués dans de l'alcool ou de la glycérine) de jeunes tissus végétaux (pousses, bourgeons...).
La phytothérapie chinoise. Elle appartient à l'ensemble des « médecines traditionnelles chinoises », tout comme l'acupuncture. Elle vise à équilibrer les énergies de l'organisme ou à en modifier le circuit.
La phytothérapie pharmaceutique. Elle utilise des produits d'origine végétale obtenus par extraction et dilués dans de l'alcool éthylique ou dans un autre solvant. Le dosage de ces extraits est fonction de leur action sur l'organisme.
Ces produits peuvent servir à préparer des médicaments comparables à ceux de toute autre spécialité pharmaceutique : sirop, gouttes, suppositoires, gélules, ou bien un extrait sec appelé aussi nébulisat.

La Phytothérapie

PRÉPARATIONS PHYTOTHÉRAPIQUES

La phytothérapie exploite toutes les parties des plantes : racines, fleurs, écorce, fruits, etc. De la plante sont extraits les principes actifs, c'est-à-dire les substances chimiques qui auront une action sur la physiologie du malade.

Garo – Phanie

***Préparation.** La phytothérapie peut utiliser la plante entière, ou un ou plusieurs de ses constituants.*

Chaque partie de la plante contient une proportion différente de principe actif. Par conséquent, dans la préparation, on choisit la partie qui en contient le plus : les fleurs, les feuilles, les racines ou, parfois, la plante entière. Les différents modes de préparation des plantes visent à extraire leurs principes actifs pour faciliter leur usage thérapeutique et augmenter leur efficacité.

SÉCHAGE DE LA PLANTE

On peut utiliser soit la plante fraîche, soit la plante séchée à l'abri de la lumière et à température douce (ne plus l'utiliser après un an de conservation). On peut ainsi conserver intactes ses propriétés. On peut également la réduire en poudre à l'aide d'un moulin, d'un concasseur ou d'un pilon. Ce mode de présentation, courant en phytothérapie, permet un ajustement relativement précis de la teneur en principes actifs du remède. La poudre se conserve en bocal hermétique, à l'abri de la lumière. Elle peut être introduite dans des gélules à avaler (que l'on se procure en pharmacie) ou saupoudrée sur les aliments.

EXTRACTION DES HUILES ESSENTIELLES

Certaines plantes contiennent une huile essentielle, ou essence, que l'on extrait par distillation. La plante est placée dans la chaudière d'un alambic, et ainsi soumise à la chaleur. La

LES INHALATIONS

Elles sont préparées en faisant infuser une plante ou en incorporant quelques gouttes d'huiles essentielles dans de l'eau chaude. Le malade place sa tête recouverte d'une serviette au-dessus du liquide fumant pour en inhaler la vapeur. L'action de la vapeur d'eau et des substances antiseptiques qu'elle contient permet de dégager les sinus et les voies respiratoires.

LES CRÈMES

Elles sont fabriquées en associant par émulsion la plante à un corps gras (par exemple de l'huile, de la glycérine ou du saindoux) et à de l'eau. Une teinture ou des huiles essentielles peuvent venir l'enrichir. En pénétrant l'épiderme, la crème a une action adoucissante et cicatrisante.

vapeur d'eau s'en dégageant entraîne les principes actifs volatils qui se séparent de la plante. En passant par le condenseur de l'alambic, la vapeur d'eau chargée de principes actifs produit un liquide que l'on appelle huile essentielle de la plante. Les huiles essentielles s'utilisent par voie cutanée (en massages) ou respiratoire (avec un diffuseur). On peut les ajouter à l'eau du bain ou les utiliser par voie buccale (sous forme de gélules). Elles entrent dans la composition d'ovules (voie vaginale) et de suppositoires (voie rectale). Les huiles essentielles possèdent des propriétés bactéricides. L'aromathérapie est l'art de soigner par administration de ces huiles essentielles.

PRÉPARATION PAR DISSOLUTION

Il existe trois méthodes principales : l'infusion (préparée comme le thé, elle peut être utilisée chaude ou froide), la décoction (les racines, l'écorce, les tiges, les baies sont coupées en petits morceaux, puis bouillies dans de l'eau) et la macération (la plante est laissée en contact avec un liquide froid). Les principes actifs de la plante sont dissous dans un liquide qui peut être de l'eau, de l'alcool ou un corps gras, pour se présenter sous différentes formes dont voici les principales.

Les teintures. Elles s'obtiennent par macération de la plante dans de l'alcool. Les principes actifs solubles dans l'alcool rendent la teinture efficace. Véritable concentré de principes actifs, la teinture est bue diluée dans de l'eau ou du jus de fruits, en respectant la prescription du médecin. Diluée, la teinture peut aussi s'appliquer en lotion ou entrer dans la composition de sirops, de crèmes et de gargarismes.

Les lotions. Elles s'obtiennent par infusion ou par décoction de la plante dans de l'eau. On peut en tamponner l'épiderme, ou l'appliquer plus longtemps par la pose de compresses. La lotion agit sur les zones irritées ou enflammées, soulage les contusions, les gonflements, les maux de tête, et peut faire tomber la fièvre. Il ne faut pas l'utiliser sur une plaie ouverte.

Les sirops. Ils sont fabriqués en mélangeant une infusion ou une décoction concentrées à du miel ou à du sucre non raffiné. Le mélange est ensuite cuit à feu doux. La préparation mélangée au sucre devant être très riche en principes actifs, il est possible d'utiliser une teinture à la place de l'infusion ou de la décoction. Le sucre assure une bonne conservation des principes actifs, et ses propriétés adoucissantes sont particulièrement efficaces pour soulager les maux de gorge. Les enfants le consomment plus volontiers grâce à sa saveur sucrée qui masque le mauvais goût de certaines plantes.

Les huiles médicinales. Il ne faut pas confondre les huiles médicinales avec les huiles essentielles. L'huile médicinale est fabriquée par macération d'une plante dans de l'huile chaude ou froide. Elle s'applique par friction sur la peau. Les huiles médicinales entrent dans la composition de certains onguents.

Les gargarismes et les bains de bouche. Ils sont préparés par infusion, par décoction, ou avec de la teinture diluée de plantes astringentes ; celles-ci resserrent les muqueuses de la bouche et de la gorge. Il n'y a aucun danger à les boire.

Les onguents. Ils sont obtenus par macération de la plante finement coupée dans un corps gras (par exemple de l'huile, de la paraffine ou de la vaseline) auquel on ajoute éventuellement des huiles essentielles. Ils s'appliquent sur la peau.

LE CATAPLASME

Il consiste à étaler sur une zone douloureuse une décoction concentrée et pressée. La partie du corps concernée peut être enduite d'huile médicinale avant la pose de la plante, et bandée avec le cataplasme. Cette présentation permet de soulager les douleurs musculaires ou traumatiques, d'extraire le pus des plaies infectées, des ulcères et des furoncles.

LES ASSOCIATIONS

FRANCE

LE CORPS ET LA SANTÉ

Comité national contre le tabagisme (CNCT)
BP 13
78001 Versailles
Tél. : 01 39 24 85 00
Minitel : 3615 TABATEL
Informe le public sur les effets du tabac. Veille à l'application des lois. Consultations de sevrage tabagique.

LE COUPLE ET L'ENFANT

Centre d'étude et de conservation des œufs et du sperme humains (CECOS)
Hôpital Cochin - pavillon Cassini
27, rue du Faubourg-Saint-Jacques
75014 Paris
Tél. : 01 42 34 50 07
Banque de sperme, dans le cadre de la procréation médicalement assistée.

LES MALADIES DE L'ENFANT ET LEURS TRAITEMENTS

Aide aux jeunes diabétiques (AJD)
17, rue Gazan
75116 Paris
Tél. : 01 44 16 89 89
Aide les jeunes malades à prendre en charge leur traitement. Organise des séjours de vacances et favorise la recherche.

Association française contre les myopathies (AFM)
1, rue de l'Internationale
BP 59
91002 Évry Cedex
Tél. : 01 69 47 28 28
Favorise la recherche pour vaincre les maladies neuro-musculaires. A lancé le Téléthon.

Association française des hémophiles (AFH)
6, rue Alexandre-Cabanel
75015 Paris
Tél. : 01 45 67 77 67
Rassemble et soutient les hémophiles et leur famille, les informe sur la maladie et ses traitements. Favorise la recherche.

Association pour le traitement de la douleur de l'enfant
Hôpital d'enfants Armand-Trousseau
26, avenue Docteur-Arnold-Netter
75012 Paris
Tél. : 01 49 28 02 11
Mise à disposition d'une base de données bibliographiques (3614 PEDIADOL) sur la douleur de l'enfant. Organise chaque année un congrès sur la douleur de l'enfant à l'Unesco.

Choisir l'espoir (Association d'aide aux enfants atteints de cancer et à leur famille)
73, rue Gaston-Baratte
59650 Villeneuve-d'Ascq
Tél. : 03 20 64 04 99
Soutient les parents d'enfants atteints d'un cancer. Renseigne les jeunes malades sur la maladie.

LES MALADIES DE L'ADULTE ET LEURS TRAITEMENTS

Act Up
45, rue Sedaine
75011 Paris
Tél. : 01 48 06 13 89
Association agissant auprès des pouvoirs publics en vue de l'obtention des nouveaux traitements pour les personnes touchées par le virus du sida.

Aides aux malades, à la recherche, information du public sur le sida (AIDES)
247, rue de Belleville
75019 Paris
Tél. : 01 44 52 00 00
Apporte une aide aux malades, organise des actions de prévention et d'information.

Alcooliques anonymes (AA)
21, rue Trousseau
75011 Paris
Tél. : 01 48 06 43 68
Organise des réunions entre alcooliques et anciens alcooliques pour les aider dans leur désintoxication.

Association Asthme
3, rue Hamelin
75116 Paris
Tél. : 01 47 55 03 56
Informe les malades. Aide à la création d'associations locorégionales et à la mise en place d'écoles de l'asthme dans toute la France.

Association d'aide aux personnes incontinentes
5, avenue du Maréchal-Juin
92100 Boulogne
Tél. : 01 46 99 18 99
Assure le soutien des personnes qui souffrent d'incontinence.

Association de défense des transfusés (ADT)
11, rue Bailly
75003 Paris
Tél. : 01 48 87 73 72
Aide les victimes du sida contaminées à la suite d'une transfusion à établir un dossier afin d'obtenir une indemnisation.

Association française des diabétiques (AFD)
58, rue Alexandre-Dumas
75011 Paris
Tél. : 01 40 09 24 25
Informe, aide et défend les diabétiques. Favorise la recherche.

Association France-Alzheimer et troubles apparentés
21, boulevard Montmartre
75002 Paris
Tél. : 01 42 97 52 41
Aide les familles des personnes

souffrant de la maladie d'Alzheimer. Agit auprès des pouvoirs publics. Soutient la recherche.

Association France-Parkinson
37 bis, rue La Fontaine
75016 Paris
Tél. : 01 45 20 22 20
Informe sur la maladie, les progrès thérapeutiques et la recherche. Apporte aide et soutien aux malades. Subventionne la recherche.

Association France transplant
Hôpital Tarnier
89, rue d'Assas
75006 Paris
Tél. : 01 42 34 15 91
Coordonne les échanges d'organes : gestion d'un fichier de malades, acheminement des organes et information du public.

Association de recherche, de communication et d'action pour le traitement du sida (ARCAT-SIDA)
94-102, rue de Buzenval
75020 Paris
Tél. : 01 44 93 29 29
Mène des recherches dans le domaine de la santé publique. Fournit informations et documents. Lutte pour la prévention contre le sida. Action sociale vis-à-vis des personnes séropositives. Édite le *Journal du SIDA*.

Association des paralysés de France (APF)
17, boulevard Auguste-Blanqui
75013 Paris
Tél. : 01 53 62 84 00
Apporte un soutien et une aide aux personnes handicapées motrices et à leur famille afin de les doter de la plus grande autonomie possible.

Association nationale pour le traitement des insuffisants respiratoires (ANTADIR)
66, boulevard Saint-Michel
75006 Paris
Tél. : 01 44 41 49 00
Aide les malades à leur domicile en assurant l'installation et la maintenance des appareils ; les éduque à leur maniement.

Association pour la recherche sur le cancer (ARC)
16, avenue Paul-Vaillant-Couturier
BP 3 – 94801 Villejuif Cedex
Tél. : 01 45 59 59 59
Aide la recherche et favorise la prévention et l'information.

Centre antimigraineux
Hôpital Lariboisière
Service neurologie
2, rue Ambroise-Paré
75010 Paris
Tél. : 01 49 95 65 09
Tous les centres antidouleur des hôpitaux prennent également en charge le traitement des migraines.

Drogue Info Service
Numéro vert national (gratuit) : 0 800 23 1313
Information, conseil, soutien, écoute en matière de toxicomanie.

Fédération des aveugles et handicapés visuels de France (FAF)
58, avenue Bosquet
75007 Paris
Tél. : 01 45 51 20 08
Finance des recherches fondamentales et appliquées sur la cécité et aide les personnes malvoyantes.

Fédération française de cardiologie (FFC)
50, rue du Rocher
75008 Paris
Tél. : 01 44 90 83 83
Informe le grand public sur les maladies cardiovasculaires.

Fédération nationale d'aide aux insuffisants rénaux (FNAIR)
31, rue des Frères-Lion
31000 Toulouse
Tél. : 05 61 62 54 62
Facilite l'insertion sociale et professionnelle. Aides financière et morale. Participe à la recherche.

Fédération nationale des sourds de France (FNSF)
1, rue du 11-Novembre
92120 Montrouge
Tél. : 01 46 55 00 57
Organisme qui regroupe les associations et les représente auprès des pouvoirs publics.

Fondation française pour la recherche sur l'épilepsie (FFRE)
48, rue Bargue
75015 Paris
Tél. : 01 47 83 65 36
Encourage la recherche médicale, notamment chez l'enfant ; soutient les malades et les familles.

Ligue française contre la sclérose en plaques (LFSEP)
Tour CIT / 3, rue de l'Arrivée
75015 Paris
Tél. : 0 801 808 953
Favorise la recherche et l'information, apporte une aide matérielle et morale aux patients.

Ligue nationale française contre le cancer
1, avenue Stephen-Pichon
75013 Paris
Tél. : 01 44 06 80 80
Participe à la recherche, à la prévention et au dépistage par l'information et l'aide aux malades.

SOS suicide
36, rue de Gergovie
75014 Paris
Tél. : 01 40 44 46 45
Accueil et service d'écoute téléphonique, de 12 h à 24 h.

SAVOIR SE SOIGNER

15 – Aide médicale urgente
17 – Police secours
18 – Pompiers

Centres antipoison

Angers	02 41 48 21 21
Bordeaux	05 56 96 40 80
Grenoble	04 76 42 42 42
Lille	03 20 44 44 44
Lyon	04 72 11 69 87
Marseille	04 91 75 25 25
Nancy	03 83 32 36 36
Nantes	02 41 48 21 21
Nice	04 91 75 25 25
Paris	01 40 05 48 48
Reims	03 26 86 26 86
Rennes	02 99 59 22 22
Rouen	02 35 88 44 00
Strasbourg	03 88 37 37 37
Toulouse	05 61 77 74 47
Tours	02 47 64 64 64

LES ASSOCIATIONS

BELGIQUE

LE CORPS ET LA SANTÉ

Tabac Stop
Tél. : 0 800 122 21

LE COUPLE ET L'ENFANT

Centre des nouvelles parentalités
Rue Criekx, 48/1
1060 Bruxelles
Tél. : 02/538 61 05
Accueille et informe les personnes confrontées à la stérilité. Effectue des consultations, des formations et des recherches sur l'adoption, la procréation médicalement assistée, dans le respect des droits des parents et des enfants.

LES MALADIES DE L'ENFANT ET LEURS TRAITEMENTS

SOS Jeunes
Rue Mercelis, 27
1050 Bruxelles
Tél. : 02/512 90 20
Service d'aide et d'accueil pour les jeunes en difficulté, accompagnement 24 h/24.

LES MALADIES DE L'ADULTE ET LEURS TRAITEMENTS

Agence de prévention du sida
Rue de Haerne, 42
1040 Bruxelles
Tél. : 02/627 75 11

Alcooliques anonymes (AA)
Rue du Boulet, 11
1000 Bruxelles
Tél. : 02/513 23 36 et 02/511 40 30

Association belge des paralysés
Rue Charles-Demeer, 105-117
1020 Bruxelles
Tél. : 02/421 69 65
Ateliers protégés, réinsertion sociale des handicapés moteurs.

Association belge du diabète
Chaussée de Waterloo, 935
1180 Bruxelles
Tél. : 02/374 31 95
Information, éducation, aide aux diabétiques. Vente de matériel au prix de gros.

Association contre le cancer
Chaussée de Louvain, 479
1030 Bruxelles
Tél. : 02/736 99 99
Ligne Info Cancer : 0800/15 800
Information, soutien psychologique, aide sociale aux personnes atteintes d'un cancer.

Ligue Alzheimer
Rue Montagne-Saint-Walburge, 4 bis
4000 Liège
Tél. : 04/225 87 11
Association de familles de malades atteints par la maladie d'Alzheimer et autres formes de démence. Assure l'entraide, l'information, l'écoute et la promotion de la recherche sur cette maladie.

Ligue cardiologique belge
Rue des Champs-Élysées, 43
1050 Bruxelles
Tél. : 02/649 85 37
Prévention des maladies cardiovasculaires par la diffusion de brochures et d'un bulletin, *Notre cœur, nos artères*.

SAVOIR SE SOIGNER

112 – Urgences européennes

Service médical d'urgence et pompiers
Tél. : 100

SOS Médecins
Boulevard de l'Abattoir, 26
1000 Bruxelles
Tél. : 02/513 02 02
Intervention d'un généraliste de garde.

CANADA/ QUÉBEC

LE CORPS ET LA SANTÉ

Conseil québécois sur le tabac et la santé
440 Ouest, boulevard René-Lévesque
Montréal – H2Z 1B7
Tél. : (514) 871 1551
Regroupe des organismes qui luttent contre le tabagisme dans les lieux publics et qui informent le public sur les dangers du tabac pour la santé.

LE COUPLE ET L'ENFANT

Institut de médecine de la reproduction de Montréal (Procréa)
1100, avenue Beaumont, suite 305
Mont-Royal, H3P 3H5
Tél. : (514) 345 8535
Effectue des recherches sur la stérilité, conseille les couples. Programmes de procréation médicalement assistée. Diagnostic prénatal.

LES MALADIES DE L'ENFANT ET LEURS TRAITEMENTS

Organisation Leucan
3175, chemin Sainte-Catherine
Montréal – H3T 1C5
Tél. : (514) 731 3696
Soutient les enfants (et les adultes) atteints de leucémie.

LES MALADIES DE L'ADULTE ET LEURS TRAITEMENTS

Association du diabète du Québec
5635 Est, rue Sherbrooke
Montréal – H1W 1A2
Tél. : (514) 259 3422
Ligne gratuite : 1 800 361 3504
Recueille des fonds pour la recherche. Informe le public et les malades. Propose certains services aux malades (location de glucomètres, etc.).

Fédération québécoise des sociétés Alzheimer
1474 Est, rue Fleury
Montréal – H2C 1S1
Tél. : 514 388 3148
S'occupe de récolter des fonds et subventionne la recherche et des services de prise en charge pour les patients atteints par la maladie d'Alzheimer.

Fondation canadienne du Parkinson du Québec
1253, avenue Mc Gill College
Bureau 402
Montréal – H3B 2Y5
Tél. : (514) 861 4422
Recueille des fonds pour la recherche sur la maladie de Parkinson. Fournit une aide matérielle et morale aux patients et à leurs familles et fait de l'enseignement au grand public.

Fondation des maladies du cœur du Québec
465 Ouest, boulevard René-Lévesque
Montréal – H2Z 1A8
Tél. : 514 871 1551
Fondation qui récolte des fonds pour les programmes de recherche et de réadaptation des personnes souffrant de maladies cardiaques. Elle réalise des campagnes d'information, publie des livres de recettes pour les personnes qui ont des problèmes liés au cholestérol, etc.

Ligne Info Cancer
Tél. : 1 800 663 4242
Sur le plan national, centre pancanadien d'information sans frais.

Narcotiques anonymes
Tél. : 514 525 0333
Ligne d'écoute et de conseil pour des personnes confrontées à des problèmes d'abus de substances toxiques.

Organisation Info MST
525 Est, boulevard Hamel
Québec – G1M 2S8
Tél. : 1 800 463 5656
Organisation disposant d'unités de santé publique régionales, qui informe sur les maladies sexuellement transmissibles.

SUISSE

LE CORPS ET LA SANTÉ

Association suisse pour la prévention du tabagisme (AT)
Effingerstrasse 40
Case postale 5255
3001 Berne
Tél. : 031/389 92 46
Fait de la prévention contre le tabagisme. Lance également des campagnes de sensibilisation et informe le public.

LE COUPLE ET L'ENFANT

Centre d'information familiale et de régulation des naissances (CIFERN)
Boulevard de la Cluse 47
1205 Genève
Tél. : 022/321 01 91
Fournit des informations sur la contraception, la grossesse et l'avortement.

LES MALADIES DE L'ENFANT ET LEURS TRAITEMENTS

Association suisse de parents d'enfants déficients auditifs (ASPEDA)
19, chemin de Planta
1223 Colony

LES MALADIES DE L'ADULTE ET LEURS TRAITEMENTS

Alcooliques anonymes (AA)
Avenue de Morges 29
1004 Lausanne
Tél. : 021/626 26 36
Institution d'hommes et de femmes qui se réunissent dans le même but : résoudre leur problème d'alcoolisme.

Association Alzheimer suisse
Rue Pestalozzi 16
1400 Yverdon-les-Bains
Tél. : 024/426 20 00
Association qui soutient les patients (ainsi que leurs familles) et qui donne au public toutes les informations concernant la maladie d'Alzheimer.

Association suisse de la maladie de Parkinson
Forchstrasse 182
CP 182
8132 Hinteregg
Tél. : 01/984 01 69
Association qui soutient les personnes souffrant de cette maladie (ainsi que leurs familles) et qui informe le public.

Association suisse du diabète
Forchstrasse 95
8032 Zurich
Tél. : 01/383 13 15
Aide, conseille et assiste les diabétiques et leurs familles. Organise des campagnes de sensibilisation, en contact avec les autorités sanitaires, les médecins, les assurances.

Info Doc suisse
Schauplatzgasse 26
CP 5064
3001 Berne
Tél. : 031/312 12 66
Centre de documentation et d'information constante concernant le sida. Ce centre a également pour but de soutenir psychologiquement les malades et d'aider les personnes touchées à accepter la maladie.

Ligue suisse contre le cancer
Effingorstrasse 40
3008 Berne
Tél. : 031/389 91 00
Association nationale avec sections régionales, qui a pour but de prévenir, de promouvoir la recherche et d'aider les personnes atteintes de cancer.

SAVOIR SE SOIGNER

Croix-Rouge suisse
Rainmattstrasse 10
3001 Berne
Tél. : 031/387 71 11

INDEX

A

B

C

D

E

F

G

H

I

J-K

L

M

N

O

P

R

S

T

U

V

YZ

Crédits photographiques. (ouvertures des parties). P 13. Milieu : haut Keene – BSIP ; bas S. Villeger – Phanie. Droite, Laurent – BSIP. P 119. Gauche : haut L. Monneret – Fotogram Stone ; bas Gyssels – Diaf – Collection Larousse. Milieu : Lennart Nilsson – Ed Hachette. Droite : haut Gyssels – Diaf ; bas Gyssels – Diaf – Collection Larousse. P 257. Gauche : bas F. Durand – SIPA. Milieu : haut R. Phelps Frieman – Rapho ; centre Rosenfeld – Diaf ; bas Keene – BSIP. Droite : centre B. Robbins – Fotogram Stone ; bas CMSP – BSIP. P 333. Gauche : Cortier – BSIP. Milieu : centre CNRI. Droite : haut Jolyot – BSIP ; bas Maso – BSIP. P 761. Droite : B. Seitz – Photo researchers – Cosmos . Milieu : haut Leca – BSIP ; bas Centre Jean Perrin, Clermont-Ferrand – CNRI. Droite : haut Burger – Phanie ; bas R. et S. Michaud.
Crédits illustrations. P 13. Michel Saemann. P 333. Michel Saemann – François Poulain. P 761. François Poulain.
Crédits couverture. 1er plat : P. Garo – Phanie, Gyssels – Diaf – Collection Larousse, Benn Mitchell – Image Bank, CNRI, Leca – BSIP. Dos : O. Bourreau – Phanie, GJLP – CNRI, Barrelle – BSIP. 2ème plat : Burger – Phanie, Rosenfeld – Diaf, BSIP, Gyssels – Diaf, Rosenfeld Images LTD – S.P.L. – Cosmos, Mac Neal Hospital – Fotogram Stone, Keene – BSIP. Illustrations : Michel Saemann, François Poulain.

Impression : Canale, Turin. Photogravure IGS, Angoulême
Dépôt légal : septembre 1999
Imprimé en Italie – 510815/3
10086456-(III)-47 (CSBTS 115) – Novembre 2001

CHEZ LE MÊME ÉDITEUR

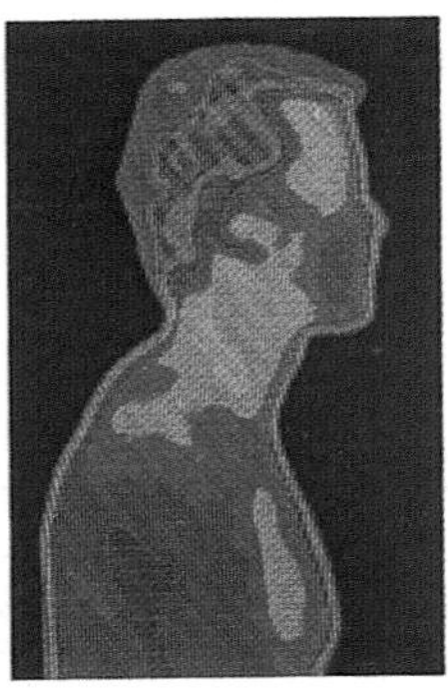

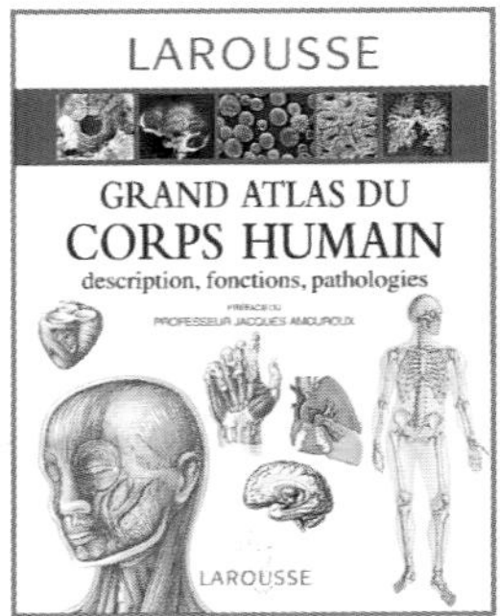

GUIDE MÉDICAL DE L'ENFANT
Tous les conseils et toutes les réponses aux questions que se posent les parents sur la santé et le développement de leur enfant.
155 F

GRAND ATLAS DU CORPS HUMAIN
240 pages d'explications et 1000 illustrations pour comprendre les grands systèmes et les fonctions du corps humain ainsi que les principales pathologies.
190 F

ENCYCLOPÉDIE DES PLANTES MÉDICINALES
Une encyclopédie qui permet d'identifier plus de 550 plantes médicinales.
Cet ouvrage décrit leurs utilisations traditionnelles et actuelles et explique comment préparer des remèdes à base de plantes.
185 F

LAROUSSE MÉDICAL
Sous la direction du docteur Yves Morin
De A à Z, tout sur les progrès et les découvertes les plus récentes de la médecine avec plus de 6000 articles sur les termes médicaux, la prévention, les maladies, les actes chirurgicaux, les examens médicaux, l'anatomie du corps humain.
1000 dessins et photos explicatives. Une référence incontestée. **395 F**

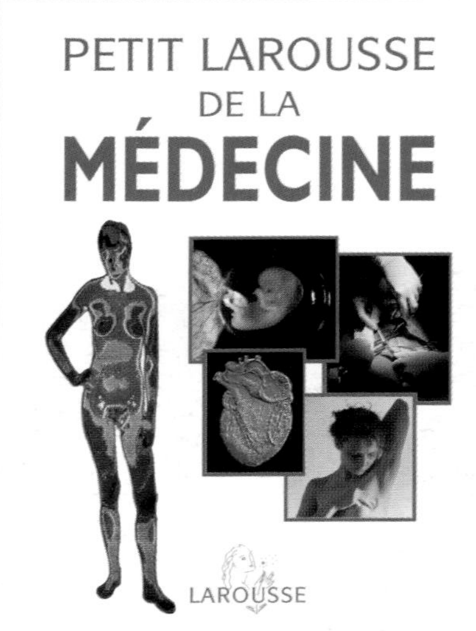

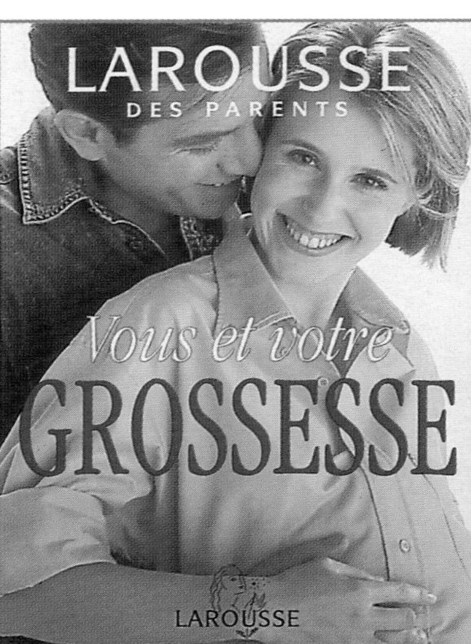

PETIT LAROUSSE DE LA MÉDECINE
Sous la direction du docteur Yves Morin
Ce dictionnaire explique le fonctionnement du corps humain, décrit les maladies et leurs traitements, les examens médicaux et les techniques de secourisme.
Plus de 3500 articles, classés de A à Z, écrits dans un style simple et précis.
105 F

VOUS ET VOTRE GROSSESSE
Sous la direction du docteur Jacques Lepercq
Un nouveau guide qui apporte des réponses concrètes et apaisantes aux mille et une questions que suscite l'aventure de la vie.
Toutes les étapes de la grossesse, de l'accouchement et des premiers mois de la vie de bébé.
139 F

VOUS ET VOTRE ENFANT
Sous la direction du docteur Jacques Schmitz
Un nouveau guide spécialement conçu pour aider les parents à élever leur enfant.
Par tranches d'âge successives, des informations détaillées sur la croissance, l'alimentation, la santé, les apprentissages, les activités d'éveil, etc.
139 F